ISBN 978-0-259-16425-8
PIBN 10685879

1 MONTH OF
FREE
READING

at
www.ForgottenBooks.com

By purchasing this book you are eligible for one month membership to ForgottenBooks.com, giving you unlimited access to our entire collection of over 1,000,000 titles via our web site and mobile apps.

To claim your free month visit:
www.forgottenbooks.com/free685879

Johann Albert Fabricius

JO. ALBERTI FABRICII

(LIPSIENSIS

S. THEOLOGIAE INTER SUOS D. ET PROF. PUBL.)

BIBLIOTHECA LATINA

MEDIÆ ET INFIMÆ AETATIS

CUM SUPPLEMENTO

CHRISTIANI SCHOETTGENII

JAM A P. JOANNE DOMINICO MANSI

(CLERICO REG. CONG. LUCENSIS MATRIS DEI

IN PATRIA DEMUM ARCHIEPISCOPO)

E MSS. editisque Codicibus correcta, illustrata, aucta

POST EDITIONEM PATAVINAM AN. 1754.

NUNC DENUO EMENDATA ET AUCTA, INDICIBUS LOCUPLETATA

Accedunt in fine vetera plura monumenta

TUM A FABRICIO OLIM TRADITA, CUM A CL. MANSIO PRIMO ADIECTA

TOMUS V. — VI

cui accedit Notgeri Balbuli Libellus de illustribus Sacrarum Scripturarum
expositoribus, ad Salomonem, postea ab an. 891 tertium
hujus nominis Constantiensem Episcopum.

MA — POG

FLORENTIAE

TYP. THOMAE BARACCHI ET F.

MDCCCLVIII

Apud J. Molini

REVERENDO ATQUE OMNI VIRTUTIS ET ERUDITIONIS
LAUDE DIGNISSIMO

VIRO

JOANNI ALBERTI,

Ecclesiastae Harlemensi celebratissimo

S. D.

JO. ALBERTUS FABRICIUS

Non dememini, Vir egregie, ab aliquo tempore in magno aere Tuo me esse, qui superiore anno mactasti me munere et jucundissimo et honestissimo. Nam honestissimum quidem duco jure merito, quo publice edere Tibi placuit tam insignitam significationem benevolentiae in me Tuae, atque in ea ipsa, meum jungere Nomen Nomini Venerandi nostri WOLFII, cujus ut virtutem, merita in Ecclesiam et litteras mirari ac suspicere, ita amorem ac benevolentiam observanter colere nunquam desinam, donec vivam. Jucundiore autem donatione, cum arrha hac nobili amicitiae Tuae decorari ecqua alia à Te potui, quam quae sacri Novi Testamenti tabulis, Graecisque litteris illustrandis tam feliciter à Te impensa. opera, non potest à me consuli sine fructu, ac sine magna voluptate? Ego sane, ex quo Observationes Tuas Philologicas in sacros Novi Foederis libros evolvi, et acutam judicii vim atque eruditam modestiam Tuam cum ingeniosa diligentia conjunctam, pariter sum admiratus; Itaque et hoc novum Tuum studium glossariis sacris à Te impensum plane video esse ejusmodi, quod sacrarum Graecarumque litterarum studiosis non inficiandam allaturum sit utilitatem, effecturumque ut majus alterum opus et difficilius quod ab aliquo moliris tempore, et in quo jam desudas, tanto cupidius à Te omnes exspectent. Est illud nova, emendata et diligentissime illustrata glossarii Hesychiani editio, in quo, thesauro non libro, notum est quae opes Graeciae lateant, quae lux sacris etiam scriptoribus Novi Testamenti et LXX. Interpretibus in illo afferatur. Hoc igitur magnum opus et dignum ἐσσομένοισι πυθέσθαι praeclaraque quae affecta habes alia, ut auspicato et rebus laetis absoluta videas, ut diu bene pergas de bonis litteris promereri, diuque laudibus Tuis praesens intersis, ita voveo ex animo, ut Te rogem, grati animi mei pignus qualecunque hoc accipias, ac pro gratissimo luculentissimoque munere Tuo, tenuis redhostimenti loco praesens Volumen, proxima mihi natum foetura, patiaris Tibi à me offerri, amorique Tuo porro habere me commendatum non desinas. Scripsi Hamb. VI. Cal. Aprilis, Anni Christiani ɔ ıɔ cc xxxvi.

Ἰδὼν τὸ τέρμα, τὴν χάριν δώσω ΘΕΩ.

BIBLIOTHECA

MEDIÆ ET INFIMÆ

LATINITATIS

LIBER XII.

Mabilius *Novatus*, Insuber, poeta, in quem asperiores lusus atque invectivae Angeli Politiani in libro epigrammatum t. 3 Opp. edit. Gryphianae pag. 303. seq.

MACABER auctor *speculi morticini*, sive *speculi choreae mortuorum*, non tamen Latine ab eo compositi sed rhythmis Germanicis, sed quos Latinis circa an. 1460. reddidit PETRUS *Desrey Trecacius* Orator. Latinos vulgavit Goldastus ad calcem speculi omnium statuum totius Orbis terrarum auctore RODERICO Zamorensi. Hanov. 1613 4. Antiquior haec est chorea mortuorum similibus plerisque ejusdem argumenti poëtarum ac pictorum lusibus, quos B. Paulus Christianus Hilscherus, noster cum viveret amicus descripsit in peculiari libro, jucundo lectu atque erudito, edito Dresdae an. 1705 8. a) Sunt autem vel imagines mortis, adpositis versibus, aere descriptae vel ligno in libro aliquo, ut in Hartmanni Schedelii Chronico, Norimb. 1493. fol. In marginibus officiorum Eccles· quotidianorum Paris. 1515 8. in quo figurae LXVI. In Georgii Æmilii imaginibus mor-

tis, Lugd. 1542 1547 8. Colon. 1567 8. etc. Vel in templis, arcibus, basilicis, ut Mindae in Westphalia an. 1383.

Lubecae in porticu templiMariani A.1463b) Annaebergae an. 1525.

Dresdae in arce Georgii Ducis. 1534.

Basileae in Coenobio Augustinianorum, auctore Jo. Holbeinio pictore Clarissimo An. 1543 c)

Lipsiae in aula Aurbacensi etc.

MACARIUS Monachus Romanus, amicus Rufini Aquilejensis, qui ejus *opuscula adversus fatum et Mathesin* laudat invectiva I. in Hieronymum, Macarioque huic apologiam suam dedicavit pro Origene. Librum *adversus Mathematicos* sive Astrologos Genethliacos in urbe Roma ab eo scriptum Gennadius c. 28. testatur, ad quem notas, si placet, consule.

MACCÆUS: vide supra in BACHIARIO tom. 1, pag. 150. seq.

MACER, inquit Sigebertus c. 13 de S. E. *scripsit metrico stilo librum de viribus herbarum.* Non dubito innui ab eo libellum quem hodie habemus, et de cujus editionibus dixi in Bibl. Latina IV. cap. 12. Nam veteris Æmilii Macri Veronensis, Ovidio laudati poema hujus argumenti una cum

---

a) *Beschreibung des so genannten Todten Tanzes wie selbiger an unterschiedlichen Orten sonderlich in Herzog Georgens Schlosse in Dresden zu sehen.*

b) Vide Venerandi Senioris Jacobi à *Mellengrundliche Nacricht von Lubeck* 1715 8. p. 84. seq. *Nathanaelis Schlott, Gedanensis Lubeckischen*

Todten-Tanz, 1701. et Ejusd. *Poetische Blatter* ibid. 1702. 8. pag. 57. seq.

c) Icones aere descriptae exstant curante Mattheo Meriano Francof. 1649. et 1725. 4. Versus autem adscripti Germanice, lucem jam An. 1584. Latinis elegis pridem viderunt in Casparis Laudismanni decennalibus humanae peregrinationis.

aliis ejus ingenii monumentis pridem intercidit : hujus autem quod exstat longe rau-
cius tinnientis quam ab Augustei aevi olore
exspectes, auctorem ODONEM in veteri
codice reperit Gaudentius Merula: et lectum
ab eo hortulum STRABI *Galli*, docet ipse
c. 25 ubi de ligustico. Confer clariss. Viri
Jo. Bahtistae Morgagni Epistolam in Sere-
num Sammonicum pag. 66. seq.

De *Æmilio Macro* praeter Gyraldum
aliosque et Onuphrium iu Antiquitatibus
Veronensibus lib. VI. pag. 146 consulendus
Brouckhusus ad Tibulli lib. 2. eleg. 6. et
de eodem atque de *Licinio Macro* Vossius
in Historicis et Poetis Latinis : de *Baebio
Marco* Casaubonus ad Spartianum p. 49.

Philippus MACERIUS, sive *de Mazzeriis*
(Maseriis, de Maizieres) miles Picardiae, a)
regni Cypri Cancellarius circa an. 1370.
scripsit *vitam Petri Thomasii* sive *Thomae*,
Cretensis Archiepiscopi an. 1366 defuucti,
editam a Bollando tom. 2. Januar. 29 pag.
995 1022. *Officium Praesentationis B.* Vir-
ginis Mariae, de quo Spondanus ad annum
1372. n. IX. pag. 579 sub nomine PHILO-
THEI *Achillini*, somnium Viridarii, sive
libros duos dialogi inter Clericum ac Militem *de jurisdictione Regia et Sacerdotali.*
Paris. 1516 et in Goldasti Monarchia Imperii tom. 1. pag. 58. 229.

Gerardus MACHETUS supra t. 3 p. 41.

MACHUTUS Cambrius, aliis MACLO-
VIUS, clarus circa an. 540 laudatur à Lelando cap. 39. qui tamen viri hujus, insigniter ut ait litterati, monumentum nullum
testatur ad manus suas pervenisse. Neque
epistolas ejus inspexerunt, qui eas memorant Baleus Centur. 1 c. 56 vel Pitseus p. 69.

MACROBIUS Diaconus, studium S. Cypriani ingeniumque secutus : cujus *centum
Capitula* ex utroque Testamento adversus
versutias haereticorum celebrata ab auctore
appendicis ad Hildefonsum de S. E. c. 2.

MACROBIUS in Africa Presbyter, deinde
Romae occultus Episcopus Donatistarum,
Optato II. 4. hist. Donatistica memoratus.
Presbyter adhuc scripsit *librum ad Con-*

fessores et Virgines, valde laudatum Gennadio c. V. de S. E. et Honorio II. 5. Trithemio cap. 107. *Epistolam ad* plebem Carthaginiensem *de passione Maximiani et
Isaaci Donatistarum* edidit sed non integram nactus Mabillonius tom. 4. Analect.
pag. 119. (edit. novae pag. 185.)

De MACROBIO Saturnalium scriptore
dictum in Bibl. Latina III. 12. De *Joanne*
defloratore Macrobii, supra t. IV. p. 383.

Michael MADIUS infra, MICHAEL.

MÆONIUS *Astyanax* res si non aliorum
Imperatorum, certe Macriani Tyranni scripsisse videtur, ut colligas ex Trebellio Pol-
lione, cujus locum jam à Vossio notatum
memini.

Paulus MAFFEUS sive *Maphaeus*, Veronensis, Canonicus Regularis defunctus A.
1440. Ejus Scripta : *Meditationes passionis
D. N. JEsu Christi*, et liber *de colenda Justitia* ad Antonium Gradenicum, Patricium
Venetum. Vide Gabrielem Pennotum in hi-
storiaOrdinisClericorumCanonicorump.817.

* Epistolam contra duellum ad Nicolaum
Marchionem Estensem dedit, quam superesse adhuc in codice 5076 Vaticano monet
cl. Georgius in disquisitione de Nicolai V.
erga literas, et literatos patrocinio. Eius
etiam opusculum servat Cod. 774 Biblioth.
Universitatis Taurinensis hoc inscriptum
titulo *Brevissimum directorium archi.
communes interrogationes habendas a Sacerdote et plus et minus secundum quod
videtur tempori et statui expedire confi-
tentium. Hoc opusculum composuit D. Paulus Maffeus Verenensis Reg. Canonicus de
cong. Salv. Lateran. de Urbe.*

Epistolas eius nonnullas e MS. Cod. dedit Martene Vet. Mon. t. III. p. 873 etc.
Dedit et libellum de virginitate, cuius ipse
meminit in Epistola VI. ad Isottam Nogarolam Veronensem virginem eruditionis
fama celebrem, cuius nomini idem opusculum inscripsit. *

MAGANTIUM insignem, seculo sexto vergente, apud Britannos, penitiore rerum naturalium cognitione Philosophum Lelandus

---

a) Qui Venetum vel Siculum faciunt, non certis testimoniis nituntur. Vide Diarium eruditorum

Italiae tom. IX. pag. 154. Oudinum tom. 3 pag.
1127.

c. 28. celebrat, nulla tamen eius scripta referens.

MAGDALIUS JACOBUS, Gaudensis Ord. Praed. Conventus Coloniensis Poenitentiarius circa an. 1500 ac deinceps. Criticae sacrae atque emendandis Latinis Bibliorum codicibus laudabile studium impendit post LANFRANCUM de quo supra tom. IV. p. 525. ALCUINUM de quo tom. 1. pag. 49. NICOLAUM *Lyranum*, ROBERTUM *Groshead Lincolniensem* aliosque, et quos ipse laudat *Jacobum* FABRUM ac *Laurentium* VALLAM. Edidit enim Coloniae ad Adamum Bopardum Theologum an. 1508 4. *Correctorium Bibliae* Vet. et Nov. Testamenti, cum difficilium quarundam dictionum interpretatione. Laudat hocce Correctorium Rich. Simon lib. 3. Bibl. selectae cap. 34 qui de aliis etiam Correctoriis Biblicis videndus lib. 2. hist. Criticae Novi Testamenti cap. 9. Uti de Magdaliano V. C. Joannes Henricus à Seelen in singulari schediasmate, edito Lubecae 1728 4. Etiam carmine valuisse Magdalium, subjuncti correctorio elegi *de Maria Magdalena* et *de divo Josepho*, et praemissa libro Epistola versibus scripta testantur. Sed quod subjicitur *compendium Bibliae*, versibus 257 argumenta librorum sacrorum complexum, obscurius est, nec cum Alexandrino aliisve conferendum, de quibus tom. 1. pag. 63. De caeteris ejus scriptis consulendus Jacobus Echardus tom. 2. Bibliothecae Dominicanorum, pag. 44. quae sunt: *Passio D. N. JEsu Christi* ex Ecclesiae doctorum sententiis postillata, cum glossa interlineari Alberti Magni · et *Polylogus de compassione Christiferae Virginis Mariae*. Colon. 1505 1508 8. Paris. 1510 1515 1518 8. *Ærarium* sive *Dictionarium poeticum elucidativum*. C. 1506 4. *Expositio parabolarum* ALANI de Insulis (de quibus supra t. 1. p. 34.) Colon. Carmina varia, ut *Neumachia Ecclesiastica*, *Vita Salomes*, matris S. S. martyrum Maccabaeorum, distichis LXXIII

ibid. 1517. *Legenda seu vita et miracula Alberti Magni*, ad calcem vitae Alberti, scriptae à Rodulpho Noviomago, editaeque Colon. 1490 8.

MAGDEBURGENSIS Archiepiscopatus institutio an. 967. à JOANNE XIII a) exstat apud Meibomium tom. 1. scriptor. German. pag. 731. ANONYMI *Chronicon Magdeburgense* ab exordio Archiepiscopatus, et gesta Archiepiscoporum usque ad an. 1512. (sed alio auctore ab an. 1350.) id. tom. 2. pag. 269 371. Conferendae emendationes ex Codice Dresdensi, apud Clariss. Menckenium tom. 3. scriptorum rerum Germanicarum pag. 350 574. Fragmenta quaedam ex Chronica Magdeburgensi Manusc. ab A. 990 ad 1000 edidit Canisius tom. V. antiquar. Lect. Parte 2. pag. 340 (edit. novae Basnagianae tom. 3. pag. 64. 65.)

Omitto alia de quibus Caspar Sagittarius, in Antiquitatibus Archiepiscopatus Magdeburgensis, Jen. 1684 4. et de quibus Vir celeberrimus Urbanus Godfrid Siberus de illustrium Alemannorum meritis disserens pag. 170. Constat illud tum ex antiquis Magdeburgensium Chronicis, a Pomario b) et Dressero c) editis, tum ex vetustis Magdeburgensium membranis, quas Augusto Bosio teste, illustris ille Magdeburgensium Consul, Otto Guerriceus, d) cum Alemannorum familia arctissime conjunctus, in potentissimi Borussorum Regis Bibliothecam, Ptolemaica munificentia adornatam intulit: tum vero ex Chronico Manuscripto in tres libros distincto, et a Scriba Scabinatus Magdeburgensis Seculo XIV. ante trecentos annos confecto, quod Consultissimi Viri *Andreae Okelii*, Scabinatus Regii Borussici in Ducatu Magdeburgico Senioris, et Consiliarii aliis honoribus functi, perque literatum orbem celebratissimi, et ab *Antonio Pagio* aliquoties jure meritoque citati, beneficio inspicere licuit.

De Chronico quod ab aliis laudatur sub

---

a) Adde Acta Sanctor. tom. 1 Junii pag. 916. seq.

b) Jo. Pomarius 1587. 4 fol. post Andream Wernerum, 1584. 4 sed anno Germanice.

c) Matthaeus Dresserus in Chron. Saxonico 1596. fol. itidem Germanice.

d) Stanislai Lubieniecii Theatr. Comet. tom. 1 pag. 245.

nomine Annalistae SAXONIS, ab illustri Leibnitio editum, ab aliis EGGEHARDO, sive ECCARDO, de quo supra tom. 2, pag. 239. tribuitur, a quibusdam *Chronicon* vocatur *Magdeburgicum*, vide Bibliothecam Philol. Theolo. Bremensem t. 7 p. 98. De aliis Chronicis Magdeburgensibus dictum supra in GEORGIO *Torquato*. tom. 3. pag. 105. et ECCONE tom. 2. p. 242.

Jura Ministerialium Magdeburgensium vide sis in nobiliss. Lunigii Corpore Juris Feudalis pag. 2022.

Seb. Besselmaieri narratio de obsidione Magdeburgensi an. 1550 seq. Magdeb. 1552 4 et in Sim. Schardii scriptoribus rerum German. tom. 2. Confer. Baelii Lexicon in *Lotichio*, et V. C. Seb. Kortholti diss. Kil. 1703 4.

Conradus de MAGENBERG, supra tom. 1, pag. 385.

MAGINULFUS Heresiarcha Vide supra ARNULFUS I. 133.

Martinus de MAGISTRIS, infra MARTINUS

MAGNETIUS apud Sigebertum cap. 89. cognomen RABANI *Mauri*, de quo suo loco.

MAGNINUS Mediolanensis, Medicus circa A. 1300. *Regimen Sanitatis* quod inter ARNOLDI *Villanovani* A. 1312. defuncti opera pag. 658. exstat, sibi traditur addendo et immutando nonnulla appropriasse. De aliis ejus scriptis Lindenius, Merklinus, Mangetus in Bibl. Medica.

* Scripsit etiam parvum opusculum de *Mysterio Baptismatis*, quod an idem sit cum opusculo eiusdem tituli a Martene de antiq Ecclesiae ritibus t. 1 pag. 158. vulgato, illi demum agnoscent aiunt scriptores Historiae litterariae Gallicae t. IV p. 427. qui forte opusculum istud a Sirmondo indicatum possident. Hunc Magninum diversum omnino esse ab Arnoldo Villanovano probat Argelatus in Bibliotheca Mediolanensi. Opus eius inscriptum regimen sanitatis lucem vidit primo Lovanii an. 1482. Alia eius opera cum nonnullis Avicennae Lugduni 1517. in 4.

MAGNONIS *notae Juris* sive siglae et abbreviationes editae in Dionysii Gothofredi auctoribus linguae Latinae pag. 1481. et in Eliae Putschii Gammaticis pag. 1542-1679. ubi alterius auctoris explanatio notarum Juridicarum pag. 1666-1683. edidit etiam Frid. Tiliobroga sive Lindenborgius cum Valerio Probo de notis antiquis, Lugd. Bat. 1599. 8. Carolo Regi, incertum Calvone an Magno lucubratione suam auctor dicavit his praemissis versibus

Haec Juris cημεια. libens Rex accipe Carle, Offert devotus qnae tibi Magno tuus

MAGNUS Haconis sive Haquini F. Rex. Norwagiae ab An. 1263. ad 1280.

Ejus testamentum An. 1277. scriptum edidit Arnas Magnaeus. Hafniae 1719. 8. Vide Acta Eruditor t. VIII. supplementi pag. 320. De *legibus* ab eo emendatis, unde nomen etiam *emendatoris Legum* tulit, consulendus Thormodus Torfaeus tomo IV. Hist Norwagiae pag. 349. seq. ubi etiam epistolae ejus quaedam ei Constitutiones.

MAGNUS *Aurelius Cassiodorus Senator*, supra CASSIODORUSi

MAGNUS *Felix Ennodius*: supra, ENNODIUS tom. 2 pag. 511.

MAGNUS *Hunde* sive *Canis*, Medicus Lipsiensis circa An. 1500. primus, ut notant, auctor figurarum sive delineationum anatomicarum, ligno quamquam ruditer descriptarum, quales conspiciuntur in ejus *anthropologio* excuso Lipsiae 1501. Vide D. I. Zachariae Plathneri schediasma de hoc Magno editum ibid. 1735. 4.

Jacobus MAGNUS, supra t. 4. pag. 31.

Joannes MAGNUS (Svecicè *Stor*.) Lincopensis Gothus, Hadriani VI. quem pridem Lovanii docentem audiverat, Nuncius An. 1522. in Svecia, atque inde Archiepiscopus Upsaliensis, usque ad An. 1527. quo multis chartis et monumentis secum asportatis Romam petiit, Gustavum I. Regem Romana Sacra abrogantem non ferens, a) obiitque exul Romae An. 1544.

a) Damianus à Goës in deploratione Gentis Lapponicae, *Joannes Magnus vir optimis parentibus ac divitibus natus, sacrarum littera-* rum non vulgariter peritus, probitate vitae spectatissimus, Ecclesiae Romanae ita addictus, ut ejus causa amplissimum Upsalia Archiepi-

de quo' plura Joannes Messenius in Chronico Episcoporum Svecicorum et V. C. Jo. Mollerus in hypomnematibus ad Jo Scheierum de Svecorum scriptis pag. 363. seq. et Jo. Hubnerus noster in Centuria VII. Bibl. historicae Hamb. pag. 69. seq. Scripsit *Gothorum Sveonumque Historiam* à Magogo et primis originibus usque ad sua tempora *libris XXIV.* editam post auctoris obitum ab *Olao* ejus fratre Rom. 1554. fol. cum variis iconibus : et sine illis Basil. 1558. 1517. 8. Argentorat. 1607. 8. Versio Svecica quam in carcere Orebroensi dicitur composuisse Rex *Ericus XIV.* nunquam vidit lucem : prodiit autem versio Interpretis Regii *Erici Schraederi* Gustavo Adolpho Regi dicata Holmiae 1621. fol. De scriptis quibus *Petrus Parvus* aliique Dani scriptores fidei Joannis Magni detraxere, *Joannes* vero *Messenius* sub Jani Minoris nomine latens eandem asseruit, vide laudatum Mollerum pag. 366. seq.

Historia Metropolitana, seu Episcoporam et Archiepiscoporum Upsaliensium, edita ab eodem Olao fratre Rom. 1557. subjunctis quibusdam *Epistolis* auctoris. Diversus ab hoc et longe junior *M. Jonas* MAGNUS Wexionensis Svecus, qui ex Professore Upsaliensi Episcopus Scarensis An. 1651. diem obiit, ac praeter synopsin Historiae Universalis laudesque Gustavi I. et Gustavi Adolphi elogium, varia scripsit, de quibus Jo. Scheferus in Svecia litterata pag. 99. seq.

Olaus MAGNUS Praepositus Stregnensis, Joannis frater et comes in exilio, operumque ejus editor, et post fratris obitum A. 1544. a Paulo III. missus in Concilium Tridentinum et Archiepiscopus Upsaliensis designatus, sed nunquam usus illa dignitate, exul et ipse Romae defunctus, de quo et ipso Messenium, Mellorum et Hubnerum juvabit consulere. Scripsit praeter *tabulam terrarum Septentrionalium et rerum. mirabilium in eis et Oceano vicino* cum variis animalium figuris, Venet. 1539.

De Gentium Septentrionalium variis conditionibus, statibus et moribus libros XXII. itidem cum figuris primum editos Romae 1555. fol. Bas l. 1567. fol. inde missos in compendium à *Cornelio Scribonio Graphaeo* Flandro, Antwerp. 1558. et ibid 1562. atque recusam Ambergae 1599. Francof. 1618. 1622. Lugd. Bat. et Amst. minore forma : ut Italicam Remigii Florentini, Venet. 1561. fol. Germanicas duas, Anglicamque et Belgicam versionem operis non contemnendi praeteream.

Epitomen duplicem revelationum S. Birgittae Svecicae (de qna supra tom. 1 pag. 258.) Romae in fol. publicatarum, ex Jo. Messenii fide memorat Jo. Scheferus pag. 27. de Svecorum scriptis.

MAGNUS *Richobergensis*, in Bajoaria, Noricus, flamen Augustinianus sub Imp. Henrico VI. cujus Chronico usum se esse testatur libro sexto Joannes Aventinus. Constat Henricum VI. imperitasse ab A. 1190. ad 1198. *Chronicum* autem REICHERSBERGENSE quod ex editione rarius obvia Monachiensi Christophori Gewoldi, 1611. 4. recusum non ita pridem in Joannis Petri Ludewici tom. 2. scriptorum de rebus Bambergensibus, Lips. 1708. fol. illud inquam Chronicon incipiens ab Adamo, in An. 1194. desinit. Unde perquam probabilis est conjectura praeclari Vossii, qui hoc Reichersbergense Chronicon ab Aventino innui suspicatur.

Rupertus MAGNUS infra, RUPERTUS *Tuitiensis.*

MAGNUS Archiepiscopus Senonensis, cujus *de Baptismo* scriptum manu exaratum Cangius evoluit, Archiepiscopatum gessit ab A. 804. ad 815. Vide Sammarthanos tom. 1 pag. 619.

MAGNUS *Unnonis*, Monachus Brigittanus et Confessor generalis Wastenensium Coenobitarum in Svecia, defunctus An. 1470. Hunc illustris Ericus Benzelius in notis ad Jo. Vastovii vitem Aquiloniam pog. 75. testatur et libris utilissimis, eru-

---

scopatum plus minus quadraginta millium aureorum in singulos annos, et una cum fundo paterno asmiserit : cujus dignitatis ac honorum

jactura ab fluctibus fortunae agitatus, in Prussiae Gedani diu tenuiter victitans latuit.

ditionis, et assiduitate in sopiendis discordiis inter Monachos ortis diligentiae ac integritatis opinionem ac famam meruisse. Refert idem se praeter Magni hujus et Cardinalis Joannis de Turrecremata *Epistolas* missas ultro citroque, evolvisse etiam ejusdem tractatum *de devoto modo vivendi in consideratione beneficiorum DEI, scilicet creationis, redemtionis et conservationis, et in discussionem conscientiae per veram contritionem et firmum propositum emendandi et confitendi de peccatis,* ad Christoforum *DEI gratia Daciae, Sveciae, Norvegiae, Sclavorum, Gothorumque Regem.*

* Diversum a libro inscripto de modo vivendi hic a Fabricio indicato illum esse arbitror libellum de modo videndi ab eodem editum authore, quem indicat Diarium Wastenense ad an. 1451. Est enim liber ille vivendi regula a fratribus, et monialibus S. Birgittae praescripta Communi fratrum illorum et sororum approbatione et sigillo tanquam vivendi regula ab omnibus servanda firmatus. Haec enim lego in diario illo: *Confessor magnus isto tempore compilavit modum vivendi et statum quem tenerent familiares in curia, sive fratres et sorores; sed postea per eundem est in aliquibus punctis immutatus, et dè novo sigillis conventuum approbatus.* Obitus eius dies et annus definitur ibi 1470 Dominica infra octavam B. Laurentii additur: *Hic fuit baccalareus S. Theologiae et ultra XX annos erat confessor generalis Vazztenensis. Habuit etiam multos labores pro conservatione ordinis tam in curia Romana, quam in monasteriis nostri ordinis. Ipse etiam procuravit nobis defensorium super revelationes coelestes matris nostrae S. Birgittae contra adversarios et impugnatores ipsarum revelationum. Obiit autem an. a professione sua regulari 35.* *

MAGO Monachus et Presbyter, ex cujus ante quinquennium tum defuncti schedis RUDOLPHUS monachus Fuldensis, jussu Rabani Mauri, Abbatis sui scripsit *Vitam S. Liobae* Virginis et Abbatissae, editam a Surio 28. Sept.

Antiquiores sunt quam ut in praesentem censum referantur MAGO *Agrimensor,* ex cujus libris fragmenta inter scriptores rei agrariae pag. 255. seq. edit. Goßsianae : et MAGO Carthaginiensis, quem *rusticationis parentem* maxime se venerari ait Columella, testatus ejus XXVIII. volumina ex Senatus. consulto in Latinum sermonem ex Punico conversa ¡fuisse. De hoc in Bibl. Latina lib. 1. cap. 2.

Richardus de MAIDESTON, *(Madston, Maidstone)* Anglus, cujus poema *de concordia inter Regem Richardum et Cives Londinenses* An. 1393 servatur Manuscr. in Bibliothecis Angliae, sicut etiam *Lectiones* ejus et *Quaestiones* cum *Determinationibus.* Nec non liber : *Protectorium pauperis,* in Codice Bodleiano 3629 varia variorum scriptorum Opuscula continente, cui titulus : *Fasciculus Zizaniorum* Magistri Jo. Wiclefi cum tritico. Nescio unde constiterit Oudino t. 3. p. 1170. hujus fasciculi collectorem fuisse Thomam Waldensem seu Netterum. Neque enim hoc in Catalogo Manuscriptorum Angliae p. 174. significatur, in quo pag. 82 etiam memoratur Maidstonii tractatus *de anulo.*

Oliverius MAILARD, Ordinis Minor. Vicarius Generalis, defunctus an. 1502 de qno Waddingus pag. 270. Auctor ille plurium sermonum, quales a) Michaelis Menoti, Gabrielis Barlette et similium : ex minore Britannia, Theologus Parisiensis, in quibus ut abundant quandoque se ostendunt ingenio, ita à gravitate Apostolica longius passim recedunt, et de misero gustatu statuque suorum temporum insignitum perhibent testimonium, ut post Henr. Stephanum in pluribus locis Apologiae pro Herodoto, notavere nuper Theologus Basileensis celebris Petrus Roques in Pastore Evangelico Gallice edito Basil. 1723 4. pag. 133 seq. et C. E. Jordanus in historia itineris sui litterarii, itidem vulgati Gallice, Hagae Com. 1735 8. p. 162 seq.

Sermones de Adventu, habiti an. 1494. in templo S. Joannis de Gravia, prodiere Paris. 1507 et 1515 8. cum sermonibus

---

a) Menoto Maillardum et Barlettum jungit Franciscus Crucimanius p 327. Bibliothecae Gallicae.

quatuor communibus per Adventum et Dominicalibus.

Sermones de tempore Lugd. 1498 et Argentorati 1506.

Quadragesimale duplex Paris. 1498 forma majore octava, subjuncto sermone *de Justitia*, ex quo excerpta quaedam in Matagonis de Matagonibus (Francisci Hotomanni) monitoriali adversus Italo Galliam p. 77.

Sermones do Sanctis et communi Sanctorum. Lugd. 1507. et Argentorati 1514.

Contemplatio diffusa in Salutationem Angelicam Paris. 1507.

Sermones XV. de stipendio peccati et Gratiae praemio, atque sermo *in S. Annam.* Lugd. 1498 atque Argentorati : quibus quindecim sermonibus peccatum morale docet fugiendum, esse quoniam est 1) amaricativum Conscientiae. 2) bestialitatis introductivum. 3) dissipativum charitatis. 4) Daemonis laetificativum. 5) excoecativum mentis. 6) fatuitatis inductivum. 7) generativum egestatis. 8) honoris annullativum. 9) indignationis Divinae promeritivum. 10) charismatum Divinorum dissipativum. 11) libertatis destructivum 12) maledictionis incursivum. 13) Naturae laesivum. 14) oppugnativum meriti Christi et 15) Poenitentiae sacramentalis substractivnm.

· *Antonius* MAIUS, cuius funebrem quandam orationem excusam in Italia Gesnerus memorat, is est patria Brixiensis, cujus Epistolam philosophicam atque historiolam sive fabellam An. 1504 scriptam Veronae de spiritibus qui apparuerant in Garda, Veronensis dioeceseos villa, editamque Brixiae memorat Vossius pag. 680:

Chronica de MAILROS, sive Monasterii Mailrosensis sive Melrosensis in Scotia, Ord. Bened. ab A. C. 735 ad An. 1270 non uno sed incertis auctoribus, edita in Joannis Felli collectione scriptorum rerum Anglicarum, Oxonii e theatro Sheldoniano 1684 fol. Vide Guilelmi Nichols Bibliothecam historicorum Angliae pag. 62 seq. et Scotiae pag. 79. seq. et in appendice pag. 347. seq. ubi exhibet notas triplices Johan-

nis Jamesoni in illud Chronicon, primas quidem quibus probat illud esse ab Anglo et Scoticarum rerum parum perito interpolatum: secundas quibus illustratur, et tertias paucissimasque illas quibus corrigitur.

Joannes MAILROS. Supra t. 4. p. 422.

Guilelmus MAJOR. t. III. p. 143.

Joannes MAJOR. Supra t. 4. p. 383.

Hugolinus MALABRANCA Urbevetanus, Theologus Parisiensis, et ab an. 1368. Praepositus Generalis, Ordinis eremitarum S. Augustini, et ab an. 1371 ad 1374 Episcopus Ariminensis et Patriarcha (non CPolitanus ut Oudino tom. 3. pag. 1141. sed) Hierosolymitanus. Vide Ughellum t. 2. pag. 428 et· Philippum Elssium p. 305 encomiastici Augustiniani. Scripsit Commentarium *in IV. libros Sententiarum, de DEO uno et Trino, Qaodlibeta, Quaestiones in VIII. libros Physicorum Aristotelis. Commentarium in Boethium de Consolat.one Philosophiae. Sermones de tempore et de Sanctis.* * Praeter ea, quae de libris viri huius docti Fabricius annotavit, addere quaedam juvat ex P. Gandolfo in Diss. de CC. Augustinianis. Sunt vero libri hi omnes cum caeteris in MSS. Codicibus adhuc latentes. *Quaestiones super praedicamenta et periermenias. De idiomatum differentia. De principiis ordinis. De Deo trino et uno De sacris disciplinis. etc.*

MALACHIAS (Hibernis *Malmedoic OMongair*) ex Abbate Banchorensi Episcopus Connorensis in Hibernia, atque si Alberico pag. 252. Chronici, et 271 fides, ab Anno 1126 certe ab an. 1132. Archiepiscopus Armachanus, nam Annum 1134. ponunt Jac. Wareaus in Hibernia sacra pag. 14. et de Hiberniae scriptoribus pag 54. Caveus, aliique qui et an. 1137 sponte se abdicasse, atque inde semel iterumque petiisse, Romam et in secundo itinere decessisse perhibent in Coenobio Clarevallensi an. 1148. 2. Nov. Vide iterum Albericum pag. 316. Morienti S. BERNARDUS adfuit, et vitam a) scripsit defuncti et duos in ejus memoriam sermones habuit, ut dixi supra tom. 1. pag. 607. ubi notavi etiam San-

---

a) Exstat et apud Surium, V. Novem. et in Thomae Messinghami florilegio Sanctor. Hiberniae p. 332.

ctis adscriptum à Clemente III.' An. 1190.
Reliquiae in Iliberniam translatae. A. 1194.
Ad hunc Malachiam ;Epistolae Bernardi
315. 316. 317. (edit. Mabillonian. 344 356
357.) Scripsisse fertur sub Innocentio II.-
Prophetiam de futuris Pontificibus Romanis
quales supra memoravi JOACHIMI Abbatis
et ANSELMI Marsicani, et qualis ab *Arabe*
quodam de Pontificibus inde futuris quadraginta an. 1414. Imperatori Sigismundo
oblata fertur in Concilio Constautiensi, atque nnper admodum cum Bulla Benedicti
XIII. de habendo an. 1725. Concilio Beneventano, Germanico etiam versa an. 1725
8. lucem vidit. Malachiae divinatio incipit
à Caelestino II. et non modo ad Pontifices
nostrae aetatis progreditur, sed post praesentem *Clementem XII.* quem verbis *Co-*
lumna excelsa, voluit notare, supersunt
adhuc vaticinia sive aenigmata de aliis futuris: 1) *Animal rurale.* 2) *Rosa Umbriae.*
3) *Ursus velox.* 4) *Peregrinus Apostolicus.*
5) *Aquila rapax.* 6) *Canis et coluber.* 7)
Vir religiosus. 8) *De balneis Etruriae.* 9)
Crux de Cruce. 10) *Lumen in Coelo.* 11)
Ignis ardens. 12) *Relligio depopulata.* 13)
Fides intrepida. 14) *Pastor angelicus* 15)
Pastor · et nauta. 16) *Flos florum.* 17) *De*
medietate Lunae. 18) *De labore Solis.* 19)
Gloria olivae. 20) *In persecutione extrema*
S. R. Ecclesia sedebit: Petrus Romanus
qui pascet oves in multis tribulationibus:
quibus transactis civitas septicollis dirue-
tur et Judex tremendus judicabit populum
suum. Primus haec vaticina additis notis
Francisci Alphonsi Ciacconii, Ord. Praed.
ad Clementem VIII. usque edidit *Arnoldus*
Wion tom. 1. ligni Vitae pag. 307 311. lib.
2. cap 20. Venet. 1595 4. Prodiere deinde
cum annotationibus *Hieronymi Joannini*
Ord· Praed. Latine et Italice, ibid. 1605 4
saepius etiam recusa Romae ut an. 1689.
atque alibi, ut in *Thomae Messinghami* florilegio Sanctorum Hiberniae pag. 376 in
Henrici Engelgrave Coelesti pantheo, em-
blemate V. §. 1. et in Gabrielis Bucelini
historia universali: etiam in prima continua-

tlone Europae hodie imperantis, quae B·
Petro Amborsio Lehmanno cnrante Germanice prodiit Hamb. 1697 121 pag. 123 seq.
et Italice Venet. 1589.

Quantum his tribuendum sit fidel, docebunt *Claudius Franciscus Menestrierius*
S. J. in libello edito Parisiis 1689. 4. a) cui
titulus: *refutation des propheties fausse-*
ment attribuées à S. Malachie sur les ele-
ctions des Papes: Germanice verso à *M.*
Christiano Wagnero, τῷ μακαρίτοῃ Lipsiae
1691 4. atque defenso in philosophia imaginum b) aenigmaticorum Paris. 1694 12.
contra *Joannis Germani*, Cisterciensis additiones editas Neapoli 1675 4. *Petrus Pe-*
titus lib. 3. de Sibylla c. 10. pag. 347 seq.
Daniel Papebrochius in propylaeo ad Acta
Sanctorum Maji pag. 1216 *Samuel Andreae*
diss. de successionibus Róm. Pontificum
secundum praenotionem Malachiae Hiberno
adscriptam. Marpurg. 1677 4. *Dan. Guilel-*
mus Mollerus in diss. de Malachia Propheta
Pontificio, Altdorf. 1706 4. *Michael Gor-*
genius in observationibus editis Gallice,
Abbatis villae 1659. 4. et *Theodorus Cru-*
gerus, Lycei Luccaviensis Rector in com-
mentatione historica dc successione con-
tinua Pontificum Romanorum secundum
vaticinia Malachiae, à dubiis *Francisci*
Carriere (in digestis Chronologiae Pontificiae usque ad Alexandrum VII. Colon.
1619.) *Menetrierii* et aliorum vindicata.
Witteberg. 1723 4.

Caetera Malachiae huic tributa sunt *Vita*
S. Cuthberti, post Monachum coaevum
Lindisfarnensem et Bedam a) scripta ad
Davidem Regem Scotiae, sed nec in Actis Sanctor. tom. 3. Martii 20 neque alibi
quod sciam typis exscripta. *Epistolae* ad
S. Bernardum aliosque, *Constitutiones*
communes, ac *de legibus coelibatus* et
Novarum *traditionum* liber. Neque horum
quicquam editum comperi, licet memorantur à Baleo XIV. 85. atque inde a Wa-
raco, aliisque et à Vischio pag. 336. Bibliothecae Cisterciensis, qui etiam ex pervetusto Codice Monasterii Elnonensis lau-

---

a) Acta Erud. 1691. pag. 144 312.
b) Journal des Sav. 1695. pag. 666.

a) Supra tom. 1 pag. 504.

dat ·distichon hoc Malachiae familiare :

Spernere Mundum, spernere sese, spernere nullum,
Spernere se sperni : quatuor haec bona sunt.

MALACHIAS Hibernus alter iunior, Ord. Minor. circa an. 1310 cuius *Conciones* memorat Baleus XIV. 91 ac praeterea *Venenum Malachiae*, sive librum *de veneno septem peccatorun. mortalium deque remediis ipsorum*, editum typis Henrici Stephani avi, Paris. 1518 4. Vide Mich. Maittairii annales typographicos tom. 2. p. 312

Ricordanus MALASPINA, Patricius Florentinus scripsit Historiam antiquam Florentinam ab Urbis Originibus usque ad A. C. 1281. Sed opus Joanni Villano a) aliisque ex merito laudatum scripsit Italice non Latine, quod opus post editiones Florentinas A.1568, 1598. 4 et 1718. castigatius, adhibito Manuscripto Codice illustriss. Marchionis Giugni, Civis Florentini recudi fecit celeberrimus Muratorius in thesauro scriptorum Italiae Mediolanensi, tomo octavo : una cum continuatione *Jacchetti* MALASPINAE ex fratre Nepotis usque ad A. 1286 (non 1296 ut est in Ephemeridibus eruditor. Paris. an. 1733 p. 490 edit. Amst)

Saba b) MALASPINA Romanus, Decanus Malthensis et Secretarius Pontificiis Joannis XXI. scripsit · *rerum Sicularum ab* an. 1250 *ad* 1276 *libros sex,* (non duodecim ut legas in ephemeridibus eruditorum Paris. an. 1733 pag. 489.) editos primum à Baluzio tom. 6. Miscell. pag, 197 348. Paris. 1713 8. ex Codice in fine mutilo, qui ex Codice Vaticano emendari ac suppleri potest, ut notatur in Diario eruditorum Italiae tom. XXI. pag. 437. Baluzii editio recusa in tomo octavo thesauri Italiae Muratoriani : et in Jo. Baptistae Carusii tomo secundo Bibl. Historicae Siciliae : ac denique in thesauro Siciliae Burmanniano parte quinta, subjunctis etiam continuationis loco libris VIII. NICOLAI *Specialis*, de quo infra suo loco.

Galfredus de MALATERRA, supra tom. 3, pag. 10.

a) Vide Julium Nigrum pag. 484. hist. Scriptorum Florentinorum.

b) Non *Salla* ut apud Baluzium t. VI. Misc. pag. 197. et Oudinum tom. 5 pag. 482.

Carolus de MALATESTIS, Gregorii XII· Procurator ad sacram unionem perficiendam in Concilio Constantiensi. Hujus Epistolae an. 1415 seq. datae in Clarissimi Hardtii Historia illius Concilii tom. IV. pag. 177 344 346 et 380. *Nereidum cantus* ad Joannem Austriacum, sive Carmen epicum quod incipit: *Littore cum primum classem deduxit Ibero*, in Gruteri deliciis poetarum Italorum, in limine tomi secundi. * Epistolam illam anonymi ad Cardinales Pisis congregatos vulgatam ap. Martene Vet. Mon. pag. 966. quam ego transferendam duxi in vol. VI. pag. 995. 8. Supplementi Concilior. ad Carolum Malatestam referendam duxi, ut ibidem admonui. Est etiam ibid. ap. Martene, et in Supplem. Concil. prolixa narratio actorum et gestorum inter Carolum de Malatestis et Cardinales Pisis existentes pro extintione schismatis. *

Pro *Sigismundo Pandulpho* MALATESTA Principe, Epistola ante a. 1465 scripta à RO BERTO VALTURRIO, Ariminensi ad Machomet Bei, magnum admiratum et Sultanum Turcicum, in Baluzii Misc. t. IV p. 524.

MALCHIONIS Presbyteri et Rhetoris Antiocheni quaedam profert Petrus Diaconus libro ad Fulgentium, veteri Latina, ut videtur, usus versione. Malchionem enim ipsum circa an. 270. clarum, Graece non Latine scripsisse nemo dubitat. Vide quae notavi ad Hieron. cap. 71. de S. E.

Nicolaus MALHERMI, sive MALHERBIUS, Venetus Monachus S. Benedicti Ord. Camaldulensium, *Biblia integra*, ut ipse scribit, *secundum proprietatem litterae de verbo ad verbum* transtulit Italice, Vulgatam potius quam Hebraicos vel Graecos fontes secutus. Post primam editionem Venetam c) An. 1472. fol· ad Laurentium, Theologum Venetum saepius lucem vidit et ibid. 1477 et 1507 et variis in locis ut notatum Jacobo Longo in Bibliotheca Biblica, eumque scuto Oudino tom. 3. pag. 2664. seq.

c) Impressa in membranis exstat haec editio Uratislaviae in Bibl. celeberrima Rhedigeriana sive Elisabethana. Vide Gottlob Krantzii memorabilia illius Bibl. pag. 72.

MALLEACENSE Chronicon, Abbatiae S. Maxentii in Pictaviensi dioecesi : sive excerpta ex Chronico majore ab Orbe condito ad A. C. 1140 ex Julii FLORI floribus Historiarum , aliisque edita à Labbeo tom. 2. Bibl. novae Manuscr. pag. 190 221.

MALLEACENSIS Monachus, infra PETRUS Malleacensis.

Felix MALLEOLUS, Hammerlein supra tom. 2. pag. 563. FELIX.

Thomas MALLEOLUS , supra tom. 4. p. 493 de KEMPIS.

Guilelmus MALMESBURIENSIS , supra tom. III. pag. 143.

MALOGRANATUM , titulus libri , supra GALLUS tom. 3. pag. 14.

MALSCHANI nescio cuius Artem, Grammaticam ut suspicor , in Bibliothecae Sangermannianae Codice 540. Cangius evolvit.

Joannes MALVERNÆUS, supra tom. IV. pag. 385.

Jacobus MALVETIUS , de quo tom IV. pag. 304. ubi dictis adde, Malvecii hujus , nobilis Mutinensis Chronicon Brixianum ab origine Urbis ad an. 1332. quod auctor an. 1412 propter pestilentiam apud Brixienses grassantem in amoenas Benaci oras profugum se composuisse testatur , vulgavit illustris Muratorius tom. XIV. thesauri rerum Italicarum, a) Mediolan. 1729 f.

Claudianus MAMERTUS. Supra tom. 1. pag. 1358.

MAMMOTHREPTUS, μαμμο'θρεπ1☞ , b) mamma sive lacte nutritus : atque trahenda vel tractanda mamma Mammotractus , vel Mammotrectus : titulus libri in gratiam rudium clericorum exponentis ordine Biblico voces vocumque significationem , orthographiam , accentus in Bibliis Latinis prologisque Hieronymi, deinde in antiphonis et responsoriis , in hymnis :

in Legendis Sanctorum , Homiliis et declaratione Regulae S. Francisci : cum brevi declaratione de mensibus Hebraeorum , de festis , vestibus , Sacerdotibus , de interpretibus S. Scripturae , de divinationibus, de nominibus DEI , de expositione , qualitatibus et dimensione c) S. Scripturae, de comparatione testamentorum ad invicem et de quatuor Synodis, de orthographia et de accentibus. Opus absolutum A. 1466 auctor Joannes MARCHESINUS, ord. Minor. de quo infra , suo loco. Prodiit primum Moguntiae d) 1470 fol. Venetiis 1476 1497 1489 1492 1496 4 et 1498 1506 8. Habeo etiam editionem in fol. sine loco et anno , et ad calcem vocatur liber expositorius totius Bibliae ac aliorum quae in Ecclesia recitantur· Prodiit itidem Mediolani 1481. Argentorati (1487) 1489. fol. 1494. 4. Norimbergae 1489 1494 4. Metis (1509) 1511 4. Paris. 1510 1521 8.

MAMUTIUS do quo Christianus Daumius Epistola ad Nic. Heinsium data An. 1679. t. IV sylloges Burmannianae p. 255. Habeo nunc mecum ex Paulina Lipsiensium Bibliotheca membranaceum grandem Codicem, in quo Mamutii nescio cujus de virtutibus elegia plus mille constans versibus , Orosius , Arator, Rigae et Prudentii nonnulla, ut Psychomachiam , Hamartigenia , Hymni.

MANASSES I. Remensis ab An. 1068. Archiepiscopus, in Concilio Augustodunensi An. 1079 ob varia carmina quae ipsi objiciebantur damnatus, in proximo Lugdunensi Concilio An. 1080. Apologiam obtulit Hugoni Diensi Episcopo , Gregorii VII. in Gallias legato , quam edidit Mabillonius tom. 1. musei Italici parte 2. pag. 119 127. qui de hoc Manasse videndus pag. 117. seq. Sammarthani in Gallia Christiana tom. 1. pag. 507. seq.

---

a) Act Er. 1750. pag. 54, Bibl. Italique tom. VI.

b) Augustinus serm. 2. 2. Ps. XXX. tom 4 Opp. pag. 120. mammothreptus quales dicuntur pueri qui diu sugunt, quod non decet.

c) Caput de dimensione S. Scripturae integrum ita se habet : Scriptura sacra dimensione quadruplici variatur. Habet enim latitudinem in descriptione duorum testamentorum. Longitudinem in descriptione temporum et aetatum, Sublimitatem

in descriptione trium hierarchiarum gradatim ordinatarum , scilicet Ecclesiasticae , Angelicae et Divinae. Profunditatem in descriptione mysticarum intelligentiarum·

d) Cangius praef. glossarii Lat. 50. Jacobus le Long. Bibl. Biblica in Marchesino pag. 845. Oudinus tom. 3 pag. 493. Antonium Reiserum Manuscr. Bibl. Augustanae p. 97. Miscellanea Lips. tom. VII. pag. 46. seq. Diarium eruditorum Italiae tom. 13. pag. 286. etc.

Epistola ad Gregorium VII. in tomis Concilior. Labbei X. p. 362. Harduini VI. p. 1569 etc. confer. Gregorii VII. lib. sextum Ep. 23.

MANASSES *Svessorum* sive *Svessionensis* Episcopus ab An. 1103 ad 1108. cujus donationem Ecclesiae monasterio Novigentino factam edidit Dacherius notis ad Guibertum Novigentinum pag. 625. seq.

Antonius MANCINELLUS, supra tom. 1. pag. 119.

Dominicus MANCINUS praeter poëma *de passione Domini* Trithemio cap. 955. laudatnm, scripsit jam senex et Friderico Severinati, Episcopo Malleacensi dicatos Lipsiae 1516 edidit elegos *de quatuor Virtutibus, et Officiis ad bene beateque vivendum pertinentibus:* post repetitas editiones Basil. 1543. Antw. 1559. recudi curavit V. C. Hermannus ab Hardt Helmstad. 1691 8. subjuncta MARTINI Braccarensis formula honestae Vitae. *Eius tractatus de passione Domini metrice descripta cuius et Trithemius meminit, plus vice simplici lucem aspexit; prodiit enim in 4. absque loco, et anno, iterumque in 8 absque loco et anno, ac demum una cum Hieronymi Vallensis aliorumque sacris poematibus in 12. Antuer. 1548.

Gulielmus MANDAGOTUS sive de MANDAGOTO. Supra tom. 3, pag. 144.

Joannes de MANDEVILLA, t. IV p. 385. (195 Eius opus Italice cusum Mediolani 1480. *Bologna* 1488 1497. *Venet.* 1491. *Firenze Morgiani* 1492 in 4 et *Ven.* 1567. 8.)

Joannes MANDWITHUS. t. IV. p. 336.

MANEGAUDUS, *Manegaldus, Manegoldus* de quo Anonymus Mellicensis c. 105. *Manegoldus Presbyter, modernorum magister magistrorum, strenuus assertor veritatis fuit, a qua nec promissis nec minis schismatici Regis* a) *flecti potuit. Quin imo in dissensione illa quae inter* Gregorium VII. et Henricum IV. *exorta fuit, pro tuenda justitia laboravit usque ad vincula. Exstat ad eum scripta quaedam exhortatoria* IVONIS *Episcopi Carnotensis Epistola,* (quadragesima inter Ivonianas.) *Hic* textum Esaiae *Prophetae paginalibus clausulis distinxit. Super* Matthaeum vero *glossas continuas scribit. Scribit quoque super* Psalterium, *opus praestantissimum, super topazium et aurum obryzum pretiosum.* Hujus ut videtur opusculum pro Gregorio VII. sed jam defuncto et post an. 1080 ante A. 1101 scriptum *adversus Wolffelmarum* Coloniensem edidit laudatissimus Muratorius tomo quarto anecdotorum Latinorum, Patavii 1713 4. Quae autem *contra Epistolam Wenerici* scripturum se promittit, nusquam exstant. Haud dubie idem MANEGUNDUS est, quem Henricus Gandavensis cap. 28. *ait ingenii sui monumenta in expositione* Psalmorum et Epistolarum Pauli, *posteris reliquisse.* Huic Manegoldo. Teutoni tribui a nonnullis Commentarios in Psalmos, Coloniae 1536 fol. editos, Miraeus ex Jo. Molano annotavit, quos tamen REMIGII Autisiodorensis Episcopi esse communis est persuasio. Verisimile etiam Clarissimo Muratorio visum de eodem mentionem fieri in Ptolemaei Lucensis Annalibus ad An. 1090. *Per idem tempus floruit in Teutonia quidam Philosophus, cui nomen MENEGALDUS, cujus uxor et filiae in Philosophia fuerunt permaximae.* Anonymus apud Andream du Chesne tom· IV. de rebus Francor. pag. 89. *Hoc tempore tam in Divina quam in humana Philosophia floruerunt Lanfrancus Cantuariorum Episcopus, Guido Langobardus,* MAINGAUDUS Teutonicus, *Bruno Remensis, qui postea vitam duxit eremiticam.* Fuit hic Magister MANEGOLDUS *de Lutenbach* inter primos Canonicos et Praepositus Canonicorum Regularium *Murbacensium* in Alsatia, de quo Bertholdus Constantiensis in appendice ad Hermannum Contractnm ad an. 1093 et 1098 et Auctor incertus ad A. 1090· apud Urstisium tom 2. pag. 83. Diversus adeo à duobus ejusdem temporis, MANEGOLDO *Abbate S. Georgii* in Svevia quem à Monachis suis occisum b) refert idem Bertholdus ad an. 1100. et à MANEGOLDO *Raitenburchensi Decano*, cujus librum pro defensione Gregorii VII. compositum ipso adhuc vivente, tamen ab ipso non approbatum memorat Gerlachius prae-

---

a) Ita vocat homo Papae, Henricum IV. Imp.

b) Acta Sanctor. tom. 3. Februar. pag. 52.

positus Reichersbergensis apud Clariss. Pezium tom. 2. Anecdotorum parte 2. pag. 491. Confer ejusdem prolegomena ad illum tomum pag. XXIX. seq. et Diarium eruditorum Italiae tom XV. pag. 32 seq.

* Opusculum a Muratorio editum longe diversi est argumenti ac censuit hic Fabricius. Totum enim in eo est ut demonstret haud ita probanda esse veterum Paganorum scripta, ut omnia indiscriminatim admittantur, cum plura in eis esse evincat, qua dogmatibus Fidei nostrae adversantur. Ilaec contra Volfelmum usque ad Cap. XXIII. disputantur; tum vero duobus tantummodo capitibus de Causa Gregorii VII. agitur, quae adiecisse se in praefatione operis author profitetur eo quod sciret Valfelmum Dom. Papam Gregorium polluto ore lacerasse ; ideo ait : aliquid de illo adnectendum duxi *

MANEGAUDUS Abbas S. Michaëlis ad Mosam circa An. 1150 cujus diploma de renovanda memoria Ducis Volfaudi edidit Baluzius tom. IV. Misc. pag. 463.

Alius MANIGOLDUS Svevus ex Abbate Gremsmiinsterensi Episcopus Passaviensis An. 1206 de quo monumenta Tegernseensia apud eundem Pezium t. 3 p. 3. 523.

Ab his omnibus ut videtur diversus MENEGALDUS sive MENENGALDUS scriptor Historiae Ecclesiasticae Manuscriptae in variis Bibliothecis, quae incipit : Assyriorum Regum potentissimus olim fuit Ninus, qui bellum finitimis inferens Regibus. etc. Judice Luca Holstenio a) auctor nullius judicii nec pretii, quorum centuriae reperiuntur passim in Bibliothecis Monasteriorum qualis Petrus Comestor, Vincentius Belluacensis, b) aliique ejus formae consarcinatores, qui quum nullum suis historiis initium reperire possent, ab exordio Mundi repetebant, ut mali Poetae Trojanum bellum gemino ordiuntur ab ovo. Forte sub finem ad particularem alicujus Gentis historiam, et ad sua tempora delabitur, quae usui esse possent ad illorum temporum cognitionem: quod de proximo et in praesenti desperandum.

Jannotius MANETTIUS. Supra t. IV 314.

MANFREDUS de Cruce, Decretorum Doctor, Abbas S. Ambrosii Mediolanensis, Philippi Mariae ducis Mediolanensis ad Concilium Constantiense Legatus, cujus Orationem ad Sigismundum Rom. Imp. in illo Concilio an. 1415. habitam edidit Hermannus ab Hardt tomo V. historiae. Concilii Constantiensis pag. 109 114.

* Obiit anno 1425. De illo nonnu'la habet Puricellus in dissert. Ambrosiana n. 19.

Fulgentius MANFREDUS, Venetus Ord. Minor. junior qui an. 1606 scripsit Exceptionem per edictum Cardinalium in causa Veneta. Exstat apud Goldastum t. 2. Monarchiae Imperii pag. 483. 485.

MANFREDUS Poeta et Mathematicus, cujus carmina de computo anni leguntur ad calcem tomi primi operum Bedae venerabilis pag. 425. seq. et breve scriptum de embolismorum ratione pag. 405. 452. Idem an vero alius Hieronymus MANFREDUS Medicus et Astronomus Bononiensis circa An. 1455 cujus Centiloquium de Medicis et infirmis prodiit Bononiae 1483 4. Norimb. 1530 8.

MANFREDUS de Monte Imperiali, Medicus, scriptum de simplicibus in Codice Regio Paris. 334. Cangius evolvit.

MANFREDUS Potentinus sive Potentiae in Lucania Episcopus An. 1119. scripsit vitam Gerardi Patria Placentini, Episcopi Potentini, decessoris sui, quam vulgavit Ughellus tom. 7. Italiae sacrae pag. 135. 138. (edit. primae pag. 178.)

MANFREDUS Siciliae Rex anno 1267. extinctus, de quo Antoninus Mongitor t. 2. Bibl. Siculae pag. 29. seq. Ejus Epistolas quinque edidit Baluzius tom. 1. Misc. pag. 475 483. seq. Ejusdem additiones ad FRIDERICI II. Imp. librum de arte venandi cum avibus (de quo supra tom. 2. p. 611.) prodiere Augustae Vindel. 1576. 1696. 8. Epistola de victoria adversus exercitum Papae Innocentii IV. apud Bzovium ad an. 1254 n. VI.

MANFREDUS Terdonensis Ord. Minor. Provinciae Januensis ac custodiae Papien-

---

a) Diarium eruditorum Italiae tom. XV. p. 29.　　b) Multis tamen aliis hic praestat.

sis, circa An. 1360 scriptor *Polylogii* sive expositionis vocabulorum S. Scripturae. Vide Waddingum p. 246.

MANFREDUS *Vercellensis* Ord. Praed. circa an. 1433. in partibus Longobardiae nunciavit propinquum Antichristi adventum et quasi tempore suo esset futurus, induxit ad hoc suas rationes ex Scripturis, praecipue ex Apocalypsi : inde multis ad eum confluentibus auctor fuit tertii Ordinis Monachorum et Monialium de poenitentia S. Dominici. Vide Antoninum Florentinum summae historiarum tit 22. cap. 7. §. 8. t. 3 p. 494 seq. *Praedicabat* BER-NARDINUS a) *contra eum , arguens factum illud, et Manfredus contra Bernardinum, in aliquibus doctrinae suae eum sugillans.*

Nicolaus MANIACUTIUS, Canonicus ord. S. Augustini regularis, Lateranensis Basilicae, circa an. 1180. scripsit *Catalogum Pontificum* à Petro Apostolo ad Alexandrum III. versibus hexametris Leoninis Incip.

Si vis Pontifices Romanae noscere sedis .
Carminibus nostris perlectis scire valebis.

Edidit Onufrius Panvinius in annotatt. 270. et Daniel Papebrochius cnm notis in propylaeo Act. Sanctorum Maji pagina *) 27. Hunc Catalogum *Nicolao Montacutio* Anglo circa An. 1466 claro ¡praeter rem tribuit Pitseus p. 637. et ante eum Baleus VIII. 25. Vide et Oudinum t. 3 p. 2696.

Anicius MANLIUS *Torquatus Severinus Boethius :* Supra, BOETHIUS. t. 1. p. 233.

Jacobus MANLIUS. Supra, JACOBUS Brigantinus tom. IV. pag. 298.

MANLIUS *Rallus* ad quem Jo. Jovianus Pontanus libro 2. Hendecasyllabon :

Manli deliciae Attici leporis
Atque idem Latinae lepos Camoenae ,
Cantas dum teneros Lycinuae amores
Et Coi numeris refers Philetae etc.

Lucas MANNELLUS. tom. IV. p. 563.

MANSUETUS Archiepiscopus Mediolanensis, qui contra Monothelitas An. 679. Synodum habuit, b) Synodicamque ad Constantinum Pogonatum, Imp. CPolitanum

misit, quae cum Mansueti expositione fidei exstat in tomis Conciliorum ante acta sextae Synodi An. 680. et separatim ex Codice Anglicano prodiit cum notis Geverhardi Elmenhorstii, Lugd. Bat. 1618 4.

Gualterus MAPES. Supra tom. 3. p. 110.

MAPHÆUS *Vegius* ex Laude Pompeja Laudensis, Insuber , Martini V. Papae Datarius, diem obiit Romae an. 1458. primo anno Papae Pii II. sepultus in capella quam ipse Vegius adductus an. 1430. Ostia reliquiis B. Monicae, c) S. Augustini matris aedificari fecerat. De eo Trithemius cap. 762. et scriptor Vitae subjunctae libris de educatione puerorum in edit. Basil 1541 8. et in Bibl. Patrum iisdem praemissae : Jovius in elogiis, Ghilinus tom. 2. Niceronus in memoriis de vitis eruditorum t. 26. pag. 83. et additiones ad Naudaeana pag. 194. Scripta ejus, curante Andrea Schotto in Bibliothecae Patrum Coloniensis supplemento an. 1622 atque inde in Bibl. Patrum Lugdunensi tom. XXVI. exstant hoc ordine:

De educatione liberorum et claris eorum studiis ac moribus libri VI. pag. 633. Prodierat eximium hoc opus Mediolan. 1491. 4. Paris. 1511. 4. Basil. 1541. 8.

De perseverantia Religionis libri VI. ad Elizabeth et Monicam , sorores. pag. 689. Prodierant ex Joannis de Butrio , Monachi Claraevallensis recensione, Paris. 1511 4 *De quatuor hominis novissimis ,* morte, judicio , inferno et Paradiso *meditationes.* pag. 745. Prodierat cum libris de educatione liberorum . Basileae.

Philalethes , seu Veritas invisa exulans, dialogus ad Eustathium fratrem pag. 755. praemissa ejusdem argumenti elegia *Cornelii Gnaphei* Alostani. Prodierat cum quibusdam Luciani dialogis, Argentorati 1515. 4. et cum praef. Udalrici Fabri , Thorenburgensis , Viennae 1516. 4. De Gallica versione Lugd. forma minore à D. V. Z. edita quae bunc dialogum perperam Luciano tribuit , et de altera versibus Galli-

---

a) *Bernardinus Senensis .* de quo supra tom. 1 pag. 585. Confer Raynaldum ad Annum 1419. n. 13.

b) Confer Pagium ad An. 679. n. VI. seq.

c) Adde Baronium ad Martoyrolog. IX April. Acta Sanctor. tom 1 Maii 4. pag. 491. Tillemontii memorias II. E. tomo. VIII. pag. 477.

cis, Petro du Val interprete. Lugd. 1552.
vide Niceronum tom. XXVI. pag. 89.

*Supplementum libri XII. Æneidos Vir-
gilianae* pag. 759. Incipit. *Turnus ut extremo devictus Marte profudit.* Saepius prodierat in variis Virgilii editionibus, ut notare me memini in Bibl. Latinae llb. 1.
cap. 12. ubi etiam de Gallica hujus supplementi metaphrasi à Petro de Mouchant
adornata.

Astyanax, sive de morte Astyanactis,
poema quod incipit: *Musa, refer que causa metum post diruta Trojae.* pag. 764. prodierat curante Laurentio Abstemio, Fani
1505. cum pseudo Pindaro Thebano et
variorum epigrammatibus, quorum nonnulla omissa in secunda Francisci Polan-
di editione A. 1515. Vide additiones ad
Naudeana pag. 198.

Velleris aurei libri IV. quorum initium
*Egregium canere Æsonidem juvenesque
Pelasgo* pag. 766. Editi fuerant una cum
Astyanacte Vegii à Francisco Modio Colon.
1589. 12.

Antoniados sive de vita et laudibus S.
Antonii, *libri IV.* ad Eugenium IV. pag.
773. Incip. *Non hic Pegasides, non ficta
et inania, Musae.* ex edit. Antwerp. 1559.

Declamatio seu Disputatio *inter Solem,
terram et aurum*, audiente DEO *et* homine assistente. pag. 777. Lucem viderat
Paris. 1511. 4.

Praeter haec in Bibliothecis Patrum obvia, exstant *Poëmata et Epigrammata* edita una cum aliis a Franchino Gafurio,
Laudiensi, Musicae artis laude celebrato
A. 1531. In his elegiae *de fraudibus ru-
sticorum* et epigrammata *contra* a) *vitam
rusticam* composita ab eo anno 1422. et
poema cui titulus *Pompejana*, A. 1423.
Ipse vero natus An. 1407. praecocibus
igitur ingeniis jure suo accensendus. Quod
praeterea memoratur a Trithemio *de laudibus divae Monicae*, praeter praefationem
de hoc argumento libris de liberorum educatione praemissam: intellige *libros tres
de vita et obitu B. Monicae et Officium
Translationis ejusdem.* Sed et haec et in

a) *Tria lustra peregi, aetatis meta ista mea.*

Actis Sanctor. tom. 1. Maji pag. 491. memorata, Vitam et *Officium S. Augustini
et Officium Conversionis ejusdem: et Vitam
et Officium B. Nicolai Tolentinatis,* et caetera memorata Trithemio, *In Psalmos Poenitentiales et de re miltari,* et cum *Epistolis*
multis librum *de conditione humana* quem
imperfectum reliquit, nemo, quod sciam
in lucem protulit. Librum *de Verborum
in jnre civili significatione* quem Vicentiae
A. 1477. editum scribit Simlerus, alterius
Maphei esse mihi persuadeo.

* An Maphaeus iste scripserit libros tres
de vita et obitu S. Monicae plane ignoro;
illud compertum mihi est indicatum a Trithemio opus de laudibus D. Monicae libro
uno constitisse; nec forte aliud est, quam
carmen quoddam ab eo editum, qua occasione statuam S. Monicae erexit Romae,
qua de re Trithemius. Carmen vero istud
prodiit excusum in Collectione Venetiis edita
anno 1320. cuius hic est titulus: *opusculum multorum bonarum rerum* (sic) pag.
113. Incipit:

Salve lux matrum mater sanctissima salve
Salve Augustini Monica digna parens.

Haec ipsa carmina legi excusa in sanctua-
rio Papiensi Jacobi Guala impresso Papiae
an. 1505. vide ibid. l. 4. cap. 15.

Maphaei Vegii *de felicitate et miseria dialogus* extat MS. in Biblioth. Pistoriensi. Vide Commentarios eiusd. Bibliothecae p. 6. *

Celsus MAPHÆUS, *Veronensis*, de cujus apologia pro canonicis regularibus contra AMBROSIUM Coriolanum, Eremitarum
Generalem, vide Bzovium ad A. 1484. n:
4. seq.

Paulus MAPHÆUS, *Veronensis*, supra
MAFFEUS.

Guilelmus MARA. *Lamarensis* t. 3 p. 141.

MARBODUS, *Merboldus, Marbottus, Mar-
badus, Mardebanus, Merobaudus, Mer-
bodaeus,* à Baleo II. 50. et Pitseo pag.
185. Leyseroque pag. 369. de poëtis Medii aevi, cognomento *Evanx* dicitur, quod
Evacem de gemmis visus est carmine ex-
presssisse, ut mox sum dicturus. Natione
Britannus ex Magistro Scholarum et Archidiacono Andegavensi Episcopus An.
1096. Redonensis in Britannia Armorica

Galliae usque ad A. 1123. quo Monachus ad S. Albinum Ord Bened. Andegavi obiit aetat. 88. Multa scripsit verso et prosa, quorum nonnulla, sex Epistolae nimirum, liber de gemmis, variaque Carmina, jussu Ivonis, Redonensis Episcopi vulgata Redonis: 1524. sed plura curante praeclaro Viro D. Antonio Beaugendre, Presbytero Ord. Bened. edila ad calcem Operum Hildeberti Cenomanensis, a) Paris 1708, fol. hoc.ordine, et praemissa, inter aliorum elogiorum delectum. *Monachorum et Conventus S. Albini Andegavensis Epistola encyclica* de ejus obitu, in qua *Oratorum Rex, Gallicanae eloquentiae arcem obtinuisse* traditur, atque si ULGERIO ejus in Scholae magisterio successori credimus b) *cessit ei Cicero, cessit Maro junctus Homero.*

1) *Epistolae* VI. p. 1387. ex quibus *prima* ad Raynaldum Martigne, Andegavensem Episc. saepius edita in Patrum Bibliothecis, ut Lugd. t. XXI. p. 157. atque inter Hildeberti Epistolis *secunda* et *tertia* ad Ingilgerium, sive Ingungerium solitarium et Sacerdotem. *Quarta* ad Vitalem, *Quinta* paraenetica ad ancillam CHristi Agenoridem, et *sexta* ad Robertum Arbricellensem, oppugnata a Natali Alexandro Sec. XI. et XII. V. artic. 2. tom. VI. pag. 800. seq, Hisce ex veteri Redonensi editione Anni 1524. exhibitis et ad Manuscriptos Codices castigatis poterat *septima* ad Hildebertum ex Dacherii tom. XIII. spicilegii pag. 295. (tom. 3. edit. novae pag. 430.)

2) *Vita S. Licinii*, Episcopi Andegavensis pag. 1418. edita in Actis Sanctorum t. 2 Febr. 13. pag. 682.

3) *De Vita S. Roberti*, Abbbatis Casae DEI libri II. pag. 1433. ex iisdem Actis tom. 3. April. 24. pag. 317. et in Mabillonii Actis Benedictinis Sec. V. parte 2. pag. 184.

4) *Vita S. Magnobodi*, Confessoris pag. 1490. ex Manuscr. Mabilloniano, et praemissa pag. 1463. ejusdem Magnobodi vita scripta ante Mabodum ab Anonymo.

Scripta carmina.

5) *Historia Theophili poenitentis*, Vicedomini Adanae in Sicilia, pag, 1507. Incip. Quidam magnorum Vicedomnus erat meritorum, Theophilus nomen, tenuit quoque nominis omne Ex Actis Sanctor. tom. 1. Febr. 4. pag. 487.

6) *De septem fratribus Maccabaeis* pag. 1517. ex veteri edit. Redonensi An. 1524 Incip. *Antiqua Legis jus solvens jussio Regis.*

7) *De S. Laurentio*, pag. 1519. ex. eadem Redonensi, editione et ex Manuscr. Regio n. 274. Incip. *A Decio tentus, gladioque furente peremtus.* Scriptam motrice passionem S. Laurenti à Marbodo testatur Sigebertus cap. 158. ediderat Surius ad 10. August.

8) *Passio S. Victoris* ex editione Redonensi, sed castigata ad duos codices Manuscript. pag. 1527. Incip. *Cum studeat Daemon sanctis inferre polemon (πόλεμον.)*

9) *Passio S. Mauritii et Sociorum* ejus itidem ex Redonensi editione Anni 1524. ex duobus Manuscr. emendata. Incip. *Dum cohibere parat Gallos, quos conglomerarat.* Sigebertus cap. 158. de Marbodo: *Scripsit metrice passionem Thebaeorum, quasi pedibus vadens in sentiam EUCHERII Lugdunensis Episcopi, qui eam urbana prosa scripserat ad Silvium Episcopum.* Adde si placet quae dė Eucherii lucubratione dixi supra tom. 2. pag. 525. seq.

10) *Vita S. Thaisidis* ex duobus Manuscr. pag. 1541. Incip. *Vitam cujusdam mulieris carmine dicam.*

11) *Passio SS. Martyrum Felicis et Adaucti* pag. 1543. Incipit. Felix fide, felix actu, Felix qnidam nomine Romae natus et nutritus et Sacerdos ordine.

12) *De vita B. Maurilii*, Episcopi Andegavensis et Confessoris libri duo pag. 1546. Prior incipit. Quod de Maurilio tentat mea dicere Clio.

13) Varia Carmina, preces et hymni, p. 1555 1582. in quibus aliqua minime contemnenda.

14) *Liber Ruth* redditus carmine p. 1582.

---

a) Supra tom. 3 pag. 761. Acta Erud. 1709. p. 145. Oudinus tom. 2. pag. 946. Bibl. Latina IV. 2.
b) Bulaci Hist Academ. Paris. pag. 522. Epi-

stola illa encyclica in Marbodi laudem et Ulgerii carmen leguntur etiam in Edmundi Martene tom. 1 anecdotor. pag. 355. 357.

Judicis uulus sub tempore gesta canemus etc.

15) *De raptu Dinae* Genes. XXXIV. p. 1585
Discite claustra pati qui parcitis integritati.

16) *Liber ad Discipulum de ornamentis verborum*, pag. 1587 ex editione veteri Redonense ex pluribus Manusc. emendata et suppleta. Incipit:
Versificaturo quaedam tibi tradere curo.

17) *Liber decem capitulorum* itidem ex Redonensi editione pag. 1595. 1) de apto genere scribendi. Incip. *quae juvenis scripsi, senior dum plura retracto poenitet.* 2) de tempore et aevo, *post decies sextum currit mihi septimus annum.* 3) de meretrice, 4) de matrona, 5) de senectute, 6) de fato et genesi, 7) de voluptate, 8) de vera amicitia, 9) de bono mortis, 10) de resurrectione corporum.

18) *Carmina* a) *varia* praemisso tetrasticho ad *Robertum* Lincolniensem Episcopum pag. 1615.
Tot vivas anni. quot minis labitur annis,
puto legendum :
Tot vivas annis quot rivis labitur amnis.

19) *Epitaphium Caroli M. et Lanfranci* Archiepisc. aliaque carmina varii argumenti pag. 1625 1634. b) in his postremo loco ponuntur *Proverbia Catonis Philosophi*, quae hoc loco adscribam, quo magis pateat per similem fictionem Catoni tribui disticha de quibus supra tom. 1. p. 337.

PROVERBIA
CATONIS PHILOSOPHI.

Utilibus monitis prudens accomodet aures.
Non laeta extollant animum, non tristia frangant.
Dispar vivendi ratio est, mors omnibus una.
Grande aliquid caveas timido committere cordi.
Nunquam sauantur deformis vulnera famae.
Naufragium rerum est mulier malefida marito.
Tu si animo regeris, Rex es : si corpore servus.
Proximus exto bonis, si non potes optimus esse.
Nullus tam parcus, quam prodigus ex alieno.

Audit quod non vult, qui pergit dicere quod vult.
Non placet ille mihi, quisquis placeat sibi multum.
Juri servitium defer, si liber haberis.
Vel bona contemni docet usus , vel mala ferri.
Ex igne ut fumus, sic fama ex crimine surgit.
Irridens miserum, dubium sciat omne futurum.
Quanto major eris, tanto moderatior esto.
Alta cadunt odiis, parva extolluntur amore.
Criminis indultu secura audacia crescit.
Quemlibet ignavum facit indignatio fortem.
Divitiae trepidant, paupertas libera res est.
Tnnc homo culpandns, quando est in crimine
                                        casus.
Fac quod te par sit, non alter quod mereatur.
Dissimilis cunctis vox, vultus, vita, voluntas.
Ipsum c) te cruciat, te vindicat invidus ipse.
Semper pauperies quaestum praedivitis auget.
Magno conficitur discrimine res memoranda.
Terra hominis patria est, qua nascimur et tumu-
                                        lamur.
Aspera perpessu fiunt jocunda relatu.
Acrius appetimus nova, quae jam d) parte tenemus
Labitur ex animo benefactum, iniuria durat.
Tolle mali testes, levius mala nostra feremus.
Vir constans, quicquid coepit, complere laborat.
Saepe dolor siccat lacrymas, et gaudia fundunt.
Iniustus qui sola putat proba quae facit ipse.
Tristibus affliciar gravius, si laeta recordor.
Omne manu factum consumit longa vetustas.
Quid cautus caveas, aliena exempla docebunt.
Haud ullum tempus vanitas simulata manebit.
Condit fercla fames plenis insuavia cuncta.
Doctrina est fructus dulcis radicis amarae.

20) *Liber de gemmis* qui incipit : *Evax* e) *Rex Arabum legitur scripsisse Neroni.* p. 1637. Hic primum inter Marbodi carmina prodierat Redonis 1524 deinde sub Marbodei , Halli Cenomanensis nomine vulgatus a Pictorio Villingensi : Friburgi 1531 8. atque additis scholiis Alardi Amstelodami , Colon. 1539. 8. Hinc Janus Cornarius tanquam librum quintum subjecit Marci f) libris IV. de herbis, hoc titulo : *MACRI sive ut quaedam exemplaria habent, MERBOLDI Episcopi, aut potius INCERTI auctoris de naturis lapidum liber.* Francof. apud Christ. Egenolphum 1540 8. Longo post tempore velut antea ineditus sub EVA-

---

a) Praeter. illa in edit. Redonensi A. 1524, Carmen in laudem Hildeberti ediderat Hommeyus in spicilegio Patrum pag. 419. et aliud de tribus inimicis hominis , mulieribus , avaritia et ambitione pag. 547.

b) Quod pag. 1629. tanquam ineditum profert Carmen hoc initio: *Ordo Monasticus Ecclesiasticus esse solebat :* pridem editum a Flacio sine nomine auctoris, in aliis Codicibus GVALONI tribuitur. Vide supra Tom. 3. pag. pag, 522.

c) F. se.

d) F. quam quae parta.

e) Editiones quaedam Plinii XXV. 2. *Praeter hos Graeci auctores medicinae prodidere : ex his* Evax *Rex Arabum qui de simplicium effectibus ad* (Tiberium) *Neronem scripsit.* In Manuscr. verba haec desiderari notarunt Salmasius praef. ad homonyma hyles jatricae p. 15. et Harduinus.

f) Liber quintus Macri vocatur etiam in Codice Bibl. Paulinae Lips. de quo B. Fellerus pag. 569.

CIS a) nomine lucem vidit è Bibliotheca D. Henrici Rantzovii , Sereniss. Danorum Regis per Holsatiam et Dietmarsiam legati, curante Henrico Mollero. Lubecae 1575. 8. apud Joannem Balhornium, ac recusus Lipsiae 1585. 4. Pluribus postea quam centum annis interjectis V. C. Jacobus Gronovius ad calcem Dactyliothecae Abrahami Gorlaei Lugd. Bat. 1695 4. edidit expolitum a se MARBODÆI Galli Poctae vetusti carmen de gemmis , auctum in fine versibus XCIII. et praemissis duabus Epistolis una tanquam Tiberii ad Evacem b) et altera Evacis ad Tiberium. Denique Beaugendrius collatis editionibus et Codicibus Manuscriptis recensito veterem Gallicam addidit metaphrasin auctoris non multo quam Marbodeus fuit junioris , quae incipit :

Evax fut un muite riche Reis
Lu regne tint des Arabais.

Addidit etiam pag. 1679. Marbodi *carmina de XII. lapidibus pretiosis* Apocalyps. XXI, 19. quorum initium : *Cives coelestis patriae Regi regum concinite :* et p. 1681. prosario sermone eorundem *lapidum pretiosorum mysticam seu moralem applicationem.*

21) Post indicem postremo loco sequitur *Metaphrasis Cantici Canticorum :* Incip.

Quem sitio votis, nunc oscula porrigat oris.

De hac Sigebertus c. 158. *Marbodus, Redonensis Episcopus, Cantica cnnticorum ad integrum exposuit metrico lepore et allegoriam exornans,* Laudat et Trithemius c. 339 Desiderantur in Beaugendrii editione *Vita S. Alexii* Confessoris , sub seculi V. initia Romae , vel Edessae in Syria , quae exstat in Actis Sanctor. tom. IV. Julii 17. pag. 264 256. Incipit :

Praestans magnatis summae vir nobilitatis
Stemmate Romanus effulserat Eufemianus.

Vita S. Gualteri seu *Gauterii* , Abbatis et Carronici Stirpensis in dioecesi Lemovi-

censi , qui an. 1070 obiit : exstat prosario sermone a Marbodo composita in iisdem Actis tom. 2. Maji XI. pag. 701 706.

Vita S. Florenii Martyris, quam exspectare jubemur ad 22. Septembris.

S. MARCELLINUS Romanus , Papa ab an. 296 30. Jun. ad an. 304. Octobr. 24. de quo Acta Sanctor. tom. III. 26. Aprilis pag. 412 seq. ubi thurificasse Diis, librosque sacros tradidisse in persecutione Diocletianea , sed egisse deinde poenitentiam et Martyrium obiisse traditur. Quanquam Petrus Coustant in Epistolis Pontificum pag. 310 totum illud de lapsu Marcellini , fabulam esse à Donatistis excogitatam probat ex Augustino, et *Sinuessani* in Campania Concilii Acta de Marcellini condemnatione , quae exhibet etiam in appendice pag. 29. supposita esse non dubitat : quae etiam est sententia Natalis Alex. Papebrochii in propylaeo ad Acta Sanctor. Maji pag. 43. Antonii Pagi ad A. 302. n. 18. seq. Tillemontii T. V. memoriar. pag. 613. et Norisii Cardinalis t. IV. Opp. pag. 128 seq. *Epistolae duae Decretales ,* una *ad Salomonem Episcopum* et altera *ad Episcopos per Orientales provincias constitutos* exhibetur et fraudis convicta rejicitur à Blondello in Pseudo-Isidoro pag. 389. seq.

Ammianus MARCELLINUS , de quo in Bibl. Latina III. 12.

S. MARCELLINUS sive MARCHELMUS *Brigantius* Anglus Presbyter et Monachus *Eboracensis ,* S. Willibrordi discipulus c) in Hibernia , ac deinde Trajecti post An. 720 traditur scriptor *Vitae S. Sviberti* Frisiorum Apostoli , quae exstat apud Surium 1. Martii et defenditur ab Ægidio Gelenio in clypeo Svibertino : sed supposita d) arguitur multis argumentis ab Henschenio tom. 1. Act. Sanctor. Martii pag. 70 seq. et tom. 3. ubi de S. Luidgero 26. Martii pag. 638 seq. In huius vitae capite

---

a) Sub *Evacis* nomine laudari ab Henrico Mediolanensi , notavit Barthius pag. 704. ad Claudian. Apud Albertum Magnum , Vincentium Bellovacensem aliosque venit nomine *Lithiarii* sive *Lapidarii* : vide Tom. XIV. Bibl. Graecae pag. 118. Ex Alberti M. de mineralibus etiam BRUNO de Colonia *Lapi-*

darium collegit prosario sermone , qui Manuscr. Lipsiae in Bibl. Paulina teste B Fellero pag. 591.

b) In Beaugendrii editione pag. 1687.

c) Vide Lelandum cap. 104. Baleum II. 19. et Pitseum pag. 132.

d) Oudin. Tom. 1. pag. 1677. seq.

sexto, *Elegit ergo* (Egbertus), Archiep.
Eboracensis *et congregavit instar duodecim Apostolorum, duodecim Apostolicos viros, in fide constantes, ex diversis Monasteriis ad praedicandum Germanis Catholicam fidem. Fuerunt autem hi missi: Willebrordus, Svibertus, Acca, Wigbertus, Wilibaldus, Winibaldus, Lebuinus, duo Ewaldi, Werenfridus, et ego minimus omnium Marcellinus, qui hanc historiam sicut et sancti Willebrordi conscripsi.* Hanc
S. *Willebrordi* vitam Manuscriptam, ex
Molano memorat Baronius ad Martyrolog.
Rom. 7. Novembris, sed nemo adhuc in
lucem protulit quod sciam: uti nec vitam
S. *Willeici* Canonici Trajectensis, aut librum *de tyrannide Rabdi* Frisiae Regis,
quorum meminit Vossius II. 29. pag. 287.
MARCELLINUS sub Justiniano Imp. *Comes* de quo Cassiodorus libro priore institutionis Divinarum litterarum c. 17. *Marcellinum etiam IV. libros de temporum qualitatibus et positionibus locorum pulcherrima proprietate, conficiens itineris sui tramitem laudabiliter percurrit: quem vobis pariter dereliqui.* et cap. 28. *Marcellinus quoque de quo jam dixi, pari cura legendus est, qui Constantinopolitanam Civitatem et urbem Hierosolymorum quatuor libellis minutissima narratione descripsit.*
Hos Marcellini libros ac libellos hodie desideramus. Exstat autem Chronicon de quo
idem Cassiodorus cap. 17. *Chronica vero,
quae sunt imagines historiarum, brevissimaeque temporum commemorationes, scripsit Graece Eusebius, quem transtulit Hieronymus in Latinum, et usque ad tempora
sua deduxit eximie. Hunc subsecutus est
suprascriptus* MARCELLINUS *Illyricianus,
qui adhuc patricii Justiniani fertur egisse
cancellos:* a) *sed meliore conditione* b) *devotus, a tempore Theodosii* c) *usque ad fores* d) *Imperii triumphalis Augusti Justiniani opus suum Domino iuvante, perduxit,
ut qui ante fuit in obsequio suspecto gratus, postea ipsius imperio copiose amantis-*

a) Fuisse Cancellarius.
b) Ita recte Garetius pro dictione.
c) Magni ab A. C. 570.
d) Prima tempora sive nsque ad Consulatum

simus appareret. Hoc Marcellini Chronicon
primus edidit *Antonius Schonhovius*, Paris.
typis Wecbelianis 1546 8. quanquam ante
Schonhovium *Joannes Cuspinianus* integrum fere suis in Cassiodorum commentariis inseruerat: sed illi demum vulgati a
Nicolao Gerbelio sunt Basileae 1553 fol.
Inde recusum Chronicon in Bibliothecis
Patrum Bignaeanis, Parisiensibus et Coloniensi, atque ex recensione *Onufrii Panvinii* ad calcem ejus fastorum, Heidelberg.
1588. fol. et in Eusebio Josephi Scaligeri,
Lugd. Bat. 1606 fol. Denique ex Codice
Tiliano integrius et emendatius hoc Chronicon vulgatum est à *Jacobo Sirmondo* cum
Chronico fastisque Idacii, Paris. 1619. 8.
atque ex Sirmondo in nova editione Eusebii Scaligerani Amst. 1648 fol. et inter
Sirmondi opera tom. 2. pag. 349. Paris.
1696. Venet. 1729 fol. ubi novo studio annotatae variae quaedam lectiones et emendationes ex Codicibus Bibl. Victorinae, Bibl.
Jesuitarum Paris. et Codice Brugensi, ex
quo notationes quaedam *Petri Francisci
Chifletii* etiam consignatae in prolegomenis
ad tomum secundum Sirmondi Operum,
num. III. Addam Anonymi Mellicensis testimonium cap. 56. de S. E. *Marcellinus,
natione* Romanus, *Chronicam scripsit, in qua
sagacis sui ingenii evidens indicium dedit.*
MARCELLINUS *Notarius* et Martyr in
Africa circa an. 431. à Donatistis peremtus. Vide Acta Sanctor. tom. 1. April. 6.
pag. 539. seq. Jussu Honorii et Theodosii
Impp. praefuerat *Collationi Carthaginiensi*
an. 411. cuius gesta, vel gestorum certe
epitomen habemus. Vide si placet dicta t.
XI. Bibl. Graecae pag. 393 seq. dictisque
adde illustrissimi Norisii Cardinalis historiam Donatistarum cap. XIII. tom. 4. Opp.
pag. 537. seq. Inter editiones praestat illa
Stephani Baluzii, qui in notis ad S. Cyprianum pag. 609. *Utinam Harduinus voluisset
sequi editionem meam gestorum, quae certe
absit verbo invidia, multo melior est quam
ille dedit.*

quartum Justiniani A. C. 534. Caetera enim quae
usque ad Justiniani finem sive ad A. C. 557. sequuntur ab alio licet antiquo scriptore addita esse Sirmondus non dubitat.

MARCELLINUS *Presbyter* Luciferianus circa an. 384. de quo supra in FAUSTINO.

MARCELLUS Episcopus Africanus inter eos quorum nomine S. Cyprianus scripsit Epistolam in edit. Pamel. et Baluz. LXVIII. (Oxon. LXVII.)

S. MARCELLUS I. Romanus Papa ab an. 308 et Martyr Januar. an. 310. de quo Acta Sanctor. tom 2. Januarii 16. pag. 3. seq. ubi et carmen in ejus laudem scriptum à S. Damaso, editum primum a Baronio ad an. 309. n. 7. atque *Acta S. Marcelli*, auctore Anonymo, aliaque pag. 9. libris duobus auctore URSIONE, Abbate Altimontensi. De *decreto* apud Gratianum Causa XX. quaest. 1. cap. 10. quo pueris minori aetate oblatis monasterio, ad seculum regrediendi potestas anno aetatis decimo quinto conceditur, vide Petrum Coustant in Epistolis Pontificum pag. 314 seq. *Epistolam ad Episcopos per Antiochenam provinciam constitutos* et alteram *ad Maxentium* exhibet et falsitatis convincit Blondellus in Pseudo-Isidoro p. 393 seq.

MARCELLUS II. Politianus, cognomine Cervinus, Papa an. 1555. ab April. 9. ad 1. Maji de quo consules Paulum Colomesium in Italia Orientali pag. 77. seq.

MARCELLUS Burdegalensis, Medicus *Empiricus*, Theodosii Magni archiater, de cuius libro Medicamentorum, eiusque editionibus dixi in Bibliotheca Latina IV 12. 3.

MARCELLUS quem *Marci* praefecti Urbis F. et ex Simonis Magi assecla a) discipulum S. Petri Apostoli venditant, scriptor commentitius variorum Actorum de quibus Sigebertus cap. 1. et ex eo Trithemius cap. 4. Mentio hujus Marcelli apud Pseudo Abdiam lib. 1. cap. ult. qui ex ejus Actis etiam nonnulla repetit ἀυτολεξεί Libellum *de mirificis actibus B. Petri et Pauli, et de magicis artibus Simonis magi* ad SS Nereum et Achilleum, pro Christo in Pontiana Insula relegatos, recudendum curavi in parte tertia Codicis Apocryphi Novi Testamenti pag. 632 653. Ex

a) Ita Pseudo Linus, et Pseudo Marcellus ipse, atque inde Sigebertus, et Martyrologium Romanum 7. Octobr

codem Ordericus Vitalis Epistolam *de conflictu Simonis Petri et Simonis Magi* fere integram describit lib. 2. Hist. Eccles. p. 392. seq. (in scriptoribus Normannicis Andreae du Chesne) laudato autore Marcello, (non Lino, ut affirmat vir doctus in diss. de Patribus Apostolicis pag. 55.) Sub Marcelli nomine idem scriptum integrum primus edidit et notis illustravit Florentinius ad Martyrolog. Hieronymianum pag. 103. 111. Fragmentum illius vulgavit ex codice Lateranensi Paulus Aringhus, Romae subterraneae lib. 2. cap. 5. num. 9. et ex Flaviniacensi codice Lud. Jacobus à S. Carolo ad calcem Bibl. Pontificiae pag. 487. Integrum quoque pridem ediderat Fridericus Nausea iu Passionibus Apostolorum sed sub nomine PHILALETHIÆ EUSEBIANI Colon. An. 1531 4. Epistolam Marcelli ad Nereum et Achilleum ante Lud. Jacobum a S. Carolo vulgavit Laurentius Surius ad diem 12. Maji, unde postea legitur etiam in Actis Sanctor. tom. 3. Maji 12. pag. 9. seq. in Actis SS. Nerei et Achillei. Suppositis adscribent quicunque atteute legerint universi. Vide Johannem Hessels, Lovaniensem doctorem in censura de quibusdam sanctorum historiis cap. 6. Henschenium tom. 3. Actorum Maji pag. 10. Tillemontium tom. 1. memor. Hist. Eccles. pag. 498. et 781. seq. Gerh. Johannem Vossium de historicis latinis lib. 3. pag. 736. D. Ittigum, appendice de haeresiarch. pag. 8. seq. et diss. de patribus Apostolicis pag. 55. seq ubi etiam memorat supposititias EUTYCHIS VICTORINI et MANIS ad Marcellum literas, quae in Actis NEREI et ACHILLEI exhibentur, de quibus Papebrochius tom. 7. Act. Maji in addendis ad illa acta: *Fingunt etiam Epistolas ad istum* (Marcellum) *à Sanctis ex insula Pontia et ab hoc ad illos datas de Simonis Magi et Petri Apostoli conventione, argumentis ex Hegesippi apud Surium fragmento desumptis, quas Epistolas merito explodes.*

Reliqua Sigeberto memorata sunt, quae omnia in eadem ad Nereum et Achilleum Epistola leguntur: *De obitu S. Petronillae Virginis*, Filiae B. Petri Apostoli: Confer

Acta Sanctor. tom. 7. Maji 31. pag. 420.
De Passione S. Feliculae Virginis et Martyris. Vide eadem Acta tom. 2. Junii 13.
pag. 666. *De passione S. Nicomedis*, presbyteri et Martyris. Vide Baronium ad
Martirolog. 15. Septembr.

MARCELLUS *Memorialis*, cui *gesta Collationis Cathaginiensis*, cum Donatistis A.
411. habitae debemus, ut constat ex Epistola Marcelli hujus praemissa ad Severia-
num et Julianum, quos dilectissimos et
in CHristi nomine venerandos appellat.
Prodiere illa primum curante Papyrio Mas-
sono Paris. 1589 8. atque emendatiora a
Petro Pithoeo 1596. 8. deinde in tomis
Conciliorum, Regia, Labbei, Harduiniana,
et in Optato Paris. 1676. sed maxime recensita novo Stephani Baluzii studio, in
ejus tomo primo Conciliorum, atque inde
in Optato Dupinii et in Coleti Veneta editione Conciliorum tomo III. Diversus hic
Marcellus *memorialis* a MARCELLINO *no-
tario*, de quo supra. S. Augustini brevi-
culum hujus Collationis exstat inter praeclari illius Doctoris opera tom. IX. edit.
Benedictin. Amst. pag. 371.

(195 MARCELLUS *Palingenius* Ferrariensis *Zodiacus vitae id est de hominis vita studio ac moribus optime instruendis* Libri XII.
primum prodiere *Venetiis* per B. Vitali S. A.
8 deinde Roterodami 1692 1722. 8 et Gallice
par de la Monnerie a la Haye 1731. 12. De
satyrico hoc poemate Vidend. *Tiraboschi
Letteratura Italiana* VII 1386. et supra
FIAMINIUS II. 574.)

MARCELLUS *Palonius*, patricius Romanus interfuit praelio Ravennatensi A. C.
1512 festo resurrectionis CHristi 3. Id.
April. quo victoria penes Gallos stetit sed
non incruenta, adversus Julii II. exercitum. De illo praelio illaque clade duos
scripsit libros carmine epico, quod elegantissimum Hieronymus Rubeus apud Vossium pag. 677. appellat. Prodiit Romae 1513
(196 Et etiam sine anni et loci nota in 4.
si Sebast. Ranghiasci in *Bibliografia dello
Stato Pontificio*, Mandosio in Bibl. Romana, seu
potius Cinellio in *Bibl. Volante* Sc. XVIII.
fides.) Hujus Marcelli epigramma in Andream
Matthaeum Aquivivum exhibet Gruterus in

deliciis Poëtarum Italorum t. 2 p. 175.

MARCELLUS *S. Petri* discipulus. Supra
Marcellus Marci F.

MARCELLUS Nolanus *Presbyter* scripsit
sive scriptam heroico versu à S. Paulino
Nolano, prosae sensibus explicavit et Leoni
Nolano Episcopo dicavit *vitam S. Felicis*
Confessoris et Presbyteri Nolani, defuncti
ut videtur post an. 312. Edidit Jo. Bol-
landus tom. 1. Januar. 946. 948. Leo ille
Episcopus Nolanus circa an. 535. Vide
Ughellum tom. 6. pag. 253.

MARCELLUS *Ravennas*. Supra *Marcellus Palonius.*

Ulpius MARCELLUS JCtus Antoninorum
tempore, scriptor notarum in Salvium
Julianum, Pomponiumque, sed antiquior
quam ut a me hoc loco memorari debeat.

MARCERIUS Anglus, Historicus cujus
Chronicorum opus ex Joannis Baconthorpii
prologo quarti sententiarum, quaestione
decima memorat Jo. Baieus XI. 19. ex
Baleo Pitseus pag. 886. aliique.

Joannes MARCHANOVA Sup. t. IV p. 291.

Joannes MARCHELEY. Supra t. IV p. 386.

MARCHELMUS. Vide supra, in MAR-
CELLINO, Anglo. Dubito an diversus habendus quem Pitseus ad an. 772 referens
S. Marcellini fratrem facit p. 155. atque
scripsisse *interpretationem somnii Ludgeri.*

Jacobus de MARCHEPALLU, supra t.
IV. pag. 304.

Joannes MARCHESINUS e Regio Lepidi
Mutinae vicino Ord. Minor. circa an. 1450
ut recte Sixtus Senensis, non ut Waddingus et alii, 1300 nam *Mammothreptum*
suum, quo inprimis inclaruit, et de quo
supra pag. 12. absolvisse se significat A.
1466. Alia ejus scripta apud Waddingum
pag. 247. seq. Oudinum tom. 3. p. 3562.
et Joannem Guasco in historia litteraria
Regii Lepidi, edita Italice 1711. 4. p. 12
sunt *Sermones de Sanctis* et tractatus de
purgatorio et de vitiis. (Lucchesini 1. Vide
Tiraboschi *Bibl. Modenese* III 154. ubi de
codice A. 1431.)

Franciscus de MARCHIA. Supra t. 2.
pag. 599.

Jacobus de MARCHIA Picenus, ex monte
Brandonis agri Asculani, Ord. Minor. S.

Francisci de Observantia , defunctus An.
1476 et Beatificatus an. 1624 ab Urbano
VIII. vide bullarium Laer. Cherubini tom.
IV. pag. 19. scripsit contra Fraticellos in
Italia, Manichaeos in Bosnia et Croatia ,
Patarenos et Arianos in Hungaria: et Cru-
ciatam praedicavit contra Turcos. Ejus
dialogum contra Fratricellos Manuscr. habuit Waddingus ut ipse refert pag. 184.
ubi etiam memorat ejus tractatum *de ado-*
ratione sanguinis CHristi in triduo effusi.
Duo *Quadragesimalia. Adventualia* totidem : *Sermones de Sanctis ,* in quibus
quatuor de S. Francisco. Tractatum *de*
admirabili gloria Virginis Mariae. Locos
communes divisos quinque partibus , quorum singulae variis iterum tractatibus di-
stinguuntur. Addit etiam *Pisanellam sum-*
mam ab eo recensitam, et Doctrinam *Scoti*
redactam in tabulas · scriptaque *Quodlibeta*
et Commentaria *in IV. libros Sententiarum.*
Confer Oudinum tom. 3. pag. 2625 seq.

* Dialogus Jacobi de Marchia contra fraticellos an certum eius opus fuerit , adhuc
versamur in ambiguo. Est enim apud me
eiusdem opusculi Codex recenti manu ex
vetusto alio descriptum ad Cardinalem
Leandrum de Colloredo olim pertinens ,
qui titulum hunc eadem qua caetera manu
adscriptum praefert : *Dialogus contra frati-*
cellos B. Jacobi de Marchia de cuius iden-
titate , quod ita fuerit a Beato scriptus ,
dicunt FF. MM. quod certe non constat.
Dialogi author totus est in defendendo Joanne XXII. definiente Christum , et Apostolos jus aliquod saltem , ut vocant , naturale in iis quibus utebantur rebus obtinuisse. *

Joannes MARCHINELLUS , supra tom.
IV. pag. 386.

Nicolaus de MARCHONO Italus de Civitate Caleni, Notarius, iter suscepit in Pa-

laestinam an. 1394. cujus descriptio manu
exarata in Bibl. Regis Christianissimi num.
5785. vide Oudinum tom. 3. pag. 1269.

Joannes de MARCIA. Vide supra tom. IV.
pag. 386.

MARCULFUS , Monachus ut ajunt Parisiensis , ad Landericum (non Parisiensem
an. 660. Episcopum tempore Dagoberti
Regis , ut cum multis aliis putat Labbeus
tom. VI. Concil. pag. 530. formulam de
privilegio et Concessionem Legis ad Privilegium ex Marculfo referens) sed ad
Landericum Episcopum Meldensem , qui
circa aetatem Pipini et Caroli M. floruit, a)
scripsit *de formulis* b) *publicorum priva-*
torumque negotiorum libros II. Editi primum una cum aliis incertorum auctorum
formulis ab Hieronymo Bignonio viro in-
signissimo cum notis eruditis Paris. 1613
8. et meliore atque auctiore editione 1666.
4. recusi etiam ; sed sine notis in Bibliothecis Patrum Colon. tom. 7. Paris. tom.
2. supplem. et Lugd. tom. XII. Recensitis
autem à laudatissimo Baluzio tom. 2. p.
369. non Bignonii solum notae illae auctiores, sed etiam novae Baluzii accessere·
Paris. 1677. fol. Longe utilissimas esse
hasce formulas ad Francicas et Germanicas antiquitates illustrandas, multi jam
monuerunt : Salmasio autem notante , lib.
de lingua Hellenistica pag. 23. *Latina et*
Romana illorum temporum lingua sic dif-
ferunt proprie ut Divionensis et Burgun-
dica. Et sic de aliis. Mixta porro illa quam
soloecismis et barbarismis scatere dicit
Isidorus , c) *praecipue locum habuit ac*
viguit Justiniano Imperante, ut constat ex
multis monumentis et maxime ex illo
INSTRUMENTO PLENARIÆ SECURITA-
TIS, d) *quod scriptum est anno Justinia-*
nei Imperii XXXVIII. et nuper editum ex
Bibl. Regia , ex qua olim id depromsera-

---

a) Vide Jo. Launoji assertionem Inquisitionis in
chartam immunitatis pag. 616. seq. et inquisitio-
nem ipsam pag. 25.

b) Formula proprie est norma judicii quam Princeps vel Magistratus judici sententiam dicturo praescribit : Unde interdum et pro sententia sumitur.
Vide Valesium ad Ammiani lib. XVI. cap. 1.

c) Vide Colomesii Bibl. selectam cap, 54. Gassen-

do in vita Peirescii ad A. 1624. Bignonius hic vocatur *magnum bonarum litterarum et arcis le-*
gum ac Justitiae apud Senatum lumen.

d) Lib. IX., Origg. cap. 1.

e) A. C. 564. vide Bibl. Latinam lib. 1. cap. 10.
§. ult. et Diarium eruditorum Italiae Tom. XVI.
pag. 154.

mus, *et ex involuto et inextricabili paene caractere*, *qualis illo tempore tabellionum fuit, evolveramus*. *Eadem mixta scriptae fuere Marculfi formulae*, *sicut in Codicibus antiquis reperiuntur*. Insignem Codicem harum formularum, annorum amplius DCC servo nactus ex sectione Bibl. Gudianae.

MARCUS Romanus *Papa* an. 336 à 16. Januar. ad 7. Octobr. ad quem Epistola sub Athanasii et Ægyptiorum Episcoporum nomine, in Blondelli Pseudo-Isidoro pag. 436. una cum Marci ad eosdem *Epistola* similiter supposititia pag. 438. de numero Capitulorum sive Canonum Concilii Nicaeni. Confer Ludovici Jacobi Bibl. Pontificiam pag. 156. ubi etiam Epitaphium quod Marci memoriae S. Damasus consecravit. De ejus *Decreto*, quo constituisse traditur ut Episcopus Ostiensis pallio utens Episcopum Urbis Romae consecraret, vide Petrum Coustant in Epistolis Pontificum pag. 350. Tillemontium tom. VII. Memoriarum H. E. pag. 268.

Petrus MARCUS Subdiaconus, atque Innocentii III. Papae Corrector litterarum. Vide Andream du Chesne tom. V. rer. Francor. pag. 727.

MARCUS Antonius Sabellicus. Infra, SABELLICUS.

MARCUS Aventicensis, infra *Marcus Lausanensis*.

MARCUS nescio quis circa an. 115. cujus *Epistola* ad G. devotam foeminam de visione an. 1149. *Tungdali* militis Hyberniensis à se in Latinum conversa exstat in Edmundi Martene t. 1 anecdot. p. 490.

MARCUS Poëta, *S. Benedicti* Casinensis circa an. 604. discipulus et familiaris, teste Sigeberto cap. 33. *vitam S. Benedicti a Gregorio Magno* (libro secundo dialogorum) *descriptam defloravit heroico breviloquio et pauca* de miraculis S. Benedicti) *superaddidit*. Prodiit in Prosperi Martinengi Brixiensis tomo tertio Poëmatum veterum, curante Arnoldo Wiono, Rom. 1590. 4. et in Mabillonii Sec. 1. Benedictin. pag. 28. jampridem lecta Paulo Diacono et Aldrevaldo, ut Jo. Baptista Maurus ad Petri Diaconi cap. 3. annotavit.

Idem Petrus docet Marcum scripsisse *de situ et constructione Coenobii Cassinensis*. Edidit Angelus a Nuce ad calcem Chronici Leonis Ostiensis, qui hujus carminis meminit III. 29. Exstat etiam tomo IV. thesauri Italiae Muratoriani pag. 605. Incipit: *Coeca profanatas coleret dum turba figuras*. Vide et infra MARCUS *Maximus*.

MARCUS *Cassinensis*, idem cum superiore.

MARCUS *de Cottnis* Bohemus Sigismundi Imp. archiater circa an. 1428 cui oblatam de infirmitate sua à Joanne Abbate Lambacensi informationem edidit Bernardus Pez in Prolegomenis ad tom. 2. anecdotor. pag. XXXVIII.

MARCUS *Georgius*, supra GEORGIUS, tom. 3 pag. 34.

MARCUS *Marulus*, infra MARULUS.

MARCUS *Maximus*, Episcopus ut ajunt Caesaraugustanus, scriptor commentitius *Chronici*, sive continuationis Pseudo Dextri ab A. C. 430. ad 612. Edidit cum amplis commentariis Franciscus Bivarius Madrit. 1615 fol. et hunc Marcum eundem facit cum Marco Benedictino de quo supra. Perinde falluntur qui Marcum Benedictinum confundunt cum Marco Eremita, Graeco scriptore sententiarum; de quibus in Bibl. Graecae tom. VIII. pag. 349 seq. Marco Maximo fidei quantum sit tribuendum, pete a Nic. Antonio lib. V. Bibl. veteris Hispanae cap. 2

MARCUS PAULUS, Venetus cum fratre suo A. C. 1269. adiit regiones Orientales, Persiam Tartariamque, et apud magnum Cham Presbyteri Joannis victorem gratiosus, per annos XVII. negotiis imperii illius, legationibusque per diversas terras ejusdem obeundis dexteritatem suam probavit, Venetias deinde cum aliis popularibus suis A. 1295. reversus, *libros tres* jucundos lecta *de regionibus Orientalibus* scripsit, in quo et fides et judicium auctoris, a viris praeclaris celebratur. Scripsit autem Italice, non Latine: Titulus est: *Delle maraviglie del Mondo per lui vedute* 1) *delle costume di varii paesi, et dello strano viver di quelli*, 2) *della descritione de diversi animali*. 3) *del trovar* dell' oro *et dell' argeǹto , et* 4) *delle pietre pretiose.* Exstat in collectionibus itinerariorum , ut Jo. Baptistae Ramusii Venet. 1559. fol. (197. Et seorsum Venetiis 1496. S. A. 1590. 1626. 8. *In Firenze* 1827. in 4. v. 2. Cur. *I. B. Baldelli, in Venezia* 1829. v. 2. 16. Cur. *B. Gamba).*

Sed *Latine* vertit, cujus adhuc inedita est interpretatio , *Franciscus Pipinus* a) Bononiensis Ord. Praed. circa A. 1320. de quo supra t. 2 p. 602. seq. ubi etiam de alia versione *Latina* saepius edita , et recensita novissime ab Andrea Mullero Creifenhagio , Coloniae Brandeb. sive Berolini 1671. 4. quanquam commentarius in Paulum ab eodem promissus Mullero lucem nunquam vidit.

Versio *Anglica* exstat in collectionibus hodoeporicis Richardi Hakluit , Lond. 1598. f. Samuelis Purchassii Lond. 1625. f. Jo. Harrisii etc. *Belgica* in sylloge itinerariorum amplissima quam XXVIII. in octavo voluminibus Lugd. Bat. 1707. 8. vulgavit Petrus van der Aa , qui *Gallicam* quoque exhibet tómo secundo collectionis editae Lugd. Bat. 1719. 4. recueil des voyages etc.

MARCUS *Poëta*, supra *Marcus S. Benedicti.*

MARCUS *de Summa ripa* in subalpinis Subaudiae , Italus , Ord. Minor. Professor Theologus in Conventu Taurino circa An. 1419. cujus *Bonum Quaternarium* hoc est *Quadragesimale,* sive sermones in Quadragesima habitos laudat Waddingus p. 248.

MARCUS *Toletanae* Ecclesiae Canonicus, auctor Latinae versionis *Alcorani*, quae cum Alcorano Muhamedis Arabice exarato elegantissime et auro passim exornato servatur in Biblioth. Caesarea, teste Lambecio tom. 2. pag. 279. Idem fortasse Marcus Toletanus cujus versionem libri *Galeno* supposititi de motibus manifestis et obscuris ex Arabica Joannitii versione , Bibliothecar. Medicarum scriptores memorant.

MARCUS *Vigerius* Savonensis Ligur , Ord. Minor. nepos *Marci Vigerii* Episcopi Nolani , Episcopus Senogalliensis et ab An. 1505. Cardinalis interfuit Concilio La-

teranensi An. 1512. et Romae An. 1516. defunctus pro funere laudatus est a Camillo Porcario. Vide Ciacconium in vitis Cardinalium p. 1374 seq. Waddingum p. 248. et H. Warihonum ad Caveum. Scripsit *Decachordum Christianum* de praecipuis Incarnati Verbi mysteriis ad Julium II. Fani 1507. et *de excellentia Instrumentorum Dominicae Passionis* Rom. 1512. quae ambo scripta recusa Paris. 1517. Haganoae 1517. et Duaci 1607. *Apologiam pro Julio II. adversus Concilium Pisanum* imperfectam ab eo relictam Julio II. mortuo , notat Ciacconius *De dignitate ferri lanceae CHristi et vestimentorum ejus* quod Manuscr. in Vaticana Waddingus memorat , nescio an diversum a parte libri de excellentia Instrumentorum Dominicae Passionis. *Dialogum de tollendis abusibus Ecclesiae ,* ex Gesnero Simlerus memorat.

MARCUS *Viterbiensis* Ord. Minorum Generalis et ab An. 1366. Cardinalis , defunctus A. 1369. Scripsit *Summam casuum Conscientiae et Sermones de tempore.* Vide G. Josephi Eggs purpuram doctam tom. 1. pag. 419. ubi ex Paulo Cortesio refert ab eo praescriptam *legem certam negotiatoriae vitae , ex qua minus in agendo soleat animae excitari morsus.*

MARCUS *Ulmensis* Svevus Ord. Minor. circa A. 1460. à Waddingo pag. 249. traditur *Dictionarium in universam sacram Scripturam* composuisse. Incip. *Abstinentia multipliciter sumitur.*

MARCWARDUS , *Marquardus* , Abbas *Fuldensis* circa An. 1151. Vide Joannis Friderici Schannat corpus traditionum Fuldensium n. DCL. pag. 271. et Christophori Broweri antiquitates Fuldenses lib. 3. cap. 13.

MARCWARDUS *Rasis ,* scriptor Practicae , Simlero memoratus , junior ille est *Joannes Marquard* Medicus Viennensis , cujus practica empirica recusa morborum interiorum a capite ad calcem. Spirae A. 1583. atque inde saepius , ut a Bibliothecae Medicae scriptoribus jam est notatum.

---

a) Perperam excusum *Ripinus* , in Galeria di Minerva Tom. 1. p. 277.

MARCWARDUS *do Wadsassen* in Bavaria Ord. Cisterc. librum de vita contemplativa absolvit A. 1360. Praeterea ejus librum *de Doctrina Evangelica, et Concio-nes morales* laudat Carolus Visch. pag. 245. Bibl. Cisterciensis.

Joannes MARDELEGUS, MARDELEY, MARFELDUS, supra tom. IV. pag. 386.

MARGANENSIS Abbatiae in Wallia Annales ab An. 1066. ad 1232. editi à Thoma Galeno tom. 2 scriptorum veterum rerum Anglicarum a) pag. 1-19. Oxon. 1687. fol.

MARGARETA *Abbatissa* Vastenae sive Vastenensis Coenobii Virginum Ord S. Brigittae io Svecia circa An. 1430. tradidit *Vitam S. Brigittae Svecicae* de qua supra tom 1 pag. 260. editam b) cum notis ab illustri Viro Erico Benzelio Upsaliae 1711. 4. Ab hac divessa MARGARETHA *Pineria* Dominae suae *S. Principis Joannae,* Alphonsi V. Portugalliae Regis filiae, Ord. S. Dominici A. 1490. defunctae *vitam* composuit, editam a Papebrochio in Actis Sanctor. tom. VII. Maji 12. pag. 723-753. Verum haec Lus.tanice scripsit, ut prior illa Svecice; neutra Latinam: sed. Latinam versionem veterem utriusque ab iis quibus dixi editoribus vulgatam habemus.

Joannes MARGARINUS snpra tom. IV. pag. 336.

Antonius MARIA *Visdominis*, supra tom. 1 pag. 121.

Joannes Maria Cataneus tom. 1 p. 384.

Joannes MARIA *Politianus* sive *de Polluciis* tom. 4 pag. 387.

Passio S. MARIÆ, Tertulli Principalis ancillae et circa A. 104. Martyris vulgata in Baluzii Miscellaneis tom. 2 pag. 115-123.

S. MARIÆ Virginis nomini suppositae Latino stylo *Epistolae ad Ignatium, ad Messanenses* et ad *Florentinos*, de quibus ab-

unde dictum in Codice Apocrypho .Novi Test. (ubi etiam ipsae tom. 1 p. 841. seq. exhibentur) et in *tom.* XIV. Bibl. Graecae pag. 276. seq.

Chronicon Monachi coenobii S. MARIANI apud Aitissiodorum Ord. Praemonstratensis. Vide infra ROBERTUS *Marianus.*

MARIANUS Genazzanensis (Genestanensis, Zinizanensis) Italus Eremita *Augustinianus,* et post aditam bis Hierosolymam, Ordinis Augustiniani. A. 1497. Generalis non diu post c) Svessae defunctus. Inter *orationes* ejus laudatur illa quam An. 1487. ad Innocentium VII. habuit. Laudantur. etiam *sermones* ejus atque *Epistolae.* Quantum autem valuerit dicendo, age diserto Politani stylo expressum videamus. Ita enim ille libro IV. Epist. 6. ad Tristanum Chalcum.

Scribis Marianum Genazanensem Theologiae consultum, qui sacras istic ad populum conciones habet, tanta esse omnium admiratione apud vos, ut eorum facilè fidem, quae de ipso in Miscellaneis d) *praedicavimus : Iri ad hunc plenis undique viis allici lepore verborum, suspendi sententiarum gravitate, flecti omnes impetu, et viribus. Fatebor quid mihi usu venerit cum primum hic apud nos concionari coepit. Accessi ut audirem, sic quomodo alios consueveram, explorabundus, et pene (ut verum dicam) contemptim. Sed ut habitum vidi hominis, et statum, quasique indolem quandam in oculis, et vultu minime vulgarem, coepi aliquid expectare jam quod essem probaturus. Ecce tibi igitur, praefari incipit. Arrigo jam tum aures : canora vox, verba electa, grandes sententiae. Denique agnosco incisa, video membra, sentio circumductum, capior numero, tum partiri pergit, attendo ; nihil impeditum, nihil inane, nihil ibi quod caudam traheret. Texit deinde argu-*

---

a) Bibl. universelle Tom. XI. pag. 397.

b) Journal des Sav. 1711, Jul. pag. 113. Oudin. T. 3. pag. 2316.

c) In appendice ab Trithemium c. I. traditur obiisse A. 1500. Sed apud Philippum Elssium p. 465. A. 1498.

d) Praef. ab Laurentium Medicem: *Quo mihi etiam videtur admirabilior deliciae tuae* Marianus *hic* Genazanensis *nec in Theologia cuiquam*

secundus, et omnium quos in Ecclesia concionatos audivimus non predentissimus modo sed et facundissimus, cujus neque suspecta populis ad bonam frugem tendentibus eloquentia, quoniam vitae incredibili severitate commendatur : nec e diverso tristis aut reformidabilis austeritas, quoniam poëtica delinimenta, pulcramque istam litterarum varietatem, nitorem, delicias non aspernatur.

mentorum nexus, illaqueor. retexit, expe-
dior : inserit alicubi narratiunculas, du-
cor : modulatur carmen, teneor: jocatur
nonnihil, rideo : premit, urgetque veris, do
manus: tentat affectus mitiores, statim mi-
hi per os lacrymae! clamat iratus, terreor
ac venisse jam nollem. Denique pro re ip-
sa, quam tractat, et figuras variat, et vo-
cis flexus, et ubique actionem gestu com-
mendat. Mihi vero etiam (ut fatear) crescere
in ipso pulpito, nec supra sui modo, sed
omnino supra hominis mensuram saepe est
visus. Ac dum sic omnia, quasi singula con-
templor, cessit miraculo judicium. Putabam
fore tamen, ut consumpta postmodum no-
vitate, minus in dies me caperet. Caeterum
contra accidit: idem enim postridie, quasi
alius audiebatur, sed illo ipso melior, qui
pridie visus optimus. Nec tu illud corpu-
sculum contempseris. Invictum, infatiga-
bile est: ut non aliunde magis reparare vi-
res, quam de laboribus ipsis videatur. Quis
inde autem tantum vocis, tantum spiritus
tantum virium, ac laterum speraret? Ad-
de quod et rusticatus quandoque sum, de-
nique cum ipso familiarius egi: et quidem
nihil vidi placidius, nihil tamen etiam cau-
tius. Non ejus absterret severitas, non item
corrumpit facilitas. Alii cum se magistros
ecclesiarum profitentur, credunt sibi jus
esse in homines vitae, et necis : itaque sic
intemperanter potestate abutuntur, ut nun-
quam supercilium, nunquam paedagogi vul-
tum, et verba illa tetrica deponant. Hic
autem noster sic modum tenere didicit, ut
in ipso tantum pulpito censuram exerceat:
cum descendit, invicem civiliter excipiat.
Quare sic a me, sic a Pico item Mirandula
meo (bone Deus, quo viro?) frequenter adi-
tur, ut nullo magis quam sermone illius,
et consuetudine tristitiam laboris discutia-
mus. Nam Laurentius ipse Medices, ele-
gans ingeniorum spectator, quantum homi-
ni tribuat : non modo substructo protinus
insigni S. Galli coenobio ostendit, sed mul-
to etiam magis assiduitate quadam, cultu-
que : ut una cum illo ambulatiunculam om-
nibus ferme vitae urbanae discursibus an-
teponat. Itaque te quoque hortor, inspicias
hominem (si potes) et explores, etiam de

proximo, laudabis hic Politiani tui judi-
cium. Nec illi molestus unquam venies, ne-
scit offendi. Non enim is est qui lucem re-
fugiat, et oculos: puto, quia bona conscien-
tia testibus omnino gaudet, quamvis utique
non desiderat. Vale 6 Calend. April. 1489.

Liber de vita et heroicis actionibus religiosorum S. Augustini per octingentos
annos, et ejusdem ordinis Constitutiones,
Ordinationesque quae fuere per tanti temporis, à Mariano digestae interciderunt.
Vide Philippi Elssii encomiasticon Augustinianum pag. 465.

MARIANUS *Florentinus* Ord. Minor. scriptor *Fasciculi Chronicorum* Ordinis sui,
distincti in libros V. et adhuc inediti,
quod desinit in an. 1486. de quo videndus Jo. Launojus libro de auctore librorum de imitatione CHristi, capite VII et
Julius Niger in Florentinorum scriptorum
Historia pag. 397. ubi traditur etiam scripsisse hic Marianus *Catalogum* sive *bre-*
viorem historiam piorum fratrum Laico-
rum sui Ordinis, et *vitas CLIX. mulierum*
Ordinis S. Clarae: Itinerarium Urbis Ro-
mae distinctum in Capita XVIII. et *histo-*
riam de translatione habitus sancti Patris
Francisci a Monte acuto Florentiam, cui
translationi auctor ipse interfuit A. 1504.

(197. Vita B. Antoniae de Florentia.
Tractatus de origine nobilitate et excellentia Tusciae explicitum an. 1517· ut
MSS. Florentiae in Bibl. PP. *D'Ognissanti*
memorantur in *Bibliografia* a Morenio.)

MARIANUS *Scotus* sive Hibernus, Monachus Ord. Bened. Coloniae, Fuldae, Moguntiae, nec non Ratisbonae, ubi Mathematicas et sacras litteras docuit, atque
iterum Moguntiae, ubi defunctus A. 1088.
De hoc praeter Baleum XIV. 45. Vossium
pag. 384. Caveum ad an. 1059. Oudinum
tom. 2, pag. 698. Jac. Waraeum de scriptoribus Hiberniae lib. 1. pag. 50 aliosque
laudatos a Labbeo tom. 2. de S. E. pag.
52. adeunda Acta Sanctor. tom. 2. Februar.
pag. 361. seq. et Georgius Makenzie in
opere de vitis scriptorum Scotorum, Edin-
burgi 1708. fol. Anglice editis tom. 1. p.
99. 109. Exstant ejus *Chronicorum* Annalium *libri III.* quorum primus ἀκέφαλο-

et septem primoribus capitibus mancus ab hexaemero incipit tamen, tertiusque desinit in An. Christi 1083. De continuatione DODECHINI usque ad an. 1200. dixi t. 2 p. 159. de FLORENTII Vigorniensi ad a. 1117. pag. 517. et de Roberti FOLIOTI excerptis pag. 581. quam deflorationem Mariano ipsi praelatam scribit Wilhelmus Malmesburiensis lib. IV. de gestis Pontificum Anglor. pag. 286. Prodiit Mariani Scoti Chronicon, Joanne Heroldo curante Basil. 1559 fol. et in tomo uno Joannis Pistorii, Francof. 1613. fol. Meliorem editionem adornare molitum Joannem Bafium, Silvaeducensem Jesuitam, ex Alegambio didici. Anonymi MERTONENSIS *calculationem de universali tempore*, Mariano oppositam, quam ajunt Manuscriptam servari Oxoniae in Bibl. Mertonensi, nemo adhuc in lucem protulit: sicut nec duplo auctiorem Chronici Mariani Codicem de quo ex Briano Twino Vossius. Locum *de Joanna Papissa* in Manuscr. Francofurtensi alia manu adscriptum reperit W. E. Tentzelius, ut ipse testatur an. 1698 dialogorum menstruorum pag. 535. Conferenda interim notata Frid. Spanhemii de Papa foemina cap. 2. tom. 2. Opp. pag. 583. Caetera Mariani scripta sunt: *Concordia Evangelistarum*, Manuscr. in Bibl. Cottoniana p. 30. *Scholia interlinearia et marginalia in Epistolas Pauli*, α'υτόγραφον Manuscr. in Bibl. Caesarea teste Lambecio tom. 2. pag. 749. *De computo universali* in Mariani Chronico et *emendatione Dionysiani calculi* cui annos XXII. addidit, videndus Joannes Fordun in Scotorum historia tom. 1. scriptorum XV. Thomae Galei pag. 689. Guil. Malmesburiensis loco laudato, ac Sigebertus cap. 159. de S. E. Quae ipse denique sparsim de se Marianus, illa junctim offert Miraeus ad jam dictum Sigeberti caput.

(198. MARIANUS *Socinus* Senensis celebris Jctus Aeneae Sylvii postea Pii II. sodalis. *Commentaria* praelecta c. notis Menochii et alior Ven. 1603. *Consilia* (et Bartholomaei) Lugd. 1543 51. et Ven. 1571.

1624. vol. 5. f. memorantur ab Aug. Fontana in Bibl. Legali, Parmae 1698. vol. 5. fol.)

MARIANUM *Toletanum*, de quo Hildefonsum consulere Cangius jubet, nullum reperio, et MONTANUM scribere Cangius voluit, de quo infra, suo loco. Est quoque commentitius MARIANUS *Poeta*, patria *Calagurritanus*, quem Pseudo-Haubertus Hispalensis tradit diem obiisse A. 450.

MARINUS a) I. Gallesianus Tuscus, ex Falisco (Monte Fiascone) antea Constantinus nomine: ex Archidiacono Romano, Papa ab A. 882. Dec. 23 ad A. 884. Febr. 23. Ejus *privilegium Monasterio Solemniacensi* Ord. Bened. dioecesis Lemovicensis *concessum* exstat apud Sirmondum t. 3. Concilior. Galliae p. 520. atque inde in magnis Concilior. collectionibus. De *Epistolis* ejus ad Errardum Archiepiscopum Senonensem et ad Joannem Archiepiscopum Rothomagensem mentio apud Ludovicum Jacobum p. 159. Bibl. Pontificiae.

MARINUS II. (aliis *Martinus III.*) Romanus Papa ab an. 942. Nov 13. ad A. 946. Maii 26. Eius *privilegium concessum Leoni Abbati monasterii S. Vincentii super Vulturni fontes*, ex JOHANNIS Monachi Chronico eiusdem Monasterii edidit Baronius ad An. 944. n. XXIV. Aliud *Guidoni Abbati Coenobii Vizeliacensis*. in spicilegio Dacheriano. tom. 3. pag. 464. (edit. novae tom. 2. pag. 504.) Aliud *Danieli Abbati S. Petri Solemniacensis*, apud Ughellum in Valentino Portuensi Episcopo tom. 1. Italiae sacrae pag. 133. (edit. novae p. 113.) De *epistola* exprobatoria *ad Siconem* Episcopum Capuanum vide Leonem Ostiensem lib. 1. Chronici Casinensis cap. 57 (60) et Franciscum Pagium in breviario Pontificum tom. 2. pag. 217. seq.

MARINUS *Barletius*. Supra t. 1. p. 164.

MARINUS *Becichemius*, Scodrensis Dalmata, bonas litteras docuit Brixiae, et Leonardo Lauretano, Principi ab A. 1501 ad 1520. Veneto, Venetoque Senatui *panegyricum* dixit, qui una cum *Centuria Epistolicarum quaestionum* editus est ab Angelo Britannico, deinde auctoris ipsius cura

---

a) Aliis *Martinus* II. vide Jacobum Lenfant in hist. Concilii Constantiensis pag. 537.

an. 1506 fol. additis praeter easdem quaestiones, castigationibus ad *Apulejum, Victorinum,* et *Ciceronis de Oratore, de inventione* et *ad Herennium·* nec non praeceptionibus *de componenda Epistola, funebrique* et *nuptiali oratione, de dialogo componendo* et *de imitatione.* Secunda quae ibidem promittitur Quaestionum centuria, dubito an lucem viderit: sed amplas eius praelectiones *in Plinii praefationem* habeo editas Nic. Beraldi cura cum Erasmi praefatione Paris. 1519 fol. In his prolixa et vehemens invectiva in RAPHAELEM Regium, in qua se *Joannemque* CALPURNIUM Brixiensem, praeceptorem suum tutatus, *Orationis* meminit quam habuit in eius funere: et pagina LXXI. pollicetur eundem se contra *Regii* calumnias defensurum, tribusque libris annotationes Regii in *Plinium, Ovidii* Metamorphoses et *Quintilianum* confutaturum. In Patriae suae et maiorum suorum laudes excurrit pag. LXXVI. Inter elogia quibus a poetis et viris doctis suae aetatis mactatus est Becichemus, pag. LXXXIX. hoc affert Bernardini Laurini, quo scribit eum aetatis annum XVI. vix egressum disertissima *Oratione* M. A. Maurocenum, Brixiae praetorem tunc agentem celebrasse. Puto falli Hendreichium qui pag. 473 pandect. Brandenburg. editionem Operum Becichemii Neapolitanam commemorat, anni 1481. f.

MARINUS *Sanutus,* cognomento a) *Torsellus,* Patricius Venetus claruit quinque itineribus iu Palaestinam atque Orientem susceptis, unde natum ipsi opus quod An. 1321. Joanni XXII. Regibusque Franciae, Angliae, et Siciliae pluribusque Cardinalibus dicatum et *tribus* distinctum *libris, Secreta fidelium Crucis* inscribitur, editumque à Jacobo Bongarsio in gestis DEI per Francos, tomo posteriore, quem prope integrum complet. Francof. apud Wechel. 1611. fol. subiunctis p. 289 seq. eiusdem Marini *Epistolis XXII.* ad Pontificem, ad Andronicum Palaeologum Imp. CPolit. aliosque Viros Principes, quos ad expeditiones in terram sanctam novis viribus suscipiendam hortatur. Vide Bongarsium in prolegom. Vossium p. 797 et H. Warthonum ad Caveum. Tractat opus Sanuti de terrae sanctae recuperatione et conservatione, illiusque historiam ad A. 1420. usque persequitur, cum eiusdem Palaestinae et vicinarum provinciarum descriptione Geographica, et mappis Geographicis tribus: quarta enim de mari mediterraneo, propter defectum codicis Manuscripti desideratur.

MARINUS *Sanutus,* Junior Leonardi F. itidem Patricius Venetus, adhuc post A. 1522 superstes, de quo Vossius p. 667. et auctor appendicis ad Trithemium de S. E. capite VIII. Ante hos Jac. Philippus Bergomensis in Chronico ad Anno 1498. *Marinus Sanutus optimi Patricii Veneti Leonardi filius: vir non solum litterarum multarum apprime eruditissimus, sed et in administranda Rep. admirabilis: per hoc tempus in dicendi facultate atque in quocunque genere doctrinarum, clarus habetur. Qui cum sit acri ingenio Vir, ac singulari doctrina insignius, licet assidue publicis negotiis sit deditus, nunquam tamen à scribendo et componendo tractatus, desistere videtur: nam cum sit summa modestia praeditus, nihil tanti facit quam librorum supellectilem habere perpulchram: et cum sit propter ipsius eminentem doctrinam inter viros doctrinis excellentes merito annumerandus, etiam illius opusculorum tituli hic ex more sunt annotandi. Scripsit itaque hic praeclarissimus Patricius ingeniose et erudite, primo de Magistratibus Venetis librum unum. De vitis*

<hr>

a) H. **Warthonus** ad Cavei histor. lit. S. E. ad Annum 1512. de hoc Sanuto *Organa pneumatica quae hodie usurpantur, Italis* Torselli *dicta, primus omnium in Ecclesiam induxit: inde datum ei* Torselli *nomen* Habuit haec Warthonus à Bongarsio, cujus haec sunt verba: Torselli *non nativum sed inditum nomen docet Sansovinus lib. 6. descriptionis Venetiarum. In aede S. Rophaelis, Venetiis, ait instrumenti Musici cujusdam formam*

exstare: ei nomen Rigabello *: cujus in Ecclesiis usus fuerit ante organa illa pneumatica, quae hodie usurpantur. Rigabello successisse aliud quod Torsello dictum sit, cujus Venetias usum induxisset homo Germanus: hunc quum favore Martini nostri sustentaretur, causam cognomini dedisse ut Torsellus inde diceretur. Instrumenta illa qualia fuerint, nec nos scimus. Noster vero et* Torsellus *dictus est et* Torsellus *et* Torselli.

Priucipum Venetorum omnium usque ad
haec tempora, librorum unum ;ab Anno
421 ad 1493 quod opus eximium scriptum
Italico vulgavit celeberrimus Muratorius
tomo XXII. scriptorum rerum Italicarum.)
Item de bello Gallico quosdam libros, *quos
Latine , vulgariterque* (Italico idiomate)
*conscripsit , ut a doctis pariterque indo-
ctis legerentur. Et alia quaedam. Ejus
autem summa felicitas atque voluptas est
librorum tam novorum quam veterum jugis elucubratio.* Iluius Sanuti *Vitis Ducum
Venetorum* ab A. C. 421 ut dixi sive ab
Originibus Urbis usque ad an. 1493 de-
scriptis praemittitur

*Index Scriptorum et Monumentorum, qui-
bus usum se in illis Vitis tradendis
Sanutus profitetur :*

Ad A. 726. *Paolo Diacono* delle cose
de' Longobardi.
806. Uua *Chronica antica Veneta.*
959. 1085, 1143, 1172, 1342, 1354, et
alibi , *Andrea Dandolo:* Cronica Veneta
grande.
959. 976, 991, 1096, 1102, 1172, 1207,
1224, et alibi, *Contarini* Cronica Veneta.
Ad A. 976. 1071, *Pietro Damiano*, Vita
di San Romoaldo.
991. 1071, 1085, 1126, 1130, 1185, 1305,
et alibi, *Pietro Dolfino* Cronica Veneta ,
detta Dolfina.
1085. 1372, et 1380, *Rafaele Caresino*
Cronica Veneta.
1085. *Bernardo Giustiniano* Storia Veneta.
1102. 1137, 1149, 1202, 1224, 1289,
1330, et alibi, *Marcantonio Sabellico* Storia.
1102. 1155, 1177, 1181, 1282, *Chronicon Fratrum Sancti Salvatoris.*
1166. 1445, Chronicon *Bartholomaei Veronensis* Ord. S. Benedicti.
1176. Fra *Pietro di Chioggia* , Cronica.
1177. Chronicon Domini *Alexandri Papae tertii.*
1177. *Liber Malonus* apud Sanctum Petrum de Urbe Roma.
1201. *Liber Albus* Cancellariae Venetorum.

1202. 1330, *Biondo* Forlivese, Storia.
1282. Liber vetus translationis Sanctorum utriusque, Nicolai et Theodori.
1293. Libro *Luna.*
1293. Libro *Pilosus.*
1300. Libro *Cerbero.*
Ad A. 1305. *Zaccharia da Pozzo*, Cronica.
1380. *Dante* nell' inferno Capitol. 28.
1310. Libro, *Papyrus.*
1312. *Commemoriale primum.*
1312. et 1310. Libro, *Presbyter.*
1312. *Cronica Fiorentina.*
1316. *Libro Pactorum* il terzo.
1319. Libro , *Phronesis.*
1327. 1339, 1343, Libro, *Spiritus.*
1343. 1381, *Commemoriale octavum.*
1349. *Notatorio* quarto.
1350. *Commemoriale tertium*
1354. *Andrea Dandalo, Mare Magnum,
dell'origine delle famiglie di Venezia.*
1354. *Andrea Dandalo , Compendio storico di Venezia*, in Latino.
1355. 1356, 1373, Libro , *Novella.*
1358. Liber Vigesimus secundus *Consilii
Venetorum de Quadraginta.*
1359. Libro secondo *de' Pregadi.*
1359. *Historia sacrae Legis et Antiquitates.* Particula de *Alexandro III.* Papa.
1364. *Commemoriale Septimum.*
1364. *Francesco Petrarca* Epistola de
Victoria Venetorum nella ricuperazione di
Candia.
1366. *Libro segreto, Kappa.*
1267. *Libro H.*
Ad A. 1379. 1380. Libro trigesimo se.
xto *de' Pregadi.*
1381. *Notatorio , Rosa.*
1382. *Notatorio ottavo.*
1381. Libro trigesimo quarto, libro trigesimo terzo *Rogatorum.*
1382. Libro trigesimo settimo *de' Pregadi.* Libro trigesimo ottavo.
1387. *Notatorio Nuovo.*
1387. 1388, 1406, Libro, *Leona.*
1392. Libro quadragesimo secundo *dei
Pregadi.*
1398. *Notatorio undecimo.*
1410. *Capitulare Dominorum Advoca-
torum Communis.*
1415. Libro , *Ursa.*

1415. *Poggio* Fiorentino della morte di *Girolamo Boëmo.*

1420. *Tommaso Mocenigo*, libro degli aringhi fatti da lui.

1452. Notatorium Collegii.

1473.' *Coriolano Ciprio Dalmata*, Storia.

MARIUS Ecclesiae *Aventicae* sive *Aventicorum*, (hodie *Lausannensis)* in Helvetia Episcopus, qui An. 585. Concilio Matisconensi subscripsit, ante An. 598. defunctus: idem Auctor *Chronici* ab An. 455. ubi PROSPER desinit, usque ad An. 581 quod cum Appendice ANONYMI usque ad an. 624. edidit ex pervetusto Petri Francisci Chifletii Codice Andreas du Chesne tom. 1. scriptorum rerum Francorum pag. 210. 261. Paris. 1638. fol. Vide Sam. Basnagium ad Annum 581. n. 10. Carolum le Cointe tom. 2. Annal. Francorum pag. 219. seq. 447. etc.

MARIUS *Georgius*, Venetus. Vide supra *Marcus* GEORGIUS. t. 3, p. 34.

Joannes MARIUS. Supra t. 4. p. 387.

MARIUS *Lausannensis* Episcopus, supra MARIUS *Aventicensis.*

MARIUS *Maximus.* De hoc praeter Vossium II. 3. audiendus Casaubonus ad Spartiani Hadrianum cap. 2. *Marius Maximus Historiae Augustae scriptor* (post Svetonium) *inter primos e Latinis : unde pleraque constat desumta quae hisce continentur libris usque ad Alexandrum Severum : in quo Principe videtur Marius* (exorsus à Trajano) *scribendi fecisse finem, ipse ni fallor eorum temporum aequalis.* a) *Opus suum in septenorum librorum tomos aliquot tribuerat, nam alibi* b) *eum Spartianus in primo septenario laudat. Scribit Ammianus Marcellinus* c) *fuisse suo seculo multos, qui in summo veterum omnium scriptorum fastidio hunc solum ex historicis, e Poetis unum Juvenalem mirarentur, ac studiose lectitarent. Qui si judicio pari Maximi hi-*

storiam ac Juvenalis satyras probarunt, nae actum male nobiscum, quibus ejus viri omnia monumenta perierunt. Sed non omnium de tanta Marii Maximi praestantia idem fuit judicium : nam Flavius Vopiscus d) *scriptor elegantissmus longe aliter de eo pronunciat, libelli ejus initio quo Firmum et alios tres minusculos Imperatores posteris tradidit. Laudatur Marius Maximus et a veteri Juvenalis Interprete.* (Sat. IV. ad v. 53) *ubi de Palfurio Sura, Consularis viri filio.*

MARIUS *Mercator*, Afer e) potius, ut videtur natione quam Campanus vel Apulus, idemque Laicus potius atque ex Auditorialium Scholasticorum numero qui in Romanis iudiciis pridem militaverat, f) quam presbyter vel Episcopus. Hunc Augustinus in Epistola ad eum scripta g) *Dominum dilectissimum et in CHristi membris sincerissima charitate praedicandum filium appellat.* Pelagianorum et Nestorianorum acris adversarius, ita tamen ut neutiquam faceret cum Eutyche : h) Plura collegit, ex Graeco Latine vertit, nonnulla et de suo addidit Pelagianis opposita et Nestorianis. Sunt autem in prima Gerberonii editione :

1) *Commonitorium Lectori, adversum haeresin* Pelagii et Celaestii *vel etiam scripta* Juliani: *à Mario Mercatore, servo CHristi.*

2) *Liber subnotationum ad* Juliani *Pelagiani capitulo* ex libris ad Florum pag. 9. et ex libro tertio de quatuor ad Turbantium pag. 28.

3) *Theodori Mopsvesteni sermo à Mario Mercatore expositus et confutatus,* pag. 54 cum *duabus Epistolis* Marii pag. 68. et 70 et tractatu Nestoriani cujusdam à Mario Mercatore translato, qui incipit : *Contumelias quidem in me haereticorum arbitror.* pag. 75.

Haec quae vocat *Acta Marii Mercatoris,* S. Augustini, Ecclesiae Doctoris discipuli,

---

a) Praefectus Urbi post Adventum, tempore Macrini Imp. ut ex Dionis lib. 78. pag. 904. Valesius bene notavit.

b) In Antonio Geta cap. 2.

c) Lib. XXVIII. cap. 4.

d) In vita Firmi, Saturnini, Proculi et Bonosi.

e) Ita Gerberonius, Caveus, Tillemontius et alii.

f) Jo. Garnerius prolegom. pag. VII.

g) In editione Benedictinorum primum edita Epistola XCIII. scripta A. C. 418. Sed diu etiam post S. Augustinum A. 430. defunctum superstes ahuc fuit Marius A. 430. ut a Baluzio et aliis annotatum.

h) Tillemont Tom. XV. memoriar. pag. 41.

primus e Manuscr. Vaticano edidit, et notis eruditis illustravit *Gabriel Gerberonius*, sub *Rigberii*, Theologi Franco Germani latens uomine, Bruxellis 1673. 12. ex qua. editione cum Gerberonii notis recusus Mercator est in tomo XXVII. Bibl. Patrum Lugd. pag. 129. Vide et Concilia Labbei tom. 2. pag. 1512. Sub idem tempus longe plura Marii undique eruit et praeter Vaticanum Bellovacensi etiam usus Codice, additisque Graecis quae Mercator transtulit monumentis, amplissimisque et Pelagianam atque Nestorianam historiam insigniter illustrantibus dissertationibus vulgavit *Joannes Garnerius* a) S. J. Paris. 1673 fol. quae cum a Caveo diligenter recenseantur, repeti hoc loco a me non est necesse. Tractatus autem pag. 75. Gerberonianae editionis quem apud Garnerium reperire se potuisse negat, exstat tom. 2. edit. Garnerianae pag. 34. Denique sinceriorem ac meliorem hujus scriptoris editionem ad trium Codicum Manuscr. fidem alienis omnibus resectis dedit laudatissimus Vir *Stephanus Baluzius* Paris. 1684 8 cum notis: qui etiam Actionem sextam Concilii Ephesini à Mario versam Latine primus vulgavit in sua Conciliorum collectione tom. 1 pag. 609. ex duobus Manuscr. Paris. 1683. fol. *Editionem aliam* inquit Cotelerius t. 3 monument. pag. 602. *quam Baluzianam nihil moror, propterea quod illius adornator* (Garnerius) *vir venerandae memoriae, ingeniosas conjecturas suas malo exemplo textum facere soleat.* Adde quae adversus Garnerium monuit Cardinalis Norisius, b) et in censura Baroniana Pagius ad Anno 452. n. IX. *Libros Hypognosticon* qui exstant inter S. Augustini Opera, Mario Mercatori tribuendos suspicantibus quibusdam, non temere assentiendum docet Tillemontius tom. XV. memoriar. pag. 138.

MARIUS *Philelphus*, infra, PHILELPHUS.

MARIUS *Plotius* Sacerdos, ut vocatur in Manuscr. Isaaci Vossii; scripsit *librum de metris* ad Maximum Simplicium CL. V. Hunc ex Manuscr. Andreae Schotti et Jo.

Wowerii primus edidit Elias Putschius in Grammaticis veteribus, Hanov. 1605. 4. pag. 2623. 2663. Habuit et Manuscr. Hadrianus Junius, el refert ipse notis ad emblemata sua atque editurum se promisit in litteris ad Georgium Fabricium, inter Junii Epistolas pag. 457. Voluit etiam Plotii editionem curare Josephus Scaliger, et locum eius illustrat Jac. Cuiacius XIII 10. Observationum.

Claudius MARIUS *Victor* sive *Victorinus*. infra, VICTOR.

Joannes MARKELEY. Supra t. IV. p. 380.

Henricus de MARLEBURG Vicarius Ecclesiae Ballyscadensis sive Balischadanensis in dioecesi Hiberniae Dublinensi. Scriptor *Chronicorum escerptorum* de medulla diversorum Chronicorum, praecipue RANULFI Monachi, aliorumque; una cum quibusdam capitulis de chronicis Hiberniae. Incipiunt à tempore nati CHristi, desinuntque in anno Henrici VI. Regis duodecimo (CHristi 1434.) Exstant Manuscr. in Bibl. Cottoniana. Vide ejus Catalogum p. 97. atque Oudinum t. 3. p. 2423.

Joannes MARLETINUS, de MARLIANO. MARREY, MARRO etc. supra t. IV. p. 387.

MARQUARDUS, supra MARCHWARDUS.

Leo MARSICANUS. supra, LEO.

MARSILIUS *ab Ingen* sive *Inghen*, Trajectensis dioecesis, non Anglus sed Germanus, Parisiis Heidelbergam vocatus circa Ani 1386. a Ruperto Duce Bavariae et Comite Palatino Rheni inter primos novae ejus Academie Doctores plantatoresque: idem Canonicus et Thesaurarius Ecclesiae S. Andreae Colon. defunctus Heidelbergae A. 1394. 13. Calend. Septembr. Scripsit praeter *Dialecticam* notabilem et *commentarios, in Aristotelem*, etiam *Quaestiones in IV. libros Sententiarum*, quas manu Marsilii scriptas servari in Bibl. Heidelbergensi notavit Trithemius cap. 668. Sed hae typis etiam exscriptae sunt Argentorat. 1501. fol. ut jam notatum a Miraeo, Labbeo aliisque. Confer Acta Franconica, *Geschichte der Gelehrten in Fra-*

---

a) Giornale de' letterati di Roma A. 1674. pag. 91. Vide etiam p. 96 ubi de Rigberiaona editione.

a) Menagiana Tom. 1. pag. 357.

cten Sylloge tertia Norib. 1726. 8· pag.
194. seq. ubi praefatio illius editionis et
plura in Marsilii laudem, atque inter alia
etiam hoc tetrastichon.

Quam superat Phoebus radiantia sidera Coeli,
Ut cedunt magno flumina parva mari :
Tantum Marsilius Sophiae praecellit honore ,
Heidelbergensis lux et origo Scholae.

Joannes Baleus VII. 5. qui Anglis adscriptum vocat de Ingelne, tribuit illi etiam
librum de religione Clericorum.
* Hunc esse Marsilium credo, cuius in
MS. Cod. Bibl. Pistoriensis nuper descri-
ptao a cl. P. Fr. Ant. Zaccharia S. J. edi-
tacque Taurini 1752. extant suppositiones Mugistri Marsilii Parisiensis. An item
sit opus cum commentariis in Aristotelem,
vel eius dialectica dicant docti. *
MARSILIUS Ficinus , Supra FICINUS ,
T. 2. pag. 572.
MARSILIUS sive MASSILIUS Mainar-
dinus a) de Padua sive Patavinus Ord.
Minor. A. 1312. Rector. Universitatis Viennensis ut patet e diplomate apud Lambec. tom. 2 pag. 257. defunctus A. 1328.
Impium quidem sed doctum hominem vocat
Nic. Comnenus tom. 2 hist. Gymnasii Patavini pag. 154. nam impietas ejus haec
fuit scilicet , quod pro Domini sui Ludovici Bavari Imp. juribus a Joanne XXII.
Pontifice indigna b) perpessi scripsit circa An. 1324. Defensorem Pacis : dictiones
sive libros III. adversus usurpatam Romani Pontificis jurisdictionem , editos Basileae 1522. fol. cum praef Licentii Evan-
geli Sacerdotis, atque in Goldasti Monarchia Imperii t. 2 pag. 154.
(200 De celebri hoc op. videndus liber
cl. P. Zaccaria Le dottrine del preteso
secolo illuminato Faenza 1793. 8. ubi post
An. 1341 obitum Marsilii statuendum demonstrat.)
Tractatus de translatione Imperii in
antilogia Papae , a Matthia Flacio et Wolf-

gango Weissenburgio edita Basil. 1555.
8. et in Simonis Schardii syntagmate de
jurisdictione Imperiali. Basil. 1566. Francof. 1618. fol et apud Goldastum tom. 2
pag. 147. et in Eduardi Brown tomo secondo fasciculi rerum expetendarum ac
fugiendarum , Lond. 1690. fol. pag. 55.
De jurisdictione Imperii in causis ma-
trimonialibus, apud Goldastum tom. 2 pag.
1383. Eandem in sententiam Guilelmi Oc-
cami et infinitorum aliorum testimonia ac
judicia adduxit defensitavitque Joannes
Launoius libro cui titulus : Regia in Matrimonium potestas. Paris. 1674. et tom.
1 Opp. Genev. 1731. fol.
Examen judiciale FRANCISCI Veneti ,
asseclae Massilii de Padua et JOANNIS
de Janduno , A. 1328. apud Baluzium t·
1 Misc. pag. 311. JACOBI Almaini adversus Marsllium tom. 2 Opp. Jo. Gersonis edit. novae pag. 1039.
* Ejus praefecturam in Viennensi Academia nonnisi ex hallucinatione Fabricii
processisse admonet cl. Lambacher in not.
ad Bibl. Civ. Vindobonensem pag. 156.
Lambecianum enim diploma, unde Fabricius id eruit ; non est quidem Academiae
Viennensis sed Parisiensis *
MARSILIUS de Padua idem cum superiore.
Gvilelmus MARTELLUS, supra tom. III.
pag. 145.
Gargilius MARTIALIS , ibid. pag. 17.
S. MARTIALIS Lemovicensis , Apostolorum at ajunt discipulus , et Apostolus
Aquitaniae, a Gregorio Turonensi qui primus ejus meminit lib. 1. Hist. Francor.
cap. 28. longe junior traditur , et sub Decio Imperatore , hoc est non ante A. C.
249.Lemovicinis Episcopus destinatus fuisse. Quare audiendus vir doctus Joannes
Cordaeus sive Cordesius , Canonicus Lemovicensis , qui in singulari diss. Gallice
scripta c) probat S. Martialem Lemovicum

---

a) Aliis vitiose Menandrinus.
b) Vide continuatorem Guilelmi de Nangis ad
A. 1517.Tom. 3 spicilegii Dacheriani pag. 75. edit.
novae: atque alios scriptores illorum temporum.
c) Gallice inserta est operi Carmelitae, Bonaventurae de S. Aimable pro Apostolatu Martialis, tri-

bus Voluminibus in fol. Lemovici editis 1676. 1683.
1685. Tom. 1. pag. 116. Eadem dissertatio Latine
versa exstat in Francisci Bosqueti Historia Ecclesiae
Gallicanae. Tom. 2. p. 50. et in Actis Sanctor. T.
V. Junii pag. 535.

Antistitem neutiquam fuisse unum ex LXX. Christi discipulis, multoque minus Anno quadragesimo resurrectionis Dominicae agere inter homines desiisse in Gallia, quod tamen Baronius ad A. 74. communi multorum errore a) et Conciliorum Lemovicensium A. 1029 1031. Pictaviensis An. 1023. Parisiensis A. 1024. et Bituricensis A. 1531. auctoritate ductus contendit: sed anno Imperii Phillipporum ultimo tantum Dccii primo, ipsoque et Annio Grato COSS. et Fabriano Romae Episcopo ' scilicet An. C. 250. in Aquitaniam et Lemovicum provinciam venisse.

Huic Martiali *duae* tribuuntur *Epistolae*, Latine b) scriptae, una *ad Burdegalenses*, eorumque Episcopum Gilbertum, et altera *ad Tolosanos*: inventae an. 1060. vel 1100 vide Labbei Bibl. Manuscriptor. t. 2. pag. 288. 198. Easdem post edit. Badianam an. 1521. repetitas in mircopresbytico, Orthodoxographis et in Patrum Bibliothecis, seorsum cum notis edidit Geverhardus Elmenhorstius, Hamburgi c) 1614. 4. ut alias editiones in tom. 1. hist. lit. Galliae pag. 408. à Benedictinus notatas praeteream. Spurias esse docet praeter hos aliosque Nic. Nourritus apparatu ad Bibl. Patrum tom. 1. diss. IX. et Dionysius Sammarthanus tom. 2. Galliae Christianae. Casimirus Oudinus tom. 1. p. 66. seq. Vide et Casp. Barthii adversaria lib. XLV. capit. 7. et 21. Augustinum Varennium parte 1. rationarii p 153. seq. Tho. Ittigium dissert. de Patribus Apostolicis p. 72. seq. *Unschuldige Nachrichten* a. 1705. pag. 807. seq.

Radulphus Tungrensis: *Benedictionem Episcopalem Martialis Episcopus, Apostolorum discipulus ex magisterio Apostolorum tradidit, quas probabile sequentium studium auxit, et Ambrosius dicere coepit.* Confer Jacobum Goarum ad euchologium Graecorum pag. 922.

MARTIANÆ Leges. Vide infra MOLMUCIANÆ.

MARTIANUS *Minutius Felix Capella.* Supra CAPELLA tom. 1. pag. 305.

MARTINIANA quae à Jo. Boccacio XII. 6. Geneal. Deor. à Gualvaneo Flamma aliisque citatur, est Chronica MARTINI *Poloni*, de quo suo loco.

MARTINIANUS Monachus, cujus lucubrationem *de Monachorum laude et institutione* evolvit Cangius in Bibl. Sancti Germani de Pratis Codice 456.

* Lucubratio *de Monachorum laude et institutione* enunciatur etiam a P. Mabillon in t. III. Annalium ex qua epistolam, operi praefixam directamque J. *Reverendiss. Patri* evulgavi in append. p. 645. edit. Lucensis. Idem P. Mabillon ex coniectura tantummodo suspicatur scriptorem hunc in Resbacensi Monasterio in dioecesi Meldensi sito Monachum extitisse, atque vixisse circa initia saec. X. Vide etiam Hist literar. Galliae t. VI. 95. *

S. MARTINUS I. Tudertinus, Papa Romanus ab A. C. 649. Jul. 1. et exul. ab A. 652 et in exilio defunctus an. 654. 16. Sept. (al. A. 660.) Vide Sirmondi Opera t. 3. pag. 465. seq. Hist. Miscellam XIX. 7. et 13. et de temporum ratione Martini I. et quinque deinceps Pontificum, S. Eugenii, Vitaliani, Adeodati, Domni, et S. Agathonis, Carolum le Cointe tom, 3. annal. Francor. pag. 456 seq.

De Epistolis XVII. quae in tomis Conciliorum Graece partim, partim Latine ex Anastasii Bibliothecarii d) vel alterius veteri versione leguntur: et de *Synodo Lateranensi* An. 649. sub hoc Martino habita dixi in Bibl. Graeca tom. XI. p. 465. seq.

MARTINUS II. Papa, sup. MARINUS I.

MARTINUS III. Papa, sup. MARINUS II.

MARTINUS IV. Gallus, antea *Simon de Bria*, Papa Romanus ab an. 1281. Febr. 22. ad an. 1285 Mart. 28. Ejus *Epistolae*

---

a) Confer. quae notavi in libro de Luce Evangelii pag. 300. seq. et quae de commentitiis Martialis Actis supra in AURELIANO. Tom. 1. pag. 406.

b) A. Guil. Marcellio Graece editas, praeter rem tradit cap. 18. auctarii Miraeus.

c) Non Helmstadii, ut apud Labbeum legas Dupiniumque et Oudinum.

d) Tom 3. Sirmondi Opp. p. 506. Bibliotheca Patrum Tom. XII. edit. Lugd. pag. 842. seq.

V. in tomis Conciliorum ; Una ad Eduardum I. Regem Angliae de duello inter Carolum Regem Siciliae et Petrum Aragonum Regem prohibendo, etiam apud Agvirrium tom. 3. Concil. Hispan. pag. 534. Processus habitus contra Regem Petrum, in Dacherii spicilegio tom. 2. pag. 649. (tom. 3. edit. novae pag. 684. 689.) et ejusdem argumenti Epistola apud Andream du Chesne T. V rer. Francorum pag. 874. Plura apud Bzovium ad An. 1281. n. X. et XI. atque inde in Conciliorum tomis ut apud Harduinum t. VII pag. 889. Epistolae XIII. apud Waddingum tom. 1. annal. Ord. Minor. ad An. 1281. 1285. et in appendice.

MARTINUS V. Papa ab Anno 1417. 11. Nov. in Concilio Constantiensi usque ad an. 1431. Febr. 20. qui in epitaphio suo *temporum suorum felicitas* appellatur. Gentilitio nomine antea vocatus *Odo Columna.* De *Concilio Dortusano* quo Tortosae in Hispania Clementem VIII. antipapam abdicare se, et Cardinales qui cum ipso fecerant agnoscere se et Schismati longo finem imponere coegit, vide Bzovium ad An. 1429. n. 48. 82. Agvirrium tom. 3. Concil. Hispan. pag. 648. etc. Ejus *Epistolae IV. ad Uladislaum Poloniae Regem*, in Jo. Petri de Ludewig reliquiis monumentorum veteris aevi tom. V. pag. 403 405. 408. 410. Aliae quinque *ad Henricum Regem Angliae*, pag. 411. 413. 414. 416. 417. Una *ad Henricum Wintoniensem* Episcopum pag. 420. et *ad Valentinum Episcopum* pag. 422. *Bullae XVI.* in Laertii Cherubini bullario, tom. 1 p. 309 seq. in quibus pag. 333 est *indictio generalis Concilii Basileensis.* Plures Bullae, Epistolae ac Constitutiones in Annalibus Bzovii, Raynaldi etc. et in Conciliorum tomis, atque in Hermanni ab Hardt Actis Concilii Constantiensis t. 1. p. 21. 23. 25. tom. II. pag. 21. tom. IV. pag. 1500. 1518. 1536. seq. 1559. 1568. seq. Jacobum Lenfant pag. 737. 748. 749. 758. 766. etc. *Sermo de translatione corporis S. Monicae B. Augustini Matris, Ostia Romam*, edi-

tus a) Romae 1587 editore Augustino Fivizanio, et in Historia Augustiniana, Tolosae 1641 pag. 473. quanquam non multum illi tribuunt Acta Sanctor. tom. IV. Maji pag. 488. seq. *Approbatio regulae Monachorum Hieronymianae* praemissa, in editionibus Operum S. Hieronymi, ut novissima Jo. Marcianaei tom. V. pag. 351. Testamentum et Ceremoniale Curiae Romanae, quod Manuscr. in Bibl. Barberina memorat Lud. Jacobus pag. 161.

(201 B. MARTINUS Generalis Prior *Camaldulensis* a S. Romualdo XVIII. a. 1354. Generale Capitulum apud. S. Eremum celebravit, in quo primus PP. promulgavit constitutiones, quibus omnis verae Coenobiticae instituendae vitae rationem tam quoad Divina quam quoad mores : quinque libris complexus est. Omnino digni nobis videntur quos huius Biblioth. t. VI juris publici faciamus « Ita in Centifolium Camaldulense auctore Magnoaldo Ziegelbaur. Ven. Albrizzi 1750. fol. pag. 39. Hujus operis Cod. chartac. saec. XIII. fol. qui jam Camaldulensis Coenobii fuit inde Dominici De Vecchis prope me est. Prodiit vero in Annalibus Ord. PP. Mittarelli et Costadoni t. VI p. 66. seq. Vide Supra CAMALDULENSES t. 1 301.)

B. MARTINUS Sabariae natus in Pannonia, Episcopus ab an. 375. in Gallia *Turonensis*, defunctus Attico Caesarioque COSS. b) An. 397 XI. Novembr. aetatis 81. Confessor, doctrinae et sanctitatis laude celebratissimus. Ejus vitam et laudes scripsere prosario sermone quidem SEVERUS *Sulpitius* GREGORIUS Turonensis, ALCUINUS. et ODO Abbas Cluniacensis sermone in festum S. Martini tom. V. thesauri anecdotorum Edmundi Martene pag. 618. Carmine autem PAULINUS (non Nolanus ut Baronio persuasum ad Martyrolog. Rom. XI. Nov) sed *Petrocorius:* SIDONIUS *Apollinaris* Carmine quod IV. 18. Epist. legitur : tnm *Venantius* FORTUNATUS, GUIBERTUS Abbas Gemblacensis, de quibus singulis

---

a) Vide Lud. Jacobi Bibl. Pontificiam pag. 161. 480.

b) Confer Carolum le Cointe tom. 1. annal. Francor. pag. 205. seq.

suo loco, et PETRUS *Baroccius, Episço-
pus Bellunensis* quem laudat Petrus Delphinus Epistola XXXI. scripta an. 1475.
in Edmundi Martene tom. 3. monumentor:
veterum pag. 976. E recentioribus praeter Sammarthanos tom. 1. Galliae Christianae pag. 734. de S. Martino consulendi
Joannes Maan in opere de Ecclesia Turonensi Paris. 1667. fol. Tillemontius tomo
decimo memoriarum, et Benedictini in hist.
litteraria Galliae tom. 1. parte 2. pag. 413
seq. ut D. Frid. Bechmanni dissert. Jenae
1697. 4. editam et Jo. Christianum Fro-
mannum in ansere Martiniano, Lipsiae
1683 4. similiaque scripta praeteream. De
translatione Corporis S. Martini, Salisbur-
gum ut ajunt facta, ita tractant Act. Sanctorum editores tom. VI. Junii pag. 135.
seq. ut illi traditioni non multum fidei videantur tribuere. De aetate S. Martini et
quorundam ejus gestorum Ordine, anno
emortuali, nec non de S. Briccio illius successore, Josephi Antelmii Epistola ad Antonium Paglum lucem vidit Parisiis 1693.
12. a) Fertur sub S. Martini hujus nomine
Professio Fidei de S. Trinitate, (neutiquam
confundenda cum formula honestae vitae,
quae Martinum Dumiensem auctorem habet :) Prodiit primum ex Jodoci Clichtovei
editione Paris. 1512. tum curante Petro
Pithoeo una cum aliis aliorum Galliae Theologorum opusculis 1586 4. praeterea in Bibliothecis Patrum universis: et in tomis
Conciliorum: et tom. 1. Sirmondi Concil.
Galliae pag. 26. et cum scholiis Thomae
Beauxamis ad calcem vitae a Severo Sulpicio scriptae, Paris. 1571. 8. Sed in Casparis Barthii notis ad Galium Confessorem
Francof. 1623. 8. pag. 120. qui Barthius
apographum ex membranis priscis Theodori Pulmanni, atque editionem Trajecti-
nam an. 1514. contulisse se profitetur, ut
Combefisius tom. VIII. Bibl. Concionatoriae
pag. 470. Manuscriptum Codicem Bibl. Ma-
zarinianae. Denique Christianus Daumjus
hancce professionem subjunxit Hieronymi
Graeci Theologi dialogo de SS. Trinitate et

Gennadii CPolitani viae Salutis atque aliis
quibusdam monumentis in libello edito Cygneae 1677. 8. Judice Conrado Samuele
Schurzfleischio in Epistola ad Christophorum Arnoldum pag. 756 *neque formae styli,
neque doctrinae talis Episcopi congruens
est, planeque diversum auctorem praefert.*
Ut Lector per se judicet, eam integram, est
enim brevissima, hoc loco adjungere juvat.

B. MARTINI, Turonensis Episcopi, Professio fidei de Trinitate.

*Clemens Trinitas est Una Divinitas Ut
autem per Sacramentum cognoscatur, uni-
tas est ab eo qui est, et Spiritus Sanctus,
à quo qui est, et Unigenitus. Sic existens
Divinae Naturae, Lucis, Spiritus, a sese
per naturam, per subsistentiam majestatis, potestatis, virtutis, Divinae lucis Unus
in duobus, et uterque in idipsum Pater in
Filio, Filius in Patre, Uterque in Spiritu
Sancto: sic tribus personis confitemur corpus praescientiae, quod super omnia cuncta concludit. In hoc mysterium ergo credimus esse ex nullis exstantibus cuncta orta.
Quod mysterium mens humana concipere
non potest, nec oratoria lingua enarrare,
neque diffusi sermonis Bibliothecarum volumina. Si totum mundum libri repleant, b)
Divina scientia non possit inenarrabilis
enarrari: qui est indicibilis, nullo modo
possit describi, neque concludi, aut verbum aut substantia propria Divinitatis suae
qui est fons Divinae lucis, luminis, substan-
tiae, sua natura. Sileat lingua oratoria,
quia deficit sermo de indicibili. Cum con-
summaverit mens humana de Divina majestate dicere, aut disserere, tunc incipit.
Quanta sit autem Divina Clementia, nemo
scit, nisi qui genuit, et nemo comperit secreta Patris, nisi is, qui per naturam,
nascendi initium amisit. Omnis ergo man-
suetudo et modestia peritorum convertatur
ad Prophetam: de Dominica auctoritate
praesumat dicendo: Credidi propter quod
locutus sum. c) Quod autem per mysterium,
simplex sit professio, ut fundamentum Ecclesiae solidatae Apostolica auctoritate prae-*

---

a) Journal des Sav. 1693. pag. 88. edit. Amst.
b) Joh. 21. 25.

c) Psal. 116. 10

destinatio sequens praesumat, dicens : de caetero nemo mihi molestus sit : .a) *Ego credo in Christum et hunc crucifixum ; quia cum confitetur filium hominis, confitetur et Spiritum Sanctum ; Quia è Spiritu Sancto et Maria virgine Mediator nascitur. Cum confitetur primogenitum, necesse est de unigenito qui testimonium dicat, unum et solum sine origine esse, in tertiam personam Patrem confitetur existentis Divinae naturae, Lucis, Spiritus, ut dixi, qui secundum naturam, ut supra dixi, est unus in duobus, et uterque in idipsum ; Pater in Filio, Filius in Patre, Pater in Spiritu Sancto, unum in Sancta Ecclesia, nunc et in immortalia secula seculorum, Amen.*

MARTINUS *Abbas*, Ord. Minor. Juris peritus aequalis atque aemulus Azonis circa an. 1200. Eius *summam Alphabeticam* Juris laudat .Waddingns pag. 250.

MARTINUS *Alphonsus de Melo*, Lusitanus circa an. 1383. defunctns, scriptor *Historioe. sui temporis.* Vide Nic. Antonium IX. 7. Bibl. Vet. Hispanae §. 332.

MARTINUS *Alphonsi*, Cordubensis, Augustinianorum Vicarius Generalis in Hispania, clarus circa an. 1470. Eius scripta apud Philippum Elssium pàg. 470. encomiastici Augustiniani : et Nic. Antonium tom. 2. Bibl. vet. Hispan. pag. 201. *In Hexaemeron. In Epistolas Pauli* Commentarii et Quaestiones. *In Apocalypsin. Logica. Philosophia.* Et Hispanice, *De prospera et adversa fortuna. Hortus nobilium Virginum* ad Isabellam Reginam. *De laude Virginitatis* ad puellas religiosas.

MARTINUS *Alvevicus* sive de *Alvewick* Northumbriae : Lelando cap. 325. *Alaunovicanus*, Anglus Ord. Minor. defunctus A. 1336. scripsit *flores temporum* sive *Chronicon*, quod ut à Martino Polono distinguatur, *Martini Minoritae* b) appellari consuevit : hoc ab initio seculi sive ab orbe condito ipse ait se auctor produxisse ad A. 1290. primus edidit vel edidisse se putavit, editionem enim Ulmensem A. 1486. Oudino tom. 3 pag. 910. memoratam non

innuit se vididisse) Jo. Georgius Eccardus tom. 1 Corporis scriptorum medii aevi pag. 1551. addita pag. 1631. ad 1640. continuatione HERMANNI Ord. S· Guilelmi Januensis, de qua supra tom. 3. p. 223. Caetera Martini Alvevici scripta apud Baleum V. 26. Pitseum pag. 432. et Waddingum pag. 251. sunt : *Cammentarius in IV. libros Sententiarum, et Disputationes Theologicae ac Philosophicae.*

MARTINUS *Azpilcueta*, infra NAVARRUS.

MARTINUS *de boscho Gvalteri* Ord. Minorum Turonensium Guardinaus circa A. 1415. scripsit *vitam Mariae de Mailliaco* cujus a Confessionibus sacris fuerat, editam cum notis in Actis Sanctor. t. 3 Martii 28. pag. 737-747.

MARTINUS *Bracarensis.* Infra *Martinus Dumiensis.*

MARTINUS *Carsulanus.* Sopra tom. 1 pag. 327.

MARTINUS *de Clivo* sive *Clivius* Anglus Monachus Ord. Bened. Cantuarensis seculo XV. cujus nihil praeter *Homiliarum librum* à Baleo XII. 24. et Pitseo pag. 887. ex Nicolai Brigami venationibus rerum memorabilium memorari video.

MARTINUS *Corbejus* sive de *Corbenis* Tolosanus, Augustinianus, charus Bernardo de Rossergio, Archiepiscopo Tolosano circa An. 1432. Ejus scripta : Commentarii in *Canticum Canticorum et in Epistolam Pauli ad Romanos. In Canonem Biblicum. In IV. libros Sententiarum. De fide Catholica. De summa Trinitate. In Decretal. de celebratione Missarum. Sermones* ad clerum populumque. Commentarii *in Logicam et Physicam Aristotelis, librosque de Anima. Super artem veterem* (Grammaticam Ælii Donati.) Vide Philippi Elsii encomiasticum Augustinianum pag. 469.

MARTINUS *Cremonensis* ICtus, scriptor glossarum in leges Civiles, adversarius BULGARI. Confer Diarium eruditorum Italiae tom. X. pag 274. propinquus JOANNIS *Bossiani* sive *Bassiani* circa A. 1158. de quo supra tom. 4. pag. 317.

a) Galat. 6. 16.

b) De duobus Manuscriptis Lipsiensi et Berolinensi vide Massoni hist. Criticam Reip. litterariae Gallice editam Tom. X pag. 188.

MARTINUS Pannonius, ex *Dumiensi* in Gallicia Abbate Archiepiscopus in Lusitania *Braccarensis* interfuit Synodis Braccarensibus A. 561. et 572. a) diemque obiit An. 580. De illo praeter laudatos à Labbeo tom. 2 de S. E. pag. 60. 61. consulendus Mabillonius tom. 1 Act. Sanctor. Ord. Bened. Sec. 1. ad A. 580. Georgius Cardosus in Hagiologio Lusitano, Tamajus Salazar in Martyrolog. Hispan. et Acta Sanctor. 20. Martii tom. 3 pag. 86. seq. Nic. Antonius lib. IV. Bibl. vet. Hisp. c. 3. tom. 1 p. 215. seq.

Scripsit *nulli in litteris secundus suis temporibus habitus* teste Gregorio Turonensi V. 38. hist. Francor. librum *de differentiis quatuor virtutum,* quem legisse testatur Isidorus Hisp. cap. 22. de S. E. et Regi Mironi dicatum ab auctore fuisse scribit Anonymus Mellicensis cap. 38. Sigebertus c. 19. Theudomiro (alii Ariamirum vocant) Regi Gallaeciae. Laudat ex Isidoro etiam Honorius III. 26. Hic est qui *Senecae* tributus ab aliis vel *Ciceroni* etiam : et sub titulo : *formula honestae vitae* saepius prodiit. Ita vocat etiam Thrithemius cap. 221. de S. E. et II. 13. de illustribus Benedictinis. Cum praefatione ad Mironem (Theodomiri successorem) Regem edidit Pictavis 1544. Elias Vinetus : Praefationem illam, quia deest àpud Boëthium Epanem in heroicis et Ecclesiasticis quaestionibus Duaci 1581. et in aliis editionibus, tanquam ineditam vulgavit Dacherius, tom. X. spicilegii pag. 626. (edit novae tom. 3. pag. 312.) Sine illa legitur in Gilberti Cognati operibus, Basil. 1562. fol. parte 3 pag. 74. subjuncto libello *de paupertate* pag. 77. *de contemtu bonorum temporalium et voluptatum* pag. 79. et *de his qui volunt esse docti sed non boni* pag. 83. 84. At in Bibliothecis Patrum ut Lugd. tom. X pag. 38. illorum loco subiungitur *libellus de moribus*, quem cum Commentario ediderat Leodegarius a Quercu Paris. 1556. 4. addito libello *de paupertate.* Praeter hanc formulam honestae vitae etiam alia Martini opusculà edidit Tamajus Salazar in Martyrologio Hi-

spanico ad 20. Martii pag. 313. ex Bibliotheca Garsiae de Loyaisa, ut sunt *de repellenda, jactantia. De superbia. Exhortatio humiliatis. De irae habitu el effectibus et quomodo leniatur,* ad Vitimirum Episcopum Auriensem. *De celebranda die Dominica Pascha* (nec ante XI. Kal. April. nec post XI. Kal Majas.)

Transtulit et teste cap. 117. Sigeberto per manum Paschasii Diaconi *interrogationes et responsiones plurimas Sanctorum Ægyptiorum Patrum,* in Dumiensi Coenobio. Hae editae sunt ab Heriberto Rosweydo una cum vitis Patrum per XLIV. capita, illiusque operis librum septimum constituunt quod Rosweidus digessit illustravitque Antwerp. 1615. 1618. fol.

Capitula LXXXIV. ex Orientalium Synodis translata de Graeco in Latinum, subjiciuntur in tomis Conciliorum Synodo Braccarensi A. 572. dicata Nitigisio Episcopo Lucensi. De his dictum tom. XI. Bibl. Graecae pag. 65. seq.

Narrat praeterea Isidorus se legisse ejusdem *Volumen Epistolarum,* in quibus hortatus est Vitae emendationem, et conversationem fidei, orationis instantiam. eleemosynarum distributionem, et super omnia culturam virtutum omnium pietatem. Has Epistolas hodie desideramus, neque videtur habuisse Trithemius, sed ex Isidoro Epistolas Martini morales commemorasse. Neque adhuc quod meminerim lucem vidit quam edere promisit ex Manuscr. Ecclesiae Toletanae Cardinalis Agvirrius *Epistola ad Bonifacium Episcopum, de trina mersione,* nec altera adversus superstitiones. Ad Martinum Epistola Venantii Fortunati praemittitur ejus libro quinto Carminum, cujus carmen ad Martinum etiam exhibet laudatus Agvirrius tom. 2 Concil. Hispan. pag. 324.

Denique eodem Isidoro et Honorio testibus, Martinus hic conversis in Gallaecia ab Ariana impietate ad Fidem Catholicam Svevorum populis *regulam Fidei et sanctae Religionis* constituit, copiosaque *praecepta piae institutionis* composuit.

a) Aguirre Tom. 2. Concii. Hispan. pag. 293. et   316.

Carmina quaedam pauca à Si rmondo edita cum Eugenio Toletano Paris. 1619. 8. et Tom. 2 Sirmondi operum pag. 907. leguntur etiam in Bibliotheca Patrum edit. Lugd. Tom. X. pag. 386.

Testamentum relectum in Concilio Toletano X. A 636.

Epitaphium ipse sibi hoc composuit in Ecclesia S. Martini Turonensis à Theodomiro Rege constructa :

Pannoniis genitus transcendens aequora vasta.
Galliciae in gremium Divinis nutibus actus.
Confessor, Martine, tua hacce dicatus in aula.
Antistes, cultum instituit ritumque sacrorum :
Teque, Patrone, sequens famulus Martinus eodem.
Nomine, non merito, hic in CHristi pace quiesco.

MARTINUS Sillanianus *de Fano*, ICtus praeceptor Joannis Andreae Bononiensis clarus circa A. 1320. Ejus scripta, de quibus Marcus Mantua pag. 482. *de modo studendi*, et *de negativa probanda*, nec non *de jure emphyteutico.* His ex Trithemii cap. 530. de S. E. adde *de actionibus* et *de judicio causarum.* Fallitur idem Mantua, qui Sillanianum à Fanensi distinguit.

(202 Aut non claruit circa A. 1320. aut a Sillaniano diversu s. In chronico conscripto a F. Salimbene prope Sarti *de Archigjmnas. Bonon.* habemus Martinum differentias inter Regii Lepidi et Bononiae cives composuisse : item Mutinae docuisse A. 1250. seu potius 1255. in quo Jacobus de Pennaciis fuit Mutinae Potestas electus : eodem hoc anno statutibus Arretini studii subscripsit (Guazzesi opere II. 109.) quinque postea fuit civitatis Januae Potestas (Rer Italicar. VI. 527.) anno vero 1264. Ord. Praedicatorum se addixit. *Tiraboschi Bibl. Modenese* I. 50. V. infra MART. *Sillanianus*).

MARTINUS *Fuldensis*, incertum an Monachus, cujus *Chronicon*, quod ille à nato CHristo coeperat, Joannes Georgius Eccardus editione dignum habuit ab A. 716. ad A. 1379. edidit itaque Tom. I. Corporis scriptorum medii aevi pag. 1641-1732. repertum in Codice Ecclesiae S. Ægidii Hanoveranae. *Strictim enarrat memorabiliora, et candorem animi ostendit, dum insolentiam Paparum dignitati Imperatorum suo tempore insultantium graviter taxat. Idem Juris Canonici peritissimus*

fuit, et quae historica in eo occurrunt, suis locis sollicite citat. Glossas *item* in Decretum, HUGWITIONIS *et aliorum diligenter evolvit. Confirmavit praeterea dicta sua testimoniis*, Eginhardi, Aimoini, Gotfridi Viterbiensis, Vincentii Bellovacensis *ac* Martini Poloni, *auctorum ea aetate celebrium, et nunc editorum. Ex ineditis vero provocat ad* RICHARDUM Pictaviensem *et ad* Cusentinum Episcopum. Haec de Martino illo laudatus Eccardus.

MARTINUS *Gonsalvus*, Conchensis post medium seculi XIV. propter varios incredibiles errores jactatos in Hispania damnatus ab Archiepiscopo Toletano, atque flammis traditus. Vide Natalem Alex. Sec. XIII. et XIV. cap. 3. artic. 16. t. VII. p. 109.

MARTINUS *Herbipolensis*, de quo Trithemius Chron. Hirsaug. ad A. 1393. T. 2. pag. 296. *Hoc ipso anno Magister* Martinus *Inquisitor hoereticae pravitatis a Sede Apostolica deputatus venit per Sveviam in Herbipolim: ubi facta inquisitione haereticos nonnullos ex simplicioribus et rusticanis invenit de secta* flagellantium *et* Fratricellorum, *quibus ad unitatem fidei Catholicae reversis, pro salutari poenitentia* Crucem contra *infidos* Turcas *imposuit, quae illo tempore praedicabatur. Ex Herbipoli profectus* Erpfordiam, *simili pravitate infectos plures invenit,* Beghardos, Beguttas *et alios : quorum aliqui cremati sunt ignibus, aliqui vero penitentiam egerunt super erroribus suis, reliqui fugam inierunt.*

MARTINI Junioris Geometria Manuscr. citatur à Cangio.

MARTINUS *Gosia* Cremonensis JCtus, discipulus Irnerii, circa A. 1158. pro Friderici I. decertavit Juribus, dicitur etiam *glossator Bononiensis*, quoniam parentes ejus à Gibellinis Bononia expulsi fuerant. Vide Guidonem Pancirollum lib. 2. cap. 14. Hic adeo non solitus jurare in verba Magistri, ut in eo reprehendat Marcus Mantua pag. 496. quod *solus erat in opinionibus, licet totus mundus teneret contrarium.*

MARTINUS Garratus *Laudensis* ICtus de cujus scriptis Gesnerus in Bibl.

* In Biblioth. Felini Cod. MS. 744 extat Martini de Laude tractatus de *Principe :*

item *de primogenitura* item *de conscientia;
de ordinibus ecclesiasticis de repraesaliis;*
Porro tractatus de *primogenitura* typis
vetustis expressus prodiit in fol. absque
loco et anno. *

MARTINUS *de Laudano* sive *Laudunensis*, Gallus, Vallis S. Petri Carthusiae
Prior circa A. 1180. cujus *Epistolam parae-
neticam* ad Novitium Carthusianum de non
repetendo Ordine laxiore, edidit Theodorus
Petrejus Colon. 1607. unde recusa est in
t. XXVII. Bibl. Patrum Lugd. p. 493-507.

MARTINUS *Legionensis*, infra, *Martinus Presbyter.*

MARTINUS *Lutherus* noster, de quo
dixi in Centifolio Lutherano, multa etiam
Latine scripsit, genium scholarum, in quibus institutus fuerat, longe exsuperan-
tia: nec minorem in illis δεινότητα et
vim probans lectoribus suis quam in vernaculis Operibus. Optem igitur ut et Biblia
a) ejus Latina vir idoneus aliquis, et Epistolas, et alia non ab aliis in Latinum conversa sermonem, sed ipsius ingenio, captu, animo, stylo concepta Latine, novo
collecta studio digereret, recenseret, recen-
sitaque junctim ederet.

MARTINUS *Magister*, (des Maistres) la-
nii Turonensis filius, deinde Doctor Theologus Paris. et à Confessionibus atque eleemosynis Galliae Regis Ludovici XI. defunctus A. 1482· de quo Jo. Launojus in historia Gymnasii Navarrei pag. 592. seq.
(tom. IV. Opp. parte 3. lib. 2. cap 9.) H.
Warthonus ad Caveum ad An. 1473. et Oudinus tom. 3 pag. 2644. Scripta Martini
haec. sunt:

Tractatus consequentiarum in vera di-
vaque Nominalium via, Parisiis apud Antonium Denidelum.

Expositio perutilis et necessaria *super
libro Praedicabilium Porphyrii*, Parisiis
anno MCCCCXCIX.

Summa quaestionum Theologicarum, Manuscr. in Bibl. S. Victoris Paris. de qua Oudinus tom. 3 pag. 2642.

Quaestio de Fato, quae praefixa est compendio Alberti Magni in octo Physicorum
libros de coelo et mundo et de elementis
Parisiis apud Dionysium Roccum.

De quatuor virtutibus Cardinalibus laudatissimum Scholasticis volumen scripsisse testatur Guagvinus in vita Ludovici XI.
De Fortitudine liber unus, prodiit Parisiis
anno MCCCCLXXXIX. apud Wolphangum
Hopilium.

De temperantia, jejunio etc. liber unus,
ibidem anno MCCCCXC.

Artificiosa contemplatio super *Salve, Regina misericordiae*: cum expositione *in
Orationem Dominicam, et Angelicam Salutationem*. Paris. 1521. 4. Praeter rem ab
aliis tributa Anselmo Lucensi.

Non vidi, inquit Launojus quae *de Rhetorica* Martinum scripsisse notat Guaguinus
Epist. 63.

Non vidi quoque de *Justitia* librum,
quem illi Cranstonus ex fama tribuit praef.
quaestionem libro Martini de fortitudine
additarum

Breve *Chronicon S. MARTINI. Masciacensis* Ord. Bened. dioeces. Bituricensis: ab
An. 732. ad 1013. in Labbei Bibl. nova Manuscr. tom. 2 732. 733. et Annales Francorum ab A. 726. ad 1296. ex Codice S.
Martini Masciacensis id. pag. 733-736.

MARTINUS *Mindoniensis* in Hispania
Episcopus, ex Pseudo-Luitprandi fide habetur a quibusdam *Martinus Dumiensis* de
quo supra. vide. Nic. Antonium tom. 1 Bibl. vet. Hispan. pag. 218.

MARTINUS *Minorita*, supra, MARTI-
NUS *Alvevicus.*

MARTINUS *Navarrus*, infra NAVAR-
RUS.

Octavianus de MARTINIS infra, OCTA-
VIANUS.

MARTINUS *de Padua*, teste Joanne Gersone cap. 8. de auferibilitate Papae, statuit
*quemlibet Episcopum in sua dioeces. esse
Papam.*

MARTINUS *Pannonius* supra in *S. Mar-*

---

a) De his nuper accurate Venerandus noster Jo.
Georgius Palmius, Pastor ad S. Petri aedem meritissimus, in libro de Codicibus V. et N. T. qui-

bus B. Lutherus in Versione sua Germanica usus
est, pag. XLV. seq. Hamb. 1735. 8.

tino, Archiep. Turon. et in *Martino Dumiensi*.

MARTINUS Strepus, Oppaviensis e Silesia, quae regno Bohemiae adhaerebat et Poloniae etiam computabatur, unde *Poloni* cognomen : sive quod ad primatum Poloniae vocatus est a Nicolao III. (certe patria nec Carsulanus, nec Gallus nec Scotus) Monachus Ord. Praed. Pontificum Clementis IV. Gregorii X. Innocentii V. Joannis XXI. ac denique An. 1277. Nicolai III. major Poenitentiarius, et anno interiecto Archiepiscopus Gnesnensis , nec diu post defunctus , de quo praeter Simonem Starovolscium in Polonorum scriptorum historia cap. XIII. Carolum Vischium in Bibliotheca Cisterciensium , quibus Martinum praeter rem accenset , pag. 238. seq. Casp. Sagittarium introduct. in hist. Eccles. pag. 68. seq. et Antiquitatt. regni Thuringici II. pag. 241. Morlïerum , Doctorem Sorbonicum In libro : essais de Litterature tom. 2. pag. 334 seq. Vossium p. 484. et ad observata ad eum Sandii : Labbeum tom. 2 pag. 62. de S. E. Caveum ad A.1277.Oudinum tom. 3. pag. 531. etc. Lambecius tom. 2 p. 860. seq. Jacobus Echardus in Bibliotheca Dominicanor. tom. 1 pag. 361. Niceronus tom. XIV. memoriarum de viris eruditis editarum Gallice p. 195. seq. Martinus Hanckius de Silesiis indigenis cap. VIII. pag. 34-61. et Jo. Georgius Eccard. prolegom. ad scriptores medii aevi , tom. 1 num. XX.

Nihil celebrius ejus *Chronico summorum Pontificum atque Imperatorum Romanorum*, per annorum quinquagenas : cuius quidam Codices in Clemente quarto desinunt , ipse profitetur se illud produxisse usque ad An. 1277. atque collegisse ex nescio quo *Crasino* (al. apud Montfaucon pag. 49. Diarii Ital. *Tito Livio*) *Orosio* , *Damasi* de gestis Pontificum , *Paulo Diacono* , Chronicis *Bobini* (al. Bonizzi) Sutrini Episcopi , nec non *Gilberti* (de quo supra tom. 3. pag. 54.) *Richardi* Cluniacensis , *Gervasii* (non Ricobaldi sed Tilberiensis de

quo tom. 3. pag. 157.) *Extodii* sive *Estodii* (al. Methodii)*Gotfridi* Viterbiensis, *Vincentii* Bellovacensis et *Decreto* ac *passionibus Sanctorum*. Caetera quae post Annum 1277. sequuntur , addita sunt à PTOLEMÆO *Lucensi* usque ad An. 1249. et à BERNARDO *Guidonis* ad An. 1316. Prodiit hoc Chronicon primum cum Mariano Scoto editum a Joanne Heroldo Basil. 1559. fol. Deinde separatim à Suffrido Petro Antw. 1574. 8. sub falso *Archiepiscopi Consentini* titulo , et contra auctoris mentem tributum in *libros quatuor*. Hinc ex sinceriore Codice à Jo. Fabricio Caesare , Canonico Gladblacensi, Ord. Praemonstrat. Coloniae 1616. fol. quam editionem exprimit novissima Argentoratensis 1685. fol. ad calcem Æneae Sylvii de rebus Friderici III. De *Gallica* versione D. Verneroni , Canonici Leodiensis et Sebastiani de Mamerot, quae cum auctario usque ad An. 1503. prodiit Parisiis , et de inedita *Germanica* Jo. Lud. Zolmanni , vide sis Jac. Echardum tom. 1. pag. 370. Chronicon Martinianum cum XV. vel XVI. collatum Codicibus in lucem dare voluit illustris Leibnitius a) cum cujus notis b) et cum additamentis ex Manuscr. Codice Jenensi cum *continuatione* ex Manuscr. chartaceo Lipsiensi et duobus Hofmannicis et appendice Ratisbonensi habuit atque edere promisit D. Jo. Andreas Schmidius δ᾽ μαχαρίτης, Continuationem et additamenta ab An. 1163 ad An. 1343. debemus Jo. Georgio Eccardo t. 1. Corporis scriptorum medii aevi p. 1413. 1460. quam ipse Continuationem *Austriacam* appellat, Appendicem Ratisponensem, ni fallor , vocaverat Caspar Sagittarius. Continuationem usque ad A. 1482. Manuscriptam, memorat Catalogus Bibl. Jo. Burchardi Menckenii p. 318. Voluit edere hoc Chronicon etiam Joachimus Joannes Maderus , et post ejus fata Caspar Sagittarius.

Quoniam vero primus auctor a quibusdam habetur Martinus Polonus traditionis de Joanna Papissa, (Vide Mabillonii iter Italicum pag. 27.) ideo graves in eum

a) *Neur Bucher Saal* A. 1712. parte XIV pav. 145.

b) W. E. Tentzelii *Monathi Enterredungen* A. 1694 pag. 1061.

invectivae Jo. Hardingi, Florim. Ryamundi et Joannis Bernartii, qui multorum et gravium errorum postulat libro de utilitate historiae pag. 113. aliis vicissim eum strenue defendentibus ut facit Alexander Coocke dialogo de Papissa Joanna p. 64. seq. Certe quamquam in Martini Codicibus Manuscriptis bene multis illa narratio legitur, ut docet Frid. Spanhemius Filius tom. 2. Opp. pag. 596. 597. 598. tamen negari non potest in aliis bene antiquis et neutiquam contemnendis desiderari, ut a Lambecio tom. 2. pag. 869. et apud Oudinum tom. 3. pag. 535. seq. et a Jacobo Echardo tom. 1. pag. 365. seq. fuit demonstratum: quorum observatis licet addere, quod in Bibl. Paulina Lipsiensi a) tria exstant Chronici Martiniani exemplaria, unum membranaceum, in quo de Joanna ne γρύ; alterum chartaceum quod his tantum verbis ejus facit mentionem: *Huic* (Leoni*) successit Joannes mulier Papa : de hoc in Chronica Ratisponensi.* In tertio denique, itidem chartaceo tota narratio perinde ut in Suffridi Petri editione legitur. Sed vero admittendum et illud, quod jam ante Martinum eandem rem Anastasius, Gervasius Tilberiensis, Stephanus de Borbone et alii tradidere : sicut eius aequales item et post Martinum alii innummerabiles.

Laudati Echardi fide notare juvat, A. 1477. 4. typis Taurinensibus prodiisse Martini Poloni Chronicon summorum Pontificum et Imperatorum ac de septem aetatibus Mundi. *At Martini nostri opus non est, sed scriptoris recentioris, alterius omnino styli, et longius productum.* Haec Echardus tom. 1. pag. 369.

Fuit et alius *Martinus Polonus* itidem ex celebri Praedicatorum Ordine, sed longe junior, atque inter Lutheri nostri adversarios circa Anno 1534. de quo idem Echardus tom. 2. pag. 88.

Caetera Martini prioris scripta sunt :

Summa juris Canonici, quae *Martiniana* vocatur, et *Margarita Decreti*, sive Concordantiae et tabula Decretorum et Decre-

talium Alpbabetica, post primam editionem Argentoratensem An. 1486. saepius excusa ibidem et Venetiis, Lugduni ac Parisiis una cum Decreto et Decretalibus.

Memorabilia Romae, sive quae Chronico in quibusdam Codicibus praemittuntur *de quatuor majoribus regnis, et Romanae Urbis exordio, incremento, aedificiis et regimine usque ad Imperatorem Augustum.*

Descriptio terrae sanctae.

De schismate Ecclesiae Graecorum.

Historia de Guelfis.

Sermones de tempore et *de Sanctis*, super Epistolas et Evangelia, cum *promtuario* exemplorum. Argentorat. 1484. 4. 1486. 1488.

De diversis miraculis, idem fortasse cum exemplorum promtuario.

Consentinis Archiepiscopis Martinum ab Ughello tom. IX. pag. 218 praeter rem accenseri, et *Cusentinum Archiepiscopum*, cuius et ipsius Chronicon a Ptolemaeo Lucensi, Martino Fuldensi, Jo. Gersone de statu V. et N. Test. aliisque citatur, diversum esse à Martino Polono Chronici scriptore : alterius vero nomen ignorari, notarunt Muratorius tom. XI. scriptorum Italiae pag. 745. Eccardus prolegom. ad scriptores medii aevi tom. 1. n. XXIII. Niceronus tom. XIV. pag. 200.

* Vetus est controversia, nec dum plene definita num Archiepiscopus Cusentinus qui chronicon Romanor. Pontificum dedit, quo Ptolemaeus Lucensis usum se profitetur in Ecclesiastica Historia sua contexenda idem cum Martino authore chronici babendus sit. Ac de Cusentino Martini Archiepiscopatu dubius haeret Ughellus, nec ego certi aliquid proferre possum. De chronico vero quo Ptolomaeus Lucensis tam saepe provocat, aliud plane fuisse opus judico a Martiniano. Postremum enim istud usque ad an. 1277. porrigitur. Cusentinus vero historiam suam *ab Adam usque ad tempora Friderici secundi perduxit*, quae sunt verba Ptolomaei Hist. Ecel. lib. 18. c. 44. Nec insuper Martinus opus suum ab Adam exorditur, sed ab initio potius regni Babylonici. Ibi pariter Cusentini opus grande volumen implere scribit : *In suis*

a) Acta Erud. Tom 1. supplem. pag. 286.

magnis historiis. Martiniana vero historia haud magnae molis volumen est. Ait insuper Ptolomaeus ignorare se nomen Archiepiscopi Cusentini ; cum vicissim Poloni nomen ad fastidium usque recantet. Denique utrumque opus eadem in periocha distinguit ita se exprimens eodem lib. 18. cap. 40. *Haec omnia partim habentur a Richardo, partim a Cusentino et partim a Martino.*

His igitur ita se habentibus non inani coniectura permotus suspicor ex argumenti similitudine deceptos quosdam duo distincta opera in unum coniunxisse. Unus vero error alterum induxit, cum Martinus nomen suum chronico a se scripto praefixerit. Cusentinus vero nomen tantummodo dignitatis, ex quo factum est, ut amborum opus unum idemque censeretur ; factum etiam ut qui Martinianum opus legerint nec alterum Cusentini habuerint in conspectu, sed tantummodo norint ex scriptorum veterum testimonio, opinarentur, Martinum Polonum ad cathedram Cusentinam ascendisse.

Sed quinam ille fuit Archiepiscopus Cusentinus Chronici huius a Martiniano diversi author ? Id sane me fugit. Si ex tempore quo scribebat coniectari licet vix alter judicandus esset a P. (forte Petro) *Cusentino Canonico* viro probo et litterato, qui in discordia a Capitulo Ecclesiae Cusentinae electus, aemulum passus est alterum virum potentem et factiosum, cui cessit coactus. Vide Ughellium tom. IX. pag. 214. novae editionis. Haec omnia sub Friderico II. accidisse idem Ughellius adnotat, nec ultra Fridericum II. Cusentini Historiam excurrisse ex Ptolomaeo Lucensi paulo superius animadversum est.

Historiae illae : *de quatuor Maioribus regnis : de Romanae urbis exordio incremento. Aedificiis et regimine usque ad Imp. Augustum* extant in Martiniani chronici membranaceo codice MS. Biblioth. Can. Lucensium saec. XIII. Ita vero sunt connexae, immo insertae in chronico, ut non diversum quid ab ipso referre videantur, sed in unum cum illo opus coalescant. Quare miror, cur a nonnullis codicibus

avelli potuerint. Suspicio autem haec mea aliam inducit, num scilicet eaedem illae manus, quae e Martiniano opere portiones istas subduxerant tollere etiam potuerint laciniam a Martinio adiectam de Joanna Papissa. A Martino adiectam dixi ; nam codex iste meus tam proxime ad Martini Poloni aetatem accedens fabellam hanc retinet, non quidem ut in aliis codicibus margine adiectam, sed scriptioni reliquae coniunctam et cohaerentem. Superest coniecturas exhibeam, quae tantam chronico antiquitatem vindicant. Desinit codex iste in Nicolao III. cuius vita describitur, tum eadem manu nudum Martini IV. nomen legitur. Succedunt eodem ordine, et methodo reliqui Pontifices, sed manu omnino a priori diversa. Quo coniectura ista ferat docti intelligent. Quamquam vero Martinus Chronicon suum ea cenfecerit arte ut ex opposito Pontifices Romani, et Romani itidem Imperatores descripti exhibeantur, author tamen nostri codicis, utrosque seorsum posuit ; incipit enim ab imperatoribus, quibus absolutis tum demum ab exordio Pontificum Romani chronicon repetit. In praefatione, quae cum excusa omnino coaeret recitat catalogum scriptorum ex quibus profecit, inter quos est *ex chronicis Escodii*, quod et in editis et MSS. pluribus Codd. legitur, quamquam multi corruptionem suspicantur pro *Orosii.* *

MARTINUS *Presbyter*, Manuscriptus pridem Viennae apud Wolfgangum Lazium teste Vossio pag. 783. *Chronicon* suum dicavit Innocentio III. quem constat an. 1216 rebus humanis valedixisse : itaque diversus fuit non modo a Martino Polono, sed etiam à Martino Minorita, et utrumque aetate antecessit.

MARTINUS *Raymundi*, sive *Raymundus* MARTINI potius, Catalanus Ord. Praed. vir eruditus et peritus linguarum Hebraicae, Chaldaicae et Arabicae ad quarum linguarum studium Raymundus alter de Pennaforti eum invitaverat. *Pugionem fidei* sive opus praeclarum adversus Mauros et Judaeos scripsisse se profitetur A. C. 1278. et ab initio Mundi ex computo Judaeorum An. 5038. Pugio ille, quo strenue in suis

adversus Judaeos scriptis usi sunt POR-
CHETUS *de Sylvaticis*, *Petrus* GALATI-
NUS aliique , tribus partibus dividitur, et
recensitus ex Manuscriptis quatuor, et notis insignibus illustratus est a Josepho de
Voisin , editusque a Philippo Jacobo Maussaco Paris. 1651. fol. atque inde a
Doctore meo Jo. Benedicto Carpzovio ,
Theologo Lipsiensi , qui praemisit eruditam introductionem in Theologiam Judaicam et HERMANNI Coloniensis opusculum
de Conversione sua (de quo supra tom. 3
pag. 222.) subjunxit, Lipsiae 1687. fol.
De Raymundo ipso praeter laudatum Carpzovium, Oudinum tom. 3. pag. 647. Bae-
liique Lexicon in MARTIN, consulendus
Paulus Colomesius in Hispania Orientali
pag. 209. seq. Nic. Antonius Bibl. vet. Hispan. VIII. 6. tom. 2. pag. 59. seq. et
Jacobus Quetif. tom. 1. Bibl. scriptorum
Dominicanorum pag. 396. seq. Laudat Raymundum Nicolaus Lyranus ad Hoseae IX.

V. C. Jo. Christophorus Wagenseilius in
telis igneis Satanae, inter alia vulgavit
Hebraice et Latine *disputationem inter R.*
Nachmanidem sive Mosen Gerundensem
et Christianos , *Paulum* Ord. Praed. *ac*
Raymundum hunc, praesente Jacobo, Tarraconensis provinciae Rege habitam An.
1263. De Paulo illo confer Colomesii Bibl.
Orientalem Hispanam pag. 209. seq. et laudatissimi nostri Wolfii Bibliothecam Hebraeam tom. 3. pag. 911. qui et *B. Esdrae*
Edzardi, de litteris hisce immortaliter meriti notas ad Raymundi pugionem exhibet
tom. 4. pag. 572. 638.

Ejusdem Raymundi *Capistrum Judaeo-*
rum Manuscr. Bononiae , laudatur à Joan-
anne Hornbeeckio prolegomenis libri de
convincendis Judaeis pag. 7.

Confutationem Alcorani quam memorat
Possevinus, nescio an quisquam oculis
usurpaverit.

MARTINUS *Scotus* Ordinis ut ajunt Cisterciensis , scriptor Chronici, confictus ut videtur ex Martino Polono , et Mariano Scoto , cujus Chronicon cum Martiniano primum lucem vidit. Consule , si placet Vossium pag, 474. seq.

MARTINUS *Sculthorpius* Nordvolicensis

Anglus , Carmelita , Theologus Cantabrigiensis circa A. 1430. Hujus *Conciones sa-*
crae laudantur à Lelando cap. 478. *Deter-*
minationes etiam addunt Baleus XII. 55.
Pitseus pag. 621. atque Alegrius pag. 339.

MARTINUS *Segonius* , vitiose apud Simlerum *Cegonius* et apud Vossium pag. 818.
Segovius, Novomontanus ex Novomon-
to Mysiorum sive Serviae ad Moravum
fluvium , laudatur inter scriptores quibus
Joannes Cuspinianus est usus, praecipue
in rebus Amurathi secundi qni Novomon-
tum cepit A. 1439. Ex eodem Segonio nonnulla de sepulchro CHristi adducit Johannes Bohemus , Aubanus in libro de gentium moribus.

MARTINUS *Sillanianus* , ICtus supra :
Martinus de Fano a quo praeter rem apud
Marcum Mantuam distinguitur. Neque alius
opinor qui apud Cangium *Martinus de Sul-*
mannis vel *Silimani.*

S. MARTINUS *Turonensis* Episcopus , de
quo supra p. 35.

Chronicon Episcoporum MARTISBUR-
GENSIUM , ab A. 986. ad 1500. editum
à Joanne Petro Ludewig T. IV. reliquiarum veteris aevi pag. 329-587. subjuncto
pag. 588. *Alexandri V.* diplomate A. 1409.
de Merseburgensis Episcopi Cancellariatu
Academiae Lipsiensis. Ad Chronicon istud
conferendae emendationes et supplementa
ex Codice Archivi Electoralis Dresdensis,
apud Jo. Burchardum Menckenium Tom.
3. scriptor. rerum Germanicar. pag. 161-164.

MARTiUS *de Werdena,* auctor *Florilegii*
sive libri in quo *flores Poëtarum* de virtutibus et vitiis selectos et libris X. di-
gestos exhibet. Colon. 1505. 12. Christiani Daumii Indicem scriptorum , e quibus
flores suos hic decerpsit Martius , et specimina quaedam dare me memini in Bibliotheca Latina IV. 2.

MARTONANI , Liber ad Monachos Manuscr. laudatus Cangio.

MARTYROLOGIORUM scriptores referre
me memini Bibl. Graecae V. 32. T. IX.
p. 35. seq. et in libro de Luce Evangelii
per totum orbem propagata c. XI. p. 210 seq.

* Quamquam cl. Fabricius fusius de
martyrologiis hic agere supervacaneum

duxit, lectoribus al Bibliothecam Graecam remissis, facile tamen veniam ab eruditis impetravero, si ea quae de vetusto Hieronymi Martirologio a Florentinio nostro Lucensi vulgato animadvertere mihi licuit post inspectum collatumque diligenter cod. illum membran. Bibl. Canonicorum S. Martini Lucensis, ex quo opusculum istud acceptum est, hic expressero. Florentinio quidem Codex eiusdem Martjrologii duplex praesto fuit; alter quidem Bibliothecae suae privatae, alius vero idem est, cujus memini, saeculi, ut judicat author, XI. scripturam praefert Codex iste Cathedralis Lucensis, sed et facile est XII. cum in ejus exordio folia sint quaedam continentia chronicon quoddam adusque a.1105.perductum, eadem, vel simili, ut apparat qua codex reliquus, manu delineatum. De altero Codice nihil habeo, quod hic admoneam cum nondum viderim. In edendo vero Martyrologio illo utroque codice ita usum credo Florentinum, ut̄ alterutri indiscriminatim se conformaret; qua de re cum nec lectores admonuerit, nec signo aliquo adiecto unius ab altero discrimen notaverit, hinc factum est ut excusum illud Martyrologium neutrum satis accurate repraesentet. *

MARULLUS Calaber Poëta, Attilae Hunnorum Regi post captum A. C. 452. Patavium, Carmen recitavit quo laudes ejus ita extulit in Coelum, ut et ipsum Deum et Divinae stirpis prolem appellaret: sed Attila re per interpretem cognita adulationem indignatus, carmen a) jussit in ignem conjici, atque si Philippo Callimacho b) fides, Poëta propemodum ipse vivus ab ipso una cum carmine exustus est.

Michaël MARULLUS CPolitanus, vel Nic. Comnenum si audimus Cretensis, (Joviani Pontani discipulus si Hort. Lando (_Cataloghi_ 376) fides. 2. Lucchesini) Graecas litteras à Zacharia Calliergo sive Scordyllio, Latinas à Sabellico edoctus utraque lingua valuit, et scriptis _Epigrammatibus_, aliisque _Carminibus_ etiam parum

piis famam consecutus. Ejus libri IV. Epigrammatum et totidem Hymnorum Latine prodiere Bononiae 1504. 4. Paris. 1529. 8. 1582. etc. Carmen de _Principum institutione_ exstat ad calcem Belisarii Aquivivi libellorum Basil. 1578. 8. cum Manuelis Palaeologi praeceptis Regiae educationis. Extinctus est in fiuvio Hetruriae Cecina A. 1500. in quem obitum exstat Petri Criniti naenia. De hoc Marullo Jovius in elogiis pag. 52. Gaddius Tom. 1. de scriptoribus pag. 270. et Tom. 2. pag. 23. seq. et in elogiis Italice editis: Vossius Poet. Latin. pag. 81. Baelius in Lexico, Morlierius iu libro Essais de litterature tom. 2. pag. 65 Memoriae litterariae Trevoltinae A. 1703. pag. 295. edit. Amst. Diarium eruditor. Italiae tom. 17. pag 326. Nic. Comnenus historia Gymnasii Patavini tom. 2. pag 184. Lambecius tom. 6. pag. 279. ubi etiam effigies aere descripta, sicut et apud Bullartium tom. 2. Academiae scientiar. pag. 319.

(203 De eo vid. op. _de Graecis Illustribus linguae Graecae literarumque human. instauratoribus Humphr. Hodii._ Londini 1742 8. pag. 276. seqq.)

Marcus MARULLUS, Patricius Spalatensis A. 1510. ad Dominicum Papalem misit versa Latine a se ex Dalmatico idiomate, _Regum Dalmatiae et Croatiae gesta_ ab A. 538. ad 1079. Edidit Joannes Lucius ad calcem sex librorum Historiae Dalmaticae, quos ipse scripsit publicavitque Amst. 1666. fol. pag. 302-309. Notae Lucii in Marulum pag. 444-450. Maruli breve scriptum quo _S Hieronymum_ non Italum fuisse sed Dalmatam evincit, _contra Jac. Philippum Bergomensem._ pag. 457. seq. De ejusdem _Evangelistario_ de Spe, Fide, Charitate, libris VII. Colon. 1529. 1532. 8. et de ejus _religiose vivendi institutione_ libris VI. exemplis è S. Scriptura petitis Paris. 1513. 4. ac deinde saepius, vide Gesnerum : et de versione Gallica, Germanica, Hispanica, Baelium in Lexico. Exstat et Italica Remigii Florentini, Venet. 1580 1597

***

a) Nicolaus Olaus, Metropolita Strigoniensis in Attilae vila cap. 15. pag. 885. Amoenittat. litterar. Tom. XI· pag. 668.

b) In vita ejusdem Attilae pag. 861. ad Bonfinii Hungaricor. calcem

1610.4. Et de humilitate et de gloria CHristi, Venet. 1596. 4. Josepho Alchaini interprete.

* Anno 1510. ad Thomam Nigrum canonicum et Archipresbyter. Spalatensem mittit Libellum parabolarum L.'quem excusum habeo in 8. Venetis formis Laurentii de Rosis Tarvisini anno incerto, editionem curante Francisco Lucensi qui omnium Maruli operum editionem dedit. Habere se paratum alterum operum eiusdem Maruli de Imitatione Christi idem Franciscus profitetur. Denique libri de institutione bene vivendi prior editio est Veneta. Anni 1506 in 8. Evangelistarium lucem primo vidit Venetiis ap. Jacobum Leuci 1516. rectam operis editionem curante Francisco de Consortibus Lucensi cantorem Ecclesiae S. Marci. *

Pandulphus MASCA Pisanus, Rom. Ecclesiae Presbyter Cardinalis ab An. 1182. usque ad 1202. vel amplius, scripsit libri Pontificalis Damasiani supplementum à Leone IX. ad Innocentium III. sive ab An. C. 1049. ad 1198. Prodiit Venetiis 1547. 1600. etc. ac novissime in tomo tertio thesauri scriptorum Italiae Muratoriani ex Manuscriptis: Vita Gregorii VII. Victoris III. Urbani II. Paschalis II. Gelasii II. Callisti II. Honorii II. Innocentii II. Coelestini II. Lucii II. Eugenii III. Anastasii IV. Adriani IV. et Alexandri III. De hoc Cardinali G. Josephus Eggs in purpura docta tom. 1 pag 95. et Oudinus tom. 2 pag. 1690. (181 Mattei (Ant. Fel.) in tom. 1. op. Memorie d' Illustri Pisani.) et infra PANDULFUS Masca.

Matthaeus MASIUS, infra MATTHÆUS.

Antonius MASSANUS, supra t. 1 p. 121.

Gvilelmus MASSETUS tom. 3 pag. 141.

MASSILIUS de Padua, sup. MARSILIUS.

MASSUS, post Dionysium et Massonum tertius ut ajunt Parisiensium Episcopus, a quo tradunt scripta Martyria Sanctorum Dionysii, Rustici, Eleutherii. sed. nemo illa proferre, nemo actis apud Franciscum Bosquetum tom 2 histor. Eccles. Gallica nae pag. 6S. obviis illam antiqitatem vel fidem asserere hactenus potuit. Vide Vossium pag. 740. et Benedictinorum historiam litterariam Galliae tom. 1. parte 2. pag. 49. seq.

Antonius à MATELICA. supra t. 1. p. 121.

Hugo MATISCONUS supra t. 3. p. 275.

MATRONIANUS, supra LATRONIANUS tom. 4. pag. 530.

MATTHÆUS Anglus, monachus S. Albani, infra Matthaeus Paris.

MATTHÆUS de Aqua sparta Tudertinus, ab an. 1287. Ord. Minor. Generalis et R. E. Cardinalis ab An. 1288. et Episcopus Portuensis ab an. 1291. ad 1302. Scripsit in Jobum et Psalmos: in Epistolam ad Romanos: In IV. libros Sententiarum. Sententiarum Inventarium. Quaestiones Quodlibeticas. Pentiloquium de potentia Papae. Librum contra Nicolai cujusdam Galliae Ministri scriptum declarationi Regulae Ordinis sui per Nicolaum IV. factae oppositum; et Sermones. Vide Antoninum Florentinum summae histor. tit. XXIV. cap. 9. §. 10. tom. 3. pag. 781. seq. Trithemium cap. 507. Alphonsum Ciacconium de Cardinalium Vitis pag. 785. Waddingum pag. 252. Ughellum tom. 1. Italiae sacrae pag. 139.

MATTHÆUS Canonicus Augustanus, infra Matthaeus de Pappenheim.

MATTHÆUS Aulae Regiae in Bohemia Pragam 'prope Monachus Ord. Cisterc. post an. 1400. ante Concilium Constantiense cum Joanne Husso saepius concertavit, deinde Monasterium Veteris Cellae ingressus composuit commentarios in tres quinquagenas Psalmorum: in Evangelium Matthaei et in Hymnos Ecclesiae atque in quatuor libros Sententiarum. Pluraque horum Manuscripta in Bibl. Paulina Lipsiensi. Vide Oudinum tom. 2. pag. 2240.

* Huius viri docti oratio habita in conc. Constantiensi servatur in Cod. MS. Biblioth. Caesareae Vindobonensis Cod. Theologico 527. hoc tit. Sermo F. Matthaei de aula Regia Ord. Cisterciensis S. Theologiae professor factus Dominica IV. post festum SS. Trinitatis in Conc. Constantiensi in illum: Estote misericordes. *

MATTÆUS Bandellus a Castro novo, Ord. Praed. a Vossio pag. 677. inter historicos Latinos memoratur propter Orationem A.

1513. *coram Senatu populoque Firmano habitam* , qua origo et res gestae Firmanae Civitatis ita luculenter exponuntur , ut Archivis Urbis digna judicata fuerit. Scripsit etiam *vitam* Patrui sui *Vincentii Bandelli* , MagistriOrdinis, cuia. 1504. morienti adfuit. Et ex Italico Joannis Boccaccii Certaldei Latine vertit (non ut Possevino Vossioque visum ex Latino Italice.*) Titi Romani* , *Egesipique Atheniensis fabulam de vera ratione amicitiae*, ediditque Mediolani 1509. 8. De aliis ejus, et quae Italice scripsit, Vide Jacobum Echardum de scriptoribus Dominicanis iom. 2. pag. 155. seq. qui idem testatur in vivis adhuc fuisse Anno 1553.

(284 Idem opere Italice conscripto *Le Novelle Lucca Busdrago* 1554. et *Lione* 1573. vol. IV. 4. *Milano* 1559. *Ven.* 1566. 4. *Londra* 1740. 4. *Ibid.* (*Livorno*) 1796. vol. IX. 8. *Milano* 1815. vol. IX. 16. permaxime celebris. *L' Ecuba d' Euripide tradotta ;· Roma* 1816. 4.)

MATTHÆUS Renaud *Bapalmensis* , ex Regis Galliae Caroli VI. Confessario Episcopus in'Gallia Bononiensis sive Boloniensis ab A. 1403. ad 1414. Scripsit *Vitas Pontificum. Romanorum.*

MATTHÆUS de *Bappenheim* , infra *Matthaeus de Pappenheim.*

(285 MATTÆUS de *Bendinellis* a burgo Mozano *(*in districto Lucensi) artium et medicinae doctor eximius *tractatus de Balneis Lucensibus et primo de balneo villae* quem composuit a. sal 1483. Impressum Pisciae a. s. MCCCCLXXXIX) (die XX. junii in 4. Caract. goth.a. d. Vid. libr. indictum *Operette del Cav. G. Molini* Fir. 1838. pag. 119. ubi an. 1483. et 1489. verius legendum Opus recusum libro *de Balneis* Ven. Junt. 1553. fol. vide Mazzuchelli 801.)

MATTHÆUS *Bononiensis* Italus ab Anno 1405. Generalis Ordinis Minorum , de quo Possevinus in apparatu et Alegre in paradiso Carmelitici decoris pag. 326. scripsit tres libros *in summulas Petri Hispani* et librum *Quaestionum Theologicarum.*

MATTÆUS *Bossus* de quo supra tom. 1 pag. 245.

a) **Non** 1509. et vitiose excusum in Trithemii libro de luminaribus Germaniae cap. 124. pag. 147.

MATTHÆUS *Candidus* Leontinus , scriptor de rebus Siculis ab A. C. 1435. ad 1445. Vide Antonium Mongitorem t 2.Bibl. Siculae p. 56.

MATTÆUS Auctor *Chronici Auslriaci* sed fabulosi , et scripti Germanice de quo Lambecius tom. 2 p. 473. 475.

MATTHÆUS *de Cracovia* sive arce *Chrochove*, quem nomine Cracoviae delusi Polonum plerique faciunt , cum Germanum fuisse , et genere Pomeranum doceant Jo. Petrus Ludewig tom. 2. scriptor. Bamberg pag. 499. et Bernardus Pez praef. ad t. 1. anecdotor. pag. VI. ubi *Sermonem* ejus *de emendatione morum et Cleri* in Synodo Archiepiscopali Pragensi an. 1384. habitum et *librum de squalore* (al. *de praxi*) *Curiae Romanae* commemorat : qui editus Basil. 1551. et in Ed. Brounii fasciculo rerum expetendarum et fugiendar. tom. 2 pag. 584. Lond. 1690. fol. Praga pulsum cum aliis Teutonibus et Hussitis, deinde in Parisiensi Gymnasio litteras docuisse narrat Trithemius cap. 654. de S. E. Inde in Heidelbergensi Academia docendo laudem consecutus et Ruperti Imp. Cancellarius , R. E. Cardinalis et ab An. 1405. Episcopus ·Wormaciensis , defunctus An. 1410. a) de quo Joannes Fridericus Schannat in historia Episcopatus Wormaciensis pag. 407. seq. Caetera ejus scripta sunt : *Rationale Divinorum operum* sive *opificiorum* , dialogus Patris et Filii de *Praedestinatione* , et *quod DEus omnia bene fecerit*, libri VII. ad Henricum Episcopum Warmiensem. b) *De contractibus. De celebratione Missae frequentanda et intermittenda.* MS. Sander. tom. 2, pag. 77. sive *Conflictus rationis et conscientiae de sumendo vel abstinendo corpore CHristi*, sive ut in editione Memmingensi an. 1491. inscribitur : tractatus de eo , utrum deceat Sacerdotes continuare Missas, vel Laicos frequenter communicare. *Epistolae ad diversos. Sermones et Collationes* Manuscriptae in Bibl. Caesarea. Vide Lambecium tom. 2. pag. 776. et Oudinum tom. 3. pag. 1110.

* In libro veteri inscripto *opus mundi*

b) **Non** Wormaciensem , ut ibid.

sine loco et anno edito in 4. mentio quaedam fit de scripto eiusdem Matthaei his
verbis *Matthaeus de Cracovia in sua posi-
tione quam fecit coram Alexandro VI. in
Janua* etc. Sic ibi lego ; sed quomodo co-
haereat Alexander VI. cum anno 1409 quo
Martinus vixit ? Forte legendum pro Alexandro VI. Urbanus VI. *

MATTHÆUS S. *Dionysii Abbas* , à Matthaeo Vindocinensi diversus. Vide infra in
Matthaeo Vindocinensi.

MATTHÆUS rectius aliis *Matthias Doring* sive *Thoring* , Ord. Minor. Provinciae Saxoniae Minister Generalis vixit Bernae apud Helvetios circa an. 1450. clarus
scripto *Defensorio Nicolai Lyrani adversus
Paulum Burgensem* , quod cum Lyrani
glossis in Sacram Scripturam saepius lucem vidit , de quibus infra in NICOLAO.
Vide Diarium Theologicum , *Nachrichten
von Ulten und Reuen* , A. 1720 p. 550 seq.

MATTHÆUS *Ebroicensis* Normannus
Gallus Ord. Praed. tempore Caroli VI. Regis qui ab An. 1380. ad 1422. Galliae imperitavit. De eo appendix ad Trithemium
de S. E. cap. 28. *Profundissimus Scripturarum indagator , vir utique religione
plenus ac litteris , super* Pentateuchum ,
Esaiam *et alios quam plures veteris ac
novi Testamenti libros egregiam fecit postillam, quae in libraria communi Conventus Ebroicensis habetur. Libros ejus, cum
per quaternos dispersi essent recollegit frater* Robertus Baigvardus , *Theologiae Doctor et Confessor Christianissimi Francorum Regis Caroli VII.* Eadem Jacobus
Quetif tom. 1. pag. 699. Oudinus tom. 3
pag. 1168 etc.

MATTHÆUS *Grabon*, sive *Grabeen* ,
Ord. Praed. Conventus Wismariensis (sive
ut Herm. ab Hardt suspicatur, Vinarien-
sis) Provinciae Saxoniae ac Mersburgen-
sis: dioeceseos Trajectensis inde Lector
in Conventu Groningensi, scripsit *Conclusiones contra devotarias extra congregationem approbatam viventes* , quae ad exa-
minandum oblatae Martino V. in Concilio
Constantiensi an. 1417. apud laudatum ab
Hardt tom. 3. pag. 106. cum judicio Petri de Alliaco pag. 112. et Joannis Gerso-

nis pag. 115. subjuncta Matthaei revoca-
tione pag. 119. Eadem obvia in Jo. Gersonis operibus tom. 1. edit. novae p. 467.
seq. Confer de hoc Matthaeo Jacobum
Quetif tom. 1. pag. 759. seq.

MATTHÆUS *Gritus* Mediolanensis Ord.
Praed. circa An. 1262. cujus nihil nisi
Sermones de tempore et de Sanctis per
annum commemorat idem Quetifius t. 1.
pag. 210.

MATTHÆUS *Herbenus* Trajecti ad Mosam Scholae Servatianae Rector *libros* suos
de nata Canturus et de miraculis vocis A.
1496. dicavit Joanni Camerario Dalburgio,
Antistiti Wormaciensi : quos Manuscriptos
in Bibliotheca illustris Raymundi de Kraft
evolvit Ulmae Svevorum V. C. Jo. Georgius Schelhornius tom. 3. amoenitatt. literar. pag. 82. seq. Ejusdem Matthaei *Carmen de miraculis S. Servatii* et librum *de
origine rebusque gestis Trajectensium* in
illa urbe Manuscr. memorat Miraeus de
Scriptoribus Seculi XVI. cap. 2. Ejus *institutiones scholasticas* aliaque Sweertius
in Athenis Belgicis pag. 555.

MATTHÆUS *Laudunensis*. Vide supra
in ÆGIDIO Delphensi tom. 1. pag. 55.

Leonhardus MATTÆI de Utino. Supra
tom. IV. pag. 549.

MATTHÆUS *Mareschallus* , infra *Matthaeus de Pappenheim.*

MATTHÆUS *Masius* Ordini Eremitarum S. Augustini de monte sancto in Piceno S. Mariae in Georgio, *minimus repe-
titorum Grammaticae* scripsit *vitam S. Gerii*
circa An. 1270 defuncti, dicavitque Martino , Priori Ecclesiae S. Pauli de monte
Sancto , et egregio Physico , Magistro Petro de Monte Sancto. Edidit Henschenius
t. VI. Act. Sanctor. Maji 25. p. 159. 161.

MATTHÆUS de *Matasselani* JCtus Bononiensis , cujus *Consilium de profectione
Gregorii XII. ad Urbem Saonam* edidit Bzovius ad An. 1407. p. 270. seq.

* Viri huius docti exstant impressa *singularia dicta etiam notabilia, collecta et notata per Compendium* absque loco et anno
impressionis editio est vetusta. Ita pariter
et tractatus *de successoribus ab intestato*
iunctim editus cum Petro de Ubaldis de

Perusio de Beneficiorum permutatione, Cataldino de Boncompagnis de Visso de translatione S. Concilii Basileae ad civitatem Ferrariae, et de robore, effectu, importantiaque literarum , et capitulorum eiusdem (De hoc vid. Fabricius V. Cataldinus) aliisque fol. Bononiae typ. Ugonis Rugerii et Benedicti Hectoris an. 1489 die 18 Februar. *Tractatus super electione opinionis* , tum et alius *Extensionis* quibus accedunt Contrarietates Bartoli de Saxoferrato quas explicuit dictus D. de Matasselanis. Prodierunt haec omnia junctim cum aliis aliorum tractatibus Venet. 1472 per Jo. de Colonia e Vindelinum de Spira fol. Repetitio L. *Filium* C. de familiis herciscund. Senis 1493 fol. *Sex dubia legalia* cum consilio quodam. Senis 1493. *

MATTHÆUS *Palmerius* Florentinus, Jo. Argyropuli et Pauli Cortesii discipulus (206 Pauli Cortesii qui an. 1510. obiit, Matthaeus non potuit esse discipulus et mirum fugisse cl. Mansium solemnis anachronismus) interfuit Concilio Florentino An. 1439. et A. 1453. pro funere laudavit Carolum Marsuppinum Aretinum Secretarium Reip. Florentinae , deinde post summas dignitates variasque legationes obitas cum honore ac laude , idem obiit an. 1475. pro funere laudatus ab *Alamanno Rinuccino,* qui inter alia poëmatis Italici , ternario carmine et tribus libris centumque capitulis ab eo scripti et Leonhardo Datho , Secretario Apostolico dicati meminit his verbis : *Postremo etiam poëticam ausus tentare facultatem, hunc quem suo pectori superpositum cernitis praegrandem librum ternario earmine* (in terza rima , ad Dantis imitationem) *composuit, quem propterea* Vitae Civitatem (Città di Vita) *nuncupavit , quod animam terrena corporis mole liberatam varia multipliciaque loca peragrantem , ad supernam tandem patriam civitatemque perducit , ubi beata vita fruatur aevo sempiterno.* In hoc poemate , quod Manuscr. in Medicea Florentina , in Ambrosiana Mediolani, et apud Carolum Thomasium, heredem Caroli Strozzii superest : In hoc in-

quam poemate Palmerius cum Origene sensisse visus fuit , erroremque ejus de animabus , tertio quodam genere angelorum , ob peccatum in corpora detrusis , comprobasse : quam ob causam illud fortasse zelo quorundam Cortonae flammis datum est , non Palmerius ipse , de quo hoc apud Trithemium c. 797. traditur· illum enim rebus prosperis in senio a) et honore apud Florentinos suos defunctum docent Diarii eruditorum Italiae auctores, qui de hoc Palmerio accurate ut solent atque erudite tom. X. pag. 424. 471. et t. XI. pag. 289. Muratorius tom. XIII. Thesauri rer. Italicarum : Julius Niger in Florentinorum scriptorum historia p. 404. seq. Vossius pag. 576. Labbeus etc. Palmerius dicavit libros quatuor *de vita Civili* , dialogi more scriptos Italice , Alexandro ab Alexandro, qui prodiere Florentiae 1529 8 et Gallice translati Paris. 1557. 8. (207 Alex. de Alexandris Florentino non ab Alexandro (Neapolitano et juniori) prodiere etiam an. 1531. 1825. 1829.) Sed Latinae ejus lucubrationes praeteriri a me non debent, quae sunt :

1) *De temporibus* ad Petrum Mediceum , Cosmi F. ab Origine rerum ad A. C. 1448. Hujus operis prior pars ab Orbe condito ad CHristum natum digesta in duodecim periodos , et altera à nato CHristo usque ad A. C. 448. lucem non vidit , sed Manuscripta adhuc superest in variis Bibliothecis Italiae. Nam loco illius , Chronicon Eusebii Hieronymique ac Prosperi sumens Boninus Mombrizius, Palmerianum illis subnexuit tantummodo ab A. C. 448. usque ad 1447. Mediolani circa A. 1475. fol.

Condidit Eusebius, tecumque, Hieronyme, Prosper. Matthaei pars est ultima Palmerii.

Secuta est editio Veneta 1483. 4. in qua accessit MATTHIÆ *Palmerii* Pisani continuatio ab Anno 1450. ad 1481. Eadem obvia in edit. Paris. 1518. 4. apud H. Stephanum avum, ut in Basileensibus ex officina Henrici Petri 1529. 1536. fol. et ad calcem Operum Eusebii à variis versorum

---

a) Anno aetatis septuagesimo. Giornale de' lette-

rati d' Italia Tom. XXI. pag. 591.

Latine cum praef. Jo. Jacobi Grynaei 1570 fol. ubi video subjunctam Matthiae Palmerii continuationi *Eruditi cujusdam* temporum continuationem ab A. 1482. cum additione ad A. 1570.

(208 Ab an. 1294. ad 1448 prodiit. per excerpta. Florentiae An. 1748 tom. 1. Rer. Italicar. script. una cum MATTHI.E *Palmerii* continuatione usque ad an. 1481.)

2) *De captivitate Pisarum* à Florentinis expugnatarum A. 1406. ad Nerium Capponium liber editus Slesvici 1656. 8. cujus etiam Italica versio Manuscr. fuit apud Raphaëlem Trichet du Fresne. Hanc historiam satis ornate compositeque scriptam laudat Bernardus Rucellaius in praef. ad suam ejusdem belli Pisani historiam. Ex Slesvicensi editione, sed ad Manuscr. Codicem emendata recusus hic liber in thesauro scriptorum Italiae Burmanniano tom. VIII· parte 2. et in Muratoriano tom. XIX.

3) *Vita Nicolai Acciajoli*, magni Seneschalli Siciliae et Hierosolymorum, ad Eduardum Acciajolum. Prodiit in tomo XIII. thesauri rerum Italicarum Muratoriani. Exstat et Italica Donati Acciajoli versio vulgata Florentine 1588. 4. ad calcem historaie domus illustris Ubaldinorum.

4) *Historia Florentina* sive *Annales ab Anno 1432. ad 1474.* una cum *historia Concilii Florentini*, Manuscripta in Bibl. Strozziana.

5) *Orationes.*

6) *Epistolae.*

* In edit. Basileensi an. 1536 fol. datur Matthaei Palmerii continuatio chronici Prosperi ad an. 1449. usque ad totum anno 1449. tunc succedit ab an. 1450 usque ad totum annum 1481 Matthiae Palmerii Pisani continuatio; cui eruditus quidam Germanus alteram continuationem adiecit usque ad totum an. 1501. Dein succedit tertius alterGermanus telam prosequens usque ad partem anni 1536. Haec vero postrema additio cum supervenisset typographo postquam totum volumen absolverat in quo post prius Anonymi additamentum succedebat Cassiodori et Hermanni Contracti Chronicon; ideo folia illa, in quibus tertiam hanc continuationem dare disposuit,

suo quidem loco post priorem apposuit, sed pagellarum numeros interrupit. Ita folium postremum primae editionis signatur num. 154. quod vero dein proxime sequitur folium numerum exhibet 208 et sic deinceps usque ad finem additionis. Tum iterum prior numerorum series resumitur 155 etc*

MATTHÆUS Mareschallus de Bappenheim sive *Pappeheim* de Bieberbach J. U. D. et Canonicus Augustanus defunctus A. 1511. cui debemus servatum *Chronicon Australe* sive *Austriae* antiquum ab Anno 852. ad 1343. quod minus integrum in prioribus Freherianis editionibus, integrum et locis etiam parallelis aliorum veterum Annalium et Historicorum illustratum edidit Burchardus Gotthelf Struvius in sua scriptorum Germ. Freheri editione Tom. 1. pag. 431. 491. Et *Chronici Augustensis* antiqui excerpta ab an. 973. ad 1104. pag. 493. 508. et partem *Chronici Monasterii S. Udalrici et Afrae* Ord. Bened. apud Augustam Vindelicorum ab an. 1152. ad 1265 pag. 509. 536. subjunctis pag. 536. 500. laudati Struvii notis, quibus confertur editio postremi hujus Chronici Canisiana t. 1 Antiquar. Lectionum pag. 229. seq. sub HENRICI *Steronis* nomine, de quo supra tom. 3. pag. 213. seq. Excerpta ex *Chronico Elwangensis* in Svecico Circulo Monasterii, ab eodem Matthaeo ab an. 1095. ad 1477. apud eundem Freherum edit. Struvianae tom. 1. pag. 657. 699. Scripsit idem Matthaeus *de antiquitate et initio Civitatis Episcopatus Augustani* qua historia usus in Annalibus suis Matthaeus Gasserus: et tractatum *de origine et familia Dominorum de Calatin* qui hodie sunt Domini Pappenheim. Augustae Vind. 1553. fol. Vide Struvium pag. 430. Hoc postremo scripto usus est Wolfg. Lazius libro VIII. de gentium migratione pag. 574.

MATTHÆUS *Paris* Anglus, Monachus S. Albani, Ord. Bened. Cluniacensis, Vir egregius qui magna Henrici III. Regis Angliae usus gratia diem obiit an. 1259. Inter historicos rerum Anglicarum, judicio, fide ac libertate nullo inferiore. Ejus *Historia major* rerum Anglicarum ab initiis Guilelmi Conquaesioris sive ab A. C. 1066 ad 1259. una cum continuatione GUILELMI *Rishangeri* ab An. 1259. ad 1273. (de qua supra tom. 3. pag. 153.) edita primum Matthaeo Parkero Archiep. Cantuariensi curante Lond. 1571. fol. et fideliter recusa, ac neutiquam, ut visum Baronio et Possevino, ab haereticis interpolata, Tiguri 1606. fol. deinde singulari studio Wilelmi Wats, Doctoris Theologi Lond. 1640. Paris. 1644 atque iterum Lond. 1684 fol. qui Manuscriptos Codices et *Chronicon minus* sive Epitomen, Guilelmi Lambardi manu exaratam circa an. 1565. et in priore parte usque ad an. 1235. contulit Chronicon RO-GERI *Wendoveri*, cujus vestigiis auctorem institisse apparet, subiunxitque ineditas antea Matthaei *Vitas duorum Offarum* Merciae Regum, patris et filii, e quibus filius Coenobium S. Albani condidit, cujus reliquiae recens inventae an. 793. a) et *viginti trium S. Albani Abbatum*, nec non *librum additamentorum* quem Matthaeus supplendis vel illustrandis variis historiae suae locis composuit. Singularem quoque laudem merentur additae a Watsio Variae Lectiones, vocum barbararum glossarium, adversaria, indicesque. *Historiam ab Orbe condito usque ad Annnm* 1066. Manuscriptum in Bibl. Sidnejana memorat Pitseus pag. 338. ex qua profecisse Matthaeum *Westmonasteriensem*, sive potius totum expressisse notat post Caveum aliosque Guil. Nichols in Bibl. historicorum Angliae pag. 62. Praeterea Baleus IV. 27. memorat *Descriptionem Mundi* sive tabulam geographicam rudem, praemissam historiae in Manuscr. Regio Lond. Vide Oudinum tom. 3. pag. 28. seq. *Historiam Hyberniensium* quae incipit : *Magnus Patricius Hybernorum.* Confer historiam Matthaei Paris. ad an. 1152. *Vitam Eadmundi* Richii Archiepiscopi Cantuar. quam laudat etiam Lelandus cap. 249. ex RICHARDO *Vicanio* et *Rogero* BACONE profecisse cum testatus. *Vitam S. Guthlaci*, et *S. Volstani* Episcopi. *Chronica majora Coenobii S. Albani*, et *de passione S. Amphibali.* Matthaeum *Paridem* hunc scriptorem vocant nonnulli,

a) Confer Acta Sanctor. 22. Junii Tom. IV.

ut Joannes Picardus ad Anselmum Cantuariensem pag. 574 alii ut Matthaeus Westmonasteriensis pag. 349. Parisium.

MATTHÆUS *Patavinus* Augustinianus charus Clementi VI. quem Papam fuisse constat ab An. 1342. ad 1352. Ex scriptis ejus nihil à Possevino, vel Philippo Elssio pag. 473. encomiastici Augustiniani memorari $v_i de_0$ quam *Sermones*, neque editos illos sed Veronae Manuscriptos.

MATTHÆUS *Platearius*, Medicus Salernitanus, quem secutum se esse testatur Ægidius Corbejensis qui circa A. 1198. scripsit, ut dixi supra tom. 1 pag. 20. itaque Medicarum Bibliothecarum scriptores non minus de aetate Platearii falluntur, quam de praenomine, cum vocant *Jo. Platearium.* Ita vero laudatus Ægidius praef. ad libros IV de virtutibus et laudibus compositorum medicamentorum editus à B. Polycarpo Leysero in historia poeseos medii aevi pag. 505. *Laudes et virtutes omnium medicaminum secundum Antidotarii seriem expositionis sumentes* glossas super antidotarium (NICOLAI) *a Magistro* MATTHÆO PLATEARIO *editas constituentes.* Scripsit et *librum de simplici medicina* frequenter laudatum in Vincentii Bellovacensis Speculo Naturali (vide Bibl. Gr. tom. XIV. pag. 120.) tum *practicam* brevem *morborum curandorum.* De editionibus vide Lindenium, Merklinum, Mangetum.

MATTHÆUS *Polonus* (diversus à Matthaeo de Cracovia Pomeraniae, supra pag. 47.) Cracoviensis ex Cracovia Poloniae metropoli, defunctus A. 1410. cujus apud Possevinum atque alios memorantur *Expositio Ecclesiastae*, *Cantici Canticorum*, *Matthaei et Epistolae ad Romanos*, nec non *liber de amore charitatis.*

(209 MATTHAEUS *Ronto* Venetus Ord. Benedict. Montis Oliveti Monachus qui obiit a. 1343. Magnum op. Dantis Alligherii Comoediam ex Italico in metrum latinum vertit. De codicibus MSS. Vide De Batines *Bibliografia Dantesca* 1. 237. *Prato* 1845.)

MATTHÆUS *de Rubeis Ursinus*, Romanus, Ordinis Minorum Patronus, Cardinalis ab A. 1261. usqne ad 1306. quo obiit Perusii, illoque intervallo duodecim

Pontificum electĭoni interfuit. Ejus scripta : *Expositio in Psalmos. Sermones sacri, Epistolae* ad diversos et *liber de auctoritate Ecclesiae.* Vide G. Josephi Eggs
purpuram doctam tom. 1 p. 197-200.

MATTHÆUS *Scornus*, Ecclesiae Montis S. Martini, Praemonstratensis Ordinis,
Cameracensis dioecesis Canonicus. postea
Ninovensis Monasterii, ejusdem Ordinis
Abbas nonus, *scripsit* Sermones *diversos
ut erat vir singularis doctrinae ac pietatis, et Ecclesiastes disertissimus.* ItemCom-
mentarios in Davidis Psalmos et in Esaiam Prophetam. *Hic anno Domini* 1195.
*abjecta Praefectura. quietis amans ad suos
Montis S. Martini confratres reversus ibidem sancte obiit.* Haec de eo Joannes le
Paige in Biblioth. Praemonstratensi p. 305.

MATTHÆUS *Sylvaticus*, Mantuanus, qui
Salerni versatum se testatur a) An. C.
1297. reliquit nobis vastum opus per lexici modum compositum quod *Pandectas
Medicinae* inscripsit, dicavitque Roberto
Siciliae Regi An. 1336. Laudatur à Trithemio cep. 565. De illius editionibus Bonon. 1474. Neapol. 1474. Venet 1478.
1480. 1489. 1498. 1523. Lugd. 1478. Taurini 1526. fol. dixi in Bibl. Latina IV. 12.
Editionem Lugd. 1541. memorat Philippus
Picinellus in athenaeo scriptorum Mediolanensium p. 418 ex Bibliothecar. Medicarum scriptoribus, qui monent annotationes additas à Simone Genuensi et Dominico Martini de Sospitella. Opus haud dubie praeclarum atque utile, si emèndate
scripta et accurate exposita essent quae
in illo offeruntur. Sed cum vocabula Arabica quando sunt scripta Hebraicis vel
Latinis litteris licet non vitiose, tamen
multum negotii soleant facessere etiam
illius linguae peritis, ut omnes fatentur,
atque ostendit Reinesius libro de lingua
Punica, quantum necesse est crucem fi-
gere scripta perversissime, atque ita expressa, ut singulis propemodum non paginis sed versibus Oedĭpo sit opus, de
quo veterem Ottonis Brunfeldii et jnstam
querimoniam attulit Cangius praef. ad

glossar. §. XLVIII. Quam peritus scriptor
hic fuerit linguae Graecae, pro captu et
more illorum temporum, innumeri prodit
locis. Exemplo sit : *Obtalmia est aposte-
ma oculi, dictum ab* ob *quod est contra, et* talmon *.quod est oculus, quasi
contra oculum.* Vel etiam hoc : *Dia Graece, quando est una pars per se, debet
scribi per jota et non per y, ut diamar-
gariton. Dya vero quando significat duo,
per y debet scribi, unde Dyalogus, id est
duorum sermo. Dialectica vero per jota
debet scribi, et est dictum, rationalis
disciplina. Dyalektika scribitur per y ut
dicit Graecus. etc.* Vix est ut Arabice multo doctiorem fuisse statuamus hunc Pan-
dectarium, quamquam Hispanos et Arabes se consuluisse profitetur in voce*Maaleb*
Adducit quoque interdum Persica vocabula, sed rarissime, ut in voce *barse-
gasten, et sebesten.* Pleraque autem quae
explicanda sibi sumit, Graeca omnia vel
Arabica Latinis utcumque expressa litteris sunt, in Latinis versionibus Medicorum Graecorum vel Arabum obvia. Alia
Latina ipsa, pauciora tamen. Non dubitandum interim, eruditus si lector accesserit, posse ex hoc libro eum discere non
contemnenda, atque in Medicis antiquis
praecipue vero in Latino barbaris ejus ope
intelligere, quae alioqui obscura, lectores fugere necesse erat futurum. Exempla vide sis apud doctissimum Reinesium
pag. 673. et multis aliis Variarum ejus Lectionum locis, et Almelooveeuium pag.
654. ad Coelium Aurelianum. Indicem scriptorum ab hoc Matthaeo laudatorum dedi
tom. XIII. Bibl. Graecae pag. 324. seq.

MATTHÆUS *Spinellus de Juvenatio* (Gio-
vezzano, civitate Apuliae) testatus anno
1253 fe fuisse natum annos XXIII. et in
castris Conradini se versatum anno 1268
quo victus ille est à Carolo die 24. August. scripsit (sed Italice) *Ephemerides
Neapolitanas* sive *Chronicon* ab an. 1247
ad 1268. cujus *versionem Latinam* vulgavit Papebrochius parte ·2. Conatus ad Catalogum Pontificum pag. 40. 49. tom. VII

a) Iu voce *bruchus*

Act. Sanctor. Maji : atque inde Joannes
Baptista Carusius tom. 2. Bibl. historicae
regni Siciliae pag. 1089. Italicum vero
originarium Spinelli opus dialecto Apula
Lud. Antonius Muratorius tom. VII. thesauri rerum Italicarum pag. 1055. sicut
articulatim discerptum dederat Jo. Antonius de *Summonte* in tomo secundo historiae Neapolitanae edito Italice Neapoli
1601. 4. Censura Joannis Bernardi Tafuri
obvia in sylloge cui titulus : raccolta di
opuscoli scientifici et filologici, tomo sexto pag. 309. seq. Venet. 1732. 12.

(210. *Commentaire sur les Ephemerides
intit.* Diurnali di Matteo di Giovenazzo
par H. D. *Luynes. Paris* 1839. in 4. pag.
240.)

MATTHÆUS *Udalrici* F. supra, *Matthaeus de Pappenheim.*

MATTHÆUSoppido Galliae *Vindocinensis*
oriundus, laudatusque Henrico Gandavensi
c. 23. qui Bartholomaeo Turonensi ab A.
1177. ad 1206. a) Archiepiscopo, *Tobiadem* suam sive Metaphrasin libri Tobiae,
versibus elegiacis scriptam dedicavit, necessario diversus existimandus est à Matthaeo, Custode regni Galliae sub Ludovico nono, sancto Galliae Rege, et ab A.
1260. Abbate S. Dionysii b) in quem epitaphium an. 1286. quod incipit :

Hic jacet Abbatum speculum speciale probatum,
Qui dedit Ecclesiae magnum virtute decorem,
Archiepiscopii renuit Turonensis honorem etc.

Parum credibile utique quod Oudinus t.
3. p. 483. disputat, Tobiadem Bartholomaeo dicatam esse pridem defuncto, li-
centiaque poetica a Matthaeo honoratos
ejus manes tanquam vivi ac spirantis.
Aliud longe tinnium verba quibus illum
alloquitur hunc in modum:

Ecclesiae Turonensis apex, ovium speculator,
Ut speculum. praesul Bartholomaeo fave.

et cum de Engelbaldo praesule An. 1157
defuncto avunculo ejusdem dixisset :

Hunc rea mors rapuit, cuius dignissimus haeres
Tractas emerita sceptra paterna manu.

Porro subjungit :

Vive, vale, decus Ecclesiae, dispone precanti

Portum, naufragium pelle, medere rati.
Suscipe Tobiae titulos, cum fratre Decano,
Ut timidum duplex stella serenet iter.
Gaudeo luce nova vos praelucescere etc.
Vivite felices fratres, qoos corpore solo
Esse duos, eadem mens probat esse duos etc.

Certe igitur diversus à Tobiae metaphra-
ste MATTHÆUS *S. Dionisii Abbas*, ad
quem *Epistolae* S. Ludovici noni A. 1270.
defuncti et successoris ejus Philippi tertii, et Abbatis ad Philippum hunc, Galliae
Regem qui anno uno ante Abbatem obiit.
Exstant Epistolae illae apud Dacherium t.
2. spicilegii p. 548. seq. et tom. 3. edit.
novae pag. 663. 664. 666. 669. 670. et
Petri de Coudeto ad eundem Matthaeum
pag. 667. de pace inita cum Rege Tuni-
censi. Auctor vero *Tobiadis*, quam male
Thebaidem dixere nonnulli, testatus se ex
latina Hieronymi translatione Metaphrasin
istam suam: condidisse Libri Tobiae :

Ut sacra Hieronymi tradit translatio, prosam
Qualicunque metro Vindocinensis arat.

Et aliquot versibus interpositis:

Transfert Hieronymus, exponit Beda, Mathaeus
Metrificat, reprobat livor, amicus habet.

Atque in Epilogo:

. . . Has fonte beati
Hieronymi praesens urceus haburit aquas.

Memoratur Vindocinensis ab Henrico Gandavensi, libro de viris illustribus p. 166
cap. 23. Citatur a Vincentio Bellovacensi
in speculo Morali, et ab aequali eius Thoma
Walleis: Allegant eum aliquoties auctor
florum Poeticorum, non Alanus quidem,
ut visum Barthio, sed junior quidam, item
Sparanus in Rosario. Laudat ipse Gualte-
rum scriptorem Alexandreidos, de quo supra tom. 3. pag. 106. *Vobis Hexametrum
desit* Galteridos, *uti Pentametris elegis Vindocinensis amat.* Ejusdem Matthaei *Poëtica* sive *Poetria*, ut tum vocabant, quae
ignota caeteris, soluta partim, partim ligata oratione laudatur non semel ab Hie-
remia de Montagnone, cive Paduano, in
Epitoma sapientiae, uti docet Daumius in
praefatione ad Hieronymi. Gracci Φιλοπο-
νιαν. Haec Poetria uti et scriptum aliud

---

a) Sammarthani Tom. 1- pag. 770. seq.
a) Vide Feliblenium libro V. historiae Abbatiae

S. Dionysi : Sammarthanos Tom. 4. pag. 556. Sandium ad Vossii pag. 805.

Matthaei Vindocinensis *de aequivocis* in Bibl. Regis Galliae et Bibliothecis Angliae Manuscr. vide Oudini tom. 3. pag. 484. Non vero Poëtriam à Tobia diversam Daumius Manuscriptam habuit, uti legitur in Bibliotheca curiosa Hallervordi; sed Tobiam Vindocinensis, et id ipsum fortasse Manuscr. quod a Gevartio Barthius acceperat, ex quo centum circiter versus aliquot locis emendatis inseruit lib. XXXI. Adversariorum capite ultimo: ubi integrum Vindocinensem editurum se recepit in corpore omnium Poëtarum, quod seculis distinctum moliri se testatus est. Tametsi vero corpus illud Poetarum lucem non adspexit, Joannes tamen Heringius JCtus et Syndicus Bremensis, Matthaei Tobiadem ex duobus Manuscriptis edidit Bremae Anno 1642 8. Neque prima ista Vindocinensis editio, uti existimavit Heringius, sed extat etiam Lugdunensis An. 1505. in forma quarta majore, cum comment. inter auctores octo morales, et ex eadem editione Argentoratensis An. 1510. utraque Heringiana longe, praesertim circa finem, auctior. Sed et alia Lugdunensis per Joannem Raenerium An. 1538. 8. apud Theobaldum Paganum, at sine comentario. Denique Oporiniana a Jo. Heroldo procurata An. 1663 4. Quarum editionum notitiam Cl. Daumi i diligentiae debere me libenter profiteor. Caeterum vir Clarissimus atque doctissimus B Joachimus Fellerus, pro singulari sua benevolentia ac humanitate, qua omnes bonarum literarum studiosos, dum viveret, complectebatur, an. 1690 copiam mihi fecit Vindocinensis manu exarati à docto quodam viro, in cuius Manuscripti margine passim variae lectiones annotatae erant. Desinit ille codex in versu 1510. hoc est in fine capitis decimi Tobiae. Ex Manuscr. Guelpherbytano Varias Lectiones quasdam offert Polycarpus Leyserus in historia poeseos medii aevi p. 766. In pericopam illam,

quam à Barthio in Adversariis editam supra esse dixi, notas quasdam conscripserat D. Andreas Rivinus, quas itidem Manuscriptas oculis usurpare me memini. Aliquot etiam Matthaei Vindocinensis loca illustrata leges in Epistolis Reinesio Daumianis pag. 344. in quibus et passim de Bartholomaeo illo agitur, cui Matthaeus Tobiam suum dedicavit.

MATTHÆUS *Westmonasteriensis*, Anglus Monachus Ord. Bened. scripsit *flore historiarum* ab exordio Mundi usque ad A. C. 1307. unde *Florilegi* nomen tulit: MATTHÆUM *Parisium* secutus, in parte priore potissimum, et Rogerum Wendoverum aliosque, rerum Britannicarum diligens annotator: non diu ultra A. 1306 videtur ipse aetatem protulisse, nam falluntur viri praeclari a) qui *historiam* ad A. 1377. *continuatam* ei tribuunt, cum in Manuscriptis Codicibus Bibliothecarum Anglicarum exstent sane continuati hi flores historiarum, sed alio stylo, aliisque auctoribus: ut ab ADAMO *Muremuthensi* b) usque ad An. 1336. ab alio usque ad an. 1380. et a monacho Roffensi sive EADMUNDO *de Hadenham* ad An. 1277. Vide Guilelmi Nichols Bibliothecam historicorum Angliae pag. 66. Henricum Warthonum prologom. ad tom. 1. Angliae sacrae pag. XXXI. seq. atque Oudinum to.v. 3. pag. 700. seq Matthaei flores Historiarum in An. 1307. desinentes, in quibus annum a festo Michaëlis auspicari consuevit, prodiere curante Matthaeo Parkero, Archiep. Cantuariensi Lond. 1567. fol. atque emendatiores Francof. 1601. fol. una cum FLORENTIO Vigorniensi, de quo supra t II. pag. 579. *Chronicon Westmonasteriense et Chronicam fani Eadmundi* quod Westmonasteriensi tribuunt Baleus et Pitseus, nemo adhuc in lucem protulit.

S. MATTHIÆ *Apostoli Acta*, quae ab Anonymo scripta jactantur olim Hebraice,

---

a) Baleus VI. 51. Jocelinus de Historicis Angliae Manuscr. apud H. Warthonum, Vossius p 536. et Pitseus pag. 519. qui cum ait additionis annorum LXX. mentionem facere Matthaeum ad A. 1259. pag. 559. non est audiendus. Ad *librum* enim *additamentorum* provocans respicit additamenta Matthaei

Parisii ad A. 1259. Idem Pitseus *historiam amplam* Matthaei editam Londini A. 1570. a *libris tribus florun Historiarum*, A 1601. Francofurti editis perperam distinguit.

b) De hoc supra Tom: 1. pag. 24. seq.

et ab interprete, Monacho Trevirensi amplificata recensuit Bollandus in Actis Sanctor. tom. III. Febr. 24. pag. 441 454. ex quatuor MSS. et collata Wolfgangi Lazii editione ad calcem Pseudo Abdiae, variisque breviariis. Confer p. 433 seq. Quam parum fidei his sit Actis tribuendum, norunt omnes ut notavi in Codice apocrypho Novi Testamenti pag. 782. seq. Idem dicendum de supplemento historiae miraculorum S. Matthiae Apostoli, auctore Monacho Trevirensi, quod vulgavit Bernardus Pez t. II. thesauri anecd. Parte 3 p. 7. 26.

MATTHIAS de Beheim Saxo inclusus (Clusener) Hallensis, Latine quae scripserit non mihi compertum, sed ex Latino vertit Germanice An. 1343. quatuor Evangelia: atque ut videtur An. 1355. Psalterium, Magnificat et Symbolum S. Athanasii. Utraque MSta Lipsiae in Bibl. Paulina. Vide Joach. Felleri catalogum p. 79. et 68. seq. Oudinum tom. III. p. 935.

MATTHIAS Bohemus, idem Matthias de Janawo, vel etiam Matthias Parisiensis Caroli IV. Imp. a Confessionibus sacris, sed quoniam Joannis Militii insistens vestigiis, abusus .Ecclesiae tolli vehementer suadebat, ab eodem Carolo in gratiam Innocentii VI. dimissus et exul, scripsit circa Annum 1370. librum prolixum de Antichristo, ex quo nonnulla excerpta leguntur apud Flacium in Catalogo testium Veritatis pag. 968. seq. edit. primae. Scripsit et de vita Christiana, et de hypocrisi, et pro Communione sub utraque. Vide M. Georg. Cunradi Riegeri, Pastoris Ecclesiae Stutgardiensis librum de fratribus Bohemis editum Germanice p. 78 seq. Zullighovii 1734. 8.

MATTHIAS Doringus, supra Matthaeus Doringus.

MATTHIAS Farinator de Vienna Austriae, Carmelita scripsit circa ·Annum 1330. jussu Joannis XXII. librum Moralitatum cui titulus Lumen fidelis animae, ordine digestum Alphabetico. Prodiit 1477 duobus Voluminibus. Vide Launojum de auctore librorum de imitatione CHristi p. 94 seq. et de ejus exemplis naturarum aliisque scriptis et versionibus Possevinum atque Alegrium.

Magistri MATTHIÆ Hillardi de Legenitz, Postillae super Epistolas Dominicales MStae in Bibl. Paulina Lipsiensi, teste B. Fellero p. 179.

MATTHIAS a Michou, sive de Michovia Canonicus et Medicus Cracoviensis scripsit Chronica rerum Polonicarum, dicata Sigismundo Regi, et desinentia in Anno 1506 libris IV. Cracoviae 1521. fol. et Italice Annibale Maggi interprete Venet. 1562 fol. Ejusdem Matthiae de Sarmatia Asiana et Europaea libros duos habes in Jo. Huttichii Sylloge navigationum et itinerum Basil. 1536 fol. pag. 482. et in Jo. Pistorii corpore Historiae Polonicae tom. 1. pag. 121. 150. Basil. 1582. fol.

MATTHIAS Monachus S. Martini Tornacensis (quod coenobium seculo septimo conditum a S. Eligio Episcopo Noviomensi) scripsit in Regulam S. Benedicti.

MATTHIAS Palmerius Pisanus, Abbreviator et Secretarius Pontificis defunctus An. 1483. de quo Jo. Ciampinus de Abbreviatoribus de Parco Majori, II. p. XIII. et Diarium eruditorum Italiae tom. XX. p. 102. seq. Vertit e Graeco Latine Aristeae historiam de LXX. Interpretibus, quae Paulo II. dicata prodiit primum in Bibliis Latinis excusis Romae 1472 fol Norimb. 1575 fol. Paris. 1511. 4. deinde recusa saepius ut notavi in Bibl. Graeca III. cap. 11. p. 317. Versio Meteorologicorum Aristotelis quae Manuscr. in Bib. Regia Paris et libri sexti Herodoti, quam Manuscr. servat Bibliotheca Vaticana, lucem necdum vidit, sicut nec historia belli Italici, cujus in epitaphio ejus fit mentio. De labore quo Chronicon Matthaei Palmerii ab an. 1449 ad A. 1481. continuavit, quae etiam saepius edita fuit continuatio, dixi supra pag. 49. in Matthaeo Palmerio. (211 Vid. Bottieri (Ant.) tom. III Op. Illustri Pisani et Biografia dei Pisani Illustri delineati da Ferd. Grassini. Pisa 1838.

MATTHIAS Parisiensis, supra Matthias Bohemus.

MATTHIAS Svecus, de quo supra in Brigitta Svecica tom. 1. pag. 259.

Joannes MATTHIAS Tiberinus. Supra t. IV. pag. 387.

Joannes MATTIOTI ibid. pag. 388.

Joannes MAUBURNUS. Ibid.

MAUGANTIUS Anglus, Medicus Archiater Vortigerni Regis et Mathematicus sive Genethliacus circa an. 470. a Baleo Centur. 1. cap. 47. atque inde à Pitseo pag. 89. traditur scripsisse *de Magia naturali* librum nescio an cuiquam visum mortalium, certe *Expositionem in Apulejum* non dubito commentitiam pronunciare, quae tota hausta scilicet ex eo quod Maugantius à Rege suo interrogatus de *Ambrosio Merlino*, num ex incubo daemone crederet generatum, respondisse fertur Apulejum libro de Deo Socratis testari, daemones incubos assumtis hominum figuris cum mulieribus non raro coire.

Guilelmus MAULIUS. Supra t. 3. p. 145.

MAURICIUS *Anglus*, a) sive Hibernus Ord. Praed. (Hispanus b) aliis, sed in Anglicanis quibusdam et in Codice Gymnasii Navarrei Parisiensi Bellovacensis Gallus c) Ord. Minor.) circa An. 1290. scripsit *Distinctiones* per abecedarium sive alphabetum ad praedicandum utiles et in variis Bibliothecis Italiae, Galliae, Angliae Manuscriptas. In sola littera A. distinctiones LXXXIX. Prima pars usque ad litteram E prodiit Venet. 1603. Usus hac opera Petrus Berchorius in suo Dictionario, de quo infra. Pitseus huic Mauritio etiam commentarios *in Esaiam, Jeremiam* et *Baruchum* tribult.

MAURICIUS *Catanae* in Sicilia secundus post pulsos Saracenos Episcopus ab An. 1124. ad 1143. de quo Antonius Mongitor tom. 2. Bibl. Siculae pag. 61. Ejus *Epistola de translatione S. Agathae Virginis* in Actis Sanctor. tom. 1. Februar. V. pag. 637. 643. et apud Catanae sacrae scriptores Petrum Carreram, Rocchum Pirrum, Jo. Baptistam de Grossis, et in sanctis Siculis Octavii Caetani.

MAURITIUS Sommerset, Anglus, Monachus *Fordanus*, sive *Fordensis* Ord. Bernardini sive Cisterciensis scripsit car-

men *de Schemate Pontificali* ad Reginaldum Bathoniensem Episcopum circa An. 1180. Vide Lelandum cap. 215. *Epigrammata* et alia carmina addunt Baleus III. 30. et Pitseus pag. 260.

MAURICIUS *Gaufridi*, Gallus Armoricus Ord. Praed. in sacra pagina Professor, circa An. 1470. scripsit ad Christopborum Episcopum Trecoriensem *Vitam S. Yvonis*, presbyteri Trecoriensis in Britannia Armorica defuncti an. 1303. Exstat in Actis Sanctor. tom. IV. Maji 19. pag. 581 608. cum notis Dan. Papebrochii. Adde Iacobum Quetif tom. 1 pag. 846.

MAURITII *Gibellini*, Legum Doctoris et Canonici in Hibernia circa A. 1327. Tuamensis, *poemata* memorat Jac. Waraeus pag. 66.

MAURICIUS *Hibernicus*. Vide supra *Mauricius Anglus*.

MAURICIUS *Hibernicus* Portu Fildaeus *Flos Mundi* dictus, Ord. Minor. Theologiam docuit Patavii, et an. 1512. Concilio Lateranensi interfuit, denique Archiepiscopus in Hibernia Tuamensis obiit An. 1513. Vide Jo. Camertem ad Solini c. 35. Jac. Waraeum de scriptoribus Hiberniae pag. 78. Hic post BURLIFERUM scripsit additiones ad margines *Scoti*, atque alia quibus Scotum illustravit. Vide Possevinum, et II. Warthonum ad Caveum, sed qui Distinctionum opus et Dictionarium male ad eum referunt, quod est antiquioris Mauriti Angli, de quo supra. Dicitur et *vitam Scoti*, et *Compendium Veritatum* libris quatuor carmine leonino composuisse praeter *enchiridion fidei*, editum A. 1509.

MAURICIUS *Hispanus*. Supra in *Mauricio Anglo*.

MAURICIUS *Morganius* Cambresis Anglus, laudatus Lelando cap. 188. scripsisse carmina vario metrorum genere et epigrammata atque Epistolas traditur clarus circa An, 1210. Vide Baleum III. 64. et Pitseum pag. 274. seq.

MAURICIUS Ord. Minor. Supra, *Mau-*

a) Pitseus pag. 575. Possevinus, Cangius, Oudinus Tom. 3. pag. 572.

b) Nic. Anton. Tom. 2. Bibl. vet Hispan. pag.

269. Bulaeus Tom. 3. Academ. Paris pag. 699.

c) Vide Jacobum Quetif Tom. 1. de scriptoribus Dominicanis pag. 484i

rιcius Anglus et Mauricius Hibernicus Portu Fildaeus

MAURICIUS Ord. Praed. Supra *Maurιcius Anglus et Mauricius Gaufridι.*

MAURICIUS deSoliaco, *Parιsiensis*, Episcopus An. 1163. interfuit Concilio Turonensi, atque An. 1196. diem obiit supremum. Ejus *exhortationes ad Presbyteros,* et *Sermones* per totum annnum tam de Dominicis quam Festis laudat Henricus Gandavensis cap. 14. et Trithemius cap. 413. De Codicibus Manuscriptis vide Oudinum tom. 2 pag. 1585. seq.

Petrus MAURICIUS et MAURICIUS *Poēta.* Infra PETRUS *Venerabilιs.*

.MAURICIUS *Portu Fildaeus,* supra *Mauritius Hibernιcus.*

MAURICIUS *de Praga*, Theologus An. 1417. in Concilio Constatiensi. Ejus *Consilium de Ecclesiastico statu emendando* in V. C. Hermanni ab Hardt historia illius Concilii tom. 1 parte 17. pag. 860-874 Tractatus *contra* JACOBUM *Bohemum* de communione Corporis et Sanguinis CHristi: ib. tom. 3 pag. 779-803. et alii libri duo ejusdem argumenti pag. 805. 826-883 * In Vindobonensi Codice extat *Sermo Magistri Mauritii de Praga S. Theologiae Prof. Dominica* VII. post festum *Pentecostem in illud Attendite a falsis prophetιs.* Cum vero eiusdem Cod. MS. fere omnes Orationes in Conc. Constantiensi sint habitae nullus dubito quin haec pariter ibidem perorata sit. Est etiam ibidem eiusdem authoris sermo alter in eodem Concilio recitatus anno 1416. hoc proposito themate *haec vidua erat.* *

MAURICIUS *Reganus , servus* et interpres Dermitii, filii Murcardi regis Lageniae in Hibernia, claruit An. 1171. *Scripsit satis diligenter historiam de rebus in Hibernia gestis suo tempore , quam quidem amicus ejus in versus Gallicos transtulιt, unde Anglice etiam reddidit D. Georgius Carew, eques auratus, Momoniae Praeses sub Elisabetha Regina, postea Totnesiae Comes.* Haec Jac Waraeus p. 56. seq.

MAURICIUS *de Revalia* , Livonus , Ord.' Praed. Prior circa An. 1281. de cujus variis *Epistolis* Vide Jacobum Quetif. tom. 1 pag. 411.

MAURICIUS ex Trecensi Archidiacono Episcopus Cenomanensis ac denique *Rothomagensis* ab An. 1231. ad 1234. Archiepiscopus , cujus Epistolae quinque Decanos Rothomagenses editae à Dacherio tom. 2 spicilegii. pag. 520. (edit. novae tom. 3 pag 614. seq.)

MAURICIUS *de Soliaco*, supra *Mauritius Parisiensis* Episc.

MAURICIUS *So mmerset* , supra , *Mauritius Fordanus.*

MARICIUS *de S. Victore*, cujus *Sermonem in Epiphania* in Sangermanensi Cod. 648. evolvisse Cangius testatur.

Franciscus MAUROLYCUS, Nobilis et Abbas Messanensis, Mathematica eruditione et scriptis pluribus etiam historicis clarissimus , junior ta men quam ut a me commemorari debeat, obiit enim An. 1575 major octogenario , de quo accurate et diligenter Antonius Mongitor tom. 1 Bibl. Siculae pag. 227. seq. sed venit mihi in mentem ei locum hic dare , quoniam Baluzio visum fuit tom. 2 Miscelanorum pag. 323-344. ex Manuscr. edere loca quaedam insignia consilio omissa in ejus libro sexto compendii rerum Sicanicarum , editi Messanae 1562. 4.

Franciscus MAUROY. a) Monachus Claraevallensis , Ord Cisterc. circa An. 1353. scripsit Carmine elegiaco *vitam S. Bernardi.* incipit : *Inclyta dum tenui molimur gesta susurro dicere.* Sub PHILOTHEI Monachi nomine exstat ad calcem. Operum S. Bernardi tom. 2 edit. ultimae Mabillonianae p. 1311. Brixiensem se auctor innuit pag. 1321.

Ælius MAURUS laudatur à Spartiano in Vita Severi c. 20. Vide Vossium pag. 17.

De S. MAURO Glannafolιensi apud Andegavos Abbate , S. Benedicti discipulo et Regulae Magistri sui in Galliis commen-

---

a) Ita recte apud Vischium pag. 112. Ribl. Cisterc. nam *Mauros* vitiose apud Leyserum in hist.

poëmatum medii aevi pag. 418.

datore, vide si placet quae dicta supra, ubi de S. FAUSTO. tom. 2. p. 556. seq. (204. Vita di S. Mauro Ab. descritta dal P. Placido Puccinelli Priore Casinense Firenze Onofri 1670. 12. p. 340.)

MAURUS *Lapius*, supra t. IV. p. 528.

Rabanus MAURUS, infra, RABANUS.

MAURUS *Ravennatensis* Archiepiscopus conatus Archiepiscopatui suo autocephaliam conciliare, et se subducere Romani Pontificis auctoritati, quamobrem et à Papa Vitaliano circa an. 668. percussus anathemate, ausus est et ipse ad se citare Papam, eique *litteras obligationis* sive excommunicationis mittere, eique potestatem Missam canendi interdicere. Vide Agnelli vitas Pontificum Ravennatensium, notis Benedicti Bacchini illustratas parte 2. p. 275. seq. Ejus *Epistola* ad Martinum I. data *adversus Monothelitas* exstat cum Graeca versione in Actis Concilii Lateranensis A. 649.

MAURUS *Rostius*, Abbas Iburgensis, qui *Vitam S. Bennonis* a decessore suo NORRERTO Abbate Iburgensi scriptam A. 1118. prosario sermone, redegit in compendium, atque elegis non incultis est complexus, quos Norberto subjunctos edidit Jo. Georgius Eccardus tom. 2. corporis scriptorum medii aevi p. 2195. 2196.

MAURUS ex Monacho S. Martini Ord. Bened. in monte Pannoniae, a) *Quinqueecclesiensis* in Pannonia sive Hungaria Episcopus circa An. 1030. brevi narratione scripsit *vitas Zoerardi*, dicti Andreae, *et Benedicti*, Eremitarum in Hungaria circa A. 1020. quas exhibet Surius ad 1. Maji, sed Poloni et Hungari eorum memoriam recolunt mense Julio, itaque et Actorum Sanctor. editores easdem efferunt tom. IV. Julii 17. pag. 336. 337. collatis, praeter Surium, Legendario Cracoviensi Joannis Dlugossi Au. 1511. vulgato, et editionibus, Gononi atque Mabillonii.

MAWORNIUS Anglus Worgresii discipulus et sub illo Abbate Monachus Glasconiensis, Congelli b) institutum secutus :

a) Vide Vossium II. 42. pag. 558. seq.
b) De hoc supra Tom. 1. pag. 1148. ubi pro A. C. 53. legendum 530.

inde Episcopus circa An. 620. Scripsit *Annales Patriae suae*, ut ex Lelando notat Balcus X. 7. His Pitseus pag. 107. addit *Conciones*, et *Quaestiones* ex sacris Scripturis explicatas.

Joannes MAXENTIUS, supra t. IV p. 388.

MAXENTIUS Patriarcha *Aquilejensis* circa An. 813. ad 827. Vide Ughellum tom. V. pag. 38. Ejus *Epistola ad Carolum M. de ritibus Baptismi eorumque significatu* edita à V. C. Bernardo Pezio tom. 2. thesauri Anecdotorum parte 2. pag. 7. subjunctis p. 12. 16. ex eodem Manuscripto Codice Ratisbonensi *collectaneis* ejusdem fortasse scriptoris de eodem argumento.

MAXIMIANUS, *Grammaticus*, *versificator*, *qui in Academia Parisiensi praelegi pueris solebat*, *vixit ante* An. 1200. Haec Cangius, illum, ut non dubito Maximianum intelligens, cujus versus *in Virgilium* et in *Ciceronem* leguntur inter XII. Poëtarum Scholasticorum Carmina in antiquis poematibus Petri Pithoei : et cujus *Elegiae sex de incommodis senectutis*, toties sunt editae sub falso Cornelii Galli, Augustei aevi poetae nomine, ut dixi in Bibl. Latina lib. 1. cap. 14. Ejusdem *regulam metricam*, *carmen de virtute et invidia*, *de ira*, *patientia atque avaritia* memorat Labbeus Bibl. nova Manuscriptor. pag. 63. Reinesio judice meliores sunt ejus versus quam ut cum semibarbaris censeantur, aevi tamen non optimi, Epist. ad Daumium pag. 203 ubi plures Maximianos refert, et pag. 207 confinio seculi sexti et septimi suspicatus fuisse hunc Maximianum, ex Abbate menasterii S. Gregorii Romae, Episcopum Syracusanum, carissimum Gregorio M. et familiarem litteratorem. Citantur Maximiani versus à JEREMIA, Cive *Paduano*, Judice MONTANARIO (de Montagnone sive Montanianae, oppidi ad Lenerum amnem ditionis Venetae) circa An. 1270. cujus *Compendium moralium notabilium* Manuscr. in Bibl. Patavina teste Tomasino p. 23. Eandem puto *Sapientiae epitomam* quam ad Reinesium misit Daumius pag. 205. hujusque partem, *de auctoribus scientiarum*, quam Simlerus memorat. Hujus Montanarii, qui An. 1281. Veronae obiit, Carmen heroicum *de luna cleri* sive de clericis in choro canentibus laudat Nic. Comnenus tom. 2. hist. Gymnasii Patavini p. 277.

. MAXIMILIANUS I. Friderici III filius et ab An. 1494. ad 1519. Imperator, commemorandus hoc loco, quoniam *de rebus à se gestis* commentarios, exemplo Caesaris Latine scripsisse traditur, ut ex Gerardi Roji libro historiae Austriacae octavo extremo notavit Miraeus. Quanquam Jo. Cuspinianus eum *supra patriam linguam, Latine Gallice et Italice eleganter locutum* testatus, addit, *ab indocto imbutum praeceptore, castrense Latinum, vel, ut vulgus loquitur, militare, didicisse.* Sed dignior laus, quod eodem Cuspiniano teste, *Maximiliani ductu litterae Hebraicae, Graecae ac Latinae, elegantiores quoque disciplinae quasi in Germania primum ortae sunt, ac paullatim succreverunt, et tandem vi ac impetu quodam eruperunt, quia bona studia fovit, litteratos amavit evexitque, ac praemia digna largitus est* Vide huius Imperatoris diploma An. 1501. *de instaurandis studiis humanitatis*, editum et illustratum a Clariss. Viro Joanne Henrico van Seelen, Lubec. 1723. 4. atque in eius selectis litterariis pag. 488. seq. *Constitutionem de Notariis* in Diario Berolinensi, Bibl. Germanique tom. XXX. pag. 224. Omitto scripta complura quae dictasse aliis in calamum, vide Jo. Jacobi Moseri praef. ad D. Josephi Grunbeekii vitas Friderici III. et Maximiliani I. editas Tubingae 1721 8. vel Germanice composuisse Maximilianus perhibetur apud memoratum Grunbeckium pag. 82. et Lambecium tom. 2. pag. 970. et quae Manuscripta in Bibl. Caesarea asservantur. In illis poema etiam Germanicum, de Imperatoris variis gestis ac periculis, *der* Tewrdanck, impressum Norimbergae 1517. fol. Augustae 1519. ac deinde minoribus typis Francof. 1553. 1564 1598. Ulmae 1679. 1693. fol. cujus latina metaphrasis auctore Richardo Sbrulio, Forojuliano, Manuscripta in Bibl. Caesarea teste Lambecio tom. 2. pag. 986. incipit:

Magnanimum canimus, rutilans quem tollit olympo
Gloria, Phoebeis redimitum tempora lauris.

Hoc poema Germanicum Maximiliano offerens Melchior Pfintzingius, Patricius Norimbergensis, in Epistola dedicatoria se auctorem ejus diserte profitetur. Confer celeberrimi Jo. Davidis Koeleri diss. de inclyto hoc poemate editam Altdorf. 1719 4. et Jo. Hubneri nostri Bibliothecam historicam Hamb. Centuria 3. cap. 15. p. 87. seq. Vitam Maximiliani I. et obitum culto carmine elegiaco decantavit Bartholomaeus Latomus, quod ex editione Augustana 1519. 4. recudi hoc ipso A. 1735 Coburgi in 4. curavit vir celeberrimus Jo. Gerhard Meuschenius in limine Tomi primi de Vitis summorum virorum : laudans praeter Pfitzingium, Cuspinianumque Vitae Maximiliani scriptores a Frehero tom. 2. rerum Germ. exhibitos Conradum Coltem, Pirkheimerum, Georgium Sibutum, Pandulphum Collenutium et Michaelem Coccinium.

MAXIMINUS *Trevirensis* seculo IV. adversus Arianos quaedam in litteras misisse colligitur ex S. Athanasio : sed nihil ex illis tulit aetatem. De ipso Acta Sanctor. 29. Maji.

MAXIMUS *Caesaraugustae*, Civitatis in Hispania Episcopus interfuit Conciliis Barcinonensi An. 599. Toletano An. 610. et Egarensi An. 614. ac teste Isidoro Hisp. cap. 33. de S. E. *multa versu prosaque* componere instituit. Scripsit et brevi stylo *historiam de iis quae temporibus Gothorum in Hispaniis acta sunt*, historico et composito sermone. Historiam Gothorum vocat Honorius III. 39. *Chronicon* Maximo suppositum ab A. C. 468. ad 644. cum praemissa sub ejus nomine Epistola ad Argebatum Episcopum Portugalensem, exstat ad calcem Bibliothecae veteris Hispanae Nic. Antonii tom. 2. pag. 279 285 qui plura ad fidem ejus infirmandam notavit tom. 1. p. 212. seq. 239. seq. etc. Idem docet falso *Marcum Maximum* appellari, ut apud Pseudo-Luitprandum fit et in commentitio Maximi epitaphio : falso etiam venditari Benedictinum et confundi cum Marco S. Benedicti discipulo. In editione Chronici, quod sub Marci Maximi nomine commentariis ut vocat apodicticis illustratum edidit Franciscus Bivarius Ma-

drit. 1651. fol. incipit illud ab A. C. 430
(ubi Pseudo-Dexter desinit scilicet) et pro-
ducitur usque ad An. 612. subiunctis additionibus commentitiis, S. Braulionis, He-
lecanis, Tajonis et Valderedi, Episcoporum scilicet Caesaraugustanorum.

MAXIMUS *Episcopus* qui Sigeberto cap.
113. teste scripsit librum *de Ecclesiasticis ministeriis et de habitu clericorum.*

Marcus MAXIMUS, supra in *Maximo
Caesaraugustano.*

Marius MAXIMUS, supra MARIUS.

S. MAXIMI Abbatis Martyris in Gallia
circa An. 625. Genealogia et Acta Martyrii
apud Bollandum tom. 1. Januar. 2. pag.
91. 94.

Pacificus MAXIMUS Asculanus, Grammaticus et Poeta circa An. 1490. de cujus
regulis Grammaticis prosa et metro: et
de invectiva in Politanum et poematibus
de Lucretia, de Virginia, de bello servili
Spartaco, de bello Cyri Persarum Regis,
de bello Syllae et Marii, ac XX. libris
elegiarum videndus Gesnerus.

*(214 De bello Spartano, de bello Cyri.
De bello Sillae et Marii. Lucretiae Libri II. Virginiae Libri II. Grammatica
de regimine verbor. Graecum Poema in
laud. Jo. Salviati De componendis carminibus. Oratio ad Senatum Lucens. Invectiva in Ang. Politianum. De sapientia Libri
VII. De Castitate Libri VIII. De modera-
tione animi, de bono, de fato, de anima libri IX. De Divina Providentia Libri X.*
Vide Op. *Carboni Cantalamessa* Memorie
intorno i letterati e artisti Ascolani) He-
catelegium sive Elegiae jocosae etc. Flo-

rentiae per Miscom. 1489. 4. Camerini
1523. 4. Fani per Soncinum 1506. 8. Carmina Parmae 1691. 4 *Poesie inedite in
lode di Braccio II. Baglioni con una nar-
razione delle gesta di questo distesa da
G. B. Vermiglioni. Perugia* 1818. 4.)

MAXIMUS *Rejensis*, sive Regiensis in
Gallia Narbonensi ab An. 433. Episcopus
subscripsit Concilio Regensi A. 439. Arau-
sicano An. 441. et Epistolae Synodicae
Leonis Papae An. 451. Vide Sammarthanos tom. 3. pag. 935. Vitam hujus Maximi debemus DYNAMIO, de quo supra
tom. 2. pag. 484. *Homilias* quasdam sub
EUCHERII Lugdunensis, vel EUSEBII
Emeseni, CÆSARII, aut ISIDORI nomine
editas, Maximo Regensi tribuendas esse,
vide Jo. Savaronem ad Sidonii IV. 3. pag.
232. et Bibliothecam Concionatoriam Francisci Combefisii, Tillemontiumque t. XV.
memoriarum pag. 400. qui etiam p. 392.
seq. post Savaronem notat homiliam 34.
inter Eusebianas, esse illam quam FAU-
STUS successor Maximi hujus, decessoris sui memoriae consecravit.

MAXIMUS *Taurinensis Ecclesiae Episcopus*, (ut de eo Gennadius cap. 40. de
S. E.) vir in Divinis Scripturis satis intentus et ad docendum ex tempore plebem
sufficiens, composuit *in laudem Apostolorum* a) tractatus, et *in Joannis Baptistae
nativitatem,* b) et generalem *omnium Martyrum* homiliam. c) Sed et *de capitulis
Evangeliorum,* d) et *de Actibus Apostolorum* e) multa sapienter exsequutus. Fecit et
duos de S. *Eusebii* f) *Vercellensis Episcopi
et Confessoris Vita*, tractatus: et *de SS.
Cypriani* g) et *Laurentii* h) *martyrio*: et de

---

a) In natali Apostolorum Petri et Pauli, inter
editas Homilia L. LI. LII. LIII. LIE. Harum prima
etiam inter Augustinianas legitur. Sic plerasque
alias homilias quae Maximo Gennadii auctoritate
vindicantur, inter *Ambrosianas et Augustinianas* legi, à viris doctis annotatum est Vide Latinum Latinium pag. 164. seq. Bibl. sacro profanae:
Labbeum Tom. 2. p. 69. seq. Caveum ad A. 422.
Tillemontium Tom. XVI. memoriar. Nempe ut notat in Bibl. Concionatoria Combefisius, *quaeque
Ecclesia sermonum suorum manipulo eos deli-
gebat qui ex usu magis esse viderentur, quan-
tumvis ipse manipulus alterius, cujus plures*

essent aut potiores, nomen praeferret.

b) Homilia XLVII. XLVIII. XLIX.

c) Homil LXIV.

d) Ut Homil. LXII. dd Matth. XVIII. 1. *Quis
major in regno Coelorum*: in fesio S. Michaëlis.

e) Ut Homil. XLV. in Actor. VII. 55. in Natali
S. Stephani.

f) Homil. LVIII. LIX. Solemnitas hujus EuSebii
Cal. Augusti.

g) Homil. LX. LXI. Quinque alios Maximi in S.
Cyprianum sermones expectamus a laudatissimo
Muratorio.

h) Homil. LV. LVI. LVII.

spiritalı Baptismi gratia i) librum edidit. *De avaritia ,* k) *de hospitalitate ,* l) *de defectu Lunae ,* m) *de eleemosynis ,* n) de eo quod scriptnm est in Esaia l. 22. *Caupones tui miscuerunt vinum aqua :* o) *De passione Domini ,* p) *de jejunio sevorum DEI generali ,* q) *de jejunio speciali Quadragesimae,* r) et *quod non sit in eo iocandum :* s) *de Juda traditore ,* t) *de Cruce Domini :* u) *de sepulchro Domini ,* x) *de resurrectione ipsius ,* y) *de accusato et iudicato apud Pilatum Domino ,* z) *de Kalendis Januariis.* a) Homilias *de Natali Domini ,* b) Homilias *de Epiphania ,* c) *de Pascha* d) et *Pentecoste* e) multas : *de hostibus carnalibus non timendis ,* f) *de gratiis post cibum DEO agendis ,* g) *de poenitentia Ninivitarum* h) et multas alias eius *homilias de diversis* habitas i) legi *,* quas nec retineo. k) Moritur l' Honorio et Theodosio m) regnantibus *Haec de Maximo Taurinensi Gennadius ,* de quo plura in actis Sanctor. tom. V. Junii 25. pag. 48. seq. et Tillemontius tom. XVI. memoriar. pag. 31. seq. Prodieruat S. Maximi homiliae LXXVI. de quibus hactenus ad Gennadii locum dixi , primum cum nonnullis S. Chrysostomi Latine versis, apud Gymnicum Colon.1535.

8. et cum Salviano , Paciano , Sulpitio Severo , Dorotheo Tyrio et Kaymonis hist. Eccles. edente Petro Galesinio Rom. 1564. fol. et Paris. apud Mich. Sonnium : et cum Leone I· Chrysologo etc. Paris 1614. 1623. fol. et in Theophili Raynaudı heptade Praesulum Chriśtianorum , cum Leone I. Chrysologo, Fulgentio Ruspensi, Valeriano Cemeliensi, Amedeo et Asterio Amaseno Lugd. 1633· fol. 1661 1671. fol. et cum homiliis Chrysologi , Colon. 1678. 4. et in Bibliotheca Patrum Coloniensi in tomi quinti , et Lugdunensi, in tomi sexti limine. Recensuit etiam sparsim insertas Bibliothecae suae Concionatoriae Franciscus Combefisius : sicut XVII. ex illis leguntur in vete-Homiliarior, de quo infra in PAULO Diacono.

Si quis novam homiliarum S. Maximi editionem adornare velit, quas dignas meliore luce pridem pronunciavit Jo. Mabillonius , illis adjungat primo loco has *duodecim* quas eidem Mabillonio debemus , in limine partis secundae tomi I. Musei Italici . Paris 1687. 4. I. II. III. *De Barbaris non timendis ei qui DEUM timet , et de S. Helisaeo.* IV. *de Ninivitis.* V. *de Kalendis Januariis.* VI. *de defectu Lnnae.* VII. *ante*

---

i) **Homilia** XVI. de Baptismo CHristi et XVII. et XVIJI. qui de gratia Baptismi inscribitur , non liber sed sermo brevis.
k) **Homil.** LXVIII. et LXIX.
l) **Homil.** LXXII.
m) **Homil.** LXXIII. adde sextam è Mabillonianis.
n) **Homil.** LXX. LXXI.
o) **Homil.** LXXIV. adde è Mabillonianis undecimam.
p) **Homil.** XXVIII.
q) **Homilia** XIX.
r) **Homilia** XX.
s) **Hanc** inter editas non reperio ,'nisi sit XIX. In die Cinerum ad Matth. VI. 16. *Cum jejunatis ,* non *eritis sicut hypocritae* etc.
t) **Homilia** XXVII.
u) **Hom.** XXIX.
x) **Hom.** XXX. XXXI. adde e Mabillonianis duodecimam.
y) **Homil.** XXXIX.
z) **Homil-** XXV. quae et inter Augustinianas, et XXVI.
a) **Homil.** X. adde quintam et VII. VII. IX. ex illis duodecim quas Mabillonius edidit.
b) **Homilia** III. IV. V. VI. VII VIII. IX.
c) **Homilia** XI XII. XIII. XIV. XV

d) **Hom.** XXXVI. XXXVII. XXXVIII. XXXVIX. XI..
e) **Hom.** XLII. XLIII. XLIV.
f) **Homilia** LXVI. adde primas tres vulgatas à Mabillonio.
g) **Hom.** LVVII.
h) **Homil.** XLi. adde qaurtam à Mabillonio editam.
i) **Inter** illas fuerit Homil. I. et II. de Adventu : XXIV. in ramis Palmarum : XXVII. de Juda traditore : XXXII. XXXIII. XXXIV. XXXV. de sancto latrone , poenitentia Petri et ostiarla ancilla. In natali S. Agnetis. LXIII. In Natali SS. Taurinensium Octavii , Aventitii et Salvatoris. LXV. in traditore Symboli.
k) **Non** memini , non teneo memoria.
l) **Ita** Codices Manuscripti atque editi ante Miraeum. Sed Miraeus Baronium secutus , *floruit.*
m) **Trithem** cap. 123 *sub Theodorico claruit.* Ubi iterum Miraeus pro Theodorico ex Gennadii codicibus reponit Theodosium. Sed ex Honorio Vossius pag. 216. conjiciebat emendandum potius Gennadium et apud eum legi oportere *Moritur Odoacro et Theodorico regnantibus ,* hoc est ante A. 490. Certe interfuit adhuc Concilio Romano Maximus A. 465. cum jam rebus humanis valedixisset Theodosius A. 450. Vide Ughellum T. IV. p. 1022.

Natale Domini. VIII. *de Natali et* IX. *post Natale Domini Salvatoris.* X. *de haereticis peccata vendentibus* XI. *quod non debent Clerici negotiari.* XII. *Praefatio de. Corpore Domini.* Habuit et alias undecim Homilias ex iisdem antiquis Codicibus Mabillonius, sed quas edere cunctatus est, quod Maximo illas deberi non satis haberet exploratum. Ex illis sunt Homiliae *sex*, quas ex ejus schedis vulgavit Edmundus Martene tom. IX. veterum monumentorum pag. 133. seq. I. *de hospitalitate.* II. et III. *de quod scriptum est* Es. LVIII. 1. sicut turba exalta vocem tuam. IV. V. VI. *de Zachaeo* ad Luc. 19. Et quas Muratorius dedit T. IV. anecdotor. Latinorum.

Sermonem *in Annunciationem S. Mariae*, e Codice Pratensi edidit Combefisius in Bibl. Concionatoria. Alium *in Assumtionem B. Virginis* laudat Octavius Cajetanus in Opusculo de ejus Conceptione.

Quinque sermones ineditos *in S. Cyprianum* ex Bibl. Ambrosiana editorum se recepit celeberrimus Muratorius t. 1 anecdot. Latin. p. 16.

Denique *libellos sex de Sacramentis* qui S. Ambrosio à Lanfranco atque in editis ejus Operibus tribuuntur, Mabillonius in antiquissimo S. Galli Codice reperit inter sermones S. Maximi, atque ita quidem, ut singuli sex libri singulos sermones constituant pro totidem hebdomadae diebus, septimus autem sermo incipiat ab extrema parte libri sexti, à verbis · t. 2 edit. Benedictin. p. 385. Aliud: *Psalmorum David licet unus libellus sit.*

De viro perfecto prolixior Epistola ad amicum aegrotum quem pag. 70. 71. dilectissimum filium appellat, et in qua inter alia defendit miracula reliquiarum Gervasii et Protasii quae tempore S. Ambrosii facta dicuntur. Exstat inter S. Hieronymi opera t. V edit. novae Marcianaei p. 52-71 Incip. *Ecce iterum ad te scribo.*

* Nescio an operum S. Maximi antiquor alia data sit editio, quam Veneta a. 1508 in qua tamen non opera ipsa S. Maximi, Sed eius tantummodo sermo de laudibus B. Mariae Virginis; *pro festo conceptionis vel Santificationis eius*: nempe annuncia-

tionis. Incipit: *licet omnium Sanctorum.* Vix dubito eundem esse sermonem quem dein Combefisius in suam Bibliothecam concionatoriam transtulit. Veneta illa editio hanc S. Maximi Orationem inter multas S. Zenonis et S. Caesarii continet. Animadvertere etiam juvat Sermonum S. Maximi geminos reperisse me in MS. Cod. Bibl. Canonicorum maioris Eccl. Lucensis, quos non prodiisse ratus mihi describendos curavi suo demum tempore evulgandos. Prior est de jeiunio quadragesimae, incipit: *Saepe intimatum est*: alter vero de die natali Domini; incipit: *Sanctam et desiderabilem.* * (215. opera jussu Pii VI. Pont. Max. editae Romae 1784. fol. cur. Bruno Bruni Schol. Piar.)

MAXIMUS *Victorinus*, Grammaticus. Infra, VICTORINUS.

Franciscus de MAYRONIS, supra tom. 2 pag. 600.

Jo. Caspar de MAYSLSTAIN Doctor Decretorum et multis annis Rector et quodammodo fundator Scholae Juristarum studii Viennensis, laudatus à Joanne de Spira Priore Ord. Bened. circa A. 1430. in tractatu: num liceat Abbati non exemto absolvere suos Monachos ab excommunicatione majori in casibus Papae non reservatis.

Philippus de MAZERIIS, supra, MACERIUS.

Joannes MEARUS. Supra t. IV p. 388.

De MECHTILDE sive MACHTILDE Germana, Sanctimoniali, mira et pugnantia a scriptoribus traduntur, ita ut de diversis illos ejusdem nominis virginibus loqui non sit dubitatus qui ENGELHARDUM de quo supra tom. 2 pag. 509. Acta Sanctor. tom 3. Febr. pag. 485. et 626. Possevinum, Miraeum cap. 466. auctarii, Caveum Ad An. 1280. Oudinum tom. 3 pag. 240. aliosque evolverit: Mihi quidem Mechtildis, cujus Visiones sive *spiritualis Gratiae libros V.* habemus, illa videtur de qua Trithemius in Chronico Spanheimensi ad An. 1154. *Anno Craftonis Abbatis tertio obiit Machtildis sanctimonialis Virgo, soror quondam Bernhelmi Abbatis, hic justa monasterinm nostrum in princi-*

pio suae institutionis (ab A. 1125.) *reclusa :* ob*iit in inclusorio suo IV. Cal. Martii, in cujus transitu Angelorum concentus et laudas auditae ac* Visiones *quaedam ostensae ferebantur. Sepulta est in choro fratrum ante gradus presbyterii , non sine opinione sanctitatis. Reliquit post se in eadem cella quinque* sorores *Virgines CHristo consecratas atque devotas , quarum ista sunt nomina :* Sophia *, quae cum ea de S. Albano venerat , quae et eodem anno prid. Cal. Maji ob*iit *:* Gerlindis *,* Demodis *,* Luitgardis et GERTRUDIS, *quae Domino in sanctae Virginitatis proposito usque ad vitae terminum servierunt.* Idem confirmat Trithemius in Hirsaugiensi Chronico ad eundem A. 1155. pag. 136. seq. edit. Freherianae , ubi addit Mechtildi adhuc in carne viventi testimoninm sanctitätis perhibitum à S. HILDEGARDI. Quinque libri Visionum scripti à Mechtilde sunt primum Germanice, sed vetus Latina versio edita Paris. 1513. fol. apud H. Stephanum avum , una cum S. Hermae Pastore, WETTINI Monachi visione , et Revelationibus S. HILDEGARDIS, fratrisque ROBERTI , et S. ELISABETHÆ : de quibus singulis , sicut GER-TRUDE quoque quae Mechtildis defunctae meminit , dictum est suo loco. Exstant et editiones Mechtildis visionum Lipsiae et in Belgio et cum Evangelio Nicodemi , Lentuli Epistola , Visione Jsaiae Prophetae , S. Alberti Episcopi Agrippinensis et Sibyllae Erythraeae vaticinio Venet. 1522. 8. tum Colon. 1536. Venet. 1558. 1568. ec. atque ex Italica versione, Mantuanis typis teste Possevino , et Venet. 1589.

* *De editionibus operum virginis huius* sanctae nihil hic addendum succurrit. Quae tamen ait Fabricius de conscripto a S. Mechtilde spiritualis gratiae libello , haec mihi quidem non probantur. Ita enim lego in postremo capite libri II. *Iste liber fere totus a persona illi familiari , cui screta sua revelare consueverat, ita conscriptus est , ut haec Dei ancilla ignoraret ; sed tristata est , ut omnino consolari* non pos-set. *In libro V. cap. XXI. sufficere jam volumus. . . . licet multa possemus addere etc. Haec autem ad Dei solius gloriam, et pro-*

ximorum utilitatem protulimus : et quia indignum putavimus si utilia non tantum nobis , sed et futuris silentio tegerentur. si ipsius venerandae personae vitam et conversationem venerabilem etc. Haec sane verba libri huius a Mecthilde diversum demonstrant.

MECKLENBURGICORUM sive MEGA-POLITANORUM scriptorum Historicorum Bibliothecam exspectamus à Viro clarissimo *Davide Richtero* , Lycei Gustroviensis Rectore.

Chronicon S. MEDARDI Svessionensis, Auctore Monacho ejusdem Coenobii Ord. Bened. ab An. C· 797. ad 1260. edidit Dacherius tom. 2 spicilegii p. 781. (edit. novae tom 2 pag. 486-492.) Locum unum alterumque illustrat Hadr. Valesius in Valesianis pag. 81. seq.

MEDELOCENSIUM sive *Mediolacensium* in Comitatu Hollandiae Monachorum , *Vitam et miracula S. Adalberti* Diaconi seculo octavo clari Egmondani edidit Laur.. Surius ad 25. Jun Sinceriora atque integriora cum notis Henschenii tom. V. in Actis Sanctor. Junii p. 97. 103. additis per Egmondanos Monachos aliis miraculis post An. 1332. pag. 104. 109.

Joannes MEDER , supra t. IV. p. 299.

Ludovicus MEDIAROTA, Patavinus, Patriarcha Aquilejensis et Cardinalis defunctus An. 1465. cujus laudantur *Epistolae ad Franciscum Barbarum.* Vide Oudin. t. 3 , pag. 2442.

* Ex epistolis Ludovici huius ad Barbarum geminae leguntur excusae in collectione epistolarum Francisci Barbari ab Em. Quirino adornata. Vide epist. 186. 187. elusd. Collectionis.

MEDIBARDUS , *Mediwardus* , Vitam S. *Walpurgis* An. 780. 25. Febr. defunctae quam prosa Wolfardus presbyter tradiderat , rhythmo condidit post An 1150. *Prosam Wolfardus, rhythmum fecit Mediwardus.* Utramque edidit Bollandus t. 3. Febr. 25. Wolfardi pag. 523. et Medibardi pag. 551. 553.

MEDINGAUDUS, supra, MEDIBARDUS.

MEDIOLANENSE Chronicon, supra, AR-NULFUS tom. 1. pag. 375. Annales ab A.

1230. ae 1302. Capita CLXIV. in celeberr. *Muratorii* thesauro Scriptorum Italiae tom. XVI. pag. 641. 840. Vide etiam quae de Mediolanensi Civitate atque in S. Ambrosium, in eiusdem thesauri tom. II. parte 2. pag. 688. 689. De thesauro illo qui et ipse Mediolani excuditur, et cuius iam XXIV. tomi prodiere, dixi in Conspectu thesauri litterarii Italiae, Hamb. 1730. 8. Andream Alciatum, Tristanum Chalcum, et alios de rebus Mediolanensibus scriptores exhibuit elegantissimus *Graevius* tomo secundo et tertio Antiquitatum Italiae, ut notatum in eodem Conspectu pag. 82. seq. in quo pag. 293. seq. praeterea laudantur qui historiam litterariam Mediolanensem illustrandam sibi sumsere. His addes *Bartholomaei Corte* sive Curtii notitias historicas de Medicis scriptoribus Mediolanensibus, Mediolan. 1718. 4. et *Josephi Antonii Saxii*, eruditissimi viri de studiis litterariis Mediolanensium antiquis et novis prodromum ad historiam litterario typographicam Mediolanensem 1729. 8. Praeter hanc historiam, quam optamus quam primum in dias luminis auras proferri, exspectare etiam iubemur *Jo. Casparis Berettae*, Monachi Casinensis, et Doctoris in Gymnasio Ticinensi publici Historiam litterariam Senatus Mediolanensis.

* Quae hic Fabricius tantis votis exoptat, nunc tandem obtinuimus; nam cl. Saxius produxit tandem historiam. typographico Literariam Mediolanensem, cuius fidem dederat in prodromo hic a Fabricio indicato. Lucem publicam aspexit laudatissimum opus Mediolani an. 1745. et a coepta Mediolani Typographia id est ab Ao. 1465. vel 1469. ad an. usque 1500. perducitur. Accedunt appendicis loco in fine epistolae duae, quarum prior est Cardinalis Quirini ad Saxium de Brixiensium suorum in re typographica meritis; altera Saxii, qua illi respondet. Integram etiam Scriptorum Mediolanensium Bibliothecam habemus traditam a cl. Philippo Argelati, excusam Mediolani an. 1745. (una cum Saxii op.) vol. 4. in fol.

Joannes MEERHOUT. Supra t. IV. p. 388.

MEFFRETH, Germanus, Presbyter Misnensis Ecclesiae circa An. 1443 sub Joanne Episcopo Misnensi, et superstes adhuc An. 1476. Ejus *Hortulus Reginae*, sive Sermones de Sanctis et Dominicales per annum integrum prodiere in fol. sine loco et anno, tum Norimb. 1487. fol. Basil. 1488 fol. sed et Monachii 1615. B. Virginem immunem ab originali labe fuisse negat Meffrethus, quod reprehenditur ab editoribus, atque JOANNES *à Lapide* Carthusianus in praemonitione ad Basileensem editionem non dubitat haereseos arguere eum, quicunque post promulgatam ab Academia Parisiensi, Concilio Basileensi et Sixto IV. Pontifice definitionem contrariam, idem cum Maffretho affirmare nou dubitat. Vide H. Warthonum ad Caveum, et Jo. Godfridum Olearium in Bibl. scriptorum Eccles. pag. 481.

MEGENFREDUS sive *Meginfridus*, ex Fuldensi Monacho Ord. Bened. ubi scholarum regimen An. 986. susceptum per annos XXIV. gessit, Magister Parthenopolitanus sive Praepositus Magdeburgensis, inter Historicos eximium locum promeritus circa An. 1010. Vide Trithemii Epistolam apud Lambecium tom. 3. pag. 342. et quae idem Trithemius in Chronico Hirsaugiensi: tom. 1. pag. 128. seq. allatisque à Vossio pag. 360. seq. et Christoph. Browero antiquitatt. Fuldens. lib. 1. cap. 14. adde haec Jo. Latomi apud Menckenium των μακαριτον tom. 3. scriptorum rer. Germanicar. pag. 440. *Sed in contrarium ut ego sentiam, Meginfridi, solidissimae authoritatis viri me compellit adamussim exquisita diligentia, qui temporibus Ottonis secundi et tertii Imperatorum monachus Fuldae vivens in humanis*, libros XXIV. historiarum de temporibus Gratiae *composuit, in quibus aliter multo sensit ac scripsit quam auctores incerti omnes memorati.* Hos libros nemo adhuc, quod sciam protulit in lucem, neque satis mihi constat sit ne ab Chronico hocce diversa *historia Fuldensis monasterii* quam idem Trithemius ait Meginfridum *inter caetera ingenii sui opuscula* complexum diligenter, Abbates singulos secundum ordinem temporis sibi adinvicem succedentes inseruisse, et unius cujusque gesta breviter annotavisse: *eorum quoque Coe-*

nobiorum , quibus vel Monachos ex Fuldensi missos novit, vel Abbates , pari ratione meminit quorum et successiones Abbatum , et memorabilia facta interserendo compendiose descripsit. Vitam quoque S. Bonifacii Martyris ex monacho primi Moguntinensis Ecclesiae Archiepiscopi Merginfridus, carmine descripsit heroïco, libros duos : Vitam St. Sturmii , primi Abbatis Fuldensis metrice composuit : Vitam seu gesta S. Rabani , ex quarto Abbate Fuldensis Coenobii, sexti Archiepiscopi Moguntini, prosaice composuit. Vitam et passionem , S. Sonderoldi , ex Monacho Fuldensis Coenobii Moguntinensium noni Archiepiscopi. Vitam St. Hildeberti , ex Abbate Fuldensis Monasterii Moguntinensium Ecclesiae XII. Archiepiscopi. Alia insuper multa composuit etc. Haec Trithemius tom. 1. Chronici Hirsaug. ad An 986. pag. 129. Mirum non memorari ab eo librum de Vita et virtutibus B. Emmerammi, quem sub Meginfridi Magdeburgensis Praepositi nomine edidit Canisius in limine tomi secundi`Lectionum antiquar. (edit. novae Basnagianae tom. 3 pag. 88.) De ARNOLDO sive ARNOLFO , altero scriptore vitae ejusdem'Emmerammi, Episcopi Pictaviensis , qui An. 652. obiit , dictum supra tom. 1. pag. 132.

MEGINHARDUS , Monachus Fuldensis Ord. Bened. scripsit circa An. 880. opusculum seu sermonem de Actis et translatione corporis S. Ferrucii Martyris , editum à Surio ad 28. Octobr. Vide Vossium p. 322. Oudinum tom. 2. pag. 338:

MEGINHARDUS sive MEINHARDUS , Herbipolitanus Episcopus (primus ut puto hoc nomine qui praefuit ab Anno 1018. ad 1033. nam fuit et Mainhardus II. Comes de Rottenburg. ab An. 1085 ad 1088.) scripsit explanationem in Cantica Canticorum, quam opus eximium vocat Anonymus Mellicensis cap. CXI.

Vita MEINWERCI Episcopi ab A. 1009. ad 1036. Paterbrunnensis sive Paderbornensis , qui ex stirpe magni Ducis Witikindi duxit originem , edita primum fuit a Christophoro Browero in sideribus Germaniae , Mogunt. 1616. 4. deinde integrior cum notis ab Adolpho Overham viro cru-

dito, Neuhusii 1681. 8. ac denique ab illustri Leibnitio tom. 1. scriptorum rer. Brunswic. pag. 517. 564. subiuncta pag. 565. 575. Vita B. Heimeradi , de qua supra in EGBERTO, tom. 2. pag. 490.

Sigismundi MEISTERLINI , exarationem rerum gestarum inclytae Civitatis Newronbergensium , sive Chronicon Noribergense ab An. 1360. ad 1480. primus edidit Jo. Petrus de Ludewig tomo octavo reliquiarum veteris aevi pag. 1. 149. qui de auctore haec praefatur : Vixit Meisterlinus circa An. 1480. Principio Antistes fuit templi quod in Urbe Sebaldo sacrum. Deinde spartam obiit eandem in Coenobio Grundlachensi , in Urbis vicinia. Scripsit à Noribergensi Senatu conductus , Patronis Ruperto Hallero et Nicolao Kressio etc.

Joannes MELBER auctor Variloqui, editi Argentorat. 1488.

Antonius MELIUS supra t. 1. p. 121.

Laurentius MELLIFLUUS , supra t. IV. pag. 533.

MELCHIADES sive MILTIADES Episcopus Romanus ab An. 311. 2. Jul. ad A. 314. 3. Januar. Confer Petri Coustant Epistolas Romanorum Pontificum p. 322 seq. Ei tributam Epistolam de primitiva Ecclesia et munificentia Constantini Magni Imp. erga eandem , exhibet et suppositam esse probat Blondellus in Pseudo-Isidoro pag. 422. seq. sicut etiam Decretalem ad Martinum , Benedictum , Leontium et caeteros Hispaniarum Episcopos pag. 426. quam perinde ut Binius in notis genuinam tamen contendit esse Agvirrius Cardinalis tom. 2. Concil. Hispan. pag. 74. seq. Vide Baluzium ad Lupi Ferrariensis Epistolam CXXX De Decretis Melchiadi solitis tribui videndus idem Coustant pag. 335. seq. et de actis cum eo in causa Donatistarum pag. 323. seq.

Guilelmus de MELITONA , supra tom. III. pag. 145.

MELKINUS , Melchinus sive Mevinus Avalonius (de ELVANO Avalonio supra t. 2 pag. 505.) Camber Britannus , Astrologus et Historicus circa A. C. 550. Bardorum studiis impendio adhaesisse traditur à Lelando cap. 25. Ejus librum de rebus *Britannicis*, et alium *de Arthuri mensa rotunda* et *Antiquitates suae* gentis memorat Baleus Centur. 1. cap. 57. ex Baleo Pitseus pag. 97. Vossius p. 243. seq. MELLICENSIS sive *Medlicensis* Monasterii in Austria inferiore Ord. Bened. *Chronicon* a nato Christo incipiens sed scribi coeptum A. 1123. et a variis continuatum usque ad A· 1561. edidit V. C. Hieronymus Pez, Monachus Mellicensis Tom. 1 scriptorum rerum Austriacarum pag. 166-288. addita etiam pag. 297. Historia fundationis Coenobii Mellicensis circa A. 1000· pag. 297-301· et Necrologium Mellicense pag. 304-312. Historiam fundationis etiam ediderat Lambecius t. 2 p. 627-633. *Anonymus* Mellicensis *de Scriptoribus Ecclesiasticis* CXVII. duodecimi scriptor seculi. Luci datus ab Hieronymi fratre Bernardo Pezio, Bibliothecario Mellicensi ad calcem Bibliothecae Benedictinae, Augustae Vindel. 1716. 8. unde ei locum dedi in Bibliotheca Ecclesiastica Hamb. 1718. fol· Pezii autem et hoc aliisque, de quibus in AGNETE, in EYNWICO, POTHONE, TRUDEBERTO: et praeclaro tetrateucho Anecdotorum Opere, et undecim Bibl. asceticae voluminibus praeclarissime promeriti de hisce litteris, non possum meminisse quin ejus hoc ipso A. 1735. extincti obitum, vehementer doleam: doleamque fata intercessisse *Bibliothecae* ejus *Mellicensi*, tribus in fol. proferendae Voluminibus quorum primo notitiam locupletem ducentorum Codicum Manuscripto rum dare voluit qui in Bibliotheca Mellicensi adservantur: secundo Catalogum Manuscriptorum totius Austriae cum Criticis observationibus: et tertio inedita veteris aevi monumenta. De *Annalibus Mellicensibus* P. Anselmi Schramb in Abbate quinquagesimo secundo qui A. 1700. electus est desinentibus, editisque Viennae Austriae 1702. fol. vide Acta Erud. tom. V. supplementi pag. 253.

MELITO Asianus, Episcopus Sardensis in Lydia, inter secundi seculi scriptores Graecos laudatus, de cujus lucubrationibus dixi Bibl. Gr. lib. V. cap. 1. pag. 148. seq. et praeter Caveum aliosque dixere Tille-

montius tom. 2 memoriar. pag· 408. seq. et Halloixius tom. 2. scriptorum Orientalium pag. 827. seq. A. Cangio in nomenclatore scriptorum quibus ad Glossarium mediae et infimae Latinitatis usus est, memoratur, non ob commentitium librum *de transitu B. Virginis* qui sub Melitonis nomine in Bibliothecis Patrum exstat Latine: sed quoniam ejus *Clavis* ex veteri Latina versione exstat Parisiis in Bibliotheca Collegii Jesuitarum Claromontani, continens ut notat Labbeus tom. 2 de S. E. pag. 87. *explicationem variarum S· Scripturae Vocum*, ad eum fere modum quo in S. Eucherii formulis spiritualis intelligentiae leguntur. Pretiosum hocce Antiquitatis monumentum cum emendationibus Sirmondi editurum se promisit, à quo tam multa alia praeclara exspectamus, Magnus Crusius, Theologus hodie Goettingensis in continuatione spicilegii Patrum à Jo. Ernesto Grabio continuati. Vide ejus diss. Epistolicam A. 1728. editam Lips. 4. pag. 13.

MELLIFLUUS cognomen *S. Bernardi Claraevallensis* tum alibi tum in editione sermonum Norimbergensi A. 1495. fol.

MELLITUS Laodicenus Episcopus, sub cujus nomine Latine exstat liber commentitius de passione S. Joannis Evangelistae, de quo dictum in Codice Apocrypho Novi Test.

MELLITUS de quo Antonius Pagius ad A. C. 568. n. 7. *Exstat in Bibliotheca Colbertina* Melliti brevis temporum expositio, *Manuscripta cujus initio profitetur Auctor se in medium adducere quae ab antiquioribus Scriptoribus accepit, et temporum summam ab exordio Mundi usque ad Augusti Heraclii annum quintum , vel Sisebuti Regis quartum (A. C. 614) breviter notare.*

MELROSSENSE *Chronicon.* Supra, MAILROS.

MELUSINUS nescio quis cujus Chronica Manuscripta in Bibl. Gualteri Copi exstitisse notavit Vossius p. 714.

Marcellus MEMORIALIS. Supra, MARCELLUS.

Blasius MENALESIUS, Ordinis Vallis Umbrosae Generalis scripsit *Vitam S. Joannis Gualberti*, Ordinis illius conditoris, defuncti A. 1073. Certe ejus nomen Surius incerta conjectura putavit praefigendum Vitae quam edidit ad XII. Julii ex Manuscr. Codice nullum auctoris nomen prae se ferente. Sed in Actis Sanctorum tom. 3. Jul. 12. alii duo antiquiores ejusdem Gualberti vitae scriptores exhibentur ANDREAS de Strumis, patria Parmensis pag. 343. et ATTO Abbas Vallumbrosanus, postea Episcopus Pistoriensis pag. 365. Praeterea HIERONYMI Radiolensis, Monachi Vallumbrosani libri III. de Gualberti hujus miraculis ad Laurentium Medicem qui A. 1492. obiit pag. 382-453. De illa Suriana autem pag. 315. indefinitum relinquitur, ut fit etiam à Vossio pag. 462. sitne ejus auctor Menalesius iste, an vero, ut Possevino potius visum Jacobus Fornerius qui postea Benedictus XII.

MENENGALDUS sive MENENGARDUS nescio quis, cujus Historiam Ecclesiasticam ineditam memorat Labbeus pag. 386. Bibl. novae MSS.

MENGOTUS sive MEGINGOTUS Trajectensis, non mihi notus nisi ex Udalrici Babenbergensis Codice Epistolari apud Jo. Georg. Eccardum tom. 2 Corporis scriptorum medii aevi, in qno pag. 313-328. leguntur quae vel scripsit ipse vel ab aliis scripta aut rescripta in unum libelli corpusculum redegit, de ea quaestione, utrum fas sit arctioris vitae proposito obligatum renunciare atque ad dimissa resilire, quod districte ab eo negatur.

Michaël MENOTUS, Gallus Doctor Pasisiensis Ord. Minor. circa An. 1500 *Lingua aurea* dictus suae aetati, in cujus sermonibus tamen perinde ut MAILLARDI et GABRIELIS *Barlettae* plura inepta et sacro loco atque argumento indigna leguntur, quorum nonnulla ridet et ridenda lectoribus suis propinat H. Stephanus in Apologia pro Herodoto cap. 15. pag. 339. seq. cap. 29. 31. etc. adde Petri Roques Pastorem Evangelicum pag. 133. et Andreae Riveti Opera tom. 2 pag. 329 tom. 3 pag. 37. Sermones ejus Quadragesimales Turoni habiti prodiere Paris. 1525. Praeterea ejus tractatum de foedere et pace ineunda per mediam poenitentiam tanquam oratri-

cem ibid. 1526. editum memorat Waddingus pag. 261.

Joannes de MEPPIS, t. IV. p. 389. 419.

Marius MERCATOR. Sura, MARIUS.

Isidorus MERCATOR. v. ISIDORUS.

Antonius de MERCEDE, Alphonsi Aragoniae Regis ad Concilium Constantiense Legatus, cujus Parentatio in exequiis Ferdinandi Regis Aragoniae An. 1416. 30. April. habita exstat apud Hermannum ab Hardt in historia illius Concilii pag. 129-138. Inter alia Regem pag. 134 laudat his verbis: *Fuit magnanimus ut* Alexander *prudens ut* Brutus, *animosus ut* Hector, *et fortis velut alius* Maccabaeus. *Fuit abstinens ut* Fabricius, *constans ut* Xenocrates, *obliviosus injuriarum ut* Julius. *Fuit clemens ut* Titus, *justissimus ut* Trajanus, *liberalis ut* secundus Tiberius, *generaliter, in omnibus temperatus. Templorum DEI fundator et Patronus ut* Constantinus: *ut* Justinianus, *aequissimus, totus gratus ut* Theodosius: *victoriosus ut* Heraclius, *felix ut* Carolus Magnus: *Ecclesiae defensator ut* Otto, *et pro pestifero Ecclesiae schismate exstirpando nostri invictissimi Caesaris* Sigismundi, *comes individuus et socius dilectissimus indefessus.*

Joannes MERCIUS, sive MERCIANUS, Vide t. IV p. 389.

Joannes de MERCURIA; Ord. Cisterc. cujus errores damnati Parisiis An. 1347. Vide Bulaei historiam Academiae Paris. tom. IV pag. 298. et Bibliothecam Patrum tom. XXVI. edit. Lugd. pag. 483.

Passionis S. MERCURII sub Decio Martyris, Acta edita ab Edmundo Martene t. VI monumentor. pag. 741-750. et Acta translationis pag. 751-756.

Antonius MERICUTIUS, v. MINCUCCIUS.

Ambrosius MERLINUS Camber, quem Merlino Caledonio familiarem et in fastigio cognitionis rerum naturalium eminentem laudat Lelandus c. 27. Eundem cap. 26. ubi de eo pluribus disserit, ingenio, arte et industria rebus praepolluisse omnibus, et Mathematicarum peritissimum fuisse testatur. Claurisse traditur circa A. 480. et Britannis praedixisse excidium ac clades inferendas per Saxones, Danos ac Neustrios, et Regibus fortunam variam ut Vortigerno ignem, Aurelio, apud quem gratia plurimum valuit et et Utherio venena, Arthuro exitum dubium, quae eventus comprobavit. Scripta ei apud Baleum Centur 1. cap. 48. tribuuntur: *Super arce Vortigerni*, *et Epitaphium sexti Regis*, tum contra *Vortigerni Magos* et *super quodam Cometa*. Videntur autem hae particulae ejus *prophetiarum*, quas cum expositione sive glossa Manuscriptas servari Cantabrigiae in Collegio S. Petri testatur pag. 90. etiam *tres libros Vaticinalis historiae* memorans, Latine Manuscriptos Oxoniae in Collegio Mertonensi, et Cantabrigiae, Gallice vero in Collegiis S. Petri et S. Benedicti. Nonnulla Merlini vaticina Chronico suo inseruit GALFREDUS Monemuthensis, de quo supra tom. 3 pag. 11. In Bibl. Cottoniana pag. 76 Manuscriptae Prophetiae quaedam de Anglia et Scotia, Merlini, Sibyllae et de Aquila, versibus confictae: et Egerlini de asino coronato etc. prosa. citatur prophetia Merlini in Chronico Alberici ad An. 1136. pag. 278. et ad An. 1139. pag. 286. Nic. Triveti p. 237. 253 cc. et ab Orderico Vitali lib. XII. ad An. 1127. pag. 887, ubi ait ejus vaticinia per sexcentos annos in pluribus manifeste completa fuisse.

MERLINUS *Caledonius*, sive Silvestris Scotus, Thelesini Helii vatis discipulus, Merlino autem Cambro aetate suppar, etiam ipse *prophetias* consignasse traditur. Vide Lelandum cap. 27. Baleum Centur. 1. cap. 65 et Pitseum pag. 101 Versus sexaginta divinatorios hexametros de rebus Italicis, in Estensi Bibl. sub Merlini nomine reperit vulgavitque illustris Muratorius ad calcem tomi octavi scriptorum Italiae.

Addam et tertium MERLINUM Coccajum, Mantuanum, licet paullo juniorem, et cujus verum nomen *Theophilus Folengus*. Monachus is Casinensis fuit Ord. Bened. et rebus humanis valedixit A. 1544.

cujus effigiem, vitam, scripta et laudes reperire licet in Jac. Philippi Thomasini elogiis Patav. 1644. 4. editis pag. 71. Hujus inprimis innotuit opus *phantasiarum Macaronicarum*, a) in XXV. distributarum partes, sive poëma Latinum ludicrum, quod Italicis et Etruscis vocibus, interdum rusticis mixtum ac variatum, non neglecta metri harmonia nec poëtico destitutum ingenio aut lepore, facta et mores hominum jocose perstringit, praemissa simili joculari scribendi genere *Zanitonella*, de Tonelli erga Zaninam amoribus, et subjunctis libris tribus *Moscheae*, de bello muscarum ac formicarum : nec non llbello Epistolarum atque Epigrammatum. Prodiit Venet 1581. 8. 1613. 8. Franciscus Vavassor libro quem ludicrae dictionis usui opposuit p. 453. *Tantum dico*, *Merlinum* Coccajum *in Italia*, *et Antonium de Arena in Gallia*, *qui semilatinae scriptionis ludicrae auctores vel primi fuerunt vel praecipui*, *non admodum sibi a multiplici spurcitie rerum et verborum cavisse*. Citatur hic Merlinus à Francisco Rabelaesio non dissimilis viro ingenii pluribus locis, sed ut Menagio probe observatum, *libri de patria diabolorum*, memorati lib 3. cap. 11. nihil aliud sunt quam macaronicae tres postremae, quibus inferi à Merlino ad exemplum Dantis describuntur.

* Antiquior operis Coccai editio producta est Venetiis an. 1517. 8. Probatissima est editio eiusdem op. Amsteledamensis. An. 1692. 8. Eiusdem auctoris est alterum opus de Passione Domini hexametro versu, quod utrum lucem adspexerit ignoro. Talice etiam scripsit *Il Tri per uno* tum *il libro della Gatta*; et *il Giano*. (212. Merlini Cocai opus Macaronicorum notis illustr. cui accessit vocabularium etc. Amsteledami (Mantuae) 1768. 71. 2. vol. 4. fig. hic non t. 1 pag. 139. art. BAPTISTA *Mantuanus*, veniam peto, debebat referri.)

MEROBAUDES Gallus, v. MARBODUS.

a) Folengius ipse in Apologia poëmatum suorum Macaronicorum : *Ars ista poëtica nuncupatur ars macaronica, à macaronibus derivata qui macarones sunt quoddam palmentum farina, caseo, butyro compaginatum, grossum, rude*

et rusticanum. Ideo Macaronica nil nisi grassedinem, raditatem, et vocabulazzos debet in se continere. Conferendus Octavius Ferrarius in Originibus Italicis, et Ægidius Menagius in Italicis, Gallicisque, in voce *macarons.*

MEROBAUDES Hispanus Scholasticus cui in Poëtis Christianis Georgii Fabricii pag. 763. tribuitur Carmen versuum undetriginta quod incipit:

Proles vera DEI cunct s antiquior annis.

Incertum idemne de quo Idacius Chronico ad A. C. 427. *Merobaudes natu nobilis*, *et eloquentiue merito*, *vel maxime in poëmatis studio veteribus comparandus*, *testimonio etiam provectus statuarum.* Vide Nic. Antonium lib. 3. Bibl. vet. Hispan. cap. 3.

MEROPIUS Pontius Anicius Paulinus, infra, PAULINUS.

Bartholomaeus MERULA, Mantuanus, Protonotarius Apostolicus, scripsit ad Franciscum Georgii Cornelii, Senatoris Veneti, Reginae Cypri fratris filium circa Annum 1499. commentarios *in Ovidii libros de amoribus*: Deinde ad eundem M. Cornelium jam Cardinalem et Patriarcham CPolitanum, quem eloquentiae praeceptis imbuerat, enarrationes *in Ovidium de Tristibus*, et A. 1497. in libros *de Ponto*, et ad Franciscum Georgii Cornelii equitis et decemviri filium in libros *de arte amandi et de remedio amoris.* Mediolan. 1510. fol. ut recentiores editiones praeteream. (216 Est mihi editio, ignoro an princeps cusa Venetiis, Facuinus 1506. fol. ubi Franciscus non Marcus nomen Cornelii.)

Bernardi MERULÆ commentarios *in Vitruvium*, quos per plagium sibi vendicare voluerit Guadentius Merula, laudat Antonius Majoragius in Apologia contra Gaudentium pag. 29. et Annotationes in Vitruvium inter Gaudenti Merulae scripta refert Simlerus.

Gaudentius MERULA Novariensis sub eadem fere tempora inclarescere coepit, cujus libri tres *de antiquitate et origine Gallorum cisalpinorum* prodiere Lugd. 1536. atqne cum *querela apologetica* A. 1537. Mediolani scripta, recusi Bergomi 1592. 8. inde in Andreae Schotti Italia illustrata, Francof. 1600. fol. et in Graevii thesauro Antiquitatum Italiae T. 1. Lugd. Bat. 1704. fol. Ejusdem Merulae *memorabilium libri quinque* Lugd. 1556. De aliis illius scriptis vide si placet Simlerum. Apologia quam dixi Majoragii in Gaudentium

Merulam, una cum ejus Oratione de auro prodiit Ultrajecti 1660. 4. qua declarat à se minime relegatum esse Ciceronem ac Terentium, ut ille finxerat in dialogo: et centum amplius ejus errores notat contra usitatam Ciceroni ac Terentio locutionem.

Georgius MERULA, Alexandrinus Statielensis in ditione Mediolanensi, Francisci Philephi sed parum gratus discipulus, praeceptor Tristani Chalci, quem non magis gratum fuit expertus. Humaniores litteras cum laude per multos annos docuit Venetiis, et ab A. 1482. Mediolani, diemque obiit A. 1494 major septuagenario. De eo praeter Politianum libro Epistolarum undecimo, Jovium, Vossiumque ac Ghilinum consuli possunt auctores eruditi Diarii eruditorum Italiae T. XVII. p. 291. seq. et t. XVIII p. 334. B. Jo. Hübnerus noster in Bibl. historica Hamburgensi Centur. VI. pag. 26. et Niceronus tomo VII. memoriarum de viris eruditis pag. 86. seq. ubi scripta etiam et scriptorum editiones accurate referuntur. Ea strictim à me memorari satis fuerit, atque inprimis celebranda opera quam in veterum scriptis emendandis atque illustrandis posuit, in *Plauto*, *scriptoribus rei rusticae*, Virgilio Plinioque. *Ciceronis libris de finibus*, *Declamationibus Quintiliani*, *Ausonio*, et quos ex Bibliotheca Bobiensi eruit *Velio Longo* de Orthographia, et *Terentiano Mauro*: Tum commentariis in *Ciceronis Orationem pro Ligario et Epistolam ad Lentulum* lib. 1. Epist. 9. in *Statium* item et quibus iniquiorem se Domitio Calderino praebuit, *in Juvenalem* ac *Martialem*. Animadversionibus denique in GALEOTI Martii libros *de homine*, de quibus supra tom. 3. pag. 8. Vertit etiam ex *Xiphilino* Vitam Imperatorum Hadriani, Nervae et Trajani: et descriptionem Montisferrati et conflagrationem Vesevi montis. Sed praecipuam ingenii laudem tulit scriptis eleganter *libris X. Antiquitatis Vicecomitum Mediolanensium*, ab origine Urbis usque ad A. 1323. qui post editiones duas Mediolanenses et duas Parisienses prodiere in tomo tertio thesauri Antiquitatum Italiae Graeviani Lugd. Bat. 1704. fol. omissa quam prima editio exhibet Merulae praefátione ad Ducem Lud. Mariam Sforziam. *Bellum Scodrense* de Scodra à Turcis obsessa et a Venetis fortiter defensitata mense Majo Anni 1474. Prodiit Venetiis in 4. dicatum Jacobo Merulae et Francisco Gambarino. Voluit etiam edere Allatius libro συμμίκτων quarto, quem cum aliis septem adhuc desideramus. Contra Cornelium Vitellium Merulae obtrectatorem legenda Pauli Romulejensis pro Georgio apologia Venet. 1582. 4.

* Totam illam Vossii narratiunculam de Philelfo adeo acerbe ferentem invectivam in se scriptam a Merula ut ex animi aegritudine contracto morbo vitam infra triduum absolverit, tamquam futilem et nullo innixam fundamento reicit Niceronius t. 7. Illam tamen asserit Cornelius Vitellius in libello contra Georgium Merulam, cuius praefationem ad Hermolaum Barbarum scripsit, haec in ea narrans: *qui discipuli* (Georgii) *ingratitudine commotus, ut par erat octogenarius senex, tanto dolore conflictatus est ut triduo vitam exhalaverit.* Merulae *antiquitates vicecomitum Mediolanensium* nondum integrae prodierunt, quo tempore Fabricius scribebat, cum prior tantum decas lucem aspexerit ; secundam nemo hucusque detexerat. Prodiit tandem in tom. XXV. Rer. Ital nuper an. 1751. excuso, quanquam non integra cum imperfectum opus auctor reliquerit. Librum quartum et an. 1243. non superat. *

Liceat his *Paulum* MERULAM Gvilelmi Secretarii Dordraceni F. adjungere, licet juniorem : saltim ut à prioribus tanto rectius distinguatur. Inter Doctores publicos Leidensis Academiae Justi Lipsii successor inclytus, diem obiit Rostochii, quo valetudinis causa se contulerat, An. 1607. nondum quinquagenarius. de quo praeter Bibl. Belgicae scriptores Valerium Andream, Sweertiumque et Meursium Athen. Belg. pag. 159. seq. Jo. Hirchmannus Oratione de vita et obitu Pauli Merulae, Rostoch. 1607. 4. et Lugd. Bat. 1672 12. in Henningi Wittenii memoriis Philosophor. tom 2. pag. 8. Thomas Crenius tom. 2 animadvers. pag. 110. seq. Adolphus Clarmundus tom. VII. vitarnm pag. 91. Hieron. Ghilinus

tom. 2 theatri sui p. 209. et Niceronus in limine tomi XXVI. memoriarum de eruditor. vitis, Ex scriptis ejus primo loco referam narrationem rerum adversus *Angelum* MERULAM tragice gestarum ab Inquisitoribus, quorum sententia Montibus propter Religionem. An. 1557. 27. Jul. vivus est combustus Lugd. Bat. 1604. 4. Tum Historiam Ecclesiasticam ac Politicam 1200. annorum, quam *Gvilelmus* MERULA Pauli F. additis annis quadringentis ad An. 1614. perduxit. Lugd. Bat 1615. fol. Caetera sunt WILLERAMI editio Lugd. Bat. 1598. 8. de quo infra suo loco, fragmenta *Annalium Ennii* cum notis, ibid 1595. 4. *Eutropius* cum *Paulo Diacono.* Lugd. Bat 1592. 8. Lugd. Bat 1594. 8. Vita Erasmi. et libri duo Epistolarum. 1607. 4. Vita Francisci Junii 1595. 4 utraque ab ipso Erasmo consignata et Junio. Urbis Romae descriptio. 1599. Cosmographia generalis llbris III. et Geographia Europae in genere, tum Hispania, Gallia, Italia libris IV. Amst 1605. 4. 1621 1636. Diatriba de statu Reip. Batavicae, edente Joach. Morsio. Lugd. B. 1618. 4. Cynegetica, Belgice : et praxis Civilis Curiae provincialis apud Batavos, itidem Belgice. 1592. 4. De historia ejus Belgica vide Baudii Epistolas p. 250. 254. Dissertatio de oceano et maribus, Lugd. Bat. 1633. 8. Opera alia postuma Lugd. Bat. 1684. 4. de quibus acta Erud. 1685. p. 28.

Joannes MERYLINCH, Monachus Anglus Glastoniensis, cujus *Historiam* rerum in Anglia speciatim et Hibernia gestarum primis novem annis Johannis XXII. Pontificis (A. C. 1316. ad 1325.) edere instituit paullo ante obitum suum hoc ipso anno 1735. Vir meritissimus de bonis literis et de patriae suae historia Thomas Hearne.

MESSIANUS Presbyter, cum Cypriano Tolonensi et Stephano Diacono scriptor *vitae* Magistri sui *Caesarii Arelatensis* (qui An. 542. diem obiit) ad sororem ejus Caesariam Abbatissam. Exstat apud Vincentium Barralim in Chronologia Lerinensi Lugd. Bat. 1613. 4. et Mabillonium tom. 1 Act. Sanctor. Ord. Bened. pag. 669. Partem ediderat Surius ad 27. August. Vide supra in Caesario tom. 1 p. 294. et Cypriano p. 1260. Vossium p. 243.

* Extat etiam Messiani huius epistola ad Viventium ex MS. Codice Arelatensi a Mabillonio Annalium tom. 1 in appendice vulgata in qua coeleste visum per noctem obiectum S. Caesario narrat. Extat etiam supplex libellus a Messiano Secretario oblatus Symmacho Papae pro juribus Ecclesiae Arelatensis asserendis Vide Conciliorum tom. 4. pag. 1310. edit. Parisiensis. Historiam liberationis MESSINÆ in Sicilia à Saracenorum dominatu A. 1063. per Comitem Rogerium Normannum factae, scriptam An. 1160. vulgavit Baluzius tomo sexto Miscellaneorum pag. 174-196.

METELLUS Tegernseensis in confinibus montium Tyrolis Monachus S. Quirini Ord Bened. non circa An. 1060. sed 1160 ut recte Casp. Bruschius ex Cod. Manuscr. Tegorino sive Tegernseensi, Oudinus tom. 2 p. 780. Acta Sanctor. tom. 3 Martii pag. 545. et Jacobus Basnagius: ac nuper ostensum in An. C. Augustiniani Arnolfo sive defensione Arnolphi Bavariae Ducis, Monachi 1735. 4. pag. 29. Scripsit Horatiano carminum genere et metro Lyrico *Quirinalia* sive *Gesta S. Quirini* circa A. 269. Martyris, *Quinque* primis *odis* de Philippo canit Imperatore celebratisque ab eo ludis secularibus. (Confer Petrum Tafnum de anno seculari cap. 8. tom. VIII. thesauri Graeviani pag. 508. 617.) Tum eodem Philippo A. C. 249. cum filio itidem Philippo occiso, illiusque ex Severa filium ac hujus fratrem facit Quirinum, quem post necem patris puerum septennem, ac tum cum matre baptizatum refert, viginti deinde annis elapsis sub Claudio II. palma martyrii decoratum, quae aliis *quinque odis* persequitur. Sequuntur dein *octo odae* quibus continetur historia translationis sacri corporis Roma post An. 746. ad Coenobium Tegernseanum. Inde *Odae sex et quadraginta*, quibus patrata intercessione S. Quirini miracula celebrantur. Denique opus. concluditur *decem. eclogis* bucolicorum Quirinalium, quo iterum varia recensentur miracula, potissimum in rusticis punitis, quia vota solvere neglexerunt. Edi-

dit ex M. Velseri apographo Henricus Canisius appendice tomi primi Antiquarum Lectionum (t. 3 edit. novae Basnaglanae parte 2 pag. 117-196.) atque inde partem Mabillonius tom. 3 Act. Sanctor. Benedictin. 663. Non Metellum sed Acta antiquiora ejusdem argumenti, prosario scripta sermone, qualia secutus et carmine expresse Metellus videri potest, edidit Henschenius tom. 3 Act Sanctor. 25. Martii pag. 545-553. Conferre etiam licebit tres vetustas de S. Quirino Sequentias, quas ex Manuscripto Tegernseensi edidit Bernardus Pez tom. 3 anecdotorum parte 3. pag. 590-594.

Hugo METELLUS, supra t. 3. p. 275.

METENSIUM *Episcoporum Chronicon* ab Apostolorum temporibus usque ad An. 1260. editum à Dacherio tom. VI. p. 661 (edit. novae tom. 2. pag. 224. 233.) *Tres*, inquit Dacherius, *Chronici hujus scriptores observavimus. Primus quae retulit, ab historiae Metensium Episcoporum auctore* PAULO, *Diacono Aquileiensi magna ex parte mutuatus est, et ad Poponem Episcopum* (An. 1120.) *pervenit. secundus stylum duxit usque ad Bertrannum* (A. 1200 circiter :) *tertius denique finem fecit in Jacobo LIX. Episcopo, anno videlicet* 1260.

Chronicon breve *S. Vincentii* METENSIS ab An. 511. ad 1279. vulgatum à Labbeo tom. 1. Bibl. novae Manuscriptor. pag. 344. 347.

Anonymus METENSIS Ord. Praed. scriptor *Chronici* circa An. 1274.

Jodocus METZLERUS Coenobita Sangallensis junior quidem est, scripsit enim A. 1606. sed hoc loco a me refertur quoniam ejus *libros duos de Viris illustribus Monasterii S. Galli* edidit Bernardus Pez t. 1. anecdotorum parte 3. pag. 557. 626. Confer, si placet, eius dissert. Isagogicam tomo illi praemissam pag. LXXXIX.

MICHAEL *Angelus*, de cuius vaticiniis sub Sixto IV. editis, Epistola Petri Delphini An. 1495. data exstat apud Edmundum Martene tom. 3. collectionis vett. monumentorum pag. 1153.

MICHÆL *Anglicus* (Langlois) Francus Bellimontensis, Juris utriusque Professor et Poeta circa An. 1550. de cuius scriptis videndus Simlerus, et liber superiore An. 1734. editus Parisiis, singularitez historiques et litteraires pag. 278. seq. Alius *Michaël Anglicus*, infra *Michaël Magister*.

MICHÆL *Angrianus*, illis *Ancrianus*, *Aignanus*, rectius *de Aygvanis* Bononiensis, Carmelitarum ab An. 1381. Generalis, Vitam produxit ad An. 1396. sive ut Petrum Lucium secutus, Alegrius, Anno 1416. Creditur hic verus auctor Commentarii non contemnendi *in quinque libros Psalmorum*, qui saepius lucem vidit sub INCOGNITI nomine, et ab aliis refertur ad PETRUM *Berchorium*, a) sed à Joanne à S. Angelo, b) aliisque Michaeli vindicatur. Prodiit incogniti nomen praeferens Mediolan. 1510. Compluti 1524. Lugd. 1581. 1588. 1602. Paris. 1613. et praefixo Michaelis nomine Venet. 1603. 1623. Lugd, 1652. 1673. Memorantur praeterea eius *Lectura in Psalmos Poenitentiales*, et *Commentaria in Michaeam*, et *in quatuor Evangelistas. In IV. libros Sententiarum. De conceptione B. Mariae. Quadragesimale. Lexicon inchoatum Theologicum* ad litteram C. usque. Tabulae sive Indices in Decretum, in Gregorii Moralia, Commentarii in Aristotelis Ethica, in Valerium Max. etc. Vide Lud. Jacob. in Bibl. Carmelitana.

MICHÆL *de Baculeto*, vix notus nisi ex Sanderi Bibl. Belgica Manuscriptor. parte 2. pag. 70. ubi memoratur tractatus sive *sermo de Sacramento Altaris*, auctore M. Michaele de Baculeto, S. Theologiae Professore in Universitate Coloniensi, Monacho S. Bavonis, Gandavi An. 1372. Incipit: *Memento mirabilium ejus quae fecit.*

S. MICHAELIS *Bambergensis* Coenobii Antiquitates sive diplomata XXX. illud spectantia juris publici fecit V. C. Joannes Fridericus Schannat in collectione prima Vindemiae litterariae, Lips. 1733. fol. pag. 41. 50.

MICHAEL *de Blaubein*, sive *Blaupain*, infra, *Michael Magister*.

(213. MICHAEL *Canensis* Viterbiensis Episcopus Castrensis (A. 1478.) Vita Pauli II. ad Guilelm. Card. Ostiensem cum vindiciis Ang. M. Card. Quirini. Romae 1742. in 4. et prius in thesauro Muratori t. III. p. II.)

MICHAEL *Caesenas*, Italus Ord. Minor. Generalis de quo supra t. 1. p. 296.

MICHAELIS *Carrariensis*, qui Vossio pag. 600. aliisque memoratur, integrum nomen est *Jo. Michael Albertus Carrara*, sive *de Carrara* Bergomensis Historicus, Philosophus, Poeta, Medicus qui obiit in Patria sua An. 1490. Hic praeter *tutelam* sive apologiam *vitamque Guidonis Carrarae*, parentis sui Philosophi ac Medici, defuncti An. 1457. scripsit *Historiarum Italicarum libros XL. De bello Veneto* per Jacobum Antonium Marcellum in Italia gesto poema heroicum. *De B. Clara* de monte Falco Ord. Eremitar. S. Augustini libros IV. *De Ursulae Patavinae praeconiis. Admiranda, acta ludis Megalensibus*, Calixto III. Sacerdote maximo, Frederico IV. Caesare et Francisco Foscaro Venetorum Duce. *Orationem in funere Bartholomaei Coleonii. De regimine sanitatis* libros VII *De causa errorum in medicinis. De pestilentia* ad Franciscum Diedum. *In Aphorismos Hippocratis. Isagogarum* librum sive *introductionem Medici. De fato et fortuna. Stromata* ad Dominicum Georgium. *De origine omnium scièntiarum. De uxoribus non ducendis.* Commentaria in *Aristotelis* libros de anima, nec non Physicos atque Metaphysicos. In *Commentatorem*, de natura ac cognitione simplicium. *De Incarnatione Domini nostri JEsu CHristi. De ejusdem passione, in quo Vetus et Novum Testamentum conjungit. Bucolicum carmen* ad Petrum Ponzonum, Cremonensem. *Orationes.* atque lingua Italica Co-

---

a) *Michaëlis Ximenii Barranconis* Incognitus per se cognitus, sive dissertatio comparativa, in qua Petrum Berchorium verum esse auctorem commentarii in Psalmos disputat. Madrit. 1720 8. Ejusdem Incognitus apertius cognitus, ibid. 1722. 8. et Conclusio allegationis in lite super certitudine

Autoris Incogniti in Psalmos, sive supplementum duplicis tractatus pro Petro Berchorio ibid. 1722. 8.

b) Jo. à S. Angelo in diss. apologetica pro Incognito per se cognito. Madrit. 1721. 4. Acta Erud. Tom. X. supplem. pag. 231.

moedias, triumphos aliaque poematia. Vide
Jo. Philippi Bergomensis Chronicon in
extremo libri·decimi, Donatum Calvum in
scena litteraria scriptorum Bergomensium,
et Diarium eruditorum Italiae tom. XIX.
pag. 446. seq.

MICHAEL *de Charcano*, sive *Carcano*,
Mediolanensis Ord. Minor. circa An. 1480.
Ejus *Quadragesimale* sermones XI. *in De-
calogum* prodiere Venet. 1492. *Quadragesimale de poenitentia* et ejus partibus. Venet. 1487. *Quatuor novissima*, Colon. 1492.
*De commendatione virtutum et reprobatione
vitiorum*, Mediolani 1495. *Confessionale*,
Venet. 1513. 8. De peccato in genere. De
tribus praecipuis peccatis, superbia, avaritia, luxuria. De quatuor reliquis peccatis capitalibus invidia, ira, acedia, gula,
et earum filiabus: per Adventum et Quadragesimam Venet. 1476. 4. *De fide Christiana liber* Basil. 1479. Vide Trithemium
cap. 865. Waddingum pag. 259 H. Warthonum ad Caveum: et B. D. Reiseri indicem Manuscriptorum Bibl. Augustanae
pag. 99. 104·

MICHAEL *de Duren*, infra, MICHAEL
Herbrand.

MICHAEL *Franciscus*, Insulensis Flander. Ord. Praed. Philippi Austriae Archiducis à Confessionibus, obiit in Patria A.
1502. de quo Jacobus Echardus t. 2. p. 7.
seq. scripsit Quodlibetum *de veritate fraternitatis Rosarii* seu Psalterii B. Virginis,
Colon. 1476. 4. ac deinde saepius. Deci-
sionem Quodlibeticam *super septem principalibus B. Virginis doloribus* una cum
Officio de compassione S. Mariae. Antw.
1494. 4. Determinationem *de tempore adventus Antichristi*, eiusque ingressu in
Mundum, progressu et egressu, et de
novitatibus quae jam de eo currunt. Colon. 1478. 4. *De abusibus aulicorum. Quadragesimale* et *Adventuale* de arte moriendi
quod *Mortis cellarium* nuncupatur. *In An-
tiphonam*: Salve Regina.

MICHAEL *de Furno* Insulensis etiam
ipse et Ord. Praed. Magister in Theologia
Paris. circa An. 1340. Scripsit *in Cantica,
Danielem, Matthaeum, Lucam, Joannem*
et *Collationes* sive *Sermones de Sanctis.*

Vide iterum Jac. Echardum t. 1. p. 596 sq.

MICHAEL *de Gyrio*, infra, *Michael Pragensis.*

MICHAEL *Herbrand de Duren*, Prior
Carmelitarum, Conventos Crucennacensis
dioeceseos Moguntinae circa An. 1410. de
quo Trithemius de S. E. cap. 713. et de
luminaribus Germaniae cap. 149. Scripta
eius, praeter *Sermones* de tempore et de
Sanctis, *Commentarii in libros Ethicorum
Aristotelis.* Collationes Synodales multas
addit Alegrius pag. 331.

MICHAEL *de Hombasio* non notus mihi
nisi e Cangio, qui ejus scriptum *de modo
significandi* evolvit in Bibl. Sangermanensi,
Codice 530. infra *Mich de Morbosio.*

MICHAEL, Ord. Minor. *Inquisitor* haereticae pravitatis in Arelatensi, Aquensi,
Ebredunensi et Viennensi provinciis, cujus Sententiam contra quatuor Minoritas
combustos in Massilia An. 1318 edidit Baluzius tom. 1. Misc. pag. 198. et 272. seq.
Epistola Joannis XXII. ad hunc Michaelem,
ibid. pag. 195.

MICHAEL *Lochmaier*, Canonicus non
Patavinus in Italia, sed Pataviensis, sive
Passaviensis in Bavaria, Theologiae et Juris Canonici Doctor circa An. 1496. Huius
est *Parochiale Curatorum*, post editiones
Lips. 1497. Haganoensem 1498. et Paris.
1513. recensitum à Guilelmo Neseno, Ana-
xipolitano, Basil. 1514. 4. divisum in trà-
ctatus decem: 1) de iure parochiali quid
sit et in quibus consistat. 2) de decimis et
primitiis 3) de oblationibus 4) de poenitentiis recipiendis. 5) de Missis audiendis 6) de
sepulturis et remediis animarum. 7) de Canonica portione. 8) de benedictione nuben-
tium. 9) de collatione Sacramentorum et
10) de redditibus qualitercunque Curato
provenientibus. *Sermones de Sanctis* sive
promtuarium sermonum in Evangelia festivalia totius anni, nec non in Ecclesiarum dedicationes et primae Missae celebra-
tionem, Haganoae 1497. 1400. 1512 1516
4. cum sermonibus Pauli de Waan. Vide
Robertum Gerum ad Caveum, et Tobiae
Eckardi notitiam Manuscriptor. Bibl. Que-
dlimburgensis pag. 54.

MICHAEL Blaupain, cognomento *Magister*

patria Cornubiensis, Anglus circa A. 1420 Poeta et scriptor *Historiae Normanniae* quam memorat Vossius pag. 474. ex Pitsei pag. 322. Non diversus hic à *Michaele Tregorio* primo Academiae Cadomensis doctore ac denique Archiepiscopo Dublinensi, de quo idem Pitseus pag. 662. Huetius Origg. Cadomens. cap. 18. Waraeus Hiberniae S. pag. 116. et ex Lelandi cap. 527. Baleus VIII. 14. ubi et Lecturam *in IV. libros Sententiarum*, et *Quaestiones Ordinarias*, et librum de Origine Studii sive Academiae Cadomensis. Ejus aculeatum carmen contra Henricum Abrincatensem sive Abrincensem memorat Lelandus cap. 200. Incip. *Archipoeta vide quod non sit.* Alia ejus carmina et Epistolas Baleus IV. 10. Hunc esse quem Michaelem Anglicum Jo. Ravisius Textor in Cornucopia appellat, eidem Pitseo notatum : est autem Textoris Cornucopiae libellus cum Officina ejus editus, in quo referens ordine alphabetico res omnis generis, annotat quibus in locis reperiantur et frequentissimae, et suo in genere meliores.

MICHAEL Magister, infra, *Michael Scotus.*

Marcus Antonius MICHAEL, Patricius Venetus An. 1516. composuit *descriptionem agri et urbis Bergomatis*, quae cum Francisci Bellafini de origine et temporibus sive fatis Urbis Bergomi prodiit Venet. 1532. 4. atque inde in thesauro Scriptorum Italiae Burmanniano, tom. IX.

MICHAEL *de Massa*, Ord. Eremitarum S. Augustini, defunctus Parisiis A. 1336. de de quo Trithemius cap. 623. Possevinus etc. Scripta eius: *Vita CHristi* quae Manuscripta Lipsiae in Paulina, teste B. Fellero pag. 162. *In Esaiam. In quatuor Evangelistas. De passione Domini. De quatuor Virtutibus. Sermones.*

* Cessit e vita an. 1337. Scripsit in quatuor lib. Sententiarum; in libros *omnes vet. Testamenti Commentarios ; de tribus virtutibus divinis ; de meritis et efficacia bonorum operum ; notabilia quoque ac quaestiones* ; et reliquos omnes libros hic a Fabricio indicatos. Vide Gandolfo in Dissert.

de CC. Augustinianis. * Laudatur et a Bergomensi lib. 13. (Lucchesini)

MICHAEL *Mediolanensis*, supra, *Michael de Charcano.*

MICHAEL *de Morbosio*, Grammaticus, cuius liber inscriptus : *Modi significandi* Manuscriptus in Bibliothecis Belgii teste Sandero pag. 105.

Ex Necrologio Abbatiae S. MICHAELIS Ulterioris Portus sub Archiep. Rothomagensi, excerpta apud Dacherium in notis ad Guiberti Novigentini Opera p. 633 sq.

MICHAEL Ord. Minor. Supra, *Michael Inquisitor.*

MICHAEL *de Platea*, sive *Platiensis* Siculus Ord. Minor. Historicus clarus circa An. 1370. *Historiam Siculam* NICOLAI Specialis, desinentem in An. 1337. continuavit ab excessu Friderici II. Aragonii Siciliae Regis usque ad An. 1361. more computandi Siculo (1362. more Romano) Vide Antonini Mongitoris Bibl. Siculam tom. 2. pag. 78. Editurum se recepit ex Codice Manusc. D. Friderici de Vigintimiliis, Equitis Panormitani, Antonius de Amico Messanensis, inter alios rerum Sicularum scriptores quos retuli in Conspectu thesauri litterarii Italiae pag. 161. sq.

MICHAEL *Pragensis*, Carthusiae prior Gyriacensis et Agsbacensis, defunctus A. 1401. Eius dialogus *de Custodia Virginitatis* in duos divisus libros exstat in Bib. ascetica V. C. Bernardi Pezii tom. 2. p. 97. 170. Liber *de regimine principum* ad Rupertum Bavariae Ducem laudatus à Bohuslao Balbino. Misc. histor. Bohem. decad. 1. lib. 7. pag. 124. nondum lucem vidit quod sciam.

MICHAEL a) *Ritius* Patricius Neapolitanus, Jurisconsultus, et Ludovici XII. Galliarum regis à consiliis, ejusque ad Julium II. Orator edidit Romae anno CIↃIↃV libros tres *de regibus Francorum* ; eosque Guidoni, regni Cancellario, dedicavit. Idem libros tres fecit *de regibus Hispaniae* ; quos perducit usque ad Philippum, Caroli V. parentem. Adhaec composuit librum unum *de regibus Hierosolymorum.*

---

a) Voss. hist. Latin. pag. 607.

Deque regibus Neapolis, *et Siciliae*, libros IV. Item *de regibus Hungariae* libros II. qui ex Bonfinii tribus primis decadibus contracti cum Bonfinii historia coniunguntur. Stylus purus est, ac tersus; ut in Epistola operibus praemissa judicat Janus Parrhasius, ac Vasaeus in Chron. Hisp. c. IV. Post Mediolanensem, et Basil. 1517. 4. aliasque tres sexta editio horum Ritii scriptorum lucem vidit Neapoli 1645. 4. In Nicolai Toppi Bibl. Neapolitana pag. 216. memoratur ejus Oratio coram Julio II. habita editaque Rom. in 4.

MICHAEL *Rubertus* Zenobii F. Florentinus scriptor Historiae ab Orbe condito ad sua tempora, non An. 1430. floruit ut, Poccianto, Vossio, Cangio persuasum, sed An. 1530. Vide Diarium cruditorum Italiae tom. IX. pag. 188. et Julii Nigri historiam scriptorum Florentinorum p. 416.

MICHAEL *Savonarola*, aliis *Joannes Mi. chael* Patavinus, Ordinis Militaris S. Joannis Hierosolymitani Medicus docuit inde Patavii, non ante An. 1440. defunctus. Vide Nic. Comnenum tom. 1: historiae Gymnasii Patavini pag. 286. Scardeonium p. 210. Portenarium pag. 271. etc. Scripsit *Speculum Physiognomiae* quod Thoedorus Gaza ex Latino Graecum reddidit. Librum *de balneis* ac speciatim Italiae et aquis calidis Aponensibus aliaque plurima quae apud Scardeonium, et in Bibliotheca Medica Merkliniana pag. 643. et Mangeti tom. 4. pag. 161. possunt videri.

(219) Practica (Medicinae) Venet. Bern. de Vercellis 1502. et Ib. 1519. f. *Canonica de febribus*. *De pulisibus. De uriuis. De egestionibus. De omnibus Italiae Balneis. Tractatus sublimis de vermibus nusquam ante hoc impressus. Venet. B. Locatellum* 1498. fol. ch. 142.)

MICHAEL cognomento *Scotus*, patria Anglus, Dunelmensis, Mathematicus insignis atque inter Philosophos quos Magiae reos peragere non dubitavit hominum sive inscitia sive invidia. Diem obiit An. 1291. de quo consulendi praeter Lelandum cap. 232. Baleum IV. 67. et XIV. 53. Pitseum p. 374. Naudaei apologiam pro Magis pag. 495. seq. Leonardus Ni-

codemus in additionibus ad Bibl. Neapolitanam Nic. Toppi p. 174. seq. et Georgius Mackensie tom. 1 de vitis Scotorum pag. 196-214. Scripta ejus sut: liber *de secretis Naturae* sive *de procreatione hominis et Phyisionomia* ad Fredericum II. Imp. (quem librum ALBERTO Magno alii tribuunt. Vide Jacobum Quetif tom. 1. de scriptis Dominicanorum pag. 183.) *De chiromantia In sphaeram* JOANNIS *de Sacro Bosco. In Aristotelis* pleraque, speciatim *in Meteora contra Averroëm*, et aliud in eadem Meteora quod incipit: *Tibi Stephane depromo hoc opus. De constitutione Mundi. De substantia Orbis. Astrologorum dogmata. Imagines Astronomicae. De signis planetarum.* Quaestio curiosa *de natura Solis et Lunae*, in tomo quinto theatri Chymici. *Mensa Philosophica. Abbreviationes Avicennae.* Inter libros Manuscriptos Caroli de Montchal, Labbeus pag. 203. Bibl. novae Manuscriptor. libros XIX. *Aristolelis* (X. Graece tantum habemus) *de historia animalium* ex Arabico in Latinum translatos á Michaéle Scoto, quem ob hanc ipsam operam in libris Philosophi positam laudat Rogerius Baco libro de linguarum utilitate.

MICHAEL. *Tregorius*, supra, *Michaël Magister.*

MICHAELIS *be Ungaria*, Doctoris Theologi Sermones prodiere Coloniae 1496. 8. apud Hermannum Baumgart de Ketwich. Nulla hujus Michaelis mentio in Davidis Czwittingeri specimineHungariae litteratae.

MICHAS *Madius* de Barbazanis de Spalato cujus *Chronicon de gestis Pontificum et Imperatorum* non integrum sed pars secundae partis ab 1290. ad 1330. in lucem data à Johanne Lucio in historia Dalmatica pag. 370-380.

MICHELINUS *de Caesena*, supra, *Michaël Caesenas.*

MICHO *Levita*, cujus notitiam debeo V. C. Jo. Ludovico Mockero, qui in Catalogo Manuscriptorum Bibliothecae Heidelbergensis pag. 24. Flores Augustini sive expositionem ex S. Augustino collectam memorans *in fine votuminis primi*, inquit, *adparet Alphabetum vocabulorum CLIII. ad*

cognoscendam syllabarum quantitatem , a Micone Levita a) e poëtis una cum versibus , quibus inserta sunt , paginis duabus excerptorum : quo de labore , qualem et Smetius deinde suscepit , ipse Auctor ita praefatur :
Omnibus amatoribus sapientiae , Mico levita parvum totum quod est. *Notum sit omnibus , quia cum degerem vobiscum ephipata b) coepi reprehendere pueros verba lectionum nostrarum non tantum de litteris quantum de correptione vel productione quorundam bannitarum.* c) *Qua de re commotus et zelo utilitatis accensus coepi diligentius perscrutari monimenta poëtarum, atque de singulis quae varietatem patiebantur verborum exempla affigere auctorum : ita ut prius verbum praefigerem , deinde exemplum verae ostentationis ipsius , post haec nomen auctoris vel libri. Quod opus parvum ut cuique placuerit, memor esse Miconis dignetur : qui non typho hoc elationis , sed utilitate cunctorum opus agressus sum. Currit autem commode per alfabetum, ut facilius inveniatur quod ab amante requiritur. Incipit.*
Alfabetum. *Hoc discant omnes ante alfa et beta puellae.* Juvenalis,
Accidit. *Accidit haec fessis etiam fortuna Latinis.* Virgilius.
Finit: Venetus. *Hic Venetus stagnante Pado , fususque Britannus.* Lucretius.

MICROLOGUS *de Ecclesiasticis Observationibus* , ex quo de Officio Missae , capita XXII. vulgata a Joanne Cochleo in speculo antiquae devotionis Colon. 1549. fol. ad quae p. 196. praefatus , *Cum pius* inquit , *et eruditus Vir* D. Michael Westermannus , *antiquitatum eximie studiosus perscrutator , fecerit mihi copiam vetustorum aliquot librorum videndorum ex Bibl. Cathedrali* Wormaciensi , *inter quos duo Micrologi titulum habebant : visum est mihi saltem partem quandam ex iis breviter excerpere* etc. Eandem partem pluribus Manuscriptis usus recensuit Geor-

gius Cassander, in cuius operibus ex edit. Colon. 1561. emendatior recusa legitur p. 121. 135. testati editionem Cochleanam *ita mendosam esse. nonnunquam etiam mutilam , ut merito non edita dici possit.* Integrum Micrologum primus cum studiosis antiquitatis communicavit, Jacobus Pamelius , Antwerpiae 1560. 8. constantem capitibus LXII. Pamelii editionem secutus servata etiam Pamelii praefatione Melchior Hittorpius in sylloge de Divinis Catholicae Ecclesiae officiis ac mysteriis, Colon. 1568 fol. pag. 434. inde separatim Venet. 1572 8. atque iterum in sylloge scriptorum eiusdem argumenti Paris. 1610 fol. et in editionibus Bibliothecae Patrum omnibus Paris 1575. tom. IV. et 1589. tom. VI. et 1610 1624. 1644. tom. X. et in novissima Lugdunensi tom. XVIII. pag. 469. Tempus scriptoris magis constare videtur quam nomen. Pamelius in Codice suo *Rabani* nomen reperit: Mabillonius in suis *Joannis* vel *Joannis Episcopi*, incertus cuius , nisi quod Gallum potius quam Germanum esse disputat , commentario praevio. in Ordinem Rom. tom. 2. musei Italici pag. V. Cassander ait invenisse se tributum *Bernoldo* Presbytero Constantiensi · Alii referunt ad *Bernonem* Augiensem , alii denique ad *Guidonem* Aretinum, errore manifestario. Sed verum auctorem esse IVONEM, ab A. 1098. Carnotensem Episcopum, ex auctoritate antiquissimi Codicis Lambethani , fidem facit H. Warthonus a) aetas scriptoris sane pulchre convenit. Post Gregorium VII. A. 1085. defunctum, quem reverendae memoriae Papam vocat Micrologus, innuit se scripsisse cap. 14. 17. 24. 50. ita tamen ut per ipsum vivum ac spirantem accepisse se quaedam profiteatur. Similiter cap. 17. post Anselmum Lucensem extinctum Anno 1068. et post Concilium Moguntinum An. 1080. cap. 25. cuius auctoritatem rejicit. Librum Comitis sive Lectionarium S. Hieronymi laudat codem cap. 25. et Ordinem Romanum pluribus

---

a) Hic videtur MYCO Diaconus et Monachus , cujus versus elegos in festum S Richarii refert auctor Chronici Centulensis apud Dacherium tom. 2. spicileg. edit novae pag. 300. b.

b) Epistata , Magister, ὁ ἐπιστάτης
c) Syllabarum. Vide Cangium.
a) Vide supra in IVONE tom. 4 pag. 607. seq.

locis. Albinum sive Alcuinum cap. 60.

MICROLOGUS, *de vita Caroli Magni*, Auctor librorum trium illius argumenti Manuscriptor. in Bibl. Caesarea, et scriptorum ab Anonymo post An. 1165 cuius haec sunt verba in prologo b) quem edidit Lambecius tom. 2. pag. 329. seq. et Bollandus tom. 2. Act. Sanctor. Januarii 28. pag. 875. *Egregia ipsius Caroli gesta et triumphalem bellorum eius historiam aliis reliquimus, qui in Catalogo virorum fortium et in Chronicis ejusdem multifariam reperitur, et nos officiosa sedulitate alias* Micrologum *conscripsimus.* Vide supra tom. 1. pag. 322. et in HERIMBERTO tom. 3. pag. 220.

MICROLOGUS *Musicus* auctore GUIDONE Aretino circa An. 1030. de quo supra tom. 3. pag. 119.

Joannes MILETUS, supra t. IV. p. 389.

Joannes MILITIUS sive MILITZ. idid.

MILO *Crispinus*, Cantor Beccensis Coenobii in Normannia Ord. Benedict. circa An. 1150. scripsit *Vitam Lanfranci* Archiepiscopi ab A. 1070. ad 1089. Cantuariensis, editam à Dacherio cum Lanfranci Operibus Paris. 1646. fol. et in Actis Sanctor. tom. 6. Maji 28. p. 832. 847. cum notis Henschenii, et in Mabillonii Sec. VI. parte 2. pag. 340. Ad calcem Lantfranci Dacheriani exstant scriptae ab eodem Milone *vitae* sive compendia Vitarum Abbatum quatuor Beccensium, qui Herluino Abbati primo et Anselmo secundo, Anno 1109. extincto successerunt, *Guilelmi de Bellomonte, Bosonis, Theobaldi* qui ab A. 1137. et *Letardi* qui ab A. 1139. ad 1149. praefuit. Vide de his Abbatibus Sammarthanos tom. 4. Galliae Christianae p. 139 seq. De vita Herluini quam GILBERTUS Crispinus scripsit, dixi tom. 3. pag. 53. et de EADMERO scriptore Vitae Anselmi, tom. 2. pag. 484. Hoc Anselmo archipraesule narrante quaedam se audivisse profitetur in Lanfranci vita n. 54. adeoque cum eo versatus ante A. 1109. Vitis Abbatum Beccensium Milo subjungit brevem

notitiam *de nobili genere Crispinorum* cui ipse scilicet, ut Gilbertus, vitae Herluini scriptor originem debebat.

MILO Monachus S. Amandi sive Amandopolitanus ad fluvium Elnonem, in Belgio, in dioecesi Tornacensi, Ord. Bened. scientia litterarum clarus circa an. 840. et deinceps usque ad 871. quo diem obiit Scripsit adhuc juvenis *Vitam S. Amandi* Trajectensis Episcopi defuncti A. C. 684. versibus hexametris (e vita quam prosario sermone BAUDEMUNDUS a) composuerat) ad Haiminum, Monachum Vedastinum, libris IV. Edidit Henschenius in Actis Sanctor. tom. 1. Febr. pag. 873. 888. cum notis: et Mabillonius Sec. 2. Act. Sanctor. Bened. pag. 719. seq. Incipit. praemissa elegia : *Festa propinquabant nostri veneranda Patroni. Liber. 1. Arbiter Omnipotens hominum rerumque Creator.*

Sermonem de translatione corporis S. Amandi, eiusque ordinatione et dedicatione templi in Actis Sanctor. tom. 1. Febr. pag. 889. 891. et alterum *de elevatione Corporis S: Amandi.* pag. 894. 893. et in Operibus PHILIPPI *Haudengi* Paris. et Duaci 1621 fol.

Sermonem de S. Principio fratre B. Remigii Remensis, Episcopo A. 505. defuncto Svessionensi, editum à Surio 27. Septembris.

Libros II. *de laude pudicitiae et sobrietatis* Manuscriptos in Bibl. Cantabrigiensi: qui initio manci in Bibl. Leidensi. Meminit Sigebertus cap. 105. Incip. *Glorioso Regi Caroli* (Calvo) *Milo supplex. Principibus priscis vatum placuisse Camoenas.* Prologum vulgavit Magnus Crusius in diss. Epistolica p. 42. seq.

Conflictum veris et hyemis. Incip. *Conveniunt subito cuncti de montibus altis.* Edidit Oudinus tom. 2 pag. 326. 328.

De S. Cruce Carmen hexametrum duplex, in modum sphaerae ingeniosissime compositum Manuscr. Elnone ad S. Amandum, teste Miraeo ad Sigeberti cap. 105.

Carmina *de laude parcitatis*, eidem Calvo

b) Respicit Sanderus Bibl. Belg. Manuscriptor. pag 114.

a) Supra tom. 1 pag. 490.

Regi post Milonis obitum obtulit .HUCBAL-
DUS propinquus eius ac discipulus, versibus quos edidit Edmundus Martene tom.
1. anecdotor. pag. 46.

Milo poeta tuus, noster didascalus idem
 Ingenium cuius hoc bene prodit opus.
Carmine qui quOndam *vitam* descripsit Amandi,
 Praesulis eximii, detulit atque tibi.
Hunc quoque conscriptum vestro sub honore li-
                                              bellum
Dum cuperet votum concelebrare suum,
Occidit humanae persolvens debita vitae *etc*.

De arte metrica librum memorat Valerius Andreas Bibl. Belg pag. 676.

Epistolas ad diversos Trithemius cap.
83. de S. E. et de illustribus Benedictinis II. 50. Epitaphium Milonis in Actis
Sanctor. tom. 3. Jun. 16. pag. 16. ab Iluc-
baldo ut suspicor ei positum ·

Milo Poeta Sophus, cubat hoc sub marmore clausus
Carmine dulciloquus, qui librum Sobrietatis
Edidit, et Sanctum pulchre depinxit Amandum,
Floribus exornans, metro prosaque venustans,
Tanti Pontificis palmam, caput a) atque Coronam

Alius MILO Archiepiscopus *Beneventanus*
an. 1074 de quo Edmundus Martene tom.
VI. monumentor. pag. 1053. atque Ughellus tom. VIII. pag. 88. ubi Synodica eius
in Synodo Beneventana An 1075.

MILO Abbas *Luxoviensis* circa A. 1000.
vide Mabillonii Analecta p. 218. ed. novae.

MILO nuncius Genrici *Remensis* Archiep.
ad Alexandrum III. cujus mentio in Alo-
xandri Epistolis apud Edm. Martene tom.
2. novae collectionis pag. 742. 816. 842.
966. Alius tamen ut videtur MILO *de The-
bio* id. pag. 751.

MILO Episcopus Morinorum *Teruanen-
sis* de quo Albericus ad An. 1155. *In Norberto fides, in Bernardo charitas, in Milone refloruit humilitas*. Robertus de Monte
ad An. 1139. *Florebat hoc tempore Gallicana Ecclesia per viros religione ac sapientia illustres, Milonem Morinensem Episcopum, humilitatis virtute praecipuum*.
Ejus diploma an. 1142. apud Miraeum in
Codice donationum tom. 1. pag. 389. edit.
novae.

Guilelmus de MILTONA, supra tom. III.
pag. 145.

Joannes MILVERNÆUSsup. t. IV. p.389·
Joannes MILVERODUNUS. Supra t. IV.
pag. 389.

Guido de MIMO. Supra GUIDO *S. Germani* tom. 3. pag. 124.

Guilelmus MINARDI. Sup. t. 3. p. 146.

MINDENSIS Ecclesiae *Chronicon* Auctore
Anonymo ab An. 780. ad 1474. editum ab
Henrico Meibomio tom. 1. scriptorum rerum Germanicar. pag. 550. 573. praemittuntur rhythmi de fundatione illius Ecclesiae :

Annis CHristi octingentis
 Sed his decem ex his demtis
  Templum primum conditur
   Petri Cephae ad honorem etc.

Chronicon breve Episcoporum Mindensium
ab An. 780. per annos octingentos ediderat Jo. Pistorius ad calcem magni Chronici Belgici Francof. 1707. 1654. fol. pag.
723. una cum triginta ejus Ecclesiae privilegiis pag. 734. illorumque à Carolo V.
Imp. confirmatione pag. 754.

Joannes MINIUS. Supra t. IV. p. 389.

Antonius MINUCCIUS (Erico Mauritio
MERICUTIUS) de Prato veteri, Jurisconsultus Bononiensis, cujus *libros sex de
feudis* sive de usibus feudorum, Friderici III. Imp. jussu compositos et A. 1428
absolutos, inscriptosque Sigismundo Imp.
primus ex Bibl. Regia Parisiensi vulgavit
vir celeberrimus Joannes Schilterus, ad
calcem Codicis Juris Alemannici Feudalis,
in Comitiis Noricis An. 1280. promulgati,
editique Argentorat. 1696. 4. et 1728 fol.
Vide Erici Mauritii dissertationes p. 117.
seq. et Acta Erud. 1697 pag. 161.

* Est etiam eiusdem Antonii *Repertorium super operibus Bartoli de Saxoferrato
cum additionibus et suppletionibus* sine loco
et anno editum in fol. Consilium eius quoddam reperi excusum in Bibliotheca Felini
in eodem compactum volumine parte 1.
Consiliorum Barbaciae Mediolani an. 1490.
sive cum codem opere excusum, sive seorsum loco et anno ignoti. Denique in Cod.
427. MS. extat membranaceum volumen
eleganter scriptum auro et picturis ornatum, in quo continetur materia Feudorum

a) Val. Andreas et Oudinus *capis*.

e scriptis Feudalibus Oberti de Orto, et Gherardi Cacapisci in 6. libros distributa ab Antonio Minuccio a Prato Veteri cum glossis Jacobi Columbini Bononiensis: (non Regiensis ut in Pancirolo aliisque lego) In fine est Privilegium a Friderico I. Imp. et Henrico eius filio datum civitatibus societatis Lombardiae cum glossis Gotofredi JCti Bononiensis. An opus istud omni sui parte editum sit viderint docti. Profecto in Actis eruditorum an. 1697. de glossis Jacobi Columbini nihil lego.

(220 Osservazioni e dissert. varie sopra il Diritto Feudale l'istoria ec. di Antonio da Pratovecchio (del Prof. Migliorotto Maccioni) Livorno 1764. 4. et *Elogio* in IV. t. op. *Illustri Toscani* a Jos. Pelli.)

MINUTIUS *Felix*. Supra, FELIX.

Joannes MIRÆUS. Supra t. IV. p. 389.

Hugo de MIRO MARI. t. III. p. 275.

MISNENSIS terrae *Chronica* desinentia in An. 1486. edidit V. C. Burchard Gotthelf Struvius tom. 2. actor. litterar. fascic. 7. Jen. 1720. 8. una cum annalibus Vetero Cellensibus *Historiam Misniae Marchionum* usque ad An. 1375. complexis. Utraque non sine auctario in Jo. Burchardi Menckenii tom. 2. rerum Germanicar. p. 313. 377. adde tom. 3. pag. 165. seq. et aliud *Misnense Chronicon* ab A. 1301. ad 1497. ibid. tom. 3. pag. 55. 64.

Ægidius Guilelmus MISSALIUS, supra in ÆGIDIO tom. 1. pag. 21.

Joannes MISTHELBURG. t. IV. p. 389.

Raymundus MITHRIDATES Romanus, circa an. 1495. clarus linguarum Hebraicae et Chaldaicae peritia, scripsit de tropis Hebraicis, atque interpretatus est Eleazari junioris (*Elieseris* parvi) libros seu Capita XIV. rerum Divinarum, sive mysteria arcana Cabbalistica. Vide Colomesii Italiam Orientalem pag. 16. et celeberrimi Wolfii nostri Bibl. Hebraicam tom. 1. p. 190. et tom. 3. pag. 114. seq.

MIXTATUS, supra in ALBERTINO *Mussato* tom. 1. pag. 38.

MOCHIMUS, Mesopotamius Presbyter apud Antiochiam, quem Gennadius cap. 74. ait contra Eutychen scripsisse: et MODESTUS cuius opus adversus Marcionem ab Eusebio XV. 25. Hist. et Hieronymo cap. 32. de S. E. una cum aliis ei tributis syntagmatibus memoratur, neque exstant hodie, neque Latine sed Graece videntur scripsisse, itaque praeteri à me hoc loco debent.

MODESTUS Polentonus, infra POLENTONUS.

MODOINUS sive *Motuinus* Æduensis sive Augusti montis a) (Augustodunensis) Episcopus, Concilio ad Theodonis villant An. 835. b) interfuit, cumque laudant Florus Lugdunensis, Strabo Augiensis et Theodulfus Aurelianensis in suis carminibus atque Epistolis: et Ludovici Pii diploma ei datum pro Augustodunensis Ecclesiae libertate exstat apud Sammarthanos t. 2. Galliae Christianae pag. pag. 35. seq. Modoini *Epistolam ad Theodulfum Aurelianensem* scriptam versibus elegis, qnae incipit: *Ludere nemo potest versu sine lege polito*, cum Theodulfi carminibus ad Modoinum et Aigulfum de sno exilio scriptis edidit Canisius tom. V. antiquar. Lect. parte 2. (edit. novae tom. 2. parte 2. p. 69.) inde exstat in Theodulfo Sirmondi ad calcem libri quarti ejus carminum t. 2. Opp. Sirmondi pag. 1090. et in Bibliotheca Patrum tom. XIV. edit. Lugd. pag. 48.

MOGUNTINAS res medii et recentioris aevi praeclare illuminatas accepimus à duumviris clarissimis Georgio Christiano Joannis, et Valerio Ferdinando Gudeno. Ac Joannes quidem rerum Moguntiacarum tria hactenus Volumina c) in lucem dedit, quorum *primo* exhibetur opus praecipuum *Nic. Serarii* S. I. rerum Moguntinarum libri V. pridem editi Moguntiae 1604. 4. Colon. 1624. 4. sed praesenti editione nova annotationibus et schematibus Genealogicis emendati illustratique una cum supplemento ad praesens usque tempus, et indicibus locupletissimis.

---

a) Veteri Gallorum lingua *dunum*, montem si gnificat.

b) Non 835. ut excusum in Basnagii Canisio-

Tom. 2. parte 2. pag 60.

c) Act. Er. 1725. pag. 454.

Tomo *secundo* exstant Jesuitarum Ant-
werpiensium. à quibus Acta Sanctorum
eduntur, et Joannis Mabillonii, ex Actis
ejus Benedictinis Commentarii historici de
Sanctis Moguntinensibus, *Crescente*, *Aureo* et *Justina*, *Albano*, *Lullo*, *Rabano* et
Barone.

Auonymi narratio de caede *Arnoldi* Archiepiscopi Moguntini An. 1160. perpe-
trata, Latine conversa ab editore ex Chronico Germanico Manuscr. Augustinianorum
Moguntinensium. CONRADI, sive CHRI-
STIANI secundi potius, Archiepiscopi Moguntini Chronicon de quo dictum supra
tom. 1. pag. 107. Prodierat illud a) Basileae 1532. 1537. fol. et 1555. 8. et ex Petri Pithoei editione cum Othone Frisingensi
et aliis 1569. fol. et tom. 1. Urstisii pag.
565. et in Reuberi sylloge pag. 450. ac
denique ex Georgii Helvichii recensione
cum ejus notis Frf. 1630. 8. quam novus
editor est secutus.

Georgii Helwichii, Moguntinae Ecclesiae
vicarii, narratio de Moguntia occasione dis-
sidii inter duos Archiepiscopos Dietherum
et Adolphum Nassovium devicta An. 1462.
ex edit. Francof. 1626. 8.

Jacobi Manlii (Mennel) Friburgensis, Maximiliani I. a Consiliis, historia collatae
An. 1518. Cardinalitiae dignitatis à Leone
X. in Albertum Moguntinum, ex Freheri
tomo secundo rerum German. pag. 397.
(edit. novae 709.)

Georgii Helwichii elenchus *nobilitatis
Moguntinae*, ex edit. Mogunt. 1623. 4.
Syllabus *Praelatarum ac Canonicorum*,
Suffraganeorum et Vicariorum Mogunti-
nensium recens confectus et ad praesens
usque tempus perductus.

Ecclesiarum Collegialium Moguntin. *S.
Petri*, *S. Stephani*, (ubi etiam de capite
S. Annae huic Ecclesiae furtim subtracto
S. Victoris, *B. Mariae Virginis ad gradus*,
S. Crucis, *S. Joannis*, *S. Mauricii et S.
Gangolfi* Chronica recens continuata.

Georgii Helwichii Chronicon Monasterii,
jam Collegiatae Equestris ad S. Albanum,
ab editore illustratum notis et perductum

ad praesens tempus. *Joannis Antonii Wit-
tichii* Catalogus Abbatum *Monasterii D.
Jacobi in Monte specioso*, cum notis et
continuatione editoris.

Ejusdem editoris breves dissertationes
de origine, fatis, statuque Coenobii *Car-
thusianorum*. *Carmelitarum*, *Augustinianorum*, *Dominicanorum*, *Franciscanorum
et Capucinorum*, extra et intra moenia
Moguntina, et Parthenonum in Urbe,
albarum Dominarum D. Clarae, *D. Agnetis*, *Sororum de tertia S. Francisci regula*, *et Congregationis B. Mariae Virginis*.

Additiones ad G. Helvichii et alia pleraque in hoc secundo Volumlne scripta.

Scriptorum Historiae Moguntinensi cum
maxime inservientium tomus *novus* sive
tertius Francof. 1727. fol. luci datus, in
quo haec continentur.

1) *Georgii Helwichii* Moguntini Vicarii,
defuncti An. 1632. antiquitates Coenobii
Laurishamensis, ex edit. Francof. 1631.
4. pag. 1 cum aliquot tabularum veterum
appendice recens adjecta pag. 109.

2) *Jo Mauricii Gudeni*, historia Erfurtensis libris V. pag. 121. Duderstad. 1675.
Auctor. Consiliarius Moguntinus obiit A.
1688.

3) *D. Jo. Andreae Schimidii*, de Conciliis Moguntinis dissertatio auctior editione Helmst. 1713. 4. cum notis pag. 281.
adde tom. 2. introduct. Sagittariana in H.
E. pag. 1188-1204.

4) *Joannis Huttichii*, An. 1544. defuncti collectanea Antiquitatum in urbe atque agro Moguntino repertarum pag. 315.
ex edit. Mogunt. 1520. et ad calcem vett.
Inscriptionum Petri Apiani, Ingolstad 1534.
fol. cum tribus additamentis, a) de mole glandiformi ex W. E. Tentzelii dialogis An. 1698. pag. 669. b) Pyramide Drusi in agro Moguntino c) Inscriptionibus
quibusdam. Adde Christiani Gotthelf. Blum-
bergi *Eichelstein oder* Neronis Claudii Drusi
monumentum descriptum Germanice Chem-
nit. 1698. 12. et 1700. ex Latino 1690.

5) Monumenta sepulchralia An. 1714.
Moguntiae eruta, cum scholiis *Caroli Gu-*

---

a) Jo.Hubneri Bibl. hist. Hamb. Centur. 1 p. 266.

stavi Heraei pag. 345. ex editiione Anni
1721. 8. post ejus poemata Germanica
recusa An. 1733.

6) *Wilb. Ernesti Tentzelii* Moguntinensium moduli majoris aliorumque cum veterum tum recentiorum nummorum brevis designatio pag. 355. ex Germanico,
Gothae 1696. fol. *Entmurf etlicher Ghur
Mayntzischer medaillen*, cum appendice
quatuor nummorum pag. 371 seq.

7) *Nic. Seelaenderi* sylloge bracteatorum
sive cavorum nummorum Moguntinensium
ex Germanico An. 1725. Latine, pag. 373.
cui supplementa quaedam addita in praef-
fat.)( )(seq.

8) *Caroli Gustavi Heraei* series Archiepiscoporum Moguntinensium, monumentis
numismatum Caesarianorum posteris servata, et ab editore in tabulas redacta. p.
389. ex edit. Viennen si in folio patenti,
tabulis V. cum appendice trium nummorum memorialium pag. 392.

9) *Theodorici Gresemundi* de Meschede, junioris, historia et carmen de S.
Cruce prope Moguntiam violata, pag. 393.
edit. Argentorat. An. 1514.

10) *Joannis Arnoldi Bergellani* de chal-
cographiae inventione poema encomiasticum pag. 421. ex edit. Moguntina An.
1541. exstat et ad calcem Anton. Ver-
dieri supplementi Bibl. Gesnerianae, et
in Tentzelii Bibl. curiosa A. 1704. p· 986.

11) S. Sedis Moguntinae, Collegiique
Metropolitani facies sub. initium An. 1568.
pag. 445. ex *Ægidii Periandri* Bruxellensis Nobilitate Moguntinae Dioecesis,
Metropolitanaeque Ecclesiae, carmine descripta elegiaco. Mogunt 1568 8. Archiepiscopus, Praepositus, Decanus, Custos
Scholasticus, Cantor, Canonici XX. Do-
micellares XVII.

12) Georgii Christiani Joannis de Pa-
triciorum veterum Moguntinensium familiis, discrimine, juribus, contentionibus
et fatis commentariolum. pag. 449-464.

- *Val. Fred. de* GUDENUS, Camerae Imperialis Assessor et ex immediato Ordine
Equestri Imperii, circuli Rhenani supe-

rioris, sylloge 1. a) Variorum Diplomatum
monumentorumque veterum antea ineditorum et res Germanicas, inprimis vero
Moguntinas insigniter illustrantium et ab
editore illustratorum Francof. 1728. 8. addita notitia Codicum antiquorum rariorum,
Moguntiae in Capituli Metropolitani Bibliotheca latitantium, et elencho Cancella-
riorum Electoralium Moguntinorum ab A.
1093. ad 1728.

Vita S. Bilihildis, Ducissae Franciae
Orientalis et primae Abbatissae veteris Monasterii Moguntiae sub Clodoveo I. edita et illustrata a P. Ignatio Gropp. Benedictino Wirceburg 1731. 4.

De Episcopis et Archiepiscopis Moguntinis *Sammarthani* tom. 1 Galliae Christianae pag. 344. seq. atque editionis novae tomo V. *Joannis Latomi* Catalogus usque ad An. 1582. cum notis *Hermanni
Ulrici de Lingen*, tom. 3 rerum Germ.
Menckenii pag. 407.

De *Joannis Gamansii* S. I. Metropoli
Moguntina inedlta atque ineditis ad Serarium accessionibus vide Leibnitiana pag.
157. et G, Christianum Joannis praef. ad
tom. 1 rerum Moguntinarum.

Georgii Helwichi de nobilitate Ecclesiae
Moguntinae ejusque Canonicorum. Francof. 1614. 4.

Ejusdem Icones Electorum XIII. Mogun-
tinensum 1624. fol.

Idem promisit Antiquitates Moguntinas,
et Catalogum Praelatorum et Canonicorum Ecclesiae Moguntinae.

Hermanni Conringii assertio Juris Moguntini in coronandis Regibus Romanorum,
Francof. 1636. 4. iterataeque vindiciae
ejusdem Juris, et castigatio anti Conrin-
gianae defensionis Juris Coloniensis. ibid.
1664. 4. et tom. primo Operum Conringii
junctim editorum curante D. Jo. Wilhelmo Goebelio. Brunsvigae 1730. fol.

MOISSIACENSE *Chronicon*, sive ex illo
Chronico excerpta ab initio Regni Francorum usque ad A. C. 819. in Andreae du
Chesne tom. 3 rerum Francorum p. 130.
148. Quoniam ex *Bedae* libro de sex Mun-

a) Vide Acta Erud. 1729. pag. 150. et Christiani
Gottlieb Bnderi Bibliothecam scriptorum Germa-

nicorum pag. 98.

di aetatibus auctor quaedam descripserat, hinc in Codice Moissiacensis Coenobii, liber Chronicorum BEDANI presbyteri inscribitur. Parum emendato apographo usum Duchesnium, et antiquum Codicem exstare in Colbertina, notavit .Baluzius ad Marcam Hispanicam pag. 230. Praeterea *Chronologiam et seriem Regum Gothorum* qui tam in Gothia Gallica quam in Hispaniis regnarunt, usque ad Caroli Martelli, Francorum Principis tempora, ex Codice Moyssiacensis Coenobii, apud eundem du Chesnium, tom. 1 pag. 818. 820. Moyssiacum Monasterium celebre dioeceseos Cadurcensis in Gallia Ord. Bened. de quo Sammarthani tom. IV p. 679.

Joannes de MOLENDINIS, supra JOANNES Morlandinus, tom. IV pag. 391.

Jo. MOLINES, supra t. IV pag. 389.

Guiardus MOLINÆUS. t. III p. 116.

Conradus MOLITOR, supra t. 1 p. 385.

Georgius MOLITORIS, Nuenburgensis, (non Nurenburgensis, ut apud Simlerum) Theologiam docuit Erfordiae diemque obiit A. 1484. de quo Trithemius in luminaribus Germaniae c. 221. scripsit *in quatuor libros Sententiarum. de passione Domini. Sermones et Quaestiones.*

D. Ulricus MOLITOR, Constantiensis, Doctor Decretorum Studii Papiensis et Curiae Constantiensis causarum Patronus, scripsit Dialogum *de Lamiis et Pythonicis mulieribus* ad Sigismundum Imp. cxstat cum Jac. Sprengeri malleo maleficarum in edit. Francof. 1580. 8. t. 1 p. 664-716.

MOLMUTINÆ Leges et MARCIANÆ in Britannia, de quibus ex Gaufredo Ranulphus Higdenus in Polychronico lib. III. in XV. scriptoribus Thomae Gale p. 214. ad Annum Urbis Romae conditae 285. *Circa haec tempora* Dumwallo MOLMUCIUS, *filius Ducis Cornubiae coepit regnare apud Britannos, qui interfectis Regibus Laegriae, Cambriae et Albaniae,*

Insulam solus obtinuit, Diadema ex auro sibi fecit, Leges *quae* MOLMUTINÆ *appellantur, composuit, quas postmodum* GILDAS *in Latinum, deinde Rex* ALVREDUS *de Latino transtulit in Anglicum.* Et ad A. 406. *Circa haec tempora regnavit apud Britannos Guitelinus, filius Gurguncii, cujus uxor* MARCIA *cunctis artibus paene imbuta* Legem *edidit* MARCIANAM.

Boninus MOMBRITIUS, Patricius a) Mediolanensis praeclaram operam posuit sub tempora nascentis typographiae in publicandis bonis scriptis: sed quae editiones rarissime hodie reperiuntur. Sunt illa Chronica Eusebii, Hieronymi, Prosperi et Matthaei Palmerii usque ad A. 1448. b) Mediolan. 1475. fol. Scriptores historiae Augustae, 1475. c) fol. Papiae glossarium, 1476. d) 12. Decembr. fol. Sanctuarium sive Vitae Sanctorum collectae ex Codicibus Manuscriptis et dedicatae Cicho Simonetae, Ducum Mediolanensium Secretario, duobus in fol. Voluminibus, sine anni nota. Valuit idem Mombritius carmine, nam non modo editionibus suis epigrammata quaedam breviaque carmina praemisit, sed etiam carmine heroico scripsit libros sex *de passione Dominica,* quos respiciens Daumius p. 28. Epist. ad Reinesium. *Mombritium de passione*|Domini*.*|*quem habeo, novi inventu esse rarissimum.* Prodiit Lipsiae 1499. 4. *Hesiodi Theogoniam* Latinis expressam versibus, et Borsio Estensi, primo Ferrariensium Duci dicatam, editamque in quibusdam Hesiodi editionibus Basileae et Lipsiae, memorat Gyraldus lib. 1. de poetis sui temporis p. 28. De priore opere Julius Caesar Scaliger in hypercritico pag. 729. *Mombritius generosioribus utitur dicendi legibus: et quum multa admittit, constat sibi tamen, neque dejicitur de animi commotione.* Ejusdem inedita apud Labbeum laudata in Bibl. nova Manuscriptorum p. 319. *de va-*

---

a) Ita vocant Gesnerus in appendice Bibl. Simlerus aliique.

b) Diarium eruditorum Italiae Tom. X. p. 446.

c) Salmasius eumque secuti, ut Illustris Josephus Antonius Saxlus de studiis literariis Mediolan. p. 130. Annum 1465. nominant. Sed A. 1475.

veriorem puto. Vide Catalogum Bibliothecae Cardinalis du Bois pag. 354.

d) Hanc Papiae editionem Mediolanensem ipse possideo. Oudinus Tom. 3. pag. 2660 memorat Venetam 1496. 19. April. sed eam ab ipso Mombritio non putem curatam esse.

rietate fortunae ad Galeatium Sfortiam, Mediolani Ducem et pag. 325. *Bucolica* ad Galeatium Mariam Vicecomitem et p. 333. *de nuptiis Tristani Vicecomitis.*

MONACHUS *Florentinus*, Archiepiscopus Acconensis sive Ptolemaidis in Phoenicia, de recuperata A. 1191. Ptolemaide, editus à Basilio Joanne Heroldo Basil. 1564. f. cum GUILELMO Tyrio. (221 Vidend. op. *Memorie di Monaco de'Corbizzi Patriarca di Gerusalemme raccolte da Gio. Mariti. Firenze 1781. 8.*)

Joannes MONACHUS, Cardinalis. Supra t. IV p. 389. Oudinus t. 3 p. 690.

MONALDUS *Justinopolitanus*, Dalmata Ord. Minor. defunctus circa A. 1340. Scripsit *Summam Casuum Conscientiae* sive *Summam Juris Canonici,* idem enim opus est, quae ab ipso *Monaldina* atque *aurea* consuevit appellari. Prodiit Lugd. 1516. 8. Quaestiones *in IV. libros sententiarum, et Sermones* Varios. Vide Trithemium cap. 576. Labbeum t. 2 de S. E. p. 95.

MONALDUS *de Ancona*, Ord. Minor. Religionis Christianae praedicator fortis et constans inter Saracenos ac Martyr An. 1288. de quo Waddingus ad illum annum et Oudinus tom. 3 p. 874.

MONALDUS *de Monaldescis*, Urbevetanus, Archiepiscopus Beneventanus ab A. 1303. ad 1332. Vide Ughellum tom. VIII edit. novae p. 143. seq.

MONALDUS *de Rosariis* Carmelita, Doctor Paris. defunctus Burdigalae A. 1508. Ejus libros tres de partibus poenitentiae et Sermones Quadragesimales memorat Miraeus Auctarii cap. 421.

Antonius MONELIANUS. Supra t. 1 p.337.

MONETUS sive MONETA, Cremonensis Professor Artium Bononiae, atque inde inter primos S. Dominici discipulos, circa A. 1225. scripsit *Summam contra Catharos et Waldenses*, libris V. Opus Manuscr. Venetiis, Neapoli, Bononiae et Parisiis in variis Bibliothecis. Vide Oudinum tom. 3 pag 91. Editurum se promiserat Gretserus ad Reinerum, t. 25 Bibl. Patrum Lugd. p. 277.

* De aetate sancti huius scriptoris nihil habeo certi quod proferam; de scriptis vero admonendi sunt eruditi summam illam adversus Catharos et Valdenses, quae multis seculis omnino jacuit in pluteis Bibliothecarum sepulta, productam fuisse tandem in lucem publicam Bomae A. 1743. operam hanc utilem publico praestante Fr. Thoma Augustino Ricchinio sacri Indicis a secretis meritissimo, qua de re publico nomine V. eruditissimo meritas gratias agimus, nobisque adgratulamur quod votis nostris adeo egregie sit satisfactum; nam operi illi Ricchinius praemisit de vita et scriptis P. Monetae discussionem diligentem, ac de Catharis et Valdensibus justum commentarium, ne quid dixerim de adnotationibus hinc inde sparsis, quibus totum opus illustrat et ornat. Ex eodem P. Ricchinio discimus eidem Monetae auctori deberi etiam : *Commentarios in Aristotelis logicam*; *et summam casuum conscientiae.*

Andreas MONGAYUS Colomesio p. 20. Italiae Orientalis, sed Nic. Comneno pag. 293. hist. Gymnasii Patavini BONGAIUS *Alpagus*, Bellunensis, Philosophus et Medicus Orientales litteras circa An. 1506. docuit Patavii, et versionem Avicennae sive Ebensina, factam a Gerardo Cremonensi emendavit. Vertit et *Serapionem* atque alia Arabum, etiam Syrorum doctorum scripta : et de vitis atque artibus Philosophorum et Medicorum Arabum ac Graecorum commentatus esse traditur.

Joannes MONSTERBERGIUS, Monachus Chemnicensis, auctor vel continuator Chronici Chemnicensis, cujus fragmentum ab A. 1408. ad 1516. ex Codice Petri Albini, hodie Archivi sive Tabularii Dresdensis vulgavit celeberrimus Menckenius t. 3 scriptor. rerum Germanicar. p. 157-159.

Jo. MONSTRELETUS. Supra t. IV p. 390.

Nicolaus MONTACUTIUS, Historicus Anglus circa A. 1466. quem Baleus VIII. 25. Pitseus p. 657. ac Vossius p. 633. notant scripsisse scalam temporum à Christo nato, et de Regibus atque Episcopis Angliae, nec non carmina atque epigrammata : sed male ad eum referunt Catalogum Pontificum Rom. de quo supra in MANIACUTIO.

Adamus de MONTALDO, Genuensis Ord.

Eremitarum S. Augustini circa A. 1480. Scripsit *de laudibus familiae de Auria*, quod scriptum tom. XXIII thesauri rerum Italicarum a) publici juris nuper fecit illustris Moratorius. Hujus Montaldi carmen heroicum *de passione CHristi* Manuscr. servatur in Bibl. Paulina Lipsiensi, ut jam dicere me memini supra t. 1 p. 24.

* Longe plura scripsit quam quae hic a Fabricio indicantur ; dedit enim *ad Calixtum III. de clara vita divi Alphonsi Regis. Cohortatorium ad eundem Papam pro Costantinopoli metrice. Ad eundem Pont. de clara vita excellentissimi Arnoldi Rogerii Alexandriae Patriarchae oratio. De laudib. Sum. Pont. Sixti IV. oratio. Ad Sistum Pontificem carmen. De passione Domini carmen* impressum absque anno et *loco. tractatum de familia Cybo Genuensi. In ortographiam Joannis Aretini prooemium. De laudibus B. Cristinae de vicecomitibus.* Ap. Bollandistas in tom. 2. Februarii. *De dolore B. Mariae virginis in passione.* Eius pariter sunt *Carmina contra Antonium Raudensem* acrem *Lactantii Firmiani censorem*; quae carmina saepius excusa lucem primum vidisse credo in editione Lactantii Romana 1468. Vide P. Gandolfo in Dissert. de CC. Augustinianis. *

MONTANARIUS, Vide supra in MAXI-MIANO.

MONTANUS primae sedis provinciae Carthaginis *Toletanus* Episcopus praefuit Concilio II. Toletano A. 527. (al. 531. Miraeo 524.) cujus Canonibus in Conciliorum tomis et apud Aguirrium tom. 2 pag. 296. seq. notis etiam illustratae subjiciuntur *Epistolae duae*, una ad fratres filiosque territorii Palentini, et altera ad Theoribium, sive Turibium monachum, à Turibio Episcopo, Priscillianistarum oppugnatore diversum. Videndus Hildefonsus libro de S. E. c. 3. et. Martyrologium Hispanum Febr. 23.

MONTANUS haereticus, auctor Montanistarum, Ecclesiam turbare coepit ab A. C. 172. nulla autem ejus scripta ad nos pervenerunt, neque Latine scripsisse videtur sed Graece.

a) Acta Erud. 1733. pag. 450.

Antonius de MONTE *Falcone*, Supra t. 1 pag. 121.

Conradus de MONTE *Puellarum*, supra t. 1 pag. 385.

Guido de MONTE *Rocheri*, supra t. III pag. 125.

Guilelmus de MONTE, t. III p. 146.

Guilelmus de MONTE *Serrato.* tom. III pag. 146.

Joannes de MONTE. t. IV p. 390.

Petrum Jacobum MONTEFALCHIUM Vossius p. 664. ait clarum A. 1497. reliquisse opus de Vicentinis, deinde scripsisse de cognominibus Deorum ac de sacris celebritatibus. Libellus de cognominibus Deorum prodiit Perusiae 1525.

Petrus de MONTE, Venetus, pro Eugenio IV. scripsit circa A. 1432. in Concilio Basileensi librum cui titulus *Monarchia* excusum Romae 1537. et in tractatu tractatum sive Oceano Juris t. 13 p. 144. Vide Oudin. t. 3 p. 2378.

* Non alius est ab eo *Petro* de Monte de quo Fabricius infra. Vide ibidem adnotationem meam.

Philippus de Janua sive *de* MONTE *Calerio* in subalpinis, Ordin. Minor. Papae Benedicti XI. circa A. 1336. Poenitentiarius, scripsit Commentaria *in Genesin* et alias quasdam S. Scripturae partes : in *Postillam super Evangelia Dominicalia totius anni*, in compendium missam à Janselmo Canova, Ord. Minor. Lugd. 1510. 1515. 1541. tum *Quadragesimale*, et Conciones *de Eucharistia*, *Sermones de Sanctis.* Vide Waddingum p. 294. et Oudinum t. 3 p. 896.

Joannes MONTESONIUS. Supra JOANNES t. IV p. 390.

Nicolaus MONTIGNIUS, ex Canonico Viconiensis Ecclesiae in Hannonia, Praemonstratensis Ordinis, factus Abbas Monasterii de Castello S. Martini ad Scarpum fluvium prope Montigneam, Tornacensis dioecesis, scripsit *Annales* ejusdem *Monasterii Viconiensis*, *et Historiam martyrii et translationis sanctarum undecim millium Virginum. De miraculis S. Blasii. Memoriale reliquiarum Viconiensis Ec-*

clesiae, et alia quae Viconiae adservantur. Haec Joannes le Paige in Bibliotheca Praemonstratensis Ordinis pag. 307. Valerius Andreas pag. 692. qui A. 1308. eum floruisse testantur. Addit Vossius p. 791. elogium illius praeclarum exstare apud Anonymum qui Viconienses Annales supplevit.

* Monasterii Vigoniensis historiam non integram quidem Montignius scripsit sed supplementum tantummodo ab An. 1217. usque ad sua tempora ; tum etiam in praecedenti historia ab aliis scripta interpolationes quasdam adiecit. Vulgavit haec omnia P. Martene vet. Monum. t. IX. p. 296.

MONTIS *Sereni* Chronicon, supra CONRADUS *Lauterbergensis* tom. 1. p 383.

Petrus de MORA , Beneventanus, Cardinalis Diaconus ab A. 1205. ad 1216. scripsit *Alphabetum* sive Dictionarium *in Arte Sermocinandi*, Manuscriptum in variis Bibliothecis. Vide Oudinum tom. 2 pag. 1721. seq. et de libro *Decretalium Innocentii III.* per Moranum collecto G. Josephum Eggs in purpura docta tom. 1. pag. 122.

Benedictus MORANDUS. Supra t. 1 p. 192.

Guilelmus de MORBEKA, Brabantinus Ord. Praed. Clementis IV. et Gregorii. X. Poenitentiarius, et deinde Archiepiscopus Corinthi A. 1280. a) linguarum Graecae et Arabicae peritus, et Philosophus, cui *Witelo* sive VITELLIO dicans perspectivam suam, sive libros decem Optices , *Veritatis amatorem* et *universalium entium amore studioso devinctum* illum nuncupat. In gratiam Thomae Aquinatis A. 1273. omnes libros *Aristotelis* de Graeco in Latinum, verbum e verbo transtulisse traditur *qua translatioae Scholares adhuc hodierna die utuntur in Scholis*, a) inquit auctor Chronici Slavici ad A. 1279. Vertit et *Simplicium* in Aristotelis IV. libros de Coelo, qui ex *Guilelmi* MORBETI hoc est Morbekae nostri interpretatione editi exstat Venetiis 1540. fol. Deinde Simplicium in praedicamenta Aristotelis: tum *Galeni*, libros tres de alimentis ad Rosel-

lum de Aretio, Medicum praecipuum : et *Hippocratem* de prognosticationibus aegritudinum secundum motum Lunae. *Procli* etiam Platonici Philosophi de Providentia et eo quod in nobis. vulgatum a me T. VIII. Bibl. Graecae pag. 465. ex Codice Holsteniano : et librum de decem dubitationibus circa Providentiam, et alium de malorum subsistentia. Utriusque excerpta dedi ibid. pag. 498. 502. seq. Etiam elementationem Procli Theologicam à Guilelmo de Morboka Latine versam notat illustris Leibnitius tom. 1 Epistolarum pag. 421. atque in Bibliothecis Galliae, Angliae et Germaniae adhuc servari illam versionem notavit Oudinus tom. 3. pag. 469. et Jacobus Quetif tomi 1 pag. 390. qui etiam tractatum Guilelmi ineditum *de arte et scientia Geomantiae* commemorat.

Joannes MORELLUS, Canonicus Regularis S. Dionysii Remensis, scriptor *Vitae S. Erminiae* varias visiones et apparitiones A. 1395. illi factas referens. Joannis Gersonis de illa judicium ac censura legitur tom. 1. Opp. edit. novae pag. 83. atque ideo Morelli hoc loco mentionem facere volui quaaquam Gallice ille non Latine scripserit.

Otho MORENA , Lothari III. et Conradi II. Regis Legatus scripsit *Historiam rerum Laudensinm* (in Ducatu Mediolanensi) cui ultimam manum addidit filius, *Acerbus* MORENA. In hac historia illustrantur res gestae à Friderico I. Imperatore ab A. 1153. ad 1168. Hanc primus edidit atque eruditis notis illustravit Felix Osius, Mediolanensis, Professor Patavinus, Venet. 1639. fol. Cum iisdem recusa legitur in tomo tertio thesauri Antiquitatum Italiae Graeviani, et sine illis notis in tomo primo scriptorum Brunsvicensium illustris Leibnitii pag. 806. Deniqne diversa in multis ex Codd. Bibliothecae Ambrosianae, cum editione Osiana ex adverso posita, et in Osii notarum locum adjunctis novis celeberrimi Josephi Antonii Saxii, Bibl. Ambrosianae praefecti, et Anonymi Ord.

a) Jacobus Quetif de scriptoribus Dominicanis T. 1. pag. 589.

b) In Erpoldi Lindenbrogii scriptoribus Septentrionalibus pag. 206. edit. à me curatae.

Benedict. Monachi (Domni Caspari Baret-
tae) in tomo sexto Scriptorum Italiae thesauri Muratoriani.

David MORGANIUS, supra t. 2. p. 433.
B. MOR apud Vossium pag. 580. et 819
scriptòr *Vitae B. Jacobi de Mevania*, de
quo supra tom. IV. pag. 298. edidit Leander Albertus libro de Viris illustribus ord.
Praed. Bononiae 1517. fol. pag. 255. Integrum nomen *Bartholomaeus* MORTA-
RIUS, Italus, ejusd. Ordinis, de quo Jacobus Echardus tom. 2. pag. 86. ubi etiam
Orationes illius memorantur.

MORIGNIACENSE Chronicon sive Mau-
rigniacensis Monasterii in dioecesi Senonensi a) auctoribus THEULFO et aliis Monachis ab anno 1108. ad 1147. libris II.
editum in Duchesnii t. IV. rerum Francor. pag. 359. 389.

* Dom. De la Curne de S. Palaye commentarium scripsit in istud Chronicon insertum in op. *Mémoires de literature*. t.
XV. Monet ibi lectores suos non satis accurate inscribi in titulo Chronicon etc. ab
An. Christi 1108. usque ad an. 1147. Non
enim desinit in reditu Ludovici VII. qui
anno illo reversus est, sed ulterius excurrit usque ad obitum Thevini Abbatis Mori-
gniacensis, quem ultra triennium vitam
prorogasse author commentarii huius arbitratus est.

MORIMUNDENSIS Coenobii, Ord. Cistcr.
à Papiensibus desolati an. 1237. Historiam
a synchrono scriptam edidit Ughellus t.
IV. ubi de Archiepiscopo Mediolanensi Guilelmo Ruzolio pag. 183. 196.

Joannes MORLANDINUS, supra t. IV.
pag. 391.

Duniel MOBLAYE. tom. II. pag. 429.

Thomas de la MOOR, sive MORUS, Miles sive nobilis Anglus, cuius commentarii de vita et nece Eduardi II. Angliae

Regis ab An. 1307. ad 1326. exstant inter scriptores rerum Anglicarum à Cam-
bdeno editos Francof. 1602. fol. sed exstant
ex veteri Latina versione Walteri Bakeri,
nam Morus Gallice non Latine scripsit. Vide
Oudinum tom. 3. pag. 799. et Guilelmum
Nichols in Bibliotheca Historicorum Angliae pag. 79. seq.

Alius *Thomas* MORUS, natus Londini
An. 1480. Vir ingenio et meritis praestans
et Cancellarius Angliae, notas ob causas
Regis Henrici VIII. jussu securi percussus
An. 1535. cuius vitam praeter *Thomam
Stapletonum* b) *Henricumque Hodderdo-
nium* c) scripsit gener *Guilelmus Rope-
rus*, d) vulgatam à Thoma Hearne Oxon.
1716. 8. et *Thomas Morus* abnepos e) post
auctorem Romae An. 1625 extinctum editam Lond. 1627. 4. et nuper An. 1726. 8.
ibidem recusam: quibus addi possunt Auctor expositionis fidelis de morte D. Thomae Mori, f) et Georgius Lilius Britannus g) in Mori elogio: Antonius Wood, h)
Jo. Jacobus Boissardus, i) Jsaacus Bul-
lartus k) Adolphus Clarmundus l) ac praeter Jovium aliosque innumerabiles Niceronus tom. XXV. memoriarum de viris eruditis pag. 216. Opera Mori Basil. 1563. Lovanii 1566. et novissime Francofurti 1689
fol. Latine prodierunt, *Historia Richardi III*. Angliae Regis. *Ad Lutherum responsio* an. 1522. pro Rege Henrico VIII.
quam sub *Guilelmi Rossei* nomine ediderat. *Expositio passionis CHristi*, scripta in
Carcere. *Quod pro fide mors fugienda non
sit*. *Imploratio Divini auxilii*, ex Psalmis.
Utopia sive de Optimo Reip. statu libri
duo, (toties recusa et in alias versa linguas, ut dixi in Bibliographia Antiquaria
cap. 14. §. 16. ubi de aliis aliorum similis
argumenti atque instituti. scriptis. *Poemata*
Mori atque*Epigrammata*ingeniosa et amoena

---

a) Sammarthan. Tom. IV. Galliae Christianae
pag. 668. seq.

b) Libro de tribus Thomis, Duaci 1588. Colon.
1599. 1612. 8. et inter Stapletoni opera Paris. 1620.
fol. et ante opera Thomae Mori.

c) Lond. 1662.

d) Acta Erud. 1718. pag. 475. Bibl. raisonnee
т. VI. pag. 470.

e) Acta Erud. 1727. pag. 31. Journal des Sav.

1726. Jul. p. 422.

f) Paris. 1535. et in V. C. Frid. Jac. Beyschlagii sylloge opusculorum pag. 245-257.

g) Ibid. pag. 238-242. ex edit. Bal. 1571. 8.

h) Antiquitatt. Oxon. Tom. 2. pag. 558. seq.

i) Tom 2. imag. 48. pag. 120.

k) Tom. 1. Academiae scientiar. p. 45.

l) T. 3. vitarum p. 52.

separatim edita à Beato Rhenano, et Pir-
kaimero dicata Basil. 1510.4. Dialogi *Luciani*
e Graeco versi, et Declamatio qua *Luciani*
Tyrannicidae respondetur. *Epistolae* ad diversos cum Erasmi ad Morum Epistolis et
ad Huttenium de Mori vita, et Guilelmi
Corvini Nucerini ad Philippum Montanum
eiusdem argumenti. Denique, Opera Mori
Anglice viderunt lucem Lond. 1557. 4.
MOSOMENSIS Monasterii Ord. Bened.
in dioecesi Remensi *Chronicon* ab A. 971.
ad 1033. editum à Dacherio t. VII. spicilegii pag. 623. cum appendice ad A. 1212
(edit. novae tom. 2. pag. 561. 573.)
Joannes MOVEN. Supra, t. IV. pag. 391.
Ægidius MOVISIUS (*Muisius*, *Mucidus*
etc.) Abbas S. Martini Tornacensis, Ord.
Bened. ab An 1331. ad 1353. quo aetat.
83. diem obiit supremum. Scripsit *Chro-*
nicon de rebus gestis Comitum Flandren-
sium ab An. 972. ad 1348 et de rebus
gestis Annorum 1349. ad 1352. ubi prolixa de destructione Judaeorum et de secta flagellantium narratio. Praeterea Valerius Andreas pag. 27. Bibl. Belg. memorat
tractatum *de his quae* temporibus suis
ante et post promotionem suam *in Coeno-*
bio Martiniano acciderunt, et *de Consue-*
tudinibus in illo solitis observari : et *Cata-*
logum Abbatum Coenobii sui ad sua usque
tempora, rhythmo Latino et Gallico : ut librum lamentationum aliaque rhythmo scripta Gallico praeteream. Supra in ÆGIDIO
Mucido tom. 1. pag. 22.
   Guiardus de MOULINS. Sup t. 3 p. 116.
MOYSSIACENSE Chronicon, supra MO-
ISSIACENSE.
   MUCIANUS, infra MUTIANUS.
   Ægidius MUCIDUS supra tom. 1. p. 22.
et paullo ante, MOVISIUS.
   Walterius de MUDA, Monachus B. Mariae de Thosan (Doest) in Flandria, circa
an. 1284. cuius *Compendium Vitae B. Thor-*
phimi sive *Thorfinni*, Episcopi Hammariae
iu Norwagia, defuncti in exilio, scriptum
versibus hexametris, edidit Carolus Vi-
sch Bibl. Cisterc. pag. 316. 317. Incip.
Spirat odore nimis flores hac in humo a) tumulatus

Joannes de MUHLBACH, MUHLBERG.
Joannes MULTONUS. Supra t. IV. p. 391.
   MUNDINUS de Lentiis, Florentinus, Medicus et Anatomicus celebris, cuius *Ana-*
tome omnium humani corporis interiorum
membrorum saepius vulgata post primam
editionem Papiensem Anno 1478. Vide Bibliothecas Medicas Lindenii, Merklini, Mangeti quibus addenda editio an. 1550 inspe-
cta Cangio, in cuius pag. 170. vixisse se
testatur An. 1315. In iisdem Bibliothecis
et *Canones* Mundini *super Mesuen*, cum
Joannis Mesuae operibus saepius editi memorantur. Floruit Mesue inter Medicos
Arabes celebris, versus medium seculum
nonum. Ab hoc Mondino alii Mundinum
Medicum Bononiensem distinguunt, eique
Anatomiam malunt adscribere: alii tertium quoque Mundinum inducunt Forojuliensem, cui *Synonyma Medica* tribuunt.
Sed ego nihil explorati de illis potui reperire.
   * MS. Codex Bibl. Caesenatis scriptus,
ut ego coniicio saec. XIV. non ambiguum
praebet argumentum distinguendi Mundinum alterum a Florentino eiusdem nominis plane diversum. Tum et errorem arguit
eorum qui synonima Medica Mundino at-
tribuunt. En igitur illud quod mihi inspi-
ciendum occurrit eandem Bibliothecam vi-
senti in Plut. XIV. *Sinonima Magistri Si-*
monis de Janua cum additionibus Magistri
Mundini de Foro Julio.
   Joannes MUNERATUS. Snp. t. IV. p. 391.
   MUCIUS, MUCIANUS, infra, MUT.
   MUNIO sive MARTINUS, Mindoniensis
sive Vallobricensis in Hispania Episcopus
circa an. 1130. ut docet Nic. Antonius VII.
4. Bibl. veteris Hispanae tom. 2. pag. 13
Quanquam Cangius eum cum altero confundens Munione, ait diem obiisse Anno
1299. citans Vasaeum Chronici Hispaniae
cap. 4. cuius locum etiam attulit Vossius
pag. 402. In eo nihil de illo anno, sed
cum laude mentio *historiae Compostella-*
nae, quam cum HUGONE Gallo, Portu-
lacensi Antistite composuit de primordiis,
successibus et incrementis Ecclesiae Com-

---

a) Non Hamo ut Leyserus pag. 1010. hist poëseos Latinae medii aevii.

postellanae , continuatam deinde à GE-
RARDO Canonico Compostellano. Utut laudata à multis, tamen a nemine adbuc in
lucem publicam prolata est haec historia
quod sciam.

MUNIO itidem Hispanus Ord. Praed. Cc-
neralis , qui inde Episcopus Palentinus
atque illa quoque dejectus dignitate, Romae an. 1299. in Coenobio S. Sabinae rebus humanis valedixit. Hic Munio in vita
S. Catharinae Senensis cap. 4. tom. 3.
Act. Sanctor. April. 30. pag. 872. traditur Sororibus de poenitentia S. Dominici
Regulam sive *modum vivendi redegisse in
scriptis.*

Joannes MUNSINGERUS sive MUNT-
ZINGERUS Rector Scholae Ulmensis An.
1384. oratione habita et scriptis deinde
emissis contendit corpus CHristi in sacra
Coena non esse DEUM, atque ideo nec
adorandum adoratione latriae. Inde inter
testes Veritatis relatus à Flacio pag. 907.
edit. primae , et Joanne Wolfio lectionum
memorabilium tom. 1 pag. 691. Conferendum Judicium *Magistrorum Academiae
Pragensis* de propositionibus quibusdam
Jo Munsingeri editum à V. C. Jo. Georgio Schelhornio tom. VIII. amoenitatum
litteriariar. pag. 511. et *Magistrorum Viennensis Academiae* tom. XI. pag. 222.

Conradus a MURE *, supra t.* 1 p 386.
MURENSIS Coenobii in Helvetia Ord.
Bened. Origines circa An. 1130. et Acta
fundationis in tomo secundo scriptorum de
rebus Bambergensibus illustris Jo. Petri
de Lndewig. pag. 399. seq Frf. 1718. fol.

Joannes de MURIS, *de* MURO VALLIUM
Joannes MURRHONUS. Supra tom. IV.
pag. 387.

MUSÆUS , Massiliensis Ecclesiae Presbyter qui ante A. 461. obiit, excerpsit
hortatu Venerii Episcopi Massiliensis *Lectiones* totius anni festivis diebus aptas ,
responsoria etiam Psalmorum capitula temporibus et Lectionibus congruentia. Deinde
ad Eustachium Episcopum , Venerii successorem, scripsit *Sacramentorum* egregium et non parvum Volumen , et *Homi-*

lias. Haec de eo Gennadius c. 79. ex Gennadio Honorius II. 78. Trithemius cap. 172.
aliique. Non dubium est ex Lectionibus
hisce et responsoriis atque Sacramentorum
libro plura hodie superesse. Vide Mabillonium lib. 1. de liturgia Gallicana cap. IV.
Josephum Mariam Thomasium praef. ad
Codices Sacramentorum, editos Rom. 1680.
4. et Jo. Pinium diss. de LiturgiaMosarabum
p. 28. seq. ante t. VI. Act. Sanctor. Julii.

MUSSATUS , sudra ALBERTINUS T.
1. pag. 38.

Joannes de MUSSIS. Supra t. IV. p. 392.

MUTIANUS Scholasticus , boc est vir
idoneus causis agendis in foro , Cassiodori
tempore, hoc est circa A. C. 550. utriusque linguae peritia clarus, in gratiam
ejus Latine vertit *S. Chrysostomi homilias
XXXIV. in Epislolam ad Hebraeos.* Haec
versio viri , ut ab codem Cassiodoro cap.
VIII. Divinar. Lectionum appellatur , disertissimi , doctique Henrico Savilio judice
ac diligentis interpretis, etiamnum exstat
excusa Coloniae 1487. fol. cum prologo
editoris Lilii Tifernatis ad Nicolaum V. et
homiliis ChrysostomI de Jobo et patientia per Johannem Koelhoef de Lubek. Prodiit et Colon. 1530. 8. apud Joannem Gymnicum , atque inde Latinis Chrysostomi
editionibus inserta ex Wolfgangi Musculi
et Philippi Montani recognitione , ubi quandoque perperam MUTIUS pro Mutiano appellatur , quemadmodum et in Huetii libro de claris interpretibus. Consulendum
et Volumen duodecimum editionis Graeco Latinae Montfauconianae. Codicem Manuscr. Heilsbrunnensem , in quo multa ab
editis diversa reperit , memorat Jo. Ludewig Hockerus in Bibliotheca Heilsbronensi
pag. 25. Magna est hujus Muciani auctoritas apud Gabrielem Danielem a) auctorem diss. de judiciis Criticorum et nuperi
interpretis Gallici super loco Chrysostomi
homilia 3. in Epist. ad Hebraeos , Paris.
1691. 4. Nescio unde hauserit Sirmondus
ad Facundum, eumque secutus Colomesius Observatt. sacr. pag. 227. quod scripsit versum à Mutiano etiam *Chrysosto-*

---

a) Recueil de diversas ouvrages, Paris 1724. 4.   tom. 3 pag. 602.

mum *in Epistolam ad Philemonem*. Translatum ab eo fuisse librum *Gaudentii de Musica*, Cassiodorus libro de Musica testatum reliquit. Illa Mutiani versio hodie non exstat, exstat autem Gaudentii liber Graece et Latine vulgatus' inter Musicos veteres a Marco Meibomio, Amst. 1652. 4. de quo dictum in Bibl. Graeca III. 10. p. 264. seq. Liber FACUNDI Hermianiensis contra hunc Mucianum, sive ut subinde appellat MOCIANUM, qui adversus Occidentales Episcopos, cum damnatoribus trium capitulorum communicare nolentes scripserat, saepius prodiit in Facundi editionibus Paris. 1629. 8. et cum Optato, ibid. 1675. fol. et in Sirmondi Operibus tom. 2 pag. 825. Paris. 1696. et Venet. 1729. fol.

MUTINENSES *Annales* ab A. 1131. ad 1336. in thesauro scriptorum Italiae Muratoriano tom. XI. pag. 53. quibus adde *Mutinensis urbis descriptionem* subjunctam vitae S. Geminiani., Episcopi Mutinensis, auctore Anonymo qui circa A. 910. floruit. In ejusdem thesauri tom. 2. parte 2. pag. 691.

Uldricus MUTIUS Professar Basileensis, cujus Chronicon ex probatioribus Germanicis scriptoribus in Latinam linguam translatum atque XXXI. libris Germanorum origines, mores, instituta, leges et memorabilia pace belloque gestra usque ad mensem Augustum Anni 1539. persequens edidit Pistorius t. 2. scriptor. Germaniae Frf. 1584. 1613. et Ratisbonae 1726. fol. secutus editionem Basileensem Anni 1539. de aliis ejus scriptis vide si placet Simlerum.

MYCON Diaconas, supra MICO.

Joannes de MYLIS, *Joannes* MYLVERTONUS, supra t. IV. p. 389.

MYRSONTIUS sive MYSRONTIUS Inter scriptores rei agrimensoriae pag. 254. gt 255. edit. Goësianae *Latinus et Myfrontius togati Augustorum, de locis suburbunis vel diversis itineribus, pergentium in suas regiones*· De scriptoribus hujus argumeuti dictum in Bibl. Latina IV. 11.

Joannes de MYZA. Supra t. IV. p. 392.

a) Oudin. tom. 2 pag. 867.

LIBER XIII.

*J*oannes NÆLDUYK sive *de Naelduyco* Eques Hollandus defunctus A. 1489 Scriptor *Chronici Hollandiae et Seelandiae* à Theodorico Comite primo ad A. 1460. Sed nescio an Latine legatur, nam Belgice Manuscr. exstat in Cottoniana pag. 25. et prodiit Goudae A. 1478. et ex Petri Scriverii recensione Amst. 1663. 4. Vide Oudinum t. 3 p. 2729.

NAGOLDUS sive NALGODUS, vitiose NALGENDUS, Monachus Cluniacensis, circa An. 1090. a) scriptor *Vitae S. Odonis* Abbatis ab A. 926. ad 944. Cluniacensis. Vide Andreae du Chesne Bibliothecam Cluniacensem p. 1633. Exstat apud Mabillonium tom. V Sanctor. Benedict. pag. 186. et *Vita S. Majoli* Abbatis Cluniacensis A. 994. defuncti in Actis Sanctor. t. 2 Maji p. 658-668.

NALDUS *Naldius*, Florentinus circa A. 1470. Historicus et Poeta : amicus Marsilii Ficini, qui eum *Phoebi delicias* appellat lib. 1 Epist. tom. 1 Opp. pag. 620. Scripsit (222 Seu latine vertit ex Italica Vespasiani *da' Bisticci* adhuc MS. in Marucelliana) *vitam Jannotii Manetti* editam à celeb. Muratorio tom. XVIII thesauri rerum Italicarum et in t. IX thesauri Burmanniani. De illa Diarium eruditorum Italiae tom. XI pag. 340. seq. *Elegos* ejus laudat Hugolinus Verinus, lib. 2. de illustratione Florentiae pag. 36. *notus et est elegis Naldus* Et Politianus Epigrammate p. 297.

Dum celebrat Medicem Naldus, dum laudat amicum
Et pariter gemino raptus amore canit,
Tam lepidum unanimes illi ornavere libellum
Phoebus, Amor, Pallas, Gratia, Musa, Fides.

Ejus *Hastiludium*, ad Julianum Medicom, *Bucolica* ad Laurentium Medicem, et *Miracula in templo S. Annunciatae de Florentia* memorat Julius Niger, in historia scriptorum Florentinorum pag. 418.

* Carmen in laudem Barbaciae Siculi J. U. Consultissimi exstat impressum in fronte op. eiusd. Barbaciae *De verborum obligationibus*. Bonon. 1497. f. (223 Martinus

Schimeitzel vidit in Biblioth. Thuronensi eleganti Cod. MS. *Epistolam ad R· Matthiam instar Panegyricus* item 1496. *versus leonini. De laudib. Bibliothecae Budensis.* Rheimari vita Jo. Alb. Fabricii p. 132.) NANGII Chronicon. Supra GUILELMUS *de Nangis*, sive *de Nangiaco.* t. 3 p. 146. NANNO Stavriensis, Friso Philosophus, circa A. 880. (non 1380. ut apud Koenigium) à quo Radbodum Episcopum XIV. Trajectinum in septem artibus excellenter imbutum scribit Joannes de Beka in Chronico Trajectino p. 22. Scripsisse traditur in *Platonem* de Legibus et Rep. atque *Aristotelis* libros de Coelo et Mundo atque Ethicam universam illustrasse. Vide Suffridum Petri, Valerium Andream, Sweertium.

Joannes NASO sive NASUS, t. IV p. 392.

Petrus de NATALIBUS Venetus, Episcopus Equilinus a) sive Jesulanus (aliis Esculanus, Ausolanus) sub Patriarcha Gradensi, antea Plebanus existens b) SS. Apostolorum Venetiarum dioecesis Castellensis A. 1396. scribere inchoavit *Catalogum Sanctorum* cum illorum Vitis et pro mensium numero divisum in libros XII. quem jam Episcopus absolvit An. 1372. Jacobo de Viragine (de quo supra tom. 4 pag. 310.) et multis aliis diligentia et delectu praeferendus. Prodiit primum c) Vicentiae 1493. fol. cum nonnullis *Sanctorum nuperrime Canonizatorum* gestis, subjectis ab *Antonio Verle*, Nobili Vicentino : !linc Argentinae 1502. Lugd. 1508. 1514. et ex emendatione *Alberti Castellani*, Veneti, Ord. Praed. qui et ipse Vitas plures addidit, Ven. 1516. 4. Denique Lugd. 1543. f.

* Catalogus Sanctorum authore Petro De Natalibus Episcopo Equilino prodiit equidem primum Vicentiae anno hic adnotato cur. Antonio Verle. Additamentum vero ab eodem Verle confectum est non de sanctis tantummodo nuperrime *Canonizatis*; id enim nullibi legitur in eadem additione, sed de aliis nonnullis sanctis indiscriminatim, quamquam fateor duos vel

tres ibi reperiri sanctos tum recens in Divorum catalogum adlectos. Nec vera scribit Fabricius divisos nempe libros ab authore suo pro numero mensium ; nam totum opus concluditur undecim libris; in duodecimum vero contulit author omnium Sanctorum, de quibus in superioribus egerat, indicem alphabeticum. Est autem apud me editio eiusdem operis Veneta A. 1616. a F. Alberto Castellano curata in qua nihil lego de vitis Sanctor. a Verlio adiectis. Vicissim autem Castellanus nihil de suo ibi dedit nisi vitam S. Rochi confessoris. *

Martinus de Aspilcueta NAVARRUS Canonici et Civilis Juris Consultissimus, natus A. 1491. Hic Salmanticae primum, deinde Conimbricae Jus Pontificum docuit, hinc Romam profectus Pio V. Gregorio XIII. et Sixto V. charus fuit obiitque Romae A. 1586. aetatis nonagesimo quinto. De quo Pancirollus de claris Legum interpretibus III. 55. Tomasinus in elogiis A. 1630. editis pag. 79. Janus Nicius Erythraeus in limine pinacothecae primae : Isaacus Bullartius t. 2 Academiae scientiar. pag. 30. Ghilinus tom. 1 pag. 168. Andreas Saussayus in Bellarmino continuato pag. 30. Dupinius Bibl. Ecclesiast. tom. 16. pag. 135. Sed inprimis Nic. Antonius tom. 2 Bibl. novae Hisp. pag. 74. seq. et Niceronus tom. V memoriarum, editarum Gallice de eruditorum vitis, sub init. Scripta Navarri junctim edita Rom. 1590. Lugd. 1597. et Romae ac Venetiis, quae auctior est editio commentarios aliquot post auctoris obitum repertos et 1594. 4. vulgatos simul complexa, 1602. fol. Tomus quintus et sextus, Consiliorum seu Responsorum libros quinque exhibet, editos etiam Lugd. 1591. 4. duobus Vol. Manuale sive Enchiridion Confessariorum ad Gregorium XIII. Rom. 1584. 4. Caetera recensentur distincte à Possevino, Bellarmino et Nicerono.

Omitto *Petrum* NAVARRUM, Ducem Hispanum, qui primus per cuniculos tor-

---

a) Diarium eruditorum Italiae tom. XVI. pag. 440. seq.

b) Id. pag. 459.
c) Id pag. 466.

mentario pulvere repletos propugnacùla disjicere, arcesque evertere docuit circa An. 1503.

Ioannes NAUCLERUS supra t. IV. p.310.

NAZARIANI *Annales* breves de rebus Francicis ab An. 707. ad 790. scripti in Coenobio Laurishamensi ad Rhenum, in quo S. Nazarii corpus collocatum traditur: editi à Frehero in Corpore historiae Francicae: inde à Duchesnio t. 2 rerum Francorum p. 36. et ex alio pleniore Codice Guelferbytano à Burchardo Gotthelf Struvio inter annales Fuldenses et Chronicon Laurishamense in nova editione rerum Germanicarum Freheri t. 1 p. 79. 82.

NAZARIUS Auctor *Panegyrici*, tertiis quinquennalibus dicti Constantino M. A. 321. et fortasse alterius etiam, habiti Treveris An. 313. Vide quae in Bibl. Latina II. 22.

NEBRIDIUS (*Nifridius*, et vitiose *Tigridius*) Episcopus in Hispania Egarensis, (aliis perperam Agathensis, aliis Barcinocensis) frater Justi Urgelitani, Justiniani Valentini atque Elpidri, pluribus Synodis interfuit ab A. 516. ad 564. scripsisse etiam quaedam testatur Isidorus Hispalensis cap. 21. de S. E. nullum tamen scriptum nominans de titulo. Vide Nic. Antonium lib. IV. Bibl. vet. Hispanae c. 1.

Ælius Antonius a) NEBRISSENSIS, (*de Lebrixa*) inter primos litterarum instauratores in Hispania, docuit Salmanticae ac denique Compluti, Ximenio Maecenate usus: atque cum in omni genere scientiarum scriptorumque versatus et peritus linguarum potuisset pro varia et late patente eruditione sua quodcunque nomen aliud et suffragio doctorum sibi usurpare, nihil tamen, Vive b) teste, dici et haberi maluit quam Grammaticus, quanquam decoratus deinde non modo Grammatici et Rhetoris, sed etiam Chronographi sive Historici Regii titulo ac dignitate. Diem obiit Compluti apoplexia correptus An. 1522 2. Jul. annos natus LXXVII. De hoc Viro

praeter alios consulendus Nicolaus Antonius tom. 1. Bibl. novae Hispanae p. 104 109. cui jungi potest Colomesii Hispania Orientalis pag. 223. ubi Jovii aliorumque multorum praeclara testimonia: et Jacobus Gaddius tom. 2. de scriptoribus p. 91 seq. Dupinii Bibl. Eccles. tom. XIV. pag. 120. c) Clarmundus tom. VII vitarum p. 37. Jo. Hubnerus Centur. VIII. Bibl. historic. Hamb. p. 55. seq. Ghilinus tom. 2. 71. Acta Erud. An. 1683 pag. 225 etc. Sed ecce tibi ejus scripta:

Ars Grammatica contexta versibus, saepius excusa ac pueris ediscenda tradita in Hispania, Catholicorum Regum privilegio, ut notatum Valerio Andreae in Catalogo scriptorum Hispaniae pag. 14. seq. versa etiam Hispanice ab auctore in gratiam Elisabethae Reginae.

Introductiones in Latinam Grammaticam seu *de sermone Latino* libri V. cum commentariis tum Antonii ipsius, tum aliorum, etiam Fabiani filii frequenter editae, de quibus videndus Nic. Antonius tom. 1. Bibl. novae Hispanae pag. 106. seq. Additum etiam *parvum vocabularium* vocum scholasticis magis necessariarum.

Repetitiones sive Lectiones *decem*, Salmanticae An. 1507. editae Grammatici pleraeque argumenti et sexta, septima et octava de mensuris, ponderibus et numeris.

Institutiones linguae Graecae apud Cantabros Lucronii editae, teste Andrea Resenio.

Grammatica linguae Castellanae. Salmanticae 1492. 4 Compluti 1517 4.

Dictionarium in quatuor tributum partes, quarum *prima* voces Latinas cum Hispanica versione exhibet: *secunda*, regionum, urbium, montium, fluminum nomina propria. *Tertia* recentiores ac vulgares eorundem appellationes *Quarta* denique voces Hispanicas cum Latina interpretatione. Hoc Dictionarium plus simplici vice, et plus quam decies mille vocabu-

---

a) Cognomen ejus ignorare se non diffitetur Naudaeus in libro *Mascurat* pag. 97. negatque se illud usquam potuisse reperire, perinde ut nec Roberti Sorbonici, Petri Aponensis, Gentilis de Fulgineo, Petri Alliacensis, Nicolai de Clemangis,

Ambrosii Calepini, Petri Marsi, Antonii Minturni et Andreae Alciati.

b) Vives 2. de causis corruptarum artium p. 7a

a) Acta Erud. 1705 pag. 256.

lis auctum Nebrissensis ipse vulgavit, editionibus autem pluribus post illius mortem repetitis et à Nic.-Antonio pag. 107. memoratis addenda melior, expressa ex Madritensi, et variis non contemnendis locupletata accessionibus, in lucem data Lugduni 1683. fol. de quo Acta Erud. illius anni pag. 225. Tironibus magis quam provectioribus utile hoc Lexicon notat Vives lib. 3. de tradendis disciplinis pag. 296 pro illa tamen aetate de industria et doctrina auctoris testari satis potest.

De asse, Latine et Hispanice, ad Elisabetham Reginam.

De Sestertiis.

De Digitorum supputatione. Granatae 1535

Eleganzias Romanzadas, ex Stephani Flisci Synonymis. Antiquariae 1586. 4. teste Nic. Antonio.

Lexicon Latino-Gallicum Paris 1523. *Dictionarium trilingue.* Gadd.

De liberis educandis.

Collationes Antiquitatum ad Joannem de Fonseca, Palentinum Episcopum, editae Hispali.

Etymologicon, non editum ut videtur.

Artis Rhetoricae compendiosa coaptatio ex Aristotele, Cicerone et Quintiliano. Compluti 1529. 8. Granatae 1583.

Index verborum veterum et raro usitatorum apud *Terentium*, ordine Alphabetico, una cum dictionario, cui etiam juncta praeter *Valerium Probum* de notis antiquarum litterarum, *Verba Legum XII. Tabularum* ex Aymari Rivallii Allobrogis historia Juris Civilis.

Ecphrases in *Virgilium*, ad usus tironum. Granatae 1516. 4.

In *Persium* Paris. 1527. 8. apud Rob. Stephanum et Lucronii 1529. 8.

In *Juvenalem*, in obscuriora *Plinii*, in *Aratorem*, necdum ut puto edita.

In *Prudentii* hymnos sive librum καϑι-μερινῶν et in Psychomachiam, Lucronii 1512. 4. et Jo. Sichardo recensente Basil. 1540. 8. et in Prudentio Joannis Weitzii, Hanov. 1613. 8.

Sedulii opus Paschale et in illud enarrationes. Compluti 1524. 4. et Basil. 1541 8. cum Juvenco:

Segmenta ex Epistolis Pauli, Petri, Jacobi, Joannis et ex Prophetis legenda per anni circulum. *Orationes* sive preces et *Hymni* cum expositione, *Homiliae* diversorum Auctorum *in Evangelia* per annum. Granatae 1541. 4.

Sanctorum Acta, sive *Vitae* quaedam cum additionibus marginalibus. Lucronii 1527.

Homiliae tres ad Juvenes de vinea spirituali, exstat in Orthodoxographis Basil. 1569. fol. pag. 1934.

De litteris Hebraicis.

Quinquagenas tres locorum sacrae Scripturae non vulgariter enarratorum composuit Nebrissensis, cum à Cardinali Ximenio cooptatus esset inter eos qui Bibliis Complutensibus in lucem edendis operam suam addixissent cum Demetrio Luca Cretensi, Didaco Lopide Stunica, Ferdinando Nonio Pinciano, aliisqne : sed *quinquagena tertia* tantum lucem vidit, voces Sacrarum litterarum quinquaginta erudite illustrans ordine Alphabetico. Paris. 1520. 4. Basil. 1543. 8. et cum Angeli Caninii locis Hebraicis Novi Test. Antwerpiae 1600. 8. recensente Gaspare Bellero, qui et Gasparis Varerii dissertationem de Ophira regione adiunxit. Recusa est haec quinquagena, sicut Caninii et Varrerii jam dictae lucubrationes quoque in Criticis sacris Anglis Londini, Francofurti et Amstelodami excusis, tomo octavo. Quinquagena prima et secunda suppressa est per censuram Didaci Dezae, Dominicani, Episcopi Palentini, qui tunc Inquisitorem haereticae pravitatis in Hispania agebat, postea Archiepiscopus Hispalensis. Siquidem ut à Nebrissensi in apologia ad *Ximenium* a) scriptum est, *bonus ille Praesul in tota quaestione sua nihil magis laborabat, quam ut duarum linguarum* (Hebraicae et Graecae) *ex quibus religio nostra pendet, neque ullum vestigium relinqueretur, per quod ad dignoscendam in rebus dubiis certitudinem per-*

a) Alvarus Gomesius de vita Ximenii lib. 2. p. 43.
a) Nic. Antonius p. 109. Imbonatus Bibl. Latino Hebr. p. 315.

venire possemus. Apologiam autem hanc scripsimus, quo tempore apud Quaestorem Maximum haereticae impietatis *accusabamur, quod ignari sacrarum litterarum ausi sumus sola Grammaticae artis fiducia incognitum opus attrectare.*

Rerum à Ferdinando Catholico et Elisabetha Hispaniarum Regibus gestarum decades duae sive potius *decadis* primae libri primores septem b) et *decadis secundae libri quatuor primores* sive tres cum quarti parte, desinente in anno 1485. nec non *belli Navaricensi* sive *Navarrensis* de occupata an. 1512. Navarra superiore *libri duo,* una cum Roderici Archiepiscopi Chronicis prodierunt edente filio Xanto JCto, Granatae 1545 fol. et in rerum Hispanicarum scriptoribus variis à Rob. Belo collectis Francof. 1579. tomo secundo: nec non in Andreae Schotti Hispania illustrata t. 1. Francof. 1603. Exstant et Gallice versi hi libri Francof 1573. et Hispanice Vallisoleti sive Pinciae 1565 fol. Nebrissensem vero à Ferdinando Pulgari, qui Hispanice res Ferdinandi scripsit, argumentum Decadum suarum sumsisse, recte negant Vasaeus ac Sepulveda, cum Nebrissensis ipse in prologo ad Ferdinandum, scripto Anno 1509. profiteatur se iis quae tradit interfuisse, vel illa accepisse ab iis qui praesentes interfuere. Majori diligentia et fide quam dictionis elegantia scripsisse, Jo. Marianae est judicium lib. XXVI. hist. Hispan c. 5.

Cosmographia ad D. Joannem Stunicam Archiepiscopum Hispalensem atque *introductorium in Cosmographicos libros.*

Vafre dicta Philosophorum, carminibus Latinis reddita. *Epithalamium* in nuptiis clarissimorum Lusitaniae Principum, *Alphonsi et Elisabethae. Salutationes* aliquae ad Patriam, et Carmen *de profectione Regum ad Compostellam.* Granatae 1534. 4. et Antiquariae 1577. 4.

Lexicon Juris Civilis, contra insignes quosdam Accursii errores. Antwerp. 1527 8. Lugd. 1537. Paris. 1549. 1594. Venet. 1606 1612 8.

a) Culpae plagiariorum defectum illum tribuit Vossius pag. 658.

b) Gvil. Nicholson Bibl. historicorum Angliae p.

Lexicon Artis Medicamentariae, Compluti 1518. et interpretatio vocum *Dioscoridis.*

Alexander NECKAM. Supra t. 1 p. 62.

NELLUS *de S. Geminiano,* Florentinus JCtus celebris circa A. 1420. scripsit tractatum *de Bannitis,* et alium *de testibus.* Vide Julii Nigri historiam scriptorum Florentinorum pag. 419.

* Tractatum Nelli *De reprobatione testium* impressum vetustis typis, sed loco et anno incertis cum adiuncto alphabetico indice manu Felini servat eiusdem Felini Bibliotheca Cod. 166. Tractatus de bannitis absolutus an. 1423. prodiit Pisciae An. 1486. fol. (224. et cum Commentariis Jac. Arenatis Lugd. ap. Haered. Giuntae 1550 8 De eo vide Matth. Lupi Annales ap. Bandini Leopold. III. 308. Fuit et Nellus quidam poeta etc. (Lucchesini).

De NENNIO, sive NINNO uno an duobus, juniorisque familiari SAMUELE Britanno, et de ELBOTO sive ELVODUGO Praeceptore ita obscura et incerta sunt omnia, ut definire aliquid vix ac ne vix quidem liceat. Ajunt vetustiorem *Nennium,* Audacem cognomine Luddi Regis. Cassibellanique, manu Julii Caesaris neci dati frater a) ex Bardonum cantionibus et Flaminum scriptis rerum Britannicarum historiam patrio sermone composuisse. Eam Latine versam deinde à *Nennio* juniore, Bannochorensis Coenobii Monacho primum, postea Abbate circa A. 620. Hunc alii eundem cum GILDA *Hibernico* a) faciunt circa A. 860. (de quo supra t. 3. pag. 58.) alii confundunt cum DINOTHO b) circa A. 601. (de quo supra tom. 2. pag. 445) Joannes Lelandus cap. 47. narrat se in Bibliotheca quadam Nennium *de Origine Britanniae* vidisse, sed deprehendisse pro thesauro carbones, et scriptum totum splendidis mendaciis, anilibus fabulis et prodigiosa confusum barbarie. In aliis inde Bibliothecis incidisse in *duo exemplaria antiquissima, ex quibus deprehendi non*

33. Balaeus Centur. I. c. 20.

c) Oudinus tom 2 pag. 73.

d) Vide Caveum ad An. 620.

*incorruptam auctoris historiam. Multa il-
lic de Britannorum origine et genealogiis
ac urbis, tum de Arturio et Saxonum tyrannide. Liquet eum Britannum fuisse ex.
multis vocabulis, quae interserit, Britannicis,* studuisse quoque illum .in finibus
Scotorum Hiberniensium: de quorum rebus gestis pauca, sed antiqua scribit. In-
ciderat* HENRICUS Venantodunensis a) quadringentis ab hinc annis in Nennii historiam,
sed nomine ignotam: id quod eo maxime
liquet loco, quo fortia Arturii bella recitat* Hoc est Eulogium Britanniae sive Historia Britonum capitibus LXV. b) auctore
Nennio, quam inter scriptores XV. edidit
Thomas Galeus tom. 1. pag. 93-115. una
cum appendice duplici pag. 116. 118. et
Variae lectiones Codicum Cantabrigien-
sium, Cottonianorum, aliorumque, quorum alii GILDÆ, alii nomen Nennii praeferunt pag. 119-133. Jungendus et Leibnitius, qui tom. 1 scriptorum Brunsvicensium pag. 32-40. cum notis suis exhibet
excerpta ex Nennio de Anglo Saxonum introitu in Britanniam. In hoc Eulogio omnia reperiuntur, quae per sex librorum
titulos Nennio tribuunt Baleus Centur. 1.
cap. 75. cumque secuti Pitseus pag. 106.
Vossius pag. 263. et alii: de Origine Britannorum, de urbibus eorundem, Eulogium
Britanniae, apologia quaedam, Cosmographia historiae Mundi et additiones Gildae.
Addit Pitsens in Morwicensi Carmelitarum
Bibliotheca servatam quandam historiam
Nennii, ad quam annotationes scripserit
SAMUEL Britannus. Non magna est Nennii
auctoritas apud Henricum Mauritium c) in
defensione Episcopatus dioecesani pag.
153. seq.*

  S. NEOTUS Adulphus, sive Adulphi (E-
thelwolphi) filius, Reguli Cantiorum Ecberti Regis Visisaxonum nepos: Harinsto-
censis in Anglia Monachus, defunctus A.

883. prid. Calend. August. quo memoria
ejus recolitur. Duos de hujus Neoti vita libros Manuscriptos vidisse se narrat Lelandus cap. 113. Ejus *exhortationes ad Regem
Ælfredum* pro Gymnasio Oxoniensi condendo Anno 873. et *ad Martinum II.* pro
ejusdem confirmatione, memorat Baleus
II. 23. et Pitseus pag. 167. seq. S. Neoti
Chronicon. Vide supra, ASSERIUS.

  NERIUS *Capponius*, nobilis Florentinus,
GINI *Capponii filius*, qui monumenta historica *de rebus Florentinorum;* quae Pater ab A. 1378. ad 1419. deduxerat, continuavit usque ad A. 1465. Utriusque lucubrationes vulgatae à celeberrimo Muratorio tomo XVIII. thesauri rerum Italicarum,
d) et in tomo XX. Vita Nerii Capponii scripta à BARTHOLOMÆO Platinensi. Vide et
Julii Nigri historiam scriptorum Florentinorum pag. 237. et 419.

  NERIUS *Donati* filius, cujus et Patris
Annales Senenses ab A. 1352. ad 1371. sed
Italice scriptos eidem laudato Muratorio debemus, qui illos tomo decimo quinto e)
thesauri sui inseruit.

  NESHEIMENSE Chronicon.

  NESTOR *Dionysius*, Novariensis Advocatus f) Ord. Minor. g) scripsit et Duci Ludovico Sforziae dedicavit *Lexicon* pro illā
aetate non penitus h) adspernandum, post
Gasparinum BARZIZUM, Georgium Merulam, Domitium Calderinum, Tortellium,
Nic. de Lyra VALLÆ que elegantiarum libros et post MAMMOTREPTUM, PAPIAM,
BRITONEM, UGUTIONEM et *Catholicon
Joannis de* BALBIS etc. de quibus suo loco,
et quos laudat de nomine ac subinde etiam
redarguit, Ugutionem somniantem praecí-
pue. Lexicon illud post editiones primam
in Italia, et secundam Anni 1488. i) et
Parisiensem Anni 1496. et *quartam* Argentor. 1502. quam laudat Cangius § 51. praef.
habeo recensitum a Joanne Tacuino et quin-

---

a) Henricus de Soliaco, Wintoniensis Episcopus
de quo supra tom. 3. p. 213.

b) In Manuscr. Parkerian. pag.18. capita LXXXV.

c) Acta Erud. 1692. pag. 393.

d) Acta Erud. 1752. pag. 564. seq. et An. 1733.
pag. 396.

e) Acta Erud. An. 1750. pag. 395.

f) Laz. Augustinus Cotta in Museo Novariensi
p. 234

g) Waddingus Bibl. Ord. Minor pag. 262.

h) Paulus Merula ad Ennium pag. 549. glossas
Nestoris negat manibus tèrendas esse rudium vel
indoctorum

(i Diarium eruditorum Italiae tom. X pag. 250.

tum editum Argentorat. 1507. fol. subjunctum exhibens ejusdem Nestoris *de octo partibus Orationis , de compositione eleganti , et notandis quibusdam* nec non librum *de syllabarum quantitate.*

* Auctoris huius olim mihi occurrit editio secunda, quae Venetiis prodiit anno 1488. atque in ea plures parum nobis notos scriptores ab eodem Nestore sive laudatos sive expensos offendi. Nonnullos mihi tunc excripsi, quos hic exhibeo ut olim festinanter adnotavi, Albinus, Alexander, Alexander Neham, Acrom, Aufidius , Apulegius, et Apuleius Aufustius , Claudius quadrigarius, Hofalius , Julianus , Tedicus, Nisus , Parmeniscus, Macer de Herbis , Pronapides , Petrus Riga, Serenus lyricus Serenus Phisicus, Titinius, Tyrianus , Tobias Valgius, Usbicus, Ugannius, Visellus. Coeteros, ut magis notos nihil moror. Ex his nonnullos hic habes a Fabricio illustratos , sive a me expensos , de caeteris ne nomen quidem novi. *

NESTORIUS haeresiarches An. 439. defuntus de quo Gennadius cap. 53 aliique in Bibl. Graeca tom. IX. pag. 282. seq. à me laudati, sua Graece non Latine scripsit : de quorundam tamen veteri Latina versione dictum supra in MARIO *Mercatore.*

Ægidius NETTELET , supra t. 1 p. 22.

Thomas NETTERUS Vallidenussive *Waldensis* a) ex vico Walden in agro Angliae Essexiensi , Carmelita, apud Henricum IV. V. et VI. Angliae Reges gratiosus , Conciliis Pisano et Constantiensi interfuit, obiitque Rothomagi Anno 1430. de quo Lelandus cap. 532. Baleus VII. 84. Bzovius ad An. 1430. n. 80. Pitseus pag. 616. seq. Algerius pag. 337. et Oudinus tom. 3. p. 2214. sgq. Ejus scripta : *Doctrinale Antiquitatum Fidei Ecclesiae Catholicae* adversus Wiclefitas et Hussitas tripartitum

b) ad Martinum V. Paris. 1532. fol. Salmanticae 1556. et Venet. 1571. fol. Liber *contra haereses Joannis Wicklefi et Joannis Ouldcastel. Rationes et motiva et reprobationes XLV. articulorum Wiclefi et sectatoris Joannis Huss* , Manuscriptae in Bibliothecis Angliae. Memorantur praeterea apud Lelandum : Commentaria *in Genesin, Exodum , Leviticum , Proverbia Salomonis* c) *Acta Apostolorum , Epistolas Pauli, et Canonicam Petri Epistolam. in IV· libros Sententiarum. Defensorium Pacis* d) *De Evangelica Veritate. De fide per dialogus VII. Quaestionum ordinariarum* liber et, alius *Determinationum.De religione perfectorum. De corpore CHristi. De paupertate CHristi. De praescientia et praedestinatione. De indulgentiis.* e) *De Divinatione.* f) *Sacrae Conciones. Epistola.* g) *Orationes ad Principes. De re Grammatica. Commentarii in Isagogen Porphirii. In Aristotelis Praedicamenta et de Sophisticis elenchis. In Physica , de Coelo et Mundo, Meteororum libros et de anima , libros Metaphysicorum , Ethicorumque. Introductio ad Naturalia , et liber Naturalium Quaestionum.* Addit Balaeus : *Responsa in Concilio Pisano. Ad Clerum in eodem Concilio. Coram Sigismundo Rege. Ad Constantiense Concilium Propositiones ad Principes. Gravamina Fratrum contra Oxonienses. In remediarium conversorum.* h) *Sermones in funere Regis. Collationes solennes. Sermones coram Rege Sermones ad Clerum Oxoniensem. Summulas Logicales.* Pitseus *Lecturas et Ambasiata.* Ab eodem collectus *fasciculus Zizaniorum Magistri Joannis Wicklefi cum tritico* sive *opusculorum XXXIX.* varii argumenti, quae recensentur in Catalogo Manuscriptorum Bibl Bodlejanae n. 3629. p. 174. et apud Oudinum t. 3 p. 2216.

NEUBRIGENSIS. Supra , GVILELMUS *Litle* t. 3. p. 146.

---

a) **Neutiquam à secta.** vide Diarium eruditorum Italiae tom XIV. pag. 28.

b) Pars secunda *de Sacramentis*, tertia *de Sacramentalibus.*

c) Baleo *in Sapientiam Philonis* , Pitseo *Salomonis.*

d) *Libri duo.* Pitseus pag. 619.

e) Idem Pitseus tractatum *de Indulgentiis , jejuniis* etc. habet pro *parte quarta Doctrinalis.*

f) *Ad Principes.* Id.

g) *Epistolae CLXIV. ad diversos.* Baleus et Pitseus.

h) Pitseus *conversorium* , rectius ut videtur.

NEVELONIS, Corbejensis Monaçhi, varia Patrum loca in Bibl. Sangormannianae Codice 394. lecta in Cangio.

* Scripsit pariter Martyrologium simul et Necrologium in quo nomina eorum apparent, qui abbatiam Corbeiensem suis largitionibus ditarunt. Martyrologium vero nihil esse aliud qnam epitomen amplioris Martyrologii Adonis Viennensis affirmanii, quibus consulere in MS. Codice opus illud datum fuit. Vide Auctores Historiae litter. Gallicae VIII. 591. qui et monent vixisse Nevelonem circa An. 1096. *

Ambrosius NICANDER Toletanus commentitius Poeta noni ut fingunt seculi et scriptor *martyrii S. Cyriaci* de quo Nic. Antonius in Bibl. nova Hispana t. 1 pag. 53. seq. et veteris tom. 1. pag. 372. seq. ubi *hecatostichon* illi tributum. *de aede Lauretina.*

NICASIUS *de Voerd*, sive *Vordanus* Mechliniensis Brabantinus, inter coecos eruditos memorabilis, Sacerdos et Theologiae ac Juris Canonici Doctor defunctus Coloniae An. 1492. De eo Trithemius cap. 876. de S. E. et de luminaribus Germaniac cap. 234. Valerius Andreas p. 678. Sweertius pag. 571. etc. Ejus *casus et commentarii in IV. libros Institutionum*, quos Coloniae centum amplius auditores ex ejus ore excepere, prodierunt Colon. 1493. Lipsiae 1541. Lugd. 1566. fol. Idem Lovanii explicavit *IV. libros Sententiarum.* et *Quaestiones varias* disputavit in Scholis, variosque *Sermones* sacros habuit. *Arbor Consanguinitatis, affinitatis, consanguinitatisque spiritualis* cum apostil-

lationibus *Mag. Johannis Stehelin*, prodiit Colon. 1508. 4. et sine anno ac loco, praemissum auctoris epitaphium habens à *Rudolpho Langio.* Scripsit et ad me, inquit Trithemius, quasdam non inelegantes Epistolas, in quarum una satis copiosa omnem historiam fortunae suae contexuit, et si praedicta opuscula fecisset, interrogatus pridem à me, humiliter confessus fuit.

NICEAS, a) *Romacianae* b) *Civitatis Episcopus*, composuit simplici et nitido sermone competentibus ad Baptismum c) Instructionis libellos sex: *in quibus continet* primus *qualiter se debeant habere Competentes qui ad Baptismi gratiam cupiunt pervenire.* Secundus *est de Gentilatis erroribus: in quo dicit suo paene tempore* Melodium d) *quendam paerem familias ob liberalitatem, et* Gadarium *rusticum ob fortidinem ab Ethnicis esse inter Deos translatos.* Tertius *liber de fide unicae Majestatis.* Quartus *adversus Genethlologiam* Quintus *de Symbolo* e) Sextus de agni Paschalis *victima. Edidit et* ad lapsam virginem *libellum* f) *paene omnibus labentibus, emendationis incentivum.* Haec de Nicea Gennadius c. 22. atque ex eo Honorius II. 22. et Trithemius cap. 18.

NICETAS *Aquilejensis* Episcopus, ad quem Epistola LXXVII. Leon:s Magni data An. 458. vide Quesnellum ad Leonnem et Norisii hist. Pelagianam lib 2 cap. 12. pag. 106.

NICETAS *Dacianus*, itidem cum NICEA de quo supra.

NICETAS Episcopus, cujus scripta quaedam manu exarata in codice Pomposiani

a) Paulino et aliis, etiam in nonnullis Gennadii Codicibus rectius *Nicetas.* Vide Tillemoutium tom. X. memoriam. pag. 621. seq. Acta Sanctor. t. 4. Jun. 22. pag. 243.

b) Romacianam Dociae mediterraneae intellige cujus ut et Daciae Ripensis Episcopus Nicetas An. 392. Interfuit condemnationi Bonosi Vide Tillemontium pag. 622. et Pagium ad An. 369. VI. seq.

c) *Competentes* ex Catechumensis atque Audientibus dicebantur, qui post intructionem Fidei jam erant Baptismi Candidati. Vide Cangium et Josephi Viccecomitis de ritibus Baptismi lib. 2 cap. 1 seq. Nicetae libelli bodie non exstant: habemus autem ejusdem argumenti Catecheses Cyrilli Hiero-

sol. et Joannis Chrysostomi.

d) Al. *Meichidium, Lelgidum, Meladium.*

e) Videntur falli qui hunc putant esse librum de Symbolo, qui legitur in appendice ad tomum secundum Operum S. Ambrosii pag. 521. edit. Benedictin.

f) Libellus huius argumenti exstat inter S. Hieronymi Opera et S. Ambrosii tom. 2. pag. 505 Sed. Hieronymi esse ille non potest, cum auctor. se prodat Episcopum. S. Ambrosium nihil vetat de eodem argumento scripsisse, uti fecit etiam S. Basilius. Omitto quod Novatianismi arguitur hujus auctor libelli à Possevino et aliis Vide Oudin tom. 1 pag. 1249. 1250.

Monasterii complexo S. Ambrosiii et Fulgentii de SS. Trinitate et Fulgentii de creaturis à DEO de nihilo creatis. Scripta illa Nicetae in Epistola Henrici ex illo Monasterio ad Stephanum Philosophiae fonte decenter imbutum An. 1093 data et à celeberrimo Montfaucono vulgata in Diario Italico pag. 84. haec sunt : *De ratione Fidei De Spiritus S. potentia. De diversis appellationibus Domino nostro JEsu CHristo convenientibus.* NICETI Epicopi *librum de Fide* commendat Cassiodorus cap. 16. Institutionum Divinarum. Incertum an eundem cum libro quinto *Niceae* de quo supra.

NICETIUM Trajectensem circa An. 536. quem memorat Cangius Episcopum, nullum reperio, neque meminit citato loco Dacherius : qui etiam NICETII Lugdunensis, qui eadem vixit tempestate ait nihil extarc, quod eum auctorem opusculorum sub Nicetii Trevirensis nomine editorum possit suadere.

S. NICETIUS *Trevirensis* ab A. 527. ad 566. Episcopus, de quo Baronius ad Martyrolog. Rom. V. Decembr. Sammarthani t. 1 Galliae Christianae pag. 717. seq. et Oudinus tom 1 pag. 1449. seq. Nicetii Episcopi tractatus *de vigiliis* perperam tributus S. HIERONYMO 'atque inter ejus scripta editus, sed. auctori suo restitutus a Dacherio tom. 3 spicilegii (edit. novae t. 1 p. 221) ubi inscribitur *de vigiliis servorum DEI,* nec tamen de Laicorum vigiliis agitur, nec Abbatis hic sermo est ad Monachos, sed Episcopi populum alloquentis , ut bene observavit Valesius ad Sozomeni VIII. 8. pag. 162. Subjunxit Dacherius Sermonem *de Psalmodiae* bono, quem una cum superiore ad Nicotium sive Nicetam Dacorum Episcopum (hoc est NICEAM de quo supra) retulere Codices Manuscripti inspecti Labbeo pag. 26. Bibl. novae Manuscriptorum. Exstant et ejus *Epistolae duae* à Sirmondo primum tom. 1 Concilior. Galliae pag. 310. 322. et à Carolo Cointio tom 2. Annal. Francor. pag. 80. et 25. atque inde in tomis Conciliorum vulgatae, una *ad Ju-*

stinianum Imp. qua cum extrema aetate in haeresin Phantasiastarum et Aphthardocetarum prolabi visum revocat ab errore et altera *ad Chlodoswindam* (Gregorio Turonensi IV. 3. et 35. Glotsindam) Reginam Longobardorum, ut Alboinum Regem sponsum suum ab errore Arianorum ad fidem Catholicam adducat.

S. NICOLAUS I. cognomento *Magnus* a) Romanus patria , et Papa Romanus ab An. 858. 25. Mart. ad An. 867. Nov. 12. cujus *Epistolae* centum circiter exstant junctim editae in tomis Conciliorum Binii tom. VI. sive tomi tertii parte 1. et Regia tom. XXII. Labbei tom. VIII. Harduini t. V et maxime Coleti Veneta tom. X. ubi appendix etiam tertia ex Baluzii tom. V. Miscellan. pag. 479. 485. 487. et Dacherii tom. 12. spicileg. pag. 42. (tom, 1 edit. novae pag. 596.) Earum omnium notitiam tradidi tom. IX Bibl. Graecae pag. 530. seq. Ex his Epistolas sexdecim causam Photii spectantes et iisdem illis *ad Michaëlem Imperator.* quam ab ipso scriptam notavit Anastasius Bibl. et *Decreta* ex Gratiano in unum collecta et sub. XX. titulis digesta edidit Jo. Cochleus , Lipsiae 1536. 4. Inde Romae 1512. fol. Coloniae atque alibi recusa notavit Lud. Jacobus Bibl. *Pontificiae* pag. 163. Alias Epistolas quasdam Jo. Cordesius edidit cum Hincmari Remensis Epistolis Paris. 0615. 4. Longe plures ex iisdem Epistolae obviae in tomo tertio Conciliorum Galliae , recensente Sirmondo, et apud Baronium t. X. Annal. *Responsa ad Consulta Bulgarorum* Capita LVI. vulgavit Franciscus Turrianus cum Constitutionibus Apostolicis ex Graeco , Canonibusque Nicaenis LXXX. ex Arabico Latine versis, Antverp. 1578. fol. inde Baronius ad An. 366. n. 7. De *Salomone* Rege Martyre in Britannia Aromorica , ad cujus legationem capita responsionum Nicolai I. Papae publicavit Sirmondus t. 3 p. 274. consulenda Acta Sanctorum t. VI. Junii 25. p. 248. seq. Praeter Epistolas laudatas à Sigeberto c. 102. Durandus IV. 21. de Officiis et Trithemius

a) Gonzalo Illescas tom. 1. pag. 285. Labbeus   t. 2 de S. E. p. 127.

164

cap. 277. Nicolao I. tribuunt *Sequentiarum* usum in Ecclesiis Gallicanis ad Missam cantandarum, Notgero Abbate *S.* Galli procurante. Confirmationem fundationis Monasterii Vizeliacensis dedit Dacherius ad Guibertum Novigentium p. 655. seq.

* Pontificis huius epistolae, quae ad hanc diem sine ordine, et confuse datae fuerant a collectoribus, nunc mea opera in Chronologicum ordinem digestae sunt; quam Chronotaxim Vide in suppl. meorum Concilior. tom. 1. 965. Decreta etiam nonnulla eiusd. Pontificis, quae olim reperi in MS. Cod. Lucensi, ibidem adieci cum epistolis aliis eiusdem huc illuc palantibus. Vide ibid.

NICOLAUS II. antea dictus *Gerardus de Burgundia*, ex Episcopo Florentino Papa Romanus ab A. 1059. Jan 31 ad A. 1061. Jun. 24. Ejus *Epistolae IX.* in tomis Conciliorum, de quibus tom. XI. Bihi. Graecae p. 582. Lud. Jacobus etiam laudat Papyrium Massonum in sua Epistolarum Pontificiarum collectione, Paris. 1611. edita. *Decreta*, apud Ivonem, Gratianum etc. atque in Baluzii tom. VII. Misc. pag. 67. 68. *Bulla* An. 1060. data in ejusdem Baluzii appendice ad Marcam Hispanicam pag. 1145. *Decretum de electione Romani Ponttficis* apud Jo. Georg. Eccardum tom. 2 Corporis Scriptorum medii aevi pag. 21.

NICOLAUS III. antea *Joannes Cajetanus Ursinus*, Romanus, ob morum honestatem *compositus* dictus teste *Volaterrano*: fuit Papa ab An. 1277. Nov. 25. àd An. 1280. August. 23. *Super Regulam S. Francisci* expositionem edidit, quam inter alias Decretales de Verborum significationibus inseri ordinavit, teste Nic. Triveto ad An. 1277. Ludovicus Jacobus pag. 165. testatur *Regesti* ejus sive *Epistolarum* duo Volumina in Bibl. Vaticana asservari, ex quibus in tomis Conciliorum nullas reperio, paucas apud Bzovium, plures vero apud Raynaldum in Annalibus ad illos annos: et in Laur. Cherubini Bullario tom. 1. pag. 181. duas Constitutiones. Idem Lud. Jacobus Nicolao III. etiam tribuit librum *de electione digni-*

tatum. Epistola *ad Philippum III. Francorum Regem* edita à Dacherio tom. XI pag. 381. (edit novae tom. 3 pag. 683.) alia à Baluzio tom. VI. Misc. p. 440.

NICOLAUS IV Picenus, Asculanus, antea dictus *Hieronymus*, Ord. Minor. ex Episcopo Praenestino Papa Romanus ab An. 1288. Febr. 22. ad An. 1292. April. 14. Hujus *Constitutiones VI.* exstant in Bullario Cherubini tom. 1 pag. 185. seq. atque in his etiam illa pro Benedictinis, Congregationis Cluniacensis, quam Paris. 1619 8. editam Caveus memorat ex Lud. Jacobo, qui etiam tria hujus Nicolai volumina *Epistolarum* in Vaticana servari pag. 160. testatus. Ex his Epistolis centenae fere publicatae à Waddingo in Annalibus Ord. Minorum, appendice ad Tomum secundum à Raynaldo etiam paucae quaedam, et plures à Bzovio ad illos annos quibus Nicolaus praefuit. A Trithemio cap. 510. traditur etiam scripsisse. *In aliquot libros S. Scripturae. In libros IV. Magistri Sententiarum. Sermones* de Sanctis et de tempore. *Summas* varias addit Lud. Jacobus: sed quod pag. 165. ei quoque tribuit librum ad Patres Congregatos in Conciliis generalibus Patavii, emendandum est ex Waddingi Bibliotheca Ord. Minor. pag. 173. ubi laudat ejus *Epistolam egregiam ad Patres Capituli generalis Patavini.*

(225 Vita Nicolai PP. IV. a Hieronymo Rubeo composita nunc primum ex MS. Vaticano a P. Ant. Fel. Matthaeio. Pisis 1781. 8. Hieronymus celeberr. historiographus ortus Ravennae an. 1539. ob. an. 1607.)

NICOLAUS V. Lucensis, antea dictus *Thomas Lucanus Sarzanus*, ex Episcopo Bononiensi Papa ab An. ab A. 1447. Mart. 6. ad 1455. Mart. 25. instaurandis litteris praeclarus eruditorum Maecenas atque εργοδιωκτης cujus vitam à *Jannotio Manetto* a) libris quatuor traditam exspectamus ab illustrii Muratorio. Orationem Æneae Sylvii de morte Eugenii IV. et creatione Nicolai V. edidit Baluzius tom. VII. Misc. pag. 525. *Constitutiones quatuor* Nicolai V. exstant in Bullario Laërtii Cherubini tom 1. pag. 374.

a) Supra tom. pag. 65.

quarum prima est An. 1447. de *Concordatis* a) cum Friderico III et Principibus Germaniae, quae obvia est etiam apud Bzovium ad An. 1448. n. 1 *Epistolas XII.* ad Carolum VII. Regum Francorum, ad Gvilelmum˜Franciae Cancellarium et ad Franciscum Sforzam, Ducem Mediolan. edidit Dacherius t. IV. spicileg. p. 334. (edit. novae tom 3. pag. 767. 774. 776. 776. 779. 784. 794.) repetitas et iam una cum avisamentis de extinguendo schismate, in recentioribus Conciliorum editionibus (ut dixi tom. XI. Bibl. Graecae pag. 684.) et in novissima Coleti, tomo XIX. Plures Epistolae obviae apud Raynaldum, Bzoviumque et tomo quinto Annalium Waddingi. Epistolam ad Palaeologum Imp.Cpolitan.cum Graeca versione Theodori Gazae memorat Lud. Jacobus pag. 167. Bibl. Pontificiae : et aliam datam ad Canonicos Belmenses Privilegium Majori Monasterio S. Martini Turon. datum edidit Dacherius ad Gvibertum Novigentinum. pag. 593. seq.

(226 Vita Nicolai V. a Dominico Georgio conscripta : accedit eiusd. disquisitio de Nic. V. erga literas et literatos viros patrocinio. Romae 1742. 4.) NICOLAUS V. antea˜Petrus de Corbario Rainnalluccius Ord. Minor. *Antipapa* ab A. 1328. 12. Maj. ad An. 1330. August. 25. Ejus *Confessio* qua Papatui. in manus Joannis XXII Avenione renunciavit, legitur tum alibi tum in Baluzii Papis Avenionensibus t. 1. p. 146. cujus Baluzii de hoc Nicolao consulendae notae sunt p. 702. seq. et 1417. Conferendus etiam *tenor conversionis*, *abjurationis et reconciliationis* in Edmundi Martene t. 2 anecdotorum p. 807. 815. atque ibidem plura ad hunc Antipapam spectantia in Joannis Papae XXII. processu adversus Ludovicum Bavarum Imper. Pluta etiam apud Raynaldum, Bzovium, Spondanum et in tomo quarto breviarii Pontificum Antonii Pagi. pag. 90. seq.

Glossulam super CHristi imitatione huic Nicolao tribuit Baleus XIII. 39. atque ex

eo Simlerus et Ludovicus Jacobus p. 336. Bibl. Pontificiae. Idem Baleus vitiose Remalutium vocat pro Rainalluccio.

NICOLAUS *Abbas*, infra, *Nicolaus Tudescus.*

NICOLAUS *Acciajolus.* Supra t. 1. p. 3.

NICOLAUS *Anglus*, Monachus *S. Albani* Ord. Bened. cujus est *Epistola* inter Epistolas Petri Cellensis IX. 9. quam sequitur perinde dentata Petri responsio. Fallitur Lelandus c. 156. cumque secuti Baleus II. 79. et Pitseus, pag. 208. qui ajunt Nicolaum Abbatem fani S. Albani librum sive ut Baleus et Pitseus, libros duos *de Conceptione B. Virginis* scripsisse ad Hugonem Abbatem fani Remigii. Nam ut ex illis Epistolis videre est, scripsit de eo argumento ad Petrum, ex Cellensi Abbatem S. Remigii Remensis, et postea ab Anno 1182. Carnotensem Episcopum.

NICOLAUS *Albergatus* sive *de Albergatis* Bononiensis, Ordinis Carthusiani gloria, Legatus ad Concilium Basileense, Ferrariam item et Florentiam : Episcopus ab An. 1417. Bononiensis et ab An 1426 R. E. Cardinalis Presbyter, defunctus Senis, cum Eugenium IV. comitaretur An. 1444. Vide Ughellum tom. 2. pag. 31. seq. qui praeter Orationem in funere ejus habitam a Poggio Florentino, b) laudat vitae scriptores Jacobum Zenonem, Episcopum Feltrensem, Joannem Leonem Romanum Ord. Praed. in opere Manuscr. de Concilio Basileensi, aliosque multos, quibus adde G. Josephum Eggs purpurae doctae libro 3. n. XIV. tom. 2. pag. 66. seq. et ejusdem novum supplementum p. 568. ubi de recentiore ejusdem familiae ornamento *Nicolao Albergato* ab A. 1644 ad 1686: Cardinali disserens, etiam alios senioris Albergati vitae et virtutum praedicatores celebrat, Bonaventuram Caballum ab Amantea Ord. Minor. et Ludovicum Donium Attichium, Episcopum Eduensem. Scripta ejus ab Ismaele Buinaldo pag. 172. de doctis Bononiensibus, ab

a) Confer. Jo. Schilteri notas ad calcem Francisci Duareni librorum VIII. de sacris Ecclesiae ministeriis et beneficiis. Jen. 1699. 8. Georgii Branden collectanaea 1694. 8. Jac. Frid. Gregorii de

gravaminibus nationis Germanicae p. 257 seq.

b) Poggii Orationem cum vita Albergati à Jacobo Zeno et Carolo Sigonio scripta edidit Georgius Garnefelt : Carthusianus. Colon. 1618. 4.

Ughello aliisque memorantur : *Recollecta multae lectionis de inexcusabili peccatoris nequitia*, *Orationes* ad Venetos et ad Philippum Ducem Mediol. pro pace : *Sermones multi* atque *Epistolae*.

(227 *Vita del B. Niccolò Albergati scritta da F. Buonaventura Cavallo. Roma 1634. e da Ercole Zanotti. Bologna 1757. 4.*)

NICOLAUS *de Albertinis* de Prato, Hetruscus, Ord. Praed. ex Episcopo Spoletano Cardinalis Episcopus Ostiensis ab A. 1303. ad 1321. Ejus *Acta Legationum* sub Bonifacio VIII. Benedicto XI. Clemente V. et Joanne XXII. in Archivis Romanis servari non dubitat Jacobus Quetif tom. 1. Bibl. Dominicanor. pag. 547. ubi etiam eius tractatum *de paradiso*, atque alius *de Comitiorum Pontificalium habendorum ratione* commemorat.

(228 *Vita del Card. Niccolao da Prato scritta dal Prop. Filippo Venuti.* Livorno 1753. 4 e nel Magazzino Toscano — *Supplemento alla Vita ec.* Lucca 1754. 4. scritto dal P. Vincenzio Fineschi.)

NICOLAUS *de Alexandria* Statellorum Liguriae (a Nicolao Alexandrino Myrepso, Graeco Medico longe diversus) Ord. Praed. circa An. 1433. scripsit *in IV. libros Sententiarum.* id. Quetif tom. 1. pag. 782.

NICOLAUS *de Alsentia*, infra, *Nicolaus Crutzenacensis.*

NICOLAUS *Amatus*, Scholasticus circa An. 1397. cuius Commentarium in priora et posteriora Analytica Aristotelis Cangius evolvit in Bibl. S. Germani de Pratis, Cod. 806.

NICOLAUS *Ambianensis*, cuius librum *de fide Catholica*, Manuscriptum memorat Sanderus p. 361. Idem etiam *Chronicon* composuit, quod in Codice Puteano 125. Cangius evolvit, et Labbeus p. 14 Bibl. novae. MSS.

NICOLAUS de Vercellis Abbas *S. Andreae* de Sexta prope Januam seu Genuam Ord. Cisterc. circa an. 1290. cuius *Sermones* de festis Sanctorum, Manuscriptos evolvit Oudinus tom. 3. pag. 656.

NICOLAUS *de Anesiaco* Arvernus Ord. Praed. circa An. 1320. scriptor *tabulae supra Decretales.* Vide Jacobum Quetif t. 1. 549.

NICOLAUS *Anglicus.* Supra, HADRIANUS. IV. tom. 3. pag. 167.

NICOLAUS *ab Aquapendente* Hetruriae, Augustinianorum Provincialis Romanus defunctus An. 1456. cuius laudantur Tractatus *de peccato originali*, itemque alius *de Baptismo* et *Quadragesimale* et *Sermones de Sanctis.* Vide Philippi Elssii encomiasticon Augustinianorum pag. 501.

NICOLAUS *ab Aquavilla* Ord. Minor. circa an. 1317. cuius *Sermones* de Nativitate, de Sanctis et de tempore per anni circulum à Waddingo pag. 262. seq. memorantur.

NICOLAUS Card. *de Aragona.* Vide infra NICOL. *Rosselli.*

NICOLAUS Kempht *de Argentina*, discipulus Nicolai de Dinkelspuhel, Magister Viennensis, Monachus Carthusianus ab A. 1440. et ab An. 1451. Prior Carthusiae Gemnicensis in Austria, defunctus centenarius A. 1497. Ejus dialogum tripartitum *de recto studiorum fine ac ordine et fugiendis vitae vanitatibus* edidit Bernardus Pez tom. IV. Bibl. asceticae pag. 257. 492. Ejusdem librum *de discretione*, praecipue in Religiosis sive Monachis, id. tom. IX. pag. 381. 532. Caetera ejus scripta ex laudati Pezii prolegomenis ad tom. IV. referre juvat, sunt enim haec : *Regulae Grammaticales. Disputata super libris Posteriorum Aristotelis. Alphabetarium Divini amoris*, quod Gersoni alii, Joanni Nidero maluerunt tribuere. *De proponentibus Religionis ingressum. Memoriale primorum principiorum in Scholis Virtutum*, sive *Modus vivendi in Ordine*, *praecipue Carthusiensi. De charitate sive amicitia vera et ficta. De peccatis Charitati contrariis. Documenta SS. Patrum* contra praedicta vitia. *De suspicionibus. De tendentia ad perfectionem. De modo confitendi venialia peccata. De affectibus formandis in Horis*, sive in Officio Divino. *Expositio Canonis et totius Missae. De modo tenendi se in Capitulo*, sive de Capitulo Religiosorum. *De colloquio. Super statuta Ordinis Carthusiensis. De stabilitate. De tribus essentialibus omnis Religionis. De sollicitudine Superiorum habenda erga subditorum Salutem. De confirmatione et Regula approbata Ordinis Carthusiensis. De regno DEI. De ostensione regni DEI.*

Tres gradus ascendendi in triplici triclinio mentis. Tractatus quinquepartitus de Mystica Theologia. Expositionis Cantici Canticorum, libri VIII. De modo perveniendi ad perfectam DEI et proximi dilectionem. Collationes seu sermones breves super Evangelia Dominicalia de sensu anagogico perducente ad unionem mentis cum DEO. Sermones in Evangelia Dominicalia ad reformandos Religiosorum mores. Appendix de quibusdam festis ad jam dictas Collationes. Liber Sermonum super Epistolas et Evangelia totius anni. Sermones in festa Sanctorum.

NICOLAUS de Arimino, Ord. Minor. et S. Theol. Professor circa A. 1413. scripsit vitam et gesta Raynaldi Concoregii ex Episcopo Vicentino Arichiepiscopi ab A. 1303. ad 1321. Ravennatis. Edidit Ughellus tom. 2 Italiae sacrae pag. 382-387. edit. novae.

NICOLAUS Astonus, Anglus Theologus et A. 1360. Cancellarius a) Oxoniensis, cujus Lecturas Ordinarias et Quaestiones super Magistrum Sententiarum memorat Pitseus pag. 888. ex Balei XII. 18.

NICOLAUS Augusta, Venetus, Ord. Praed. defunctus A. 1446. scripsit concordantias antilogiarum Aristotelis. Commentaria in libros ejus Logicos: et Postillas super libros Biblicos plerosque. Vide Jacobum Quetif tom. 1 pag. 806.

NICOLAUS de Auximo, sive Auximanus, Picenus, Ord. Minor. familiaris Bernardini Senensis circa A. 1427. Palaestinam jussu Martini V. adiit, ibique Vicariatu Provinciae S. Angeli et locorum sanctorum functus est: atque Hierosolymis redux in Coenobio Arae Coeli diem obiit supremum. De eo praeter Possevinum, Waddingus tom. V. Annalium et Bibliothec. Ord. Minor. pag. 263. et II. Warthonus ad Caveum. Ejus scripta: Summa Casuum Conscientiae, Venet 1494. Supplementum ad Summam Pisanellam, Mediolan. 1484. Venet. 1489. 4. Interrogatorium Confessorum Venet 1489. 8. Liber legis Canonicae, sive librorum Juris Canonici epitome. Sermones, Quadragesimale, atque Italico: Commentarius in regulam Ord Minor.

* Sunt apud me editiones duae supplementi ad Summam. Pasinellam authore Nicolao de Auximo, quarum, ut apparet, vetustissima in fine mutila est, ut locus et tempus editionis desideretur. Alter vero Codex signatur Venetiis 1477 (non ergo 1489 ut hic) Pestremum vero hoc in fine adiuncta exhibet consilia Alexandri de Nevo negantis fas esse vocari Judaeos, ut foenerationem exerceant.

(229 Supplementum. Vercellis 1485. in f. per Jacob. de Suigo memoratur a cl. Vernazza. Osservaz. sopra gli annali del Panzer Biblioteca 1793 Giugno 298. Torino in 8.)

NICOLAUS Bagnatorius, Brixianus Ord. Praed. ciirca A. 1516. scripsit Vitam Conradini Bornada, Brixiani ex eodem Ordine, defuncti Bononiae A. 1429. Edidit Leander Albertus in opere de illustribus Viris Ord. Praedicatorii pag. 249. Laudant Vossius pag. 816. et Jacobus Echardus t. 2. Bibl. Dominicanor. pag. 34.

NICOLAUS Baleo VII. 52. Bayarde, Bajardus Pitseo pag. 588. aliis de Briacho Briatho, rectius de Byard, (de Biardo, de Viardo:) non Anglus sed Gallus, nec ad A. 1410. sed ad A. 1250. referendus. Vide eandem Bibl. Dominicanorum tom. 1. pag. 123. seq. Scripsit Summam de abstinentia, tum Distinctiones Theologicas, sive conceptus praedicabiles: Placita Theologica et Lectiones, Sermonesque de tempore, Quadragesimales et de Sanctis.

NICOLAUS Barianus (vitiose Barsanus) Placentinus, Augustinianus circa A. 1490. scripsit Causam Vitalianam de praecedentia Augustinianorum prae Franciscanis. Cremonae 1500. Tractatum de Monte impietatis, sive contra usuras mensarum quae montes pietatis vocantur, Cremonae 1496. et cum Dorothei Asciani sive D. Matthiae Zimmermanni libro de montibus pietatis Romanensis et Francisci PAPAFAVAE JCti Patavini decisione contra montes pietatis Lips. 1670. 4. Quadragesimale. Quodlibeticum LXXVII. quaestionum praedicabilium,

a) Anton. Wood. Antiqitatt. Oxon tom. 2 pag. 117.

Bonon. 1501. 4. Vide Possevinum, Elssium et H. Warthonum ad Caveum.

* Vixisse certo constat usque ad An. 1501 an vero ulterius ignoratur. Praeter libros hic a Fabricio indicatos scripsit etiam *distinctionum Theologicarum* librum unum ac *Placita Theologica* cum *Sermonibus de Sanctis* Haec P. Gandolfo in Dissert. de CC. Augustinianis.

NICOLAUS *de Bibera* sive *Bibrach*, Thuringiae opido, Teutonicus, Gymnasii Erfordensis Magister circa A. 1290. Scripsit teste Trithemio cap. 504. tam metro quam prosa non pauca opuscula: praeter *Epistolas* tamen nihil aliud commemorat quam *de cavendo malo* librum, cui titulus est: *occultus*, quem carmine et soluta oratione composuit Erfordiae. Nec plura refert Trithemius libro de luminaribus Germanie cap. 93. Ex illo libro quem Manuscriptum evolvit Flacius (impressum enim Erfordiae noli Hendreichio credere) nonnulla affert in Catalogo testium Veritatis pag. 865. seq. editionis primae. Ex Flacio Jo. Wolfius tom. 1. lection. memorabilium pag. 664.

NICOLAUS *é Bitonto*, sive potius *Bittonio* (al. Brittonio) Umber Ord. Minor. circa A. 1413. cujus nihil nisi *Sermones Qaadragesimales* à Waddingo memorari video.

NICOLAUS *Bituntinus* Episcopus, infra *Nicolaus Buthroti*.

S. NICOLAUS *Boccasinus*: Tarvisinus, supra BENEDICTUS XI. Papa, t. 1. p. 183.

NICOLAUS *Bonetus* Hispanus Ord. Minor. circa An. 1430. Ilujus *Postilla in Genesin* et *Commentarius in IV. libros Sententiarum* à Waddingo p. 263 memoratur. *Commentarius in Metaphysica Aristotelis* prodiit Barcinone 1493. et Venet. 1505. His adde tractatum *de Conceptione B. Virginis*, jussu Clementis V. scriptum et *formalitates e doctrina Scoti*. De monstroso eius errore supra in *Andrea Boucher* t. 1. pag. 78. et in *Eymerico* t. 2. p. 408.

NICOLAUS *Borghesius* sive *Burgensius*, Eques et Senator Senensis, circa A. 1483. scriptor *vitae S. Francisci Senensis* Ord. Servor. B. Mariae Virginis, de qua Vossius pag. 714. *Vitae B. Peregrini Latiozi*, Ordinis Servorum, Forolivii in Æmilia

defuncti post An. 1330. quae exstat in Actis Sanctor. tom. 3. April. 30. p. 837. 839. *Vitae S. Catharinae Senensis*, editae Venet. 1501. ex qua in iisdem Actis p. 977. quaedam afferuntur. Denique *Vitae Joachimi Senensis*, adhuc quod sciam ineditae, et *Vitae Jacobi Philippi* Presbyteri, Ord. Servor. defuncti Faventiae in Æmilia, quae prodiit in Archangeli Gianii, Florentini centuria tertia Annalium illius Ordinis, editorum Bononiae 1622. fol. atque in Actis Sanctor. tom. VI. Maii 25. pag. 167. 169.

* Vitam Joachimi Picolominei Senensis et Francisci Patritii itidem Senensis prodiit Lucae anno 1725. in appendice ad vitas Italicas eorumdem Joachimi et Francisci quae vulgavit P. Benedictus Ang. M. Canali Ord. Servor. Adiecit in fine vitam S. Pelegrini Latiosi ab eodem Burghesio scriptam, quam Bollandistae conquisitam nullibi repererant.

NICOLAUS *Boteleshamus* Anglus, Carmelita, Parisiis inter Sorbonicos ac deinde Cantabrigiae Theologiam docuit, obiitque An. 1435. Vide Lelandum cap. 544. qui ei tribuit *Commentarios in Petrum Longobardum* et librum *Theologicarum Quaestionum*. Addit Baleus VII. 94. *Tabulare studentium, Conciones* et *Lecturas* et *in Cantica Ridevallis*. Balcum sequuntur Pitseus p. 625. Possevinus, Simlerus, Alegrius pag. 342 Hendreichius pag. 970. pandect. Brandeburg. Ridevallum intellige ADILREDUM Abbatem *Riedvallensem* de quo supra tom. 1. pag. 14.

NICOLAUS *Botrontinensis*. Infra, *Nicolaus Buthroti*.

NICOLAUS *de Braia* post obitnm Ludovici VIII. Francorum Regis qui ab Anno 1223. ad 1226. praefuit, scripsit eius gesta carmine heroico, illudque dedicavit Episcopo ab A. 1228. ad 1248. Parisiensi, Guilelmo Aruerno. Incipit:

Magnanimi Regis Ludovici fortia gesta
Quam probus extiterit, quae bellica Gallia vidit ec.

Editum est à Francisco du Chesne t. V. rerum Francorum pag. 290. 322.

NICOLAUS *Breakspeare*, supra HADRIANUS IV. 3. pag. 167.

NICOLAUM *Brechendolum* sive *Brehem-dalum* Grammaticum Anglum Cangius laudat ex Pitseo, qui pag. 889. eius librum *de verbis deponentibus* ; atque alium *de verborum significationibus* memorat. Baleo XII. 85. *Breckendale* appellari video.

NICOLAUS *Brigamus*, Anglus , JCtus, scripsit *Venationes rerum memorabilium* , et *rerum quotidianarum libros XII*. Sed junior est, nam à Baleo IX. 48. traditur claruisse An. 1550. *Poemata* etiam illius memorat Pitseus pag. 750.

NICOLAUS *Brunfeldus* Pitseo pag. 889. laudatus Historiographus Anglus, scriptor Chronicorum , maxime de rebus patriae suae. Apud alios altum de hoc silentium.

NICOLAUS *Bungeius* sive *de Bungey* Anglus Norfolciensis, Sacellanus Episcopi Londinensis circa A. 1440. Scripsit *adnotationes Chronicorum* , ut Guil. Botonero teste (non Nicolao Brigamo, ut legas apud Vossium p. 633.) referunt Baleus XI. 45. et Pitseus pag. 628.

NICOLAUS *Burgensius*, supra *Nicolaus Borghesius*.

NICOLAUS natione Germanus,Ord.Praed. Episcopus *Buthroti*, sive *Botrontinensis* in Albania , scripsit ad Clementem V. *relationem de itinere Henrici VII. Italico et de rebus ab* An. 1310. *ad* 1313. quibus ipse vixit. Edidit Baluzius tom. 2. Paparum Avenionensium pag. 1143. 1230. et post Baluzium Muratorius tom. IX. thesauri rerum Italicarum. Vide Oudinum t. 3. pag. 736. et Jacobum Quetif, tom. 1. pag. 522. qui notat vitiose hunc Nicolaum à quibusdam *Bituntinum , Botudinensem , Bondinensem* vel *Bomdomitinum* appellari.

NICOLAUS *Cantolupus* (Cantilowe) Anglus , Carmelitarum Prior (non Episcopus ut vocatur apud Alegrium p. 345.) diem obiit Northamtoniae Anno 1441. Eius *historiam de Antiquitate et Origine Universitatis Cantabrigiensis* edidit cum Thomae Sprotti Chronico Thomas Hearne, Lond 1719. 8. Scripsit praeterea *in primum librum Sententiarum* , et *de laude sui Ordinis* , teste Lelando cap. 547. Addit Baleus VIII. 5. (cui male *Cantilepus* dicitur) *Chronicon epitomen* à rerum originibus, *Histo-*

riarum appendices, à temporibus Innocentii III. et *Quadragestimales Conciones*. Eadem Pitseus pag. 635. Encomium Ordinis sui , sive partem ejus priorem vidisse se refert Brianus Twyne in apologiam Academiae Oxoniensis, sed omnia repleta ait miris ac stupendis fabulis , ut Vossio pag. 560. jam notatum.

NICOLAUS Canonicus regularis Coenobii *Cantipratani*, circa An. 1240. scripsit supplementum *Vitae S. Mariae Oigniacensis* compositae a JACOBO *de Vitriaco*. Prodiit in Actis Sanctorum tom. IV. Junii 22. pag. 666. 676.

NICOLAUS *Canussinns*, Cividalensis sive Forojuliensis circa An. 1516. scripsit res Cividalenses in libro *de patriae restitutione* adversus Sabellicum. Non notus est mihi hic scriptor adhuc ineditus nisi ex Vossio, quem si placet vide pag. 682.

NICOLAUS *Capoccius* sive *Capocienus* Romanus , Honorii IV. Pontificis abnepos, Cardinalis Episcopus Tusculanus diem obiit An. 1378. Collegium Perusinum , *la Sapienza vecchia*, fundavit ac *Regulas* pro illa scripsit , quibus Juvenum mores instruerentur ad doctrinam et pietatem. Exstat teste Oldoino pag. 499. Athenaci Romani , ejus *Volumen litterarum negotialium ad diversos*. Exstat in Bibliotheca, videlicet Vaticana , in qua etiam alia ad Jurisprudentiam pertinentia huius Nicolai scripta , si fides G. Josepho Eggs, tom. 1 purpurae doctae pag. 386.

NICOLAUS Miscinus (Misquinus , Moschinus) *Caracciolus* Neapolitanus , Ord. Praed. ex Messanensi Episcopo Cardinalis defunctus An. 1389. scripsit *Summam de Poenitentia* , et *tractatum de Incarnatione Verbi*. Praeterea *depositionem de vera Canonica electione Urbani VI. et Acta trium* ejus *legationum ad Perusinos , Venetos et Carolum III. Siciliae Regem*. Vide Jac. Quetif tom. 1. pag. 696. et Baluzii Papas Avenionensis tom. 1. pag. 1212.

NICOLAUS Germanus , *Cardinalis* Presbyter S. Laurentii in Damaso , et Romanae Ecclesiae Bibliothecarius à Lucio II. croatus An. 1144. Peritus Hebraeae, Graecaeque Linguae , cuius *de S. Scripturae* emendatione comméntarium laudat Baronius ad An. 1145. n. 1. Argumentosum opus vocant Augustinus Oldoinus in Athenaeo Romano p. 505. et G. Josephus Eggs in supplemento purpurao doctae p 67. NICOLAUS Gallus, Narbonensis, *Carmelitarum* Ordinis Prior Generalis ab A. 1266. ad 1272. Scriptor *Sagittae igneae*, de laudibus Carmelitici Ordinis, et Antiquae Carmeli religionis deploratio. Vide Trithemium cap. 506. et Alegrium p. 263 sed et Flacium, qui huic Nicolao locum tribuit in suo Testium Veritatis Catalogo p. 864. edit. primae, ut ex Flacio Jo Wolfius lection. memorabil. tom. 1. pag. 543. Hanc sagittam elegantissimis characteribus impressam, notavit ex Lucio Possevinus. De Manuscripto Cottoniano vide Oudinum tom. 3. pag. 465.

NICOLAUS Vischel, *Cisterciensis* Monachus Coenobii S. Crucis in Austria, Germanus circa A. 1410. Hujus *Sermones* et libros III. de laudibus B. Virginis quos *Imaginem S. Mariae* inscripsit, laudat Trithemius cap. 708. et in luminaribus Germaniae cap. 161. Vide sis et infra, PALTRAMUS.

NICOLAUS Monachus ex *Cluniacensi Claraevallesis*, hoc est *e nigro*, *Albus* a) S. Bernardi ab Epistolis, deinde falsarius deprehensus b) atque profugus in Italiam, ejusdem Bernardi adversarius de quo Angelus Manriquez, Vischio pag. 249. laudatur in Annalibus Cisterciensibus tomo secundo ad A. 1145 1148. 1151. 1171. Ejus *Epistolae LV.* cum Jo. Picardi notis, editae primum in auctario Bibl. Patrum Paris. A. 1610. deinde in Coloniensi ac recentioribus Parisiensibus, ac denique in Lugdunensi tom. XXI. pag. 517 553. Petri Cellensis ad hunc Nicolaum Epistolae libro quarto exstant, in cujus secunda pag. 160. mentio *Sermonis*, Nicolai *de S. Victore*. Atque *sermones XXI.* inter Petri DAMIANI opera t. 2 reperiri, à Jo. Picardo jam notatum: reperiuntur etiam in S. BERNARDI operibus, Volumine V. vide supra tom 1. pag. 210. et tom. 2 pag. 425. Exstat et *li-*

ber Sermonum ad Henricum Campaniae Comitem, in Bertrandi Tissier Bibliotheca Cisterciensi tomo 3 pag. 193. Bono fonte 1669. fol *Epistolam* ad eundem Henricum, qua ei ait mittere se Epistolas Papae, et Cancellarii aliorumque *personatorum* virorum, scriptas per biennium, edidit Baluzius tom. 2 Misc. pag 234. et aliam deprecatoriam ad Wilhelmum ab Anno 1175. Archiep. Remensem pag. 237.

NICOLAUS *de Clemangis*, supra tom. 1 pag. 361.

NICOLAUS *de Crutzenach*, Teutonicus ex Comitatu Spanhemensi, dioeceseos Moguntinae, Theologus Viennensis defunctus Viennae A. 1491. de quo Trithemius cap. 874. de S. E. et de luminaribus Germaniac cap. 232. Ejus scripta : Commentarius *in IV. libros Sententiarum*, Liber *de purissima Conceptione B. Mariae semper virginis*; *Sermones* de tempore et de Sanctis. *Orationes* multae et variae *Quaestiones* in Scholis disputatae.

NICOLAUS de Alsentia, Carmelita Conventus *Crutzenacensis* superstes adhuc A. 1495. teste eodem Trithemio in luminaribus Ecclesiae cap. 286. Scripsit *in Exodum*. *In Apocalypsin*. *In Officium Missae et Canonis* prolixum Volumen, et *sermones* de tempore et de Sanctis·

NICOLAUS S. Crucis in Austria, supra, *Nicolaus Cisterciensis.*

NICOLAUS *de Curbic* Ord· Minor. postea Episcopus Asisinatensis, scripsit *Vitam Innocentii IV.* ab A. 1243. ad 1254. Papae, quam edidit Baluzius tom. VII. Miscell. pag. 353-405.

NICOLAUS *de Cusa*, supra, CUSANUS tom. 1. pag. 405.

NICOLAUS *de Dacia*, Hungarus Ord. Praed. Theologus Astronomiae et artis Medicae peritus circa A. 1464. de cujus Manuscr. congerie anaglypharum astronomicae facultatis, adeundus Jacobus Quetif tom. 1 pag. 827.

NICOLAUS *Dathus.* Supra t. 2. p. 40.
NICOLAUS *Dinckelspühel*, Doctor Viennensis, patria Svevus. Supra t. 2 p. 86.

---

a) Petrus Cellensis IV. 1. pag. 155.

b) Adde S. Bernardi Epist. 84. et 98.

NICOLAUS *Dionysii* , Waddingo pag. 267. *de Nyse* , Ord. Minor. Provincialis defunctus Rothomagi A. 1509. Praeter *Gemmam praedicantium* tribus libris *, aedificatorio* , *destructorio* et *reparatorio*: sive sermones quam plurimos , Rothomagi , Basileae , Argentinae , Parisiis et Brixiae editos , 'scripsit *Speculum mortalium* sive de quatuor novissimis , Paris. 1518 et *Resolutionem Theologorum* , sive *Commentarium in IV. libros Sententiarum* Rothomag. et Venet. 1568. 1574.

NICOLAUS *Donis* , Germanus Ord. Bened Monasterii ut ferunt Reichenbacensis , laudatus Trithemio cap. 836. de S. E. et illustr. Benedictin. II. 143. et in luminaribus Germaniae cap. 206. quo teste emisit opus mirandum *in Cosmographiam Ptolomaei* cum picturis novisque tabulis elegantissime ordinatis et diligentissime correctis dicatum Paulo II· Pontifici , quem constat mense Julio A. 1471. rebus humanis valedixisse. Idem opus praeter Trithemium laudat Marsilius Ficinus scribens ad Federicum Urbinatium Ducem : memorans quoque a) *Francisci Berlingherii* , Nicolai F. Cosmographiam cum universi Orbis terreni figura oblatam eidem Duci Federico. Donisii opus an typis editum sit , dubitat Vossius de scriptoribus Mathem. cap. 70. §. 11. pag. 413. Sed non dubitandum esse docet Beughemius p. 114. incunab. typograph. ubi memoratur etiam Nicolai Germani *tractatus de locis ac mirabilibus Mundi* cum ejus Ptolemaeo ; laudatus à Trithemio atque editus Ulmae 1486. fol. nec dubium est exstare vetustiores editiones , ut Ulmensem A. 1482. *Opus Donni Nicolai Germani secundum Ptolemaeum* b) vel Romanam ejusdem anni , de qua IV· 14 Bibl. Graecae pag. 413. Denique *Epistolas* ejus ad diversos ex Trithemio laudant Gesnerus, Simlerus. etc. *(*Vide Andres *Della Letteratura ec.* III. 466. Lucchesini).

NICOLAUS *Donati* , Lucensis , itidem Benedictinus , sed paullo junior , cui historiam de rebus gestis Senensium et libros

duos de bello Hetrusco inter Carolum V. Imp. et Henricum II. memorat Arnoldus Wion tom. 1 ligni Vitae p. 443. ·

NICOLAUS *Dorbellus* , sive *de Orbellis* Audegavensis provinciae , Turonensis Gallus , Ord. Minor. Theologiam docuit in Gymnasio Pictaviensi. De illo Bergomensis ad A. 1454. Trithemius cap. 815. Waddingus pag. 268. II. Warthonus ad Caveum , et Oudinus tom. 3 pag. 2546. Scripsit *in IV. libros sententiarum* ex sententia Joannes Scoti , Haganoae 1503. 4. Paris. 1511. 1517. 8. 1520. 8. *Logicam* secundum eundem Scotum , Parmae 1483 et *in Summulam Petri Hispani* libros VII. Venet. 1516. 4. Commentarios *in Aristotelis* Physica , Metaphysica , Ethica et de anima : Basil. 1503. una cum libro *de scientia Mathematica* , qui prodierat Bonon. 1483. *Sermones* in Epistolas Quadragesimales a) Lugd. 1491.

NICOLAUS *Dorhin*,infra,*Nicol. Durham.*

NICOLAUS Monachus Anglus *Dunelmensis* , Ord. Bened. Cluniacensis , scriptor *Vitae S. Godrici* Eremitae , quam Matthaeus Paris notat ex Godrici dictantis ore eum excepisse. Exstat vita haec in variis Angliae Bibliothecis ut notavit Oudinus t. 2 p. 1503. De Godrico vide supra t. 3 p. 68. ubi notavi diem obiisse A. C. 1170. De alia ejusdem vita scripta à GALFRIDO et in Actis Sanctor. 21. Maj. edita ibid. p. 28.

NICOLAUS *Durham* , sive ut apud Lelandum cap. 406. *Duramus* , Dunelmi sive Durhami natus , Trithemio cap. 633. vitiose et Alegrio pag. 335. *Dorhin* , Anglus , Novicastrensis Coenobii Carmelita , Philosophus et Theologus Oxoniensis circa A. 1360. Scripsit *determinationes Quaestionum* , et *in Longobardi IV. libros Sententiarum.* Addunt Baleus VI. 40. et Pitseus ad A. 1370. pag. 507. librum *contra Wiclefi articulos* , nescio quae *Doctorum Originalia* , missaque in compendium scripta longiora *Sententiariorum.*

NICOLAUS *Eymericus* , sive *Eimericus* , supra t. 2 p. 541.

a) Lib. VII. Epist. tom. 1 Opp. 824. b.
b) Amoenitatt. litterar. tom. 5 pag. 154. Fi id.

Jac Meyschlagii sylloge pag. 224.
a) Vide Gesneri Bibl. pag. 522. b.

NICOLAUS *Euboicus*, sive Euripontinus, (di Negroponte) non Saguntinus a) patria, neque Saguntinus in Hispania Episcopus, b) sed Sagudineus (Segundinus Secundinus) proprio nomine, de quo accurate auctores Diarii eruditorum Italiae t. XXIV. pag. 375. seq. Ilic est e Matthaeo Palmerio ad A. 1439. *Latinae et Graecae Linguae atque elegantiae princeps laudatissimus, qui frequenti Concilio* (Florentino) *medius assistens, multis et eruditis viris audientibus, me quoque teste visente audienteque, disputantium verba atque sententias tum Graece tum Latine prolatas, mira celeritate ultro citroque in utramque linguam fidelissime et summo ornatu reddebat.* Graecorum *Confessionem de verbis consecrationis et transsubstantiationis* à *Bessarione* in illo Concilio propositam ex Latina Nicolai Euripontini versione edidit Mabillonius tom. 1 Musei Italici pag. 243. professus pag. 246. nescire se num idem ille sit cum Nicolao Euboico, de quo non est dubitandum : perinde uti constat hunc esse Nicolaum ερωηνέαπων Γραικων cujus versionem Graecam dissertationis JULIANI, Cardinalis S. Angeli de quaestione illa *an liceat Symbolo Fidei aliquid addere etiam si verum*, Manuscriptam in Bibl. Caesarea memorat Lambecius tom. V pag. 153. Laudatur ab Ænea Sylvio in Cosmographia pag. 452. et pag. 307. quo posteriore loco etiam mentio libri *de origine et familia Ottomannorum*, quem Æneae dedicavit, laudatum Jovio ac Cuspiniano, a) atque luci datum Lovanii edente Jo. Ramo A. 1553. in 8. et cum Laonico Chalcondyla Basileae 1566. fol. Vide laudatum Diarium eruditorum Italiae tom. 18 pag. 419. Ineditam autem *de expugnatione Constantinopolitana* narrationem, quam fuisse apud Franciscum Sansovinum traditur in eodem Diario t. XIV pag. 384. NICOLAO Fulginati tribuit Allatius, qui eam edere voluit libro συμ-

μικτον quarto. Nondum etiam lucem vidit, si unquam exstitit versio librorum septem *Arriani* de Alexandro M. rebus gestis, Segundino auctore, qui Bartholomaeo Facio eosdem libros vertenti non defuit. Neque quisquam in lucem hactenus protulit *Epistolam ad Andronicum Callistum Philosophum* Labbeo b) memoratam ac Sylburgio c) de Michaelis Apostolii adversus Theodorum Gazam libello Viterbii scripto An. 1462. stylo satis eleganti de Aristotele et Platone. Neque *Consolationem* ad Jacobum Antonium Marcellum, Patricium Venetum de obitu Valerii filii : neque *Orationem* Neapoli A. 1433. ad Regem Aragonum Alphonsum habitam de potentia Teucri (Imperatoris Turcorum Muhamedis II.) et ejus persona, moribus, intellectu et sapientia. Sed iterum iterumque lucem vidit Latina libri *Onosandri* de Optimo Imperat. versio ad Alphonsum Regem, Venetiis cum Vegetio, et Basileae 1544. 1558. 1570. 8. Nec non *Plutarchi* de Civili institutione, ad Marcum Donatum, Patricium Venetum: Brixiae 1485. 8. Exstat etiam in Latino Plutarcho H. Stephani t. 3 moralium p. 47.

* Non ante multos annos prodiit in lucem Nicolai huius Sagundini (sic enim se appellat epistola data Venetiis XII Kal. Sept. ad Card. Tusculanum, in qua fuse describit historiam naufragii sui, quod passus fuit haud procul a Veneto portu dum in Candiam pergeret. Vid. tom. II. *Miscellanea di varie operette* Venet. 1740. quo in opere altera adiuncta est Petri Parleonis Ariminensis consolatoria ad eundem Sagundinum naufragium illud perpessum.

NICOLAUS *Fachineamus* sive *Fakinham* Nordfolciensis Anglus, Ord. Minor. Magister Provincialis, Theologus Oxoniensis obiit A. 1407. Ejus scripta : *de fraternitate* Christiana : *de schismatibus Ecclesiae*: *super unione Ecclesiae.* Et contra Wiclefitas *de valore Missae, de suffragiis via-*

a) Ita Nic. Antonius. t. 2 Bibl. Hispan. veter. p. 194. §. 580.

b) Ita Vossius pag. 601. (cui vitlose *Joannes Nicolaeus Buboicus*.) Caveus ad An. 1439. in hist lil. Scriptorum Ecclesiasticorum.

a) Vide Vossium pag. 594.

b) Bibl. Mannscriptus eag. 101.

c) Pag. 40. catalogo Manuscriptorum Bibl. Palatin. Adde Diarium eruditor. Italiae tom 14. pag. 587. et tom. 15 pag. 503.

torum et *de Oratione.* Vide Bzovium ad A. 1415. n. ult pag. 489. seq. Baleum VII. 29. et Pitseum pag. 583. seq. Waddingum pag. 263. seq. Non diversus mihi videtur NICOLAUS *Falconius* quem Lelandus cap. 385. circa idem tempus scribit fuisse Promagistrum sive Protomagistrum chordigerorum Angliae, et scripsisse *de unitate Ecclesiae* libellum schismatis tunc late grassantis remedium praesentissimum.

NICOLAUS *Falco*, cujus Codex Manuscriptus Oxonii in Bibl. Mertonensi jam memoratus Vossio pag. 495. hac epigraphe: *Liber historiarum partium Orientis, quem ego* Nicolaus Falcon *scripsi primum Gallico idiomate, et de Gallico transtuli A.* 1307. Vide supra in AITHONO, t. 1 pag. 33.

NICOLAUS *Falcuccius*, Florentinus Medicus, defunctus A. 1412. et à Nicolao Nicolio, de quo infra, probe distinguendus. Ejus *sermones VII. Medicinales* prodiere Venet. 1491. et 1533. fol. quatuor Volum. Ex his sermo secundus recusus in Opere Veneto de febribus. Praeterea Julius Niger in historia scriptorum Florentinor. pag. 424. memorat Commentarium ejus *in Aphorismos Hippocratis* à Jo. Baptista in Theodoxio Parmensi vulgatum Bononiae 1522. 8. nec non *Antidotarium*, et Opus bipartitum Manuscr. in Bibl. Regia Paris. et Florentina S. Marci, *de subjecto Medicinae* et *de dispositionibus febrium*: à Nicolao Nicolio exactissime emendatum.

(225. Vide *Elogio* a Jos. Pellio in op. *Elogi d'Illustri Toscani* III. et Manni Sigilli XI. 20.

NICOLAUS *Farinula*, rectius de *Freauvilla* Gallus Nestrius, Ord. Praed. Philippi Pulchri, Regis Francorum à sacris Confessionibus, atque inde Cardinalis defunctus A. 1324. de quo Jacobus Quetif tom. 1 pag. 555. seq. et Baluzius in Papis Avenionensibus tom. 1 Ejus scripta, praeter *Sermones* et *libros rituales* prisca disciplina rudius digesta sunt *Acta legationis Gallicae, Epistola* ad Patres Ordinis in Comitiis Generalibus Lugduni A. 1318. congregatos, *Instrumenta duo* de manerio suo sive praedio Rothomagensi, et de pro-

curatore qui illud irrevocabiliter possidendum traderet Conventui Dominicanorum. Denique *testamentum.*

NICOLAUS *de Ferneham* sive *Ferenhamus* Anglus, bonis artibus et Medicinae operam dedit Oxonii, Parisiis, Bononiae, inde Henrici III. aulae Medicus, ac denique Episcopus Dunelmensis sive Dunholmensis A. 1241. De eo Matthaeus Paris ad A. 1229. pag. 244. et ad Annum 1241. pag. 382. et 388. Matthaeus Westmonasteriensis ad A. 1241. pag. 304. Lelandus cap. 363. Baleus IV. 3. qui *practicas Medicinae*, et librum *de viribus herbarum* ait scripsisse, ut ex Baleo Pitseus pag. 313. Abdicasse se Episcopatu A. 1249. et A. 1259. de vita discessisse notavit Franc. Goodwinus de praesulibus Angliae II. p. 122.

NICOLAUM *de filii*. Episcopum et ipsum Dunelmensem circa A. 1204. ex Pitseo p. 889. Cangius memorat. Sed apud Goodwinum aliosque, inter Dunelmenses praesules nullum Nicolaum Filium reperio. Historicum tamen Anglum Pitseus appellat, qui juvenis ad historias scribendas appulerit animum, atque inter alia retulerit Simonem Thurvaium, virum electissimum, repente omnium rerum captum oblivione et repuerascere coepisse.

NICOLAUS *de Florentia*, Medicus defunctus A. 1012. scriptor *antidotarii* memorati à Sandero p. 193. Biblioth. Belgicae Manuscriptae.

NICOLAUS *de Florentia* Ord. Minor. scriptor *Speculi Confessionis* quod à Sacra Congregatione indici prohibitorum librorum insertum notat Julius Niger p. 424. historiae Scriptorum Florentinorum.

NICOLAUS (Niccoli) *Florentinus*, magistro usus Lud. Marsilio, Augustiniano civibus suis auctor fuit ut Manuelem Chrysoloram ad docendas Graecas litteras arcesserent, et deinde Guarinum, Jo. Aurispam, Franciscum Philelphum: mortique vicinus Bibliothecam suam DCCC. insignibus Codicibus refertam publicis studiosorum usibus consecravit. Elogium dictum a Poggio in ejus funere edidit praeterito auctoris nomine Edmundus Martene tom. 3. monumentorum p. 727. junctis pag. 736. 739.

711. Ambrosii Camaldulensis, Thomae Pontani et Poggii Florentini Epistolis quibus luctum communem super ejus obitu testantur. Confer quae infra in *Nicolao Nicolo.*

NICOLAUS *de Fractura*, Abbas S. Vincentii ad Vulturnum, circa A. 1299 Ejus commentarium *in Regulam Benedicti* Cangius evolvit in Bibl. S. Germani de Pratis, Codice 806.

NICOLAI *Fulginatis*, de expugnatione Constantinopolitana A. 1453. facta edere voluit Allatius libro συμμίκτων quarto. Incipit: *Gothos evertisse Romam*, *et insaevisse adversus cives.* Vide quae supra in *Nicolao Euboico.*

NICOLAUS *Gallicus*, supra *Nicolaus Carmelitarum* Generalis.

NICOLAUS *Gallus* Monachus Svessionensis S. Medardi, congregationis Cluniacensis, circa A. 1110. scripsit Vitam S. Godfridi Episcopi ab A. 1104. ad 1118. in Gallia Ambianensis, quam exhibet Surius 8. Novembr. Vide Arnoldum Wion tom. 1. ligni Vitae pag. 443.

NICOLAUS *Gallus*, sive Hahn, priore longe junior, natus Cothenis A. 1516. atque A. 1570. extinctus. Docuit Mansfeldae, Ratisbonae, Witebergae, Magdeburgi, ac Ratisbonae iterum : Theologus doctrina et Zelo clarissimus, amicus Flacii quem etiam in adornandis Centuriis Magdeburgensibus, atque in dissuadenda adiaphororum temeraria susceptione adjuvit: animans etiam postremis annis consilio ac doctrina sua nascentes in Austria Stiriaque Ecclesias Evangelicas. De eo Josua Opitius in Oratione funebri : Melchior Adamus pag. 156. ac caeteri laudati in Diario Theologico *Sammlung von Alten und Neuen*, Anno 1733. p. 213. 214. atque Clarissimus Jo. Henricus van Seelen in philocalia Epistolica pag. 28. seq.

NICOLAUS *Gelantius*, Andegavis natus et ibidem Pontificatus : Episcopus in Gallia Andegavensis ab A. 1260. ad 1290. Vide Sammarthanos tom. 2 Galliae Christianae pag. 137. seq. Ejus statuta Synodalia in Synodis XXV. ab A. 1261. ad 1282. publicata edidit Dacherius tom. XI. spici-

legii pag. 201. (edit. novae T. 1. pag. 726. 734) subjunctis successoris ejus in Episcopatu, GVILELMI *Majoris* (le Maire) statutis per Synodos XVII. ab A. 1291. ad A. 1344. pag. 755-747.

NICOLAUS *Gorraus*, sive *Gorhamus* unus enim est idemque, supra tom. 3 pag. 71.

NICOLAUS *Graecus* Albanensis, clarus in Anglia circa An. 1249. qui Roberto Lincolniensi traditur operam suam praestitisse in transferendis scriptoribus Graecis, de quibus infra in ROBERTO. Vide Lelandum cap. 240.

NICOLAUS *de Hanapis*, supra t. 3 p. 175. Fratris NICOLAI *dc Hangvevilla* Sermones Manuscriptos memorat Sanderus p.270. Bibl. Belgicae.

NICOLAUS *de Harcileg*, sive *Harcilech*, Friburgensis Ord. Praed. circa An. 1355. scripsisse traditur Commentarium *in Epistolam Judae.* Vide Jacobum Quetif. t. 1 p. 641. Tractatum *de abusionibus Claustri* addes ex Possevino : atque ubi de *Nicolao Teutonico* disserit (qui ab hoc non est diversus) Commentarium in Cantica Canticorum, et librum de assensu Cordis, atque alium *de arte praedicandi.*

NICOLAUS *Harlemius*, iufra *Nicolaus Simonis.*

NICOLAUS *Hasttfragus* sive *Breakspeare.* Supra, HADRIANUS IV. t. 3 p. 168.

NICOLAUS *Hostreshamus*, Medicus Anglus circa An. 1443. scripsit teste Baleo VIII. 8. et Pitseo pag. 636. *Practicam Medicinae*, *et Antidotarium;* tum *Modum conficiendi et dispensandi*, *de febribus*, *contra dolorem renum*, *et Viaticorum necessariorum libros VII.*

NICOLAUS *Hydruntinus*, Magister Hydrusse, Graece quidem scripsit pleraque contra Latinos sub. seculi XII. initia : tamen utriusque Linguae peritus nonnulla Latine quoque sive ex Graecis suis aliorumque vertit, nt notatum Allatio cap. XIII. 4 de consensu utriusque Ecclesiae pag. 701. Caveo ad An. 1201. et Oudino t. 3. p. 13.

NICOLAUS *de Jansilla*, Gibellinorum addictus partibus, scriptor *Historiae de rebus gestis Friderici II. Imp. et filiorum* Conradi et Manfredi, Apuliae et Siciliae Regum ab An. 1210. ad 1258. quae in lucem edita est ab Ughello tom. 8 p. 752. (edit. novae tom. X pag. 562.) Jo Georg. Eccardo tom. 1 Corporis medii aevii p. 1025. Carusio tom. 2 Bibliothecae. Siculae pag. 675. lacunis etiam quibusdam è Codice Messanensi suppletis : et melior denique et integrior à Muratorio a) tom. VIII. thesauri rerum Italicarum pag. 489. qui nomen auctoris etiam restituit, docuitque *supplementum de rebus gestis ejusdem* Manfredii, Caroli Andegavensis et Conradini Regum ab An. 1258. ad 1265. deberi Sabae MALASPINÆ scriptori Gvelphicarum partium , de cujus VI. libris rerum Sicularum supra pag. 11.

NICOLAUS *Jaquerius* Divionensis Gallus Praed. obiit Gandavi An. 1472. de quo Jacobus Quetlf 1431. in Bibliotheca Dominicanorum t. 1 p. 847. seq. interfuit Concilio Basileensi, A. 1431. in quo habiti ab eodem *Sermones* quo , Manuscripti in Bibl. Caesarea. Caetera ejus scripta sunt: *Dialogus* cum Joanne Ràbizano *da communione unius Sacramenti*, contra Hussitas, Tornaci 1466. *Flagellum haereticorum fascinariorum* (Waldensium) Francof. 1581. 8. Tractatus *de calcatione Daemonum. Excerpta quaedam adversus* ex tractatibus quorundam tempore Concilii Basileensis *adversus sectam Bohemorum*, et speciatim ex libro Magistri *Joannis de Turrecremata*, Cardinalis.
* In MS. Cod. Aquicinctensi de quo Martene Itiner. liter. II. 80. F. Nicolai tres sunt orationes in concilio Basileensi dictae. *Collatio in Dominica I. in Quadragesima. In Dominica III post octavam Paschae per F. Nicolaum. In Dominica post Epiphaniam per F. Nicolaum.*

NICOLAUS *de Jawir*, ex cujus gravi Oratiose in Concilio Constantiensi A. 1417. habita adducit nonnulla V. C. Hermannus ab Hardt , prolegom, ad tom. V p. 27.

NICOLAUS *Insulensis de Furno* Sermones Manuscripti memorantur à Sandero parte 2 Bibl. Belgic. p. 138.

NICOLAUS *Kenton*, supra t. IV p. 500.

NICOLAUS *Kus*, Sacerdos Rostochiensis , Magister et Baccalaureus formatus Theologiae : inter testes Veritatis refertur à Joanne Wolfio ad An. 1511. tomo 2 lectionum memorabilium pag. 27. ubi refert eum Rostochio pulsum , Westmariam primum sive Wismariam , deinde in Livoniam concessisse, ibique diem obiisse. scripsit *harmoniam Evangeliorum*, et Saxonica lingua librum prolixum quem inscripsit de triplici funiculo , ex quo testimonia quaedam a Wolfio afferuntur.

NICOLAUS *de Laine*, Abbas S. Gerardi Ord. Bened. in Comitatu Namurcensi, defunctus An. 1448. Ex ejus scriptis nihil video memorari à Valerio Andrea et Sweertio, nisi tractatum *de translatione salutiferae Crucis*.

NICOLAI *Lackemanni*, Commentarium in librum primum Sententiarum Manuscriptum in Bibl. Monasterii Benedicto Burani notavit Bernardus Pex. t. 3 anecdotor. parte 3. pag. 629. Vide infra *Nicolaus Lockmann*.

NICOLAUS *Lanckmann. de Falckenstein*, Capellanus Caesareus et Orator in Portugalliam, cujus *historia desponsationis Friderici III.* facta An. 1451. *cum Eleonora Lusitanica* prodiit Augustae Vindel. 1503· 8. atque inde in Freheri tom. 2 rerum Germanicarum pag. 51. Adde edicta supra in Falckensteino , t. 2 p. 550.

NICOLAUS S. Mariae et S. Lamberti *Leodiensis* sive *Leodicensis* Canonicus, circa An 1120. ac deinceps : scripsit ad Wedericum, Abbatem Letiensis Ecclesiae , *gesta S. Lamberti* Pontificis sive Episcopi ab An. 656. Leodiensis, et Martyris, cujus memoria 17. Septembr. recolitur , edita cum Godeschalci , Stephani et Reneri de eodem Lamberto lucubrationibus à Joanne Chapeavillo t. 1. gestor. Pontificum Tungrensium pag. 374. 490. Leodii 1612. 4. *Triumphum* reliquiarum *S. Lamberti Martyris de castro Bullonio* in expeditione Bulliensi An. 1141. contra Rainaldum l. Comitem Barrensem. Exstat in eodem Opere tom. 2. pag. 577. 602. *Algeri* Scholastici Leodiensis *elogium*, in Analectis Mabillonii tom. 1. pag. 303. (edit. novae in fol. pag. 129. 130.) De hoc ALGERIO ejusque scriptis supra tom. 1. p. 65.

NICOLAUS *Leonicenus*. Sup. t. IV p. 550.

NICOLAUS *Leonicus Thomaeus* ib. p. 550.

NICOLAUS *de Linna* sive *Linensis* de Norfolciensi suburbio Anglus, Carmelita circa An. 1357. Mathematicarum rerum peritus et laudatus Gothofrido Chaucero in libro de Astrolabio et Joanni Somae, Carmelitae et ipsi, atque Mathematico. Vide Lelandum cap. 370. qui Nicolai hujus laudat *Canones Tabularum*, et librum *de Zodiaci natura*, et *de Planetarum domibus*. Longe plura addunt Baleus VI 25. Pitseus pag. 505. et ex eo Algerius pag. 307. quos secutus Cangius ad An. 1370. refert hunc Nicolaum. Sunt. autem illa: *De astrorum judiciis. De eclipsi Solis. De usu astrolabii. de Mundi revolutione. Astrologorum dogmata. De sphaera judiciali. De figuris et signis. De variis genituris. Pro uegrotantibus liber*, et *pro Ordine Carmelitano*.

NICOLAUS *de Lira* sive *Lyra*, neutiquam Anglus, ut multis a) visum, nec Flander sive Brabantinus, b) sed Normannus, Lyrae in dioecesi Ebroicensi natus, ut plures c) ex ejus epitaphio jam docuere, quod etiam infra apponam. Judaeis natum parentibus d) atque ex Judaeo Christianum factum, non certo constat, nisi NICOLAUS exjudaeus, antea *Donim* sive *Mabin* dictus fuerit cujus cum Jechiele Judaeo disputationem à Wagenseilio e) editam habemus, idemque hic sit cum Lyrano nostro, ut Clariss. Hardtio persua-

sum, qui etiam notat Judaeos post finitam illam disputationem Anno 1306. a Rege Philippo expulso Gallia fuisse. Certe Lyranum Judaeis mature dedisse operam, ut Hebraicarum litterarum peritiam sibi compararet, scripta ejus testantur f) Inter Franciscanos nomen professus suum circa an. 1291. g) in Coenobio Normanniae Vernoliensi, postea Parisiis Theologiam docuit, *Doctor planus et utilis*, Judaeorum fortis adversarius, et sacrarum litterarum interpres non poenitendus. Quanta fuerit auctoritate. constare inter alia potest ex eo, quod Joanna Philippi V. conjux, Franciae Regina h) Burgundiae Comes, An. 1325. codicillis testamenti sui executores nominavit Petrum Bertrandi, Episcopum Æduensem: Thomam de Sabaudia, Petrum de Palude, et fratrem Nicolaum de Lira, Ord. Minor. in Burgundia Provincialem. Sed maximam laudem meruit commentariis suis, et valde senex diem obiit Parisiis An. 1340. Epitaphium ejus genuinnm ita se habet:

Ne meme ignores, properans dum plurima lustras,
  Qui sum, ex his nosces, qui pede busta teris.
Lyra brevis vicus Normanna in gente celebris
  Prima mihi vitae Janua sorsque fuit.
Nulla diu mundi tenuit vesania natum,
  Protinus evasi Relligione Minor.
Vernolium admisit currentem ad Sacra tyronem,
  Et CHristi docuit me domitare jugo.
Ut tamen ad mores legis documenta beatae
  Abdita planaret simplicitatis iter,
Artibus ipse piis, et CHristi Dogmate fretus

---

a) Acta Erud. 1727. pag. 209. Journal des Sav. 1755. pag. 485. Bibl. Italique tom. 16. pag. 222.

b) Trithemio cap. 553. Baelo V, 12· Thomae Fullero, in opere: the worthies of England, tom 2 pag. 217.

c) Ita Antonius Julianus apud Valerium Andre· am Bibl. Belg. pag. 690. ex epitaphio suppositio quod incipit: *Stemmata majorum*. etc.

d) Jo Mabillonius des erudes Monastiques pag. 675. Rich. Simon. Bibl. Critique tom. IV. cap. 29.

e) Ita Bergomensis ad A 1519. *ajunt hunc primum Judaeorum doctorem fuisse et praeterea ip sorum linguam optime agnovisse.* Sixtus Senensis, Bellarmiuus de S E. Jo. Buxtorfius de punctorum antiquitate pag. 155. laudans Abarbanelem ad Es. XXXV. (ubi non de Lyrano sed Paulo Burgensi hoc legitur) Jac. Heilbrunnerus *fernere Entdectung des Pabsthums* tom. 1. pag. 85. Bulacus tom. IV. Acad. Paris. pag. 976, Waddingus pag. 263. H. Warthon ad Caveum : Hermannus ab Hardt,

Jac. Basnage aliique infiniti.

f) In telis igneis Satanae.

g) Jo. Saubertum vide in palaestra diss. pag. 29. et laudatissimi Wolfii Bibl. Hebr. tom. 1 p. 912. et tom. 3 pag. 858 M. V. la Crose entretiens pag. 229. Imbonatum pag. 167. Bibl. Latino Hebr. et qui de Lyrano diligentissima, B. Mich. Henr. Reinhardum In pentade conatum sacrorum pag. 149. et in Diario Theologico *Sammlumg von Alten und Neuen A.* 1720. pag. 229. 246. 579. 549. Georgium Serpilium de scriptoribus Biblicis tomo VII. narte 2. pag. 293. seq. Henricum Scharbau in Judaismo detecto pag. 80. B. Nic. Staphorstum Hist. Eccles. Hamb. tom. 3. pag. 502. adde laudatum Wolfium t. 3 pag. 838. 431. et tom. IV. pag. 718.

h) Waddingus tom. 2 Annal. Minor.

i) Labbeus tom. 2 de S. E. pag. 120. De aliis octo curatoribus testamenti Reginae constitutis vide Launoji historiam Gymnasii Navarrei pag. 21.

Parisiis cepi Sacra Magisterii.
Et mox quaeque vetus, et quaeque recentior affert
Pagina Christicolis , splendidiora dedi.
Littera nempe nimis quae quondam obscura ja-
cebat ,
Omnis per partes clara labore meo est.
Et quos saepe locos occidens litera tradit ,
Hos typice humanis actibus exhibui.
Exstat *in Hebraeos* firmissima condita turris
Nostrum opus , haud ullis comminuenda petris.
Insuper et nostri releguntur saepe libelli ,
Quos in sensa *Petri* a) quatuor arte tuli.
Est quoque *quodlibetis* non irrita gloria nostris,
In quae b) tu justus arbiter esse potes.
Non tulit haec ultra vitam proferre merendo
Omnipotens Dominus, quo sumus et morimur.
A cruce tu cuius unmeres si mille trecentos ,
Adjungens uni quatuor et decadas ,
Illo me rapuit mors omnibus aemula cyclo
Cum micat Octobris terna vigena a) dies.
I jam quo tendis Nicolai illectus amore ,
Quo doctore tibi Lex reserata patet.

Ex scriptis Lyrani praecipuum suut *Postillae perpetuae . sive brevia Commentaria in universa Biblia ,* quae Anno 1292.
coepta cum Anno 1330. absolvisset, hac
clausula gratias egit DEO , quam ex Codice Colbertino edidit Baluzius tom. 1. Paparum Avenionens. pag. 808.

*Explicit postilla super secundum librum
Esdrae et super libros non canonicos, Magistri Nicolai de Lyra, ordinis fratrum
Minorum , qui et Deo gratiarum actiones
in fine totius libri seu operis reddit in
hunc modum: Ego igitur gratias ago Deo,
qui dedit mihi gratiam scribendi secundum modulum ingenii mei, super omnes
libros in Biblia contentos , primo super illos , qui sunt in Cánone , incipiendo à Genesi , et percurrendo usque ad finem Apo-
calypsis : postea super libros illo , qui non
sunt de Canone , incipiendo à libro Tobiae,
et terminando in libro , qui dicitur secundus Esdrae : ut sic per hanc distinctionem
librorum et ordinationem appareat simplicibus , qui libri sint canonici et qui non ,
et qui majoris autoritatis et qui minoris.
Et quoniam probabiliter timeo defecisse ,
tum propter magnitudinem operis, tum propter scientiae meae parvitatem, ideo de defectibus veniam postulo , et de aliis ad*

a) Petri Lombardi.
b) Al. *in qua.*

laudandum DEUM mecum legentes invito ,
deprecans humiliter , et devote , ut apud
DEUM me velint suis orationibus adjuvare.
In hanc *Postillam ,* libris LXXXV. com-
prehensam hac exstat Sixti Senensis de-
castichon ad calcem libri tertii Bibliothecae
Sanctae :

Historiam Hebraeis, et Graecis fontibus haustam
Hieronymo disces duce.
Allegorias, Anagogenque recludent
Origenes . Ambrosius.
Exponent sensus formandis moribus aptos
Chrysostomus , Gregorius.
In dubiis , altaque locis caligine mersis
Aurelius lucem feret.
At brevis , et facilis non est spernenda tyroni
Lyrensis expositio.

Prima editio Romana 1471. fol. quinque
Voluminibus.
Hanc secutae Colon. 1478.
Venet. 1483. 1488.
Noribergae 1487. ex qua editione excerpta quaedam à Marco Eschero selecta offeruntur in Bibl. Hist. Theologica Bremensi
tom. 2. pag. 389.
Et cum additionibus PAULI Burgensis
et replicis DOERINGII , (de quibus supra
pag. 48. et tom. 2. pag. 459.) Norimb.
1493. 1497. Confer Theophili Sinceri *Nachrichten von lauter alten und raren Buchern V. Stuck* pag. 259. seq.
Atque additis glossulis tam marginali-
bus ANSELMI Laudun quam interlineari-
bus ordinariis HUGONIS à S. Caro et
Walafridi STRABI : ac praeter Lyrani *Moralitates* in Biblia , ejusdem *libello trium
quaestionum Judaicam perfidiam in Catholica fide improbantium.* Basil. 1498. sex
Vol. et 1501. 1509. seq.
Paris. 1520.
Lugd. 1520.
Venet. 1588.
Ex meliore editione Francisci Fevar-
dentii , Jo. Dadrei et Jacobi de Cuilli ,
Lugd. et Paris. 1590. f. sex Voluminibus.
Eandem secutae
Veneta.
Duacensis 1617. cura Theologorum Dua-
censium.

a) Al. *n vena.*

Antwerpiensis 1634. ex recensione D.
Leandri a S. Martino, Benedictini : et in
Bibliis maximis Joannis de la Haye,Par. 1660
Repertorium sive Index in Nicolaum
Lyranum super Bib. Memmingae 1490. f.

De `Diegi* sive *Didaci DEZÆ* defensorio
pro Thoma Aquinate adversus Lyranum ,
dixi supra tom. 2. pag. 443.

Biblia cum Lyrani glossis , Germanice
dialecto Saxonica , Lubec. 1494. fol.

Postillae *in Psalmos* , separatim editae
Paris. 1483. 4. et sine loci notatione 1497
fol. Paris. 1500. Lugd. 1509. 1520. et
Gallice Paris. 2. Vol. 4. regnante Carolo
VIII. et *Germanice.*

Glossae *in Apocalypsin* , redditae Italice
per Fredericum Venetianum , editaeque
circa An. 1480.

Moralitates in IV. Evangelia , Manuscriptae in Bibl. templi Petrini huius Urbis
Hamburgensis.

Rerum Judaicarum peritus , et *R. Salomonis Isaaci* sui sectator diligens, in Veteris Testamenti expositione longe supra
alios temporis sui interpretes sapuit, in
Novum Testamentum visus est longe minus operae pretium fecisse : ut notavit
Rich. Simon III. 33. hist. Criticae Novi
Test. pag. 477. seq. et diu ante Simonem
monuerat Lutherus noster ad ultima verba Davidis tom. VIII. Opp. Altenburg
pag. 305. qui Lyranum quoque sensui lit-
terali diligentius insistentem laudat in Geneseos II. 9. id. tom. IX. pag. 44.

Caetera Lyrae opuscula sunt :

*Tractatus de Messia , sive Probatio Ad-
ventus CHristi per Scripturas a Judaeis
receptas* : una cum responsione ad Judaei
argumenta XIV. contra veritatem Evangeliorum. Prodiit Francofurti 1604. in 8. cum
libro Hieronymi de sancta Fide , de quo
supra tom. 3. pag. 229.

Disputatio contra perfidiam Judaeorum,
quae una cum ejusdem Praeceptorio, Lugduni et Parisiis edita fuisse a Miraeo traditur. Certe prodiit Venetiis 1483. et No.
ribergae 1493. ad calcem Postillarnm in
Biblia , hoc titulo : *Incipit libellus editus
per Magistrum Nicolaum de Lyra , ordinis
minorum , Theologiae professorem , in quo*

sunt pulcherrimae quaestiones Judaicam
perfidiam in catholica fide improbantes.

Quaestio de Incarnatione Verbi, adversus
Judaeos.

*Libellus contra Judaeum quaendam , ex
ipsis verbis Evangelii sec. Matthaeum CHristi Divinitatem eiusque doctrinam impugnantem* Prodiit una cum praecedente opusculo, ad calcem Postillae. Lugduni 1529.
Nescio hoccine an aliud Manuscr. in Bibl.
Uffenbachiana : *Reprobatio cuiusdam Judaei
tractantis et sonantis contra Evangelium
infinita , in oppido Duderstadt* An. 1324.

*Praeceptorium , s. Expositio in Decalo-
gum legis Divinae* trivaria , Lutetiae, in ipsis fere artis Typographicae initiis , literis
Gothicis editum , sine anni mentione. in 8.
et Colon. 1497. 8. Vide supra in HENRICO
de Vrimaria tom. 3. pag. 216.

*Tractatus de idoneo ministrante et susci-
piente SS. Altaris sacramentum.* Prodiit
una cum *S. Thomae* libello de mirabili
quidditate et efficacia Venerabilis Sacra-
menti , et *Incerti* expositione Dominicae
Orationis , in Germania in 4. sine loci vel
temporis mentione.

*Contemplatio de Vita et Gestis S. Fran-
cisci* , a Luca Waddingo , una cum opusculis S. Francisci edita Antverp. 1623 4.

*Tractatus de differentia nostrae Transla-
tionis ab Hebraica littera in Vetere Testamento* , scriptus An. 1333. editusque Rothomagi in 8. in ipsis fere typographiae
incunabulis. De illo rarius obvio libro videndus Rich. Simon in censura Bibl. Eccl.
Dupinianae tom. 1. pag. 354. seq. et falluntur qui aiunt illum insertum esse Bibliis
maximis Joannis de la Haye.

Quaestiones V. et N. Testamenti, sive *Liber Differentiarum Novi et Veteris Testamenti una cum explicatione nominum Hebraeorum.* Editionem antiquam sine loco
et anno laudat Jacobus le Long pag. 879.
Bibl. exegeticae. Etiam Manuscriptus in
Bibliotheca Ducali Urbini.

De corpore CHristi liber unus, memoratus Waddingo pag. 266. Bibliothecae Franciscanorum, ex Balei V 12 et Trithemii c. 558

*Commentarii in quatuor libros Sententia-
rum* , sed omnium optimi in tertium.

Plura *Quodlibeta Theologica*, ut de CHristi adventu, de impletione Legalium : de Virginali privilegio. Horum et superiorum Commentariorum in Epitaphio mentio.

Tractatus de Animae claustro. Extat Manuscr. Oxonii in Bibliotheca Bodlejana Class. Laud. c. XI. 3.

De Visione Divinae Essentiae ab animabus sanctis a corpore separatis, contra Joannem XXII. Incipit. *qui elucidant me* Inter alia Opuscula Manuscr. in Bibl. Colleg. Merton. Oxon. N. CLXXXVII. et cum aliis ejusdem Operibus in Cod. Colbertino 149. teste Baluzio item in Bibliotheca Minorum, Toleti Manuscr.

Collationes quaedam Baleo memoratae

Sermones de Sanctis, *liber unus.* Incipit : *In Baculo meo transivi Fordanem.*

Sermones de tempore lib I. Incipit. *Hora est jam, nos de somno surgere.* Uterque hic sermonum liber Manuscriptus habetur in Bibliotheca Minorum Toleti, litera X. num. 109.

Postillae in Epistolas et Evangelia Quadragesimalia Venet. 1500. 1516. et 1583. 8. cum Quaestionibus Antonii Botontini.

Meminit et Labbeus.

Jam dicta de Lyrano, concludere juvat ejus elogio, quod ex veteri Codice laudatus Reinhardus vulgavit.

Gloria Francorum; decus Ecclesiaeque Minorum
Splendida lux : clarus interpres erat Nicolaus.
De Lyra dictus : sit in aeternum benedictus.
Plantula Francisci : fuit ut rosa florida CHristi
Vineto fructum faciendo multiplicatum.
Hic opus egregium pro commoditate studentum
Fecit : Postillas componens textibus aptas.
Hic vetus atque novum Testamentum prius atrum,
Exposuit, clarum reddens quasi luce coruscum,
Aptum Latinis illud faciens et Hebraeis
Sic duo sincere munuscula cum muliere
Paupere donavit : Templum quibus aedificavit
Mystice concessum nolens inhumare talentum.
Adventum CHristi, partum quoque Virginis almum
Ex libris vatum dudum probat esse repletum.
Omnes Judaeos contraria verba locutos.
Reprobat errores confundes funditus omnes.
Sed quidam *Paulus* nuper conversus Hebraeus,
Plurima postillis qui sub specie pietatis
Addidit, ornando cum verbis, sed reprobando
Mente tenus, Tanti cofundens dogma magistri.
Quem tamen eximius *Matthias* voce a) *Turingus*,
Nomine condictus : Doctor multum venerandus,

Summi Pontificis mandato vice, apertis
Scripturis Sanctis, rationibus insuper aptis,
Confundens totum quod erat sic ficte locutum:
Dictus namque pater Doctor fuit atque Minister
Saxoniae, fratrum nuper sub veste minorum.
Hunc vivum novi, sua dogmata saepe notavi,
Ego patris tanti nova per metra magnificavi
Laudes exim as speciali carmine diguas,
Quando pater dictus fuit in Kyritz tumulatus.
Quem, pie CHriste, tuis digneris jungere sanctis
Ut quem aeternam Doctorum ferre coronam.
Digressum feci : Nuc ad laudes Nicolai
De Lyra redeam: breviterque singula claudam.
O celebris Lyra, tua concrepat en lyra mira
Carmina, dulcisonis Mundo resonantia plectris.
O dulcis Lyricen, diversum nobile carmen
Promsisti vivus et adhuc resonare sepultus
Non cessas, sonum facis hic et ubique locorum.
Est Tua postilla veneranda studentibus apta
Prae cunctis glossis, quas totus continet orbis,
Es quia mellifluus verbis sensuqne profundus.
Vox Tua non urbes solum sed, verius orbe
Personat in toto, celebris Pater ergo valeto.

NICOLAUS *Lockmann* sive *Lackmann*, Teutonicus Ord. Minor. in Saxonia Magister Provincialis, circa An. 1440. praeter *Sermonum* de tempore librum, et de Sanctis, aliumque *Quaestionum* variarum, scripsit *in IV. libros Sententiarum.* Vide Trithemium de S. E. cap. 789. et de iuminaribus Germaniae cap. 173. Waddingum pag. 265.

NICOLAUS *Maniacutius*, supra pag. 15. ibique dictis adde, in Catalogo Manuscriptor. Bibl. Cottonianae p. 68. memorari versus Nicolai Manuacutii ad incorrupta Pontificum nomina conservanda, ne videlicet dicamus Elevtherium pro Elevthero, et Hilarium pro Hilaro, et ad sciendum qui sint antiquiores. Incip.

Primo Papatus Petrus est in sede locutus.
Qui consederunt, Linus Cletusque fuerunt.

* *Nicc. Maniacutius* Canonicus Reg. Lateranensis Basilicae. Alius ab hoc est Nicolaus Maniacotius Diaconus tit. S. Damati cuius *Suffraganeus Bibliothecae* inscriptum opusculum extat in Cod. 289. Latino Venetae Bibliothecae S. Marci, de quo sic scribit doctissimus. Zanettus in commentariis eiusdem Bibliothecae t. II p. 128. *Nicolai Manicoriae* Diaconi *tit. Damasi suffraganeus Bibliothecae. Praemittitur Epistola ad Petrum Basilicae S. Petri Ca-*

a) Supra pag. 48. MATTHÆUS *Doring.*

nonicum cuius initium Cum corruptum Regum volumen in vestro reperissetis armario, auctor praecipue versatur in aliquibus sacrorum librorum Veteris Testamenti locis ad veram lectionem redigendis, agitque *sub initium de modis quibus solent scripturarum exemplaria depravari*. Cardinalis iste florebat sub Lucio II. Pontifice. Nicolaus vero Canonicus Lateranensis sub Alexandro III. vivebat. *

NICOLAUS *Marianus* sive *de Marianis*, Mantuanus, non Ord. Minorum ut calami errore est apud Cangium, sed Praedicatorum, vixit circa A. 1313. neque ex scriptis ejus aliud commemoratur quam tractatus *de quarta funeralium*. Vide Jacob Quetif t. 1 p. 519.

NICOLAUS *a S. Martino*, agri Mantuani oppido, Ord. Praed. circa A. 1312. non alius ut videtur á superiore, quamquam apud Possevinnm aliosque distinguitur, *Sermones* ejus memorantibus.

NICOLAUS *Martini de Prato*, supra, *Nicolaus de Albertinis*.

NICOLAUS *Maugerius* Siculus, circa A. 1424. Latine ex Graeco vertit historiam de *Arcadio Imp. in urbe Thessalonica obsesso*: et *historiam Comitis Rogerii* in Sicilia. Utrumque Manuscr. in Bibliotheca Principis Melitelli, memorat Antoninus Mongitor t. 2. Bibl. Siculae pagi 93.

NICOLAUS *Minorita*, infra, *Nicolaus Specialis*.

NICOLAUS Abbas *Monacensis*, infra, *Nicolaus de Tudescis*.

NICOLAUS *Montacutius*, Anglus cum *Nicolao Maniacutio* de quo supra non confundendus, vixit circa A. 1466. scripsique *de Regibus Anglorum. De Anglorum Episcopis*. *Scalam temporum à CHristo nato* et *Epigrammata* quaedam. Vide Baleum VIII. 25. Pitseum pag. 657. et Vossium pag. 733. Sed quae de Pontificibus Romanis ab eo scripta tradunt versibus Hexametris, illa Maniacutio tribuenda esse docui.

NICOLAUS *Montignius*. Supra MONTIGNIUS.

NICOLAUS *Mutinensis*, JCtus laudatus à Bergomensi ad A. 1334. et a Trithemio cap. 586. scripsit Lecturas *in Digesta* et *Codicem* Justinianeum.

NICOLAUS *Mutius* Venetus, Ord. Minor. circa A. 1238. Ex ejus scriptis Waddingus pag. 267. laudat Opera *S. Gregorii Magni* per materias sive locos communes ab illo disposita.

NICOLAUS *Narbonensis*, scriptor Sagittae igneae. Supra *Nicolaus Carmelitarum*. Prior Generalis.

NICOLAUS *de Neapoli*, JCtus circa A. 1300. cujus nulla scripta memorantur à Nicolao Toppio in Bibl. Neapolitana pag. 222. Scripsit tamen in Instituta, Pandectas et Codicem. Vide Gesnerum.

* Doctor iste non tantum scripsit quaedam ut optime hic notat Fabricius sed et ejus commentarii in libros Codicis prodierunt Papiae an. 1491. in fol.

NICOLAUS *Nicolius*, nobilis Florentinus (cum Medico Nicolao. cognomine Falcuccio, de quo supra, non confundendus) Poccianto *Cosmographus, historicus, Philosophus insignis* dicitur, unde Vossius p. 544. eum ait *opuscula quaedam reliquisse ad Cosmographiam, Philosophiam et Antiquitatem pertinentia*. Sed verius est nihil scripsisse quidem (vide Julium Nigrum p. 429. hist. scriptorum Florentin.) sed fautorem fuisse litterarum maximùm, atque Chrysoloram, Guarinum et Joannem Aurispam Siculum non pepulisse Florentia (ut Philelfi criminationem secutus scribit idem Vossius) sed ut Florentiam vocarentur etiam Philelfus ipse, auctorem fuisse. Vide quae supra (idem enim est) in *Nicolao Florentino*, et Diarium eruditorum Italiae tom. IX. pag. 161. seq. Quanto autem studio flagraverit bonos scriptores pervestigandi aliorumque consecrandi usibus, intelligere licet ex Oratione Poggii habita in ejus funere (obiit A. 1436. aetatis 73.) ex qua haec pauca adscribam, uti leguntur apud Edm. Martene t. 3 monument. p. 730.

Ilac ratione vitae imbutus, duas res, quae fere ab omnibus summo studio expetuntur, aperte contempsit, divitias videlicet et honorum cupiditatem. Cum enim esset philosophiae praeceptis, non tam legendo quam agendo eruditus, eam normam vivendi optimam judicavit, quae otio litterarum vacaret, neque opibus inserviret, neque ambitioni. Igitur bonarum artium curae deditus, ac suo contentus, quidquid temporis dabatur a privatis rebus, aut legendo, aut scribendo, aut amicorum negotiis impertiendo accommodabat. Solertissimus omnium fuit in emendis ac comparandis libris, fructuosissima ac pulcherrima negotiatione, quos adeo multos atque egregios tum Latinos tum Graecos, ab extremis usque Europae finibus conquisivit, ut omnes Italos, pace reliquorum dixerim, superarit librorum copia optimorum. In quo beneficentiam suam liberalitatemque attendite. Communes erant libri sui omnibus, etiam ignotis, praesto aderant, aut legere volentibus aut transcribere, neque ulli omnino recusabantur, qui aut doctus esse videretur aut vellet doceri, ut publica quaedam bibliotheca et ingeniorum sustentaculum domus ejus existimaretur. Etenim eos, qui libros suos occultarent, neque cum ceteris participarent, cum essent editi ad communem viventium utilitatem, quodammodo abhorrebat, affirmans hujusmodi homines teneri crimine expilatae haereditatis. Quod autem egregiam laudem meretur, summam operam curamque adhibuit ad pervestigandos auctores, qui culpa temporum perierant; qua in re vere possum dicere omnes fere libros, qui noviter tum ab aliis reperti sunt, tum a me ipso, qui integrum Quintilianum, *plures* Ciceronis *nostri orationes,* Silium Italicum, Nonium Marcellum, Lucretii *partem, multosque praeterea e Germanorum Gallorumque ergastulis mea diligentia eripui, atque in lucem extuli, Nicolai suasu, impulsu, exhortatione, et paene verborum molestia esse Latinis litteris restitutos.* (231 Fabricius hic in imagine sui videtur sibi complacere. Vid. Rheimarus in eius Vita. De *Nic. Niccoli* vid. Gagliardi *Operette* Brescia 1763. 8.)

NICOLAI *Nisseni* Sermonem de Venerabili Sacramento corporis CIIristi citat Bzovius ad A. C. 1414. n. 26. pag. 374. Vide supra *Nicolaum Dionysii.*

NICOLAUS *Notarius* S. Bernardi. Supra, *Nicolaus Claraevallensis.*

NICOLAUS *Nus*, cuius carmina de primitivo Congregationis Affliginiensis. Ord. Bened. fervore et Angelis etiam admiranda sanctitate, memorat Sanderus in Bibliotheca Belgica Manuscr. parte 2. pag. 151. ubi ait auctorem vixisse videri circa A. 1130

NICOLAUS *Occamus*, Anglus Ord. Minor. circa An. 1320. de quo Lelandus cap. 326. ubi de *Guilelmo* Occamo de quo supra tom. 3. pag. 147. et de *Joanne* Occamo, scriptore Quodlibetorum. Hunc vero Nicolaum ait scripsisse libellum *de latitudine Oppositionum,* ingeniosi *indicium* Astrologi, ita enim ibi legendum, non ut ab Antonio Hallo editum est, atque ut legerunt Baleus, Pitseus et Waddingus, proprium inde alterius scripti titulum confingentes, *judicium.* Addit deinde ab aliis memoratum Opus de *Verbo* Divino: et commentarios *in Petri Longobardi IV. libros Sententiarum* Addunt Pitseus pag. 410. et Waddingus pag. 267. *Quodlibeta Scholastica,* quae Baleo V. 17. *Sophistica* appellantur.

NICOLAUS *Orbellus*, sive de *Orbellis.* Supra *Nicolaus Dorbellus.*

NICOLAUS *Oremus* sive *Oresmius* Normannus, vir doctus et cordatus, peritns etiam Mathematicarum litterarum cui Joannes Galliae Rex magnanimus et eruditionis amans filium suum, Caroli V. Sapientis nomine deinde clarum, instituendum commisit. Theologus Parisiensis Gymnasium Navarreum regendum suscepit A. 1359. et Episcopus ab Anno 1377. Lexoviensis, defunctus est A. 1382. De eo praeter Sammarthanos tom. 2. Galliae Christianae pag. 650. et Launojum in historia Gymnasii Navarrei parte 3. pag. 455. seq. adeundus Iluetius in Originibus Cadomensibus cap. 24. Mihi satis fuerit notitiam scriptorum ex Launojo, observationibus quibusdam meis locupletatam cum lectore communicare.

Edita:

Liber *de mutatione Monetae,* a bono Principe non permittenda. Exstat in Bibl. sanctorum Patrum, Paris. tom. IX. 1589. 1644. Colon. tom. XIV et Lugd. tom. XXVI p. 226. Prodiit et in appendice Operum Joannis Gersonis (ut notat Gesnerus, qui male refert ad Guil. Oremum fratrem) ac saepe separatim, et Joanne a Fuchte curante, Helmstad. 1622. 4. et in Dav. Thomani ab Hagelstein Actis publicis monetariis t. 1 pag. 247. Augustae 1692. fol. *Juxta est Salus mea ut veniat*, Sermo A. 1364. coram Urbano V. et Cardinalibus habitus, qui ab Flacio Illyrico Centuriatore in Catalogum testium veritatis relatus est, pag. 878. edit. primae et in tom. 1 lectionum memorabilium Jo. Wolfii pag. 648. separatim quoque editus a Sal. Gesnero Witteb. 1604.

Epistola Luciferi ad Praelatos Ecclesiae, edita a Flacio. Magdeb. 1549. 8. et in Jo. Wolfii Lect. memorabil. tom. 1 p. 654.

Tractatus *de Antichristo*, ejus Ministris, adventu, signis propinquis et remotis, et S. Scriptura, editus ab Edmundo Martene t. IX monumentorum p. 1274.

Aristotelis Politica et *Oeconomica* cum Glossematibus Gallice versa, Lutetiae in fol. anno MCCCCLXXXVI. apud Antonium Verardum.

Decem libri *Ethicorum Aristotelis*, et plures libri *Ciceronis* et aliorum auctorum Gallice versi, Lutetiae anno MCCCCLXXXVIII. apud eundem, fol.

Francisci Petrarchae de remediis utriusque fortunae liber, Gallice versus, editus Lutetiae anno MDXXXIV.

Tractatus *de Sphaera* Gallice versus, L. capita continens, Lutetiae anno 1546. apud Simonem Lignanum.

Inedita ·

Tractatus *de Communicatione Idiomatum*, in Biblioth. Vaticana; Navarrae, et alibi.

Tractatus *de Dici de omni in Divinis*, in Bibliotheca Victorina, de quo Possevinus.

Tractatus *de Divinationibus* contra Judiciarios Astronomos, et Principes in talibus se occupantes : sive utrum res futurae possint praesciri per Astrologiam. in eadem Bibliotheca, cujus meminerunt Thomas Lexoviensis et Jo. Picus Mirandulanus.

Tractatus *de proportionibus proportio-*

num, ibidem, cujus meminit Mirandulanus.

Tractatus *de Latitudine Formarum*, ibidem et in Bibliotheca Navarrica.

Tractatus *de Arte Praedicandi*, in Bibliotheca Sancti Victoris.

Tractatus *de Malis venturis super Ecclesiam*, ibidem.

Rationes et causae plurium Mirabilium in Natura, ibidem.

Plura *Quodlibeta* et diversae *Quaestiones*, ib. Tractatus *de Configuratione Qualitatum*, ib.

Scriptum contra *Mendicationem*, ibidem.

Tractatus *de Uniformitate et Difformitate Intentionum*, ibidem.

Decisio Quaestionis, *Utrum oporteat in omni casu judicem judicare secundum allegata et probata*, ibidem.

Tractatus *de Proportione Velocitatum in motibus*, In Bibliotheca Navarrici Collegii, et Augustinianorum Parisiensium ad Pontem Novum.

Tractatus *de Instantibus*, ibidem.

Sacrae Conciones in unum volumen redactae, numero centum et quindecim, in Bibliotheca Augustinianorum Parisiensium. Horum sermonum tituli et argumenta apud Launojum p. 459. seq. videantur.

NICOLAUS *Panormitanus* in Sicilia Episcopus, infra, *Nicolaus de Tudescis*.

NICOLAUS *de Pennaforti*, auctor summae Theologicae, quam Cangius evolvisse se innuit in Bibliotheca Sangermannensi, Codice 525. Notior S. Raymundus de Pennaforti, de cujus Raymundina summa aliisque scriptis infra, PENNAFORT.

NICOLAUS *Perottus* Francisci F. extinctus A. 1480. 13. Decembr. bene noscetur ex hoc ipsius epitaphio apud Bzovium ad eundem annum n. 50. *D. O. M. Nicolao Perotto Saxoferratensi* ob reconditam eruditionem, linguarum principum peritiam, singularemque facundiam, nec non illustria rei litterariae monumenta, BESSARIONI a) inprimis Cardinali sapientiss. eximie charo: tum FRIDERICO III.

---

a) Perottus Bessarionis Card. contubernalis in Conclavi post Pauli II. obitum (non Pii II. ut Menagius p. 10 lectionum in Carmen VII. Petrarchae.) tres Cardinales Bessarione de suffragio suo offerendo allocuturos repulit, caussatus ab eo studiis intento ne-

minem admitti. Electo deinde Sixto IV. Bessarion, Hem, inquit, Perotte, intempestivo officio tuo hodie tu mihi tiaram, tibi gaierum ademisti. Vide Menagiana tom. 2. pag. 128. tom. 4 pag. 117. edit. Amst.

Imperatori Augusto a Consiliis, et ab eodem Poëtica laurea a) Bononiae ornato,
inde EUGENIO IV. NICOLAO V. CALLI-
STO III. et PIO II. Max. Pontificibus,
praecipue ob egregie in Orientali Ecclesia
cum Romana tempore Ferrariensis et Florentini Concilii unienda navatam operam
longe charissimo, Umbriae Tusciaeque
Praesidi Archiepiscopo Sipontino. b) De
Christiana Rep. universa Italia, patriaque
optime merito, cujus ista majoribus, tyrannide extincta libertatem ac felicitatem
debet. TORQUATUS PEROTTUS, Urbani
PP. VIII. a cubiculo intimo (postea Episcopus Amerinus Gentili suo L. M. P. Anno Domini MDCXXIII. Plura de hoc Nicolao praeter Jovium, Bergomensem, Trithemium cap. 840. Volaterranum, Vossium,
Anton. Varillasium lib. IV. anecdotor. Florentinor. Clarmundum tom. VI vitarum
p. 66. Jacobillum in Bibliotheca Umbriae,
Antonium Brunum in tribus Gratiis, in
Thalia: Thomam Pope Blount in censura
Scriptorum: Augustinus Oldoinus de scriptoribus Perusinis pag. 252. seq. Pompejus Sarnelli in Chronologia Archiepiscoporum Sipontinor. pag. 305. Ughellus t.
VII Italiae S pag. 557. Leonardus Nicode-
mus p 182. seq. additionum ad Nic. Toppi paginam 223. Bibl. Neapolitanae : Baclii
Lex. Perot, sed praecipue auctores Diarii
Eruditorum Italiae tom. XIII p. 439-468.
atque inde Niceronus in memoriis eruditorum tom. IX pag. 374. seq. Mihi scripta
Perotti strictim referre satis fuerit, atque
edita inprimis, tum inedita.

Latine vertit è Graeco elegantius quam
fidelius c).

Polybii libros V. primores, ad Nicolaum
V. editos primum Romae 1473. fol. ac deinde saepius ut dixi III 30. Bibl. Graecae

a) Gratias Imperatori Perottus exemplo praesens egit hisce versibus,
   Cinxisti viridi, Caesar, mea tempora lauro,
   Ecce meas ornat sacra corona comas.
   Non mea me virtus tali nunc munere dignum
   Sed dulce effecit Principis ingenium.
b) Ab An. 1458.
c) Certe iniquius est judicium Jani Parrhasii,
qui in vertendo Polybio infantissimum Perottum
appellat Epist. 57.

pag. 757. etiam apud Aldum, Venetiis in
fol. et 1521. 8. et Florentiae apud Juutas
1522. 8. Quod vero Jovius scribit fuisse
qui dicerent versionem antiquam à Perotto interceptam sibique vindicatam per
plagium, id H. Stephano ridiculum visum
pag. 116. de infidis Graecae linguae Magistris : nec credibile Diarii eruditorum
Italiae autoribus t. 13 p. 452

Hippocratis Jusjurandum editum cum
Alex. Benedicti, Medici Veronensis quinque
libris Anatomiae. Paris. 1519. 4. et Argentor. 1528. 8.

S. Basilii Orationem de invidia, ad calcem Censorini, ex Philippi Beroaldi recensione, circa An. 1500. 4.

Scripsit ipse :

Cornucopiae, sive commentariorum linguae Latinae opus ad Fredericum, Urbini
Ducem, et Ecclesiastici exercitus Imperatorem in Epigrammata CXLVII. sive totum librum Spectaculorum et librum Epigrammatum Martialis: edente Pyrrho Perotto d) auctoris propinquo Venet. 1492.
1494. et apud Aldum 1499. et Paris. 1500
typis loculentis, et Venet. 1504. cum Benedicti Brugnoli additionibus et Argent.
1506. Paris. 1510. atque iterum ex autographo auctoris emendatius Venet. apud
Aldum 1513. 1517. 1526. et Basil. 1521
1526. et 1536. fol. et Tusculani 1522. 4.
Index locuples operi praemissus facit ut
pro Lexico hoc opus habitum fuerit à multis, qui ut Calepinus strenue illo uti non
dubitarunt.

Epistola ad Franciscum Sipontinum de
locis Plinii senioris XXII. in ejus prooemio
ad Hist. naturalem emendandis in edit. Romana An. 1470. Exstat ad calcem cornucopiae pag. 1033. 1049. editionis Aldinae, ut
alias jam praeteream, subjuncta Cornelii

d) Nihil fere de meo addidi, inquit Pyrrhus
praeterquam loca quaedem, quae Nicolaus, quoniam impuritate quaedam, atque abscenitate verborum castis ac pudicibus auribus execrabilia
viderentur, cursim breviterque tetigerat, ipse latius exposui nihil tam foedum esse existimans
quod non turpissimum sit ignorare. Verecundio-
rem Nicolaum quam iniquum prae studio Pyrrhum
lector pudens ac sanus magis probabit.

Vitelli Corithii sive Cortonensis, Epistola ad Parthenium Benacensem, qua Perottus reprehenditur.

Rudimenta Grammatices ad Pyrrum nepotem suum Venet. 1476. Neap. 1478 1483 fol. Paris. 1479. fol. Colon. 1522. 4. Lugd. 1541. 8. Venet. 1564. 8.

De metris ad Jacobum Schioppum, Veronensem. Venet. 1497. 4. et cum Diomede atque aliis Grammaticis 1522. fol.

De generibus metrorum quibus *Horatius* Flaccus et Severinus *Boethius* usi sunt, ad Helium Perottum fratrem. Venetiis ante editiones quasdam Horatii Aldinas.

Oratio nomine Communitatis Bononiensis habita A. 1452. pro iucunda receptione *Frederici tertii* Regis Romanorum. Prodiit Romae 1475. f. inter alia variorum scripta collecta ab Alberto de Eyb. Hanc octavam esse inter Perotti Orationes XXX. notat Jacobus Gaddius t. 2. de scriptoribus p. 242.

Inedita Perotti sunt 1) versa è Graeco: Monodiae *Aristidis*, *Libanii*, *Bessarionis*.

Aristotelis libellus de Virtutibus et Vitiis, ad Federicum Feltrium, Urbini Ducem.

Enchiridion *Epicteti* Philosophi, ad Nicolaum V. Pontificem.

Plutarchi libellus de fortuna Romanorum. Haec habuit, atque ut vulgaret rogatus fuit Torquatus Perottus à Leone Allatio p. 246. apum Urbanarum.

Pleraque *Bessarionis*, de quibus tom. X. Bibl. Graecae pag. 402. seq.

Oraculum de Isthmo, de quo Franciscus Philelphus in Epistola data ad Perottum. An. 1463. *Apollinis oraculum quoddam, quod dicitur* περὶ τὸν 'ισθμὸν, *e Graeco abs te nuper, Pater humanissime, traductum luculentissimis perpolitisque versibus divertit al me perinde atque ad hospitem amantissimum tui. Excepi id sane, utut fuerat, liberaliter honorificeque, sumque non minus ejus eloquentia quam praedictione futurorum delectatus, miratusque quod Graece et natum et educatum, tam apte tamque eleganter Latinam Linguam didicisset. Nec enim intelligo fieri posse, ut Graeco sermone aut pulchrius loquatur, aut eruditius, quam à te Latine loqui edoctum sit.* Conferenda ab iis, quibus ad manus est, Bessarionis sive etiam Georgii Gemisti descriptio Isthmi.

2) Ab ipso composita:

In *P. Papinii Statii* sylvas, expositio. Scholia in *Martialem.*

Oratio habita *in Conventu Mantuano* tempore Pii II.

Epistolae ad *Nicolaum V.* ad *Alphonsum* Aragonum Regem, et ad alios. Ad *Bessarionem* in laudem libri *Bessarionis* qui defensio Platonis inscribitur.

In Gregorium Trapezuntium, qui Turcos omnibus Imperatoribus praestantiores esse voluit. Etiam haec habuit Manuscripta Torquatus Perottus, atque in lucem dare voluit, teste Allatio quem de inimicitiis Perotti et Trapezuntii vide libro de Georgiis p.380. seq.

Orationes aliae ineditae XXIII.

Epistolae Romanae, Perusinae et Recuperationes Fesulanae. (232 Forsan ab up. h. tit. Matth. Bossi Fabricius hallucinatur.) Epistolis Perotti *nihil* esse *jucundius* judicium est Floridi Sabini: *nihil gravius*, Sabellico judice, nisi quod in simultates et aperta convicia interdum descivit.

In *Poggium* Florentinum pro Laurentio Valla. (233 Prodiit in vol. VIII. op. *Miscellanea di varie operette. Ven. Lazzaroni* 1744 in 12.)

In Domitium Calderinum.

Commentarius in Horatii Odas, teste Antonio Bruno Epist. ad Jo. Franc. Lauredanum, apud Allatium in apibus Urbanis p.247

De conscribendis Epistolis.

De puerorum eruditione.

Vita Cardinalis Bessarionis.

Commentarii rerum suae Patriae et *elogia illustrium Saxoferratensium.*

Fabellas se scripsisse adolescentem, et ex *Avieno* quasdam transtulisse jambico carmine, testatur Perottus ad Epigramma Martialis 77. atque deinde versus affert, quos *Phaedri* esse constat, unde plagii eum arguerunt viri docti. Sed. ut bene notatum a V. C. Petro Burmanno praef. ad Phaedrum novis et pulcherrimis curis ab eo expolitum editumque Leidae 1727, 4. adhuc exstat Manuscripta apud Italos Perotti *epitoma fabularum Æsopi, Avieni et Phaedri* ad Pyrrhum Perottum fratris filium, cuius primi versiculi et titulus ipse à furti crimine facile eum absolvunt. Ita vero epitome illa incipit :

Non sunt hi mei, quos putas, versiculi,
- Sed Æsopi a) sunt, et Avieni, et Phaedri :
Quos collegi, ut essent, Pyrrhe, utiles tibi,
Tuaque causa legeret posteritas ,
Quas edidissent viri docti fabulas ,
Honori et meritis dicavi illas tuis,
Saepe versiculos interponens meos ,
Quasdam tuis quasi insidias auribus ,
Solet quippe juvare ista varietas etc.

Obiit ut dixi Perottus An. 1480. senex apud Sentinum, sive Saxoferratum in villa viridariis et fontibus peramoena , quam à pingui otio *Fugicuram,* teste Jovio, veluti *Pavsilypum* Vedii Pollionis appellaverat.

* Inter opera Perotti omissa hic sunt gemina haec opuscula ; *Simplicii in Politica Aristotelis versio* , ac *denique Tatiani Oratio ad Graecos* ab eodem versa quae indicat et expendit Zeno in Dissertat. Vossianis tom. 1. 256.

NICOLAUS *Polonus,* Episcopi Posnaniensis *Sacellanus,* cujus *Sermones* per annum, Staravolscius ad cap. 41. hecatontadis sive centuriae suae scriptorum Polonornm celebrat, cum NICOLAO altero itidem *Polono* circa An. 1430. qui Possevino et Roberto Gero vitiose *Nicolaus de Plove ,* sive *Plovius ,* aliis *Pluveus* vel *Plonius ,* Staravolscio *de Blonie* oppido Masoviae, quinque à Varsovia milliaribus. Hic Decretorum Doctor et in Plocensi primum , deinde in Posnaniensi Ecclesia functus Praedicatoris munere , denique Episcopus Posnaniensis, scripsit praeter *Conceptus Theologicos* sive *Sermones* de tempore et Sanctis , Argentorat. 1498. alia varia post editionem Argentorat. 1493. recusa in Oceano Juris , sive tractatu tractatuum Venet. 1584. in tom. XIV. quidem *de interdicto Ecclesiastico* pag. 333. *de excommunicatione* p. 363. *de irregularitate,* pag. 400. *de Sacramentis et eorum administratione* pag. 77. *de Sacrificio Missae* sive de Divinis Officiis p. 91. ex edit. Paris. 1514. Tomi. XV. autem

parte 2. *de horis Canonicis* pag. 664. Praeterea exstat Thomae Aquinatis *Confessionali* adjunctum Opus de Sacramentis et Censuris Ecclesiasticis , Paris. 1551. 8. et 1586. Lugd. 1565.

NICOLAUS *Pontius* , Theologus Oxoniensis , Wiclefistarum adversarius circa A. 1410. de quo Lelandus cap. 460. et qui *Determinationes* ejus atque opus *contra Wiclefistas* memorant Baleus VII. 35. et Pitseus pag. 588.

NICOLAUS *à Prato.* Supra *Nicolaus de Albertinis.*

NICOLAUS *Radclifus* , (vitiose *Radelif*) Lelando cap. 453. *Radoclivus* , Anglus , monachus atque Archidiaconus ad S. Albanum, Ord. Bened. circa A. 1390. adde Baleum VI. 80. et Pitseum p. 544. seq. Scripsit *Viaticum animae salubre* libris duobus contra Joannem Wiclefum , qui in dialogis suis Nicolaum sub canis nigri , Petrum Carmelitam sub albi canis nomime perstringit. Tum librum *pro imaginum cultu,* aliumque *quaestionum diversarum.* Traditurque apud Bzovium ad A. 1415. n. LVIII. pag. 489. Wiclefum in privatis colloquiis , in domesticis exhortationibus , in scholasticis disputationibus et in publicis insectatus concionibus , donec tandem scriptis quoque libris eum oppugnavit

NICOLAUS *Ristonus* , Lelando cap. 489. *Riscodunus ,* Anglus circa A. 1410. librum scripsit *de tollendo schismate.* Vide Baleum VII. 57. et Pitseum pag. 592. qui etiam *Sermones* ejus memorat.

NICOLAUS *Ritzonis* , non Tolosanus ut Trithemio cap. 665. visum , aliisque , sed Catanensis Carmelitarum Prior Provincialis in regno Siciliae circa A. 1372. scripsit *Quadragesimale* duplex et *Sermones* de tempore, de Sanctis et de B. Virgine in praecipuis ejus festivitatibus. Vide Antoninum Mongitorem tom. 2 Bibl. Siculae pag. 95. qui praeterea pag. 94. alium inducit NICOLAUM RICCIUM sive de RIZZO , Saccensem , Carmelitam et ipsum , et Siculae Provinciae

---

a) Æsopum intelligit Perottus non Graecum fabularum scriptorem , sed ACCIUM cujus fabulae elegis scriptae versibus laudantur sub Æsopi nomine a Florilego , ab Eberhardo Bethuniensi, aliisque. De Accio illo vide Julium Caesarem Scaligerum lib. IV. poetices pag. 729. et Bibliothecam Latinam lib. 2. cap. 3.

Priorem Definitoremque, qui A. 1411. *librum Sententiarum* explicuit Bononiae, scriptor etiam *Sermonum Quadragesimalium* in eadem Urbe habitorum. Alii ut Alegrius pag. 307. paradisi Carmelitici decoris, hunc cum superiore confundunt, unumque et eundem esse non dubitant.

NICOLAUS *Rosselli*, non Tarraconensis sed Majoricensis, ex Balearium insularnm metropoli Ord. Praed. Magister in Theologia et Lector in Conventu Barcinonensi, et mox ab A. 1451. Inquisitor in Aragonia generalis et ab A. 1356. ad 1362. Cardinalis, de quo Nic. Antonius tom. 2. Bibl vet. Hispanae lib. IX. cap. 6. §. 286. seq. Jacobus Quetif. in Bibliotheca Dominicanorum tom. 1. pag. 649. seq. et Baluzius in Papis Avenionensibus tom 1. pag. 941. Ejus scripta: *Commentarius in Matthaei Evangelium. Romanorum Pontificum gesta*, praegrandi volumine, cum appendice *de quadruplici Jurisdictione Romanae Ecclesiae in regnum utriusque Siciliae. Acta ut Inquisitoris in Aragonia generalis*, (in quibus et processus A. 1351. contra *Franciscum* BAIULI, Ord. Minor. qui sanguinem CHristi in passione effusum praedicaverat fuisse sejunctum à Divinitate, atque ideo in triduo mortis non fuisse adorandum cultu latriae, qua de controversia dixi supra in JOANNE *Morlandino* tom. IV. pag. 394.) *Historia Ordinis sui*, sive Praedicatorum : *Epistolae. Testamentum.*

* Ex chronicis aliisque libris et chartis Apostolici Archivi collegit excerpta, ex quibus desumptae sunt Vitae Romanorum Pontificum, sed non omnium. Illi enim quorum vitam digessit sunt Leo IX. Stephanus IX. Nicolaus II. Alexander III. Gregorius VII. Tum omisit Victorem III Urbanum II. Resumpsit vitas Paschalis II. Gelasii II. Callisti II. Honorii Papae, Innocentii II. Coelestini II. Lucii II. Eugenii III. Anastasii IV. Hadriani III. Alexandri III. omisit dein reliquas usque ad Gregorium IX. in quo sistit. Omnes hasce Romanorum Pontificum vitas ex Cardinali Aragonio vulgavit Muratorius Rer. Ital. tom. 3. pag. 274. Cave tamen credas nihil tetigisse Aragonium Cardinalem in suis excerptis de praecedentium et reliquorum Pontificum historiis ; nam praeter vitas illas a Muratorio vulgatas iterum argumentum illud resumpsisse ex Cod. MS. quem servat Biblioth. Canonicor. Majoris Ecclesiae Lucensis disco. Semel enim de singulis agit incipiens a S. Petro usque ad Innocentium II. Iterum vero singulorum gesta tangit, ea vero tantummodo quibus utriusque gladii potestatem exercuerunt. Incipit a Felice II. quem ait excommunicasse Constantium Imp. Arianum et desinit in Clemente VI. qui diris devovit *Dominum de Mediolano Ecclesiae et clericorum hostem et inimicum manifestum.*

Eorundem excerptorum portio est tractatus de iure Ecclesiae in Siciliam cuius tamen titulus mendose hucusque relatus est; non enim agitur in eo de qnadruplici jurisdictione Romanae Ecclesiae, sed titulus ita enunciatur ; *tractatus de jurisdictione Ecclesiae super Regnum Apuliae et Siciliae in quo ostenditur quadrupliciter ad ipsam solam ecclesiam pertinere.* An vero opusculum istud Nicolaum auctorem habuerit non satis constare arbitror ; multa enim in excerptis illis ab alio, quam a se composita collegit Aragonius, cuius rei gratia titulum his praefecit : *cumulatio F. Nicolai Card. Aragoniae ex diversis registris et libris Camerae Apostolicae et aliis diversis libris et Chronicis* etc. Quoniam vero excerpta Card. Aragonii satis nota sunt nomine ; rem vero pauci norint, quod integra in lucem nondum prodierint ; juvat indiculum rerum quae in illis continentur exhibere allata singulorum inscriptione ab eodemCardinali praefixa prout legitur in MS. eorum Codice Lucae in Bibliotheca Canonicorum maioris Ecclesiae servato.

    Excerpta ex variis libris Romanae Curiae per Nicolaum Cod.   Aragoniensem.

Est primo Bulla Clementis ad Carolum Regem Siciliae filium Ludovici Regis Franciae. Bulla investiturae eiusdem Regni incipit · *Clemens Episcopus Constituti* etc, continentur in ipsa pariter literae Annibaldi, et Joannis Card. ad eumdem Carolum ea de causa datae. Incipiunt *Excellentissime* etc. *Quoniam ad substinentiam.* Datae sunt literae illae Pontificis Perusii per manum Mag. Michaelis de Tolosa Vicecancellarium S. R. E. II. Non. Novemb. Indict. IX. 1265. Pontificatus Clementis IV. Anno 1. Indicantur atque excerpuntur literae istae Annibaldi et Joannis a Raynaldo ad An. 1265. n. 14.

II. Sequitur *modus faciendi homagium* D. *Papae de R. Siciliae, quando confertur Regi.* Incipit *Notandum quod modus* etc.

III. Literae Cardinalis ad eundem Clementem *super exactione solutionis census debiti, per quas appareat,* quod census iste cessare *non debeat, etsi* Rex *Siciliae, et omnes eius partes ad plenum non possideant.* Incipiunt *Sanctissimo* etc. *Carolus* etc. *vestrae literas Sanctitatis.* Recitantur integrae litterae *Papae ad Carolum.* Incipiunt. *Habet hoc humana.* Literae Regis signantur Anno 1266. 1. sept. Indictione X. Regni anno 2.

IV. Responsio *Bonifacii VIII. facta D. Carolo in Sicilia Regi super successione dicti regni: Carissime* etc. *habuit sane consultationis* a Datum Romae ap. S. Petrum VI. Kal. Martii Pontificatus An. III.

V. Literae *Caroli Siciliae Regis ad Gregorium super solutione census pro regno Siciliae charissimo* etc. *Diu est clementissime* etc. Datum Neapoli 1275. die VII. Julii Indictione III. Regni X. sunt in Raynaldo ad an. 1275. n. 54.

VI. Tractatus de Jurisdictione Ecclesiae *super Regnum Apuliae et Siciliae, in quo ostenditur quadrupliciter ad ipsam solam Ecclesiam pertinere.* Incipit : *Quaestio movetur* etc. Laudantur ibi Historia Cosentini Martini et Richardi. (Edidit Mansius in Baluz. Miscell. 1 468. Lucchesini).

VII. *Forma confirmationis factae per Bonifatium super tractatu. pacis habito inter* D. *Carolum de Francia Robertum primogenitum Regis Siciliae et Regem Ferdinandum ex altera super insula et Regno Siciliae et jure quod habet Ecclesia: Bonifacius* etc. *Rex pacificus* etc. Datum Anagniae XII. Kal. Pontificatus An. IX. ap. Raynal. sed ibi signantur XI. Kal Junii.

VIII. *Infeudatio Bonifacii VIII. de Regni Sardiniae et Corsicae Jacobo Aragoniae Regi: Bonifacius* etc. *Super Reges,* et *Regna* etc. Datum Romae ap. S. Petrum prid. Non April. Pontificatus Anno 3. Dat sed non integras has literas Raynal. A.1297 n.1.

IX. *Donatio facta Innocentio III et Romanae Ecclesiae per Joannem Regem Angliae de toto Regno Angliae et Insula Hiberniae, quae deinde duo Rex et sui successores tenebunt in feudum ab Ecclesia Romana, cuius erant vassalli et feudatarii sub censu annuo mille marchorum sterlingorum, quae faciunt quatuor millia Florenorum, quae donatio facta fuit per modum satisfactionis et emendae concordi consilio omnium Baronum et nobilium Angliae, et Hiberniae in Londonis ap. S. Paulum* 3. Octobris 1213 Regni Joannis 14. Joannes etc. *Universitati vestrae* etc.

X. *Copia instrumenti, quod Magister Siricius camerae D. Papae Clericus Nuncius Sedis Apostolicae in Anglia ad curiam adportavit Incipit,* Lex quae Anglice *Delenaye vocata est, latine vero lex Danorum. Denarius B. Petri praedictus per hunc modum colligitur in Anglia. Ex Cantuariensi Dioecesi Lib. 7. et 18. B.* etc.

De praedicto denario B. Petri ita legitur in chronicis cap. De Leone Papa IV. qui coepit an. 846. (Baluz. Miscell. 1. 141.)

Adaulphus Rex etc. (seu Deulphus.)

De valore diversarum monetarum : Quia in hoc libro frequenter etc. *Unus morabatinus valet unum florenum* etc.

XI. *Statutum Nicolai IV. ferens ut ex omnibus, quae recipit Rom. Ecclesia, fiant duae partes aequales, quarum una sit* D. *Papae, et altera signetur S. Collegio Card. inter eos ex aequo dividenda:* Nicolaus etc. *Coelestis altitudo* etc.

XII. Instrumentum donationis *factae S. Collegio Cardinalium per Benedictum XII* An. 1324. *De medietate omnium censuum visitationum* etc. *debitarum Collegio Card. pro tempore vitae Benedicti.* Incipit Anno a nativitate etc. die 24. Decembris Avinioni in Palatio Apostolico etc.

XIII. Incipit *revocatio Gregorii* **Papae** X. *de consuetudine, quod Sedis Ribaldis* dabatur eleemosyna in Palatio Papae in festo carnisprivii, et statuit quod haec erogarentur pauperibus aliis communiter etiam ipsis Ribaldis, qui ad Papam venerint in festo carnisprivii circa horam vesperarum. Incipit. Quia dicebatur esse ec.

XIV. Quod proventus Capelli debeat dividi Cardinalibus absentibus, exceptis legatis ex Constitutione Clementis V. Incipit: Item Dominus etc.

XV. Quod Camerarius sive Clerici sacri Collegii debeat interesse computo de receptis et administratis ex constitut. Benedicti XIII. An. 1334. die 23. Decembris.

XVI. Quod Camerarius S. Collegii debet habere copiam libri censualis ex constitutione eiusdem Benedicti.

XVII. Quod Camerarii S. Palatii debent procedere contra Praelatos non solventes commune servitium ex Decreto Camerariorum et S. Collegii an. 1324. die 23. Aprilis.

XVIII. Quod priores qui fiunt per electiones ad commune servitium teneantur, idque continetur in eodem Decreto.

Quod Ecclesia vacans bis in anno teneatur tantum unum commune servitium solvere ex declaratione facta anno. 1331. die 4. Septembris.

XIX. Quod Praelati habent ad solvendum commune servitium pro primo termino 9. menses, et pro secundo totidem ex Declaratione an. 1350, die 20. Decembris.

XX. Sequuntur donationes et largitiones factae ab Imperatoribus aliisque Rom. Ecclesiae. 1. est Donatio Constantini. Sequitur Donatio Ludovici Imp. tempore Paschalis Papae, Henrici primi Imp. Henrici IV. Imperatoris.

XXI. Gregorii Papae VII. litterae ex quibus apparet Ecclesiam habere unum denarium in Regno Franciae a quolibet annuatim solvendum. Succedunt aliae literae eiusdem, ex quibus pariter dignoscitur Rom. Ecclesiam retrahere quaedam ex Hungaria et Hispania. Literae etiam Alexandri (foite IV.) ad Guilelmum Reg. Anglorum memorantes deditionem Regni factam a Joanne Rege Romanae Ecclesiae. Alexander etc. Guilelmo Regi ec. Novit prudentia tua etc. Item eiusdem Alexandri ad Regem Danorum pro re simili, fragmentum est Epistolae incipiens: quapropter. Extat apud Muratorium in loco de quo infra.

XXII. Gregorii VII literae Demetrio Regi Cuscorum et Reginae quod regnum illud ad Romanam Ecclesiam pertinent. Incipiunt filius vester limina. Literae aliae Gregorii VII. in quibus agitur de Synodo habita in Dalmatia a Geizone S. Bonifatii et Alexii abate, et a Folvino Forosempronii Episcopo An. Dom. Incarnat. 1076. Ego Demetrius etc. Utramque istam epistolam affert Cencius in libro Censuum S. R. E. vulgato a Muratorio in Antiquitatibus M. Aevi tom. V. p. 639.

XXIII. Regnum Aragoniae fuit Romanae sub certo censu. Petrus Rex etc.

XXIV. Aliae similiter literae similem subiectionem aliorum Regnorum ferunt.

XXV. Post haec succedit brevis tractatio de Pontificibus qui iura Ecclesiae strenue defenderunt etiam contra Reges et Imperatores.

XXVI. Succedunt Aliac formulae sacramentorum praestandorum ab Imperatoribus Regibus, Episcopis, Abbatibus.

XXVII. Sequitur de mirabilibus civitatis Romae. Incipit murus civitatis Romae habet turres 1361. Castella, id est merulos 6900. etc.

XXVIII. De Historia Ecclesiastica quare Cyrus Rex Persarum vocatus fuit Christus, et de 70. annis captivitatis Babylonicae expositis historice et allegorice.

XXIX. Succedunt Ordinationes et Gesta Summorum Pontificum usque ad Innocentium II.

XXX. Sequentia sunt de Italia scilicet de eius nomine, situ et Provinciis; et sunt excerpta de historia Ecclesiastica.

XXXI. Libor locorum sanctorum Terrae Hierusalem Fretelli Archidiaconi. (In Baluz. 1. 485. Lucchesini.)

De divisione totius orbis quam fecerunt tres filii Noe et de Patriarchis.

De Macometo eiusque prole et successione.

XXXII. Gesta Romanor. Pontificum a Leone Papa IX. et deinceps sicut in Fabricio commemoratum est.

XXXIII. Post gesta Paparum sequitur Privilegium Fridcrici II. quo intuitu Innocentii III. abolet usum *intromittendi se in electionibus Praelatorum et possessionibus Ecclesiae, et caeteris spiritualibus. In nomine* etc. *Regnum nostrum tunc* etc. Datum apud Egram anno 1213. Indict. 1. Regni Romani 1. Siciliae XVI. die 4. id. Jul.

XXXIV. Aliud eiusdem Friderici spondentis auxilium pro recuperandis terris Ecclesiae Honorio III. In *nomine* etc. *Ego Fridericus II.* Datum Hagenovae 1219. mense sept. indict. 8.

XXXV. Euisdem *cassatio statutorum contra Ecclesiasticam libertatem* Fridericus etc. *Cum divae memoriae* etc. Datum apud S. Leonem in castris 1220. indict. 9. VIII Cal. Octob.

XXXVI. Eiusdem in solemni curia Capuana pro resignandis in manu Honorii Papae Privilegiis *Praedilecto* etc. *Pervenit ad nos* etc. Datum apud Tranum 3. Martii Indict. IX.

XXXVII. Eiusdem *concessio facta Innocentio III de Comitatu Fundano* etc. *post obitum R. Comitis Fundani. Sanctissimo* etc. *De gratia vestra* etc. Datum Roma 1212. Aprili mense indict. 15.

XXXVIII. Eiusdem spondentis Papae se deducturum milites in subsidium Terrae sanctae : *Fridericus* etc. *per praesens scriptum.* Datum apud S. Germanum An. 1225. mense Jul. Indict. XIII.

XXXIX. *Innocentii Papae donatio facta ab Innocentio Papa Episcopo Maglonensi de comitatu Melgoni sive Montis ferrati sub certo censu.* Datum Laterani 4. id. April. Pontificatus An. 18.

XL. Pacta Concordiae inter Clementem III. et senatores Populumque Romanum Sanctissimo etc. *Dignitas Senatus Populique* etc. actum quadragesimo quarto anno Senatus indict 6. die ult. Maji·

XLI. Concordia Eugenii III cum Friderico I. Imperatore : *Venerabili in Christo. Regiae maiestatis dignitas* etc. Datum Constantiae 1152. die X. Cal. April. indict. 15.

XLII. Clemens IV. admittit in gratiam Galvanum et Fridericum Lance. *In nomine* etc. *Universis* etc. *F. Franciscus Tar-*

racinensis Ep. etc. *Nuper a SS. et Reverendiss.* etc. Actum in domo Toudin de Frasso an. 1267 ind. 10. Pontif. Clementis 2. Febr. die V.

XLIII. Citatio eiusdem Fridcrici coram Papa Clemente IV. *Clemens* etc. *De vultu gloriosi* ec. Datum Viterbii 12 Cal. Nov. a. 3

XLIV. Literae Caroli I. Siciliae Regis ad Petrum Aragoniae etc. qui venerat in Insulam Siciliae cum classe, applicuitque Trapanam die 29. Augusti An. 1282 quod illam vellet sibi aquirere titulo Constantiae uxoris suae, filiae Manfredi Regis *Carolus* ec. *si de sanae mentis* ec. Datum ec.

XLV. Literae Petri ad eundem : *Petrus* etc. *De tua magna arrogantia* etc. Datum etc. *Carolus jam fere tota insula expoliatus literas sequentes dedit ad victorem :* *Carolus* etc. *Petro* etc. *De spelunca quam inhabitas* etc.

XLVI. Literae Petri ad eundem. *Petrus* etc. *De spelunca quam dicis* etc.

Literae Caroli primogeniti eiusdem Caroli captivi Regis Aragoniae, quam captivitatem subivit in pugna ante civitatem Neapolitanam commissa ad Petrum Regem. *Serenissimo Principi* etc. *Inopinati eventus casus fortuiti.* etc.

XLVII. Literae Eduardi Regis Angliae ad Clementem VI. ut moderetur *exactiones pecuniarum pro beneficiis, et juspatronatus restituantur suis Dominis.* Datum apud Vasco Septembri mense anno 1343. Regni Franciae 4. Angliae 17. (In Baluz. Misc. Luc.)

XLVIII. Jura Ecclesiae Rom. in Regno Poloniae pro denario S. Petri et aliis *Sanctissimo in Christo* etc. *Joanni Summo Pontifici Henricus Rex Elesiae haeres Regni Poloniae* etc. *ad agendas gratiarum debitas actiones* etc. Datum Colgoriae in vigilia S. Joannis Baptistae An. 1323.

XLIX Aliae literae Regis Poloniae cum transumptis diversorum instrumentorum et *Summus Pontifex sibi provideat de subsidiis contra Tartaros : Sanctissimo* etc. *Joanni* etc. *Uladislaus Rex* etc. *Cum constet.* Datum Cracoviae in vigilia SS. Trinitatis 12. Kal. Junji. (In Baluz. Misc. Luc.)

L. Instrumentum publicum protestationis , *videlicet ne per acquisitionem Wra-*

tislaviensis terrae per Joannem Regem Bohemiae factam praejudicium Ecclesiae Rom. causaretur factae per P. de Alverna nuncium Apostolicum in partibus Poloniae in praesentia dicti Regis, quam protestationem idem rex gratam habuit et obtulit se paratum obedire sedi Apostolicae. Datum in civitate Wratislaviensi. A. D. 1327 *die VIII. mensis Aprili.*

LI. Item *sunt duae epistolae eiusdem tenoris diversis sigillis sigillatae continentes finantiam per cives et incolas culmen ac Pomeraniae Wratislaviensis dioecesis de denario B. Petri pro arregariis Romanae Ecclesiae debitis.*

LII. Item *qualiter scripsit Joannes Papa XXII. Episcopo Wratislaviensi qui compositionem et finantiam factam inter incolas et cives Culmen. et Pomeraniae de denario B. Petri solvendo per ipsos gratas et ratas habuit et habet dans eidem Episcopo potestatem eos absolvendi a sententiis, quas incurrerant ex retardatione solutionis denarii antedicti ; et constituerunt procuratores suos dicti incolae, et cives qui juraverunt in animas eorum perpetuis temporibus solvere praefatum denarium B. Petri camerae Apostolicae in Quadragesima* Actum anno D. 1343. 4. Pontificatus D. Joannis Papae. An. 19.

LIII. Item *transumptum unius instrumenti Septem sigillis sigillatum supra solutione eiusdem census.* Datum XIII. Cal. Maji. A. D. 1335. Pontif. d. Jo. XXII. 19.

LIV. Item *quaedam literae patentes Comitatus Cracoviae directae D. Benedicto Papae XII. in quibus consules dictae civitatis se debere fatentur certas granas seu granatus auri et nonnull. eorum cives etiam singulariter alias granas hic expressatas.* Datum Cracoviae 25. die Maji an. 1336.

LV. Item *aliud instrumentum publicum continens copiam literarum, et processuum contra Wratislaviensem, occasione census denarii B. Petri factum in praesentiam Nuntiorum apostolicor. in partibus Poloniae destinatorum sub. An. D.* 1329 *die* 1. Nov. Pontif D. Benedicti PP. XII A. 5.

LVI. Item unum *Aliud instrumentum Continens quomodo Ainestes Ep. Tragen.*

auctoritate Sedis Apostolicae de civibus seu habitatoribus Wratislaviens. Regni Poloniae recepit solemnem obligationem super solutione denarii B. Petri ut videlicet a quolibet humano capite recipiatur unus denarius singulis annis solvendus in Quadragesima et quomodo amovit a dicto loco sententiam interdicti A. D. 1343. *die* 17. *Decembris.*

LVII. Item *et quaedam alia patens litera D. C. Papae VI. missa per Episcopum Pragensem notificando eidem concordiam, et ea quae continentur in supradicto instrumento.* Actum An. D. 1343 die XVIII. Decembris.

LVIII. Item *est quaedam alia patens litera Ducis de Evvidnes dioecesis Wratislaviensis super ordinatione solutionis census denarii B. Petri deinceps in perpetuum annuatim pro quolibet corpore humano camerae Apostolicae solvendo, exceptis clericis et nobilibus cum aliis civitatibus illius districtus de eodem negotio, ad quam solutionem census futuri cum aliis civitatibus illius districtus de consensu dicti Ducis concesserunt posse compelli per censuram Ecclesiasticam deinceps ; de praedictis vero censibus non solutis concordaverint in forma certa hic expressa.* Actum Avvindicz A. D. 1352. X. Cal. Martii.

LIX. Item aliae *Literae cum sigillis civitatum Ducatus Evvindicz super censu denarii B. Petri in Dioecesi Wratislaviensis cum aliis super eodem megocio.* Actum Evvindicz A. D. 1352. X. Cal. Martii.

LX. Literae *testimoniales D. Caroli Imp. Romanor. in quibus confitetur quod denarius B. Petri E. R. levari debet in certis terminis hic expressis , absolvi per praesentes literas praecepit.* Datum Pragae A. D. 1357. XVI. Cal. Maji Imperii sui anno 3.

LXI Item *quinque instrumenta publica in quibus Nuntius Apostolicus et collector in partibus Poloniae confitetur se recepisse a Praelatis hic expressis tunc Collectoribus denarii B. Petri Ecclesiae Rom. debiti certas marchas et pecunias argenti hic contentas et per eum receptas. A. D.*

1358 die X. Maji Pontificatus D. Innocentii Papae VI. anno VI.

LXII. Item *quaedam literae Regis Poloniae apertae a tergo sigillatae confitentis se et Regnum suum esse in obedientia, et subiectione S. R. E. et in signum huiusmodi solvitur ibidem census, qui vocatur denarius B. Petri R. E. et est sine data sigillatae a tergo in cera alba.* LXIII. Item *quaedam aliae literae clausae, quas misit Ep. Pragensis significans quod in civitate Wratislaviensi. ubi recepit mandatum Apostolicum super denario B. Petri, processit cum maturitate et magna deliberatione et finaliter recepta a civibus obligatione, quod de quolibet humano capite recipiatur unus denarius monetae ibi currentis qui denarius non mutatur in pondere. Et interdicti sententias contra ipsos dudum relâxavit seu amovit. De tempore autem ipso cessaverunt videlicet per X et VII. Annos, quomodo possint extimari sunt opiniones; Secundam magis rationabiles videtur quod recurrantur ad registrum Sedis Apostolicae ad sciendum quantum singulis Annis ante tempus rebellionis consuevit haberi; et cum ipse haberet copiam registri repertum est, quod ascendit pro quolibet anno ad marchas et 64. scutos ponderis Polonici; et non est data nisi duntaxat die XX mensis Decembris.* *

NICC. *Rosselli* Commentarius editus a Mansio in Baluz. Miscellan. 441. Lucchesini.)

NICOLAUS *Sagundinus, Sagunlinus, Secundinus, Segundinus:* vide supra in *Nicolao Euboico.*

NICOLAUS *Salconus,* vitiose pro *Falcone* qui jussu Clementis V. librum AITHONI Armeni ex ore ejus Gallice exceptum vertit Latine, Pictavis A. 1307. Vide supra t. 1 p. 33. et Oudinum t. 3. p. 630. seq.

NICOLAUS *Siculus,* infra *Nicolaus de Tudescis.*

NICOLAUS *Simonis,* Harlemensis Batavus Prior Carmelitarum, defunctus A. 1495. (al. 1511.) Scripsit *Vademecum* sive Sermones de tempore et Sanctis. *Consultationes, Repetitiones et Disputationes.* Venet. 1487. 1497. *De potestate Papae, Impera-*

toris et Concilii libris IV. in lib. 2 Decretal. de foro competenti, c. si quis contra Clericum. Mediolan. 1495. 1510. *Chronicon temporum, Historiam Ordinis sui. Vitas. SS. Patrum et de sacris mulieribus. Farraginem fragmentorum. Vitam S. Cyrilli* Carmelitae, *Vitam S. Annae, Consiliorum* (non Conciliorum, ut excusum apud Possevinum) duo Volumina. Vide Trithemium de Carmelit. Simlerum, Valerium Andream, Sweertium, Alegrium, II. Warthonum.

NICOLAUS *Smeregus,* Notarius Vicentinus de Burgo Bericae, scriptor *Chronici Vicentini* ab Au. 1200. ad 1279. quod cum continuatione *Anonymi* ad An. 1312. editum ex Felicis Osii recensione cum Albertino Mussato aliisque, curante Laur. Pignorio Venet. 1636. fol. Hanc editionem expressit thesaurus scriptorum Italiae Burmannianus tomo VI. Lugd Bat. 1732. fol. et ex duobus Codicibus Bibl. Ambrosianae castigatam V. C. Josephi Antonii Saxii studio, exhibet. tomus octavus thesauri scriptorum Italiae Muratoriani, Mediolan. 1726. fol.

NICOLAUS *Specialis,* Netinus, Senior, Friderici II. Regis Siciliae ad Benedictum XII. Papam Legatus. Ejus *Historiae Siculae libri VII.* historiam bellorum inter Reges Siciliae et Aragoniae ab A. C. 1282. ad 1337. gostorum persequentes, vulgati sunt à Stephano Baluzio in appendice ad Marcam Hispanicam Petri de Marca, Paris. 1688. fol. pag. 597. et in tomo thesauri Muratoriani undecimo, Mediolan. 1727. fol. et in Burmanniano thesauro Antiquitatum Siciliae p. V. Lugd. Bat. 1722. fol. nec non t. II Bibliothecae historicae regni Siciliae, quam Panormi 1723. fol, in lucem dedidit Jo. Baptista Carusius. Promisit etiam ex duobus Manuscriptis Codicibus emendatiores edere Antonius de Amico, Messanensis, in Corpore quod molitus jam pridem est scriptorum rerum Sicularum, in quo etiam exhibere voluit MICHAELIS de Platea sive *Placia* Siculi, Ord. Minor. cujus fragmentum Rochus Pyrrhus dederat, historiam ab excessu Friderici Aragonii, secundi hujus nominis, Regis Siciliae usque ad An. 1361. (more computandi Si-

culo, et 1362 more Romano) ex Codice
Manuscr. D. Friderici de Vintimigliis, Eqi-
tis Panormitani, Marchionis Hieracii fratris. Ex isto Nicolao Speciali, tunc necdum edito, quem NICOLAUM *Minoritam*
vocat˙, produxerat nonnulla laudatus Baluzius in notis ad Papas Avenionenses. Vide Oudinum tom. 3 pag. 957. seq. et quae
supra in MALASPINA, MICHAELE *de*
Platea, atque in NICOLAO *Jamsilla*.

NICOLAUS *Stanfordus*, Lelando cap.
360. *Stenoforaus*, Vischio *Stafardus*, Anglus, Monachus Bernardinus sive Cisterciensis circa An. 1310. Ejus *Moralitates*
in Genesin idem Lelandus memorans, testatur se admiratum, quod homo ejus aetatis
tam argute, tam solide, tam significan-
ter potuisset scribere. *Conciones* aliquot addunt Baleus IV. 87. Pitseus pag. 399. et
Vischius pag. 231.

NICOLAUS *Svafhamus*, Anglus, Carmelitarum Prior, Theologus Cantabrigensis
ei Cancellarius, defunctus Anno 1449. Ejus
libellos duos de rebus Theologicis innotuisse
sibi refert Lelandus cap. 434. quorum tituli apud Baleum XI. 76. Pitseum pag. 641.
et Alegrium pag. 349. sunt *Ordinarium Le-*
ctionum, et *Determinationes*.

NICOLAUS *Svessionensis* Supra, *Nicolaus*
Gallicus.

NICOLAUS *de Susato* Westphalus, Teuto, Gymnasii Heidelbergentis decus et columna, interfuit Concilio Constantiensi A.
1417. Ex ejus scriptis laudantur *Quaestio-*
nes tum aliae tum In Sententiarum libros
et *Sermones* multi. Vide Jo. Trithemium
cap. 777. de S. E. et de luminaribus Germaniae cap. 169.

NICOLAUS *de Syghen*, Professor Erfurten-
sis, circa An. 1470. auctor continuationis
Chronici LAMBERTI *Schafnaburgensis* ab
An. 1068. ad 1352. Vide supra, t. IV. 521.

NICOLAUS *Taborita*, cujus dialogum
cum Ænea Sylvio exibet Bzovius ad A.
1451. num. IX.

NICOLAUS *Tarvisinus*. Supra in BENE-
DICTO XI.

* NICOLAUS *Tegrimius* J. V. D. patricia
Lucensi familia natus post varias functus
nomine Reip. suae legationes ad summos
Pontifices aliosque Italiae principes clericali tandem militiae adscriptus Cathedralis
Ecclesiae Lucensis Archidiaconus egit, orator summus scripsit vitam Castruccii Castracani Lucensis urbis Domini, vel si
mavis, tyranni. Prodiit anno 1496. in 4.
Mutinae, recusa Parisiis 1546. in 16. inserta a cl. Muratorio tom. XI. Rer. Ital.
demum una cum Etrusca versione Georgii
Dati Florentini Lucae 1742. quam editionem curavit v. cl. Joan. Tegrimius, ex
eadem, qua Nicolaus familia prognatus.
Hanc editionem praecedit vita Tegrimii a
P. Alexandro Pomp. Berti Congreg. mcae
viro erudito diligenter conscripta. Ego vero
annotationes meas passim historiae huic
Castrucii adieci. Scripsit etiam *orationem*
nomine Lucensium a se habitam coram Alexandro VI. An. 1492. obsequium religiosum illi nomine eiusdem Reip. praestitu-
rus. Excusa est vetustis typis sine loco et
anno. Tum et aliam *coram* Pio III. et aliam
denique coram Julio II. recitatam excusas
absque loco et anno. Extant aliae plures
in Cod. MS. quem servat Biblioth. Francisci M. Florentini, in quo pariter extat
eiusdem Tegrimi nondum edita historia
belli Florentini contra Lucenses ab Anno
1431 ad An. 1438. Scripsisse etiam fertur
de rebus suis Commentarium ignoto mihi
in loco servatum. Obiit An. 1527. Cum pariter Juris scientia claret, plura insignium
JCtorum scripta typis evulganda curavit
tum Lucae, cum Nuptiani ubi rusticabatur *

NICOLAUS *Teutonicus* Ord. Praed. quem
Cangius hoc loco memorat et 1355. ait
vixisse, idem est cum *Nicolao Harcilego*,
de quo supra.

NICOLAUS *Thomaeus*, supra LEONICUS.

* NICOLAUS de *Tinkelspill* Baccalareus
in Theologia in Universitate Viennensi,
quem floruisse colligo An. 1401. Scripsit
opusculum *de tentatione Christi a Diabolo*
quod offendisse succurrit in Cod. MS. Viennensi Bibliothe. Benedictiorum Abbatiae S.
Mariae Scotorum *

NICOLAUS *Trajectensis*, cuius commentario *in Boëthium* de Consolatione multum
meliorem ait se reperisse Antoninus Florentinus parte 3. histor. lib. 23. cap. 11.

tom. 3 pag. 681. et NICOLAUS *Treverth* cujus commentarium Manuscriptum in Senecae Tragoedias evolvit Cangius, neuter videtur diversus à NICOLAO *Trivetto*, de quo mox: quamquam laudatus Cangius scribit Treverethum vixisse circa A. 1360.

NICOLAUS *Trivettus (de Treveth, Traveth*, sive *Thriveth)* Thomae Trivetii Justitiarii Militis sive Equitis Angli filius, a) Ord. Praed. in conventu Dominicanorum Londinensi Prior, diem obiit anno Eduardi III. Angliae Regis secundo sive An. C. 1328. proximus septuagenario: Grammaticus, Poëta, Rhetor, Historicus, Mathe-'maticus, Philosophus et Theologus. Praeter *Cronicon generale* b) ab Orbe condito per quinque aetates ad natum CHristum usque et aliud Gallice scriptum à nato CHristo ad Henrici II. tempora, et *Catalogum Regum Anglosaxonum* durante heptarchia necdum quod sciam, edita, Latine composuit, Gvil. Malmesburiensem continuaturus, opus eximium, *Historiam Plantagenistarum*, sive *sex Regum Angliae*, à Comitibus Andegavensibus originem ducentium *Stephani*, *Henrici II. Richardi I. Joannis, Henrici III. et Edwardi I. Annales*, ab An. 1136. ad 1307. in quibus gesta Anglicana potissimum persequitur, ita tamen ut Pontificum, et Imperatorum res, Regumque Galliae plerumque conferat. Primus edidit ex Codice Bigotiano per Hadrianum Valesium emendato Dacherius tom. VII. spicilegii (edit. novae t. 3 p. 143-231.) Castigatiores deinde separatim ex Codice Glastoniensi et Mertonensi, recensente V. C. Antonio Hallo, c) Oxon. 1719. 8. cui nitidae editioni testimonia virorum doctorum de Trivetto ampla et copiosa praemittuntur Ilis. merito adjunges Jacobum Quetif tom. 1 Bibl. Ordinis Praed. pag. 561. seq. qui de hoc scriptore ut solet diligenter et accurate est commentatus. Sed laudato Hallo debemus etiam veteris ANONYMI scriptoris *Continuationem Trivetti Annalium* ad A. 1336. editam una cum Adamo Murimuthensi aliisque Oxon. 1722. 8. de qua dixi supra t. 1 pag. 10.

a) Vide ejus Chronicon ad A. 1272. apud Dacherium tom 8. pag. 626. (edit. novae t. 5. pag. 250.)

Caetera Trivetti scripta sunt: Commentaria *in Genesin, Exodum, Leviticum, Paralipomena ,Psalterium*, et in alios quosdam Sacrae Scripturae libros, *dicta SS. Patrum concatenando*, ut est apud Pitseum.

In Epistolas S. Pauli ad Senecam et Senecae ad S. Paulum.

Quodlibeta Theologica.Quaestiones variae De perfectione Justitiae. De Missa et ejus partibus libri VII. De officio Missae sive *Ordo Missae , Speculum Sacerdotale*. Manuscr. in variis Angliae Bibliothecis teste II. Warthono.

De peccatis. De virtutibus. De fato. Scutum Veritatis contra impugnantes statum perfectionis.

In S. Augustinum de Civitate DEI, adjutore Thoma Walleis. Tolosae 1488. Venet. 1489. Friburgi 1494.

Expositio historiarum externarum. quarum fit mentio apud S. Augustinum.

Flores in Regulam S. Augustini.

In Boëthium de Consolatione Philosophiae. In librum de disciplina Scholarum.

In Valerii ad Rufinum libellum de uxore non ducenda, qui legitur inter S. Hieronymi Opera.

De computo Hebraeorum, Manuscr. in Bibl. Collegii Mertonensis. *De Astronomia. Canones de conjunctionibus, appositionibus et eclipsibus Solis et Lunae.*

In Aristotelis problemata

In Titum Livium. In Declamationes Senecae Patris.

In Senecae Philosophi opusculo. In tragoedias Senecae.

In transformationes Ovidii.

In Juvenalem.

Vide Lelandum cap. 333. Baleum V. 24. Pitseum pag. 420. II. Warthonum ad Caveum. * Quid sit operis labor Trivetti in Declamationes Senecae intelligimus ex titulo eiusdem operis in Biblioth. Episcopi Pistoriensis servati, de quo amicissimus P. Zacharia in sua Bibliotheca Pistoriensi nuper A. 1752 vulgata Taurini. En titulum hunc *Declamationes Senecae bene et pulchre moralizatae.* *

b) Jac. Quetif tom. 1. pag. 561.

c) Acta Erud. 1722 pag. 105.

NICOLAUS *de Tudesco*, Catanensis Siculus, discipulus Zabarellae, Abbas Panormitanus, Ord. Bened. *Juris* Pontificii *Lucerna:* docuit Catanae, Senis, Parmae et Bononiae : etiam Romanae Rotae auditor, creatus dehinc An. 1434. Panormitanus Archiepiscopus, ab Alphonso · Aragoniae Rege missus ad Concilium Basileense a) et An. 1440. ab Antipapa Felice factus Cardinalis. diem obiit An. 1445. de quo diligenter Antoninus Mongitor tom. 2 Bibl. Siculae pag. 98. Ejus scripta:

In quinque Decretalium libros Comentaria, Venet 1492. ac deinde saepius et inter opera, novem a) tomis junctim edita Venet. 1617. fol. prioribus *tomis septem.* Adde Hieronymi Fantoni de Ferraris, Ord. Praed. Compendium universae Lecturae Abbatis Panormitani super Decretales, Venet. 1564. 4.

Commentaria in Epistolas Clementinas et earum glossas. Paris. 1516. 8. atque inter opera, quorum *tomi septimi* partem posteriorem absolvit.

Consilia CCXXV. (non ‘CXVIII. ut Labbeus tom. 2 pag. 113. de S. E. et ex eo alii) Lugd, 1537. fol. atque in *tomo octavo* Operum.

Quaestiones VII. et Lugduni cum Consiliis, et *tomo* Operum *octavo.*

Repetitio in cap. 9. Per tuas, *de arbitris* tit. 43. lib. 1. Decretalium Gregorii IX. una cum *Quaestione* in Parmensi Gymnasio disputata. Lugd. 1587. et *tomo octavo* Operum.

Processus Judiciarius, sive *Practica in omnibus fere Curiis observari solita.* ibid.

Thesaurus singularium in Jure Canonico decisorum, conscriptus in Concilio Basileensi, et secundum Ordinem alphabeticum pro faciliori usu dispositus. Tomo Operum *nono*, una cum additionibus Ja cobi Anelli de Bottis ad Commentaria, Consilia et Quaestiones: nec non Gualvarji Bononiensis repertorio, et tractatu de differentia Legum Canonumque.

In operibus Nicolai om issus est liber *pro Concilio Basileensi*, memoratus Trithemio cap. 781. de S. E. et II. 139 illustr. Benedictin. et libris prohibitis in Romano Indice adscriptus : Sed vulgatus plus simplici vice, et à Gerbasio, versus Gallice editusque Parisiis 1697. c) proxime etiam ex editione veteri Ludgunensi An. 1518. iterum vulgandus d) cura V. C., Georg. Ludovici Oederi.

Omitto alias ejus *Disputationes, Decisiones Rotae Romanae, Conclusiones* glossarum Clementinarum, *Commentarium inchoatum in Decretum.*

* Editio commentarii ab hoc Nicolao conscripti multo antiquior est, quam quae hic indicatur a Fabricio, nam inter Codd. Felini MSS. occurrit Cod. 149. Abbatis *super 3. lib. Decretalium lectura* impressa Romae per Magistrum Georgium Laur. de Herbipoli sub. An. 1480. Item Cod. 151. *Nicolai* Abb. 1. p. super 2. Decretalium, Venet. per Jo. de Colonia et Jo. Manten de Gheretzen An. 1473. Cod. 151. cod. *Abb. sup. III. Decretalium* per Jo. Vindelinum An. 1472. Codice 152 *Abbatis* Secunda pars super secundo Decretalium impressa per Jo. de Colonia et Jo. Manthen de Gheeretzem A. 1479. Item *Abbatis tertia* p. *secundi Decretalium* Venet. per Jo. de Colonia sociumque, Anno 1476. Item Cod. 153. *Abbatis secunda p. in secundum Decretalium* An. 1471. sine nota impressoris et loci. Item Cod. 154. *In III. librum Decretalium* Ven. per Jo. de Colonia et Jo. Manthen An. 1478. Item Cod. 157. eiusdem super IV. et V. Decretalium Ven. per Jo. de Colonia et Jo Manthem A. 1477. Item Cod. 158. idem opus Romae per Magistrum Georgium Laur. de Herbipoli. An 1475. Item cod. 160. MS. est *Repetitio in cap. Ecclesia Sancta* per me Nic. Abb. Maniacensen An. D. 1425. *in civitate Senarum* Altera repetitio in Cap. *per tuos facta* ab eodem in studio Bonon. A. 1432. (hanc indicavit Fabricius) Item *Repetitio*

---

a) Jac. l'Enfant hist. Belli Hussitici et Concilii Basil. t. 2. p. 176.

,b) Hanc editionem recenset Labbeus. Priorem Venetam 1595. octo tomis, Bellarmiuus. De anti-

quioribus Possevinum licebit consulere.

c) Laudat et argumentum hujus libri exponit Dupinius tom. XII. Bibl. Eccles. p. 98.

d) Bibl Germanique tom. XXVIII. p. 136.

in cap..*Si quis* per me Nicolaùm de Sicilia
Decretorum Doctorem in almo studio Senensi An. 1419. Item *repetitio* eiusdem super *Stante statuto.* Item eiusdem Repetitio
in materia juramenti. Item cod. 161. edita
Consilia et allegationes eiusdem A. D. 1425
*cum tabula composita per D. Philippum Bo-
logninum Ferrariae per Magistrum Petrum de Arancio* An. 1475.

In eodem MS. Cod. 160. praeter Repetitiones illas superius indicatas est et altera
in cap. *cum esses.* Sunt pariter eiusdem authoris orationes duae: Altera jam saepius
excusa pro Concilio Basileensi, cuius hic
Fabricius meminit. Hunc vero titulum in
MS. praefert: *Sermo de superioritate Concilii ad Papam editus et compositu*s a RR.
in Christo Patre et *Dom.Domino Nicolao de
Sicilia tit.* SS. XII. *Apostolorum* S. R. E.
Presbytero Cardinali (a Felice V. Antipapa
renunciato) *dignissimo vulgariter nuucupato
Panormitano , in jure Canonico monarcha
jure merito uno ex legatorum* (sic) *de latere pro S.* Concilio *Basileensi pro SS. D.
N. Felice divina providentia Papa V. misso
ad regiam majestatem Regis Romanorum
Fridericum ad Francofordiam pro pace et
unione Ecclesiae fiendis sub* Anno 1442
*de mense Junii, et coram auditoribus prae-
fati serenissimi Regis.* Altera vero quam
codex offert Panormitani oratio scribitur:
*Sermo D. Nicolai Siculi Archiepiscopi Pa-
normitani habitus in Concilium per eum
Basiliense pro honore et conservatione Concilii ad probandum quod congregatio ipsa dissolvi non deberet infectis arduis
incumbentibus non obstantibus rationibus
Legati Papae Eugenii desiderantis et pe-
tentis concilium jussu suo dissolvi.* Incipit. *Maximum onus.* Orationem hanc nondum editam ego primus ex hoc codice
evulgavi in meo Concilior. Supplemento
tom. 4. pag. 1352. Post haec Vindobonam
bono aspirante numine profectus in Biblioth. Caesarea nonnulla reperi, quae
orationi huic causam et argumeutum prae-
buerunt. Tumultus Basiliensium cernens
Julianus Card. Legatus abstinendum censuit a congregatione in qua norat aliquid
decernendum esse contra Pontificem, nisi

recederet a consilio dissolvendae Synodi.
Causas absentiae suae per literas Patribus illum invitantibus exposuit, easque
literas ibidem nactus sum. Respondit hisce Archiepiscopus Panormitanus omnia-
que refutavit, quae pro Pontifice legatus
adduxerat. Tum legatus longa oratione
coram PP. habita factum suum et justitiam Pontificis defendit, eamque pariter
orationem cum superioribus omnibus mihi
descripsi in Concil. Suppl. tom. VI. a me
vulgata. Non quievit Panormitanus, Conci-
liumque ea oratione defendit, cuius hic
memini, incipientem. *Maximum onus.* Neque haec pariter deest in MS. Caesareo. *

NICOLAUS *Tuscus.* Supra, *Nicolaus de
Albertinis.*

* NICOLAUS *Ubaldus* Perusinus quem
ipsum esse credo Nicolaum Baldi alterius a
celebri Jcto, sed eius filium, ut disco ex
Pancirolo L. 2. c. 72. Auditorem S. Palatii
egit; scripsitque tractatum *de successionibus
ab intestato* et alterum tractatum de successionibus ab intestato *clericorum regularium
et secularium* utroque jam edito, priori quidem Romae A. 1471. (232. 1473. una cum
seq. V. Vermiglioli *Scritt.Perug.* I. 154.) altero vero ibidem A. 1473. Priori legimus in
margine adiectam hanc adnotationem manu
Felini Sandei: *Suspensus* (Nicolaus) *ab officio per Sixtum , mortuus est prae dolore.
Causa suspensionis fuit quod stans ad fe-
nestram dixit:* Dicite Cardinali vestro me
non emisse Auditoratum (Palatii Apostolici)
prout ipse Pileum. *. (Erat ex cl. familia
Baldeschi, ut plures alii doctissimi. Vide
Mazzuchelli Scritt. It. 110. Lucchesini.)

NICOLAUS *Vischel.* V. *Nic. Cisterciensis.*

NICOLAUS *de Ultricuria* An. 1348. Parisiis revocare coactus LXI. articulos à
Papa Clemente VI. damnatos, libellis eius
et Epistolis igni traditis, quibus illi con-
tinebantur. Propositiones illae damnatae
saepius prodiere in Bibliothecis Patrum,
ut in novissima Lugdunensi t. XXVI p. 483.
Confer supra *Joannes de* MERCURIA.

NICOLAUS *Voigelt* sive *Wigeli,* Germanus, Friburgi vixit circa An. 1438. Huius
commentariolum de indulgentiis , ex Ey-
sengreinio memorat Possevinus.

NICOLAUS *Uptonus* sive *Uppodunus* , Anglus, castra primum secutus sub Duce Thoma de Monte acuto, Comite Sarisburiensi : deinde Ecclesiae Wellensis et Sarisburiensis circa Anno 1430. Canonicus, missus Anno 1452. ad Nicolaum V. ut Osmundum Episcopum inter Sanctos referret. Ejus *libros quatuor de studio et officio militari* ad Humfridum Ducem Glocestriae, quorum quartus de diversis signis in armis depictis sive de insignibus Anglorum Nobilium curiose disputat, primus Joanni Seldeno dicatos vulgavit notisque eruditis illustravit Edoardus Bissaeus, addito *Joannis de Bado aureo* (de quo supra tom. IV. pag. 341.) tractatu de armis, quem et ipsum Uptoni esse non satis certa conjectura editor suspicatur, et Henrici Speelmanni aspilogia. Lond. 1654. f. Vide Lelandum cap. 536. et Baleum VII. 98. cujus exemplo Pitseus pag. 635. seq. ex uno Uptoni opere quaterna nobis effingit : *Leges speciales. De officio militari , Delineationes armorum* et *de colorum insigniis.*

NICOLAUS de *Wachenheim*, (vitiose *Wackenbeim* apud Possevinum) Teutonicus , cum in Heidelbergensi Gymnasio per annos ferme quinquaginta Philosophiam et Theologiam docuisset , obiit An. 1480. de quo Trithemius cap. 864. de S. E. et de luminaribus Germaniac cap. 222. Ejus scripta : *Quaestiones Sententiarum,* pluresque *Sermones, collationes* et *orationes.*

NICOLAUS *Walkingtonus,* Anglus Monachus Kirkehamensis Ord. fratrum regularium : non Cisterc. ut ipse fatetur Vischius pag. 252. Bibl. Cisterc. circa Anno 1193. praeter librum *de virtutibus et vitiis,* etiam scripsit *historiam* de Duce *Waltero Espec* quem virum magnum et polentem vocat Joannes Hagustaldensis ad A. 1132. Vide Baleum III. 35. et Pitseum p. 260. seq. Elogium eiusdem Walteri et Orationem Anno 1138. ad milites habitam exhibet Ethelredus Rievallensis de bello Standardii pag. 338. 339. seq.

NICOLOSA *Sanuta* pro restitutione ornamentorum Matronarum , Manuscr. memoratur à Sandero in Bibl. Belgica parte 2. pag. 221.

NICONIS *Grammatica* inter Codices Manuscriptos qui An. 1250. fuere in Monasterio Benedictoburano in Austria , memoratur apud Bernardum Pezium t. 3 Anecdotorum parte 3. pag. 622.

Joannes NIDER. Supra t. 4 p. 393

NIDERALTAHENSIS in Bojaria Monachus Benedictinus , scriptor *vitae* S. *Alrunae* , Marchionis Chambensis, quam edidit Bernardus Pez tom. 2. anecdotorum parte 3. pag. 253. 365.

Theodorus de NIEM sive NIHEM , Westphalus Germanus , per triginta septem annos et ultra , curiam Romanam sectatus sub quinque Pontificibus, Gregorio IX. Urbano VI. Bonifacio IX. Innocentio VII. et Gregorio XII. Ex clerico Lucensi et litterarum Apostolicarum abbreviatore Episcopus electus Verdensis contra Ottonem , Magni, Ducis Brunsvicensis filium : quo praevalente Romam reversus et Episcopatus Cameracensis dignitate ornatus diem obiit in Concilio Constantiensi , non ante A. 1417. Scripsit

Tres libros de schismate , quibus res ab An. 1378. ad 1410. laudato studio persequitur. Prodiere Norimbergae 1532. fol. atque cura Simonis Schardii , Basil. 1560. fol. addito *libro quarto* , diviso in sex partes , cui titulum *Nemus* a) *Unionis* auctor indidit. Libros priores in multis locis pleniores , in pluribus variante ab editis habere se testatus est Henricus Meibomius nepos t. 1 p. 3 Ex libro primo de schismate , excerpta *de gestis Ottonis Tarentini , Ducis Brunsvicensis* exhibet illustris Leibnitius tom. 2 scriptor. Brunsvicens. p. 50-56. Ex libro tertio excerpta *de Potestate Pontificis atque Imperatoris , et an Imperator in temporalibus subsit Pontifici* , apud Goldastum tom. 2 de Monarchia Imperii pag. 1376-1379 cum Epistola JOANNIS *Leodiensis* Episcopi et Cardinalis ad Theodoricum à Niem ; Protonotarium Ecclesiae Rom. quatenus Papae sit obediendum. Libri quatuor recusi Basil. 1566. fol.

a) Non *Viemus* , ut excusum apud Oudiuum   tom 5. pag. 1256.

Norimb. 1592. Argentorat. 1608. et 1629. cum Zabarella et Jo. Mario Belga.

De necessitate reformationis Ecclesiae in capite et membris, V. C. Hermannus ab Hardt tom. 1 Concilii Constantiensis parte 7. edidit sub nomine PETRI *de Alliaco*: sed Niemii esse ipse deinde deprehendit, illique auctori restituit pag. 28. prolegomenon.

Exhortatio ad Rupertum, Regem Romanorum, ut a diuturno somno excitatus Pontificum schisma exstirpet et Imperii jura reformet, exstat apud Goldastum t. 2 de Monarchia Imperii p. 1381. b. 1384. b. Idem fortasse liber Niemii *de reformatione Ecclesiae Romanae*, quem Manuscr. in Bibl. Caesarea Gesnerus pridem memoravit.

Privilegia sive Jura Imperii circa investituras Episcopatuum et Abbatiarum, restituta per Papas Imperatoribus Romanis, et simul variae historiae ad eorum illustrationem utiles, in Simonis Schardii sylloge de jurisdictione Imperiali, Basil. 1566 fol. pag. 785. 859. Argent. 1609 1618 8.

Vitas Pontificum Romanorum à Nicolao IV. usque ad Urbanum V. una cum continuatione Anonymi ad Annum 1418. additis Imperatorum gestis. In Jo. Georgii Eccardi Corpore script. medii aevi t. 1 p. 1461. 1550.

Historiam et Vitam Joannis XXIII. Papae primus edidit Henricus Meibomius avus, Francof. 1620. 4. inde familiam ducit in t. 1. scriptorum rerum Germanicarum, quos praeclaro studio recensuit H. Meibomius nepos, Helmst. 1688. fol. 5. 50.

(Invectivam in diffugientem e Constantiensi Concilio edidit ab Hardt t. II Conc. Constant. ubi et op. De vita ac fatis constantiensibus Joannis XXIII quae forte nil aliud sunt. Lucchesini.)

* Geminos distinguendos esse Niemios sub eodem Theodori nomine, vel forte alterum quidem sub Joannis, alterum sub Theodori nomine demonstrasse mihi visus sum in nota ad An. 1400. Annalium Raynaldi. Eccardus in corpore Histor. medii aevi tom. 1. chronicon quoddam Pontificium evulgavit nomine Theodorici, Theodori Niemii, in cuius calce haec legebatur annotatio: *finis chronici Theodorici*

Niem famosissimi literarum Apostolicarum, fundatoris hospitalis Alimannorum in urbe, qui obiit et sepultus est Trajecti Leodicensis Dioecesis in Ecclesia S. Gervasii, in qua erat Canonicus A. D. 1400. Theodoricus iste quicumqne tandem is fuerit, alius profecto censendus est a Theodoro *librorum de schismate* auctore, qui et post A. 1410. vel 1417. ut hic Fabricius monet, decessit et Episcopum Cameracensem, non canonicum S. Gervasii Leodiensis egit. Forte tamen Theodoricus iste Eccardianus Joannes appellandus erat, ut legit Codex Tridentinus eiusd. Eccardiani Chronici ab eodem Eccardo in Praefatione ad tom. 1. indicatus. Cum vero Anonymus Vaticanus quem sepe laudat Raynaldus in Annalibus, Auctor anonymus vitae Innocentii VI. a Balutio vulgatae cum chronico isto ita conveniant, ut ne verbis quidem discrepent, unus idemque Joannes seu Theodoricus Niemius horum omnium auctor censendus est. Juvat insuper animadvertere ex eiusdem Eccardi testimonio Engelhusium in chronico opus illud Niemii de Schismate designare sub nomine Chronici Theodorici Niemii *minoris*; ex quo non obscure indicentur Theodorici Niemii duo, quorum alter senior; alter, nempe auctor *de schismate*, junior extiterit. *

Ermoldus NIGELLUS. Sup. t. 2. p. 519.

NIGELLUS *Wirekerus*, Monachus et Praecentor Cantuariensis, Regum temporibus Henrici II. Richardi I. et Joannis circa An. 1280. ad 1200. De illo praeter Lelandum cap. 202. Baleum III. 50. et Pitseum pag. 270. Flacius in Catalogo testium Veritatis, et Jacobus Thomasius ὁ μακαρίτης singulari de hoc Nigello dissertatione Lips. 1679. 4. Scripta ejus apud Lelandum: *Distinctiones super Novum et Vetus Testamentum*: atque Excerptiones ex GUARNERIO *Gregoriano super Moralia in Jobum*, de quo Guarnerio (Homiliario aliis nuncupato) dixi tom. 3. pag. 115. De Nigelli *Brunello* sive *speculo stultorum* illiusque editionibus dictum supra tom. 1. p. 264. Vide et tom. IV. pag. 416. Ab hoc speculo diversus liber eidem Lelando memoratus *de abusu rerum Ecclesiasticarum.*

qui incipit : *Sincere et sine simulatione*, quanquam dedicatus eidem Guilélmo, Eliensi Episcopo, cui Brunellum Nigellus consecravit : sicut etiam versus continentes *Monita Moralia* , de virtutibus et vitiis rebusque sacris, miscellaneisque aliis, Manuscriptos in Bibl. Cottoniana. Caetera apud Baleum et Pitseum sunt : ad eundem Guilelmum *Epistola de eruditione Praelatorum* : *Commentarii Numerorum*, hoc est, ut intelligo, in Numerorum librum , *De vitiis Curatorum.* Incip. *Sentite de Domino in bonitate. Monita ad amicum* Incip. *Postquam tristis hyems Zephyro.* *Contra barbariem.* Incip. *Si mihi credideris linguam cohibebis.* Cum horum aliquibus commune aliquid habere videntur quae exstant in Bibl. Cottoniana , in qua et alia de quibus apud Pitseum silentium : et notata ab Oudino tom. 2. pag. 1654. seq. Versus ad Honorium, Priorem Cantuariensem *de ligno dulci* , *de Monachis , Epistola paraenetica. De S. Catharina , Epitaphium Emmae* etc. *Miracula S. Mariae Genitricis DEI libris III.* ubi *de S. Dunstano, de Juliano Apostata interfecto, de S. Ildefonso* et aliis Versus *de vita et virtutibus Monachorum.* Incip.

Quid deceat Monachum vel qualis debeat esse,
Qui jubet ut dicam, porrigat ipse manum.
Passio S. Laurenti Martyris . *Incip.*
Palma triumphalis roseo redimita cruore
Divitiis cunctis digno praecellit honore.
Vita S. Pauli, primi Eremitae , Incip.
Jussit adorari Decius simulacra Deorum ,
Vir sitiens poenas et caedem Catholicorum.
Versus rhythmici *contra flagitiosos temporum mores* etc.

Ex NIGELLI *Fratris de Regali* loco excerptis Manuscriptis nonnulla de Judaeis in Anglia affert Antonius Wood in Antiquitatibus Oxoniensibus ad An. 1143 t. 1. pag. 51.

Franciscus NIGER, de quo pauca supra tom. 2. pag. 602. Venetus Doctor, cuius integrum nomen *Pescennius Franciscus Niger* Matheseos peritus , cuius libellus *de ratione Epistolas scribendi* excusus Venet. 1488. 4. Friburgi 1499. 4. Daventriae 1501 4. *Grammaticae libri XIV.* ad Leonardum Bottam , equitem Mediolanensem.

Epistolae , ex quibus una ad Jacobum Comitem Purliliarum A. 1492 de qua supra t. 4 p. 308 Alia praemissa libris Astrologicis Julii Firmici, editis apud Aldum 1499. fol.

Praetereo alios hoc nomine juniores, *Franciscum Nigrum,* Bassanensem circa Annum 1540. ac deinceps : cuius sunt liber de situ et moribus Rhetorum, et Regulae elegantiarum , et tragoedia : *liberum arbitrium,* aliaque quae possunt apud Simlerum videri. (233. V. Zeno *Lettere* t. IV et V.)

Franciscum Nigrum Cyriacum , cujus exstant libri tres Controversiarum forensium et , disquisitio atque allegationes de iure successionis in Ducatum Mantuae. Francof. An. 1628. 1629.

Franciscus Petrejum Nigrum , cuius libros tres Nuptiarum Britannicarum excusos Mediolani 1559. 8. habet Bibliotheca Barberiniana.

Franciscum Nigrum , auctorem Lexici Italico Latini plus simplici vice editi, et divisi in libros X. ordineque rerum vocabula et locutiones Dantis, Petrarchae, Boccacii , Bembi aliorumque primae classis in lingua Italica scriptorum digerentis. Mihi ad manus est editio Veneta 1568. f. praeferens nomen auctoris *di M. Francesco Alunno da Ferrara.* Titulus priorum editionum : *le richezze della lingua volgare* An. 1551. 1556. 1557. Sed posteriorum A. 1562. 1568. 1575. *della fabrica del Mondo.* (234. Est mihi editio Veneta an. 1568. parvis cum annotationibus MSS. ipsius Jo. Alberti Fabricii , qui et nomen apposuit.)

Jo. Francisci Nigri , Bononiensis filios duos *Alexandrum Nigrum* , Canonicum , cuius historico mystica lectio Maniliani Bononiensis monumenti laudatur in Bibliotheca Aprosiana pag. 42. et *Blancum Nigrum* pictorem eximium , cujus sylloge , Bononiae 1658. fol. edita inscribitur : Prima Cruciata, sive societas armorum Christianorum , Cruce insignium.

Julium Nigrum Ferrariensem S. I. defunctum A. 1720. aet 72. cujus historia postuma de Scriptoribus Florentinis , qua passim usus sum in hoc opere, prodiit Ferrariae 1722. fol. De hoc Nigro consuli potest Hieronymi Barufaldi Epistola inserta

tomo XXXIV. Diarii eruditorum Italiae p.
276. seq.

Nicolaum Nigrum Venetum, Poëtam Italum, qui octonis rhythmicis versibus bellum inter muscas, cimices et formicas gestum cecinit, eodemque metri genere D. Nicolai res gestas, comoediam Candidam et aliud drama Animae felicis nomine. Vide Erythraei pinacothecam 1. p. 248. seq. etc.

Petrus NIGER, (*Schwart*) Germanus, Ord. Praed. Hebraicas litteras a Judaeis edoctus in Hispania apud Salmaticenses, atque Theologiae studio operatus in Galliae Academia Montispessulana ; et deinde in Germaniae Friburgensi atque Ingolstadiensi: denique Herbipoli, ubi docuit, evocatusque Budam à Matthia Hungariae Rege, ibi post An. 1481. diem obiit. Scripsit opus eximium *contra perfidos Judaeos de conditione veri Messiae* ad Psalm. CXVIII 22. *Lapidem quem reprobaverunt aedificantes, hic factus est in caput anguli.* Opus dicatum Episcopo Ratisbonensi Henrico III de Absperg, editumque primum Eslingae 1475. 4. fol. apud Conradum Fyne. Loca veteris Testam. citare solet Hebraice, litteris Latinis descripta cum interlineari Latina versione. Recusum deinde Norimbergae 1477. Neque aliud est quam liberior versio Germanica superioris operis, atque uberius explicata et undecim distributa libris, quae inscribitur *stella Messiae*, et Germanice prodiit Eslingae 1477. 4. Vide de hac Germanica editione laudatissimum Wolfium nostrum tom. IV. Bibl. Hebr. pag. 525. seq. et de Latina tom. 2. pag. 1037. et 1110. seq. et Jacobum Quetif de scriptoribus Dominicanis tom. 1. pag. 861. seq. Scripsit praeterea hic Niger et Matthiae Regi dedicavit *Clypeum Thomistarum adversus omnes Doctoris Angelici obtrectatores.* Venet. 1481. 1504. fol Neque diversus ab hoc Nigro est *Petrus Teuto* cujus tractatus *contra Indos* memoratur apud eundem Jacobum Quetif tom. 1. pag. 855. Neque enim legendum *contra Indos,* sed *contra Judaeos.*

Radulphus NIGER, cujus Chronicon Manuscriptum laudat Antonius Wood in An-

tiquitatibus Oxoniensibus ad An. 1170. t. 1. p. 55. atque alibi.

Syllanus de NIGRIS, Papiensis Medicus cujus expositio in Rhasis librum nonum ad Almansorem prodiit Venetiis 1483.

Joannes de NIGRO MONTE, Juris Canonici Doctor, cuius Disputatio An. 1436. in Concilio Basileensi habita, qua B. Virginem in peccato originis conceptam fuisse negavit, Manuscripta Basileae. Vide Oudinum tom. 3. pag. 2391.

NINIANUS Monachus Cantuariensis, Ord. Bened. scriptor *Eulogii* sive *Chronici* in quinque libros divisi ab Orbe condito usque ad A. C. 1367. Manuscr. Oxonii, de quo idem Oudinus tom. 3 pag. 1089.

Augustinus NIPHUS, Jopolitanus Calaber jam *Eutychii* vel *Philothei* jam *de Medices* vel *Magni* cognominatus appellatione Philosophus Peripateticus celeberrimus docuit Patavii, Pisis aliisque Italiae locis, denique obiit major septuagenario Svessae in terra Laboris post A 1545. quo expositiones suas in Aristotelis Historiam animalium dicavit Paullo III. Vide Cornelium Tollium de litteratorum infelicitate p. 246. edit. Menckenianae. Scripsit quam plurima, ex quibus primum Venetiis Anno 1492. fol. lucem viderunt libri sex de Intellectu et de Daemonibus, recusi Venet. 1503. 1527. Caetera illius à Nicolao Toppio in Bibl. Neapolitana pag. 4. seq. sed plenius et accuratius recensentur à Gabriele Naudaeo in judicio de Niphi scriptis, edito Paris. 1645. 4. cum opusculis ejus moralibus ac politicis: atque inde à Leonardo Nicodemo in addendis ad Toppium pag. 3. seq. et à Nicerono in memoriis Gallice editis de viris eruditis tomo XVIII. pag. 63. seq. Praeter hos de Nipho consulendi Jovius in elogiis pag. 171. Baelius in Lexico et C. A. Heumannus in Actis Philosophor. parte XVII. pag. 764. seq. Opera Philosophica Niphi sex Voluminibus in fol. junctim edita Venetiis A. 1559. exstant in Bibl. publica Leidensi.

NITHARDUS S. Angilberti filius, Caroli M. nepos ex Bertha filia, Abbas S. Richarii Ord. Bened. in Gallia dioeceseos Amblanensis, atque in praelio adversus Danos

extinctus A. 853. Vide Sammarthanos t.
IV. pag. 787. ubi de Angilberto , et pag.
788. Paulum Petavium in syntagmate de
Nithardo , edito Paris. 1616, 4. et in tomo
secundo Andreae du Chesne de rebus Fran-
coroìm pag. 351. Vossium II. 34. Baluzium
ad Lupi Epist 55. et Casp. Barthium
XLVI. 9. Adversar. quo judice *cordatus
hic scriptor et prudens , proque iis temporibus egregie disertus , qualem sane decuit virum tanto genere oriundum , tanta
rerum experientia subnixum , nam et legationibus inter filios Ludovici Pii functus
est , et turmis nonnullis à partibus Caroli
Calvi praefuit hic Nithardus , satis caetera
laudatus , modo odio iu Lotharium minus
indulgeret suo.*

Scripsit ad fratrem , Lotharii , (Carolum
Calvum ut videtur) *de dissensionibus filiorum Ludovici Pii* ab A. C. 814. quo
Carolus M. obiit , ad annum usque 843.
libros IV. editos primum a Petro Pithoeo
inter scriptores coaetaneos duodecim Paris.
1588. Francof. 1594. 8. p. 433-488: Inde
in Andreae du Chesne t. 2 de rebus Francor. pag. 359. emendatiores ex Manuscr.
Alexandri Petavii : denique in Jo. Georgii
Kulpisii scriptoribus rerum Germanicarum,
quos Æneae Sylvio de rebus Friderici III.
subjicit , Argentorat. 1685. et 1702. fol.
pag. 83 Bonaventurae Vulcanii Excerpta
ex historiarum Nithardi libro tertio, in
ejus sylloge de litteris et lingua Getarum
Lugd· Bat. 1597. 8· pag. 67. continent repetitam ex Nithardo *formulam foederis* inter
Ludovicum , Ludovici Pii filium et Carolum
Calvum *lingua utraque, Theotisca et Rò-
mana*, de qua formula dixi supra tom.
IV. pag. 568.

* Authores Historiae Literariae Gallicae
tom. V. pag. 204. censent insignem hunc
Gallicum scriptorem Monasticam professionem nequaquam exercuisse ; quod enim
Monachus extiterit , nulla alia coniectura
Scriptores Gallici sibi olim persuaserunt,
nisi quod eius cadaver eamdem cum Angilberto patre suo Abbate S. Richarii sepul-

turam habuerit ; cum tamen ex vulnere
in bello accepto obiisse constat , multo
probabilius hinc suspicantur iidem Hist.
Litt. Gallicae scriptores V. 205. militem
egisse , atque obiisse quo tempore Normanni Neustriam et Ambianensem tra-
ctum ostiliter excurrebant a. 858 vel 859. *

Adamus NIZARDUS, supra , t. 1 p. 10.

NIZO Abbas Mediolacencis , ad Saravum
fluvium in dioecesi Trevirensi *vitam S.
Basini* seculo VII. extremo Archiepiscopi
Trevirensis , non ante seculum decimum
videtur scripsisse, quae cum notis exstat
in Actis Sanctor. t. 1 Martii 4. p. 315-320.

NOBOAS sive ROBOAS , Diacouus Casinensis circa An. 1120. quem Petrus Diá-
conus cap. 42. ait praeter *sermones* de totius anni festivitatibus , scripsisse *Vitam
S.* Confessoris CHristi *Leonardi.* Exstat ,
interpolata apud Surium 6. Novembr.

Leonardus de NOGAROLA, Protonotarius
Apostolicus, cujus liber· *de beatitudine* prodiit Vicentiae 1485. fol. et alter *de Mundi
aeternitate* ibid. 1486. et Bononiae 1481.
Idem traditur jubente Sixto IV. consignasse *Officium Conceptionis B. Mariae Virginis.* (235. Romae per Uld. Gallum 1477.
in 4. notatur in Op. *Manuel de Brunet.* Au-
difredius autem tantum *Officium Visitationis*
ibid. a. 1475. excusum cum Bulla Sixti IV.
etc. in suo Rom. Edit. Specimine affert.)

* De hoc viro , quem inter claros Vi-
centinos recenset Petrus de Brutis Cata-
rensis in Dalmatia Episcopus in Epistola
ad Oliverium Arziganensem , cuius memini
V. OLIVERIUS; haec habet idem Petrus
in hac ipsa epistola :. *Fuit Leonardus No-
garolus summus Theológus. Venerandus
Pater ille illustrandae veritatis causa SS.
PP. scriptis et rationibus quampluribus
benedictae virginis conceptionem adeo illustravit, ut in posterum ab aliquo impu-
gnatum iri videam minime . . . . ob quam
rem celeberrimum , ut ita dixerim , officium a Sixto Pontifice Max. perlectum
fuit summopere approbatum* *

Ludovicus NOGAROLA a) Comes Vero-

---

a) De foeminis eruditis hujus gentis Nogarolarum
Angela , Genevra, Antonia et Isota consulendus

Gaddius t. 2 pag. 106.

nensis, junior quam ut de eo referre debeam et de quo cousuli potest Niceronus tom. 12. memoriar. p. 305. et Diarium eruditorum Italiae tom. 9. pag. 118. seq. ubi etiam expectare jubemur Octavii Alecchi opus de scriptoribus Veronensibus. Praeter alia scripsit hic Nogarola Timotheum dialogum *de Nili incremento*. Venet. 1552. 4. Mediolan. 1626. 4. Vertitque *Plutarchi* Platonicas quaestiones, et *Jo Damasceni* libellum de his qui in fide dormierunt. Veronae 1532. 4. *Ocellum Lucanum* de natura Universi, Venet. 1559. De aliis ejus editionibus dixi lib. 2. Bibl. Graecae cap 13. *Epistolam* vero ad Adamum Fumanum, Canonicum Veronensem, *de illustribus Italis qui Graece scripserunt*, quam Nogarola Ocello subjunxit, et inde Tho. Galeus, Cantabrigiae 1671. 8. ego recudendam curavi Hamb. 1709. 8. cum variorum supplementis ad Vossium de Historicis Graecis Làtinisque.

NONNITUS post Joannem Biclariensem Episcopus in Hispania Gerundensis, Iaudatur ab Hildefonso Toletano cap. 10. de S. E. sed nullum ejus scriptum memorante. Interfuit Concilio Toletano IV. An. C. 633. Vide Nic. Antonii Bibl. veterem Hispanam IV. 5. tom. 1. p. 228.

S. NORBERTUS Clivensis, An. 1120. *Praemostrati* in dioecesi Lauduneusi condidit Ordinem observantem regulae S. Augustini, et An. 1125. confirmatum à Papa Honorio II. inde Archiepiscopus ab An. 1127. ad 1134. Magdeburgensis, et Sanctis adscriptus A. 1218. de quo supra in HUGONE discipulo, tom. 3 p. 271· Jo. Chrysostomus von der Sterre in Vita S. Norberti, Antwerp. 1656. 8. Praecipue Papebrochius in Actis Sanctor. t. 1. Junii 6. pag. 804. seq. et Janningus tom. 6. pag. 21. seq. et 30. seq. ubi contra Philippum Mullerum: Ludovicus Hugo in vita A. 1704. edita Gallice, atque in Annalibus Ordinis Praemonstratensis. Joannes Paige in Bibliotheca Praemonstratensi pag. 395. seq. Casp. Sagittarius in historia S. Norberti, Jen. 1683. 4. Jo. Georgius Leukfeld in antiquitatibus Praemonstratensibus · Philippus Mullerus in vindiciis Norbertinis de reliquiis S. Norberti è Coenobio B. Virginis Magdeburgensi

Pragam nunquam translatis, Jen. 1683. 4. Jo. Christophorus Olearius in diss. Epistolica de numo S. Norberti, Arnstad. 1704. 4. Samuelis Waltheri diss. Norbertum male consecratum col'. Magdeb. 1728. 4. etc.

Hujus Norberti unicus exstat *Sermo* exhortatorius ad Instituti sui alumnos, saepius editus, etiam in Bibl. Praemonstratensi pag. 402. et in Bibl. Patrum Lugd. tom. XXI. pag. 118. De caeteris ejus scriptis ita laudatus Paige pag. 304. *Sanctus Patriarcha noster NORBERTUS, qui multos interpretatus est Sacrae Scripturae libros, extant Manuscripti in Bibliotheca Cappenbergensis Monasterii in Wesphalia. Scripsit quoque de Visionibus ac Revelationibus sibi Coloniae et alibi factis libros tres; Item Sermones de obitu Sanctorum, ad populum, ut testatur Guilelmus Eisengrenius in Catalogo testium veritatis orthodoxae Ecclesiae Doctorum. Scripsit praeterea luculenter et doctissime de brevitate et caducitate vitae humanae; De suavissimo CHristi Jugo; de restitutione regularis vitae ac disciplinae, et praeclarum opus pro defensione Innocentii Papae secundi, contra Petrum, Leonis filium Pseudopapam; Quae bellorum strage perierunt.*

NORBERTUS *Abbas* secundus *Iburgensis*, Ord. Bened. scripsit circa A. 1118. *Vitam Bennonis* Episcopi Osnabrugensis A. 1088. defuncti, qui primus ejusdem Coenobii Iburgensis fundator, primusque Abbas fuerat. Edidit Jo. Georgius Eccardus tom. 2 Corporis medii aevi p. 2161-2194. Vide et supra MAURUS Rost.

NOTHBERTUS qui Vossio p. 278 idem Lelando c. 98. Baleo II. 8. et Pitseo pag. 141. rectius NOTHELMUS Londinensis. Etiam à Beda, qui ei quaestiones in libros Regum dedicavit, tom. 4. Opp. pag. 333. *Nothelmus* appellatur. Scripta quae ei a Baleo et Pitseo tribuuntur, nusquam exstant.

Antiquitatum NORDGAVIENSIUM *Codex Diplomaticus*, sive *Diplomata* CCCCXX. quibus res Episcopatus Aureatensis sive Eichstettensis in Franconia Germaniae ab octavo usque seculo quo condi illum contigit, praeclare illustrantur, prodiit Francof. 1733. fol. editore illustri viro *Joanne*

Henrico de Falckenstein, a) Consiliario et Nobili aulico Eichstettensi, qui et notas historicas, genealogicas et geographicas, et mappam veteris Nordgaviae Geographicam adjunxit, ac praeter hodoeporicon WILIBALDINUM, et anonymum vitae S. Wilibaldi scriptorem addidit statuta dioecesana Episcopatus Eichstettensis. Eidem laudato Falckensteinio debemus opus duplex, editum Germanico quorum unum *Antiquitates Nordgavienses*, b) originesque Episcopatus et successiones Episcoporum Eichstettensium persequitur, editum Francof. 1733. fol. Alterum *de memorabilibus universae Nordgaviae* c) ab ultimis temporibus, de provinciis Principibusque. Svobaci 1734. fol duobus Volum. Sub idem tempus *antiquitatis Ethnicismi Nordgaviensis*, itidem Germanice juris publici fecit V. C. Jo. *Alexander Doederlinus* d) Lycei Weissenburgensis Rector, Ratisbonae 1734. 4.

NORMANNICA *Gens*, inquit Ordericus Vitalis ad A. 1136. lib. XIII. pag. 903. *si secundum Legem DEI viveret, et sub bono Principe unanimis esset, Chaldaeis sub Nabuchodonosore, et Persis ac Medis sub Cyro et Dario, et Macedonibus sub Alexandro par, invincibilis esset, ut in Anglia et Apulia, Syriaque frequens victoria testimonium illis perhibet. Caeterum quia discordia ipsos ab invicem segregat, et in sua viscera lethaliter armat, exterorum victores a sese superantur, et vicinis hostibus cum ludibrio spectantibus, mutuis ictibus immisericorditer jugulantur, unde suae matris oculi crebro lacrymantur.*

Normannicarum Legum Codex ex Manuscr. Pithoeano editus in Jo. Petri Ludewig reliquiis veterum monumentorum t. VII. pag. 149-418. Interpretem Legum, longe antiquiorum licet, non ante A. 1250. versionem illam condidisse, editor disputat in prolegomenis pag. 50.

Normannicarum rerum scriptores, supra tom. 1 pag. 97.

Levoldus NORTHOVIUS supra, LEVOLDUS, t. IV. p. 553.

Speculum NOTARIORUM, tabellionum et scribarum, in quo XXIII. quaestiones circa eorum officia et praxim reflectuntur Oppenheimii 1514. 4.

NOTGERUS, *Nothegerus*, *Notkerus* natus in Svevia, Episcopus XLVI ab A. 972. ad 1008. e) *Leodiensis*, apud Othonem III. Imperatorem, quem cognatione attingebat gratiosus, in Epistola ad Werinfridum Abbatem Stabulensem, *vitae S. Remacli*, apud Surium 3. Septembr. et gestis Pontificum Tungrensium, Trajectensium, Leodiensium à Chapeaville praemissa profitetur. se *non hujus Remacli modo sed et caeterorum suae sedis Pontificum tempora et gesta, quae undecunque potuere corradi, ad sua usque tempora collegisse*. Gesta autem illa primorum Episcoporum XXVII. non sub Notgeri sed sub HARIGERI Abbatis Lobiensis nomine edita sunt à Joanne Chapeavillo, tom 1. sylloges suae de Episcopis Leodiensibus 1612. 4. dixi supra tom. 3. pag. 177. et Harigero auctori tribuuntur à Sigeberto cap. cap. 138. Verisimile tamen videtur, non diversum opus fuisse quod à Notgero susceptum, et ab Harigero Notgeri amico aliisque conjuncta opera perfectum est, ut non absurde suspicatur Oudinus tom. 2. pag. 484. Atque in *vita S. Remacli* apud Surium et apud Chapeavillum tom. 1. p. 82. seq. multa ad verbum eadem. Exhibet autem Surius ad 3. Septembris sub Notgeri nomine et *vitam S. Remacli*, vigesimi septimi ab A. 650. ad 653. Episcopi Leodiensis, et *libros duos de ejus miraculis*, in quorum secundo monasterium Stabulense à Danis An. 883. exustum ita refertur, ut auctor illo se nuncio costernatum testetur: *et ecce*

a) Acta Erud. A. 1733. p. 484. *Arbeis der Gelehrten im Reich*, 2. Stuck pag. 173.

b) Acta Erud. A. 1734. pag. 522.

c) Id. pag. 458.

d) Id. pag. 461.

e) Anselmus et Ægidius iu Notgeri vita tom. 1.

Chapeavilli pag. 201. seq. Jo. Bollandus tom. 1. Februar. pag. 368. seq. Sammarthani tom. 2 Galliae Christianae pag. 640. Carolus le Cointe t. 3. annal. Francor. p. 191. seq. Alius Nocherus, si Anonymo Mellicensi cap. 65. credimus Abbas Augiensis. Infra *Notgerus Balbulus*.

perfertur ad nos tristissimus etc. Itaque antiquioris scriptoris verba haec sunt, a) neque tamen ideo de Notgero aliquo seniore horum librorum auctore cogitandum. *Vita S. Landoaldi* Archipresbyteri Sec. VII. Rotganisociorumque Amantii Diaconi, Adriani Martyris, Juliani, Vencianae et Adeltrudis libris II. scripta jussu Notgeri ' ab eodem HARIGERO, Atque Notgero auctori inde tributa cujus etiam Epistola A. 980. ad Womarum Abbatem Gaudensem data praemittitnr: extat apud Surium 19. Martii, et cum Henschenii notis in Actis Sanctor. tom. 3. Martii pag. 35-41. *Vitam S. Hadelini* Presbyteri circa An. 690. in Belgio, eadem Acta sub Nodgeri nomine offerunt tom. 1 Februar. 3. pag. 372-376. et Mabillonius Sec. 2. Benedictin. p. 1013.

NOTGERUS *Balbulus*, discipulus Isonis et Marci sive Marcelli Scotigenae: Monachus Sangallensis Ord. Bened. et Presbyter defunctus An. 912. Sanctis etiam adscriptus An. 1514. de quo vitae ejus scriptor Ekkehardus Minimus junior Decanus S. Galli apud Goldastum tom. 1 rerum Alemannicarum pag. 226-247. Canisium tom. VI antiquar. lect. pag. 934. (tom. 3 edit. novae p 552.) et Henschenium tom. 1 Act. Sanctor. April. 6. pag. 579. Joannem Mabillonium tom. V. Actor. Benedictin. Vide et Gundlingiana XXVI. 6. etc.

Ejus librum *de interpretibus Divinarum Scripturarum* edidit Bernardus Pez in limine tomi 1 Anecdotorum, una cum *Sequentiarium* libro 1. pag. 17-41.

Hunc Notkerum Ekkehardus cap. 9. refert ritum modulandi in Ecclesia correxisse ad melodias moris Romani, et Gregorii Magni antiphonarium: Deinde cap. 16. ait eum socios docuisse disciplinam Angelicam *in jubilis Sequentiarum* agendam, probatis Nicolao I. Papae. Et cap. 20. exemplasse sive descripsisse Epistolas Canonicas Graecas à Luitwardo Vercellensi sibi praestitas: Denique b) subjungit: *transtulit idem sanctus vir Psalterium de Latina in Barbaricam* (Theotiscam) *linguam, sicut hodie est in armario.* Hoc Ekkehardi

testimonio adducti viri quidam eruditi versionem Psalmorum Notkero Balbulo tribuerunt, quam Notkero Labeoni rectius adscribi mox videbimus. In prologo ad Luitwardum, Vercellensem Episcopum, cujus meminit et Anonymus Mellicensis cap. 65. quemque integriorem edidit Mabillonius Sec. V. Benedictin. Notkerus ait se pertinaciter insistere elaborando metro *de vita S. Galli.* Ili sunt libri tres quos hexametris scriptos versibus exstare Manuscriptos notavit Vadianus. Vitam S. Galli, dialogi scriptam more vidisse se Goldastus retulit. Nonnulla Notkeri *carmina* sacra exstant inter epigrammata et hymnos sacros illustrium virorum Monasterii S. Galli apud Canisium tom. V. parte 2. antiquar. Lect. pag. 728. seq. (edit. novae. Basnagianae tom. 2. parte 3. pag. 190. seq. et in Bibl. Patrum Lugd. tom. 27. p. 508. seq. In his pag. 513. etiam occurrunt versus ad Regem CHristum suscipiendum, quos ex Antiphonario Manuscr. Biblioth. Helmstadiensis edidit Polycarpus Leyserus in historia poëseos medii aevi pag. 274. Incip. *Ave beati germinis.* Ad illud autem breve scriptum, quod apud eundem Canisium legitur, et in tom. 27. Bibl. Patrum pag. 514. dicatum Lautberto fratri, et *significationem litterarum alphabeti Cantilenis superscriptarum* explicans, ad illud, inquam, scriptum referenda sunt non modo quae habet Sigebertus cap. 108. sed etiam haec Eckehardi, in Balbuli vita cap. IX. *In ipso quoque primus ille* (Romanus Metensis) *litteras Alphabeti significativas notulis, quibus visum est., susum aut jusum, ante aut retro assignati excogitavit, quas postea cuidam Lamberto amice quaerenti B. Notkerus Balbulus dilucidavit, cum et MARCIANUS, quem de nuptiis miramur, virtutes earum scribere molitus sit.*

Usus Notkerus antiquioribus Martyrologiis Adonis, Rhabani etc.

Martyrologium vulgatum ab eodem Canisio tomo VI. pag. 761. exstat in nova editione Basnagiana tom. 2. parte 3. p. 89.

a) Adde Vossium II. 58. p. 552. et II. 41. p. 585.   b) Edit. Henschenianae cap. 37.

Idem Notkerus Balbulus putatur Sangallensis ille auctor *librorum quorum de
vita Caroli Magni,* ad Carolum Crassum
quos post Canisium tom. 1 pag. 360. (edit.
novae tom. 2 parte 3. pag. 57.) et Andream
du Chesne tom. 2 rerum Francorum pag.
107. emendatiores edidit Sim. Frid. Hahnius, ut dixi tom. 1 pag. 320. Vide et
Oudinum tom. 2 pag. 323. Gundlingiana
XXVI. pag. 93. Dupinium tom. 9. Bibl.
Eccles. pag. 56. Barthium XLVI. 8. Adversar. etc.

* Omisit Fabricius Notkeri huius epistolam ad F. Rutpertum, in qua se de
obtrectationis crimine purgat, quam vulgavit P. Pez, et Heubcrus in cod. Diplomatico pag. 108.

Cum in officina libraria prostantes libros geminos ab Hahnio editos offendis-
sem, legissemque in op. praefatione dari
ibi Monachi Sangallensis vitam Caroli M.
multo quam quae ex Canisio prodierit,
correctiorem avide libros mihi poposci.
At facta cum Canisiano illo collatione
vana spe deceptum me statim intellexi;
nam praeter quam raro duo ista inter se
discrepant, in illis in quibus differunt
interdum vulgata editio praeferenda est
novae. Canisianus codex integrior est altero qui desinit in cap. XXX Canisiano. De-
pravatae lectionis exempla unum alterumve
accipe Cap. 1. edit. Canis. *Unus eorum
nomine Clementem in Gallia residere praecepit . . . . alterum vero nomine Albinum in Italiam direxit.* Codex Hahnii cap.
1. *Unum eorum in Gallia residere praecepit. . . . Alterum vero nomine in Italiam
direxit.* Canisius cap. V. *Tum ille tali auctoritate roboratus Responsorium intonuit.*
Hahnius *Tunc ille tali auctoritate roboratus imposuit.* Fatendum est tamen et exi-
mias interdum Codicem illum offerre lectiones ac periodos quasdam hiulcas sa-

nare; cum tamen rariora haec sint, ut
vix unam et alteram pagellam impleant,
praestabat meo quidem judicio; paucas
hasce variantes dare, quam opusculum
totum recudere. *

NOTKERUS Doctor., Pictor et *Medicus*
sive Physicus et artis Theoricae Magister
idem qui pro severitate disciplinarum *Piperis granum* cognominatus fuit, clarus et
ipse post seculi decimi medium in Sangallensi monasterio. De hoc. Eckardus alter, libro de casibus Monasterii S. Galli
cap. 13. tom. 1 Goldasti Alemannicor. p.
55. seq. Peritiam ejus in arte Medica et
pictoria pluribus celebrans, nullum tamen
ejus scriptum nominat, tantum ait eum
fecisse Othamaro Abbati decoras *antiphonas*, et hymnum: *Rector aeterni metuende
secli*, et hymnum *de una virgine non martyre,* Eckehardo seniori, Decano circa An.
970. Notkeri Medici doctoris *hymnus de
S. Othmaro* exstat inter Sangallensia à Canisio edita, atque inde in Bibl. Patrum
Lugd. t. 27. p. 516.

NOTKERUS Monachus Sangallensis tertius, studio et doctrina laudatissimus cognomento *Labeo*, defunctus Anno 1022.
Hunc Labeonem, ut recte Jo. Metzlerus
lib. cap. 44. de illustribus Sangallensibus,
non vero Otfridum, ut visum Lambecio
a) nec Notkerum Balbulum ut quibusdam
aliis persuasum fuit, b) auctorem esse veteris *Theotiscae* quam habemus versionis
atque expositionis *Psalmorum* Davidis et
caeterorum *Canticorum Biblicorum*, sym-
bolique Apostolici atque *Athanasiani*, erudite demonstratum est, à Bibliothecario
Sangallensi clarissimo Bernardo Franckio
c) et à praeclaris Viris d) qui Lipsiae laudatissimo studio et conjuncta opera hoc
jam agunt, ut non minus linguae Teuto-
nicae Veteris origines et antiquitates clarissime pateant atque illustrentur, quam

---

a) **T. 2. Bibl. Vindob.** p. 459. seq. st 757. seq.
Lambecium secuti, Mabillonius, Hertius, et ex parte
Schilterus. qui Otfridi laborem à Notkero interpo-
latum fuisse sibi persuasit.

b) Eckehardo minimo cap. 20. vitae Balbuli,
eumque secutis Vadiano, Dupinio, Jac. Basnagio,
aliisque.

c) In diss. historico crititica, Notkeri psalterio
praemissa in tomo 1. thesauri Schilteriani.

d) *Beytrage zur critischen Historie der deut-
schen sprache von einigen Mitgliedern der deut-
schen Gesellschasse in Zeipzig, achtes Stuck,* t.
2. *p.* 576. *seq.*

praesentis idiomatis purioris cultura ac nitor majore semper pulchritudine et gratia sese commendet intelligentibus. Editionem hujus praeclari monumenti Notkeriani debemus illustribus Viris Simoni de la Louvere, qui illud ex Codice Sangallensi curavit describendum et Joanni Schiltero, qui Latine versum illustratumque notis praelo destinavit, et nobilissimo denique D. Jo Georgio Scherzio qui post Schilteri fata illud recensuit, vulgavitque in t. 1 thesauri Antiquitatum Teutonicarum, Ulm. 1727. fol. Vertit etiam idem Notkerus simili lingua Theotisca *librum Jobi* et in eum *Gregorii M. moralia*: et quae in Bibl. Sangallensi servari Manuscripta laudatus Franckius pag. x. testatur, *Boethium* de Consolatione Philosophiae, *Martianum Capellam* de nuptiis Mercurii et Philologiae, atque Organum *Aristotelis*.

De glossis KERONIS, quem cum Notkero eundem facere voluerunt viri doctissimi, dixi t. IV. p. 501.

NOTKERUS *Abbas* Sangallensis ab An. 968. ad 975. cujus avunculum Notkerum Medicum (de quo jam dixi) fuisse docet Eckehardus Junior, quem historiographum Sangallenses appellant, apud Goldastum tom. 1 rerum Alemannicarum pag. 58. ubi plura de Notkero Abbate, nullorum tamen ejus ingenii monumentorum mentio. Fallitur itaque Eckehardus minimus, qui in vita Notkeri Balbuli, cap, 4. ibid. pag. 228. Notkerum physicum à Piperis grano distinguit, eundemque postea Abbatem factum fuisse tradit.

NOTHELMUS, supra NOTBERTUS.

NOTINGUS Constantiensis Episcopus ab A. 919. ad 934. Ejus additiones ad REMEDII Curiensis Episcopi Canones pro Ecclesiis Alemannicis collectos videtur memorare Goldastus tom. 2 Alemannic. pag. 151. 132.) furto sibi abreptos cum bona Remedii parte conquestus. Scripsisse in Evangelia notant Sammarthani t. 2 p 544.

NOTKERUS, supra, NOTGERUS.

Gvilelmus NOTTINGAMUS, supra t. 3. 147.

NOVALLICIENSIS Monasterii (*la Novalesa*) Ord. Bened. ad radices montis Cimisii in Segusina Italiae valle a) *Chronicon* scriptum circa A: 1060. ex quo fragmentum de expeditione Caroli M. adversus Longobardos, et aliis ejusdem in Italia gestis, et de obitu ejus ac sepulchro per Ottonem III. Imp. visitato exhibet Andreas du Chesne tom. 2 rerum Francor. pag. 223-229. atque alia fragmenta ex libro quarto, quinto, sexto ab An. 906. ad 1024. pag. 635. 653. Integriora cum emendationibus celeberrimi Muratorii in tomo 2 scriptorum Italiae, parte 2. p. 694.

NOVATIANUS Presbyter Romanus, auctor schismatis adversus Cornelium, Romanum Episcopum cujus Cathedram invadere ausus est A. C. 251. Hic cum Novato recusavit apostatas sive persecutionis tempore lapsos quamlibet poenitentes recipere. Scripta ejus recenset Hieronymus c. 70. Catalogi, ad quem notata pridem, nolo repetere : tantum addo librum Novatiani *de S. Trinitate* inter scripta Tertulliani ac Cypriani frequentius vulgatum, separata autem editione tanquam Arianismi praecursorem commendatum à Wilhelmo Whistono Lond. 1709. 8. ab eo tempore illustratum, Catholicaeque sententiae vindicatum esse a duobus novis editoribus Edmundo Welchmanno b) Lond. 1724. 8. et à Joanne Jackson. 1728. 8. *Epistola cleri Romani nomine scripta* ante schisma *ad S. Cyprianum* inter Cyprianicas est trigesima edit Oxon. et trigesima prima apud Pamelium, Baluziumque : atque hic ipse videtur *libellus* quem *de negatoribus recipiendis*, à Novatiano cum adhuc in Ecclesia degeret scriptum fuisse testatur Pacianus Epistola 3. Epistola *de cibis Judaicis*, et scriptum *de vera circumcisione*, quae inter S. Hieronymi scripta saepius prodiere, Novatianum habere auctorem videntur. Confer Oudinum tom. 1. pag. 283. Caetera quae adhuc desideramus scripta, Hieronymo memorata sunt : *de Pascha* c) *de Sabbatho*, *de Sacerdote*,

---

de Oratione, *de Instantia* (Sophronius: ωϊὶ τῶν 'ενεφώτων) et *de Attalo* (Pergameno Martyre , cujus memoriam Ecclesia 2. Junii celebrat.)

NOVATUS Presbyter Carthaginiensis a) tempore S. Cypriani Episcopi , non ipse Episcopus b) auctor dogmatis quod ab eo nomen habet Novatiani de non recipiendis lapsis bigamisque. Ilic Novatiano Romano favit adversus Cornelium , et Novatianum habuit dogmatis sui approbatorem. Scripta autem Novati nulla exstant.

NOVATI Catholici *sententia* sive *homilia ad fratres* de humilitate et obedientia et calcanda superbia , occurrit in omnibus Patrum Bibliothecis , ut in tom. III. edit. Paris. 1375. et in tomo V. Lugd. 1672. p. 1082. Exstat etiam in Holstenii appendice *Codicis Regularum* pag. 78.

Servilius NOVIANUS Vossii , aliis *Nomanus* vel *Numanus*, rectius *Nonianus*, sed antiquior quam ut à me referri hoc loco debeat , fuit enim inter eos quos juvenis audivit Quintilianus. Vide Casaubonum ad Sveton. in Persii vitam , et Burmannum ad Institutt. Orator. X. 1. pag. 914.

NOVIENTENSIS *Historia* à Monacho quodam Coenobii Novienti sive Apri Monasterii (Ebersmunster) in Alsatia Ord. Bened. scripta circa A. 1235. antiquiorum subinde verbis res gestas referens teste A. C. Augustiniano in defensione Arnolphi Bavariae Ducis, quam edidit Monachii 1735. in 4. p. 153.

NOVUS MAGISTER de quo Jo. Trithemius in Chronico Hirsaugiensi ad A. 1315. pag. 112. edit. Freherianae : *Magnus haereticorum numerus fuit in Austria , Bohemia et terris vicinis. Nam sicut quidam ex eis Viennae crematus , nomine* Novus Magister *confitebatur , fuerunt eorum in Austria , Bohemia et in confinibus ejus plusquam octoginta millia c) hominum , omnes in-eam sectam jurati et professi,*

praeter eos qui in aliis terris erant.

Hermannus Comes NUENARIUS sive *de Nevenare ,* Neäetius , (*de nova aquila* d) Canonicus primum tum Praepositus summi templi Coloniensis , eruditis litterarum instauratoribus , Maecenatibusque meritus accenseri , diem obiit A. 1530. in Comitiis Augustanis , ut ab Henningesio aliisque est notatum. Vitam ejus à nobilissimo Viro Jacobo Burckhardo jampridem exspectamus , quam promisit parte 2. de linguae Latinae fatis pag. 480. et parte 3. vitae Ulrici Hutteni pag. 68. atque alibi , et de quo idem praeclara quaedam monuit in parte prima vitae ejusdem Hutteni pag. 148. seq. et in Commentario de Latinae Linguae fatis parte 1. pag. 334. seq. Cqsulendae et celeberrimi Viri, Jo. Frid. Christii, Noctes Academicae Observ. XIX. p. 248. seq. Primam editionem EGINHARDI *de vita Caroli Magni* huic Neunario debemus , vulgatam cum *Annalibus* Anonymi ab A. 714. ad 929. Colon. 1521. 4. De insecutis editionibus dixi tom. II. pag. 496. seq. et 593. de Annalibus illis pag. 499. et tom. IV. pag. 535. Praeter lectu dignam *ad Carolum V. Epistolam* adjuncta etiam Nuenarii *brevis narraratio de origine et sedibus Francorum in Gallia Belgica ,* quae in editt. Eginhardi , Colon. 1561. Francof. 1617. et Trajecti ad Rhen. 1711. 4. deinde recusa e) etiam in collectione scriptorum Germ. Hervagiana Basil 1532. fol. et cum Pirkaimeri descriptione Germaniae Basil. 1585. 8. Jen. 1684. 8. et in Andreae du Chesne tom. 1 scriptorum de rebus Francor. pag. 172-175

Oratio pro Carolo V. electo Rom. Imperatore A. 1519. et ad electum Regem gratulatio , utraque Francofurti in Comitiis habita, utraque edita ibidem in 4. una cum Oratione Legatorum Gallicorum pro suo Rege , et Jacobi Sobii , legum Doctoris exhortatione ad Carolum Augustum jam de-

---

a) Hieronymus cap. 70. de S. E. *Novatus Cypriani Presbyter.*

b) Vide Pearsen. annal. Cypriani A, 350 §. XXI. Baluzius ad Cypriani Epist. 49. pag. 144.

c) In Chronico Hirsaugiensi Trithemiano edit. Sangallens 1690. fol. tom. 2 pag. 140. *octo Millia.*

d) *Ar* sive *Arn ,* aquila. Vide Jo. Georgii Wachteri glossarium Germanicum p. 81. seq, Jo. Frid. Christii noctes Academ. p. 248. et Frid. Jac. Bëysclagii syllogen pag. 896.

e) Christii noct. Academ. p. 252. Jacobi Longi Bibl. Historicorum Galliae n. 6450.

signatum. Exstat etiam utraque tom. III. Freheri scriptorum Germanicorum, edit. novae Struvianae p. 173. 181. una cum ejusdem Nuenarii Comitis *Epigrammatibus* tribus in Caroli V. electionem pag. 180. obviis etiam t. 2. Schardii p. 850. *Psalmi* CIII. CIV. XLI. XXXVII. XCVII. CXXXVII. XC. CXLIII. carmine pulcro heroico expressi, et carmine elegiaco *Canticum Regis Ezechiae* apud Esaiam cap. XXXVIII. et *Psalmus II.* tum *Passio CHristi in septem horas digesta.* Haganoae 1532. Vide laudati Christii noctes pag. 253. seq. Illa de passione CHristi carmina exstant etiam cum hymnis Georgii Fabricii, Lipsiae 1552. 8.

Libellus *de Febri sudatoria* sive ὑδρωτυρετῶ Britannico, Colon. 1529. 4. atque deinde saepius, ut in Bibliothecis Medicis est annotatum.

Annotationes aliquot *herbarum*, et *quo pacto in explicandis illarum descriptionibus procedere oporteat,* in tomo secundo herbarii Ottonis Brunsfelsii, Argentorat. 1537. fol.

Recensuit etiam OCTAVIANI *Horatiani,* veteris Medici Latini libros quatuor de re Medica, quos à patruo suo emendatos post ejus obitum cum *Albucasis* Chirurgi Arabis libris tribus versis Latine edidit Guilelmi fratris filius Heremannus Comes de Nevenare junior, dicavitque Heremanno Archiepiscopo Coloniensi, Argentorat. 1532. fol.

Denique *Epistolas* ejus multas, atque ex his aliquas inter Reuchlinianas lucem vidisse Gesnerus annotat. Inde etiam quae in Jo. Henrici Maji vita Reuchlini pag. 458. seq. et apud clariss. Burchardum in parte 1. historiae Lat. linguae pag. 337. seq.

Petrus à NUMAGEN, Treverensis, Canonicus Tigurinus circa Annum 1483. et ultra An. 1500. Praeter varios Codices ejus manu descriptos, Tigurini servant illius narrationem *de Nicolao Subsylvano* Helvetio, qui longo tempore solitarius sine cibo vixisse creditur: et tractatum *de spirituum apparitionibus et phantasmatibus. Examen XXIV. errorum quos Graecis Latinis tribuunt. Locos communes* etc. Vide Oudinum tom. 3. pag. 2731.

NUMO *Sancius,* Dominus Ruscinonis

An. 1217. cujus edictum de pace sive tregua servanda exstat apud Dacherium tom. VII. spicilegii pag. 368. (edit novae t. III. p. 587.)

LIBER XIV.

OBACINUS sive OBICINUS, Obacinensis, Monachus Lemovicensis dioecesis, Ord. Cisterc. scripsit libros tres *de vita S. Stephani, Abbatis Obacinensis* An. 1159. defuncti. Vide Vischium p. 252.

OBBERTUS, infra OLBERTUS.

OBBO sive OFFO, aliis *Ouvo, Obo,* Presbyter Ravennatensis sub initia Seculi XIII. scriptor. *Historiae universalis sui temporis,* quem cum Annalibus, Venetis conspirantem in rebus Alexandri III. Pontificis et Friderici I. Barbarossae sequi profitetur Sabellicus: Enneadis IX. libro V. tom. 2. Opp. pag. 719. 720. Loca ex ejus operis adhuc inediti *libro septimo* et *octavo* produxere Hieronymus Bardus, Florentinus et Fortunatus Olmus sive Ulmus Casinensis: et ex utrisque Thomas Reinesius Epist. LVII. ad Rupertum pag. 517. seq. Confer Jo. Hubneri nostri Bibliothecam Hamburgensem Centur X. p. 181. seq. Nec plura de hoc Obbone qui singularibus dissertationibus discussere traditionem de Alexandro III. calcante An. 1177. collum Friderici, et pronunciante dictum Davidicum Ps. XCI. 13. Jo Gerhardus, praef. ad tom. 2 Confessionis Catholicae, Jo. Daniel Artopoeus, Jo Burchardus Majus, Christoph. Augustus Heumannus, aliique.

Albertus Monachus OBERHALTAHENSIS, Ord. Benedict. in Bojaria, scripsit *vitam S. Alberti* sive *Adalberti* Monachi in Oberaltaich, defuncti An. 1301.

Exstat in Bernardi Pezii thesauro anecdotorum tom. 1 parte 3. pag. 537-554.

OBERTUS aliis *Umbertus* vel *Albertus Episcopus* Genuensis circa An. 1160. scriptor *vitae S. Syri* post An. 330. Episcopi Genuensis et Confessoris. editam à Mombritio, offerunt Acta Sanctor. t. V. Junii 29. pag. 481. seq. Syri diem festum ab

Ecclesia Genuensi celebrari VI. Julii notavit Ughellus tom. 4. pag. 839. qui pag. 844. ex Archivio Genuensi exhibet *donationem* ab hoc Oberto An. 1052. factam Ecclesiae S. Syri Confessoris Genuensis.

OBERTUS *ab Orto* sive *Horto* JCtus cujus crebra in libris Feudorum mentio , quos etiam dispersos in ordinem redegisse traditur , ut notavit Jacobus Alvarottus prooemio lecturae in usus Feudorum. Claruit temporibus Friderici I. circa A. 1158 Vide Gvidonem Pancirollum II. 14. de claris Juris interpretibus.

* *Obertus ab Horto* Mediolanensis vel saltem in aula Mediolanensi causarum patronus. Una cum Gherardo Cacapisci de re feudali scripsit ; sed cum opus illorum nullo digestum esset ordine , ideo Antonius Mencuccius *(Minuccius)* de Prato veteri indigestam hanc struem distribuit in suas partes et capita adiectis ad opportuna loca adnotationibus Jacobi Columbini , quem Pancirolus Regiensem dixit, in codice vero de quo inferius , lego Bononiensem. Opus istud in sex libros distribuitur, ex quibus priores quinque rem feudalem jam olim a Roberto socio traditam digerunt, sextum vero ex constitutionibus Friderici I. idem Antonius compegit et adiecit. Confectum ab Antonio Minuccio opus in Bibl. Felini membranaceo egregioque Cod. Saec. XV nactus sum et ex illo ea quae hic tradidi accepta sunt. Vide superius *Minuccius.*

Julius OBSEQUENS Bibl. Lat. t. III c. 4.

Guilelmus OCCAM , supra t. 3. p. 147.

Nicolaus OCCAM , supra p. 119.

OCCO *Scharlensis* , ex pago Scarle , Frisius tempore Othonis primi sive Magni Imp. fertur fuisse scriptor *Originum Frisicarum* quas sequi se profitetur Bernarnardus Furmerius, Leovardiensis, et Martinus Hamconius: laudant Suffridus Petri, et teste Sweertio pag. 587. Occonis historiam Joannes Ulieterpius (qui An. 1370. obiit) vertit in linguam Belgicam , Andreas vero Cornelius continuavit. Sed Valerius Andreas pag. 704. antiquos Frisiorum rhy-

thmos in vulgarem linguam (Belgicam*)* ab Occone tradit translatos esse, ac perinde fabulosum in plerisque agnoscit scriptorem, ac Cappidum Stavriensem vel Alvinum Snecanum. Exigua etiam hujus Occonis auctoritas apud Ubbonem Emmium, Vossiumque.

OCHSENHUSANUS Monachus in Svevia , scriptor *Vitae* nobilis Viri *Henrici* Svivaldensis *(à Zwifaltach* , sive *Zwifalten)* Prioris ante A. 1084. Ochesenhusani Exstant apud Canisium tom. V. 2. p. 670. (t. 3 edit. novae Basnagianae p. 381. seq.)

Bernardus ORICULARIUS Florentinus circa An. 1500. hic est aliis ORICELLARIUS , Julio Nigro p. 106. historiae scriptorum Florentinorum *Bernardus* RUCELLAI. De ejus *historia* dixi tom. 1. pag. 216. De eodem Erasmus : *Hujus historias si legisses , dixisses alterum Sallustium, aut certe Sallustii temporibus scriptas : Nunquam tamen ab homine impetrare licuit , ut mecum Latine loqueretur.*

OCTAVENUS ICtus , sed Hadriani temporibus, itaque antiquior quam ut à me referri debeat.

OCTAVIANUS *de S. Gelasio* Episcopus in Gallia Engolismensis ab An. 1492. ad 1502. de quo Sammarthani tom. 2. Galliae Christianae pag. 584. Latine nescio an multa scripsit , sed ex Latino Gallicis versibus transtulit Æneidem *Virgilii* , et *Ovidii* Epistolas (non An. 1446. ut excusum apud Labbeum Bibl. Manuscript. p. 219. sed An. 1496.) et Gallice vertit *Bonifacii Simonettae* librum de persecutione Ecclesiae, ut omittam librum Gallice ab eo editum de quo idem Labbeus p. 351. le Verger d'honneur de l'entreprise du voyage de Naples de Charle VIII. Confer Bibliothecas Gallicas Antonii Verdierii ; et Francisci Grudei Crucimanii, cujus dolendum est non exstare ad quam pag. 529. atque alibi provocat Bibliothecam Latinam scriptorum Gallorum quinquies vel sexies mille.

OCTAVIANUS *de Martinis* Sinuessanus , a) tempore Sixti IV. Advocatus Con-

---

a) Non Svessanus , ut apud Vossium pag. 607.   Oudin. tom. 3 pag. 2696.

sistorialis, a) cujus *Oratio de Vita et meritis Bonaventurae Cardinalis* Sanctis adscribendi A. 1482. habita, prodiit et cum S. Bonaventurae operibus et apud Surium 14. Jul. et t. 3 Act. Sanctor. Julii pag. 824.

OCTAVIANUS sive OCTAVIUS *Ubaldinus*, Florentinus, ex Episcopo Bononiensi Cardinalis ab Anno 1244. ad 1272. inter scriptores Latinos mediae aetatis laudatur à Cangio, quanquam scripta ejus, praeter Carmina Italica Crescimbenio memorata, referri nulla meminerim. Vide Julii Nigri historiam scriptorum Florentinorum pag. 538. seq.

OCTAVIUS *Cleophilus*, vero praenomine *Franciscus*, Octavii filius Phanensis sive Fanensis, Poëta et Litterator, extinctus Centumcellis in Italia An. 1490 quo anno lucem Romae vidit ejus *Faneis* sive de bello Fanensi libri III. heroico carmine De vita ejus Franciscus Polyardus, Fanensis. De. scriptis etiam Vossius lib. III de Historicis Latinis pag. 810. seq. cui adde quod Octavii Epistolas amorum ad Juliam sub *Bernardi Cillenii* nomine edidit Goldastus inter Catalecta Ovidii. Francof. 1610. 8. et sub genuino nomine *Francisci Octavii* Gruterus tom. 2. delic. Poetar Italor. pag. 136. 145.

OCTAVIUS *Horatianus* Medicus, circa An. 390. de quo Bibl. Latin. IV. 12. et supra in NUENARIO.

ODDO, infra ODO.

ODELRICUS, infra *Uldaricus*.

ODENDUNUS, b) *ut ego accepi*, inquit cap. 310. Lelandus, *Monachus Eoveshamensis* c) *fuit, idemque Philosophus ac Mathematicus inprimis illustris. Scripsit* librum de motibus planetarum, *qui et* theoricam *refert*, ac Almanac Judaeum d) *secutus est.* Bertholetuse) *Medicus dixit mihi, se aliquando legisse Odenduni elegantem* de mutatione acris *libellum.*

ODERICUS sive *Odoricus, Ordericus* de Forojulio sive e portu Naonis oppido Fori Julii, Ord. Minor. defunctus Utini Anno 1331. de quo praeter Waddingum Bollandus in Actis Sanctor. tom. 1. Januarii 14. pag. 983. seq. scriptor hic *Historiae peregrinationis suae* ut vocat Trithem. cap. 560. sive *Itinerarii* sexdecim annorum *per partes sive regionis Infidelium*, ut inscribitur in Codice Cottoniano p. 74. Ab aliis idem scriptum vocatur liber *de mirabilibus Mundi*, vel etiam *de diversis ritibus et conditionibus huius Mundi.* Vide Vossium pag. 510. Exstat in Lucae Waddingi annalibus Minorum tomo tertio ad An. 1331. num. 11. et in Bollandi Actis Sanctor. tom. 1. Januar. pag. 986. 991. additis etiam notis: et partem t. 1. April. 1. pag. 52. seq. Etiam Gallice hoc itinerarium exstat in Bibl. Cottoniana pag. 75. Joanne Longo interprete. A Waddingo autem praeter *Sermones* diversos atque *Epistolas* multas traditur itidem scripsisse *Chronica compendiosa* à Mundi exordio, ad finem ferme Pontificatus Joannis XXII ex illisque Chronicis loca quaedam in Annalibus Minorum hinc inde producuntur etiam à Baluzio ex Codice Colbertino num. 5495. in notis ad Papas Avenionenses p. 1412. 1417. sed hic negat Odoricum habere auctorem, Franciscanum tamen scriptorem confitetur, illorumque aequalem temporum, sed qui narrationem suam continuaverit usque ad Benedictum XII. hoc est ultra An. 1334.

(236 *Elogio storico alle gesta del B. Odorico dell' ord. dè Minori Conventuali con la Storia da lui dettata de' suoi viaggi Asiatici illustrata da un religioso dell' Ord. stesso.* (F. Gius Venni) Ven. Zatta 1761. 4. fig. Card. L. Ganganelli dicatum.)

ODERICUS sive OLDERICUS, *Odelricus, Odelerius, Odelerius, Ordericus*, VITALIS

a) Carolus Cartarius in Syllabo Advocator sacri Consistorii pag. 56

b) Baleo X. 75. *Odingtonus*, cirsa An. 1280.

c) *Eveshamensis*, Ord. Bened. Confer Pitseum pag. 362.

d) *Profacium Judaeum Anglicum*, circa An. 1260. cujus tabulas motus octavae sphaerae idem

Baleus memorat X. 74. et ex eo Pitseus pag. 542. Hujus Profacii tabulas, quibus usi etiam Alphonsinarum tabularum auctores, edere voluit inter Mathematicos veteres Eduardus Bernardus. De aliis ejus scriptis vide Venerandi nostri Wolfii Bibl. Hebraeam n. 1846. tom. 1 p. 988. et t. III. p. 944.

e) *Bartheletus.*

Odelerii F. scriptor eximius , haec de se ipso in extremo libri XIII. sive ultimi: *Ecce senio et infirmitate fatigatus librum hunc finire cupio, et hoc ut fiat , pluribus ex causis manifesta exposcit ratio. Nam sexage\`simum septimum* a) *aetatis meae annum in cultu Domini mei JEsu CHristi perago: et dum Optimates huius Seculi, gravibus infortuniis sibique valde contrariis video, gratia DEI roboratus securitate subiectionis et paupertatis tripudio. En* Stephanus *Rex Anglorum in carcere* (a Mathilde Andegavensi Comitissa) *gemens detinetur et* Ludovicus *Rex Francorum expeditionem agens contra Gothos et Guascones, pluribus curis crebro anxiatur. En praesule defuncto* b) Luxoviensis *Cathedra caret Episcopo , et quando vel qualem habitura sit pontificem nescio. Quid amplius dicam? Inter haec, omnipotens DEUS , colloquium meum ad Te converto , et clementiam Tuam , ut mei miserearis , dupliciter exoro, Tibi gratias ago , summe Rex , qui me gratis fecisti, et annos meos secundum beneplacitam voluntatem Tuam disposuisti. Tu es enim Rex meus et DEUS meus, et ego sum servus Tuus et ancillae Tuae filius , qui pro posse meo a primis Tibi vitae meae servivi diebus. Nam Sabbato Paschae* c) *apud* Attingesham *baptizatus sum , qui vicus in Anglia situs est super Sabrinam, ingentem fluvium. Ibi per ministerium* Ordrici *Presbyteri ex aqua et Spiritu Sancto me regenerasti , et mihi eiusdem Sacerdotis , patrini scilicet mei , nomen indidisti. Deinde cum quinque essem annorum , apud urbem* Scrobesburiam d) *Scholae traditus sum , et prima tibi servitia Clericatus obtuli in basilica Sanctorum Petri et Pauli , Apostolorum. Illic* Suguardus , *insignis Presbyter per quinque annos* Carmentis Nicostratae *litteras* e) *docuit me , ac Psalmis et Hymnis , aliisque necessariis instructionibus mancipavit me. Interea praedicatam basilicam super* Molam *flumen sitam , quae patris mei erat , sublimasti et per piam devotionem* Rogerii Comitis f) *venerabile Coenobium construxisti. Non tibi placuit ut illic diutius militarem , ne inter* parentes, *qui servis tuis multoties oneri sunt et impedimento , paterer inquietudinem , vel aliquod detrimentum in observatione Legis Tuae, per parentum carnalem affectum incurrerem. Idcirco , gloriose DEUS , qui* Abraham *de terra, patrisque domo et cognatione egredi jussisti,* Odelerium g) *patrem meum aspirasti , ut me sibi penitus abdicaret, et Tibi omnimodo subjugaret.* Rainaldo *igitur* Monacho *plorans plorantem me* h) *tradidit, et pro amore Tuo in exilium destinavit , nec me unquam postea vidit. Decennis itaque Britannicum mare transfretavi , exul in* Normanniam *veni, cunctis ignotus neminem cognovi. Linguam , ut* Joseph *in* Ægipto , *quam non noveram , audivi: suffragante tamen Gratia Tua , inter exteros omnem mansuetudinem et familiaritatem reperi. A venerabili* Mainerio *Abbate in monasterio* Uticensi i) *undecimo aetatis meae anno ad monachatum susceptus sum , undecimoque Kal. Octobris , Dominico clericali ritu tonsuratus sum. Nomen quoque* VITALIS *pro Anglico vocamine , quod Normannis absonum censebatur, mihi impositum est, quod ab uno*

---

a) A. C. 1141. Idem in limine libri XI. p. 802. Pontificum Regumque senex nunc scriptito gesta, Sexagenus ego pueris ea do manifesta.

b) Joanne Episcopo Lexoviensi qui obiit An. 1141. XII. Cal. Junii..Vide Sammarthanos tom. 2 pag. 64g.

c) An. 1075. *apud Ettingesham , in Ecclesia S. Eattae Confessoris.* Vide IIb V. p. 548.

d) An. 1079. adde Andreae Duchesnii praef. ad scriptores Normannicos.

e) Latinas litteras significat, ex noto versiculo Eugenii Toletani: *Quas Latini scriptitamus , edidit Nicostrata.* Vide Codicem Pseudepigraphum Veteris Test. p. 545.

f) Charta donationis Rogerii , Comitis Scrobesburiensis , apud Ordericum lib. V. pag. 579. ad A: 1082.

g) Odelerium Constantium , Anrelianensem, Rogerii à Consiliis. Vide lib. V. pag, 561. Oudinum tom. 2 pag, 1259.

h) An. 1084.

i) S. Ebrulfii , (S. Euroul) in dioecesi Galliae Lexoviensi , Ord. Bened. Vide Sammarthanos tom. 4 Galliae Christianae pag. 547. seq. ubi etiam de sex Abbatibus , quos reveritum se Odericus profitetur.

sodalium S. Mauricii a) cuius tunc Martyrium celebratur, mutuatum est. In praefato Coenobio LVI. annis Te favente conversatus sum, et a cunctis fratribus et contubernalibus multo plus quam merui, amatus et honoratus sum. Sex Abbates, quia Tui fuerunt vicarii, ut patres et magistros reveritus sum, Mainerum et Serlonem, Rogerium et Guarinum, Ricardum et Rannulfum. Idibus Martii cum XVI. essem annorum, jussu Serlonis electi Gislebertus Luxoviensis Antistes mihi stolam imposuit Diaconi : in quo gradu XV. aunis Tibi libenter ministravi. Denique XXXIII. aetatis meae anno b) Guilelmus Archiepiscopus Rotomagi XII. Kal. Januarii oneravit me Sacerdotio. Eodem vero die CCXLIV. Diaconos et CXX. c) consecravit Sacerdotes cum quibus ad sanctum Altare tuum in Spiritu S. devotus accessi, jamque XXXIV. annis cum alacritate mentis Tibi sacra ministeria fideliter persolvi. Haec Ordericus, qui praeceptu Rogerii Abbatis sui rogatum à sociis, annalem historiam simpliciter recitare se ait libro XIII. pag. respiciens opus illud quod aetatem tulisse gaudemus, et cujus editionem promiserat Franciscus à Cruce Cenomena Bibl. Gallicae pag. 252. sed primus ex Codice Joannis Bigotii aliisque duobus vulgavit Andreas du Chesne in Historiae Normannorum scriptoribus antiquis Paris. 1619. fol. pag. 319. 925. Est autem opus Historiae Ecclesiasticae, sive ut in fine libri septimi vocat, Uticensis historiae tripartitum, divisum in libros XIII. quorum duo primi partem primam constituunt, et res a CHristo nato describunt usque ad An. 1140. Pars secunda libris tertio ad sextum usque persequuntur bellicos Normannorum eventus in Francia, Anglia, Apulia : Monasteriorum fundationes, Episcoporum et Abbatum totius paene Neustriae seriem ac gesta, plurimasque alias res memorabiles, praecipue sub Guilelmo II. Duce cognomine notho luculenter exponuntur. Parte tertia denique, sive libro septimo ad ultimum tertiumdecimum usque

plura referuntur de morte Guilelmi Regis An. 1087. tribusque ejus filiis Roberto, Guilelmo et Henrico: itinere item Hierosolymitano An. 1097. et variis aliis illorum temporum eventibus. Antonius Pagi ad An. 1141. n. 7. Ex Orderici Historia multa ad supplendos Annales Ecclesiasticos mutuati sumus; nam licet hic Auctor non raro in Chronologiam peccet, multa tamen scitu dignissima in medium profert, et sincere narrat. Existimo eum ante mortem Opus suum revisisse ; librum enim primum finiens, ait tunc Lotharium dominari Alemannis, Ludovicum Francis, Stephanum Anglis et Ranimirum Monachum Hispanis, et tamen Lotharius Imp. anno MCXXXVII. obiit, eodemque anno Ranimirus regnum Aragoniae dimisit, et in suum Monasterium reversus est. Praeterea librum suum XIII. in Stephani Regis captivitate absolvit. Nullum neque in Bibliotheca Regia, neque in aliis Parisiensibus huius Historiae exemplar Manuscriptum superest; cujus ope errores aliqui, qui in eam irrepsere, emendari possent, et interpolationes, si quae forte sint, dignosci.

* ODERICUS alter Canonicus Ecclesiae Senensis scripsit ordinem officiorum Senensis Ecclesiae quem in MS. Codice ab Huberto Benvoglientio olim sibi communicatum testatur Muratorius in Antiq. Medii Aevi tom. V. 766. Obiit Ordericus anno 1225 Ind. IX. die. IX Cal. Februarii, ut ex vetusti libri authoritate monet Muratorius * (236. Ab Oderico A. 1213. compositus Ordo officiorum Ecclesiae Senensis primum a D. Jo. Chrysost. Trombelli Bononiensi Can. Regul. Ex Generali et S. Salvat. Bononiae Abbate editus et annotationibus illustratus vindicatusque. Bononiae 1766. ex Typ. Longhi in 4. Senens. Ecclesiae Canonicis ac Dignitatibus ab eodem Trombellio dicatus prodiit.)

ODERISIUS Abbas Casinensis et Cardinalis Presbyter ab An. 1087. ad 1105. à Petro Diacono cap. 28. de viris illustribus Casinensibus versificator mirabilis celebratur. Addit idem scripsisse nonnulla.

---

a) De S. Mauricii passione supra in EUCHERIO Lugdunensi tom. 2 pag. 558.

b) A. 1107.

c) Idem narrat Ordericus libro XI. p. 832.

quae inquit , *quia prae manibus haben-*
tur , omitto̅ *referre.* Neque Jo. Baptista
Marus in notis nominat nisi *Epistolam*
ad Monachos Floriacenses , editam à Matthaeo Laurento de existentia Corporis S.
Benedicti in monasterio Casinensi cap.
26. pag. 122. Oderisii maxima per litteras usum esse amicitia Alexium Comnenum Imp. CPolit. ab eodem Maro traditur,
sed ubi exstent illae litterae non docet.
Librum Sermonum ad festa totius anni
memorat Possevinus ex Arnoldo Wiono.

ODILBERTUS , infra OLBERTUS.

S. ODILO *Abbas* Cluniacensis quintus
Silviniaci in Gallia ab An. 994 defunctus
An. 1049. aet. 87. de quo LOTSALDUS
sive JOTSALDUS et Petrus DAMIANI in
vita , de quibus supra : Trithemius cap.
314. de S. E. et illustr. Benedictin. II. 75.
Labbeus tom. 2 de S. E. pag. 127. et Ruinartus seculo sexto Act. Sanctorum Ordinis Benedictini. Vitam scriptaque exhibet
Andreas du Chesne in Bibl. Cluniacensi,
edita Paris 1614. fol. Ac scripta quidem
haec sunt.

Vita S. Majoli Abbatis , *decessoris sui* ,
p. 279. Bibl. Cluniacens. et apud Surium
XI. Maji et Sanctor. t. 2 Maji p. 684. Vide
supra in NAGOLDO , a quo et ipso vitam
S. Majoli scriptam habemus.

Hymni quatuor de eodem S. Majolo. p.
291. Bibl. Cluniacens.

Epistolae aliquot S. Odilonis ad Fulber-
tum , et Fulberti, atque aliorum ad Odilonem , col. 349.

Vita S. Adheleidis a) *Imperatricis* cui
morienti S. Odilo adfuit: *et liber de ejusdem*
miraculis , col. 353. ex antiquae Lectionis
Henrici Canisii tomo V. parte 2. pag. 398.
(edit. novae tem. 3 pag. 73.) Exstat et apud
Surium 16. Dec. atque in illustris Leibnitii tom. 1 scriptor. Brusnvic. pag. 262.
Haec autem primum Lotharii, Regis Italiae
uxor , ex quo Emmam, Francorum Reginam peperit; deinde Othoni I. Germaniae
Regi ac deinde Imperatori nupta , Othonis
II. mater Othonis III. avia extitii, vixitque

usque ad diem 16. Decembris anni 999·

Sermones b) *XIV. de Festis Domini , B.*
Virginis ac Sanctorum cum hymnis de assumtione et nativitate S. Mariae pag. 271.
et in Bibl. Patrum Colon. tom. X. et Lugd.
tom. XVII. pag. 654.

Statutum ejusdem S. Odilonis Abbatis *de*
defunctis , exstat in Bibl. Clun. p. 338.

Credulitas sive Symbolum , et *Oratio*
in Crucem adorandam p. 370. in Bibl. Patrum Colon. et Lugd.

Praeter haec Odilonis a Duchesnio vulgata , *Sermonem de Nativitate S. Mariae*
et alterum *de S. Cruce* edidit Edmundus
Martene tom. V. thesauri anecdotorum p.
622. seq. et *Epistolas III.* una cum Joannis XX. Epistola ad Odilonem , Dacherius
tom. 2 spicilegii pag. 286. (edit novae tom.
3 pag. 381.)

ODILO *Monachus* S. Medardi apud Sves-
sionenses in Gallia Ord. Bened. circa An.
930. scripsit ad Ingrannum Coenobii sui
Decanum , postea Anno 932. Episcopum
Laudensium: *de translatione reliquiarum*
S. *Sebastiani Martyris et Gregorii M. Pa-*
pae in Svessionense S. Medardi An. 926.
facta , c) quod sine nomine auctoris edidit
Bollandus tom. 2 Januarii 20. p. 278-295.
sed Auctori restitutum suo et praefatione
ejusdem locupletatum Mabillonius Sec. IV.
Benedictin. pag. 393. Verum Epistolam ad
eundem Ingrannum *de adventu et susce-*
ptione corporum SS. Martyrum Tiburtii
Marcellini , et Petri, Marcelliani et Marci,
Probi et Hyacinthi, Marii et Marthae. Au-
difax et Abacum , Abdonis et Sennis , editam ab eodem Mabillonio pag. 411. suppo-
sititiam et nullius fidei esse disputat Papebrochius in Actis Sanctorum t. 1 Junii
2. pag. 206. seq.

* Praeter haec scripta a Fabricio indicata
Scriptores Hist. Literariae Gallicae memorantur eiusdem epistolam a P. Martene
vulgatam ad Hucbaldum monachum S.
Amandi, sicut et eidem vindicandos censent sermones tres, quos sine nomine auctoris vulgatos legimus in Bibliotheca Flo-

---

a) Vide Vossium pag. 371.
b) Odilonis *exhortationes* laudat Petrus Blae-

sensis Epist. 125.
c) Confer. Pagium ad An. 826. n. 3.

riaccnsi tom. 2 pag. 136 vide Historiam illam ibid. tom. VI. p. 175. *

ODINGTONUS supra, ODENDUNUS·

ODO *Abbas Anglus*, infra ODO *Cantianus*.

ODO *Abbas*, scriptor *vitae Gregorii Turonensis*. Infra in Odone Cluniacensi.

ODO sive ODDO *Astensis* in Liguria Monachus Benedictinus circa A. 1120. scriptor
expositionis per contemplationem exaratae
in Psalmos ad Brunonem Episcopum in
Campania Romana Signinum, sive Signien-
sem de quo dictum tom. 1 p. 266. seq.
Exstat in Psalmos plerosque ad calcem
operum Brunonis Venet. 1651. fol. et in
Bibliotheca Patrum Lugdunensi tom. XX.
pag. 1816-1871.

ODO sive ODOARDUS ex Scholastico
Aurelianensi, Abbas S. Martini Tornacensis, Ord. Bened. et ab An. 1105. Episcopus
Cameracensis, sed defunctus Aquincinti in
exilio An 113. De illo Amandus de Castello ex Priore Aquicinctiensi Abbas Marchia-
nensis in Epistola prolixa de ejus vita et
obitu, Manuscripta in Bibl. S. Martini Tornacensi, teste Sandero pag. 108. Henricus
Gandavensis cap. 4. et ibi Aub. Miraeus:
Trithemius cap. 371. de S. E. et illustr.
Benedictin. I. Labbeus t. 2 de S. E. pag.
128. Sammarthani tom. 1 pag. 237. Ejus
haec Manuscripta Tornaci in Bibl. S. Martini exstant teste Sandero p. 107. *Super
Canones Evangeliorum*, (Jacobo Longo p.
883. Bibl. Biblicae de Concordia Evangelistarum libri quo.) *De originali peccato* libri
III. *De Canone Altaris*, ad Vulbodonum,
dilectum filium. disputatio *contra Judaeum
nomine Leonem*, de adventu CHristi, Filii DEI, dialogus dicatus Acardo, Phide-
mensi Monacho. Tractatus, *quid sit blasphemia S. Spiritus*. Homilia in Lucae XVI.
de villico iniquitatis. *Expositi Canonis in
honorem S. Trinitatis*. In Ecclesia Jacobaea
Catherali tom. 2 Catalogi Manuscriptorum
Angliae pag. 244. habetur Odo Cameracensis de Canone missae, et super Canonem
Evangelii. Idem *in Psalmos*. Ex his *expositio Canonis Missae* divisa in quatuor distinctiones ad Odonem sive Vulbodonum

quem *dilectum filium suum sub venerabili
Abbate Hastiginensi Fulgentio Dominicis
castris militantem* appellat, edita à Francisco Titelmanno, Antwerp. 1523. Lugd.
1556. inde in Bibliothecis Patrum Paris.
1575. tomo 4. et 1589. 1624. 1644. tomo.
XII. et Lugd. t. XXI. pag. 251. ubi deinde
sequuntur ejusdem Odonis opuscula sacra,
quae primus Andreas Schottus in tomo decimo quinto Biblioth. Patrum Coloniensis A.
1622. vulgaverat: *de peccato originali* libri
III. pag. 227. *Dialogus cum Leone Judaeo
de adventu CHristi Filii DEI* pag. 241.
De blasphemia in Spiritum S. p. 245. *In
Canones Evangeliorum* pag. 247. *Homilia
de villico iniquitatis* Luc. XVI. p. 249-251.
Collationum librum et *Parabolas*, quae
Manuscripta memorat Miraeus, nemo adhuc in lucem protulit, uti nec Odonis Aurelianensis *Carmina* quae Manuscripta evolvit Cangius.

* Authores Hist. litter. Gallicae praeter
haec omnia scripta Odonis addunt opuscula alia quaedam dialectica velut illud,
quod inscribitur *Sophista*; aliud quod est
Complexionum, ac denique tertium in quo
disputat *de re et esse* an idem sint. *

ODO *Bellensis*. Infra, *Odo Cantianus*, et
Odo Morimundensis.

ODO I. *Belluacensis* ex Abbate Corbe-
jensi Episcopus ab Anno 866. ad 880. Vide
Sammarthanos tom. 2 pag. 373. seq. ubi
etiam ejus Decretum de Canonicis quinquaginta S. Petri Bellovacensis.

Scripsit *vitam S. Luciani* Episcopi, Maximiani Presbyteri, et *Juliani* Diaconi quos
ferunt Apostolos Bellovacensium et socios
Dionysii Parisiensis. Exstat in Actis Sanctor. tom. 1 Januarii VIII. pag. 461-466.
Confer Tillemontium tom. IV. memoriar.
pag. 537. seq.

Ejusdem Odonis *responsiones ad decem
objecta Graecorum* (Photii) quas perinde ut
Hincmarus, et quorum scripta habemus
Bertramns Corbejensis atque Aeneas Parisiensis Episcoporum Galliae hortatu consignasse traditur, a) interciderunt. De Aenea
dictum tom. 1. p. 25. de Bertramo p. 221.

---

a) Vide Dupinium t. 7. Bibl. Ecclesiae p 109.

* Huius pariter Odonis esse. censetur oollectio canonum IX. Concilii Pontigonensis an. 876 habita : quam legas ap. Labbeum tom. XI Venetae editionis p. 289 sunt qui hos Canones pro Concilio lectos et approbatos censeant ; alii vero malunt insciis Patribus prodiisse ; qua de re vide Authores Hist. Gallicanae literariae t. V p. 533. qui et notant obiisse hunc Praesulem an. 881 die, ut Necrologia ferunt 28 Januarii.

ODO *Cameracensis*, supra , *Odo Aurelianensis*.

ODO *Canonicus* Regularis circa An. 1160. cujus *Epistolas VII*. edidit Dacherius tom. 2. spicileg. p. 225. (tom. 3 edit. novae p. 529) plenas praeceptis atque monitis de observantia Canonicae Professionis recte praestanda.

ODO *Severus* , a) Anglus è Danis oriundus Archiepiscopus *Cantuariensis* ab An. 933. ad 958. cujus *Constitutiones* tempore Regis Angliae Edmundi latae de officio Regis, Magistratuum et Cleri et de juribus Ecclesiae rite conferendis , Capitula X. una cum *Epistola Synodali* ad Episcópos suffraganeos , exstant in Speelmanni tom. 1 Conciliorum V. Angliae p. 415. 418. et in Conciliorum tomis , ac novissima Veneta Coleti editione , tomo XI. Ejusdem Epistolam praemissam *vitae Wifredi* Eboracensis ab An. 803. ad 829. Archiepiscopi metrice scriptae à FRIDEGODO edidit Henr. Warthonus tom. 2 Angliae sacrae pag. 50. Fridegodum sine illa Epistola vulgaverat Mabillonius Sec V. Benedictin. p. 283.

ODO patria lingua *Wode* sive Sylva, *Cantianus* sive *Cantuariensis* Monachus et ex Priore Cantuariensi , Abbas A. 1175. S. Martini de Bello , in Anglia Ord. Bened. Hic Prior, post necem Thomae Beckcti Cantuariensis Archiepiscopi , quae An. 1170. accidit , fortiter decertavit pro jure liberae electionis Archiepiscopi Cantuariensis, contra aulicorum conatus asserendo. Confer Oudinum t. 2 p. 1512. seq.

Ejus scripta . *Commentarii in Pentateuchum* Manuscripti Cantabrigiae in Bibl. S. Bened. quos cum veterum monumentis fere pares facere se testatus est Episcopus Londinensis Stocholegus apud Lelandum , cap. 180.

Moralia super Psalmos MSS. Oxonii in Bibl. Balliolensi.

Homiliae in aliquot onera Esaiae. Vide Possevinum in Odone Abbate Anglo.

Commentarii in IV. Evangelia MSS. ibid.

In Epistolas Pauli.

Sermones super Evangelia Dominicalia et festa Sanctorum. Manuscripti in Bibl. Bodlejana Conciones *super Epistolas* etiam ex Balei II. 97. Pitseus p. 227. memorat.

Liber dē inventione S Milburgae. Vide tamen infra in *Odone Castillioneo*.

Libri III. de Vitiis et virtutibus animae.

De moribus Ecclesiasticis.

De libro vitae, memorat Baleus II. 97.

De onere Philistim.

Ex *Epistolis* quas non infeliciter ab eo scriptas Lelandus praedicat , speciatim ad Adamum fratrem , Monachum Cisterc. Igniacensem , tractus Remensis in Gallia, unam edidit Mabillonius tom. 1. Analect. pag. 349. (edit novae pag. 477.) Alteram praemissam *V. libris miraculorum fere 400*. S. *Thomae Cantuariensis Archi-Episcopi et Martyris* vidisse se MS. in Cisterciensium Gallorum Bibliothecis testatur Oudinus tom 2. pag. 1510 et 1513.

ODO sive Ato, Otho *Castilioneus* , sive de Castro Rodulphi , Svessionensis Gallus Abbas Ursicampi Ord. Cisterc. inde Episcopus Cardinalis ab Anno 1244. ad 1273. et legationibus in Galliam Angliamque nobilis. Scripsit *sammam Quaestionum* Theologicarum et moralium *Sermones* de tempore et de Sanctis aliosque CXXXI. de diversis materiis , quorum primus in unctione Caroli in Regem Siciliae An. 1260. et ultimus in funere Clementis IV. An. 1268. vide Oudinum tom. 3. pag. 201. Idem à quibusdam traditur scripsisse de invention<u>e</u> *corporis S. Milburgae* Virginis Wenlochiae in Anglia defunctae A. 723. Vide Acta Sanctor. tom. 3. Febr. 23 pag. 391. Sed illa lucubratio rectius refertur ad *Odonem Cantianum* de quo supra.

a) Vide Vossium p. 345. Lelandum cap. 180.

ODO, *de Ceritona*, infra *Odo Shirton.*
ODONIS *de Cicestre*, cujus Summam
de Poenitentia, in Bibl. Sangermanniensi
Cod. 323. evolvit Cangius, idem fortasse
cum Odone Morimundensi.

ODO *Cisterciensis*, vide *Odo Castilho-
neus*, *Odo Morimundi* et *Odo Shirton*
S. ODO a) *Cluniacensis*, de quo audire
iuvat Labbeum tom. 2. de S. E. p. 129.
cui observationes meas adiunxi. Odo, Musicus, ex Canonico et Archi-Cantore S.
Martini Turonensis, Monachus, ac deinde
Cluniacensis secundus Abbas, Bernonis
Abbatis primi successor ab an. 927. usque
ad annum 942. quo b) obiit apud Turones die 18. Novembris, et in Ecclesia S.
Juliani sepultus est. De eo praeter NA-
GOLDUM de quo supra pag. 89. et JO-
ANNEM c) Italum, Cluniacenses Monachos Odonis discipulos, qui vitam magistri
sui diversis libris descripsere, videndi
Floardus in Chronico ad annum 942. Glaber Radulfus, et Adémarus Cabannensis,
Sigebertus in Chronico ad annos 912. et
937. et Catalogi de S. E. c. 124. ubi eleganti ingenio praeditum, *in homiliis scribendis*, *et declamandis*, *ac maxime in
componendis in honorem Sanctorum canti-
bus*, praedicat; Aimoinus libro 2. de Miraculis S. Benedicti, aliique praesertim
recentiores, Jo. Trithemius de S. E. cap.
292. et II. 51. illustr. Benedictin., qui
Remigii Autissiodorensis Monachi auditorem fuisse memorat, Baronius ad Martyrolog. Rom. 18. Nov. et Possevinus; qui
multa pro more ex variis congessit, ex uno
duos Odones facti Abbates Cluniacenses
1. et II. At Duchesnius collatis operis cum
D. Martino Marrier in Cluniacensi Bibliotheca anno 1614. fol. Parisiis excusa, post
varia elogia S. Odonis quaedam opuscula

edidit. Haec dumtaxat occurruut, recusa
etiam in Bibl. Patrum Colon. t. X. Lugd. t.
XVII. *Vita S. Geraldi Aurelianensis Comitis
libri quatuor ad Aymonem Abbatem*, Bibi.
Cluniacens. pag. 65. et Gallice Bertrando
de Compaigne interprete, Aurillaci 1715 8.

Tractatus d) *de Reversione B. Martini
Turonensis à Burgundia*, cui praemittuntur epistola Fulconis Boni, Andegavorum
Comitis ad Odonem Abbatem et eiusdem
ad Fulconem responsum, pag. 113.

Tractatus ejusdem Odonis, *quod Beatus
Martinus par dicitur Apostolis* pag. 123.
Hic et praecedens iam fuerant excusi
edente Jodoco Clichtoveo una cum Sul-
pitio Severo de vita Martini et Gregorio
Tur. Paris. 1511. 4 atque in Bibl. Vet.
Patrum, Paris. 1589. 1624. tom. VII.

Sermones quatuor I. In Cathedra S. Petri, si tamen est Odonis, cum sit consu-
tus ex duobus S. Leonis sermonibus, tertio scilicet in die anniversario suae assum-
tionis, et primo in natalis S. Petri pag.
127. II. In veneratione sanctae Mariae Magdalenae e) pag. 131. III. de S. Benedicto
Abbate pag. 138. IV. de combustione basilicae B. Martini Turonensis. A. 903 p. 145.

Collationum seu Occupationum libri III.
ad Turpionem Episcopum Lemovicensem.
pag. 159 à celebri Jacobo Sirmondo Societatis JEsu communicati. Monachis uti-
lissimos vocat Anonymus Mellicensis c. 75.

Antiphonae XII *de beato Martino* Turo-
norum Archiepiscopo p 262.

Ejusdem versus et Hymni, de Sacramento
Corporis et Sanguinis Domini, de Maria
Magdalena et de eodem S. Martino p 263.

Eiusdem S. Odonis II. Cluniacensium
Abbatis libri XXXV. Moralium in Job,
studio et diligentia eiusdem Domni Martini Marrier, Monasterii S. Martini de

a) In Bibl. Cluniacensi p. 125. *Beati* Adae,
alias Odonis. Anonymo Mellicensi cap. 75. *Otto.
venerabilis Abbas Cluniacensium, qui Monachorum gemma, discipulorum suorum gloria fuit.*

b) Paulo ante obitum designatus abbas *Floriacensis* vide Caveum, et Bibl. Floriacensem Joannis a Bosco.

c) Supra tom. 4 pag. 185. Prologum in Vitam
S. Odonis ad Hugonem Abbatem S. Petri edidere

Edm. Martene et Ursinus Durant in itinere litterario quod prodiit Gallice Paris. 1717. 4. t. p. 175.

d) Suppositum contendunt Claudius Molineus
et Guido Alexius Lobineau diss. 5. sur la mouvance
de Bretagne, ssentientibus etiam auctoribus Memoriar. lit. Trevoltin. An. 1712. p. 666.

e) Exstat et Joannis à Bosco Bibl. Floriacensi
et in Actis Sanctor. t. V. Julii 22. p. 218.

Campis S. Lutetiae Parisiorum Professi è
vetere Manuscr. eruti ac in lucem post
Bibliothecae Cluniacensis editionem emissi
sunt ex officina Nivelliana sumptibus Sebastiani Cramoisy anno 1617 in 8. et in
Bibl. Patrum Colon. tom. X. et Lugd. t.
XVII. Nec latet nos, inquit Andreas Quercetanus, alia multa scripsisse Patrem hunc
nempe librum de Translatione S. Benedicti, cujus meminit Aymoinus Monachus,
alterum de Contemptu Mundi, sicut testantur Gesta Pontificum Lemovicensium, sermonesque plures ac Hymnos ut est apud
Trithemium : sed nullum adhuc invenire
licuit qui vel aliquem eorum publici juris
facere aut posset aut vellet. Sermonem in
festo S. Martini edidit Edmundus Martene
tom. V. thesauri anecdotor. pag. 618. Incip. Sacra haec hodierna solennitas. Dialogum de arte Musica laudat Anonymus Mellicensis cap. 75. Chronicon succinctum Manuscript. servatum Cantabrigiae in Bibl.
Collegii S. Benedicti Caveus memorat, et
ante Caveum Vossius pag. 342. qui addit
etiam Vitam S. Mauri Manuscr. in Bibl.
Vaticana. Sed illa est Odonis Glannofoliensis, de quo mox. De vita Gregorii Turonensis, vide supra tom. 5. pag. 292.

* Praeter Hymnum in laudem S. Martini qui legitur in Bibliotheca PP. Lugdunensi alter etiam de eodem Sancto ab
Odone editus est legendus ap. Mabillonium
Annal. t. III in Append. p. 659. edit Lucens.

Tractatus de reversione B. Martini ab
auctoribus Hist. litterariae Gallicanae abiu-
dicatur Odoni, quod scilicet nec stylum
eius sapiat, nec satis congruat dignitati
Fulconis comitis Andegavensis (qui S.
Odonem educavit) ut Monachum illum ita
alloquatur : condescendat parvitati meae
vestra sublimitas. Ita pariter et tractatus
quod B Martinus dicatur par Apostolis,
judicibus iisdem scriptoribus foetus est S.
Odonis non sincerus. Quin et Adam Abbati Persennae vindicandus est ut ex collectione Epistolarum eiusdem Adami vulgata a P. Martene Anecdot. t. 1 p. 738.
etc. agnoscimus. Insuper Chronicon succinctum Thomae Laebensi vindicandum

esse docet Chronicon Comitum Andegavensium ap. d'Achery Spicileg. t. X p.
400. Vide haec omnia in eadem historia
litteraria t. VI pag. 251. Reliqua opera
S. Odonis tum deperdita cum supposititia
tia satis accurate ibi recensentur. *

ODO Danicus, sive qui è Dania duxit
originem, Lelando cap. 180. memoratus,
idem cum Odone Cantuariensi Archiep. de
quo supra.

ODO de Deogilo (de Dueil) Gallus ex Abbate S. Cornelii Compendiensis An. 1153.
ad 1168. Abbas S. Dionysii. Vide Sammarthanos tom. IV. Galliae Christianae pag.
335. Ejus libri septem quos Monachus adhuc et comes itineris Regis et a sacris et
secretis scripsit de profectione Ludovici VII
Regis Francorum in Orientem vulgati sunt
à Petro Francisco Chifletio, S. I. in Sylloge
cui titulus : S. Bernardi Claraevallensis
Abbatis illustre genus assertum. Divione
1660. 4. Vide Pagium ad An. 1147. Oudinum tom. 2 pag. 1443. et Jacobum Longum n. 6996. Bibl. hist. Francor.

ODO de Duaco, Theologus Sorbonicus,
errorum accusatus, de quibus damnari eum
contigit ab Alexandro IV. An. 1256.

ODO Episcopus, supra in Odone Bellovacensi.

ODO Floriacensis Abbas. Supra in Odone
Cluniacensi.

ODO Monachus Fossatensis, An. 1058.
scriptor vitae Domni Burchardi Comitis
Melodunensis, qui apud Hugonem Cape-
tum et Robertum ejus filium gratiosus,
diem obiit An. 999. Exstat in Brolii sive
Jacobi du Breul, Benedictini supplemento
Antiquitatum Parisiensium, Paris. 1614.
4. et in Andreae du Chesne tom. IV. scriptorum de rebus Francorum pag. 115 114.
et Gallice Sebastiano Boulliardo interprete
in ejus historia Civitatis Melodunensis. Paris. 1628. 4.

* Sub huius scriptoris nomine legimus
indicata ap. Montfaucon Bibl. Bibliothecarum pag. 1278. Vitam S. Mauri metro
et prosa scriptam quam in nescio qua
(neque enim indicat) Gallica Bibliotheca
extare dicit. Scriptores Hist. Litterariae
Gall. t. VII p. 494. censent vitam illam

S. Mauri prosa scriptam aliam non esse ab ea, quae jam olim ante Odonem prodierat, forte tamen ab hoc ipso Odone recensitam. Alteram vero metro scriptam facile huic ipsi Odoni tribui posse censent. Monent insuper ex Mabillonio in Actis SS. Benedictinor. t 2 p. 596. calamo eiusdem Odonis deberi Responsoria in honorem S. Barolini primi Abbatis Fossatensis, quae olim in officio festi eiusdem sancti apud Coenobitas illos canebantur. *

ODO Canonicus Regularis S. Victoris, et Prior, atque inde Abbas S. Genovefae Parisiensis diem obiit Anno 1166. cum A. 1165. Philippum Augustum Regem Galliae de fonte baptismi suscepisset, quem ritum veteribus monumentis expressum licet videre in Joannis Ciampini dissertatione inserta Museo Minervae Venetae t. 2. pag. 78. seq. et in Mabillonii itinere Italico pag. 73. Ejus *Epistolae VII*. editae à Dacherio tom. 2. pag. 535 (edit. novae tom. pag. 529.) *Sermones VIII*. Manuscripti in Codice Abbatiae S. Victoris. de quibus Oudinus tom. 2. pag. 1256.

Gerardus ODONIS. Supra t. 3. p. 41.

ODO Abbas *Glannofoliensis* S. Mauri ad Ligerim Ord. Bened. An. 868. in gratiam Almodi sive Adelmodi, Archidiaconi Cenomanensis scripsit *Historiam translationis S. Mauri* Abbatis An. 584. aetatis 92. defuncti, quae edita est in Actis Sanctorum tom. 1. Januarii a) XV. pag. 1051. 1060. cum Jo. Bollandi notis. Et in Mabillonii Sec. IV. Act. Benedictin. parte 2. pag. 165. Conferendae etiam Claudii Chastellain notae ad Martyrologium Rom. 15 Jan. ubi praeterea de *Vita* ejusdem *Mauri* quam à FAUSTO scriptam et interpolatam ab Odone memoravi supra tom. 2. p. 556 et veracissimam appellat Leo Ostiensis. Confer Carolum le Cointe tom. 1. Annal Francor. pag. 608.

Guilelmus ODO. Supra tom 3. p. 148.

Jacobus ODO sive de ODDIS. Supra t. IV. pag. 305.

Magister ODO Infra, *Odo Shirton.*

ODO interpolator Vitae S. MAURI. Supra, *Odo Glannofoliensis.*

ODO ex Abbate Belliprati Abbas *Morimundensis* in dioecesi Galliae Lingonensi, Ord. Cisterc. defunctus An. 1161 testibus Sammarthanis tom. IV. pag. 674 ubi opuscula ejus quaedam à Philippo Seguino in Bibl. Manuscriptor. recensita notant. Illa sunt memorata etiam Vischio pag. 254. Bibl. Cisterc.. *De significationibus numerorum. De numerorum figuris. De liberis appellationibus. De mysteriis figurarum. De regulis generationum. De cognitionibus et interpretationibus numerorum. De significationibus unitatis. De relationibus et earum mysteriis.* Lelando cap. 180. p. 213. hic est *Muremundensis*, ubi refert librum ejus de *analyticis ternarii*, servatum in Bibl. Coriniensi. sive Cirencestrensi. Baleus III. 19. praeterea huic Odoni tribuit, de quo dubitaverat Lelandus, b) *Dialogum de religione Christiana et Judaica*, Leone et Odone interlocutoribus: praeterea *Chronicon* quod rectius refertur ad Othonem Frisingensem: atque *analytica numerorum*, quae à libello de triade sive ternario distinguens Jacobus Faber praef. ad Euclidem, Odonem hunc Mathematicum peritum celebrat. Liber *de tribus hierarchiis et de tribus gradibus quibus per eas pervenitur ad Salutem*: et *Enchiridion* seu *dialogus inter Magistrum et discipulum cum Micrologo artis Musices*, Manuscripta teste Labbeo, quibus adde tractatum *de translatione reliquiarum S. Benedicti* ad monasterium Floriacense. In B. Felleri Catalogo Manuscript. Bibl. Paulinae Lipsiensis pag. 161. memoratur Odo Morimutensis. abbas *de transitu Bernardi.* Apud Labbeum pag. 208. Bibl. Manuscript. *Sermones* Odonis de Morimundo, Ord. Cisterc. Ex his nonnulli obvii in Combefisii Bibl. Concionatoria.

ODO *Musicus.* Supra S. *Odo Cluniacensis*, et *Morimundensis.*

ODO ex Cantore Bituricensi *Parisiensis* Episcopus, ab A. 1197, ad 1208. c) de quo

---

a) Non Februarii, ut excusum in Longi Bibl. Hist. Galliae quam vide n. 5028. 5020.

b) Supra pag. 452. in Odone Aurel.

c) Albericus pag. 447. Chron

Petrus Blaesensis Epist. 126. et auctor notarum ad illas Epistolas in tom. XXIV. Bibl. Patrum Luzd. pag. 1351. seq. Sammarthani tom. I. Galliae Christianae pag. 437. seq. Hujus Odonis Constitutiones Synodicae, sub titulis IX. digestae leguntur in tomis Conciliorum Binii tom. VII. sive tom. 3. parte 2. Regia tom. 28. Labbei tom. X. Harduini t. 6. parte 2. et in novissima Veneta Coleti tom. XIII.

ODONIS *Ramesegani* libellum de poenitudine memorat Lelandus cap. 180.

ODO sive Oddo Abbas S. Remigii *Remensis*, cujus Epistola ad Thomam Comitem scripta circa A. 1135. de quodam miraculo Thomae Apostoli apud Indos, edita à Mabillonio tom. 1. Analect. p. 334. (edit. novae pag. 464)

ODO *Severus*, supra in *Odone Cantuariensi* Archi-Episcopo.

ODO *Schirton* sive *de Scheritona* Anglus Ord. Cisterc. Lelando p. 213. c. 180. *Shirodunensis*, ubi multarum *Concionum* non infelicem scriptorem appellat. Baleo III. 18. *de Ceritona* et Pitseo pag. 245. *Ceritonensis*, clarus circa An. 1180. quem in Theologia Magistrum suum laudat Joannes Sarisberiensis Epist. 268.

Ejus *libri duo LX. Parabolarum* in laudem ejus qui est Alpha et Omega, praeter rem tributa ab aliis *Gaufrido Claraevall.* vel *Odoni Cantuar.* Manuscripti in Bibliothecis Angliae. Vide Oudinum tom. 2. pag. 1498. et 1513. et 1623. seq. ubi et de ejus *Summa de poenitentia*, et *homiliis de tempore* editis Paris..1520. et sermonibus *de Sanctis.* Baleus nescio quod *Partium opus* commemorat, et *Bestiarium* sive *Brutarium* in quo Æsopi fabulas ex Graeco Latine expressas exposuit: tum *Narrationes.* Eadem ex Baleo Pitseus, et pag. 252. Vischius Bibl. Cisterc.

ODO *Svessionensis*, ex Cancellario Parisiensi Monachus in Grandisylva Ord. Cisterciens. et ex Abbate Ursicampi in dioecesi Noviomensi Episcopus Cardinalis Tusculanus ab Anno 1244. Vide Ughellum tom.

1. pag. 235. seq. qui pag. 197. inter Praenestinos Episcopos perperam Odonem notat appellari, pro *Cono* sive *Conone.* Hujus Odonis Tusculani, quem rectius sub Innocentio IV. quam sub Eugenio III. vixisse dixisset, *Commentarium super Jeremiam* memorat Labbeus Bibl. nova Manuscript. pag. 369. et *Quaestiones* pag 25. Possevinus duo grandia Volumina *Sermonum* Manuscripta in Bibl. Vaticana.

ODO *Tusculanensis* Episcopus, cujus Epistola ad Innocentium IV. Papam de gestis A. 1249. Insula Cypro contra Infideles ab exercitu Christiano, exstat t. VII. a) spicilegii Dacheriani pag. 213. (edit. novae tom. 3. pag. 624) Idem hic cum superiore.

ODO *de Vavcemani*, supra in *S. Germani* t. 3. pag. 47.

ODO *Abbas Ursicampi*, supra, *Odo Svessionensis.*

ODOBONUS sive ODO Medicus, si Gaudentio Merulae credimus, auctor poematis hexametri de virtutibus herbarum, de quo supra, in MACRO. Vide t. XIII Bibl. Graecae pag. 39. Omitto ODDUM *de Oddis* Medicum Patavinum qui A. 1558. diem obiit, *Galeni anima* praedicari solitus, de cujus scriptis Nicolaus Comnenus in historia Gymnasii Patavini t. 1 p. 313.

ODOCEUS Monachus, doctrinae et pietatis nobile plane exemplar, laudatus Lelando cap. 30. Episcopus post Telinum Landavensis, Francisco Godwino de praesulibus Angliae p 619. *Oudoceus.* De scriptis ejus nihil comperi.

ODOFREDUS sive *Ottofredus* Beneventanus, Bergomensi ad A. 1199. et Trithemio cap. 425. *Rofredus* Jurisconsultus, qui scripsit *Quaestiones Juris Civilis. Quaestiones Juris Canonici*, et *Summam Juris.*

ODOFREDUS Beneventanus, junior, inter Azonis discipulos celebratissimus, docuit Jus Civile Bononiae, obiitque A. 1265. De hoc Trithemius cap. 444. Bergomensis ad A. 1240. et Guido Pancirollus II. 35. de claris Legum Interpretibus. Ejus scripta. *De arte notariatus. De libellorum for-*

matione sive de formulis actionum quarum usus est in Judiciis. *De ordine Judiciario*. Commentaria *in Pandectas et Codicem*, commendata inprimis à perspicuitate. *Feudorum compendium. De Curatore bonis dando De restitutione dotis. De percussionibus. De positionibus et interrogationibus*. Glossae *ad summam Azonis*, Praeceptoris: in tit. *de pace Constantiae*. De primo et secundo Decreto etc.

* In Codice membranaceo Biblioth. Felini extant Friderici I. *Constitutiones* inscriptae *de Pace Constantiae* cum notis et perpetuis commentariis Odofredi huius. Quia vero Commentarii isti subduntur compendio feudorum ab Antonio Minuccio de Prato Veteri confecto, ut ex hoc ipso codice intelligo; ideo forte nonnullis obrepsit, ut *Feudorum compendium* Odofredo tribuerent.

ODORANNUS Monachus S. Petri Vivi Senonensis Ord. Bened. A. 1045. scripsit *Chronicon* ab A. 675. ad 1032. quod edidit Andreas du Chesne t. 2 rerum Francorum pag. 636-641. Fragmentum dederat Petrus Pithoeus inter XII. scriptores coaetaneos pag. 214. 215. Baronius ad An. 875. n. 7. seq.

ODORICUS, OLDERICUS, supra *Odericus*.

Henricus de OERSCHET in Bethleem juxta Lovanium Augustinianus, cujus Historia *de cladibus Leodiensium* A. 1669. à Carolo Audace, Burgundiae Duce illatis Manuscripti In Bibl. Cottoniana p. 131.

OETBERTUS cui *vitam S. Friderici*, Episcopi Ultrajectini in Belgio Anno 838. Martyris tribuunt Acta Sanctor. tom. IV Julii 18. pag. 460.

OFFELLUS cujus versam laudat Jo. Sarisberiensis Epistola 192. *Qui coarat vulpi, sulcos variare necesse est.*

OFFO. Supra, OBBO. Alius OFFO Anglicus circa A. 610. de quo Baleus XIII. 52. ex Seb. Munsteri Cosmographia.

OFILIUS *Sergianus*, infra OVIDIUS.

OGERIUS *Alferius*, infra Guil. VENTURA.

OGERIUS *Lucedii* Abbas, cujus *Sermones* editi sunt inter S. Bernardi opera, ut dixi tom. 1 pag. 209. Tractatum Manuscr. *de laudibus Deiparae* memorat Oudinus tom. 2 p 1417.

* Ex tractatu eius *de laudibus S. Dei genitricis*, qui extat MS. in Cod. 761 Bibliothecae Universitatis Taurinensis integram praestationem evulgarunt viri doctissimi, qui commentarios eiusdem *Bibliothecae scripserunt t. II p. 240.

Gilbertus de OILANDIA. Supra t. 3. p. 54. GILBERTUS *de Hoylandia*.

Ericus OLAI. Supra tom. 2 pag. 518.

OLBERTUS sive OBBERTUS, aliis *Albertus* supra tom. 1 pag. 41) auditor Harigeri Abbatis Laubiensis, et Fulberti Episcopi Carnotensis: ex Laubiensi Monacho Abbas Gemblacensis Anno 1012 ac denique S. Jacobi Leodiensis, ubi diem obiit An. 1048. Ex *vitis Sanctorum* quas scripsisse eum testatur Sigebertus cap. 142. unica aetatem tulit *historia inventionis*, *miraculorumque et translationis S. Veroni* Confessoris, de stirpe Carolidarum, ad Comitem Hannoniae Raginerium, edita et notis illustrata à Georgio Galopino, monasterii in cella S. Gisleni monacho Benedictino. Montibus 1636 atque inde ab Henschenio in Actis Sanctor. t. 3. Martii 30 pag. 845 850. Etiam *cantus* in honore Sanctorum composuisse Olbertum Sigebertus annotat: et Burchardum a) Episcopum Wormatiensem ejus provectum Magisterio, celebre illud Canonum volumen edidisse, quod inter Olberti scripta perperam refert Sweertius pag. 588. Athen. Belg. *Historiam veteris et novi Test.* memorant praeter Sweertium Valerius Andreas pag. 706. Bibl. Belg. et ad Sigebertum, Miraeus; Sed Valerium ex libro Sigeberti de gestis Abbatum Gemblacensium hausisse, quae de Olberto tradit, neutiquam crediderim Oudino hoc affirmanti tom. 2. pag. 539.

OLBERTUS, *Odelbertus*, *Odelpertus*, *Odobertus*, *Alibertus*, *Alepertus*, *Odilbertus*, *Edelbertus*, *Olibertus*, *Oldibertus*,

---

a) Confer Vossium p. 500. seq.

Oldobertus , Archiepiscopus ab Anno 805. ad 811. Mediolanensis , de quo Ughellus tom. 4. Italiae sacrae pag. 75. Ejus *Epistolam* ad Carolum M. cum indice capitum XXII. libri adhuc inediti *de baptismo et* Manuscripti in Bibl. Augiensi prope Constantiam , vulgavit Mabillonius tom. 4. Analect. pag. 317. *(*edit. novae pag. 76. seq.*)* Eius *chartam donationis* edidit Ughellus*loco laudato.

S. OLDEGARIUS sive *Ollegarius* , ex Episcopo Barcinonensi Archiepiscopus Tarraconensis defunctus An. 1136. Vita ejus ab Anonymo, Gerundensi Canonico scripta exstat in Actis Sanctorum t. 1. Martii 6. pag. 482 498. *Epistolam* ad Innocentium II. edidit Cardinalis Aguirrius tom. 3 Concil. Hispan. pag. 342 una cum altera ad Raymundum , Ausonensem Episcopum. Abbe Nic. Antonii Bibl. vet. Hispanam lib. VII. cap. 4. tom. 2. pag. 14.

OLDENBURGENSE Chronicon. Supra JOANNES *Schiphower.*

OLDIBERTUS , supra OLBERTUS.

OLDONIUS Vossii, Cangiique , infra ORDONIUS.

OLDRADUS sive OLRADUS *Bisdominus*, Senensis Ord. Praed. Jacobo Quetif. t. 1. Bibl. Dominicanor. pag 403. ODOARDUS *Visdomini,* circa An. 1287 scripsit jussu Honorii IV. *Vitam B. Ambrosii Sansedonii,* Senensis Ord. Praed. An. 1285 defuncti , adjutus in illo labore à tribus ejusdem Ordinis fratribus Gisberto Alexandrino , Recuperato de Petra mala , et Aldobrandino Papparono. Exstat in Actis Sanctor. tom. 3. Martii 20. pag. 181. 200.

OLDRADUS de Ponte , Laudensis Italus, Dini auditor, amicus Joannis Andreae, Juris utriusque consultissimus docuit Bononiae , inde Patavii , et Advocatus Consistorialis defunctus est Avenione Anno 1335. Ex ejus scriptis sola *Consilia* laudat Trithemius cap. 577. quae etiam edita sunt Venetiis , atque Manuscripta in Patavinis a) aliisque Italiae Bibliothecis : *Responsorum* Volumen appellat Guido Pancirollus , qui de hoc Oldrado videri potest,

lib 2. de Legum interpretibus cap. 52. testatus plura scripsisse quae interierunt, et praeclara in Jus Civile commentaria edidisse , quae Gazalupus pag. 505. vocat Lecturas , aitque carum raram copiam reperiri. * Oldradi huius *consilia* in Biblioth. Felini Cod. 295. edita sunt Romae apud S. Marcum anno 1476.

OLIVARIUS sive *Oliverius* Westphalus, ex Canonico Paderbornensi Scholasticus *Coloniensis* et ab An 1223. Paderbornensis Episcopus , denique ab An. 1226. Episcopus Sabinensis et Cardinalis : de quo Nic. Schatenius in annalibus Paderbornensibus, et Jo. Georgius Eccardus in prolegomenis ad tomum secundum scriptorum medii aevi num. VI. Hujus Oliverii *Epistola* ad Engelbertum Archi-Episcopum Colon. *de captione Damiatae* et de iis quae vidit in Oriente gesta An. 1218. 1219. exstat in Jacobi Gretseri horto Crucis , atque inde in Jac. Bongarsii gestis DEI per Francos pag. 1185. 1192. Casp. Barthii ad Olverium notae in Jo. Petri Ludewig reliquiis monumentorum veteris aevi tom. 3. pag. 554. seq. *Historia Regum terrae sanctae* , ab A. 1095. ad 1212. in laudati Eccardi Corpore scriptorum medii aevi t. 2. p. 1355. 1395. Quae deinde ab eodem Eccardo p. 1397. 1450. subjicitur *Historia Damiatina* , divisa capitibus XLV. et usque ad A. 1322 producta partem è capite XI. ad XIX. eadem est cum Epistola quam à Bongarsio editam dixi : partem usque ad cap. 27, etiam inserta historiae Hierosolymitanae Jacobi de Vitriaco · et usque ad caput XXIV. à Tho. Galeo in historiae Anglicanae scriptoribus quinque , Oxon. 1687. t. pag. 435 seq. repetita , utrobique non appellato Oliverii nomine. Conferendus etiam Jacobi de Vitriaco liber tertius historiae Orientalis ab antea editis diversus , quem ex Codice Bigotiano , nunc Bibl. Regiae vulgavit Edmundus Martene tom. 3 thesauri anecdotorum p. 268. seq. Ab hac Oliverii historia Damiatina non diversus est liber *de expeditione Hierosolymitana*

a) Vide Tomasinum p. 4. b.

quem Manuscr. Lovanii ad S. Martinum servari notavit Sweertius p. 588 Athen. Belg. et Vossius p 715 atque sub eodem titulo etiam habetur (capitibus decem primoribus integrior editione Bongarsiana) in Codice Manuscr. Gudiano 303. sed in quo capita ab Eccardo edita postrema de Damiata An. 1220 iterum amissa, desiderantur. Vide Catalogum Bibl. Gudianae p. 568 seq. atque Oudinum tom. 3 p. 35 seq.

Junior est *Petrus Joannes* OLIVARIUS, Valentinus Hispanus cujus *summa capita in Ciceronis Philosophiam moralem* una cum scholiis in *Somnium Scipionis* prodiere primum Pictavis 1535. 4. De ejus notis *in Melam* Paris. 1536. et deinde saepius editis, et de iis quae ad *Ciceronis libros de finibus, librum secundum Plinii*, scripsit, dixi in Bibl Latina. Etiam *Porphyrii* Isagogen, Praedicamenta *Aristotelis*, librum de enunciatione et priora resolutoria castigasse edendaque Wechelio dedisse Parisiis Graece, annotat ex Gesnero Nic. Antonius, qui de hoc Olivario consulendus tom. 2. Bibl. Hispanae novae pag. 164. Scholia tamen Olivarii in Solinum quae idem memorat, ex male intellectis Gesneri aut Simleri verbis, exstare usquam dubito. Titulos Capitum XVIII. libri *de Prophetia* et *Spiritu Prophetico* Basil. 1543. 4. editi recenset Gesnerus pag. 550. Bibl.

OLIVERIUS Arzignanensis, cujus commentarius in Valerium Maximum saepius cum Valerio lucem vidit post editionem Mediolanensem 1508. fol. ut dixi in Bibl. Latina lib. 2. c. 5.

* Prior editio operis Oliverii huius Mediolanensem a Fabricio hic indicatam anni 1508 longe superat; prodiit enim Venetiis typis Guilelmi Tridentini cognomento Animamia an. 1491 fol. An vero huic anni 1491. Altera etiam antiquior Veneta anni 1488. praecesserit, cum ego nondum viderim ignoro. Laudatur tamen a Fabricio Bibl. Latina lib. 2 cap. 5. *

OLIVERIUS de Langhe sive Longus, Prior ad *S. Bavonem* Ord. Benedict. juxta Gandavum circa A. 1450. scripsit teste Valerio Andrea pag. 706. et Sweertio p. 588. haec quae in Bibliothecis Lovaniensi-

bus et Gandavensibus inedita asservantur : *de Sacramento Eucharistiae* et *de tenendis ac credendis circa Eucharistiae sacramentum. De defectibus circa Missam. De redibus ad Vitam. De vitio Simoniae in Religione.* Vitam *B. Coletae* Virginis, Reformatricis Ordinis S Clarae A. 1447. defunctae, ex Latino STEPHANI Juliani transtulit in linguam Belgicam seu Flandricam, de qua vide Acta Sanctorum t. 1 Martii 6. p. 533.

OLIVERIUS, Vincentio Bellovacensi *Elmerus*, Malmesburiensis Anglus Ord. Bened. defunctus Anno 1060. de quo Baleus II. 51. et Pitseus pag. 187. Mathematicarum disciplinarum non imperitus scripsit : *De signis planetarum. De Astrologorum dogmatibus. De Geomantia*, ita enim legendum etiam apud Pitseum, ubi *de Geometria* excusum legitur.

OLIVERIUS *Longus*, supra *Oliverius S. Bavonis.*

OLIVERIUS *Maillardus.* supra p. 18.

OLIVERIUS *Saxo* Cangii, et OLIVERIUS *Scholasticus* non diversus ab OLIVERIO *Coloniensi*, de quo supra.

Lupus de OLIVETO, rectius *de* OLMETO, supra t. IV p. 575.

Petrus Joannes OLIVUS, è castro S. Mariae Seignani oppidi Gallus, Ord. Minor. initia dedisse visus sectae *Begardorum* seu *Beguinorum* et *Fratricellorum* Fratrumque de poenitentia de tertio ordine B. Francisci. Vide Odorici Raynaldi Annales ad A. 1312. tom. XV pag. 101. seq. Abr. Bzovium ad A. 1199. num. 39. Henr. Spondanum ad A. 1278. num. 20. et ad 1297. n. 7. Lucam Waddingum in annalibus Minorum. tomo secundo, Oudinum tom. 3. pag. 584. seq et Jo. Georgii Schelhornii amoenitates litterarias tom. IX. pag. 677. seq. Diem obiit Narbonae A. 1297. 6. Martii. Ejus *professionem Fidei* habes apud Bulaeum in historia Academiae Paris. tom. 3. pag. 535. Ex ejus *Postilla* sive *Commentarius in Apocalypsin*, qui Manuscripti servantur Venetiis atque in aliis Italiae et Galliae Bibliothecis, nonnullae de Ecclesiae fatis et Pontificum tyrannide Divinationes exstant apud Steph. Baluzium tom. 1. Misc. pag. 213. seq. 283. 287. et cum Gallica versione ac notis Isaaci

Larrey, ipso inscio editis Amst.. 1700. 8.
Vide et Natalem Alex. tom. VII. Hist. Eccles.
edit. in fol. pag. 97. seq. et Novellas lit_
terarias Gallice editas tomo decimo Amst.·
1719. 8. pag. 471. *Postillae super Genesin*
Manuscriptae Venetiis teste Thomasino p.
105. *In XII. Prophetas Minores* in Bibl.
Colbertina Cod. 2056. notante Jacobo Longo
p. 885. Bibl. exegeticae, ubi perperam
tradit Olivum claruisse A. 1325. *Super
quatuor Evangelia*, ibidem Manuscripti Ve_
netiis. Scripsit etiam *in Epistolas Canonicas*
commentarios quos cum postillis in Mat-·
thaeum et Apocalypsin flammis adjudicatos
fuisse notat laudatus Schelhornius p. 679.
Caetera Olivi scripta apud Baluzium notis
ad Papas Avenionenses pag. 752 et Wad_
dingum pag. 284. Bibl. Franciscanorum
memorata haec sunt : *Confessiones et litterae aliquot ad Magistros Parisienses*, qui
condemnaverant dicta sua. Tractatus *de
Sacramentis*, et tractatus *emptionum et
venditionum*, et *de usuris*, et quaedam
*Quaestiones et tractatus Logicales. Postillae
ad omnem ferme sacram Scripturam.* Po_
stilla *super librum B. Dionysii de Angelica
Hierarchia.* Opus cui titulus *Miles armatus.*
Aliud quod *Exercens* inscribitur. *Expositio
regulae Fratrum Minorum. Quaestiones
disputatae*, atque inter alias *de Papae et
Concilii auctoritate*, nec non *de paupere
rerum usu* sive *de paupertate. Allegationes
super articulis tractatis per Dominum Papam*
(Joannem XXII.) *de postilla super Apocalypsin.* Liber *de laudibus et excellentia
B. Virginis*, in quo modum excessisse visus est, teste Waddingo, etiam praecipuis
Ordinis Franciscani Patribus.

Joannes OLNAY. Supra tom. IV. p. 320
OLYMPIUS *natione Hispanus, Episcopus
scripsit* librum fidei *adversus eos* (Priscillianistas, ut videtur) *qui naturam et non
arbitrium in culpam vocant, ostendens non
creatione sed inobedientia insertum naturae malum.* Haec de eo Gennadius ante
A. 495. libro de S. E. cap. 23. De codem
S. Augustinus lib. 1. contra Julianum Pe-

lag. cap. 3. *Olympius Hispanus Episcopus
vir magnae in Ecclesia et in CHristo gloriae, in quodam sermone Ecclesiastico:* Si
fides *inquit*, unquam in terris incorrupta
mansisset, ac vestigia defixa tenuisset,
quae signata deseruit : nunquam protoplasti
mortifera transgressione mortiferum vitium
sparsissent in germine, ut peccatum cum
homine nasceretur. Idem repetit cap. 7.
Sanctus Olympius dicit etc. atque rursus
eum laudat cum Irenaeo, Cypriano, Re-
ticio, Hilario, Gregorio, Basilio et Ambrosio
II ult. et III. 17. Incertum idemne hic Olympius Episcopus, quem statim post Concilium Romanum A. 320. Carthaginem missum narrat Optatus lib. 1. de schismate
Donatistarum c. 26. licet hoc verisimile
visum Tillemontio t. IV. memoriar p. 60
Verisimilius aliis idem visus Olympius de
quo ad Pammachium a) S. Paulinus Epist.
37. quemque LAMPIUM, vocans, ab eo
apud Barcilonam in Hispania sacratum se
scribit Epist. 47 ad Alypium. Commenta
Pseudo-Dextri et Pseudo-Juliani de Gennadii
Olympio, variasque Hispanorum scriptorum
hallucinationes: Olympium Æni (Thraciae
Episcopum, b) quem Ariani sede sua pe-
pulere, cum Hispano confundentium, di-
luit Nic. Antonius lib. 2 Bibl. veteris Hispanae cap. 7.

Joannes de S. OMERO. Supra tom. IV.
pag. 395.

OMNIBONUS de quo Albericus in Chron.
ad A. 1156. *Eodem anno, id est Friderici Imperatoris quinto quidam Magister
egregius* Omnibonus *nomine, librum* de
concordia discordantium Canonum *diligentissime ordinavit in duas partes. Primam
partem in XXVI. Distinctiones, secundam
in Causas XXXVII. per quaestiones diversas artificiose propositas. Hic liber a nomine auctoris, Omnebonum. Et hunc secutus est tempore Alexandri* (III.) *Papae*
GRATIANUS *Cardinalis, qui multa addidit, ita quod de XXVI. Distinctionibus
centum Distinctiones fecit, sed per ipsum
ista doctrina facta est magis authentica.*

a) verba Paulini sunt : *Scriptis sancti Viri*,
*fratris nostri Episcopi Olympii, communis una-
nimi, accepi, tam inopinatum mihi quam inopi-*
natum tui moeroris indicium, extincta Pammachii
uxore Paulina.

b) Vide Acta Sanctor. *tom.* 2 Junii 12. p. 505.

OMNIBONUS *Leonicenus*, propinquus Nicolai Leoniceni, de quo supra tom. IV pag. 550. Vicentinus patria et Venetiis auditor Emanuelis Chrysolorae, Graecae ipse et Latinae linguae peritus, ac Jo. Trithemii judicio cap. 753. Philosophus et Rhetor celeberrimus. Diem obiit A. 1524. si credimus Antonio Orlando Origin. typographiae pag. 356. *Quintiliani* institutiones ex ejus emendatione excudit nitide Nicolaus Jenson Gallicus, Venetiis 1471. fol. de qua editione vide Christiani Gottlieb Schwartii indicem librorum Seculo XV. impressorum pag. 65 seq. *Valerius Maximus* cum Omniboni expositione, post editiones Venetam 1482. et Mediolanensem 1487. fol. prodiit etiam alibi, sicut itidem quae scripsit in *Ciceronem de Oratore*, una cum Oratione de laudibus eloquentiae prodiit Vicentiae 1476. fol. Scripsit et in Tullii *Laelium* et *de Officiis*, nec non in *Sallustium*, in *Lucani* Pharsaliam, Venet. 1475. Brixiae 1486. de quibus dixi in Bibl. Latina : et in Graeca de iis quae ex Graeco Latine transtulit, ut praeter Æsopicas fabulas nonnullas, libellum Xenophontis de venatione, atque S. Athanasii duos contra Gentes et haereticos, qua versione singularem laudem tulisse notat Gesnerus p. 527. Memorantur et ejus Orationes: tum scansiones sive libellus de arte metrica Venet. 1491. 4.

* Praeter haec omnia viri huius opera a Fabricio indicata extant etiam quaedam eius epistolae in collectione epistolarum Franc. Barbari ab Em. Card. Ang. M. Quirino adornata. Ex epistola 126 ibid. legenda ab Omnibono ex Tarvisio data A. 1441 discimus virum hunc tum juvenem studiorum suorum tyrocinium posuisse in Aesopicis Fabellis edendis. Cum vero A. 1441 id aetatis egerit, ut posset Aesopicas fabellas ex Graeco dare, vix credo vitam producere potuisse usque ad Annum 1524. tunc enim vitam plus nimis longius quam posset credi prorogasset. Dedit insuper Omnibonus *Grammatices erudimenta*, quae junctim cum *libello de arte metrica* habeo impressa Vicentiae A. 1506 ex recensione Francisci Vitalis Bodiani, alias Frucantiani. *

OMNIUM SANCTORUM Monasterii, Ord. Praemonstratensis in dioecesi Argentoratensi, *documenta* vetera XXII. vulgavit V. C. Jo. Fridericus Schannat in Vindemiis litterariis, collectione prima p. 142. 151.

Malachias OMONGAIR. Supra *Malachias*.

ONESIMUS scriptor Vitae Probi Imperatoris ab A. 276. ad 282. Latine scripserit an Graece non est plane exploratum, quamquam Latinis Historicis à Vossio p. 184. accensetur. Saepe laudatur à Vopisco in Proculo cap. 13. in Bonoso cap. 14. in Caro, ubi diligentissime vitam Probi ait scripsisse cap. 4. et 7. in Carino c. 1. et 19.

ONGARELLUM qui ante annos trocentos scripserit, edere voluit illustris Leibnitius in Volumine rerum Italicarum, scriptorum bonam partem ineditorum aut auctiorum. Vide ejus Epistolas ad diversos à Clariss. Christiano Kortholto nepote editas, tom. 1 p. 393.

ONITHON, Sutrinus Episcopus scriptor *Chronici Pontificum Rom.* in Lud. Jacobi Bibl. Pontificia p. 408. et apud Vossium pag. 715. è Lelando memoratur. Sed nullus apud Ughellum Onithus t. 1 Italiae sacrae inter Sutrinos Episcopos p. 1273 seq.

* Quis profecto adeo hebeti est ingenio ut non intelligat sub hac nominis larva delitescere Bonitonem seu Bonizonem Sutrinum Episcopum, cuius chronicon Pontificum Romanorum vel praecessit vel insertum est Canonum collectioni ab eo confectae. Vide supra BONIZO.

ONNO, infra OUVO.

ONOFRIUS Steccutus de Visdominis Florentinus, Augustinianus, ex Volaterrano ab A. 1384. Episcopo Episcopus Florentinus ab A. 1390. ad 1400. Denique Episcopus designatus Comacliensis obiit A. 1403. De eo Ughellus tom. 3 p. 160. seq. tom. 1 pag. 1457. et t. 2 pag. 484. seq. edit. novae, Julius Niger in historia scriptorum Florentinor. pag. 435. Et auctor Chronici Oldenburgensis apud Meibomium tom. 2 scriptor. Germ. pag. 167. qui notat *multa eum digna confecisse opuscula*, *Acta Apostolorum interpretatum esse*, *super Evangeliis fecisse commentarios*, *et innumeros edidisse tam ad popu-*

lum quam ad Clerum, sermones. Hisce
harmoniam Evangelistarum et Commenta-
rios in librum primum sententiarum addit
Philippus Elssius pag. 537. encomiastici.
Augustiniani.

Huic Onufrio subjungere liceat, juniorem quidem, sed quem nolim indictum
hoc loco praetermittere, ONUFRIUM PAN-
VINIUM, Veronensem, Eremitam Augustinianum. Hunc Isaacus Casaubonus *Pa-*
trem historiae Romanae, Josephus Scaliger et Justus Lipsius *Patrem omnis histo*
riae jure merito celebravere. Hic Thuano
judice *vir ad omnes et Romanas et Ec-*
clesiasticas antiquitates eruendas natus,
et Paulo Manutio *antiquarum helluo histo-*
riarum, Lazari Bonamici discipulus fuit
a) et Theologi Patavini Hieronymi Girelli,
Brixiensis: Deinde Romae Antonii Augustini, Rotae auditoris usus Bibliotheca b)
et apud Marcellum Cardinalem Cervinum,
mox Pontificem, et apud Pium IV. et
maxime apud Cardinalem Farnesium gratiosus, hunc Patronum suum in Siciliam
dum prosequitur, obiit Panormi 18. Kal.
April. A. C. 1568. cum annum aetatis
tantummodo unde quadragesimum attigisset. *Effigies* ejus ante libros antiquitatum Veronensium conspicitur, et in Isaa-
cii Bullartii Academia scientiarum tom. 1
p. 157. nec non apud Cornelium Curtium
pag. 146. aliosque ubi et symbolum ejus,
bos junctus aratro et ad altare prospi-
ciens cum lemmate: *in utrumque para-*
tus. Elogia praemissa libris de ludis Circensibus et de triumpho in tomo nono
thesauri Graeviani: tum collecta à Martino Hanckio de Rom. rerum scriptoribus
et à Thoma Pope Blount p. 515.

Scripta Onufrii recensentur a multis,
ac ne memorem Hieron. Ghilinum, Paulum Freherum aliosque, praeter Onufrium ipsum in Antiquitatibus Veronensibus
p. 163. seq. operam in ea parte posuere
Possevinus in apparatu: Antonius Teisse-
rius in elogiis Thuaneis t. 2 pag. 306.
Franciscus Arisius in Cremona litterata
tom. 2 pag. 312. Comnenus tom. 2 hist.

Gymnasii Patavini pag. 220. praecipue Philippus Elssius in encomiastico Augustiniano pag. 537. Dupinius tom. XVI. Bibl. Eccles. pag. 96. de illis potissimum quae ad
Ecclesiasticas antiquitates faciunt disserens : Dan. Guil. Mollerus diss. de Onufrio
§ 14. seq. Altdorf. 1697. 4. Martinus Hanckius de Rom. rerum scriptoribus tom. 1. et
2. capite 59. Christianus Henrici in vitis
eruditissimorum in re litteraria virorum,
editis Francof. 1713. 8. Dominicus Antonius
Gandolfius in diss. historica de ducentis celebrioribus Augustinianis scriptoribus pag.
274. et Niceronus in memoris virorum illustrium editis Gallice tom. XVI. pag. 332.
Spero tamen non plane actum me acturum
si et ipse Onufrii lucubrationes breviter
hic retulero.

Augustiniani Ordinis Chronicon per annorum seriem digestum a S. Patre nostro
Augustino ad annum CIƆ DL. et ad creationem Julii Papae III. Liber excusus est Romae apud Antonium Bladum in 4.

Chronicon Romanorum Pontificum à S.
Petro usque ad sua tempora, editum saepius cum Platina.

Romanorum Pontificum et Cardinalium
S. R. E. ab eisdem à Leone Papa IX. ad
Paulum Papam IV. per quingentos posteriores à Christi natali annos creatorum
Chronicon sive Epitome impressa Venetiis
apud Michaelem Tramezinum ex Museo
Jacobi Stradae 1557. fol. et auctior emen-
datiorque Venet. 1567. 4. 1573. fol. Lovan. 1572. fol. Colon. 1574. fol. Colon.
1624. 4. ut omittam editionem interpolatam in Jo. Gualteri sive Jani Gruteri tom.
1. Chronici Chronicorum Ecclesiastici p.
189. Francof. 1614. 8. *Ego sane scio*, inquit Baluzius tom. 1. de Papis Avenionensibus pag. 751. *Onuphrium saepe errasse*
in opere suo de Pontificibus Romanis et
Cardinalibus. Et tamen non facile ab ejus
opinionibus discedo, quando mihi testimo-
nia non suppetunt adversus ea quae ab
illo traduntur. Puto enim deberi magnam
Viro doctissimo reverentiam.

De Episcopatibus, titulis et Diaconiis

---

a) Nic. Comnenus tom. 2 hist. Gymnasii Patavin pag. 220.

b) Casp. Sagittarius introduct. in Hist. Eccles.
pag. 120.

Cardinalium , liber una. cum superiore Epitome Venet. 1567. 4. et Paris. 1609. 4. et in laudato Chronico Chronicorum Ecclesiastico tom. 1. pag. 707. 741.

Chronioon Ecclesiasticum à Julii Caesaris temporibus usque ad Imp. Maximilianum II. Colón. 1568. fol. Lovan. 1573. f. et Italice Venet. 1674. 4.

Platina *de vitis Pontificum* restitutus cúm sexaginta ad eas adnotationibus, et additione Pontificum à Sixto IV. usque ad Pium IV. Venet. 1557. 4. 1562. 4. Lovan. 1572. fol. Colon. 1674. fol. Colon. 1611. 4. 1626. 4. et Italice, *aggiunte al Platina delle Vite de' Papi*, Venet. 1563 4. 1613 4.

De primatu Petri et Apostolicae sedis potestate contra Centuriarum Magdeburgensium auctores, libri III. Veronae 1589 4· Venet. 1591. 4. et in Joannis Thomae Rocabèrti Bibliotheca maxima Pontificia, tomo XVII. Prima tantum pars huius Operis tribus libris constans lucem vidit: de secunda quae fuit apud Antonium Columnam, Cardinalem et de tertia vix inchoata ab auctore, vide Dupinii tom. 16. Bibl. Eccles. pag. 97. edit. Amst.

De Bibl. Vaticanae initiis , Bibliothecariorum et custodum Catalogus, cum Jo. Baptistae Cardonae , Episcopi Dertosani consilio de Bibliotheca Escurialensi, diss. de diptychis, et expungendis haereticorum nominibus. Tarracone 1587. 4. et in Joachimi Joannis Maderi syntagmate de Bibliothecis. Helmst. 1666. et 1702 4 p. 83.

Elogia et 'imagines XXVII. summorum Pontificum. Rom. 1568. fol. Antwerp. 1672. fol. Imagines Imperatorum XXIV. à Julio Caesare Rom. 1578. fol.

Fasti Magistratuum libris V. a Romulo Rege usque ad Imperatorem Caesaren Ferdinandum I. Augustum, cum Commentariis , Venet. apud V. Valgrisum , 1558 1573. fol. et cum iisdem Commentariis , Heidelberg. 1588 fol. Conferre cum his juvabit alios fastorum scriptores de quibus dixi in Bibliographiae antiquariae cap. XIV. §. 10.

Fastorum appendix, in qua sex Fastorum Consularium auctores emendatius et correctius excusi sunt, ibid. Fasti concin-

nati ab Onufrio, M. Verrii Flacci Consularia et triumphalia fragmenta. M. Aurelii Cassiodori, Prosperi Aquitanici, Incerti auctoris et Marcellini Comitis Chronica.

De ludis saecularibus liber, et secundus de Sybyllis et carminibus Sibyllinis : *tertiusque de antiquis Romanorum nominibus et familiis* subjuncti Fastis in edit. Venet. et Heidelberg. Primus et secundus exstant etiam in Gaudentii Roberti miscellaneis Italicis eruditis tom. 1. Primus in tomo nono thesauri Graeviani et tertius in secundo. Liber de Sibyllis ex edit. Venet 1567. 8. excusus ante Sibyllina Gracce et Latine edita Paris. 1599. 1607 S et ad calcem Danielis Clasenii de oraculis Gentilium. Helmst. 1673 4.

Resp. Romana, id est Urbis, Civitatis et Imperii commentariorum libri III. Venet. 1558. 8. Paris. 1588. 8. et in Jo. Jac. Boissardi antiquitatibus et topographia Romanae Urbis, tomo 1. Francof. 1597: 1627. fol. et in thesauro Graeviano liber I. tomo 3. pag. 203. et liber II. et III. in tomo 1. pag. 193 343.

Eorum quorum maxima in Italia Imperia fuere, sive de Imperatoribus Romanis , Graecis et Latinis , deque Gothis , Longobardis , Francis, Germanis, Hispanis et aliis nationibus , cum eorum genealogiis et arboribus à Caesare Dictatore usque ad Ferdinandum Imp. libri III. excusi Basileae apud Oporinum 1558 fol.

De Comitiis Imperii et potestate imperatoris liber I. excusus Basileae 1558 fol. et inter scriptores de Imperatorum inauguratione Hanov. 1613 et separatim Frid. Horteldero curante Argentorat. 1613 8.

De antiquis Christianorum in Urbe basilicis , aedibus et templis sive de septem Ecclesiis liber Rom. 1570 8. Colon. 1584 8.

De urbis Romae stationibus sive solennibus ad diversa templa processionibus libellus , ad calcem Platinae , Lovan. 1572 fol. Colon. 1574. fol. 1600 1611 1626 4. una cum *interpretatione vocum quarundam obscuriorum Ecclesiasticarum* , sive libello *de officiis Ecclesiasticis* qui etiam cum Chronico Ecclesiastico prodiit Colon. 1568 fol

Antiquitatum Veronensium libri VII. quibus octavi libri loco Inscriptionum antiquarum Veronensium sylloge subiicitur, prodiere Veronae 1647 fol. Ex hoc opere decerptus liber sextus de Urbis Veronae Viris doctrina et bellica illustribus prodierat Veronae 1621 4.

De ludis Circensibus libri duo; quibus universa fere Romanorum Veterum sacra ritusque declarantur. Antwerp. 1896. Venet. 1600. Paris 1601. Et cum notis Joannis Argoli, atque additamento Nic. Pinelli, Patav. 1641 fol. et ex Patavina editione in tomo nono thesauri Graeviani.

De triumpho liber cum libris de ludis Circensibus saepius editus, et separatim illustratus à Joachimo Jo. Madero, Helmst 1676. 4. ex qua editione recusus tomo nono laudati thesauri Graeviani Confer Commentarium in lib. V. Fastorum pag. 338. 346. edit Commelinianae.

Descriptio triumphi Romanorum amplissimi ex lapidum monumentis desumti.Antw. 1556. 4.

De ritu sepeliendi mortuos apud veteres Christianos et de eorum Coemeteriis, una cum Chronico Ecclesiastico Colon. 1568. fol. et cum Pontificum vitis Lovan. 1572. 8. Colon. 1574. fol. et separatim Rom. 1581. 8. atque Gallice Paris 1613. 8.

De baptismate Paschali, origine et ritu consecrandi Agnos DEI liber. Rom. 1560. 4. 1630. 8.

Inedita Onufrii :

Annalium Ecclesiasticorum Volumina duo, sive Centurias duas primores delineasse et primam eorum graphidem posuisse traditur, quas deinde perfecit atque elaboravit Caesar Baronius. Onufrii avtographon in Bibl. Vaticana evolvisse se innuit Emanuel Schelstratenus.

Vitam Patriarcarum quatuor primarum sedium, quas editas Romae ait Draudius, atque inter edita Onufrii refert Nic. Comnenus t. 1. hist. Gymnasii Patavini pag. 220. nunquam, ut puto lucem viderunt,

sicut nec *Vitae Archi-Episcoporum et primatum primariarum Ecclesiarum Occidentis*, vel quorum meminit Antonius Verdierius, *de antiqua apud Gentes Religione sive potius superstitione, de sacrificiis, auguriis, aruspicinis, sortibus, sacris epulis, ludis scenicis, gladiatoriis et feriis libri XII.* aut libri quinque *de varia creatione Papae sive Pontificum Romanorum* Non omittendum autem quod idem Comnenus pag. 221 narrat inedita Onufrii multa fuisse apud Allatium, quae ille ut videtur ex Vaticanis Codicibus descripsit. *Exstabant*, inquit *duobus tomis ingentibus in cimeliis biblicis Leonis Allatii, ubi ea vidimus, et qua licuit in opus annorum, quod parabamus, excerpsimus. Ea nos hercule non tanti habenda censuimus, quanti edita: in quibus quamvis non omnia recentiori Criticae et emunctae naris hominum judicio respondeant, sunt attamen multa maximi facienda, indicantque ac plane comprobant, summam Panvinii ac venerabilem posteris eruditionem.*

Ipse Onufrius pag. 164. antiquitatum Veronens. inter lucubrationes suas non excusas *antiquarum totius terrarum Orbis Inscriptionum librum.* a) *Chronicon universale ab Orbe condito ad annum MDLX. De origine sacrorum Ordinum libros II. De origine Cardinalium. De antiquis institutis Romanae Ecelesiae. De antiquis ejusdem* b) *Officiis et Magistratibus Et Bibliothecae libros VI.* His ex Philippo Elssio brevem collectionem Conciliorum Generalium ac Provincialium licet adjungere, et *historias familiarum*, Frangipaniae, Sabellae, Maximorum, Cenciorum, Matthaeorumque.

Magnum ritualium veterum opus Manuscr. Romae in Bibl. Pontificia Palatina et apud Parisios in Regia, ex quo praefationem Onufrii vulgavit Mabillonius tom 2. Musei Italici pag. 165.

Chronicon vetus ONUFRIANUM, ex quo excerpta dedit Onufrius in Commentariis ad fastos Consulares, de quibus supra.

---

a) Apud Philip. Elssium pag. 540. *De porticibus, una cum tribus millibus Inscriptionum Romanarum.*

b) Ecclesiae Romanae, non Urbis Romae ut legas apud Elssium loco citato.

ONULFUS, supra in EVERHELMO.

ONUS *Ecclesiae*, liber JOANNIS *Chiemensis*, de quo supra t. IV. p. 352.

Guilelmus de OONA. Supra t. 3. p. 160.

Josephus OPITIUS, cujus sermones Dominicales editi Argent. 1484. et de Philosophorum et Poëtarum informi fide. Norimb. 1477. fol.

Publilius OPTATIANUS *Porphyrius*, de quo S. Hieronymus in Chronico ad A. C. 328. ConstantiniMagni 23. *Porphyrius misso ad Constantinum insigni volumine, exilio liberatur.* Volumen istud aetatem tulit, praemissas habens Porphyrii ad Constantinum, et Constantini ad Porphyrium litteras: varioque carminis et difficillimae structurae genere, laudes et *panegyricum* texens *Constantino Magno*, non modo per acrostichides et telesticides, sed multis aliis artificiis numero posituque litterarum ludentibus, jam figuras varias ut carm. 2. altaris, 12. fistulae et 24. seq. organi hydraulici; a) jam sensus varios, ut carmine XI. nomen proprium litteris diversicoloribus per medios versus currentibus b) offerens. Ante Crispum An. C. 324. interfectum scripsisse notat Velserus, quia illius sic meminit: *Crispe avis melior.* Etiam Christianum fuisse Porphyrium hunc, non ut Beda de arte metrica arguit, et assentitur Tillemontius c) paganum recte Scaliger et Velserus observarunt. Vide Carmen IX. in quo haec verba: *Filius atque Pater, et Sanctus Spiritus, unum, faveas votis.* Hoc poëma repertum Viennae à Joanne Stabio, editumqne inter poëmata vetera Petri Pithoei Paris. 1590. 12. et Genev. ac Lugd. 1596. 8. cum interpretatione Marci Velseri, Augustae Vindel. 1595. fol. et ad calcem operum Velseri Norimb. 1682. fol. addito spicilegio Critico Christiani Daumii, quo Velseriana editio inprimis cum Pithoeana diligenter confertur. *Epigrammata* hujus Porphyrii citantur à Fulgentio lib. 2.

Mytholog. et in expositione Virgilianae continentiae. Citatur etiam ab Amalario Epist. ad Jeremiam Senonensem Archiep. tom. 3 spicilegii Dacheriani edit. novae pag. 330. et à Milone Elnonensi apud Edmundum Martene tom. 1 anecdotor. pag. 45 sed. qui ambo eum cum Porphyrio Philosopho confundunt, quod etiam deinde factum est à Baronio sed qui ad An. 325. hunc errorem diserte retractavit. Porro facile assentior Tillemontio, qui in historia Imperatorum tom. IV. pag. 364 non diversum putat Optatianum Porphyrium à Publilio Optatiano, qui praefecturam Romae per paucos dies gessit An. 329. atque iterum An. 33. ut refert. vetus scriptor libelli de praefectis Urbis apud Ægidium Bucherium in doctrina temporum pag. 239. Neque omittendum quod Constantinus in Epistola libello Optatiani praemissa eum *fratrem charissimum* appellat.

Svetonius OPTATIANUS, non notus nisi ex Flavio Vopisco, qui *vitam Taciti* Imp. ab eo traditam refert cap. XI.

S. OPTATUS, Milevitanus d) in Numidia Africae, Episcopus circa An. C. 370. scripsit adversus PARMENIANI, Donatistarum Carthagine Episcopi *tractatus* Catholicis oppositos, VII. libros illos celebratissimos *de schismate Donatistarum.*

Prima editio parum emendata *Jo. Cochlei* ex Bibl. Cusana prope Trevirim Mogunt. 1549. fol. ad calcem librorum Conradi Bruni de haereticis, tantum *sex libros* exhibet, septimo omisso, quem tempore interrjecto additum ab auctore e) probabile est, siquidem libro primo cap. 7. tantum sex libros Optatus promittit, nec plures memorat Hieronymus in Catalogo cap. 110. Honorius lib. 1. cap. CXI. Trithemius cap. 76.

Eosdem emendatiores ex Manuscripto Espencaei vulgavit illustravitque *Franciscus Balduinus*, vir egregius Paris. 1563. addito etiam minutioribus typis *libro septi-*

---

a) Confer Fortunli Liceti commentarium in Porphyrii aram Pythiam Patav. 1650. 4. et de organo hydraulico, Augusti Buchneri notas ad Venantii Fortunati hymnum de resurrectione CHristi p. 27.

b) Hoc *spargere litteras* vocat Rabanus, qui a Porphyrio hoc didicisse se profitetur in similis

artificii poëmate de quo infra in Rabano.

c) Tom. IV. hist. Caesarum pag. 609.

d) Acta Sanctor. tom 1 Junii IV. pag. 596. seq. Tillemont. t. 6 memor. Hist. Eccles. p. 142. seq.

e) Confer. Tillemontium tom. VI, memor. hist. Eccles. pag. 715. 716.

mo: atque iterum collatis aliis duobus Manuscriptis Tiliano et Maceraéano ibid. 1569. Ex priore Balduini editione expressa versio Gallica *Petri Vieli*, Theologi Parisiensis, 1564. 8. cujus meminit Crucimanius , pag. 420. Bibl. Gallicae. Posterior Balduiniana recusa Heidelbergae a) apud Commelinum An. 1599. et Paris. 1603. atque in Patrum Bibliothecis universis. Nic. Rigaltium novam Optati editionem molitum testatus est Launojus pag. 31. diss. de Victorinis , sed illa nunquam lucem vidit. Prodiit autem An. 1631. Optatus bis , semel Parisiis in fol. cum. observationibus Balduini ac *Gabrielis Albaspinaei*, nuper tunc extincti Episcopi Aurelianensis: atque iterum Londini in 8. curante *Merico Casaubono*, qui et notas eruditas addidit. Parisiensi editioni, quam curavit *Carolus Paulinus*, S. 1. adjuncta sunt varia vetera monumenta ad historiam Donatistarum spectantia , quae à Labbeo tom. 2 de S. E. p. 136· seq. enumerantur. *Philippus* inde *Priorius* omne punctum tulit vulgato Paris. 1679. fol. Optato nitide cum observationibus , paginae cuivis statim substratis , Balduini, Albaspinaei , Merici Casauboni , *Casp. Barthii*, propriisque : subjuncta itidem veterum monumentorum ad Donatistas spectantium sylloge. Denique vir meritissimus de antiquitate Ecclesiastica *Lud. Ellies du Pin* collatis quinque Codd. Manuscriptis Optatum de integro recensuit et pluribus restituit locis , ac praeter historiam Donatistarum et gesta Collationis Carthaginiensis aliaque ad historiam illam spectantia vetera monumenta et Geographiam Episcopalem Africae, notas suas , integrasque aliorum adjunxit Paris. 1700. fol. b) Haec editio repetita Amstelodami est , licet Lutetiam Parisiorum et ipsa praeferens 1702. fol. quae notas singulis paginis subjectas exhibet , quas Parisiensis ad calcem voluminis legendas offerebat.

Alius OPTATUS. junior *Episcopus* ad quem circa An. 418. S. Augustini Epistola 157. (edit novae 190) ne dicam de *Optato*

Gildonano, Episcopo Tamugadensi , favente Donatistis , de quo Tillemontius t. VI. memoriar. p. 180. seq. aut de *Optato Aurelianensi* Episcopo Sec. VI. cujus memoria 31. Augusti colitur , de quo Acta Sanctor. tom. 1 Junii pag. 397.

ORANIUS sive *Uranius* (vitiose *Osanius*) Presbyter scripsit ad Pacatum (Voss. pag. 224. Paratum) *Epistolam de obitu S. Paulini* Episcopi Nolani cui morienti praesens adfuit An. 431. Exstat apud Surium' ad Jun. 22. et cum notis Papebrochii in Actis Sanctor. tom. IV. Junii pag. 198. Conferendus etiam Petrus Franciscus Chifletius in Paulino illustrato.

Nicolaus de ORBELLIS , sive ORBILLIS , supra in NICOLAO.

ORDERICUS *Vitalis.* supra, ODÉRICUS.

ORDO *Cameracensis et Atrebatensis Ecclesiae*, qualiter diebus Dominicis vel festivitatibus Sanctorum agendum , exstat ad calcem Codicis Canonum Ecclesiae Romanae , ex Bibl. Pithoeana editi Paris. 1687. fol. pag. 368. 369.

ORDO *Officii* secundum B. Hieronymum et alios SS. Ecclesiae Doctores, scriptus circa An. 1200. et revisus per D. NICOLAUM *Tegrimum* Archid. An. 1514. Manuscr. Lucae in Bibl. S. Martini , ut notatum in Diario eruditorum Italiae tom. 27. pag. 307.

* Liber iste quem adhuc servat Bibliotheca Canonicor , S. Martini Lucensis , nihil est aliud praeter quam *Ordo officii* in Ecclesia Maiori Lucensi recitandi pro more eiusdem Ecclesiae , seu juxta constitutam in ea disciplinam. Codicem hunc recensivit Nicolaus Tegrimius , de quo Vide NICOLAUS *Tegrimius;* in qua tamen recensione nihil de suo adiecit vel immutavit contentus legisse , et nomen suum in calce scripsisse. Codex iste post medium Saec. XIII. descriptus est. *

ORDO *officii Ecclesiae Senensis* supra ODERICUS.

ORDO *Romanus de officio Missae* sive Ordo Ecclesiastici Ministerii Romanae Ec·

---

a) Non Witerbergae, ut apud Possevinum legitur.
b) Acta Erud. 1701 pag. 195. Ilist. des ouvra-

ges des Sav. 1700. Septembr. pag. 409. Oudinus tom. pag. 581.

clesiae, vel qualiter Missa celebretur, jam ante Caroli M. tempora a) notus liber Ecclesiasticus, sed ut solet in talibus fieri, temporum et locorum varietate vehementer alteratus, qua de re videndus Jo. Mabillonius commentario praevio in Ordinem Romanum. Primus Ordinem Romanum quadruplicem edidit *Georgius Cassander* Colon. 1516 8. recusum inde inter Cassandri opera p. 97 103 108 113 120. Paris. 1616 fol. et inter scriptores de Divinis officiis curante. *Melb. Hittorpio*, Colon. 1568 fol. et Paris. 1610 fol. Sed apud Hittorpium sequitur pag. 19. 160. *Ordo Romanus antiquus de reliquis anni totius officiis ac ministeriis.* Non sine causa *Josephus Maria Thomasius* has editiones testatus est se habere pro farragine diversorum rituum secundum varias consuetudines. Editum a Cassandro Ordinem secundum, quem caeteris antiquiorem judicat, amplius quam media parte integriorem ex Codice Abbatiae S. Galli in lucem protulit *Mabillonius* Paris. 1689 4. in tomo secundo Musei Italici, in quo post Commentarium praevium Mabillonii succedunt Ordines Romani quindecim, Cassandrinus secundus, hinc primus ac quartus : Deinde 4) fragmentum veteris Ordinis Romani de Missa Pontificali pag. 61. 5) de Missa Episcopali, Ordo primus pag. 64. et 6) secundus pag. 70. qui est tertius apud Cassandrum pag. 103. Ordo processionis si quando Episcopus festivis diebus Missam celebrare voluerit, et apud Hittorpium pag. 6. 7) Ordo scrutinii ad electos (baptizandos) qualiter debeat celebrari, pag. 77. ex editione Josephi Mariae Thomasii, b) collata cum pervetusto Codice Codice Colbertino. 8) de Ordinatione sacrorum Ministrorum pag. 85. 9) de gradibus Romanae Ecclesiae p. 89. 10) Qualiter agendum sit quinta feria in Coena Domini pag. 97. 11) BENEDICTI, B. Petri Canonici liber de Ecclesiastico Ordine totius anni, scriptus ante An. 1143. ad Guidonem de Castello, postea Papam Caelestinum II. p. 118. 12) Cardinalis CENCII *de Sabellis* c) postea HONORII III. Papae de Consuetudinibus et observantiis Presbyterio vel Scholari et aliis Ecclesiae Romanae in praecipuis solennitatibus pag. 167. 13) Caerimoniale Remanum GREGORII X. jussu editum. pag. 221. 14) Ordinarium JACOBI *Cajetani* sive *Gajetani* d) Cardinalis pag. 243. 15) PETRI *Amelii*, Episcopi Senegalensis liber post A. 1397. scriptus de caerimoniis Romanae Ecclesiae pag. 448. 16) Index sollemnium Collectarum et stationum Ecclesiae Romanae pag. 544. Subjuncta appendix in qua eclogae AMALARII Abbatis in Ordinem Romanum pag. 549. JOANNIS Diaconi liber de Sancto Sanctorum sive de Ecclesia Lateranensi pag. 560. *Constitutiones Lateranenses* pag. 576. AUGUSTINI *Patricii Piccolominei*, Episcopi Pientini Epistola ad Innocentium VIII. pag. 584. Excerptum ex Diario PARIDIS *de Crassis* An. 1517. pag. 587. e) His denique jungendus ORDO Romanus scriptus imperitantibus Ludovico et Lothario, quem ex Codice antiquo Veronensi vulgavit *Franciscus Blanchinus* in tomo tertio Pontificum Anastasii Bibliothecarii, Rom. 1728 f.

ORDINUM variorum veteribus, praecipue in Occidente usitatorum Christianis locupletissima collectio ex variis Bibliothecis magno conquisita studio exstat in celeberrimi Viri Edmundi Martene libris quatuor de antiquis Ecclesiae ritibus, Rotomagi 1700. seq. quos studiosus Lector, ubi placuerit, consulet.

Sacrarum ORDINATIONUM rituales libros, sicut Orientalis Ecclesiae, ita Latinae quoque diligenter ex Bibliothecis Galliae et Italiae collegit, vulgavitque Joannes Morinus in opere erudito de sa-

---

a) Confer Carolum le Colnte tom. V. Annal. Eccles.Francor. 602. Caveum ad An. 759. Cangii glossarium, voce *Ordo.* Inter plures qui in Ordine illo digerendo elaborarunt, fuit et BERNOLDUS Constantiensis, de quo supra t. 1. p. 221.

b) In Codicibus Sacramentorum, 990. annis vetustioribus in quibus libri tres Sacramentorum Romanae Ecclesiae Rom. 1680. 4.

c) Supra tom 1. pag. 559.

d) Id pag. 296.

e) Vide infra PARIS *de Grassis.*

cris Ecclesiae Ordinationibus, parte secunda Paris. 1655. et Amst. 1695. fol.

ORDONIUS, Vossio pag. 460. OLDO-NIUS, Hispanus Monachus et Prior monasterii Cellae novae, in Gallaecia, Congregationis Cluniacensis. Scripsit *Exomologeses*, Ambrosius Morales titulum edit *Expomonogeron* aitque esse instar *Rationalis Divinorum Officiorum*, cui praefixi versiculi Annum 1227. aerae Hispanae (CHristi 1189.) denotant.

Ordonius librum per CHristum condidit istum
Bis denis annis septem supra mille ducentis.

Tradidit et *miracula S. Rodesindi* sive *Rudesindi*, Episcopi Dumiensis, et Cellae novae fundatoris A. 977. defuncti, quae instar libri tertii Vitae ejusdem Rodesindi à STEPHANO Monacho et Priore scriptae subjicit Henschenius in Actis Sanctor. t. 1. Martii 1. pag. 115. Confer Ambrosium Moralem XVI. 36. Chronici Hispanici et Nic. Antonium VII. 6. Bibl. vet. Hispan. §. 100. seq.

ORENTIUS, infra ORIENTIUS.

ORESIESIS, *Oriesius, Oriesiesis, Orsisius* etc. vide Rosweidum ad vitas Patrum pag. 110. monachus et Abbas Ægyptius apud Tabennenses in Thebaide: Pachomii a) qui A. 349. obiit successor et Theodori qui A. 368. Collega: scripsit et vice testamenti prope diem obitus sui Patribus obtulit librum, ut Gennadius cap. 9. et ex eo Honorius II. 9. et Trithemius cap. 110. *Divino conditum sale totiusque monasticae disciplinae instrumentis constructum.* Haec est Orsiesii Doctrina de institutione Monachorum, ex Ægyptiaco vel Graeco sermone pridem versa Latine, quae antiqua versio exstat in Holstenii Codice regularum parte I. pag. 67-88. Eadem ex editione veteri Coloniensi A. 1538. 8. repetita in Bibliothecis Patrum Parisiensibus, Coloniensi et Lugdunensi tom. IV. Non diversus ut videtur ORESIUS Abbas, licet juniorem Caveus suspicetur, cujus libellus *de sex Cogitationibus* ex veteri Latina versione exstat in Canisii tom. V. Antiquarum Lectionum parte 2. pag. 951. (edit.

novae Basnagianae tom. 1. pag. 168.) Sex illae cogitationes sunt: de DEO, de passione CHristi, de hora transitus, de die Judicii, de Inferno et de vita aeterna.

ORESIUS Tarraconensis, amicus Sidonii Apollinaris, cujus ad eum Epistola duodecima libri noni A. 484. exarata, cujus hoc est initium: *Venit in nostras a te profecta pagina manus, quae trahit multam similitudinem de sale Hispano in jugis caeso Tarraconensibus. Nam recensenti lucida et salsa est, nec tamen propter hoc ipsum mellea minus, sermo dulcis et propositionibus acer: Sic enim oblectat eloquio quod turbat imperio, quippe quae parum metiens quid ordinis agam, carmina a nobis nunc nova petat etc.*

Nicolaus ORESMIUS. Supra pag. 115.

ORIENTIUS Episcopus *Auxitanus*, qui ab Ausciensibus b) in Vasconia Apostolus et Patronus tutelaris colitur, post quinti seculi traditur vixisse initia. Vide Sammarthanos tom. 1. Galliae Christianae p. 97. seq. De eo scriptor vetus nescio an dignus fide per omnia, res A. 438. gestas ab illo referens in actibus sive parte vitae S. Orientii Episcopi et Confessoris, editus a Labbeo tom. 2. Bibl. novae Manuscriptorum pag. 569. et Godfrido Henschenio in Actis Sanctor. Calendis Maji pag. 60. *Beatissimus Orientius mundanae lubricitatis squalore deposito se totum casta mente Divinae Majestati devovit et tradidit, et altioribus honoribus adeptis Pontificalis Auxio Civitate Cathedrae dignitatem adscendit. Qui Ecclesiasticis dogmatibus eruditus commissum sibi populum sacro sermone correxit, paganorumque perversitatem destruxit, et ita plenissime doctus, tanta doctrina eos erudivit, ut spreta idolorum vilitate Auctorem suum cognoscerent, et Legem ejus Baptismatis Gratia accipiendam concederent.*

ORIENTIUS, *Orentius, Orontius,* Episcopus in Hispania Illiberitanus qui A. 516. subscripsit Concilio Tarraconensi et A. 517. Gerundensi.

---

a) Vide vitam Pachomii cap. IX. et X. tom. 5. Act. Sanctor Maji 14.

b) Male inde Oscam in Hispania alii exsculpsere. Vide Acta Sanctor. Maji tom. 7. pag. 550.

ORIENTIUS ab horum utroque a) ut mihi persuadeo diversus, natione Gallus, auctor *Commonitorii* fidelium, qui paganum se fuisse non diffitetur his versibus in deprecandi cantico, apud Edmundum Martene collectionis novae A. 1700.; p. 37.

Et nos a faece Ethnicorum emersimus,
Eamque tandem rupimus caliginem
Dum spiritales exaudimus angelos.

Idemque clades Galliae per Gothos medio saeculo quinto illatas dolens ait:

Mors. dolor, excidium, strages, incendia, luctus
Uno fumavit Gallia tota rogo.

Neque de Episcopatu ejus apud Sigebertum sive alium quenquam veterum, aut in Codicibus Manuscriptis carminum ejus mentio, sed Sigebertus cap. 34. *Orentius Commonitorium scripsit metro heroico* b) (immo elegis) *ut mulceat legentem svavi breviloquio.* Venantius Fortunatus, qui medio seculo sexto scripsit in Gallia, lib. 1. de vita Martini vers. 17. Juvenco eum jungens Sedulioque ac Prudentio, Paulino, Aratori atque Alcimo:

Paucaque perstrinxit fiorente Orientius ore.

Commonitorii fidelium *librum priorem* à membranis Aquicinctensibus, quarum apographum ab Heriberto Rosweido acceperat, edidit notisque illustravit Martinus Antonius Delrio c) S. I. Antwerp. 1600. 12. deinde Ramiresius de Prado cum Delrionis notis edi curasse traditur Salmanticae. Iterum iterumque hinc Delrionis editio recusa in Patrum Bibliothecis, Colon. tom. V. et Lugd. tom. VIII. Andreas quoque Rivinus recensuit Lipsiae et cum notis suis ac variorum Delrii, Barthii etc. vulgavit·Anno 1651. 8. Denique Edmundus Martene in limine novae collectionis veterum monumentorum, Rothomag. 1700. 4. *alterum*

Commonitorii Orientii *librum* eo usque ineditum adjunxit è pervetusto Codice Ecclesiae S. Martini Turonensis, ab annis circiter 800. exarato, una cum aliis ejusdem Orientii versibus Heroicis *de nativitate Domini*, et Decasticho elegiaco *de epithetis* sive nominibus *Salvatoris*: Carmine hexametro *de Trinitate* atque alio quo *explanatio Nominum Domini* continetur: et quos è XXIV. illius *precationibus et hymnis* jambico versu scriptis solos *duos* reperit. Marteneanam editionem de integro recensuit, variisque locis castigavit et virorum doctorum addidit animadversiones et copiosa prolegomena praemisit Nobilissimus D. Henricus Leonardus Schurtzfleischius, Witebergae 1706. 4.

Addidit idem deinde supplementum excusum Vinariae 1716. 4. in quo Variae Lectiones ex Codice Anglicano, notaeque novae et priorum editionum praefationes, annotationesque ex edit. Riviniana. Denique laudatus Edmundus Martene Orientium iterum dedit additis notis et castigationibus, in thesauri anecdotorum tomo quinto sive ultimo pag. 19. Paris. 1717. fol. In Orientium castigationes et animadversiones *Jo. Commirii* S. I. occurrunt in memoriis literariis Trevoltinis A. 1701 p. 112. seq. et parte 2. p. 332. seq. *Joannis* vero *Georgii Eccarti in Monathlichem Auskug aus Buchern* A. 1701. mense Octobri pag. 27. seq.

Alius *Orentius* Abbas in monte Sina, cujus apud Jo. Moschum in prato spirituali mentio. Alius itidem *Orientius* Regali intimus aulae, cujus Epitaphium apud Venantium Fortunatum lib. 3. carm. 24. t. X Bibl. Patrum edit. Lugd. p. 550.

Bernardus ORICELLARIUS sive *Rucel-*

---

a) Pro Auxitano pugnant Edmundus Martene praef. ad novam Collectionem An- 1700. et tom. V. ancedotorum pag. 119. et Oudinus tom.1.pag. 1268. seq. Pro Illiberitano praeter Delrionem Nic. Antonius lib. IV. Bibl. Hispanae veteris cap. 1. tom. 1 pag. 206. seq. Jacobus Basnage ad Canisii Lect. antiqu. tom. 1 pag. 168. Caveus ad An. 516. II. L. ScurtzOeiscegius in praef. et Pnlyearpus Leyserus in historia poëtarum Latinor. medii aevi p. 77. seq.

b) Non erat hic Sigeberti error satis causae, ut ideo Commonitorium quod exstat pro suppositıtio

haberet Barthius XVIII. 7. Adversar. pag. 801.seq. ad Claudianum.

c) Labbeus Bibl. Manuscriptorum p. 65. memorat Orientium editum illustratumque ab Antonio Delrio, Salmanticae 1599. At Salmanticensem Orientii editionem Ramiresio ab alii tribui video. Miraeus quoque editi a Ramiresio Orientii meminit. Sed annum alii ponunt 1604. 1614. alii. Caveus 1644. Nemini horum visum credibile est, neque vidisse se Ramiresianam editionem profitetur Nic. Antonius, ex sola fide illam referens Miraei.

larius, (Rucellai) Florentinus qui·Leonem X. attigit cognatione, JCtus et Philosophus clarus circa A. 1490. praeter *Historiam de rebus in Italia gestis* ab A. 1483. sive *ab adventu Caroli VIII. Galliae Regis in Italia* de cujus editione dixi tom. 1 pag. 216. scripsit et *Historiam Florentinam et Commentarios de Urbe Roma*, laudatos Petro Crinito IV. 9. de honesta disciplina : et *Bellum Pisanum.* Vide Julii Nigri historiam scriptorum Florentinor. pag. 106. ubi eximium poema de apibus Italice editum Venet. 1539. Florent. 1590. cum notis Rob. Titii et Patav. 1718. 4. perperam huic praedicto Bernardo tribuit quod A. 1524. fuit compositum Romae à filio Bernardi *Joanne* ORICELLARIO , Pallantis et Cosmi Oricellariorum fratre praefecto castelli S. Angeli. Vide Diarium eruditorum Italiae t. 23 pag. 268. seq. et 288. et Crescimbenium in hist. Poëseos Italicae.

ORIESIS. Supra ORESIESIS. •

ORONIUS cum *Gilda et Plemmydio* inter Poëtas à Gyraldo in limine dialogi 2. atque inde a Lelando cap. 10. celebratur. *Britanni*, inquit Gyraldus , *tametsi· penitus , ut ait Poëta , nostro Orbe divisi, poëtas semper amaverunt, atque inter eos Plemmydius , Oronius et Gildas celebrati fuerunt.*

Paulus OROSIUS gente Hispanus, Presbyter Tarraconensis, a) ab Hispanis scriptoribus b) praeter rem adscriptus Eremitis Augustinianis , vel Episcopis Legionensibus. A. C. 413. legatus ad S. Augustinum in Africam c) et de Priscillanistarum erroribus in Hispania gliscentibus eum moniturus , *vir eloquens et historia-*

rum d) *cognitor* ipso suadente *scripsit adversum querulos et infamantes Christiani nominis, qui dicebant defectum Romanae Reip.* e) *Christi doctrina invectam ,* libros septem ; in *quibus* (laudatis à Gennadio cap. 39. de S. E. eidemque S. Augustino dedicatis) *paene totius Mundi tempora,* (ab Orbe condito usque ad· A. C. 417.) *calamitates et miserias ac bellorum inquietudines replicans , ostendit magis Christianae observationis esse , quod contra meritum suum res Romana adhuc duraret, et pace culturae DEI , pacatum retineret Imperium.* Idem argumentum è Graecis scriptoribus Justinus qu. CXXVI. ad Orthodoxos attigerat, et è Latinis Tertullianus , f) Cyprianus , g) Arnobius , h) Ambrosius , i) Prudentius h) et Augustinus ipse libris primoribus de Civitate DEI ad Màrcellinum : 1) Sed diligentius caeteris persecutus est Orosius in ·hoc opere per inductionem omnium temporum demonstrans meram hanc calumniam Paganorum esse illius aetatis , à quibus *nomen CHristi tanquam lues aliqua illorum temporum probris gravabatur.* m)

Editio Historiarum Orosii Augustana A. 1471. per Jo. Schusler , fol. obvia in Bibl. Heilsbronnensi. Vicentina 1475. per Hermannum de Colonia. Veneta 1483. fol. opera et expensis Octaviani Scoti Modoetiensis fuit in Bibl. Hohendorfiana p. 90. et in Bibliotheca Joannis Mori , Episcopi Eliensis. Eandem inspexi apud Rev. nostrum Wolfium. Haec ita non secuta est, n) sed perinde ut Venetae duae aliae A. 1484. per·Erhardum Ratdolt Augustensem et 1499. per Christophorum de Pensis,

a) *Tarraconem nostram ad consolationem miseriae recentis ostendimus.* Oros. VII. 22.

b) Hos refellit Nic. Antonius lib. III Bibl. Hispan. veteris cap. 1. el Baelius in Lexico.

c) Vide Orosii Commonitorium , de quo infra.

d) Orosius historiographus citatur à S. Prospero de promissionibus pag. 78 et 100. Quae in Orosio, utili alioqui scriptore à viris doctis notantur , Vide si placet apud Vossium II. 1'. de hist. Lat.

e) Confer B. D. Christiani Kortholti obtrectatorem paganum lib. 2. cap. 15.

f) Apologetici cap. 40. seq. et lib. 1. ad Nationes , cap. 9

g) Ad Demetrianum. Confer Baluzii notas pag. 444. Baronium ad An 256. num. 21. seq. et B. Kortholtum pag. 42. et Jnstinum Martyrem.

h) Arnobius lib. 1. sub. init.

i) Contra Symmachum , Epist. 31. ad Valentinianum Imp.

k) Lib. 2. vers. 916. seq. contra Symmachum.

l) Confer Augustini retractationes lib. 2. cap. 45. et Epis. ad Marcellinum V. (edit. novae CXXXVIII.) cap. 16.

m) Orosius lib· VII. cap. 57.

n) Secutam scribit Nic. Antonius pag. 181. tom. 1 Bibl. Hispanicae veteris.

antecessit Venetam quam expensis Bernardini Veneti de Vitalibus excusam laudat Barthius XXXVI. 17. adversar. nam haec A. 1500. cum dux esset Augustinus Barbadicus, lucem vidit. Cave igitur credas Dan. Guil. Mollero, qui Hittorpianam editionem pro prima venditat in diss. de Orosio, Aldorf. 1689. §. 23. Ab Hittorpiana quoque diversam puto Basileensem sine anni notatione fol. apud Leonardum Basileensem, ab AENEA quodam recensitam, cujus hallucinationes quasdam castigat Jo. Clericus parte 3. artis Criticae pag. 261. seq. testatus eam prodiisse diu ante finem Seculi XV. eamque habere se collatam à patruo suo Davide Clerico cum Manuscr. Genevensi.

Versus ad calcem Voluminis:

Ut ipse titulus margine in primo docet,
Orosio mihi nomen est.
Librariorum quidquid erroris fuit
Exemit *ÆNEAS* mihi:
Meque imprimendum tradidit non alteri,
Leonardo, quam soli tibi;
Leonarde nomen hujus artis et decus,
Tuaeque laus Basileae.
Quod si situm orbis, sique nostra ad tempora,
Ab orbis ipsa origine,
Quisquam tumultus, bellaque et caedes velit,
Cladesque nosse, me legat.

In Biblioth. Leidensi exstant plures Codices Manuscripti Orosii, inter alios unus scriptus ab Everardo de Novongio, cui titulus *de cladibus et miseriis antiquorum*, sive *de antiquis miseriis Mundi*. Non visae mihi quas idem Mollerus laudat editiones Cornelii Gualteri, Antonii Schonhovii et Roberti Stephani, quanquam à Gualtero Hegesippum, à Schonhovio et Stephano Eutropium vulgatum memini. Verum exstant et editiones Parisiensis 1510. 4. quam ex legato Perizoniano servat Bibl. Leidensis, et 1517 4. cum pref. *Ludovici Thiboust*, Parisiensis ad Lud. et Andream Guillardum, argumentisque capitum atque indice: et 1524 fol. apud Joannem Parvum: et typis Petri Vidovaei edente Sebastiano Mengino, cuius praefatio ad Nic. Menginum fratrem praemittitur. Recusa haec ibidem An. 1534.

Colonienses 1526. fol. apud Eucharium Cervicornum, cum praefat. Gerardi Bolsvinge, Reckelinchusensis, qui Hittorpianam ex tribus Manuscriptis Codicibus emendavit: et ex recensione Jo. Caesarii 1536. 8. et apud Gasparem Genepaeum 1542. 8. et cum notis Francisci Fabricii, Marcodurani 1561 1574 1582 8. quem nimis sibi in Orosio indulsisse notat Barthius XXXVI. 17. Adversar.

Omitto Orosium saepius editum in Bibliothecis Patrum, nec non in Renati Laurentii de la Barre Historia veterum Patrum Christiana Paris. 1583. fol. et in Johannis Philippi Vorburgii Volumine tertio Historiarum pag. 491. Francof. 1650 f. Praestantissima editio Moguntina 1615. 8. ubi caput primum libri primi auctius è Manuscripto Genevensi, et praeter Franc. Fabricii notas, et emendationes Andreae Schotti, habentur etiam praemissae volumini castigationes Lud. Lautii, a) presbyteri Gandensis. (237. A Sigeberto Havercampo. Lugd. 1738. in 4. omnium optima.)

Versio *Germanica* Hieronymi Boneri, Francof. 1576 1581 fol.

Gallica Philippi Nigri, sive le Noir, Paris. 1526 fol.

Italica auctore M. A. Bonacciuoli, Venet. 1528 4. Vide Dan. Guil. Molleri diss. de Orosio, §. 25. Alia per Jo. Guerinum de Lancisa. Venet. 1539. 8. Versionis Manuscr. auctore anonymo Florentino. mentio apud Julium Nigrum pag. 539. historiae scriptorum Florentinorum. (238. *Delle Storie di Paolo Orosio volgarizzamento di Bono Giamboni publ. e illustrato da Francesco Tassi. Firenze* 1849. in 8. gr.)

Hispanica Manuscr. Didaci à Jepes, Toletani memoratur à Nic. Antonio t: 1. Bibl. vet. Hispan. pag. 182.

Versionem liberiorem *Anglosaxonicam*, cui auctore Ælfredo Rege navigationes quaedam septentrionales insertae sunt: à Wilhelmo Elstob exspectare nos jussit Georgius Hickesius diss. Epistolica f. 98. Confer et ejusdem Catalogum Manuscriptorum Anglosaxonicorum p. 85.

---

a) Perperam Lautii excusum in t. 1 Bibl. Latinae

Viros celeberrimos *Gerhardum von Mastricht*, Bremae et *Joannem Clericum*
Amstelodami de adornanda nova Orosii
editione cogitasse notant memoriae litterariae Trevoltinae An. 1712. pag. 1666.
Sed Mastrichtius quidem jam Anno 1721
9. Cal. Februar. annum agens 82 aetatis
extinctus est, et Clericum aliae ni fallor
graviores curae ab hoc instituto detinuere.

Vocabulum *Hormesta*, quod Codices
quidam Orosii a) praeferunt, *(de Ormesta Mundi contra Paganos)* vir eruditiss.
Jo. Georgius Eccardus in diss. inserta
tomo primo Bibl. historico theologicae Bremensis An. 1718. 8. tom. 1. fascic. 3. p.
325. derivat ab Gothico *armen*, misereri,
velut *armwist* sive *ormist*, miseria : uti
Balthasar Bonifacius b) illud corruptum
putat ex vocabulis *orbis moestitia* : J. L.
Frischius in Miscellaneis Berolinensibus
tom. 3. p. 311. *Horosii moesta.* Nic. Hieron. Gundlingius in Gundlingianis XXV.
4. p. 440. *Orestes*, veluti longa tragoedia :
quae propius accedunt ad titulum, quem
in vetustissimo Codice Bongarsius reperit,
de miseria hominum, quam vel D. Jo.
Diecmanni τȣ μακαριτȣ *harmosta*, Bibl.
Historico-Theolog. Bremens. tom. 1. pag.
546. à Graeco vocabulo ἁρμόζειν aptare :
vel ab ὅρχμα quod visionem significat, unde
Graecobarbaram vocem *hormestam* composuisse Afros persuasit sibi vir doctus
Jo. Schilterus Observat. 2. ad Chronicon
Argentoratense Koenigshoevenii pag. 455.
seq. Vel ab ὁρμή, quod denotat motum,
impetum, agitationem, unde illud nomen
deducebat Cotelerius in notis ad tom. 2.
monumentorum Ecclesiae Graecae p. 621
vel Vossii postea ipsi II. 14 de hist. Lat.
improbatus ὁρμαϑὸς veluti series rerum
ac catena, aut Barthii XXXVI. 17 adversar. *omnis historia* : vel *orchestra*, quam
nuncupationem Stephano Vinando Pighio
in Hercule Prodicio pag. 112 et Vossio 3
de vitiis serm. c. 30. probatam amplectitur
Andreas Schottus praefat. ad editionem
Orosii Moguntinam, et in Bibl. Hisp. pag.

73. et Paulus Colomesius ad Catalogum
Manuscriptorum Js. Vossii pag. 867. vel
denique Christoph. August. Heumanni c)
quae Vossio etiam aliquo tempore in mentem venit hariolatio nomen hoc putanti
esse scriptoris, ut dictus fuerit *Paulus
Hormisdas Orosius,* vel *Paulus Orosius
Hormisdas Mundus* sive *Mundius.* Altera
enim, ut sit *Hormla* pro Historia miscella, quo titulo alia deinde historica
συναγωγή d) fertur, minus etiam videri
potest verisimilis.

Caeterum Orosii scripta sunt. *Apologeticus contra Pelagianos de arbitrii libertate*
ad Palaestinos Sacerdotes, de quo libro
consulendi Vossius lib, 1. hist. Pelagianae
cap. 17. tom. 1. Opp. pag. 571. Henricus
de Noris lib. 1. cap. 7. et Jo. Garnerus
diss. 6. de scriptis adversus haeresin Pelagianam cap. 3. tom. 1. Marii Mercatoris
p. 354. seq. Prodiit primum Jo. Costerii
studio Lovan. 1558 et cum Fausto de
Gratia DEI, Basil. 1559 8. atque in supplemento Bibliothecae Patrum Coloniensi
An. 1622. tom. 1, pag. 800 et in supplemento Parisiensi Morelliano An. 1739. et
in tomo sexto Bibl. Patrum Lugd. 1677 p.
448. Sed et ad calcem historiarum Orosii,
Colon. 1572 1574 1582 8. Mogunt. 1615 8.
Falluntur Cornelius Jansenius libro primo
Augustini sui, pag. 11. seq. et Petrus Wa-
stelius in Vindiciis Joannis Hierosol. pag.
468. seq. qui hunc libellum Orosii esse
negarunt, confutati à Natali Alexandro
Sec. IV. pag. 44. praecipue à Jo. Garnerio.
Vide et Nic. Antonium tom. 1. Bibl. Hispanae veteris pag. 182 et Dan. Papebrochium
tractat. praeliminari ad tom. 3. Act. Sanctor. Maji pag. XXI. Huic Orosii scripto
incertum à qua manu inserta esse capita
ferme septemdecim ex *Augustini* libro de
Natura et Gratia tom. X. edit. Benedictin.
pag. 86. Amst. à tertio capite ad undevi-
gesimum, primus demonstravit Vossius de
Historicis Latinis pag. 218. Itaque *libri ad*
206. Tho. Reinesius III. 3. Var. Lect. p.
386. Franc. Juretus ad Symmachum pag.

a) Cangii Glossar. in *Hormesta* et *Ormesta.*
b) Bonisc. de scriptoribus Rom. Histor. legendis
cap. 31.

c) Programmate edito Goettingae 1752. 4. et Act.
Er. tom. X. supplem. pag. 263.
d) Supra in LANDULFO Sagace.

Marcellinum ad quos ibi provocatur , non Orosii sunt , sed Augustini libri tres de peccatorum meritis et remissione , ut eidem Vossio observatum. Exstant hi in limine tomi X. edit. Benedictin.

Consultatio sive *Commonitorium* ad S. Augustinum , de erroribus Pricillianistarum et Origenistarum , praemitti solitum libro Augustini adversus Priscillianistas , quem ab Orosio circa An. 415. monitus composuit. Exstat inter Augustini Opera tom VIII. edit. Benedictin. p. 143. Amst. Meminit Augustinus lib. 2. retractationum capite 44.

Gennadius cap. 39. *Hic est Orosius, qui ab Augustino pro discenda animae ratione ad Hieronymum missus , rediens reliquias* B. Stephani , *primi Martyris , tunc nuper* (An. 415.) *inventas, primus intulit Orienti.* De harum reliquiarum inventione praeter ea quae supra tom. 1. pag. 143 in AVITO Braccarensi dixi , votus Chronicon à Theodorico Ruinarto editum in historia persecutionis Vandalicae p. 113 ubi etiam Orosii mentio. Ex isto autem Gennadii loco , repetito apud Honorium II. 30 *librum de ratione animae* Orosio tribuit Trithemius c. 121. initium etiam illius apponens : *Cum apud vos coelestis.* Itaque miror Nic.' Antonio lib. 3. cap. 1. §. 21. Bibl. vet. Hisp. t. 1. p. 182 non diversum visum esse à Commonitorio.

Epistolae plures ad Augustinum aliosque diversos , Trithemio memoratae interciderunt. Commentarius *in Cantica Canticorum* quem Orosio tribuit idem Trithemius , Honorii est , sicut etiam *de Viris illustribus liber*, de quo Thomas Jamesius. Atque vereor ne aliud etiam nomen reponendum , aut alius longe iunior a) Orosius intelligendus sit apud Anonymum Mellicensem ubi c. 69 legitur . *Orosius venerabilis ut putatur Episcopus scribit inter alia Commentum in librum XII. Prophetarum.* Inter S. Augustini opera tom. VI. edit. Benedictin. in appendice pag. 487. Amst. legitur *Dialogus LXV quaestionum* Orosii percontantis et Augustini respondentis ,

quem neutri tamen tanquam auctori adscribendum viri docti judicant. Tribui etiam Orosio solent , *Quaestiones de Trinitate et aliis S. Scripturae locis , ad Augustinum* , cum huius responsione editae Paris. 1533 apud Mich. Vascosanum. Incip. *Licet multi et probatissimi Viri.* Etiam , ut notavit Nic. Antonius , *Orationis de situ antiquae Babylonis et Carthaginis* Manuscr. in membranis annorum 200 apud Anton. Augustinum mentio , nisi quis putet respici pauca illa quae de Babylone et Carthagine in historiarum libris traduntur : quam coniecturam recte etiam referas ad librum Orosii *de Adamo* , quem apud Antonium laudat Franciscus Ximenius in libro *de les dones* Valentina sive Hispanica lingua scripto. * Ea quae de Basileensi Orosii editione admonet hic Fabricius , vetustus Codex MS. Membranaceus Vindobonensis, explicat et exponit. Vicentinam enim editionem manu tamen exaratam volumen illud repraesentat , sive quod ad illam exactum fuerit a quopiam sive quod typis fuerit Vicentino impressori datus ad excudendum. In fine leguntur versus illi , quos ex Basileensi editione Fabricius hic recitat. In ipsa operis fronte majoribus litteris scribitur : *Aeneas Vulpes Vicentinus Prior S. Crucis adiutore Laurentio Brixiensi, Historia Pauli Orosii, quae continetur in hoc Codice quam accuratissime potuit castigavit.* Tandem manus recentior adiecit. Vicenza 1475. Ad hanc igitur Vicentinam editionem formis Hermanni de Colonia expressam Leonardus Basileensis typographus suam adornavit ; et cum versus prioris editionis minime sibi convenire intelligeret reformandos illos , sibique aptandos censuit. Ideo cum Vicentina ferret :

Meque imprimendum tradidit non alteri ,
Hermanne , quam tibi soli

Basileensis sublato Hermanno substituit *Leonardo.* Ita pariter et pro *Coloniae* posuit Basileae Ex collatione hac discimus Basileensem editionem expressam esse ad

a) De pluribus Orosiis, sed Hispanorum quorun- dam ingenio confictis Nic. Antonius t. 1 pag. 185.

Vicentinam ; et quis ille sit Aeneas non ultra ignoramus. *

OSBERNUS sive OSBURNUS Anglus , Monachus Claudianus sive Claudiocestriensis (Glocestriensis) Ord. Benedict. circa A. 1140 de quo Lelandus cap. 151. Baleus II. 78. et Pitseus pag 207. Scripsit per dialogos *in Genesin* , *in Exodum* , *in Numeros* et *in Deuteronomium* Praeterea continuo sermone , *in librum Judicum* libros VI. ad Gilbertum Foliot , ex Abbate Glocestriensi Episcopum tunc ab Anno 1149. Herefordensem , postea ab An. 1161. Londinensem : *Pannormiam* (quasi Vocabularium , inquit Pitseus) ingens opus ad Abbatem suum Hamelinum. Incip. *Cum in nocte hyemali. De Incarnatione Domini. De Nativitate Domini. De sacramentis Passionis CHristi. De Resurrectione Domini.*

OSBERNUS , Trithemio cap. 313. et II. 66. illustr Benedictin. *Osbertus* Monachus praecentor ac Subprior Durovernensis sive Cantuariensis apud Lanfrancum ab A. 1070. ad 1089. Archiepiscopum gratiosus, à quo commissum sibi praedicationis munus testatur. a) De illo Lelandus cap. 144. Baleus II. 54. Pitseus pag. 189. H. Warthonus prolegom. ad tom. 2 Angliae sacrae a IV. seq. Oudinus tom. 2 p. 756. seq. Praeter *librum de Musica* , quo illa aetate primam palmam visus est tulisse, scripsit laudatam Guilelmo Malmesburiensi II. 8. de Regibus Anglor. pag. 56. *Vitam S. Dunstani* , Archiep. ab A. 959. ad 988. Cantuariensis *libris duobus* , quorum alter est de miraculis post ejus mortem factis. Utrumque offerunt Surius 19. Maji , Acta Sanctor. tom. IV Maji p. 359 et Mabillonius Sanctor. Benedictin. Sec. V. pag. 654. Priorem librum solum H. Warthonus tom. 2 Angliae sacrae p. 88. 120. Liber *de Vita et translatione S. Elphegi* Archiepiscopi Cantuar. ab A. 1006. ad 1012. laudatus eidem Guilelmo Malmesbur. atque Eadmero, editus est in Actis Sanctor. tom. 2 April. 19. pag. 631 atque integrior ab H. Warthono tom. 2 Angliae S. pag. 122. 147. *Vita S. Odonis*

qui ab A. 933. ad 958. Cantuariensem Archiepiscopatum gessit, lecta pridem Guilelmo Malmesburiensi , diversa fuit ab ea quam Osberni sub nomime vulgarunt Mabillonius Sec. V. Actor. SS. Benedictin. p. 283. Jo. Pinius in Actis Sanctor. t. 2 Jul. IV. p. 67. et H. Warthonus t. 2 Angliae S. pag. 78-87. nam illa , ut ipse deinde Warthonus observavit , in antiquissimo Codice rectius refertur inter scripta EADMERI de quibus supra tom. 2 p. 484. Similiter *Vitam S. Bregewini* Archiepiscopi Cantuar. ab. A. 759. ad 762. quam dedit idem Warthonus tom. 2 pag. 75. 77. postea agnovit non Osberni esse , sed ex ejusdem EADMERI Commentario de Bregewini Vita abbreviatam in Sanctilogio JOANNIS Tinmuthensis. *Vita S. Elphegi* quam *carmine* scripserat atque in Ecclesia cantandam teste Eadmero commendaverat , nondum vidit lucem. Incipit : *ut super omne melos* , Manuscr. Pitseo teste Cantabrigiae in Collegio S. Benedicti. *Epistolas familiares et librum de Vocum consonantiis* praeterea inter scripta hujus Osberni memorant Baleus et Pitseus , sed pannormiam recte Pitseus omisit , quae est alterius Osberni Glocestriensis. Similiter de vita S. Martini., Odilonis , Majolae et aliorum nihil comperi quae memorantur apud Oudinum t. 2 p. 758.

OSBERTUS *Claranus* sive *Clarentinus* Stochac Claranae (de Stockeclare) in Comitatu Angliae Suffolciensi , Monachus et Prior S. Petri Londinensis Ord. Bened. circa A. 1136. De quo Lelandus cap. 158. Baleus II. 75. ex Bostono Buriensi , et Pitseus pag 204. Vossius p. 409. de Hist. Lat. atque Oudinus tom. 2 pag. 1121. Ejus scripta : *Vita S. Eduardi III.* qui Ethelberti F. post fratrem Alfredum, Angliae imperitavit ab A. 1043. usque ad 1066. ad Albericum Innocentii II. Legatum. De *Vita et passione Ethelberti* Martyris. Incip. *Gloriosus Orientalium Anglorum Rex.* Manuscr. in Cottoniana et aliis Angliae Bibliothecis *Vita divae Edburgae* , Virginis, ad fideles in CHristo sorores. *Miracula Regis et martyris Eadmundi.* Incip. *Cum laureatus DEI martyr Eadmundus. Epistolarum* ad diversos, religiosarum et familiarium duo Volumina. Ex his memoratur una ad D. Adelidem Berkingensis Coenobii Abbatissam de armatura Castitatis : et alia ad Henricum Wintoniensem Episcopum, Apostolicae sedis Legatum de canonizando Rege Eduardo, quem sanctis demum adscriptum constat A. 1161. Vide Laur. Surium et Acta Sanctor. V. Januar. Laurentii Cherubini bullarium tom. 1 pag. 67. Alexandri III. Epistolam tertiam in Conciliorum tomis : et in appendice tertia Epistolam 17.

OSBERTUS sive OTBERTUS, natione Anglus, Theologus Parisiensis, Carmelita, à Cangio refertur ad A. 1340. quoniam Trithemius cap. 599. illum memorat inter scriptores qui illo tempore vixerunt. Accuratius autem tempus si requiras, A. 1330. sepultus fuit apud Carmelitas Londini. Ab Alegrio p. 373. paradis. Carmelitici decoris pag. 373. praeter rem traditur floruisse A. 1496. Nam idem iste fuit cum OSBERTO *Pichonamo* sive *Pickinghamo*, de quo tanquam diverso idem Alegrius pag. 285. Sed ut aetas et nomen patriaque et professio, ita scripta etiam eadem sunt. Suo enim Trithemius tribuit *Commentarios in IV. libros Sententiarum*, *Determinationes* varias, et *Sermones*, Similiter de Osberto Pichonamo Lelandus cap. 349. *Scripsit Quodlibeta, Replicationes, Quaestiones, Determinationes, De conceptione B. Virginis, Sermones :* denique et in Sententias, *elaboratum opus,* Adduntur apud Baleum V. 16. et Pitseseum pag. 422. *Postillae* sive *commentarii Bibliorum* (in Biblia) et *de clara DEI visione.*

OSBERTUS *Westmonasteriensis*, Scriptor Vitae S. Dunstani in Actis Sanctor. t. 2 Jul. 4. pag. 67. Vide supra, OSBERNUS Durovernensis.

OSBURNUS, supra OSBERNUS.

OSFERTUS, infra OSTFORUS.

OSIUS sive 'HOSIUS, Cordubensis in Hispania per annos fere septuaginta Episcopus, magna apud Constantinum M. gratia et auctoritate, cui etiam amplectendorum Christianorum sacrorum suasor primus a) fuisse traditur, et memoriam Osii recolunt Ecclesiae Orientales die V. Novembris. Diem obiit centenario major circa A. 361. Non est hujus loci referre quae de Osio falsa vel suspecta feruntur in adversariis Luitprandi pag. 487-490. in Faustini et Marcellini libello precum pag. 14· seq. et apud Isidorum cap. 1. de S E. vel quae veris propiora traduntur in Annalibus Ecclesiasticis, atque ab Arianae haereseos historicis, sed et à Tillemontio tomo septimo memoriarum H. E. p. 300. seq. et à Nicolao Antonio lib. 2. Bibl. veteris Hispanae cap. 1. Pluribus Conciliis interfuit Osius· Illiberitano, Romano, A. 341. etc. Nicaeno autem A. 325. et Sardicensi An. 347. etiam praefuit, auctor *sententiarum* ut vocat Isidorus, sive Canonum in eo conditorum. Idem Creditur auctor *Epistolae* Constantini M. nomine A. 324. scriptae ad Arium, b) quae exstat apud Gelasium III. 1. hist. Concilii Nicaeni, et ex Petri Morini versione apud Baronium ad A. 319. §. VI. et formulae *Symboli Nicaeni.* c) Idem Sardicensis Synodi A. 347. testimonio d) propter aetatem et Confessionem A. 304. sub Maximiano Herculeo, et tanti temporis probatam fidem commendatur : postea tamen Arianis cessit ad horam, ut non diffitetur Athanasius de fuga sua t. 1 pag. 70i. Arianamque formulam duri pertaesus exilii A. 352. vel composuit ipse, vel ei certe subscripsit, quae legitur apud S. Hilarium libro de Synodis p. 1156. *Exemplum blasphemiae apud Sirmium per Osium et Potamium conscriptae.* Ad Catholicos deinde nihilominus rediit iterum. at-

---

a) Vide Baron. ad A. 324. n. 17. Nic. Antonium lib. 2. Bibl. vet Hispanae pag. 103.

b) Tillemont. tom. VI. memorar. hist. Eccles. pag. 203.

c) Id. tom VIj. pag. 511.

d) Apud S. Hilarium in fragmentis pag. 1281. edit. Benedictin.

que ex hac vita discessurus in illorum se communione mori testatus est, ut praeter alios locuples est testis laudatus Athanasius, qui in Epistola ad solitarios etiam servavit ex Osii Epistolis eximiam illam et fortem ad *Constantium* Augustum. Caetera ejus scripta, caeteraeque Epistolae, ut quam Isidorus ait scriptam ab eo fuisse, ad sororem *de laude Virginitatis* pulchro ac diserto comparatam eloquio, et opus *de interpretatione vestium sacerdotalium quae sunt in veteri Testamento*, hodie desideramus. Fuerit ne idem OSIUS cui Timaeum suam Chalcidius dedicavit, non plane exploratum esse existimo.

OSMUNDUS Astoricensis, (*Astorga* in regno Legionis Hispan.) Episcopus circa A. 1059. scripsit *Epistolam* ad Idam Eustachii Comitis Bononiensis in castro Lenensi, pagi Atrebatensis, Conjugem de reliquiis capillorum S. Mariae, quam edidit Mabillonius tom. 1. Analect. pag. 288. (edit. novae pag. 431.)

OSMUNDUS *Sarisberiensis* in Anglia Episcopus defunctus circa A. 1099. 4. Dec. et à Callisto III. Sanctis adscriptus, scriptor *vitae S. Althelmi* sive *Aldhelmi* Episcopi Shireburnensis qui Anno 709. obiit. Haec nondum edita, licet aliam à Wilhelmo Malmesburiensi, itemque aliam Anonymi, in qua Osmundi pag. 93. mentio, vulgavit Henschenius tom. VI. Act. Sanctor. Maji 25. pag. 79. 84. Idem Osmundus *Horarias preces et Divinum Officium* per multum temporis in Anglia frequentatum digessisse traditur. Vide Vossium p. 379. seq.

OSNABRUGENSE Chronicon: supra, *Erdwinus* t. 2. pag. 516.

OSTIENSIS Summa; supra HENRICUS à Segusio.

OSTOPHORUS, *Ostforus*, *Ostfertus*, ex Monacho Pharensi Episcopus Vigorniensis defunctus A. 704. de quo Lelandus cap. 67. Baleus I. 85. et Pitseus pag. 115. qui homilias ejus sed nunquam editas memorant.

Joannes OSTROVODUS. Supra tom. IV. pag. 395.

OSWALDUS Anglicus Prior Carthusianus circa A. 1450. amicus Joannis Gersonis, cujus et nonnulla ex Gallico vertit Latine.

Ipse à Baleo VIII. 16. scripsisse traditur praeter Epistolas tum ad alios tum ad laudatum Gersonem, Meditationes solitarias et librum de remediis tentationum. Hisce Pitseus pag. 644. addit Portiforium, notatque librum illum Manuscr. servari Cantabrigiae in Collegio S. Benedicti.

OWALDUS *Odonius*, Anglus, ex monacho Floriacensi Ord. Bened. Episcopus ab A. 962. Wintoniensis atque inde ab A. 979. ad 992. Eboracensis Archiepiscopus, cujus vitam scripsit Oswaldus de quo mox, Vigorniensis. Apud Baleum II. 40. et Pitseum pag. 180. Odonius praeter Epistolas ad Abbonem Floriacensem, ad Odonem avunculum Archiepiscopum Cantuar. ad Sanctos dum esset Floriaci, perhibetur promulgasse Statuta Synodalia.

OSWALDUS sive OSWOLDUS circa A. 1010. monachus *Vigorniensis* Ord. Bened. teste Lelando cap. 138. scripsit librum *sacrarum precationum* partim carmine, partim soluta oratione. Et *de componendis Epistolis* opusculum instar Epistolae. Nec non ad CONSTANTINUM monachum Floriacensem, Grammaticum eruditum; qui Epistolam versibus elegiacis ad eum scripserat. Confer Baleum II. 43. et Pitseum pag. 181. seq. *Vita Oswaldi Odonii* ab eo composita, servatur Manuscripta in Bibl. Cottoniana. Vide Oudinum tom. pag. 523.

OTBERTUS Anglus Carmelita, supra OSBERTUS.

OTBERTUS Dux Bullonii, Episcopus Leodiensis ab A. 1091. ad 1119. Ejus *Epistola de vita et obitu Henrici IV. Imp. et Ducis Bavariae* edita à Goldasto in apologia pro Henrico IV. Hanov. 1611. 4. pag. 204. 207. De hoc Otberto Joannes Chapeavillus in gestis Pontificum Leodiensium t. 2 p. 40-56.

OTFRIDUS Monachus Wizanburgensis sive Weissenburgensis in Alsatia, Ord. Bened. et Presbyter qui Rabani Mauri se profitetur discipulum, haud praetereundus mihi est hoc loco, non quod Latine ab eo scripta multa aetatem tulerunt, sed quod insignem aetate sua operam ipse praestitit Ecclesiis Germaniae, libros sacros et Cantica in linguam Theotiscam ex Latina transferendo atque metapharasi metrica Teutonicis auribus commendando, clarus medio seculo nono, circa Lotharii et Ludovici secundi tempora, de quo praeter Trithemium cap. 290. Flacium Schilterumque in praef. et loca editioni Schilterianae praemissa Beati Rhenani, Velseri, Broweri, Serarii, Morhofii et G. Ilickesii, consuli poterunt Lambecius tom. 2 Dietericus von Stade in Specimine lectionum Otfridianarum: Mabillonius t. 3. Annal. Benedict. p. 128. Usserius et H. Warthonus de Scripturis vernaculis p. 120. et 369. Oudinus tom. 2 pag. 312. seq. Jo. Christ. Hofmannus ab Hofmanns waldau praef. ad poëmata sua quibus omne punctum tulit Germanica: atque imprimis David Hofmannus alter in erudita de Otfrido diatriba, Helmst. 1717. 4.

Exstat ejus *Liber Evangeliorum* sive *Harmonia Evangelica*, in qua *inter quatuor Evangelistas medium* se ait incedere. Libris quinque ad numerum totidem sensuum digesta, atque rhythmis expressa Theotiscis, editaque primum licet minus integra minusque emendata à *Flacio* Basileae 1571. 8. Manuscr. Codex quo usus Flacius ejusque typographus fuit, servatus est Ulmae in Bibliotheca illustris Raymundi de Kraft, ut notatum V. C. Jo. Georgio Schelhornio tom. 3 amoenitatum litterariarum p. 19. Varias lectiones è Codice alio Manuscr. et ex Germanica crisii sua emendationes consignavit *Marquardus Freherus*, quae post ejus obitum editae Wormaciae 1631. De Codice Frisingensi, initio mutilo, quem inspexerunt B. Rhenanus, Wolfg. Lazius, et Wiguleus, vide Lambecium tom. 2 p. 456: seq. De Codice Bibl. Caesareae antiquissimo, Otfridi exarato aetate, ex quo Flacii editio insigniter et emendari possit et suppleri, praeclare Lambecius tom. 2 pag. 415. seq. Illo Codice Caesareo usus vir egregius *Dietericus van Stade* novam Otfridi editionem molitus est, quam ad praela etiam paratam una cum Grammatica Theotisca et glossario Francisco sive Theotisco heredes ejus servant a). Nam spirante

illo tantum lucem vidit *specimen lectionum antiquarum Francicarum* ex Otfrido et aliis Ecclesiae Germanicae veteris monumentis collectum, cum versione Latina, Stadae 1708. 4. de quo consuli possunt Acta Erud. tom. IV. supplem. pag. 184. Ex eodem Codice Caesareo Lectiones vulgavit vir celeberrimus *Jo Georgius Eccardus*, ad calcem Legum Salicarum, A. 1723. fol. De accentibus, pronunciationis indiciis qui exstant in illo Codice, et quos optaverim ab editoribus non omissos, notavi in libro de propagatione Lucis Evangelicae p. 437. ubi etiam pag. 433. desiderium et Consilium de addenda Otfrido et aliis antiquis Theotiscis monumentis versione Germanica constante ex meris, quantum res fert, vocabulis ejusmodi quae respondentia veteribus illis Theotiscis sive Franco Saxonicis ab hodierni adhuc sermonis Germanici usu agnoscuntur. Denique in laudatissimi JCti Argentoratensis D. *Jo. Schilteri* thesauro Antiquitatum Teutonicarum tomo primo Ulm. 1727. fol. familiam ducit Otfridus, ita ut Theotiscis Latina semper versio ejusdem Schilteri et emendationes, annotationesque adjectae D. Jo. Georgii Schertzii, qui et Codice quo Flacius, et Freherianis emendationibus et illustris Viri Friderici Rostgaardi, decerptis ex Codice Vaticano usum se profitetur. Alium Codicem servat Bibliotheca publica Francofurti ad Moenum b) et Bibliotheca Bodlejana inter libros Junianos apographum Francisci Junii, qui illud ad praela destinaverat. Porro in Schilteriana editione libro Evangeliorum praemittitur 1) Epistola Otfridi *ad Ludovicum* Orientalium regnorum Regem (Ludovicum II. Imp. German. ab A. 856. ad 871) rhythmis Theotiscis, cum nova Latina versione. 2) Epistola Latine ab Otfrido scripta *ad Liutbertum* Archiepiscopum Moguntinum (ab A. 863. ad 889.) 3) Epistola *ad Salomonem* Episcopum (Constantiensem I. ab Anno 864. ad 873.) itidem Theotiscis rhythmis cum nova versione Latina. De-

---

a) Jo. Henr. Von Seelen memoria Stadeniana cap. IV. pag. 138.

b) Jo. Gotfrid. Olearius Bibl. scriptorum Eccls.

tom. 2. pag. 50. W. E. Tentzellius in dialogis vernaculis menstruis A. 1691. pag. 721.

nique ad quinque librorum calcem p. 389.
400. exstat. 4) Epistola similibus rhythmis
Theotiscis additam Latinam interpretationem habentibus, quorum haec est Acrostichis: *Otfridus Wizanburgensis Monachus*, `Hartmunte et Werinberto *Sancti
Galli Monasterii Monachis*. Apparet hinc,
unde Trithemius titulos scriptorum Otfridi
hauserit, et Trithemii error cum titulum
libro Evangeliorum praepositum laudat *Gratiam Theotistae*, cum in Codice Caesareo
a) majusculis litteris legatur hunc in modum: *Incipit liber Evangeliorum, Domini
(Ludovici II. Imp.) gratia Theotisce conscriptus*. Ex his etiam Goldasti refellitur
error, qui Monachum Sangallensem Otfridum facit. Quam vero *paraphrasin Psalterii* Trithemium secutus illi tribuit Lambecius, eam NOTKERO *Labeoni* supra p.
138. vindicare me memini. Librum *de judicio extremo*, memoratum eidem Trithemio, aliumque *de gaudiis regni coelestis*,
et Carmina diversi generis et *Epistolas
ad diversos*, nescio an quisquam oculis
usurpaverit. Fragmenta quaedam ex *homiliis* Otfridi Theotiscis, ut *de amore erga
DEUM et proximum, et de viduarum
speciali protectione Divina*, Manuscripta
in Bibl. Caesarea teste Lambecio tom. 2
pag. 757. 759. etc.

OTHELGRIMUS Astidensis sive Werthinensis Monachus Ord. Benedictin. dioecesis Colon. ipse Friso natione, discipulus
S. *Liudgeri*, primi Mimigardeardensis sive Monasteriensis Episcopi defuncti An.
809. traditur ejus *Vitam* scripsisse libris
duobus: quam sine nomine auctoris ex
Manuscr. Fuldensi edidit Christophorus
Browerus in sideribus Germaniae, Mogunt.
1616. 4. et ex Broweri editione Mabillonius Sec. IV. Act. SS. Benedicti parte 1.
sub initium. Alia est quam dedit Surius
26. Martii: alia etiam quam ALFRIDO et
quam UFFINGO Auctore exhibent Acta
Sanctorum tom. 3 Martii 26. pag. 642. et
659. quamquam miracula nonnulla ex li-

bro secundo Vitae à Browero . editâe exhibet p. 655. auctorem non Othelgrimum
appellans sed Anonymum Frisonem, de
quo vide sis etiam disputata à Papebrochio p. 629. ubi auctorem quisquis fuit
post. An. 795. scripsisse adeoque neque
ex Ludgeri familiaribus fuisse docet, *Othelgrimum* etiam sive *Odilgrimum*, diligenter distinguendum ab *Hildegrimo* Lutgeri
fratre, Catalaunensi in Gallia Episcopo,
de quo infra.

OTHLONUS Presbyter et Monachus Coenobii Ratisbonensis ad S. Emmerammum
Ordinis Bened. in quo cum per triginta
annos versatus, scholis etiam praefectus
fuisset, et Decaniam administrasset, *Ful-
dam* A. 1062. se contulit, quo ipso anno
Coenobium illud Ratisbonae conflagravit,
ut ipse narrat in libello *de ipsius tentationibus, varia fortuna et scriptis* quem
vulgavit Mabillonius tom. IV Analector.
pag. 404. (edit. novae pag. 108-419.) Diligenter de hoc Othlono V. C. Bernardus Pez in Diss. Isagog. ad tomum primum Anecdotorum p. X seq. Sed Othlonum ipsum de scriptis suis disserentem
audiamus.

*Libellum primum scribere coepi metrico
scilicet stilo, quo maxime in seculari vita positus me exercebam: b) ponens in eo
varias spiritualis doctrinae sententias, quibus me solummodo contra tentationes im-
minentes instruens roboravi: aut pravitatis meae quantitatem, quam cum ceteris
Clericis communiter in mundo exercebam,
pertinaciamque quam specialiter prae multis ibidem retinebam, magis attenderem,
atque litteris expositam majori poenitentia diluendam agnoscerem. Inserui in eodem etiam libello sermonem quendam la-
mentabili stilo editum, prius quidem disputans de diversa clericorum negligentia,
nec non avaritia: deinde narrans de mi-
serabili improbitatis meae vindicta, tam
spiritualiter, quam corporaliter patrata.*
Librum vero visionum c) *licet post duos*

a) Lambec. tom. 2. pag. 419.

b) Hic est quem vulgavit Bernardus Pez tom.
3 anecdotor. parte 2. pag. 431-482. Incip. *O qui-*

cumque cupis cognoscere dicta salutis. Vide etiam
caput 50. dialogi de tribus quaestionibus ibid p. 243.

c) Exstat apud laudatum Pezium pag. 547-612.

scripserim , in ordine tamen secundum ideo posui, ut illa doctrina quae in priori libello variis prolata est sententiis, in hoc quoque`variis corroboraretur exemplis : eaque tenacius praemissa animo inhaereant verba quae majori testimonio tam pietatis , quam severitatis Divinae in subsequentibus commendantur , in morem videlicet lautioris cibi , qui primo aqua pura coctus , deinde aliqua aceti vel etiam piperis adjectione accuratius praeparatur.

Tertius *dialogus de tribus quaestionibus* , de Divinae pietatis agnitione , judiciorumque Divinorum diversitate , nec non de varia bene agendi facultate , ad Henricum Monachum Augiensem. Hunc dialogum in lucem dedit laudatus Bernardus Pezius , tomo 3. thesauri anecdotor. parte 2. pag. 143-250. Epilogi loco subjiciuntur Moralia metra , et Sententiae , et summa dictorum de mysteriis numeri ternarii.

Cum igitur persecutionem quam in monasterio nostro (ut supra dictum est) passus eram , fugiens ad Fuldense monasterium venirem , ibique per annos quatuor cum tranquillitate magna commoratus viderer : dictandi scribendique studium frequentare postulabar à quibusdam ejusdem monasterii fratribus ; ut sancti BONIFACII *vitam, difficili stilo editam , aliquid facilius ederem : quam 'petitionem , licet diu denegarem , a) postremo tamen compulsus importunis precibus , ut potui , quod petitus eram implevi.*

Hi sunt *libri* illi *duo de vita S. Bonifacii* Archiepiscopi ab Anno 745. ad 754. Moguntini, *ad fratres Fuldenses*, illustrandae WILLIBALDI de eodem S. Bonifacii narrationi destinati , insertis Epistolis ab ipso et ad ipsum scriptis pluribus : cum jam apud Leonem IX. qui An. 1054. diem obiit , de Bonifacio sanctis adscribendo agi coepisset. Ediderat hos libros ut solet interpolatos

(Epistolis tamen integris servatis) Surius ad Junii V. sed sine auctoris nomine , qui delitescere etiam suo tempore malebat : itaque auctori restitutos suo , atque sinceriores ex Codice monasterii Rebdorfensis vulgavit eosdem *Canisius* tom. IV 2 antiquar. Lection. pag. 493. (edit novae tom 3 p. 337-368.*)* Post Canisium et ultima operis Suriani editio An. 1618. eosdem exhibet et *Nic. Serarius* libro tertio rerum Moguntinarum, additis etiam notis , Mogunt. 1604. Colon. 1624. 4. et in nova Georg. Christiani Joannis editione pag. 205. Francof. 1722. fol. tum *Joannes Mabillonius* Sec. III. parte 2. Sanctor. Benedictin. statim in limine : nam in Actis Sanctorum t. 1 Junii V. Henschenius WILLIBALDO praelato Othlonum omisit. Neque in Christophori Broweri sideribus Germaniae, Mogunt. 1616. 4. editis Vitam Bonifacii ab Othlono scriptam reperio , sed *vitam S. Pyrmini* ex S. Mauri Andegav. Abbate Episcopi in castello Meltis b) ad Lindolfum Trevirensem ab An. 999. ad 1008. Episcopum. Quanquam eundem esse hunc Othlonum cum Vitae S. Bonifacii scriptore , nec aetas nec scribendi genius suadere videtur viris doctis. Neque ipse ejus meminit ubi lucubrationes suas recenset scriptor Vitae S. Bonifacii. Memoria Pyrmini recolitur in Martyrologiis 3 Novembris. Alius etiam Pyrminus Abbas Augiensis , de cujus vitae scriptoribus dictum in HENRICO *à Kalben* et WARMANNO.

Alium quoque libellum quem appellavi MANUALEM *, pro ammonitione clericorum et laïcorum* c) *scriptum ibidem positus edidi. Item* libellum proverbiorum , d) *in eodem monasterio positus scribere coepi.*

Continuoque stylo accepto scribere coepi in modum sermonis , sumens exordium de Psalmistae dictis : Dominus de coelo prospicit super filios hominum. *quae nimirum dicta, quantum potui. similitudinum argu-*

---

atque inscribitur *liber visionum suarum et aliorum* Incip. pag. 504. *S. Bonifacii Epistola de dictis et visis cujusdam Monachi ridivisi.*

a) V. C. Jacobus Basnage ad Canisium tom 5. pag. 555-556. disputat vitam S. Bonifacii scriptam post Concilium Erphordiense A. 1075 et post Egbertum Abbatem , extinctum Anno 1078.

b) Meldensem alii , alii Metensem faciunt. Vide Browerum pag. 26. Theodoricus IV. cujus tempore Episcopatum illum Pyrminius obtinuit , regnavit in Gallia ab A. 721. ad 751.

c) Hunc etiam edidit celeberr. Petzius tom. 5. anecdot parte 2. pag. 405-428.

d) Liber Proverbiorum exstat ibid. p 484.

mentis roboravi. credens per haec aliquos aedificari, cui videlicet operi titulum imposui, a) QUOMODO LEGENDUM SIT IN REBUS VISIBILIBUS.

Ex petitione namque fratrum nostrorum, vitam ˋ*sancti* NICOLAI, *nec non sancti* WOLFGANGI b) *emendans, sicut in utriusque vitae prologo intimatur, scripsi, antequam proficiscerer ad monasterium Fuldense.* sed et vitam sancti ALTONIS, *una cum quibusdam carminibus ad eumdem sanctum pertinentibus. Postquam vero redii,* vitam sancti MAGNI *scripsi, compulsus* ¡*fratrum duorum precibus intimis et assiduis,* WILHELMI *scilicet ex congregatione nostra, et alterius qui ad nos discendi causa ex monasterio sancti Magni venit* ADALHAM *dictus, quique nunc in sanctae Afrae coenobio* Abbas *est constitus.*

Post haec autem cum viderem simul et audirem undique Christianae religionis destructionem, Rectorum et Principum negligentiam in subditos, tam in spirituali, quam saeculari vita positos, doleremque jugiter pro talibus, cogitare coepi, ut quia nullus dignaretur me audire communi sermone loquentem, pro miseriaque tanta condolentem, vel scribendo aliqua sacrae Scripturae verba proferrem, unde aliquos aedificare possem. Hac igitur causa scripsi librum mei quoque operis novissimum, cui titulum imposui DE CURSU SPIRITUALI. c) *In quo videlicet libro quantum per sacrae Scripturae, maximeque per Psalterii et Evangelii campum currere potui, scribendo protuli. Inter haec et sermones quosdam,* d) *nec non epistolas pro communi utilitate scripsi: quas si quis forte legere*

voluerit, apud nos invenire poterit. Scripsi etiam ante plures annos librum DE CONFESSIONE ACTUUM MEORUM, e) *ut si qua infirmitas vel subitanea mors me in extremis impediret a debita Confessione, saltem per scripta patefacerem, quis ex memetispo, quis ex* DEI *gratia essem.*

Adhuc proferre libet duarum Orationum *verba. Attendens enim saepius, quia plurimos exemplis pravis seduxi, talia Orationis verba scribere studui, in quibus unusquisque satis doceri potest, quomodo pro se et pro aliis orare debeat: quae scilicet Orationes cum à quibusdam jam habeantur, in hoc opusculo describere nolui. Hae autem Orationes, aliaque superius de dictandi dono prolata, tanto magis pietati Divinae constat referenda, quanto amplius notum est me vitiis plurimis quondam deditum nihil horum meruisse. Ideo autem haec protuli, ut juxta hoc quod ipse Dominus in Evangelio cuidam daemoniaco à se liberato praecipit dicens,* Vade in domum tuam, *et narra quanta fecerit tibi* DEus; *ego quoque narrarem, quanta mihi beneficia* DEus *exhibuerit.*

OTHONUM Imperato rum, *primi* sive magni ab An. 938. ad 974. *secundi* ab A. 974. ad 984. et *tertii* ab An. 984. ad A. 1003. Diplomata quaedam in illustris Besselii Chronico Gotwicensi pag. 159. seq. 193 209. Othonis primi etiam apud Henricum Meibomium tom. 3. rerum German. pag. 739. 754.

Pro *Othone* IV. qui ab A. 1208 ad 1312. imperitavit, exstat Apologia Henrici, Meibomii avi adversus Urspergensem Cuspinianum, Seb. Munsterum aliosque edita

---

a) Hic liber sive sermo adhuc desideratur.

b) *Vita S. Wolfgangi.*Episcopi Ratisbonensis ibid. pag. 815-624. rhythmis et oratione prosaria. Ediderat sed sine Othloni praefatione Mabillonius Sec. V. Benedictin. pag. 712. Vita S. *Nicolai* Myrensis adhuc desideratur. Sicut Vita S. *Mayni* quoque. Sed. *Vita S. Altonis* Abbatis in Bavaria superiore qui A. 760. diem obiit, illa ipsa videtur quae exstat sine auctoris nomine in Actis Sanctor. t. 2. Febr. 9. pag. 359. et in Mabillonii Sec. III. 2. Benedictin. p. 217.

c) Librum *de Cursu Spirituali* edidit laudatus Pezius tom. 5. anecdotor. parte 2. pag. 556-400. ubi subjicitur pag. 598. narratio de Comite per so-

litum aquae judicium diffamato super equi rapina, atque à reatu liberato, et fragmentum *de translatione corporis S. Dionysii* e Francia in Germaniam ad Monasterium S. Emmerammi.

d) Ex his eidem Pezio debemus *Epistolam de permissionis bonorum et malorum causis* pag. 953-256. et *sermonem in Natali Apostolorum* p. 559-544. Nec non precationem peccatoris, Theodisco idiomate, tom. 1. anecdotor. pag. 417. cum Latina Othloni versione p. 421. Incip. *Trohtim almahtiger.*

e) Hic ipse videtur quem Mabillonius in Analectis edidit.

Helmst. 1624 4. et in Henr. Meibomii nepotis tom. 3. rerum German. p. 111. seq. subjunctis et Diplomatibus pag. 158. seq. OTHONIS, Apostoli Pomeranorum atque Episcopi Bambergensis A. 1138. vel 1139. defuncti Vita ab Anonymo apud Surium 2. Jul. atque ab Anonymo synchrono (qui SEIFRIDUM Othonis notarium ante oculos habuit) libris III. edita à Canisio tom. 2. antiquar. Lect. pag. 235 (edit. novae tom. 3. parte 2. p. 40.) et emendatior in Actis Sanctor. tom. 1. Julii 2. pag. 371. Vide supra in ANDREA S. Michaelis Abbate, tom. 1. pag. 90. EBBONE tom. 2. pag. 486. et in IMBRICONE tom. 4. pag. 321. Hujus Othonis quaedam in diplomatibus Bambergensibus pag. 1122 1124. Jo. Pe tri Ludewig. scriptorum Bamberg. tom. 1. De Sermonibus ejus XXXVIII. Manuscriptis vide Acta Sanctor. t. 1. Julii p. 387.

OTHO de S. Blasio, sup, t. 1. p. 230.

OTHO Candidus, de Alerano ex Marchionibus Montisferrati, et S. Nicolai in Carcere Tulliano Diaconus Cardinalis à Gregorio IX. legatus in Germaniam Angliamque, defunctus An. 1251. Vide Georgii Josephi Eggs purpuram doctam tom. 1. pag. 150. Ex scriptis ejus nihil nisi opuscula de Astrologia memorari video.

* Longe maioris momenti scriptum ex Othone isto habemus Constitutiones scilicet a se editas, dum Anglicana legatione fungeretur. Sunt illae apud me subiectae Anglicanae Ecclesiae constitutionibus Londini editis por Richardum Pynson anno incerto. Extant etiam ex editione Gul. Lyndwood Oxon. 1679. 8. et ex hoc edit. ap. Wilkins concil. Britann. I. 649. *

OTHO de Castro Rudulphi sive Rodulphaeus, ex Cancellario Parisiensi Mona-

chus Ord. Cisterc. et Episcopus Tusculanus Cardinalis defunctus An. 1273. Vide supra p. 456. ODO Castillioneus.

OTTO Henrici IV. Imp. nepos, filius S. Leopoldi Marchionis Austriae et Agnetis quae Henrici V. Imp. Soror fuit, nuptaque Friderico Svevorum Duci ex eo Fridericum patrem Friderici I. Imp. et Conradum peperit Germaniae Regem : ipse Conradi III. Imp. frater uterinus, patruus Friderici I. Barbarossae, Episcopus ab A. C. 1138. Frisingensis et fratris in Palaestinam expeditione An. 1148. comes fuit : ex qua redux abdicato post Anno 1156. munere Episcopali Monachus Cisterciensis, in Coenobio Burgundiae Morimundensi Abbas diem obiit An. 1158. Ejus laudes celebrat Radevicus lib. 2. cap. 11. et mortem luget Gualtherus lib. IX. Ligurini v. 90. seq. Epitaphium ejus, quia in illo Chronographiae Ottonis fit mentio, afferre placet :

Quicquid in orbe beat, praeclaros et meliores
Praesulis Ottonis mire cumulavit honores.
Si Proavi vel Avi probitas, sacer Ordo, potestas
Deberent mortis furias cohibere molestas,
Non moriturus erat ; praeclare praeditus illis.
Heu talem communibus accessisse favillis !
Quam facunda Viri vox, qualis Philosophia,
Hortatu Regum docet edita Chronographia.
Luxit eum patria, propria comitata ruina.
Propitietur ei DEUS et pia Virgo Maria.

Ejus Chronicon rerum ab initio Mundi usque ad A. C. 1146. b) gestarum libri VII ad Singrimum, subjuncto octavo de fine Mundi, Antichristi persecutione, resurrectione mortuorum, judicio finali, gloria beatorum atque suppliciis damnatorum. Libri septimi capite undecimo, c) Hucusque, inquit Otto, tam ex Orosii quam Eusebii et eorum qui post ipsos usque ad

a) Lambecius tom. 2. pag. 470. Pagi ad A. C. 1159. n. 15. Sammarthani tom. 4. Galliae Christ. pag. 674. Wigulejus Hund in metropoli Salisburg. pag. 105. Carolus Meichelbeck. in Historia Frisingensi: Jo. Petrus Puriceilus monument. Mediolanens. in tomo quarto thesauri Italiae pag. 458. seq. Hugo Menardus in martyrologio Monastico 22. Sept. Chrysostomus Henriquez in Menologio Cisterciensi 7. Sept. et in Annalibus Cister. ad A. 1150. cap. 5. Labbe tom. 2. de S. E. pag. 149. Carolus Visch in Bibl. Cisterciensi pag 255. Augustinus Sartorius in Ci-

stertio bistertio etc.
b) Albericus ad A 1146 pag. 515. Hucusque pertingit narratio Episcopi Ottonis, qui fuit vir nobilis et Monachus Morimundi, et una die electus in Abbatem ejusdem loci, sequenti die factus est in Bavaria Episcopus Frisingensis, cum esset frater Imperatoris ex matre, filius videlicet Leopoldi Austriae.
c) Casp. Sagittarius t. 1. Introductionts in Hist. Eccles. pag. 60.

nos scripserunt libris, lecta posuimus. Ceterum quae sequuntur (ab Anno 1106. quo Henricus V. patrem exuit Imperio) *quae recentis memoriae sunt, à probabilibus viris tradita, vel a nobis ipsis visa et audita ponemus.* Hoc Chronicon una cum ejusdem *Libris II. de gestis Friderici I. Barbarossae* usque ad An. 1157. et appendice *Radevici* itidem in duos distributa libros usque ad A. 1160. in monasterio quodam Viennensi repertum primus vulgavit *Jo. Cuspinianus* Argentorati 1515. fol. Post Cuspinianum Basileenses cum Gunthero, praemissa praefatione *Melanchthonis* 1569. fol. atque eodem anno inter scriptores à *Petro Pithoeo* recensitos. Denique *Christianus Urstisius* tomo primo scriptorum, Basil. 1584. Francof. 1670. fol. qui etiam Chronico continuationem alterius *Othonis, Abbatis de S. Blasio* Ord. Benedict. in dioecesi Constantiensis, capitibus 52. constantem usque ad A. 1212 et Radevico appendicem Anonymi undecim annorum, et Epistolam de Asiatica Friderici Barbarossae expeditione in terram sanctam, obituque 10. Jun. A. 1190. adjunxit. Non omittendum est Æneae Sylvii de Ottonis fide testimonium, qui in historia Fridericii III. cum Boecleri notis edita pag. 10. profitetur eum licet hostibus Pontificum tam arcto nexu junctum, tamen historiae legem ita servasse, *ut neque cognatio veritati, nec cognationi veritas officeret.* Ex Codice Manuscr. Caesareo Viennensi locum Chronici emendat Lambecius t. 2. pag. 4. Wilh. Ernestus Tentzelius in dialogis menstruis Germanice editis An. 1692. p. 894. laudat Codicem Chronici Ottoniani Manuscriptum in Bibl. Jenensi, una cum Chronico Anonymi quod à Dagoberto I. incipit atque deinde ab aliis continuatum fuit.

Historia domus Austriacae quae memoratur à Barnaba de Montalbo aliisque et dicitur fuisse apud Wolfgangum Lazium, necdum a quoquam in dias luminis auras protracta est.

OTHO *Kultzing*, Ord. Praemonstr. Praepositus in Hilgenthal An. 1423. de fundatione et translatione Monasterii sui in

Luneburg, exstat t. 2. scriptorum Brunswic. illustris Leibnitii pag. 383

OTHO *Mindensis* Episcopus scripsit *itinerarium* suum *Hierosolymitanum*, obiitque An. 1324. Haec de eo Cangius, ad Chronicon Mindense provocans. Sed in Chronicis Mindensibus tum HERMANNI *de Lerbeke* tom. 2 Leibnitii, et BUSSONIS *Watenstedii* apud Paulinum : tum in Anonymis Pistoriano et Meibomiano, hunc non reperio, licet quatuor Ottones Episcopos Mindenses referant, sed nec illa aetate, nec itinerarii scriptorem. —

OTHO *de Morena.* Sup. p. 85. MORENA.

Thomas OTTERBURNUS Anglus, Ord. Minor. cuius *Chronicon Regum Angliae* in An. 1420. desinens, Manuscr. in Cottoniana et aliis Angliae Bibliothecis. Vide Oudinum tom. 3. pag. 2334. Luci publicae exposuit V. C. Thomas Hearne una cum JOANNIS *Frumentarii* sive Wethampstede historia rerum Anglicarum usque ad Eduardum IV. Oxon. 1734. 8.

OVIDII nomine, celebratissimi aurea aetate Poetae, plura carmina in lucem data sunt, quae medio vel infimo etiam aevo deberi nemo humanior, qui legerit, dubitabit. Ejusmodi sunt *libri tres de vetula, de quatuor humoribus et de ludo latrunculorum*, de quibus dixi lib. 1 Bibl. Latinae cap. 15. ubi etiam de *Elegia de Philomela*, quam sub *Alphii* OVIDII *Juventini* nomine vulgavit Goldastus Francof. 1610. 8. et alia *de pulice* cui OFILII *Sergiani* nomen idem· Goldastus maluit praefigere, et quae sine loci et anni nota prodiit in 4. sub tempus natae typographiae, una cum *libro trium puellarum*, qui incipit: *Ibam forte viam quandam nullo comitante*: et cum carmine leonino *de sagaci nuncio*, cujus initium : *Summi victoris fierem cum victor amoris* : adjunctis PAMPHILI *Mauriliani* amoribus·sive carminibus eroticis. In hac éditione quaedam emendatiora legi quam in elegia de pulice apud Goldastum, ostendit Polycarpus Leyserus in historia poetarum medii aevi pag. 2070. Eundem pag. 2086. vide de elegia de philomela, quam nuper recudendam dedi in specimine sylloges, cui titulus : *Philomelae vox*, *centum diserto-rum hominum stylo commendata*, et quod praemisi Nobiliss. Alberti Jacobi Zelsii poematibus vernaculis a) editis Hamburgi 1735 8.

OUDARDUS sive OUDARIUS, de quo Gesnerus in appendice Bibl. et ex eo Simlerus : *Oudarius semilatinus auctor*, *scripsit historias*, *in quibus Aventici* (Helvetiorum hodie oppidi non procul Friburgo, olim amplae et opulentae Civitatis) *ab Alemannis vastati mentionem facit. Quem in historia sua Paulus Æmilius inter primos secutus est.*

OUVO, sive ONNO, Frisius, Monachus Fontanellensis traditur circa A. 710. scripsisse de visione Radbodi Frisiae Regis, à Pipino An. 692 697. victi, et de horrenda eius morte. Vide Suffridum Petri, Possevinum et Vossium II. 26. pag. 274.

Jeannes de OXENEDES Anglus Monachus S. Benedicti de Hulmo sive Ulmo cujus Chronica ab adventu Horsae et Hengisti Saxonum in Britanniam ad A. C. 1293. multis de fundatione et dotatione istius Monasterii exstat Manuscr. in Bibl. Cottoniana, ut jam notatum Oudino t. 3 p. 968.

Joannes OXRACCUS. Sup. t. IV. p. 395.

Henricus OYTA , supra t. 3. pag. 210.

LIBER XV.

*G*uilelmus de PACHENTONIS sive PACKINGTONUS, supra t. 3 p. 148.

PACHINUS JCtus Perusinus, ad quem Epistola Guinifortii Barzizii A. 1438. data pag. 120. Edit. Romanae 1723.

Propter veteres Latinas quae exstant et scriptorum ejus et Vitae versiones non omittendus mihi S. PACHOMIUS , cujus Monachorum in Thebaide Ægypti Tabbonensium auctoris praecipui b) et medio saeculo quarto defuncti vitam, ab auctore incerto , sed qui illis temporibus vixisse se profitetur, traditam exhibet Bollandus tom. 3. Act Sanctor. Maji, Graece qui-

dem in appendice ad calcem illius Voluminis è Manuscriptis Florentino, Vaticano et Ambrosiano pag. 25. et 51. Latine autem ex versione Danielis Cardoni S. I. p. 295 et 334. Ammonis quoque Episcopi Epistolam περὶ βίȣ μακαρίȣ καὶ πολιτείας Παχωμίȣ καὶ Θεοδώρȣ, è Manuscr. Florentino Graece ad calcem Volum. pag. 63. et Latine pag 347. Cui praemissa quaedam 'εκ τῶν ἐντολῶν τȣ Παχωμίȣ, cujus generis sunt *monita spiritualia* Pachomii ex Manuscr. Aldino Latine edita à Gerhardo Vossio in appendice ad Gregorium Thaumaturgum p. 130. Moguntiae 1604. 4. Incipiunt : *Honora DEum*, *et valebis*. Tabulam aeneam instituti Monastici regulas complectentem Pachomio traditam ab Angelo narrat Palladius in Lausiaca cap. 38. et argumentum ejus refert. Eam Angelo dictante didicisse Pachomius traditur similiter in Martyrologio Rom. 14. Maj. Prodiit etiam saepius *Pachomii Regula* uberior Latine , quam ab auctore primum scriptam Ægyptiaco sermone , deinde versam Graece , et è Graeco ad Silvani Monachi preces Latine redditam à Sancto Hieronymo , nolim inficiari. Primus edidit Achilles Statius Romae 1575. deinde Petrus Ciacconus ibid. 1588. Hinc Bibliothecae Patrum collectores , atque editores Operum Joannis Cassiani. Non hanc modo Regulam cum Hieronymi praefatione, sed etiam *Pachomii Epistolas* quas Gennadius memorat , et plures etiam illi non memoratas Latine ex interpretatione ejusdem Hieronymi servavit Benedictus Anianensis , qui saeculo IX. claruit , in Concordia sive Codice Regularum , qui ex Lucae Holstenii editione prodiit Rom. 1661. 4. recusus Paris. 1663. 4. Plura de Pachomio Rosweidus in vitis Patrum pag. 81. seq. praeludio ad *vitam* hujus Pachomii à Dionysio Exiguo Latine versam , et Tillemontius tom. VII. Alterius junioris Monachi Pachomii insignem sermonem ad eos qui Divinam providentiam accusabant quod Saracenis permitteret Christianos cladibus

---

a) *Ervvectte Nachfolge zum irdischen Vergnu-gen in GOTT.*

b) Vide Palladii Lausiacam pag. 90. seq.

afficere, λόγων ὑπεραπολογητικόν τε καὶ ἠθικὸν πρὸς τὰς δυσανατχετᾶντας πρὸς τὰς 'ἐκ τῶν 'ἐθνῶν 'ἐπαγομένης θλίψεις καὶ τὴν θείαν πρόνοιαν λοιδορᾶντας, Graece et Latine edidit Rev. D. Val. Ernestus Loescherʿus in appendice ad stromatea dissertationum, Witeberg. 1723. 4. pag. 122. 169. Incipit: Ἰκσᾶ κυρίᾳ προκγᾶμένᾳ κελᾶύοντῷ. Seculo septimo scripsisse editor celebratissimus .verisimiliter conjicit, scripsisseque in Ægypto vel Syria.

De PACIANO audiendus S. Hieronymus capite 106. de S. E. cui notas meas subjunxi.

PACIANUS, a) *in Pyrenaei jugis Barcilonae Episcopus, castitate et eloquentia, et tam vita quam sermone clarus scripsit varia opuscula, de quibus est Cervus,* b) *et contra Novatianos* c). *Sub Theodosio Principe, jam ultima senectute, mortuus est* d).

a) De hoc Paciano, defuncto circa A. C. 380. ad cujus filium Flavium Dextrum, Hieronymus hunc librum de Viris illustribus A. C. 392: scripsit, et Dexter vicissim Hieronymo omnimodam suam Historiam dedicavit, adeunda Acta Sanctor. ad IX. Martii tom. 2. pag. 44. Nic. Antonius lib. 2. Bibl. Vet. Hispan. cap. 7. et Tillemontius tom. VIII. memor. pag. 537. seq. Pro Paciano Codices quidam *Pacatianum,* Honorius *Pacatium,* vitiose. Nam Pacianum vocat praeter Freculfum Codex antiquissimus Reginae Christianae, annorum 800. Paciani Barcinonensis opuscula continens de quo Mabillonius tom. 1. musei Ital. pag. 54. Barcinonem Hieronymi aevo Barcinonem dictam probat Nic. Antonius t. 1. Bibl. vet. Hispan. pag. 148. licet longe à Pyrenaei jugis in ora maris sitam.

b) Verisimile est Pacianum libro suo, qui hodie non exstat, titulum fecisse *Cervum,* sive *Cervulum,* in quo perstrinxit ineptum morem quorundam Christianorum in Hispania, qui Calendis Januariis se in cervorum vel aliarum ferarum habitum commutabant. Hoc idem Pacianus vocat *cervulum facere* sub initium paraenetici: *Hoc enim puto proxime cervulus ille profecit, ut eo diligentior fieret, quo impressius notabatur: Et tota illa reprehendendi*

dedecoris expressi ac saepe repetiti non compressisse videatur sed erudiisse luxuriam. Me miserum! Quod ego facinoris admisi! Puto nescierant cervulum facere nisi illis reprehendendo monstrassem. Confer Sirmondi antirrheticum secundum cap. 2. Colomesium ad Gyraldum de Poëtarum historia pag. 91. Martinum Lipenium in Historia strenarum tom. 12 thesauri antiquitat t. Rom. p. 468. Cangii glossarium Latinum in *cervula* et Graecum in κερβᾶκολῷ. Jo. Possinum ad Nili Epist. LXXXI. Ægidium Menagium Orig. linguae Gallicae in *Biche* et *charivari.* Joannem Reiskium in dissert. de vecolo et .cervolo, edita A. 1679. ad Can. 1. Concilii Antissiodorensis A. 578.

c) Paciani tres *Epistolae* contra *Sempronianum* Novatianum, una cum ejus *Paraenetico* sive exhortatorio *ad Poenitentiam* et libello *de Baptismo* ad Catechumenos edidit Jo. Tilius Paris. 1518. 4. deinde Petrus Galesinius typis Pauli Manutii Rom. 1546. fol. cum Salviano, Maximo, Sulpicio Severo et aliis. Exstant etiam in Bibliothecis Patrum, et cum novis Josephi Saenz Cardinalis de Aguirre, in tom. II Conciliorum Hispaniae pag. 79. seq. Paraeneticum ad Hermae Pastoris calcem recudi curavit Caspar Barthius, Cygneae 1655. 8. Cum illo libro utile fuerit conferre Tertulliani librum de Poenitentia, nec non quae ad illum observarunt tum Barthius in adversar. tum Jo. Frid. Gronovius capite XVIII. monobibli observationum Ecclesiasticarum. Non pauca etiam Paciani illustrantur in Latini Latinii Bibliotheca sacro profana pag. 165. Librum *contra Donatistas* praeter rem tribui Paciano à Stephano Salazario Carthusiano, notavit Nic. Antonius pag. 150.

d) Chronicon Pseudo Dextri ad A. 391. *Paciano Barcinonensi Episcopo parenti meo succedit Lampius.*

PACIFICUS *Maximus,* Asculanus. Supra pag. 60.

PACIFICA *Summa,* à PACIFICO Novariensi, Ord. Minor. Latine scripta circa Anno 1470. et Italice versa à Francisco Tarvisino Carmelita editaque Venet. 1574

1580. Vide Labbeum t. 2. de S. E. p. 152.

Antonius PACINUS, Anglus vitam Marii conscripsit, quae Manuscripta Oxonii superest in Collegio S. Mariae Magdalenae. Haec de eo Vossius pag. 696. quis ille Pacinus, vel cujus Marii, non addit. Acta Marii Persae et sociorum, tempore Claudii II. Imp. circa A. C. 370. Martyrum, scriptore Anonymo exstant in Actis Sanctorum tom. 1. Januar. 19. pag. 216.

(239. PACIOLUS Lucas Biturgiensis ord. Minor. Mathematicus eximius et Leonardi Da Vinci amicitia clarus. Non ante Annum 1523. videtur obiisse. Vide Tiraboschi Storia della Lett. Ital. VI. 378. Scripsit Italice Summa de Aritmetica, Geometria, proportioni et proportionalità. Ven. Paganino 1494. fol. fig. et Tusculani 1523 in fol. fig. Divina proportio. Opera a tutti gl' ingegni perspicaci e curiosi necessaria. Ven. 1509. fol fig. cum fig. L. Da Vinci. An laborem Petri Della Francesca Biturgien. usurpasse ex dictis G. Vasarii incredibile dubium oritur cui A. M. Gratiani (De Script. Invita Minerva I. 41) adhaesisse videtur. Latine vero: Euclidis Megarensis opera a Campano translata etc. Commentariolis illustravit. Venetiis per Paganinum De Paganinis Brix. 1509. in fol. ch. 144. liber Fabricio ignotus (V. CAMPANUS) a Paciolo Card. F. Soderino dicatus, epistola qua Euclidem a se vernacula lingua donatum a L. Da Vinci hortatus edere pollicetur. V. et Eyries Biografia Universale XLII. 166.)

Monachus PADUANUS, Benedictinus: supra, S. JUSTINÆ tom. IV. pag. 485.

S. Antonius de PADUA Monachus Franciscanus, supra tom. 1. pag. 121.

PÆSTANUS Vibonensis, sive Urbanus PÆSTONENSIS, perperam inter scriptores relatus, ex corrupto Macrobii loco VI. 4. Saturnal. Vide Lud. Carrionem lib. 1. emendatt. cap. 15. tom. 3. Lampadis Gruterianae pag. 118. Vossium pag. 827. seq. et Graevii n. in Cic. XVI. 6. ad Atticum.

Guilelmus de PAGULA, Anglus, Vicarius Winfeldensis, circa An. 1350. scriptor Summae summarum, sive repertorii Juris Canonici libris V. Speculi Religiosorum, speculi Praelatorum ad Regem Angliae Eduardum III. Oculi Sacerdotis, dextri et sinistri. Vide Pitseum pag. 476. Oudinum tom. 3. pag. 867. seq.

Alius Guilelmus PAGHAMUS, PAGANERUS sive de PAGULA, sup. t. 3. p. 148.

Jo. Baptista PAIARINUS (Pagliarini) nobilis Vicentinus, superstes adhuc post A. 1471 ad Patres Reip. scripsit Historiae Vicentinae libros VI. ab Urbis originibus usque ad A. C. 1435. Latine nunquam prodierunt, sed ex Italica versione Anno 1663. alterata tamen in multis locis. Vide Vossium pag. 577 et Diarium eruditorum Italiae tom. X. pag. 471. seq.

Vincentius PALÆOTUS, nobilis Bononiensis, clarus circa Ann. 1440. Jus in patria ac Ferrariae docuit, pater ipse et avus a) celebrium JCtorum, socerque Philippi Beroaldi, qui elogium ejus heptalogo suo, sive libello de septem sapientibus inseruit, testatus eum tumulo illatum Bononiae anno 73. aetatis, filiis octo feretrum ejus subeuntibus. Ex responsis ejus nonnulla exstant, ut de dote in tractatu tractatuum Juris tom. IX. pag. 404. Adi Guidonem Pancirollum lib. 2. c. 149.

PALEA, sive Cardinalis hoc nomine, sive PALEA b) Gratiani discipulus, à quo PALEAS in Decreto Gratiani appellatas esse volunt. Guido Pancirollus III. 2. de claris Juris interpretibus: Cum Gratianus librum Eugenio III. Pontifici offerendum Romam detulisset, Cardinali Pocopaleae, viro alioqui erudito, sed ambitioso, cujus opera ad Pontificem introduci volebat, legendum tradidisse fertur. Ille alienam laudem in se transferre cupiens, volumini quaedam a Gratiano omissa inseruit, seque operis auctorem esse jactitabat. Monachus, hominis fraude intellecta, addi-

---

a) Inter nepotes clarissimus Gabriel Palaeotus Alexandri F. ex JCto Bononiensi et auditore Rotae Romae Cardinalis qui An. 1597. octogenarius Romae obiit. Hujus vitam ab Augustino Bruno tradi-

tam edidit Edmundus Martene t. VI. monumentorum pag. 1586. seq.

b) Confer Albericum Gentilem de libris Juris Canonici pag. 54. seq. Cangium in Glossario.

tiones illas paleas *esse respondit*, a) *quae grano alibi condito inanes reddebantur*; Paleam *enim veteres Theologi litteram fructu carentem, vel sterile opus vocabant.* b) *itaque capita illa postea semper pro paleis sunt inscripta.* c) *Alii paleas ab eodem Cardinali* POCAPALEA *nuncupato, quo nomine etiam hodie oppidum in Subalpinis et familia vocatur, dictas fuisse censent. Nonnulli à* Palea *Gratiani discipulo* d) *qui diversas ejus libri inscriptiones quandoque etiam improbatas fecit,* e) *paleas nominatas fuisse autumant. Neque desunt, qui haec fabulosa existimantes, Decreta quaedam novissima adjecta, velut suspecta, et fide carentia, paleas* f) *appellatas fuisse credant, opus, quod patrum Pontificumque Decretis scateat, Decretum inscriptum fuit.*

PALFURIUS sive *Palphurius Sura*, aliis vitiose *Calpurnius*, scripsit ephemeridas vitae Gallieni Imp. suppar illorum temporum, laudatus Trebellio Pollioni in vita Gallieni cap. ult. Imperitavit Gallienus, Valeriani F. ab A. C. 253 ad 268. Alius ut videtur, licet aetate eadem, Palfurius potentissimus latro, quo capto atque interfecto omnem Isauriam liberavit Probus Imperator circa An. 279. teste Vopisco in Probi vita cap. 16. Alius certe et antiquior Palfurius Sura de Oratoribus coronatus, quem Consularem pulsum Senatu à Vespasiano quod Vitellianarum partium fuisset, restituere noluit Domitianus, teste Svetonio cap. 13. Idem tamen à Scholiaste Juvenalis IV. 53 traditur *transivisse ad Stoicam sectam, in qua cum praevaleret eloquentia et artis poeticae gloria, abusus familiaritate Domitiani. acerbissime partes delationis exercuit, quo interfecto, Senatu accusante damnatus est.*

Domitius PALLADIUS Soranus, cujus poemata edita Venet. 1498. 4. per Jo. Baptistam Sessam, Mediolanensem.

PALLADIUS *Fuscus* sive *Niger*, Patavinus. Supra tom. 2. pag. 628.

PALLADIUS *Patavinus*, supra tom. 2. pag. 628 in Palladio Fusco.

PALLADIUS *Rhetor* Latinus, cujus declamationem memorat Symmachus lib. 1. Epist. 9. Ad eundem scribit lib. IX. Edist. 1. et fratrem suum appellat, spectatum bonis omnibus facundiae atque eruditionis: lib. 1. Epist. 88. Ejusdem pompam cum acrimonia Quintiliani celebrat Sidonius Apollinaris Lib. V. Epist. 10. De eodem Symmachus III. 50. *Si quid praeterea scitu opus est, meus Palladius indicabit, quem ego non minus doleo abductum à juventute Romana, quam gratulor in spem sui honoris accitum.* Jo. Sarisberiensis lib. 3. Metalogici cap. 10. *Est autem, ut ait Palladius, magna pars prudentiae, ejus cum quo agitur aestimare personam.*

PALLADIUS à Caelestino I. Papa missus in Scotiam, idemque primus Scotorum Episcopus circa A. C. 431. Vide vitam S. Patricii cap. 25. Usserii Antiquitates Britannicas cap. 16. Antonium Pagi ad A. 429. num. 11. seq. et 431. num. 51. Acta Sanctor. tom. 2 Julii VI. p. 286. seq. Hunc cum Palladio, Helenopolitano in Bithynia Episcopo, Graeco Vitae S. Chrysostomi scriptore confundunt Trithemius cap. 133. et Baleus XIV. 6. tribuens ei praeterea librum contra Pelagianos, et Homilias plures et Epistolas ad Caelestinum. De Helenopolitano aliisque Palladiis dixi lib. V. cap. 32. Bibl. Graecae in limine Voluminis IX.

Joannes PALMER. supra t. IV p. 396.

Thomas PALMERANUS, infra THOMAS *Hibernicus.*

Matthaeus PALMERIUS Florentinus Supra hoc praesenti Volumine pag. 49.

Matthias PALMERIUS Pisanus Supra p. 49. De versione Latina libri *Aristeae* de

---

a) Tanquam nullius pretii, ut apud Albericum in Chron. pag. 32.

Dat Galenus opes et sanctio Justiniana.

Ex aliis paleas, ex istis colligo grana.

b) *Theophylact. in Naum Prophet. cap.* 3.

c) Caepo in tract. de cognitione librorum Juris Can.

d) Imol. in R. de verb. oblig. sub. n. 5,

e) Speculator in tit. de disputat. et allegat. §. ult. In fin: Caepo in d. tract. n. 14. Praepos. Alex. in proem. decret. Jas. in rubr. de actionib. n. 12.

f) Est etiam qui velit παλαιὰς tanquam antiquatas.

LXX. Interpretibus dictum lib. 3 Bibl. Graecae c. 11. §. 2. Omitto alios plerosque juniores, ut Antonium atque Eduardum et Jeffreum, sive Gothofredum et Thomam Palmerium Anglos, Franc. Palmerium Romanum, Julianum et Antonium atque Jac. Palmerium à Grentemesnil, Janum Mellerum Palmerium, Brugensem · Nicolaum Palmerium patria Siculum Episcopum Hortanum, defunctum An. 1467. cujus Sermones et Quaestiones illustris Fontaninus celebrat: Palmerium Vicentinum etc.

Marcellus PALONIUS, supra p. 22.

PALPONISTA, vide in BERNARDO *Geystensi* t. 1 p. 214.

PALTRAMI sive VATZONIS, Consulis Viennensis Chronicon Austriacum à nato CHristo ad A. 1304. inde à *Nicolao* VI-SCHEL, Coenobita Sancrucensi Ord. Cisterc. in Austria inferiore continuatum ad A. 1310 et ab Anonymo ad A. 1454. exstat in Hieronymi Pezii scriptoribus Austriacis t. 1 pag. 707. 738. Caeterae Vischelii lucubrationes, teste eodem Pezio p. 706. in Bibl. Sancrucensi Manuscripta sunt *libri XII. de laudibus S. Mariae* Virginis, et diversus ab illis tractatus qui *Imago B. Virginis* inscribitur. Liber *de incarnatione Verbi*, contra *Catharos haereticos.* Tractatus *de sex operibus Abigail.* Tractatus *de Eucharistia*, fratri Ernesto Vischel, priori et Lectori in Baden dedicatus. Tractatus *contra perfidos Judaeos.*

Petrus de PALUDE sive PALUDANUS (*de la Palu*) Burgundus Ord. Praed. Diffinitor Provinciae, Magister in Theologia, Paris. et à Papa Joanne XXII. Nuncius missus in Flandriam. Confer Raynaldum ad A. 1318. num. 20. et Acta Inquisitionis apud Baluzium tom. 1 Misc. p. 163. seq. Inde A. 1329. creatus Patriarcha Hierosol. diem obiit A. 1342. Vide Jacobum Quetif. tom. 1 pag. 603. seq. et Oudinum tom. 3 pag. 896. seq. Scripsit Commentarios *in universa Biblia*, cum *Praefationum* libro amplissimo. *In IV. libros Sententiarum* Paris. 1530. fol. 2. Volum *Quodlibeta.* Tractatum *de causa immediata Ecclesiasticae potestatis*, divisum in partes

VI. et Paris. 1506. editum. Vide Labbeum tom. 2 De S. E. p. 211. XXIII. *articulis Censuram de Joanne de Poliaco* Doctore Paris. Socio Navarrico, qui summi Pontificis auctoritatem convellere instituerat. Confer Jac. Quetif. tom 2 pag. 820. *Sermones* thesauri novi de tempore et de Sanctis, et Quadragesimale, saepius editos etiam sine nomine auctoris, quorum pars etiam aliis auctoribus videtur tribuenda. Vide Jacobum Quetif tom. 1 p. 607. seq. *Tabulam alphabeticam super Legendas Sanctorum Jacobi de Voragine*, quam alii *Nicolao de* HANAPIS malunt adscribere. *Librum Historiarum*, sive *librum Bellorum Domini.* Tractatum *de paupertate CHristi et Apostolorum* contra Michaelem Caesenatem de quo supra tom. 1 p. 296. *Epistolam* ad Magistrum Ordinis F. Hugonem de Vauceman, Campanum, responsivam ad Consulta, *quomodo Fratres Praedicatores possint reditus et anniversaria retinere.* A 1332. ad expeditionem Philippi Valesii Galliarum Regis in Palaestinam, *Directorium terrae Sanctae*, quod Gallice A. 1454. vertit Sebastianus Mamerot Cantor Ecclesiae Trecensis. Praecipuus etiam auctor fuit *determinationis* Facultatis Paris. *de visione beatifica* contra Joannem XXII quae exstat in Launoji historia Gymnasii Navarrei pag. 61. Boulaeum hist. Academiae Paris. t. IV pag. 236. et Nic. Coeffetellum adversus Mornaei mysterium Iniquitatis pag. 1040.

Angelus Philippus de PANDULPHINIS, Florentinus, defunctus An. 1446. Ejus dialogum oeconomicum cum filiis et nepotibus (*Trattato del governo della Famiglia. Fir.* 1734. 4.) laudat J. Niger in hist. scriptorum Florentinor. pag. 46.

PANDULPHUS Masca *de Alatro*, sive *Aletrinus*, Pisanus ex Ostiario Lateranensis Ecclesiae, Cardinalis Presbyter defunctus An. 1198. Gelasii II. ab An. 1118. 21. Jan. ad 1119. 29. Jan. Papae vitam scripsit, è Manuscr. editam à Papebrochio, propylaeo ad Acta Sanctor. Maji pag. * 9. II. Vulgaverat etiam notasque addiderat Constantinus Cajetanus Rom. 1638. 4. Apud Ludovicum Jacobum Bibl. Pontificiae p. 110.

reperio consignosse hunc Pandulphum *Vitas Romanorum Pontificum à S Petro usque ad Innocentium III.* Venet. 1548. et 1600.

• Pandulphus ille qui vitas aliquot Romanor. Pontificum nempe Gregorii VII. et coeterorum deinde usque ad Alexandrum III cum quo desinit evulgavit, alter est a Pandulpho Masca Cardinali Presbytero qui desiit an. 1198. ut probat Pagius ad an. 1121 num IX. Uterque tamen patria fuit Pisanus, sed prior hostiarius tantummodo Lateranensis Ecclesiae fuit, alter vero Cardinalis. Porro Pandulphus iste biographus Romanor. Pontificum vitas non dedit omnes, sed ut mox dixi a Gregorio VII. tantummodo usque ad Alexandram III. Quam ex isto accepit Constantinus Cajetanus vitam Gelasii II. recudit Muratorius una cum notis eiusdem Caietani in t. III p. 1. Rer. Italicar. Vide GELASIUM. II. Supra t. III 28.

PANDULPHUS *Anglus* scriptor, librorum *de meatibus terrae*, de quibus Simlerus ex Lumine animae Matthiae Farinatoris edito A. 1477.

PANDULPHUS *Capuanus*, Presbyter, in Casino sub Desiderio Abb. Monachus factus, Divina saeculariqué literatura eruditus, scripsit ad Petrum Salernitanum Abbatem librum *de Calculatione.* Versus *de termino Paschae Hebraeorum ; de circulo solari ad concurrentes inveniendos, de Cyclo lunari, de feria Paschae Hebraeorum invenienda ; ad annos Domini inveniendos : qualiter sint inveniendae indictiones. De Luna cujusque diei invenienda absque Embolismorum contrurietate : Quomodo fallunt qui se scire putant, quot horis, vel punctis luna in unaquaque nocte luceat. Quibus modis cursus solis dividatur: quomodo efficiatur bissextus ad ferias Kalendarum inveniendas : Qualiter vel unde regulae ad ferias mensium inveniendas praecedant. Quomodo regula terminorum Hebraeorum* (Paschae) *ex cursu solis inveniatur: ad feriam uniuscujusque diei inveniendam. De quatuor temporibus, in quibus datariis solstitia veraciter esse debeant : ubi aequinoctia veraciter credantur. esse. Quomodo Adventus Domini sit inve-*

niendus. Ut litera hebdomadarum per totum annum memoriter inveniatur. Quomodo CHristus sit passus in tertio Kalendas Aprilis. Quomodo anni ab origine mundi omnes fallunt. Qualiter Luna quintadecima non potest ad illam diem, qua facta fuit, pertinere. De assumtione Sanctae Mariae. De Agnete Imperatrice. Fuit autem temporibus Michaëlis (Ducae, qui A. 1078. obiit) et Alexii (Comneni qui A. 1081. coepit praesse) Imperatorum.

Haec de Pandulpho Petrus Diaconus de viris illustribus Casinensibus cap. 26 Ex Pandulphi scriptis et *Canonibus Mathematicis* qui in Bibl. Casinensi servari traduntur, nihil quod sciam editum exstat.

PANDULPHUS *Casinensis*, Monachus atque inde R. E. *Cardinalis*, Episcopus Ostiensis defunctus A. 1134. quem celebrans idem Petrus Diaconus cap. 25. *Sermones* ejus de totius anni festivitatibus, et *Rhythmum* in laudem S. Mariae memorat.

PANDULPHUS *Collenutius.* Supra tom. 1. pag. 368. PANDULPHUS Columna Vide PANDULPHUS.

PANDULPHUS *Ostiensis*, idem cum altero Casinensi.

PANDULPHUS *Pisanus*, idem cum Aletrino.

PANDULPHUS *Theanensis* in regno Neapol. Episcopus, cui Petrus Diaconus librum de Viris illustribus Casinensibus jussu ejus scriptum dedicavit.

PANORMITANUS. Vide ANTONIUS, t. 1. pag. 122. et PANORMITANUS Abbas et Episcopus, in NICOLAO *de Tudescis*, supra in hoc volumine p. 128. Hic enim intelligitur apud Hermannum ab Hardt tom. 6. Concilii Constantiensis prolegom. pag. 16. ubi affertur locus ex Panormitani praegrandi opere Manuscr. pro auctoritate Concilii Basil. contra Eugenium Papam.

PANTALEON Medicus, cujus summa de confluentia lacticiniorum, et tractatus varii de butyro, de caseorum variarum gentium differentia et facultatè prodierunt Taurini 1477. fol.

PANTHEON, supra in GODFRIDO Viterbiensi tom. 3. pag. 66.

• *Joannes Antonius* PANTHOUS Sacerdos

Venetus edidit et Andreae Gritti Venetorum Principi dicavit libellum de arte et theoria transmutationis metallicae sub titulo *Voarchadumia contra Alchimiam distincta ab Alchimia, et Sophia cum additionibus, proportionibus, numeris, et figuris opportunis* Venetiis 1530. in 4 et ibidem 1550. in 8. Extat etiam in vol. II Theatri Chemici editi Argentorati 1613. 8. * *Onufrius* PANVINIUS. Supra in ONUFRIO.

PAPIAS Grammaticus non ineruditus, Lombardus patria, scriptor *Lexici* sive *Elementarii*, à quo Vocabulistae nomen tulit, editi primum Mediolani 1476. fol. ac deinde saepius Venetiis, de quo non repetam quae dixi lib. IV. Bibl. Latinae c. 7. Papiam in glossario Manuscr. laudat Geverh. Elmenhorstius notis ad Epistolam Mansueti, Episcopi Mediol. Sed. quae ex illo affert, in Papia edito leguntur. De Aquicinctensi et Leidensi Codicibus Papiae MSS. vide Oudinum t. 2 p. 621. Citatur Papias etiam à Joanne Gersone t. 1 Opp. edit. Dupinianae pag. 223. et a Boccacio III. 13. geneal. Deorum atque alibi. In Lexico eruditorum Germanice vulgato Lipsiae, praeter rem traditur Papiae glossarium in Putschii Grammaticis reperiri. Sed. exstant in illis p. 1639. ad 1666. *explicationes notarum veterum ex Papiae glossario excerptae. Epistolas* à Trithemio memoratas nemo iu lucem protulit.

Chronicon Regia Monachorum Coloniensium S. PANTALEONIS. Ord. Bened. ab Orbe condito post primum Collectorem, qui tempore Ottonum saeculo X. scripsit, continuata usque ad An. 1162 atque edita à Jo. Georgio Eccardo tom. 1 scriptorum medii aevi pag. 683-944. qui etiam versionem veterem Germanicam ejusdem Chronici, ab Henrico Aucupe usque ad captum An. 1162. Mediolanum subjunxit pag. 945. 1006. GODEFRIDUS Monachus Pantaleonita continuavit hoc Chronicon ab A. 1162. ad A. 1237. de qua continuatione vulgata à Frehero tom. 1. scriptor. rerum Germ. dixi supra tom. 3. pag. 65. * Bibliotheca maioris ecclesiae Lucensis codicem insignem servat Elementarii Papiae membranaceum,

quem olim Ecclesiae illi dono dederat Guillelmus ex canonico Primicerio Lucanus Episcopus ab anno circiter 1175. ab eo ubi facile credo, vel saltem in exordio Saeculi XII. descriptum. Utramque praefationem contuli cum editione vetustissima Mediolanensi an. 1476 et variantes hasce deduxi. In editis est: *Papias dilectis filiis salutem,* quod deest in Codice. En reliqua variantia.

Edit.	MS
Filii utique carissimi.	*Fili uterque charissime.*
Disciplinae elementa.	*Quaedam elementa ad vestra erudimenta invenire etc.*
Dicente scriptu.	*Dogmatizante spiritu.*
Scripturis.	*Scripturas selectum.*
Cum charitate.	*Quam charitative.*

Edit.	MS.
Iam vero de huius artis etc.	Desunt haec omnia et eorum loco haec lego in codice: *Iam vero definitionibus et secundum regulas notationibus; sententiis quoque et multis id genus superadditis altius, apertius elementarium doctrinae erudimentum nominari poterit; nec enim parva erit similitudo sicut illius.* Deest tota periocha ab illo. *Iam vero de huius* usque ad illud *Iam vero definitionibus.*

Altera praefatio.

Sua propria significatione.	*Sua proprietate.*
Per aspiratione cum diphthongo.	*Deest cum dipthongo.*
Prescribentur Isidorus.	*Perscribentur.* Tum subditur: *ipsis pro verbis* etc. quae in editis leguntur. in fine praefationis. Statim vero succedunt nomina.
Horatius.	Deest.
Martiales.	*Martiani.*

PAPPOLI Carnotensis Episcopi libellus
Synodo Parisiensi A. C. 573. oblatus ex-
stat in Conciliorum tomis et in Ruinarti
Gregorio Turonensi p. 1340.

PARATUS, aliis PACATUS, qui Paulini
Nolani vitam versibus instituit tradere, et
cui Epistolam de ejusdem obitu, cui A.
431. interfuit, dicavit Oranius de quo supra.

PARATI nomine Sermones, cujus prima
homilia incipit à Verbis: *Paratus* est *judicare vivos et mortuos*, de tempore et de
Sanctis, lucem saepius viderunt, ut Argentinae 1487. Norimb. 1500.

Henricus PARCHENUS, Anglus, Carmelita iu Monasterio Dunocastrensi circà A.
1464. praeter *Orationem de paupertate
CHristi*, et *Conciones* sacras, scripsit Commentaria in libros Meteororum Aristotelis,
memorata Lelando cap. 553. *Dialogum divitis et pauperis* addit Pitseus pag 660.

PARDULUS Episcopus circa A. 847. Laudunensis, cujus Epistola ad Hincmarum
Remensem tom. 2. Opp. pag. 838. Incipit:
Gloria in excelsis DEO, *per quem mihi sa-
nituem vestram omnibus profuturam redditam gaudeo*. De Synodis quibus Pardulus
hic interfuit; vide Caveum.

Guido de PARE sive de PARETO, Generalis Ord. Cisterc. et R. E. Cardinalis defunctus A. 1202. De quo supra tom. 3 p.
123. De ejus *summa Theologiae* Manuscr.
in Bibl. Victorina; Oudinus tom. 2 p. 1687.
Incipit: C*ontestare populum, ne forte* etc.

Joannes PARIS. Supra t. IV. p. 396.

Julius PABIS. ibid. pag. 480.

Matthaeus PARIS. Hoc Volum. p. 50.

PARIS *de Crassis* sive *Grassis*, Bononiensis Magister ab A. 1513. cerimoniarum
Ecclesiae Rom. et Episcopus Pisauriensis
ab A. 1515. ad 1528. Confer Ughellum t.
2. pag 863. et Christ. Godofredi Hofmanni,
cum magna harum litterarum jactura superiore anno 1735. extincti, novam Scriptorum syllogen tom. 1. pag. 467. seq Hujus *Commentarii rerum Romanarum sub
Pontificatu Julii II.* sub A. 1503. ad 1513.
Manuscripti fuere in Bibl. Baluziana. Excer-

ptum ex ejus Diario A. 1517. exstat inter
Mabillonii Ordines Romanos tom. 2 musei
Italici pag. 587. Vide supra pag. 163. Am-
pliora excerpta ab A. 1518. ad obitum Leonis X. A. 1521. in laudatae sylloges illustris
Hoffmanni tomo primo a) Lips. 1731. 4.
(240 De ingressu Leonis X. Florentiam
descriptio Paridis De Grassis notis illustr.
a D. Morenio. Florentiae 1793. 8.)

PARISIENSIS de Virtutibus et Vitiis. Vide GUALTERUS *Hunte*.

PARISIUS *de Cereta* scriptor Chronici
Veronensis ab A. C. 1117 ad 1278. quod
cum continuatione nescio cujus ad A. 1375.
ex Manuscr. Codice vulgavit eruditissimus
Muratorius b) tomo scriptor. Italiae octavo.

PARMENIANUS Donatistarum Episcopus
Carthagine et successor Donati circa A. 370.
pro secta sua scripsit tractatus quos ab OP-
TATO confutatos dixi supra pag. 162. Eundem Parmenianum TYCHONII Afri libris
tribus de bello intestino et expositionibus
diversarum causarum respondere conatum,
oppugnavit S. AUGUSTINUS libris tribus
contra Epistolam Parmeniani, qui exstant
tomo IX. edit. Benedictin. Confer Tillemontium tom. IV. memoriar. pag. 141. seq. Henrici Norisii Opera t. IV. p. 382. seq

PARMENSE Diarium ab A. 1477. ad 1482.
editum in laudati Muratorii tom. XXII. thesauri Italiae p. 247-398. et Chronicon Parmense ab A. 1038. ad 1038. t. IX. p. 75.

PAROCHIALE Curatorum. Supra in MI-
CHAELE *Lochmaiero*.

PASSEVALDUS *Belligenius* Brugensis,
coecus natus, symbolo utebatur verbis Davidis Psalm. CXLV. 8. *Dominus illuminat
coecos*. Hic praestans eruditione humaniores litteras docuit Parisiis sub saeculi XVI.
initia. Ex scriptis ejus nihil memorari comperi nisi scholia ad Quintiliani declamationem primam pro coeco contra novercam.
Eorum autem nullam ab editoribus Quintiliani habitam rationem esse video.

Aemilius PARTHENIANUS ex uno notus
Vulcatio Gallicano in vita Avidii Cassil cap.
5. *De hoc multa gravia contra militum li-*

centiam facta inveniuntur apud Æmilium Parthenianum , qui affectatores tyrannidis jam inde à veteribus historiae tradidit. Æmilium Paternianum vocat Gesnerus in appendice Bibl.

Antonius PARTHENIUS Lasicius Veronensis, cujus Commentarii in Catullum saepius editi post primam editionem Venetam 1487. fol.

PASCHALIS I. Romanus ex Ord. Bened. Papa ab A. 817. Jan. 28. ad A 824. Maji 14. de quo Acta Sanctor. tom. 3. Maji p. 391. seq. Ex ejus Epistolis quas in Vaticana Bibl. servari notat Lud. Jacobus pag. 168. Bibl. Pontificiae , non plures exstant in Conciliorum tomis quam tres , 1) de confirmatione privilegiorum Ravennatensis Ecclesiae , ex Ughelli tom. 2 Italiae sacrae , 2) de inventione reliquiarum S. Caeciliae , ex Baronio ad A. 821. num. 4. 3) ad Bernardum Viennensem Archiepiscopum ex Baronio ad A. 817. n. 19.

* Ivo in Decreto p. 2 cap. 84. quaedam affert ex Decretis Paschalis Papae, quorum exordium est. Aeternae Mortis crimen. Haec fere omnia transtulit Gerhous in commentarium in Psalm. XXV quaedam Gratianus in Can. si quis obiecerit 1. quaest 3. Haec ipsa ego nactus sum in codice MS. Lucensi Saeculi XI in quo perinde haec exhibentur , tamquam si esset epistola Paschalis ad Archiepiscopum Mediolanensem. Ex hoc igitur codice integram illam epistolam dedi in supplemento Concil. tom. 1. pag. 803. Insuper Paschalis ad Petronacium Archiepiscopum Ravennatem epistola, quam dedit Labbeus emendatiorem , et ad ipsum Paschalis autographum Mediolani servatum exactam dedit Muratorius in tom. III. Rer. Italic. et ex hac recensione ego in meo Concilior. supplemento tom. 1. pag. 799.

PASCHALIS II. antea Rainerius sive Ragingerius Bledanus , ex Abbate Ord. Bened. Cardinalis atque inde Papa ab A. 1099. August. 12. ad A. 1118. Jan. 18. Ejus vitam

nuper traditam habemus à V. C. Jo. Adolpho Heremanno,Marpurg. 1728. 8. Epistolas quinque ad Hispanos exhibet Agvirrius t. 3. Concil. Hispan. pag. 314. seq. et sextam pag. 330. Longe plures Paschalis secundi Epistolae , centum et septem exstant in tomis Conciliorum , una cum fragmentis Decretorum è Gratiano. Confer tom. XI. Bibl. Graecae p. 701. Epistolas aliquot huius Pontificis servavit Eadmerus libro tertio , quarto, quintoque historiae , ad quem videndae Seldeni notae pag. 132. et Wilhelmus Malmesburiensis pag. 273. 274. 275. Aliae exstant apud Baluzium in appendice ad Marcam Hispanicam pag. 1243. et in appendice ad Regionem pag. 651. atque in tomo VII. Miscellaneorum pag. 131. seq. ubi Epistolae quinque , et tom. 2 pag. 174. 182. 183. 188. 192. 213. ubi sex. et tom. V. pag. 188. 277. seq. et aliae quatuor in Edmundi Martene tom. 1 anecdotorum p. 336. seq. vide et Jo. Georgii Eccardi Corpus scriptorum medii aevi t. 2. p. 233. seq. 258 seq. 270. seq. et Dacherium ad Guibertum Novigentinum p. 588.

* Epistolarum Paschalis chronologicam Sintaxim ego in meo concilior. supplem. tomo 2. exhibui Spicilegium pariter Epistolarum eiusdem adieci , quas desumpsi ex Martene ex Gallia Christiana , ex Codice Udalrici Bambergensis. Denique fragmentum tractatus de Canonicorum ordine quem exhibet Gerhous in exspositione Psalmi LXIV ex eodem Geroho ibidem retuli.

PASCHALIS III. antea Guido , Cremensis sive Cremanus a) an Cremonensis, b) Antipapa adversus Alexandrum III. ab A. 1167. Aug. Ejus Epistola ad Ludovicum VII. cognomento Juniorem , Francorum Regem edita à Francisco du Chesne t. IV. rerum Francor. pag. 719.

PASCHALES Epistolae , sicut in Oriente ab Episcopis Alexandrinis ad Ecclesias Graece missae olim quotannis ad solenne Paschatis tempus indicendum , ex decreto Synodi Nicaenae c) ut Epistolae Dionysii ,

---

a) Ptolomaeo Lucensi ad A. 1161. Petro Blaesensi Epist. 48. Ughello aliisque. Giornale de' letterati d' Italia tom. X. pag. 575.

b) Bergomensi ad A. 1160. Auctori annalium Pi-

sanor. ad A. 1165. Francisco Arisio , Cremonae litteratae tom. 1 pag. 78. seq.

c) Leo M. Epist. 94. (al. 64.) ad Marianum , Cyrillus Alex. in prologo Cycli apud Bucherium p. 481.

Lucii, Theophili, Proterii, Athanasii et Cyrilli Alexandrinorum Episcoporum testantur, de quibus in Bibl. Graeca a) dicere me memini : Similiter in Hispania metropolitani de Paschatis celebrandi tempore litteris invicem se inquirere jussi sunt in Concilii IV. Toletani Canone V. A. C. 633. Atque Ecclesiarum Occidentis non minorem curam Paschatis definiendi fuisse, Victorii Aquitani, Paschasini, Dionysii Exigui, Isidori, Ceolfridi, Bedae aliorumque scripta testantur. Confer Anonymi b) eruditas observationes in veterum Patrum et Pontificum Prologos et Epistolas Paschales , aliosque antiquos de ratione Paschall scriptores. Amst. 1734 4.

PASCHARINUS Siciliensis Lilybetanus in Sicilia Episcopus, qui Concilio Chalcedonensi An. 461. Leonis M. nomine interfuit, unde Acta illius Concilii ei tribuit Trithemius. Exstat ejus, laudata Isidoro cap. XI. de Scriptor. Eccles. et cap. 24. de Viris illustribus , *Epistola de Paschatis observatione* ad Leonem M. quae saepius inter Leonis M. Epistolas et in Quesnelliana editione p. 412. et in Conciliorum tomis et in Bucherii doctrina temporum lucem vidit. Confer Quesnelli notas pag. 262 326 797 seq. edit. primae. Ex hac Epistola alii *duas de Paschate , et de fontis, miraculo et de captivitate Vandalica* c) Epistolam induxerunt. Vide Mongitorem tom. 2. Bibl. Siculae pag. 119. *Epistola* altera, et sententia *de damnatione Dioscori Alexandrini* occurrit in Actione 3. Synodi Chalcedonensis, in iisdem Conciliorum tomis tom. 2. Harduin. p. 343. Confer Tillemontium t. XV. memoriar. p. 662.

PASCHASIUS Diaconus Ecclesiae Rom. clarus ab A. 492 ad annum circiter 512. de quo Acta Sanctorum , tom. VII. Maji 31. pag. 438 seq. Exstat eius *Epistola ad Eugippium* vitae S. Severini scriptorem , de cuius editionibus dixi tom. 2. p. 378.

Libros Paschasii *de Spiritu S.* rectissimos et luculentos celebrat Gregorius Magnus dialogor. IV. 40 hos vero *duos* qui exstant sub Paschasii nomine , Oudinus tom. 1. pag. 1339 seq. et 1304 seq. non contem. nendis rationibus disputat FAUSTO Reiensi tribuendos esse. Prodiere Colon. 1539 8. et Joanne à Fuchte curante , Helmst. 1613 8. et in Bibliothecis Patrum, ac novissima Lugdunensi t 8. pag. 806.

PASCHASIUS Diaconus , à superiore diversus, qui S. Martino Presbytero adhuc, et *Eumiensi* Abbati , deinde ab An. 560. Bracarensi Episcopo dicavit versas è Graeco jussu illius *Vitas Patrum*, quae in Rosweidi Vitis Patrum Antwerp. 1615. Lugd. 1617 atque Antw. 1628 fol. librum septimum occupant. Vide Oudinum tom. 1. p. 1471 Vossium p. 242. et quae de Rosweidiano opere dixi Vol. IX. Bibl. Graecae p. 27 seq.

PASCHASIUS *Rathbertus* Abbas Ord. Bened. Coenobii S. Petri Corbejensis ad Samonam in dioecesi Galliae Ambianensi ab An. 844. ad 851 de quo ENGELMODUS , et Jacobus Sirmondus in vita praemissa Operibus Paschasii et tom. IV. Sirmondi Operum pag. 622. et in Patrum Bibl. tom. XIV. edit. Lugd. p. 352. et in Actis Sanctor. tom. 3. April. 26. pag. 4. Ejus Opera à laudato Sirmondo Paris. 1618 fol. junctim edita atque inde recusa in Bibliothecis Patrum Colon. tom. IX. et Lugd. tom. XIV. praemisso privilegio quod Corbeiensis Monasterii Abbati concessit Synodus Parisiensis An. 846.

Commentaria ampla· et docta *in Evangelium Matthaei liari XII.* ad Guntlandum, Monachum Monasterii S. Richarii Confessoris et ad sanctissimos in CHristo fratres d) in quibus cum Ammonii canonibus sequi se profitetur SS. Hieronymum, Hilarium, Ambrosium , Augustinum , Gregorium , Chrysostomum et Bedam , questusque prae Graecorum facundia Latinam

---

d) Lib. V. cap. 27. tom. 8. pag. 566.
a) ActaFrud. 1755 pag. 456.
a) Chronicon breve apud Ruinartum pag. 115. hist. persecutionis Vandalicae : *Quo tempore Vandali capta Carthagine Siciliam quoque deleverunt, cujus captivitatem* Paschasinus *Lilybitanus anti-*

stes in Epistola, quam de ratione Paschali Papae Leoni scripsit , meminit.

a) Vide prologos libri V. et XI. ubi Paschasius Ratbertus se vocat *Monachorum omnium peripsema et Levitarum ultimum.*

paupertatem egere documentis, negat se FORTUNATIANI et VICTORINI in Matthaeum opuscula reperire potuisse. Confer Rich. Simonis Hist. Criticam Novi Testamenti lib. 3. cap. 27. pag. 383. seq. Dupinium t. VII. Bibl. Eccles. p. 79. seq. *Expositio in Psalmum XLIV.* Eructavit cor meum' Verbum bonum, *libri III.* ad sacras Virgines Svessione in S. Mariae Monasterio degentes.

In lamentationes Jeremiae Prophetae, quas à nemine Latinorum explanatas ait se legisse, *libro V. Paschasius Ratbertus Monachorum omnium peripsema, seni* Odilmanno *plurimam et sempiternam salutem.* Prodierant Basil. 1502 8. et Colon. 1532 8. sed auctores edidere Sirmondus et in Bibl. Patrum Coloniensi Andreas Schottus.

De Corpore et Sanguine CHristi liber tempore exilii Walae Abbatis Corbejensis à Monacho adhuc circa An. 831. scriptus ad *Placidum suum.* (Warinum Abbatem) quem *votorum filium* appellat. Prodiit primum Haganoae 1528. 4. curante Jobo Gastio, qui in praefatione ad D. Jo. Brentium, quem praeceptorem suum appellat, testatur hunc in librum se incidisse apud Jo. Secerium typographum. Perperam vero legas statim in limine : *Pascasius Ruberto Placido suo,* pro *Paschasius Ratbertus Placido suo.* Titulus ambitiosus, à Gastio praefigitur hic : *Ex vetustissimis orthodoxorum* Patrum. Cypriani, Ambrosii, Augustini, Hieronymi, Isichii et Paschasii *de genuino Eucharistiae negotii intellectu et usu libellus, ex Divinis Scripturis ab iisdem dexterrime conflatus, contra omnes vesanos Sacramentario spiritu vertiginosos, qui cum ipsi Patrum opinionibus pertinacissime innitantur, plane Achilleum telum, nuper ex vetusto exemplari bonis avibus in fanaticorum omnium interniciem depromptus.* Prodiit deinde cum LANFRANCI dialogo Anno 1540. per Gvil. Ratum 1547. et sub RABANI *Mauri* nomine, cui in Manuscriptis codicibus quibusdam tribuitur) ad Calcem BERTRAMI (de quo supra tom. 1 pag. 224.) Colon. 1551. 8. edente Nic. Mamerano. Sed Paschasio, vero auctori restitutus edente Jo. Vlimmerio, Lovan.

1561. 8. prodiit una cum ALGERO aliisque de eodem argumento. Inde in Bibliothecis Patrum omnibus, ubi non omittendum quod in indicibus ad Parisiensem An. 1589. Bignaeus ex Codice Frontonis Ducaei exhibuit *duo fragmenta* à Gastio praeterita. Inde recensitum a se vulgavit separatim Joannes à Fuchte, Helmst : 1616. 8. una cum Paschasii jam senis *Epistola ad Frudegardum* sive Fredugardum, Frithudagum Monachum *de Corpore et sanguine Domini, subjuncta expositione* in illud : *Coenantibus autem iis,* ex Paschasii Commentario in Matthaei cap. XXVI. 26. et Barwardi Rhesii Epistola contra editorem Bertrami Bremensem. Post Sirmondianas denique editiones in recentioribus Bibliothecis Patrum repetitas Edmundus Martene hunc librum secundis auctoris Ratberti jam Abbatis curis expolitum exhibuit tomo IX. monumentorum veterum pag. 373-470. praemissis versibus et Epistola ad Carolum Calvum Regem, versibusque aliis qui incipiunt : *Regis adire sacrae,* et quorum acrostichis: *Radbertus Levita.* Paris. 1733. fol. Quae de aetate et de sententia hujus scriptoris longe lateque disputantur à Cardinali Perronio in libris de S. Eucharistia, à Lud. Cellotio in historia Gotheschalchi, à Carolo Cointio tom. VIII. annalium Francor ad An. 818. 826. et ad An. 831. pag. 192. seq. Mabillonio praef. ad Sec. IV. Benedictin. partem 2. à Blondello in libro de S. Eucharistia edito Gallice p. 429. seq. atque Edmundo Aubertino p. 920. seq. aliisque, ea discutere ab hoc loco et ab instituto meo alienum fuerit.

Vita S. Adelhardi, Abbatis Corbejensis obvia etiam apud Surium, 2. Januar. et in Actis Sanctor. tom. 1 Jan. pag. 96. et in Mabillonii Sec. IV. Bened. parte 1.

Passio Sanctorum Rufini et Valeriani sive *Valerii* Martyrum Svessionensium sub Diocletiano, quam comtiore stylo Paschasius perpolivit et longis amplificationibus deduxit, unde omissa illa Paschasiana lucubratione, antiquioribus Actis et brevioribus locus datus est in Actis Sanctor. tom. 2 Junii 14. p. 796. seq.

Post Sirmondianum editionem Operum

Paschasii, lucem viderunt : 1) *Epitaphium Arsenii*, alterius temporum suorum Jeremiae . sive *Vita S. Walae* Abbatis post fratrem Adelhardum Corbejensis, vulgata à Mabillonio Sec. IV. Benedictin. parte 1. p. 453 2) *De partu Virginis* libri II. ad Matronam et Virgines Svessïonenses, Bertramo oppositi, quos HILDEFONSO Toletano adscriptos à Fevardentio, Dacherius ex lide duorum Codicum Corbejensium Paschasio vindicavit, subjunctoque BERTRAMI libro edidit tom. 12. spicilegii pag. 1. (edit. novae tom. 1 pag. 44. 52.) Fragmentum vulgaverunt Dacherius pag. 561. seq. ad Gvibertum Novtgentium. 3) *De Fide, Spe et Charitate* ad Warinum novae Corbejae Abbatem et Archimandritam libri III. quos acceptos ab illustri Leibnitio ad editionem paravit Jo. Frid. Hodannus, Scholae Winsensis Rector, sed communicatos à Jo. Georgio Eccarto primus edidit Bernardus Pez tom. 1 thesauri anecdotorum, Augustae Vindel. 1721. fol. parte 2. pag. 1. Denique emendatiores Edmundus Martene t. IX. monumentorum veterum pag 471-578. Etiam his praemittuntur versus in quorum acrostichis *Radbertus Levita*, et quorum initium : *Rumpe Camoena moras.*

* Praeterisse pigeret id quod ego ex collatione praefationis astrictae metro quam vulgavit P. Martene, ex eiusdem praefationis, quam recitat Gezo Abbas Derthonensis in libello de corpore et sanguine Christi vulgato a Muratorio Anecd. t. 3 250 deprehendi. Carmina enim a Gezone relata praeter quam quod variantia nonnulla ab edito Martenis exhibent multo plura sunt numero, quam quae in Martene. Nam in Gezone sunt versus LXXXII. cum in praefatione ap. Martene XV. non superent. Si quis novam opp. S. Paschasii editionem moliatur illorum carminum a Gezone relatorum meminisse oportet, ut plenior sit operis huius tanti ubique momenti ad dogma de Eucharistia, editio. Denique Paschasii *Commentaria in Apocalipsim, et expositio in actus Apostolorum* extare feruntur in Cod. MS. Abbatiae De Cuissy in Dioecesi Laudunensi Ord. Praemonstrat. Vide Hist. Litter. Galliae t. VIII p. 14. praef.

Petrus PASSERINUS notarius circa An. 1500. Utinensis , ab Antonio Bellone, Vossio, Cangio aliisque traditur scriptor *diarii* inediti *rerum Forojuliensium* ab An. 1258 ad 1356. sive potius ut ex Codice Manuscripto illustris Fontanini notatum in Diario eruditorum Italiae t. IX. pag. 157. ab An. 1252. ad 1384. Ex eodem discimus verum auctoris nomen esse JULIANUM Canonicum Civitatensem , qui ita de se ad An. 1293. *In die sancti Thomae Apostoli post Missam in Capitulo Civitatensis Ecclesiae , fuit mihi* Juliano *praebenda ipsius Domini Jacobi.* Omitto quod ibidem memoratur Compendium familiarum nobilium Utinensium Manuscr. apud laudatum Fontaninum , compositumque à Passerino, sed Italice , non Latine.

PASSIONALIA vocari consueverunt libri vitas et martyria Sanctorum complectentes , ordine festorum anni quibus memoria eorum celebrari consuevit : cujusmodi Latinum Manuscr, in Bibl. Petrina hujus Urbis , recensetur à Nic. Staphorstio tom. 3 Hist. Eccles. Hamb. pag. 182. Plura exstant hujusmodi et hoc titulo typis etiam exscripta Germanice ut Lubec. 1492. 1499. 1507. Basil. 1511. 1517. fol. divisa in partem aestivam et hyemalem : *Passionuel, este dat levent der hyllighen to dudo uth dem latino mit velen nygen historien unde leren* etc. Adde eundem Staphorstium t. 2 p. 677. Recte Jacobellus libro de Communione sub utraque , apud Clariss. Hardtium t. 3 Concilii Constantiensis p. 495.

Omnia namque in Lege Domini posita sunt vera et secura : in Passionalibus vero non ita secura Sed licet multa vera sint et conformia Legi DEI , et exemplaria ad nostrae vitae emendationem : tamen in talibus legendis multa falsa sunt inserta , quae sub specie sapiunt quaestum. Et haec , cupiditas Pseudocleri, ut aestimo, est operata.

PASTORIS Liber , supra in S. HERMA.

PASTOR *de Albernaco*, aliis *de Serra. Scuderio* Gallus , Ord. Minor. ex Episcopo Assisiate et Ebroduhensi Archiepiscopo R. E. Cardinalis ab A. 1350. ad 1354. Ejus de gestis suo tempore in Ecclesia memorabilibus omnes memorant, Eisengrerius ,

Ciacconius, Waddingus, Vossius aliique: nemo ubi editum fuerit illud opus, vel ubi Manuscriptum delitescat annotavit. Idem dicendum de multis ejus quorum Ciacconius facit mentionem, commentariis in libros sacros profanosque.

PASTOR de Curatorum miseriis citatur apud Meibom t. 2 rer. German. p. 11.

PASTOR *Episcopus* a) *composuit libellum in modum* Symboli *parvum totam pene Ecclesiasticam credulitatem* b) *per sententias continentem. In quo inter caeteras dissensionum pravitates, quas praetermissis authorum vocabulis anathematizat,* Priscillianos *cum Episcopo* c) *authoris nomine damnat.* Haec Gennadius cap. 76. et ex eo Honorius lib. 2. cap. 75.

PASTOR *Gallus.* Supra, *Pastor de Albernaco.*

PASTOR presb. Rom. sub cujus nomine *Epistola* ad Timotheum Presb. Rom. circa A. 151. de *Actis Praxedis et Pudentianae* sororis missa per Eusebium Diaconum exstat tom. IV Act. Sanctor. Maji 19. pag. 299. cum TIMOTHEI responsione De Praxede conferre licebit t. V Julii 21. p. 130. seq.

De PASTORALI Gregorii M. dictum supra tom. 3 pag. 82. Exstant et alia Pastoralia juniora, ut quod ad manus mihi est *Pastorale Romanum* pro usu dioecesis *Osnabrugensis,* jussu Francisci Gullelmi Episcopi editum Osnabrugi 1629. 4. Sic Gandavense et Tornacense A. 1625. Mechliniense A· 1589. 1607. Ruremundense A. 1599. et Salisburgense A. 1627. in Bibl. Telleriana, quae hodie S. Genovefanae accessit, Parisiis asservantur.

PATAVIENSIUM sive PASSAVIENSIUM Praesulum indiculi ab A. 722. ad 1148. et 1285. obvii in Hieronymi Pezii tom. 1 scriptorum Austriacorum, cui junge praeclari Viri Raymundi Duellii Miscellanea lib. 2. pag. 297. seq. Marci Hansizii tomum primum Germaniae sacrae, Hundii

metropolin *Salisburgensem* tom. 1 p. 190. seq. etc.

Franciscus PATAVINUS, supra, *Jo. Franciscus* PAVINIUS et t. 2 p. 602.

PATERIUS *Romanae Ecclesiae notarius et secundicerius, colligens omnia Divinae scripturae testimonia, per quae* Gregorius *obscura suae expositionis dilucidavit,* tres libros *edidit. Duos de testimoniis veteris instrumenti, et unum de testimoniis novi testamenti, ipsumque codicem appellavit* librum testimoniorum. Haec de Paterio Sigebertus cap. 43. de S. E. In Chronico Fontanellensi apud Dacherium t. 2 edit. novae pag. 280. inter libros illius coenobii video memorari: TAGII *sententiarum Volumen unum. Excerptionum* PATERII *de Veteri ac Novo Testamento ex Opusculis B. Gregorii Papae librum unum :* EVIPI (lege EUGIPII) *ex opusculis B Augustini similiter Volumen unum* De eodem ALULFUS Monachus S. Martini Tornacensis circa A. 1096. in prologo Gregorialis sui. *Quia igitur* Paterium ,· *B. Gregorii* (qui A. 604. obiit) *discipulum ejusdem jussu Praesulis, opus simile fecisse cognoveram, cujus quidem principium* super Genesin *libenter legeram, sequentes autem libros nequaquam invenire poteram, gratanter et ardentius Abbatis mei* (ODONIS) *hortamentum et imperium suscepi* etc. Colligas inde Paterii ipsius opus maximam partem intercidisse, quod jam suo tempore reperire Alulfus non potuit, quod autem Rom. 1553. prodiit et quod in Gregorii M. Operibus exstat opus simile, deberi ALULFO huic, de quo tom. 1 pag. 72. vel BRUNONI Monacho circa A. 1100. de quo pag. 792. Confer etiam Oudinum tom. 1 pag. 1574. seq. et dicta supra in GREGORIO t. 3 p. 80.

* Sinceram Paterii collectionem excerptorum ex opp. S. Gregorii tandem prodiisse constat. Cum enim Benedictini PP. e Congr. S. Mauri in 2. parte IV. volum. editionis

---

a) Hispanus fortasse, circa A. C. 400.

b) *Fidem, Christianam:* quo sensu voce illa praeter Cyprianum aliosque Cangio laudatos utitur Commodianus.

c) Priscilliano Abulae in Hispania Episcopo, qui A. 589. Treviris capitis damnatus est. In quibusdam Co·d. est *cum ipso.*

suae opp. S. Hier. ad recudendum Paterii
nomine opus devenisset, intelligentque sub
Paterii nomine opus antea typis editum
Alulphi Monachi Tornacensis foetum esse ,
e MSS. codicibus sinceram collectionem
Paterii repetendam censuerunt. Ex his ergo
tres Pateriani operis partes, quot sicilicet
distinxit Paterius, evulgarunt, ac miror
editionem illam Fabricium nostrum non
consuluisse; didicisset enim ex ea, nec
integram Paterianam collectionem aetate
nostra deesse, neque sincerum opus Paterii in MSS. codicibus adhuc latere. *

Petrus de PATERNIS, Augustinianus
circa A. 1350. scriptor libri *contra Judae-*
os et alterius *de necessitate et sufficientia*
vitae humanae, qui ambo Manuscripti in
Bibl. Colbertina, teste Dupinio t. XI p.
79. et Oudino t. 3 p. 971.

S. PATIENS Episcopus Lugdunensis,
ab A. 470. ad 491. de quo Baronius ad
Martyrolog. XI. Sept. et viri docti ad Sidonium, Sammarthani tom. 1 pag. 294.
seq. et Tillemontius t. XVI memoriar. p.
97. auctor fuit CONSTANTIO Presbytero
scribendae vitae S. Germani Autissiodorensis Episcopi, atque in Concilio Lugdunensi An. 475. librum Ecclesiasticorum
dogmatum protulisse traditur. Sunt qui
ei tribuunt homiliam in S. Genesium Arelatensem, quam alii malunt ad Eucherium
Lugdunensem referre, vel ad Eusebium
Emesenam, inter cujus homilias quinqua-
gesima legitur.

S. PATRICIUS, à Caelestino Pontifice
missus traditur Evangelicae praedicationis causa in Hiberniam circa a) A. 1430.
laudatus ab omnibus *Hibernorum Apo-*
stolus, defunctus A. 492. aetatis 120. de
quo scriptores Vitae, PROBUS Hibernus

inter S. Bedae opera, (vide supra tom.
1 pag. 174.) et JOCELINUS, de quo t.
IV pag. 452. Jo. Colganus et Thomas Messinghamus in Actis Sanctorum Hiberniae
Usserius Antiquitatt. Britannic. c. XVII.
Franciscus Porterus, Ord. Minor. compendio Annalium Eccles. Hiberniae Rom.
1690. 4. Acta Sanctor. tom. 2 Martii 17.
p. 517. seq. Tillemontius tom. XVI memoriar. p. 452. seq. Jacobus Waraeus in
Hibernia sacra, et ad *Opuscula S. Patri-*
cio adscripta, cumque notis historicis edita Lond. 1656. 8 in quo volumine continentur: *Confessio Patricii* b) in Epistola ad Hibernos, de Vita et Conversatione
sua. Incip. *Ego Patricius peccator, rusti-*
cissimus et minimus omnium fidelium. p.
1. 2) *Epistola ad Coroticum* c) sive *Ce-*
reticum, regulum Cambrobritannicum, de
ejus tyrannide. Incip. *Patricius peccator,*
indoctus scilicet, Hiberione constitutum E-
piscopum me esse fateor. pag. 24. 3) *Sy-*
nodus Patricii, d) capitibus XXXI. quorum primum est *de habitatione cum fra-*
tribus peccatoribus. pag. 31. 4) Alii *Ca-*
nones IX. Patricio adscripti, e) quorum
primus *de judicio Clericorum, ut non sit*
apud iniquos, aut apud infideles. pag. 39.
5) Synodus Episcoporum f) Patricii, Auxilii et Issernini, Instituta sive Canones
XXXIV. pag. 42. 6) *Canones alii III.* S.
Patricio attributi, g) de unitate subditorum. De furto in Ecclesia peracto, et de
veris viduis pag. 47. 7) *Proverbia XI.* h)
quales iudices Ecclesiastici esse debeant.
pag. 49. 8) Liber *de tribus abitaculis*, i)
Coelorum regno, Mundo praesenti et·infer-
no pag. 51. 9) *Charta* k) S. Patricio adscripta *de antiquitate Avalonica* ex Guil. Malmesburiensis libro de antiquitate Ecclesiae

a) In Charta S. Patricio adscripta pag 63. exprimitur Annus 422. Confer Jacobum Ceratinum in S.
Patricii vita , edita Bononiae 1686. 4.

b) Exstat haec confessio etiam in Actis Sanctor.
t. 2. Martii pag. 532. cum notis Henschenii. Baleo
ac Pitseo *itinerarium Confessionis* .

c) Haec Epistola quoque , ibid. pag. 538.

d) In Henrici Speelmanni Conciliis Britanniae t.
1. pag. 55. adde Tillemont. tom. XVI. memor. pag.
466. seq.

e) Hos primus Waraeus in lucem protulisse se
profitetur ex Manuscripto Codice Bibl. Cottonianae.

f) In laudati Speelmanni Conciliis Britann. p.51.

g) Ex eodem Speelmanno pag. 54.

h) Ex Codice Bibl. Cottonianae.

i) Hic liber inter S. AUGUSTINI opera saepius
editus et novissime in appendice ad tomum VI.
edit. Benedictin. pag. 659. Amst.

k) Ex Guil. Malmesburiensis libro adhuc inedito
de antiquitate Ecclesiae Glastoniensis partem hujus
chartae ediderat ad calcem Gregorii Thaumaturgi
Mogunt. 1604. 4. Gerardus Vossius , sub titulo *Le-*
gationis S. Patricii, recusam in Bibliothecis Patrum, ut novissima Lugdunensi tom. VIII. p. 875.

Glastoniensis, pag. 65. 10) *de abusioni-bus seculi* a) earumque duodecim gradibus, qui sunt : 1 Doctus praedicator sine bonis operibus. 2 Senex sine religione. 3 Adolescens sine obedientia. 4 Dives sine eleemosyna. 5 Foemina sine pudicitia. 6 Dominus sine virtute. 7 Christianus contentiosus. 8 Pauper superbus. 9 Rex iniquus. 10 Episcopus negligens. 11 Plebs sine disciplina , et 12 Populus sine Lege. *Sermo* S. Patricii ad Hibernos qui incipit : *Si quis intraret ad ergastulum.* Exstat in Thomae Messinghami florilegio Sanctorum Hiberniae pag. 437. 440. et à Waraeo omissus est , quoniam à Richardo Stanihurstio , Hiberno confictus ex ingenio videtur , ex cuius libro secundo vitae Patricii , Antw. 1587 4. editae Messinghamus eum repetiit.

De *purgatorio* S. Patricii dicere me memini supra in HENRICO-Salteriensi tom. 3. 211. De *Prophetiis* vide Acta Sanctor. tom. 2. Martii pag. 586. seq. De SECUNDINI hymno in S. Patricium composito , videndus Jocelinus in vita S. Patricii capite XVIII. Ex GUILELMI *Malmesburiensis* libris duobus de vita eiusdem (tertium enim negat se potuisse reperire) nonnulla notavit Lelandus cap. 23. Inter scripta S. Patricii apud Baleum Centur. 1. cap. 44. et Pitseum p. 91 memorantur nescio quae *Abjectoria* 366 tum *Historia Hiberniae* ex Ruano nescio quo : *Hodoeporicon Hiberniae.* *Sermones* contra Gentilium superstitiones. *Epistolae* ad Hibernenses Ecclesias , ad Avalonios incolas . ad suos Britannos , et liber *de futura electorum Vita.*

Patricii Hiberni rebus multas admistas fuisse fabulas ut neutiquam negaverim , ita incredibile prorsus videri debet quod erudito Theologo Anglo , Henrico Mauritio b) in mentem venit suspicari, Patricium Hibernum fuisse nullum , sed totum con-

fictum à Monachis ex Patricio Aruerno vel ex Patricio Hispano. Imo ex Joannis Savaronis observatione credibilius est Aruernensem fuisse confictum ex Hiberno, cuius dies vigiliae pro die depositionis acceptus , locum novo Patricio dedit apud Usuardum et in quibusdam Martyrologiis. Neque de Patricio Hispano aliud constat, quam Episcopum Malacitanum in Braetica interfuisse An. 305. vel 313. Concilio Illiberitano. Vide Acta Sanctorum Martii t. 2. p. 417.

Augustinus PATRICIUS , defunctus An. 1496. Supra t. 1. p. 142.

Jo. Franciscus PAVINIUS sive *de* PAVINIS , Patavinus sive Passaviensis JCtus clarus circa An. 1480 et Advocatus Consistorialis , auctor *relationis* ad Sixtum IV. *pro canonizatione S. Bonaventurae ,* Anno 1274. defuncti , quae exstat post S. Bonaventurae Opera , tomo ultimo p. 802 820. sed in Actis Sanctorum tom. III. Julii 14. est omissa , ubi vicissim exhibentur *Octaviani à Martinis* Sinuessani Oratio de vita S. Bonaventurae et miraculis ad eundem Sixtum IV. p. 824. Sixti IV. diploma canonizationis Anno 1482 pag. 830. Sixti V. Decretales litterae An. 1587 pag. 822. et Vita S. Bonaventurae scripta à Petro Galesinio p. 838. 860. cum notis Jo. Baptistae Solerli. Caetera Pavinii scripta sunt : Glossa ad Extravagantem Joannis XXII. *de officio et potestate Capituli, sede vacante* tom. 13 tractatus tractatuum Juris parte 2. p. 407 post editiones Venet. 1496 4. Paris. 1612 etc 2) *Baculus pastoralis* sive *de visitationibus Episcoporum ,* in eodem tractatu tractatuum tom. 14 pag. 177. ex edit. Paris. 1514 4. 3) *Oratio de vita et moribus* S. *Leopoldi* Austriae Marchionis et Confessoris , Florent. 1579. 4. et apud Surium ad 15. Novemb. et in Hieronymi Pez tom. 1. scriptorum rerum Austriacar. pag. 577. una cum summario Canonizationis p.

---

a) Etiam hic liber inter S. AUGUSTINI Opera legitur in Appendice ad tomum VI. edit. Benedictin. p. 691. Amst. et in quibusdam S. CYPRIANI editionibus lucem vidit : in Codicibus aliis tribuitur nescio cui EBRARDO. Alius fuit liber qui hodie desideratur HINCMARI Remensis, quem de duodecim abusivis ad instructionem Regis sui scriptum notavit Flodoardus III. 18. nam in illo Hincmarus

sanctorum dicta Patrum et praeteritorum constitutiones Regum collegerat , Regemque de promissione sua verbo ac scripto antequam Rex consecraretur , primatibus ac Episcopis facta admonuerat.

b) Defensione Episcopatus dioecesani contra Dav. Clarksonium. Lond. 1691. 8. pag. 155. Acta Erud. 1692. pag. 396.

593 et bulla ab Innocentio VIII An. 1484.
publicata. pag. 673. Adde sis Oudinum t.
3. pag. 2695.

• Jo. Fr. de *Pavinis* de Padua J. U. et
S. Theol· Doct. Sacriq. Palatii auditor *Tra-*
ctatu$ Visitationum prodiit vetustiss. edi-
tione, sed absque adnotatione loci et temporis. *Consilia* Romae 1478. fol. *De officio*
et potestate Capituli sede vacante Romae
1481. *Repetitio* rubricae et cap. 4. *de pro-*
bation. Pisciae 1490. *Glossa* Guilelmi De
Monte Lauduno in tres extr. Joannis XXII.
cum quibusdam additionibus. Joan. Franc.
de Pavinis. Editum est hoc opusculum
Romae an. Jubilaei 1475 per Georgium
Laur. Herbipolensem. Huic codici annotationes suas MSS. nec raras adiecit Felinus Sandeus, quae in eius Bibliotheca
servantur.

Theodoricus PAULI *Franconis*, Presbyter Canonicus Regularis Gorcomensis in
Belgio, scripsit *de miraculo S. Barbarae*,
quod An. 1448 fertur accidisse, exstatque
apud Surium 4. Dec. et *Chronicon Univer-*
sale scriptum circa An. 1480 ex quo Bollandus tom. 2. Januar. 29 pag. 994 ait se
producere *Vitam S. Petri Thomae* sive *Tho-*
masii, Carmelitae, Cretensis Archiep. et
Patriarchae Constantinopol. An. 1366 scriptam à Philippo MACERIO de quo supra
pag. 3. Denique de clade Leodiensibus A.
1468. illata per Carolum Audacem·

PAULINUS Forojuliensis sive *Aquileien-*
sis Episcopus et Patriarcha ad quem Alcuini Epistolae, et qui Felicem Orgelita-
num et Elipandum Toletanum oppugnavit, defunctus A. C. 804. de eo Bollandus
in actis Sanctor. ad XI. Januar. tom. 1. p.
713 seq. Vide et Sirmondi Opera tom. 4.
pag. 641, Labbeum tom. 2. de S. E. pag.
159. Caveumque. Huius Paulini *sacrosyl-*
labus sive scriptus An. 793 libellus *de*
SS. Trinitate prodiit ad calcem Synodi
Paris. de imaginibus Anno 824. atque in
Conciliorum tomis et in Bibliothecis Patrum et ad calcem Operum Alcuini pag.
1873. ubi et pag. 1770. *libri tres contra*
Felicem, una cum *Epistola ad Carolum*
M. pag. 1765 et *Regula Fidei* metro exarata pag. 1869. *De salutaribus documentis*

sive *liber exhortationis* ad quendam Comitem, in appendice tom. VI. Augustini
pag. 673 edit. Amst. *Epistola ad Leonem*
Patriarcham. Baluz. tom. 4. Misc. p. 412
Alia *de Heistulpho* in tomis Concilior. ad
Annum 794 atque alia *Synodalis* ad Carolum M. ex Synodo Altinensi, Forojuliensis dioecesis ante An. 800 ad An. 802 et
Baluz. tom. 7. miscell. pag. 6. Fragmenta
Epistolarum ad Carolum M. apud Baluz.
tom. 1. Misc. pag. 362. 365. *Hymni in sa-*
.*cris Missis* Walafrido Straboni cap. 25 de
rebus Ecclesiasticis laudati interciderunt.

* Jo. Franc. Madrisius Utinensis Congr.
Oratorii Presbyter opera omnia S. Paulini
Patriarchae Aquilejensis collegit, notis et
dissertationibus illustravit addita duplici
actorum veterum appendice, quam collectionem vulgavit Venetiis 1737. ex typograph. Pitteriana in fol. In hac editione
primo occurrit Praefatio generalis, tum
vita viri Sancti excerpta prolixiori vita a
Marco Ant. Nicoletti adornata, quae in MSS.
Codicibus servabatur. Insuper aliam vitam
S. Paulini dedit cl. Editor, in qua fuse
viri Sancti omnia persequitur, addita in
fine oratione habita die V. Cal. Februarii
an. 1734 *in repositione solemni reliquia-*
rum S. Paulini in sacello sub choro Basi-
licae Majoris Civitatis Austriae. Post haec
succedit libellus: *Sacrosyllabus contra*
Elipandum cum notis editoris.

2. *Epistola S. Paulini ad Heistulfum* cum
notis.

3. *Liber de Salutaribus documentis.*

4. *Concilii Forojuliensis acta* cum notis.

5. *Contra Elipandum* libri 3.

6. *Carmina S. Paulino de regula Fi-*
dei cum apologia authoris pro suo car-
mine.

7. Hymni varii. De Cathedra S. Petri,
in natali SS. Apostolor. In resurrectione
Domini, de S. Marco Evangelista, de Dedicatione Ecclesiae, de nativitate Domini.
Hymni omnes ex edito Cassandri dantur; Hymnus S. Marci ex MS.

8. Fragmenta epistolarum ex Baluzio.

9. Epistola ad Carolum Magnum de gestis Synodi Altinensis ex Baluzii Miscellaneis.

10. Dissertationes quaedam.

11. Appendix quaedam auctorum veterum In hac viri doctissimi collectione desideratur utpote postquam illa prodivit, vulgatus *Versus de Herico duce Forojuliensi* quo S. Paulinus amici viri funus luxit, editus a de Beuf in Dissertation sur *l'Histoire Ecclesiastique et civile de Paris* t. 1 p. 426. Jambicum est carmen novenariis quatuordecim constans.

PAULINUS *Biterrensis*, *(Beziers)* in Gallia Episcopus, clarus sub quinti sacculi initia. Ejus *Epistolam* Idatio Lemicensi in Chronico memoratam *de signis terrificis* apud Baronium ad an. 418 extare scribit Clariss. Oudinus tom. 1. pag. 923. Sed nec illo loco neque alibi hodie edita exstat quod sciam. Eidem Paulino, non plane certa tamen conjectura à Viris quibusdam doctis tribuitur *Homilia in S. Genesium Arelatensem*, quae exstat et inter Paulini Nolani Opera et apud Surium ad 25 Augusti.

Benedictus PAULINUS *Burdegalensis*, ad quem scripsit Faustus Reiensis. Vide supra tom. 2. pag. 557 et quem cum Nolano videtur confundere S. Avitus Epist. 4.

PAULINUS *Forojuliensis*. Supra *Aquilejensis*.

PAULINUS *Mediolanensis* Presbyter, qui Vitam Magistri sui S. *Ambrosii* Mediolanensis Episcopi petente S Augustino scripsit Vide Vossium pag. 214 seq. Obvia illa apud Surium 4. April. et praefixa Romanae operum S. Ambrosii editioni á Baronio. Vide Possevinum. Eadem ad Codices Manuscriptos recognita in appendice ad tom. 2. edit. S. Ambrosii Benedictinor. Idem qui teste Isidoro Hisp. cap. 4. de S. E. *Benedictiones Patriarcharum* libello triplicis intelligentiae explicuit, cujus argumenti librum habemus à RUFINO Aquilejensi. Neque alius Paulinus qui ut Diaconus adhuc Caelestium Pelagianum Carthagine oppugnavit. Vide Concilia Labbei

tom. 2. pag. 1578. Baron. ad A. C. 397. num. 25 et 418 num. 11. seq.

* Vir doctiss. D. Jo. Ambrosius Mingarellus Can. Regularis S. Salvatoris Bonon. haud ante multos annos vulgavit commentationem quamdam *de benedictionibus Patriarcharum* nondum alibi excusam, eamque unam tribuendam esse contendit, cui et vetus codex adscribit Paulino Mediolanensi, quam de hoc argumento scripsisse tradit Isidorus de Scr. Ecclesiasticis. Ex quo fit, ut cum opus istud plane diversum sit ab eo, quod Rufino Aquilejensi a viris doctiss. jandudum vendicatum est, duo sunt scriptores, qui de uno eodemque argumento disseruerunt. Opusculum istud extat inter Veterum Patrum Latinor. opuscula vulgata a PP. Canon. Regularibus S. Salvatoris Bononiae 1751. in 4. *

Meropius Pontius Anicius PAULINUS Aquitanicus, amicus Ausonii, Episcopus *Nolanus* in Campania Italica A. C. 431. defunctus: doctrinae et eloquentiae laude, poëticae quoque facultatis gloria clarissimus, de quo praeter editores et Tillemontium tomo XIV. memoriar. et Vossium p. 211. Oudinum tom. 1. pag. 1288. Acta Sanctorum tom. IV. Jun. 22. pag. 193. seq. Operibus ejus à Ducaeo, Rosweido, Chifletio, et Jo. Baptista Bruno a) illustratis addenda quae in lucem protulit πολυμαθί-ςϑτ℣ Muratorius in anecdotis Latinis t. 1 Mediolan. 1697. 4. de quibus jam dixi in Bibl. Latin. IV. 3. Caroli Perraulti poëma Gallicum de hoc Paulino prodiit Paris. 1686. 8. Videndus et Miraeus ad Gennadii cap. 48. Labbeus t. 2 de S. E. pag. 161. etc. De S. AMANDO Burdegalensi Episcopo, ad quem Paulinus scripsit, vide Acta Sanctor. t. 3. Junii 18. p. 587. seq.

Quae de duobus junioribus PAULINIS Episcopis Nolanis disputantur in Actis Sanctor. tom. IV, Junii pag. 228. seq. quorum unus obierit A. 442. alter Wandali-

---

a) Paulini opera à Brunio expolita et illustrata prodierunt. Paris. 1685. 4. Vide Acta Erud. illius anni p. 482. atque ephemerides Eruditorum Paris. pag. 117. De editione Rosweidiana Antwerp. 1622.

8. Labbeus tom. 2. pag. 162. seq. Petri Franc. Chifletii Paulinus illustratus lucem vidit Divione. 1662. 4.

cam servitutem servierit Seculo sexto : illam tanquam nondum satis explorata omitto.

PAULINUS junior *Pellaeus* Burdegalensis . Ausonii nepos, cujus *eucharisticon de vita sua* quod carmine Heroico (non versibus elegiacis ut legas apud Labbeum pag. 63. Bibl. Manuscriptor.) scripsit, octogenario major A. 456. exstat ad calcem Paulini Petrocorii pag. 150. de quo infra. Confer Tillemontium t. XVI. p. 416. seq.

PAULINUS cujus tractatus *de initio quadragesimae , de die Dominico Paschae , de obedientia , de poenitentia , de Neophytis* memorat Gennadius de S. E. cap. 68. et ex eo Honorius II. 67.

PAULINUS Presbyter, discipulus S. Ephraemi, de quo idem Gennadius cap. 3. infra PAULONAS.

Benedictus PAULINUS *Petrocorius,* sive *Petricoriae ,* Aquitanus qui *libros sex de vita S. Martini* scriptos carmine Heroico dedicavit Perpetuo Turonensi Episcopo , quem Patronum suum appellat. Is Perpetuus Concilio Turonensi praesedit A. C. 401 adde Oudinum tom. 1 pag. 1288. Hujus Paulini editionem meliorem cum Francisci Jureti , Casp. Barthii et Jo. Frid. Gronovii notis debemus Christiano Daumio τῷ μακαρίτῃ, Lipsiae 1681. 8. Libris de Vita Martini quos sub nomine Paulini Nolani priores editiones , praeter rem ac perperam exhibebant, subjicitur *carmen ad nepotulum ,* et *Epigramma* basilicae Martini apud Turones inscriptum.

* PAULINUS *Puteolanus.* Vir doctiss. Hieronymus Tartarotti in dissertatione quae reiecta est in calcem vastissimi op. Rer. Italicar. disserens de op. historico Paulini cuiusdam Episcopi, cuius saepe testimonium Dandulus in Hist. veneta producit, suspicatur unum forte idem sit Paulinus Puteolanus cujus historia legitur in Codice MS. Bibliothecae Caesenatensi Malatestarum. Viri celebris coniecturam mihi datum esse novo argumento fulcire ex eiusdem Codicis inspectione gaudeo. In praefatione scribit author se historiae filum ad usque tempora Henrici VII. Imp. prorogare ; quo tempore se in vivis agere

significat. Belle omnia congruunt. F. Paulinus ex ordine Min. assumptus an. 1324. Puteolanam ecclesiam regere coepit , neque haud multo post obitum Henrici VII. quem imperium auspicatum constat anno 1309. Potuit ergo Paulinus iste Puteolanus sub Henrico VII scripsisse, antequam scilicet curas Episcopales suscepisset, atque ita valet Tartarotti coniectura , qui Paulinum Episcopum Danduli cum Paulino Puteolano Codicis Caesenatensis coniungit. Animadvertisse tamen juvat Caesenatensem codicem mancum esse avulsis postremis foliis , sive incuria sive iniuria alicuius nescio. Desinit in cap. XII. ubi de victoria Constantini contra Maxentium. *

PAULONAS *Presbyter,* in quibusdam Gennadii Codicibus cap. 3. PAULINUS, sed in aliis et apud Honorium II. 3. rectius PAULONAS, S. Ephraimi discipulus, Grece potius scripsisse videtur quam Latine , etsi Latinis scriptoribus à Cangio accensetur. *Vivente Magistro ,. clarus in Doctoribus Ecclesiasticis fuit , et maxime ex tempore declamator , post illius autem obitum , amore primatus et nominis , separans se ab Ecclesia scripsit contraria fidei multa.* Hic *Bardesanes novellus* ab eodem Ephraemo appellari consvevit.

Robertus PAULULUS (aliis PULLUS) Presbyter et familiaris Episcopi Ambiensis , auctor in Codice Manuscr. Sangermanensi perhibetur *librorum trium de cerimoniis, sacramentis et officiis Ecclesiasticis,* quos tomo tertio operum HUGONIS Victorini editos dixi supra t. 3. pag. 279. Confer Mabillonii praef. ad Sec. III. Benedictin. et Oudinum tom. 2. pag. 1569.

PAULUS I. Romanus , Papa ab A. 757. Maji 28. ad A. 767. Jun. 29. de quo Acta Sanctor. tom. V. Junii 28. pag. 378. seq. Ejus *Epistolas XXXI.* ad Pipinum Regem edidit Franciscus Du Chesne t. 3. rerum Francorum pag. 725-760. Inde et argumenta earundem ex Baronio etiam obvia apud Sirmondum tom. 2. Concilior. Galliae pag. 61. atque in Conciliorum Tomis : ubi itidem Pauli Papae *constitutum* de Ecclesia et Monasteriis à se erectis , cum subscriptionibus Episcoporum XXIII. et Presbyterorum Cardinalium XIX. ex eodem Baronio ad A. 761. et *Epistolae octo* ad Pipinum etiam apud Sirmondum tom. 3 Concil. Galliae pag. 40 43. 48. 50. 51. 53. 55. 58. atque una ad Carolum Carolomannum, Pipini filios p. 56. aliaque ad Francos universos p. 59· Praeterea in Conciliorum tomis *Diploma* pro immunitate monasterii S. Hilari Galiatensis, sub Ravennate Ecclesia positi. Adde sis Lud. Jacobi Bibl. Pontificiam pag. 170.

PAULUS II. *Petrus Barbus*, Venetus, Papa ab A. 1464. August. 30. ad A. 1471. Jul. 25. Ejus *Constitutio* de rebus Ecclesiae non alienandis, et *Epistola ad Archiep. Lugdunensem* de·bulla excommunicationis in die Coenae Domini contra haereticos et speciatim GEORGIUM de Pogiebart, Hussitarum defensorem obvia in Conciliorum tomis. *Epistola ad Episc. Leodiensem* de controversiis cum Principatu et Civitate Leodiensi, in clariss. Lunigii tom. 2. spicilegii Eccles. pag. 526. De aliis hujus Constitutionibus Ecclesiasticis, Regulis Concellariae atque Epistolis, Lud. Jacobus p. 170.

* In Cod. 292 MS. Felini extant Regulae cancellariae editae a SS. *Papa Paulo II an.·D. 1464* Ind. XII. Eius vitam scripsit *Michael Canensis* cuius Commentaria historica de gestis Pauli II in cod. 5626. Biblioth. Vaticanae extare monet Montfaucon Bibl. MSS. pag. 122. Vide supra MICHAEL *Canensis* pag. 72.

PAULUS III. *Alexander Farnesius*, Romanus, Papa ab An. 1534. Octobr. 13. ad An. 1549. Novembr. 10. De hoc praeter Lud. Jacobum et ab eo pag. 172. Bibl. Pontificiae laudatus, Ludovicus Sensius Rom. 1543. 4.

PAULUS IV. *Jo. Petrus Caraffa*, Neapolitanus, Papa. ab An. 1555. Maj. 23. ad A. 1559. August. 18 de quo praeter Jo. Baptistam Castaldam Rom. 1615. 4. laudatosque à Toppio pag. 237. Bibl. Neapolitanae, Colomesius in Italia Orientali pag. 95. Collectanea historica de vita Pauli IV. edita ab Antonio Caracciolo Colon. 1612. 4.

(239 *Storia di Paolo IV. Scritta da Carlo Bromato da Eramo* (Bartolom. Carrara Teatino) *Ravenna* 1748. 1753. t. II in 4. CC. tantum exemplaria excusa fuisse docet auctor ipse in *Vita di Gaetano Merati* Ven. 1762 in 4. in notis.)

PAULUS V. *Camillus Borghesius*, Romanus, Papa ab An. 1605. Maji 16. ad A. 1621. Jan. 28. Vita ab Abrahamo Bzovio scripta editaqua Rom. 1626. 4.

PAULUS sive ut ipse prae modestia se appellat, PAULULUS, sub extremum seculi undecimi; idem fortasse cum Paulo Berneriedensi, scriptor librorum quorum *de vita S. Erhardi*, Episcopi post seculi septimi medium Ratisbonensis, ad Heilikam Abbatissam, quos vulgavit Bollandus 'in Actis Sanctor. tom. 1 Januarii 8. p. 535.

PAULUS *Æmilius* Veronensis, supra t. 1. pag. 25.

PAULUS *de Altavilla* Monachus Casinensis, sed junior quam ut hoc loco referatur clarus circa An. 1580. de quo Placidus Romanus cap. 17. supplementi ad Petrum Diaconum, ubi virum Graecis, Hebraicis et Latinis litteris doctissimum, memoria tenacem, vivacem ingenio celebrat.

PAULUS *Anglicus* Decretorum Doctor A. 1404. scripsit *speculum aureum Papae, ejus Curiae, Praelatorum et aliorum Spiritualium super plenitudine potestatis Papalis*, sive Dialogum Petri et Pauli, divisum in partes tres, insolentiis et erroribus Romanae Curiae, Simoniacisque abusibus oppositum, qui exstat in Goldasti t. 2 Monarchiae Imperii pag. 1527. 1558. et in Eduardi Brown appendice ad Orthuini Gratii fasciculum rerum expetendarum et fugiendarum. Lond. 1690. fol

PAULUS *Aquilejensis*, infra, PAULUS *Diaconus*.

PAULUS *Attavantius* a) Florentinus, Theologiae et Juris Doctor Ord. Servorum B. Mariae, obiit Anno 1499. aetat. 73. b) de quo Julius Niger, in historia scriptorum Florentinor. pag. 444. Ejus scripta: Commentarii in XII. Prophetas et Apocalypsin. *Thesaurus Concionatorius* sive *Quadrage-*

---

a) Apud Jul. Nigrum vitiose *Attaceanti.*

1) Al. 80.

simale prius, editum Mediolani 1479. et
Quadragesimale posterius sive *Paulina* ad
Antonium Alabanthem , Generalem Ordinis Servorum, cui operi auctor immortuus ·
ipsuuique imperfectum relictum est, in quo
thema primo comprobat auctoritátibus Gentilium , Sanctorum Veteris Testamenti et
Doctorum Novae Legis: secundo confirmat
rationibus , tertio exemplis. Dialogus *de
origine et progressu Ordinis Servorum* ,
ad Petrum Medicen, Cosmi senioris filium.
Confer Diarium eruditorum Italiae tom.
XXVIII. pag. 107. seq. *Vitae* Beatorum
Joachimi Senensis ad Christophorum Ord.
Servorum Generalem , edita in Actis. Sanctor. t. 2 April. 16. p. 454. *nec non Francisci Senensis* , Ordin. Servor. ad Pium II.
Ad eundem *Vita S. Catharinae Senensis.*
Opusculum *in laudem S. Philippi Benitii,*
Ord. Servorum instauratoris. *Breviarium
Decreti , Decretalium , Sexti et Clementi-
narum. Sermones de Sanctis.* Omitto quae
commentatus est Italice in Psalmos septem
poenitentiales et Orationem Dominicam, in
Litanias , in Dantem item et Petrarcham :
et historiam ac miracula sanctissimae ima-
ginis Annunciatae Florentinae. Vide AT-
TAVANTIUS Supra I. 136. et Batines *Bibliogr. Dantesca* II. 361. 653.)

PAULUS ex Canonico Ratisbonensi, exul
ab Henrico IV. Imp. inde ab Anno 1120.
Bernfriedensis a) sive *Bernrietensis* in dioecesi Augustana Canonicus Regularis ac
Presbyter circa An. 1131. scripsit *vitam
Gregorii VII.* et circa An. 1150. *Vitam B·
Herlucaə* Virginis Boicae. Utramque edidit
Jacobus Gretserus , una cum apologia pro
Baronio contra Goldastum, Ingolstad. 1610
4. Utraque recusa tomo sexto Gretseri operum : Vita Herlucae etiam in Actis Sanctorum tom. 2. April. 18. p. 552. et Vita Gregorii septimi , t. VI. Maji 25. p. 113.

PAULUS *Bonetus* , vitiose *Ponetus*, Narbonensis Gallus Carmelita circa Annum
1410. praeter *Conciones* ad populum scripsit *Viridarium Mundi* sive de ortu , frugibus et floribus religiosae suae Heliadum
b) militiae, hoc est Carmelitar. libros tres.
Vide Alegrii'paradis. Carmelit. decoris p.327.

PAULUS *Burgensis* sive de *Burgo* inter Judaeos antea dictus *Salomon Levi* , a)
inde lectione scriptorum Thomae Aquinatis, prima secundae qu. 93. 106. de Legibus et Legis novae comparatione cum Veteri professus se permotum ut cum filiis
tribus An. 1390. CHristo nomen daret,
factus An. 1402. Carthaginensis in Hispania, et ab An. 1415. *Burgensis* Episcopus,
et Archicancellarius b) Regis Castellae et
Legionis, scripsit An. 1432. anno octogesimo secundo aetatis *scrutinium Scripturarum* , sive *Dialogum Sauli et Pauli* contra Judaeos , divisum partibus duabus :
quarum prior distinctionibus X. et posterior distinctionibus sex dispescitur , editum Mantuae 1475 fol. deinde Romae apud
Uldaricum Gallum , nec non Parisiis fol.
sine anni nota et Burgis 1519. 1596. fol.
ex recensione Christophori Sanctotisii ,
Burgensis Augustiniani Vicarii Generalis ,
qui praeludium dissertationemque de origine haereticorum , et vitam Pauli c) praemisit, in qua inter alia narrat multa millia Judaeorum Maurorumque ab eo ad
CHristum adducta esse , diemque ipsum
obiisse An. 1435. 29. Aug. Ejusdem Pauli
sunt compositae A. 1429 ad filium suum
Alphonsum *additiones ad Nicolai Lyrae* c)
postillas in S. Scripturam , de quibus sicut et de *Matthiàe Doringii* replicis dictum
supra pag. 48. In illis additionibus Paulus Talmudis placita non raro exagitat,
Judaeosque oppugnat, ut ad Esaiae XXXIV.
Zachariae V. et passim alibi. Confer. Rich.

a) Vide Hundii metropolin Salisburg. tom. 2.
p. 102. seq.
   b) Ab Elia Propheta.
   c) Abarbanel ad Esaiae XXXIV. pag. 55. b)
   d) Trithem. cap. 760.
   e) De eodem conferendus Mariana XIX. 8. rebus
Hispan. Bzovius ad A. 1398. num. 12. Rev. Wolfius
noster Bibl. Hebr. tom 1 p. 912. 965. tom. 3 pag.

897. seq. 930. tom. 4 pag. 948. et ad Hispania m
Orientalem Colomesii pag. 212. seq. Thomam de
Pinedo ad Stephanum Byz pag. 565. seq. Nic. Antonii Bibl. veterem Hispan. X. 5. tom. 2. pag. 157.
seq. Miraeum in auctario cap. 449. Hornbeckium
de convincendis Judaeis pág. 8. etc.
   f) *Unschuldige Nachrichten* A. 1720. pag. 578.
seq. 549. seq.

Simonis hist. Criticam Novi Testam. III. 33. pag. 483. seq. *Quaestiones XII. de nomine Tetragrammato* desumtae ex additionibus ad cap. tertium Exodi , et recusae ad calcem libri Jo. Drusii de tetragrammato, cum ejusdem scholiis, Franequ. 1604. 8. atque in Criticis sacris Anglicanis, et in Hadriani Relandi decade exercitationum Philologicarum de vera pronunciatione Nominis JEHOVA , Trajecti ad Rhen. 1707. 8. pag. 121. De ejusdem *disputatione cum Boneto , ben Goren Judaeo*, mentio apud laudatum Wolfium t. 3. Bibl. Hebr. pag. 950.

PAULUS *de Carthagena* , idem cum superiore. Ejus filii tres , 1) *Alfonsus* ex Decano Segobiensi Episcopus et ipse Burgensis successor Patris, cujus *anacephalaeosin de Regibus Hispaniae* laudat Mariana. 2) *Gonsalvus* , Episcopus Placentinus et 3) *Alvarus Garsius* scriptor commentariorum de rebus à Joanne II. Castellae Rege gestis. Vide Miraei auctarium cap. 449. ex Marianae XIX. 8 de rebus Hisp.

PAULUS *de Castro* oppido Faliscorum , JCtus celebris, qui Senis , Florentiae et Patavii docuit , obiitque diem non ante A. 1438. a) Trithemius c. 768. praeter *Commentarios* ad Instituta , Digesta et Codicis Justinianei libros IX. ejus *Consilia* celebrat, ex quibus CCCCXVIII. exstat apud Bzovium ad An. 1407. p. 266. seq. *Avenionicae praelectiones in titulos quam plures* memorantur à Nic. Comneno, qui de hoc Paulo consulendus tom. 1. hist. Gymnasii Patavini pag. 213. 214.

PAULUS *Diaconus* Neapolitanae Ecclesiae teste Sigeberto cap. 69. transtulit de Graeco in Latinum *vitam S. Mariae Ægyptiacae* , sive qualiter sua poenitendo peccata in eremo cursum explerit vitae. Versio illa exstat apud Surium 9. April. praemissam habens hanc Epistolam :

Domino gloriosissimo ac praestantissimo regi Carolo a).

Sciens gloriosissimam majestatem ve-

a) Alii An. 1420. 1435. 1437. alii 1457.

b) Vossius Carolum Magnum intelligit, Henschenius tom. 1. Act. Sanctor. Febr. pag. 482. verisimilius Carolum Calvum.

c) Theophili poenitentis , Vicedomini Adanae

stram tam Divinis eloquiis , quamque sanctorum praecedentium exemplis valde delectari , *cum jam dudum libellum conversionis Mariae Ægyptiacae* , *cum tomulo de cujusdam* Vicedomini b) *poenitentia* , *domino meo obtulerim: quia ille ipse casu quodam deperiit, nunc interim jussui vestro in eodem restaurando devotus obedivi. Obsequii quoque et devotionis meae fuit* , *ut non simplicem tantum memoratae rei textum exhiberem , sed et alia quaesitu digna superadjicerem , de venerandis scilicet Constitutis et Gestis Praesulum Romanae Ecclesiae : quorum sanctionibus quam reverenter Ecclesia utatur , majestas vestra optime novit. Hoc autem brevitatis Compendium servus vester ideo sumpsit , ut serenitas vestra , quam Reipubl. fascibus valde oneratam attendo* , *cui sparsim diversa non vacat percurrere scriptorum volumina , quasdam consuetudines Ecclesiasticas in brevi , quasi in quodam Enchiridio inclusas tenere possit : Et quia secundum regalem industriam, studium domini mei in hoc fervere didici* , *ut facta dictave vestra juxta authoritatem irrefragabilem dirigere , et quid erga cultum Divinum tenendum , quodve rejiciendum sit , solicite disquirere et perscrutari, elucubrationis sit assiduae : qualiter ejus Divinitatis ope muniti , prosperis successibus ad omnia currere mereamini.*

Graeca quae Sophronio Hierosol. ab aliis tribuuntur , alteri scriptori adscribuntur à Papebrochio, qui edidit ad calcem Act. Sanctor. tom. 1. April. 2. pag. XIII. et omissa Pauli versione aliam Latinam interpretationem in eodem tomo pag. 96. et metricam HILDEBERTI Cenomanensis metaphrasin pag. 83. exhibet. Anglice ex Gallico Arnaldi Andillii prodiit separatim Lond. 1726. Sophronium praeferens auctorem. Mariae illius obitum Papebrochius ad An. 421. revocat.

PAULUS *Winfridus* , Warnefridi F. Forojuliensis sive Aquileiensis Patriarchii in Cilicia , quam narrationem ex Graeco *Eutychiani* à Paulo Diacono Neapoleos Latine versam ex tribus MSS. edidit Menschenius tom. 1. Febr· IV. pag. 483.

Diaconus, Desiderii, ultimi Longobardorum Regis notarius sive Cancellarius, et post eum à Carolo M. A. 774. captum, captivus et ipse, inde ob fidem atque amorem constantem erga Desiderium invisus et exul, mox Monachus Cassinensis et propter ingenium atque doctrinam Carolo M. etiam dilectus et honoratus, ut carmina Caroli ad Paulum servata à Leone Ostiense lib. 1. Chronici Casinensis, cap. 15. et supra tom. 1. pag. 319. seq. obvia satis superque testantur. De hoc Paulo praeter Leonem consulendus Petrus Diaconus libro de Viris illustribus Casinensibus cap. 8. eruditis Jo. Baptistae Mari notis illustratus, atque è recentioribus Dan. Guil. Mollerus diss. de Paulo Diacono, Altdorf. 1686. 4. Jo. Hubnerus noster Centuria secunda Bibl. Historicae Hamb. pag. 63. seq. ut tanquam notiores Vossium, Labbeum tom. 2, pag. 170. et 778. seq. Caveum aliosque praeteream. Scripta Pauli sunt: *Epitoma librorum XX.* Verrii Flacci, nobilis veteris Grammatici a) *de verborum significatione*, à *Sexto Pompejo* FESTO jam in breviorem formam redactorum. Hanc epitomam Carolo M. dicavit praemissa Epistola, cuius haec est inscriptio: *Largitatis munere, sapientia potentiaque praefulgido Domino Regi Carolo, Regum sublimissimo. Paulus ultimus servulus.* De editionibus huius epitomes, reliquiarumque Festi et Verrii, non repetere est animus quae dixi lib. IV. Bibl. Latinae cap. 6. Anonymus Mellicensis de S. E. cap. 67. *Paulus Vir doctus scribit inter alia librum utilissimum, qui inscribitur de signficatione verborum.*

Magnam quoque sui partem b) *Historia Miscella* huius Paulo debet. Nam priores undecim libri sunt iidem ac decem libri EUTROPII, nisi quod aliqua subinde de suo Paulus addat: Eutropium exinde continuat Paulus, cujus sunt libri quinque sequentes, à tempore Juliani Apostatae usque ad tempora primi Justiniani. c) Caeteri, nempe decimus septimus et qui consequuntur à LANDULPHO Sagace additi sunt, potissimum ex Theophane, sive ex ANASTASIO *Bibliothecario* qui Theophanem ex Graeco Latine vertit. De Historiae Miscellae editionibus, quae ex Canisii recensione etiam exstat tom. XIII. Bibl. Patrum Lugd. pag. 201 seq. dixi in Bibl. Latina lib. III. cap. 9. et de Landulpho atque Anastasio supra, suo loco.

(244. Pauli Diaconi Historia Miscella Laudatissima a Justo Fontanini, non item a Muratorio, edita primum Romae 1471. in 4. Italice versa habetur ab anonymo *Venetia* 1544. 8. a Bened. *Egio da Spoleto* ib. 1548. 8. Lud. *Domenichi* ib. 1548. 1558. S. *Milano* 1631. 16. a *Quirico Viviani Udine* 1829 v. 2. in 16.)

Homiliarius d) praeter rem *Alcuino* e) adscriptus à nonnullis, Paulo f) tribuendum opus ex probatorum Ecclesiae Doctorum lucubrationibus jussu Caroli M. in Ecclesiarum usus selectas complexum homilias in Evangelia Dominicalia atque anniversaria; Tulit aetatem viditque lucem variis in locis ut Spirae 1482. Basileae

---

a) Sveton. de Grammaticis cap. 17. ubi eum Augusti nepotibus praeceptorem electum fuisse indicat.

b) Miracus ad Sigebert. cap. 80. de S. E.

c) Leo Ostiensis lib. 1. cap. 15. ubi *duo* pro quinque libellis Paulo tribuuntur.

d) Vide Cangium in hac voce.

e) Ut in versione Hispanica quae lucem vidit Valentiae 1552. fol. *Homiliario recopilado por Alcuino.*

f. Sigebertus Gemblacensis, in Chronico nec non Aibericus, trium fontinm Monachus ad A. C. 807. pag. 152. tom. 2. accession. historicarum illustris Leibnitii: *Karolus Imperator per manus PAULI DIACONI decerpens optima quaeque de scriptis Catholicorum Patrum, lectiones uni-*

cuique festivitati convenientes per circulum anni in Ecclesia legendas compilari fecit. Florus, Diaconus Lugdunensis in librum homiliarum totius anni ex diversorum Patrum tractatibus ordinatum: in thesaurum anecdotorum Edmundi Martene et Ursini Durand tom. V. pag. 612.

O prudens lector, vitae cui cura perennis, Perlege praesentem studioso pectore librum etc. Plura de hoc opere et veteri Theotisca ejus versione V. C. Jo. Henricus à Seelen in selectis litterar. pag. 252. seq. Jo. Dav. Koeler de Bibliotheca Caroli M. Altdorf 1727. 4 §. 6. Simile opus in lectiones Epistolicas diebus Dominicis et festis in Ecclesia receptas ex antiquis Ecclesiae Doctoribus collegit ediditque *Laur. Surius* Colon. 1596. fol.

1493. 1505. Col. 1517. 1525. 1530. 1539. Lugd. 1520. 1525. Paris. 1537. 1569. fol. Neque diversum opus puto quod in Bibliotheca Antissiodorensi invenisse se referunt doctissimi scriptores itinerarii litterarii, Gallice Anno 1717. 4. vulgati, Edmundus Martene et Ursinus Durandus pag. 56. licet enim EBRARDI nomen Codex ille Manuscr. homiliarii Patrum, Caroli Magni jussu digesti praeferat, tamen librarii illum potius, quam collectoris esse crediderim.

Obtulit hunc librum Domino, Germane, Tibique
  Ebrardus supplex, supplicis esto memor.
Auferet hoc nullus, cujus praecordia Christus
  Possidet, iratum ne patiatur eum.
Quin etiam fratris munus votumque probando
  Insistet parili quicquid amore valet.
Nam petit in coetu fratrum solenniter illum
  Ad laudem Domini nocte dieque legi.

Nomina eorum quorum homiliae in hac συναγωγῇ leguntur, haec sunt:

Alcuinus, cujus libri tres de fide exstant pag. 118. seq. edit. Basil. separatim etiam excusi deinde Francof. 1555. et inter Opera.

Ambrosius, saepius.

Anselmus tom. 2. pag. 36. b.

Augustinus saepius.

Joannes Chrysostomus.

Fulgentius Carthag. pag. 21. b. tom. 2. pag. 53. b. 67.

Gregorius Magnus, saepius.

Haymo p. 31. b. t. 2 p. 43 b. 68 b. 73 b.

Henricus a) pag. 20. b. 57. b. 126. b. 133. b. 140. b. 142. b. 145. 147. b. 152. 160. b. 163. b. tom. 2. pag. 21. b.

Hieronymus, saepius.

Hilarius tom. 2 p. 60.

Joannes Chrysostomus, saepius.

Isidorus pag. 17. b.

Leo magnus, saepius.

Maximus, saepius.

S. Severianus Gabalensis. p. 27.

Jo. Mabillonius lib. 1. de re diplomatica capite XI §. 15. *In scribendis diplomatibus, tum libris, post auream aetatem, qui singula vocabula singulis punctis distinguebant, nulla fere verborum distinctio a notariis facta est usque ad Carolum Magnum, qui procurante* Alcuino a) *punctorum distinctiones vel subdistinctiones restituit. Hoc in negotio Princeps piissimus adhibuit* Paulum Warnefridi et Alcuinum, *Diaconos peritissimos, in quibus ille* homilias per annum legi solitas, et aliquot Augustini Epistolas; *hic vero librum qui* COMES *appellatur, interpunctionibus illustrarunt. Interpunctionum tamen ille usus serius in diplomatibus obtinuit* etc.

Per cola distinguant proprios et commata versus,
Et punctos ponant ordine quosque suo.

Historia Winilorum (al. Vinnulorum) qui postea dicti sunt *Longobardi*, usque ad excidium illius regni A. 773. opus eximium libris VI. post editiones veteres, Ascensianam, Augustanam Anni 1515. cum Jornande, et Basileensem Sigismundi Gelenii A. 1532. cum Svetonio et aliis in lucem datas, singulari studio recensitum à *Bonav. Vulcanio* cum Jornande et aliis rerum Gothicarum scriptoribus a) Lugd. Bat. 1597. 1618. 8. tum ab *Hugone Grotio* b) Amst. 1655. 8. et *a Jano Grutero* in scriptoribus Latinis historiae Augustae minoribus, Hanov. 1611. fol. Circa idem tempus *Fridericus Lindenbrogius* Pauli libros hosce ad Manuscriptos Codices recognitos etiam notis illustravit, addito supplemento insigni capitum postremorum libri sexti, LIX. LX. LXI. quod deinde in Freheri scriptoribus Francicis ex Manuscr. Palatino et in Bibliotheca Patrum edit. Lugd. tom. XIII. in qua pag. 161. illi libri exstant p. 332. recusum legitur. Praeclara editio Lin-

---

a) Hic est ERICUS Autissiodoriensis qui vitam S. Germani Antisiodorensis ad Carolum Calvum scripsit metrico stylo sex libellis intra A. C. 875. et 877. cujus homilias post Pauli Diaconi tempora oportet insertas esse, sicut Haymonis quoque, cujus et Lupi Ferrariensis discipulus iste Ericus fuit. Vide Carolum le Cointe ad A. C. 839. n. XIX. tom. 8. Annal. Francor. pag. 586 et Acta Sanctor.

tom. quarto Junii 25. pag. 829. seq.
 b) Alcuinus Epist. 15.
 c) Confer si placet quae in Bibliotheca Latina lib. 5. cap. 17.
 d) Illustris Sparvenfeldius teste Leibnitio in Leibnitianis pag 167. edere voluit Crises exterorum de Gothis, velut supplementum sylloges Grotianae.

177

denbrogiana lucem vidit Hamburgi 1611.
4. hoc titulo: *Diversarum Gentium historiae antiquae scriptores tres*, JORNANDES Episcopus *de regnorum ac temporum successionibus*. Ejusdem *historia de origine Gothòrum*: ISIDORUS Hispalensis de *Gothis*, *Wandalis et Svevis*. Ejusdem *Chronicon Regum Wisigothorum*. PAULI Warnefridi F. Diaconi de *gestis Longobardorum libri VI.* Denique hosce Pauli libros cum variis lectionibus Codicum Ambrosiani et Modoitiensis, et notis clarissimi Viri *Horatii Blanci* exhibuit laudatissimus Muratorius tom. 1. thesauri scriptorum Italiae p. 395: Mediolan. 1723. fol. (242 Notitia Italicarum versionum quae supra in n. 241. hic verius referenda.) De ERCHEMBERTO Historiae Pauli continuatore dictum supra tom. 2 pag. 515.

Vita S. Gregorii I. Papae, libris IV. laudata Sigeberto, atque edita à Jo Mabillonio Sec. 1. Benedictin. pag. 385. atque inde in novissima Operum S. Gregorii editione tomo IV. Paris. 1706. fol. ut dixi supra tom. 3. pag. 84. Vide et {laudati Mabillonii Analecta edit. novae pag. 498. seq. Meminit Paulus ipse lib. 3. de gestis Longobardorum c. 24.

Libellus de numero sive ordine *Episcoporum* qui sibi ab ipso praedicationis exordio in Civitate *Metensi* successerunt usque ad A. 777. flagitante scriptus *Angilramno* Episcopo. Exstat in Freheri Corpore historiae Francicae pag. 171. et in Bibl. Patrum edit. Lugd. tom. 13. pag. 329. et novissime in Augustini Calmeti historia Civili et Ecclesiastica Lotharingiae, edita Gallice Nancejls 1728. fol. Ex hoc libello fragmentum *de Caroli M. majoribus et liberis*, in Andreae du Chesne tom. 2 scriptorum de rebus Francorum pag. 201. et *de Beato Arnulfo*, Pappoli successore, in Petri Pithoei duodecim scriptoribus pag. 288. Meminit Paulus ipse VI. 16. de gestis Longobardor. et Sigebertus cap. 80. qui *gesta Pontificum Metensium* appellat. Ex hoc libello petitum *Epitaphium Arigisi* (al Anchisi) Principis Beneventi, obvium in Pe-

regrini historia Principum Longobardorum, apud celeb. Muratorium tom. 1. thesauri scriptorum Italiae pag. 395. et *Epitaphium S. Hildegardis* tom. 3. Act. Sanctor. Aprilis pag. 789. quod ALCUINO Baronius praeter rem tribuerat.

Miracula S. Arnulphi, qui primo Majordomus Regis Francorum, postea Metensium Episcopus, eremiticam vitam, notante Sigeberto expetiit, diemque obiit A. 632. Edita tomo tertio Operum BEDÆ Venerabilis, ut dixi tom. 1. pag. 176. et deinde Paulo auctori vindicata à Surio 24. Augusti. Meminit Paulus ipse VI. 15. histor. Longobard.

Martyrium S. Cypriani Carthaginiensis, editum in Cypriano Jacobi Pamelii, in Oxoniensi autem Joannis Felli, aliisque editionibus, et in Ruinarti Actis selectis Martyrum omissum: Tiliemontioa) etiam judice, juniori Paulo, qui tempore Caroli Calvi scripserit, tribuendum videtur.

Vitae S. Benedicti qui A. 543. et *S. Mauri* qui A. 584. S. *Scholasticae Virginis*, S Benedicti sororis, quae circa A. 542. obiit, prodierunt Romae 1590. 4. in parte tertia poëmatum T. Prosperi Martinengi, et apud Mabillonium seculo I. Benedictin. Sed in Actis Sanctor. tom. 3. Martii 21. pag. 275. et tom. 1. Januar. 15. pag. 1039. et tom. 2 Februar. 10. p. 393. omissas illas esse video *Veracem et insignem historiographum* res S. Benedicti narrantem vocat Leo Ostiensis II. 44. Versus autem elegi reciproci de S. Benedicti miraculis, in quibus prius hemistichium hexametri, posteriore hemistichio pentametri repetitur, eidem Leoni lib. 1. cap. 15 memorati, quorum initium: *Ordiar unde tuos sacer o Benedicte triumphos*, exstant in Pauli lib lib. 1. de gestis Longobardor. cap. 26. et in Aimoini sermone de S. Benedicto in Bibl. Floriacensi p. 284. Versus similes reciproci *in S. Scholasticam* apud Arnoldum Wion libro tertio ligni Vitae ad 10. Februar. tom. 2. pag. 47. incipiunt· *O Benedicta soror Benedicti nomine CHristi, eximiique patris o benedicta soror.* In hoc carmine testatur Paulus se heroico

---

a) Tom. IV. memoriar. H. E. p. 658. edit. Paris.

etiam carmine ejusdem Virginis laudes cecinisse

Versibus heroicis alias, castissima, laudes.
Scripsimus ecce tibi versibus heroicis.

Minus verisimilis sententia Baronii, qui S. BERTHARIO tribuit nec BEDAM auctorem mihi persuaserim, quamlibet in Bedae operibus, distichis octo etiam auctiora leguntur tomo VII. pag. 350. seq.

Ex Epistolis ejus pluribus *Epistola de Regula S. Benedicti, ad Carolum M.* a) scripta, nomine THEODAMARI, Abbatis Casinensis exstat apud Angelum à Nuce, in notis ad Leonis Ostiensis lia. 1. cap. 12. Idem Angelus testatur, sub Pauli nomine legisse se *expositionem Regulae S. Benedicti*, quam tamen ejus esse negat: quamquam expositam à Paulo illam regulam fuisse testatur Leo lib. 1 cap. 15. et RUTHARDO Monacho: Rabani ac Strabi auditori, tribuere maluit Hugo Menardus.

Epitaphium in Venantium Fortunatum exstat lib. 2. de gestis Longobardorum cap. 23.

Sermo de assumtione S. Mariae, in Edmundi Martene tom. IX veterum monumentorum pag. 266.

Hymnus in S. Joannem Baptistam, qui incipit: *Ut queant laxis*, in Breviario Romano 24. Junii, et passim alibi.

Universas fere *annalis computi lectiunculas* rhythmice composuisse, legas apud Leonem Ostiensem lib. 1. cap. 15. sive ut est apud Petrum Diaconum cap. 8. de illustribus Casinensibus: *universas lectiunculas à principio Mundi usque ad suam aetatem, una cum annali computo rhythmice composuisse.*

Addit Petrus, scriptos fuisse ab eo versus *ad Carolum Imperatorem, et ad Arichem Beneventanum Principem*, generum Desiderii Regis Longobardorum ultimi. Hi ad Arichem exstant in Camilli Peregrini historia Principum Longobardorum, Neap. 1643. 4. pag. 235.

Ex *homiliis* ejus *quinquaginta* eidem Petro memoratis, nonnulli teste Jo. Bapti-

sta Maro Manuscripti in Bibl. Medicea et Casinensi. Unus etiam typis excriptus inter Opuscula SS. aliquot Patrum Lugd. 1615. pag. 450. in illud Matth. XVIII. 23. *Simile est regnum Coelorum homini Regi.* Incip. *praesens S. Evangelii lectio.*

Syllogen chronologicam cum quadam historiola sub titulo *ignoti Casinensis* ab A. 840. ad 875. edita à Camillo Peregrino in historia Principum Longobardorum, et recusa tomo secundo thesauri Muratoriani, et Burmanniani nono, ad Paulum auctorem nonnulli referunt.

Librum *de gestis Episcoporum Papiensium*, quem se vidisse testatus est Galesinius, nemo adhuc in lucem protulit.

Hymnus de passione S. Mercurii cujus Martyris memoria 25. Nov. recolitur, editus à Petro Piperno, Beneventano lib. V. de effectibus Magicis cap. 20. Neapoli 1647. 4. Alterum *de translatione corporis S. Mercurii Beneventum*, sive nullum reperit, sive repertum omisit.

Hymnus in festo assumtae S. Virginis 15. Augusti, qui incipit: *Quis possit amplo famine praepotens*, in breviario Beneventano.

Vita S. Mauri versibus reciprocis, quorum initium:

Dux via, vita, tuis, decus et laus, gloria, virtus,
JEsu Lux Lucis, Dux, via, vita tuis.

Vide Jo. Baptistae Mari notas ad Petrum Diaconum pag. 168. qui *aliqua insuper*, inquit, *fragmenta Manuscripta sub nomine Pauli Diaconi, mutila tamen et hiulca nos custodimus, videlicet* vitam Germani: sanctissimi Constantinopol. Patriarchae. *Orationem* in transitu Petri Damiani, de dimittendo Episcopatu, *in qua fit mentio de S. Arnulpho, Metensi Episcopo.* Vitam S. Petri Damasceni Episcopi, *nec non alterius* Petri *pariter* Martyris.

Teste Petro Diacono cap. 9. HILDERICUS *ejusdem Pauli auditor de origine praeceptoris sui, vita, institutione, doctrina, religione, habitu lucidissimos versus*

---

a) Fragmenta Epistolarum ad Carolum M. quae edidit Baluzius tom. 1. Misc. pag. 562. seq. non Pauli Diaconi sunt, sed PAULINI *Aquilejensis Episcopi*. Itaque hoc in praestantissimi Cavei historia litteraria emendandum. Neque Pauli versus de miraculis S. Benedicti, de quorum editionibus supra, sunt: deperditis adscribendi.

composuit. Hoc ipsum est quod è Bibl. Casinensi sub titulo *Epitaphii*, laudatus Marus notis ad cap. 8. edidit. Constat versibus XLI. hoc initio :

Perspicua clarum nimium tua fama per aevum.

* Praeter sermonem de assumptione S. M. dedit etiam homiliam in illud : *Intravit Jesus in quoddam castellum* : quem junctim cum sermone de assumptione edidit P. Martene Vet. monum. IX. 270. Versus seu epitaphium ab Ailderico Paulo huic positum, ex MS. Codice Casinensi multo emendatius quam a Miraeo factum sit, edidit P. Gattula Hist. Casin t. 1. p. 1. p. 26. En eius initium: *Perspicua clarum nimium cum (tua* Miraeus) *fama per orbem.*

D. Abbas le Beuf in dissert. sur Histoire Ecclesiast. et civile de Paris t. 411. etc. versus nonnullos Pauli huius vulgavit, nempe p. 411. carmen hexametron ad Petrum Pisanum Caroli M. in grammatica doctorem. Incipit : *Candide Lumbifido* pag. 412. *Versus Pauli missi ad Regem.* Incipit *cinthius occiduas* etc. p. 414 extat supplex libellus carmine expressus Pauli ad Carolum libertatem pro fratre suo in bello capto, et septennio captivo implorantis. Tum sequitur eiusdem Pauli epistola ad Theudemarum Abbatem Casinensem, qua ardenti se teneri desiderio significat ab aula sese expediendi et Casinensi coetui sese coniungendi * (243 De hoc Paulo Varnefridi Jo. Liruti in Op. *Notizie de' Letterati del Friuli* I. 163. et H. Tiraboschi *Storia* ec. III. 215 fuse disseruerunt.)

PAULUS Diaconus *Emeritensis* in Hispania, seculo septimo, à Paulo Emeritensi Episcopo, quem ipse cap. IV. celebrat, diversus, scripsit librum *de vita et miraculis Patrum Emeritensium*, editum à Barnaba Moreno de Vargas, Matrit. 1633. 4. et cum notis Thomae Tamajo de Vargas, Antwerp. 1638. 4. Vide auctarium Miraei cap. 174. et Nic. Antonium Bibl. veteris Hispan. V. 5. tom. 1 pag. 277. seq. Etiam *Confessionem Catholicam* hujus Pauli Ambrosius Morales memorat. Easdem Episcoporum Emeritensium res gestas Franciscus Bivarius, non una serie tamen, sed

per partes inseruit notis suis in Chronicon pseudo Maximi, Madrit. 1651. fol. p. 515. 521. 532. 534. pag. 585. 590. pag. 645. seq. 553. pag. 661-664. 668, 711. 713. Ex iisdem gestis repetita *Vita S. Renovati*, Episcopi Emeritensis in Actis Sanctor t. 3 Martii 31. pag. 908. et *Fidelis*, Episcopi Emeritensis *Vita* in Actis t. 1 Febr. 7. p. 64.

PAULI *Emeseni* Episcopi, qui Concilio Ephesino A. 431. interfuit, *Epistola ad Anatolium* Militiae praefectum exstat ex Latina veteri versione inter Epistolas Ephesinas à Christiano Lupo et Jo. Garnerio editas num. CVII. Nam Paulus quidem Graece scripsit, cujus libellus de Fide, et homiliae duae quas Alexandriae habuit, obviae sunt in p. IV. Actor. Concilii Ephesini.

PAULUS (in quibusdam Codicibus Gennadii cap. 31. PAULINUS, sed in aliis atque apud Honorium II. 31. PAULUS) *Episcopus*, scripsit *de poenitentia* libellum *in quo dedit legem poenitentibus, ita debere dolere de peccatis, ne supra mensuram tristitiae, immensitate desperationis mergantur.*

PAULUS *Florentinus*, cujus Quadragesimale de reditu peccatoris ad DEUM prodiit Mediolani 1479. et quem Marsilii Ficini Epistola libro decimo. Vide supra, *Paulus Attavantius.*

PAULUS *Florus* quo usus Cuspinianus De eo supra tom. 2 p. 580. ex Nic. Alemanno ad Procopii anecdota.

PAULUS *Genuensis* Ligur, Monachus Casinensis ab infantia privatus oculorum lumine, Grammaticus tamen, Philosophus et Theologus circa An. 1100. insignis, ita ut alter Didymus haberetur teste Petro Diacono cap. 36. de illustribus Casinensibus. Scriptor plurimarum lucubrationum, ut Commentariorum *in Esaiam, Hieremiam* et *reliquos Prophetas*, in *Psalterium, in Matthaeum, Marcum, Lucam, Joannem, Epistolas Pauli* et *Apocalypsim.* His accedit *de alteratione Graecorum et Romanorum*, Constantinopoli facta sub Alexio Comneno. *Vita S. Ebizonis* sive *Gebizonis*, Colonia oriundi, Monachi Casin. sub Desiderio Abbate.

PAULUS *De Gherardis*, Florentinus, Mathematicus medio saeculo XIV. scriptor libri de arte calculandi'; qui Manuscr. fuit Florentiae in Bibl. Gaddiana. Non diversus, ut mihi videtur à Paulo Geometra, (DAGOMARI V. Ph. Villani Vitas) cujus hoc Epitaphium Florentiae in Ecclesia SS. Trinitatis :

Qui numeros omnes terraeque Marisque profundi
Per longos tractus dudum, sedemque Tonantis
Signa poli, Solisque vias, Lunaeque reflexus,
Stellarum cursus et fixos aetheris ignes
Et quicquid Natura potens concesserit astris,
Volverat ingenio vivens, hoc marmore tectus
Æternum recubat Paulus Geometra sepuitus.
Fama tenet clarum nomen, longumque tenebit,
Ac civem sumsisse suum testatur Olympus.

Vide Julii Nigri historiam scriptor. Florentinor. pag. 446. seq.

PAULUS Grammaticus, supra, Paulus Genuensis.

PAULUS Gualduccius de Pilastris Florentinus Ord. Praed. An. 1311. Vicarius Generalis, inde An. 1313 Patriarcha Gradensis, et eodem anno haud diu post defunctus. Vide Ughellum tom. V. Italiae sacrae pag. 1146. Jacobum Quetif de scriptoribus Dominicanis tom. 1. pag. 521. et Julium Nigrum in hist. scriptorum Florentin. pag. 447. Scripta ejus memorantur : Annotationes in Novum Testamentum, et Commentaria in philosophiam Aristotelis.

PAULUS de Heredia, Hispanus, ex Judaeo Chistianus, circa An. 1464. ad An. 1485. vixit in Italia, scripsitque editum in Italia librum de mysteriis fidei, atque R. Nechaniae ben Kana Epistolam secretorum cum scholiis suis edidit. Meminit Gesnerus in Bibl. et Colomesius in Hispania Orientali pag. 217. Nic. Antonius in Bibl. Hispan. etc. Consulendus inprimis venerandus noster Wolfius Biblioth. Hebraeae tom. 1. pag. 964. et tom. 3. pag. 824. 825.

Hieronymus PAULUS, supra t. II 230.

PAULUS JCtus, infra Paulus de Perusio, Paulo de Castro et Paulus de Liazariis.

PAULUS Interpres An. 1051. legatorum Ecclesiae Romanae ad Graecos, qui scripta HUMBERTI Cardinalis (de quibus supra tom. III. pag. 284.) Graece transtulit. Vide Sigebertum cap. 151· de S. E.

PAULUS Judaeus, Fuldensis Monachus vitam S. Erhardi Ratisbonensis (Seculo VIII.) Episcopi: sed et de Conversione S.

Pauli Apostoli composuit prosam, quam vulgo dicunt sequentiam, cujus hoc est exordium : dixit Dominus ex Basan. Haec de illo Anonymus Mellicensis cap. 64. De S. Erhardi vita dixi supra in PAULULO, idem enim est, qui per modestiam Paululum se pro Paulo nuncupavit.

PAULUS Langius. Supra tom. IV. p. 526.

PAULUS de Liazariis (Leuzariis, Lyazariis) JCtus, Joannis Andreae Bononiensis auditor et Joannis Calderini condiscipulus, claruit circa An. 1340. Ejus commentarium super Clementinis laudat Trithemius cap. 584. Alia ejusdem Gesnerus in Bibl. Pauli huius consilia quaedam servantur in MS. Cod. 372. Bibl. Felini commentarii eius in Decretales prodierunt Venetiis 1496. in fol. *

PAULUS è Liguria. Supra, Paulus Genuensis.

PAULUS Lulmas sive Lulmius, (Ulmius, Lumeus) Bergomensis, ex Professore Canonum et Canonico Bergomensi Augustinianus Prior Dertonensis, Brixiensis, Bergomensis, Alexandrinus, Januensis et Romae Conventus S. Mariae de populo, et postea Vicarius Generalis Congregationis Lombardicae, defunctus Cremonae Anno 1484. de quo praeter Vossium pag. 601. consules Philippum Elsium in Encomiastico Augustiano pag. 552. seq. Donatum Calvum, in scena litterata scriptorum Bergomensium pag. 431. et in memoriis historici Ordinis Augustiniani pag. 99. Dominicum Antonium Gandolfum in diss. historica de ducentis scriptoribus Augustinianis p. 285. et diarium eruditorum Italiae t. XVI p. 471. Scripta ejus haec commemorari video :

De spirituali adscensu in DEum, L. 1.
De laudibus praesentis vitae, L. 1.
De norma, et regula Poenitentium, L. 1.
Spirituale Viridarium Sponsarum CHristi, L. 1.
De floribus Eremititis, L. 1.
De vita, et miraculis B. Mariae de Genua, L. 1.
De vita, et miraculis B. Mariae de Albericis è Como, L. 1. Rom. 1484. et in Actis Sanctor. tom. 3. Maji 13. pag. 253.
B. Augustini de Ancona librum, de po-

testate Ecclesiastica, Librariorum incuria corruptu[.]i), restituit, ediditque Rom. 1479.

Apologiam Ordinis Augustiniani, Guilelmo Rothomagensi Cardinali dicatam, L. 1.

De vita S. Monicae, Joanni Senensi Episcopo- Messano, et Sacristae Sixti IV. dicata, L. 1. Rom. 1479. 4.

De vita et miraculis B. Helenae de Utino, L. 1. ad Paulum II. Pontificem Max. *Sermones* quoque varii, L. 1.

PAULUS *de S. Maria*, supra, PAULUS *Burgensis.*

PAULUS Prior ad *S. Mariam de Populo*, infra, *Paulus de Roma.*

PAULUS *Middelburgensis*, Zeelandus posito Lovanii tirocinio litterarnm editaque *Epistola de Paschate* observando, et *de die Passionis*, ad Universitatem Lovaniensem nec non *Prognostico ad Maximilianum Austriacum* sive practica de pravis constellationibus : profectus in Italiam , Medicus Ducis Urbinatium An. 1484. Urbini contra Joannem Barbum edidit *defensionem Prognostlici*, *atque invectivam in superstiosum Vatem* : factusque inde Episcopus Forosemproniensis, et Pontificibus Julio II. et Leoni X. charus interfuit Concilio Lateranensi An. 1513. rebusque humanis valedixit Romae An. 1534. aetat 89. Vir peritissimus rei Mathematicae idemque disertissimum, *quem* teste apud Valerium Andream pag. 716. Noviomago *ipsa Italia, quae vult videri Latinissima, perorantem magna cum admiratione saepe audivit.* Scripsit *de Paschatis observatione* ad Leonem X. *libros quatuordecim*, quod opus Summa *Paulina de recta Paschae celebratione* inscribitur. Prodiit Forosempronii 1513. 4 una cum *libris XIX. de die passionis Dominicae* ad Maximilianum Caesarem. Non aliud est quod à Gesnero *de emendatione Calendarii* ingens volumen appellatur. *Prognosticon ostendens Anno Domini* 1524. *nullum neque universale neque particulare diluvium futurum*, vulgatum Forosempronii 1523. Vide Labbeum tom. 2 de S. E. p. 174.

* Viri huius opus *de Paschate* et libri *de Passione Domini* unum sunt et idem ; cuius operis pars prior agit de Paschate seu de calendarii correctione ; alteram vero partem conficit tractatio de die, qua Christus Cruci suffixus est. His. tribus et triginta libris, quorum 14. sunt de Paschate; reliqui 19. De Passione, author liberavit nuncupatum a se votum scribendi *libros* XXXIII. *ad vineam et agrum Domini pertinentes*, ut ipse testatur in operis epilogo. Prodiit opus in fol. (non in 4. ut Fabricius scribit) Forosempronii an. 1513 Hunc virum Astrologiae aetate sua principem, appellat Lucas de Burgo S. Sepulcri in sua Aritmetica, quam grandi vol. Italice edidit Venetiis an. 1494. Vide eius praefationem ad Guidum Ubaldum Urbini * et supra PACIOLUS *Lucas.*)

PAULUS *Monachus*, à quo, collega STEPHANO *Regulam Monachorum* scriptam tradit Anonymus Mellicensis cap. 57. Benedicto Aniano in Concordia Regularum, et Smaragdo in expositione Regulae S. Benedicti, Paulus hic et Stephanus Abbates appellantur. Eorum *Regula*, XLI. captibus constans, vulgata est ab Holstenio in Codice regularum parte 2. pag. 46-52.

PAULUS *Diaconus Neapolitanus*, supra in *Paulo Diacono* p. 199.

PAULUS *Nivis* (*Schnee-Bogel*) humaniores litteras pro captu suorum temporum docuit Lipsiae, superstes adhuc An. 1494. de quo Trithemius de S. E. cap. 945. de luminaribus Germaniae c. 284. Ejus scripta : *Epistolae formales* sive formulae scribendarum Epistolarum breviorum, mediocrium, longiorumque. *De institutione latinizandi. Dialogus in idiotam beatum et doctum Gymnosophistam. Colores artis Rhetorices. Visio cujusdam eremitae.*

(243. De PAULO *Orlandini* Florentino Mon. Camald. Vide J. Nigrum Hist. script. Florent. 448. etc. De ejus *Heptatico* adversus Francisc. De Mileto V. supra II. 601.)

PAULUS *Orosius*, supra p. 166. OROSIUS.

PAULUS *Pannonius*, Presbyter, scripsit libros duos *de Virginitate servanda et contemtu Mundi*, ac *vitae institutione* ad Constantiam virginem. In illis pridem deperditis reprehendit inter alia Jovinianum, teste Gennadio cap. 75. adversus quem scripsit S. Hieronymus. In quibusdam Genadii Codicibus, sicut apud Honorium quoque II. 74. pro Paulo, hunc PETRUM *Pannonium* vocari videas. Trithemius cap. 146. aetatem ejus refert ad A. C. 430.

PAULINA *de Paschate.* Supra in PAULO *Middelburgensi.*

PAULUS *de Paulo,* Patricius Jadrensis, cujus *Memoriale* ab A. 1371. ad 1401. edidit Jo. Lucius in sua Dalmatia p. 423. 438.

PAULUS *Persa,* in Schola Syrorum Nisibensi edoctus, cujus regulas ad S. Scripturam intelligendam laudat Junilius Afer praef. ad libros de partibus Divinae Legis: testatus se eum Epistolam ad Romanos interpretantem audivisse. De Junilio qui circa A. 550. claruit in Africa vide supra tom. 4 pag. 483.

PAULUS Saluccius *de Perusio,* JCtus et Magister Bibliothecae Ruperti Regis Siciliae circa An. 1350. quem memorans Trithemius cap. 634. ejus laudat volumen insigne *Collectionum,* in quo multa ait esse jucunda et utilia de Diis gentilium, argumentisque aliis, Ex hoc opere Jo. Boccacius fassus est profecisse se in opere de Genealogia Deorum. Augustinus vero Oldoinus in Athenaeo Augusto pag. etiam *res à Perusinis gestas* tradere instituisse et *statuta patriae Urbis* ordinasse Paulum perhibet.

PAULUS Monachus *S. Petri in Valle* juxta Carnotum, Ord. Bened. Sec. XIII. scripsit historiam illius Coenobii et librum sub titulo HAGANONIS, Carnotensis circa An. 920. Episcopi. Vide Jo. Liron i Bibliothecam Barnotensem. pag. 81. et Sammarthanos tom. IV. p. 720. seq. edit. primae.

* Crebri Fabricii lapsus hic corrigendi sunt ex historia litteraria Gallicana t. VIII. pag. 254 etc. Paulus iste Saeculum XIII. attigisse nequaquam potuit, cum anno 1029. jam Monachum ageret. Liber Haganonis nihil est aliud quam qui hic inscribitur : *Historia S. Petri in Valle.* Neque insuper historia ista aliud est quam

plurium chartarum eiusdem Coenobii collectio ab hoc Monacho confecta, cui historica quaedam intermiscuit. Opus istud in libros distinxit duos, quorum priorem inscripsit : *Liber Hagani,* quod scilicet omnes contineat largitiones ab Haganone Episcopo Carnotensi Monasterio Carthusiensi praestitas. Alterius titulus est. *Liber Ragenfredi,* continetque similes largitiones ab. Ep. Carnotensi eius nominis factas monasterio. Vixit usque ad exitum saeculi XI. *

PAULUS *Pilonus,* vir elegantis doctrinae Saeculo XV. qui praeter Orationem in laudes *Antonii Lusci,* Vicentini a) instituit bella Romana poëmate Latino illustrare gloriam nomini comparaturus suo.

Si coeptum finisset opus, quo carmine summo Romuleas acies et bella ingentla scripsit.

Vide Vossium pag. 797.

PAULUS *Presbyter.* Supra *Paulus Pannonius,*

PAULUS Diaconus *Romanus* et Cardinalis cujus se historia usum Martinus Polonus indicat, non alios utique fuit à *Paulo Aquilejensi* de quo supra pag. 199. et quem ab aliis etiam, quamvis praeter rem, titulo Cardinalis nuncupatum memini.

PAULUS *de Roma.* Augustinianus, de quo Joannes Schiphoverus, Augustinianus et ipse, in Chronico archi-Comitum Oldenburgensium ad An. 1454. apud Meibomium tom. 2 pag. 178. *Magister* Paulus de Roma *Prior quondam ad S. Mariam de populo, Theologus et Iuris Pontificii Doctor egregius, Divini verbi praeco excellentissimus, domini nostri Papae* b) *poenitentiarius, qui* de usu et exercitio clavium *opus quoddam magnum et excellentissimum composuit.* Apologiam nostri ordinis, et vitam *sanctissimae matronae* Monicae *perquam egregie descripsit Multos item egregios tractatus edidit: innumeros etiam sermones tum ad Collegium reverendissimorum Cardinalium, coram summis Pontificibus, tum*

---

a) Hujus inquisitio sive *nota in Orationes XI.* Ciceronis prodiere in editione Veneta A. 1477. f. ac deinde saepius etiam alibi. Ejus *Domum pudicitiae* extare notavit Koenigius in Bibl.

b) Pii II. A. 1464. cujus etiam Concionator ordinarius fuit, *quo in munere ita se gessit,* ut narrat Elssius pag 550. *ut redivivus S. Paulus diceretur,* Superstes adhuc An. 1474.

ad clerum, tum ad populum et quidem elegantissimos habuit. Haec Schiphoverus cui ex Elssii encomiastico Augustiniano licet adjungere *Confessionum librum, et de Ecclesiastica pensione,* et tractatus Juris editos Romae An. 1539.

PAULUS *Scordillus,* Doctor Decretorum Praepositus Ravennatensis Ecclesiae, cujus continuationem libri Pontificalis Archiepiscoporum Ravennatensium ab AG-NELLO coepti et ab Anonymo usque ad An. 1286. deducti, desinentem in A. 1410. edidit Benedictus Bacchinius in appendice ad Agnellum pag. 110-138. Mutinae 1708 4.

PAULUS *Scriptoris,* de quo Melchior Adamus in vita Conradi Pellicani p. 128. *Anno* millesimo, quadrigentesimo nonagesimo sexto, *mense Martio, Caspar Walerus, Provincialis Ord. Minor.* Tubingam *Pellicanum studiorum causa misit, Guardiano. et Lectori viro doctissimo probissimoque* PAULO SCRIPTORIS *commendavit, qui* Wilae *Svevorum et ipse natus fuit. Hic suo Marte didicerat artes liberales omnes, ut eas quoque praelegeret doctioribus de Universitate, quibus erat miraculo ob ingenium. Erat acutissimus* Scotista, *auditor olim* Stephani Bruliferi, *Parisiensis Doctoris. Habebat quotidie auditores, non solum ex secularibus magistris multos, inter quos ingeniosissimus erat* Thomas Vuitenbach, *Helvetius Bielensis, postea Doctor, et Evangelii praeco, tunc* Suicerus *dictus, et* Paulus Wolfius *monachus* Schutteranus, *qui exuto cucullo,* Argentorati *Evangelium docuit;* Joannes Mantel *Augustinianus, mox Doctor plurima passus, tandem Evangelicus praedicator in ditione Tigurina obiit* Elgowiae *anno millesimo quingentesimo trigesimo. Quin et totius monasterii Augustiniani fratres docti, quotidie* Tubingae *veniebant ad audiendum Scotum à* Paulo, *quibus praeerat prior* Joannes Staupitius, *postea Doctor, et* Lutheri *Maecenas. Sed et Cosmographiam* Ptolomaei *praelegens, omnes fere doctores et caeteros magistros habuit auditores, et fratres doctos multos, cum quibus non parum* Pellicanus *profecit. Docuit quoque Monachos* Bebenhusii *compo-*

sitionem Astrolabii, Pellicano socio assumto, ut ipse quoque prae aliis hac in parte profecerit. Postea tamen Magistros et Fratres omnes, usum illius Astrolabii docuit. Anno millesimo quadringentesimo nonagesimo septimo *praelegit quoque familiariter quatuor vel quinque libros* Euclidis. *Scripsit tum quoque* explicationem Scoti *in primum sententiarum, quae postea impressa fuit: exempla scripsit Pellicanus sua manu, ipso dictante. Erat is vir dextro ingenio et liberali, et satis audaci ad veritatis confessionem, eximius praedicator, non tamen ordinatus, quia Guardianus: verum evocabatur crebro à doctis sacerdotibus, qui tunc erant in* Butlingen, *ubi in magnis solennitatibus praedicabat sic quoque in oppido* Horwa; *ubi vehementer pro istis temporibus praedicans, quosdam articulos asseverabat, et Scripturis firmiter probabat, veluti de sacramentis, indulgentiis, votis, et aliis qui postea dicti sunt* Lutherani, *propter quod et fama perveniens ad Theologos Tubingenses, tam invisum eum reddidit Universitati, ut deliberarent de inquisitore haereticae pravitatis accersendo contra eum. unde et accusatus apud Provincialem, et fratribus subditis exosus, tandem ab officio remotus est Lectoratus et Guardianatus.*

PAULUS Barbus, *Soncinatis* notior nomine à Patria Soncini Cisalpinae Galliae oppido Ordin. Praed. defunctus A. 1494. Scripsit *in Metaphysica* Aristotelis et in libros *Praedicabilium Praedicamenlorumque*: *in Physica* quoque et in *Veterem Artem* Aristotelis. Praecipus celebrata *epitoma quaestionum in IV. libros sententiarum, à principe Thomistarum* Joanne CAPREOLO (Vide supra t. 1 308) *disputatarum.* Papiae 1522 8. Lugd. 1528 8. et 1580. 4. Vide Jacobum Quetif tom. 1. pag. 879 seq.

PAULUS *de Vareschis,* Patavinus, Medicus Venetus circa An. 1491. quo prodiit liber in cujus calce leguntur haec verba: *Hic finitur* Mesue *cum* Mundino *super canonibus generalibus* Christofaro *super Antidotario. Ac* Petrus Aponensis *et* Franciscus de Pedemontium *cum Nico-*

Iao commentato per Platearium *et* Servitore
ac cum Saladino *sigillante dictum volu-*
men. Quae omnia visa et correcta fuere
per clarissimum physicum D. Magistrum
Paulum de Vareschis Patavinum Medicum
in alma Urbe Venetiarum famosum : et
impressa Venetiis per Pelegrinum de Pa-
squalibus de Bononia sub anno Domini 1491 f.
Marcus PAULUS, *Venetus.* supra in
MARCO pag. 24.

PAULUS de *Venetiis*, quia in illa urbe
educatus, quanquam Utinensis patria, Augustinianus, Philosophus ac Theologus celebris, defunctus Patavii Anno 1428. Eius
scripta apud Trithemium cap. 703 praeter
Sermones de tempore, Sanctis et Quadragesima, Commentariosque *in Logica, Phy-*
sica lib. *de anima et Metaphysica Aristo-*
telis, sunt : *Summa de Naturalibus, Summa*
Philosophiae: liber contra *Judaeos*, *super*
consequentiis RADULPHI *Strodi* acuti Philosophi. Hisce apud Elssium multa adjiciuntur: *In IV. libros Sententiarum* ; Compendium explicationum *Joannis de* RIPA
in primum Sententiarum. *De notitia DEI*
De excellentia Verbi DEI. De incarnatione
DEI. De conceptione Virginis. De condendo
Christiano testamento. De ortu et progressu
Augustiniani Ordinis. De compositione Mundi
qui liber *Astronomiae ianua* nuncupari potest. *De circulis componendis. Quadratura*
circuli. Logica parva et magna. Explicatio *Dantis Aligerii* , Poëtae Florentini.

*** Est apud me ex editione Veneta An.
1493 liber Pauli Veneti de sophismatibus
emendatus per Magistr. secundum Venetum Contarellium Professor. Theologiae et
F. Baptistam de Modoectia eiusdem ordinis.
(245 Et apud me *P. Veneti Universalia*
praedicamenta sexque principia exposita
An. 1428. die XI. Martii : revisa cum originali scripto per Ven. Jacobum de Mantua S. pag. profess. eiusd. ord. cuius epistola extat in fronte operis ad Nicoletum
Verniatem Theatinum Phil. Paduac legentem
Venetiis per Bonetum Locatellum A. 1494 f.
Pauli Veneti Logica cum Commentario
Menghi BLANCHELLI Faventini. Tarvisii

1476. Venetiis 1480 1483. 1499 1520. f.)
Petrus PAULUS *Vergerius*, infra, VER-
GERIUS.

PAULUS scriptor vitae Magistri sui *S.*
Hilari, Abbatis Galeatensis in Italia Seculo VI. in Actis Sanctor. tom. 3. Maji
15. pag. 473. Alius PAULUS qui scripsit
Vitam S. Georgii Episcopi Svelli in Sardinia A. 1117. t. 3. April. 23. p. 215 sq.

PAULUS *Volademirus* , de Cracovia ,
Decretorum Doctor, Cracoviensis Canonicus, Academiae Cracoviensis Rector, Regis Poloniae Ladislai ad Constantiense Concilium Legatus. Ejus *demonstratio* Anno
1415 publice in illo Concilio opposita Cru-
ciferis de Prussia , seu Ordini Teutonico,
probans *infideles armis et bello non esse ad*
Christianam fidem convertendos , nec eo-
rum bona invadenda , aut illo nomine oc-
cupanda , exstat apud V. C. Hermannum
ab Hardt tom. 3. pag. 9. 27.

PAULUS *Uvan* Patavicnsis sive Passaviensis Presbyter scripsit *sermones de*
tempore et *de septem vitiis capitalibus* ,
testatus se fuisse in Zwickau An. 1440.
aliquot annis ante quam sermones illos
haberet. Consule Jo. Launojum in appendice ad scriptum de auctore librorum de
imitatione CHristi pag. 138. seq.

PAULUS *Warnefridus* , supra p. 199.

PEGAVIENSE *Chronicon*, supra in CON-
RADO Lauterbergensi t. 1. p. 383.

PELAGIUS I. Romanus Papa ab A. C.
556. April. 13. ad A. 561. Martii 2. Praeter Epistolam ad Vigilium , reprobatam
à Blondello pag. 609. seq. exstant in tomis Conciliorum Epistolae aliae genuinae
XV. una cum fragmentis à Luca Holstenio editis in tom. 1. collectionis Romanae
pag. 219. seq. De illis dixi tom. XI. Bibl.
Graecae pag. 452. ubi etiam de Epistola
et Fide Pelagii ad Chilbertum Regem Francorum , quam dederat Sirmondus tom. 1.
Concilior. Galliae pag. 310. et extrema
parte auctorem offert Jo. Garnerius in auctario Operum Theodoreti pag. 539. Fragmenta Epistolarum quinque apud Baluzium tom. V. Misc. p. 468 466. In ejus

a) Itaque apud Elssium pag. 554. pro *Cretensi* malim Utinensem legere.

178

epitaphio apud Lud. Jacobum pag. 175.
Biblioth. Pontificiae:

Rector Apostolicae fidei, veneranda retexit
Dogmata, quae clare constituere Patres.
Eloquio curans errorem schismate lapsos,
Ut veram teneant corda placata fidem etc.

PELAGIUS II. Romanus ab· Anno 579.
Nov. 26. ad An. 590. Febr. 4. Ei suppositae Epistolae 1) ad Benignum a) Archi-
Episcopum, 2) ad Episcopos Campaniae
et Italiae : 3) ad Episcopos vocatione Joannis Constantinopolit. Episcopi ad Synodum Constantinopolit. convenientes, et 4)
ad Episcopos Germaniarum ac Galliarum,
exhibentur et νοθείας arguuntur à Blondello in Pseudo-Isidoro pag. 623 seq. De
caeteris ejus Epistolis ac Decretis quae in
tomis Conciliorum exstant, dixi tom. XI.
Biblioth. Graecae pag. 455. seq. Epistola
ad Aunacharium, Episcopum Antissiodorensem obvia etiam in Sirmondi Conciliis
Galliae tom. 1. pag. 375. Fragmenta Epistolarum quatuor apud Baluzium tom. V.
Misc. pag. 467. 468.

PELAGIUS Alvarus, supra in ALUARO,
t. 1. p. 202.

PELAGIUS Gothus, Cantabriae, et A-
sturum Rex sub cujus nomine Oratio brevis de bello contra Sarracenos persequendo,
A. C. 717. velut ad principes et Magistratus
sui Regni habita, ex Coelii Augustini Curio-
nis Historiae Saracenicae libro primo, exstat in Nic. Reusneri Volumine tertio sylloges Orationum et Consultationum de
bello Turcico parte 2. p. 88-91.

PELAGIUS Diaconus, de quo Sigebertus cap. 115. PELAGIUS, diaconus Romanae Ecclesiae a) transtulit de Graeco in
Latinum de vita et doctrina, et de perfe-

ctione sanctorum Patrum libros sexdecim;
b) scilicet de profectu monachorum librum
unum; de quiete unum, de compunctione
unum, de continentia unum, contra forni-
cationem unum: quod monachus nihil debeat possidere, unum; quod nihil per osten-
tationem fieri debeat, unum; de patientia
et fortitudine unum; quod non oporteat judicare quemquam, unum, quod oportet
sobrie vivere, unum; quod sine intermis-
sione et sobrie oportet orare, unum; de
humilitate unum; de poenitentia unum; de
charitate unum; de providentia sive contemplatione unum.

PELAGIUS Eremita ex territorio Januen-
sium, infimis pauperrimisque Parentibus
ortus, literis sese applicans, nullo patrimonio aut suffragio suorum adjutus, in
virum evasit doctissimum. Cum autem
post annos aetatis virilis faceret miranda,
operatione magiae naturalis, invidiam et
supicionem multorum, ut fieri solet, incurrit, qua ipse motus, ab indoctorum ca-
terva recessit, et in Africam transiit. Inde
post annos septem reversus, navigio in
Majoricam insulam delatus, in regno quodam famoso, (ut LIBANIUS discipulus ejus
a) loquitur) solus nulli cognitus, eremita-
rium ingressus, habitavit ibi annos quinquaginta, religiosae et sanctae conversa-
tionis vitam agens, ad mortem, quae ei
in Majorica die XIV. Julii Anno 1480. contigisse dicitur.

Inter varia ejus opera commemorat Libanius Discipulus :

Unum de principiis magiae naturalis.

Alium : de Magia omnimoda.

Alium · de qualitate coelestis vitae beatorum post hanc vitam, de purgatorio, de

---

a) Tanquam genuinam offert ac tuetur Franc.
Bivarius notis ad Chronicon Pseudo-Maximi d. 612.

a) Circa An. C. 550. idem fortasse ,qui deinde.
An. 566. Pelagius I. Papa.

b) Sunt haec capita sive libelli 'sexdecim, operis
quod in capita XXI. tributum Graece legit Photius
Codice 198. Versio Pelagii librum quintum in Vitis Patrum Heriberti Rosweidi occupat : sicut liber
sextus exhibet versioneum capitum XVII. XVIII.
XIX. XX. interprete JOANNE Subdiacono Romano,
eodem fortasse qui deinde Papa Joannes III. An.
560. de qua Sigebertus cap. 116. et dicta supra

tom. IV. pag. 430. Caput XXI. denique ex PAS-
CHASII versione Latine apud Rosweidum pag. 520.
et Graece p. 521. Confer quae de isto opere ac
similibus Cotelerius tom. 1. monumentorum. pag.
795. seq.

a) Libanius Pelagii discipulus in Epistola de
vita, moribus et libris Pelagii Magistri sui,
scriptis ejus praemissa, et apud nobilissimum Petrum Fridericum Arpium in feriis aestivalibus p.
115. seq. Alius ab hoc Pelagius Chemicus Graecus,
de quo in Bibl. Graeca.

*mferno , de statu animarum separatarum
à corporibus.*

Tabulam praeterea *Veritatis ,* quam et
Circulum dicunt. Nec non *de proprio An-
gelo librum.* Nobis ad manus sunt, inquit
laudutus. Arpius *:*
Pro anacriseos operatione cum Sancto
Nomine proprio libri II.
De praenotationibus et anacrisibus hyp-
noticis Libri III. Manuscripti.

His praemittitur , praeter *Libanii* epistolam à nobis recensitam , *altera ,* de his
scriptis , ad *Melanium* triandrum *Philosophum ,* quem in partem haereditatis venire
volebat , scripta *Parisiis d.* 1. *Maji* 1509.
Hujus *Melanii* epistolion, ad *Megalophium
Regem ,* super interpretationem *Pelagii.*

Nec non *Melanii* Praefatio , in librum
Sanctorum somnialium , 'quam *compendii*
instar exscriberem, si haec scribendi ratio,
voto annueret. Quis hic *Melanius ,* mihi
non magis quam quodvis incertum constat , aut quis *Megalopius* Rex *Articorum :*
quem *Jaimielem* vocat , virum sapientissimum , *Trithemius* Polygraphiae lib. VI. p.
603. Ficta esse nomina et mystica nemo
non videt , praecursores quasi *fratrum
Roseae crucis.*

Ipsi libri à lectione curiosorum *juramenti fide* muniti , magnam vitae integri-
tatem prae se ferunt , adeoque in hoc genere scribendi , reliquos longe antevertunt.
Juramentum , quod operi praemittitur
tale est. *Ego indignus servus* JESU CHristi , *spontanea voluntate* juro et promitto
*omnipotenti DEO , Patri et Filio et Spiritui
S. et tibi Praeceptori meo , quod hanc sacro
sanctam* ἀναχρίσεων *scientiam , semper te-
nebo secretam , quam diu vixero , nec eam
revelabo alicui ,* nisi quem certis et manifestis indiciis dignum credam et in gratia
DEI constitutum. *Insuper* juro et promitto,
quod non abutar hac ipsa doctrina , in rebus

vanis , levibus , vel Divinae justitiae contrariis , *sed in his tantum , quae mihi et
meis conducunt, ad salutem animarum et
corporum , rerum et honoris.*
Sic me DEus *adjuvet et* sacra Evangelia
CHristi. *Amen.*

Reginaldus PAVO (Anglice *Peacock*) A-
saphensis primum , deinde Cicestrensis
Episcopus , ex Wiclefi adversariis circa A.
1450. de cujus doctrina et scriptis non
habeo quae addam industriae viri doctissimi
Henrici Warthoni ad Caveum Anno 1444.
quem sequitur Oudinus t. 3. pag. 2587·
seq. video etiam Pavonem hunc pleraque
omnia non Latine scripsisse sed Anglice.
Quod vero Stous in Chronico auctor est
Peacocum in Anglice vertendis S. Scripturae
libris per multos annos insudasse , hoc in
dubium vocatur ab eodem Warthono in
auctario ad Usserium de sacris Scripturis
vernaculis pag. 444. seq.

Joannes PECCAM , supra tom. IV. p. 398.

PELAGIUS *Britto* a) *haeresiarcha , antequam proderetur haereticus , scripsit studiosis viris necessarios* tres de fide Trinitatis libros b) *et pro actuali conversatione ,*
Eulogiarum c) ex Divinis Scripturis librum
unum , *capitulorum indiciis in modum S.
Cypriani Martyris* d) *praesignatum. Post ,
haereticas publicatus* e) *, scripsit haeresi
suae faventia.* Haec de Pelagio Rufini Syri
discipulo , Caelestii Magistro Gennadius
cap. 42. Monachus ille inter Laicos semper
substitit f) auctor praeterea traditur libri
de Natura , cujus fragmenta collegit Garnerius tom. 1. ad Mercatorem pag. 373.
seq. et librorum IV. *de libero arbitrio* pag.
381. seq.

Libellus fidei quem Pelagius ad Innocentium I. Papam misit , sed quem jam priore
An. 416. defunctum reperit , inter S. Hieronymi opera saepe editus exstat sub titulo : *Symboli explanatio ad Damasum ,*

---

a) Ita Manuscr. Corbej. Adde Lelandum cap. 22.
et Baleum I: 58. Usserium in Ecclesiar. Britannicarum antiquitatibus cap. 8.

b) Hi pridem videntur intercidisse.

c) Eulogiae sive eclogae , electa , selectae ex
sacris litteris sententiae. Confer Wilhelmi Walli historiam praedobaptismi Anglice editam pag. 201.

Etiam haec Pelagii lucubratio hodie desideratur.
Fragmenta ab Hieronymo et Augustino servata collegit Garnerius ad Mercatorem t. 1 p. 370.

d) In libris tribus testimoniorum ad Quirinum.

e) An. 416. seq.

f) Garnerius tom. 1 p. 155. seq.

Hieronymo tributus jam olim ut constat ex Caroli Magni III. 1. de imaginibus, et ex Codice antiquo Psalterii aureis exarato litteris, quem ad Hadrianum Papam Carolus M. misit, de quo Lambecius tom. 2. pag. 274. seq. unde Alcuinus etiam illa Confessione uti non dubitavit. Confer Mabillonium tom. 1. Analect. pag. 189. (edit. novae pag. 492.) Nec *Hieronymum* autem, nec *Augustinum* (ut visum Vossio) sed Pelagium habere auctorem, singulari scripto probavit Launojus tom. 2. Opp. parte 2. pag. 302. Quem vide etiam sis in diss. de auctore librorum de imitatione CHristi pag. 136. et D. Antonii Reiseri Launojom Confessorem pag. 813. seq. Hunc libellum fidei Anglice versum eruditisque notis illustratum exhibet Wilhelmus Wallius in historia Paedobaptismi Anglice edita pag. 200. seq. *Epistolae Pelagii* cum libello Fidei *ad Innocentium I. Papam* missae major pars servata ab Augustino de lib. Gratia CHristi c. 30. seq. adde Garnerium ad Mercatorem tom. 1. pag. 380.

De scholiis *Epistolas Pauli* (excepta illa ab Hebraeos) illustrantibus atque inter S. Hieronymi Opera saepius editis, praeter Usserium apud Caveum, legendus Rich. Simon lib. 3. hist. Criticae Novi Test. cap. 16. Pelagii illa esse non dubitandum videtur, licet à *Cassiodoro* vel alio quodam locis quibusdam interpolata : *Hieronymo* certe non magis tribuenda quam *Gelasio*, *Primasiove*. Confer Vossii hist. Pelagianam pag. 11. seq. Garnerium ad Marium Mercatorem tom. 1 pag. 367. seq. et qui Pelagianum auctorem esse disputat, Cotelerii notas ad Patres Apostolicos t. 1 p. 89. seq.

De *Epistola ad Demetriadem de Virginitate* A. 413. scripta quae itidem inter S. Hieronymi opera sed et S. Augustini legitur, verum hominis *Pelagiani* esse à Beda in Cantica Canticorum observatum est, Pelagio ipsi certioribus etiam testimoniis vindicator, vide quae supra in *Juliano* Pelagiano t. IV pag. 578. seq. et Garnerium t. 1 p. 474.

De *Epistolis Pelagii*, quae interciderunt

testimonia veterum et ex iis fragmenta collegit laudatus Garnerius, 1) *ad Paulinum Nolanum Episcopum* t. 1 pag. 371. seq. *Ad Constantium Episcopum* p. 372. *Ad viduam* Livianam (al. Julianam) librum consolatorium atque exhortatorium pag 372. 373. *Ad Augustinum* prima p. 377. et secunda, seu *chartula purgationis* missa per Carum Diaconum p. 379. *Ad amicum quendam Presbyterum* post Synodum A. 415. Diospolitanam p. 379.

Librum *de moribus Clericorum*, quem Baleus Centur. I. cap. 38. inter Pelagii scripta refert, nemo veterum memoravit, nemo usurpavit oculis.

Historiam motuum quos Pelagiana haeresis in Ecclesia concitavit, praeter Annalium Scriptores, traditam habemus à viris eruditissimis, *Jac. Usserio* in Britannicarum Ecclesiarum antiquitatibus : *Gerardo Joanne Vossio*, t. VI Opp. *Henrico Norisio* tom. 1 Opp. et in addendis emendandisque t. IV p. 733. seq. *Jo Garnerio* t 1 ad Marium Mercatorem, *Dionysio Petavio* in Theol. dogmatum tomo tertio, et libro XIII. de incarnatione : *Tillemontio* t. XIII. memoriar. Hist. Eccles. *Natali Alex.* Sec. V. *Benedictinis* ad S. Augustini Operum tomum decimum, et *Christiano Lupo* de antiquis Ecclesiae ac Reip. in Pelagianam haeresin decretis, Opp. postum. p. 403. seq. Bruxell. 1690. 4. etc.

PELAGIUS, *Ovetensis* in Hispania Episcopus qui A. 1115. Concilio Ovetensi interfuit, superstes adhuc A. 1124. scriptor sive *continuatur Chronici* quod post *Idatium*, *Isidorus* Pacensis, *Sebastianus* Salmanticensis et *Sampirus* Asturicensis produxerant usque ad Ranimirum III. defunctum A. 982. Pelagius quidem pertexuit usque ad Alphonsum VI. qui praefuit ab A. 1072. ad 1109. Vide Nic. Antonium t. 2 Bibl. vet. Hispanae lib. VII. c. 3. pag. 8. seq. Vulgavit Prudentius Sandovallius, Pampelonae 1615. 1634. fol. Editionem quam promisit eruditiss. Aguirrius p. 363. notit. Concilior. Hispaniae, adhuc desideramus, sicut etiam librum Pelagii *de praecipuis Hispaniae urbibus*, de quo vide Nic. Antonium t. 2 p. 10.

PELAGIUS, *Tyrassonensis* Ecclesiae in Hispania Archidiaconus, scripsit *Vitam* S. *Prudentii* patrui sui Episcopi Tyrassonensis editam à Francisco Bivario ad Chronicon Pseudo-Maximi ad A. 572. p. 549-552. Madrit. 1651. fol.

PELBARTUS sive PELWARTHUS *Osxaldus de Themeswar*, oppido Hungariae Ordin. S. Francisci, Concionator Sec. XVI. non incelebris, cujus Pomoerium *Sermonum de tempore* prodiit Hagenoviae 1498. 1502. fol. Paris. 1517. et Pomoerium *Sermonum de Sanctis*, in duas partes divisum, ibid. et Lugd. 1514. fol. *Quadragesimale triplex* de poenitentia: de vitiis, de praeceptis Decalogi. Hagenov. 1475. 1499. 1502. Paris. 1517. Venet. *Stellarium Coronae B. Virginis*, sive Pomoerium sermonum de B. Maria Virgine. Haganoae 1508. et Paris. 8. duobus Volum. Vide Waddingum pag. 264. ubi etiam de *aureo* ejus *Theologiae Rosario juxta quatuor Sententiarum libros quadripartito*, ex doctrina Doctoris subtilis et D. Bonaventurae atque aliorum sacrorum Doctorum. Quartum librum supplevit OSWALDUS *à Lasco*, Ordin. Minor. Provinciae Hungariae, Pelbarti alumnus. Prodiit Haganoae 1504. fol. Venet. 1586. 1589. 4. et Brixiae 1594 *Expositio Psalterii* cum libro Hymnorum, libro Soliloquiorum, Canticisque Vet. et Novi Test. et Symb. Athanasiano. Haganoae 1504. fol.

* Sermonum aestivalium de sanctis a Pelbarto editorum omnium quotquot hic a Fabricio dantur, editionem antiquissima judico Lugdunensem per Jo. Gleyn adornatam, cuius ego editionis partem aestivam possideo, in qua tamen nulla anni, quo adornata est mentio proditur. In fine exhibet vitam S. Joannis Eleemosynarii ab eodem Pelbarto una alterave pagella descriptam.

Guilelmus PELLICERIUS Doctor in utroque Jure et ab A. 1317. primus Abbas Grandimontensis, dioecesis in Gallia Cadurcensis, defunctus A. 1337. Scripsit Ordini suo librum *de Doctrina* Novitiorum et

Constitutiones ac rationes Officii Divini in Ordine Grandimontensi, de quibus videndus Oudinus t. 3. pag. 805. qui etiam *annotationes* ejus *in aliquot libros Plinii* Manuscriptas in Bibliotheca Regia Parisiensi se commemorat.

PEMBOGULLUS, *Penbugillus*, (Lelando cap. 497. *Penbichillus*) Philosophus Oxoniensis *Sec.* XV. cujus libellus de divisione Entis in Praedicamenta, et Universalia Logicalia memorantur etiam apud Baleum XI. 25. et Pitseum p. 890.

Henricus PENIA. Supra tom. 3. p. 210.

Nicolaus de PENNAFORTI, *Penya fort* (vitiose aliis *Rupefort*) supra pag. 116.

Raymundus de PENNAFORTI, ex Regibus Aragonum ducens originem Barcinonensis, tertius Ord. Praed. Generalis et Gregorii IX. Poenitentiarius, cui etiam svasit constituere in Hispania tribunal parum humanum Inquisitionis adversus haereticos: laudandus magis quod idem auctor fuit seminarii in regno Aragoniae linguarum Orientalium ex quo prodiere viri insignes Raymundus MARTINI, Alphonsus Bonus homo, Paulus Christiani, aliique: idem S. Thomam etiam impulit ut praeclaram illam adversus Gentes summam conderet. Defunctum Raymundum A. 1256. propiorem centenario, Sanctis postea adscripsit Clemens VIII. A. 1601. Vide Vitam ejus à vetusto scriptore olim breviter collectam et à Francisco Penia, Rotae auditore notis illustratam et duobus libellis auctam, Rom. 1601. 4. Surium 7. Januar. et Bolandum tom. 1. Actor. Sanctor. Januar. pag. 404. seq. ubi etiam vita ejus scripta à Leandro Alberto: Natalem Alex. tom. VII. pag. 144. seq. Jacobum Quetif. de scriptoribus Dominicanis tom. 1. pag. 106. seq. Nic. Antonium Bibl. vet. Hispan. VIII. 4 tom. 2 p. 46. seq. et Lagetum a) in prolegomenis ad Raymundi Summam, Lugduni nuper iterum editam. Scripta ejus sunt:

Libri V. exstravagantium Decretalium, à Gregorio IX. b) approbati A. 1230. pars Juris Canonici, in cujus Corpore toties edi,

a) Nouvelles litteraires tom. X. pag. 20?. seq. Amst. 1719. 8.

b) Vincentius Bellov. lib. VIII. speculi doctrinalis cap. 40.

atque à variis viris doctis recenseri et
illustrari eos contigit.

Summa de Poenitentia et Matrimonio,
divisa libris IV. et S. Antonino Florentino
in Summa majore ac Vincentio Bellov. in
specolo doctrinali frequenter laudata, divisa in *libros quatuor*, quorum 1. de
peccatis adversus DEUM, 2. adversus proximum, 3. de Ecclesiasticorum delictis,
officiis et juribus, et 4. de Matrimonio
tractat. Prodiit Lovan. 1480 fol. Colon.
1595. Paris. 1500. 4

Apparatus sive glossae ad Summam
Raymundinam sub JOANNIS *Lectoris* seu
de Friburgo, Ord. Praed. nomine ab editoribus Summae Romanis 1603. b) fol. et
Bonon. 1613 atque Avenione 1715. 4. c.
vulgatae, et jam lectae ac laudatae à S.
Thoma, verum auctorem habent GUI-
LELMUM *Redonensem*,|(vitiose *Celdonensem*
aliis) ex eodem Ordine, clarum A. 1250.
ut docet Jacobus Quetif t. 1. p. 131 109.

Summula Raymundi sive compendium
Summae versibus hexametris ab ADAMO
quodam, cum commentario. Incipit: *Summula de summa Raymundi prodiit ista.*
Colon. 1498. a) 1502. 4. Venet. 1569. 8.

Denique meliorem summae Raymundi-
nae editionem debemus Lageto b) Ord.
Praed. textu sacrorum Canonum, quos
laudat Raymundus, locupletatam et ad
veterum Codicum fidem recognitam emen-
datamque, additis etiam observationibus
et ad disciplinam Concilii Tridentini Raymundum moderantibus. Lugduni 1718 fol.
*(246 Melior editio Parisiens. 1720 fol. a
P. Paget, recusa et aucta Veronae 1744.
fol. non omittenda)*

Inedita feruntur quae in lucem proferre
idem Lagetus c) libenter voluit : *Dubita-
bilia, cum responsionibus ad quaedam
capita missa ad Pontificem*, Gregorium IX.

*Summa quando poenitens remitti debeat
ad superiorem.*

Tractatus de bello et duello.

*De ratione visitandae dioecesis et curan-
dae subditorum Salutis.*

*Modus juste negotiandi in gratiam mer-
catorum.*

*Epistolae plures, praesertim Encyclicae
ad totum Ordinem·*

Non omittendum quod ab hoc Raymundo
etiam *Constitutiones Ordinis Praedicatorum ad meliorem formam redactae* et sub
duabus Distinctionibus concinnatae sunt,
acceptataeque ab Ordine per modum in-
choationis Paris. 1239. et approbationis
Bononiae 1240. ac confirmationis denique
Paris. 1241.

Bonaventura Baduarius à Peraga. Supra
tom. 1. pag. 237.

Guilelmus PERALDUS. Sup. t. 3. p. 151.

PERDIX Mathematicus de quo Sidonii
et Alani loca attuli supra in Claudiano
Mamerto tom. 1. pag. 358.

PERDIX, Prophetiae titulus de qua Lelandus c. 9. de scriptoribus Britannicis.

PEREGRINUS *Abbas* septimus Ecclesiae
B. Mariae de Fontanis, dioecesis Turonensis Ordin. Cisterc. scripsit historiam Praelatorum et Possessionum illius Abbatiae
editam à Dacherio tom. V. spicilegii pag.
105. (edit. novae tom. 2. pag. 573 580.)
In parte prima pag. 577. ait se illa scripsisse An. 1200 inde parte secunda pag.
577. mentio gestorum An. 1221. et pag.
579. An. 1227.

PEREGRINUS *Bononiensis* Ord. Minor.
circa An. 1310. scriptor *Chronicorum* Ordinis sui de rebus notabilibus Generalium,
qui Gondisalvum, cui opus dicatum est,
praecesserunt. Haec *Chronica Peregrini.*
Vide Waddingum ad A. 1305. num. 12.

Constantinus PEREGRINUS, supra t. 1.
pag. 391.

PEREGRINUS sive PELEGRIMUS *Episcopus* Laureacensis (*Larch*, in Norico,
Germaniae) circa An. 970. scriptor brevis
Symboli Fidei, quod in Orthodoxographis
utrisque et in Bibliothecis Patrum frequen-

---

a) Quaedam exempla bujus editionis Annum
1619. praeferunt.
b) Journal des Sav. 1716. Novembr. p. 336.
c) Brughemius incunab. typograph. pag. 117.

Jac Quetif tom. 1 pag. 109. Nic Antonius tom. 2
pag 48.
b) Nouvelles litteraires tom· X. p. 202.
c) Memoires de Trevoux 1717. Mars. p. 510.

ter lucem vidit, novissime in Lugdunensi tom. XVII. pag. 456. Hoc est quod *Propugnaculum Fidei adversus haereses* Cangius appellat. infra, PILGRIMUS.

PEREGRINUS Monachus *Germanus*, scriptor speculi Virginum quod in Bibl. Sangermanensi Cod. 367. evolvit Cangius, sive dialogorum inter Perêgrinum presbyterum et Theodorum Virginem. Vide supra in CONRADO *Hirsaugiensi* t. 1. p. 1166. Trithemium II. 103. illustr. Benedictin. et in Chronico Hirsaugiensi ad An. 1131. t. 1. pag. 383. seq. ubi ait eum sub *Peregrini* nomine multa praeclara opuscula nomen suum ex humilitate occultantem vulgasse, atque obiisse majorem octogenario (circa An. 1190.)

PEREGRINI *Sermones*, de tempore et de Sanctis per anni clrculum, editi An. 1481. 1493. 4495. Auctor Dominicanus, superiore multum eloquio inferior et tempore quoque posterior, notante eodem Trithemio cap. 384. de S. E. Hic est PEREGRINUS *Polonus* circa An. 1322. de quo Staravolscius in Centuriae suae c. 75. et Jacobus Quetif tom. 1. pag. 551. seq.

PEREGRINUS pro Catholicae Fidei antiquitate et Universitate *adversus haereticos.* Paris. 1586. 4. cum Phoebadio contra Constantii edictum, Martino Turonensi de SS. Trinitate, aliisque. Infra VINCENTIUS *Lerinensis.* Vide B. Vincentii Placcii Pseudonymos num. 2061. p. 490. seq.

PEREGRINUS *Laureacensis*, pag. 214. et infra, PILGRIMUS.

Testamentum quotidianum PEREGRINI, auctor *Joannes* GERSON, in cuius Operibus exstat tom. 3. pag. 762 765.

Passio S. PEREGRINI Antissiodorensium primi Episcopi et Martyris, in Philippi Labbei tom. 1. Bibliothecae novae Manuscriptorum p. 526. 528. et in Actis Sanctorum tom. 3. Maji 16. pag. 563 sq. Confer quae de eodem Peregrino quem circa A. 259. ajunt Antissiodorum venisse, in gestis Episcoporum Antissiodorensium apud eundem Labbeum p. 411. seq.

PEREGRINUS *Simplicius*, supra tom. 3. pag. 191.

Jacobus PEREZ sive PERETSIUS, de

quo Colomesius p. 417. Hispaniae Orientalis. Vide supra JACOBUS *de Valentia* t. IV. pag. 310.

(246. PERGER *Bernardi* in Consilio civium Viennensium pro invictiss. Romanor. Regem viceregentis *Oratio in funere Sanctae mem. Friderici* III. Rom. Imp. Viennae habita. Editio sine nota Sacc. XV. (Romae) in 4. ch. 4. Incip. *Mallem Serenis-s. ac potentiss. princeps, Maximiliane S. R. I. moderator et rex.* Desin. *nec vires quae Turcis minores sunt, indubitatam promittimus in Deo victoriam.* Me prope extat.)

PERPETUUS Episcopus ab A. 461. Turonensis, cuius *Testamentum* edidit Dacherius tom. V· spicileg. pag. 103. (t. III. edit. novae pag. 303.) inde recusum in Actis Sanctorum tom. 1. Aprilis 8. ubi plura hoc de Perpetuo annotata leget reperiet. Vide et quae ad Sidonium Apollinarem et ad Gregorium Turonensem Viri docti, et Sammarthanos tom. 1. pag. 736 et Francisci Jureti notas ad Paulinum de vita Martini Turonens. libri VI. versum 28.

Christophorus PERSONA, sup. t. 1 p. 348.

Gobelinus PERSONA. tom. 3. p. 63.

Anonymus PERUSINUS circa An. 1113 Monachus Ordin. Bened. scriptor Actorum et Miraculorum *S. Herculani* sive *Herculiani* Episcopi Perusini et Martyris. Exstant illa in Actis Sanctorum t. 1. Martii 1. pag. 51. et in Tractatu praeliminari ad tom. 1. Julii cap 1. atque integriora in Bernardi Pezii anecdotis tom. 2. parte 3. pag. 125. 144.

Felix PETANCIUS. Sup. t. 2. p. 567.

PETAVIANUM Chronicon ab A. C. 688 ad 1115. ex Manuscr. Alexandri Petavii editum ab Andrea du Chesne t. 3. Francor. pag. 349. 354.

PETERMANNUS *Etteninus*, auctor Chronici Helvetici An. 1507 ex quo nonnulla Joannes Wolfius tom. 2. lection. memorabilium pag. 12.

PETILIANUS, promachus Donatistarum, et Cirtensis sive Constantiensis in Numidia Episcopus, magna pars Collationis Carthaginiensis A. C. 411. Ejus librum *de unico baptismo*, singulari scripto S. Augustinus, et alio *Epistolam* ejus confuta-

vit tom. IX. Opp. Augustini edit. Benedictin. Vide si placet Tillemontium t. VI 185.

Gvilelmus PETITUS. Vide GVILELMUS
Neubrigensis.

Joannes PETITUS. Vide JOANNES Sarisberiensis

Joannes PETITUS sive PARVUS de quo
supra tom. IV. pag. 397.

Franciscus PETRARCHA ex parentibus
Florentinis natus Aretii A. 1304. ingenio
suo et industria Latinas atque Hetruscas
litteras mirifice illustravit *Philosophus ,
Rhetor et Poëta celeberrimus , qui humaniores disciplinas post longa silentia mor-
tuas , ab inferis revocavit ad superos , non
minus sancta conversatione quam scientia
clarus emicuit :* quod verissimum elogium
ex Trithemii cap. 622. repetitum prae sex-
centis aliis sufficere existimo. A. 1341.
qui aetatis 37. erat, Petrarcha in Capitolio
Romano a) à gubernatoribus Urbis hedera,
myrto et laurea poëtica honorifice decorari
meruit. Copiam laureationis , sive diploma
illius honori tributum exhibet Cornelius
Zantfliet in Chronico tom. V. monumentorum Edmundi Martene pag. 226. ubi etiam
Civitate Romana donatus pag. 228. traditur.
Post conditum A. 1370. in urbe Patavina
testamentum , diem A. 1374. die 18. Julii
obiit Arquae in Castro Patavini territorii ,
ubi monumento ejus inscriptum hoc ab
ipso consignatum epitaphium :

Frigida Francisci lapis hic tegit ossa Petrarcae,
Suscipe, Virgo parens, animam, sate Virgine, parce,
Fessaque jam terris , Coeli requiescat in arce.

De Petrarcha tam multa et à tam multis
missa sunt in litteras , pugnantia etiam
quaedam et minus accurata , ut vel nomina
scriptorum referre sit labor : ipse etiam de
se in testamento suo Petrarcha et libro
XVIII. Epistolarum senilium et lib. XV. 5.
ad Gerardum fratrem germanum , nec non
XVI. 1. ubi de studiis suis et de Patre : et
lib. 1. Epistolarum carmine scriptarum ad
Jacobum de Columna et ad scipsum. Alii ,
praeter interpretes Italicorum Petrarchae
poëmatum, Placidum Catanusium, Bernar-

dinum Daniellum , Philippum Gesualdum,
Antonium de Tempore et Alexandrum Ve-
lutellum : qui mihi innotuere hi sunt, ordine descripti litterarum.

Leonardus Aretinus , Perusiae 1671. 12.
Florent. 1672. 12. et apud Tomasinum p.
207. *Ludovicus Beccadellus* Archiep. Ragu-
sanus apud eundem Tomasinum p. 213. seq.

Jo. Jacobus Boissardus parte 1. imaginum
pag. 78.

Isaacus Bullartius tom. 2. Academiae
scientiarum pag. 311.

Nic. Comnenus Papadopoli hist. Gymnasii Patavini tom. 1. pag. 280.

Jo. Marius Crescimbenius lib. 2. hist.
poëseos Italicae pag. 290. seq.

Auctores Diarii eruditorum Italiae t IX.
pag. 133. seq. tom. XV. pag. 274. seq.

Josephus Alexander Furiettus praef. ad
Barziziorum opera pag. X. seq.

Jac. Gaddius de scriptoribus non Eccles.

Martinus Hanckius de Romanarum rerum scriptoribus lib. 1. et 2. cap. 42.

Paulus Jovius in elogiis doctorum p. 12.

Jannotius Manettus apud Tomasinum
p. 195 (247. et Florent. 1747. 8. 1847.4.)

Jo Papyrius Masso parte 2. elogiorum
pag. 31. seq.

Lud Antonius Muratorius in vita Petrarchae, praemissa ejus poëmatibus Italicis ,
editis A. 1711.

Niceronus Barnabita tomo XXVIII. memoriarum de Viris eruditis pag. 366. seq.

Julius Niger in historia scriptorum Florentinor. pag. 290. seq.

Casimirus Oudinus tom. 3. Commentarior. pag. 946. seq.

Michaël Pocciantus in Catalogo scriptorum Florentinorum.

Andreas Schroedern in Petrarchae vita.

Hieronymus Sqvartzafichus , Alexandrinus in vita Petrarchae ad Petrum Contarenum , edita A. 1494. et saepius praefixa
operibus , et separatim nuper vulgata à Jo.
Henrico Ackero , 8.

Jo. Philippus Thomasinus in Petrarcha
redivivo , Patav. 1650. 4.

---

a) Mescolanze d' Egidio Menagio p. 291. Privilegium laureae Petrarchae etiam in ejus Operi-

bus post testamentum legitur.

Petrus Paulus Vergerius apud Thomasinum pag. 175.

Xicco Polentonus, sub incerti nomine A. 1463. apud Tomasinum pag. 185. (248. et Florentiae 1759. a L. Mehus in Vita Ambrosii 198.)

(249. *Memoires pour la Vie de F. P.* etc *Avec pieces justificatives par l'Ab. Desade.* Amsterd. 1764. 67. tom. III in 4. *Del Petrarca e delle sue opere Libri IV.* (*del Conte Gio. B. Baldelli*) *Firenze* 1797.4. et *Poligr. Fiesolana* 1837. in 8 fig. v. 2.)

Scripta Petrarchae plenius et accuratius à Nicerono, utut nimis acerbo censore annotata reperio, qui in Vita ejus, laudatissimum Muratorium tanquam accuratiorem secutum se esse profitetur. Notitiam scriptorum hoc loco subjicere, paucis observationibus meis adjunctis, ab instituto meo non alienum esse duxi. Sunt igitur illa, Latine quidem, (magnam partem excusa junctim Venet. 1596. Basil. 1496 Venet. 1501. per Simonem de Loëre et Basil. 1554. 1581. et Lugd. 1601. fol.)

1. *De remediis utriusque fortunae, libri II.* ad Azonem, dialogis CCLIV. editi etiam separatim ut Lugd.1577.12. Genev.1613.12. Roterd. 1649.8. ac praeter versionem Italicam,Gallicasque quatuor, de quibus Niceronus t. 28. pag. 384. editi etiam Germanice, 1620. f. *Trost-Spiegel in Gluck und Ungliick.*

2. *De vita solitaria*, libri II. ad Philippum, Cavallicensem Episcopum.

3. *De otio Religiosorum* liber ad felicem Christi familiam.

4. *De vera sapientia*, dialogi II. Idiotae et Oratoris.

5. *Secretum Suum*, sive *de contemtu Mundi*: Colloquia tria totidem dierum inter Augustinum et Petrarcham. Exstant et separatim sub titulo qui est etiam apud Trithemium, *de secreto Curarumconflictu.* Regii Lepidi 1501.4. (250 Et Italice a Franc. Orlandini *Siena* 1517. 4. et *Venet.* 1520. 8.)

6. *Septem Psalmi Poenitentiales*, non Davidici illi, sed prosa proprie compositi à Petrarcha.

7. 8. *De Republica* optime administranda et *de officio et virtutibus Imperatoris.* Recusa junctim Bernae 1602. 8.

9. *Rerum Memorandarum* libri IV. ad Valerii Maximi imitationem scripti : quorum *primus* de otio studioque clarorum Virorum. *secundus* de virtutibus prudentiae, memoria, intelligentia, ingenio eloquentiaque dicacitate et facetiis. *Tertius* de solertia, astutia sive calliditate, tum de sapientia ac virtute in factis dictisque · et *Quartus* denique de conjecturis providisque consiliis, de oraculis, et de naturali divinatione, maxime quae somniis constare creditur: de vaticiniis furentium et morientium praesagiis ec divinationibus, de haruspicio et augurio, de ominibus ac portentis : et de stratagematibus. Hos libros separatim edidere Bernenses A. 1604. 12. Gallica versio Lugd. 1531. 8. inscribitur : *les paroles joyeuses et dits memorables* etc.

His libris in editione operum Veneta A. 1501. fol. subjectum video carmen in monstrum bicorpor, natum in comitatu Florentino, quod lectoris in gr. hic apponere juvat:

Hac Petrus Paulusque uno sub corpore bini.
Fabrica naturae mira jacemus humo.
Cuique suum fuit et manum, fuit oris, opusque
Vesicae : ast unum ventr s opusque fuit.
Junxere extremae partes nos corporis ambos
Quas neuter simul et dicat uterque suas
Neutra ex parte pedes : capita ex utraque fuerunt
Bina : sed ē medio corpore planta fuit.
Bina fuit medio quae corpore planta deorsum
Pendebat : sursum quinta erat una manus.
Non vero nobis unus somnusque cibusque :
Nec risus nobis, fletus et unus erat.
Somno membra dabat unus : ridebat et alter.
Lugebatque unus : flens quoque et alter erat.
In Florentina natos nos fluminis Arni.
Valle dedit patriae nos pia cura patris :
Inde alti : et sacro pariter de fonte levati.
Viximus ambo decem bis totidemque dies.
Quid nunc Neptunum? quid nunc Januumque bifrontem
Miraris? stygii terna quid ora canis.
Et quid Geryonis tria corpora ? scilicet unum.
Nos corpus : binas nos animasque lege.

10. *Epitoma Virorum illustrium* XIV. ad Franciscum de Carraria, Patavinum Ducem · 1) Romuli, 2) Nomae, 3) Tullii Hostilii, 4) Anci Marcii, 5) Junii Bruti, 6) Horatii Coclitis, 7) L. Quintii Cincinnati, 8) Furii Camilli, 9) M. Valerii Corvini, 10) T. Manlii Torquati, 11) P. Decii, 12) L. Papyrii Cursoris, 13) M. Curii Dentati et 14) L. Fabricii. Huic libro

cum immortuus Petrarcha fuisset. *Supplementum* addidit et eidem Patavino Duci dedicavit LOMBARDUS *de Sirichō* Patavinus, quod capitibus XXI. absolvitur, 1) de Alexandro M. 2) Pyrrho Rege Epirotarum, 3) Hannibale Poenorum Duce, 4) Q. Fabio Maximo, Cunctatore. 5) M. Claudio Marcello. 6) Claudio Nerone et Livio Salinatore. 7) P. Scipione Cornelio Africano majore. 8) M. Porcio Catone Censorio, 9) Cornelio Scipione Nasica, 10) T. Quinto Flaminio. 11) L. Scipione Africano. 12) Paulo Æmilio Macedonico. 13) Caecilio Metello Macedonico. 14) Cornelio Scipione Æmiliano Africano posteriore. 15) C. Mario. 16) Cn. Magno Pompejo. 17) C. Julio Caesare 18) Augusto Caesare Octaviano. 19) Flavio Vespasiano. 20) Tito Flavio Caesare. 21) Ulpio Trajano. Exstant cum scriptoribus aliis de exemplis Virtutum et Vitiorum, Basil. 1563. fol.

(251. Italice *Polliano* (prope Veronam) 1476. f. etc. Venetia 1527. 8. Et hanc edit. 1476. male Fabricius ad op. *Cronica* etc. infra refert.)

11. *De pacificanda Italia*, exhortatio.

12 13. *Ad veteres Romanae Reip. defensores*, Oratio: et alia *de libertate* caprescuda.

14. *Historia Griselidis*, sive *de obedientia et fide uxoria*, Joannis Boccacii novella relatio postrema, ex Italico versa Latine.

15. *De avaritia vitanda*, Oratio.

16 *Itinerarium Syriacum* ad quendam Mediolanensem, in gratiam eorum, qui loca illa adire voluerint. Exstat etiam in Nicol. Reusneri hodoeporicis Basil. 1580. 8.

17. *Propositum factum coram Rege Hungariae.*

17. 18. 19. 20. 21. *Epistolarum* de rebus familiaribus libri VIII. et Epistolae V. ad quosdam ex illustribus antiquis, quasi sui contemporanei forent, Ciceronem, Senecam, Livium, Varronem, cum Epistolari ad Socratem suum praefatione. Liber Epistolarum XXII. sine titulo. Epistolae CXXVIII. de rebus senilibus digestae libris XVIII. (ex quibus decimus

a) Hinc emendandum, quod apud Bergomensem in Chronico, Trithemiumque cap. 622. Ges-

liber scriptus est *ad Sagramorum de Pomeriis*, a) ex equite armatae militiae Monachum Cisterciensem.) Epistolarum variarum LVII. ad Andream Dandulum aliosque liber unus. Hae collectiones omnes Epistolarum Petrarchae recusae junctim Genev. 1601. 8. *Ad Caesarem Carolum IV.* ut Italicis rebus maturius provideat, et de excellentia Urbis Romae. Haec una cum aliis Petrarchae Epistolis XIV. de juribus Imperii Romani et injuriis Papae exstat etiam in Goldasti Monarchia Imperii t. 3 p. 1345. seq. ubi Petrarcha vocatur Canonicus Cathedralis Ecclesiae Senensis.

22. *De sui ipsius et multorum ignorantia* liber ad DONATUM Apeninigenam, Grammaticum, separatim etiam editus Genev. 1609. 12.

23. *Contra Gallum* Ordin. Cisterc. qui maledixerat Italiae, invectiva ad Ugutionem de Thiems, Decretorum Doctorem, nuncium Apostolicae Sedis. Epistola Galli illius praemittitur, quae incipit: *Homo quidam quum ab Hierusalem.*

24. Ad Clementem VI. *Medicorum turbam fugiendam* hortantis Petrarchae Epistola, cum *libris quatuor invectivarum in Medicum objurgantem.*

25. Epistolae V. *de sumenda atque recepta laurea.*

26. *Bucolicorum eclogae XII.* Incip. *Monice tranquillo solus tibi conditus antro.* (252 Florent. ap. Junt. 1504. 8. V. sup. I. 231.)

27. *Africa* sive de bello Punico et gestis Scipionis Africani libri IX. ad Rupertum Regem Siciliae, Poema heroicum, quod praecipue auctorem suum lauro dignum suae aetati demonstravit. (253 ·Italice a Fabio Marretti Senensi Ven. 1570. 4.)

28. *Epistolarum libri tres* scripti carmine. Incip *Si mihi saeva pium servassent sidera Regem.*

29. *Testamentum*, quod cum *donatione Bibliothecae suae*, Reip. Venetae facta etiam subjunctum legitur novissimae edit. Carminum Petr. Hetruscor. Patav. 1722. 8.

* Opus eius inscriptum *epitoma virorum illustrium* ita hucusque parum notum funerum et alios inter Petrarchae scripta refertur *De pomeriis ad Sagemor.*

it etsi saepius excusum, ut nemo mihi dicam struxerit, si fusiorem de illo comentationem instituerim. Est mihi ad manus Codex chartaceus vetustate quidem minus spectabilis, sed ab editis adeo discrepans, ut mentem ad se lectorum convertat. Primo igitur occurrit in illo titulus cum prooemio, quorum ille aliquantulum ab edito differt, hoc vero illic quidem, non vero in edito legitur. Titulus ista effertur. *Francisci Petrarchae laureati quorundam illustrium virorum et clariss. heroum ad generosissimum Patavii Dom. Francisc. de Carraria Epitoma* Prooemium : *illustres quosdam viros.* Tum subditur vita Romuli, Numae Tullli Hostilii, Anci Marcii, Junii Bruti, Horatii Coclitis, Quinci Cincinnati Camilli, T. Manlii Torquati, M. Valerii Corvini, P. Decii, L. Papirii Cursoris, M. Curii Dentati L. Fabricii. Hucusque progreditur opus in editis, dein succedit a Sirichio confectum supplementum In MS. vero plene aliter; nulla enim interiecta supplementi admonitione, statim datur vita Alexandri Macedonis, dein Pyrrhi, Annibalis, Fabii Maximi, Cl. Marcelli, Cl. Neronis et M. Livii simul, P. Corn Scipionis, post haec sequitur sine titulo, quamquam relicta est charta pura forte ad titulum illum minio pingendum Tum datur praefatio incipiens *Errare haud profecto videtur*, quae sane praefatio Sirichii est, ut ex toto contextu liquet ad Patavinum dominum directa, atque haec in editis non apparet. Secundum haec legitur vita T. Quintii Flaminii, tunc L. Cornelii Scipionis Asiatici, dein Scipionis Nasicae, Pauli Aemilii, Q. Cecilii Metelli, Scip. Aemiliani, C. Marii, Cn. Pompeii, Caes. Augusti, Vespasiani, Titi Traiani, nec ultra excurritur.

Quod autem animadversione dignum est, vitae omnes, tum illae quae sub Petrarchae auspicio militant, tum quae in supplemento dantur multo fusius descriptae sunt, quod edita exhibeant. Interdum tamen sed raro semel tantum et iterum cum editis fere per omnia congruunt.

Quid ad haec dixeris lector? num epi-

toma illud Petrarchae plus vice simplici vulgatum compendium est maioris operis a Petrarcha confecti et in Codice nostro repraesentati? Tibi judicium relinquo. Mihi satis fuit summa diligentia rem tibi veluti sub oculis vindicasse.

Illud etiam adiecisse juvat supplementi authorem adoptasse comentum illud de Traiani anima ex inferno carcere precibus S. Gregorii eruta. In cuius rei testimonium vocat ac recitat quaedam ex Hugone Etheriano cuius haec sunt verba :

Nolite quaeso dicere in cordibus vestris hoc falsum esse, aut fictum, quod omnis testatur Ecclesia. Ineffabilem enim nostri Redemptoris misericordiam certissimum nostrae salutis argumentum mitissimis praecibus SS. Pontificis opem damnato afferre et voluisse et potuisse quis dubitat? Et praecipue innocentissimo viro cuius clementissima maximorum operum merita prudentia, justitia, pax, pudicitia, fortitudo, pietas temperantia nimirum loco baptismi supplere potuerunt.

Praetereundum nequaquam duco id quod a nemine hucusque indicatum succurrit, nimirum carmen illud Etruscum Petrarchae de B. Virgine incipiens.

Vergine bella che di sol vestita
Coronata di stelle al sommo Sole
Piacesti sì, che etc.

Latinis versibus redditum esse a M. Marulo in Evangelistario, legiturque in eodem op. impresso Venet. A 1516 incipit.

O praestans facie Virgo, quam clara coronant
Sydera quae radiis Polis amicta nites etc. *

De BENEVENUTI de Rambaldis *libello Augustali*, qui Petrarchae scriptis solet subjici, dictum supra t. 1 p. 194.

Ineditae Epistolae et opuscula Petrarchae, quorum in lucem proferendorum celeberrimi viri Bernardus Montfauconus a) et Anselmus Bandurius b) spem fecisse visi sunt, nec dum vulgata exstant quod sciam.

Longe maximam ingenii laudem Hetruscis suis poëmatibus atque lucubrationibus Italice editis Petrarcha tulit, ita ut inter classicos auctores illius linguae principem locum jam pridem teneat. Carmina

a) Mem. litt. de Trevoux An. 1703. o. 381.

b) Id 1703 Septembr. p. 258.

(le rime, canzoni, trionfi et sonetti) primum typis excripta Venetiis 1473 fol. quae editio in sectione publica Biblioth. illustris Fayi, Parisiis venisse dicitur libris Gallicis 241. Alias editiones atque interpretes, qui exstant quam plurimi, praeter Niceronum tom. XXVIII. p. 389. seq. refert Nic. Franciscus Haym, Romanus in notitia librorum rariorum linguae Italicae, Lond. 1726. 8. pag. 124-128. et 212-215. sed praecipue qui haec carmina ad meliores editiones et Codicem insignem Manuscr. novissime recensuit Patavii 1722. 8. a) illisque praemisit Catalogum editionum plusquam CXXX. illustratum notis Jo. Marii Crescimbenii.

Chronica delle vite de' Pontifici et Imperatori Romani, in sino à suoi tempi. Veron. 1476. Florent. 1478. fol. Venet 1534. 8. Mirandulae 1624. 4. Genev. 1625. 4. *(254 Inter innumera quae de F. P. postea scripta fuere, curas Dominici Rossetti Tergestini JC. in colligendis operibus (Vide ÆNEÆ Sylvii supra t. 1 pag. 29.) et Antonii Marsand. op. cui tit. Biblioteca Petrarchescha Milano 1826. in 4. pag. XXIX 280. haud licet ignorare.)*

PETRINA *de Balma*, Ordinis reformati S. Clarae Religiosa circa An. 1450. scripsit *Vitam B. Coletae* Ordinis S. Clarae Reformatricis, sed Gallice, unde Latine versa exstat in Actis Sanctor. t. 1 Martii 6 pag. 601-619.

Andreas de PETRA. Supra t. 1. p 91.

Hermannus PETRI, Carthus. et *Hermannus de* PETRA, Cisterc. Supra t. 3 p. 224.

Fridericus PETRUCCIUS, supra tom 2 pag. 613. FRIDERICUS *de Senis.*

S. PETROCUS Corinus sive Cornubiensis Camber circa An. 564. à Baleo Centur. cap. 98. traditur scripsisse *librum de vita solitaria.* Totos viginti annos in lectione bonorum auctorum exegisse legas apud Lelandum cap. 35.

a) Acta Erud tom. 8 supplem. p. 512·

a) Bergomensi *Baliardus*, Alciato *Baylardus*, Bernardo Epist. 180. velut *Abeillardus*, dictus apis *de Francia* Joanni Sarisberiensi *Peripateticus Palatinus* a loco natali ubi An. 1089. iu lucem eeitus, *Palais*, oppido in Britannia minore :) non à palatio Regio ut videtur innui in ob-

PETRONIUS praefectus praetorii circa A. 410. *eloquentissimus vir et eruditissimus in secularibus litteris*, cui apud Gennadium cap. 41. de S. E. tribuitur liber *de ordinatione Episcopi*, pridem deperditus, quem alii ad filium ejus Petronium, Episcopum Bononiensem putarunt referendum esse.

PETRONIUS superioris filius, Episcopus *Bononiensis*, defunctus Theodosio juniore et Valentiniano III. regnantibus, hoc est non post A. C. 450. De illo Gennadius cap. 41. de S. E. atque ibi Miraeus : Surius et Baronius ad Octobr. 4. et prae caeteris Tillemontius tom. XV memoriar. pag. 30. seq. qui docet *Vitas Patrum Monachorum Ægypti*, quas ab eo scriptas memorat Gennadius, esse librum secundum inter Vitas Patrum à Rosweido editas, scriptas nomine Petronii à RUFINO Aquilejensi. Diversum opus Petronii ineditum *de selectis SS. Patrum apophthegmatibus*, ex quo Manuscripto Alphonsus Ciacconius quaedam produxit in libello de S. Hieronymi Cardinalatu, quae etiam Miraeus ex eo repetit. Petrus de Natalibus in Catalogo Sanctorum mensis Augusti cap. 20. multa de hoc Petronio referens digna fide et indigna, addit etiam Gennadio auctore laudato scripsisse et *homilias Evangeliorum* plures, quod tamen in Gennadio non legitur.

PETRI ABÆLARDI notitiam a Ludovico Jacobo mutuari liceat, cui annotationes meas adjungam. Ita vero ille libro III. de scriptoribus Cabilonensibus pag. 139. *Petrus Abaelardus* sive *Abelardus* cognomento *Dialecticus* a) natione Armoricus, Theologicae Scholae Parisiis rector Philosopus et Theologus toto orbe celeberrimus, scientiarum tam Divinarum quam humanarum singulare prodigium, aliquandiu vitam parum honestam b) cum *Heloissa Monmorantiana* genere et eruditione nulli

servationibus selectis Haliensibus tom. 6 Obs. 20. Praeceptor ejus in Dialecticis, *Roscellinus*, In Philosophia *Guilelmus de Campellis* : in Locis Anselmus Laudunensis antesignanus Nominalium : discipulus *Arnoldus de Brixia* etc.

b) Filium ex furtivis amoribus conceptum vocavit *Astralabum*, ipse à Fulberto Heloissae tuto·

secunda egit. Sed poenituere paullo post, illaque Monialis, deinde An. 1130. Paracleti Monasterii Ordin. S. Benedicti, dioecesis Trecensis Antistita facta est, hic vero Monachus Sandionysianus prope Parisios, postea Abbas Ruyensis constitutus. Variis se erroribus implicavit, unde in Concilio Svessionensi An. 1121. a) et Senonensi An. 1140. à sanctissimis [Viris Bernardo Abbate Claraevallensi et Petro Venerabili Abbatae Cluniacensi condemnatus fuit : sed resipiscens b) magnum vitae Monasticae ornamentum in monasterio Cluniacensi, usque ad vitae extremum c) extitit. Scripsit opera quam plurima in unum volumen edita d) labore et studio illustrissimi Viri, *Francisci Amboesii*, Equitis, Regis in sanctiori Consistorio Consiliarii, Baronis Chartrae etc. in quibus continentur :

Epistolae e) *Petri Abaelardi et* HELOISÆ, quarum aliquae historiam calamitatum Abaelardi complectuntur pag. 3. aliquae originem religionis Sanctimonialium pag. 94. et institutionem seu Regulam earundem pag. 130.

Epistola FULCONIS, *Prioris de Diogillo ad Petrum Abaelardum*, pag. 217.

Epistola Abaelardi *adversus eos qui ex*

auctoritate Bedae *presbyteri arguere conantur* Dionysium Areopagitam *fuisse* Dionysium, Corinthiorum *Episcopum*, ·et non magis fuisse Atheniensem Episcopum p. 224.

Epist. contra quendam Canonicum regularem, qui Monasticum Ordinem deprimebat, et suum illi anteferebat, pag. 228.

Invectiva in quendam ignarum Dialectices, qui tamen ejus studium reprehendebat, et omnia ejus dogmata putabat sophismata et deceptiones pag. 238.

Elegia HILARII, *Abaelardi discipuli, qua plangit recessum ejus ex Paraclito.* pag. 243.

Epistola Abaelardi *ad S. Bernardum, Abbatem Claraevallensem* pag. 244.

Exhortatio ad studium litterarum p. 251.

De laude S. Stephani Martyris pag. 263.

Epistolae aliquot S. BERNARDI *ad Cardinales et Innocentium II. Papam, contra Petrum Abaelardum* pag. 270.

Rescripta Innocenti II. Papae contra eundem pag. 299. 301.

BERENGARII *Pictaviensis, Abaelardi discipuli, apologeticus contra B. Bernardum Claraevallensem Abbatem·et alios qui condemnaverant Praeceptorem suum* p. 302.

Epistola ejusdem BERENGARII *ad Episcopum Mimatensem.* pag. 320.

re ac propinquo ex indignatione postea factus eunuchus, dormituriens nihilque tale cogitans. Vide Edmundi Martene-Anecdota tom. V. p. 1140. seq. Baelii Lexicon, in *Abelard*, et Vitae scriptores Jacobum Thomasium, in filii Christiani Thomasii hist. sapientiae et stultitiae tom. 1 pag. 75. seq. Stephanum Pasquierium in opere praeclaro, recherches de France lib. VI. cap. 17 et Gervasium in vita Abaelardi, diligentiore studio sex libris tradita Gallice Paris. 1720. 12. duobus Voluminibus Acta Erud. 1721. pag. 213. Mem. de Trevoux 1721. pag. 941. Journal literaire tom. XI p. 255. C. A. Heumanni Acta Philosophorum parte XVI. pag. 520. seq.

a) Vide Pagium ad A. 1121. n 14. seq.

b) Etiam injuriam sibi factam à fervidioribus adversariis, scripta Apologia, testatus· Confer Amboësii prolegomena ad Opera Abaelardi, Quercetanum in notis ad hist. calamitatum Abaelardi: et laudatum Gervasium.

c) Obiit Cabilone A. 1142.

d) Paris. 1616. 4.

e) *Heloisa*, ingenio et litteris nobilis, Fulberti Canonici Parisiensis neptis, ex Abaelardi discipula, amasia et uxore, Sanctimonialis Argentoliensis, ac

denique ex Priorissa illius Coenobii, Ordin. Bened. Abbatissa Oratorii Paracliti quod in Trecensi sive Tricassinae dioceseos pago Abaelardus condiderat, probanteque Innocentio II. ei donaverat. Obiit Heloisa Graecarum, Hebraear. et Latinarum litterarum perita, Anno 1162. Vide Quercetani notas ad Bibl Cluniacensem pag. 149, seq. et Miraeum ad Henrici Gandavens cap. 16. de S. E. Prae liberioribus Metaphrasibus Gallicis Epistolarum mutuarum Heloisae et Abailardi, quas vel Bussius Rabutiuus Colon. 1693. vel P. F. G. de Beauchamps dedit Paris. 1714. et 1731. 12. laudandum Gervasii studium, qui Paris. 1723. 12 duobus Voluminibus Latine cum adjuncta prosaria Gallica versione et adspersis subinde notis historicis vulgavit Heloisae Epistolas ad Abailardum III. et Abailardi ad Heloissam IV. quarum tertia amplas Ordinis Monialium sexusque foeminei laudes complectitur tom. 2. pag. 209. quarta Regulam Sanctimonialium praescribit pag. 212-503 De latina emendatiore editione Epistolarum harumce per Richardum Rawliuson, Lond. 1718. 4. Vide Journal literaire t. 4. p. 575. Bibl. ancienne et moderne tom. 9. pag. 348. Journal des Sav. 1718. Novembr. pag 259.

Invectiva contra Carthusienses p. 325.

P Abaelardi *Apologia* seu *Confessio Fidei* pag. 330. In hac inter alia : *scripsi forte aliqua per errorem , quae non oportuit : sed DEUM testem et judicem in animam meam invoco, quia in his , de quibus accusor , nil per malitiam aut superbiam praesumsi.*

Epistola ad Girbertum Parisiensem Episcopum pag. 330.

PETRI Venerabilis, Abbatis Cluniacensis , *Epistola ad Innocentium II. Papam ,* a) pro Petro Abaelardo pag. 335. Ejusdem *ad Heloisam* b) Paracliti Abbatissam p. 337.

Epitaphium P. Abaelardi c) à Petro Venerabili scriptum pag. 342.

Epistola HELOISÆ d) ad Petrum Abbatem Cluniac. pag. 343.

Petri Cluniacensis ad Heloisam e) p. 344.

Absolutio Petri Abaelardi pag. 345.

Rescripta quaedam summorum Pontificum ad Heloisam pag. 346.

P. Abaelardi *expositio in Orationem Dominicam* pag. 359.

Expositio Symboli Apostolorum pag. 368.

Expositio fidei in Symbolum Athanasii pag. 381.

HELOISÆ Paraclitensis Abbatissae *problemata XLII. cum Abaelardi solutionibus* pag. 384.

P. Abaelardi *adversus haereses liber.* pag. 452. Confer de haeresibus, Abaelardi tempore, Edmundi Martene tom. V. Anecdotor pag. 1314. 1315.

Commentarius *super Epistolam S. Pauli ad Romanos* in V. libros divisus p. 491.

Sermones XXXII. in festis per annum legendi pag. 729.

De fide S. Trinitatis , sive *Introductio ad Theologiam* in III. libros divisa p. 973.

Prosa de B. Virgine pag. 1136.

Notae *Andreae Quercetani* sive *Duchesnii* ad Historiam calamitatum Abaelardi pag. 1141.

In editione operum Parisiensi desiderantur :

Libri quinque Theologiae Christianae , vulgati primum ab Edmundo Martene tom. V. anecdotorum p. 1156-1360. Paris. 1717. fol. quibus erudita prolegomena de Abaelardo ejusque erroribus f) et adversariis praemisit. Multa eadem in hoc opere cum libris de fide S. Trinitatis , neque diffiteri potuit Joannes Cornubiensis g), Petrum Lombardum Magistrum suum in celebri sententiarum opere frequenter hos libros prae oculis habuisse ac secutum esse.

Commentarius in Hexaëmeron ad Heloysam : in eodem quinto anecdotorum Martenii tomo pag. 1363-1416.

Rhythmi de SS. Trinitate , quorum initium : *Alpha et O magne DEus, Heli, Heli, DEUS meus.* in laudati Martenii collectione veterum monumentorum tom. IX. pag. 1092-1097. Paris. 1833. fol. Sed eosdem sub HILDEBERTI Cenomanensis nomine ediderat Jacobus Hommey in spicilegio Patrum pag. 446. Paris. 1684 8.

Theologia Morum sive *Ethica ,* liber inscriptus : *Scito teipsum ,* reprehensus à S. Bernardo, quamquam ajunt h) ab Abaelardo non pro genuino suo foetu agnitum. Prodiit in C. V. Bernardi Pezii anecdotis tom. 3. parte 2. pag. 627-688.

Elucidarium , quod in veteri Codice Manuscr. Monasterii B. Mariae de Fontanis

---

a) Exstat inter Petri Venerabilis Epistolas lib. IV. 4. in Bibliotheca Cluniacensi Andreae du Chesne pag. 816.

b) Id. IV. 24. pag. 850.

c) Id. pag. 1554. Incipit: *Gall rum Socrates* etc.

d) Id. VI. 21. pag. 916.

e) Id. VI. 22. pag. 920. ubi ad eam mittit Abaelardi absolutionem additque : *Astrolabo vestro vestrique causa nostro , mex ut facultas data fuerit , in aliqua nobilium Ecclesiarum , Prabendam libens adquirere laborabo.*

f) Adversariis Abbas S , Theodorici (supra tom. 5 pag. 499) Anonymus (Galfredus Monachus Cla-

arevall. de quo supra tom. 5 pag. 16. et 21.) Gvalterus Laudunensis et S. Victoris: prae ceteris vero S. Bernardus. Videantur Joannis Caramelis à Lobkowitz *S. Bernardus Petrum Abailardum triumphans.* Lovan. 1644. 4 Jo. Mabillonius ad Bernardi capitula haeresium Abaelardinarum etc. Voyage litteraire des deux Benedictins t. 1. parte 2. p. 213.

g) In eulogio ad Alex. III. Papam. Vide Andreae du Chesne notas ad Abailardum pag. 1159. Pagium ad An. 1112. num. 13.

h) Caveus in hist. lit. Eccles. ad An. 1120.

in dioecesi Turonensi, nomen Abaelardi praefert, in Codice Claraevallensi ANGEL-DO *Montis Leonis* tribuitur, teste Martenio tom. V. anecdotorum pag. 1362. ubi etiam observat editum esse inter spuria S. ANSELMI Cantuariensis. Vide supra tom. 1. pag. 301.

Nondum lucem vidit Petri Abaelardi *Logica* sive *Dialectica*, quam vulgaturum se promisit Andreas du Chesne pag. 1160 Nec *Liber Sententiarum*, *Sic et Non*, Manuscr. in Bibliothecis Angliae: nisi idem ille sit a) cum introductione ad Theologiam, quam supra inter edita commemoravi : Neque *hymni* quos metrico stylo composuit, in monasterio quod vocatur Paraclitus decantandos. b) Neque memoratae Caveo *expositiones in Genesin* (si diversas intelligat à Commentario in Hexaemeron) vel *in Psalterium*, aut in *Pauli Epistolas*, cum solus in Epistolam ad Romanos commentarius in editis legatur : nec *glossae in Ezechielem*. Neque denique *Versus elegiaci ad Astralabum filium suum*, *de moribus et vita pia et proba*, Manuscripti in Biblioth. Cottoniana p. 86. Librum de Unitate et Trinitate ipse flammis dare jussus est Abaelardus in Synodo Svessionensi An. 1121.

Tria ejus epitaphia reperio, quae cum bona Lectoris venia hic apponam. Unum à Petro Venerabili consecratum ejus memoriae, ita se habet :

Gallorum Socrates, Plato maximus Hesperiarum,
Noster Aristoteles, Logicis, quicunque fuerunt,
Aut par aut melior : studiorum cognitus Orbi
Princeps, ingenio varius, subtilis et acer,
Omnia vi superans rationis et arte loquendi,

ABEILLARDUS erat, sed tunc c) magis omnia
vincit,
Cum Cluniacensem monachum, moremque professus
Ad *CHRISTI* veram transivit Philosophiam,
In qua longaevae bene complens ultima vitae,
Philosophis quandoque bonis se connumerandum
Spem dedit, undenas Maio renovante Calendas.
Alterum nescio an eodem auctore :
Petrus in hac petra d) latitat, quem Mundus Homerum
Clamabat, sed jam sidera sidus habent.
Sol erat hic Gallis, sed eum iam fata tulerunt,
Ergo caret regio Gallica e) sole suo
Ille sciens quicquid fuit ulli f) scibile, vicit
Artifices, artes absque docente docens.
Undecimae Maii Petrum rapuere Calendae,
Privantes Logices atria Rege suo.
Est satis, in tumulo *PETRUS* hic jacet *ABEIL-LARDUS*
Cui g) soli patuit scibile quicquid erat.

Tertium denique ex antiquo Codice Petrensi à laudato Bernardo Pezio proditum hoc est :

Petrus amor Cleri, Petrum inquisitio veri,
Lingua salutaris, turbaeque Lucerna scholaris.
Argumentandi sollertia, copia fandi.
Post Mundi bella, nova fulget in aethere stella,
De Mundo fragili sub mense vocatur Aprili.
Eloquii flos, Consilii ros, ingenii cos :
Grammaticae fons, Rhetoricae pons, ac Logicae
mons
Ecclesiae lux Justitiae dux inter iniquos,
Gymnasii fax, discipuli pax, iustus et insons,
Hinc abiit, sed non obiit, nec desiit esse :
Praeteriit, sed non periit, transivit ad esse.
Aspera gens violenter agens super hunc fabricavit,
CHRISTUS eum super aethereum iubar exhilaravit.

Addit idem, se in Tegernseensi Codice hanc notam reperisse : *Petrus qui Abaelardus*, à plerisque Bajolardus h) *dicitur*, *natione Anglicus* i) *primum Grammaticae et Dialecticae*, *hinc Divinitati operam dedit. Sed cum esset inaestimandae subtili-*

---

a) Ita visum Jo Mabillonio in itinere Germanico pag. 64. edit. à me curatae, ubi testatur se in Codice Monasterii S. Emmerani reperisse Bajolardi Sententias capitulis triginta septem comprehensas, additque eam esse Abaelardi Introductionem in Theologiam. Similiter Trithemius cap. 381. Theologiam Abaelardi *volumen dialectica obscuritate subumbratum, multis* Sententiis *varium* appellat.

b) Appendix ad Henr. Gandavens. cap. 3,

c) Ita Bibl. Cluniacensis pag 1554. et Baronius ad An. 1150. num. 12· et Bern. Pezius in praef. ad tom. 3. anecdotor. pag. XXI. rectius quam apud Lud. Jacobum. *nunc.*

d) Quercetanus notis ad Bial. Cluniacens. pag. 148. *in haec urna.*

e) Lud Jacobus de claris Cabilonensibus p. 142. *regio Gallia.*

f) Id. minus bene, *illi.*

g) Quercetanus, *Huic.*

h) Aliis vitiose etiam *Beliardus*, *Baliardus*, *Biliardus* Vide Dan. Zwickerii novam confirmatiooem Irenici Ireconicorum pag. 502. Alberico p. 296. *Abulardus.* Ptolemaeo Lucensi ad An. 1154i *Ba alardus.*

i) Non Anglicum natione sed Gallum ipse se Abailardus profitetur, et à vitae ejus scriptoribus demonstratum est.

tatis. inauditae memoriae, capacitatis supra humanum modum , auditor aliquando Magistri Roscii a) *coepit eum cum exfestucatione* b) *quadam sensuum illius audire. Attamen imperavit sibi, ut per annum lectionibus ipsius interesset. Mox ergo socios habere, et Parisiis palam· Dialecticae atque Divinitatis lectiones dare coepit , et facile omnes Franciae Magistros in brevi supervenit. Qui cum de · Quadruvio* c) *nihil audisset, clam Magistro* Tirrico d) *in quasdam Mathematicas lectiones , aures dabat ; in quibus supra quam aestimaret, obtentu difficultatis intellectus resiliebat audientis. Cui semel afflicto et indignanti, per jocum Magister Tirricus ait: quid canis plenus nisi lardum bojare consuevit? Bajare autem lingere est. Exinde* Bajolardus *appellari coepit. Quod nomen tanquam ex defectu quodam · sibi impositum cum abdicaret, sub litteratura non dissimili* Habelardum *se nominari fecit , quasi qui haberet artium apud se summam et adipem.*

* Inter inedita pariter accensendum est opusculum *de sacramento Altaris ,* quod servat MS. Codex Latinus 884. Biblioth. Universitatis Taurinensis.

PETRUS *de Abano ,* infra *Petrus Aponensis.*

PETRUS· *de Adria ,* infra *Petrus Viloaquensis.*

PETRUS *Alberti,* Major Prior Clnniacensis circa A. 1426. tempore Oddonis II. Abbatis, *Decretorum Doctor famosissimus, nam conscripsit libellum sive tractatum* de decimis novalibus, *qui apud nos est.* Hacc de eo auctor Chronici Cluniacensis p. 1676.

PETRUS Weiss , Latine *Albinus*, Nivemontius sive Schneebergensis, sedulus indagator rerum Germanicarum , Misnensium praecipue : clarus post sacculi XVI. initia, cujus plures exstant Chronici libri Germanice editi , de quibus Hendreichius in pandectis Brandenburg. pag. 90. et lexicon eruditorum Germanice editum An.

1615. 1726. 1733. Hoc loco tantum memorare juvat Albini huius brevem commentationem *de rebus Carinthiacis,* editam à Jo. Petro Ludewig. tom. X. reliquiarum veteris aevi p. 542. 566. et *Genealogiam Comitum Leisnicensium* in tom. 3. scriptorum rerum Germanicarum illustris Menckenii pag. 833. 952. cum erudita appendice V. C. Christiani Gottlieb Schwartzii pag. 953. seq.

PETRUS *Alectensis,* infra, *Petrus Amelii.*

PETRUS *de Alliaco ,* (Ailli) Anno 1350. natus Compendii ad Isaram (Oise) fluvium in Piccardia Galliae, ex Archididascalo Collegii Navarrei Parisiensis, et Episcopo Vellarensi , sive Aniciensi creatus Cardinalis Cameracensis Anno 1411. Pisano Concilio An. 1490. et A. 1414. seq. Constantiensi interfuit, diemque obiit Cameraci A. 1425. *Aquila Franciae et malleus à veritate aberrantium indefessus.* Hujus se discipulum profitetur Joannes Gerson , Cancellarius Parisiensis , qui plura ei scripta sua dedicavit , ut librum de vita spirituali animae, in limine tomi III. Vide et tom. 2. edit. novae pag. 74. 161. 659. et tom. 3. pag. 186. 429. 430. 433. et 471. De hoc Petro praeter eos qui de Cardinalibus scripsere, Ciacconium, Jo. Josephum Eggs, aliosque , et qui de scriptoribus Ecclesiasticis , Trithemium cap. 729. Labbeum t. 2. pag. 179. Caveum ad An. 1396. Hendreichium Pandect. Brandenb. pag. 436. consulendus Jo. Launojus in historia Gymnasii Navarrei pag. 467. seq. Jacobus Lenfant in historia Concilii Pisani tom. 2. p. 56. ubi etiam iconem ejus aere nitide expressam exhibet, et Hermannus ab Hardt tomo primo historiae Concilii Constantiensis p. 450. seq. Mihi scripta Petri referre quantum licebit , satis fuerit.

1. *Commentarii breves in IV. libros Sententiarum* 1500. 4. et Argentinae 1490. ubi juncta habentur scripta haec quinque 1) *Quatuor principia in IV. libros Senten-*

---

a) Legendum *Roscellini ,* sive *Rucelini.*

b) Veluti festucas in oculo doctrinae ejus notare atque improbare. Vide Cangium in *festuca.*

c) *Quadrivium,* quator disciplinae Mathema-

ticae Arithmetica , Geometria , Astronomia, Musica: ut *Trivium,* Grammatica Logica , Rhetorica.

d) Theodorico.

tiarum 2) a) *S. Scripturae*, ad Matth. XVI. 18. *Super hanc petram aedificabo Ecclesiam meam.* 3) *Principium* b) *in cursum Bibliorum, praesertim in Evangelium Marci.* 4) *Quaestio Vesperiarum*, c` *utum Petri Ecclesia lege reguletur.* et 5) *Quaestio de resumta*, d) *utrum Petri Ecclesia lege reguletur*, *fide confirmetur et jure dominetur.*

II. *Tractatus et sermones* junctim editi Argentorat. 1490. fol. 1 *Speculum Considerationis*, capitibus XII. contentum 2 *Compendium contemplationis*, tres tractatus complectens, α) ex doctrina S. Thomae in secunda secundae, duodecim capitibus conflatum β) de spirituali genealogia Jacob, et de figuralibus exemplis ad contemplationem pertinentibus et γ) de spiritualibus sensibus hominis ad contemplationis perfectionem pertingentibus 3 *de quatuor gradibus scalae spiritualis*, ex dictis *B. Bernardi.* 4 *Verbum abbreviatum super libros Psalmorum* 5 Devota meditario *super Psalmum XXX. in Te, Domine speravi, non confundar in aeternum.* 6 *Super Psalmum XLII. Judica me DEUS et discerne causam meam*, composita Basileae dum erat ibi Legatus à latere An. 1414. 7 *Septem gradus scalae poenitentiae super septem Psalmos poenitentiales.* Exstat etiam in Orthodoxographis utrisque An. 1555. et 1569. pag. 1085. cum meditationibus in Psalmum XXX. et XLII. pag. 1110. 1119. et Gallice Lugd. 1544. forma minore, Antonio Belardo interprete. 8 *Tractatus de Oratione Dominica.* 9 *Super Ave Maria*, et *Cantica* B. Mariae, Zachariae, Simeonis, cum *epilogo de quadruplici exercitio spirituali.* Expositio *in Cantica Canticorum Salomonis.* 10. Tractatus *de honoribus S. Joseph*, recusus Duaci 1734. 8. cum novem scriptis prioribus. 11 Tractatus *de anima*, recusus Paris 1494. 8 1505. 12 *Sermones* XXII. è quibus 12. est

de modo seu forma eligendi Pontificem 13 de S. Trinitate et 14 Constitutio Benedicti XIII. Anno 1405. *de festo SS. Trinitatis* per totam Ecclesiam celebrando e) ex occasione praedicti Sermonis publicata 15 de S. Chrysogono Martyre, 16. et 17 de S. Ludovico, Tolosano Episcopo. 18. 19. Sermones facti in Synodo Cameracensi. 20. Sermo habitus in Synodo super illud Evangelii Luc. X. 1. *Designavit Dominus alios LXXII.* 21 de S. Dominico et 22 de S. Francisco, factus An. 1382. Claudit hoc volumen 23 liber *de sacramentis Ecclesiae.*

III. *Vita S. Petri de Murrone*, Eremitae de Aprutio, postea *Caelestini V.* Pontificis Maximi, Ordin. Caelestinorum institutoris, à Dionysio Fabro edita Paris 1539. 4. obviaque apud Surium 19. Maji et Papebrochium tom. IV. Maji pag. 485-497.

IV. Junctim edita sine loco et anno, fol. Tractatus *de imagine Mundi. Epilogus Mappae Mundi. De correctione Calendarii. De vero cyclo lunari, Tractatus duo Cosmographiae. Vigintiloquium de concordantia Astronomicae veritatis cum Theologia. Tractatus de concordia Astronomicae veritatis cum Theologia. Tractatus de concordia Astronomicae Veritatis et narrationis historicae*, scriptus Basileae An 1418. *Tractatus elucidarius Astronomicae Concordiae cum Theologia et cum historica narratione. Apologetica defensio duplex Astronomicae veritatis*, composita Coloniae Λ. 1418 et *Tractatus de concordia discordantium Astronomorum.*

V, Scripta à Clarissimo Dupinio ex Bibl. Collegii Navarrei edita tom 1 Operum Jo. Gersonis Amst. 1706. fol. 1 in illud Matth· VII. *attendite à falsis Prophetis* tractatus duo pag. 409. et 501. quorum posteriore adversus vanam Astrologiae superstitionem fuse disserit. 2 *Quaestio utrum Divinitas personarum in una natura crea-*

---

a) Exstat etiam in Dupinia editione Jo. Gersonis Operum tom. 1 pag. 605.

b) Ibid. pag. 610.

c) Ibid. pag. 602.

d) Ibid. p. 673. Conferenda quoque *Petri de Ayarto* Doctoris Complutensis excerpta *de Eccle-*

siae infallibilitate ex hac quaestione repetita atque illustrata, insertaque Actis Eruditorum An. 1710. p. 359-372.

e) Confer Bellarminum III. 15. de beatitudine et cultu Sanctorum, Baelii Lexicon in *Ailli.*

turae sit communicabilis. pag. 618. et ad eandem Quaestionem in Sorbona propositam *de tribus suppositis in una natura ,* responsio pag. 626. 3 *Utrum libertas creaturae rationalis ante et post lapsum intrinseca sit aequalis* pag. 630. 4 *Quaestio utrum Conscientia erronea excuset à culpa.* pag. 637. 5 Quaestio *de legitimo domino* pag. 642. 6 *Utrum indoctus in Jure Divino ,* *possit juste praesse* pag. 646. 7 *Propositiones damnatae* JOANNIS de MONTESONO , a) Dominicani pag. 693. cum Epistola Universitatis Paris. pag. 694. et Petri de Alliaco sermone coram Papa Clemente VII. Avenione habito pag. 697. ac Propositione altera pag. 702. et apologia circa Joannis de Montesono damnationem pag. 709. 8 Adversus Cancellarium Parisiensem (JO. GERSONEM) *quod nihil liceat exigere pro Gradu Licentiae docendi ,* tractatus duo pag. 723. 745. 9 *De Legibus et sectis , contra superstitiosos Astronomos ,* tractatus scriptus An. 1416. pag. 778.

Epistola ad Benedictum XIII. scripta Genua An. 1402. tom. 2. Operum Jo. Gersonis pag. 105. Aliae duae *ad Joannem XXIII.* de praecipuis Reformationis Ecclesiae capitibus pag. 882. et electione summi Pontificis spectante ad Collegium Cardinalium pag. 883. Tractatus *de Ecclesiae , Concilii Generatis , Romani Pontificis et Cardinalium auctoritate* scriptus An. 1417. pag. 925.

VI. *Processus* A. 1411. factus *adversus* GUILELMUM de HILDERNISSEN Carmelitam (de quo Spondanus ad An. 411. num. V.) *et errores Sectae* HOMINUM INTELLIGENTIÆ , editus à Baluzio tom. 2. Misc. pag. 272-297.

VII. *Sacramentale ,* editum Lovanii 1487.

VIII. *De difficultate Reformationis in Concilio Universali* ad Jo. Gersonem An. 1410. scriptus liber , ex Manuscr. Helmstadiensi editus est à V. C. Hermanno ab Hardt tom. 1. Concilii Constantiensis parte VI. pag. 255. atque inde in editione Operum Gersonis Dupiniana tom. 2. p. 867.

Canones de emendatione sive *Reformatione Ecclesiae* in Constantiensi Concilio suscipiendae , totius Corporis , tum Capitis , Praelatorum , Religiosorum , Ecclesiasticorum et Laicorum qui tanquam 'ab Alliacensi An. 1415. Concilio Constantiensi oblatus , prodiit in Ortuini Gratii fasciculo rerum expetendarum et fugiendarum Colon. 1535. fol. pag. 203. 6-208. et Lond. 1690. fol. et in Jo. Wolphii tom. 1. lection. memorabil. pag. et cum tractatu de squaloribus Curiae Romanae Basil. 1551. 8. et in Hermanni ab Hardt tom. 1. Concilii Constantiensis parte VIII. p. 409. et in tom. 2. Opp. Gerson. pag. 903. una cum *Oratione* An. 1417. in Concilio habita *de Officio Imperatoris , Papae , reliquorumque Concilii membrorum* ex edit. Argentor. 1490. apud laudatum Hardtium pag. 436. et tom. 2. Gerson. pag. 917. Sed *monita de necessitate Reformationis Ecclesiasticae in Capite et in membris ,* quae idem parte VII. pag. 277. seq. et Dupinius tom. 2. Opp. Gersonianor. pag. 885. exhibet , auctorem habent potius *Theodoricum de* NIEM , ut ipse Clariss. Hardtius pag. 484. et in prolegomenis pag. 28. 46. agnoscit. *De potestate Ecclesiastica. De Concilio generali. Tractatus de interdicto. De permutatione Beneficiorum.*

IX. *Conceptus et exponibilia.*

X. *Quaestiones in Hexaemeron ,* in quibus Astrologiae nimium tribuit , et Diluvium atque Nativitatem CHristis ex stellis praenosci potuisse contendit , reprehensus eo nomine à Sixto Senensi Bibl. sanctae lib. V annotat. 81. et lib. VI. annot. 10.

XI. Quaestiones in sphaeram Mundi JOANNIS *de* Sacrobosco , cum Petri Cirvelli commentario , Darocensis Hispani , Paris. 1498. Compluti 1521. fol.

XII. Tractatus super libros *Meteororum Aristotelis* de impressionibus aëris , ac de iis quae in prima , secunda et tertia regionibus aëris fiunt , deque generatis infra terram. Argentinae 1504. et Viennae Austriae 1509.

a) De *Ioanni de Montesono* XIV. propositionibus vide Natalem Alex. Sec. XIII et XIV. artic. 25.

tom. 7. pag. 128. seq.

XIII. *Inedita* de quibus Launojus p. 479.
Tractatus *super Boëthium de Consolatione
Philosophiae*, cum praefatione quae incipit: *Reverendissimi Patres , Magistri ac
Domini carissimi. Mihi ardua scandere
volenti.* Descriptio *imaginariae visionis de
horto Scripturae*, in principio super Cantica An. 1374. cum longa praefatione,
quae in expositione super Cantica Argent.
1490. desiderantur. Propositio facta coram
Papa adversus Cancellarium Paris. quae
incipit : *Domine vim patior.* Quaestio de
reprehensione Petri à Paulo facta : *Quaerit
à me charitas vestra.* Responsio in aula
Episcopi : *utrum CHristi dono gerens potestatem damnetur.* Invectiva *Ezechielis
contra Pseudopraedicatores. Sermones* varii,
ut de vinea Domini Matth. XX. ex quo
nonnulla laudatus Hardtius tom. 1. pag.
403. In verba *laetare Hierusalem* , id. p.
404. *In* festo *S. Ludovici , Caroli Regis
Siciliae filii* pag. 434. Sermo in Capitulo
Navarrae : *veritas de terra orta est :* et
alius : *Ipsorum est regnum Coelorum.* Sermo *de S. Bernardo , dedit ei cor ad praecepta.* Sermo in Synodo Ambiensi factus
cum erat Subdiaconus , *Sacerdotes tui induantur justitiam.* Sermo in Synodo Ecclesiae Paris. *Hic jam quaeritur.*

* Quamquam indiculus scriptorum viri
huius docti diligenter contextus est , adhuc tamen supplenda sunt quaedam ex
MS. Codice , quem legi Bibl. Caesar. Vindobon. in quo orationes quaedam in Concilio Constantiensi habitae servantur. Est
igitur ibi opusculum inscriptum : *Sermo
B. Francisci.* Incipit : *Quicumque hanc
regulam sequuti fuerint, pax super illos.
Verba haec RR. P. P. sunt Apostoli Pauli
hodie in persona B. Francisci* etc. Quamquam Oratio ista auctorem suum in titulo
non enunciat , non alterum tamen a Petro Cameracensi ferre docent verba quae
circa finem leguntur *Sermonem super verbis Apostoli : Quicumque hanc regulam secuti fuerint* etc. *Dudum circa principium
schismatis coram alma universitate studii
Pisensis edidimus , quem nunc in hoc sa-*
cro *Concilio denuo publicae utilitati dedimus* etc. *Quamobrem et quemdam tracta-
tulum de reformatione Ecclesiae nuper pu-
blicavimus* Profecto tractatum hunc *de reformatione Ecclesiae* sincerum esse Cameracensis foetum nemo ambigit, Demum est
ibi *sermo* Petri huius *de omnibus sanctis*
habitus in Conc. Constantiensi in illud *Signum magnum*, quem pariter Fabricius ,
hic inter caeteros non recenset. *

* * *De Ecclesiastica potestate tractatus etc.
factus Constantiae* A. D. 1416. *S.* Conc. ibi
existente. erat. MS. Venetiis in Trivisana. V.
Zeno Lettera 1704 et t. 1. 229. ediz. 1785.

De emendatione Ecclesiae in 4. Sine loci
et anni nota et in Fasciculo rer. fugiend.
204. *Errores sectae hominum intelligentiae
et processus contra Villelmum de Hildenhu-
sen.* In Baluz. Misc. edit. Lucensi.(Lucches.)

PETRUS *Alphonsi*, ex Judaeus de quo
Albericus ad An. 1106. pag. 206. scriptor
dialogorum XII. cum Moyse Judaeo, editorum Colon. 1536. 8. de quibus supra
tom. 1. pag. 70. Idem auctor libri cui
titulus *Disciplina Clericalis ,* quem Manuscr. memorat Sanderus pag. 192. sicut alterum pag. 205. *de abundantia in
Sermonibus ad omnem materiam.* Vide et
Trithemium cap. 356.

PETRUS *De Alvarottis.* Supra I. 71.

PETRUS *de Alvernia* Galliae sive *Aruernia* Canonicus S. Mariae Paris. et A. 1275.
Rector Universitatis. scriptor *summae Quaestionum Quodlibeticarum.* Vide Oudinum
tom. 3 pag. 527.

PETRUS *de Alvernia* , alter , Ord. Praed.
S. Thomae discipulus , incertum an Claromontanus etiam Episcopus , clarus circa A.
1300. de quo Oudinus tom. 3. pag. 593.
et Jacobus Quetif tom. 1. pag. 489. Scripsit
*supplementum partis tertiae summae Theo-
logiae S. Thomae,* cum Thomae summa saepius editum a) et ex commentario Petri in
quartum Sententiarum excerptum. *Supplementum* Commentarii *S. Thomae in librum
tertium Aristotelis de Coclo et Mundo , et
commentarium in quartum. Quaestiones
super IV. libros de Coelo et Mundo.* Super

___
a) Bibl. D. Jo. Fabricii , Theologi Helmst. tom.   2. pag. 86.

IV. libros meteororum, de somno et vigilia, de longitudine et brevitate vitae, de Juventute et Senectute, de respiratione et inspiratione, de morte et vita, de motibus animalium. In XII. libros Metaphysicorum. Super totam Logicam veterem. Ejus aut superioris *Quodlibeta* sive sex Quaestiones de quolibet disputatas, Manuscriptas memorat Sanderus p. 200. et p. 205 *de varia significatione verbornm*. *Doctrinale cum glossis*, Jacobus Quetif. p. 490. Libellum *de bona fortuna* memorans Tomasinus in Manuscriptis Patavinis pag. 37. addit inter ejus opera Venetiis 1507. edita illum non enumerari.

PETRUS *Amelii* de Brenaco Gallus Electensis, sive Alectensis, ex eremita Augustiniano Urbani V. Sacrista, deinde Gregorii XI. Poenitentiarius ac Bibliothecarius, postea Senogalliensis Episcopus Archiepiscopus Tarentinus, tum Patriarcha Gradensis et Alexandrinus atque Ecclesiae Aquensis Administrator. Sedit ut Patriarcha inter Cardinales Episcopos primum A. 1391. et in vivis adhuc fuit A. 1398. Vide Jo. Mabillonium tom. 2 musei Italici pag. 443. ubi edidit ejus librum *de Cerimoniis Ecclesiae Romanae* pag. 448 544. constantem Capitibus CLXVII. et aliorum additionibus quandoque interpolatum. Ejusdem *Itinerarium Gregorii XI.* quasi versibus, scriptum Avenione Romam, edidere Bzovius ad A. 1376. num. 31. et ad A. 1377. et Massonus atque Ciacconius in vita Gregorii XI.

PETRUS *de Ancharano* a) Farnesiorum castello, Baldi A. 1400. defuncti discipulus, JCtus celebris Bononiensis, scriptor Commentariorum in Decretales, sextum et Clementinas, consiliorum aliarumque lucubrationum. Vide Trithemium cap. 75. Forsterum in historia Juris Civilis p. 664. Gvidonem Pancirollum III. 26. qui et Collegium Pauperum Studiosorum ab eo Bononiae institutum celebrat: Labbeum t. 2. de S. E. p. 183. Warthonum ad Caveum, Oudinum tom. 3. pag. 1239. etc.

* JCti huius praeter edita plura sunt opuscula in codicibus MSS. quorum aliqua,

quae MSS. Codices Ecclesiae Majoris Lucensis servant, hic indicare operae pretium judico.

In regulas sexti commentaria subtilissima Incipiunt; *solent Jcti*. In fine primae praefationes legitur. *Repetitum fuit istud caput per me Petrum de Ancharano minimum Juris utriusque Doctorem in hac felicissima civitate Bononiae studiorum matre* 1397 *die* 3. *Januarii*.

Eiusdem repetitio altera incipit: *peccatum non dimittitur* in fine, *Publice eam repeti Pisis ubi erat jam sacrum Concilium congregatum et in scriptis postea Bononiae redegi* 1412 *die* 3. *Junii*.

Tum sequuntur praelectiones aliae in eiusdem regulas. Praelectio eiusdem ad L. 1. ff. de poenis, ubi late tractat argumentum de mixtione fori laici et Ecclesiastici. In fine prioris praelectionis, quae incipit: *Laicus quidem* haec leguntur: *disputata fuit dicta quaestio per Petrum de Ancharano J. U. D. in alma civitate Bononiensi studiorum omnium matre, in quo publice ad utramque partem omnibus arguentibus respondit magnae scientiae et subtilis ingenii vir D. Nicolaus Monachus SS. quatuor, qui materium praebuit disputandi dictorum dubiorum latius, quam per alios factum inveniebatur An.* 1412 *die* 23 *mensis aprilis*. Famosissima et solemnis repetitio D. Petri de Ancharano in materia Statutorum. Consilia illius num. 432. plane diversa ab editis continet volumen 405. MS. in Biblioth. Felina. *

PETRUS *de Andlo*, Ecclesiae Columbariensis, seu Colmariensis, Canonicus, Decretorumm Doctor, ad Fridericum III. Imp. qui ab A. 1450. ad 1494. praefuit, *libros duos de Imperio Romano*, Regis et Augusti creatione, inauguratione, administratione, officio et potestate Electorum, aliisque Imperii partibus, Juribus, ritibus et ceremoniis. Edidit Marquardus Freherus Argent. 1612. 4. et Tobias Oelhafen in sylloge vulgata Norimb. 1647. 4. Confer Hendreichii pandectas Brandenburg. p. 168.

PETRUS *Andreas de Castaneis* Floren-

---

a) *Ancora Iuris* inde dictus in Ephitaphio Bononiae in templo S. Dominici.

tinus Carmelita sacrae Theologiae Professor circa A. 1460. scripsit *Vitam S. Andreae Corsini* Carmelitae, Episcopi Faesulani defuncti A. 1373. quam ex Codice Vaticano edidit notisque illustravit Dominicus à Jesu, Carmelita in libro de Actis Canonizationis *S.* Andreae, atque inde Bollandus tom. 2. Januar. 30. pag. 1064-1073. In eodem Codice Vaticano fuit etiam *Vita* aliorum duorum heroum Ordinis Carmelitici *B. Angeli Hierosolymitae* et Martyris, nec non *Alberti Siculi* et Confessoris.

PETRUS *de Andria*, Apulus Ord. Praed. auditor S. Thomae Aquinatis, ex cujus ore etiam Lecturam *super Matthaeum* et Collectiones *de decem praeceptis* dicitur excepisse, clarus circa A. 1316. Ex ipsius scriptis tractatum *de vita spirituali* memorat Jacobus Quetif tom. 1. pag. 534.

PETRUS *Anglicus* ex eodem Praedicatorum ordine, circa A. 1340. cujus laudatur *tabula notabilis super glossam Ordinariam* Vide Baleum XI. 22. ex Philippi Wolfii vitis peritorum virorum. Ex Baleo Pitseus p. 430. et Jacobus Quetif tom. 1. p. 603.

PETRUS *Anselmus* supra t. 1. p. 110.

PETRUS *Antonius*, Finariensis clarus circa An. 1460. scripsit librum sive Dialogum *de dignitate Principum* ad Fridericum primum Palatinum Electorem victoriosum qui An. 1477. diem obiit. Editus est à Frehero cum Jo Trithemii de eiusdem Friderici vita, Heidelberg. 1602. 4. et recusus in laudati Freheri tomo secundo scriptorum de rebus Germ. p. 372. 382.

* Diversus ab hoc Petro Antonio est alter Petrus Antonii civis et canonicus Senensis, qui repetitioni cuidam Abbatis Panormitani super illud *stante statuto* respondit opposita repetitione A. 1421 quod scriptum servat codex 160 MS. Bibl. Felinianae.)

PETRUS *Apollonius Collatius*. Sup.t.1.124.

PETRUS *de Apono* sive *Abano*, vico agri Patavini, *Aponensis* natus An. 1253. ut ipse differentia XLIX. testatus, Medicus et Philosophus, cuius An. 1316. aet. 66. defuncti statuae lapideae, in una portarum Praetorii Patavini, Procerum consensu haec subscripta leguntur: *Petrus*

Aponus Patavinus, Philosophiae Medicinaeque scientissimus ob *idque* Conciliatoris *cognomen adeptus*: *Astrologiae vero adeo peritus ut in magiae suspicionem inciderit*, *falsoque de haeresi postulatus absolutus fuit.* De eo praeter Trithemium cap. 556. Bibliothecarum Medicarum scriptores, et Hendreichium Pandect. Brandenb. pag. 4. Jac. Philippus Tomasinus in elogiis An. 1630. editis pag. 21. ubi et effigies viri nitide in aes insculpta occurrit : Portenarius pag. 272. Scardoenius lib. 2. class. 9. pag. 200. Nic. Comnenus in historia Gymnasii Patavini tom. 1. pag. 278. Christoph. Aug. Heumannus in Actis Philosophorum VII. pag. 69. seq. XV. p. 374. seq. et Niceronus in memoriis Gallice editis de viris eruditis tom. XXVI. pag. 313. (255. *Mazzuchelli G. M. Notizie della vita di Pietro d'Abano* Venet. 1741. in 12. et in t. XXIII op. *Opuscoli racc. dal Calogerà.*) Ejus scripta : *Conciliator* 210. *differentiarum Philosophorum et praecipae Medicorum*, de omnimoda Medicina ad Joannem XXII. opus scriptum An. 1303. ut auctor differentia IX. testatur. Prodiit Venet. 1471. 1483. fol. Papiae 1490. fol. et cum ejus *libello de Venenis et eorum remediis* Venet. 1496. fol. 1504. 1520. 1548. 1555. 1565. 1590. Hic separatim etiam prodiit Mantuae 1473. 4. recusus Basil. 1531. 8. Marpurg. 1537. 12. Venet. 1550. 8. et cum Hermanni à Nuenare et Jo. Schilleri de Sudore Britannico et Guil. Grataroii de praeservatione à venenis, 8. Argentorat. 1566. (256 Italice a Saec. XIV. plurib. Bibl. ut in MD. Palatina Florent. V. Molini pag. 1.) Conciliator etiam prodiit Basil. 1535. fol. cum paradoxis Medicis Leonhardi Fuchsii: et compendium, Gregorii Harstii *Conciliator enucleatus*, Giessae 1615. 4.

Quaestiones de febribus, in sylloge Veneta variorum scriptorum de febribus 1576 fol. pag. 218. et *de balneis* in sylloge Veneta de balenis 1533. fol. p. 222. utraque ex Conciliatore excerpta.

Expositio problematum Aristotelis, Patav. 1482. Venet. 1482. 1505. 1519. fol. Paris. 1520. fol. *In Joannis Mesue* de morbis internis et librum secundum compendii secretorum, *supplmentum* de curatione morborum à membris nutritionis ad cor. Venet. 1484. 1575. 1589. 1623. fol. Lugd. 1551. 8. Vide Mercklinum pag. 640.

Astrolabium planum in tabulis ascendens, continens qualibet hora atque minuto aequationes domorum Coeli, significationes imaginum, moram nati in utero matris, cum *tractatu Nativitatum,* nec non horas inaequales pro quolibet Climate Mundi. Venet 1502. 4.

Effinxit plusquam quadringentas imagines diversarum rerum, artium operumque, sitas sub duodecim signis Zodiaci et Planetis septem ac duodecim Mensibus, eaque omnia pingenda curavit in foro seu aula maxima Juris, aedificio Patavii celeberrimo quo nihil tota Italia magnificentius exstare scribit Nic. Comnenus t. 1 p. 279.

Vertisse traditur ex Graeco an ex Arabico *Hippocratis* libellum de Astrologia, *Galenum* de cholera nigra et de regimine Sanitatis. *Abrahami* Judaei et *Abrami Avenzarae* quaedam opuscula.

Omitto ejus *Physiognomiam* Italice editam Patav. 1474. 8. ** Cum tit. Latine et Gallice. Petro falso tribui authores Trithemius, Symphor. Camperius et Naudeus. Mazzuchelli p. 10. (Lucchesini.) et Latine 1548 8. *Geomantiam* Latine Venet. 1549. 1586 8. et Tricasso Mantuano interprete Italice 1556. 8. *Heptameron,* Paris. 1567. 8. cum *elucidario Necromantico* et *Elementis Magicis* et *libro experimentorum mirabilium de anulis, secundum XXVIII. mansiones Lunae:* tum *Opera artis* librum Chemicum, et libellum cui titulus *Pollex* sive *Index.*

* Non ambigens, sed certo sciens scribo Petrum de Abano vertisse *libellum luminarium* Abrahae Avenzare, cui opusculo interpres titulum indidit *de cognitione causae crisis.* Impressum est typis vetustis in 4. loco et anno incertis *

PETRUS *Aquensis* Archiepiscopus, infra, *Petrus Aureolus.*

PETRUS de *Aquila,* sive *Aquilanus,* Ord. Minor. et Episcopus S. Angeli in regno Neapol. *Doctor sufficiens* appellatus, auctor *Scotelli* sive libri in quo non solum Scoti doctrina compendio exponitur, sed etiam via sternitur ad *S.* Thomae et aliorum Scholasticorum dogmata facilius intelligenda. Prodiit post vetustiores editiones recensitus à Claudio Stephano Novelletio, Paris. 1585. 8. Scripsit praeterea *Compendium super Magistrum Sententiarum,* et *quaestiones in IV. libros Sententiarum juxta Scoti doctrinam* Spirae primum 1480. deinde cura Constantii Cardinalis Sarnani editas Venet. 1584. Denique *Commentaria in libros Aristotelis de anima.* Incip. *Anima nascitur sicut tabula rasa.* Vide Possevinum, Waddingum pag. 275. Jubet et Cangius inspicere Codicem Manuscr. 321. Bibl. S. Germani de Pratis Paris.

PETRI I. *Aragonum Regis* constitutio adversus haereticos Waldenses, vulgariter Sabatatos et Pauperes de Lugduno A. 1197. publicata exstat in Baluzii appendice ad Marcam Hispanicam pag. 1384. Aliae ejus constitutiones usque ad Anno 1210. pag. 1386. 1588. 1390. 1399.

PETRUS *Archidiaconus,* incertum idemne cum PETRO Diacono quem colloquentem in Dialogis sius induxit Gregorius Magnus. Ab Edmundo Martene quidem tom. IX. monumentor. p. 277. 294. editum habemus *librum de diversis quaestionibus in Danielem Prophetam cum responsionibus suis,* quem jussit Dominus Rex Carolus transcribere ex authentico Petri Archidiaconi.

PETRUS de *Argentina,* Augustinianus nullus fuit, nam pro Petro quem ad Sanderum provocans Cangius nominat, in Sanderi Bibl. Manuscriptorum Belgii parte 2. pag. 246. Thomas de Argentina, Eremita Augustinianus memoratur : de quo infra, suo loco.

PETRUS *Argentoratensis,* Carmelita circa An. 1720. scriptor historiae belli Argentoratensis sub Gualtero Episcopo qui ab A. 1260. fuit ad 1263. Laudat Possevinus et ex Possevino Alegrius, Cangius, aliique.

PETRUS de *Aruernia,* Canonicus Parisiensis scriptor *Quodlibetorum* sive *Quaestionum Quodlibeticarum,* quae Manuscriptae Venetiis teste Tomasino pag. 25. et in Abbatia Alnensi Ord. Cisterc. ditionis Leodiensis teste Sandero tom. 2. p. 246. Vide supra pag. 711. *Petrus de Alvernia.*

PETRI *de Aubusson*, (vitiose *Danbussen* vel *Danbusson*) Rhodiorum militum Magistri Epistola ad Fridericum III. de victoria adversus Turcas Anno 1480. 27. Jul. reportata exstat in Freheri tom. 2. rerum German. pag. 306. 309.

* Praeter epistolam hic a Fabricio indicatam alia est eiusdem encyclica ad equites ordinis sui, qua mandat ut statim Rhodum se conferant ad tuendam communem Ord. sedem adversus Turcarum insultus. Data est illa Rhodi A. 1477. legiturque in Cod. Diplomatico Melitensi quem vulgavit hic Lucae An. 1737. P. Sebastianus Pauli vir de litteris ac de congregatione .nostra, deque me pariter egregie meritus, quem per hos dies a nobis immatura morte praereptum lugemus. Aliud etiam eiusdem Aubussonis scriptum extat ibid. pag. 166. Nihil moror Italicas quasdam eiusdem epistolas ibi pariter legendas. Sed praetereundum haud quaquam duco in appendice eiusdem Codicis pag. 419. legi prolixum et curiosum scriptum varia continens documenta spectantia ad Zizimum Magni Turcae filium, qui ad Christianos transfugerat. Sunt autem illa Graeco vulgari et latino exarata *

PETRUS *Aureoli* (Oriol) natus Verberiae ad Isaram sive Oesiam (Oyse) in Gallia, Ord. Minor. sive Vallis Scholarium potius, Theologus Parisiensis clarus An. 1316. Archiepiscopum An. 1321 in secunda Narbonensi Aquensem *(Aix)* fuisse post, Trithemium cap. 544. recentiores omnes ajunt, negat Oudinus tom. 3. pag. 850. seq. cujus rationes non contemnendae videntur. Cardinalem fuisse negant quoque Sammarthani tom. 1. Galliae Christianae pag. 17. *Doctoris facundi* cognomen tulit teste Labbeo tom. 2. de S. E. pag. 184. Scripsit *breviarium Bibliorum* sive Epitomen S. Scripturae juxta sensum litteralem, Incipit: *Venite ascendamus ad montem Domini.* Paris. 1508. 1565. 1613. 8. Venet. 1508. 1571. 4. et Argentorati 1514. 4. et cura Claudii Stephani Novelletii, Theologi Paris. repurgatum et auctum tabulis analyticis Paris. 1585. 1610. 8. Rothomagi 1596. 1649. Lovanii 1647. Vide Waddin-

gum pag. 276. et Jacobum Longum pag. 620. Bibl. exegeticae, ubi perperam excusum *Novellerius* pro Novelletio, et *Paris.* 1685. pro 1585. *Commentaria in quatuor libros Sententiarum*, ad quam Lecturam An. 1316. electum fuisse testatur S. Antoninus summae historiar. tit. 24. §. 15. tom. 3. pag. 784. edita in librum 1. Romae 1595. fol. et Clementi VIII. Papae dicata á Constantio Sarnano, Cardinale: et in lib. 2. 3. 4. una cum *Quodlibetis variis*, ibid. 1605. fol. Haec Commentaria in suis ad easdem Sententias Commentariis saepius excussit exagitavitque Joannes Capreolus, Dominicanus, ut à Labbeo annotatum video. Caetera ejus scripta memorantur, nescio an edita: *Compendium sacrae Theologiae*, in octo libros partitum. *De Conceptione immaculata B. Virginis. De decem praeceptis.* Liber qui inscribitur: *Rosae distinctionis. Sermones de tempore.* Tractatus *de paupertate, et usu paupere rerum.*

PETRUS Canonicus Regularis *S. Autberti*, Cameracensis, jussu Guidonis Episcopi ab An. 1296. ad 1302. Cameracensis vertit ex vulgari idiomate Belgico in Latinum *Vitam SS. Dymnae Virginis et Gereberni Sacerdotis*, Sec. VII. Martyrum Gelae in Brabantia. Hanc (post interpolatam minusque integram editionem Surii ad 15 Maji) sinceram è Manuscriptis Codicibus, integramque vulgavit Henschenius in Actis Sanctorum tom. IV. Maji pag. 179-498.

PETRUS *Azarius* Jacobi F. notarius Novariensis, clarus circa An. 1360. scriptor *Chronici de gestis in Lombardia Principum Vicecomitum et Dominorum Mediolani* ab An. 1250. ad 1262. Edidit illustris Muratorius tom. 16. thesauri Italiae pag. 297. una cum ejusdem Petri *de Bello Canapiciano* An. 1339. seq. *et Comitatu Masini* pag. 423. Quod posterius scriptum ex Ambrosii de Roccacontrata recensione A. 1404. facta, et Gaudentio Roberti, Carmelitae Parmensis, miscellaneis eruditis ineditis, sed minus sincerum prodierat in tomo secundo Musci Minervae Venetae (la Galleria di Minerva) tom. 2. pag. 401-412. Venet. 1697. fol.

PETRUS *Babyon'*, Anglus Orator et Poëta circa An. 1317. quem ex Bostono Buriensi laudat Baleus VI. 23. et ex Baleo
Possevinus et Pitseus pag. 406. à quo
praeterea in eo celebratur :

Ingenium felix , inventio , lucidus ordo ,
Gratia , majestas , ad rem bene congrua verba.

Ejus scripta : *Expositio in Matthaeum* edita inter ANSELMI Cantuariensis Opera ,
ut dixi tom. 1. pag. 108. *Sermones LXX.*
et *Homiliae. De officio Missae. Carmina
varià, Comoedia* cujus initium : *Me dolor
infestat foris , intus.*

PETRUS *Bajocensis* Gallus Neustrius ,
Praed. scriptor *Chronici sui temporis* ab An.
1350.ad1392 editi àThaddaeo¦de Argentina,
Basil. 1512. 8. Vide Jac. Quetif t. 1. p.703.

(257 PetrusBALBUS Pisanus Tropeiensis
Episc. Mehus 386. Vide *Mazzuchelli. Gli
Scritt. d' Italia* II. 89. et A. F. *Mattei* in
op. *Memorie d' Illustri Pisani* III. 205.)

PETRUS *è Balneo* , Theologus Augustinianus circa 1390. scriptor tractatus *de
Virtutibus* et Summae *de planctu Ecclesiae.* Vide Josephi Pamphili Chronicon Ordinis Augustiniani pag. 67.

PETRUS *Barcinonensis* Ord. Praed. scriptor pugionis fidei contra Judaeos et alterius contra Saracenos nullus fuit , sed totus confictus ex Raymundo Martini , vero
pugionis fidei auctore, de quo supra pag.
43. Vide Jacobum Quetif t. 1. p. 397.

PETRUS *de Barreria.* Supra t. 1. p. 104.

PETRUS *Bassetus,* Anglus Historicus
quem ex Balei VII. 80 et Pitseo pag. 615.
Cangius refert , scripsit circa Annum 1430.
Acta Regis Henrici V. cujus cubicularius
fuerat : non Latine autem scripsit verum
Anglice. Adde Guilelmi Nicolsoni Bibl. Historicam Anglicanam pag. 82. ubi etiam
de Anonymo quem idem Pitseus pag. 824.
ait Henrici V. historiam scripsisse et de-
dicasse Henrico VI.

PETRUS *de Bella pertica* sive de Castro *Belleperche* super fluvium Ligerim , ex

a) Vide Pancirollum II. 46. de interpretibus Juris , Oudinum tom. 3 pag. 65¦. Hendreichii Pandectas Brandenburg. pag. 491.
b) De Ravanis.

Decano Ecclesiae Paris. Episcopus ab A.
1306. Antissidorensis et Cancellarius Regni, defunctus An. 1308. de hoc Sammarthani tom. 2 pag. 315· seq. Caesar Egassius Bulaeus in historia Universatis Paris.
tom. IV. pag. 118. *Vir peritissimus , praesertim in Jure Civili, in quo citra montes* Pater *habebatur* peritorum. *Hujus enim
labor et peritia fuit versari in dubiorum
obscuritatumque Juris Civilis elucidatione,
ut patet in libro appellationis hujus:* Glossarium , *videlicet* super libris IX. Codicis
Justinianei , *et quam plurimorum aliorum
scriptorum suorum* (ut sunt Variae repetitiones in Jus Civile , Quaestiones et divisiones aureae, Disputationes Centum et
de acquirenda , conservanda et amittenda
possessione , et de feudis a) *secundum quae
in studiis Generalibus Regni, et potissime
apud Aureliam informantur , qui erudiri
cupiunt perfecte. Habuit praeceptorem ,
famosissimum illum Magistrum D.* Jacobum de Ravignejo, b) *qui similiter scripsit super Digesto Veteri: quem Magistrum
sedulo secutus , similis eidem in Magisterio
est effectus. Ita legitur in historia Episcoporum Antissiodorensium. Fundavit quatuor Praebendas in Ecclesia villae novae
prope Bellam perticam pro remedio animae suae. Jacet autem Antissiodori prope
Aquilam in choro Ecclesiae Cathedralis,
in qua fuerat Decanus cum hoc Epitaphio.*

Hac jacet in cella Petrus cognomine **BFLLA
PERTICA,** perlucidus c) verbis, factis quoque fidus
Mitis , veridicus , humilisque , pudicus :
Legalis , planus , velut alter Justinianus.
Summus doctorum , certissima regula morum,
Parisinorum Decanus Canonicorum ,
Antissiodorica digna sumta sibi sede
Tempora post media clarus d) successit ab aede
Annis sub mille ter C septem simul ille
Sulpitii festo e) migravit ab orbe molesto.
Det sibi solamen Spiritus almus. Amen.

PETRUS *Beneventanus.* Infra *Petrus diaconus.*

PETRUS *Berchorius* al. *Berctorius* sive
Bertorii, Pictaviensis Gallus , Monachus

c) Al. *Perplacidus.*
d) Al. *carus.*
e) 17. Januar.

Benedictinus, Prior S. Eligii Parisiensis defunctus An. 1362. de quo Jac. Philippus
Bergomensis in Chronico ad Annum 1355.
*Vir in Divinis Scripturis valde eruditus
et studiosus ac declamator Verbi Divini
valde insignis hac tempestate multa Volumina scripsit. Et potissimum.* ad Joannem de Prato *Praenestinum Episcopum et
S. Ecclesiae Romanae Cardinalem , magnum et egregium opus in tribus* voluminibus *distinctum , quod* Repertorium morale a) *inscripsit , libris tribus. Incipit :*
Revereudo in CHristo Patri et Domino.
Item reductorium morale *in libris quatuor,
cujus principium est :* Videte quoniam non
solum. Inductorium morale *libris tribus
Incip. Considerans historiae.* Brevarium
historiarum Bibliae b) *librum I. item* Cosmographiae *librum I.* Sermonum *etiam
scripsit libros duos : et alia quaedam.* Titum Livium , c) *magni laboris opus ad
instantiam supra dicti Joannis et Joannis
II.* d) *Francorum Regis in idiomate* Gallico *vulgarizavit.* Eadem Trithemius cap.
643 de S. E. et lib. 2. cap. 131 de illustribus Benedictinis , qui addit ferri ejus
ad diversos *Epistolas,* et parvos sed mul-
tus *tractatus.* De *expositione in Psalmos*
sub INCOGNITI edita nomine et tributa
à nonnullis Berchorio, dixi supra p. 72.
in MICHAELE *de Aygvanis*

PETRUS *de Bergomo* , Ord. Praed. cujus tabula in Opera S. Thomae Aquinatis
prodiit Basil. 1478. fol.

PETRUS *Bertrandus* , Senior cum Jus

utrumque Avenione , in Monte Pessulo ,
Aureliae et Parisiis docuisset, ex Episcopo Nivernensi atque Æduensi sive Augu-
stoduuensi Cardinalis ab Anno 1331. ad
1349. De eo Labbeus tom. 2 pag. 185.
Warthonus ad Caveum etc. Ejus scripta :
Libellus An. 1329. *contra* PETRUM *de
Cugneris , Consiliarium Regium super facto Praelatorum Ecclesiae Gallicanae pro
ejusdem Ecclesiae libertate* Paris 1495. 4.
1589. 1594. 1610. et apud Goldastum t.
2 Monarchiae Imperii pag. 1361. Tractatus *de Origine et usu Juris dictionum* sive
de spirituali et temporali potestate, in IV.
quaestiones , distributus : in Oceano Juris
sive tractatuum tom. III. pag. 29. et tom.
XII. pag. 408. Utrumque scriptum in Bibliothecis Patrum , Paris tom. IV. Colon.
tom. V. et novissima Lugdun. tom. XXVI.
pag. 109. 127. In Miraei auctario cap. 419.
legas Opera Bertrandi varia , multis voluminibus comprehensa, et diu Parisiis
instar thesauri asservata An. 1575. plagio
periisse. In his *Responsorum* plures libri
fuerunt , quos ab aliis memorari video.
Praefatio ad *Scrinium Juris* edita à Frizonio in Gallia purpurata p. 326.

PETRUS *Bertrandus* junior, *de Columbario* Episcopus Ostiensis et Cardinalis, cujus
iter ad Cornationem Caroli IV Imperatoris Romani A. 1356. editum à Labbeo t 1.
Bibl. novae Manuscriptorum p. 354-357.
Testamentum ejus inter probationes Historiae Cardinalium Gallorum à Frizonio in
Gallia purpurata. Plura de hoc Petro Balu-

---

a) Ad manus mihi sunt Petri Berchorii Opera
tribus distincta voluminibus, post editiones An.
1620. 1651. 1650. vulgata Colon. 1679. fol. in
quibus familiam ducit *Reductorium morale* super
to ta Biblia, libris XXXIV. ordine librorum Biblicorum veteris et novi testamenti editum primum Ar-
·gentorati 1475. fol. deinde sequitur pars secuuda
recductorii in libros XIV. divisa , et DEUM univer-
samque naturam et res naturales moralibus consi-
derationibus conata in sacrum usum vertere. Libro
XIV. puto contineri quam *Cosmographiam* Bercho-
·rio Trithemius et Bergomensis tribuunt *Repertorium morale ,* ordine alphabetico dictionarium
morale amplum et copiosum sistit. Plura in ope-
ribusBerehorii junctim editis non reperio. Repertorium autem non inane bonae frugis , post primas
editiones Colon. 1477. et Norimbergensem 1489. fre-

quenter recusumBasil. 1515.Lugd. 1517. 1556. Paris.
1521. Venet. 1585. Antw. 1609. fol. Exstat et editio Operum Colon. 1712. fol.

b) Manuscr. in Bibl. Sangermannensi Codice 687.
needum editum quod sciam , sicut nec *Inductorium
morale,* nec *Reductorii* liber XV de Poëtarum fabulis , nec XVI. de figuris S. Scripturarum. Confer
B. Gregorli Serpilii vitas scriptorum Biblicorum t.
VII. parte 2. pag. 44. seq.

c) Joannes II.Rex Galliae fuit ab A. 1550.ad 1564.

d) Parisii in Bibl. Collegii Sorbonici exstat insignis Codex T. Livii ante aliquot saecula Gallice
translati duobus Voluminibus in folio, ubi in fronte
cujusque libri variae miniaturae et pulcherrimae
picturae apparent , teste V. C. Daniele Maichelio
de bibliothecis Parisiensibus pag. 79.

zius ad Papas Avenionenses tom. 1 pag.
870. seq.

PETRUS *Bibliothecarius* scriptor Ilistoria Francorum abbreviatae ab A. 745. ad
A. 898. quam vulgavit Franciscus du Chesne tom. 3. pag. 540-542.

PETRUS *Bibliothecarius* Ecclesiae Romanae, cum PETRO *Gvilelmo* non confundendus, scripsit *Vitam Gregorii VII.* de quo
Baronius ad A. 1073 num. 15. Oudinus
ad A. 1080. tom. 2. pag. 755. seq.

Quem PETRUM *Bladunum* vocant Baleus X. 15. et Pitseus ad A. 1430. p. 200 de
eo Gvilelmus Malmesburiensis lib. 2. de
gestis Pontificum Anglorum pag. 253. *Emicuit praecipue nostris temporibus Abbas*
FARICIUS a) *in meliorandis rebus : Tuscus
genere, arte medicus, civis Aretinus, noster
profecto Monachus. Cujus laudes effigiare,
quia successit animo, non quod ipse comminiscar, sed sodalis mei PETRI Monachi
versus apponam, quibus et laudati hujus
Abbatis virtus enitescet, et si quis haec
lectione dignabitur, versificatori inprimis
egregii leporem animadvertet. Erit ergo
hic experimentum eloquentiae duntaxat
exiguum, caeterum ipse alias in pluribus
assecutus est famam altioris gloriae.*
Vir probus et prudens, vir vere consiliorum
Extera ditavit, curavit et intima morum
Omnibus instructus quos tradit littera fructus
Ad decus Ecclesiaa vertit monumenta Sophiae
Omnibus imbutus quas monstrat Physica leges
Ipsos demeruit medicandi munere Reges etc.

PETBUS à natali Galliae ad Ligerim oppido *Blaesensis*, Canonicus Carnotensis ad
quem alterius PETRI *Blaesensis* celebrioris, de quo mox dicturus sum, Epistola
LXXVI. et LXXVII. in quibus eum socium
suum vocat, monetque *ut omissis inanibus
cantilenis, scribat quae Theologicam sapiunt
gravitatem, quae ad honestatem fructificent,*

et *aedificent ad salutem :* et librum suum
de praestigiis fortunae, cujus priorem partem à Magistro GVILELMO Blaesensi 'a)
fratre receperat, censendum ei offert. Confer quae de hoc Petro Joannes Liron Bibl.
general. des auteurs de France. Paris. 1719.
4. pag. 82.

PETRUS *Blaesensis* alter, priore notior,
cujus aequivocationem etiam illi gratulatur
Epistola 77. non dubitans de perpetuanda
famae suae immortalitate. *Nostra etiam scripta, iniquit, quae se diffundunt et publicant circumquaque, nec inundatio nec incendium, nec ruina, nec multiplex seculorum excursus poterit abolere.* Ex Canonico
Gallico Bituricensi, Bathoniensis in Anglia
atque inde Londinensis Archidiaconus et
Cancellarius Archiepiscopi Cantuariensis,
Regisque Procancellarius celebris ab A.1160.
ad 1200. quo diem creditur supremum
obiisse. De illo Jo. Busaeus et Petrus de
Gussanvilla in Petri vita praemissa ejus
operibus : Joannes Liron pag. 85 seq. Georg.
Serpilius in Vitis scriptorum Biblicorum t.
VII. parte 2. pag. 63. seq.

Editionem primam Operum Petri Blaesensis debemus Jacobo Merlino, Paris. 1519.
fol. Alteram Joanni Busaeo, qui Merlinianam non vidit, et post edita Petri opera
cum notis Mogunt. 1600. 4. vulgavit etiam
appendicem a) ibid. 1605. 8. Busaeana editio à Possevino et diligentius à Labbeo
tom. 2 de S. E. pag. 187. recensetur,
repetita in Biblioth. Patrum Coloniensi t.
XII Tertiam pleniorem et notis itidem Illustratam dedit Petrus de Gussanvilla Paris. 1667. fol. quae recusa est in Bibl.
Patrum edit. Lugd. tom. XXIV. Eam à
Caveo et Oudino tom. 2. pag. 1674. recensitam studiosus Lector reperiet.

Codicem MS. *Epistolarum CXXXV.* in

---

a) Vitiose apud Baleum *Fantius.* Nomen Anglicum *Gyffard* Pitseo *Faritius Tuscus, Abbas Abindonensis.*

Hic est de quo Epist. 76. *Illud nobile ingenium
fratris mei Magistri GVILELMI, quandoque in
scribendis Comoediis et Tragoediis quadam occupatione servili degenerans, salutaribus monitis
ab illa peremtoria vanitate retraxi : qui in brevi
praeminens in exercitio Doctrinae Coelestis fructuosa praedicationis instantia perditi jacturam*

---

temporis plenissime restauravit. Epist. 93. ad
eundem Guilelmum : *Nomen vestrum diuturniore
memoria* quam quatuor Abbatiae *cemmendabile
reddent Tragoedia vestra de Flavia et Marco,
versus de pulice et musca, Comoedia vestra de
Alda, Sermones vestri et caeterae Theologicae facultatis opera, quae utinam diffusius essent ac
celebrius publicata.*

a) Confer P. Ittigium de Bibliothecis Patrum p. 672.

Bibl. Petrina hujus Urbis cum editis contulit · noster Staphorstius tom. 3. Histor. Eccles. Hamburgensis pag. 203. seq. 425. Sed quas ex eodem putavit se dare septem ineditas , video inter vulgatas exstare : ut I. pag. 212. est inter editas 94. et III. p. 216. est 134. et IV. pag. 221. Instructio Fidei ad Soldanum nomine Alexandri III. exstat tom. 24. Bibl. Patrum Lugd. pag. 221. et VII. p. 228. inter editas est 14. Epistolae V. ad Siculos apud Jo Baptistam Carusium tom. 1 Bibl. historicae Regni Siciliae sunt inter editas 10. 46. 66. 90. P2 Duas vero ineditas vulgavit Edmundus Martene tom. 1 anecdotor. pag. 639. Prior in persona Archiepiscopi An. 1191. scripta incipit : *Silere decreram , ne insolentiae.* Posterior ad C. Moguntinum Archiep. *Quia quandoque in scholaribus castris militavimus.* Fragmentum Epistolae de silentio servando exstat tom. 24. Bibl. Patrum Lugd. pag. 1267. Ipse quidem Petrus Epistola 92. ait *se exemplo Julii Caesaris a) quartam simul Epistolam et dictare et scribere.* Ibidem defendit se contra Zoilum , qui vitio dederat quod historiarum exemplis et Scripturae sacrae aut aliorum auctorum dictis confirmat quae scribit. Epistola 140. *Transsubstantiationis* vocabulo utitur, quod ante eum Stephanus Augustodunensis b) aliique adhibuisse noscuntur. Obitum Henrici II. Angliae Regis An. 1189. deplorat Epist. 167. et obitum Friderici Barbarossae Imperatoris An. 1190. Epistola 127.

Sermones quosdam à Busaeo vulgatos , Gussanvillaeus comperit PETRI *Comestoris* esse , itaque in sua editione praetermisit. Librum *de praestigiis fortunae* , cujus Epist. 77. *c)* mentio , Manuscriptum se vidisse testatur Oudinus. Fragmentum exstat tom. 24. Bibliothecae Patrum Lugd. pag. 1267. seq. ab aliis *Anselmo* Cantuariensi , à Barthio *Petro Anselmo* tribuitur ut dixi tom. 1. pag. 110. Tractatus *quales sunt* , pag. 1248. de malis Episcopis querimoniam gravem complectitur. *De Eucharistia* , carmen metro hexametro rhythmico pag. 1270.

a) Vide Plinium lib. VII. Hist. cap. 25.

b) Supra tom. 3. pag. 171. 240.

c) *Ego in libro de praestigiis fortunae , actus*

1278. Liber *de amicitia Christiana* p. 1209. integrior quam inter CASSIODORI Opera , cum tractatu *de Charitate DEI et proximi dilectione* pag. 1218. In *invectiva in depravatorem operum suorum* pag 1185. plurium lucubrationum suarum meminit : In *compendio* meo *super Job , in Epistolis meis , in libro exhortationum mearum , in dialogo meo ad Regem Henricum, in tractatu meo de Hierosolymitana peregrinatione , in libro meo de praestigiis fortunae, et in opere meo novello , de assertione Fidei, in libro contra perfidiam Judaeorum , in libro de Confessione et poenitentia , et in eo qui Canon Episcopalis inscribitur , et in quamplurimis aliis scriptis meis Regem vestrum et alios terrae Magnates , ubi materia se offert , plena libertate redarguo* etc.

De continuatione INGULFI a) *historiae Abbatiae Croylandensis* ab A. 1091. ad 1118. quae ab editoribus operum Petri desiderata prodiit Oxoniae 1684. fol. dixi supra tom. IV. pag. 322.

PETRUS *Bloumenuenna* , infra *Petrus Leidensis.*

PETRUS *Boerius* sive *Boherius* Narbonensis Gallus, Decretorum Doctor et ex Abbate S. Aviani S. Pontii Tomeriarum dioecesis, Ord. S. Benedicti , Episcopus Urbevetanus (Orvieto) ab Anno 1364 ad 1387. de quo praeter Trithemium c. 630. de S. E. et illustr. Benedictin II. 134. et Possevinum in apparatu , Arnoldus Wion tom. 1. ligni Vitae pag. 373. et Ughellus tom. 1. Italiae sacrae p. 1474. seq. Eius scripta inedita adhuc pleraque et in Biblioth. Sangermanensi Codd. 454 et 664. aliisque obvia : In speculum *Monachorum. In Regulam S. Benedicti explicatio duplex,* in quibus sententias , dogmata , verba , consilia et praecepta confert cum Jure Pontificio et sententiis sanctorum Patrum *In Benedictinam* Benedicti Papae XIII. *In speculum Monachorum. De signis locutionum.* Ilis Hendreichius addit *notas in Damasi Pontificale* laudatas Georgio Cassandro.

* Petri huius glossas ad chronicon Da-

Domini Regis Angliae Henrici secundi pro mea parvitate magnifice etc.

a) Nouvell. rep lettr. A. 1688. pag. 589. seq.

masi habeo in MS. Cod. chartaceo ex alio antiquiori descripto, qui erat olim D. Marci Episc. Prenestini S. R. E. Cardinalis, qui circa an. 1490 florebat. Sunt autem glossae instar carum, que Clementinis adscribuntur, in quibus identidem Rom. Curia mordetur. Damasi chronicon vocatur non tantummodo Pontificalis liber, qui Anastasii vulgo dicitur, sed et sequentium Pontificum subiuncta a Pandulpho Pisano historia, quae cum Callixto II. concluditur. Opus suum glossator iste dicat *Carolo* (VIII) *Francorum Regi.* Augent codicis huius Lucensis (pertinet enim ad Bibl. canonicor. Maior. Ecclesiae Lucensis) practium rarae quaedam annotationes in extremo pagellarum quarumdam margine descriptae ex ipsa Pii III. tunc adhuc Cardinalis manu, quod Felinus codicis huius olim possessor sedulo admonuit ante unam aliquam ex illis scribens: *Postila manu propria F. Card. Senensis.* His in glossis historia quaedam interserit author; ut illud de Nicolao IV. *qui concessit cardinalibus mediatatem proventuum Rom. Ecclesiae et dedit eis licentiam utendi Capellis rubeis.* Glossa ad vit. Leon. III. p. 200. Opus hoc Boerii desinit in Honorio II.

PETRUS *Bonageta* Ordin. Minor. in Aragonia dogmata quaedam cum Transsubstantiatione non concilianda disseminans gravem censuram incurrit Clementis VI. quae vide apud Bzovium ad A. 1371 n. XIII.

PETRUS *Bonomus* Tergestinus, Imperialis aulae protonotarius, superstes adhuc A. 1494. teste Trithemio c. 923. ubi ejus *libros Epigrammaton* atque *Epistolas* celebrat.

PETRUS *Brunichellus* sive è *Bruniquello*, Gallus, Augustinianus, Episcopus Civitatis Novae in Latio An. 1311 ad 1328. de quo Ughellus tom. X. p. 68 atque Elssius in encomiastico Augustiniano pag. 562 qui praeter Commentarium *in Proverbia, Ecclesiasten* et *Cantica Canticorum*, librosque alios plerosque S. Scripturae *(Lecturas Scholasticas,* sibi non visas tamen vocat Sixtus Senensis lib. 4. Bibl. S. pag. 361. *in totam Bibliam)* et *in IV. libros Sententiarum* testatur scripsisse in gratiam Cardinalis de Rengaxio, *Lexicon Biblicum.*

PETRUS *Brutus* Venetus, Episcopus Catharensis in Dalmatia, scripsit librum Victoriae *adversus Judaeos* editum Vicentiae 1489 fol. Laudat Trithemius cap. 891. Vide et Colomesii Italiam Orientalem p. 7 sq.

* *Petrus De Brutis* (non *Brutus)* ut ipse se appellat in epistola ad Oliverium Arzignanensem praefixa commentariis eiusdem Oliverii in Valerium Maximum in edit. Veneta An. 1491. eidem ab Authore dicatis: scripsit praeter epistolam illam, qua Oliverio respondet, opusculum *de virtute amplectenda,* cuius ipse in eadem epistola meminit. *

PETRUS *de Bruxellis,* cujus Orationem de periculis corrupti Cleri, *quod Clerus patietur notabiliter,* edidit Clariss. Hermannus ab Hardt tom. 1. hist. Concilii Constantiensis, non diversus mihi videtur à PETRO *Pistoris,* de quo infra. Alius Petrus Crockart de Bruxellis, et junior, ord. Praed. defunctus Machliniae A. 1514 de quo Jac. Echardus tom. 2. pag. 29. seq.

PETRUS *de Bruye,* Narbonensis Gallus jam ante An. 1119. coepit dogmata spargere ob quae per viginti fere annos sata et aucta, rogo apud S. Aegidium impositus est teste Petro Mauritio Epistola contra Petrobrusianos pag. 1119 Bibl. Cluniacens. et tom. XXII. Bibl. Patrum Lugd. p. 1034. De illo praeter Annalium conditores, scriptoresque de haeresibus, consulendus Mabillonius prolegom. ad S. Bernardi Opera §. 67. seq. et Mag. Henricus Hecker, Hamburgensis in diss. de Petrobrusianis et Henricianis, testibus Veritatis, edita Lips. 1721 4.

PETRUS *de Buclanico,* notus ex ROBERTI de Sancto Valentino, Ordin. Praed. Inquisitoris Generalis Actis adversus quendam Petrum de Buclanico, Archipresbyterum relapsum circa An. 1308. Vide Jacobum Quetif. tom. 1. pag. 539.

PETRUS *Burrus* Brugensis, Canonicus Ambianus defunctus An. 1507. aet. 75. Poeta lyricus eximius, de quo appendix ad Trithemium de S. E. cap. 14. Valerius Andreas pag. 726. seq. Possevinus, Sweertius pag. 604. Hendreichius pag. 802. pandect. Brandenburg. Robertus Gerius ad Caveum.

PETRUS *Caelestinus.* Vide supra in *Caelestino V.* Papa t. 1. pag. 291. atque Acta Sanctor. tom. IV. Maji 19.

PETRUS *Calo* sive *Calotius* de fossa Clodia (Chioggia) sive Clodiensis in Veneta ditione, Ord. Praed. scripsit Vitas Sanctorum praetermissas à Jacobo de Viragine, de quo supra tom. 1. pag. 301. clarus circa An. 1310. Mirum est Franciscanis adscribi à Possevino, Georgium Wicelium laudante auctorem, cum Wicelii verba Vossio pag. 499. etiam laudata contrarium testentur. *Petrus Calotius, Ordinis Praedicatorum Monachus admodum exacte ingentia duo Volumina de vitis Divorum scripsit, quae in Bibl. Dominicana Bononiae servantur.*

PETRUS *Caroli loci* Abbas Ord. Cisterc. Sec. XIII. cui tribuitur *Vita S. Guilelmi* Archiepiscopi Bituricensis, defuncti Anno 1209. Eam tamen sub titulo *Auctoris coaetanei* ANONYMI edidit Bollandus tom. 1. Januar. X. pag. 628. 638.

PETRUS *Cameracensis.* Supra PETRUS *de Alliaco*, et PETRUS *S. Autberti.*

PETRUS *de Candia.* Supra, ALEXANDER V. Papa.

PETRUS *Candidus December*, supra t. 2. pag. 434.

PETRUS *Canonicus* S. Autberti Cameracensis, scriptor martyrii S. Dympnae, filiae Regis Hiberniae. Vide supra, PETRUS *S. Autberti.*

PETRUS *Canonicus* et Archidiaconus Londinensis, clarus circa A. 1230 scriptor dialogorum Petri et Simonis libris III. ad Simonem Logodunum, Archidiaconum Cantuariensem, *de reparatione lapsi* sive *de Messiae adventu*, contra Judaeos. Idem teste Lelando cap. 225 auctor *Pantheologi*, sive Lexici S. Scripturae et rerum Theologicarum ad Godefridum Lucium Episcopum Simenorum sive Wintoniensem libris 52. De Manuscriptis Codicibus hujus Operis vide Oudinum tom. 3. pag. 115. His Baleus III. 90 et Pitseus pag. 306. addunt libros VI. *de Virtutibus*, et totidem contra peccata, tum *Remediarum vitiorum* libris II. et *Remediarum conversorum* ad Richardum Londinensem *Sermonesque* et librum nescio cuius *de terra Palaestinae*, ex Gal-

lica translatum in Linguam Latinam.

PETRUS *Canonicus* S. Victoris Paris. infra mox *Petrus Cantor.*

(258 PETRUS *Cantinellus* auctor Chronici editi in vol. ad rerum Italicar. Scriptores additiones Faventinae cur Jo. B. Mittarelli Ven. 1771 fol.)

PETRUS *Pictaviensis*, cum Remensi non confundendus Canonicus S. Victoris et Scholae Theologicae Rector *Cantorque* Parisiensis sua aetate egregius, vitaque ac scientia clarus, denique Episcopatum Tornacensem fugiens in Coenobio quod Longus pons dicitur, Ord. Cisterc. in dioecesi Svessionensi diem obiit An. 1197. Vide Pagium ad illum annum num. VI. et de scriptis Petri, Carolum Vischium p. 263. seq. Bibl. Cisterc. atque Oudinum tom. 2 pag. 1662. seq. Ex lucubrationibus eius vidit lucem *Summa* de sugillatione vitiorum et commendatione virtutum, quae *Verbum abbreviatum* etiam solet nuncupari, quia incipit à verbis Rom. IX. 28. *Verbum abbreviatum faciet Dominus super terram.* Prodiit Montibus Hannoniae, cum notis Gregorii Galopini 1639 4 Ex eodem petitum opusculum *contra Monachos proprietarios*, editum Parisiis una cum aliis ejusdem argumenti. Loca quaedam ex Petri *Poenitentiali*, quod emendatum à Magistro JACOBO S. Victoris Canonico fuit apud Alex. Petavium, vulgavit Jacobus Petitus ad calcem Poenitentialis Theodori Archiep. Cantuariensis, Paris. 1679. 4. p. 341. 342. Caetera inedita sunt: *Allegoriae, annotationes et brevia Commentaria in totum Vetus et Novum Testamentum.* Tractatus *de contrarietate Scripturae*, seu *de contrarietatibus Theologicis, de contrarietatum solutionibus, tropi et phrases S. Scripturae*, sive ut Henrico Gandavensi cap. 16. *Grammatica Theologorum. Summa Abel* sive *Distinctiones* secundum ordinem alphabeti, quarum initium: *Abel dicitur principium Ecclesiae. Magna Summa de Sacramentis et animae Consiliis.* His adde ex Alberici Chronico pag. 411. *magnam summam de Conciliis et rebus Ecclesiasticis: Unum ex quatuor innovatum.*

* Praeterire hic pigeret epitaphium viri huius sepulchro olim impositum quod servarunt nobis itineris literarii secundi authores PP. Martene et Durand. p. 9.

Hoc jacet in loculo Petrus Venerabilis ille Egregius Cantor, Parisiense decus.

Pro veteri isto nunc aliud impositum est in hanc sententiam.

D. O. M.

Hic jacet Petrus cantor Parisiensis Doctor celeberrimus, qui in Episcopum Tornacensem electus humiliter declinavit et suis auditoribus scientiae, ac norma morum existens assumpto in hoc monasterio Cisterciensi habitu Vitam beato fine complevit XIV. Calendas Junii An. 1180. Corpus eius emortuum mirificum, ac suavissimum odorem exhalavit. *

PETRUS *Canusinus* et Barensis in Apulia Archiepiscopus, jussu Leonis Papae III scripsisse traditur *Vitam et obitum S. Sabini Episcopi Canusini* defuncti circa A. C. 566. quam ex Manuscr. Casinensi edidit Ughellus ubi de Barensibus Episcopis disserit, tom. VII. Italiae sacrae pag. 338 (edit. novae pag. 594 600.) Edidit etiam Bononiae 1623. Felix Siliccus, Praepositus Canusii. Sed in Actis Sanctor. t. 2. Februarii 9. exhibetur à Bollando ex tribus Manuscriptis scripta ab ANONYMO seculi octavi, qui se ex PETRO Episcopo, quae dicturus sit, accepisse profitetur. Inter Archiepiscopos autem Barenses duo Petri apud Ughellum reperiuntur, unus Anno 530 alter An. 950.

PETRUS *Capuanus*, Amalphitanus Diaconus ac deinde Presbyter Cardinalis, legatione Sicula et ad Philippum II. Gallica A. 1199. obita, aliisque gestis clarus diem obiit An. 1209. Praeter eius *Commentaria in jus Pontificium*, celebrantur eius *Oratio* qua Angliae et Galliae Reges ad deponenda mutua odia et ab bellum pro recuperanda Palaestina capessendum adducti esse traduntur. Vide G. Josephi Eggs purpuram doctam tom. 1. p. 112.

* Scripsit etiam *Lexicon concionatorium* quod extat MS. in Biblioth. Cassin Montfaucon Bibl. MSS. p. 226.

(259 PETRI *Cara Oratio* habita An. 1496 non Jun. in 4. S. A. Lugduni p. 12 P. Carae JC. equitisque Caesarei et comitis Ducalis Sabaudiae Senat. et legati: ad Maxim. Caesarem *Oratio habita Viglevani A. 1496 die 13. sept.* Impressa Lugduni per Jacobinum de suigo et Nic. de Benedictis soc. regn. *Carolo VIII.* in 4. p. 16. quarum binae priores et binae postremae vacant. Vide Vernazza *Osservaz. sul Panzer* 1793. 8. ibi de alia *Orat.* eiusdem.

(260 PETRI Matthaei *Carranti* Cotignolani *Ludovici Sphortiae Captivitas* ad Petrum Griphum Prothonotarium Apostolicum Bononiae per Jo. Ant. de Benedictis MDVII. A. C. chart. 20. *Bellum Cotignolanum* ad Petrum Gryphum Pisanum V. clariss. Ibid. MDVII. A. C. c. 20. in 4. me prope extant.

Grypho aurato equiti, Ducali commissario, divini et humani juris interpreti auditori jam Laeti Pomponii et contubernali, Lud. Sphortiae legato oratori, a secretis epistola data ex Cotignola XV. Cal. Mart. MD. dicat opellam secundo loco cusam: primam vero Epistola ex Cotignola Id. Apl. MDVII. ubi ait illum Alexandrum VI. dein Julium II. secutum et magna obire negotia; affuisse Lud. captivitati et cum Ludovico captivum fuisse omnes scire.)

PETRUS *Carnotensis* Cantor et Cancellarius, discipulus Fulberti de quo supra tom. 2 p. 616. clarus circa A. 1300. Ejus *Speculum Ecclesiae* sive *manuale mysteriorum Ecclesiae* Manuscr. in Bibl. S. Victoris Paris. In aliis Bibliothecis *Glossa in librum Job.* Et paraphrasis *in Psalmos* quae citatur à Joanne Garetio. Vide Oudinum tom. 3 pag. 699. et Joannis Lironi Bibl. generalem scriptorum Gallorum, Gallice Paris. 1719. 4. edita t. 1 p. 20. seq.

PETRUS *Carnotensis* Episcopus, infra *Petrus Cellensis.*

PETRUS *de Casa*, Alegrio pag. 285. *de Cesis* Lemovicensis, Carmelitarum ab A. 1330. Generalis, inde Episcopus Basionensis sive Bassionensis et Patriarcha Hierosolymitanus. Praeter *Sermones,* scripsisse traditur *in IV. libros Sententiarum* teste Trithemio cap. 596. Alegrius addit etiam *in Politica Aristotelis.* Videndum diversus ne sit PETRUS Hierosol. Patriarcha et Episcopus Rutenensis, sedis Apostolicae Legatus in partibus ultramarinis in negotio terrae sanctae, cujus litteras hortatorias ad transmarinam expeditionem edidit Dacherius tom. VIII. spicilegii pag. 276. (edit. novae tom. 3 pag. 708.) PETRUS *Casinensis* Diaconus, laudatus Baronio scriptor *Vitae S. Athanasii*, Episcopi Neapolitani ab . A. 850. ad 872. ex qua plura ipse ad illos annos et ad An. 861. In Actis Sanctorum autem t. 4 Julii XV. pag. 77. 84. post JOANNEM Neapolitanum, de quo supra tom. IV pag 392. cum notis vita illa exhibetur non sub Petri nomine, sed Auctoris ANONYMI coaevi. Et pag. 74. profitentur editores se nescire unde Petrum Diaconum Casinensem seculi noni scriptorem Baronius eruerit.

PETRUS Monachus et Bibliothecarius Casinensis, Diaconus Ostiensis et apud Lotharium II. gratiosus circa A. 1137. de quo Mandosius in Bibl. Romana pag. 213. seq. et Jo. Baptista Marus ad cap. 47. libri *de Viris illustribus Casinensibus* quem cum PLACIDI supplemento atque eruditis notis edidit Rom. 1655. 8. recusum Paris. 1666. 8. et in Bibl. Patrum edit. Lugd. 1677. t. XXI p. 347. nec non in Bibliotheca Ecclesiastica quam edidi Hamb. 1718. fol. et in thesauri scriptorum Italiae Muratoriani t. VI et Burmanniani t. IX pag. 329. Praeter hunc librum Petro debemus continuationem *Chronici Casinensis* ab A. 1086. usque An. 1140. de qua supra in LEONE Ostiensi t. IV pag. 545. Et *Disciplinam Casinensem*, inter scriptores Veteris disciplinae Monasticae Paris. 1726. 4. nuper vulgatam p. 24. ex ejus clausula brevi *Commentationis in Regulam S. Benedicti*, adhuc inedita. *Historicam relationem de corpore S. Benedicti*, Casini, in Actis Sanctorum tom. 3 Martii p. 288. 298. Libellum ad Conradum III. Imperatorem *de notis* sive siglis *Romanorum*, Venet. 1525. 4. curante Nicolao Erythraeo atque inter Grammaticos Latinos Putschii pag. 1579. 1638 *Vitam SS. Guinizonis et Januarii*, in Actis Sanctor. tom. VI Maji pag. 450. *Vitam S. Placidi*, discipuli S. Benedicti, cujus Prologum dedit Mabillonius Sec. I. Benedictin. una cum prologo

libri de locis Sanctis, ad Guibaldum Casinensem et Stabulensem Abbatem, et argumentis capitum libri *de ortu et vita Justorum Coenobii Casinensis*. Haec tria ex Mabillonio reddidit etiam Edmundus Martene tom. VI Veterum monumentorum p. 785. 789. 791. Deperdita ejus vel inedita quae à Petro ipso sive eo qui caput ultimum libro ejus de illustribus Casinensibus addidit, et à Maro in notis ad illum librum, tum à Petro in continuatione Chronici Leonis Ostiensis, pleraque etiam apud Possevinum, Vossium, et Caveum memorantur, plura sunt ibique obvia, ut à me illa hoc loco repeti non sit necesse.

PETRUS *Cassiodori F.* Italus an Anglus circa A. 1300. cujus exstat Epistola *Ecclesiae nobili Anglicanae in luto et latere ancillatae, Petrus filius Cassiodori, miles Catholicus, pugil CHristi devotus salutem et captivitatis jugum abjicere ac bravium accipere libertatis.* In Flacii Catalogo testium Veritatis et in Jo. Wolfii tom. 1 lectionum memorabilium p. 534. et apud Goldastum t. 1 monarchiae Imperii pag. 11.

PETRUS *de Castellione* Italus, Ord. Minor. docuit in Academia Conimbricensi, ibique absolvit brevem lecturam *in libros Sententiarum*, et *Quodlibeta* pro Cursu suo A. 1453 Vide Waddingum p. 278.

PETRUS *de Ceffona* Monachus et Abbas Claraevallesis Ord. Cisterc. circa A. 1350. Praeter *Commentarium in tertium et quartum Sententiarum*, et librum *de auctoritate summi Pontificis* traditur scripsisse A. 1353. *Epistolam JEsu CHristi* divisam in capita centum, ad Innocentium VI. sive *Centilogium* JEsu CHristi contra *Epistolam Luciferi ad Mundanos* de non Apostolicis quorundam moribus, qui in Apostolorum se locum succesisse gloriantur: scriptam ab eodem Petro A. 1351. editamque in Jo. Wolfii lectionibus memorabilibus t. 1. p. 634. *Confessionale Petri* ad Bononem Claraevallis Abbatem. Librum *de somnio*, *super definitione*, *contra Judaeos*. Conciones. Epistolas. Vide Vischium p. 266. atque Oudinum tmo. 3. pag. 1037. Staphorstium

nostrum t. 3. hist. Eccles. Hamb. p. 248.
PETRUS *Cellensis* Abbas Ordin. Bened.
in suburbio Trecensi, inde ab A. 1162. S.
Remigii Remensis, denique A. 1182. in
Episcopatu Carnotensi successor Joannis
Sarisberiensis, defunctus A. 1187. Ad eum
Alexandri III. S. Bernardi, Joannis Sarisberiensis et Nicolai Claraevallensis exstant
Epislolae, à quo Nicolao Epist. 25. ad
Henricum Episcopum Trecensem, mactatur elogio quod etiam hoc loco velim extare: *Abbas Cellensis vir religiosus ac
timens DEUM, homo bonus et testimonium
bonum habens à bonis : vita et litteratura
conspicuus, nobis quoque tanta familiaritate devinctus, ut non sit unus de caeteris,
sed prae caeteris unus. Omnia nostra sua
sunt* etc. Scripta ejus post Labbeum tom.
2. de S. E. pag. 190. Caveum ad A. 1182·
atque Oudinum t. 3. pag. 1557. seq. referre
operae pretium duxi. Sunt igitur :

Epistolarum libri novem. Item Alexandri Papae III. ad eundem Petrum Cellen-
sem et alios Epistolae 56. cum notis Ce-
leber. *Jacobi Sirmondi* Soc Jesu ejusdemque
elegantissima ad Carthusianos Montis DEI
epistola nuncupatoria prodierunt Parisiis
A. 1613. in 8. ac deinde tomo tertio Sirmondi Operum, Paris. 1696. et Venet.
1729. sicut et in Bibl. Patrum Lugd. t.
23. p. 823. omissis tamen Alexandri III.
Epistolis. Petri Cellensis Epistolae exstant
itidem in Bibl. Patrum Paris. et Coloniensi
in quibus occurrunt etiam haec Petri opuscula quae jam ab Anno 1600. fuerant in
8. excusa in eadem urbe Parisiensi ex Bibliotheca V. C. *Nicolai Fabri.*

Liber de Panibus, ad Joannem Sarisbe-
riensem, postea Episcopum Carnotensem.
in Biblioth. Patrum edit. Lugd. t. 23. p. 745.

*Mosaici Tabernaculi mysticae et moralis
expositionis libri duo* ibid. pag. 789.

Liber de conscientia, ad Alcherum Monachum pag. 802. Haec omnia repetita in
nova Operum Petri Cellensis editione, curante *Ambrosio Januario* Monacho Benedictino Paris. 1671. et tom. XXIII. Bibl.
Patrum Lugd. pag. 636. seq. ubi etiam
exstat *liber de disciplina claustrali* secundum regulas SS. Benedicti et Augustini,

ad Henricum Campaniae Comitem p. 507.
vulgatus pridem à Dacherio tom. 3. spicileg pag. 42. (edit. novae tom. 1. pag.
452.) *Sermones XCI.* pag 683. in quibus
etiam *IX. in Synodis habiti* pag. 731. seq.
et unus in Communem Confessorum pag.
730. et de S. Benedicto pag. 662. ac bini
de S. Nicolao p. 727 et S. Bernardo pag.
725. et Sermo ultimus pag. 744. *de tribus
legibus,* Naturali quam quasi *diaetam um-
versalem* ait esse : Lege Moysis, quae fuerit quasi *helleborum :* et Lege Evangelii,
nihil habente amaritudinis, nihil acredinis.
His adde Sermonem *de meditatione mortis*
in Combefisii Bibl. concionatoria ad festum
commemorationis animarum.

Spem quoque fecerat V. C. *Nicolaus Ca-
muzatius,* Ecclesiae Trecensis Canonicus,
plura, quae adhuc lucem expectant, è
tenebris se eruturum ; sed non puto prae·
stitisse : saltem nihil me vidisse aut audivisse recordor. *Commentarium in librum
Ruth* Manuscr. in Bibl. Claraevallensi servari testatur Joannes Liron libro supra
laudato p. 78. *Epistolae duae* ad Wilhelmum, Petrum, Widonem, ne Cisterciensium ordinem desererent, spicilegii Dacheriani tom. 2. pag. 447. (edit. novae tom.
3. pag. 544.)

Vocabula Latino barbara Petro Cellensi
usurpata excerpsit Jo. Lud. de la Cerda
Adversar. sacr. cap. 180. et 183.

PETRUS *Cerebrosus,* Monachus inter
primos medio seculo XV. qui flagellationes
spontaneas ac profusas reprehendere est
ausus, cujus objectionibus respondere instituit Petrus Damiani libro VI. Epistola
27. Confer Jacobi Boileau historiam flagellantium pag. 190. seq. Ad eundem Petrum
Epistola Damiani 28. in qua eum charissimum
fratrem et dilectissimum filium appellat.

PETRUS *de Charitate* Ord. Praed. circa
A. 1350. Ejus *Chronicon* à principio Mundi memoratur apud Jacobum Quetif t. 1.
pag. 633.

PETRINUM Chronicon, supra, Erfurtense.

PETRUS Chrysolanus. Supra in *Criso-
lano* tom. 1. pag. 403.

PETRUS *Chrysologus.* Supra t. 1 p. 350.

PETRUS Abbas *Claraevallensis,* circa

A. 1162. cujus *Epistolae* editae à Bertrando Tissier tom. 3. Bibl. Cisterciens. pag. 264. adde Oudinum tom. 2. pag. 1561.

PETRUS Abbas *Claraevall.* circa An. 1360. supra *Petrus de Ceffona.*

* PETRUS *Chrysologus* supra t. 1. 350 non est, cur hic praeteream recentissimam opp. C hrysologi editionem, quam sub ipso anno suo emortuali evulgavit vir. cl. P. Sebastianus Pauli Congr. Matris Dei Lucensis sodalis meus dilectissimus et amicus dum viveret in primis charissimus. Prodiit illa typis Venetis an. 1750 tom. 1. fol. Praeter ea, quae in praecedentibus patuerunt, adiecit sermones septem de oratione Domini desumptos ex Dacherii Spicilegio tom. VII. pag. 120. Veteris editionis; geminos etiam alios ex appendice Sermonum S. Augustini editionis Maurinianorum. Recensuit totum opus ad veteres MSS. Codices : notas a Dominico Mita olim. adornatas retinuit, quibus et suas adiecit nec paucas, nec ut vera fatear, indoctas.

Quamquam vero laborem hunc viri eximii probo ; multum tamen longissime abesse credo , ut editio operum Chrysologi sic tandem omnibus numeris absoluta reputetur. Admonet vir eximius ex orationibus hisce nonnullas Severiano cuidam in vetustis codicibus ascribi, qua ego praemonitione edoctus nactusque in veteri homiliario codice reperto in Bibliotheca Canonicor. Maior. Eccl. Lucensis, nec meo judicio Saec. 12. recentiore homilias quasdam Severiani nomine praefixas, unam aliquam ex illis conferendam assumpsi cum homilia Chrysologi, quae inter editas est CII. Utramque consentientem reperi ; simul tamen agnovi hiulca esse quaedam in edito, quae egregie supplebantur a Codice illo. Unam alteramve lectionem variantem proferam, ut lectores de coeteris judicium capiant. In edito legimus : *Cum audisset de Jesu, misit ad eos seniores Judaeorum. Gentilis Judaeum ad Christum mittit; et in lege positis, qui sine lege erat, legis demonstrat auctorem. Nemo ergo miretur si Gentilis hoc est Christianus aut vocat, aut ducit aut per-*

ducit ad Christum. MS. Codex ita legit. *Cum audisset de Jesu. Nisi praecessisset auditus fidei, salus corporis non venisset. Ergo misit ad eum seniores Judaeorum. Gentilis Iudaeum ad Christum mittit; ergo et nobis quia fidei praecessit auditus, vita corporis mox sequitur. Misit autem ad eum seniores Judaeorum et in lege positus, qui sine lege erat legis demonstrat Auctorem. Nemo ergo miretur, si Gentilis hoc est Christianus Judaeum advocat, aut perducit ad Christum.*

Rursus editi ferunt. *In morte manentes arguens sic Judaeos : Amen dico vobis, nec in Isdrael tantam fidem inveni.* Codex meus legit : *Imo remanentes sic arguens Judaeos. Nunquid in Isdrael tantam fidem invenimus?**

PETRUS *de Clausia* apud S. Antoninum summa historiar. tit. 23. cap. XI. §. 2. t. 3. pag. 681. non alius ac PETRUS *Calo* de quo supra pag. 237. Idem quoque PETRUS *Clodiensis* apud Vossium pag. 492. ex Volaterrano.

PETRUS *Mauricius Monboiserius* cognomento *Venerabilis* Ord. Bened. Abbas nonus CLUNIACENSIS ab A. 1122. ad 1156. Ejus vita scripta à RADULFO Monacho ejus discipulo, ad Stephanum Abbatem Cluniacensem prodiit in Edmundi Martene tomo sexto monumentorum pag. 1187-1201. In Andreae autem du Chesne Bibl. Cluniacensi Paris. 1614. fol. occurrit pag. 589. ejusdem vita ex veteri Chronico.

Vita Petri Abbatis, ex Chronico Cluniacensi, et pag. 602. Veterum de eo testimonia, S. Bernardi Epist. 277. et 283. Roberti de Monte, Matthaei Parisii , Henrici de Gandavo cap. 29. Nicolai de Clamengis, Joannis Trithemii cap. 418. de S. E. et II. 123. illustrium Benedictin. et aliorum, inde pag. 607. PETRI *Pictaviensis* Monachi Epistola ad Mauritium, Panegyricus versibus elegis dictus in primo adventu Petri Abbatis in Aquitaniam secundam, et invectiva in Calumniatorem pag. 616. et tom. 22 Bibl. Patrum Lugd. pag. 820. Epistola altera ad eundem Petrum, pag. 618. (Lugd. pag. 825.) qua cum ad ingenii sui monumenta publicanda hortatus inter alia celebrat his verbis : *Nam ,* *ut de Divinis litteris taceam , quas utrum-que Testamentum memoriter retinendo , in promptu semper habetis quis unquam Plato subtilius, quis Aristoteles argumentosius, quis Cicero pulchrius aut copiosius aliquaudo quicquam disseruit?* Quis Grammaticus instructior , quis Rhetoricus ornatior , quis Dialecticus fortior, quis Arithmeticus numerosior , quis Geometricus regularior , quis Musicus cantilenosior , quis. Astronomicus perspicacior extitit ? Sed et si de Sanctis Patribus aliquid dicere audeamus, vos ab unoquoque quatuor fluminum Paradisi,quae post Sanctos Evangelistas totum orbem irrigant, aliquid simile reportastis: quia cum Hieronymo velox cum Augustino profusus , cum Ambrosio profundus, cum Gregorio clarus inceditis.*

Operum Mauritii, editionem pleniorem emendatioremque et notis etiam illustratam ejusdem Bibliothecae Cluniacensis Curatoribus debemus , repetitam in Biblioth. Patrum Lugd. tom. XXII. in quibus familiam ducunt pag. 621. (Lugd. pag. 826.) *Epistolarum libri VI.* (vulgati pridem à Petro de Monte Martyrum Paris. 1522. fol.) subjunctis pag. 939. (Lugd. pag. 967.) Epistolis octo Petri sive ad Petrum quae in Veteri editione desiderabantur. Epistolas historicas VI. ex vulgatis excerpsit, atque in scriptoribus rerum Francorum recensuit Franciscus du Chesne t. IV p. 458-491.

Epistola ad Petrum de sancto Joanne contra eos qui dicunt: Christum numquam se in Evangelio aperte DEum dixisse, pag. 966. (Lugd. pag. 970.)

Tractatus adversus Judaeorum inveteratam duritiem , p. 983. (Lugd. p. 977.) ex edit. Ingolstad. 1546.

Epistola ad S. Bernardum , Abbatem Claraevallensem, de translatione sua, qua fecit transferri ex Arabico in Latinum a) sectam sive haeresim Saracenorum Anno 1143. cum summula brevi contra haereses et sectam diabolicae fraudis Saracenorum , sive Ismaëlitarum , etc. pag. 1109. (Lugd. pag. 1030.) cum ROBERTI *Retinensis* praefatione in librum Alcorani à se

translatum pag. 1116. (Lugd. 1033. Adde sis quae notavi in delectu argumentorum pro veritate Fidei pag. 261. seq. atque infra in ROBERTO.

Epistola , sive, Tractatus adversus Petrobrusianos haereticos , pag. 1118· (Lugd. pag. 1033.) ex editionr Ingolstad. 1546. 4. quam cum S Bernardi quibusdam Sermonibus et Epistolis curaverat Jo. Hofmeisterus.

De transfiguratione D. N. J. C. sermo, pag. 1231. (Lugd. pag. 1080.) et in Bibl· Concionatoria Combefisii. Incip. *Hodie, dilectissimi, solito serenior nobis dies illuxit.*

De miraculis sui temporis , libri duo , p. 1247. (Lugd. pag. 1087.) saepius etiam seorsum excusi , ut Duaci 1595. 12.

Rhythmi , Prosa , Versus et Hymni , p. 1338. (Lugd. pag. 1125.) In his primo loco occurrit Carmen Elegiacum *contra Calumniatores carminum* PETRI *Pictaviensis,* in quo plures laudat in Ecclesia Latina scriptis et poëmatibus inclytos. *In laudem Salvatoris* Rhythmus Incipit: *A Patre mittitur , in terris nascitur DEus de Virgine Humana patitur , docet et moritur libens pro homine,* Habes hic etiam hymnum utrumque *de S. Benedicto et de translatione S. Benedicti* quem exhibent etiam Arnoldus Wion tom. ligni Vitae pag. 102. et Joannes à Bosco in Biblioth. Floriacensi pag. 376. nec non *Petri Abaelardi Epitaphium* quod incipit : *Gallorum Socrates.* Nam alterum , cujus initium : *Petrus in hac petra latitat ,* in Biblioth. Cluniacensi et Biblioth. Patrum Lugd. non reperio, habet vero Ludovicus Jacobus de scriptoribus Cabilonensibus p. 142.

Statuta Congregationis Cluniacensis cum diplomatibus et chartis LXXVI. et praefatione satisfactionali sive apologetica etc. p. 1354. (Lugd. p. 1132.)

Totam ipsam Alcorani translationem b) inquit Andres du Chesne pag. 1118. *hic attenxere , superfluum. Confutavit eam et ipse Petrus Venerabilis libris quinque , quos quia necdum , licet diligenter quaesiti reperiri potuerunt , Lector hic etiam desi-*

---

a) Confer Alberici Chron. pag. 301.

b) De hac infra in ROBERTO *Retinensi.*

derabit. Ex his quos *quatuor,* non *quinque* Mauricius scripserat, libros duos primores *adversus nefandam sectam Saracenorum* ex Manuscr. Codice Acquicinctensi. auctoris aevo exarato edidit Edmundus Martene tom. 2 monumentor. 1121. praemissa Epistola PETRI *Pictaviensis,* et argumentis capitulorum libri non modo primi et secundi, sed. tertii quoque et quarti, quos nemo adhuc in lucem protulit. Profitetur Pictaviensis se in transferendo Alcorano socium fuisse PETRI *Toletani* et ROBERTI Archidiaconi postea Pampilinensis. *Sermones III.* de laude sepuichri Domini, de S. Marcello Papa et Martyre, et de veneratione reliquiarum, eidem Edmundo Martene in acceptis referimus tom. V thesauri anecdotorum pag. 1419. Et *Epistolas quinque* tom. 1 anecdotor pag. 406. seq. 416. sicut alias *duas* Mabillonio t. 3 Analect. pag. 481. (edit. novae pag. 159.) *Carmen de virtute* quod incipit: *Destituit terras decus Orbis, gloria rerum Virtus.* Manuscr. in Biblioth. Paulina Lipsiensi, teste Joach. Fellero pag. 299. Carmen *de ritibus missae* quod sub nomine Mauricli subjunxi primae editioni Bibliographiae antiquariae Hamb. 1713. 4. postea satis comperi auctorem habere HILDEBERTUM Cenommanensem, ut in praef. ad tomum sextum Bibl. Graece sum professus. Petri Cluniacensis *nucleus de sacrificio Missae* post Hildebertum et Rupertum Tuitiensem editus est in editione Romana librorum de Catholicae Ecclesiae officiis ac ministeriis, 1591. fol. et in tomo decimo Biblioth. Patrum Paris. 1644.

PETRUS *Clodiensis,* supra *Petrus Calo.*

PETRUS *Apollonius Callatius* Supra t. 1. pag. 344.

PETRUS *de Colle* Teutonicus, Ordin. Minor. qui Concilio Basileensi An. 1440. interfuit, et cum in eo multa disputasset, denique pro auctoritate Concilii concludit. Vide Trithemium de sideribus Germaniae cap. 177. et de scriptoribus Eccles. cap. 791. ubi et Quaestiones ejus in libros Sententiarum, et Sermones varii memorantur. Nec plura Waddingus pag. 179.

a) Miraeus ad Henr. Gandavensem cap. 33. Ou-

PETRUS *de Columbario* supra, p. 233.

Petrus Bertrandus Junior.

PETRUS *Comestor,* supra t. 1. p. 373.

PETRUS *de Condeto* Canonicus in monasterio B. Mariae de Cagia, dioeceseos Meldensis Anno 1250. idem fortasse qui Archidiaconus deinde Svessionensis, et Regis Francorum Capellanus sive Clericus An. 1294 1298. Ejus *Epistolam* ad Priorem de Argentolio edidit Dacherius t. 2. spicilegii p. 551. (edit. novae t. 3. p. 664.)

PETRUS *Croal* Abbas Lemovicensis, ex cujus *Chronica S. Martini Lemovicensis* ad An. 1266. nonnulla producit Baluzius tom. VI. Misc. pag. 369. 370.

PETRUS *de Corbolio,* Parisiis Theologiam docuit, ubi inter auditores suos habuit a) Lotharium Anagnium, qui postea Innocentius III. Papa: Ex Parisiensi B. Mariae Canonico et designato Cameracensi Episcopo, inde circa An. 1200. Archiepiscopus Senonensis, diem obiit An. 1222. *Totum Apostolum* sive omnes Apostoli Pauli Epistolas *exposuit subtiliter et copiose, appositis SS. Patrum sententiis locis singulis convenientibus,* ut testis Henricus Gandavensis cap. 33. Etiam Manuscripti feruntur in variis Galliae Bibliothecis Commentarii ejus *in Psalterium, et Quaestiones Scholares* ex quibus aliqua profert Jo. Launojus de scholis celebrioribus p. 229. et de unctione infirmorum pag. 26

Magister PETRUS *de Corbuith.* apud Albericum pag. 415. *(rectius de Corbuilh p* 119.*) vir suo tempore nominatissimus,* idem cum superiore, qui Thomae Cantipratano dicitur M. *Petrus de Corboel.* Vincentio Bellovacensi *vir inaestimabilis litteraturae.*

PETRUS *Corsinus* sive *de Corsinis,* Decretorum Doctor et ex Volaterrano Florentinus urbis Patriae ab An. 1361. Episcopus et Cardinalis Portuensis ac S. Rufinae, qui cum Clemente VII. anti-Papa fecit contra Urbanum VI. diemque obiit An. 1405. Vide Baluzium ad Papas Avenionenses tom. 1. pag. 1040. seq. et Diarium eruditorum Italiae tom IX. p. 147. Praeter *Epistolas* ex quibus brevem ad dinus tom. 3 pag. 33.

Gubernatores Civitatis Senarum, publicavit Ughellus tom. 3. pag. 154. scripsit vitas aliquot Pontificum et Cardinalium, sed adhuc quantum memini ineditas. *Relationem de electione Urbani VI.* ad Principes Christianos pro terminando schismate. *Sermones sacros.* Confer Julium Nigrum in Hist. script. Florentinor. p. 461. seq.

PETRUS *de Crescentiis* Philosophus et Medicus Bononiensis, testatur se per triginta annos diversas per provincias cum eorum rectoribus circumivisse, multosque libros novorum et antiquorum prudentum perlegisse, et varias, ac diversas operationes colentium rura vidisse Hujus *XII. libri ruralium commodorum* cum Epistola ad Carolum II. Hierosolymae et Siciliae Regem (qui Patri Carolo I. A. 1285. successit) primum typis exscripti prodiere per Joannem Schusler Augustae Vindel. 1471. fol. a) deinde Argentinae 1486. Basil. 1538. fol. atque aliis locis saepius, ut jam notare me memini supra tom. 1. p. 400. etiam Germanice 1493. f. De Gallica versione Anonimi Galli. Ord. Praed. circa An. 1370. confer Jacob. Quetif t. 1. p. 666.

PETRUS *Crinitus*, supra t. 1. p. 402.

PETRUS Cunerius sive *de Cugneriis.* Vide supra in *Petro Bertrando*, Seniore, et Francisci de Cruce Cenomana Biblioth. Gallicam p. 391. Bzovium ad A. 1327 n. 8.

PETRUS *de Cyperia.* Infra, *Petrus de Limoges.*

PETRI *Cyrnei*, historia de rebus Corsicis ad A. 1505. Manuscr. in Codice Regio Paris. 922. teste Labbeo p. 13. Bi. MSS.

* *Petrus Cyrnaeus*, nempe Corsus cum olim Corsica Cyrne appellaretur; humili loco natus in Dioecesi Aleriensi professione sacerdos, apud Venetos typographos corrigendis typorum speciminibus operam suam pretio locavit. Scripsit belli Ferrariensis a Venetis habiti ab A. 1482. usque ad A. 1484. Commentarios ex Cod. Estensi a Cl. Muratorio vulgatos R. Italic. t XXI pag. 1194. Scripsit et *de rebus Corsicis* usque ad A. 1506. Historiam e MS.

Codice R. Parisiensi non ante multos annos a Muratorio R. Italic. t. XXIV vulgatam.*

PETRUS *de Dacia* sive *Dania*, Ord. Praed. scriptor Actorum *Vitae Christinae Stumbulensis* Virginis Ord. Praed. in Dioecesi Coloniensi, defunctae A. 1312. quae desinens in Anno 1286. exstat in Actis Sanctor. tom. IV. Juuii 22. *libri III.* pag. 175. 344. et *libri VI.* pag. 429. 454. Liber *quartus* Petro dicatus, additusque à Magistro Scholarium Stumbelensium JOANNE, p. 944. 408. una cum libro *quinto* qui Epistolas complectitur pag. 408. 429. Ex his Actis vitam Petri persequitur Jacobus Quetif tom. 1. de scriptoribus Dominicanis pag. 408. seq. Idem ut videtur Petrus de Dacia quem Divinarum Scripturarum et Graeci sermonis non ignarum fuisse Trithemius cap. 523. celebrat, opuscula ejus in astronomia, et arte calculatoria memorans, tabulas et Calendarium et de calculo seu computo.

PETRUS *Damianus*, supra t. 2 p. 125.

PETRUS *Daventriensis.* Infra, *Gerlacus Petri.*

PETRUS *Candidus December*, supra t. 2. pag. 134. (261. *Epistolarum juvenilium* libri VIII. Ex. Cod. Mediolanense cura et studio Francisci Fontani in 8. S. nota (Florentiae 1790. circ. p. 318.) me prope.)

PETRUS *Delphinus* nobilis Venetus, sacri eremi Prior, et Ordinis Camaldulensis Praepositus generalis, adhuc superstes circa An. 1514. Ejus *Epistolarum libri XII.* cum Oratione funebri, ab *Eusebio Prioli* habita, Abbate Carcerum Ord. Camaldulensis, antea monacho S Michaelis de Muriano, prodiere, Venet. 1524. fol. curante Delphini discipulo Jacobo Brixiano, Priore S. Martini de Opitergio: opus raro obvium, quod in auctione publica Parisiis licitantes reperit pretio mille librarum Gallicarum. Sed alias adhuc *Epistolas CCXLII.* ex Manuscriptis Camaldulensibus eruit Mabillonius scriptas ab An. 1462 ad 1514. quas vulgavit Edmundus Martene t. 3. novae collectionis p. 915. seq. subiun-

a) Vide Christiani Gottlieb Schwartzii indicem librorum Sec. XV. impressorum pag. 86. et Biblioth. Vilenbrouckianam pag. 48.

cta pag. 1211. *Oratione* Petri Delphini *ad Leonem X.* atque p. 1215. *Eusebii* PRIOLI Oratione dicta in Delphini funere. De scriptis eius hanc facit mentionem pag. 1231 *Praeter quatuor Epistolarum volumina, quas post initum Generalatus officium pro Religione, pro amicis, ad quodcumqne hominum genus ornate scripserat, praeterquam plurimas* Orationes *elegantissime habitas, insignes quoque* in Hieronymum Savonarolam *edidit* Dialogos. In Ciceronis Orationes *memoranda descripsit* argumenta. *Perplura nec non* orthodoxorum Patrum apophthegamata *breviariis pulchro ordine digestis conciliavit. Accedebat ad tantum ipsius ornatum, mira quaedam ipsius in scribendis litterariis characteribus et suavitas et pulchritudo, ut diserte ipsius editiones tam praeclara littera descriptae, viderentur cyclade auro texta ac immensis monilibus ornatae.* His Chronicon *Venetiarum* apud Possevinum addi video.

PETRUS *Diaconus* scriptor libri *de Incarnatione et Gratia ac libero arbitrio*, ad S. Fulgentium et alios Africae Episcopos circa A. C. 520. Hic inventus in Coenobio Ord. Praemonstratensis a) in agro Lovaniensi, saepiusque editus in Bibliothecis·Patrum, et inter S. Augustini scripta, et Fulgentii Ruspensis ut dixi supra tom. 2. pag. 624.

PETRUS *Diaconus* Ostiensis. Supra in *Petro Casinensi.*

PETRUS *Dominicus de Baono*, Episcopus ab An. 1360. Tarvisinus scripsit *vitam B. Henrici* ex Tirolensi Comitatu Baucenensis, defuncti An. 1315. Tarvisii in editione Veneta, editam in Actis Sanctorum tom. 2. Junii 10. pag. 371 375. cum notis Danielis Papebrochii.

PETRUS *Dorlandus*, supra t. 2. p. 475.

PETRUS *Dresdensis*, ludi moderator in patria, deinde Chemnitii et Zwiccaviae, b) Professoribus Lipsiensibus praeter rem accensitus à Varillasio : c) Patria pulsus quod cum Waldensibus videretur facere, Pragam quam An. 1409. reliquerat, repetiit,

ibique puerorum docendorum curam accepit, Joannis Hussi amicus et socius cum Jacobo de Misa sive Jacobello, Hieronymo Pragensi : Joanne Gesnitio, Stephano Paletio, Matthia Engerano, et Petro Lunensi. Ac primum fuisse Petrum, qui contra illorum temporum abusus sub utraque specie Dominicum corpus administrandum esse profitetur, Æneae Sylvii et Bonfinii testimonio docet Jacobus Thomasius diss. erudita de Petro Dresdensi, Lips. 1678. 4. §. 46. et 74. Idem Petrus conditor variorum hymnorum, ut in Natali Domini, cuius initium : *gaudent omnes Angeli*, et cujus loca quaedam interpretatus est Hieronymus Wellerus, *eine Auslegung uber ein alt Veinhnacht-Lied* tom. 2. Operum Welleri Germanicor. p. 192 seq. nec non hymni : *Quem pastores laudavere.* Et qui in Ecclesiis nostris etiamnum decantantur. *Puer natus in Bethlehem*, et Latinis verbis Germanica admiscentem, *In dulci Jubilo, Nun singet und seyd froh,* ut Latinarum plebi non intellectarum loco, vernaculis cantionibus sensim in sacris publicis via panderetur. Vide laudatum Thomasium §. 104. seq.

PETRUS *Ducis* sive *le Duc*, Abbas S. Victoris Paris. Licentiatus in Theologia An. 1986. cum. Joanne de Montesono et Nicolao de Lingonis et Oliverio Maillard, Praedicatoribus : Joanne de Villanova Cisterciensi, Guilelmo Barault, Priore de Calvo Monte : Joanne Salesio, Carmelita. Scripsit *in libros Sententiarum*, et quosdam *Sermones*, Manuscriptos in Biblioth. San-Victoria. Obiit 19. Junii Anno 1400 vide Sammarthanos tom. IV. pag. 927 et Bulaeum tom. IV. seculo VI. Academiae Paris. pag. 982. qui ambo etiam epitaphium eius referunt.

PETRUS *Dugiensis* ex Simlero notus, qui refert eum scripsisse *Summam super historiis* in usum Ecclesiae : eamque Londini Manuscriptam asservari.

PETRUS *de Dusburg*, scripsit *Historiam Prussiae atque Ordinis Teutonici* cujus

a) Vide Possevinum tom. 2 apparatus pag. 252.
b) Vide Tobiam Semidium in Chronico Zwiccav.

et Georgium Fabricium Annal. Misn. ad An. 1410.
c) Vide Acta Erud. An. 1688. pag. 251.

ipse frater ac Sacerdos fuit, ab institutione Ordinis An. 1190. ad 1326. dicavitque eam Wernero de Orselen, qui Teutonicorum Eqitum Magister fuit ab An. 1325. ad 1330. Hanc cum continuatione Anonymi usque ad A. 1435. additis notis atque dissertationibus XIX. Antiquitates Prussicas illustrantibus edidit Christophorus Hartknochius, de Historia Prussica tot aliis monumentis insignissime promeritus. Jen. 1679. 4. Non semper tuto stari fide hujus Dusburgii, docet idem Hartknochius in opere cui titulus: *Alt pun neu Preussen* pag. 281. et superstitionibus suae aetatis nimium indulsisse notat in hist. Eccles. Prussiae Germanice edita pag. 189. 203. etiam Pontificio homine judice, Matthia Strykovio Ossostevicio, Canonico Samogitensi lib. 7. histor. Lithuaniae, edita Polonice cap. 2. p. 287. seq. Sed fortasse non opus est talia notare, scriptoribus illorum temporum propemodum communia, et Lectori, cui cor sapit, facile per se observanda.

PETRUS *de Ebano* scriptor expositionis *in Problemata Aristotelis*, quam Manuscr. memorat Sanderus t. 2 Bibl. Belgicae p. 155.

* PETRUS de *Ebano* seu *Petrus* de *Abano* cuius gesta librosq. editos ac ineditos recensitos legas inter opuscula P. Calogerà XXXIII. Expositio problematum saepius excusa est, ac primum prodiit Mantuao an. 1475 in fol. max. Vide supra PETRUS *de Apono*.

PETRUS *Electensis*. Vide Supra, *Petrus Amelius*.

PETRUS *Falacha*, (corrupte Ferracia, Foracha, Farracha) de Janua sive Genuensis) Ligur Ord. Praed. Diffinitor Lombardiae superioris, diem obiit An. 1326. Scriptor *Compendii donorum vel bonorum* sive summae copiosae ad omnes materias per alphabetum. Vide Jacobum Quetif t. 1 pag. 559.

PETRUS *de Falco*, scriptor quaestionum disputatarum in Sententiarum libros, quas Manuscriptas memorat Sanderus in Bibl. Belgica tom. 1 p. 169.

PETRUS *Ferdinandi* sive *Fernandez* (aliis *Ferrandus*) Patria Gallaecus Hispanus Ord. Praed post sacculi XIII. medium, scripsit *Vitam S. Dominici, et Chronicam Ordinis*, incipiendo à Patre Dominico usque ad vitam Generalis Magistri Ordinis, Humberti. Neutra adhuc lucem vidit, nec fortasse Chronica diversa à Vita S. Dominici quae incipit: *B. Dominicus adhuc puerulus sub nutricis custodia constitutus.* Vide Jacobum Quetif. t. 1 p. 127. et Nic. Antonium t. 2 Bibl. Hispanicae veteris p. 46. Vide supra t. II 462.

PETRUS *Flandrinus* Vivariensis, Doctor Decretorum, Decanus Bajocensis, inde auditor sacri Palatii et ab A. 1371. Cardinalis S. Eustachii, defunctus Avenione 1381. 23. Jan. de quo ut solet accurate Baluzius in notis ad vitas Paparum Avenionensium, praecipue pag. 1104. seq. Scripsit A. 1378. *a) tractatum de Papatu*, sive *de facto schismatis et impressionis*, pro Clemente VII. adversus electionem Urbani VI id. pag. 1292. 1108. 1110. *Responsionem ad objectiones Petri Archiepiscopi Toletani* ib. pag. 1111.

PETRUS *Forracha*, supra, *Petrus Falacha.*

PETRUS *Galatinus*, supra t. 3 p. 6.

PETRUS *Gallus*, infra *Petrus Malleacensis.*

PETRUS *Garnengius*, Armoricus Brito Carmelitarum apud Turonenses Provincialis, defunctus si Possevinum et Vossium p. 807. audiamus, A. 1471. si Alegrium pag. 376. A. 1499. Scripta ejus memorata Possevino sunt, Ordinis sui deinde et Ecclesiae historia: Censura Constitutionum. Conciones ad Clerum.

* PETRUS *Garsias* Valentinas S. Theologiae magister Parisiensis Episcopus Ussellensis in Sardinia *Ad SS. Patrem et Dom. Innocentium Papam VIII. Determinationes magistrales contra conclusiones Apologales Jo. Pici Mirandulani Concordiae Comit.* impressae *Romae per Eucharium Silber alias Franch natione Alemannum ab An. n. Salut.* 1489. *

a) Non 1381 ut per errorem calami supra t. 2   pag. 583.

Gerlacus PETRI Daventriensis, Canonicus Windsemiensis prope Swollam in Belgio, defunctus A. 1411. aet. 33. scriptor *Soliloquii igniti*, divisi in capita XXXII. qui liber asceticus, tanquam alter Thomas à Kempis, plus simplici vice datus praelo, etiam recusus est Coloniae 1646 12. Vide Diarium Theologicum editum Germanice, a) Witteb. 1708. 8. p. 13. seq.

PETRUS *Guillermus* Cardinalis Bibliothecarius, quem Cangius ait vixisse circa A. 1073. et vitas Pontificum scriptas ab ANASTASIO Bibliothecario, persecutum esse usque ad Paschalem II. Vide supra tom. 3 p. 131. in GUILELMO Bibliothecario.

PETRUS *Hasnoniensis*, Monachus de S. Gylida. Non notus hic mihi nisi ex laudato Cangio.

PETRUS *Elias*, vide supra t 2 p. 503.

PETRUS *Henhamus*, supra t. 3 p. 192.

PETRUS *Herenthalius*, ibid. p. 219.

PETRUS *Herp.* supra t. 3 p. 225.

PETRUS *Hieremias* sive *Hieremiae*, nobilis Panormitanus, Ordin. Praedicatorum, (non Minorum ut vitiose excusum apud Cangium) defunctus An. 1452. sicut ex ejus epitaphio constat. De eo Acta Sanctor. tom. 1 Martii 3. pag. 294. aliique laudati ab Antonino Mongitore t. 2 Bibl. Siculae pag. 144. et Jacobus Quetif. tom. 1 pag. 810. Praeter *Sermones* varios plurimosque, Brixiae 1502. Haganoae 1314. et 1552. 8. et Lugd. 1512. 4. editos, in quibus etiam *Sanctuarium*, sive sermones de VII. doloribus B. Virginis, et de ejus festivitatibus: scripsit praeterea *repertorium* sive *dictionarium morale*, complexum silvam rerum Legalium, Canonicarum et Theologicarum.

PETRUS *Hispanus*, Vide supra tom. IV pag. 333. in Papa JOANNE XXI. ibique dictis adde, *Dialecticam Petri Hispani* Graece exstare Manuscr. in Biblioth. Caesarea, interprete Georgio Scholario a) Ejusdem *regimen Sanitatis* Manuscr. in Codice Regio Parisiensi 1925. quod evolvit Can-

gius. Nec omittendum quod hic Papa constitutionem Gregorii X. de Cardinalibus, cum sunt electuri Pontificem, conclavi includendis, factam in Concilio Lugdunensi A. 1274. et ab Hadriano V. An. 1276. suspensam revocavit sive ratam esse jussit A. 1277. Vide Ptolemaeum Lucensem t. XXV Bibl. Patrum Lugd. p. 965. 966.

PETRUS *Honestus* sive *de Honestis*, scriptor *Regulae* cum *Petro* DAMIANI et fratre ejus HONESTO non confundendus. Vide supra tom. 2 pag. 427. et Oudinum t. 2 p. 1012. seq.

PETRUS *Jacobi* de Aureliano, scriptor *Practicae.*

* Felinus Sandeus in fronte libri inscripti: *Practica Iudicialis Jo. Petri de Ferrariis de Papiae* editi Venet. A. 1473 haec manu sua adnotavit: *Bartholomaeus Cepolla Veronensis iu tractatu servitut. Urbanar. cap. 4. p. 2 dicit quod Petrus Jacobi composuit summam libellorum A. D. 1347. ex qua ut plurimum sumpta est ista practica Jo. Petri de Papia; licet de dicta summa mentionem non faciat. Ex his libri titulum, et scriptoris aetatem discas.* *

PETRUS *Jeremiae*, supra *Petrus Hieremiae.*

PETRUS *Ikeham*, *Icham* sive *de Yckeham*, vitiose *Jokeham*, Monachus Cantuariensis, Anglus à W. Nicolsono pag. 63. Bibl. historicorum Angliae, scriptoribus minorum gentium accensitus. Hujus *Chronica de Regibus Angliae successive regnantibus à tempore Bruti usque ad Annum CHristi* 1301. Manuscr. in Bibl. Cottoniana teste Thoma Smitho pag. 133. Alii tantum ad A. 1265. Petro tribuunt, et continuationem etiam usque ad A. 1283. ad alterum referunt auctorem. De hoc Jckehamo et Genealogia Regum Angliae, Gallice ab eo, cum Parisiis versaretur scripta, Baleus IV. 43. Pitseus pag. 355. Vossius p. 494.

PETRUS *Ilerdensis* Hispaniarum Ecclesiae Episcopus, *edidit diversis solemnita-*

---

pietisme pag 198. seq Oudin tom. 5. p. 2229.

a) Lambec. tom. VIII. p. 585. Nessel t. V. p. 178.

tibus congruentes Orationes, et Missas eleganti sensu et aperto sermone. Haec de eo auctor appendicis ad Isidorum Hisp. de S. E. capite XII. Nec plura Nic. Antonio observata.

PETRUS *de Insula*, sive Insulensis Flander, Ordin. Minor. dictus *Doctor Natabilis*, symbolo usus: *altiora te ne quaesieris*, scripsit: Commentarium in Psalmos, in IV. libros Sententiarum, Sermones de tempore et Sanctis. Haec ex Guil. Gazaeo Val. Andreas, Sweertius, Waddingus.

PETRUS *Joannis*, dioecesis Birancnsis a) Ordin. Minor. JOACHIMI *Abbatis* insistens vestigiis in Commentariis ad *Evangelium et Apocalypsin Joannis* eo prodidit propter quae haereticus pronunciatus et post mortem ejus corpus effossum exustumque est. Vide Bzovium ad A. 1199. n. XXXIX. ex Gabriclis Prateoli elencho haeresium lib. XIV. pag. 400. scq. Non diversus hic à Petro Joanne Olivi de quo supra p. 155. licet aetas videatur differre, sed quae apud Bzovium eo loco perperam assignata est.

PETRUS *Joannes Olivi*, Gallus Provincialis b) è castro S. Mariae Serignani oppidi, Ordin. Minor. Vide supra pag. 155. et quae de processu contra doctrinam Petri facto Antoninus Florentinus summae historiar. tit. 24. t. 3 p. 772 b. 783. b.

PETRUS *Jokehamus*, sup. *Petrus Jkeham.*

Julianus PETRI. Supra t 4 p. 479.

PETRUS *Langtoftus* Anglus scriptor Chronici à ROBERTO Brunne illustrati, à morte Cadwalderi ad Edwardum I. Edidit à Manuscr. Codice Thomas Hearne cum glossario etc. Oxon. 1725. 8.

PETRUS *Laodicensis*: cujus *espositio in Orationem Dominicam* edita primum à Petro Morello Paris. 1568 8. saepius deinde prodiit Latine in Bibliothecis Patrum Parisiensibus, Coloniensi et postrema Lugdunensi tom. XI. pag. 322. Graece non Latine scripsit: neque de aetate ejus accurate constat, quamquam à Jodoco Coccio refertur ad saeculum septimum.

PETRUS Episcopus in *Latio* novae Civitatis, supra *Petrus Bruniquelli.*

PETRUS *de Laude* Domini S. Mariae trans Tiberim, cujus expositio moralis Epistolarum et Evangeliorum Dominicalium Sec. XIII. Manuscr. in Biblioth. Petrina hujus Urbis. Vide Staphorsti tom. 3 histor. Eccles. Hamb. pag. 416.

PETRUS Blomevenna *Leidensis* ab A. 1489. Carthusianus Coloniensis, defunctus A. 1536. De ejus scriptis Theodorus Petrejus Biblioth. Carthus. et in Bibliothecis Belgicis Valerius Andreas Sweertiusque. Illa sunt: *De Bonitate Divina libri IV. De auctoritate Ecclesiae. De effusione Cordis. Directorium parvum contemplari cupientium. Enchiridion Sacerdotum. Assertio purgatorii. Contra Anabaptistas. Candela Evangelica. Expositio in Psalmum CXXVI, Vita S. Brunonis*, et de eodem *Sermo.*

PETRUS *Leonis*, ex Cardinali Antipapa ANACLETUS, ab A. 1140. Febr. 17. ad A. 1138. 7 Januar. Vide Ptolemaeum Lucensem ad A. 1113. seq. Ejus *Epistolae duae* in Jo. Georgii Eccardi Corpore scriptorum medii aevi t. 2. p. 351. *Epistolae XXXVIII.* vulgatae à Christiano Lupo ad calcem Epistolarum ad Concilium Ephesinum spectantium pag. 494-520. Filius hic *Petri Leonis* viri praecipuae nobilitatis et auctoritatis, cujus Epitaphium exstat in Aringhi Roma subterranea tom. 1. pag. 255. et apud Baronium ad A. 1144. num. 8. De eodem Sirmondus ad Godfridum Vindocinensem lib. 1. Epist. 9. Fratrum etiam Anacleti maximam in urbe Roma auctoritatem fuisse testatur Ordericus Vitalis lib. XIII. pag. 915. Diversus ab his PETRUS *Leonis* Spoletanus, Medicus et Astrologus Laurentio Medici falsa spe injecta valetudinis auctor mortis, atque inde praeceps datus in puteum et ipse acerbo extinctus fato, de quo Jovius pag. 67. elog.

PETRUS *de Limoges*, al. de Cyperia, dioecesis Lemovicensis non notus mihi nisi ex Cangio. * Authores Historiae Liter. Gallicanae tom. VIII pag. 504 scripsisse

---

a) Ita Flacius in Catalogo testium veritatis.

b) Bzovio ad An 1525. num 8. dicitur *Petrus*

Joannes Strinchius, Biterensis dioecesis.

Authorem hunc circa exitum Saec. XI. probabilibus coniecturis deducunt. Inter eius opera accensent versionem metricam actuum S. Martialis inscriptam : *codex Petri scholastici de apostolo Christi sanctiss. viro Martiale, rebusque ad ipsum pertinentibus.* *

PETRUS Episcopus in Languedocio inferiore Galliae *Ladovensis*, scriptor *Chronici Simonis Comitis Montisfortis*, sive libri cui titulus : *Praeclara Francorum facinora variaque ipsorum certamina pluribus ia locis tam contra orthodoxae Fidei quam ipsius Franciae gentes non impigre gesta ab Anno Domini* 1201. *usque ad Annum* 1312. Post veterem minus accuratam editionem , emendatior prodiit in Guilelmi Catelli historia Comitum Tolosae Paris. 1623. fol. et in tomo V. scriptorum de rebus Francicis Duchesnianorum Paris 1649. fol. pag. 764-792.

PETRUS *Lombardus,* a) ex oppido Novariae vicino, quod *Lumen omnium* dictum Jovius , aliique testantur : Praeses Scholae Theologicae sive Scholasticus Paris. atque inde ex Canonico Carnotensi Episcopus ab A. 1159. Parisiensis defunctus Anno 1164. 20. Jul. De eo Vincentius Bellovac. speculi hist. XXIX. Antoninus Florentinus summae Historiar. tit. 18. cap. 6. et 7. ac praeter Labbeum , Caveum aliosque , et Hottingerum parte 3. hist. Eccles. pag 72. seq. Sammarthani tom. 1. pag. 435. Lazarus Augustinus Cotta in museo Novariensi etc. Nihil celebrius est Lombardi *IV. libris sententiaram* : inde ipse etiam inter Scholasticos Doctores cognomine *Magistri Sententiarum* est notissimus. Continent hi libri summam Theologiae ex Patrum selectam

scriptis, et methodo scholastica digestam ita, ut libro *primo* per distinctiones XLVIII. doctrina de DEO uno et trino exponatur. Libro *secundo* capita de creatione , angelis et homine Iaspo, per distinctiones XLIV. Libro *tertio* de Incarnatione Verbi et de Charitate DEI ac proximi , per distinctiones XL. Libro *quarto de* Sacramentis b) et d? quatuor novissimis per distinctiones quinquaginta. Non est incredibile Lombardum sicut ex aliis , ita profecisse etiam ex *Joannis Damascenii* c) libris de Orthodoxa fide , recens tum è Graeco versis, nec non è libris Praeceptoris sui PETRI *Abaelardi* d) aut si velis etiam ex Magistri BANDINI e) summa Theologica sive sententiarumTheologicar. libris IV. editis deinde Viennae 1519. tamen plagii ideo neutiquam arguendus mihi videtur , praecipue cum de Bandino non sit adeo exploratum num ante Lombardum scripserit, sed epitomen potius quandam sententiarum Lombardi referre potest videri: quamquam non eum putemus eundem cum BANDINO juniore, de quo (262 debebatur loqui) supra t. 1. p. 138. et quae audacior conjectura Oudini est t. 2. p. 1222.

Nec numerum inire editionum , nec commentariorum hujus Operis , qui sunt innumerabiles , notitiam distinctam dare licet : cum enim per plura secula regnum in Scholis f) obtinuerit , Scotistis non minus quam Thomistis probatum. non mirum est tot editores tot interpretes habuisse, quorum centurias vel haec Bibliotheca offert , in INDICE notandas, ut illis recensendis facile aliquis etiam diligens fatigari possit. Editiones vetustiores celebrari video Norimb. 1474. 1478. 1199. fol.

Venet 1477. 1480. fol. et 1507. 4. cum

a) Eodem tempore fuit LOMBARDUS quidam, familiaris S. Thomae, et Romanae Ecclesiae Diaconus cujus Epistola ad Alexandrum III. Vide Pagium ad An. 1167. num. 22.

b) Hoc est *magnum de Sacramentis* Volumen, de quo appendix ad Henricum Gaudavensem cap. 11.

c) Adam Tribechovius de doctoribus Scholasticis p. 285.

d) Supra pag. 220. Jac. Thomasius de doctoribus Scholasticis § IX.

e) Id. de Plagio litterario §. 495. seq.

f) Erasmus in Matthaei I. 19. *Haud aspernan-*

dus Theologus Petrus Longobardus, ῥαψῳδὸς *ejus operis quod vocant* Sententiarum, *quem arbitro: quidem et probum fuisse Virum, et ut illa ferebat aetas eruditum. Atque utinam illius labor tam feliciter cessisset Orbi Christiano , quam ab illo susceptus est pio studio. Siquidem apparet illum hoc egisse , ut semel collectis quae ad rem pertinebant, quaestiones omnes excluderet. Sed ea res in diversum exiit. Videmus enim ex eo opere nunquam finiendarum quaestionum non examina , sed maria prorupisse.*

183

iuterpretatione Nicolai de Orbellis et cum conclusionibus Henrici Gorichem, et Thomae problematibus Basil. 1486. 1492. 1498. 1502. 1513. fol. additis erroribus quibusdam Parisiis Anno 1277. condemnatis, et *Articulis* a) *in quibus Magister communiter in Sententiis non tenetur.* Hi XXVI, sunt, cum in Antonini Florentini summa Theologica parte IV. tit. 11. cap. 3. tantum rejiciantur XIV.

Paris. 1528. 8. 1536. 8.

Per Joannem Aleaume Lovan. 1546. fol. Paris. 1550. 4. 1564. 8. Lovan. 1546. 1568 4.

Venet. 1570. 8. à Barthol. Gravio et aliis viris doctis recogniti.

Colon. 1566. 1576. 8. ex recognitione Antonii Monchiaceni Democharis, Ressonnaei, Doctoris Sorbonici. Lugd. 1594 8. 1618 8.

Cum brevi expositione litterae, et quaestionibus quae circa ipsam moveri possunt, per J. Martinez de Ripalda, S. I. Lugd. 1636. 8.

Liber primus cum commentario Lamberti Danaci triplici. Genev. 1580. 8. etc.

Commentarii *in Psalterium* sive glossa Magistralis (major glossatura) ex selectis et orthodoxis auctoribus. Norimb. 1478 f. Basil. 1486. et recogniti per F. Richardum Cenomanum, Franciscanum Paris. 1541. fol. Franciscus Pithocus in Pithoeanis p. 20. *Je vous prie de m' acheter Petrus Lombardus in Psalmos* : *c' est un tres bon livre. Tout ce qu' a fait Lombard est excellent. Il étoit fort homme de bien etc.*

Glossas *in Jobum*, adhuc ineditas ex Biblioth. Savinianensi laudat Jacobus le Long. p. 901. Biblioth. Biblicae exegeticae.

Collectanea *in omnes Epistolas Pauli* ex SS. Patribus, Ambrosio, Hieronymo,

Augustino aliisque Paris. 1535. f. et 1537 fol. 1541. 1543. 1555. 8. Vide Rich. Simonis historiam Criticam Novi Test III. 33.

Sermones de diversis solennitatibus ab eo scriptos memorat Henricus Gandavensis cap. 31. nondum ut puto editos.

In Biblioth. Paulina Lipsiensi Manuscripta teste B Fellero pag. 182. *Epistola* ARNOLDI *Metensis Ecclesiae Praepositi ad Petrum Lombardum, et Lombardi* Epistolae duae *ad Philippum Archiepiscopum Remensem.* * Diu est ex quo suspicio in hunc scriptorem creata est de expilato opere Magistri Bandini inscripto *Summa Theologica*, in quo de Sacramentis ita eodemque ordine disseritur, quo et in quarto libro suo. Lombardus. Uter igitur ex altero acceperit, ambigendi jure meritoque dabatur locus. Donec tandem contra Bandinum litem absolvit. P. Pezius in dissertatione isagogica in priorem tomum Anecdotorum pag. XIV. reperisse enim se ait in monasterio quodam Bavariae codicem Saec. XIII. scriptum hunc op. Bandiniani titulum praeseferentem : *Abbreviatio Magistri Bandini de libro Sacramentorum Mag. Petri Parisiensis* * V. infra PETRUS *Novariensis.* **Floruisse an. 1184. ait Ptolomaeus Lucens p. 108. (Lucchesini.)

PETRUS *Londinensis*, supra *Petrus Canonicus.*

PETRUS *Longus*, fortasse pro *Petro Longobardo* sive *Lombardo* apud Sanderum pag. 173. Biblioth. Belgicae, ubi ejus Sententiarum libros IV. commemorat.

PETRUS *Lucensis S. Frigidiani canonicus, vir plane sanctissimus, Theologus, et Philosophus insignis, vitae Apostolicae*

a) Joannes Launojus de varia Aristotelis fortuna pag. 71. *Ad Petrum autem Lombardum quod attinet, illius sententiae ventilatae sunt in Concilio Romano, (An. 1179.) quod* Alexander III. *habuit ; qui et de certis quibusdam Lombardi propositionibus ad Gvilelmum Senonensem Archiepiscopum et Legatum rescripsit. (obvium in tomis Concilior. ad An. 1170.) Haec altercatio ad plures annos duravit. Tunc* Joachimus *Abbas Florensis coenobii, in Lombardum, ejusque Sententias paullo atrocius invasit, sed* Innocentius III. *impetum tandem repressit in Lateranensi Concilio, cui Anno M. CC. XV. praefuit, Ut sit,*

Galterus *Prior, et* Joachimus *Abbas, vel alii certe, id demum cvnsecuti sunt, ut ex Sententiis Lombardi postea fieret indiculus nonnullarum quae minime docerentur. Hae ad calcem Sententiarnm designantur hoc modo :* Articuli , in quibus Magister Sententiarum communiter non tenetur. Confer quae de Concilio Turonensi A. 1163. et Parisiensi An. 117°. Edmundum Martene t. V. ancdotor. p. 655. 1657. et novae Collectionis. t. 2 pag. 844. et t, 1. anecdotor. pag. 517. supra in JOANNE *Cornubiensi* tom. IV. p. 554. scq. in JOACHIMO p. 528. GVALTERO Priore S. Victoris Paris. tom. 3. p. 111. Oudinum tom. 2 p. 1225. scq. cc.

sedulus aemulator, et Praedicator per omnem Italiam magna in veneratione habitus: cui Cardinales, Episcopi, Principes, propter illius sanctitatem, omnes assurgebant, spiritu quoque prophetiae clarus, libellos quosdam Spiritu DEI plenos edidit, qui quantum ille in DEI amore profecisset, evidenter indicant, inter quos recensentur: De arte recte cogitandi, et meditandi D. N. JEsu CHristi passionem. lib. 1. De imitatione CHristi, tractatus. De modo bene moriendi. lib. 1. Documenta tríginta vitae spiritualis. lib.1. De humilitate l. 1. De munditia cordis l.1. Et alia nonnulla. Obiit Bononiae Anno 1522. monasterii Prior sanctissime. Haec de eo Gabriel Pennottus in historia sacri Ordinis Clericorum Canonicorum. p. 817.

* Petrus Lucensis vir mihi satis notus, de quo nec satis accurate Pennottus, nec satis ex eo diligenter Fabricius. Nam Pennottus opuscula quaedam eius omisit, ut de Veritate opusculum, quod recudi curavit religionis meae decus eximius P. Caesar Franciotti. Opuscula vero illa quae Pennottus et Fabricius enumerant prodicrunt Bononiae ab A. 1515. usque ad 1520. Caeterum alienus est auctor ab hoc Bibliotheca Latinorum scriptorum; nihil enim scripsit nisi vernacula lingua. *

PETRUS Ordin. Praed. Episcopus Lucensis, quem in Concilio Lugdunensi A. 1274. obiisse notavit Prolemaeus Lucensis in Chronico, t. 25. Bibl. PP. Lugd. p. 965.·

** Non Episcopus sed minister Ecclesiae Lucens. et Pontificis delegatus dicitur in instrumento a Mansio allato Diario Sacro p. 385. (Lucchesini.)

PETRUS de Luna ex Aragonia Hispanus, inter Antipapas BENEDICTUS XIII. de quo dictis supra tom. 1. p. 184. adde Hermanni ab Hardt historiam Constantiensis Concilii tom. 2. parte XVIII. et t. 4. parte X. pag. 1161. 1171. 1243. Edmundi Martene tom. 9. monumentor. pag. 1156. et Jo. Gersouis opera tom. 2. pag. 843.

855. Idem enim hic de quo Bernardus Lutzenburgus in Catalogo haereticorum, Petrus de Luna probatur esse haereticus, schismaticus, temerarius, scandalosus, sacrilegus notorie et publice errasse contra Catholicam et Evangelicam veritatem, super potestate et auctoritate Ecclesiae. Et Joannes Gerson fecit duos libros, in quibus articuli generales et speciales dicti Petri ponuntur, et vipera nuncupatur.

PETRUS de Luna, oppido Bohemiae, unus è Lunensibus ad quos Epistola Joannis Hussi t. 1. Operum p. 100. Confer Jac. Thomasium diss. de Petro Dresdensi §. 30. seq.

PETRUS à Luthra Monasterii Lutrensis, vulgo Keyserlantrem, Praemonstratensis ordinis, Wormatiensis Dioecesis, Canonicus et doctor praeclarus, vir in Divinis scripturis egregie eruditus, et saecularis litteraturae non ignarus, Philosophus et Jurisconsultus clarissimus, ingenio subtilis, et eloquio Scholasticus, scripsit in quatuor libros Sententiarum Petri Lombardi. In Evangelium Joannis librum unum. De praerogativis Ecclesiae Trevirensis, librum unum ad Balduinum Archiepiscopum Trevirensem. Septenarium numerum candelabrorum, de summi Pontificis eminentia libros quatuor. a) Adversus MICHÆLEM b) quendam ejusque asseclas, sanctum Pontificem impugnantes De formula nuptiarum librum unum. Ad Cardinalem Columnam, de Columnis mysticis librum unum. De Sacramento altaris librum unum. Epistolarum ad diversos, librum unum. Sermones varios de tempore, et de Sanctis per anni circulum libros duos. Reliquit et alia praeclara ingenii sui monimenta; Ita habet Trithemius in Catalogo virorum illustrium Germaniae cap. 105. Citatur passim à Genebrardo, Canisio, et plerisque aliis Petrus quidam Praemonstratensis, quem alium ab isto esse non existimo c) citatur quoque et quoddam ejus Chronicum, quod Joannes Palaenydorus ait vocari Biblia pauperum. Floruit A. Domini

---

a) Apud Trithemium libros III.
b) Mich. Caesenatem Ordin. Minor. de quo supra tom. 1. pag. 200.

c) Alium tamen Chronici auctorem putant Miraeus in Chronico Praemonstr. et Vossius p. 716.

1330. Haec Joannés le Paige in Biblioth. Praemonstratensi pag. 307.

PETRUS *Mainanus* Mediolanensis, Augustinianus circa Aunum 1340. cuius non nisi *Sermones de tempore* laudari vidcò apud* Philippum Elssium pag. 578. encomiastici Augustiniani.

* Imo Petrus Maynecius scripsit praedicationes festivas quas MS. servat. Biblioth. Coenobii S. Marcii Mediolanensis, ubi sunt pariter et praedicationes eius Dominicales et oratio dicta populo Mediolanensi. De eo agunt Thomas de Errera, Possevinus in Apparatu t. III Puccinellus in Atheneo p. 462 et Argelatus in Bibl. Mediolan. pag. 887.

PETRUS *Malleacensis* Monachus Gallus Ordin. Bened. scripsit libros duos de antiquitate et commutatione in melius Malleacensis Insulae, et translatione corporis S. Rigomeri: ad Goderannum Abbatem. Edidit postrema parte mutilos Labbeus t. 2. Biblioth. novae Manuscriptorum p. 222 238. Goderannus Abbas fuit ab An. 1070 ad 1074. Vide Sammarthanos t. IV. Galliae Christianae pag. 594.

PETRUS *Mallius* Canonicus S. Petri Romae, ex cuius libro ad Alexandrum III. capita quaedam de festivitatibus in quibus Dominus Papa coronabatur, exhibet Mabillonius tom. 2. musei Italici p. 158. 164. Laudat et Bzovius ad Annum 1216. num. 16. de Basilicae Vaticanae reliquiis *Jacobi* GRIMALDI relationem exhibens. Alexandrum III. constat praefuisse ab A. 1159. ad 1181.

PETRUS *Mammoardus*, cujus de triplici Imperio lucubrationem Manuscr. memorat Sanderus in Bibiloth. Belgica parte 2. p. 5.

PETRUS *de Mantua*, cuius de suppositione, Manuscr. Venetiis exstat teste Tomasino pag. 27.

* Ad supplenda et illustranda ea quae de hoc Petro Fabricius scripsit, iuvat integrum titulum exhibere libro typis jamdiu vulgati, iis adiunctis quae ad calcem leguntur. *Viri praeclarissimi et subtilissimi logici Magistri Petri Mantuani Logica incipit feliciter. Explicit logica subtilissimi Logici Mag. Petri Mantuani accura-*

tissime emendata per eximium artium doctorem Mag. Jo. M. Mapellum Vincentinum. Inferius in eadem pagella additur. *Illustris Philos. et Medici Apollinaris Offredi Cremonensis de prima, et ultimo instanti in defensionem communis opinionis adversus Petrum Mantuanum feliciter incipit. Explicit scriptum de instanti illustris Philosophi et Medici Mag. Apollinaris Offredi cum suppositionibus eiusdem accuratissime emendatum per eximium artium. Doctorem Mag. Jo. M. Mapellum Vincentinum. Impressum Venetiis per Simonem alias Bevilacqua Papiensem* 1492. *die primo Decembris.* *

PETRUS *Marcellus* Antonii F. Venetus scriptor libri *de vitis Principum et gestis Venetorum* à primo Paulutio Anafesto usque ad obitum Ducis LXXIV. Augustini Barbadici An. 1502. Vide Vossium pag. 666. Prodiit Venet. 1554. 8. Francof. 1674 8. et in Jani Gruteri Cbronico Chronicorum politico t 1 Francof. 1514. 8. p. 581. 728. subjunctis Vitis Principum Venetorum quatuor Leonardi Lauretani, Antonii Grimani, Antonii Gritti et Petri Laudi per *Sylvestrum Girellum*, Urbinatem p. 729. 791.

PETRUS *Marsus* An. 1512. Romae Canonicus S. Laurentii in Damaso aet. 70. obiit. Ejus in Silium Italicum Ven. 1483. 1492. Paris. 1512. fol. Ejusdem in Ciceronis de natura Deorum ad Ludovicum XII Galliae Regem, Paris. et deinde Basil. 1544. et de Officiis, amicitia, senectute et paradoxa Venet. 1506. Lugd. 1514. In Terentium cum Paulo Malleolo. Argent. 1519. 4. Ejusdem Marsi Panegyricum Innocentio VIII. dictum, et alias quasdam Orationes memorat Nicolaus Toppius pag. 248. Biblioth. Neapolitanae. Sub idem tempus fuit PAULUS *Marsus*, Piscinas, cujus commentarii in Ovidii Fastos saepius lucem viderunt, ut dixi lib. 1. Biblioth. Latinae cap. 15.

* Oratio ejus dicta in die S. Sthephani protom. vetustis excusa typis impressore Argyrio Euchario absque loco. In fine legitur probata et laudata a Bapt. Mantuano celebri poeta Carmelitano. Est autem oratio ista plane diversa ab alia in laudem

S. Sthephani ab cod. dicta et impressa vetustis typis sine loco et anno. Prior incipit. *Horrendus ille tenebrarum princeps.* Altera vero : *plura mihi. Patres Amplissimi* altera eius *oratio* in funere Illustriss. Hieronymi Forocorneliensis et Foroliviensis Comitis in 4. sine loco et anno. De Paulo vero Marso cuius in hoc ipso paragrapho meminit Fabricius, adiicienda succurrit habita ab ipso *oratio* die qua pro solemnitate urbis more Romae natalitia a sodalitate literaria celebrata sunt, Romae An. 1483 die Dominica XX Aprilis. Vide Jacobi Volaterrani Diarium ad eundem annum. *

PETRUS *Martyr*, ab Angleria, a) Mediolanensis, Protonotarius Apostolicus, Prior Archiepiscopatus Granatensis, atque à Consiliis rerum Indicarum Hispanicis Regum Ferdinandi et Elisabethae, et liberorum Regiorum Magister, cuius *Epistolarum libri XXXVIII.* scripti ab A. 1488 ad 1425 Compluti viderunt lucem 1530. fol. et ex meliore editione Elzeviriana Amst. 1670. fol. subiunctis *Ferdinandi de Pulgar* Epistolis sub eadem tempora scriptis Latine vel Hispanice cum notis *Juliani Magonis* et libri itidem Hispanice ab eodem Pulgaro ad Reginam Elisabetham de claris Hispaniae Viris. Et rerum varietate et dictionis cultu ac nitore se commendant Petri Epistolae, sicut et libri ejus octoginta sive *Decades octo de rebus Oceanicis et Orbe novo* Paris. 1536. fol. et 1587. 4. ut editiones decadum trium priorum saepius repetitas praeteream, ex quibus nonnullae junctim habent librum *de insulis nuper inventis et incolarum moribus.* Basil. 1533 fol. Colon. 1573. 8. *Libri tres de legatione Babylonica* ex urbe Granata ad Soldanum Babylonicum, prodiere primum Hispali 1500. fol. cum rerum Oceanicarum prima decade, et carminibus, quae sunt *Janus, Inachus, Pluto furens, hymni* et *epigrammata* curante Ælio Antonio Nebrissensi. Italica versio Legationis Babylonicae, Ca-

rolo Fasso interprete Venet. 1564. 8. inscribitur : *delle cose notabili dell' Egitto.* Carmen extemporale *in bellantes ex imperandi cupidine,* legitur Epistola 556. Alia Epist. 581. et 611. De hoc Petro et ejus scriptis diligentius prae caeteris tractavit Niceronus tom. 23. memoriarum de Viris eruditis pag. 202. seq. Possunt etiam consuli Jovius pag. 306. clog. Nicolaus Antonius tom. 2. Biblioth. Hispan. pag. 362. seq. Vossius pag. 671. Morlierius in libro cui titulus : Essais de litterature tom. 2. p. 228. seq. Philippus Picinellus in theatro eruditorum Mediolanensium vulgato Italice, Chevraeana tom. 1. pag. 40. etc.

PETRUS *Martyr* Vermilius, natus Florentiae An. 1500. magno studio incubuit in linguas Latinam, Graecam et Hebraicam, atque Augustinianis nomen cum dedisset, docuit Patavii, Neapoli aliisque in locis : mox lectione b) scriptorum Zwinglii, Ruceri et Erasmi permotus magnum inter Reformatos Doctores Theologos nomen fuit, Argentorati primum deinde Oxonii, denique Tiguri, ubi idem obiit Anno 1562. Vitam eius scripsit Josias Simlerus praeter quem adire juvabit imprimis, laudatum Niceronum tom. 23. pag. 216. seq. de scriptis etiam huius Petri accuratius commentantem pag. 232. seq. Nec deest magnus numerus aliorum qui de hoc viro tradiderunt, Thuanus ad An. 1562. et ad ejus elogia Antonius Teissierius : Melchior Adami in vitis Theologorum, Jacobus Verheyden in effigiebus praestantium Theologorum. Nic. Reusnerus in iconibus pag. 246. seq. pag. 165. Christianus Junckerus *im Guldenen und Silbernen Ehren-Gedächtnis* Lutheri pag. 177. seq. Paulus Freherus in theatro clarorum virorum pag. 191. Nicolaus Comnenus Papadopoli t. 2. hist. Gymnasii Patavini pag. 211. Paulus Colomesius in Italia Orientali p. 96. Thomas Fullerus in Abele redivivo pag. 205. Antonius Wood tom. 1. Athenarum Oxon. pag. 138. Lexicon eruditorum, et Lexica

---

a) Vide Petri Martyris Epist. 248. et 725. Fratris sui Jo. Baptistae obitum An. 1517. dolet Epistola 581.

b) Coufer D. Val. Ernesti Loescheri historiam motuum tom. 3. p. 13. 137. seq.

historica, Thomas Popeblount etc. Florimundus Raemundus libro 3. historiae haeresium cap. 5. Dupinius in Bibliotheca scriptorum haereticorum, et de Commentariis Petri Martyris in libros Biblicos Richardus Simon libro III. histor. Criticae in Veteris Test. pag. 66 *Palaestinorum*, *Tyriorum et Sidoniorum* *historiam* editam Tiguri 1592. 4. non dubium est Vermilio auctori deberi, fallique eos qui Anglerio tribuunt. Fuere etiam, sed juniores :

PETRUS *Martyr Festus* sive *Festa* Lombardus Urceanus Ord. Praed. circa Annum 1612. cujus summarium Constitutionum pro regimine Ordinis Praedicatorum atque alia scripta edita atqne inedita refert Jac. Echardus tom. 2. pag. 83.

PETRUS *Martyr Lusitanus*, itidem Ordin. Praed. qui circa Annum 1615. Conimbricae docuit, et cujus Commentaria in tertiam partem Summae S. Thomae memorat Jacobus Echardus tom. 2. pag. 410. Omitto plures ex eodem Dominicanorum Ordine, de quibus idem laudatus Echardus consulendus : Petrum Martyrem *Baccionum* sive *Bucionium* t. 2 pag. 329. *de* *Bona Casa*, pag. 735. *Fresciantem* seu *Frosciantem* pag. 636. *De Sancto Cervasio* pag. 132. *Locatellum*, p. 442. Petrum Martyrem *de Mevania*, p. 329 *Moralem* sive *Morallum*)Possevino *Morellum*) scriptorem Collyrii mentis, pag. 234. *Moxetum* pag. 564. *Naldinum* pag 607. *Romanium* pag. 550. *Scandanatum* pag. 761. et *Volcarum* pag. 700. His ex Possevino addere licebit Petrum Martyrem Hispanum, Episcopum *Cluensem* in regno Cataloniae circa An. 1575. scriptorem Directorii Curatorum ec.

PETRUS *Martyr Tronus* Novariensis Medicus, cujus libri IV. de vulneribus et ulceribus capitis viderunt lucem Ticini 1584.4.

PETRUS *Martyr Ferrarius* Juris consultus, defunctus An. 1527. de quo Franciscus Arisius t 1. Cremonae litteratae p. 399. seq. dissertationes ejus legales celebrans.

PETRUS *Matthaeus Carrantus* Latine ex Italico vertit *vitam Francisci Sfortiae* primi Mediolanensium et Genuensium Ducis, scriptam à Marco Attento. Prodiit Latina versio Bononiae 1526. De aliis vitae Francisci Sfortiae scriptoribus vide illustrem Muratorium t. XIX. rerum Italicar. Vide supra PETRI M. *Carranti* p. 238.

PETRUS *Mauricius*, supra *Petrus Cluniacensis.*

PETRUS *Maurocenus* Patricius Venetus et Episcopus Cardinalis ab An. 1408. qui Concilio Constantiensi An. 1418. interfuit, atque deinde diem obiit propior nonagenario Anno 1424. 11. August. de quo Trithemius cap. 737. et Ciacconius in Cardinalium Vitis pag. 1073. G. Josephus Eggs in purpura docta tom. 1. pag. 516. aliique. Laudantur ejus Variae *determationes*, *Consilia*, atque insigne volumen *super sextum Decretalium.*

PETRUS de Vercellis, ex Episcopo Digniensi in Provincia, *Meldensis* An. 1439. Episcopus defunctus An. 1446. Post legationem in Graeciam susceptam, quam Eugenius IV. ei injuxerat, interfuit Concilio Basileensi, in eoque totius Cleri nomine peroravit. Legatus etiam Ludovici III. Regis Hierusalem, Comitis Provinciae, tum etiam in Synodo Florentina. Vide Sammarthanos tom. 3 pag. 704. De ejus legatione, Caroli VII. nomine gesta ad Eugenium IV. Florentiae agentem Odoricus Raynaldus ad An. 1441. et Jacobus Benignius Bossuetus defensione declarationis Cleri Gallicani lib. X. cap. 16. t. 2. p. 95. seq.

PETRUS *Monachus*, cujus, notante Cangio, habetur praefatio in librum nescio quem. S. Methodii Patarensis in Lycia Episcopi, in Biblioth. Sangermanensi Codice 281. De Methodio ejusque scriptis abunde dictum ab Allatio de Methodiis, et lib. V. Biblioth. Graecae c. 1. p. 255. seq. (263 PETRUS *de Montagnana* Fasciculus Medicinae Venetiis De Gregoriis 1500. fol. fig. scilic. *Jo. de RETHAM Alamann. judicia urinarum. de flebotomia. de cyrogia. de matrice etc. PETRI de Tausignano consilia contra epidimiam MUNDINI Anatomia RASIS de aegritudinib. puerorum.)*

PETRUS *de Monte*, Venetus, artium Doctor et Juris consultissimus, Episcopus ab An. 1442. ad An. 1456. Brixiensis de quo Ughellus tom. 4. pag. 558. et Leonar dus Cozzandus part. 1 Biblioth. Brixiens. pag. 291. Ejus *Repertorium* lucem vidit Romae 1476 fol.

* Dedit praeter Repertorium *Epistolas* nonnullas e quibus tres in collectione epistolarum Francisci Barbari sese offerunt legendae. Scripsit etiam opusculum *de summi Pontificis et universalis Concilii*: *nec non de Imperatoriae majestatis origine*. Hic verus est titulus operis, prout legitur in MS. Cod. Felini Sandaei in Bibl. Canonic. Major. Ecclesiae Lucensis servato. Ex hoc Felini cod. additis ex eodem Felino itidem annotationibus vulga tum est sub ascititio et ab eodem Felino reiecto titulo de *Monarchia*. Prodiit hoc titulo Lugduni an. 1512. 8. adiectis adnotationibus Nic. Chalmot in Pictaviensi Acad. Juris Professoris et iterum cum Felini annotationibus tantum Romae an. 1537 in 16. iterumque cum Felino itidem in Tractatu Tractatuum tom. XIII p. 1. Venet. 1584. Porro hoc opus in nonnullis codicibus Joanni De Capistrano; sed mendose tribui notavit Felinus in suo Codice. Vide Phil Sac. Lambacher in Biblioth. Vindobonensi civica t 4 p. 157. ubi plura de hoc tractatu, et Chalmoti annotationibus monet.

Ex Petri de Monte *Invectiva adversus ridiculum quemdam Oratorem viror. Doctor. osorem* excerpta quaedam dedit Em. Card. Quirinus in Diatriba praelim. ad collect. Epistolarum Fr. Barbari pag. 186.

Hic est ipse Petrus de Monte quem tamquam ab hoc nostro diversus Fabricius supra pag. 78 jam attulerat, ubi et libri *de Monarchia* meminit, sed praeterquam verus libri titulus alius est, antiquissimam eius editionem omisit.

Eiusdem Petri de Monte est liber contra *impugnantes Sedis Apostolicae auctoritatem ad Beatiss P. et clementiss. principem Eugenium Pont. IV.* Incipit: *Majores nostri B. P.* Servatur in Cod. MS. 204. Bibl. Felini *Petri de Monte oratio dum existeret protonotarius, et Orator Eugenii IV. ap. Regem Angliae.* In Bibl. Vaticana Monfaucon Bibl. MSS. p. 88. In Collectione Epistolar. Francisci Barbari,

quam a. cl. Card. Quirino adornatam saepius dixi, geminae Petri huius Epistolae ad eundem Franciscum datae leguntur, quorum altera est n. 218. alia n. 220. *

* Cl. P. Degli Agostini in Op. vernaculo de Venetis Scriptoribus tom. 1. 364. ambigere se fassus est num repertorii a Petro de Monte editi extiterit unquam editio Romana An. 1476 Revera tamen extat in Bibliotheca Felini duplici in folio volumine, et in fine postremi vol. legitur *impressum Romae apud S. Marcum 1476. die 5. Februarii* tum subditur continuo manu eius temporis exarata haec adnotatio: *per honorabilem virum Simonem Nicolai de Luca mercatorem curiam Romanam sequentem.* * Ex tom. VI.

PETRUS Jacobus *Montefalchius*, clarus circa An. 1497. opus reliquit *de Vicentinis* tum etiam *de cognominibus Deorum* egit libro edito Perusiae 1525. atque item *de sacris celebritatibus*, Habuit eum scriptorem Laur. Pignorius teste Vossio p. 664.

PETRUS *de Mora*, Beneventanus, ab A. 1205. Cardinalis, scriptor Dictionarii sive *Alphabeti artis sermocinandi*, Manuscr. in variis Bibliothecis. Vide Oudinum tom. 2 p. 1721. seq.

PETRUS *Natalis* sive *de Natalibus*, supra p. 282.

PETRUS *Neapolitanae* sive Parthenopensis Ecclesiae Subdiaconus circa An. 890. scripsit librum *de Miraculis S. Agnelli Abbatis*, Neapolitanorum Patroni qui An. 590. obiit. Ex eo quaedam versu scripta (Liber ipse enim prosa est compositus) excerpsit ediditque Ughellus tom. VI. Italiae sacrae pag.76. (edit novae p. 54.) Vide et tom. IV. pag. 878.

PETRUS *Niger*, supra pag. 133.

Coenobii S. PETRI *in Nigra Sylva* dotationes editae à Joanne Friderico Schannat in collectione prima Vindemiarum litterariarum, Fuldae 1723. fol. p. 160-164.

PETRUS *è Nongento* Normannus Gallus, Theologus Paris circa An. 1404. Scripsit in Magistrum Sententiarum Scholastica Quodlibeta. Quaestiones Ordinarias libris II. Sermonum libros III. Vide Possevinum, Alegrium pag. 325.

PETRUS Augustinianus *Novae Civitatis* in Latio Episcopus circa A. 410. supra *Petrus Bruniquelli.*

PETRUS *Novariensis* de quo Petrus Lucensis ad A. 1184. Eodem anno et tempore *floruit Magister* Petrus *Novariensis*, qui fuit Parisiensis Episcopus, scriptor sententiarum Theologiae, in quibus continetur tota profunditas Scripturae sacrae. Hic est Petrus Lombardus de quo supra p. 249.

PETRUS *Olai*, Monasterii Alvastra Ord. Cisterc. in Ostrogothia Prior. *Revelationes* S. *Brigittae*, ex Svecico vertit Latine. Vide Bzovium ad A. 1378. num. 41. et quae supra tom. 1. pag. 259.

PETRUS de *Osma*, Oxomensis, infra, *Uxamensis.*

PETRUS *Ostiensis*, cujus lucubrationem in Codice Regio Paris. 895. obviam memorat Cangius, non diversus ut puto à continuatore Chronici Leonis Ostiensis, Petro Monacho Casinensi et Ostiensi Diacono, de quo supra, pag 239.

PETRUS *Padubanensis*, corrupte pro *Aponensi.*

PETRUS *Paludanus*, Ordin. Praedicat. defunctus A. 1342. de quo S. Antoninus t. 3. summae histor. pag. 681. Trithemius cap. 582. Natalis Alex. tom. 7. pag. 155. seq. Henricus Warthonus ad Caveum A. 1330. etc. Vide supra pag. 183.

PETRUS *Pannonius*, qui PAULUS aliis, vide supra pag. 206.

PETRUS *Parens (Parenti)*, Marci F. nobilis Florentinus et inter Magistratus ab A. 1482. ad A. 1501. Latine quae scripserit non comperi : sed *Memorias* ejus *Historicas* ab A. 1476. Italica lingua compositas et manu auctoris exaratas duobus Voluminibus in Bibliotheca Strozziana, laudari video in Diario Eruditorum Italiae t. XXVIII. p. 228.

PETRUS *Pariselli*, Monachus S. Germani de Pratis, cujus *Sermones* in Bibliothecae Sangermannensis Cod. 396. evolvit Cangius.

PETRUS *Parochia* sive *Parochianus* Gymnasiarcha Grammaticorum in Collegio Navarrico Parisiensi ab A. 1395. ad 1406. cujus tractatum de *Constitutione Nominum et Verborum* Manuscr. in Biblioth. Coenobii S. Victoris Paris. memorat Jo. Launojus

in historia Gymnasii Navarrei pag. 462.

PETRUS *Passerinus* Utinensis scripsisse apud Vossium pag. 531. Cangiumque traditur *diarium rerum Forojuliensium* ab A. 1258. ad 1356. (1348.) Manuscr. apud illustrem Fontaninum. Sed verus auctor JULIANUS Canonicus Civitatensis. Vide diarium eruditorum Italiae t. IX. p. 157.

* Vir doctissimus de cuius amicitia glorior P. Franciscus. Bern De Rubeis Chronicon istud rerum Forojuliensium vulgavit in appendice Vet. monum. ad commentarium Ecclesiae Aquilejensis n. 8. suoque domun auctori opus restituit, reiecto Petro Passerino ab Antonio Belloni tabellione olim obtruso. Igitur operis author fuit Julianus, de quo hic Fabricius, sed et iste coadiutorem habuit in codem scribendo ; vel forte addendo Joannem alterum fratrem suum, qui ad an. 1293. in eod. Chronico adnotavit : *Ego Joannes celebrante primo Missam nono die Majo currente Dominica per C. An. D* 1294. Cum vero Joannes ipse anno codem missam primam celebraverit, non ita facile credo Chronicon suum producere potuisse usque ad An. 1364. multoque etiam minus ad An. 1384. ut hic Fabricius indicat. Chronicon utique a P. De Rubeis vulgatum Annum 1364 non superat, ex quo fit ut Commentitia sit prorogatio usque ad An. 1384. Fontanini ap. Fabricium hic. Sed cum post A. 1331. in chronico P. De Rubeis novus legatur titulus in hanc sententiam. *In libretto Dom. Jo. Jacob. De Venustis* : tum resumatur Chronicon, sed cum interruptione usque ad An. 1345. atque inde ducatur usque ad 1384. non inani coniectura judico esse hoc additamentum alterius authoris, cum praesertim epitome Chronici Juliani ab codem P. De Rubeis vulgata ibidem n. 9. ultra annum 1331. excurrat.

Idem Juliani Chronicon e schedis Capituli Forojuliensis descriptum vulgavit Muratorius Rer. Ital. t. XXIV. p. 1193. sed in multis ab eo quem dedit P. De Rubeis, diversum. In praefatione vero ad hoc ipsum Chronicon testatur Muratorius, Schedas illas capituli vetustate corrosas esse multis in locis et tantœ antiquitatis ut ex illis videri possint expressi reliqui eiusdem op̄. Codices in Bibl privatorum servati. Desinit Codex iste An. 1315. ex quo illud consequi videre posset Julianum eique succenturiatum Joannem non ultra hunc annum excurrisse. Quare ea quae ultra hunc annum offert. Cod. P. De Rubeis alterius esset additamenta merito suspicaremur. Praesertim cum lacinia P. De Rubeis ab An. 1315. usque ad An. 31. eadem omnino sit cum excerptis, quae ex libro adversariorum Capituli Civitatensis Muratorius ibidem p. 1227. exhibuit. *

PETRUS *Pateshullus* Anglus Augustinianus, Theologus Oxoniensis circa Annum 1390. Wiclefi secutus partes scripsit *Postillationes S. Scripturae. Super IV. libros Sententiarum. Contra haereticos. Determinationes Theologicas Sermones* ad Clerum, Populumque. Vide Lelandum cap. 437. Pitseum pag. 555. Elssium p. 580. sed et Balcum VIII. 2. qui eidem tribuit lucubrationes alias flammis traditas, *Vitam fratrum mendicantium* sive acerbissimum opus super Hildegardis Prophetia, contra fratres mendicantes. *Defensorium Armachani*, sive Defensorii Curatorum à *Richardo* Radulphi F. Archiepiscopo Armachano mendicantibus oppositi: *Novam cantilenam. Lamentationes fratrum. Ritus natalitios. De flagitiis Augustinensium. De nequitiis Dominicanorum. Mandata Legis Evangelicae. De desolatione Ecclesiae.*

PETRUS *de Paulo*, Patricius Jadrensis in Dalmatia, de cujus *Memoriali* supra pag. 207. ubi vitiose *Paulus de Paulo* excusum.

Paulus Monachus S. PETRI *in Valle*, supra pag. 207.

PETRUS *Paulus Vergerius.* Duo hoc nomine. Infra VERGERIUS.

PETRUS *de Pennis* Aprutinus, Ordinis Praedicatorum, scriptor libri inter Codices Baluzianos in Regia Paris. cui titulus: a) *Memoria continens modum recuperandi terram sanctam, scripta post electionem Gregorii X.* dividitur capitibus XXII. qui-

bus comprehendi potest terra sancta et videri quare deperdita fuerit, et qualiter recuperari possit. Gregorius X. electus A. 1271. Palaestina amissa A. 1268. Constat igitur de Petri hujus aetate, quem praeter rem ad A. 1330. alii, alii ad A. 1531. referunt, propius vero qui cum Toppio ad A. 1242. Caetera ejus scripta sunt: b). *Liber contra Judaeos, nomine Thalmoth* (Talmudis assertores) divisus in XV. capita et tractatus *contra Alcoranum et Machometum*, capitibus itidem XV. uterque partis octavae instar additus PETRI *Suberti* operi de visitatione Episcopali, seu de cultu vineae. Tractatus *de notitia Verbi incarnati*, capitibus XXV.,

PETRUS *de Perpiniano* dictus *de Riu* sive *de Rivo* Catalanus, Carmelita sub initia seculi XIV. scripsit *in Psalmos Davidis. In IV. libros Sententiarum. Quaestiones Sententiarum* libris II. *Sermones* varios. Vide Trithemium cap. 559. Nic. Antonium lib. 9. Biblioth. veteris Hispanae cap. 2. tom· 2. pag. 80. Alegrium etc.

PETRUS de S. Joanne, *Pictaviensis*, Monachus et Prior major claustralis monasterii SS. Petri et Pauli Cluniacensis, de cujus scriptis quibusdam, versu et prosa in laudem Magistri sui, qui A. 1156. diem obiit, *Petri Mauricii* Abbatis Cluniacensis dictum supra pag. 241. seqq. Exstant praeterea in Andreae du Chesne Biblioth. Cluniacensi p. 615. carmen elegiacum in laude triumphi ejusdem Abbatis Romae habiti contra *Pontium et Pontianos*, qui eum Abbatiali dignitate extrudere moliebantur et p. 615. aliud breve, quando ad Ajam Insulam transfretavit. Et tria alia, pagina 617. seq. versibus hexametris: Adversus Barbarum. Epitaphium *Gelasii Papae II.* defuncti An. 1119. et Epitaphium *Adefonsi* Episcopi Salmanticensis qui codem anno ex Concilio Remensi redux diem obiit. De summa *Historica Bibliae* quam Huldricus Zwinglius junior, c) Novi Testamenti in Schola Tigurina Professor edidit Tiguri 1591.

a) Jacobus Echardus tom. 2 de scriptis Dominicanor p. 357.

b) Id. tom. 1 p. 569.
c) Filius hic Huidrici Zwinglii Pastoris ad Prae-

fol. cum libro de justificatione per fidem, ad Hebraeos IX. et continuatione summae illius à Julii Caesaris Imperio ad sua producta tempora libris IV. Vide Oudinum tom. 2 pag. 1274.

PETRUS *Pictaviensis*, Petri Lombardi discipulus, propter subtilitatem ingenii cum eodem Lombardo, Abaelardo et Gilberto Porretano quatuor Galliae labyrinthis a) accensitus: Lombardi successor per annos fere quadraginta Theologiam docuit Parisiis, et ex Cancellario post Petrum Comestorem Parisiensi senex denique Archiepiscopus ab A. 1201. Ebredunensis, diem obiit A. 1205. De quo praeter Claudium Hemeraeum de Academia Paris. pag. 115. Bulaeus tom. 2 p. 767. atque Oudinus t. 2 pag. 1499. seq. Scripsit *quinque libros Sententiarum* ad Guilelmum Senonensem et postea An. 1175. Remensem Archiepiscopum. Prodiere Paris. 1655. fol. edente Hugone Mathoud Benedictino S. Mauri. Ab his diversus *Commentarius* adhuc ineditus *in Magistrum sententiarum* de quo Oudinus tom. 2 pag. 1501. Albericus in Chronico pag. 441. memorat etiam ejus *Sermones*, *Distinctiones* et *Postillas*: additque eum *pauperibus consulentem Clericis excogitasse arbores historiarum Veteris Testamenti in pellibus depingere*, *et de vitiis et virtutibus similiter disponere*. De distinctionibus *in Psalterium et allegoriis super Vetus et Novum Testamentum*, *Sermonibusque per anni Circulum*, et notulis excerptis ex ejus Sermonibus, *et Summa de mysteriis incarnationis CHristi*, laudatum Oudinum consulere juvabit.

PETRUS *Pictaviensis*, Canonicus S. Victoris Paris. et *Cantor*, defunctus Anno 1197. de cujus *Poenitentiali* atque aliis scriptis supra p. 237. * Muratorius Anti-

quiit. Medii Aevi t. III. pag. 917. tradit in Cod MS. Ambrosiano superesse Chronicon F. Jacobi De Aquis Ord. Praed. inscriptum: *Imago Mundi* in quo nonnulla e Chronico Mag. Petri Pictaviensis delibata leguntur. Vix dubitarem hunc ipsum esse Petrum Cantorem: nisi me aliquantulum suspensum veterum scriptorum de hoc opere a Petro digesto testimonia retinerent. Porro Jacobum de Aquis ad an. 1296. Chronicon suum perduxisse idem Muratorius admonuit. Forte tamen opus istud vindicandum est alteri Petro de S. Jo. Pictaviensi, de quo Fabricius; nec aliud est forte Chronicon istud quam continuatio *summae historialis Biblicae* ab eodem Petro scriptae editaeque Tiguri ut hic Fabricius ait. Costinuationem hanc scribitur ibi dedisse Huldricus Zuinglius reformatoris nepos. Sed forte recentior hic author nihil de suo praestitit, nisi continuationem ex eo eductam tempore quo chronicon suum Petrus purduxerat. Quis vero iste sit *Jacobus de Aquis*, cuius meminit etiam Benvenutus de S. Georgio in Historia Montisferrati plane ignoro. *

PETRUS *Pictor* Canonicus S. Audomari in Artesia circa A. 1200. cujus liber *de Sacramento Altaris* versibus leoninis compositus exstat Manuscr. in Biblioth. San Germanensi Cod. 658. Incipit:

> Omnibus in factis, conceptis sive peractis
> Debet praeponi DEUS humanae rationi etc.
> Cap. 1. Panis in altari Verbi virtute sacratus
> Fit Divina Caro nostri medicina reatus etc.

Vide Oudinum t. 2 p. 1725. seq.

PETRUS *de Pilichdorf* sive *Pilichdorfius* Germanus, Doctor et Magister, Theologiae Professor A. 1444. scripsit *Obviationes S. Scripturae*, *contra errores Waldensium*: inter alia testatus b) mille amplius ex illis infra spatium duorum annorum ad Catholicam fidem fuisse con-

---

dicatores Tiguri ab A. 1568. ad 1571. quo apoplexia obiit: Huldrici vero Zwinglii, Reformatoris A. 1531 aetat. 49. defuncti nepos. Vide Hottingeri scholam Tigurinam pag. 190. ubi *Petrus* ille praeter rem *Pictavienis Episcopus* appellatur.

a) Vide supra in *Gualteri S. Victoris*, tom. 3. pag. 343.

b) Cap. XV. *Quare non perstitisti cum Ovibus*

in Thuringia, Marchia, Bohemia, Moravia, ubi ex DEI gratia jam infra spatium duorum annorum circa mille personas haeretici Waldenses ad fidem Catholicam sunt conversi? Quare non venis ad Austriam, et Ungariam, ubi spes est Inquisitoribus haereticae pravitatis plures item quam mille personas tuorum credentium fore de faucibus Leviathan extrahendos?

versos : et librum *contra Pauperes de Lug-duno*. Priores integras , et posterioris fragmentum edidit Jac. Gretserus cum Luca Tudensi contra Albigenses, Reineroque et Anonymo contra Waldenses. Ingolstad. 1612. 4· unde recusi tom. XXV Biblioth. Patrum Lugd. pag. 277. 299. et inter Gretseri opera t. XII parte 2.

PETRUS *Pirchenwart*, clarus saeculo XV. maxime in Universitate Wiennensi. Diversa ejus opuscula in Austriae Bibliothecis Manuscripta exstare testis est V. C. Bernardus Pez t. 3 anecdotor. parte 3. pag. 630. plura de illis dicturus alibi, nisi mors superiore anno cum magna harum litterarum jactura eum rebus humanis abstulisset. Ex Codicibus monasterii Benedictoburani ibidem memorat tractatum sive Sermonem *de Corpore Domini*. Incip. *De venerando Eucharistiae Sacramento et ejus digna sumtione.*

PETRUS *Pisanus*, scriptor *Vitae Paschalis II*. Papae A. 1118. defuncti , cujus viguit temporibus , editae à Papebrochio in propylaeo ad Acta Sanctorum Maji p. * 202. 207.

* *Petrus Grammaticus Pisanus* Caroli Magni praeceptor in re grammatica, cuius meminit Eginardus in Vita Caroli. Extant eius versus quidam e 'MS. Codice vulgati ab. Abb. le Beuf in *dissertation sur* l'Hist. Ecclesiastiq. et civil. de Paris pag. 404. Horum primum carmen missum est ad Paulum Varnefridum sub nomine Caroli M. Titulus in MS. Cod. est *Versus Petri Grammatici* incipit.

Nos dicamus Christo laudem

Hortatur hoc Paulum ut doceat clericos Grecas litteras et comitari valeant Rotrudem filiam suam, Caroli scilicet jam oppignoratam Constantino Graecor. Imperatori. pag. 409. legitur aliud carmen Petri ad Paulum, quo illum proposito aenigmate tentat. Sunt autem omnes versus hexametri. Incipit poetica haec oratio.

Lumine purpureo dum sol perfunderet astra

Pag. 419. legitur Carmen panegyricum Petri ad Regem

Culminae si Regum dudum cecidere poetae.

PETRUS *Pistoris*, Canonicus Regularis Augustinianus in Viridi Valle prope Bruxellam , defunctus A. 1440. non diversus ut videtur à PETRO Bruxellensi de quo supra pag. 236. Scripta quae apud Valerium Andream pag. 752. Petro Pistoris tribuuntur , sunt : *de pluralitate Confessariorum in regimine Monialium non admittenda. De differentia venialium peccatorum et mortalium. De triplici via ad DEUM.*

Magister PETRUS *de Ponte*, coecus, Brugensis , sub typographiae initia in 12. edidit libellum Grammaticarum Observationum , et exceptionum à regulis Grammaticis quem inscripsit *de regulis congruitatum et eorum limitibus.*

PETRUS ordinis *Praedicatorum*, Provincialis Franciae scripsit *Sermones* de Dominicis et festivitatibus fere per totum annum , quibus multi utuntur usque hodie. Haec de eo Henricus Gandavensis cap. 41. cuius Petri Sermones , perperam confusi à nonnullis cum PETRO *de Riga*, adhuc superesse Manuscriptos in variis Bibliothecis testatur Jacobus Quetif. tom. 1 p. 117. disserens de PETRO *Remensi*, ad An. 1245.

PETRUS *Praemonstratensis*, supra, *Petrus de Lutra*.

Frater PETRUS de Umezow , *Pragensis*, Theologiae Professor. Praedicator Monasterii S. Clementis : Hujus *revocatio*, *recognitio et potestatio* facta Pragae An. 1417. Sabbato ante Dominicam Oculi, in Collegio Caroli , coram tota Universitate Studii Pragensis , et in praesentia Scabinorum et Consulum ac Communitatum omnium Civitatum Pragensium exstat inter Joannis Hussi Opera t. 2 p. 365. seq.

PETRUS *Prior* S. Joannis Senonensi sub Ludovico VI. Galliae Rege circa A. 1118. cui Cangius tribuit historiam Francorum abbreviatam , quam supra pag. 730. sub PETRO Bibliothecario referre me memini.

PETRUS Remensis *Prior* Provincialis fratrum Praedicatorum Franciae seculo XIII. vergente , scriptor *Sermonum* de tempore et de Sanctis , laudatus Trithemio cap. 471. idem ut videtur de quo supra. Sermones illos Manuscriptos memorat Sanderus pag. 128. Biblioth. Belgic. et parte 2.

pag. 166. ubi perperam excusum *Petri Re-
menarii sermones de festis.*

PETRUS *Quesvellus* Anglus, Theologus
et Jurisconsultus Ordin Minor. in Coenobio
Norvicensi Sec. XV. scripsit teste Pitseo
pag. 890. *De iis , quae ad Jus et Judicium
spectant , ordinate dirigendis. Directorium
Juris* in foro Conscientiae et Judiciali , a)
libris IV. *De summa Trinitate et fide Catholica* et *de septem Sacramentis . De iisdem Sacramentis ministrandis et accipiendis:
et de criminibus quae à Sacramentis impe-
diunt, et de poenis iisdem injungendis.*

PETRUS *Ravennas*, idem cum *Petro Chrysologo* de quo supra t. 1. p. 350. e t. 5. 241.

* Fuit et alter Petrus Ravennas, qui post
medium Sacc. XV. floruit. Praeter tractatum, *De memoria* qua valebat ad miraculum
dedit *Utriusque Jur.* Compendia, *Commentarium* in feuda, *Juris Alphabetum et interpretationes amplas in quasdam juris Pontificii costitutiones* ait Pancirolus Libro 2. c.
138. Pelbartus in pomario meminit Petri
cuiusdam Ravennatensis cuius erat liber
de gestis notabilibus. An. idem sit cum hoc
Juris doctore ambigo. Vide ibidem sermonem de S. Catherina. Inter haec opera
typis prodiisse constat Juris alphabetum in
8. An. 1511. sine loco.

PETRUS *Raimundi*, de Insula grassa ,
Gallus , Carmelitarum ab Anno 1343. ad
1355. Generalis scripsit *in IV. libros Sententiarum.* Vide Trithemium cap. 603. Alegrium pag. 292·

PETRUS *Ransanus* sive *Ranzanus* nobilis Panormitanus, Siculus , Ord. Praed.
Siculae Provinciae praefuit ab A. 1457. Episcopus Luceriensis ab A. 1478. inde ad
Matthiam Corvinum Hungariae Regem legatus per triennium , diem obiit A. 1492.
de quo diligenter ut solet Antonius Mongitor tom. 2. Biblioth. Siculae p. 155. seq.
et Jacobus Quetif tom. 1. pag· 876. seq. ex
quo notitiam scriptorum ejus referre placet.

1. *Commentarius de Rebus Hungaric.s*
Matthiae Corvino Hungariae regi nuncupatus, dum apud eum regis Siciliae Ferdinandi

legationem obiret. Ex auctoris Cod.Manuscr.
typis prodiit cum aliis Rerum Hungaricarum
scriptoribus Joannis Sambuci, Tirnaviensis,
viri eruditissimi curis et studio , Viennae
Austriae 1558. fol. Tum postea curante
Joanne Bongarsio , Francof. ad Moenum ,
typis Vechelii 1600. fol. Quod opus Sambu-
cus epistola ad Maximilianum regem p 200.
prolixe sic commendat : *Hic vero auctor
Ranzanus per indices quosdam regum à
Beatrice sibi Viennae datos ex iisdem unde
Bonfinius sua descripserat , ita deduxit, ut
qui de rebus Hungaricis aliquid prodiderunt,
nulla ex parte sit postponendus. Etenim
hac brevitate cuncta eleganter est complexus,
ac nihil quod in historia requiritur, uspiam
omisit. Atque hoc nomine hic scriptor vel
praecipue cognoscendus , quod aliqua in
Bonfinio vel interrupta vel mendosa librariorum incuria cum sint , hic omnium admoneri , et non parum ad sinceram et integram
veritatis cognitionem juvari queamus. Non
idcirco tamen Bonfinius ipse negligendus ,
qui amplissime res quoque externas prosecutus est , sed ob brevitatem hic etiam com-
mendabilis , et in quibusdam omnino praeferendus. Qui cum diu latuisset (uti adhuc
reliqua ejus desiderantur , quippe qui annales omnium temporum alios. LX. et hunc
LXI. et ultimum reliquerit) à me opera
quorundam amicorum denique lucem aspicit , dignum qui ante Bonfini natalem ap-
paruisset..* Quae ex Sambuco refert Sigismundus Ferrarius Ord· Praed. *Hist prov.
Hung.* p. 454. Non omittendum etsi ex iisdem fontibus tam Ranzanus, quam Bonfinius suos ediderint commentarios, neutrum
ab altero accepisse , siquidem aequales
erant , licet Ranzanus paulo senior mortuus
anno 1492. cum Bonfinium ad 1495. pervenisse narrent. Indice XXVII. Ranzanus ait
se Romae adfuisse, cum jussu Nicolai V.
à purpurato Cardinalium senatu solemniter
et magnifice Joanni Huniadi parentatum
est anno 1456. Hos vero indices XXXVI.
nam caeteri sunt Sambuci, scribere se testatur anno 1488.

---

a) *Volumen ingens, et stylus praeter Juristarum
consuetudinem elegans* judice Waddingo pag. 288.
qui evolvit in Biblioth. Vaticana et Franciscanorum

Toletana. De aliis Codicibus Manuscriptis vide Oudinum tom. 5. pag. 1168.

1. *Volumina* IV. *grandiora de omnibus scientiis tam practicis quam speculativis, de Geographia etiam et Historia stylo suavi et comto,* quae *vidi ego Panormi cum essem,* inquit Leander Albertus. Sic ex eo refert Vallius pag. 154· citans ejus opus *descritione dell'Isole appartenenti all' Italia* , ubi de Panormo. Quam descriptionem Manuscriptam viderit Vallius , cum typis non prodierit. (264. Prodiit immo primo in edit. Op. Leandri Alb Veneta a. 1561. et dein pluries.) Ejus geographiam citat Caesar Ripa in Iconologia p. 284. ubi de imagine Calabriae.

Vita S. Vincentii Ferrerii confessoris ordinis Praedicatorum libris V. Hanc Surius stylo innovatam de more et interpolatam suis Menaeis inseruit , sed Henschenius et Papebrochius in Actis SS. tom. 1. April. pag. 482. ad diem V. qualem Ranzanus edidit , et servato primigenio stylo repraesentat ex Cod. Manuscr. Ultrajectino membranacco antiquo, monentes tamen integrum non esse, cum liber IV. qui prolixissimus esse deberet , brevissimus sit , quinti vero libri solum adsit initium. In Ebracensi celebri inter Bambergam et Herbipolim monasterio cent. 2. num. 100. olim aliud ab ipsis visum fuerat ejusdem vitae exemplum , sed post annos 12. cum sibi deficientia ex eo mitti postulassent , quacunque adhibita diligentia non est inventus designatus Codex. Diligentiae Dominicañorum vel Romanorum vel Panormitanorum est , quae huic operi desunt , si apud se habeant , supplere. Hanc vitam scripsit anno 1455. Lusitanus quidem edidit in collectione vitarum SS. ordinis , sed qualem in Surio reperit.

Item *Carmen Heroicum* 123. *versuum in laudem S. Vincentii dicti.* Manuscr. Florentiae in Dominicanor. S. Marci Bibliotheca viderunt praefati Henschenius et Papebrochius , et laudat loc. cit. p. 478. num. 2.

Officium ejusdem sancti canonicum , quod in Ordinis Breviariis habetur , Ranzani opus existimavit Vallius citatus pag. 154. sed manifeste fallitur , cum sit Martialis Auribelli, magistri ordinis XXIX. Vide sis Jac. Quetif tom. 1. pag. 1811.

4. *Vitae S. Barbarae Virginis et Martyris* , teste Hyacintho Montalto in Historia Sicula ordinis Praedicatorum Manuscr. Sic refert Antoninus Mongitore.

5. *Commentarius de antiquitate, primordiis et progressu urbis Panormi.* Quod opus à Francisco Baronio à Manfredis citatur in suo libro *Majestas Panormitana* inscripto pag. 9. et à Rocho Pirro frequenter in *Sicilia sacra,* ejusque exemplar Manusc. apud D. Abbatem *Lafarina* virum eruditum Panormi se vidisse testatur tom. 1. pag. 55. et 218. servatum. Aliud ejusdem operis exemplum exstare in Bibliotheca Monachorum Cassinensium S. Martini de Scalis ad Panormum testatur Antoninus Mongitore. Rursus aliud item Manuscr. in 4. Latine et Italice ab auctore scriptum apud Vincentium Auria Panormitanum servatum.

6. *De laudibus Lucerinae civitatis commentarius* laudatur ab Ughello *Ital. Sacr. tom. VIII. pag. 462.* Meminerunt etiam Leander Albertus, Altamura et Paciucbellus Ord. Praed.

7. *Oratio in funere regis Hungariae Matthiae Corvini , sub finem Aprilis* An. 1492. *recitata apud Albam Regiam.* Servata forsan inter plures ejusdem *Orationes ,* quas Manuscriptas in celebri Sambuci laudati Bibliotheca haberi testatur Simlerus in sua Gesneri Bibliotheca aucta, sed et plures ejusdem scriptoris orationes.

8. *Triumphus carmine elegiaco ad Antonium Panormitanum.* Laudat idem Antonius in suis Epistolis editis cum Epistolis Ferdinandi regis pag. 354. Meminit ipse Ranzanus operis mox recensendi tom. VIII lib. XLI. ubi plures hujus carminis versus refert. Addit Mongitorius Ranzanum poëtica claruisse gloria , et aliquot ejus elegias indentidem inter ejus Annales mox laudandos occurrere , ac etiam in commentario supra num. 5. indicato de origine Panormi , quaedam etiam ejus carmina haberi apud Pirrum notit. Eccles. Panorm. et apud Vincentium Littaram de rebus Nettinis pag. 34.

9. *Opus grande Annalium omnium temporum.* Opus , inquit Mongitorius : egregium et multa eruditione refertum in octo permagna volumina Manuscripta in fol.

distributum. Continet libros sexaginta et unum, in quibus nationum omnium ac temporum historiae describuntur. Ex his suas multi scriptores historias locupletarunt, huicque auctori multum se debere agnoscit Leander Albertus, plurimumque luminis in descriptione regionum Italiae et vicinarum accepisse, quem adeas in *Puglia piana fra terra Apuglia Daunia nella Capitanata*. De his Annalibus sic censet Thomas Fazellus in Historia Sicil. Decadis. 1. lib. VIII. circa finem : *Scripsit Ranzanus Annales omnium temporum, quod opus morte praeventus non complevit, quod his ejus verbis in libro XL. constat*, « Gerbo- « rum, inquit, insulam pons quidam la- « pide structus, turribus altis munitus « continentem conjungebat.Fuisse vero eum « pontem structum à Siculis constat, quo « tempore eorum illi incliti reges à Nor- « mandorum sanguine ducti, Tunisienses « reges variis cladibus afficiebant, Aphri- « caeque partem possidebant. » *Et paulo post*: « In Aragonia, inquit, et in Sicilia « atque in caeteris regnis, quorum sum « mentionem facturus. » *Haec ille, et cum in decem aliis, quos postea tantum scripsit, libris, neque Hispanorum neque Siculorum regum, nec earum provinciarum meminerit, opus eum non perfecisse constantissimum est, Scripsit etiam de aedificatione Panormi opusculum quod exstat.* Hactenus Fazellus, qui in opere Ranzani quinquaginta tantum libros agnovisse videtur. Verum haec à Fazello nimis praecipiti judicio prolata contendit Mongitorius, qui octo grandiora Ranzani volumina iu Bibliotheca coenobii S. Dominici, Panormi servata pluries vidit et evolvit, et in iis non quinquaginta libros tantum, sed sexaginta et unum contineri asserit, auctoremque historiam revera ad umbilicum perduxisse : quam scilicet in primo volumine ab origine mundi exorditur, et in sequentibus ad octavum usque continuata annorum serie ad annum MCCCCXLVIII. deducit : in quo opus complevit. Ex quibus Caveum in Histor. litter. et eum excipientem Olearium in Bibl. Script. Litter Eccles. emendabis, qui sex libris opus Ranzani coarctari putarunt.

Non omittendi *Libri Chorales officii Divini juxta ritum Ordinis Praedicatorum elegantissimi*, quos in usum Ecclesiae suae Lucerinae scribi jusserat, cum suis clericis ut ritum Dominicanor. sequerentur, persuasisset : hos vero cum juxta concilii Tridentini decreta ritum Romanum assumsit illa Ecclesia, à capitulo Lucerino emerunt Dominicani Venusini, quibus et etiamnum utuntur teste Altamura ad An. 1492. ubi de Ranzano. De eo praeter citatos agit etiam Toppius in Bibl. Neapol. contendens etsi Panormo oriundum, natum tamen Neapoli : at reluctatur non solum Leaander Albertus suppar, diserte assserens Panormi primam lucem vidisse, sed et Antonius Mongitore in Bibliot. Sicil. fassus tantum adolescentem Neapolim missum, ubi in arte rhetorica Thomam Pontanum, Magistrum audivit, ut ipse Ranzanus testatur Annalium tom. VIII. lib. XLI ubi sic habet : *Thomas Pontanus per idem tempus in eadem urbe publico conductus salario in magna frequentia magnopere omnium favore rhetoricam docuit, à quo biennio ipse institutus sum.* Hactenus Jacobus Quetif.

* Liber inscriptus *commentarius de antiquitate primordiis et progressu urbis Panormi*, anno demum ut ex literis in exordio libri impressis 1731. prodiit, et quantum coniectura assequor, Panormi in 4. opera Antonii Mongitoris, quamquam eius nomen non exprimitur. Est vero opusculum istud portio maioris Op. ab eo compositi ; Annalium scilicet quorum hic Fabricius meminit, quamque portionem ipse per se Ranzanus ex opere extraxerat.

PETRUS *Remensis* Ordin. Praed. in Gallia ab An. 1224. Provincialis atque inde A. 1242. Episcopus Aginensis sub metropoli Burdegalensi. Vide laudatum Quetif. tom. 1115. seq. Scripsit *glossas super Bibliam totam* compendiosum opus, et *Sermones* de Dominicis et festivitatibus fere per totum annum.

PETRUS *de Riga*, cum superiore et cum Petro Comestore neutiquam confundendus, Cantor et Canonicus Remensis ab A. circiter 1170. defunctus Anno 1209. Vide Alberici Chronicon pag. 450. et Bulaeum hi-

stor. Academ. Paris. tom. 3. pag. 52. Hujus
sunt *libri Biblici* historico allegoricoque
sensu a) propemodum omnes *carmine redditi,* hexametro alii eoque rhythmico , ut
*Canticum Canticorum , Lamentationes Je-
remiae , liber Jobi et Actus Apostolorum :*
caeteri elegiaco. b) Opus hocce quod *Auroram* auctor inscripsit, maximam partem
adhuc ineditum, sed Manuscr. superest in
variis Bibliothecis Germaniae, Angliae, Italiae ut notavi in prolegomenis ad librum
Tobiae pag. 27. seq atque monuit Polycarpus Leyserus qui de hoc opere prae
caeteris consuleudus in historia poeseos
medii aevi pag. 692. seq Editionem ejus
molitis Caspari Barthio , Christiano Daumio, Andaeae Rivino , et Casimiro Oudino
fata intercessere. Exstat autem Manuscripta haec metaphrasin in Bibliothecis duplex,
una qualis à Petro ipso profecta fuit : alia
qualis superstite adhuc Petro sed aetate
provectiore interpolata ab ÆGIDIO *Parisiensi ,* do quo dicere me memini supra tom.
1. p. 22. Solam primum *Genesin* Petrus
petitionibus amicorum illustrandandam sibi sumserat, ut constat ex ejus praefatione , quam ex MS. Heilsbronnensi vulgavit
V. C. Jo Lud. Hockerus in notitia MSS. illius
Bibl. p. 3. *Frequens sodalium meorum pe-
titio , cum quibus conversando florem infantiae exegi, ut librum Geneseos stilo metrico depingerem , inde aliquas Allegorias
elicerem, instanter persuasit. Ad hanc fateor
suasionem animus meus in dubio pependit,
incertus an scriberet an obmutesceret. Vires enim ingenii tanto operi minime sufficere considerabam· Sed alia de parte petitio-
ni sodalium obviare formidabam. Neque
enim fas erat offendere illos , cum quibus
in scholis ab infantia conversatum sum ,
cum quibus Grammaticae libros percurri,
et Ciceronis aureos flores legi, et elegi,et Labyrinthum Aristotelis non filo Daedali sed Filio DEI duce introivi aliquantulum , inspexi, sed non penitus introivi. Assidua ergo*

sociorum prece vel potius fraterna caritate
devictus , opus injunctum arripui, cogitans
historiam Genesis versibus texere , stu-
densque de ipsa aliquas allegorias elicere,
tanquam nucleum de testá , granum de
palea , mel de cera , ignem de fumo , medullam de ordeo, vinum de azymo. In quo
opere ita studui desudare , ut videas quadam consonantia sibimet concordare , s.
Christi margaritam cum Moysi adamante ,
flores Ecclesiae cum herbis Synagogae , aurum Christianorum cum ferro Judaeorum,
legem novam cum lege antiqua , molam mo-
la , rotam cum rota. Porro visum est etiam
huic libello juxta operis tenorem hoc nomen
congruenter imponere* AURORA. *Nec immerito. Sicut enim Aurora terminum no-
cti imponit : principiumque Diei adesse; Sic
et libellus iste tenebras umbrarum et veteris
legis obscuritates discutiens veritatis ful-
gore et allegoriarum scintillulis micantibus
totus refulgeat. vel ideo certe tam clari nominis majestate hanc paginam insignivi, quia
sicut angelus, teste historia quam percurro,
post luctamen nocturnum locutus est ad Jacob ;* dimitte me aurora est , *sic et ego
post luctamen et laborem , quem in hoc
opere exercui, quodammodo libellum meum
ejusdem verbo allocutus sum ,* dimitte me
aurora est, *quasi dicatur , finem impono
huic operi , quia figuras explicui , et veritatis fulgor patenter illuxit* Aliox prologos
à laudato· Leysero in lucem datos praetereo , apud quem pag. 697. seq. etiam Variae lectiones ex Codicibus Helmstadiensi-
bus habentur ad metaphrasin *libri Estheris,*
quam dederat Barthius XXXI. 15. Adversariorum ; atque pag. 727. seq. singularia
quaedam ex apocryphis traditionibus à Petro adjecta· Sed. laudandus idem quod p.
705-727. edidit memoratam quoque Trithemio *recapitulationem utriusque Testamenti,*
versibus elogis 526. per distinctiones XXIII.
λειπογράμματον , ita ut in prima nullum
occurrat A. in altera nullum B. sicut in

---

a Henr. Gandavensis cap. 22. Trithemius c. 508.
  b) Guilelmus Beito praef. Philippidos :
8i tibi , *Petre Riga ,* vitium non esse putavi
Ubere de Legis occultos sugere sensus ,

Quos facis ut levibus verbis elegia cantet ,
Fortia facta virum numero breviore coarctant
Quae potius pede Maeonio referenda fuerunt etc.

Fulgentio sine litteris , de quo dixi supra tom. 2 pag. 621. Qualis sit liber *de Grammatica* , de quo Trithemius , vel *Speculum Ecclesiae* scripium carmine , quod manu exaratum exstat in Angliae Bibliothecis , dicet▸qui viderit et evolverit.

* Huius *Petri de Riga* celebris in historia literaria liber est , de quo plures agunt. Quaestio vero est anceps an totam scripturam metrice exposuerit , sive portionem tantummodo ; reliqua vero Petrus Aegidius suppleverit. Phil. Jacob. Lambacher. V. c. in sua Bibl. antiqua Vindobon. civica pag. 62. annotat in Codicem eiusd. Biblioth. pertingere authorem usque ad librum Ruth ; dein succedere in laudem B. M. V. carmen elegans. Tum N. Testamenti historiam tantummodo evangelicam adiungi ; ex quo inferre se posse non improbabili coniectura censet , intra eos fines Petrum sese continuisse , quod et confirmat authoritate Henrici Gandavensis de script. Eccles. c. 22. tradentis Petrum scripsisse in Eptateuchum duos Regum et Evangelia. Ambo vero et codex et Henricus eiusdem cum Petro sacculi sunt. Carminis de B. V. nemo alius meminit ; quin et deesse ait in septem MSS. Codd. eiusdem op. qui in Caesarea Vindobon. Bibliotheca asservantur. Eiusdem carminis prologum ibidem recitat. In cod. 688. Latino Taurinensi saec. XIII. extat pariter, opus istud Petri de Riga, sed longe auctius , quam sit in Cod. Germanico ; nam praeter librum Ruth extat ibi pariter liber Tobiac , Danielis , Judith , Ester in cuius libri fine sic scribitur *Liber sextus Regum explicit*. Tum dantur Macabaei , qui clauduntur hac admonitione : *explicit vetus Testamentum*. Secundum haec post praefationem subiunguntur quatuor evangelia carmine adstricta. Pone sequitur : *Passio D. N. J. C. Secundum quatuor Evangelistas.* In fine : *Explicit N. Testamentum.* Continuo additur : *Incipiunt expositiones totius libri et primo sine A.* Qua absoluta epitome adduntur *Actus Apostolorum.* Ex hoc Cod. coniectura haud incongrua traheretur Aegidium nonnisi *recapitulationem et actus Apostolorum* dedisse ;

forte enim haec additamenta sunt prioris operis , quae auctori illi tribuuntur. *

PETRUS *Ripponensis* Canonicus in agro Eboracensi circa An. 1190· ad Galfredum Eboracensem Archiepiscopum scripsit *de vita et miraculis S. Wilfridi* Archiepiscopi Eboracensis , defuncti An. 711. et Rippone in monasterio , quod ipse condiderat , sepultus. Vide Baleum III. 33. Pitseum p. 257.

PETRUS *Rogerius* , supra CLEMENS VI. Papa t. 1 p. 365. et GREGORIUS XI. t. 3 pag. 91.

PETRUS *de Rosenhaym , Monachus Mellicensis , qui Bibliam metrice composuit ,* An. 1461. traditur diem obiisse in necrologio monasterii B. Mariae Virginis , vulgo ad Scotos Viennae Austriae, in V. C. Hieronymi Pez tom. 1. scriptorum rerum Austriacarum pag. 699. Plura de hoc Petro, Mellicensi in Austria Ordin Bened. dicturus fuit vir alter celeberrimus Bernardus Pez , quem superiore Anno 1735. hisce litteris ereptum vehementer dolemus , in Bibliotheca quam paravit Benedictina. Idem tom. 2. Biblioth. asceticae pag. 81 94 edidit *sermonem* ejus circa An. 1432. habitum *de statu vitae monasticae sui temporis* , neque plures ex sermonibus illius variis Trithemio cap. 739. de S. E. et II. 537. illustr. Benedictin. et de luminaribus Germaniae cap. 160. laudatis profitetur se in Bibliothecis sive Bavaricis sive Austriacis potuisse reperire. Caetera quae Trithemius memorat Petri scripta sunt · *Opus metricum ,* Nicolao Dunckelspule rogante scriptum ad Dominum Brandam Cardinalem S. Clementis , Legatum Apostolicum in Austria , super totius Bibliae capita : *Roseum memoriale Divinorum.* Incip. *Astripotens coelum terram.* Deindo *Historia temporum notabilis.*

* Ea quae de scriptore isto memoriae hominum se proditurum spopondit P. Bernardus Pez , eo importuno fato sublato , evulgavit P. Martinus Krops in Biblioth. Benedictino Mellicensi quam produxit Viennae An. 1748. in 4. Obiisse scriptorem hunc ex coniectura censet paulo ante A. 1440. scripsisse vero ait· plura , quae in Codd. Mellicensibus MSS. adhuc supersunt; nempe concordantias quatuor evangeliorum; quamquam earum codex non amplius extat sed commemoratur a P. Sthephano Burchardo Mellicensi in suo Catalogo MSS. Codicum Mellicensium. In codicibus vero illis extat vita S. Benedicti Leoninis versibus exposita. Summa metrica solius regulae S. Benedicti cum praefatione soluta oratione scripta ad Leonardum Abbatem. De duodecim gradibus humilitates. Metrum heroicum breve de septem gradibus disciplinae. Metrum breve de his quibus institutio regularis continetur. Carmen in laudem Andreae Medici. Aliud in laudem Leonardi Episcopi Pataviensis. Epitaphium Martini Papae V. *

Magister PETRUS *de Rubeis* de Senis, Augustinianus *vir magnae sanctitatis atque doctrinae, qui et Logicam et Philosophiam et Sacram paginam interpretatus est optime. Super* de Civitate DEI *et aliis pluribus* B. Augustini *operibus commentarios egit.* Super totam Bibliam *expositionem dignissimam confecit.* Super IV. libros Sententiarum *scripsit. Gratis pro DEO libenter docebat, imo pauperibus Studentibus de suo subveniebat patrimonio, Divinis operibus semper intentus.* Haec ad An. 1456 auctor Chronici Oldenburgensium Archicomitum apud Meibom tom. 2. pag. 178. Vide et tnfra, PETRUS *Russus.*

PETRUS *Russellus* Anglus, Theologus Oxon. chordigerorum sive Ord. Minor. in Anglia primas circa A. 1410. cujus Commentarios *in utramque Epistolam Petri* laudant Lelandus cap. 510. Baleus XI. 30. Pitseus peg. 590. Waddingus pag. 289.

PETRUS *Russus* Senensis, Philosophus insignis, auctor continuationis *historiae Senensis* à JOANNE Bandino de Bartholomaeis ab An. 1402. productae usque ad An. 1422. et à FRANCISCO Thomasio eius pronepote peractae usque ad Anno 1468. Edidit celeberrimus Muratorius in limine tomi XX. thesauri scriptorum Italiae: Mediolan. 1731. fol. Hunc Russum autem, de quo Hubertus Benvoglientus Patricius Senensis praef. ad eiusdem thesauri to-

mum XV. non diversum putabis à PETRO *de Rubeis*, de quo paullo ante.

PETRUS *Salpinus* inf., *Petrus Vasatensis.*

PETRUS *Sanctofidensis* sive *de Sancta Fide* Anglus Doctor Paris. atque redux in Angliam Carmelita alumnus Nordovicensis coenobii defunctus 8. Nov. An 1452. Ejus scripta: Commentarii *in priorem S. Petri Epistolam, Concionum, Determinationum,* et *Quaestionum* libri. Vide Lelandum cap. 398. His apud Baleum adjunguntur *in posteriorem Petri* lectiones XXXVIII. *Breviarium Sententiarum, Praeconia Petri Lombardi. Alphabetum Theologiae. Placita Theologiae. Pro sua inceptione, Sermones capitulares.* Pitseus pag. 648. addit etiam *Commentarios in omnes Epistolas Pauli.* Ex Pitseo Alegrius pag. 333.

PETRUS *Sarnensis*, sive Vallis Sarnaji seu Cernaji (*des Vaux de Cernay*) Monachus Ord. Cist. in finibus dioecesis Carnotensis, et Parisiensis, a) scriptor *historiae Albigensium* et *belli sacri contra eos* An. 1209. *suscepti* Duce et Principe Simone de Monteforti, quam auctor dicavit Innocentio III. Edidit primum Nicolaus Camusatus, Canonicus Trecensis, Trecis 1615 8. deinde collatam cum Manuscr. Martini Marierii, Monachi S· Martini Parisiensis, Franciscus du Chesne t. V. scriptor Francor. pag. 554. 665. sed et Bertrandus Tissier in limine t. VII. Biblioth. Cisterc. editi An. 1669. Confer Bzovium ad An. 1199. uum. 34. Oudinum tom. 2. pag. 25. et Carolum Vischium pag. 276. Biblioth. Cisterc. qui Gallicae versionis facti mentionem, vulgatae Parisiis 1569. interprete Arnoldo Sorbino, Episcopo postea Nivernensi.

PETRUS *Saxo* sive *de Saxonia* Germanus, Ordin. Minor. Decretorum Doctor. circa seculi XIV. initia, scriptor *summae casuum Conscientiae,* et *Sermonum* de tempore et de Sanctis. Vide Trithemium cap. 542. de S. E. et de luminaribus Ecclesiae cap. 100. Guil. Eysengrenium p. 82. Waddingum pag 289.

* In Cod. membran. Bibl. Felini signato

a) Sammarthani tom. IV. pag. 901.

n. 207. extat *Lectura Petri de Saxonia super Decretalibus.* Hanc vero nullibi adhuc prodiisse credo. Meminit huius Doctoris Marcus Mantua in epitome viror. illustrium n. 210. Nihil tamen se de illo resciro ait praeter nomen, quod didicit ex Flor. in L. regula in §. 1. in fin. ff. de juris et facti ignorantia. Ego. vix alium esse credo a Petro, de quo hic Fabricius. Est etiam in Felini Bibliotheca eiusdem Petri breviarium ad omnes materias in iure Canonico inveniendas. *

PETRUS *Scaliger* sive *della Scala,* Veronensis ab Anno 1290. Episcopus Ord. Praed. defunctus An. 1295. scripsit *Postillam Scholasticam in Matthaeum, in Joannem* et in alios libros Biblicos. *Sermones* de tempore et de Sanctis. Vide Altamuram pag. 19. et *Jacobum Quetif* tom. 1 pag. 417.

* Cave credas Petrum expositionem suam in Joannis Evangelium dedisse. Cum Sixtus Senensis in Bibliotheca Sacra, ex quo caeteri omnes didicerunt, reperisse se dicat Genuae in Bibl. Minor. Codicem MS. postillarum Petri de Scala in Joannem, quibus verbis designasse censendus est eius expositionem in Apocalypsim Joannis; quam pariter in Cod. MS. Bibl. Civicae Vindobonensis legi testatur cl. Lambacher in Catai. libror. quorundam veterum Biblioth. illius pag. 46. Ex hoc libro inedito elegiacum carmen, quo illum concludit, idem Lambacherus ibidem recitat. *

PETRUS *Scotus* sive *Schottus* Argentoratensis, Juris Utriusque Doctor, Sacerdos et Canonicus S. Petri, qui vix XXXI. annos natus diem obiit Anno 1491. non 1499. ut Miraeo cap. 495. auctarii traditum. De eius vita. moribus et ingenio Jacobus Wimphelingius. Eius *Epistolae* et *poemata* excusa Argentorati 1498. una cum *Quaestionibus variis de rebus ad Conscientiam pertinentibus* Inter poemata eminet elegiacum de Sanctis *Joanne Baptista, Evangelista* et *Chrysostomo.* Tum laudes *Joannis Gersonis* Cancellarii Paris. Vide Trithemium de S. E. cap. 875. et de luminaribus Germaniae cap. 233. Henr. Pantaleonem parte 2. de viris illustribus

Germaniae pag. 458. Vossium pag. 811. II. Warthonum ad Caveum etc.

* PETRUS *de Scotia.* Scriptor anonymus Rerum Danicarum vulgatus a Ludewig tom. IX. Reliqui n. IX. Ad an. 1479. sic scribit: *eodem anno promotus est ad doctoratum Theologiae Magister Petrus de Scotia per nob. virum doctorem Henricum decanum Hastnensem, tunc universitatis vicecancellarium praesente ibidem Christierno Regis Daniae filio Joannis primogenito.* Ex quo discas falli eos qui scribunt virum hunc doctum obiisse an. 1491. ac vera tradere Miraeum, qui vitam eius prorogat usque ad An. 1499. Nam anonymus iste scriptor quamvis desinat in an. 1555. adhuc tamen ex aequalibus scriptoribus sua omnia desumpsisse, ea praesertim, quae non procul erant ab aetate sua persuasum mihi est, cum circumstantias omnes temporum, rerumque accuratissime designet. Idem scriptor ad a. 1520. adnotat: *in profesto feriarum Jacobi Hastniae mortuus est vir eximia probitate. adeoque longa vita dignissimus magister Petrus de Scotia S. Theologiae doctor. Quadraginta duabus annis praefuit Academiae Hastniensi* Utrum iste sit Petrus Scotus, de quo hic Fabricius, viderint eruditi. *

PETRUS *Sebastenus* in Cappadocia Episcopus, SS. Basilii et Gregorii Nysseni (non Naziazeni) frater, non Latine sed Graece scripsit, de quo Acta Sanctorum tom. 1. Januarii IX. p. 588. et Caveus ad A. C. 370.

PETRUS *Rogerius Senonensis* Archiepiscopus An. 1329. mox Rothomagensis et ex Cardinali, CLEMENS VI. Papa, de quo supra tom. 1. 365. et Sammarthani t. 1. pag. 643. seq. Huic Trithemius cap. 326. tribuit commentarios *in Epistolas omnes Pauli* Apostoli, tum *Sermones.* Video et laudari *Chronicon* ejus ineditum, quod nemo adhuc in lucem protulit.

PETRUS *de Sezaria* Gallicus, Prior et Lector in Ord. Praed. circa A. 1230. cuius relationem *de conversione cuiusdam Saraceni* Antoninus Florentinus inseruit summae suae Historiarum tit. 23. cap. 10. §. 2. t. 3 pag. 673. seq.

beta XLVII. et *Ordinarias Quaestiones.*
Eadem Pitseus p. 346. Alegrius p. 266.

PETRUS Bilswardiensis Augustinianus
in Thabor, Frisiae Monasterio, unde Vossio p. 716 aliisque *Thaborita* sive *Taboraeus*: peritus rei Mathematicae, scriptor
Chronici Brabantiae Frisiaeque ab A. 1281.
ad 1550. è quo profecisse se fatetur Christianus Massacus. Vide Valerium Andream
p. 723. Sweertium p. 603. seq.

PETRUS *de Tarentasia* de quo supra
in INNOCENTIO V. Petrus Frizon in Gallia purpurata pag. 41. seq. etc.

PETRUS *Salpinus* sive *Sulpinus*, Tolosanus, Ord. Minor. Episcopus in Gallia
circa A. 1406. a) *Vasatensis*, Dionysium
imitatus scripsit de hierarchia Angelica,
de hierarchia Ecclesiastica, de Divinis nominibus, et de mystica Theologia. Vide
Waddingum pag. 289.

PETRUS *Theanensis* circa A. 1100. Monachus Casinensis, quem institutorem
suum et declamatorem insignem vocat
Petrus Diaconus cap. 39 libri de scriptoribus Casinensibus, laudans ejus Sermones de Septuagesima, de dedicatione Ecclesiae, de Nativitate Domini, de Epiphania, aliosque quam plurimos.

S. PETRUS *Thomas*, Gallus Vasco, Carmelita. ex Episcopo Pacensi et Cretensi
Archiepiscopo Patriarcha Constantinopolitanus ab Urbano V. A. 1368. pronunciatus diem obiit in Cypro Insula A. 1366.
23. Januar. Vitam ejus edidit Lucas Waddingus Lugd. 1637. 8. Scripsit librum *de
Virginis Mariae conceptione ejusque excellentiis.* Vide Alegrium pag. 303.

PETRUS *de Thymo*, thesaurarius et Canonicus S. Gudilae Bruxellensis, ex cujus *Chronico Brabantiae* Manuscr. locum
affert. Jo. Jacobus Chifletius libro cui titulus: le faux Childebrand. p. 136.

PETRUS *Titebodus.* infra mox *Petrus
Tudebodus.*

PETRUS *Trecensis* idem cum *Petro Comestore* de quo t. 1. pag. 373.

PETRUS *Tudebodus* Gallus Presbyter Civriacensis (*Civray*) sive Sivriacensis in

a) Sammarthani tom. 3. pag. 1131.

dioecesi Pictaviensi, circa Annum 1100.
auctor Operis de prima expeditione Hierosolymitana, cui ipse praesens interfuit ab
A. 1095. ad 1099. praecipui: ex quo excerpti sive abbreviati sunt libri VI. quos
nullo praefixo scriptoris nomine Bongarsius familiam ducere jussit in gestis DEI
per Francos, tom. 1. pag. 1-29. praeferen-
tes titulum : *Gesta Francorum et aliorum
Hierosolymitanorum.* Opus ipsum distinctum in libros V. atque inscriptum : Petri
Tudebodi *Historia de Hierosolymitano itinere*, ex Codice Manuscr. Joannis Besly,
Pictonis, prodiit in tomo IV. Francisci du
Chesne de rebus Francorum pag. 777-815.
Cum eadem conferenda *Historia de via
Hierosolymis*, quam sine nomine auctoris
vulgavit Mabillonius tom. 1. musei Italici
p. 131-236. Adde Sandium ad Vossii paginam 771. Jacobum Longum in Bibl. historicorum Galliae num. 6927. seq. W. E.
Tentzelium in dialogis menstruis vernaculis A. 1690. pag. 346. Caspar Barthius in
notis ad editionem hujus scriptoris Bon-
garsianam, in Jo. Petri Ludewig reliquiis
omnis aevi tom. 3. pag. 21. vocat *Scriptorem barbarum, sed veridicum, tantae-
que aestimationis, ut ex brevi ejus Com-
mentariolo L. aliquot sequentes scriptores
multorum Librorum seriem deduxerint :
Tantam rem videlicet, ut captus erat, in
legitimam historiam redacturi.*

PETRUS *Vallis* Sarnensis sive *à Vallibus.*
Supra *Petrus Sarnensis.*

PETRUS *Vallis viridis*, Supra *Petrus
Pistoris.*

PETRUS Monachus *S. Udalrici et Afrae*
Augustae Vindel. circa A. 1460. ad 1490.
scriptor *historiae Ordinis S. Benedicti*, Manuscriptae in Biblioth. Paulina Lipsiensi.
Titulus apud B. Fellerum pag. 312. ita se
habet : *Fratris* Petri *cujusdam liber Abbati*
Johanni a) *inscriptus de ordinibus Monachorum* b) *et speciatim de ordine S. Benedicti, et de illis qui ex hoc ordine Pontifices, Martyres, Patriarchae et Archiepiscopi, Cardinales, Legati sive Apostolici*

a) *Joanni de Giltingen,* Abbati S. Udalrici ab
A. 1481. Vide Oudinum tom. 3. pag. 2720.

illas componam ita· ut provocationi locus non sit, itaque totas omittendas esse satius duco. (266. *De Baldeschis* dicendus et celebris Baldi frater hic Petrus, *maior*, qui natus post An. 1327. circa An 1407. obiit. et plura in Jurisprudentia scripta etiam typis edita reliquit. Vide Op. *Vermiglioli* ·*Biogr. Perugina* 1. 156. seqq.) PETRUS Venerabilis, supra *Petrus Cantor* et *Petrus Mauritius* pag. 241.

PETRUS *de Verberia*, supra, *Petrus Aureoli*, pag. 321.

PETRUS, *Viconiensis* in Gallia Coenobii Ordinis Praemonstratensis Canonicus et Doctor Theologus circa An. 1323. scripsit *Introductionem in Theologiam*, quam adhuc ineditam laudat Johannes le Paige l. 1. Bibliothecae Praemonstratensis p. 307.

· PETRUS de Adria sive de Andria, Apulus, Ordin. Praedicat. *Viconquensis* (Vici Æquensis) in regno Neapol. ab A. 1306. a) Episcopus, discipulus S. Thomae Aquinatis, ex cujus ore plura idem excepisse traditur, quae sub Thomae etiam nomine ferri contigit. Nicolaus Trivetus annal. ad Λ. 1274. pag. 244. ubi de scriptis S. Thomae: *Alia quidem inveniuntur sibi attributa, quae tamen ipse non scripsit; sed post eum legentem vel praedicantem ab aliis sunt collecta; ut puta Lectura super Epistolam ad* Corinthios, *ab undecimo Capitulo usque ad finem, et Expositio super primum de Anima; quas Frater* REGINALDUS, *ejusdem socius, recollegit. Iterum Lectura super* Joannem *et super* tertium Nocturnum Psalterii, *Collationes* de Oratione Dominica *et* Symbolo. *Item* Collationes Dominicales *et* Festivae. *Item* Collationes *de decem Praeceptis, quas collegit Frater* PETRUS de Adria. *Item Lectura super* Matthaeum *incomple-*

a) Ughellus tom. 6 pag. 632.

· b) Cap. 454.

c) Confer Christoph. Landinum ad Dantis Infernum, cant. 15. Oudin tom. 3 p. 103. Nic. Toppium pag. 250. Bibl. Neapol.

d) *O felix Vinea quae felicem Capuam tam suavis fructus ubertatis reficiens, terram Laboris irradians ec. ex te namque prodiit hic Petrus* etc. et Epist. 45. *ut jam non Petrus à Capua, sed à Petro Capua Latius agnoscatur.*

e) Ab An. 1226.

ta, quam partim idem Frater, partim Saecularis quidam recollegit, ejus studio delectactus. Confer Oudinum tom. 3 pag. 582. seq. et Jacobum Quetif. t. 1 p. 532.

PETRUM de Vincis *Johannes Trithemius, in libro de Scriptoribus Ecclesiasticis,* b) *Teuthonicum fuisse scribit: adductus forte ratione cognominis, quod a Vinea celebri Sueviae monasterio, non procul à Ravenspurgo sito, illi impositum esse videtur. Alii vero, et mea quidem sententia, rectius, Italum* c) *et quidem Capuanum fuisse sentiunt: moti authoritate Epistolae* 45. d) *quae de laude ipsius, libro Epistolarum tertio continetur. Sed sive Germanus sive Italus fuerit, vir doctrina, ingenio ac eloquentia, sua aetate, omnium scriptorum testimonio, praestantissimus fuit. Quare* Fridericus, *ejus nominis* secundus, *eo* e) *Cancellario 'electo, in rebus difficilimis atque gravissimis ejus opera est usus': eique muneri dum praefuit, hos* sex· *libros Epistolarum ex persona sui Imperatoris conscripsit: et Apologeticum de potestate.Imperatoris et Papae, quem* Innocentius Tertius f) *refutasse scribitur, edidit: et Friderico a* ·*Gregorio Nono .pontifice excommunicato,* orationem de Anathemate et de Romana Ecclesia, *in die gloriosae resurrectionis Domini nostri* JEsu CHristi, Patavii *habuit.* g) *Ceterum cum totum fere terrarum orbem nominis sui fama complevisset, Friderico in Victoriae obsidione à Parmensibus victo,* h) *proditionis in dominum agitatae, ut Collenutius scribit,* i) *insimulatus, vitae exitum tristissimum, planeque tragicum sortitus est. Comprehenso siquidem Imperator Miriati* k) *oculos erui jussit. Unde ipse sibimetipsi mortem* l) *in publico omnium conspectu conscivit: hoc*

f) Innocentius IV. Adde Trithemium cap. 447.

g) An. 1239.

h) An. 1246. post sententiam adversus Fridericum latam in Concilio Lugd. Anno 1245. cui Petrus de Vineis pro Friderico interfuerat. Vide Bzovium ad An. 1245. n. 7.

i) Pandulfus Collenutius in his'. Neapolit. lib. IV.

k) Miniati (San Miniato al Tedesco) in agro Florentino.

l) Capite, ut ajunt, ad columnam alliso An. 1249. Vide Spondanum ad An. 1249.

fine suo insigne imbecillitatis humanae na-
turae exemplum praebens. Haec de Petro
Simon Schardius. *Epistolarum* Petri de
Vincis duas hodie meliores editiones à
Viris clarissimis exspectamus, unam ab
eruditissimo Eginhardi editore *Hermanno
Schminckio,* quem jam ab aliquot annis
a) hoc saxum volvere comperi: et alteram à dignissimo Gymnasii equestris Luneburgensis Praefecto, *Joanne Georgio
Werenbergio.* Libri primi Epistolae XXXIII.
primum viderunt lucem, hunc prae se
titulum ferentes: *Querimonia Friderici
II. Imperat. qua se à Romano Pontifice
et Cardinalibus immerito persecutum et
Imperio dejectum esse ostendit : & doctissimo Viro D. Petro de Vineis , ejusdem
Friderici II. Cancellario A.* 1230. *conscripta.* Hagenoae apud Jo. Secerium 1529. 8.
Hinc *Simon Schardius* sex libros primus
luce donavit Basileae 1566. 8. per Paulum Quecum , praemissa formula depositionis Friderici II. factae per Innocentium
IV. integriore quam sexto Decretalium libro legitur : et Epistola Gregorii IX. ad
Fridericum II. vitaque ejusdem Friderici
ex Collenutii libro IV. quam Latine ex
Italico Latine Schardius convertit, additque etiam hypomnema de fide, amicitia
et observantia Pontificum Romanorum erga Imperatores Germanicos. Denique recusa Schardii editio collata cum Hagano-
ensi , recognitaque et aucta , glossario illustrata et indice per *Germanum Philale-
then.* Ambergae 1609. forma octava minori, adjuncto etiam Friderici II. Consilio
de Archiducatu Austriaco mutando in Regnum. Confer Nic. Hieron. Gundlingium
in historia Imperii pag. 593. Bene autem
notatum ab Oudino a) est, *in sex libris
hisce Epistolarum quas ex Friderici et
sua persona scripsisse Petrus de Vineis
perhibetur , non paucas etiam contineri ,
quarum ipse nequaquam auctor esse pe-
tuit : cum non solum post ipsius Petri de
Vineis , verum etiam post ipsius Friderici
mortem à* MANFREDO I. *aliisque exara-*

*tas esse constet , quarum nonnullas edidit
in Miscellaneis Stephanus Baluzius.* Vide
et Usserium de Christianarum Ecclesiarum successiones et statu cap. IX. pag.
335. *Dictamina M. Petri de Vineis* , Cantabrigiae Manuscripta servari notavit Caveus , quae laudato Oudino verisimiliter
eadem cum Epistolis esse judicantur : nisi sint Friderici II. *Constitutiones regni
Siciliae , quas per Magistrum de Veneis
Capuanum , magnae nostrae Curiae Judicem et fidelem nostrum , mandavimus compilari.* Vide Toppium p. 250. Libellum *de
Consolatione* quem Boëtii exemplo scripsisse Petrum tradit Volaterranus , nemo
adhuc in lucem protulit.

* Ultra has omnes epistolas Petri de
Vineis a Schardio vulgatas additamentum
aliud ex cod. MS. Biblioth. Reginae Sveciae, quae modo transiit in Vaticanam
descripsit sibi P. Mabillon. easdemque epistolas dein vulgavit P. Martene vet mon.
t. 2 Insuper Schardii collectionem Basileensi A. 1609. repetita dedit A. 1740. Jo. Rudolphus Iselius J. C. prodiitque opus illud
Basileae t. 2 in 8. Contulit totum opus ad MS.
Codicem Biblioth. Bernensis , mendosam
tamen illum et pretii oppido mediocris.
Per istos annos cum Viennae agerem , vir
doctissimus Nicolaus a Forlosia , custos
primarius Biblioth. Vindobonensis ostendit mihi Schardii collectionem passim a
se exactam ad Vindobonenses Codd. ex
quibus variantes plures margini adiecerat.
Insuper epistolas longe plures, quas in
codicibus illis nactus est in Schardio frustra quaerendas in fine eius collectionis
descripsit. An illae accessoriae epistolae
eaedem omnino sint cum illis , quas ex
Mabillonio vulgavit Martenus in ea temporis angustia investigare non potui. *

PETRI Viri disertissimi *exceptiones Legum Romanarum , ad Odilonem ,* Manuscriptae in Biblioth. Regia Paris. Codice 1817.
teste Cangio.

PETRUS *Visselbecius* Vide *Huxariense
Chronicon* supra tom. 3. pag. 287.

---

a) Bibl. Historico Theol. Bremens. tom. VI. A.
1722. p. 191. Uuserlesene Theologische Bibl. tom.

VI. pag. 615.
a) tom. 3. pag. 109.

PETRUS *de Unzola* Bononiensis Jurisconsultus praeter *Consultationes* varias scripsit *Auroram novissimam* in usum tabellionum et scribarum super continuatione quinti, sexti et septimi capitulorum Rolaredini de Romaniciis A. 1284. defuncti JCti Bononiensis. Vide Trithemium c. 816.

PETRUS de Osmo, Oxamensis sive *Uxamensis* Hispanus Professor Theologiae et Canonicus Salmanticensis scripsit An. 1479. a) *librum de Confessione*, in quo contendit Confessionem Sacramentalem non à CHristo institutam, sed Sacramentum Naturae invectum ab hominibus, peccataque mortalia una cordis contritione, pravas cogitationes sola displicentia deleri. Nec esse absolvendos poenitentes nisi peracta prius poenitentia eis injuncta: nec Papam posse indulgere alicui vivo poenam purgatorii, aut dispensare in statutis universalis Ecclesiae. Oppugnavit eum singulari volumine *Joannes* PREXANUS: Archi-Episcopus vero Toletanus in Synodo Complutensi jussu Pontificis ipsum anathemati et librum ejus flammis addixit, unde ipse permoveri se passus est capita objecta ejurare, ut ex formula à Barthol. Carranza in summa Conciliorum relata patet.

Abiuratio Magistri Petri Oxomensis in forma canonum. *Quoniam egò Magister Petrus Oxomensis composueram librum confessionis, continentem nonnullas propositiones, quas tunc credebam veras, et determinationi sanctae matris Ecclesiae et communi opinioni doctorum consonas, sed quia primum ex libro illo orta sunt maxima scandala in cordibus fidelium, maxime in partibus horum regnorum, adeo quod reverendissimus in Domino pater ac Dominus Archiepiscopus Toletanus (Alphonsus Carillius) authoritate Apostolica (Sixti IV) accersitis qua plurimis Magistris et sacrae Theologiae doctoribus, et aliis viris eruditissimis, maturo consilio ac deliberatione pronunciavit et declaravit dictum librum continere nonnullas propositiones*

falsas, haereticas, scandalosas, male sonantes et erroneas, et ideo comburendum, prout in sententia latius continetur. Quapropter ego praefatus Magister desiderans salutem animae meae, ac proprium recognoscens errorem et culpam, dico et confiteor me graviter errasse in compositione dicti libelli, utpote continentis propositiones falsas, erroneas, scandalosas, haereticas, et male sonantes. Quas ut tales confiteor et declaro: summittoque me determinationi sanctae matris Ecclesiae, et determinationi et sententiae praefatae et prolatae per dictum reverendissimum Dominum, cui ego ex nunc et specialiter et expresse assentior. et cognoscens veram fidem, anathematizo omnem haeresim maxime eam de qua hactenus sum infamatus, et consentio sanctae matri Ecclesiae Romanae et sedi Apostolicae, et ore ac corde confiteor sacramenta Ecclesiae, et illam fidem tenere, quam Dominus Sixtus Papa modernus authoritate Apostolica et Evangelica tenet: et per haec Sancta DEI Evangelia omnes qui contra hanc fidem venerint, cum suis doctrinis dignos aeterna damnatione pronuncio.

Scripsit praeterea *de comparatione Deitatis, proprietatis et personae disputationem seu repetitionem*: tum *in libros Metaphysicorum* Aristotelis, et *in sex libros Ethicorom* ejusdem, Salmanticae 1496. Quam fuerit autem Vir minime contemnendus, ex hoc Antonii Nebrissensis testimonio cognoscere juvat: *Quanto ingenio et eruditione fuerit Magister Petrus Oxomensis* (in *Apologia* inquit *earum rerum, quae sibi objicerentur*) *nemo est qui ignoret, cum post Tostatum illum, omnium judicio apud nos fuerit, nostra aetate in o ni genere doctrinae facile princeps. Is fuit ex portione beneficiarius in Ecclesia Salmanticensi* (non ergo Canonicus, sed portionarius, contra id quod aliorum fidem sequuti diximus) *cui ex decani et capituli decrèto delegata fuit provincia libros Ecclesiasticos emendandi, proposita illa mercede laboris,*

a) Supra p. 38.
b) Natalis Alexander tom. 8. Histor. Eccles. p. 99. seq. Bzovius ad An. 1470. num. IX. p. 159.

Nic. Antonius t. 2 Biblioth. Hispanae veteris X. 12. p. 203. seq.

ut pro quinis quotidie chartis emendandis mereretur quas appellant distributiones quotidianas, tametsi rei Divinae non interesset. Est in ea Ecclesia utriusque Testamenti codex pervetustus, qui mihi saepe fuit usui ad eqm rem, de qua nunc agitur. Ab eo castigationum suarum initium, Oxomensis fecit, conferens illum, opinor, ad aliquem è recentioribus libris, atque dispungens vera, et inducens falsa, distorsit à prototypo exemplari plusquam sexcentos locos, quos tibi Pater clementissime (ad Franciscum Ximenium Toletanum antistitem loquitur) ostendi, cum illic esset curia.

Abbatiae S. PETRI Viri Senonensis Ordin. Bened. *Chronicon*. Supra CLARIUS t. 1. pag. 355.

Conradus PEUTINGERUS, supra tom. 1. pag. 387.

Aymericus de PERACO ibid. pag. 150.

PHARETRA Doctorum sive Dictionarium vocabulorum ad explicationem Doctrinae Christianae pertinentium, secundum Alphabeti ordinem. Manuscr. in Bibl. Augustana.

* Opus illud anonymum pharetra inscriptum, per literas elementares digestum typis expressum prodiit, quam editionem longe vetustissimam et in folio maximo absque expresso loco et tempore impressionis offendi in Bibliot. PP. Benedictinorum Viennensium S. Mariae ad Scotos.*

PHARPHENSE *Chronicon*. Supra *Farfense* tom. 2. pag. 553.

S. PHILASTRIUS, sive ut in Actis Concilii Aquilejensis An. 381. dicitur, PHILASTER Episcopus Brixiensis ab An. C. 380. ad 388. De quo Gaudentius ejus successor (vide supra tom. 3 p. 23.) et alii veteres, quorum testimonia praemisi editioni novae *libri* ejus *de haeresibus* quem notis et indicibus illustratum in lucem emisi Hamb 1721. 8. E recentioribus praeter laudatos ibi à me, consulenda Acta Sanctorum tom. IV. Julii 18. pag. seq. Bernardus Faynus ad· Martyrolog. Brixiense 18. Jul. Sandius ad Vossium, Ittigius de haeresiarchis pag. 4. Labbeus tom. 2

pag. 211. Caveus ad An. 380. Casp. Sagittarius introduct. ad Histor Eccles. p. 387. etc. Notavit nonnulla in Philastrio Index expurgatorius Brasichellanus, repetita etiam à Clarissimo Viro Theodoro Crusio.

a) Sed novam Philastrii editionem exspectamus ab erudissimo Gaudentii editore *Paulo Galeardo*, ad quem illustrissimus Scipio Marchio Maffejus in litteris datis An. 1730. b) *Philastrii tibi Codices perquirere, ut enixe rogasti, non destiti, sed hactenus operam perdidi. In instructissima tamen Benedictinorum S. Germani Bialiotheca Cod.* 625. *Philastrium haberi intellexi nuper.* Priores editiones sunt Basil. 1528. 8. et 1539. 8. atque in Bibliothecis Patrum universis, Parisiensibus, Coloniensi, et Lugdunensi novissima tom IV. atque iterum separatim ex recensione Joannis à Fuchte Helmst. 1611. 4. et 1621. 4 cum supplemento recentioris scriptoris, ex editionibus Basileensibus.

Praeter libellum de haeresibus Philastrio tribuitur latina Epistolae *S. Barnabae* interpretatio, quae Philastri nomen praefert in Manuscr. Codice Corbeiensi, pro quo in Actis Sanctorum ad XI. Junii t. 2. p. 460. et 457. male excusum *Philostorgii*. Philastro etiam sunt qui adscribunt *acta SS. Faustini et Jovitae* apud Surium et Bollandum 13. Februar. nec non *Acta S. Afrae* Virginis et Martyris Brixiensis, in Actis Sanctor. 24. Maji. sed utraque haec longe alterius ac multo recentioris esse scriptoris, attentus et peritus lector haud dubitabit.

Nomen origine latinum qui volunt, non diversum putant à *filiastro* quod pro privigno positum, sed recentiore aetate notarunt Cangius et ad Codicem legum antiquarum Fridericus Lindenbrogius p. 1400. Jac Sponius, recherche des Antiquitez et curiositez de la Ville de Lion. p. 76 seq. Fulbertus Carnotensis Epistola 33. *Si quis filiastram aut filiastrum suam ante Episcopum ad confirmationem tenuerit; separetur ab uxore et alteram non accipiat.* At Graecis auri-

a) *Berguugung mussiger Etunden* parte IX. p. 26-28.

b) Antiquitatt. pag. 76.

bus Philastrius pulchrius et verius sonat amantem siderum , quo nomine fuit etiam Philastrius Monachus Studita , à quo circa An. C. 1310. institutum Constantinum Harmenopulum refert Nic. Comnenus Papadopoli in praelusionibus Mystagogicis pag. 143. Gvilelmus Philasterius Cardinalis , apud Clariss. Hardtium tom 2. Concilii Costantiensis p. 209. 227. Jacobum l'Enfant histoire du Concile de Pise p. 142.

* Editio illa a cl. Petro Galeardo adornata jam tandem prodiit , et priorem locum obtinet inter veterum Brixiae Episcoporum opuscula in unum collecta, quae sane collectio producta est Brixiae Anno 1738. jussu Em. Card. Quirini sacrorum studiorum promotoris intentissimi. Dedit illam Galeardus cum variantibus Codicis Corbeiénsis, qui nunc in Bibliothecam S. Germani a Pratis transivit , ex eoque sex capita adiecta sunt opusculo Philastrii de haereticis. Consultus autem diligenter codex iste olim Corbejensis de versione Latina epistolae S. Barnabae a Philastrio confecta , ne minimam quidem coniecturam affert , quamvis ex una huius Codicis authoritate haec opinio invaluit. Est quidem in eodem Codice epistola S. Barnabae ex antiqua versione , cuius tamen auctorem non indicat ; qui vero frequenter MSS. codices versant ; illi continuo intelligent non ideo quia duo diversa opuscula in eodem codice contineantur , continuo uni eodemque auctori deberi. *

Franciscus PHILELPHUS eximium locum promeritus inter eos qui in illo diluculo renascentium litterarum , Graecis et Latinis ordinandis ac restituendis non contemnendam operam praestitere. Natus An. 1398. 8. Kal. Aug. a) apud Tolentinates , qui memoriam ejus decorarunt statua illi posita in Curia. b) Patavii Gasparinum Barzizam audivit , Costantinopoli Georgium Chrysococcem. Prima illi uxor Theodora , filia Joannis Chrysolorae , Ma-

nuelis Chrysolorae neptis. Cum elegantiores litteras docuisset c) Bononiae, Romae, Mediolani, Florentiae, Patavii et Mantuae , denique rebus humanis valedixit Florentiae prid. Kal. August, Anno 1480. aet. 82 d) Dignitatis militaris insignibus regiis et laurea poetica donatus est à Rege Neapolitano Alphonso An. 1454. Quinque omnino, inquit e) exstant opera mea versibus elucubrata , satirarum , libri X. versibus 10000. Carminum libri V. versibus 5000. Alteri libri quoque partim scripti sunt non editi. partim ne scripti quidem. Opus Sfortiados f) libris VIII. versibus 6400. De Jocis et seriis libri X. Epigrammatum , versibus 10000. Quintum opus totum versibus Graecis g) constat, libri III. versibus 2100. His addendus ejus Nicolaus , sive libri duo carmine Sapphico atque Adonico de vita et laudibus Nicolai V. Pontificis , apud quem valde gratiosum se fuisse testatur , invitatum etiam amplo stipendio ad Homerum Latinis donandum auribus. Vide Epist. XXVI. 1. et XXIV. 5. Plura de se ipse XX. 27. Epist. et de stylo suo XXII. 18 Caetera ejus scripta prosario sermone , vel Graeco versa sunt , ut Lysiae Oratoris, Aristotelis, Xenophontis, Hippocratis et Plutarchi nonnulla , de quibus vide Niceroni memorias de Viris eruditis tom. VI. p. 83 Vel ex ingenio ejus composita ut Conviviorum libri II Commentationum Florentinarum libri III. de exilio, de infamia et de paupertate De Morali disciplina libri V.** Venet. ap.Scotum 1552 4. Lucchesini.) De vita et rebus gestis Francisci Sfortiae liber singularis et diversus à Sfortiados opere. Orationes , inter quas etiam Legum apud veteres scriptores commemoratarum una cum aliis opusculis legitur. Denique Epistolarum libri XXXVII. non injucundi lectu et à quibus , sicut et ex ejus Satiris varia ad historiam litterariam illorum temporum annotare licet. Venet. 1502. fol Harum, cum rarius

a) Philelf. lib. XXXVI. Epist. 1.
b) Jo Breval , remarke pag. 259.Acta Erud. 1727. pag. 101.
c) Philelf. lib. XXVI. Epist. 1
d) Diarium eruditorum Italiae tom. 14. p. 547.

tom. 15. pag. 297. et tom. 17. pag. 552.
e) Lib. XXVI. Epist. 1. pag. 179.
f) Contra Galeoti censuram , sfortiadem suam tuetur lib. XXIV. Epist. 1.
g) XXV. 28.

sint obviae, Epistolarum novam editionem jam parari libenter intellexi Altdorfii à Viro Clarissimo Jac. Wilhelmo Feuerlino. Ex iisdem Epistolis maxime, Jo. Jo. Henricus Foppius a) Vitam Philelphi collectam edidit in tomo quinto Miscellaneorum Lipsiensium, 1717. 8. p. 322-354 Foppii labore usus Niceronus tom. VI. memoriarum de Viris eruditis pag. 71. qui d ligenter de Philelpho ejusque scriptis commentatur. His jungendum Diarium eruditorum Italiae tom. XIV. pag. 317. seq. et Bernardus Moneta tom. 4. Menagianorum pag. 232 seq. et ad Bailleti Judicia tom. 2. pag. 357. seq. Notiores, qui de eodem possunt consuli, praetereo, ut Trithemium cap. 855. Jovium in elogiis, Gaddium tom. 2. pag. 254. Vossium de Historicis et poetis Latinis, Thomae Pope Blount censuram scriptorum, Isaaci Bullartii Academiam scientiarum tom. 1 p. 270. etc. De filio MARIO Philelpho b) vide Trithemium cap. 856.

* Eruditorum virorum vota efflagitantium dari novam Epistolar. Philelphicarum editionem adimplere nisus est vir cl. Nicolaus Stanislaus Meuccius Florentinus emisso ante annos hos fere decem scilicet 1745 Florentiae priore volumine epistolarum Philelphicar. adiecta de suo non luculenta tantummodo praefatione, sed et ad loca opportuna annotationibus cum appendice epistolar. quarumdam ineditarum, quamquam gloriolae contemptor uberem hanc appendicem ne indicare quidem voluit. Contuli editionem istam cum Veneta An. 1502. ac reperi in posteriori hac deesse ab epistola 8. libri IV. usque ad 17. eiusdem libri. Vicissim autem in hac recenti editione nescio quo casu excidit epistola prima ad Albertum Zancharium data Mediolani tertio idus Januarii an. 1441. incipiens : Non te praeterit. Desinit prius hoc vol. in epistola ad Hieronymum Bellanti data pridie Kalendas Aprilis (ita legit ipse cum in Veneta editione sit idibus Aprilis) Editio ista ultra volumen 1. libros quatuor priores Epistolar. complectens non

excurrit. In cod. MS. Felini geminas Philelphi epistolas nondum editas satisque prolixas nactus sum, quibus Pontificem Sixtum IV. castigat pro bello Florentinis illato, nec abstinet a culpando Pontifice quasi coniurationis in Medicaeos participe et authore.

Corrigendus est etiam annus emortualis Philelphi a Fabricio adnotatus; obiit enim ut admonuit Fontius, in Annalibus An. 1481. die pridie Kal Augusti Florentiae anno aetatis quarto et octogesimo. (265. In calce tomi 1. Miscell. Baluzii edit. Lucensis binas illas epistolas ad Sixtum Pontificem parum viro catholico congruentes ipse Mansius dare non dubitavit. Alias epistolas Philelfi e tenebris eruere Fabronius et Roscoe in vita Laurentii Med. Earum libros XI. ultra XXXVII. quot editio Anni 1502.praesefert, extant in cod. permaximi pretii, quem Gens Trivultia a Mediolanensi Canonicor. Capitulo jam comparavit, ut docet eruditione refertissima et elegans Vita di F. Filelfo del Cav. Carlo de Rosmini Roveretano. Milano 1808. in 8. vol. III. ubi insuper ineditas in Florentina edit. an.1743.esse epistolas aperte inficitur.)

PHILIPPINUS de Pergamo Prior monasterii S. Mariae de Tressonibus de Padua circa An. 1380. scripsit et Galato Vicecomiti, Mediolani, Papiae, Pergami aliarumque urbium Vicario Imperiali dicavit Speculum regiminis sive commentarios copiosos in Ethicam Catonis editos An. 1474. Vide Clarissimimi viri, Christiani Gottlieb Schwartzii indicem librorum saeculo XV. impressorum pag. 110.

PHILIPPUS I. Francorum Rex, cujus diploma A. C. 1066 regni septimo datum exstat apnd Dacherium pag. 637. ad Guibertum Novigentium.

PHILIPPI II. Augusti Testamentum apud Duchesnium tom. V. p. 261.

PHILIPPUS Abbas Cisterc. infra, Philippus de Eleemosyna.

PHILIPPUS Aichstadiensis. Infra Philippus Eichstetensis.

a) Perperam Toppius apud Niccrouum.
b) Integrum nomen Jo. Jacobus Marius Philel-

phus, quem increpat pater Epist. XXXI. ult. XXXVI 16.

PHILIPPI de Levis, *Arelatensis* ab An. 1462. ad 1475. a) Archiepiscopi Epistolalam ad Capitulum Ecclesiae Arelatensis An. 1463. datam vulgavit Baluzius tom. IV. Misc. pag. 522.

PHILIPPUS *Aubinus* Anglus, medio Seculo XV. Philosophus et Mathematicus Oxoniensis, cuius *Canones tabularum* Astronomicarum, Alphonsi Regis exemplo conditarum laudant Lelandus cap. 502. Baleus XII. 92 Pitseus pag. 891.

Aurelius PHILIPPUS, scriptor *Vitae Alexandri Severi*, quem etiam libertus patris in prima pueritia instituit, teste Lampridio cap. 3. adde Vossium pag. 177.

PHILIPPUS *de Barberiis*, Siciliensis Syracusanus, Ordin. Praed. scriptor *Chronici* editi An. 1475. 4. ad Joannem Alphonsum Ecclesiae Hispalensis Canonicum et Bacularium Acroniensem. Ejusdem est *tractatus solennis* Rom. 1481. editus in 4. in quo continentur imprimis *Discordantiae nonnullae inter Sanctos Eusebium, Hieronymum et Aurel. Augustinum Sanctae Ecclesiae Doctores, circa quas plurimas Doctorum aliorum opiniones adducit. II. Duodecim Sibyllarum vaticinia, quae de CHristo ediderunt. III. Carmina* PROBÆ *IV. D. Athanasii Symbolum cum D. Thomae Aquinatis expositione. V. Dominica Oratio per eundem D. Thomam. VI. Angelica Salutatio per eundem. VII. Hymnus Te DEUM laudamus, cum expositione per eundem D. Thomam composita. Angelicus Hymnus, Gloria in excelsis DEO, per eundem B. Thomam Divinitus explicatus. Donatus Theologus, quo Theologicae quaestiones Grammatica arte solvuntur.* Alia etiam sunt quae ipse tradit se scripsisse, nescio an edita:

De Immortalitate Animorum libros tres, ad Honoratum Gaitanum Militem ac Fundorum Comitem. Lucubrationem doctam ac merito legendam vocat Jacobus Quetif tom. 1. pag 873.

De Divina Providentia, et Hominum Praedestinatione libros duos.

De Inventoribus Scientiarum, et Artium Mechanicarum libros tres.

a) Vide Sammarthanos tom. p. 66.

Sermonum Quadragesimalium volumen pergrande.

Dominicarum, ac Sanctorum praedicationum egregium.

Opus sui itinerarii.

Vide Antonini Mongitoris Biblioth. Siculam tom. 2. pag. 168. et Jacobum Quetif tom. 1. pag. 873.

PHILIPPUS *Bastonus*, infra *Philippus Bostonus.*

PHILIPPUS *de Bergomo*, supra PHILIPPINUS.

Jacobus PHILIPPUS *Bergomensis*, scriptor supplementi Chronicorum, de quo supra tom. IV. pag. 306. seq. Hic ad An. 1355. alterius antiquioris circa Annum 1350. meminit his verbis . PHILIPPUS *Monachus S. Benedicti, patria* Bergomensis, *Vir in Divinis Scripturis admodum studiosus et doctus, ac Aristotelicae Philosophiae non ignarus : his temporibus cum·esset ingenio praestans·scripsit nonnulla doctrinae suae opuscula, quibus nomen suum cum gloria posteris significavit, è quibus exstat opus magnum* super Ethicam Catonis *libris multis. Incipit:* ad gloriam et laudem Domini. Sermones *etiam dicitur scripsisse multos.* Confer Trithemium c. 620. de S. E. et illustr. Benedictin. II. 129. qui Priorem S. Mariae de Avantia in Padua fuisse testatur.

PHILIPPUS *Beroaldus*, Vir memorabilis et ipse inter eos qui renascentibus litteris industria et ingenio suo insigne momentum addidere. Natus Bononiae A. 1450 13. Novembr. Medicus, Philosophus, Orator humaniores litteras docuit Parmae, Lutetiae et Bononiae in patria ubi diem obiit supremum An. 1505. 17. Jul. Vitae scriptores nactus est *Joannem Pinum, Tolosanum* discipulum suum, Bonon. 1505. 4. et *Bartholomaeum Blanchinum*, Bononiensem, cujus lucubratio Camillo Palaeotto dicata, Beroaldi Svetonio in editionibus ab Anno 1506. recusis praemittitur. Ex his professe se non diffitetur Clariss. Niceronus, cujus memorias de Viris eruditis, Gallice editas adire imprimis operae pretium est tom. XXV. pag. 374. seq. Consuli etiam possunt Jovius in elogiis pag. 102. Gaddius qui famam Beroaldi tuetur adversus Floridum Sabinum, tom. 1. pag. 57. Bailleti judicia et ad ea Bernardi Monetae animadversiones tom. 2. pag. 406. seq. Alphonsus Clarmundus tom. 3. vitarum pag. 217. Censurae Thomae Pope Blount etc. De scriptis eius idem Niceronus diligenter: sunt autem vel Veteres scriptores ab eo recensiti illustratique notis, *Plinii* historia naturalis, *Propertius, Servius* in Virgilium, quem acerbius insectatur judice Gifanio a) quam Bupalum Hipponax olim, aut infidum Lycambem Archilochus. Scriptores de re rustica *Columella, Varro, Cato* et *Palladius*: Virgilii Bucolica et Georgica. *Plinii* junioris Epistolae et Panegyricus: *Ciceronis* Tusculanae Quaestiones, itemque Orationes, Bonon. 1499. fol. addita Oratione contra M. Valerium, incognita prius et Ciceroni supposita. *Svetonius, Apuleji* asinus aureos. *Plautus, Caesar, Sextus Aurelius* de Vitis Caesarum: *Lucanus* et *Juvenalis.* Vel quae ipse elucubravit, *Heptalogos* sive septem Sapientum dicta. *Declamationes* Philosophi, Medici et Oratoris quis praestet: et ebriosi, scortatoris, aleatoris, quis sit detestabilior. Libellus *de optimo statu et principe. De felicitate* Opusculum. Aliud *de terrae motu et pestilentia. Oratio proverbialis* sive ex meris contexta proverbiis eorumque sensum illustrans. Disputatio *de nomine Imperatorio.* *Orationes, praefationes, praelectiones* et quaedam *mithycae historiae, Opuscula*, cum *Epigrammatis.* In hac sylloge inter alia occurrunt *Oratio habita in enarratione Verrinarum Ciceronis.*

Oratio in enarratione Georgici Carminis Virgiliani, atque Tranquilli, qua laus Rei Rusticae continetur.

Oratio in principio enarrationis Propertii continens laudes Amoris.

Oratio in enarratione Titi Livii, ac Silii Italici, continens Historiae laudationem.

Oratio in enarratione Epistolarum Ci-

ceronis et Lucani, continens laudem Poetices.

Oratio in enarratione Rhetoricorum ad Herennium, continens laudationem Eloquentiae atque Ciceronis.

Oratio in enarratione Juvenalis atque Salustii.

In enarratione Quaestionum Tusculanarum et Horatii Flacci, Oratio continens laudem Musices.

In enarratione Persii Poetae, Oratio.

Oratio habita apud Rectorem Scholastici conventus, ineuntem Scholasticam Praefecturam.

Oratio habita, dum Rector Scholasticus accepit Magistratus insignia.

Ad Tribunos Plebis Oratio.

Epistola et Panegyricus ad Ludovicum Sphortiam.

Ad Bartholomaeum Chalcum Epistola.

In Nuptias Bentivolorum, Oratio.

Oratia alia Nuptialis.

Epistola ad Minum Roscium, Senatorem Bononiensem; cum duabus Historiis ec.

Carmen lugubre *de Dominicae passionis die*, quod Gallica etiam metaphrasi donarunt Clemens Marotus et Claudius de Pontoux. Exstant praeterea *Symbola Pythagorae* à Beroaldo moraliter explicata, et *de scribendis Epistolis* libellus in, appendice Margaritae Philosophicae: tum *Epistolae* quaedam inter Epistolas Politiani, Jo. Francisci Pici etc.

(267. Nihil de utriusque Beroaldi operum editionibus contra morem Fabricius. Diligentissime T. I. pag. 1003 seqq. in op. *Gli Scrittori d' Italia* Mazzuchellius, et postea Fantuzzi supplevere.)

PHILIPPUS *Beroaldus* junior, superioris non filius sed gentilis sive propinquus, b) Bononiensis et ipse, ubi ab An. 1498. docuit, ac deinde Romae post Thomam Phaedrum Bibliothecae praefuit Vaticanae, obiitque An. 1518. Huic debemus primam editionem librorum V. primorum Annalium Taciti, quos Leoni X. dicatos edidit Romae 1515. fol. Vertit Latine ex Graeco

---

a) Apologia pro Latinis Poëtis p. 505.

b) Bernardus Moneta ad Bailleti judicia tom. 2.

pag. 408. et tom. 3. Menagianor. pag. 347.

Isocratis Orationem ad Demonicum, scripsitque faventibus Musis libros tres Odarum atque epigrammatum, post ejus obitum luci datos Romae 1530. 4. ut Epistolas quasdam cum Reuchlinianis et cum Urcei Codri opusculis editas praeteream. Vide laudatum Niceronum tom. XXV. p. 394. seq. Pierium Valerianum de infelicitate litteratorum, Jovii elogia, Vossium pag. 668. etc.

Omitto dicere de junioribus *Matthaeo* BEROALDO Parisiensi, qui Hebraicas litteras Aureliae docuit An. 1565. Sedani postea Historiam, et Genevae sacras litteras scriptor *Chronologiae* An. 1575. editae, non diu post defunctus : de quo Colomesius in Gallia Orientali pag. 45. Baelius in Lexico, et Bernardus Moneta tom. 4 Menagianor. pag. 427. qui etiam ambo de *Francisco* BEROALDO, Domino de Verville, Matthaei filio, et de ejus somnio Polyphili , Menagiana tom. 4 pag. 248. seq. et de scripto cui titulus : le moyen de parvenir, pagina 419. De aliis ingenii ejus monimentis Crucimanius in Bibl. Gallica p. 91. seq.

PHILIPPUS *Beverlaius*, Anglus, Monachus Glasconiensis, cujus Quaestiones in Aristotelem περι ερμηνειας et in sex principia Gilberti Porretani memorat Baleus 14. et Ptseus pag. 891.

PHILIPPUS *Biken* Milcz, scriptor *itinerarii terrae sanctae* impressi Spirae An. 1490. teste Hendreichio pag. 574 Pandedectarum Brandenburgensium.

PHILIPPUS do Harveng, Abbas secundus *Bonae Spei* Ordinis Praemonstratensis in Hannonia Cameracensis dioecesis, dictus ab Eleemosyna sive Eleemosynarius, cujus vita ex ejus Epistolis et aliis lucubrationibus descripta exstat in Joannis le Paige Biblioth. Praemonstratensi pag. 508-514. clarus ab An. 1159. et qui inter alia Epitaphium panxit Urbano III. defuncto An 1187. Scripta ejus junctim edita à Nicolao Chamari a) Bonae Spei Abbate, Duaci 1621. fol. Sunt autem: *Epistolae XXI.* b) quarum

decima objurgatoria ad S. Bernardum Claraevallensem. Commentarius mysticus *in Cantica Canticorum* pag. 101 Moralitates in eadem Cantica pag. 286. *De somnio Nabuchodonosoris* pag. 340. *De salute primi hominis* pag. 344. *De damnatione Salomonis* 361. *De institutione Clericorum* tractatus VI. 1 de Clericorum dignitate 2 scientia, 3 justitia, 4 continentia, 5 obedientia et 6) silentio.

Vita Sancti Augustini, Ipponensis Episcopi. pag. 691.

Vita Sancti Amandi Abbatis et Episcopi Trajectensis pag. 707. et in Actis Sanctor. t. 1 Februar 6 p. 857. 872.

Passio Sanctor. Cyrici et Julittae p.745.

Passio Sancti Salvii Martyris. p. 752.

Vita Sancti Foillani. p. 759.

Vita Sancti Gisleni Confessoris et Abbatis. pag. 767. Confer Carolum le Cointe ad A. 651. tom. 3 p. 303. seq.

Vita Sancti Landelini Abbatis Crispinensis in Hannonia p. 773.

Vita Sanctae Odae Virginis. pag. 779. et in Actis Sanctor. tom. 2 Aprilis 20. pag. 773. 780.

Vita S. Waldetrudis Virginis. pag. 778.

Passio Sanctae Agnetis Virginis et Martyris, Carmine elegiaco. p 796.

Varia Carmina, Epitaphia, et Logogryphi. pag. 798. Ex epitaphiis illud in Ivonem habetur etiam in Actis Sanctor. t. V Maji 20 p. 248. Caetera sunt in Anselmum Cantuar. Petrum Abaelardum, Guilelmum de Conchis, Bernardum Claraevall. Urbanum III. etc.

PHILIPPUS *Bonacursius Callimacus*, supra tom. 1 pag. 300.

PHILIPPUS *Bostonus*, Baleo Bastonus Roberti poetae frater, Carmelita Notingamensis circa Annum 1320. Ejus *Epistolas* et *Conciones* memorat Baleus X. 81. Pitseus pag. 411. Alegrius p. 283.

PHILIPPUS *Brusserius*, Ordinis Minorum, Ligur, nobilis Savonensis, Nicolai Lyrani socius, summis Pontificibus Cle-

---

a) His addenda *Epistola* qua An. 1159- *Alexandro tertio* gratulatur evecto ad Papalem dignitatem : edita à Dacherio tom. 2. spicileg. pag,

455. (tom. 5. edit. novae pag. 527.)

b) Confer Oudinum tom. 2. pag. 1445.

menti V. et Joanni XXII. perquam charus et familiaris, Lector Parisiensis, Nuncius Apostolicus ad Sultanum Babyloniae, scripsit *Compendium historiarum Ordinis Minorum*, *et privilegiorum eidem concessorum.* Floruit Anno 1340. Haec de eo Waddingus p. 300.

PHILIPPUS *Callimachus Experiens,* supra t. 1 p. 300.

PHILIPPUS de Greve, *Cancellarius* Parisiensis, Theologicae scholae Parisiensi gloriose praefuit, scripsitque *de singulis Psalmis sermones duos vel tres, quibus usque hodie multi utuntur qui praedicationis officio vacare voluerint,* inquit Henricus Gandavensis c. 50. Hi sunt sermones CCCXXX. editi Paris. 1523. 8. et Brixiae 1600. 8. *Summam Theologiae* addit Jo. Trithemius cap. 465. Epitaphium ejus exstat in magno Chronico Belgico ad A. 1234. pag. 234. De Commentariis *in Jobum* atque *in Evangelia* videsis infra in *Philippo Presbytero.*

PHILIPPUS *Castellio,* supra t. 3 p. 106.

PHILIPPUS *Cominaeus,* Sup. t. 1. 375.

PHILIPPUS *Corneus* (aliis *Petrus Philippus*) Perusinus, Jo. Petrutii Perusini discipulus, JCtus docuit *Doctor subtilis* per annos circiter quinquaginta Perusiae, Pisis, Ferrariae, Pisauri, diemque obiit ut est apud Jo. Fichardum pag. 425. et Gesnerum An. 1462. aet. 77. (alii apud Augustinum Oldoinum Athenaei Augusti p. 279. A. 1472. 1492. 1494. aetatis 74.) Scripta ejus : Commentaria *in libros Codicis. Consiliorum* sive *Responsorum* Volumina quatuor. Vide Guidum Pancirolum de claris Juris interpretibus. II. 95.

* *Petrus Philippus de Nobilibus de Cornio.* Super Sextum codicis commentaria impressa Perusiae per Jo. Vydenast Alamannum 1477. die 14. Jun. extant in Bibl. Felini Cod. 388. *Allegationes in materia Matrimonii* in Cod. 399. MS. Felini. *Consilia* edita Perusiis IV. in fol. volumi-

nib. an. 1501. 1503. *De societate et soccita* quae cum colonis fiunt edita vetustis typis sine loco et anno. *

PHILIPPUS *Decius,* JCtus et ipse celebris de quo supra t. 2 p. 435.

PHILIPPUS Rodhamsusanus Alsatus, Doctor Theologus Paris. et ex Abbate Coenobii Cisterciensium Parisiensi in dioecesi Basileensi, *Eichstadiensis,* (Aichstadianus, Eystetensis) in Germania ab An. 1305. ad 1322 Episcopus. Scripsit post WOLFHARDUM de quo infra, ad Annam Hungariae Reginam, filiam Alberti Regis Romanorum, *vitam S. Walpurgis,* Virginis circa A. 780. Abbatissae Heidenheimensis, editam à Canisio tom. 4 lect. antiquar.' parte 2.' p. 563. 605. 628. (edit. novae tom. IV p. 238.) et in Actis Sanctorum t. 3 Februar. 25. p. 553. 563. et à Gretsero cum ejusdem Philippi commentario notis et observationibus illustrato *de Ecclesiae Eystetensis Divis tutelaribus,* SS. Richardo, Willibaldo, et Walpurga. Ingolstad. 1617. 4. et inter Gretseri opera tom. X Hujus Philippi tractatus, sive ut ipse vocat editio *de postulando DEUM,* et alia *in Psalmum quartum et super Pater noster,* cum homilia super Evangelium : *et intravit JEsus in castellum,* ad Episcopum Tridentinum a¹ Manuscripta in Bibl. Heilbronnensi, vide Jo. Lud. Hockeri Catalogum illius Biblioth p. 10. seq.

PHILIPPUS ex Episcopo Tarentino Prior Claraevallensis, et ab A. 1156. Abbas *de Eleemosyna* Ordin. Cisterc. in dioecesi Carnotensi. Ejus *Epistolas XXV.* edidit Carolus Visch pag. 336. Biblioth. Cisterc. quarum vigesima secunda pag. 351. est ad PHILIPPUM Praemonstratensem. *Epistolae XL.* in Bertrandi Tissierii Bibl. Cisterc. Confer Oudinum tom. 2 p. 1254. Ex his Epistolas quinque vel sex Philippi hujus esse negat Joannes Lironius, quem vide pag. 68. Biblioth. generale des auteurs de France tom. 1 Paris. 1719. 4.

---

a) *Reverendissimo Patri Fratri ac Domino Dn. magnae dignitatis, fratri multae caritatis, patris sanctae honestatis Domino H. Dei gratia Tridentino Episcopo, quondam aulae Imperialis cancellario Frater Philippus, Dei gratia Eyste-* *ten. Episcopus sive Domino jubente sive permittente, ipse scit qui nihil ignorat. Suus fidelis devotus et humilis quicquid potest obsequiis reverentia et honoris, cum salute ejus qui venit salvare nos.*

PHILIPPUS de *Eleemosyna* Abbas Praemonstratensis, S. Bernardi familiaris, auctor *Legendae famosae de S. Augustino.*
Vide Jacobi Hommey supplementum Patrum p. 640. et supra p. 277.

PHILIPPUS *Elnonensis* Abbas in Hannonia, Vossio scriptor V*itae S. Amandi*
quam supra in *Philippo Bonae Spei* Abbate memoravi. Vide Acta Sanctor. tom.
1 Februar. 6. pag. 895. Verba Philippi de
Coenobii Elnonensis situ afferri à Jacobo
Meiero in Annalibus Flandricis ad An.
661. (non 1161. ut apud Cangium) eidem
Vossio jam notatum.

PHILIPPUS *Episcopus*, cujus Epistola
de tempore Paschatis celebrandi sive de
ordinatione feriarum Paschalium, secundum Concilium Caesariense A. C. 296.
habitum exstat inter Bedae opera tom. 2
p. 232. sine auctoris nomine: atque Philippo tributum in Bucherii doctrina temporum pag. 469.

PHILIPPUS *Eystetensis*, supra *Philippus
Eichstadianus.*

PHILIPPUS *Ferrariensis*, Tolosanus si
Trithemium cap. 675. de S. E. audimus,
sive Calatanissectensis potius, ut idem
libro de illustribus Carmelitis, atque probat Antoninus Mongitor tom. 2 Bibl. Siculae pag. 169. Episcopus Pacensis in Hispania circa An. 1396. ex cujus scriptis
etiam apud Alegrium pag. 320. nihil nisi
Sermones de tempore et de Sanctis memorari comperio.

PHILIPPUS *Florentinus* Ultrarnensis, Ord.
Minor. Theologiae Doctor Paris. circa A.
1313. praeter *Conclusiones collectas è libris Physicorum Aristotelis*, laudantur
ejus *Methodus componendi Sermones sive
Collationes: Sermones* pro diebus festivis
ac ferialibus totius anni. Vide Julii Nigri
historiam scriptorum Florentinorum pag.
171. seq. qui nullam mentionem facit
Chronici Ordinis Servorum (forte leg. *Suorum* scil. Franciscanorum) quod ab eo
compositum et à nescio quo illi surreptum
tradit Waddingus p. 289

PHILIPPUS *Grevius*, supra *Philippus
Cancellarius.*

PHILIPPUS *Gualterus* scriptor Alexandreidos. Supra in GUALTERO de *Castellione* t. 3 p. 106.

PHILIPPUS *Harvengius*, supra *Philippus Bonae Spei* Abbas.

PHILIPPUS de *Leidis*, nobilis Batavus,
idem Decretorum Doctor ab A. 1396. per
aliquod temporis Jus Pontificium docuit
Parisiis, ac denique Canonicus Trajectinus
obiit Anno 1380. Scripsit tractatum *de
Reip. cura et Sorte Principantis*, Leidae
1516. fol. Vide Valerium Andream p. 775.
Etiam *Lecturam* ejus *in lib. III. Decretalium* memorat Sweertius p. 664.

Joannes PHILIPPUS de *Lignamine*, Messanensis, Eques Siculus, et typographus
Romanus apud Sixtum IV. gratiosus, continuavit compilationem Chronologicam RI-
COBALDI Ferrariensis ab An. 1316. ad
1469. libro excuso Romae A. 1474. sed
emendatius una cum Ricobaldo in Joannis Georgii Eccardi Corpore scriptorum
medii aevi t. 1 p. 1299. 1314.

* Unum docere te volo, lector, habebis-
que diligentiae meae gratias. Distinguendi sunt diligenter inter se Jo. Philippus
De Lignamine et Philippus de Lignamine,
quamquam enim Siculi erant ambo, et
conterranei, professione erant tamen longe diversae. Joannes enim Philippus equestris erat ordinis et inter typographos me-
rebat. Philippus vero sacro Praedicatorum
ordini erat adscriptus. Postremi huius opuscula edidit Jo. Philippus qui praefationem
de suo adiecit ad Sixtum IV. et in ea
edere se admonet *celeberrima opuscula,
quae clarissimus artium et Theologiae interpres Magister Philippus ex Ord. Praed.
conterraneus et affinis meus edidit, in
quibus ante omnia tractatus est de discor-
dantiis inter Eusebium, Hieronymum et
Aurelium Augustinum* (opusculum pro aetate illa eruditum in quo omnes colligit
sententias de quibus inter utrumque Doctorem non convenit) *approbatus Sybil-
larum et Prophetarum dictis omnibus om-
niumque gentilium et philosophorum et
veterum poetarum, qui de Christo vati-
cinati sunt, atque aliqua praedixerunt. Deinde commentarii super Symbolum Athanasii, orationem Dominicam et salutatio-*

nem Angelicam: *mox explanatio super Te
Deum et Gloria in excelsis Deo*. Demum
*Donatus Theologus quo Theologicae quae-
stiones Grammatica arte solvuntur*. Huius
vero Philippi non vero Jo. Philippi typographi est continuatio ad chronologiam Ricobaldi, quam absolvit Sixti · Papae IV.
anno tertio; nam opus istud excusum ab
Eccardo nomen praefert Philippi, non vero
Joannis Philippi. Vide supra Philippus de
Barberiis.

PHILIPPUS *de Mantua* cognomento Lombardus, Augustinianus, Theologiae Doctor
cujus *Lectura in Apocalypsin* prodiit Patavii
1516. Venet. 1519. 4

* Corrigendus hic venit Fabricius, qui
operis Philippi huius in Apocalypsim editionem secundam laudat Venetam A. 1519.
in 4. Scribendum enim erat iuxta ac admonet Gandolpho in dissertat. de CC. Scriptor. Augustinianis 1527 in calcographia
Francisci Bindoni et Maffeii Pasini. Verum
hanc ipsam editionem, quae mihi praesto
est, sedulo excutiens quamquam in operis fronte una cum expositione Joachimi
in Apocalypsim adnotatam lego *Lecturam
in Apocalypsim R. Magistri Philippi de
Mantua* adhuc tamen totum opus evolvi,
nihilque de Philippo occurrit. Nisi forte
dixerimus totum opus in duo distribui
volumina quorum primus Joachimi expositionem, alterum vero Philippi contineat,
mihi vero unum presto sit, non alterum.
Huius tamen operis editio Paduana anni
1516. et Venetas, anni 1519. laudatur a
P. le Long. Biblioth. Sacra t. II p. 904.

PHILIPPUS *de Mazeriis* sive *Macerius*.
Supra pag. 4.

PHILIPPUS *Monachus* Trithemio cap.144.
et Presbyter, infra *Philippus Presbyter*.

PHILIPPUS *è Monte Calerio* supra p. 84.

PHILIPPUS ex Canonico Coloniensi Abbas *Otterbergensis*, dioecesis Wormaciensis, Ordin. Cisterc. natione Teutonicus circa
A. 1400. scripsit *in Cantica Canticorum*
commentarium, tipis exscriptum circa tempora nascentis typographiae, nec non *Ser-*

mones de tempore et de Sanctis, et *Epistolas* ad diversos. Vide Trithemium cap.
697. de S. E. et de luminaribus Ecclesiae
cap. 85. Vischii Bibl. Cisterc. pag. 279.
seq. atque Oudinum t. 3. p. 1176.

PHILIPPUS *de Pera*, suburbio Constantinopolitano, parentibus Genuensibus, Ordinis Praedicatorum Anno 1358. testatus
se jam XXV. annos solidos Graecis ad Romanam Ecclesiam adducendis insudasse.
Ejus liber sive Epistola *contra Graecos*
quae incipit : *Magnitudinis tuae litterarum*,
Manuscr. Venetiis teste Tomasino pag. 26.
Alium contra Graecos *de processione Spiritus S*. et tertium *de obedientia Ecclesiae
Romanae debita* memorat Jacobus Quetif
tom. 1. pag. 646.

PHILIPPUS *Perusinus* Tusciae Minister
Provincialis Ordin. Minor. apud Nicolaum
III. gratiosus, scriptor *Historiae Ordinis
Minorum*, *et praesertim eorum quae suo
tempore contigerunt*. Vide Waddingi scriptores Ordin. Minor. pag. 294. et Annales
ad A. 1279. num. 9.

PHILIPPUS *Presbiter*, *optimus auditor
Hieronymi*, *commentatus* in Job, *edidit
sermone simplici librum Legi ejus et familiares Epistolas*, *et valde salsas*, *et maxime ad paupertatis et dolorum tolerantiam
exhortatorias. Moritur Mariano et Avito regnantibus*. a) Haec de Philippo Gennadius
cap. 62. ex quo Honorius II. 61. et Trithemius cap. 144. Commentarius sive mistyca
expositio *in Jobum* libris tribus distincta
dicataque Nectario Episcopo prodiit sub
Philippi nomine Basileae 1527. 4. et fol.
cui etiam perspicuo Bedae b) et Codicum
Manuscriptorum Sangermannensis 61. de
quo Cangius, aliorumque testimonio c)
vindicatur. Excusus praeterea legitur inter
S. Hieronymi et inter Bedae opera tom. IV.
Epistolae interciderunt.

* Inscriptum Philippi Presbyteri nomine commentarium in Jobum prodiisse non
dubito; sed et admonendi erant lectóres
illum, qui inter opera Bedae tom. 4 legitur non plane cohaerere illi, qui in col-

a) Hoc est ante A. C. 557.
b) Libro de ratione unciarum, supra t. l. p.

509. Sixtus Senensis lib. IV. Bibl. sanctae p. 564.
c) Confer Oudinum tom. 1. pag. 1165.

lectione operum S. Hieronymi lucem semel iterumque aspexit. Conveniunt eruditi scriptum istud Bedae operibus adiectum interpolationes multas ab ipso Beda pro more consueto tulisse; vicissim illud quod inter opera S. Hieronymi collocatum est, sincerum esse Philippi presbyteri foetum arbitrantur. Verum et de hac commentarii posterioris sinceritate ambiguos nos efficiunt excerpta operis Philippi Presbyteri ex Cod. Ambrosiano 1000 annor. a Muratorio Antiquitt. t. III p. 845. et a Vallarsio in edit. oper. S. Hieronymi Veronensi pag. 829. vulgata; illa enim cum Beda et Philippo vulgato collata, quam vis interdum conveniunt, saepe tamendiscrepant, et non raro sensum eumdem verbis diversis exprimunt. Quare sincerum unquam prodiisse opus Philippi presbyteri vix ac ne vix quidem credo. *

Alius PHILIPPUS *Presbyter* Agyrii in Sicilia, de quo Acta Sanctor. tom. 5. Maji 12. pag. 26. seq. ubi Acta ejus è Graeco Latine versa à Jacobo Sirmondo.

PHILIPPUS *Repingtonus* sive *Repindonus*, Lelando cap. 467. *Rhependunus*, ex Abbate Canonicorum S. Augustini regularium Leycestriensium Episcopus A. 1405. Lincolniensis et A. 1408. Cardinalis, superstes adhuc A. 1420. quo se Episcopatu abdicavit. Vide Franc. Goodwinum de praesulibus Angliae pag. 356. *Defensorium Wiclefi* primum scripsisse et Moralem ejus doctrinam singulari asseruisse lucubratione, sed deinde cecinisse palinodiam tradit Baleus VI. 90. Eodem pertinet quod à Pitseo pag. 586. perhibetur erronea scripsisse juvenis, deinde Catholica jam senior ac maturior. *De saeculari dominio. Quaestiones disputatas. Homilias per annum* et *in Evangelia Dominicalia.* Alium et antiquiorem oportet esse Philippum Rhependunum in quem hoc fertur distichon Alexandri Nechami a) qui A. 1225. diem obiit.

Phi, nota foetoris, lippus malus omnibus horis,
! hi foctor lippus, semper malus ergo Philippus.

Ac Philippi responsio:

Es niger et nequam dictus cognomine Necham :
Nigrior esse potes, nequior esse nequis.

a) Supra tom. 1. pag. 62.

PHILIPPUS *Ribotus* Gerundensis Hispanus, Magister in sacra pagina et Carmelitarum Prior Provincialis, Provinciae Cataloniae, defunctus A. 1391. Scripsit *Speculum Ordinis* sui, sive de institutione et gestis Carmelitarum peculiaribus, libros X. editos Venet. 1507. tum *de viris illustribus Carmelitarum* librum singularem, *Epistolarum* item libros II. et *Sermones.* Vide Nic. Antonium IX. 7. Biblioth. vet. Hispanae t. 2. p. 117. et de Anglica versione Speculi, à Thoma Scrope, sive Bradlaeo Episcopo in Hibernia Dromoriensi circa A. 1434. Vossium pag. 631. et Warthonum ad Caveum.

PHILIPPUS *Schargius* Canonicus ad S. Bartholomaeum, de rebus Cleropoliticis Francofurtensium ab A. 1340. ad Saeculi XVI. initia, laudatur à Goldasto alisque.

PHILIPPUS *Tarentinus.* Supra *Philippus de Eleemosyna* Cisterc.

PHILIPPUS *Wielandus*, Gandavenris, vir nobilis et variis dignitatibus functus diem obiit Anno 1519. De eo Vossius p. 639. et Antonius Sanderus lib. 3. de eruditis Gandavensibus pag. 115. *Scripsit* Practicam civilem, *de novo Antwerpiae Anno* 1537. *impressam, et ab Antonio Sexagio J. C. recognitam.* Librum item alium qno jura feudalia in Flandriae curiis observata continentur, *praeter haec* consuetudines Generales Flandriae in justos titulos ac classes redegit, *qui liber typis nec dum prodiit, sicut nec* tractatus Ordinis Judiciarii in causis criminalibus *ab ipso etiam compositus.* Historiam ipsius manuscriptam de rebus Flandricis Latinam, historiamque Brabantiae ac Cameracensium Principum, Episcoporumque olim Harduyno communicavit Gvido Laurinus Watervlietius. *Hujus meminit Meyerus in vita Margaretae Maleanae ad annum* 1381. *tum etiam aliis locis. Certum est denique hujus viri insignem industriam plurimum profuisse Meyero, Oudegeersio ac Marchantio rerum Flandr. historicis.* Hactenus Sanderus.

PHILOTHEUS *Achillinus*, supra pag. 4. *Philippus Macerius.*

PHILOTHEUS *Monachus*, cujus exstat

Carmen encomiasticum in S. Bernardum.
Italicam metaphrasin nuper in lucem dedit
Hugo Cassanus, Cisterciensis Monachus.
Cremae 1720. 8.

PHOCAS sive FOCAS, Grammaticus,
supra tom. 2. pag. 580.

Joannes PHOCAS qui loca sancta A. 1185.
illustravit, cujusque descriptionem locorum
Syriac, Phoeniciae et Palaestinae habemus,
non Latine sed Graece scripsit, de quo
dictum in Biblioth. Graeca t. 6. p. 705.

PHOEBADIUS (*Soebadius* aliis vel *Phae-
gadius* , *Faegadius* , *Feudarius* , *Phitadius*,
S. *Phiary* sive *Fiari*) Gallus , Agonni in
Aquitania secunda Episcopus , de quo Acta
Sanctorum tom. 3. April. 25. pag. 365. et
tom. 1. Januar. pag. 790. Sammarthani t.
2. Galliae Christ. p. 69. Tillemontius tom.
VI. memoriar. histor. Eccles. pag. 427. seq.
Interfuit Concilio Ariminensi Anno 359.
adhuc superstes A. 392. cum Hieronymus
Catalogum suum absolveret. Vide si placet
quae notavi ad illius cap. 108. Scripsit Ho-
sio Cordubensi adhuc superstite , sed jam
fere nonagenario, ut ipse capitibus ultimis libelli sui testatur. Hunc libellum *contra Arianos* et formulae Sirmiensi Anno
358. ad Gallos missae , sive ut est in editione Pithoeana , Epistolae sive Edicto sub
nomine Constantii Imper. emisso in Synodo
Mediolanensi oppositum, primus edidit *Theodorus Beza* , cum libris V. Athanasio tributis de S. Trinitate , S. Basilii IV. libris
contra Eunamianos , et Anastasii ac Cyrilli
professione fidei , Genev. 1570. 8. Deinde
idem lucem vidit in Bibliothecis Patrum
omnibus , ac novissima Lugd. tom. IV. p.
300. nec non *Petro Pithoeo* curante cum
aliis quibusdam Theologorum Gallorum a)
scriptis 1586. 4. atque separatim , additis
annotationibus *Caspari Barthii* Francof.
1623. 8. Alia multa scripsisse Phoebadium
tradit Honorius lib. 1. cap. 109. ex Hieronymo: *dicuntur et ejus alia esse opuscula*,
quae necdum legi. Graecus interpres : οἱς
ꝏτω ευετοχον. Tractatum *de Fide* contra
Arianos fuere qui incerta conjectura ad

Phoebadium auctorem retulerunt , illum
qui sub Rufini , Nazianzeni , Ambrosii fertur nomine et ab aliis Vigilio Tapsensi vel
Gregorio Baetico adscriptus fuit. Vide Tillemont. t. IV. pag. 427. seq. tom. 7· p. 767.
tom. 9. p. 727. tom. 16. pag. 801. et Bibl.
Graec. tom. VII. pag. 520. seq.

Joannes PHREAS. Supra tom. 4. p. 399.

PHYSIOLOGUS , vide FLORINUS et
THEOBALDUS.

PIBONUS Tullensis ab A. 1073. ad 1095.
Episcopi Epistola apud Baluz. tom. 4. Misc.
pag. 448. De hoc Pibone seu Popone Sammarthani tom. 3. pag. 1097.

Jacobus de Marchia , seu PICENUS Ordin. Minor. clarus circa A. 1460. ac· deinceps : defunctusque Neapoli A. 1476. Scripsit *Dialogum* contra *Fratricellos. de Opinione.* Tractatum *de sanguine* C*Hristi. Quadragesimalia* duo. *Adventualia* duo. Varios
de Sanctis Sermones , atque inter illos
quatuor *de S. Francisco.* Tractatum *de admirabili gloria S. Virginis Mariae. Locos
communes* in quinque partes distinctos ,
quarum unaquaeque parvos continet tractatus. Vide Waddingum pag. 184. Oudinum
tom. 3. pag. 2625.

Jacobus PICCOLOMINEUS, sup. t. 4. 307.

Joannes PICUS Mirandulanus et *Jo Franciscus* PICUS , et *Joannes Picus* sive *Pyke*,
Anglus , supra t. 4. p. 400. 401. 403.

PILEUS Archiepiscopus *Januensis* sive
Genuensis , qui Concilio Constantiensi A.
1414 haberi coepto cum magna auctoritate
interfuit , vide Hermanni ab Hardt Historiam tom. IV. pag. 143. 13 et tom. 1 parte
XV. ubi exhibet ejus *paraenesin ad Sigismundum Imp. de reformatione Ecclesiae
in Concilio prosequenda.*

PILEUS *Modicensis* JCtus, et utriusque
Juris Professor : teste Catelliano Cotta
cum Bulgaro et Hugone docuit Bononiae
regnante Frederico Barbarossa quem ab
An. 1152. ad 1190. imperitasse constat. Ex
scriptis ejus à Trithemio cap. 420. laudatur *Summa de ordine Judiciorum.* Cotta
etiam *glossas in feudorum librum* consi-

---

a) Confer Ittigium de Bibliothecis Patrum p.
416. Sed fallitur Labbeus qui t. 2. p. 222. pri-

mum a Pithoeo luci datum putat librum Phoebadii.

gnasse , perinde ut Bulgarum Pisanum annotat.

PILEUS *de Prata*, Forojuliensis, ex Patavino Episcopo Archiepiscopus An. 1370. Ravennatensis et ab An. 1378. ad 1401. Cardinalis , de quo Ughellus tom. 2 pag. 388: Ejus *Epistola* pro electione Urbani VI. ad Ludovicum Comitem Flandriae A. 1378. data exstat in Dacherii tom. 4 spicilegii p. 301. (edit. novae tom. 3 p. 743·)

PILGRIMUS sive PEREGRINUS, *Pelegrinus* , *Pitigrinus* Laureacensis In Germania Episcopus ab An. 971. ad 992. de quo Chronicon Gotwicense tom. 1 pag. 130. et Marcus Hansizius tom. 1 Germaniae sacrae Ejus *Epistolam ad Benedictum VII.* in qua petit pallium et privilegior. confirmationem et *Confessionem* edit *fidei* , primus vulgavit Wolfgangus Lazius lib. XII. de Rep. Romana sect VII. cap. 5. pag. 1286· seq. Inde in tomis Conciliornm recusam praemissa Benedicti VII. Epistola , emendatiorem dedit Lambecius tom. 2 Biblioth. Vindob. pag. 641. subjuncta Epistola Benedicti VII. pag. 645. *Confessionem Fidei* ex hac Epistola habes etiam in Biblioth. Patrum tom. XVII. edit· Lugd. pag. 456.

PILICHDORFIUS, supra p. 258. PETRUS *de Pilichdorf.*

Matthaeus PILLARD , Warnestoniensis Flander, ex Abbate belli Prati et mortui Maris Abbas Claraevallensis ab An. 1415. ad 1428. scriptor *speculi exaltationis et depressionis Ordinis Cisterciensis* , annotavit etiam reditus omnes à diversis Regibus et Principibus assignatos preferendis oneribus et expensis necessariis tempore Capituli Generalis Abbatum Cisterciensis Ordinis , una cum instrumentis singularum Donationum. Vide Vischii Biblioth. Cisterc. p. 248. et Oudinum t. 3 p. 2300.

PINDARI *Thebani* nomine fertur jam pridem *epitome Iliados* Homericae , carmine scripta hexametro, ac primum in lucem data (270 Parmae A. Ugoleto 1492. 4. inde Fani 1505. 1515. 8. à Laurentio Abstemio, ut Vossius annotavit. Haec est forte editio antiqua Florentina in 4. memorata Jo. Cinello, Bibl. volantis plut. sive t. VII. p. 66 sub titulo:*Homerus de bello Trojano.* prodiit

deinde cum Darete et Vincentii Opsopoei et Nic. Vallae metaphrasi Iliados Basil. 1541. 8. et cum Homero Spondani Basil. 1583. fol.ut Haganoensem aliasqne editiones praeteream. In. Manuscr. Biblioth. Annaebergensis inscribitur· *Homerus per Pindarum insignem Oratorem de Graeco in Latinum traductus.* Vide Christiani Gotthold Willichii arcana Biblioth. Annaebergensis pag. 18. In Manuscr. Felicis Osii , teste Vossio pag. 819. de hist. Lat. *Pindarus Thebanus de destructione Trojae.* Versus ex eo citantur, sed non nominato Pindaro auctore, in scholiis ad Statii Thebaidos VI. 120. Adde Lindenbrogium p. 507. et Barthium tom. 2 pag. 393. seq. qui auctorem vetustum et boni ingenii appellat LVIII. 14. et LIX. 1. et 15. Adversar. ubi integrum recenset nec dubitat praeferre Josepho Iscano Devonio.

Joannes PINUS , Tolosanus , Rivorum sive Rivensis in Languedocio superiore (Rieux) Episcopus floruit circa An. 1500. ac praeter librum *de vita aulica*, et tractatum *de claris foeminis* editum ut ajunt Paris. 1521.f.ap. Colineum. quam *vitam* et ibi scripsit *Catharinae Senensis.* (in Actis Sanctor 30. April. de industria praeteritam :*)* Item vitam Doctoris sui Philippi Beroaldi, Senioris. Utraque Bononiae prodiit , anno 1505. in quarto. Etiam hujus Epistolae et Epigrammata quaedam *de laudibus Antonii Codri Urcei* una cum Codri operibus Basil. 1540. 4. edita sunt. Ad eum Jac. Sadoleti Cardinalis Epistola duodevigesima libri quarti. De eodem sic Erasmus in Ciceroniano suo: *Posset Joannes Pinus inter hujus laudis* (de Ciceronianae dictionis laude loquitur) *competitores numerari , nisi et hunc negotiorum tumultus, et Ecclesiastica dignitas à studiis avulsissent. Olim certe praeclarum sui specimen dedit, cum Bononiae Musarum sacra coleret. Nunc Episcopum audio factum. Fieri potest , ut plus accesserit eruditionis, quam dignitatis.* Haec ex Vossio pag. 961. Sammarthanis tom. 3 p. 948. aliisque.

Bartholomaeus PINCERNUS de Monte arduo, Donationem Constantini Magni Latine vertit de Graeco, et Julio II. dicavit, quae cum Laur. Vallae, Nic. Cusani et

Antonini Florentini judiciis excusa curante
Ulrico Hutteno Basil 1517. 4. et Leoni X.
dicata addito HIERONYMI *Pauli*, Catalani,
Canonici Barcinonensis, Cubicularii Alexandri VI. testimonio ex ejus practica Cancellariae Apostolicae.

B. PIPINI Ducis et Majoris Domus Austriae sub Clothario, Dagoberto et Sigeberto, exstat in Andreae du Chesne t. 1.
scriptor. Francor. pag. 594. et in Actis
Sanctorum t. 3. Februar. 21. p. 260.

PISANUS, infra UGUTIO.

PIRMINIUS Abbas, vel etiam Episcopus sive Chorepiscopus, celebris Monasteriorum conditor circa Annum 768. Ejus
*libellum paraeneticum de singulis libris
Canonicis* scarapsum, a) hoc est ex universo sacro Codice collectum edidit Mabillonius tom. IV. Analect. pag. 569. (edit.
novae pag. 65. 73.) notans in eo disciplinam illorum temporum repraesentari, praesertim usum ac necessitatem Confessionis
et poenitentiae ante sacram Communionem.

PIRNENSIS Monachus, scriptor Chronici Saxonici defunctus circa An. 1530.
Vide Struvii Acta lit. t. 2. p. 162. seq 165.

PISANA gesta triumphalia adversus Saracenos exstant apud Ughellum tom. X.
edit novae pag. 91. et Chronicon breve
Pisanum ab A. C. 688. ad 1136. pag. 97.
et ab An. 971. ad 1176. pag. 99. et ab
An. 1101. ad 1268. pag. 121. 126.

Christina de PISAN quae Anno 1404.
absolvit opus *de vita et rebus gestis Caroli V. Galliae Regis*, et multa alia composuit, dignis laudibus celebratur ab Oudino
t. 3. p. 2219. sed Gallice scripsit non Latine.

PISCARIENSIS Monasterii Historia apud
Ughellum Italiae Sacrae tom. IV. atque
edit. novae tom. X. pag. 393.

PISO Monachus scriptor *Vita S. Huberti*
Monachi Britanniacensis in Svessionensi
Galliae dioecesi, defuncti circa An. 712.
Exstat in Actis Sanctorum tom. 7. Maji
30. pag. 272. 279.

Petrus PISTORIS, supra PETRUS.

Anonymus PISTORIANUS, Compilatio

Chronologica ab Orbe condito ad A. C.
1474. *In hac compilatione quae de diversis excerpta est, videlicet de Jure Canonico, de Ecclesiastica Historia, de Orosio,
de Chronicis Eusebii, Hieronymi, et aliorum, de libro qui dicitur Gemma animae,
de Opusculo quod vocatur Ordo Romanus;
ostenduntur legere volentibus aliqua de
gestis sive statutis Romanorum Pontificum,
et de statu bonorum vel malorum Imperatorum; insuper quibus qui successerint
tam in sede Apostolica, quam etiam in
Romana Republica; praeterea quibus qui
memorati Principes contemporanei fuerint,
à beato Petro Apostolo et Caesare Augusto,
usque ad annum Domini M. CCCC. LXXIV.*
exstat in tomo scriptorum Pistorii rerum
Germanicarum. pag. 705. 754. et tom. 3.
Leibnitii scriptorum Brunsvic. p. 558 600.
sub titulo *Chronicorum S. Ægidii in Brun-
swiga·* Vide illustris Leibnitii prolegomena
pag. 19. fol.

PITHOEANI Annales Francorum emendati ex Manuscr. in Joannis Friderici Christii noctibus Academicis, Halac Sax. 1728.
8. p. 190. seq. De his Annalibus supra,
FULDENSES tom. 2. pag. 619.

S. PIUS Rufini F. Aquileiensis, Frater
Hermae b) Pastoris, inter Episcopos Romanos primus hoc nomine, si Baronium
audias ab A. C. 158. Si Pearsionium et
Dodwellum ab A. 127. ad 142. De eo Acta
Sanctor. tom. 3. Julii XI. pag. 178. seq.
et Tillementius tom. 2. memoriar. H. E. p.
285. seq. Sub ejus nomine exstant *Epistolae IV.* 1. ad omnes Ecclesias, 2. ad
Italicos fratres et 3. 4. ad Justum Episcopum Viennensem. Has exhibet ut νοθειας
arguit Blondellus in Pseudo-Isidoro, pag.
194. seq. duas priores maxime, ex Isidori
Mercatoris Officina malae fidei profectas.
Sed et duas posteriores, quae Isidoro,
Gratiano aliisque ignoratae exstant in Orthodoxographis, Bibliothecis Patrum, Conciliorum tomis et apud Baronium ad Annum
146. num. 1. et 3. et in Joannis à Bosco
Bibliotheca Floriacensi parte. 2. p. 22. 24.

a) A *Scara*, *Schaar*, acies, multitudo.
b) Pseudo-Tertull. Poeta contra Marcion. III.

adde Tillemont t. 2. memoriar. H. E. p. 286.

sed et in Petri Coustant appendice ad tomum primum Epistolarum Rom. Pontificum pag. 19. praemissis argumentis ob
quae merito sunt supposititiis accensendae.
De *decretis* Pio adscriptis quae laudat Ludovicus Jacobus Bibl. Pontificiae pag 186.
seq. accurate idem Constantius disputat in
opere ipso pag. 66. seq.

PIUS II. Papa ab A. 1458. 19. Augusti a)
ad Annum 1464. 14. August. antea *Æneas
Sylvius* de Piccolominibus, Senensis de quo
supra in ÆNEA tom. 1. pag. 26. seq. ubi
dictis si placet adde quod An. 1442. etc.
(271 Pii II. insuper vidend. Vita in Jo.
Ant. Campani Opp. et in selectior. Lipsiae
1734. *Oratio* de bello Turcis inferendo
illustrata a Steph. Borgia Romae 1773. in
tom. 2 Anecdot. Litt. *Pius II. a calumniis
vindicatus* ternis retractationibus eius, quibus dicta et scripta pro Concilio Basile-
aensi contra Eugenium IV eiuravit. recens Carolo Fea. Romae 1823. 8.)

PIUS III. antea *Franciscus Piccolomineus*
Senensis, Papa A. 1503. ab 21. Septembr.
ad ejusdem anni 18. Octobr. cujus Epitaphium a) hoc loco referre juvat: *Pius III.
Pontifex Max. à Pio II. avunculo duos et
viginti annos natus in Cardinalium Collegium adscitus, Urbis ac Piceni legatione
integerrime functus. A Paulo II. ad Fridericum III. missus, ut Germanorum arma in Turcas concitaret, Conventum fre-
quentissimum, Pontifieis morte dissolutum
habuit Sub Innocentio VIII. Umbros dis-
sidentes pacavit. Carolo Gallorum Rege
Italiam irrumpente ab Alexandro VI. sero
admodum missus. Eo mortuo, duodequa-
draginta Patrum suffragiis Pontifex creatus, dum de restituenda in pristinam
majestatem Christiana Republ. ac Urbe
agit, 6. et 20. die, é tanta expectatione
rerum publico omnium luctu decessit: eloquio, prudentia, religione, innocentia, et
gravitate domi forisque insignis, in dicendis in Senatu sententiis, liber et gravissi-
mus. Vixit annos 74. mens. 5. d. 10. Obiit
anno salutis 1503. 15. Kal. Novembris.*

Jacobus et Andreas fratri sanctissimo posuere.

a) Lud. Jacobus pag. 192. Biblioth. Pontificiae.

* Eius Epistolae nonnullae extant vulgatae inter epistolas Jacobi Ammannati
Francisci Philelphi, nonnullas etiam servo
apud me e Felini codicibus descriptas. Denique. Pontifex renunciatus Bullam dedit
ad Canonicos maior. Ecclesiae Lucensis
pro conservatione Bibliothecae Felini Sandei, quae ex supremis eius Tabulis ad
Canonicos illos transierat. Vide v. Felinus. Hunc virum inter singulari laude dignos accensendum judicavit Fr. Philelphus
in epistola ad Lodrisium Cribellum. Epistolar. lib. 26. Ep. 1. *

PIUS IV. ante *Joannes Angelus de Medicis*, Mediolanensis, Papa ab A. 1559.
Decembr. 26. ad A. 1565. Decembr. 28.
Ejus *Constitutiones CVI.* in tomo secundo
bullarii magni Cherubiniani. Ecloge bulla-
rum et motupropriorum Pii IV. Pii V. et
Gregorii XIII. Lugd. 1582. 8. Flaviobrigae
1583. 4. Quae in tomis Conciliorum obvia,
vide sis t. XI. Biblioth. Graecae p. 709. seq.

PIUS V. antea *Michaël Ghislerius*, Alexandrinus de Palea, Ordinis Praedicatorum
Papa ab A. 1566. Jan. 7. ad 1572. Maji 1.
Beatis eum adscripsit A. 1672. 1. Maji Clemens X. et Sanctis Clemens XI. 7. August.
A. 1712. Scripta ejus et Vitae scriptores
refert Jacobus Ecbardus tom. 2. Bibliothecae Dominicanorum pag. 220. seq. in quibus eminent *Epistolarum libri V.* à Francisco Gobau editi Antw. 1640. 4. In bullario
Laur. Cherubini tom. 2. exstant *Constitutiones CLI. Praxis* procedendi in Officio Inquisitionis circa causas Fidei, nescio an
edita. Bulla de confirmatione *Concilii Tridentini*, cum Canonibus et Decretis Concilii
saepius lucem vidit. Indulgentia plenaria
pro sacro generali Concilio Trid. prose-
quendo Rom. 1568. 4· et cum Flacii praefatione, vide *Unschuldige Nachrichten von
Theologischen Sachen*, A. 1711. pag. 792.

(272 Pii PP. V. *Constitutiones, literae
et Decreta* eius mandato edita Romae 1573.
fol. edente Horatio Bladio Ant. f. *Lettres
sur les affaires religieuses en France trad.
par de Potter. Bruxelles* 1827. 8. Fig.

Schediasmata autographa epistolarum

(circiter CC.) Cod: Chart. MS. in fol. ch. 255. repperit an. 1771. Lud. Coltellinius Cortonens. fuit dein F. M. March. De Riccardis, et in op. *Bibliografia delle corrispondenze con la Polonia di Seb. Ciampi Fir.* 1839. t. 2 pag. 229. seqq. diligenter illustratus, nunc prope me est.)

    Catena (Girol.) Vita di Pio V. Roma 1586. in 4. *ampliata Roma* 1587. 8. *Mantova* 1587. 4. *Roma* 1712. 4. fig. *Gabutii* (Jo. Ant. Presb. Orator.*) De vita Pii V.* Romae 1605. fol. *Maffei (Paolo Alessandro) Vita di S. Pio V. Roma* 1712. 4. fig.)

    Albertus PIUS, Carporum Princeps, supra tom. 1. pag. 46.

    (273. Laudatissimi et perrari voluminis adversus Erasmum et Lutheri errores pleniorem hic notitiam non ingratam fore duxi. De Alberti vita fuse et eleganter suo more in Op. *Biblioteca Modenese* tom. IV. Hieron. Tiraboschi. *Alb. Pii etc. praeter praefationem et operis conclusionem tres et viginti libri in locos lucubrationum variar. Erasmi etc. Parisiis praelo Ascensiano* 1531. f. I. Badii praefatio : tabella, index, F. Floridi Sabini Epigramma. *Erasmi epistola* Basil. VI. Id. Oct. 1525. *Alb. responsio. Erasmi ad exortationem Alberti responsio.* Basil. idib. Febr. 1529. *Alb. Pii Praefatio. Dictorum in Moria displicentium recitatio. de jejunio et cibor. delectu. De monachis. Ceremoniarum ab Ecclesia receptarum assertio. De ornatu templorum. De imaginum cultu. De Sanctor. cultu et reliquiar. veneratione. De praeconiis Deiparae et de ad catalogum SS. adscriptione De noviciis Theologis et scholastica Theologia. De S. Scripturis et earum auctoritate. De mysterio Trinitatis et dogmate Arrii. De Sacerdot. et Episc. authoritate et functionibus. De primatu D. Petri. De constitutionibus Eccles. et LL. ac. traditionib. humanis. De voto continentiae et caeteris. De virginitate et caelibatu. De Matrimonio. De confessione. De fide et operibus. De bello et jure eius. De jure jurando. De mendacio et eius prohibitione.)*

    Joannes Baptista PIUS Bononiensis vir doctus clarusque ex Beroaldi disciplina : de quo Jovius, Gaddius tom. 2. pag. 191.

etc. plures vetores scriptores illustravit sub sacculi XVI. initia, ut testantur ejus.

    Commentarius in Plautum Ven. 1511 fol.

    In Lucretium, Bononiae, et Paris. 1511. fol. cum *retractatione* editionum suarum, Plauti, Fulgentii, Sidonii et Hortensii Ciceroniani. Vide Gesneri Bibl. pag. 388.

    Comm. in Horatium.

    Comm. in Valerii Flacci Argonautica, et *supplementum* libri IV. V. VI. 1519.

    Versio, et Notae ad Orphei, et Apollonii Argonautica.

    In Ciceronis ad Atticum Epistolas.

    Comm: in Epistolas Sidonii. Basil. 1542 4.

    In Metamorphosin Ovidii.

    In Fulgentii Mythologiam commentarii secuudis curis meliores.

    Annotationes priores et posteriores in varia auctorum loca, Paris. 1511. fol. cui castigationibus in *Ciceronis Hortensium*, et *in Thesauro Critico* Gruteri tomo 1.

    Carmina Inter Delicias Poëtarum Italorum et inter illustres Poëtas Italos tom. 2.

    * Non ante multos hos dies occurrit mihi libellus Jo. Baptistae Pii Continens *adnotationes* eius *in Sidonium et in Panegiricum* Minoriano et Socero eius dictum typis Venetis an. 1498. excusum Haec profecto editio et Basileensem hic adnotatam aetate plurium superat, indicatque opusculum in panegyricum a Fabricio hic omissum Quamquam vera scribit Bibliothecarius dum Pii adnotationes priores et posteriores editas Parisiis 1511. designat, haec tamen admittenda sunt de annotationibus prioribus simul et posterioribus coniunctim. Prioris enim absque posterioribus in lucem jam productae fuerant Venetiis una cum aliis viror. Doctor. scriptis An. 1508. in fol. *

    PIUS *Lottherius*, junior quam qui referri à me debeat, Neapolitanus, Monachus Casinensis et ex Priore S. Severini Neapolitano Episcopus A. 1576. Fundanus defunctus Casini A. 1592. de quo Placidus Diaconus de illustribus Casinensibus cap. 23.

    PLACENTINUS Italus Jus utrumque in Monte pessulano docuit, clarus circa A. 1200. scripsitque in Codicem, et Summam Judiciorum. Vide Trithemium cap. 424.

PLACIDUS *Actor* , de cujus libris Medicinarum supra tom. 1. pag. 6.

PLACIDUS Coenobii *Nonantulani* Ordin. Bened. Prior , postea ignotae Sedis Episcopus scripsit circa A. 1070. *contra Investituras et potestatem Henrici IV.* Imperatoris, ut notavit Anonymus Mellicensis cap. 115. respiciens librum ejus *de honore Ecclesiae,* constantem capitibus CLXXI. quem primus vulgavit Bernardus Pez tom. 2. anecdotorum parte 2. pag. 75-180.

PLACIDUS *Legerius* , Monachus S. Germani de Pratis , cujus *Sermones* in Bibl. Sangermanensi Cod. 309. Cangius testatur se evolvisse.

PLACIDUS Romanus S. Benedicti discipulus , Martyr Messanae in Sicilia A. C. 539. de cujus Martyrii Baronius ad Martyrolog. v. Octob. Possevinus etc. De illorum fide Theodoricus Ruinartus a) in apologia missionis S. Mauri. Vita à Petro Diacono scripta exstat in Edmundi Martene tom. 6. monumentor. pag. 786

PLACIDUS junior Romanus , Monachus et Diaconus Cassinensis , Ordin Bened. post A. 1584. composuit supplementum libri PETRI Diaconi de Viris illustribus Cassinensibus , 'cum eo saepius editum , ut dixi supra , pag. 239. Ejusdem historiam Monasterii Casinensis à prima eius fundatione ad A. 1587. Possevinus memorat.

PLANCTUS ECCLESIÆ. supra ALVARUS *Pelagius*

Franciscus de PLATEA , supra tom. 2. pag. 603.

Joannes à S. Paulo PLATEARIUS , Gallus, Medicus Salernitanus cujus *Practicam* habemus et librum *de simplici Medicina* sive *de Medicamentis simplicibus* , et commentarios *in Antidotarium Nicolai* Alexandrini. Vide Merklinum pag. 662. et alios Biblioth. Medicae scriptores. Opus de simplicibus frequenter citatur à Vincentio Bellovacensi in speculo naturali qui circa A. 1250. scripsit : ut notavi in Biblioth. Graeca tom. XIV. pag 120.

Baptista sive potius *Radulphus Bartho-*

lomaeus vel certe *Bartholomaeus* PLATINA à Patria Piadena , vico ditionis Cremonensis dici voluit , cum nomine proprio *Sacchus* diceretur.

Hic ingenii laude commendatus Cardinali Bessarioni , atque sub Pio II. abbreviatoris functus munere, post iras Pauli II. b) apud Sixtum IV. gratiosus atque An. 1475. praefectus Bibliothecae Vaticanae , diem obiit An. 1481. aet. 60. Epitaphium ejus : c) *Quisquis es , si pius , Platinam et suos ne vexes. Anguste jacent , et soli volunt esse.* Laudatores nactus est quam plurimos, qui notitiam de vita ejus et scriptis uberiorem tradidere : è quibus memorare juvat.

Franciscum Arisium in Cremona litterata tom. 1 pag. 310. seq.

Petrum Baelium in Lexico. Thomam Pope Blount pag. 339. seq. censurae scriptor. Boissardi imagines tom. 1 p. 149. Isaacum Bullartium t. 1 Academiae scientiar. p. 130.

Joannem Ciampinum de abbreviatoribus de Parco majori parte 2. pag. VIII. seq.

Auctores Diarii eruditorum Italiae t. X pag. 290. seq atque imprimis tom. XIII. pag. 418. seq. ubi praeclarae ad Vossium observationes.

Joannem Hubnerum nostrum Biblioth. historicae Hamburgensis tomo IV.

Paulum Jovium in elogiis.

Frid. Ottonem Menckenium de militibus eruditis pag. 345. seq·

Dan. Wilhem. Mollerum dissert. de Platina , Aldorfii edita , 1694. 4.

Niceronum tom. VIII. memoriar. de viris eruditis pag. 218. seq.

Casimirum Oudinum t. 3 p. 2683. seq.

Teophili Sinceri *Neue Sammlung von lautet alten und raren Buchern V. Stuck* pag. 410. seq.

Burchard Gotthelf Struvium tom. 1 act. litterar. fasciculo IV.

Antonium Varillasium libro IV. anecdotor. Florentinor. Vossium de Histor. Latin. p. 588. seq. etc.

Mihi scripta Platinae succincte referre satis fuerit. Sunt itaque.

---

a) Acta Erud. 1703. pag. 441. Memoires lit. de Trevoux An. 1703. Jul. pag. 57.

b) Confer Octavii Ferrarii prolusionem IX.

c) Mabillon. tom. 1. musei Ital pag. 66.

Vitae Pontificum Romanorum jussu Si-xti IV. scriptae à Petro Apostolo usque ad Paulum II. editaeque Rom. Venet. Basil. Colon. 1479. Norimb. 1481. fol. ac deinde saepius : de cujus operis editionibus versionibus et continuationibus , diligenter ,'Hubnerus p. 23. seq. et ·Theophilus Sincerus. Thomas Crenius parte XIX. animadvers. pag. 20. seq. Bibliotheca D. Jo. Fabricii Helmst. tom. 3 p. 421. seq. De versionibus Gallicis , Italicis , Germanicis Niceronus p. 228. seq.

· (274 Primam editionem (quae prope me est) dedit Jo. de Colonia (Venetiis) 1479. fol. a-ff. ch. 240. brevi praemissa epistola , quam legere hic non pigebit.

Hieronymus Squarzaficus Alexandrinus doctissimo viro Platinae S. P. d.

« Legens juniorum scripta mente saepe mecum voluto quod inter ingenia nostrae tempestatis intersit. Offerunt se mihi hinc qui veteres poetas , oratores aut historicos interpretantur. Ii, etsi rem laboris magis quam ingenii aggrediantur, tamen quia suo labore gignunt fructum pueris atque noviciis interpretando grammaticae secundum corticem quod possunt , sunt nimirum laudandi. Hinc exeunt mihi qui externa lingua scripta latina faciant. Iis vero, etsi hoc non multum ingenii (ex se nihil inveniendo) ostendunt: tamen satis gratiarum debemus. Declarant enim linguae nostrae incognita. Sed illi mihi sunt maximi,qui ab se inventa aut disposita scribunt. Ii quidem non fraudantur ferace ingenio suo. Et quia possunt,posse videntur. Ex hoc numero tu Te saepe mihi offers. Paucis ante annis illo clarissimo honestae voluptatis libro de rerum natura, quo nihil acutius dici potest. Nunc vero magna historia, quae nisi consummatissimi esset viri, qui possit circumquamque perspicere , qui Chorographiae gentium, consiliorum rationem nosse, et, quod arduum est , scripta factis acquare. Quare age, magne vir , eius quod tibi Natura largita est fac nos participes ; quod cupide Joannem de Agrippinensi Colonia et socium suum Joannem Manthen

a Menagiana tom 5. pag. 61.

Gheretzem , optimos quidem viros , consulemur ut scripta tua accuratissime semper imprimant. Foelix vale. Venetiis. »)

Historia inclytae urbis Mantuae usque ad A. 1464. et serenissimae familiae Gonzagae , libris VI Viennae Austriae cum notis Petri Lambecii , sed praeter spem interruptis 1675 4. et in thesauro scriptorum Italiae Burmanniano , tom. IV Lugd. Batav. 1722. fol.

Dialogi III. de falso et vero bono , ad Sixtum IV. Pontificem : dialogus *contra amores*, ad Ludovicum Stellam , Mantuanum : *de vera nobilitate* ad amplissimum Joannem Ursinum , Archiepiscopum Tranensem: et *de optimo Cive* , dialogi II. cum Laurentio Medice et Cosmo. Panegyricus in laudem *Bessarioris* Cardinalis. Oratio *de pace Italiae confirmanda et bello Turcis inferendo.*

De opsoniis ac de honesta voluptate et valetudine (al. *de ratione victus et modo vivendi*, sive ut in Gryphiana editione inscribuntur : *de tuenda valetudine , natura rerum et popinae scientia,*) libri X. scripti ante vitas Pontificum , unde à Bernardo Moneta a) reprehenditur Sannazarius, cuius hoc fertur tetrastichon ad Platinam.

Ingenium et mores vitasque obitusque notasse
Pontificum , argutae lex fuit historiae.
Tu tamen hinc lautae tractas pulmenta culinae,
Hoc , Platina , est ipsos pascere Pontifices.

Non tamen editi videntur nisi post Pontificum Vitas , quoniam antiquissimam illorum editionem memini laudari Forojuliensem 1480. 4 (275 Immo antea v. Supra.) De Gallica versione vide Niceronum p. 222.

Vide Nerii Capponii in tomo XX. thesauri scriptorum Italiae Muratoriani. Confer Acta Erud. A. 1733. p. 396.

De bono principe , libri III. ab Alex. Saulio, Patricio Genuensi editi , Genuae 1637. 12. post editionem Francof. 1608. 8.

De flosculis quibusdam linguae Latinae ad Laelium. Dialogus ad Ludovicum Anellum *de amore.* Venet. 1480. Mediolan. 1481. 12.

Inventarium Bibliothecae Sixti IV. in

Balcus II. 9. qui Pleguinum Nortabrium sive Northumbrensem vocat refertque ad A. C. 704. sicut etiam Pitseus p. 143.

PLINIUS Valerianus Medicus Empiricus, de quo dixi in Centuria plagiariorum Anno 1689. Lipsiae vulgata cap. 76 et in Bibl. Latina II 13.

Nicolaus PLOVIUS Posnaniensis Polonus, Theologus et Consultus Juris Canonici circa An. 1430. ac deinceps clarus, scripsit Opuscula excusa Argentorati 1493 et in Oceano Juris etiam obvia, *de Sacramentis et eorum administratione* tom. XIV. pag. 77. *De sacrificio Missae* p. 91. De *Interdicto Ecclesiastico* pag. 333. *De excommunicatione* pag. 363. *de irregularitate* p. 400. et *de horis Canonicis* t. XV. parte 2. pag. 564. *Sermones* item de tempore et de Sanctis. Argentorat. 1495 Vide Oudinum t. 3. p. 2368. seq.

PODALIRENSIS sive PADOLIRONEN-SIS prope Mantuam Ordin. Benedict. Monachus *de vita Simonis Armeni*, Monachi et Eremitae Sec. XI. exstat in Actis Sanctor. t. 6. Julii 26. p. 324. 337.

Georgius PODIEBRADIUS (*Podiebracius, Pogiebracius*) Bohemiae Anno 1458. Rex. cujus Epistolam apologeticam ad generum suum`, Matthiam Corvinum, Hungariae Regem An 1468. datam edidit Dacherius tom. 4. spicilegii pag. 403. (edit. novae tom. 3. pag. 830.) De variis Pontificum Rom. Actis. contra hunc Regem, Oudinus tom. 3. pag. 2576. ex Codicibus Biblioth. Paulinae Lips. de quibus Joach. Fellerus pag. 191. 205. 316. seq. 398. 403. sq.

POGGIUS *Guccius* (Guccii f.) (Ugutio*) Bracciolinus* natus An. 1380. Terrae novae in ditione Florentina, magnum nomen consecutus lepido ingenio et meritis non inficiandis in litteras: discipulus Jo. Ravennatis, Manuelis Chrysolorae et Colutii Salutati: ab An. 1404. ab Epistolis Innocentii VII. et An. 1413. Joannis XXIII. quem comitatus est in Concilium Constantiense, et aliorum deinceps sex Pontificum, donec Anno 1453 aet. 72. Roma relicta Florentiam repetens, ibi Leonardo et Carolo Aretino successit in munere honestissimo Cancellarii Reip. diemque obiit An. 1459

30. Octobr. In memoria Poggii posteris commendanda praeter Jovium, Boissardum I. imag. pag. 198. Gaddium tom. 2. pag. 213. seq. Martin. Hanckium lib. 2. de Rom. rerum scriptoribus c. 10. Clarmundum t. 2. pag. 98. plures nostra inprimis aetate praeclari viri cum laude versati sunt, Jo. Baptista inprimis Recanatus, Patritius Venetus in vita praemissa ejus historiae Florentinae: a) tum Jacobus Lenfant in Poggianis Gallice editis Amst. 1720 8. b) Idem Recanatus in Observationibus Criticis ad Poggiana, c) quae lucem viderunt Italice Venet. 1721. 8. Auctores Diarii eruditorum Italiae in observationibus ad Vossium tom. IX. pag. 167. seq. Justus Christophorus Thorischmidius dissert. de Poggio, Witeberg. 1713. 4. Albertus Henricus Sallengrius d) in tomo secundo libri qui inscribitur: Memoires de litterature, Hagae Comitis 1717. 8. Bernardus Moneta observationibus ad Poggiana, vulgatis Gallice 1722. 12. Oudinus tom. 3. p. 2381. Julius Niger in historia scriptorum Florentinorum p. 473. seq. et cujus studium circa scripta Poggii commendari singulariter debet, Niceronus in memoriis eruditorum Gallice editis tom. IX. pag. 128. 165. Effigiem dabunt etiam Acta Concilii Constantiensis Hardtiana t. 3. p. 65.

Scriptores veteres Latini à Poggio reperti et magnam partem restituti sunt: *Ammianus Marcellinus, Asconius Pedianus*, *Caper* Grammaticus, *Ciceronis* de finibus et de Legibus et Orationes octo: *Columellae* pars: *Frontinus* de aquaeductibus, *Lucretius, Manilius, Probus* Grammaticus, *Quintilianus*, Pseudo *Dares*, *Eutychus* Grammaticus, *Silius Italicus*, *Tertullianus* et libri tres primores *Valerii Flacci*. De singulis in Bibl. Latina.

Monumenta ipsius ingenii quae referre licet, haec sunt:

Historiae Florentinae à primis initiis Urbis et speciatim ab An. 1350. ad 1455 scripti jussu et auctoritate Reip. lib. VIII primum editi notisque et auctoriis vita illustrati à Jo. Baptista Recanato, Veent. 1715. 4. atque inde recusi in thesauro scriptorum Italiae Burmanniano, t. VIII. et Muratoriano tomo XX. e) Italica versio quam ipse adornavit Poggius prodierat Venet. 1476. fol. Florent. 1492. fol. atque emendatior (a Francisco Serdonati) 1598. 4.

Libri de varietate fortunae, et Epistolae LVII. edente Joanne Oliva, Rhodigino cum praefatione Dominici Georgii, Paris 1723. 4. f) Confer Acta Erud. An. 1725. pag. 229. et An. 1726. pag. 220. et Clarissimi Heumanni poecilen tom. 2. lib. 1. ubi emendationes ex Manuscr. Codice Barnstorfiano.

Operum volumen in duas distributum partes, et à Thoma Aucupario, poeta laureato Anno 1511. dicatum Sebastiano Brandt. J. U. Doctori et S. P. Q. Argentinensis Cancellario, editumque Argentorati 1513. fol. (271 Basileae ap. Henr. Petrum, dempta epistola Th. Aucuparii, adiecta vero tabula diligentiss. An. dein 1538. in fol. recusa, non deinceps sicut Ant. Magliabequius in Epistola MS. se cupere ostendit.) In hoc continentur:

Historia convivalis disceptativa de duabus pestibus vitae humanae *avaritia et luxuria* et de fratre BERNARDINO, aliisque Concionatoribus. pag. 1.

Historia tripartita, sive tres historiae disceptativae convivales 1. uter alteri gratias debeat pro convivio, an qui vocat? pag. 14. 2. utra artium, Medicinae an Juris civilis praestet pag. 15. et 3. utrum priscis Romanis Latina lingua omnibus communis fuerit, an alia quaedam doctorum virorum, alia plebis et vulgi p. 20 b.

De nobilitate liber, ad Gerardum Cu-

---

a) Acta Erud. tom. 6. supplem. p. 337. Diarium eruditorum Italiae tom. XXIII. pag. 412. seq. Journal des Sav. 1717. pag. 216.

b) Acta Erud. 1720. pag. 267. Journal des Sav. 1720. tom. 2. pag. 301.

c) Acta Erud. 1725. pag. 116. Memoires hist. et Critiques An. 1722. mense Jun. pag. 67.

d) Jurnal des Sav. 1717. pag. 216. Vide et Diarium eruditorum Italiae tom. 34. pag. 223 Memorias litterarias Trevoltinas A. 1723. pag. 2068-3277. Biblioth. Germanique tom. 1. pag. 240. tom. 2. p. 175. et tom. 4. pag. 70.

e) Acta Erud. 1735. pag. 594.

f) Diarium Eruditorum Italiae tom. 36. p. 319.

manum. pag. 25. Confer quae de Lauri Quirini et Leonardi de Chio apologia pro Venetis contra Poggium, Niceronus p. 148.

De miseria Conditionis humanae ad Principem Sigismundum Malatestam *libri duo* scripti cum jam annum aetatis septuagesimum secundum auctor exegisset p. 34. praemisso prologo et argumento ab Henrico Bebelio, Justingensi.

De fortunae a) *varietate urbis Romae et de ruina eiusdem* descriptio pag. 50. liber recusus nuper in tomo primo novi thesauri Antiquitatum Alb. Henrici de Sallengre pag. 497. Hagae Com. 1716. fol.

Lucii Syri sive *Luciani asinus,* è Graeco Latine versus pag. 52.

Invectivarum liber 1 in Felicem V. antipapam (antea Amadeum Ducem Sabaudiae) et Concilium Basileense pag. 59. 2. in Franciscum Philelphum invectivae tres pro Nicolao Nicolio, pag. 64. b. et quarta excusatoria ac reconciliatoria pag. 71. 3. in Laurentium Vallam invectiva I. II. III. et V. pag. 71. b. Quartam quae in editis desideratur Manuscriptam servat illustris Fontaninus.

Orationes quinque 1. in funere Francisci Zabarellae Cardinalis Florentini, p 95 b. 2. Albergati Nicolai, Cardinalis S. Crucis pag. 99. 3. Nicolai Niccoli, civis Florentini, pag. 102. et 4. Laurentii de Medicis p. 105. 5. ad summum Pontificem, Nicolaum V.

Epistolae et opuscula praemisso praeludio Henrici Bebelii de laudibus et felicitate pagorum, ruris et silvarum. 1. ad Cosmum de Medicis, de laude ruris sive de re rustica pag. 112. 2. ad Nicolaum, de Balneis prope Thuregum sitis p. 113. 3. HIERONYMI Pragensis obitus et sup plicii descriptio, ad Leonardum Aretinum. pag. 114. b. 4. 43. Epistolae ad varios: Æneam Sylvium Cardin. Senensem: Albertum, Andreolum Justinianum, Antonium Cremonensem, Antonium Panormitam Siculum, Carolum Aretinum, Leonardum Aretinum, Bildestinum Archidiaconum, Caesaraugustanum Episcopum,

a, Pleniorem editionem retuli supra p. 897.

Gregorium Corarium Sedis Apostolic. protonotarium, Cosmam de Medicis, Franciscum Barbarum, Franciscum Marescalcum Ferrariensem, Guarinum Veronensem, Jacobum Foscarum, Joannem Lamolam, Joannem Pratensem, Joannem Spelmibergensem, Julianum Cardinalem S. Angeli, legatum per Germaniam: Leonellum Estensem, ad Papam (Innocentium VII.) ad Philippum Mariam Anglum, ducem Mediolanensem: Scipionem Ferrariensem: Cancellarium Senensem, et ad Suffretum Rhodi commorantem. In his etiam trigesima *Philippi Mariae* Ducis Mediolanensis, et undequadragesima Antonii Panormitae ad Poggium. Et Epistolae postremae contra Guarinum, qui Caesarem Scipioni praetulerat.

Dialogus de infelicitate Principum ad Thomam virum clarissimum. pag. 146.

Facetiae pag. 157. 184. ob quarum libertatem atque sparsam hinc inde obscoenitatem male apud multos audiit Pogius: ipse vero invectiva secunda in Lau. Vallam pag. 82. b. *Invehit in meas confabulationes, ut spurcas et bono viro indignas, homo austerus et severus nimium: ut alterum Zenonem stoicum credas, aut Catonem tertium, non bestiarum quendam bubulcum, omni plenum rusticitate. Sed quid mirum, facetias meas, ex quibus liber constat; non placere homini inhumano, vasto, stupido, agresti, dementi, barbaro, rusticano? At ab reliquis aliquanto quam tu doctoribus probantur: leguntur et in ore et manibus habentur, ut velis nolis: rumpantur licet tibi Codro ilia: diffusa sint per universam Italiam: et ad Gallos usque, Hispanos, Germanos, Britannos, caeterasque nationes transmigrarint qui sciant loqui latine. Libet enim et mihi Valleam jactantiam prae oculis habenti paululum gloriari.*

Praeter haec in volumine Argentoratensi collecta opuscula Poggius etiam composuit Latinam versionem, *librorum primorum quinque Diodori Siculi,* ad Nicolaum V. quorum primum in duos divisit, unde *sex libri* in ejus versione numerantur Post primam editionem Venet. 1476.

saepius lucem vidit haec versio: Neque impedit quod *Joannes Phrea* Anglus Londini eundem laborem in se suscepit: nam et *Cyropaediam Xenophontis* à Poggio versam servant Italorum Bibliothecae, licet eandem Franciscus Philelphus et alii similiter interpretati fuere. Atque Italicam versionem Cyropaediae ex Latina parentis sui vulgavit Jacobus Poggius filius, Tibure 1539. 8. De versione *Aristotelis*, cujus inter Poggii scripta ex Ugolino Verino meminit Gaddius tom. 2. pag. 218. nihil praeterea comperi.

Orationem in funere Leonardi Aretini An. 1443. dictam Florentiae edidit Baluzius tom. 3. Misc. pag. 248. unde recusa est tomo octavo thesauri scriptorum Italiae Burmanniani pag. 215. et ante Aretini Epistolas me curante praelo iterum datas Hamb. 1715. 8. Idem officium funeri ac memoriae praeceptoris sui *Ambrosii Camaldulensis* An. 1439. praestitisse Poggium jam notavi supra tom. 1 pag. 78. (274 Quod esse Vossii fabellam clare in Praef. ad Ambrosii Vitam demonstravit eruditiss. Mehus.) Omitto alias ejus Orationes, Epistolas ad Petrum Donatum et alios: scriptaque inedita, ut *contra hypocritas* dialogum, et Orationem oppositam *Calumniatoribus*, dissertationemque ad Cosmum Medicem, *utrum seni uxor sit ducenda. Invectivam* in *Nicol. Perottum* etc.

Epistola de Schola Epicureae factionis, non differt à Balneorum Badensium prope Thuregum discriptione de qua supra pag. 291. sed quae recusa etiam exstat in opere Veneto de balneis p. 291. b. et in Jo. Jacobi Scheuchzeri historia naturali Helvetiae a) tom. V. pag. 407.

Magnum numerum Epistolarum et aliarum lucubrationum Poggii se habere testatus est Baluzius in Epistola ad Frid. Benedictum Carpzovium, tom. VIII. amoenitatum literar. V. C. Jo. Georg. Schelhornii

pag. 626. Sed vita Cardinalis Firmani Capranicae apud eundem Baluzium tom. 2· Misc. pag. 263. 366. non Poggium patrem sed lilium Joannem Baptistam habet auctorem, ut notavit Julius Niger in historia scriptorum Florentinorum pag. 474. Quinque autem Poggio fuere filii, b) ingenio valentes omnes ac conspicui, ex quorum numero nomen interdum alicujus, interdum scriptum Patri à viris doctis tribui videmus Petrus Paulus, Ordin. Praed. Jo. Baptista, Philippus, Jacobus et Joannes Franciscus, Canonicus Florentinus.

* Cl. Zeno in suis Dissertationibus Vossianis tom. 1 monet et emendat erratum hoc Fabricii censentis Guccium nomen esse Poggii, cum haec appellatio fuerit patris eiusdem Poggii. Scribendum ergo erat Poggius Guccii, sive Arriguccii filium. Opera eius non moror cum nec opere pretium duxerit Cl. Zenius illorum Catalogum texere. *

(275 Poggii Vitam Anglice Wil. Sheperd nuper contexuit, et *tradotta dal Cav. Avv. Tommaso Tonelli* 1825. in 8. vol. 2 pariterque *Dialogus an Seni uxor sit ducenda* Florentiae prodiere. Eodem curante Poggii *Epistolarum Ord. chronol. notisque* volumen 1. Florentiae typ. Marchini 1832. in 8. paruit. Ipso An. 1831. 3. Octob. e vivis sublato, Vol. II. ab eo paratum exoptamus.

Epistolae tres an. 1454. in Nic. Perottum in op. *Miscellanea di varie Operette Ven.* 1744. t. VIII leguntur. *Dialogum contra hypocritas*, jam Lugduni per Anisson an. 1679 in 16. una cum L. Bruni Epistola excusum, *Responsum ad Nic. Perottum* et alia MSS. Bibl. Magliabechiana servat.)

(276 Cuiusnam sit non vacat videre in meo edit. 1538. exemplari MS. Epigramma

Poggius ut jacuit musae siluere Latinae
Etruscaeque: vacat Attica lingua loqui.
Nemo lacessentes calamo vehementius urget,
Vel scripsit melius seria gesta, sales.

FINIS LIBRI XV.

---

a) *Schweitzerische Natur-Geschichte.*

b) Vide Niceroni memorias t. IX. p. 135. seq.

NOTATIO NOTKERI

DE

ILLUSTRIBUS VIRIS

Qui ex intentione sacras Scripturas exponebant, aut ex occasione quasdam
sententias Divinae auctoritatis explanabant:
scripta ad SALOMONEM, *discipulum suum, postea Constantiensis Ecclesiae*
Episcopum.

Cum prudens sis, et prudentis nomen a) haeredites; miror te res ineptas appetere, quod tibi quia dissuadere nequeo, quod hortaris aggrediar, prius improperando commonens; quia, si me audisses, omnes authores nostros notissimos haberes. In hoc autem et meae stultitiae, et tuae verecundiae consulendum putavi; ut, cum ego utilia possim scribere, et tu optima sis dignus accipere, in talibus ineptiis nomen utriusque sub clausura silentii premeretur. Vide, ne tu nos diffamare velis vilissime.

CAPUT I.

De iis, qui in Genesim, Exodum, Leviticum, Numeros, Deuteronomium etc.
scripserunt.

Si scire desideras, quid Hebraei de Historica Geneseos explanatione (sentiant) scrutare librum HIERONYMI, qui intitulatur *Hebraicarum quaestionum* justa Septuaginta duntaxat Interpretum translationem. Si vero moralitatem requiris: ORIGENI intende. Si disputationem; AUGUSTINI duodecim libros b) peragrare non lasseris. Si defensionem Creatoris, et antiquorum Patrum contra blasphemias calumniatorum; lege ejusdem *Augustini* libros duos c) *adversus Manichaeos*, et alios duos *contra Faustum*, d) et undecimum, duodecimum, decimum tertium, decimum quartum ipsius *de Civitate DEI*, prophe-

tico Spiritu conscriptos. Si creaturarum pulchritudine delectaris; *Exameron* AMBROSII, ut jocularis es, pro ludo relegere consuescas. Si medulla ejusdem libri dulcissima pasci volueris, et ipsius ratione veritatis jocundari cupieris; BEDAM e) tenacissima memoria retinere labora. Quod si excerptum PATERII, f) quod de libris beati GREGORII per ordinem singulorum librorum deflorando confecit, unquam reperire potueris, illud tibi ad omnimodam sufficiet sapientiam. In Exodum et in Leviticum *homilias* ORIGENIS mire disputatas ediscere labora. In totum *Eptaticum* g) septem AUGUSTINI *quaestionum*, et alios sex h) *locutionum de diversitate Interpretum*. Et quod prae omnibus utile tibi puto acquirere, EUGIPPIUM, i) qui ex omnibus libris profundissimi et penetrabilissimi ejusdem *Augustini* in omnem auctoritatem Scripturae utilissimum, et valde necessarium volumen collegit, in quo multa mysteria de Genesi, de Exodo, de Levitico de Numero. de Deuteronomii, Josue, et Judicum, Samuele, et Malachim, k) et Prophetis reserata reperies: Licet *in omnes Prophetas* laborantissimus et desudantissimus studioso lectori sufficiat HIERONYMUS, cuius si volueris esse discipulus, fastidium, quod tibi de librorum taedio coaluit, reticere debebis, ut ferventissima lectio ferventi congruat discipulo. Haec de Lege et Prophetis.

---

a) Salomonis.

b) De Genesi ad Litteram, in tria prima Geneseos capita. tom. 3. Operum.

c) De Genesi, contra Manichaeos, t. 1. Operum.

d) Contra Adversarium Legis et Prophetarum.

(e Supra tom. 1. pag. 172.

f) Supra hoc Volumine, pag. 191.

g) Quaestiones iu Heptateuchum.

h) Septem, tom. 3. Operum: et totidem numerat Augustinus ipse 11. 45. retractat.

i) Supra tom. 2. pag. 532. seq.

k) Regum libris.

CAPUT II.

De his , qui Psalterium , Proverbia , Eccle-
siasten , et Cantica Canticorum ex-
posuerunt.

De Agiographis vero in sequenti doceberis: quorum primum est Psalterium
juxta circumcisionem. Apud nos vero propter CHristum ex eo natum , David est
caput omnium Prophetarum. In cuius librum plurima multi senserunt. De quibus
primus et praecipuus est ORIGENES apud
Graecos , AUGUSTINI apud nos , ex cuius
libris PROSPER , ut accepimus , Aquitanus
Episcopns utilissimum volumen studiosis
excerpsit , cui multa de aliorum opusculis
intexuit ; ut statim in principio praefationem de homilia Sancti BASILII posuerit.
In eundem librum et ARNOBIUS Rhetor
sui nobis ingenii monumentum reliqnit In
ipsum et HILARIUS Pictaviensis Episcopus
scripsit. In cuius explanationem CASSIO-
DORUS SENATOR , cum multa disseruerit,
in hoc tantum videtur nobis utilis , quod
omnem saecularem sapientiam , id est ,
Schematum et Troporum dulcissimam varietatem in eo latere manifestat. Super
omnia vero ad intellectum huius prophetiae juvat , si quis Psalterium , quòd beatus
HIERONYMUS de Hebraico in Latinum
vertit , memoriae commendare voluerit. In
Proverbia Salomonis HIERONYMUS breves
sententias dereliquit, quae quasi paucissima
grana , causa segetum fuere maximarum ;
quas BEDA noster demessuit , et collegit.
Scripsit idem HIERONYMUS in Ecclesiasten justa traditionem septuaginta trans-
latorum , hoc est , vulgatam interpretationem. Hebraei enim dicunt, a) eos non amplius interpretatos fuisse quam Moysi quinque libros. Huic ergo expositioni acutissime
debes intendere ; ut eam ad intellectum
modernae lectionis possis derivare : quia
nihil aliud apud Latinorum aliquem super

a) Vide Biblioth. Graec. III. 12. 4. t. 2. p. 322.
b) Origenis.
c) Hujus Justi ex Viennensi Diacono Antistitis
Lugdunensis qui Anno 374. Concilio Valentino , et
Anno 381. Aquilejensi interfuit , lucubrationem in-
tercidi sse dolendum est. Pro Lugdunensi *Viennen.*

eundem librum reperies , nisi tantum pauca
testimonia in libris beati GREGORII , cum
expositione posita. In Cantica Canticorum
interpretatur Sanctus HIERONYMUS duas
homilias ADAMANTII , b) in quarum praefatione hoc praemisit : *Origenes , cum in*
ceteris alios vicerit , in Canticis Cantico-
rum se ipsum vicit. Quam interpretationem,
quia ipse morte praeventus , nobis transferre non potuit ; hanc tibi vicissitudinem
nostri laboris et multimodae servitutis impono : ut si aliquando sumptibus abunda-
veris, et alicujus hominis Latina et Graeca
lingua eruditi , amicitia usus fueris , ab eo
extorqueas , ut explanationes Latinis , et
Barbaris pro maximo munere , vel praeda
famosissima transferre non gravetur. Interim lege libellum JUSTI *Lugdunensis*
Episcopi c) in Epithalamium , brevem quidem verbis , sed spiritualibus plenum sententiis. Quod si Romana facundia barbarorum hominum scripta contempserit , nobis
barbaris expositio BEDÆ in eundem librum
sufficere debebit. Quem naturarum dispo-
sitor DEUS , qui quarta die mundanae
creationis Solem ab Oriente produxit , in
sexta aetate sacculi novum solem ab occidente ad illuminationem totium orbis direxit. Si vero Romanarum etiam delitiarum
opipari convivio delectaris , quicquid GRE-
GORIUS Papa dulce super hoc respersum
latissime reliquit ; idem BEDA in brevis-
simo ferculo avidis glutiendum composuit.

CAPUT III.

De interpretibus Libri Sapientiae, Jesu fi-
lii Sirach , Job , Tobiae , Esdrae , Judith,
Esther , Paralipomenon , et Ma-
chabaeorum

De libro, qui Sapientia Salomonis inscribitur , nullius authoris expositionem , nisi
tantum per occasionem aliorum librorum
pauca testimonia explanata cognovi ; quippe qui ab Hebraeis penitus respuitur , et

sem Archiepiscopum vocat Anonymus Mellicensis
cap. 42. aitque scripsisse ad Sergium Papam, qui
fuit ab Anno 688. Sed ad Sergium Tarraconensem
Episcopum scripsit Justus Episcopus *Urgelitánus ,*
de cujus mystica expositione in Canticum dixi tom.
4. pag 490.

apud nostros quasi incertus habetur : tamen quia priores nostri cum propter utilitatem doctrinae legere consueverunt, et Judae eundem non habent, Ecclesiasticus a) etiam apud nos appellatur. Quod de hoc id etiam de libro Jesu filii Sirach sentias, oportet, nisi quod is ab Hebraeis b) et habetur et legitur. Difficillimum librum beati Job Prophetae, ab omnibus Magistris anterioribus intactum Apostolicus noster GREGORIUT ita exposuit, ut super historiae fundamentum, moralitatis construeret aedificium, et anagoges imposuerit culmem praestantissimum. Cui libro tam multa de omnibus Divinae authoritatis scriptis testimonia intexuit, et intexta dissolvit; ut hujus occasione vetus et novum Testamentum videatur exposuisse. Quod si propter inopiam rei familiaris, vel saecularium rerum occupationem, vel etiam palatii assiduitatem, et militiae laborem tibi aspirare non suppetit, aut vacare, excerptum LADKENI c) *Hyberniensis* inquire, et post explanationem testimoniorum in medium adductorum, nihil tibi invenies ad plenum intellectum deesse. In diversis etiam locis diversa tum collecta, tum excerpta de hoc, et aliis scriptis, si requisieris, invenire poteris de quibus postea dicetur. In librum Tobiae et Esdrae BEDA presbyter aliqua scripsit magis jucunda, quam necessaria, quippe qui simplicem historiam vertere conatus est in allegoriam. De libro Judith et Esther, et Paralipomenon quid dicam, à quibus, vel qualiter exponantur, cum etiam ipsa in eis littera non pro auctoritate, d) sed tantum pro memoria et admiratione habeatur? Idem de libris Machabaeorum suspicari poteris.

CAPUT IV.
Quinam novi Testamenti libros ex professo interpretati sint?

De novo autem Testamento scire debe-

bis, quia licet remotis litterae grossioris integumentis lucidum cunctis ad intelligendum videatur : nusquam tamen periculosius erratur, nisi reverentissima humilitate discatur. Ergo in Matthaeum HIERONYMUS tibi sufficiat; in Marcum, pedissequum Matthaei, BEDA pedissequus Hieronymi, in Lucam soligradum Beda latigradus adeo, ut omne, quod ipsum reperit Evangelium, volumen compingeret in unum. Joannem Coelipetam nubirolus AUGUSTINUS paribus alis iusecutus est. Praeter haec est liber Augustini *de Sermone Domini in monte*, secundnm Matthaeum. Alius *quaestionum in totum Evangelium.* Insuper et EUGIPPI *Collectarium.* Praeterea homiliae JOANNIS CHRYSOSTOMI, ORIGENIS, AUGUSTINI, GREGORII, MAXIMI, LEONIS, BEDAÆ: et *Responsiones* HIERONYMI *ad interrogationes Algasiae et Denobiae*: e) si tamen mox Sacerdos futurus, dignaris legere libros ad erudititionem foeminarum directos. Sed tu juvenculus non dedigneris legere, quod Hieronymus senex dignatus est scribere. In Epistolam ad Romanos multa et mira scripsit ORIGENES, quibus adversarii ejusdem prava quaedam in seruerunt. f) quorum unum, sicut nuper tibi in aurem diffudi, ipse in eodem volumine acerrime condemnat. AMBROSIUS Mediolanensis Episcopus in Evangelium secundum Lucam, et in omnes Epistolas, Pauli, breves Commentarios reliquit : sed explanationem ad Hebraeos Epistolae ejus volumini insertam, non eum scripsisse multi contendunt, quod et veritas cumprobat. Item PELAGIUS breves Sententiolas in easdem scripsit epistolas. HIERONYMUS latissimos Tractatus ad Galatas, ad Titum, ad Philelmonem dereliquit, Idemque HIERONYMES, et AUGUSTINUS Episcopus, prout interrogati fuerant, de diversis in Apostolum quaestionibus valde proficuas conscripserunt epi-

a) Mirum est à Notgero distingui Ecclesiasticum a Sirachidis libro, nam Sapientiam Salomonis, Ecclesiastici nomine venisse minus constat.
b) Vide Bibl. Graec. III. 29. 1. t. 2 p. 729. seq.
c) De hoc Ladkeno altum apud alios silentium.
d) Nescio quomodo hoc potuerit affirmare Notge-

rus contra usum veteris omnis Ecclesiae, libros Paralipomenon atque Estheris inter Divinos computantis et ad illorum provocantis testimonia·
e) Zenobiae.
f) Huetii Origeniana pag. 243. 253. seq.

stolas. Super Actus Apostolorum lege BE-
DAM presbyterum. In Epistolam Joannis,
AUGUSTINUM, in qua explanatione, qui
sit Christianus, agnosces. In septem Epistolas (quae dicuntur Canonicae) interpretationem BEDÆ presbyteri require, et
ejusdèm dilucidationem obscurissimae visionis potius, quam revelationis beati Joannis; cujus tamen expositionis AUGUSTI-
NUM, HIERONYMUM, et GREGORIUM se-
minaria esse noveris; idem BEDA saepissime TYCHONII Donatistae se dicat explanationem suo volumini inseruisse; in quo
multa quoque PRIMASII, discipuli sancti
Augustini, dicta posuit, ut facile potuerit
advertere, qui eosdem tractatores curave-
rit recitare. Si Glossulas volueris in totam
Scripturam Divinam, sufficit RABANUS
Moguncucensis Archiepiscopus.

CAPUT V.

*De iis, qui ex occasione disputationis
propriae, quasdam sententias Divinqe
auctoritatis explanave-
runt.*

Hactenus de his Scriptoribus dixisse sufficiat, qui ex intentione Sacras Scripturas
elucidare conati sunt. Nunc autem de his
doceberis, qui ex occasione disputationis
propriae, quasdam sententias Divinae auctoritatis explanaverunt. AUGUSTINUS in
libris innumeris, quos conscripsit, prout
se locorum et rerum obtulit occasio, omnem paene, imo vere, sanctam Scripturam exposuit. Cujus rei probamenta sunt
libri *Confessionum* ejus numero tredecim.
Liber optimus *de bono naturae. De utilitate credendi. Quaestionum de Proverbiis Salomonis*, et caeteris Scripturis. Item *de
gratia, de libero arbitrio, et Enchiridion*,
hoc est : de fide, spe et charitate, in quibus vel maxime intellectus Scripturarum
elucet, et in aliis mille libris ipsius, sicut
ante nos dictum est: *si Augustinus adest,
sufficit ipse tibi. Speculum* ejus require
Quid dicam de CASSIANO? Si tamen aliquando Monachos fastidire desieris, qui

a) IV. 4. 10. V. 8. 14. XI. 16. XIX. 4.
b) In Ecclesia.

in viginti quatuor libris Collationum, quos
totidem Senioribus Apocalypseos Joannis
a) comparat, ita et propter *octo principalium vitiorum* occasionem de lege et Prophetis disputat, ut eum omnia tractanda
suscepisse, non dubites. Qualiter vero
Evangelia et Apostolorum scripta disseruerit, nullus credere poterit, nisi qui lectioni earundem Collationum studiosus insti-
terit. Quam tamen doctrinam professionis
suae memor, Patrum sanctitati, non suae
scribit industriae. Libri ISIDORI Hispanien-
sis Episcopi, *Etymologiarum* nomine titu-
lati, omnimoda te perficiunt scientia Item
sententiarum ejus utilissimus liber occurrit. Item alius *de Patribus veteris et novi
Testamenti*: Item alius *de officiis*, et *Ordinibus Ecclesiasticis*, qui tibi mox DEI
gratia futuro Sacerdoti maxime sunt necessarii, in quibus omnem rationem, et nomina singularum festivitatum, et jejunio-
rum reperies, ut praeco DEI populis futuras
stationes praenunciare possis in Keriki; b)
quia si non annunciaveris populo, qui spe-
culatoris officium desideres, veneritque
gladius, et tulerit eum, c) ipse iniquitate
sua morietur, sanguis autem ejus de manu
tua requiretur.

CAPUT VI.

*De Libris ornando Sacerdotio neces-
sariis, Epistolographis etc.*

Ergo quia sese obtulit occasio, ut in
hoc loco de ministerio, quod subiturus
es, te attentius instruere debeam, et me
imparem tantae rei agnosco, quippe qui
nec vitam propriam custodire, nec, quae
aliquantum sentio, idonee valeo proferre; mitto te ad librum beati GREGORII
Papae, qui appellatur *Regula Pastoralis*,
sed meo, imo ut credo, ejus et omnium
sapientium judicio melius et verius *Speculum* nuncupari potuisset; in quo omnis
homo se ipsum inveniet quasi depictum,
et praecipue Episcopi et Presbyteri, ita
ut omnis homo non solum sermones, et
opera, sed et cogitationes et affectus,

c) Ezech. XXXIII. 6.

quos quisque vel antea, vel in ipso Sacerdotio conceperit, quasi viventes vel ambulantes, ostenderit. In quo libro tam multa de novo et veteri Testamento posuit, et exposuit; ut si eum memoriae commendaveris, omnium librorum scientia refertus esse videaris. Ex hoc ergo trutinari debes, et examinari, utrum ob animae tuae salutem Sacerdotium declinare, et eorum periculum, quos corrigere nequiveris, fugere; vel propter tui custodiam, quia ministerium ipsum vitiis te subjacere prohibet, et eorum, quos convertere poteris, lucrum subire debeas, vel ambire; licet hoc verbum periculosissimum sit et foedissimum, necdum etiam in efficientiam apud Christianos veniat, et maxime Sacerdotes. Habes EUCHERIUM, nescio utrum ipsum, quem beatissimus *Augustinus* presbyterum ex Hispania veteri morbo calculi laborantem, per sanctissimum Stephanum in libro vigesimo secundo a) de Civitate DEI narrat curatum; an alium Episcopum vel Doctorem, qui multas et utilissimas interpretationes, Tropologias, et Anagoges sacrarum Scripturarum proposuit, et dissolvit. b) Quid. dicam de ALBINO, Magistro Caroli Imperatoris? qui ut tu ipse fateri solitus es, nulli secundus esse voluit, sed in gentilibus et sacris litteris omnes superare contendit. Ille talem Grammaticam c) condidit; ut DONATUS, NICOMACHUS, DOSITHEUS, et noster PRISCIANUS in ejus comparatione nihil esse videantur. Sed tibi stulto idem de Dialectica, Fide, et Spe, et Charitate multa disputavit, adeo ut etiam in Evangelium Joannis manum mittere praesumeret. Scripsit enim ad amicos plurima, praecipue ad Witonem. d) *Epistolas* vero ejus tibi commendare non audeo, quia tibi pucrulo cum supercilio scriptae videntur. Sed ego ita non sentio, quia illa juxta autho-

ritatem suam (qua omnes post Regem potentissimum praecellebat) et locutus est, et vixit, et scripsit. Commendo *Epistolas* HIERONYMI, non illius Graeci e) pagani idololatrae, sed nostri Ecclesiastici cultoris veri DEI; in quibus omnem serietatem, miram joculationem, Scripturarum sacrarum explanationem, virginitatis et viduitatis exhortationem, lapsorum sublevationem, Clericorum et Monachorum ac Virginum, imo et fornicariarum modernarum insectationem tam vehementem reperies, ut, si te ipsum Clericum esse memineris, non sit, quod Monachis et Sanctimonialibus objicere possis. Sed unam illam aetati, progenitoribus, et proximis, indoli, et ministerio tuo congruentissimam commendo *epistolam ad Nepotianum*, cognatum Heliodori Episcopi, qui futurus post avunculum suum sperabatur Episcopus, et subita morte praereptus est: ut secundum talem istitutionem, quali eum instruxit, vivere studeas, et non post matris tuae consobrinum f) anhelare ad Episcopatum, sed timere et praeparare te satagas ad conspectum DEI, quia, sicut omnibus, incerta est tibi hora exitus tui.

CAPUT VII.

De Metrorum, Hymnorum, Epigrammatumque conditoribus.

Si vero etiam metra requisieris, non sunt tibi necessariae Gentilium fabulae, sed habes in Christianitate prudentissimum PRUDENTIUM de Mundi exordio, de Martyribus, de laudibus DEI, de Patribus novi et veteris Testamenti dulcissime modulantem, virtutum et vitiorum inter se conflictus tropologica dulcedine suavissimo proferentem, contra haereticos et paganos acerrime pugnantem. ALCIMUS g) vero nomine AVITUS, licet *historiam Geneseos* h) quasi solam assum-

---

a) Cap. 8. §.13. ubi *Eucharius* in editis appellatur

b) **Eucherius Lugd.** Episc. de cujus libris Instructionum supra tom. 2. pag. 557. seq.

c) Inter Alcuini Opera pag. 1256. seq.

d) Widonem Comitem, ad quem liber de virtutibus et Vitiis pag. 1256.

e) Hieronymum Rhodium, discipulum Aristote-

lis videtur innuere, cujus Epistolae à Laertio et Athenaeo allegantur.

f) Salomonem II. Episcopum Constantiensem. Vide Sammarthanos tom. 2. p. 541.

g) Ita legendum pro Alcuinus.

h) Libris V. de spiritualis historiae gestis ad Sidonium Apollinarem.

pserit, tamen omnia nostra a) dulcissimo carmine decantavit, et pulcherrimum librum *de virginitate* ad sororem suam b) descripsit, et alium *de institutione mortalium*, c) pro quo tu legisti CATONIANUM; d) sed quantocyus facito tuum esse. JUVENCUM et SEDULIUM Oratorem, *Hymnosque* AMBROSIANOS, scio, quia jam memoriae commendasti. Quod si Scriptores Ecclesiasticos nosse desideras, inani labore tabescis, cum hodieque et usque in finem saeculi non desint, qui utilia scribere possint. Si tamen antiquos Authores nosse volueris, lege librum *beati* HIERONYMI *de illustribus Viris* à Sancto Petro usque ad se ipsum, et GENNADII *Toletani Episcopi* e) ab Ambrosio f) usque ad eundem Gennadium. Vale, et aliquando tibi satis sit exhausti. Sed quid tibi aviditatem tuam imputo, cum meam socordiam ipse reprehendo? Modo DEUS, qui omnia tibi prosperat, PROSPERUM mihi perduxit ad memoriam, cujus *Epigrammata*, licet invitus, habes in corde descripta. *Libros* autem ejus *de vita activa et contemplativa* nescis adhuc: quos, si didiceris, et observaveris (ut tandem aliquando aperiam, quid jugiter Sacerdotii nomine significem) Episcopatu dignissimus eris. Eheu: sed mihi tum quam molliter ossa quiescent! Iterum iterumque valeto.

CAPUT VIII.

De Libro Consensus Evangelistarum, *et de Fide ad Petrum S. Augustini.*

Lernaeae paludi, Hydrino capiti, seu certe rogo flagranti te comparaverim, quorum singula aliud, quo crebrius obturatur, saepius erumpit. Aliud succiso uno mille capitibus pullulascit; aliud, quo plura ligna voraverit, amplius voranda desiderat: Ita et tu, cum in uno tibi satisfecero, alia et alia nova et impossibilia debilissimae cer-

vici subeunda non exhorrescis, non times, non expavescis, non saltem misericordia motus desinis imponere. Apto ergo infirmos humeros gravi sarcinae : pii provisoris mei est, hac me quandocumque relevare. Quod tamen ita dictum noveris ante DEUM, ut si quae mihi fraterno injungere, et non imperatorie volueris imponere, quoad vivam, ad voluntatem tuam cupio promptissimus esse. Ordinatione DEI (ut credo) non humana voluntate factum est, quod libros Sancti AUGUSTINI *de Symphonia* g), ut ipse illis nomen imposuit, vel *Anaphonia Evangelistarum*, ut adversarii garriunt, incommemoratos reliqui, quatenus de his modo latius aliquid instruere te occasionem capiam. Primus itaque ex eis non de sui materia, sed de sequentibus nomen accepit; ipse enim, quodcunque ei vocabulum imposueris, omnia supergreditur. Quod si enim galeam vel thoracem veteris ac novi Testamenti nuncupare volueris, hoc nomen ipsi minus idoneum reperies, cum eum contra Haereticos et omnes idololatras, sed et falsos fratres clypeum aereum, clavis aureis compactum, et argento purissimo vestitum esse, seu nimium ignitum contra ligna arida, foenum, stipulamque didiceris: vel armamentarium omnimodi generis telorum adversus humanae spiritualisque nequitiae coetum, oculis et experimento probaveris. De sequentibus autem quid loquar? qui ita veritatis ipsius ratione subnixi sunt, ut si quos memoriae commendaveris, omnibus semper et ubique Evangelii contradictoribus ipse jam Filius Evangelii contradicere possis: in quibus et multas sententias cum lucidissimis explanationibus positas invenies. Est etiam alius liber ejusdem AUGUSTINI *de Fide* h) *ad Petrum Diaconum* ita dispositus, ut si eum firmiter comprehenderis, invictum te adversus omnes haereses, quae hactenus exortae, vel post

---

a) Heptateuchum. Vide Sirmondi Opera tom. 2. pag. 264.

b) Fuscinam.

c, Al. *moralium.* Hoc Aviti poéma, quantum memini, hodie non exstat.

d) Carmina Catonis de Moribus

e) Infra cap. XI,

f) Gennadii liber non ab Ambrosio sed à Jacobo Nisibeno incipit. De Ambrosio-Hieronymus cap. 124.

g) Libri IV. de consensu Evangelistarum.

h) Fulgentii Ruppensis.

sed et Jacobi fratris Domini. *Historiis ve-*
ro, quae sunt *de Andrea et Joanne*, sed
et *Passionibus reliquorum Apostolorum*, a)
auctoritatem derogat Ecclesia. Quarum tamen passionum *Bartholomaei* b) verisimil-
limam, seu certe veracissimam noveris.
Historia vero *de Petro et Paulo*, et eorum
discipulis c) *Processo et Martiniano* car-
cerariis, *Nicomede* presbytero d) *Nereo et*
Achilleo, *Marone*, *Victorimo*, *Euticete* e),
Marcello, *Petronella* f), *Felicula*, *Domi-*
tillla, *Potentia* et *Euphrosyna*, pro omnium aedificatione legitur. Sed et liber
HERMÆ, *qui Pastor inscribitur*. Liber
autem sub nomine CLEMENTIS, respuitur. Post Apostolos sequitur *passio de San-*
cto Clemente g). Dehinc mirabilis liber h)
de Sancto Alexandro, *Eventio et Theodu-*
lo, *Hermete*, *Quirino*, et caeteris.

CAPUT XI.

De Chronographis Ecclesiasticis et Bibliothecariis.

Est et historia, quae dicitur Ecclesiastica *Eusebii* Episcopi Caesariensis, HIERO-
NYMI nostri à Nativitate Domini, non
solum omnimodas per orbem terrarum Sanctorum passiones continens; sed et alia
quaecunque memoria digna videbantur,
usque ad ipsum HIERONYMUM, qui, quod
mihi injunxisti, de paucis, ipse scripsit
librum de illustribus viris omnium à se
ipso usque ad Sanctum Petrum, comme-
morans quid singuli scriptum reliquerunt.
Post quem GENNADIUS *Toletanus Episco-*
pus i) alium non dissimilem usque ad se-
metipsum composuit. Est et alia *historia*,
quae *Tripartita* nuncupatur pro eo, quod
CASSIODORUS SENATOR Romanus de
tribus scriptoribus, *Socrate* videlicet, *So-*
zomeno, et *Theodorito*, quae praecipua videbantur, in unum volumen compegit.
Passionem Sancti Laurentii k) si integram

f) Acta Sanctor. tom. 7. Maji 51.
g) Cotelerius tom. 1 Patrum Apostol. Surius ad
23. Novembr.
h) Acta Sanctor. tom. 1 Majl 5.
l) Supra cap. 7.
k) Surius et Acta Sanctor. 10 August.

et non particulatim reperire quiveris, quanta bella , et quot victorias Martyrum invenies? *Polychronii* a) videlicet Babylonii Episcopi de Perside cum Presbyteris et Diaconibus , Regulorum quoque *Abdon* et *Sennen*, quando etiam non persecutione , sed vastitate per Decium facta Caesarem , abolita est in illis partibus Religio Christiana. Qui Romam regressus ibi omnes Christianos , quos invenire posset, diversis poenis interemit : Sed quod moliebatur , Christianum nomen auferre, tanta caede non potuit ; quin etiam in Perside , llcet multo post tempore Christianitatis cultus per *Cyriacum* b) Diaconum Romanum est recuperatus , temporibus scilicet Diocletiani Caesaris , et Filiorum ejus , Maximini scilicet in Oriente , et Maximiniani in Occidente , qui super omnes nostrae fidei fuere persecutores. Sed Ecclesiam super firmitatem fundatam petrae , licet concutere , tamen , quod praecipue cupierunt , deiicere nequiverunt ; sicut neque post eos detestandus Apostata Julianus. Quo coelitus interempto, quasi post ridigissimam hyemem verni flores in terra nostra apparere coeperunt , qui prius quasi in theca vel cortice clausi tenebantur. *Basilius* scilicet Cappadocum Episcopus et fratres eius mirabiles , *Gregorius* , c) *Athanasius* Alexandrinus Episcopus , *Joannes* , d) *Constantinopolitanus Episcopus*. Deserta omnia novos fructus edidere. *Paulos* quoque et *Antonios , Macarios* utique et *Serapionas , et viginti quatuor Seniores* e) cum infinita multitudine sub eorum ubraculo germinantium.

a) Acta Sanctor. 17. Febr.
b) Acta Sanctor. 8. August.
c) Nyssenus.
d) Chrysostomus.
e) Supra cap V.
f) Supra tom. 1. p. 578.
g) Hunc locum fateor me non intelligere nisi per quintum illum notetur Gregorius Magnus. Chrysos· tomi quatuor apud Graecos sunt : Dio Bithynus So-

CAPUT XII

Ecclesiam Occidentalem Sanctorum multitudine Orientali nequaquam inferiorem esse docet. Commendat lectionem Prisciani , Josephi , et Hegesippi.

Occidens etiam ipse , licet sero , tandem aliquando in germen erupit. *Martinum* Pannoniis ortum , et non solum Germaniam , vel Italiam , seu Gallias sua praesentia illuminantem , sed etiam omnes Orientales , ipsis testibus , claritate luminis superantem. Quos etiam magister ejus *Hilarius* corporaliter illustrandos adiit. DEO gratias. Credo , quia aequiparaverit nostra tarditas eorum prioratum , cum intueor *Ambrosium , Hieronymum , Augustinum* viventem nostrum , defunctum nostrum , ne sterilis Africa de tanta foecunditate se audeat jactitare , *Maximum , Clarum , Clarum , Simplicianum , Eusebium , Aurelium , Severum , Severinum , Briccium , Paulinum Treverensem, et Nolanum* , quasi astra simul procedentem , et circa finem noctis alios multo plures , quorum etiam nomina virtutum sunt praesaga : *Congellos* f) scilicet , qui intepretantur Fausti; *Columbas Columbanus, Gallos , Gregorium* g) quintum , nomen Chrysostomi Graecis auferentem : *Benedictos , Honoratos , Libertinos, Othmaros ,* nostrum et Belgicum. Caeterum si et Gentilium authores nosse desideras, PRISCIANUM h) lege. *Josephi* vero Judaici historias , et *Hegesippi* nostri legendas.... Et finem libello impono. Amen. Explicit.

phista , Joannes Constantinopolitanus. Severianus Gabalorum , et Antiochus Ptolemaidis Episcopi.

h) Priscianum fuisse Ethnicum , non adeo exploratum videtur , ut monui in Bibliotheca Latina. Et supra cap. 5 *et noster Priscianus* , ubi etiam Latini Grammatici Donati mentio praecesserat. Sed potest etiam esse sensus, Gentilium scriptis intelligendis , singulariter conducere Priscianum.

VETUSTISSIMI VERSUS

Qui olim in Bibliotheca S. Isidori
Hispalensis Episcopi legebantur.

Ysidori Hispalensis Episcopi extant versus
titulis Bibliothecae.

Sunt heic piura sacra , sunt heic mundialia plura ,
 Ex his, si qua placent carmina, tolle, lege.
Prata vides plena spinis , et copia floris ,
 Si non vis spinas sumere , sume rosas.
Heic gemmae radiant veneranda volumina Legis ,
 Condita sunt pariter heic nova cum veteri.
Ille *Origenes* ego Doctor verissimus olim ,
 Praereptus subito lingua nocente fui.
Condere , si credis , studui tot millia libros ,
 Quot legio missos ducit in arma viros.
Nulla meos umquam tetigit blasphemia sensus .
 Sed vigil , et prudens tutus ab hoste fui.
Sola mihi casum *Periarchûm* dicta dederunt ,
 His me conjectum impia tela premunt.
Gallia me genitum , me Pictavis ore tonanti
 Doctorem *Hilarium* misit alumna suum.
Ambrosius Doctor signis insignis , et Hymnis ,
 Enitet heic titulis, enitet eloquiis.
Mentitur , qui te totum legisse fatetur ,
 Aut quis cuncta tua Lector habere potest ?
Namque voluminibus mille *Augustine* refulges ;
 Testantur libri , quod loquor ipse , tui.
Quamvis multorum placeant volumina libris ,
 Si Augustinus adest , sufficit ipse tibi.
Hieronyme Interpres variis doctissime linguis
 . . . .
Te Bethlem celebrat, totus te personat orbis ,
 Te quoque nostra tuis Bibliotheca libris.
Nomine *Joannes Chrysostomus* inde vocatur ,
 Aurea quod nostrum lingua coruscat opus.
Constantinopolis me praeceptore refulget ,
 Et celebror libris Doctor ubique meis.
Composui mores , virtutum praelia dixi ,
 Et docui miseros crimina fiere reos. -
Clarior eloquio cunctis *Cypriane* refulges ,
 Tu modo Doctor eras , tu modo Martyr ades.
Si Maro , si Flaccus , si Naso , et Persius horret ,
 Lucanus si te , Papiniusque tedet ;
Par eat eximio dulcis *Prudentius* ore ,
 Carminibus variis nobilis ille satis.
Perlege facundi studiosum carmen *Aviti.*
 Ecce *Juvencus* adest , *Seduliusque* tibi.
Ambo lingua pares , florentes versibus ambo
 Fonte Evangelico pocula larga ferunt.
Desine Gentilibus ergo inservire Poëtis.

Dum bona tanta potes , quid tibi Calliroen ?
Historias rerum , et transacti tempora secli
 Condita membranis haec simul arca gerit.
Quantum *Augustino* clares tu Ippone magistro ,
 Tantum Roma suo Praesule *Gregorio.*
Non satis antiquis Doctoribus impar haberis
 Leander vates. Hoc tua dicta docent.
Conditur heic juris series amplissima legum ,
 Veridico Latium quae regit ore forum.
Non fucos , libros gestant haec scrinia nostra ;
 Qui cupis , ecce lege . si tua vota libent.
Tolle heic segnitiem , pone fastidia mentis ;
 Crede mihl , frater , doctior inde redit.
An dicis forte . Quid jam mihi ista necesse est ,
 Quod meditem studii non superesse mei ?
Explicui Historias : percurrique omnia Legis :
 Vere hoc si dicis , jam nihil ipse sapis.
Quos claros orbe celebrat medicina magistros ,
 Hos praesens pictos signat imago viros
Sunt medico dona , quam diu quisque laborat ,
 Aeger jam surgit , nulla lagoena venit.
Quos debes medico , redde aeger , ne mala rursus
 Occurrant , curret denuo nemo tibi.
Pauperis attendat medicus censum , atque potentis
 Dispar conditio dispari habenda modo est.
Si fuerit dives , sit justa occasio lucri ;
 Si pauper , merces sufficit una tibi.
Quidquid Arabs aris , quidquid fert Indus odoris ,
 Quidquid et Jonii pervehit unda maris ,
Cynamomum, myrrham, folium, casiamque nitentem ,
 Balsama, thus, calamum, Choriciumque crocum;
Haec possunt magnorum pigmentaria Regum ,
 Et domus immensis proflua deliciis.
Nos vilibus fruimur pratorum germinis herbis ,
 Qnas humiles valles , et juga celsa ferunt.
Sacri ergo Hesperidum montes , et rura valete ,
 Nam multis curis munera vestra valent.
Heic odorata jacent , heic spirant cynnama , thura ,
 Quaeque opulentus Arabs , quaeque Sabaea feret.
Unguenti genera dum sint gratissima plura ,
 Nil rosa , nil viola gratius esse potest.
Cedet Elinus , cedet Amaracinus illis ,
 Cedet et heic Cyprium quae regione venit.
Unguenta heis cernis varia , quae Graecia misit ,
 Plurima et Hesperia de regione sumus.
Vascula concreta fragilis de pulvere cretae
 Pigmenta gerimus , pocula nuila damus.

COELII SEDULII PRESBYTERI
CARMEN
DE VERBI INCARNATIONE.

Ex MS. Codice Corbeiensi ante annos nongentos exarato.

Observatio praevia.

In pervetusto Codice Corbeiensis monasterii, unde Juvenci librum in Genesim eruimus, extat absque ullo auctoris nomine, Sedulii presbyteri Scoti operis paschalis liber I. cui tanquam pars ejusdem, nulla interposita distinctione, nulla divisione, nulloque titulo praemittitur sequens de Verbi incarnatione carmen : quod cum singulari studio perlegissemus, eundem in priori et sequenti lucubratione stilum animadvertimus, nihilque incommodi videri, si uni eidemque auctori, nempe Sedulio, utraque attribueretur. Judicium hoc nostrum confirmavit Sedulius ipse in dedicatorio carmine operis paschalis ad Theodosium Augustum, quod ita incipit :

Romulidum ductor, clari lux altera solis,
Eoum qui regna tenes moderamine justo,
Spes orbis, fratrisque decus, dignare Maronem
Mutatum in melius divino agnoscere sensu.

Quibus ex verbis luce clarius patet, Sedulium in opere paschali Virgilium poetam imitari, ejusque phrases divino adaptare sensui sibi proposuisse. Id autem in carmine de verbi incarnatione observatum ita fuit, vix ut sit versus aliquis, qui Virgilium non resonet, ejusque non exprimat verba. Et ne quod hac de re dubium suboriri valeat, singulos Virgilii locos unde suos versus accepit Sedulius, in notis designari curavimus.

* * *

Omnipotens genitor tandem miseratus ab alto, 1
Postquam cuncta dedit coelo constare sereno, 2
Omnibus in terris divinum aspirat amorem, 3
Semper honore pio nomen natique patrisque 4
Ornare et canere, paribusque in regna vocari 5
Auspiciis, hinc progeniem virtute futuram
Egregiam, et totum quae legibus occupet orbem.
Ne tamen in terris mortalia pectora turbet,
Ignotum numen, Deus aethere missus ab alto,
Mortalis visus potuit quantusque videri.
Virgo matura fuit jam plenis nubilis annis, 6

Cui genus a proavis 7 ingens nomenque decusque :
Intemerata thoris talem se laeta ferebat, 8
Casta pudicitiam miro servabat amore. 9
Huic se forma Dei, coelo dimissus ab alto 10
Spiritus, intus alit, casto se corpore miscet. 11
Ante tamen dubiam dictis solatur amicis : 12
Alma parens mundi Dominum paritura potentem,
Nam te digna manent generis cunabula 13 sancti,
Vade, o felix nati pietate, quocumque vocaris 14
Auspiciis manifesta novis, hic vertitur ordo, 15
Hujus in adventu fides et fama perennis. 16

1 Æneid. V. vers. 726.
Imperio Jovis huc venio, qui classibus ignem
Depulit, et coelo tandem miseratus ab alto est.
2 Ex Æneid. III. v. 518.
Postquam cuncta videt coelo constare sereno.
3 Æneid. VIII. v. 373.
Incipit et dictis divinum aspirat amorem.
4 Æneid. VI. v. 116.
Natique patrisque, Alma precor, miserere.
5 Æneid. VII. v. 256.
Paribusque in regna vocari.
Auspiciis hinc progeniem virtute futurum.
Egregiam, et totum quae viribus occupet orbem.
6 Æneid. VII. v. 53.
Jam matura viro jam plenis nubilis annis.
7 Æneid. XII. v. 225.
Cui genus a proavis ingens clarumque paternae
Numen erat virtutis.
8 Æneid. I. v. 507.

Talis erat Dido, talem se laeta ferebat.
9 Georg. II. v. 524.
Casta pudicitiam servat domus.
10 Eclog. IV. v.
Jam nova progenies coelo dimittitur alto.
11 Æneid. IV. v. 726.
Spiritus intus alit, totamque infusa per artus
Mens agitat molem, et magno se corpore miscet
12 Æneid. V. v. 770.
Excipit ac fessos dictis salutatur amicis.
13 Æneid. III. v. 105.
. . . Gentis cunabula nostrae.
14 Eclog. III. v. 49.
. . . Veniam quocumque vocaris.
15 Æneid. III v. 375.
Auspiciis manifesta fides, sic facta Deùm rex
Sortitur volvitque vices, is vertitur ordo.
16 Æneid. IX v. 79.
Dicite prisca fides facto, sed fama perennis.

Dixerat : illa pavens oculos suffusa nitentes , 17
Suspirans , imoque trahens a pectore vocem, 18
Virgo refert : haud equidem tali me dignor honore:19
Non opis est nostrae,20 nec fas nec conjugis umquam
Praetendit aetas , aut haec in foedera veni : 21
Sed post jussa Deûm nihil est , quod dicta recusem.
Accipio; agnoscoque libens : sequor omina tanta, 22
Promissisque patris 23 exsequar coelestia dona ,
Admiranda Dei tantarum munera laudum.
Panditur interea domus omnipotentis olympi 24
Sydeream in sedem , terras unde arduus omnes
Aspicit, et natum verbis compellat amicis: 25
Nate, meae vires, mea magna potentia solus, 26
Nate, mihi quem nulla dies ab origine rerum
Dissimilem arguerit, 27 comitem complector in
                                        omnes.
Te sine nil altum mens inchoat: omnia mecum
Æternis regis imperiis, 28 et quidquid ubique est.
Nulla meis sine te quaeretur gloria rebus : 29
Omnia sub pedibus, qua sol utrumque recurrens 30
Aspicit oceanum, vertique regique videbunt.
Quae tibi polliceor, neque est te fallere quicquam,

Haec tibi semper erunt vatum praedicta priorum :31
Nec mea jam mutata loco sententia cedit. 32
Nascere praeque diem veniens age lucifer almum; 33
Nascere, quo toto surgat gens aurea mundo, 34
Unde etiam magnus saeclorum nascitur ordo; 35
Nascere, ut incipiant magni procedere menses 36
Ne mancant nobis priscae vestigia fraudis; 37
Prospera venturo laetentur ut omnia seclo. 38
Adgredere,o magnos, aderit jam tempus, honores:39
Aspera tum positis mitescent saecula bellis, 40
Pacatumque regent patriis virtutibus orbem. 41
Haud mora, continuo patris praecepta facessit: 42
Æthere se mittit, 43 figitque in Virgine vultus, 44
Nec mortale tuens, afflata est numine quando
Jam propiore Dei. 45 Nam tempore eodem
Matri longa decem tulerunt fastidia menses; 46
Et nova progenies 47 mox clara in luce refulsit. 48
Mox etiam magni processit numinis astrum, 49
Stella facem ducens multa cum luce cucurrit. 50
Ille dies primus lethi , primusque salutis 51
Monstrat iter vobis ad eum,quem semper acerbum 52
Semper honoratum cuncti celebrate faventes.

17 Æneid I. v. 232.
    . . . Oculos suffusa nitentes.
18 Æneid. I. v. 275.
    Suspirans imoque trahens a pectore vocem.
19 Æneid. I. v. 332.
    Tunc Venus : Haud equidem tali me dignor
20 Æneid. I. v. 605.   honore.
    Non opis est nostrae Dido . . .
21 Æneid. IV. v. 359.
    . . . aut haec in foedera veni.
22 Æneid. IX. v. 21.
    . . . Sequar omina tanta.
23. Æneid. V. v. 863.
    Promissisque patris Neptuni.
24 Æneid X. v. l etc.
    Panditur interea domus omnipotentis Olympi,
    Conciliumque vocat divûm pater atque homi-
                                        num rex.
    Sideream in sedem, terras unde arduus omnes
25 Æneid. II. v. 372.   aspicit.
    Inscius atque ultro verbis compellat amicis.
26 Æneid. I. v. 668.
    Nate , meae vires , mea magna potentia solus.
27 Æneid. IX v. 281.
    . . me nulla dies tam fortibus ausis.
    Dissimilem arguerit.
28 Æneid. I. v. 254.
    Æternis regis imperiis
29 Æneid IX. v. 278.
    Nulla meis sine te quaeretur gloria rebus.
30 Æneid. VII. v. 100. et 101.
    Omnia sub pedibus qua tol utrumque recurrens
    Aspicit oceanum.
31 Æneid. IV. v. 494.
    Multaque praeterea vatum praedicta priorum.
32 Æneid: IX. V. 220.
33 Ecloga VIII. v. 17.
34 Ecloga IV. v. 9.
    Desinet , ac toto surget gens aurea mundo.

35 Ecle. IV. v. 5.
    Magnus ab integro saeclorum nascitur ordo.
26 Eclog. IV. v. 12.
    . . Incipient magni procedere menses.
37 Eclog, IV. v. 31.
    Pauca tamen suberunt priscae vestigia fraudi.
38 Eclog. IV. v. 52.
    Aspice venturo laetentur ut omnia saeclo.
39 Eclog. VI. v. 48.
    Aggredere , o magnos , etc.
40 Æneid. I v. 193.
    Aspera tum positis mitescent saecula bellis.
41 Eclog. VI. v. 17.
    Pacatumque reget patriis virtutibus orbem.
42 Georg. VI. v. 548.
    Haud mora, continuo matris praecepta facessit.
43 Æneid. IX v. 645.
    Æthere se mittit.
44 Æneid. XII. v. 70.
    Illum turbat amor figitque in virgine vultus.
45 Æneid. VI. v. 50.
    Nec mortale sonans afflata est numine quando
    Jam propiore Dei.
46 Eclog. IV. v. 61.
47 Eclog. IV. v. 7.
    Jam nova progenies.
48 Æneid. II. v. 590.
    . . et pura per noctem in luce refulsit.
49 Eclog. IX. v. 47.
    Ecce Dionaei processit Caesaris astrum.
50 Æneid II. v. 694.
51 Æneid. IV. v. 196.
    Ille dies primus lethi primusque malorum.
    Monstrat iter vobis , etc.
52 Æneid. V. v. 40.
    Jamque dies ni fallor adest , quem semper
                                        acerbum ,
    Semper honoratum , sic dii voluistis , habebo.

Annua vota tamen 53 noctem non amplius unam 54
Haud segnes vigilate viri, 55 dapibusque futuris 56
Luce palam cumulate pils altaria donis. 57
Hac vestri maneant in religione nepotes; 58
Jamque egomet venio sedes arcemque reviso. 59
Accipite ergo animis atque haec mea figite dicta, 60
Ore favete omnes, 61 et huc advertite mentem. 62
E diverso sedem quotiens venietis 63 in unam,
Undique collecti pacem laudate 64 frequentes
Cogite consilium, coëant in foedera dextrae, 65
Qua datur pacis solum inviolabile pignus. 66
Discite justitiam, aeterna in pace futurae
Concordes animae, si non irrita dicta putatis. 67
Nulla dies usquam memori vos eximet aevo: 68
Mortalem eripiam formam, 69 et praemia reddam
Fortunatorum nemorum, sedesque beatas. 70
Non eritis regno indecores, nec vestra feretur
Fama levis, 71 mecum pariter considite régnis.
Urbem quam statuo, vestra est, 72 intrare licebit.
Nusquam abero, et tutos patrio vos limine sistam:73
Iidem venturos tollemus in astra nepotes. 74
Quae vero nunc quoque vobis, dum vita manebit,
Praemia digna feram? non vobis numine nostro

Divitis uber agri rerumque opulentia deerit. 75
Fundit humo facilem victum justissima tellus, 76
Proventuque onerat sulcos, atque horrea vincit: 77
Floret ager, spumat plenis vindemia labris. 78
Exuberat foetus ramos frondentis olivae:
Quotque in flore novo pomis se fertilis arbor
Induerit, totidem autumno matura tenebit. 79
Non liquidi gregibus fontes, non gramina decrunt:
Et qu ntum longis carpent armenta diebus, 80
Exigua tantum gelidus ros nocte reponet. 80
Haec sunt, quae nostra deceat vos voce moneri. 81
Vivite felices, et condita mente tenete. 82
Haec ubi dicta dedit, mox sese attollit in auras
Suspiciens coelum, caput inter nubila condit. 83
Atque ita discedens terris, animisque suorum
Concretam exemit labem, purumque reliquit
Æthereum sensum, atque auraï simplicis ignem. 84
Ex illo celebratus honos, laetique minores 85
Servavere diem, atque haec pia sacra quotannis 86
Matres atque viri, pueri innuptaeque puellae 87
Carminibus celebrant, paterisque altaria libant. 88
Ast ego, qui cecini magnum et mirabile numen,
Haec eadem gentique meae, generique manebunt.

---

53. Æneid. V. v. 53.
   Annua vota tamen solemnesque ordine pompas.
54 Æneid. I. v. 87.
   Tu faciem il ius, noctem non amplius unam
   Falle dolo.
55 Æneid IV. v. 74.
   Praecipites vigilate viri.
56 Æneid. I. v. 214.
   Illi se praedae accingunt dapibusque futuris.
57 Æneid. XI. v. 50.
   . . *vota facit, cumulatque altaria donis.*
58 Æneid. III. v. 400.
   Hac casti maneant in religicne nepotes.
59 Æneid. II. v. 760.
   Procedo ad Priami sedes arcemque reviso.
60 Æneid III. v. 250.
61 Æneid. V. v. 71.
   Ore favete omnes . . .
62 Æneid. VIII. v. 449.
   . . . *et huc advertite mentem.*
63 Æneid, XII. v. 446.
   Vidit ad adverso venientes.
64 Æneid. XI. v. 460.
   Cogite concilium, et pacem laudate sedentes.
65 Æneid. XI v. 292.
   . . . *Coëant in foedera dextrae.*
66 Æneid. XI. v. 595.
   Turre simul pacis solum inviolabile pignus.
67 Æneid XII. v. 604.
   . . *aeterna gentes in pace futuras.*
   Concordes animae, si non irrita dicta putatis.
68 Æneid. IX. v. 47.
   Nulla dies unquam etc.
69 Æneid. X. v. 101.
   Mortalem eripiam formam, magnique jubebo
   Æquoris esse Deas.
70 Æneid. VI. v. 659.
71 Æneid. VIII. v.

Non erimus regno indecores, nec vestra feretur
   Fama levis.
72 Æneid. I. v. 576.
   Vultis et his mecum pariter considere regnis,
   Urbem, quam statuo, vestra est.
73 Æneid. II. v. 620.
74 Æneid. III. v. 158.
75 Æneid. VII. v. 261.
   . . . *Non vobis rege Latino*
   Divitis uber agri, Trojaeque opulentia deerit.
76 Georg. II. v. 460.
77 Georg. II. v 580.
   Proventuque oneret sulcos atque horrea vincat.
78 Georg. II. v. 6.
79 Georg. IV. v. 142. et 143.
   Quosque in flore novo pomis se fertilis arbor
   Induerat,   tenebat.
80 Georg. II. v. 200.
   Non liquidi   desunt,
   Et quantum longis carpent armenta diebus,
   Exigua tantum gelidus ros nocte reponet.
81 Æneid. III. v. 461.
   Haec sunt, quae nostra liceat te voce moneri.
82 Æneid. III 88.
   . . . *tu condita mente teneto.*
   Vivite felices, quibus est fortuna peracta.
83 Æneid. IV. v. 176. et 177.
   . . . *mox sese attollit in auras*
   Ingreditur solo, et caput inter nubila condit.
84 Æneid. IV. v. 746. 747.
85 Æneid VIII. v. 268. 269.
86 Æneid. V. v. 59.
   . . . *Atque haec mea sacra quotannis.*
87 Æneid. VI. v. 506. 507.
   Matres atque viri, defunctaque corpora vita
   Magnanimum heroum, pueri innuptaeque puel-
88 Æneid. XII. v. 74.   *lae.*
   . . . *paterisque altaria libant.*

JO. ALBERTI FABRICII

LIPSIENSIS

S. THEOLOGIAE INTER SUOS D. ET PROF. PUBL.

BIBLIOTHECA LATINA

MEDIÆ ET INFIMÆ AETATIS

CUM SUPPLEMENTO

CHRISTIANI SCHOETTGENII

JAM A P. JOANNE DOMINICO MANSI

CLERICO REG. CONG. LUCENSIS MATRIS DEI

IN PATRIA DEMUM ARCHIEPISCOPO

E MSS. editisque Codicibus correcta, illustrata, aucta

POST EDITIONEM PATAVINAM AN. 1754.

NUNC DENUO EMENDATA ET AUCTA, INDICIBUS LOCUPLETATA

Accedunt in fine vetera plura monumenta

TUM A FABRICIO OLIM TRADITA, CUM A CL. MANSIO PRIMO ADIECTA

TOMUS VI.

cui ad Coelii Sedulii carmen de Verbi incarnatione quod extat in fine volum. praeced.
accedunt
Henrici Septimellensis carminum variantes. Michaelis Ferni Julii Pomp. Laeti elogium.
Jac. Antiquarii Epistolae, Cyriaci Anconitani Epistolae et opuscula.
Diomedis Caraffae De regentis et boni. principis officiis. Bapt. Guarini Epistola.

POL — ZWET.

FLORENTIAE

TYP. THOMAE BARACCHI ET F.

MDCCCLIX

Apud J. Molini

LECTORI BENEVOLO

S. P. D.

CHRISTIANUS SCHOETTGENIUS.

Annus currebat hujus seculi trigesimus octavus, quum valetudinis caussa iter ad nos suscepisset Vir multis in rem Theologicam et literariam meritis Celeberrimus, JO. CHRISTOPH. WOLFIUS, adscito comite, JO. CHRISTIANO, fratre, Viro non minus Celeberrimo. Quam jucunda illius temporis recordatio mihi, et aliis qui Dresdae bonas literas amant, existat, verbis effari haud possum. Ut paucis me expediam, rogabat me, pro amicitia vetere, Wolfius ὁ μακαρίτης, ut illud humeris meis negotium libenter imponi paterer, atque *Bibliothecam Latinam Scriptorum medii et inferioris aevi*, quam JO. ALB. FABRICIUS, vir supra laudes meas positus, affectam reliquerat, supplerem, colophona labori additurus. Quamvis autem non eram nescius, quam duram in me susciperem provinciam, dedi tamen illud precibus Viri Summi, et quum magnum omnino tempus aetatis, volvendis medii aevi scriptoribus, trivissem, promisi, quod rogaverat. Accingo me igitur labori, omne scriptorum genus, quod a Fabricio adhibitum vidi, consulens, et rerum mearum, quantum vires tulerunt, fideliter satagens. Hinc natum est hoc *Volumen ultimum*, quod nunc usibus Tuis, Lector Benevole, exhibeo. Si non passibus aequis sequor Fabricium, cogita, paucos reperiri, qui FABRICIO paria praestare queant, et melius esse, prodire tenus, quam nihil omnino agere. Non soleo de laboris mei vel difficultate vel magnitudine conqueri; quum tamen Fabricius nihil ad hunc laborem finiendum collegerit, nisi paucas quasdam schedas, a Clariss. ejusdem genero REIMARO mecum communicatas, omne scriptorum genus denuo mihi pervolvendum fuit, perinde ac si totum opus a me a capite ad calcem fuisset perficiendum. Facilis tamen est illa temporis jactura, modo aliquid effingere licuerit, quod commodo rei literariae non prorsus inutile existat. Hoc igitur labore meo qualicunque, Lector, utere ac fruere. Plura Te non volebam, sed his ipsis diebus, quibus de hoc praefandi labore cogitabam, incidi in Diarium Erud. Paris. * quod narrat, Jo. Bapt. Zannonum, typogr. ac bibliop. Florent. Progr. in publicum edidisse, quo nunciaret eruditis, se hanc Bibl. Fabric. denuo typis subditurum. LAUR. MEHUS, Abbas, meritis in hoc literarum genus non incelebris, curam operis habebit, et supplementa quoque addet, una cum continuatione, quam Fabricius dare non potuit. Addit, se plura ex Codd. manu exaratis prolaturum, qualium apud nos tanta non habetur copia, quam quidem in Italia et aliis regionibus. Interea persuasus sum, hunc meum laborem Abbati laudato non omnino nulli fore utilitati. Quod si igitur editio ipsius lucem adspexerit, ipse Supplementa ipsius, et quaecunque ad opus hoc locupletandum post fata Fabricii vel inedita prodierunt, vel typis repetita, vel denique alias annotata sunt, singulari volumine, Tecum, L. B. communicare non omittam. Quod superest, si quid ab operis commissum fuerit, quod sequius est, id absentiae meae velim condones. Vale. Scrib. Dresdae, in Schola Cruciana, d. XV. Martii, anno cↄ lↄ ccxlvi.

BIBLIOTHECA
MEDIÆ ET INFIMÆ
LATINITATIS

LIBER XVI.

POLEMIUS *Silvius*, Bollandus *P. Anne-ium* vocare mavult, Episcopus Octodura-nus (hodie est *Martignac* ad Rhodanum in Comitatu Helvetiorum Wallisino) vixit seculo V. amicus Eucherii Lugdunensis, cui *Laterculum* dedicavit, qui singulis mensibus festa Christianorum et Gentilium indicat. Partem ejus, mensem scilicet Ja-nuarium, et Excerpta ex aliis, edidit Bol-landus in praefatione generali tom. 1 Jan. 44. Continuatores autem illius exemplar plenum nacti ediderunt tom. VII. Jun. p. 178. Vide Caveum pag. 284. Hist. literaire de la France tom. II. p. 294.

* Admonuisse hic juvat Polemii *Later-culum* non ita dari a continuatoribus Bol-landi t. VII. Junii p. 178. ut per omnia respondeat excerptis a Bollando vulgatis tom. 1. pag. 44. praefationis. Praeterquam enim in volumine illo Junii resecta est tota illa praefatio ad Eucherium Episcopum, quae comparet in Bollando; nonnulla etiam aliter legit Bollandus ac continuatores eius legerunt. Unum alterumve exemplum pro-feram. Bollandus: *Non Julii Ancillarum Syriae, quarum celebritas instituta est* etc. Continuatores: *Ancillarum feriae*: et in-ferius ibidem *Somno sopitus Volyrius posse superari facta victoria sic.* Bollandus *som-no sopitos et obrutos facta victoria sit* Insu-per monet Bollandus post Augustum mensem subiici Breviarium temporum, cuius breviarii postremum fragmentum refert Hoc autem

fragmentum non legitur in continuatoribus; quamquam eius in praefatione meminerunt.*

Xicco POLENTONUS, Patavinus, ver-gente sec. XIV. natus; a Joanne Ravennate communi tunc Italiae praeceptore, bonis litteris imbutus, a Petro Bartholomaeo hi-storiam, a Cajetano Thienaeo philosophiam, a Cando de Cando astrologiam didicit. Fuit primum Imperiali auctoritate Notarius, ab a. 1405. Cancellarius urbis Patavinae. Quum a. 1413. sepulcrum Titi Livii ape-riretur, is animum gratum in tantum ci-vem satis superque exhibit. Obiit post foecundum matrimonium a 1461. Brevissi-mis haec exponimus, Lectorem ablegantes ad eruditam dissertationem V. C. Jo. Er-hardi Kappii, Professoris Lips. quae vitam Polentoni à. 1733. copiose satis exposuit. Ad scripta ejus pergimus enarranda.

1. *Liber statutorum et legum municipa-lium reip. Patavinae* opera illius restitu-tus est.

2. *Epistola ad Nicolaum Nicolum, Flo-rentinum, de inventione sepulcri Liviani*, edita est a Laur. Pignorio in Originibus Patavinis c. 17. et Kappio p. 19.

3. *Argumenta aliquot orationum Cicero-nis*, Jacobo de Alvarotis a. 1413. dedica-ta, post Venet. 1477. fol. cum Asconio Pediano. Georgii Trapezuntii artificio Ci-ceronianae orationis pro Q. Ligario, et An-tonii Luschi inquisitione super XI. oratio-nes Ciceronis, edita, et Lugd. 1554. fol. repetita. Dedicationem ad Alvarotum ex-hibet Kappius pag. 89.

4. *De illustribus scriptoribus Linguae*

Latinae, *libr. XVIII.* huc usque nondum
editi, sed tamen in variis bibliothecis la-
titantes. Adsunt enim in Vaticana, Cardinalis Ottoboni et Patavina. Bern. de Montfaucon Bibl. Bibliothecarum MSS. p. 110.
190. 483. Ex eo *vitam Petrarchae* edidit
Jac. Phil. Tomasinus in Petrarcha redivivo p. 185. *vitam Albertini Mussati* Muratorius tomo X. scriptorum rerum Italicarum. Totum opus vero ex Codice Schoen-
begiano promisit Kappius: dubium, an
promissis stare queat. Ego mallem, notatu
digna ex eodem excerpi, ne de scriptoribus notissimis crambe vel centies cocta
recoquatur, sed potius mundus, qui magnitudine voluminum laborat, aliquo magno malo liberetur. Vide supra IV. 569.

5 *Sex libri Exemplorum memorabilium*
MS. in Bibl. Patavina.

6. *Liber contra lusores.*

7. *Dialogus de lusu ridiculo ebriorum*,
al. *Hebraeorum.*

8. *De miraculis Antonii Patavini.*

9. *Vita B. Helenae Enselminae.*

10. *Tractatus de confessione.* Hi Scardeonio et Papadopulo visi sunt. Vide illum
Antiqv. Patav. II. 10. p. 236. hunc. vero
tomo II. Hist. Gymanasii Patavini p. 169.

* V. C. Apostolus Zenas in epistola de
Meditationibus Philosophicis Bernardi Tri-
visani scribit in Museo Trivisaneo servari
codicem scriptum An. 1475. in quo sunt
orationes Xicconis: additque *Carmina* quaedam latina haberi apud V. C. Hieronym.
Baruffaldi Ferrariensem eodem authore
Xiccone. (Vide Zeno Lett. 1. 172. edit. 1785.)

Modestus POLENTONUS, Xicconis filius
a. 1485. Patavii Jurium Doctor renunciatus
ibidem per annos complures jurisprudentiam civilem docuit. Conscripsit *Responsa
juris*, ad quae Caepolla et alii provocant:
item *de sepulcris illustrium virorum, quae
Patavii visuntur*, opus a Scardeonio laudatum, Antiqu. Patav. II. 8. p. 183. Kappius
dissert. cit. §. 22. Nic. Comneni Papadopoli
Hist. Gymnasii Patavini lib. III. sect. 1. c. 13.

POLITIANUS Vid. ANGELUS.

Martinus POLLICHIUS, *Mellerstadius*,
a Mellerstadio, Franconiae urbe, sic dictus, Magister Lipsiensis, D. Thomam ibi
per annos fere viginti interpretatus est,
post ad Medicinam animum applicuit, et
Friderici III. Electoris Saxoniae Archiater
factus cum ipso in Terram Sanctam pe-
regrinatum abiit. Redux primus Academiae
Wittebergensis Rector constitutus est. De
morbo Gallico controversiam Lipsiae habuit, de qua Leichii origines typographiae
Lipsiensis p. 78.

Ejus nota sunt sequentia.

Laconismus tumultuarius, contra Wimpinam. Leichius p. 106. 107.

Cursus Physicus et Logicus. Lips. 1511.
fol. *Logicus* solus. ibid. 1512. fol.

De complexione, sine anno et, loco 4.

Tractatus in Wimpinianas offensiones.
Witteb. 1506.

Propositiones Astrologicae 15. *cum suis
solutionibus.* Lips. 1482. 4.

Epistola ad Georgium Saxoniae Ducem,
MS. in Bibl. Paullina. Fellerus Catal. p. 282.
*Epistolae duae de Actis inter Fridericum
Imp. et Carolum Ducem Burgundiae*, MS
ibidem, p. 283.

Cursus in Metaphysicam, *Regimen pestilentiae*, *Quaestiones disputatae*, *Carmina varia*, *Elegia in mortem Ernesti Electoris*, et alia. Vide Centur Maderianam n. 31.

* Praeter ea quae hic de Pollichio tan-
guntur addere Juvat, egregiam operam
praestitisse illum Electori Saxoniae novam
Wittembergensem scholam erigere molienti
quae tandem erecta est anno 1501. Obiit
An. 1514. Praeter opera hic indicata extat
eius *Responsio in errores Simonis Pistoris
de Malo Franco.* Lipsiae 1501. 4.

POLYDORUS *Vergilius*, Urbinas, Bono-
niac bonas litteras didicit et docuit, ab
Alexandro VI. Pontifice in Angliam missus est, ut ibi Quaestorem ageret, ab Henrico VIII. Rege Archiadiaconus Wellensis
constitutus in Anglia mansit, donec in se-
nium aetate vergente Urbinum reversus,
ibidemque a. 1555. fato suo functus est.
Vide Baelium

Ingenii ipsius monumenta sunt haec:
Proverbiorum Libellus, Venet. per Mag.
Christoph. de Pensis, 1498. 4. Adagiorum
opus recognitum et locupletatum, Basil.
apud Frobenium, 1521. 1525. fol.

De Inventoribus rerum libri III. Venet.
per eundem, 1499. 8. Argent. ex aedibus
Schurerianis, 1516. 4. Basil. 1546. 8. Paris. apud Rob. Stephanum. 1529. 4. 1537.
4. Libros hos, ait Miraeus, haeretici cor-
ruperunt; sed purgati prodierunt Romae
1573. et 1585. Germanice vertit Marcus
Fatinus Alpinus. Aug. Vind. 1537. fol. (277
Italice a Franc. Baldelli *Fir. Giunti* 1587.
1598. in 4)

Historiae Anglicae libri XXVI. Basil.apud
Bebelium, 1534. fol. apud Thomam Guerinum, 1570· fol.

*Dialogorum de patientia et ejus fructu
libri III. De vita perfecta liber unus. De
veritate et mendacio liber I. De prodigiis
libri III.* Basil. 1545. 8. (278 Italice a Fr.
Baldelli *Ven. Giolito* 1550. 8.)

*D. Chrisostomi Comparatio regii poten-
tatus, divitiarum ac praestantiae ad Monachum in verissima Christi Philosophia
acquiescentem* Basil. 1533. 8.

De prodigiis librii III. Basil. apud Bebelium, 1531.

Commentariolus in Dominicam precem,
cum libro de inventoribus. ibid. apud eundem, 1536.

Emendationes Gildae, libri II. Gesnerus
memorat.

De Praesulibus Angliae commentatus
est. *Opus nunquam prodiit, nunquam forsan prodire dignum, inter exules Anglos
asservatum. Vix enim alia praeter nuda
nomina atque tempora complecti videtur.*
Notitiam ejus Stapletonus dedit (Princ.Doctr.
I. 13. c. 7.) *hisce verbis:* Habemus omnium Episcoporum, quos annis pene mille
Anglia habuit, paratum catalogum et ordinem, a Polydoro Virgilio descriptum. Hec
Wharthonus praefat. tomi 1. Angliae sacrae p. 14.

POMERIUS, vide *Julianus` Pomerius*,
lib. IX p. 579.

Sermones POMERII *de Sanctis* per Fr.
Pelwartum de Themeswar, Haganoae per
Henr. Gran. 1499. 4. De Auctore vide lib.
XV. *Pomerium* vero idem ac *Pomarium*,
h. e. hortus pomorum : et titulus est me-
taphoricus libro inditus.

POMPEJANUS, Poëta incognitus, cujus

quaedam leguntur Catalecta inter Epigrammata et Poematia vetera 'a Pithoeo edita.

POMPEJUS, S. Syri Episcopi ·Ticinen-
sis discipulus, sec. II. *Vitam* Magistri sui
scripsisse dicitur, sic ut Paulus Diaconus, qui candem vitam scripsit, ex illo
profecerit. An vero illa sit, quam Boninus Mombritius et Surius ad d. 9. Dec.
ediderunt, nondum constat. Vide Bollandum t. II Febr. p. 153.

Pauli POMPILII Liber. L. Annaei Senecae Vita ad Joannem Lopim., Decanum
Valentinum, prodiit Romae per Eucharium Silber, 1480. 4. Maittaire tom. 1 p.
406. edit. poster.

Petrus POMPONATIUS, Mantuae d. 16.
Sept. 1462. natus, Patavii Philosophiam
didicit a Petro Trapalino, ibidemque et
Bononiae docuit, mortuus anno aetatis
LXIV. De vita illius evolve Niceronum
tom. XXV Baelium in Lexico, et singularem dissertationem Jo. Gottlieb Olearii,
Jenae 1709. 4. Naudaeana pag. 31. et Additiones pag. 161. f. Altamura Bibl. Dominicana p. 249.

Scripta ejus haec sunt :

1. *Tractatus, in quo disputatur penes
quid intensio et remissio formarum atten-
dantur, nec minus parvitas et magnitudo.*
Bonon. apud Hieron. Platonidem, 1514.

2. *Tractatus de Reactione, cum Quaestione de actione reali.* Bonon 1515. fol.

3. *De immortalitate animae.* ibid. 1516.
8. Basil. 1634. 12. Adest etiam editio typis recentissimis excusa in 12. annum
tamen 1534. praeferens.

4. *Apologia adversus Contarenum.* Bonon. 1517. 8.

5. *Defensorium adv. Augustinum Ni-
phum.* Bonon. 1519. fol.   •

6. *Tractatus de nutritione et augmentatione.* Bonon apud Hier. de Benedictis,1521.f.

7. *De naturalium effectuum admirando-
rum causis, sive de Incantationibus Opus,
a Guil. Gratarolo editum.* Basil. 1556. 8.
1569. 8.

8. *Idem liber, cum libris V. de Fato,
Libero arbitrio, Praedestinatione, Providentia Dei, per eundem Gratarolum.* Basil. 1567. 8.

9. *Dubitationes in quartum Meteorologicorum Aristotelis.* Venet. 1563. fol.

Opera ejus prima collectione prodierunt Venet. 1525. fol. qua continentur ea , quae usque ad num. 6. a nobis memorata sunt. Addùntur vero post n. 4. *Contradictoris* (Niphi) *Tractatus doctissimimus* : et post n. 5. *Approbationes rationum Defensorii per Fratrem Chrysostomum Theologum Ordinis Praedicatorum.*

Julius POMPONIUS *Laetus ,* vide *Julius.*

Joannes Jovianus PONTANUS , Caeretanus ex agro Spoletano , a 1426. natus. *Joviani* nomen ex more illorum temporum Neapoli assumsit , ubi apud Ferdinandum I. Regem gratia multum valuit , cui primum a secretis fuit , post filii Alphonsi II. Inspector et post a secretis : obiit a. 1503. aetatis LXXVII De vita ejus evolve Niceronum tomo VIII. pag. 265. seqq. Giornale de' Letterati d'Italia tomo XX. p. 108. seqq. ut alios taceam.

Opera ejus edita sunt Venet. per Bernardinum Vercellensem , 1501. fol. Opera poëtica prodierunt Florent. apud Phil. de Giunta , 1514. 8. et ap. heredes illius , 1520. 8. part. VI. Venetiis 1533. 8. Prosaica ibid. apud Aldum et Andream Socerum , 1518. 4. 3. vol. Basil. 1538. 4. 3. vol. Omnia vero conjunctim Basil. 1538. 8. 4. vol. Ex his singula enarrabimus.

Tomo I.

De Obedientia libri IV. Neapoli, per Mathiam Moravum , 1490. 4. (279. Italice a Jacobo Baroncelli *Ven. Giolito* 1568. 8. Ed. posthuma a Remigio Florentino curata.)

De Fortitudine libri II.

De Principe , ad Alphonsum Calabriae Ducem , a. 1578. Italice conversus a Pyrrho Pedirocco , cujus autographum servat Apostolus Zenus.

De Liberalitate.

De Beneficentia.

De Magnificentia.

De Splendore.

De Convenientia.

De Prudentia libri V.

De Magnanimitate libri II.

De Fortuna libri III.

De Immanitate.

Tomo II.

De Aspiratione libri duo. Brixiae per Bernardinum Misintam, Papiensem, 1497. 4.

Dialogi : *Charon , Antonius , Actius , Ægidius , Asinus.*

De Sermone libri IV.

Belli , quod Ferdinandus Senior , Neapolitanorum Rex , cum Joanne Andegavense Duce gessit , libri VI. Venet. 1519. 4. cum Barth. Facio de rebus ab Alphonso l. gestis. Basil. 1566. 8.

Versio Italica Anonymi pródiit Venetiis 1524. ap. Mich. Tramezzinum 1544. 8. Jacobi Mauri , Neap. 1590. 4.

Insertus postea est Thesauro Historiae Italicae Burmanniano tom. IX part. III. Editionem Dordracenam 1618. 8. memorat Fabricius noster t. I. p. 369.

Tomo III.

Centum Ptolemaei sententiae in Latinum sermonem traductae et Commentario illustratae. Basil. 1531: 4.

De rebus coelestibus libri XIV. Basil. 1530. 4.

De Luna , liber imperfectus.

Tomo IV.

Urania , sive de Stellis , libri V.

Meteororum liber unus. Witt. 1524. 8. Argent. 1539. 8. cum interpretatione Viti Amerbachii. Arg. 1545. 8.

De Hortis Hesperidum libri II.

Pastorales Pompae VII.

Bucolica , Melisaeus , Maeon et Acon.

Amorum libri II.

De Amore conjugali libri III.

Tumulorum libri II.

De divinis laudibus.

Hendecasyllaborum sive Bajarum libri II.

Lyrici Versus.

Eridani libri II.

Epigrammata. Umbra et Epigrammata quaedam prodierunt cum Publii Gregorii Tiferni Opusculis, Venet. per Bernardinum Venetum , 1498. 4. *Naenias* Alexander Adimarus versibus Italicis expressit, quorum exemplar possedit Ant. Magliabeccus , teste Nicodemo in Additionibus ad Toppium p. 133. (280. Vide Morelli *Codici Naniani.*)

Scripsisse quoque dicitur , teste Jacobillo in Bibl. Umbriae p. 167. *de origine Umbrorum*; sed liber neque excusus, neque MS. invenitur. Ajunt quoque *Vitam Jacobi Picinini* scripsisse, nisi forte historiam belli Neapolitani indigitent, in quo de rebus illius contra Ferdinandum Regem agitur. *Commentarios in Catullum* memorat Petrus Summontius, qui scripta ejus conjunctim ediderat. Pontano quoque debetur *Tiberius Donatus in Æneida Virgilii*, ex cujus Codice primum impressus est Neapoli per Jo. Sulzbachium et Matthiam Cancer, 1535. fol. Haec ultima ex Diario Italico Ad Donatum vero quod spectat, haec editio memorata non est prima, quum Adamus Petrus Basileensis in praefatione ad Rhemnium Palaemonem et alios Grammaticos minores a. 1527. scripta jam testetur, *illum a Joviano Pontano e situ prolatum esse.*

PONTIANUS, Episcop. Africanus Sec. VI. scripsit *Epistolam* ad Justinianum Imp. in qua adfirmat mortuos non esse damnat. Edita est tom. 1 Conciliorum Binii, et a Baronio ad a. 546. n. 52. 53.

PONTIANUS, patria Romanus, Episcopus Romanus sub Imper. Alexandro, scripsit *Epistolas Decretales* duas, quae habentur tomo I. Conciliorum Harduini p. 115. et cum Clementis Recognitionibus per Sichardum Basil 1526. *Decreta* apud Ivonem, Gratianum et alios. Martyrium passus est sub Maximino in Sardinia a. 237. d. 19. Nov. Mandosii Bibl. Romana Cent. I. 44. Lud. Jac. a S. Carolo Bibl. Pontificia p. 196. Oldoini Athenaeum Romanum p. 570. 571.

PONTICUS VIRUNIUS, cujus praenomen in baptismo acceptum nos latet, quum et Andreas Ubaldus, qui vitam ejus a) descripsit, illud omiserit. *Pontici* nomen habet, quia ex illustri familia *de Ponte*, quae Belluni floruit, prognatus est: *Virunii* vero, quia patriam suam Bellunum olim Virunum dictam fuisse credidit. Tarvisinum vulgo patriam fuisse statuunt: perperam. Parens ejus nobilis fuit et Venetis militavit: mater Catinia, Radichii,

Macedoniae Principis filia. Noster circa a. 1467. natus est, patre nonagenario, matre annos LIV nata. Mater ipsum in lingua Graeca, Georgius Valla, Bapt. Guarinus et alii in reliquis studiis instruxerunt. Docuit in multis civitatibus, praecipue Arimini, Ferrariae, Regii, Forolivii. Deinde Regii a. 1506. typographiam instruxit, quamvis libri, qui ex eadem prodierunt, admodum sint rari, quia inimici ejus post breve tempus Illam dissipaverunt. Mortuum dicunt Bononiae a. 1520.

Scripta ejus longa serie recenset laudatus Ubaldus, non autem addit, quaenam ex illis impressa fuerint, sicuti nec Simlerus. Enumerabimus autem in Classes aliquot digesta:

1. *Commentarii in Sallustium, Metamorphosin Ovidii, Statium, Horatium, Claudianum, Virgilium.*

2. *Comment. in Hesiodum, Callimachum, Orphea de gemmis, Anthologiae librum IV.*

3. *Versiones e graeco Pindari, Homeri, Hesiodi, Apollonii, Theocriti, Musaei, Phocylidae, trium Tragoediarum Euripidis, quatuor Sophoclis, quarundam Comoediarum Aristophanis, multorum Dialogorum Luciani, Ptolemaei et Plutarchi de Musica, Helenae Demetrii Moschi, vnius libri ex Zonara, Theophili de pulsibus et urinis, Pauli Æginetae, Aëtii Magni et Melampi Medicorum.*

4. *De Grammatica libri III. Explicatio Erotematum Manuelis Chrysolorae.* Hunc librum Ferrariae 1509. 8 editum per Joannem Mazochum, rariorem utpote, pluribus verbis recenset Niceronus in Addendis ad Memoriarum tom. VIII. pag. 253. Adde Annales typographicos Mich. Maittaire tom. II. p. 202. 203.

5. Historica. *Historia Italiae recondita libri XI. vita Emanuelis Chrysolorae: De laudibus Beatricis, uxoris Ludovici Sforciae, Ducis Mediolanensis: Historiae Britannicae libri V.* Est compendium historiae Galfredi Monumetensis, impressum Augustae Vindelicorum 1534. 8. per Alex Weis-

a) Edita est illa vita per Ovidium Montalbanum, Bononiae litteris Jacobi Monti, 1655. 1.

senhorn , Heidelbergae apud llier. Come-
linum 1587. fol. Londini 1585. 8. ex
recensione Dav. Porelli..

6. Prosaica *De admirandis secretis Cal-
lopismi : De nominibus corruptis : Orationes funebres et nuptiales : Comment. in
Sphaeram Jo. de Sacrobosco : De arte di-
vinatrice antiquorum libri XVI. De Fato :
Invectivae : Dialogus ad Robertum Malatestam :* hic impressus in fine haec verba
ostendit *: Ex Rhegio Ligustico Ponticus
Virunius impensa et torcularibus. suis.*
1508. 4. Respondit quoque *Plinianae de-
fensioni* Pandulphi Collenutii , contra Nicolai Leoniseni et aliorum Medicorum errores a. 1491 , quod testatur Fabricius
noster tom. I. pag. 369. qui expresse
Bellunensem vocat.

7. Poëtica. *De miseria literarum lib. II.
Elegiarum et Epigrammatum gr. lat. libri
IV. Epistolae graecae et latinae ad diversos.*

Debentur haec omnia Diario Italico Ve-
neto tomo XXIV. pag. 335. seqq. cui adde
Simlerum et Whartoni Appendicem ad
Caveum. Niceronum tomo VIII. pag. 23.
Appendicem Trithemii , c. 11.

* Ex libris viri huius docti habeo apud
me omissum hic a bibliothecario *Libanium de modo epistolandi*, ex Graeco in
latinum per excellentissimum virum Dom.
Ponticum Virunium , impressum Papiae
per Jacob de paucis drapis de Burgo Franco an. 1504 die 15. Martii in 4. Versionis huius meminit Niceronius , sed Venetae editionis A. 1625. quam vero hic ego
indicavi priorem esse constat et ab ipso
auctore curatam. *

PONTINIACENSIS monasterii , dioecesis
Antissiodorensis , Historia edita est in The-
sauro novo Anecdotorum Edm. Martene et
Ursini Durand tomo III. p. 1221.

M. PONTIUS de *S. Ægidio* , nescio quis ,
sed professione Medicus, cuius libellus
de curis omnium aegritudinum Lipsiae MS.
in Bibl. Paullina. Vide Catalogum Felleri
pag. 275.

PONTIUS , Afer procul dubio , Diaconus
Carthaginiensis , Cypriani comes assiduus ,
in ipso quoque exilio et martyrio. Scripsit
Vitam Cypriani. quae habetur apud Su-

rium d. 14. Sept. et operibus Cypriani
adjungi solet. Confer Acta SS. Martii tom.
I. p. 750. Caveum et alios.

PONTIUS *de Baladuno* scripsit *historiam
Francorum, qui ceperunt Jerusalem.* MS.
in Bibl. Regia Parisina. Bern. de Montfaucon Bibl. Bibliothecarum MSt. pag. 1013.

PONTIUS *de Balmeto* , Ecclesiae Lugdunensis Magister , Poenitentiarius et Canonicus , a. 1116. Cartusiam Majorevi fundavit , post a. 1140. Episcopus Bellicensis ,
ante vero et post insulam ibidem monachus: scripsit *de aeternitate , de vitandis
schismaticis , de pace concilianda , de contemtu vanitatis seculi.* Car. Jos. Morotii
Theatrum Chronol. ordinis Cartusiani pag.
70. 230.

PONTIUS *Carbonellus* , vide supra tom. I
p. 308. et adde , quae de ipso habent Nic.
Antonium Bibl. Hisp. Vet. VIII. n. 244. Willot in Athenis sodalitii Franciscani .p. 312.

PONTIUS, ex monacho Cisterciensi Abbas primum Grandissilvae , postea Clarae
vallis , tandem Episcopus *Claromontanus* ,
circa a. 1172. obiit post a. 1197. Exstat
ejus *Epistola* notabilis ad Mauritium Episcopum Parisiensem , inter Epistolas Stephani Tornacensis numero 3. Car de Visch.
Bibl. Ord. Cisterciensis po. 281.

PONTIUS , Abbas de Melgueil, filius
Petri Merguliensis Comitis *Cluniacensis* , ab
auno 1109-1125. Duae ejus *Epistolae* et
Statuta edidit Baluzius Miscell. lib. VI. p.
497. Vide de ipso Galliam Christianam t.
IV. p. 1134.

PONTIUS , Abbas S. Rufi in Gallia , circa
a. 1124. scripsit *Epistolam* ad Abbatem
et conventum Balmosiacensem , in qua ad
quaestiones ab ipsis propositas respondet
de quotidiano jejunio , de silentio continuo,
de vini abstinentia , deque laneis vestibus
Canonicorum, coenobii Calmasiacensis· Exstat apud Martene et Durand. Thes. novo
Anecdotorum tom. I. p. 359.

PONTIUS, Abbas *Saviniacensis*, ab anno
1121-1133. cui Mabillonius tom. II. Annal.
Bened. p. 385. tribuit Chronicon breve
Abbatiae Saviniacensis ab anno 809-827·
quod conservavit Claudius Stephanotius in
Antiquitatibus Ord. S. Benedicti dioecesis

Lugdunensis. Opús hoc MS. habetur in Bibl. S. Germani de Pratis. Le Long Bibl. Historique de la France pag. 257. 911. Adde Galliam Christianam t. IV. p. 264.

PORCARIUS, Abbas Lirinensis, circa a. 485. qui Caesarium post Episcopum Arelatensem in monasterium suum recepit, unde frequens ipsius in vita Caesarii mentio. Ejus prostat *Epistola* ad monachos, (*Monitae* dicuntur in Codice Bibl. Regiae Parisinae, teste Montfauconio Bibl. MSS. p. 1038) primum edita in Opusculis quorundam Patrum per Thomam Galletum, Lugd. 1615. post in Supplemento Bibl. PP. tom. 1. p. 832. et inde in Bibl. Coloniensi et Lugdunensi repetita. Ætas Auctoris et Epistolae huc usque inter incertos posita est, donec Anonymus Mellicensis de script. Eccles. c. 58. utrumque detexit. Adde Hist. liter. de la France tom. II. p. 687. et Galliam Christianam t. III. p. 1192.

Alius Porcarius circa finem sec VI. Abbas S. Hilarii Pictaviensis. Mabillonius sec. I. Bened. p. 97. Gallia Christ. t. II. p. 1224.

Tertius fuit itidem Abbas Lirinensis a Saracenis a. 730. cum suis interfectus, de quo Phil. Elssii Encomiasticon Augustinianum p. 292. Gallia Christ. t. III. p. 1194.

PORCELLUS, vel potius PORCELLIUS, Neapolitanus, quamvis ipse Romanus potius dici voluit, Poëta et Alphonsi I. utriusque Siciliae Regis Scriba sive Secretarius, a quo a. 1452. fervente bello inter Venetos et Mediolanenses in castra Venetorum missus est, ut singula, quae ibi gererentur, nunciaret a). Descripsit igitur hoc bellum, sequenti titulo. *Commentaria Comitis Jacobi Picinini vocati Scipionis Æmiliani, edita et missa Alphonso Regi Aragonum.* Exstat libellus in Script. rerum Italicarum Muratorii tom. XX. p. 65. Veronae adservari ait idem *Commentarios secundi anni de gestis Scipionis Pichinini, ad Franciscum Foscari, Venetorum Ducem.* Illo bello non admodum multa gesta sunt, sed Porcellius tamen eleganter omnia descripsit. *Elegiae* et *Epigrammata* illius nondum videntur lucem publicam conspe-

xisse: quae vero Volaterranus et Gyraldus non magni pretii esse judicant. In Bibliotheca Ducum Urbinatium Porcellii Opera quatuor voluminibus ,exstiterunt, quae procul omni dubio in Vaticanam perlata sunt. Haec omnia debentur Muratorio in praefatione. Porcellii, Basilii et Trebanii (non Thebani, ut est apud Gesnerum) opuscula s. poëmata, diligentia Christophori Preudhomme Barroducani edita sunt, Parisiis apud Simonem Colinaeum, 1539 8. ut est apud Maittairium. Illud poëma Porcellii, quod ibi editum est, alias etiam *Isottaeus* dicitur, quia continet Carmina in *Isottam*, Sigismundi Pandulphi Malatestae, Arimini Domini, amasiam. Prosper Mandosius Bibl. Romanae Centur. V. 29. addit, ipsum *de virtutibus Sigismundi Malatestae* Epistolas XII. egregio carmine edidisse: Fredericum quoque Urbini Ducem res suas ab eo celebrari voluisse. Aliud carmen, quo *Deploratio Italiae* inscribitur, memorat. Titulus integer est: *Deploratio Italiae poscentis pacem a Divo Paulo II. P. M. Triumphus Alfonsi Regis Aragonei devicta Neapoli*, exstat MSt. in Bibl. Dominicanorum Florentiae. Bern. de Montfaucon Bibl. Bibliothecarum MS. p. 425. *Carmen in laudem Francisci Sfortiae*, in Bibl. Regia Parisina. ibid p. 764. Adde Diarium Venetum, Giornale de' Letterati d'Italia tom. IX. p. 148. seqq.

* Porcelli (sic enim lego) epistolas geminas dedit Em. Card. Quirinus in collectione Epistolar. Fr. Barbari. In iis voro postquam commemoravit scriptos a se commentarios de Scipione imperatore, quorum et meminit hic Fabricius; adiicit vertisse se ad celebrandam versiculis familiam Barbarorum. *Lege itaque* ait ad Franc. Barbarum, *primum de cognomine proavorum tuorum versiculos* etc.

Scripsit praeterea *septem volumina de felicitate temporum Pii* II, ut ipse Porcellus testatur in Epistola ad Marcum Fusscarenum, ex qua adhuc inedita verba quaedam dedit cl. Angelus M. Quirinus Card. in diatriba praeliminari ad episto-

a) Perperam Vossius duos ex uno Porcellios facit, quorum prior Petrarchae temporibus floruerit

las supra laudatas p. 91. Hoc facile opus idem est quod in MS. codice Vaticano contineri lego in Bibliotheca MSS. P. Monfaucon t. 1 pag. 105. h. titulo. *Porcellii Pandonii Poematum* libri VIII. *(mendose forte pro* VII.*) ad Pium II. Pontificem* Superiori anno in vol. XXV Rer. Italicar. prodierunt eius commentarii *Secundi anni Scipionis* (idest Jacobi) exercitus *Venetorum imperatoris.* Porcelli huius epigramma occurrit inter epigrammata Jani Pannonii Quinqueclesiensis Episcopi ex editione Forberiana p. 98. incipit :

Sume Pater divine tui munuscula vatis.
Quae veniunt patriis aurea mala locis

Caetera Porcelli opuscula in MSS. Codicibus adhuc. latentia discas ex cl. Zeno in Dissertationibus Vossianis, t. 1 p. 15. Epigrammata quaedam et elegiam in Hieronimum Urbinatem servat MS. Codex Riccardianus Vide Lami Catalog. eiusd. Bibliothecae n. 327. *

PORCHETUS SALVATICUS, *Salvagum* vocat Ubertus Folicta in Elogiis clarorum Ligurum , (qui tamen praeter nudum elogium nihil de eo memoratu dignum addidit ,) *Salvaticensem* et *de Sylvaticis* Paullus Colomesius in Italia orientali pag. 8. *de Sylvaticis* Wolfius in Bibl. Hebr. tom. II. p. 1001. Patria fuit Genuensis, professione monachus Carthusianus. Vixit sub initium sec. XIV. quod Rev. Wolfius ex ipso auctore docet, qui fol. 16. col. 4. operis laudandi ait , se scribere *Christianis computantibus nunc ab incarnatione Domini annum* 1303. Caveus in Chartophylace longe recentiorem fecit , et sub finem seculi XV. scripsisse tradiderat, quia paullo ante tempus impressionis vixisse conjecerat. Et certe difficile erat aetatem ipsius recte et accurate ponere , quia nemo scriptorum illam memoraverat.

Scripsit librum , quem inscripsit : *Victoria* a) *adversus impios Hebraeos , in qua tum ex sacris literis, tum ex dictis Talmud ac Cabbalistarum , et aliorum omnium authorum , quos Hebraei recipiunt , monstratur veritas Catholicae fi-*

dei. Edidit Augustinus Justinianus, Episcopus Nebiensis, Paris. 1520 4. majori forma. An magnam in Hebraeorum lectione facultatem habuerit, dubium est , quippe in praefatione docet, se omnia ex Raimundo Martini petiisse. Ut igitur hic ingenue fassus est, per quem profecerit, sic totum fere exscripsit Galatinus, de qua re judicium Wolfii addendum pag. 1428. *Qui Galatinum legerit, Porchetum se evolvisse credat.* Scripsit etiam *de Sanctissima Virgine Maria* , et alium librum *de Entibus trinis et unis.* Plura de ipso praeter jam citatos dabunt Waddingus de Scriptoribus ordinis Minorum pag. 280. Sopranus de Scriptoribus Liguribus p. 244. Oldoinus in Athenaeo Ligustico pag. 478 Theod. Petrejus in Bibl. Cartusiana pag. 269. Car. Jos. Morotius in Theatro Chronol. ord. Cartusiensis pag. 72.

P. PORCIUS Poeta , cuius est *Pugna porcorum per P. Porcium Poetam* , Paris. apud Nic. Bouffet. 1543. 8. Procul dubio nomen fictum.

Publilius Optatianus PORPHYRIUS, vide supra tom. V. pag. 161.

Alanus PORRETANUS , alias *Hermes Trismegistus.*

Regulae coelestis juris MSS. sunt in Bibl. Basileensi : *Liber de Virtutibus* in Bibl. Regis Angliae. Bern. de Montfaucon Bibliotheca Bibliothecarum MSS. p. 608 629.

POSSESSOR , Episcopus Afer , a. 520. scripsit *Relationem* ad Hormisdam Episc. Romanum *de libro Fausti Episcopi Regiensis,* quae cum responsione Hormisdae legitur t. II. Concilior. Harduini p. 1037. 1038.

POSSIDIUS , Afer , per annos fere XL. familiaris S. Augustini , et Episcopus Calamensis in Numidia , scripsit *vitam S. Augustini , et Indiculum librorum ejus ,* quos studiose collegit et conservavit. Eduntur haec cum operibus Augustini , et a Surio d. 28. Aug. Utrumque Opusculum a Benedictinis e Codicibus MSt. emendatum editum in calce tomi X. Operum Augustini , Paris. 1690. *Vita Augustini* per D. Joannem de Salinas Neapolitanum, cum

___
a) Inde *Victoriam Porchetum* riduculo errore vocat Reimmannus in Intr. ad Theol Judaic. p. 455.

dissertat. de Vita Possidii, Romáe 1731 8.
Vide Acta Eruditorum Lips. 1734. p. 18.
Sermones ad fratres in eremo ipsi suppositi sunt ib. pag. 21. Nonnulli *Possidonium*
vocant, quum tamen diversi sint, in Concilio Milevitano simul occurrentes. In Bibl.
monasterii Heilsbrunnensis Codex adest
MS. membranaceus, qui ab editis multum
differt teste Hockero pag. 52. Vide Isidorum et Trithemium de Script. Eccles. c.
8. et 127. Item Phil. Elssii Encomiasticon Augustinianum pag. 592. Vitam ejus
ex Augustini operibus et vita collegit Innocentius Keferloherus Can. Reg. Diessen-
sis in Bavaria Abbatiae Decanus, quae
exstat in Actis Sanctorum tom. IV. Maji
pag. 29. ubi confer Commentarium praevium Dan. Papebrochii pag. 27.

* Indiculum librorum S. Augustini,
quem Possidius texit, multo pleniorem
quam ferunt edita ex MS. Veronensi Codice vetustissimo legas excusum Venetiis
una cum duplici S. Augustini epistola recens in Godwicensi Austriae Abbatia re-
perta Venetiis an. 1735.

'POSTUMIANUS, Monachus, Severo Sulpitio in vita S. Martini memoratus, cui
vitae aliquae (haud diversae ab editis apud
Rosweidum libro secundo) tribuuntur in
quibusdam MSS. teste eodem Rosweido.
Haec Fabricius Bibl. Graecae t. IX. p. 33.

POTAMIUS, Episcopus Ulyssiponensis,
primum Catholicus, post Arianus, de cujus rebus vide Caveum. Exstat ejus *Epistola ad Athanasium* t. II. Spicilegii Dacheriani, edit. novae tom. III. pag. 299.
Potamius *contra perfidiam Arrii* MSt. exstat in Bibl. monasterii S. Vedasti Atrebatensis, teste Ant. Sandero in Bibl. Belgica manuscripta pag. 63.

POTHO, Presbyter et Monachus monasterii Prunveningensis, nunc Pristingensis,
prope Ratisbonam, Ordinis S. Benedicti,
qui Seculo XII. claruit. Scripsit *Librum
de miraculis Sanctae Dei Genitricis Mariae*, quae una cum Anonymi Minoritae
Viennensis *Vita Agnetis Blanbeckin*, Viennae A. 1731. sumtibus Petri Conradi Mo-
nathii, edidit Rev. Bernardus Pez, Benedictinus et Bibliothecarius Mellicensis Liber

vero statim rarioribus adnumeratus fuit,
quia auctoritate Illustris Comitis Sinzen-
dorfii, et Consilio Pii Nicolai Garellii Bibliothecae Caesareae Praefecti prohibitus,
et exempla omnia bibliopolae sunt ablata.
Varia enim in utroque libro adsunt, quae
ipsos quoque Pontificios laederent. cap. 36.
Potho narrat de quadam Abbatissa im-
praegnata, quam vero poenitentem duo
Angeli a Maria missi, obstetricis munus
in se recipiendo, ab onere graviditatis li-
berarunt, puerumque eremitae nutrien-
dum tradiderunt. In vita vero Agnetis de
praeputio Christi non putida solum et su-
perstitiosa, sed et prorsus impia habentur. De qua re consulat Lector *Hardiani
Pontii* Epistolam ad Amicum, qua historia libri hujus rarioris exponitur, Francof
et Lipsiae, ut titulus praefert, 1735. 8.
duabus plagulis editam. Sub finem anne-
ctuntur Pezii Epistola ad Garellium, quae
de hoc negotio conqueritur, nec non responsio Garellii, cum iudicio elaborata,
quae ipsum saniora edocet. Adde Relationes innocuas An. 1731. pag. 317.

Ejus etiam sunt libri V. *de statu domus
Dei* et unicus *de domo sapientiae*, quos
huc usque nomine Pothonis Abbatis Prumiensis in dioecesi Trevirensi ediderunt
primum Haganoae 1532. post in Bibliothecis Patrum aliquoties repetierunt.

Fortasse illius quoque sunt Anonymi
Pruflingensis *de S. Erminoldo Abbate Pru-
flingensi* libri duo, quos Canisius edidit
tom. II. Antiqu. Lect. editionis novae.

PRÆDESTINATUS, vid. PRIMASIUS.

PRÆPOSITIVUS, natione Lombardus,
ab Alberico (ad An. 1217.) dicitur *vir mirabilis*, fecisse *optimos Sermones et quasdam Postillas Sententiarum*. Primus ille
Odoni Episcopo Parisino juravit, se statutum, quod de residentia Cancellarii fecerat, observaturum. Fuit autem Cancellarius An. 1207. Haec Bulaeus in Histor.
Univers. Parisiensis tom. III. pag. 706.
Eadem fere habet Claud. Hemeraeus de
Academia Paris. pag. 117. *Summa Theologica Scholastica ex dictis SS. Patrum*,
MS. exstat in Bibl. monasterii Dunensis
in Flandria, teste Ant. Sandero in Bibl.

Belgica MSt. I. pag. 173. et allegatur in Catalogo Doctorum , qui Mariam .in originali peccato conceptam statuunt, apud Pezium et Hueberum Cod. diplom. III. p. 322. quae , iudice Hemeraeo , eadem est. cum *Postilla Sententiarum.* Magistri Praepositivi *Liber Officiorum de Divino Officio et diurno* , qui incipit : *Ecce nunc tempus accep'abile et dies salutis dicitur tempus gratiae* etc. manu seculi circiter XIII. scriptus habetur Saltzburgi in Bibliotheca monasterii S. Petri , quod testatur Rev. Bern. Pezius Dissert. Isagogica in tomum I. Thesauri Anecdotorum novissimi p. 7. *Sermones* sunt in Bibliothecis Galliae. Adde Oudinum tom. III. pag. 31.

PRECISLAUS *Pogarella* , Silesius , Habersdorffii in Ducatu Munsterbergensi in lucem editus , in Academia Bononiensi bonis litteris operam dedit , post Canonicus Wratislaviensis , 1341. Episcopus ibidem Johannis Bohemiae Regis Consiliarus , et Caroli IV. Imp. Vice Cancellarius , obiit a. 1532. Scripsit *Epistolas* aliquot , quas recenset Hanckius de Silesiis indigenis eruditis p. 89. Confer librum vernaculum Theodori Crusii, *Vergnügung müssiger Stunden* , part. I.

PRERADBERTUS , nomen abbreviatum *Paschasii Radberti* , quod docet Histoire liter. de la France tom. V. p. 305.

Joannes PREXANUS : vide de hoc Fabricium supra tom. V. pag. 271. nam plura mihi de illo non occurrerunt.

PRIAMUS *Capocius* , Lilybaetanus Siculus J. U. Doctor. , et Fisci Regii Patronus a. 1517. a plebe per tumultum interfectus est. Ejus est *Fridericeis* s. Carmen de rebus Friderici Admorsi, Marchionis Misnensis , Lips. 1488. 4. Edidit etiam *Regis Lusitaniae Opus de Continentia.* Vid. Ant. Mongitor Bibl. Sicula tom. II. p. 192.

Flaminius PRIAMUS , Lucensis , quaedam Chrysostomi in Latinum sermonem convertit : in Bibl. Coisliniana. Bern. de Montfaucon Bibl. Bibliothecar. MSt. p. 1066.

(278. *Silvester* De PRIERIO *Mozzolini* Astensis Comitatus in Subalpinis Insubribus , ubi natus an. 1460. Ord. Praed. an. 1475. nomen dedit. Bononiae , Patavii et Romae demum Theologiam docuit : inde an. 1515. Th. Cajetano Vio inspirante Julii II S. Palatii Magister usque ad 1523. in quo peste obiit. Plura eius opera Latina et vernacula in praeclaro Op. PP. Quetif et Echard annumerantur. *Quadragesimale Aureum* Sermones luculentissimi *Venet. per Lazzarum de Soardis* 1515. 4. ch. 2. et A. O Caracteribus Soncini Fanensis simillimis prope me est. Laudes Genuae urbis in epistola nuncupatoria *generosis civibus Genuatibus.*)

PRIMASIUS , discipulus S. Augustini , Adrumetinus Episcopus in provincia Byzacena , et Ecclesiarum Africanarum ad aulam Constantinopolitanam legatus, circa annum 550.

Scripsit *Collectanea in omnes Divi Pauli Epistolas* , ex Ambrosii, Hieronymi, Augustini et aliorum Patrum scriptis, Paris. 1543. Colon apud Gymnicum 1538. 1543. 8 cum praefat. Jo. Gagneii , Theol. Parisini. Gallice per Jo. de Caigny , exstat in Bibliotheca Regia , teste Montfauconio in Bibl. MSt. p. 789.

Comment , in Acta Apostolorum , Basil. 1544. 8.

Contra haereses lib. III. in supplementum Augustini, ad Fortunatum Episcopum, periit, quod Oudinus probat tom. I. p. 1433.

In Apocalypsin lib. III. ad Castorium. Basil. apud Rob. Winter , 1544.

Caeterum librum , qui *Praedestinatus* dicitur , Primasio jam vindicant Eruditi , de quo vide Caveum , Norisium , et Ittigium de Bibliothecis Patrum p. 259.

Phil. Elssii Encomiasticon Augustinianum p. 594. Possevini Apparatus II. pag. 297. Jo. Caspar Loescherus de Patrum Africanorum meritis , p. 181.

PRIMNIUS , Abbas , vid. PIRMINIUS.

PRIMUS , Episcopus Afer , auctor Epistolae 4. et 12. apud Cyprianum , una cum aliquot Coepiscopis. Gesnerus.

PRISCIANUS , Caesareensis Grammaticus , de quo copiose satis Fabricius noster in Bibl. Latina. Hic tantum Spicilegium aliquod editionum antiquarum additur. Prodiit autem Venetiis per Jo. de Colonia et Jo. Manthen. 1476. fol. et codem anno ibi-

dem impensis Marci de Comitibus, fol. ibid. impensis M. Michaëlis Mazzolini de Parma, 1481. fol. cûm. Comment. Jo. de Aingre, Venet. per Georg. Arrivabenum 1488. fol. Lips. per Wolfg. Molitorem 1486. fol. cum Comm. Jo. de Aingre et Dan. Cajetani, Venet. 1500. 1509. fol. et Mediolani apud Alex Minutianum. 1511. fol. Basil. 1545. 8. Venet. in aedibus Aldi et Andreae Soceri, 1527. 8.
Libellus de Accentibus Paris. ap. Rob. Stephanum 1526. 8.
Carmen Prisciani *de Astronomia* exstat in operibus Bedao tomo I. p. 434.
Tractatus in duodecim primos versus XII. librorum Æneidos, id est, in primum versum cujusque libri; exstat MS. in Bibl. Belgica MS. I. p. 57.
Priscianus major est in Bibl. Paullina Lipsiensi: *minor* in Bibl. SS. Sergii et Bacchi in Gallia. Bern. de Montfaucon Bibl. MS p. 597. 1219. Posterius auguror esse compendium operis majoris.
Peregrinus PRISCIANUS, Ferrariensis, Jurium Doctor, Historicus et Philosophus, Astronomiam docuit Ferrariae, clarus circa a. 1495 Scripsit *de Antiquitate Ferrariae*, opus insigne, IX. voluminibus constans, ex pluribus Archivis contextum, sed adhuc ineditum. Primum est in Bibl. Regia Dresdensi, teste Goetzio vol. I. p. 437.
PRISCILLIANUS, Episcopus Abilae, Treviris a Maximo tyranno caesus sec. V. Ejus *Canones Epistolarum Pauli* sunt in Bibl. Paullina Lipsiensi, teste Catalogo Felleriano p 63. et Montfauconio p. 394. *Opuscula quaedam* scripsit, quae Hieronymus memorat de Script. Eccl. c. 121. Vitam vero pluribus tangere nolumus.
PRISCUS, Episcopus Afer, una cum áliquot aliis Coëpiscopis auctor Epistolae 2.ap. Cyprianum de rebaptizandis haereticis.
Cajus Titus PROBUS, qui *Epitomen in X. libros Valerii Maximi* scripsit, in editionibus hujus antiquioribus occurrit. Ex his memoro Basileensem 1540. 8. Adde Fabricii Bibl. Latinam II. 5.

Mellanius PROBUS, Hibernus, monachus S. Albani Moguntiae, qui testibus Annalibus Fuldensibus a. 858. obiisse dicitur. Si modo hic est, quod asserit Mabillonius et Auctores de l' hist. literaire de la France tom. V. p. 209. Dedit *Vitam S. Patricii libr. II.* quae edita est tom. III. Operum Bedae p. 225. (cui falso tribuebatur) in Triade Thavmaturga Hiberniae Jo. Colgani p 51. et in Actis Sanctorum tom III. Martii pag. 97. Ipse auctor sub finem libri II. nomen suum hic verbis prodidit: *Ecce habes, frater Pauline, a me humili* Probo *postulatum nostrae fraternitatis judicium* Intelligitur autem Paulinus Episcopus Hiberniae Septentrionalis et Abbas Indensis, qui a. 920. obiit. Vide Waraeum de Scriptoribus Hiberniae I. 6. p. 49. Acta SS. t. II. Martii p. 520. 521. Colganum I. c. p. 61. 249. Baronii Martyrologium d. 17. Martii, Baluzium annot. ad Servati Lupi Epist. 20.
PROBUS *de ratione temporum* MS in Bibl Pontiniacensi. Bernard. de Montfaucon Bibl. Bibliothecarum MSt. p. 1334.
PBOBI Grammatici *Instituta artium* primo loco in Collectione Grammaticorum, Mediol. apud Jo. Angelum Scinzenzelar, 1504. fol. Probi *Istituta artium et Catholica*, cum aliis Grammaticis minoribus, Veicetiae, 1509 fol. per Henricum et Jo. Mariam ejus filium Librarios. Parrhasius in praefatione docet, hunc Probum a Gellio, Donato, Servio et Prisciano allegatum fuisse, qui auctoritate illius libenter usi sunt. Pisauri impr. Hieron. Soncinus 1511. fol.
PROCOPIUS *Rufus*, primum monachns, post Hussitarum antesignanus, de quo plura Historici, quae huc non pertinent. Ejus et aliorum Hussitarum *Epistola ad Bohemos* exstat in Martene et Durand Collect. ampliss. VII. p. 19 a) *Epistola ad Sigismundum Imp.* cum hujus responsione, ibid. p. 133. 134. *Propositio Concilio Basiliensi factv de periculo bellorum*, ibid. p 602.
PROFACIUS, aliis PRÆFACIUS, natione Judaeus, patria Massiliensis, quamvis

a) Eadem cum responsione Bohemorum habetur in Bibl. Heilsbrunnensi, prout testatur Vir. Rev. Jo.

Lud. Hocherus in Catalogo p. 119.

alii Montepessulanum vocant, Mathematicus insignis circa a. 1350. Scripta ejus typis expressa non habentur, sed tantum in Bibliothecis illustribus latent. Sic Liber *de Quadrante*, qui etiam *Ars novi Quadrantis* et *de compositione Quadrantis* inscribitur, ter exstat in Bibl. Vaticana, semel in Bibl. Dominicanorum Florentiae. Bern. de Montfaucon Bibl. Bibliothecarum MSt. p. 25. 89. 111. 428. *Canones et Tabulae Astronomicae* in Vaticana, ibid. p. 408. *Almanach* incipiens ab a. 1300. in Archivo S. Petri Romae, ibid. p. 158. *Canones Astrologici* in Bibl. Regia Parisina, ibid. p. 987. *de utraque Eclipsi Solis et Lunae ;* item *Tabula motus octavae sphaerae,* in Bibliothecis Angliae. Plura dabit Celeb. Wolfius Bibl. Hebraicae tom. I. p. 988. Male autem Pitseus de illustr. Angliae scriptoribus ipsum Anglum natione tradit.

PROPERTIUS *Maggius,* Medicus magni nominis et Archiater Cremonensis circa a. 1348. Scripsit *de ratione ordinandi medicamenta , de humido radicali , de morbis mulieribus , de urinis, de doloribus colicis* Arisii Cremona literata tom. I. p. 167. 168.

PROSDOCIMUS *de Beldemando* vel *Beldimendo, Patavinus,* scripsit a. 1424. *de Musica ,* item *Canones* sive *Tabulas Astronomicas* quae in Bibl. Dominicanorum Florentiae bis asservantur. Bern. de Montfaucon Bibl. Bibliothecarum MSt. p. 428.

Adde Tomasini Catal. MSS. Patavinorum pag. 438.

PROSDOCIMUS *Comes,* vel *de Comitibus,* quod nomen familiae est, non dignitatis, Patavinus, JCtus et sanctionum Pontificiarum Doct. publicus sec. XIV. Scripsit *Tractatum differentiarum Juris civilis et canonici* item *de consanguinitate et affinitate ,* qui libri sunt impressi : *de Dominiis Legum et Canonum* in Oceano Juris tomo I. p. 190. *Comm. in sextum Decretalium.* Bern. Scardeonii Antiqu. Patav. II. 8. p. 173. 174. Possevini Apparatus II. p. 302. Nic. Comneni Papadopoli Hist. Gymnasii Patavini lib. III. sect. I. cap. 8.

PROSPER AQUITANICUS, ex Aquitania scilicet oriundus, quo nomine inde ab antiquis temporibus appellatur, ut scilicet ab aliis ipsi cognominibus distinguatur a) De vita ejus multa narrari nequeunt. Male agunt omnes, qui ipsum Episcopum Regiensem vel in Italia, vel in Gallia faciunt, id quod solide refutatur in Vita Prosperi, quae editioni ejus Parisinae a. 1711. praefixa c. 10 Ado Viennensis ad a. 258. ipsum *Leonis Magni Notarium* vocat : ulterius a nemine aliquid observatum, est, unde appareat, Prosperum fuisse gradu aut ordine laicis aut monachis superiorem. Potissimam vitae suae partem transegit controversiis contra Semipelagianos in Gallia tractatis, et defensione Augustini suscepta. Iter quoque ad Coelestinum Pontificem

---

a) Adducimus hac occasione verba Jo. Salinas ex annotatione prima ad vitam Prosperi ab Anonymo conscriptam, quae in compendium contracta sunt ex Jac. Basnagii Observatione Chronico Prosperi nostri praemissa : *Sex vel septem fuisse Prosperos ex quinti ac sexti seculi historia constat: quorum gesta vel Opera ob nominis similitudinem permiscenda non sunt.*

Pri n us fuit Afer , Carthaginensis Ecclesiae Clericus , auctor Operis de promissionibus et praedictionibus Dei, qui a. 595. interfuit dedicationi templi Coelestis ac ibi permansit , usque ad a. 451. quo feliciter pugnatum est adversus. Gensericum. Nimirum Aurelianus Episc. Carthaginensis , templum , quod Gentiles Deae Coelesti sacraverant , Deo vero et in usus Christianorum dedicavit

Secundus fuit Aurelianensis Praesul , et a. 455. vivebat, petiitque a Sidonio sui decessoris Aniani vitam , et historiam obsidionis Aurelia-

nensis sub Attila. Epistola Sidonii est VIII. 15. Libros *de vocatione gentium* ipsi tribuit Vossius in Histor. Pelagiana : verum is nihil edidit.

Tertius fuit incertae sedis Episcopus , suppar Leoni Magno et alteri Prospero Regii Lepidi in Emilia Praesuli , qui inter Prosperos quartus est enumerandus. Dubius etiam est ille Regiensis Prosper , ut patet ea consideranti , quae Auctor Vitae Prosperi e. 10. ex variis scriptoribus congessit. Notitia vero de vita illius brevissima , quam in annotatione ad eandem Jo. Salinas Neapolitanus, multa fabulositatis indicia exhibet, et aperte conficta est.

His addere licet Prosperum ab haeresi Manichaeorum ad fidem Catholicam conversum , cujus anathematismi adversus ejuratores inserti a Sirmondo sunt Conciliorum editioni , vixitque ad finem quinti labentis seculi : et alterum , cui Tironis nomen fuit , Prosperiani chronici interpolatorem.

eius rei caussa Romam direxit. Mortuus
est anno circiter 463.

Scripta ejus aj ordine chronologico digessit Jo. Salinas; sed ego potissimum
Editionem ultimam Parisinam, et Auctores Hist. literariae Gallicae sequor, qui
ea in certas classes distinxerunt, sequenti ordine.

I Genuina.

1. *Epistola ad Augustinum*, apud quem
conqueritur de ausibus Semipelagianorum
in Gallia. Epistolis Augustini inserta est
loco·225. Gallice vertit Jo. Launojus in
libro: *Veritable tradition de l' Eglise sur
la predestination et la grace*, chap. 5.
Opp. tom. 1 p. 1074.

2. *Epistola ad Rufinum*, nescio quem,
de gratia et libero arbitrio, scripta circiter a. 429. Gallice vertit idem Launojus
I. c. p. 1078.

3. *Carmen de ingratis*, h. e. de illis,
qui sunt sine gratia, quique gratiae in
initio bonae voluntatis et fidei nullum locum concedunt. Editum est a Matthia
Flacio cum libris Prosperi *de peccato originis et libero arbitrio*, 1560. 8. Paris.
1647. 4. cum versione le Maitre de Saci,
quam authentico comparandam judicant.
Editio Lovaniensis 1703. quam Benedictini proferunt, revera edita est Amstel. in
Appendice Augustiniana, ubi hoc Carmen
primo loco habetur cum annot. Martini
Steyaert, Professoris Regii, quae in editione Parisina sunt repetitae. Versio Gallica denuo prodiit Paris. 1717. 12. Belgicam dedit Andr. van der Schuren. Memoires de Trevoux 1711. p. 2042. (281
Tradotto in terza rima dal P. Fil. Anfos-
si Domenicano. Roma 1818. 8. Lat. Ital.)

4. Sub finem hujus Carminis adduntur
Epigrammata tria, ex quibus duo priora
sunt *contra obtrectatores Augustini*, tertium est *Epitaphium Nestorianae et Pelagianae haereseon.*

5. *Epigrammata CVI.* ex tot sententiis
Augustini, cujus verba adduntur, expressa. In editionibus antiquioribus pauciora
numeris offendes. Edita sunt primum Augustae Taurinorum, sub finem sec. XV.
4. cum Comm. Anonymi, et quidem hoc
mirabili titulo praemisso: *Tractatus de
vita contemplativa et humana quoad septem virtutes*, ex quibus tres sunt theologicae, quatuor vero cardinales. Sequitur editio Moguntina 1494. 4. Aldina 1501.
4. cum Prudentio, Jo. Susenbethi lib. I.
Scholae Christianae, Basil. 1539. 1541. 8.
Westhemeri, Basil. 8. cum Sedulii Opere Paschali denique in Anthologia Sacra
Jac. Billii, Genevae apud Chouétum,
1591. 16.

Omnia haec Poemata cum Paulini Nolani et aliorum Carminibus edidit Theod.
Pulmannus, typis Plantinianis, 1560. 16.
Georgius Fabricius in Corpore Poetarum
Christianorum, excepto libro *de providentia Dei*, nec non Genevenses in editionibus Corporis Poetarum Latinorum. Et
hic quidem secuti plerumque sumus Daumium in Indice Poetarum Christianorum.

6. *Responsiones ad capitula Gallorum.*

7. *Responsiones ad objectiones Vincen-
tianas.* In praefatione testatur, se fidem
Catholicam adversus Pelagianos ex Apostolicae sedis auctoritate defendere.

8. *Responsiones ad excerpta Genuensium.* a) Haec tria scripta sunt pro doctrina Augustini de gratia, et quae huc pertinent. Quis ille Vincentius fuerit, dubium
est. Lirinensem quidam statuerunt, quia
Commonitorium non proprio, sed Peregrini nomine ediderat, in quo Augustinum confixum esse, praeter rem, crediderunt. Alii Presbyterum Gallum, auctorem Commentarii in Psalmos, de quo
Gennadius c. 80. huc accersunt. Tutius
est ignorantiam hic confiteri, quia in Gallia tunc plures utique fuerunt Vincentii
nobis hodie ignoti. Ad objectiones Genuensium quod attinet, credibile est, quosdam Clericos excerpta quaedam ex Operibus Augustini, a malevolis astute sub-

---

a) De his conferendae Jos. Antelmii dissertationes de veris operibus SS. Patrum Leonis Magni et
Prosperi Aquitani. Paris. 1689. 4. Quae vero ad

usus nostros ex iisdem monenda sunt, ea jam excerpsit Fabricius noster t. IV. 539. 540.

a) Male L. Ellies du Pin hic *Genevam* ponit.

ministrata, bona fide ipsi misisse, quibus solide respondet, et id plerumque monet, decerpta ea quidem esse ex Operibus S. Patris, sed tamen non satis fideliter, et a suo contextu disrupta.

9.` *Contra Collatorem, de gratia Dei et libero arbitrio.* Collator ille est Joannes Cassianus, qui non solum in sermonibus intra privatos parietes, sed etiam Collatione XIII. doctrinam S. Augustini suggillaverat. Hoc Opusculum Prosperi cum Operibus Cassiani solet imprimi. Prodiit Moguntiae in aedibus Jo. Schoeffer 1523. 4. Lugd. Bat. 1606. Atrebat. 1628. et in Haereseologia Heroldi.

10. *Commentarii in Psalmos, a. C. usque ad CL.* Ad Psalmum CVII. allegat Commentarios in Psalmum LVI. et LIX. unde constat ipsum totum Psalterium illustrasse, quod et suo tempore adhuc superfuisse testatur Notkerus Balbulus de Interpr. Script. c. 2.

11. *Sententiae ex Operibus Augustini excerptae.* Numerus earum in variis editionibus est diversus, dum quaedam bis positae, aliae omissae deprehenduntur. Prodierunt separatim Helmstadii per Jo. a Fuchte, 1613. 8.

12. *Chronicon ab orbe condito ad mortem Valentiniani III. et Romam a Genserico captam,* h. e. a. C. 455. Prosperum Aquitanicum edidisse Chronicon testatur Gennadius, qui eodem aevo vixit, Victor Aquitanus (in praef. ad Canonem Paschalem) et Isidorus Hispalensis, quorum fidem in dubium vocare nefas esto. Verum, inquis, duplex adest Chronicon Prosperi nomen habens praefixum, in quorum altero verba *de haeresi Praedestinatorum ab Augustino inventa* occurrunt, quae contra omnem vitam et actiones Prosperi loquuntur. Respondemus, alterum illud, quod minus vocamus, multa quidem e Prospero desumsisse, et nomen ejus mentiri, revera tamen ipsius non esse. a) Editum autem primum est a Petro Pithoeo in Operibus Paris. 1585. et 1609. 4. editis, pag.

331. repetitum a Canisio Lect. Ant. tom. I. p. 133 editionis Basnagianae. Idem tamen Canisius p. 306. aliud quoque illius exemplum ex Codice Augustano prodidit. Bibl. PP. maxima Lugdunensis tria exemplaria dedit tom. VIII pag 194. 197. 200. Incipit a temporibus Gratiani, et pertingit usque ad captam a Vandalis Romam. Genuinum autem Chronicon Prosperi et integrum, quod ab orbe condito incipit, editum est primum a Canisio tom. I p. 252. post ex alio Codice a Phil. Labbeo tom. I Bibl. novae MSt. p. 16. et in Thesauro Graeviano t. XI p. 269. Vide pluribus auctores vitae Prosperi, et observationem praeviam Jac. Basnagii. b)

Errores quosdam hujus Chronici ex Baronio adfert Possevinus in Apparatu tom. II pag. 302.

II. Dubia.

Huc referuntur 1. *Confessio,* quam sub nomine Prosperi primum edidit Jac. Sirmondus cum poematibus Eugenii et Dracontii, Paris. 1629. 8. repetiit Bibl. PP. Coloniensis in Supplemento (ubi editio Pithoei Parisina memoratur) Bibl. PP. Paris. tom. XV. pag. 814. et editio novissima Operum Sirmondi tom. II. In ea auctor de iuventute male transacta dolet, inter alia dicit se tempore irruptionis barbarorum patriam suam reliquisse, id quod in Prosperum non quadrat, sicut nec stilus omnibus idem videtur.

2. *Carmen ad uxorem,* quam exhortatur ad vitam coelibem ducendam, ut Deo melius vacare posset. Incipit genere Anacreontico:

Age jam, precor, mearum
Comes irremota rerum.

deinceps post aliquot huiusmodi versus sequuntur disticha LXIII. circiter. Etiam Paulino Nolano adscribitur: de Prospero autem dubitatur, quia de coniugio illius non constat.

3. *Carmen de providentia divina,* quod jam olim Hincmarus nomine Prosperi citavit, non vult viris doctis se probare,

---

a) Editiones has optime discernit Caveus, qui huc conferendus.

b) Chronicon illud Jo. Garnerius Lucentio tribuere mavult, de quo Noster supra t. IV. 564.

ut Prospero adiudicari queat, quamvis quaedam illius phrases cum Prospero conveniant. Nam doctrinam Pelagianorum, contra quam ille pugnaverat, statuminat. Quapropter fortasse ab ipsis haereticis statim post Carmen de ingratis insertum est, ut doctrinam contrariam sub nomine Prosperi gratiorem facerent. Videtur autem ab alio quodam circa An. 416. confectum esse. Narrat enim abhinc annis decem Galliam a Vandalis et Getis esse vastatam, v. 33. vites quoque cum oleis periisse, v. 30. quod in Provinciam melius, quam Aquitaniam cadit. Jam vero Prosper An. 416. vix 18. aut 20. annos natus esse potuit. Benedictini Galli Auctorem hujus Carminis anonymum faciunt, Prospero anteriorem, eique simul Confessionem modo memoratam tribuunt. Vide tom. II. Historiae lit. Gallicae pag. 76.

4. *De vocatione gentium libri II.* quos Codices MSS. Ambrosio, Vossius Hilario, Erasmus Eucherio Lugdunensi, alii Prospero Aurelianensi, alii Afro cuidam, Quesnellus denique Leoni M. tribuunt. Prosperi non esse ajunt, quia neque stilus convenit, qui cultior est, quam Prosperi, neque dogmata. Vide auctorem vitae et Bibl. hist. Galliae. Sed mihi haec Critica nimium arguta esse videtur· Quid si enim Prosper haec junior scripsisset? Tum sane de stilo magis laborare potuit, et tunc systema Augustinianum de gratia, et quae huc spectant, nondum tam accurate habuit cognitum. Notum est, multos sententias, quas juvenilibus annis elegerant, postea deseruisse. Vossius Prosperum quendam Aurelianensem protulit, cujus Sidonius Apollinaris Epist. VIII, 15. meminit, quique duobus Conciliis interfuit. Respondet autem Quesnellus diss. ad Opera Leonis pag. 363. hunc Prosperum non fuisse tam doctum ac facundum, utpote qui Sidonii Apollinaris stilum emendicare coactus est ad vitam S. Aniani describendam.

5. *Epistola ad Demetriadem virginem*, quae est *Exhortatio ad humilitatem*. Stilus cum libris de vocatione gentium con-

venit. *Prosperi* esse contendit Antelmius, *Leonis M.* Quesnellus Diss. 1. p. 250. et Diss IV.

6. *Auctoritates Pontificum de gratia Dei et libero arbitrio.* In editionibus prioribus non habentur. Adde Fabricium Bibl. Graecae Vol. XI. pag. 397.

7. *Epistola ad Flavianum Episc. CPol.* Leonis M. est, sed a quibusdam Prospero adscribitur. Vide supra tom. IV pag. 538. et Tillemontium tom. XVI. pag. 25. seq.

8. *Epistola ad Augustinum* de reliquiis Pelagianae haereseos, in operibus Cassandri pag. 640.

III. Supposititia.

1. *De vita contemplativa*, quod jam seculo IX. Ansegisus et Chrodegangus tanquam opus Prosperi nostri adducunt, Sirmondus autem testimoniis Isidori et Gennadii adductus Juliano Pomerio tribuit. Vide Fabricium nostrum supra t. IV. p. 476. Prodiit sine mentione loci 1486. et rursum 1487. it. Taurini, sine mentione anni, 4.

2. *De promissis et praedictionibus Dei.* hoc opus Cassiodorus Instit. divin. c. 1. sub nomine Prosperi citat, quem sec. X. sequitur Notkerus, a) et tamen nolunt Prosperi esse, quia stilus ab Afro profectum ostendat.

3. *Chronicon Tironis Prosperi nomine editum*, de quo jam superius dictum est.

4. Huc pertinent etiam illa, quae Trithemius, et ante illum nemo, Prospero adscribit, *Epistolae ad diversos*, *de viris illustribus*, *et de Roma capta.*

Opera Prosperi non simul statim sunt edita, sed successive. Collectio prima prodiit Paris. 1533. 16. quae tantum Epistolam ad Rufinum, et Responsionem ad objecta Genuensium continet. Altera Parisina 1538. 8. praeter superiora exhibet opus contra Collatorem, Epigrammata, Epistolas Aurelii Carthaginiensis et Coelestini Papae, nec non Auctoritates Pontificum. Lugduni 1539. fol. Seb. Gryphius addidit Carmen contra ingratos, Responsiones ad objectiones Gallorum et Vin-

a) Is librum hunc valde commendat c. 9. libelli de Viris illustr. supra lib XV. a Fabricio editi, p 290.

centii, Comment. in Psalmos, sententias ex Augustino. Colonienses 1536. 1538 1540 8. addunt libros de praedicationibus et de vita contemplativa. Jo. Sotellus Theologus Lovaniensis, Lovanli 1565. 4. addidit Epistolam Augustini de Semipelagianis, libris' de vocatione gentium, Epistolam ad· Demetriadem, et Canones Concilii II. Arausicani. In editione Duacensi 1577. 8. nova non accesserunt, sicut nec in sequentibus Colon. 1609. 1630. 8. Romae 1611. Lugd. 1639. Ex recensione Jo. Olivarii in Bibl. PP. Coloniensi t. VIII. Cum operibus Leonis et aliorum per Theoph. Raynaudum, Paris. 1671. fol. Optima et plenissima huc usque fuit editio Parisina 1711. fol. ad Codices manuscriptos recensita et annotationibus illustrata. a) Huic accedunt Confessio et Chronicon Prosperi, et alia quaedam ad notitiam Semipelagianorum facientia. Unumquodque opus praemissam habet observationem praeviam, sed ex Tillemontio petitam, cujus tomus XVI. demum anno sequenti prodiit, Editor igitur eum oculis ante ipsam editionem usurpavit. Vita ipsi praemissa ex eodem Tillemontio in Latinum sermonem conversa est.

Novissime prodierunt Sanctorum Prosperi Aquitani et Honorati Massiliensis Opera, notis observationibusque illustrata a D Joanne Salinas, Neapolitano. Can. Reg. Lat. ac S. Theol. Lect. ad S. P. Clementem XII. Pont. Max. Romae 1732 8. forma majore. Sed cave credas, aut omnia, aut certe genuina opera Prosperi· hic haberi, verum tantummodo sequentia insunt. Post dedicationem et praefationem occurrit Vita Prosperi ex editione Parisina cum annotationibus Editoris non contemnendis, quippe qui Codicibus Vaticanis non infeliciter usus est. Sequitur Synopsis Chronologica operum ac gestorum S. Prosperi Aquitani, Prosperi et Hilarii Epistolae ad Augustinum, Prosperi Carmen de ingratis cum annot. tum propriis, tum Doctoris Lovaniensis et Editoris Parisini,

tria Epigrammata, et tandem Honorat! Massiliensis Vita Hilarii Arelatensis Episcopi ad MSt. Codices et insigniores editiones recognita notisque illustrata.

* Sancti huius viri epigrammatum ex S. Augustini libris metro expressis codicem MS. offendi in Bibliotheca olim viri clariss. Francisci M. Florentini scriptum ut ex vera coniectura iudico saec. XIII. Est vero illud satis diligenter curatum fertque adiunctas adnotationes aliquas eadem qua caetera manu descriptas interlineares, ut vocant, Porro in his annotationibus bonae frugis pauca vel nulla sunt: scriptum illud Prosperi satis emendatum, et fere congruens cum optimis illis codicibus, quos novissimi operum S. Prosperi editores consuluerunt. In fine absque novo titulo habet integrum carmen ad uxorem, non ea tantummodo parte, quae anacreontica est, sed et altera pariter, quae elegiaco carmine scribitur. Nihil ineditum in eo mihi occurrit nisi pauca haec carmina, quae in exordio epigrammatum ab alio quopiam adiecta constat, hic vero cum nullibi obvia sunt, danda censeo.

Haec Augustini sacris epigrammata dictis
Dulcisono rethor componens carmine. Prosper
Versibus hexametris depinxit pentametrisque,
Floribus ex variis ceu fulget nexa corona;
Unde ego te lector relegis qui haec sedulus, oro
Intentas adhibere sonis caelestibus aures;
Istic nam invenies animum, si cura subintrat,
Maxime quae doceant sacrae modulamina legis
Observare homines vel quod sibi maxime vitent,
Si demum coeli cupiunt qui scandere regnum.

PROSPER, Notarius B. Leonis Papae et Episcopus *Hispalensis*. Ejus est *liber responsionum ad excepta, quae de Genuensi civitate sunt missa*, MS. in Bibl. Clarevallensi. Bern. de Montfaucon Bibl. Bibliothecarum MSS. pag. 1367.

PROSPERI *Hispani* liber *de factis et dictis S. Augustini* MS. in Bibl. Ambrosiana Mediolanensi. Montfaucon l. c. p. 522.

PROSPER *Podianus* scripsit *de motibus regni Cypri Commentaria*. MSS. in Bibl.

a) Journal des Savans 1712. p. 284. Mem. de Trevoux 1715. p. 1855. Acta Erud. 171A. p. 245.

Deutsche Acta Erud. tom. I. p. 986.

Vaticana. Bern. de Montfaucon Bibl. Bibliothecarum MSS. pag. 140.

PROSPER *de Regio,* ord. S. Augustini, provinciae Romandiolae alumnus, Theologiae Doctor Parisinus, in Comitiis generalibus· Ariminensibus studentium in Italia Examinator constitutus. Scripsit *Quaestionem de sensibus interioribus sumtam ex Quaestionibus ab eo Parisiis disputatis super prologum librorum Sententiarum,* impr. Bonon. 1503. 4. et Caesenae 1626. Vide Phil. Elssii Encomiasticon Augustinianum p. 596. Gandolfum de ducentis Augustinianis Scriptoribus pag. 306.

(280 *Quaestio dignissima et perutilissima de sensibus interioribus excerpta et sumpta ex quaestionibus ab eo Parisiis disputatis super prologo primi Magistri Sententiarum* Bonon. de Benedictis 1503. in 4. post op. *De cognitione animae. F. AUGUSTINJ de Ancona.* Vide t. 1. p. 143. Extare in Bibl. Estensi docet cl. Tiraboschi *Biblioteca Modenese.*) ubi de aliis opp. MSS.

PROSPER TIRO, vel etiam TIRO PROSPER, Orator et Rhetor, teste Beda de metris, auctor est *Carminis mariti ad uxorem,* de quo supra inter dubia Prosperi Aquitanici scripta n. 2. actum est. Auctor illud scripsit, ut apparet, A. 407 adeoque Prospero Aquitanico senior est, alias nobili genere natus, et bonis sat multis instructus. Hinc Auctores Hist. literariae Gallicae tom. II. pag. 325. illum a priore Prospero distinguunt, eique simul *Confessionem,* de qua ibidem, tribuunt. Nos rem in medio relinquendam esse censemus.

PROSPER *Urbinas* scripsit *Summulam resolutionum Alexandri,* sive Compendium Summae Theologicae Alexandri ab Ales, Possevino laudatam. Haec Fabricius supra libro I. pag. 57.

PROSPERI ex Manichaeo conversi *Anathematismi XXI.* contra Manichaeorum errores, editi sunt a Sirmondo tom. I. Conciliorum Galliae, repetita in Conciliis Labbei tom. IV. et Harduini tom. II.

PROVINCIÆ Comitnm, ex familia Comitum Barcinoniensium, brevis Historia exstat apud Labbeum in Bibl. MSS. t. I. p. 353.

Aurelius PRUDENTIUS *Clemens,* Hispanus, Poeta Christianus. Ejus notitiam pleniorem iam dedit Celeb. noster Fabricius Bibl. Latina IV. 2. adhibitis Supplementis, et Leyserus in Historia Poetarum medii aevi, pag. 4. De editionibus vide Daumii Syllabum Poetarum Christianorum, qui Paullino Petrocorio praemissus est. Nunc exiguum aliquod spicilegium adnectimus.

Vitam Prudentii dedit Jo. Petrus Ludovicus, Witteb. 1692. 4. diss. duarum plagularum, quae postea in Opusculis illius apparet, et Clericus in Bibl. selecta.

De naevis Prudentii Theologicis quaedam collegit Baelius in Lexico.

De ipso Poeta et Commentatoribus accurate iudicat Barthius ad Claudianum Mamertum p. 305. 307. sed qui omnes eius phrases, ritus et allusiones ingentibus Commentariis obrui potius, quam illustrari optat.

Opera edita sunt Daventriae 1472. 4. Librum Cathemerinon Petrus Mosellanus edidit Lips. 8. ex officina Nicolai Fabri. Praefatio ad Matthiam Meynerum, Liberalium artium Magistrum, Illustrissimi Saxoniae Ducis ad Niveum Montem decimarum praefectum, a) data est Nonis Novembris a. 1522. In ipso titulo haec verba adjiciuntur: *Nam Leonardi Quercini ineptum de pientissimo poëta judicium nihil moramur.* Quisnam ille Prudentiomastix fuerit, quem Ge. Fabricius in edit. Weiziana p. 309. *Quercetanum,* eumque *viri obscuri* elogio mactat, fuerit, fateor me adhuc ignorare. Sub finem additur Acrostichis Sedulii.

Cathemerinon hymni sex priores cum spicilegio notarum editi sunt a Jo. Theill, Rectore Budissinensi, Gorlicii 1647. 8.

Prudentio adjungi solent AMOENI *Diptychon* sive *Enchiridion uriusque Testamenti,* quod *Manuale amoenum* vetus versifex intitulavit, uti exstat in titulo hujus Enchiridii (Lipsiae per Jac. Than-

a) Hujus nomen in Christiani Meltzeri Historia Schneebergensi renovata frustra requires.

ner, 1499. 4. Editum est post alios ab
Andrea Rivino inter Auctores de laudibus
Domini. Prudentium vero auctorem agno-
scere negat Rivetus in Critica sacra III. 26.

PRUDENTIUS *Tricassinus* sive *Trecensis*, natione fuit Hispanus, ubi nomen ei
vernaculum fuit *Galindo*, quod est nostrum *gelinde*. Fuit Trecarum in Gallia
Episcopus, qui a. 846. Synodo Parisinae,
a. 849. Concilio Turonensi IV. et a. 853.
Suessionensi II. interfuit. Insigne ipsi elogium tribuit Auctor vitae Trodoberti. c. 2.
in Actis Sanctorum tom. I. Januar. p. 511.
Obiit a. 871. ut ex Annalibus Bertinianis
constat.

Scripta ejus sunt haec:

1. *De praedestinatione contra Joannem
Scotum*, seu *liber Jo. Scoti correctus a
Prudentio*. Editus est a Nic. Camuzato in
Antiquitatibus Tricassinis, Gilberto Mauguino inter Scriptores de praedestinatione
et gratia tom I part. I. p. 191, Vide Jo.
Jac. Hottingeri diss. de Pseudo-haeresi
Praedestinatiana et Godeschalci (Tiguri
1710.) sect. 2. p. 54. 55. Non igitur est
unus et idem liber cum Drepranio Floro,
de quo Noster supra tom. II p. 478. cir-
cumspici voluerat.

2. *Collectaneum de tribus Epistolis ad
Hincmarum Remensem et Pardulum Lau-
dunensem Episcopos*, prodiit sub finem
Historiae Godeschalci Ludov. Cellotii: Praefatio vero jam a Mauguino tom. I. part.
2. p. 6. edita fuerat.

3. *Epistola tractoria* (non *tractatoria*,
ut mendose expresserunt in Caveo,) *adversus quatuor Capitula Conventiculi Ca-
risiacensis*, exstat l. c. Mauguini p 176.
Et haec tria Opuscula habentur in Bibl.
PP. Lugdunensi tom. XV. p. 468.

4. *Carmina varia* edidit Nicolaus Camuzatus in Antiquitatibus Trecensibus,
Augustae Trecarum 1610. 8. editis, pag.
163. b. ex quibus illud, quod Codici Evangeliorum a se comparato praefixum erat,
repetiit Barthius Advers. XVIII. 11. Ibi
vitam suam hoc disticho describit:

Hesperia genitus, Cellas deductus et altus,
Pontificis trabeis officioque datus.

5. *Epistola brevis ad quendam Episco-*

pum exstat apud Mabillonium Analect. IV.
p. 324. edit. post.. p. 418.

6. *Annales gestorum regum Francorum*
scripsisse testatur Hincmarus in Epistola
ad Egilonem; tomo II. Opp. p. 292. Quum
vero verba ab Hincmaro ex iisdem citata
in Annalibus Bertinianis occurrant, Eccardus rerum Francicarum XXXI 79. concludit, partem illorum Annalium a Prudentio nostro esse conscriptam Rationes
alias confer apud eundem. Idem osten-
dendum sibi sumsit Abbas le Boeuf in
Critica Amalium Bertinianorum, tom. I.
Dissertationum lingua Gallica et ad historiam Francicam illustrandam conscripta-
rum Adde Memoires de Trevoux 1742.
Jan. p. 63. 97.

7. *Hymnos Ecclesiasticos* ei tribuit Lyserus in historia Poëtarum medii aevi,
ex quibus Excerpta quaedam dedit Abbas
le Boeuf sub finem tomi I modo citati.

8. *Vita beatae Maurae virginis Trecensis*, quae d. 21. Sept. colitur, apud Ca-
muzatum. Illustratur et explicatur a Barthio Advers. XLIV. 9.

9. *Collectanea ex Psalmis* MSS. in Bibliotheca Regis Galliarum occurrere testatur Labbeus in Biblioth. MSS. p. 398

Plura de illo dabit Nic. Antonius in
Bibl. Hispana Vetere VI. 11. Bulacus Hist.
Academiae Parisinae tom. I. p 629. Acta
Sanctorum tom. I. April. p. 531. Hist.
literaire de la France tom. V. p. 240.

Tractatus super Ædificium Prudentii MS.
est in Bibl S. Martini Sagiensis (de Sèèz.)
Est autem descriptio domus Dei in Apocalypsi propositae, et Commentarius in
Poëma, cui Prudentius, nescio quis, titulum Ædificii praefixerat. Vide Bernardi de
Montfaucon Bibl. Biblioth. MSS p. 1333.

PRUDENTII cujusdam liber *de septem
peccatis mortalibus, et virtutibus septem
oppositis*, qui inter MSS. Quedlinburgenses Eckharti occurrit p. 30. videtur opus
scriptoris recentioris.

PRUMIENSIS monasterii juxta Treverim
Diplomata exhibent Martene et Durand Collect. ampliss. p. 28. seqq. Breve Chronicon iidem tomo IV. p. 517.

PTOLEMÆUS *de Hispania*, aetatis in

certae, librum reliquisse dicitur *Argerzelli* (fortasse, *Algazel*) *introductorium*, ut docet Alphonsus Ciacconius.' Nic. Antonius Bibl. Hispana vetere t. II. p. 271.

PTOLEMÆUS de *Viadonibus*, patria *Lucensis*, vero nomine *Bartholomaeus*, quod nomen Itali in Tolomaeum abbreviare solent: natus a. 1236. obiit a. 1327. In patria se ordini Dominicanorum adjunxit, et Thomae Aquinatis discipulus fuit: Prior aliquoties in conventu Lucensi et Florentino, postea Definitor Capituli Generalis. Ajunt quoque ipsum Joanni XXII. Pontifici a sacris Concionibus et Bibliotheca fuisse. Tandem Episcopus Torcelliensis in dominio Veneto creatus est. De ipso vide Bibl. Dominicanas Altamurae p. 102. et Quetifii p. 541. Jo. Ant. Saxii Epist. ad Muratorium, et ipsius Muratorii Prolegomena ad Historiam Eccles. Ptolomaei nostri tomo XI. S. R. Ital. p. 743. 748. Ughellum tomo V. p· 1396.

Scripsit 1. *Annales ab anno* 1060-1303. Lugduni typis Jac. Roussain 1619. 8. deinde in Bibliotheca Patrum maxima tomo XXV. p. 949. tandem tomo XI. Muratorii p. 1245. Editionem illam Lugdunensem mancam esse observat Launojus Epist. VI. 14. n. 418. quia a Baronio et Bzovio quaedam ex codicibus Vaticanis adducuntur, quae in impressis non habentur. Henricus Whartonus in Appendice ad Caveum ait, cum *Annalibus* simul *Chronicon Pontificum atque Imperatorum* Lugduni prodiisse, priores in Bibliotheca PP. repetitos esse; posteriores non item. Quum igitur editionem Lugdunensem oculis usurpare non licuerit, hoc tamen dubium movet. neque Quetifium, neque Muratorium ejus mentionem injicere, imo Quetifium tantum *Catalogi Imperatorum* mentionem injicere. nescire tamen, an unquam impressus sit.

2. *Historiam Ecclesiasticam* a nato Christo usque ad a. 1312. cum additionibus duorum Continuatorum edita est a Muratorio S. R. Ital. tomo XI. p. 741. Codices ejus MSS. enarrat Quetif. p. 542. In hoc opere unus ex primis fuit, qui fabulam de Joanna Papissa protulerunt, prout docet Antonius Pagi ad a. 853. §. 14. et post

eum Heumannus dissert, de hac Papissa, Götting. 1739. § 11. Ex illo *Excerptum de Genealogia Roberti Guiscardi, et eorum Principum, qui Siciliae regnum adepti sunt*, prodiit per Hieron. Suritam, Caesaraugustae, 1578. fol. in Hispania illustrata tom. III. p. 373. et in Graevii Thesauro Siciliae part. V. Aliud *Excerptum super Genealogia Caroli Regis Siciliae*, exstat tomo V. Scriptorum Francicorum Franc. du Chesne p. 816. 893. Quetifius p. 543. a dicit hoc Excerptum esse particulam ex *Catalogo rerum Franciae*, quam ipse in Historia Eccles. VII. 11. alleget: Sed totum illud in Historia Ecclesiastica, de qua nobis jam sermo est, invenies. *Vita Clementis Papae V.* est in Baluzii Vitis Paparum Avenionensium p. 23. Reliquorum Pontificum Vitas ex Continuatore illius dederunt Papebrochius in Propylaeo parte II. p. 75. seqq. et Baluzius, ex hoc autem Muratorius S. R. Ital. tom. III. part. 2. p. 502. seqq.

3. *Annales Lucenses* memorat Muratorius tomo XI. p. 743.

4. *Historiam Tripartitam*, Saxius pag. 749. Pignorio (*Pignonium* semper vocat Quetif) citatam, quae vero jam nusquam reperitur. Ipse Hist. Eccles. I. 1. ejus mentionem injicit.

5. *De regimine - - -* forte *principum;* in Codice S. Victoris: in Bibl. Medicea inscribitur *Liber de Rege et regno.* Bern. de Montfaucon Bibl. MSS. p 390. Est opusculum 20. D. Thomae. quod ab illo imperfectum relictum a cap. 5. libri II. a Ptolemaeo continuatum fuit. Narrantur enim quaedam. quae temporibus Thomae non contigerunt. Versio ejus libri Italica in Codice Romano etiam Ptolemaeo tribuitur. Quetif. p. 336 et 543.

6. *Exahemeron* memorat Pignon, sed de illo nihil ultra constat.

7. Porro *Concionem* habuit Mantuae Ptolemaeus noster, in qua Christum non in utero Virginis, verum juxta cor ipsius ex tribus sanguinis guttis conceptum retulit. Contra quem Bapt. Mantuanus Tractatum *de parte corporis, in qua conceptus est Christus*, edidit; qui inter Ope-

ra ejus habetur. Haec Robertus Gerius in
Appendice ad Caveum.   ·

8. Tandem *Additiones ad Martinum Polonum* inde ab a. 1277. nostro tribuuntur
Fabricio supra lib. XII. pag. 41. Ego ·
vero tale qid nec in duabus editionibus
Martini , quae ad manum sunt , nec in quoquam alio Auctore adhuc inveni.

* Annales Ptolomaei huius Lucensis Lu-
gdunensibus typis excusos decurtatos esse vix credo. Hucusque integros nequaquam prodiisse sat scio. Iliatus enim non
infrequentes exhibent, quos nec editio
nova Muratorii implet. Hos aequare Lucensem Scriptorem decet : en illos ex meo
MS. Codice. pag. 1205. Murat. t. XI post
efficitur , adde : *sic memorata*. Ibid. post
quia, adde : *talia cibaria*. Post *quia*, adde
delectat. Ibidem post : *Martini* , adde : *ordinis nostri* pag. 1251. post : *infra* , adde : *dicentur erunt sine*. Ibid. post *praefati*,
adde : *et Romam venit contra*. pag. 1257.
post : *Europa*, adde : *loquor*. pag. 1268.
post : *Mediolani* , adde : *obtenta*. Ibid. *suo
ab* scribe : *abbate*. Ibid. post illud : *qua* ,
defectos est in edito nec suppletur in MS.
pag. 1269. *Communi etc.* MS. *Communi
Lucensi roccam Guidingam de illis etc.* Ibi-
d. *De Astano* ; MS. *De Astiano*. Ibid. Fi-
bio; MS. *fldio eiusdem Gaiseri* : Ibid. *cha-
tanias* MS. *Chatanis* Ibid. 8 *Kal. Jan.*
MS. *Octo balistas Januae* pag. 1270. *populus* ; MS. *populus renitentibus inimicis
in contrarium ut in eorum gestis continetur* , in manu, pag. 1271. *Florentini* ,
MS. *Florentini coeperunt*. pag. 1268. *Passagium* ; MS. *passagium puerorum ultra
mare deceptorum*. pag. 1283. *quod* ; MS.
quod collo homines vexilli. Ibid. *Guidone
de* ; MS. *de Gorrigia*. pag. 1286. *Ad pontem tectum* ; MS. *ad Pontem Auseris*. p.
1288. et codex pariter meus hiulcus est.
pag. 1287. *devicti sunt Lucenses ;* MS. *devicti Senenses*. pag. 1289. *Cuiusdam* MS.
cuiusdam nautae , *quem*. pag. 1295. *Epidemia de* , MS. *Ephitimia* de Christianis.
pag. 1290. hiatus nullus apparet in MS.
pag. 1300. *non ;* MS. *non denegaret* (sic)
Quoad Annales Lucenses certum apud
me fixumque est nullos dedisse Ptolomae-

um ab Annalibus suis diversos. Cum vero in Annales hosce posteriores frequenter Lucensium res invexerit ; ideo forte
accidit ut Lucenses annales vocarentur.
Horum vero Annalium Lugdunensis editio
anni 1619. puros et solos annales continet.
De *chronico* vero *Pontificio atque Imperatorum* ne syllaba quidem. Falli vero Launojum constat cum Annales Ptolomai Lugduni excusos mancos ' esse arguit , quod
Baronius et Bxovius quaedam ex Annalibus illis excerpserint frustra in excusis ,
quaerenda. Excerpta enim haec ex historia Ecclesiastica Ptolomaei, non vero ex
Annalibus petita sunt. *

(280. Solertiae cl. v. Mich. Ferrucci Eq.
in Pisano Atheneo Professoris et Bibliothecarii debemus e vili loco reivindica-
tionem vetustissimi Codicis membr. Annalium Ptolomaei nostri, qui nunc in Pub.
Lucensi Bibliotheca asservatur, et ope cuius magis integram editionem illorum viri
eruditi impatienter exoptant.)

PTOLOMÆUS sive P. ANNÆUS *Sylvius*,
a. 449. ad Eucherium Episcopum Lugdunensem *Laterculum* sive *Calendarium* misit , de quo vide nostrum supra t. II p. 528.

PUBLIUS FAUSTUS ANDRELINUS , Foroliviensis Poëticen , Rhetoricam et Sphaeram docuit in Academia Parisensi , et Psalmos quoque Davidicos explicuit , mortuus
a. 1518. Confer Dictionarium Baelianum.

1. *Epistolae morales et proverbiales* ,
Argent. 1517. Basil. 1519. In eas commentatus Jo. Arboreus, Theologus Parisinus.

2. *Poemata* cum Comm. Jod. Badii Ascensii. Lugd. apud Paganum , et in Deliciis Poëtarum Italorum. Gallice versa a
Jo. Privé , Par 1604. Ipse Andrelinus Ecloga XVIII. fatetur , se a Carolo VIII. Rege , cum Poëma de Neapoli capta recitas-
set , saccum pecuniae accepisse.

Hecatodistichon. Paris. 1525.

De capitivitate Ludovici Sfortiae , et de
secunda victoria Neapolitana Gesnerus impressa esse dicit, quae a me visa non sunt.

Livia , quo nomine amasiam suam celebrat , libris IV. prodiit Paris. 1490.

Elegiarum libri III. Paris. 1493·

PUBLIUS *Vigilantius* , *Arbilla* cognomine, vel etiam *Axungia*, utrumque enim cognomen usurpavit, patria Argentoratensis. Auguror, nomen ipsius Germanicum fuisse *Schmeerlin*, quod pro more seculi mutavit in *Arbilla*, diminutivum ab *arvina*, deinde in *Axungiam*. In Marchia sedem fortunarum suarum invenit, ubi praesens fuit Joachimo 1. ludos hasticos Ruppini celebranti a. 1500. Post in Academia Francofurtensi primus omnium Professor constitutus Eloquentiam docuit, in inauguratione quoque illius sermonem habuit. A. 1513. in Italiam iter molitus est, ut Graccas inde literas ad Germanos referret, sed inter urbem Wimpinam et arcem Ravensburgum telo a vespillonibus trajectus occubuit. Ejus prostant.

1. *Epigrammatum et Carminum lib. I.*
2. *Bellica Progymnastica, a Divo Joachimo I. S. R. Imp. Septemviro, Marchione Brandenburgensi, et Henrico Magnopolitano Duce, Novi Rupini celebrata.* 1512. 4. recusa curante Jac. Paullo Gundlingio, Berol. 1718. 12. Hunc librum Jo. Schragius Electori a Secretis et Judex Aulae vernaculo sermone conscripserat, quem Vigilantius Latino sermone loqui voluit. Habemus editionem vernaculam Operis Berolini in 4. excusam.
3. *Franckphurdianae urbis ad Oderam, et Gymnasii litterarii Introductionis Ceremoniarumque observatarum descriptio.* Francof. 1507. 4. repetiit Jo. Christophorus Becmanus sub initium Auctarii ad Notitiam Universitatis laudatae.

Desumta sunt haec ex Centuria Maderiana n. 80. Becmani Notitia p. 233.234. Gundlingii praefatione Opusculi citati.

PUBWELLUS, Anglus, Artium Magister Oxoniensis, ab ingenio subtili et fallacibus in disputando argutiis *Sophista* cognominatus. Ætatis incertae, scripsit *Quaestiones difficiles.* Pitseus Append. Cent. III. 68.

Adamus PUCZEN de *Owobach* (forte *Swobach*) monachus Augustinianus vixit a. 1415. scripsit *de fide Catholica* libr. 1. et *Sermones aliquot*, praesertim *de laudibus B. Virginis* Habentur MSS. Ratisbonae in Bibliotheca Augustinianorum. Felicis Milensii Alphabetum Ord. Eremitarum S. Augustini p. 3.

PULCHERII Episcopi *Opuscula varia* sunt in Bibl. Ambrosiana. Bern. de Montfaucon Bibl. MSS. p. 513.

Joannis de PULCHRO - RIVO *Distinctio temporis secundum motum solis*, in Bibl. Regia Londinensi. Montfaucon loc. cit. p. 630. in Bibl. Moguntina inscribitur *Compendium de Cyclo solari*, teste Val. Ferd. de Gudeno Sylloge I. p. 353.

Confortus PULEX scripsit *Historiam Vicentinam*, cujus fragmentum ab a. 1371. ad 1387. edidit Muratorius S. R. Ital. t. XIII p. 1233. quem vide in praefatione. ut et Vossium de Histor. Latinis III. 9. p. 794.

PULEX de *Custodia*, a vico Regionis Vicentinae *Costozza* ita dictus, teste Jo. Bapt. Pajarino, inedito rerum Vicentinarum Scriptore, *Historiam Vicentinam* conscripsit, nec non *Carmen de adventu Caroli IV. Caesaris in Italiam.* Filius fuit Johannis Boni, duosque fratres habuit, Confortum et Jacobum.

Epigramma ejus *de Hermaphrodito* satis ingeniosum est, quod adponere placet.

Cum mea me genitrix gravida gestaret in alvo,
Quid pareret, fertur consuluisse Deos.
Mas est, Phoebus ait. Mars, femina.
Junoque, neutrum,
Cumque forem natus, Hermaphroditus eram.
Quaerenti letum, Dea sic ait : occidet amnis,
Mars cruce. Phoebus aquis. Sors rata. quaeque fuit.
Arbor obumbrat aquas; ascendo : decidit ensis.
Quem tuleram, casu labor et ipse super.
Pes haesit ramis; caput incidit amne : tulitque
Femina, vir, neutrum, flumina, tela, crucem.

Josephus Scaliger et Petrus Pithoeus foetum Poëtae antiquioris esse crediderunt. Conf. pluribus Menagiana tom. III.

PUSELIUS, Episcopus Caesanensis, seculo incerto. Sermo unus illius Fulgentio vulgo tributus, nec non alii duo, qui hunc titulum praeferunt : *Sermo Castigatorius contra eos, qui in festivitatibus per ebrietatem multa inhonesta committunt, et in audiendis causis munera super innocentem accipiunt*, exstat in Codice monasterii Medianensis in monte Vosago, teste Theod. Ruinarto in Itinere Alsatico et Lotharingico, tom. III Operum posthumorum Mabillonii et .Ruinarti , pag. 441.

Bonantus vel etiam *Donanus* P.USINUS monachus S. Miniatis , scripsit *Sermones super Psalmos*, qui bis adsunt in Bibl. Cassinensi. Bern. de Montfaucon Bibl. Bibliothecarum MSS. p. 223. 226.

PYLADES *Buccardus* , patria· Brixiensis , Poëta et Criticus sub initium sec. XVI. *Theogoniam Hesiodi* Latine vertit , XVIII. Comoedias Plauti correxit, et quinque Commentariis explicavit , in editione Jo. Britannici. Brixiae 1506. fol.

PYLEUS , vide tomo V. pag. 282. ubi pro *Modicensis* lege *Modoëtiensis*. Bononiae singulis diebus Sabbathi de quaestione juris proposita disseruit : unde nomen *Quaestionum Sabbathinarum*. Origo quoque *Brocardicorum juris* ipsi tribuitur. Deinde magno stipendio vocatus Mutinam petiit , ibique docuit. Scripsit *Summam in tres postremos Codicis libros*. Egregium ejus commentum Baldus recitat in Practica utriusque juris R. de cautillis : *Machinarii , inquit , ex alto lapidem projecturi praeclamarunt praetereuntibus, ut sibi caverent. Quidam vero iter faciens , ea voce neglecta , fuit vulneratus , et Machinarios in jus vocavit , ut vulneris impensas solverent; illi Pyleum consuluerunt , qui , cum sciret testibus probari non posse , illos transeuntes praemonuisse , hac usus est arte. Machinarios in judicium duxit , et cum a Praetore interrogarentur , cur temere lapidem dejecissent , monitu advocati nihil responderunt. Mirante id Praetore , et causam quaerente , Muti sunt , respondit Pyleus , et nihil audiunt. Tum adversarius , immo , inquit , audivi eos transeuntibus acclamantes , ut sibi caverent. Ergo absolventur ; subjunxit Pyleus , praemonens enim de damno non tenetur ; eosque liberavit.* Vide Pancirollum de claris Legum Interpretibus II. 21.

PYRRHUS *Perottus*, sub finem sec. XV. *Praefationem* scripsit in Nicolai Perotti , patroi sui , *Cornu Copiae* , in edit. Parisina , 1500. fol.

a) *Wernigerodam* ipsi patriam tribuit Theodericus Block in Collectaneis Poeticis , tom. III. Scriptorum Brunsvicensium Leibnitii p. 679. ubi

Q.

QUALICHINUS , vid. infra WILKINUS *de Spoleto*.

QUEDLINBURGENSE *Chronicon* a sec. V. usque ad A. C. 1205. editum est a Leibnitio S. R. Brunsvicensium t. II pag. 272. et Menckenio tom. III p. 169. Cave tamen res Quedlinburgenses in illo quaeras : nam potius a Clerico quodam ibi commorante compilatum et denominatum credo ; quia ad Historiam Universalem pertinet. *Diplomata* vero *Quedlinburgensia et Historiam* nostro tempore dedit Frid. Ernestus Kettnerus.

QUEROLUS , Comoedia seculo Theodosiano scripta , sed Plauto afficta. De hac sufficienter egit Fabricius in Bibl. Latina.

Jacobus QUESTENBERGIUS , sive *Jacobus Aurelius de Questenberg* , Fribergensis Misnicus, a) post tractata Lipsiae literarum studia Romam venit, et propter καλλιγραφιαν et Latinitatem puriorem Cardinali Veneto , *Marco de S. Marco*, in deliciis fuit : cujus etiam auspiciis ab Argyropulo Byzantio Graeca didicit. Vel ideo dignus est , cujus memoria conservetur ; quia Reuchlino multum profuit, controversiam suam Romae cum Pfefferkornio prosequenti , imo plus , quam Principes et Cardinales. Fuit Romae Decretorum Doctor et Brevium Apostolicorum Scriba. Teste Ge. Fabricio c. 1. Romae suae *libellum* de urbe conscripsit , qui an editus sit, non constat. *Epistolae II.* illius ad Reuchlinum exstant in Reuchlinianis conjunctim editis, pag. 57. 58. Plura de ipso Petrus Albinus in Misnia pag. 342. et Jo. Henr. Majus in Vita Reuchlini p. 214. sqq.

Alius est *Sigismundus Quenstenbergius* , ad quem a. 1531. data est Epistola Erasmi tom. III Opp. p. 1407. quique aulam Ferdinandi secutus esse videtur.

QUINTIANUS , Episcopus Asculanus, a. 484. al. 453. scripsit *Epistolam* ad Petrum Fullonem Episc. Antiochenum adversus clausulam , quam ille Trisagio ad-

tres versus ex *Invectiva* Questenbergii (in Conradum Zeltis , poëtam arrogantem , adferuntur , qui hymnum, *Virgo decus coeli*, sibi adscripserat,

diderat, et Anathematismos XII. quae Fronto Ducaeus Graece et Latine post Commentaria Zonarae, deinceps Harduinus t. II Conciliorum p. 835. ediderunt.

(282 QUINTIANUS *Stoa* Jo. Franciscus e fam. *Conti* Brixiensi qui natus a. 1484. ob. an. 1557. Francisci I. Galliar. Reg. praeceptor, inde a Lud. XII. an. 1509. Poeta Laureatus, auctor Poematis *De Bello veneto* et quamplurium alior. operum de quibus vidend. praeter nimis acrem erga eum Tiraboschium Opp. *Memorie raccolte da Gius. Nember Brescia* 1777. 8. et *Lancetti Poeti Laureati Milano* 1839. 8.)

QUINTINUS *Æduus* vel *Heduus*, procul dubio a patria sic dictus, scripsit *in Psalmos VII. poenitentiales*, *in Orationem Dominicam*, *in tria Cantica Evangelii, et Speculum Ecclesiae*, quae MSS. sunt in Bibl. Vaticana. Bern. de Montfaucon Bibl. Bibliothecarum MSS. p. 68.

Nescio an idem sit Jurium Doctor et Professor ordinarius Parisinus, qui *Corpus* sive *Collectionem Canonum* compilavit, MS. in Bibl. Ranchini Parisiis : idem p. 1282.

QUINTINUS *Crasius*, natione Picardus, Ord. Cistcrciensis, Caroli loci Subprior, obiit a. 1151. scripsit *Conciones multas*, *Elegiarum et aliorum Carminum lib. I.* et alia quaedam Opuscula. Car. de Visch Bibl Scriptorum Ord. Cisterciensis p. 282.

QUINTINUS, *Scotus*, Poeta circa An. 1320. Parisios se contulit, et *Querelam de patriae miseria* composuit, Lutetiae, typis Stephani Balland, 1511. impressam. Nescio, an sit *Joannes Quintinus*, cujus *Sermones Morales super Evangelia Dominicalia totius anni* prodierunt Colon. 1608. 8. Dempsteri Hist. Eccles. Scotiae XV. pag. 545. Ge. Mackenzie de Eruditis Scotis Vol. I. pag. 429.

QUIRICUS, Episcopus Barcinonensis, seculo VII. medio. Ejus *Epistolae duae* ad Hildephonsum Toletanum editae sunt a Dacherio Spicll. t. I pag. 308. 311. (edit. novae tom. III pag. 314. 315.) Tertia, ad Tajonem responsoria, qui ipsi Sententias ex Gregorio dedicaverat, exstat ap. Mabillonium Analect. tom. II pag. 76. (edit. novae pag. 64.)

QUIRICUS *De Augusti*, V. *Joan. De Manliis* in Indice.

QUODVULTDEUS, nomen Bernonis Augiensis huc usque incognitum, quod indicat Mabillonius Analect. pag. 32. qui simul ejus *Epistolas in caussa Formosi Papae* publicare volebat, nisi Volumen jam in suam molem excrevisset.

QUODVULTDEUS.

Epistolae Quodvultdei Diaconi *ad Augustinum*, et hujus ad illum, MSS. in Bibl. monast. S. Martini Turonensis, teste Ant. Sandero Bibl. Belgica MSS. I. p. 96. Una qua petit, ut Augustinus Haereseon Catalogum describat, habetur ante illud Opus Augustini.

LIBER XVII.

RABANUS MAURUS, *Magnentius* dicitur vel a stirpe gentilitia, vel a patria Moguntinensi s. Magentina, ut vult Trithemius, et post hunc alii. *Mauri* nomen ipsi, cum Prior esset, adjecit Alcuinus Praeceptor, prout ipse docet in 'praefat. ad Comment. in libros Regum, et quidem in honorem S. Mauri, quod nomen inter Benedictinos non est incelébre.

Natus fuit a. 785. Moguntiae, quicquid alii contra tradant, teste Epitaphio cujus haec verba sunt.

Urbe quidem hac genitus sum, ac sacro fonte renatus In Fulda.

Illustri genere fuit ortus, prout ipse testatur in Epitaphio *Tutini* fratris, ubi sic habetur:

Alta clarorum qui natus stirpe parentum, More omni proceres aequiparavit avos.

Novennis nomen dedit familiae Benedictinae in monasterio Fuldensi. Alcuinum habuit praeceptorem, teste Flodoardo Hist. Eccl. Remensi III. 21. et quidem Turonis in monasterio S. Martini, ut probat Henschenius n. 14. Interim fuse de hoc disputat Caesar Egassius Bulacus in Hist. Academiae Parisinae tom. 1 pag. 630. 631. Juvenis in Orientem profectus est, cujus rei vitae illius Scriptores non meminerunt ipse vero in librum Josuae cap. XI. 8. sic scribit : *Ego quidem , cum in locis Sidonis aliquoties demoratus sim , nunquam comperi duas esse Sidonas, unam magnum et aliam. parvam; quantum ad terrenum pertinet locum.* Monachus a. 810. Scholam Fuldensem aperuit, tunc temporis longe celeberrimam. Abbas factus a. 822. monasterium per annos XX. rexit, et Professionem Scripturae Sacrae sibi reservavit. Vid. Magnoaldi Ziegelbaur. Conspectum rei literariae Ord. S. Benedicti , part. I. pag. 14. 15. 81. seqq.

Postea consensu Abbatis et Monachorum *montanus factus est ,* prout Acta vetera Abbatum Fuldensium docent in Actis SS. Ord. S. Bened. sec. IV. part. II. pag. 29. h. e. ut explicat Mabillonius, reclusus in Cella , quae in monte S. Petri sita erat, duodecim stadiis a monasterio, donec factus est Episcopus Moguntinus a. 847. obiit a. 856. Ossa ejus ab Alberto Archiep. Moguntino et Cardinali sec. XVI. Halam translata sunt.

Vitam ejus scripsit Rudolfus Presbyter et discipulus, et postea Jo. Trithemius, quae duao una cum Commentario praevio God. Henschenii habentur in Actis Sanctorum tom. I. Febr. pag. 512. 522. et 500. Rudolfus solus apud Mabillonium seculo Benedictino IV. part. II. p. 2. cum hujus Elogio p. 20. Confer etiam Dissertationem Jo. Franc. Buddei de hoc Rabano, Jenae a. 1724. habitam, Mabillonium, Trithemium , Serarium libro IV. rerum Moguntinensium , et Ge. Mackenzie de eruditis Scotis, vol. I. p. 81. seqq. Galliam Christianam tom. V pag. 446. Hist. literaire de la France t. V p. 151.

'Scripta ejus ordine chronologico recensebimus, Henschenium et Mabillonium duces secuti, tomos autem editionis Coloniensis. 1627. simul adjicientes : asterisco insuper illa notantes, quae in hac editione Colvenerii primum prodierunt.

1. *De laudibus Sanctae Crucis*, a. 815. I. p. 273. Prodierunt seorsim Phorcae opera Jac. Wimphelingii , per Thomam Anshelmum , 1501. fol. Augustae Vindel. 1605. et cum. Tractatu Jo. Valent. Merbitzii de Varietate faciei humanae , Dresd. 1676. 4.

2. *De Institutione Clericali* , a. 819. VI. p. 1. Coloniae 1532. in Bibl. PP. Parisina posteriore tom. X. 559. in Scriptoribus Melchioris Hittorpii de divinis officiis Colon. 1568. Rom. 1591. Carmen ad Heistulfum Archiepiscopnm his libris adjunctum edidit Baluzius Miscell. lib. IV. p. 553.

3. *Comment. in Matthaeum* , a. 822. secundum Mabillonium. V. p. 1. *) *In quibus advertendum*, ait Colvenerius , *in libro VII. cap. 26. et lib. VIII. cap. 26. et 28. quaedam deesse , uti ibidem in margine denotatur, quae ob militum Halberstadensium insolentiam , Ursellis in Archiepiscopatu Moguntino, ubi ille Tomus V. anno 1622. cudebatur, deperdita sunt.*

4. *Homiliae* V. p. 580. *)

Sequuntur, quae ab ipso iam Abbate scripta sunt :

5. *Comment. In Pentateuchum* ; implet tomum II. integrum : ante impressus Colon. 1632. 8. Editio Colveneriana addit Epitomen Commentariorum in *Leviticum* , auctore Strabo-Rabani discipulo , p. 296.

6: *In Josuam,* a 834. Epistolae dedicatoriae fragmentum dedit Henschenius , integram Mabillonius p. 41. Ipse Commentarius nondum prodiit.

7. *In Judices et Ruth.* III. p. 1. *. 36. *

8. *In libros Regum et Paralipomenon.* III. p. 45. * 143. *.

9. *In Judith. et. Esther.* III. p. 243. * 279. * Hos ineditos vocat Mabillonius p. 38. descriptos vero manu Petri-Franc. Chiffletii se habere dicit. Praefationem dat idem pag. 42. additur pag. 263. * Jac. Pamelii Comm. in librum Judith.

10. *In Machabaeos*, ante a. 840. IV. pag. 380. *.

11. *In Sapientiam et Ecclesiasticum* III. p. 362 * 344. Posterior Paris. 1544. prodierat ap. Simonem Colinaeum , fol. Scripta post. relictam coram Abbatis.

12. *In Epistolas Pauli* Collectarium , a. 842. V. p. 169. * quibus pag. 161. * praemittitur Jac. Pamelii Commentariolus *in Epistolam ad Philemonem.*

13. *In Ezechielem.* IV. p. 169. *

Nunc reliqua sine ordine temporis observato adjicimus.

14. *Excerptio de arte Grammatica Prisciani. I. p.* 28. *

15. *De Universo libri XXII.* sive *Etymologiarum 'Opus*, ad Ludovicum Regem, a. 844. 1 p. 51. Sententiam ejus singularem de damnatione Catechumenorum ante baptismum defunctorum dijudicat Mabillonius p. 44.

16. *Comm. in Cantica, quae ad matutinas laudes per septimanam dicuntur.* III. p. 295. *

17. *In Proverbia* III· p. 323. *

18. *In Jeremiam.* IV. p. 1, Basil. 1534. apud Henricum Petri.

19 *De septem signis Nativitatis Domini.* V. p. 746. *

20. *Allegoriae in universam Scripturam* V. p. 749. *

21. *De Sacris Ordinibus, Sacramentis divinis et vestimentis sacerdotalibus.* VI. p. 50. * In multis idem est cum libro I. de Institutione Clericorum, sed Epistola praemissa est diversa, et alia quaedam.

22. *De Disciplina Ecclesiastica libri III.* VI. p. 60. * Iu duobus prioribus sunt, aliquot capita, quae cum libris de Institutione Clericorum conveniunt, uti in margine notatur.

23. *De videndo Deo, puritate cordis et modo poenitentiae* VI. p. 85. *

24. *De Quaestionibus Canonum poenitentialium*, VI. p. 110. * prodierunt primum in Auctario Canisiano Petri Stevartii p. 635. post in Thesauro novo Canisiano tom. II. part. 2. p. 293. item a Buluzio in editione Reginonis p. 362. sed sub titulo *Epistolae ad Heribaldum Antissiodorensem Episcopum* a. 853. scriptae. Editum est opus a. 841. Epistola vero praefixa non potuit a. 854. scripta esse, quia se appellat Episcopum. Sub finem c. 33. respondet Auctor Heribaldo ad quaestionem: num Eucharistia abeat in secessum. Mabillonius praefat. ad Seculum IV. Benedictinum part. 2. p. 32. seqq. illum Stercoranistis adnumerat, Basnagius autem defendit: quos videt, ut et Nostrum t. III. p. 219. nam prolixitatem vitamus.

25. *De vitiis et virtutibus, de peccatorum satisfactione et remediis sive poeniten-*

tiis, libri III. VI. p. 125. * quos una cum n. 24. Halitgario potius adiudicant, sub cujus etiam nomine exstat apud Canisium et in Bibliothecis Patrum. Vide Mabillonii Elogium Rabani p. 38. Adde Nostrum supra t. III. p. 174. et I. p. 225. Lazius Antuerp. 1560. 8. post Fragmenta quaedam Caroli M. edidit.

26. *Poenitentium liber unus*, post a 841. scriptus, VI. p: 155. prodiit inter Canones poenitentiales Antonii Augustini cum annot. Venet. 1584. 4.

27. *Quota Generatione licitum sit matrimonium.* VI. p. 165.

28. *De consanguineorum nuptiis et magorum praestigiis.* VI. p. 166.

29. *De anima et virtutibus* VI. p. 173.

30. *De ortu, vita et moribus Antichristi.* VI. p. 177. Phorcae apud Thomam Anselmum, 1505.

31. *Martyrologium*, VI. p. 179. primo a Stevartio editum tom. VI. edit. novae tom. II. part. 2. p. 313. Prologus eius una eum versibus ad Grimoldum Abbatem editus est a Canisio tom. IV. p. 326. Alius Prologus Ratleico Abbati Seleginstadiensi inscriptus ex Bibl. S. Galli erutus est a Mabillonio Analect. p. 418.

32. *Poemata de diversis* cum annot. Christoph. Broweri, Mogunt. 1617. 4. VI. p. 202. Epitaphium Lotharii Imp. et Irmentrudis Augustae edidit du Chesne tomo II. Scriptorum Francicorum.

33. *Comment. in Regulam S. Benedicti*, VI. p. 246. * qui Smaragdo Abbati debetur, idque teste Sigeberto Gemblacensi de S. E. c. 118. et Codicibus membranaceis, ad quos Mabillonius provocat.

34. *Glossae Latino-Barbarae, de partibus corporis humani*, a Goldasto editae t. II. Rerum Alemannicarum. VI. p. 331.

35. *De inventione linguarum ab Hebraea usque ad Theotiscam*, ab eodem Goldasto editus. VI. p. 333.

Haec Opera Rabani Mauri in tomos sex distributa edita sunt cura Georgii Colvenerii, Duacensis Academiae Cancellarii, Colon. 1627. fol. 3. Vol.

Ex illo vero tempore e MSS. prodierunt sequentia :

*1 De Praedestinatione adversus Gode-schalcum Epistolae tres,*ad Notingum Episc. Veronensem, et Heberhardum Ducem, a Jac. Sirmondo editae Paris. 1647. 8. et in Operibus conjunctim editis tom. II. p. 985. in Ughelli Italia sacra tom. III. edit. novae p. 592. 608. in Auctoribus Gilberti Mauguini de Praedestinatione et gratia tomo I. part. I.

2. *Liber* contra *Judaeos* , a Petr. Franc. Chiffletio editus Divione 1656. a) Agobardi esse statuit Mabillonius in Itinere Burgundico p. 19. Alii tamen Amuloni Lugdunensi tribunt. Plura habet Mabillonius in Elogio Rabani p. 39. Alium geruinum Rabani. contra Judaeos librum ediderunt Martene et Durand Thesauro noviss. tom. I. p. 40-594.

3· *Opuscula duo , unum de Chorepiscopis, alterum de reverentia filiorum erga parentes et subditorum erga reges* , edita sunt a Baluzio ad calcem operum Petri de Marca tom. I. p. 285. Hic liber a Rudolfo *Collectarum* appellatur. Prius opusculum habes etiam tom V. Conciliorum Harduini pag. 1417.

4. *Epistola ad Reginbaldum Chorepiscopum* , a. 848. et *Opusculum de Chorepiscoporum ordinationibus* exstant tom. VIII. Conciliorum p. 1845. edit. Regiao, et tom. V. Harduini p. 1411. in Capitularibus Baluzii tomo II p. 1378.

5. *Poëmata quaedam* , ab eodem Miscll. tom. IV. p. 533.

6. *Liber de* Computo *digitorum ,* ibidem sub initium tom. I. Codex MS. auctior et iconibus necessaris illustratus est Lugd. Batav. apud. Federicum Pacium, edendus, ut Fabricius noster notavit, a Gabriel du Mont, Roterodami.

7. *In librum Josuae libros III.* ediderunt Martene et Durand Collectionis amplissimae tom. IX. p. 667. quum Rudolfus presbyter in vita Rabani c. 9. *quatuor* , Trithemius vero in eadem vita III. 3. *duos* tantum memoret.

8. *Epistola ad Egilonem de Eucharistia,* apud Mabillonium Sec. IV. Benedictino part. 2. p. 591.

·a) Ittigius de Bibliothecis PP. p. 684.

9. *Opusculum de passione Domini* , editum tom. IV. Thesauri novissimi Peziani part. 2. p. 17.

10. *Glossarium Latino-Theotiscum* , non in tota Biblia, ut volunt Lambecius et Nesselius, sed in multas voces Biblicas et aliorum quoque Auctorum. Specimen ejus exstat apud Lambecium de Bibl. Vindobonensi II. p. 415. Majus *Specimen* dedit Jo. Diecmannus, Ecclesiarum Bremensium ac Verdensium Superintendens, quod etiam Commentario non contemnendo illustravit, Bremae 1721. 4. Integrum vero edidit Jo. Georgius Eccardus rerum Francicarum t. II. pag. 950-976.

11. *Tractatus de Sacramento Euchari-stiae* libris LVII. oonstans, editus est ex Cuthberti Tonstalli, Dunelmensis Episcopi, Bibliotheca , Colon. apud Jo Quentelium 1551. docente Oleario Bibl. Eccles. II. p. 112.

12. *Versiculos ad Grimaldum* edidit Mabillonius Analect. tom. IV. pag. 326. edit. novae p. 419

13. *Epistola Synodalis* prolixior , a Sirmondo edita est a. 1647. Vide tomum II. Operum p 1295. quum *altera* brevior ad Hincmarum Remensem ante in tomis Conciliorum edita fuerit.

Opera inedita.

1. *Commentarius in Acta Apostolorum,* in Bibl. Collegii Balliolensis Oxon.

2. *De vita S. Mariae Magdalenae liber,* in collegio Magdalenensi Oxon.

3. *Expositio de Paschate et Agno Paschali* , in Collegio S. Benedicti Cantabr.

4. *Explanatio in Jesaiam* , in Bibl. monasterii Heilsbrunnensis in Franconia, teste Hockero in Catalogo illius Bibl. p. 14.

5. Liber ad Ludovicum Imp. *de oblatione puerorum secundum Regulam S. Benedicti.* MS. in Bibliotheca Mellicensi

6. *Epistola consolatoria ad Eundem.* Haec duo memorat Rudolfus in vita Rabani.

7. *Commentarii in Josuam , Esdram et Nehemiam , Tobiam , Job , Ecclesiasten ,* et reliquos Libros bibliocos , qui supra nondum adfuerunt.

8. *De rebus gestis a Lothario, Ludovico*

et Carolo Ludovici Imp. Pii. filiis, carmine heroico.

9. *De benedictionibus Patriarcharum*, *Epistolae ad diversos* et alia Colvenerio sub initium tomi I. memorata, quorum tamen tituli bene cum editis sunt conferendi, ne pro inedito habeatur, quod jam dudum est editum.

* In Ephemeridibus Germanicis Goccei An. 1751. mense Aprili annunciatur *Rabani commentarius in Danielem*, quem ex MS. Codice habere jam editioni paratum a. P. Ziegelbaur Sveco Ord. S. Benedicti promulgant. Id quantocyus ut exequatur vir doctus, nisi forte sollicitationes nostras jam praevenerit, communi nomine rogo et obsecro. Nunc autem cum haec scribo, primum didici eundem religiosum virum e viris decessisse, quod ne cadat in detrimentum communis expectationis opto.

Tractatus de Sacramento Eucharistiae Coloniae vulgatus idem omnino est cum tractatu *De corpore et sanguine Domini*, qui legitimus foetus est S. Paschasii Radberti, quare non nisi mendose MS. Codex Anglicus. est quo vulgatus est Rabano Mauro illud inscribit. Vide Historiam literar. Gall. V. p. 104. et t. VI. p. 15. et 16. praef.

RABANUS alius, cui Codex Jacobi Pamelii tribuit libellum, qui vulgo sub *Micrologi* nomine *de Ecclesiasticis observationibus* editur. Vide Nostrum supra t. V. pag. 76.

RADBODUS, II. Episcopus *Noviomensis* ac *Tornacensis*, a. 1067. electus, | 1098. scripsit *Vitam S. Medardi* decessoris sui, quae sub nomine Fortunati (vide supra tom. II. p. 586.) exstat apud Surium 8. Junii, et in Actis Sanctorum tom. II. p. 87. item *Vitam S. Godobertae*, virginis Novioduni, apud Surium XI. April. stilo vero primigenio in Actis SS. tom. II. Aprilis pag. 32. Hanc Ludov. de Montigny in Ecclesia S. Godobertae Presbyter, Canonicus et Archidiaconus, Gallice reddidit, et annotationibus eruditis illustravit. a. 1630. item *Sermonem de Navitate et Annunciatione Beatae Virginis*, qui MS. in Bibl. Vaticana et Tornaci ad S. Martinum servatur. Val. Andreae Bibl. Belgica pag.

p. 785. cui adde Papebrochium tom. II. Aprilis p. 31.

Sermo de conceptione virginis Mariae, in qua narrat sanationem cujusdam puellae apud Noviomum, MS. in Bibl. S. Martini Tornac. Sanderi Bibl. Belgica MSS. I. pag. 122.

Diploma ipsius a. 1088. Ecclesiae Collegiatae S. Petri insulis Flandrorum datum exstat tom. III. Opp. dipl. Miraei p. 664.

RADBODUS, ex Regia Frisiorum ac Francorum Stirpe, Episcopus *Trajectensis*, a. 900. in Scholis Palatinis Parisiensibus tempore Caroli Calvi a Mannone vel Nannone Stauriensi formatus fuit Obiit a. 917.

Vita ejus praeter Bekam, Hedam et alios separatim edita est a Surio p. 29. Nov. post. a Mabillonio Sec. V. Bened. p. 25. Opera ejus haec sunt: *Laudes S. Martini*, *Laudes S. Bonifacii*, *Tomellus* sive *Sermo de Sancta Amalberga*, qui editus est a Jo. Bapt. Sollerio in in Actis Sanctorum tom. III. Julii p. 88. *Homiliae*, *de S. Willebrodo*, *Officium de translatione S. Martini*. Vide Trithemium de Script. Eccles. c. 293. Bulaeum hist. Academiae Parisinae tom. I. p. 633. Val. Andreae Bibl. Belgicam p. 784. Sweertii Athenas Belgicas, p. 650. Hist. literariam Galliae tom. VI. p. 158. Eclogam et Sermonem *De S. Lebuino Presb.* edidit Surius d. 12. Nov. *Chronicon breve* rerum a se et suo tempore gestarnm memorat Wilh. Heda de Episc. Ultraject. ad annum 900. *Homilia de S. Suitberto* edita est in Actis SS. tom. I. Mart. p. 58. et Mabillonio.

SS Episcoporum, Martyrum, Doctorum atque Pont. Rom. historiam memorat Lud. Jacobus a S. Carolo Bibl. Pontif. p. 429. sed. ubi MS. aut impressus sit, non addit.

RADBODUS; Archiepiscopus *Trevirensis* a. 905. *Epistolam* edidit *Formatam* sive *Canonicam* ad Rotbertum Episcopum Metensem pro Gislemaro Presbytero, ut ei deinde in ipsius parochia degere liceat. Exstant in Conciliis Labbei et Harduini.

RADEGUNDIS, Bertharii Thuringiae Regis filia, nata a. 516. post excidium Thuringiae capta, se a Chlotario Francorum Rege in matrimonium suscepta fuit. Paullo post autem Deo se consecravit, ordines suscepit, Pictavis monasterium S. Crucis fundavit, mortua a. 587. aetatis 68. Totum tempus precibus et bonis literis impendit, sic, ut etiam Patres Graecos legeret. Vitam ejus dedit Hildebertus Cenomanensis, cum quo confer aliam Vitam in Mabillonii Actis SS. Ord. Bened. tom. I. p. 319. et Carmen Venantii Fortunati de Excidio Thuringiae. Ejus nil restat praeter *Testamentum* apud Gregorium Turonensem IX· 42. in Conciliis Labbei tom. III. p. 379. Plura dat Hist. literaria Galliae tom. III. pag. 346.

RADEVICUS *Frisingensis*, Ottoni Episcopi Frisingensis amanuensis, post Praepositos Ecclesiae laudatae. Continuavit *vitam Friderici I.* Imp. Barbarossae dicti, *libris duobus*, quorum editiones vide supra libro XIV. ubi de Ottone actum fuit, pag. 553. omissa tamen est illa, quae inter opera Historica Patrum Cisterciensium t. II. (Ittigius tomum VIII. Bibliothecae Patrum Cisterciensium vocat) p. 162 habetur. ajunt ipsum ante Fridericum obiisse. Scripsit quoque *duplex Epitaphium Ottonis Episcopi*, quod exhibet Car. de Visch in Bibl. Cisterciensi p. 526.

* Inter editiones operis historici ab Radevico concinnati omissa est tum hic cum a Fabricio supra lib. XIV. editio Muratorii Rer. Ital. t. VI. p. 739. Ibi tamen in ipsa statim operis dedicatione a Radevico directa Ulrico et Henrico viris clarissimis, omissum est quidpiam quod ex meo MS. Codice hic supplendum censeo. Ita ergo editus Muratorii, *Radevicus S. Frisingensis ecclesiae professione canonicus, ordine Diaconus licet indignus simul* etc. Codex vero MS. *Radevicus sanctae Frisingensis ecclesiae professione Canonicus ordine diaconus, dignitate praepositus, licet indignus simul* etc. Utrumque illud epitaphium Othoni Frisingensi a Radevico positum, quod legi apud Vischium Bibliothecarius noster testatur, ipsemet Radevicus recitat lib. II. cap. XI. operis sui. In eodem MS. meo Codice prioris huius epitaphii versus sextus in meo MS. Cod. non nihil ab edito discrepat; ita enim in edito: *Formam decens,*

habilis, juvenis aetate; Codex vero. *Formam: recens habilis juvenis aetate* etc.

·RADHODUS, nisi forte legendum *Radbodus*, Praepositus Dolensis in Armorica, vixit a. 923. Ejus est *Epistola ad Adalstanum* Anglorum Regem, quam · Gulielmus Malmesburiensis inseruit Vitae Aldhelmi, tomo II. Angliae Sacrae. Vide Hist. literariam Galliae tom. VI. p. 203.

RADOINUS, Levita sive Diaconus Ecclesiae Larinensis in Frentanis sub Archiepiscopatu Beneventano. Ea Vita habetur in Actis Sanctorum t. VI. Maji p. 271. (283. Vita et antiqua monumenti S. Pardi Episc. commentario et annotationibus criticis illustrata a Jo. B. Pollidoro: in iis etiam de SS. Primiano, Firmiano et Casto accedit appendix complect. memorias S. Leonis confessoris. Romae 1741. in 4. fig. pagg. 136).

RADULPHUS, sive *Rudolphus*, quem Sigebertus de Scriptor. Eccles. c. 50. *historiam Francorum* a suo tempore (vixit autem sec. VI.) scripsisse commemorat. Ejus autem huc usque nihil prodiit.

RADULPHUS *Achedunus* sive *Actonus*, claruit a. 1320. Oxonii literis incubuit, ibique supremum in Theologia Magisterium consecutus, post Ecclesiae cuidam praepositus est. Philosophus et Theologus insignis celebratur. Scripsit *Homilias in Evangelia et Epistolas de tempore et Sanctis, Commentarios in Epistolas Pauli et Magistrum Sententiarum* Vide Pitseum de illustribus Angliae scriptoribus c. 474. Lelandum c. 385. Balcum Cent. V. 13·

RADULPHUS *Albanus*, vel *de S. Albano* monachus Ord. S. Benedicti, deinde Abbas ad S. Albanum, ubi obiit an. 1150. Mirifice bonorum auctorum lectioni incubuisse dicunt. Scripsit *Historiam Alexandri Macedonis*, cujus operis quidam Galfredum Henlingtonum auctorem faciunt. Deinde *Vitam S. Albani*, quam vulgato sermone vertit Jo. Frumentarius, prout supra t. IV. pag. 363. assuit. Evolve Pittseum c. 205. Lelandum c. 315. Vossium de Histor. Lat. p. 414.

RADULPHUS *Alemannus*, Gubernator summus totius sectae Carmeliticae, transfretavit ia Britanniam , ubi fratrum , qui in urbibus morabantur , ignaviam pertaesus , in eremum Holnensem prope Alnevicum abiit , et anno 1277. ibidem obiit. Baleus de script. Britann. Cent IV. 50. p. 339. Scripsit Epistolas ad diversarum nationum fratres. Idem Cent. XIII. 35.

RADULPHUS Ardens , Pictavus , ex viculo, qui Bellilocus (Beaulieu) dicitur, nobilibus parentibus ortus. In studiis ita profecit , ut ante annum trigesimum Doctoris Theologi honoribus ornaretur. Fuit Guilielmo IV. Aquitanorum Duci a consiliis et floruit tempore Philippi I. Francorum Regis ab a. 1040 usque ad 1100. Scripsit.

1. *Homilias in Epistolas et Evangelia Dominicalia et festivalia* Editae sunt per Claudium Fremy , Paris. 1564. 1573. Lovan. 1565. Antwerp. 1576. Colon. 1604. 8. 2. Vol. Stilus earum pro more seculi satis est comtus. Binas Daumius edidit inter Homilias de Natali Christi.

2. *Speculum universale ,* grande opus XIV. libris distinctum , exstat in Bibl. Vaticana et S Vincentii , teste Montefalconio in Bibliotheca Bibliothecarum MSS. p. 101. 1194.

3. *Epistolarum libros II.*

4. *Historiam sui temporis ,* nempe belli Godofredi de Bullion in Saracenos , cui assecla Ducis Aquitaniae interfuit.

Notitia haec debetur Claudio Fremy, qui libris nostri usus est , et eorum quoque editionem promisit , sed non praestitit. Eandem vero Barthius transcripsit Daumio , prout habetur in Actis literariis Struvianis tom. I fasc. 6. pag. 66. 67. Adde Daumium in praefatione Homiliarum laudatarum.

RADULPHUS *Baldochius ,* sive *de Baldock ,* Anglus , fuit primum Archidiaconus Middlesexiae , deinde a. 1298. Decanus Londinensis Paulinus , demum anno 1304. Episcopus Londinensis et summus Regni Cancellarius : obiit a. 1313. Scripsit *Historiam Anglicam* a prima gentis origine, nondum editam. Lelandus c. 332. testatur, se illam in templo Paulino vidisse. Usserius subinde ad illum provocat. *Statuta* etiam *et Consuetudines Ecclesiae suae ;*

quum Decanus esset , in unum Volumen congessit, quod ex Monastico Anglicano t. III p. 365. constat. Vide Henr. Whartonum in Appendice ad Caveum p. 7.

RADULPHUS *de Beringhen ,* Decretorum Doctor et Professor Lovanii , obiit a. 1459. reliquit *Confessionale ,* et *Reportata* sive *Lecturam ad Clementinas ,* quae MSS. sunt Lovanii in Valle S. Martini. Val. Andreae Bibl. Belgica , pag. 785. et Bibl. Belgica MSS. II. pag. 223.

RADULPHUS *Bituricensis* Episcopus , summo loco natus , obiit a. 866. Ejus *Capitula* edidit Baluzius Miscell. tom. VI p. 139. Adde Galliam Christianam tom. II p. 24. Hist. literaire de la France t. V p. 321.

RADULPHUS *Bockingus ,* vide *Bockingus.*

RADULPHUS , *Bristolius* (forte Bristoliae in Anglia natus) primus Ecclesiae S. Patricii Dubliniensis Thesaurarius , in Episcopum Darensem consecratus a. 1223. decessit a. 1232. Scripsisse dicitur *Vitam Laurentii, Dubliniensis Archiepiscopi.* Haec Waraeus de Scriptoribus Hiberniae lib. II. pag. 120.

RADULPHUS *Brito ,* de anima , exstat in Codice Bibl. S Germani. Montfaucon Bibl. MSS. p. 1128.

RADULPHUS *Cadomensis,* natus est Cadomi anno circiter 1080. ab Arnulpho , post Patriarcha Hierosolymitano institutus, militiae nomen dedit , a. 1107. cruce signatus sub Boamundo Principe et Tancredo Rege militavit. Scripsit *Gesta Tancredi* Siciliae Regis , praecipue *in expeditione Hierosolymitana,* quae ediderunt Martene et Durand Thes. novo Anecdotorum tom. III p. 107. Stilus ejus est satis elegans , et historia multarum rerum cognitionem suppeditat. Duumviri laudati in admonitione praevia conjiciunt , Radulphum illum de Acone , quem sub Rogerio nepote Tancredi , et in principatu Antiochiae strenuum civitatis ejusdem ducem fuisse scribit Gauterus Cancellarius in libro , cui titulum fecit *Bella Antiochena ,* hunc nostrum Radulphum fuisse, quum ille alias de se nihil memoret. Versus quoque nonnunquam immiscet non contemnendos.

RADULPHUS monachus S. Sepulcri apud *Cameracenses* circa a 1290. scripsit vel interpolavit *Vitam B. Lietberti* Episcopi Cameracensis et Atrebatensis. Edidit eam et annotationibus illustravit God. Henschenius in Actis Sanctorum t. IV Junii p. 585.

RADULPHUS *Camertianus*, Germanus, Carmelita, vixit a 1348. scripsit *ad Episcop. Salzburgensem in civitate Frisancensi* (sic erat impressum, forte *Frisingensi*) *de futuris eventibus*, et alia. Haec Gesnerus. Adde Baleum Cent. V. 42. in Append.

RADULPHUS *Caroli loci* monachus, Ord. Cisterciensis, Guilielmi Archiepiscopi Bituricensis, ejusdem monasterii quondam Abbatis, scriba, circa a. 1210. Scripsit *de gestis praefati Guilielmi*, quod in membranis ejus monasterii extat. Car. de Visch. Bibl. Scriptorum Ord. Cisterciensis pag. 282. At vero nomen Episcopi tunc erat *Girardus* vel *Giraudus*, docente Gallia Christiana t. II p. 63. Igitur aut nomen, aut aera hic est mutanda.

RADULPHUS *Cicestrius*, ex Sudosaxiae comitatu natus, monachus Dominicanus, vixit a. 1270. et descripsit *Vitam S. Ricardi Episcopi Cicestriensis*, cujus Confessor fuerat. Nic. Trivetus ad a. 1252. Gesnerus et Lelandus c. 260.

RADULPHUS *Coggeshale*. Vide supra lib. III. p. 368. et post Caveum p. 627. Adde sequentia : Ante dignitatem Abbatis monasterii Coggeshalensis Canonicus erat Barnevelensis, et in Terram Sanctam profectus scripsit quae vidit et audivit. Ejus *Chronicon Terrae Sanctae* f. *Libellus de expugnatione Terrae Sanctae* editus est a Martene et Durand Collect. ampliss. t. V. p. 543. *Chronicon Anglicanum* ab a. 1066. 1200. ab iisdem p. 801. cui pag. 871. subjungitur *Libellus de motibus Anglicanis sub Johanne Rege.*

RADULPHUS *Coleburgus*, Anglus, primum Oxonii, post Parisiis floruit, inter Franciscanos Sacrarum literarum Praelector et Professor fuit. De scriptis ejus adhuc non constat. Vide Lelandum c. 250.

Pitseum in Append. c. 70. Baleum Centur. X. 70.

RADULPHUS *de Columna*, nomen a vico *Coloumelle* regionis Carnotensis habens, Canonicus Carnotensis, vixit a. 1290. et scripsit ad Lambertum de Castello *Tractatum de translatione Imperii a Graecis ad Latinos*, qui exstat in Collectione Schardii de Jurisdictione Imperii Rom. et apud Goldastum de Monarchia S. Imperii tom. II p. 88. In illo Chronicon Martini Poloni citatur, quem ·Auctor *Episcopum Consentinum* a) vocat, quod ante a nemine observatum docet Jo. Liron in Bibl. Carnotensi p. 120. Adde Caveum, Dupinium, Oudinum. Alii Tractatum Landulfo Sagaci tribuunt, de quo Noster supra t. IV. p. 54.

(283 Prima editio in vol. Alciati de formulis Romani Imperii, Dantis de Monarchia etc. Basileae 1559. 8.)

RADVLPUS *de Diceto*, Anglus, post peragratas plures Europae Academias Archidiaconus Mondinensis, et a. 1283. Decanus Paullinus, Scripsit sequentia, quae edita sunt :

1. *Historia compendiosa de Regibus Britonum*, usque ad sec. VII. Exstat in Galei Scrip. rerum Brit. tom. I. p. 553.

2. *Abbreviationis Chronicorum*, ab a. 589. ad 1147. apud Twysdenum S. R. Angl. p. 429.

3. *Imagines Historiarum*, est continuatio superioris Operis ab a. 1148-1199. apud eundem p. 525.

4. *Series caussae inter Henricum Regem et Thomam Archiepiscopum Cantuariensem* ab a. 1162-1172. ibid. p. 711.

5. *Indiculus de successione Archiepiscoporum Cantuariensium*, *et a quibus Apostolicis pallia susceperunt.* Ex membranis Lambethanis edidit Henr. Whartonus Angliae sacrae tom. 1. p. 87. Sunt tantum *Excerpta ex Historia de Praesulibus Angliae*, quam a S. Augustini adventu exorsus, ad Joannis Regis coronationem, (cui ipse a. 1199. interfuit) deduxit. MS. exstat in Bibl. Norfolkianae Codice CCXX. *Opus tamen*, ait Whartonus praefatione

---

a) Confer hic Ughelli Italiam sacram tom. IX   pag, 218.

tom. I. pag. 13. *luce indignum judicavi :
ideo quod omnia fere ante annum 1120.
ex Beda et Malmsburiensi hauserit, quaecumque autem ab a. 1120. 1199. habet,
in Historias suas predictas* (Abbreviationes
Chronicorum et Imagines Historiarum)
*iisdem verbis retulerit; si Archiepiscopo-
rum Cantuariensium demas historiam ,
quae proinde in secundi voluminis calce
locum habebit.* Et edita est quoque ibi
pag. 677.

6. Reliqua sunt inedita , quorum titu-
los ex Baleo Cent. III. 62. et Pitseo c.
300. adscribimus : *De temporibus mundi ,
Annales Stephani , Opus. Chronicorum ,
Continuationes Roberti de Monte , de praeclaris Scriptoribus , de adventu Saxonum ,
Gesta Normannorum , Origines Hibernorum et Scotorum , de Synodis Ecclesiae ,
Postilla in Ecclesiasticum et Sapientiam ,
Epistolae ad diversos , Sermones , de mirabilibus Angliae.* Adde Caveum et Vossium de Historicis Latinis , Bulaei Hist.
Universitatis Parisinae tom. II. p. 769.
Whartonum praefat. tom. II. Angliae Sacrae p. 27. 28. Nostrum supra tom. IV.
pag. 527.

RADULPHUS *Dominicanus ,* vid. supra
Cisterciensis.

RADULPHUS *Dunstaplus ,* vide tom. II.
pag. 481.

RADULPHUS *Eboracensis ,* Archiepiscopus sec. XII. Ejus *Epistola ad Calixtum
II. Papam de injuriis Ecclesiae Eboracensis* exstat in S. R. Angl. Twysdeni p. 1735.

RADULPHUS *Eleemosynarius ,* Anglus ,
monachus Benedictinus in monasterio Westmonasteriensi , ubi ipsum quoque ad dignitatem Abbatis adspirasse alunt. Obiit
a. 1160. Scripsit *Homilias in Evangelia et
Epistolas ,* et *de peccatore librum I.* Lelandus c. 223. Pitseus c. 216.

RADULPHUS *Feriburgus :* hujus *Opera
quaedam* memorat Pitseus c. 629. praeterea vero nihil.

RADULPHUS *Flaviacensis ,* monasterii
in territorio Bellovacensi Abbas Ord. S.
Benedicti. Vixit sec. XII. quod ostendunt

Labbeus et Oudinus. Habemus ejus *Commentaria in Leviticum lib. XX.* excusa primum apud Quentelium Coloniae 1536. fol.
deinde in Bibl PP. Colon. tom. X. et Lugdun. tom. XVII. illata. Inedita ejus sunt
*Comment. in Epistolas Pauli , in Parabolas
Salomonis ,* (alii *Ciceronis) Historia Francorum ,* et *Chronicorum lib. II.* a) Vide
Gesnerum et Vossium p. 339. Caveus et
Olearius tres *Radulphos* in unum confon-
dunt , Flaviacensem , Fontanellensem , et
Nigrum. Hunc quoque Nigrum et nostrum
du Pin tom. IX. p. 185. et Baelius. Denique miror Baelium , cum de hoc Radulpho
et loco ejus de Joanna Papissa agit , differentiam inter *Radulphum Flaviacensem ,*
et *Ranulphum Higdenum ,* auctorem Polychronici , non melius inculcasse.

RADULPHUS *Fontanellensis ,* Abbas in
Gallis , primum Decanus , vixit a. 1031.
Meminit eius Chron. Fontanellense Append.
I. c. 8. apud Dacherium Spicil. tom III.
An idem sit cum Radulpho Flaviacensi
disquirit Jac. Hommey in Supplemento
Patrum p. 279. Mihi videntur diversi esse.
Nam *Comm. in Canticum Canticorum* nul-
lam mentionem faciunt , qui de Flaviacensi
agunt , qualem tamen scripsisse Fontanel-
lensem notum est , editum vero a Jac.
Hommey l. c. p. 276. quum prius Gregorio
Magno tributus fuerit. Editiones priores
memorat Fabricius noster supra lib. VII.
Oudinus tomo II. p. 773. vocat *Scriptorem
imaginarium , Sanctum novi Calendarii.*
De Opere ipso vid. infra *Robertus de Tumbalenia.*

RADULPHUS *Fresburnus ,* ex Northumbria oriundus. Juvenis in Palaestinam mi-
litaturus abiit , in monte Carmelo vero
illius loci religione delectatus , monachus
fit , eumque ordinem primus in Angliam
introduxit , variis quoque ibi monasteriis
eiusdem exstructis. Obiit a. 1274. Scripsit
*Exhortationum piarum et Epistolarum libr.
I.* Vide Baleum Cent VI. Pitseum c. 393.

RADULPHI *Galae ,* nescio cujus , *Memoriale pro Decretalibus ,* MS. exstat in
Bibl. S. Quintini Beluacensis. Bern. de

a) De Chronico confer Spanhemium t. II Opp.   pag. 586.

Moatfaucon Bibl. Bibliothecarum MSS. p 1348.

RADULPHUS *Gallus*, monachus Cluniacensis, vixit extremis temporibus Conradi III. et l'*itam S Petri Abbatis Cluniacensis* descripsit, quae MS. habetur in monasterio Cluniacensi. Vossius de Histor. Latinis II. 50. p. 312. Edita vero est tomo VI. Monumentorum Edmundi Martene p. 1187.

RADULPHUS *Glaber*, vid. *Glaber Radulphus* lib. VII. p. 190.

RADULPHUS RAULPHUS *de Glanvilla*, Scotus, tempore Henrici II. Regis scripsit *Legum Scoticarum libros XIII.* ex quibus depromti sunt libri IV, Institutionum de Legibus Scoticis, quae primo loco exstant in Jo Skenaei Legibus et Consuetudinibus Scotiae. Vid. supra lib. VII. p. 155.

RADULPHUS *de Hengham*, Capitalis Angliae Justitiarius, deinde summus judiciorum privatorum Praefectus, obiit a. 1309. cui Londini in aede Paullina hoc Epitaphium positum est:

Per versus patet hos, Anglorum quod jacet hic
Legum qui tuta dictavit vera statuta,   flos, ·
Ex *Hengham* dictus *Radulphus* vir benedictua.

Ejus *Summa magna et parva Legum Anglicarum* cum notis Seldeni prodiit Lond. 1616. post in operis illius tom. III. p. 1911.

RADULPHUS *Hygdenus*, melius *Ranulphus*, de quo tamen jam supra actum est libro VIII. in *Higdenus*.

RADULPHUS *Kellaeus* (alii *Kullaeus*) non Anglus, ut Possevinus tomo II. Apparatus sacri et Pitseus c. 546. tradunt; sed Hibernus, Pontanae *(sive Droghedae)* natus, Davidis monachi Carmelitae, et mercatoris Guil. Kellaei uxoris filius, in Coenobio Kildariensi monachus Carmelita, a. 1336. Ordinis sui Procurator, post generalis Advocatus, demum a. 1345. Archiepiscopus Casseliensis, obiit a. 1361. 20. Nov. Scripsit *de Jure Canonico libr I. et Epistolas.* Balacus Cent. XIV. 94. Waraeus de Scriptoribus Hiberniae lib. I. p. 72.

RADULPHUS *Laudensis*, *de Abaco* est MS. in Bibl. S. Victoris. Bern. de Montfaucon Bibl. MSS. p. 1374.

RADULPHUS. *de Linham*, Mathematicus

Anglus, a. 1256. scripsit *Kalendarium Ecclesiasticum*, partim prosa, partim carmine, sive *Expositionem Kalendarii*, quae inter Opera Bedae habetur tomo I. p. 215. sub titulo de *Embolismorum ratione.* Tribuitur autem Radulpho nostro in Codice Cottoniano. Vide Oudinum tomo III. p 236.

RADULPHUS *Lokeslejus*, Franciscanus et Theologus Oxoniensis, circa a. 1200. Scripsit *in libros Sententiarum*, *in Opera varia Aristotelis*, et *de paupertate Evangelica.* Lelandus de Scriptor. Britannicis c 273. Pitseus c. 447. *Ranulphum* vocat, et a. 1310. floruisse dicit, qui consentientes habet Waddingum et Willotum.

RADULPHUS *Londinensis*, Theologus. Ætas ejus incerta est. Scripsit *Electuarium*, h. e. *de lapsu et reparatione hominis.* Pitseus in Append. c. 71.

RADUMPHUS *a longo Campo*, Anglus, Ord. Cisterciensis, variis Angliae et Galliae Academiis peragratis, scripsit *Commentarios in Anti-Claudianum.* Ætas et caetera ejus ignorantur, · Pitseus loc. cit. c. 69. Balcus Centur. XII. 13. Car. de Visch Bibl. Scriptorum Ord. Cisterciensis p. 283.

RADULPHUS *Marham*, Ord. S. Augustini in coenobio Linnensi Comitatus Norfolcensis, monachus, post in Academia Cantabrigiensi Theologiae Magister, vixit a. 1380. Scripsit *Manipulum Chronicorum libr. VIII.* Est in Bibl. Regia Parisina. Bern. de Montfaucon Bibl. Bibliothecarum MSS. p. 980. *Indices fusissimos eorundem Chronicorum libr. II.* et *Concionum ad populum libr· I.* Balcus Cent. VI. 63. Pitseus c. 654. Phil. Elssii Encomiasticon Augustinianum p. 598.

RADULPHUS, monachus et Abbas *Melrosensis* in Scotia, Ord. Cisterciensis, post a. 1210. Episcopus Dunelmensis, scripsit *Acta Concilii Perthusani in Hibernia*, *Ad suos Melrosenses lib. I. Epistolarum ad Joannem Cardinalem in Hiberniam Legatum lib. I.* Vid. Dempsteri Chron. Scotiae VIII. 61. Car· de Visch. Bibl. Scriptorum Ord. Cisterciensis p. 283.

RADULPHI *de Montfiquet* Tractatus *de existentia totius Christi in sanctissimo al-*

laris Sacramento. Paris. per G. Marnef, 1481. fol. ?memoratur in Annalibus Typographicis M. Maittaire t. I p. 427. edit. poster.

RADULPHUS *Niger* , Suffolcensis , Archidiaconus Glocestriae , vixit a. 1217. Proditionis apud Henricum II. Regem accusatus in exilium ejectus est , ac proinde virtutes et res ipsius gestas in scriptis suis omisit. Scripsit *Chronicon a nato Christo ad a.* 1213. Aliud *a mundo condito* , *de Regibus Angliae a Guilielmo I. in Pentateuchum , Leviticum , libros Regum , Epitomen in Paralipomena , Pantheologicon , Hebraeorum nominum interpretationes , Remediarium in Esdram , de quatuor festis b. Virginis , de triplici via peregrinationis Hierosolymitanae , de rebus gestis Regis Joannis , Initia Henrici III.* Baleus Centur. III. 76. Pitseus c. 312. *Chronicon* in variis Angliae Bibliothecis adest. Evolve modo Indicem Montefalconianum.

RADULPHI *Normanni* , Canonici Parisini , *Quodlibeta* extant in Codice MS. S. Victoris. Bern. de Montfaucon Bibl. MSS. p. 1374.

BADULPHUS *de Noviomago* , a patria sic dictus , Ord. Praedicatorum Coloniae vergente sec XV. Ejus est *Legenda B. Alberti Magni Episc. Ratisponensis* , Colon. apud Jo. Koelholf , 4. sed sine mentione anni , typis Gothicis· Jac Quetif de Script. Ordinis Praedicatorum p. 871. Aliam editionem Coloniensem a· 1490. memorat Val. Andreas in Bibl. Belgica p. 800.

RADULPHUS , vel. etiam *Rodulphus Prelaus* , vulgo *de Presles* , Gallus , Consiliarius Caroli V. Galliae Regis ac libellorum supplicum Magister circa a. 1370. Scripsit *Tractatum de potestate Pontificali et Imperiali s. regia* , quem Melchior Goldastus tom. I. Monarchiae p. 39. inseruit. Lud. Jacobus a S. Carolo. Bibl. Pontificia p. 429.

RADULPHUS *Radiptorius* , Anglus , monachus Ord. S. Francisci et Doctor. Theologus Oxoniensis a. 1350. Mentio ejus fit in libro Conformitatum S. Francisci. Scripsit *Commentarios in libros V. et N. T. super Magistrum Sententiarum , Lecturas scholasticas , Quaestiones ordinarias* Baleus Cent. V. 82. Pitseus c. 579. Waddingus de Scriptoribus Ord. Minorum pag. 290.

Willot Athenae sodalitii Franciscani p. 318.

RADULPHUS *Remingtonus* , aetatis incertae Scriptor. *Annales* ejus MS. exstant Cantabrigiae in Collegio S. Benedicti, teste Pitseo in Append. c. 72. et Th. Jamesio.

RADULPHUS *de Rivo* , Breda Brabantiac urbe oriundus , Theologus et Jureconsultus , Romae Graecas literas tradentem audivit Simonem Constantinopolitanum Thebanorum Archiep. qui a. 1383. floruit , postea Decanus Tongrensis. Tempore schismatis Pontificum Romae fuit , unde omnia quae refert , ipsemet vidit. Obiit non a 1483. ut in vita ex scriptis ejus confecta apud Chapeavillium mendose expressum est , sed. a. 1403. Romae. Scripsit.

1. *Calendarium Ecclesiasticum* , sive *de Canonum observantia* , per Melch Hittorpium ex Codice Pamelii editum , Lovan. 1568 in Bibl. PP. Parisina prima tomo. IV. et maxima tom. XXVI. p. 4. Bollandus negant se vidisse , Praefatione generali ad Acta Sanctorum p. 52. Val. Andreas Opus *de Canonum observantia a Calendario Ecclesiastico* distingvit, et prius Colon. 1568. 8. Romae 1590. et in Bibl. PP. Parisina. et Coloniensi prodiisse ait ; posterius autem Jac. Pamelii opera editum , Lovanii apud Hier. Wellaeum.

2. *Gesta Engelberti de Marca , Joannis ab Arhel , et Arnoldi de Horn, Episcopum Leodiensium* , ab a. 1347. ad 1389. quae habentur tom. III. Chapeavillii p. 1.

3. *De Psalterio observando* , MS. in coenobio Corsendoncano.

4. *Catalogus librorum MSS. per Belgium* , Duaci fuit apud Ge. Colvenerium.

5. *Martyrologium* versibus complexus est. Adde Val. Andreae Bibl. Belg. p. 785. 786. Franc. Swertii Athenas Belg. p. 651. Oudinum tomo III. p. 2223.

RADULPHUS *Roffensis* , Episcopus , dein Archiepiscopus Cantuariensis post Anselmum , obiit a. 1421. et *Homilias quasdam* reliquit. Baleus Cent. X. 43.

RADULPHUS *Spaldingus* vel *Spauldingus* , Anglus , Ordinis Carmelitani monachus in coenobio Stanfordensi ; postea Doctor et Professor Theologiae Cantabrigiensis , obiit circa a. 1390. Suspicionem suis fecit, quod Waldensibus aut Wiclesitis faverit, scripsit *Sermones*, *In Elenchos Aristotelis*, *et Determinationes S. Scripturae*. Lelandus c. 436. cujus Codicem edito pleniorem habuit Baleus Cent. XI. 29. Pitseus c. 694.

RADULPHUS *Strodus* vel *Strodaeus*, non Anglus, sed Scotus, in monasterio Dryburgh provinciae Teviotdale educatus, Ord. Fratrum Praedicatorum, Poëta laureatus, Oxonii diu studuit, socios Collegii Mertor.ensis, Galliam peragravit et Italiam, Syriam item et Terram Sanctam, contra Wicleſi dogmata acriter disputans circa a. C. 1370. Musices quoque fuit studiosus. Scripsit *Fabulas*, *Panegyricos*, *Consequentiarum formulas*, Venetiis 1517. 4. impressas, *Summulos Logicales*, *Sophismatum strophas*, *Phantasma Carmen elegiacum*, *Itinerarium Terrae Sanctae*, *Positiones et XVIII. argumenta contra Wicleſſum*, *Opuscula*. Vide Lelandum c. 421. Baleum Cent. VI. 44. Pitseum c. 629. Georgium Mackenzie de Eruditis Scotis vol. I. p. 426. Quetif. de Scriptorſbus Ordi. Praedicatorum p. 666.

RADULPHUS, monachus *S. Sepulchri*, sec. XI. circa a. 1176. Scripsit *Vitam S. Lietberti*, *Episc. Cameracensis et Atrebatensis*, quae extant apud Dacherium Spicil. tom. X. p. 675. edit novae tom. II. p. 138. et in Actis SS. tom. IV. Jun. p. 586. cum Comment. Henschenii.

RADULPHUS, Abbas *S. Trudonis*, vid. infra RODULPHUS.

RADULPHUS *de S. Victore*, scripsit *super Leviticum*. Haec Bulaeus Hist. Universit. Parisiensis tom. III. p. 706.

RADULPHUS, Anglus, Ord. Cisterciensis, ex monacho Clarevallensi, *Valcellensis* in Belgio monasterii Abbas primus a. S. Bernardo a. 1132. electus, post obitnm a. 1197. corpus ejus, levatum et publicae venerationi expositum est. Scripsit *Expositionem in Regulam S. Benedicti*. Obiit a. 1151. Acta Sanctor. t. II. Januarii p. 892. Car. de Visch. Bibl. Scriptorum Ord. Cisterciens:s.

RADULPHUS, *Villariensis* in Brabantia coenobii monachus, Ord. Cisterciensis. Ejus *Epistola ad Guibertum* Abbatem Gemblacensem cum hujus responsione habetur Lovanii ad S. Martinum. Car. de Visch. Bibl. Scriptorum Ord. Cisterciensis d. 283. 284. Val. Andreae Bibl. Belgica p. 785. Swertii Athenae Belgicae p. 651.

RADULPHUS *Wendover*, vide supra t. III. p. 154. IV. 448.

RADULPHUS *Wintoniensis* Presbyter et Scholae Praefectus, sec. incerto, scripsit *Epistolam ad Elyenses*, de curatione anginae letali, quae sibi merito S. Etheldredae contigerat. Exhibetur a Thoma Elyensi in Miraculis illius Sanctae c. V. in Actis Sanctor. tom. IV. Juli p. 549.

RAGIMBERTUS, Leuconaensis Abbas tertius in Dioecesi Ambianensi, hodie dicitur *S. Valery*, scripsit *Vitam S. Walarici Primi Abbatis*, qui obiit a. 622. sed stilo rudiore, unde post a quodam emendata est, et editam a Surio d. 1 Apr. p. 447. Mabillonio Actis SS. Ord. Bened. tom. I. p. 70. et in Actis SS. tom. I. Junii p. 16. Compendium ejus Vitae dat Vincentius in Speculo Historiali XXIII. 21. 22. 23. Eadem Vita apud Mabillonium exstat in carmen heroicum versa. Adde Historiam literariam Galliae tom. III. p. 600.

RAGGIUS, Florentinus, Arithmeticus et Astronomus, a. 1512. scripsit *de siderum cursu*, item *de Proportione*, *de intellectu diviso atque composito*. Pocciantii Catal. Scriptorum Florentinorum p. 154. *De Astrologia* ad Jo. de Medicis, Cardinalem Diaconum, qui postea Leo X. Pontifex erat, est in Bibl. Medicea Bern. de Montfaucon Biblioth. MSS. p. 304.

(288 OPUSCULA Astronomica scilicet)

In hoc libello continentur.

Semidiametrum parvorum circulorum non minus quatuor gradibus sed longe maius esse contra recentissimos.

Stellas fixas nulla trepidatione in polis ecclipticae primi mobilis moveri. Contra recentiores.

Declinationem solis maximam semper eandem esse. Contra eosdem stellam polarem necessario aliquando occasuram contra fere omnium sententiam.

Vera loca planetar. ignorari excepta Luna.

Ad anni emendationem anticipatione non intercalatione opus esse.

Aquam Terra minorem esse.

Florentiae per Bernardum Zucchettam die X. Januari Mccccc X IIII. A-B chartis 10. Dicatum Leoni X. ab ipso Auctore.

In hoc opusculo continentur.

Quid sit proportio et quot eius species.

Quo intellectu compositio et divisio proportionum accipiatur et male opinantium confutationes.

Quae maior minorve proportio dicenda sit

Quid propinquitas et remotio.

Confutatores argumentorum calculatoris.

Florentiae per Bernardum Zucchettam MDXX. Januarii XV. A-C chart. 12. dicatum Joanni Card. de Salviatis ab Auct.

J. Nigrius adludit ad duos hosce libellos at non vidisse certe coniicitur. Primum tantum vidit Cinellius. Hist. MS.

De eo icon a Philippo Lippi in celebri aedicula Brancacci.

Vide Vasari tom. 1. 470 *Edit. Romae. Follini Opusc. di Borg'Ogniss.* t XV. Bandini Catalog. Codd. Medic. Laurent. II. 79. nec non Ximenes in Op. *Del V. e N. Gnomone Fiorentino in Introd.*)

RAGUEL, Presbyter, forte Cordubensis, scripsit *Martyrium Pelagii Pueri* a. 925. coronati, et ea quae narrat, ab iis, quorum in carcere sodalis martyr fuerat, se audivisse innuit. Certe, quia scribit, suo tempore cor Pelagii Cordubae in aede S. Cypriani requiescere, corpus autem in Ecclesia S. Genesii, indicat se ante a. 966. scripsisse, quo corpus eo translatum fuit. Editum est hoc Martyrium ab Ambrosio Morali cum Operibus S. Eulogii, in Hispnaia illustrata tom IV. p. 247. et in Actis Sanctorum tom. V. Junii p. 206. Vide Nic. Antonii Bibl. Hispanam Veterem VI 14. n. 337. 8. et Papebrochium p. 205.

RAHEWINI, nescio cujus (Codex MS. habet *Rahew*) ad H. Papam *Flosculus*, id est, libri duo Rhytmici, quorum unus Sententias Theologicas de Deo et SS. Trinitate, alter de Angelis complectitur, exstat in Bibliotheca monasterii Tegernseensis, teste Bern. Pezio in Dissert. Isagogica ad tomum. I. Thesauri novi Anecdotorum pag. 14. Opus in Codice membr. quingentorum annorum sic. incipit:

Instas, urges, precibus, Pater venerande,
Admones, nunc acuis, nunc hortando blande.

BAIMILIUS *in Catalogum Mithridatis* ad Nicolaum V. exstat in Bibl. S. Gatii Turonensis. Bern. de Montfaucon Bibl. MSS. p. 1275. Sed quidnam libri sit, non possum dicere. Fortasse ad *Raimundum Mithridatem* pertinet, de quo supra tom. V. pag. 79.

RAIMIRUS Gaditanus, cujus *divinationem sideralem* typis impressam memorat Gesnerus.

RAIMUNDUS *de Ageles* vel *Agilaeus*, Canonicus Podiensis, et Episcopi sui, qui simul Comes Tolosanus erat, Capellanus, cum quo a. 1095. in terram Sanctam abiit, et res ibi per quinquennium gestas, testis κυτόπτης sub titulo *Historiae Hierosolymitanae* descripsit. Exstat illa in Gestis Dei per Francos tom. I. pag. 139. Annotationes in eam Barthianas cum Indice et Glossario edidit Jo. Petrus a Ludewig tom. III. Reliquiarum pag. 230. seq. Caveus fidem auctoris ex hac solenni execratione aestimandam censet, quae pag. 163 legitur: *Oro igitur et obsecro omnes, qui haec audituri sunt, ut credant haec ita fuisse. Quod si quicquam ego praeter credita et visa studeo referre, vel odio alicuius apposui, apponat mihi Deus omnes inferni plagas, et deleat me de libro vitae.* Ad haec verba autem duo regerenda esse censet Barthius. Primum, quod ad *visa* spectat, virum bonum nonnunquam praestigiis illusum fuisse, p. 231. quod autem ad *credita*, non sine judicio addit p. 268. *Credita dici possunt etiam falsissima. Nihil enim tam stulte fingi fere potuit, quod superstitio idiotica non aliquatenus crediderit.*

RAIMUNDUS *Albertus*, Barcinonensis, praefectus Generalis ordinis S. Mariae de Mercede, tandem a Joanne XXII. Cardinalis creatus obiit a. 1330. Ordinavit sodalibus suis, qui regularem et secularem hujus instituti familiam sub eo simul habere coeperunt, *Breviarium, Missale, Ceremoniale:* item *Constitutiones*, quae in generalibus anni 1327. comitiis Barcinonensibus promulgatae etiam nunc obser-

vantur : *Acclamationes Catholicas pro Ec-*
clesiasticis honoribus, *sive admonitionem*
pro immunitate bonorum *Ecclesiasticorum*,
de resignatione propriae voluntatis , *de*
obedientia etc. Nic. Antonius Bibl. Hispana Vet. IX. 4. n. 212· Oldoini Athenaeum
Romanum p. 574.

RAIMUNDUS *de Altoponte* , sive *de Hant-*
pont Gallus , Theol. Doctor et publicus
Sacrae Scripturae Professor in Academia
Parisiensi, ord. S. Augustini , circa a. 1424.
scripsit *Comm*, *in omnes D. Pauli Episto-*
las , quae exstant Parisiis in Bibl. Augustinianorum. Phil. Elssii Encomiasticon
Augustinianum p. 599.

RAIMUNDUS , monachus *S Andreae*
prope Avenionem vergente seculo XI. scripsit *Vitam S. Pontii* Abbatis et aequalis
sui , cujus epitomen Hugo Menardus lib.
II. Observationum in Martyrologium Benedictinum ; integram vero dedit Mabillonius sec. VI· Benedictino parte 2. p. 493.
Praeterea , ait idem Mabillonius , *habemus*
sermonem in festo S. Pontii legi solitum ,
quem Bollandiani *primam esse vitae a*
Raymundo scriptae partem rati , *eo nomine*
illum tomo III. Martii ediderunt , *cum*
nihil aliud habere potuissent. At certum
est , *hunc ipsum nihil aliud esse* , *quam*
breve compendium e priori vita , *quod*
fortasse lectionum loco *in Officio divino le-*
gebatur , *excerptum.*

* Reliqua eius scripta Astronomica sicut et epitomes varias opusculorum quorumdam ab antiquis scriptoribus editorum
vide apud authores Historiae Literariae
Gallicae t. VIII. p. 479. et seqq. omnia tamen adhuc latent in MSS. excepta vita
Pontii Abbatis , *

RAIMUNDUS *Bernardi* , miles et Legum
Doctor , Consiliarius regis Francia, nec
non Ducis Calabriae et Andegavensis, a.
1383. Legatus fuit ad Imperatorem , et
coram ipso *Orationem* habuit *pro Clemente*
Papa VII. contra intrusum in Roma, qui
fuit Urbanus VI. Exstat in Martene et
Durand Thes. novo Anecd. t. II p. 1120.

RAIMUNDUS *Bequin* , Tolosanus , Ord.
Praedicatorum ; primum Sacrae Scripturae
Lector Tolosanus , Sententiarum Lector

Parisinus , post a. 1321. S. Palatii apud
Joannem XXII. magister , demum a. 1324.
Patriarcha Hierosolymitanus , et Episcopus
Lemissensis f. Nimocensis in insula Cypro , obiit a. 1328. Scripsit *Quodlibeta va-*
ria , et alia opuscula , de quibus hodie
nihil superest. Vide Jac. Quetif de Scriptoribus ordinis Praedicatorum p. 666.

RAIMUNDUS *Boquierius*, Gallus , patria
Narbonensis , XXV. Carmelitarum Gene-
ralis Magister , scripsit *contra quendam*
Apostatam. Obiit Perpiniani anno 1388.
Haec Possevinus tom. II. Apparatus p. 315.
ex Simlero.

RAIMUNDUS de Canillac , Gallus , Decretorum Doctor , Canonicus ordinis S.
Crucis in Hierusalem , Archiepiscopus Tolosanus , deinde Cardinalis Episcopus Praenestinus , scripsit *Recollectarum librum* ad
Septimianum Narbonensem Archiepiscopum : obiit Avenione anno 1373. Haec
Oldoinus in Athenaeo Romano p. 575. Adde
Ughelli Italiam sacram tomo I. p. 215.

RAIMUNDUS *de Capua* , vide infra *Ray-*
mundus de Vineis.

RAIMUNDUS, sive RAIMUNDUS *Cavi-*
tellus , Cremonensis , Ticini , Perusii et
Ferrariae Jura docuit circa a. 1362. Ejus
sunt *de verborum obligatione libri 4. de*
legali studio adipiscendo lib. 2. de feudis
lib 1. De patriae antiquitatibus multa
congessit quibus deinde Ludovicus Cavi-
tellius ex pronepotibus usus est , quem
vide in Annalibus Cremonensibus ad annum
1362. Arisil Cremona literata t. I. p. 174.

RAIMUNDUS *de Cornelio*, Archidiaconus
primum , post a. 1280. Episcopus Cadurcensis , obiit a. 1293. Vide Galliam Christianam tom. I pag. 136. *Testamentum* a.
1289. datum edidit Baluzius Miscell. lib.
IV. pag. 502.

RAIMUNDI *de Crosis Summa Dictami-*
nis secundum stilum Curiae Romanae est
MS. in Bibl. Vaticana. Bern. de Montfaucon Bibl. Bibliothecarum MSS. p. 141.

RAIMUNDUS vel REMUNDUS , Abbas
Ebirbacensis , ord. Cisterciensis , obiit a.
1249. post praelaturam 23. annorum, scripsit jussu Gregorii IX. Pontificis , una
cum Sefrido Archiepiscopo Moguntino , et

M. Conrado, *Examinationem vitae et miraculorum S. Elisabethae.* Car. de Visch. Bibl. scriptorum ord. Cisterciensis p. 285.

RAIMUNDUS *de Forlivio* scripsit *de interpretatione legum.* Gesnerus.

RAIMUNDUS *Gibonius,* monachus S. Germani de Pratis. Ejus *Commentarii* in quasdam Scripturae partes sive Graecas sive Latinas exstant in Bibl. monasterii laudati. Bern. de Montfaucon Bibl. MSS. pag. 1125.

RAIMUNDUS *Peraudi* vel *Peraldus,* Gallus, *Gurcensis* Episcopus et S. R. E. Cardinalis. Surgeriis apud Sanctones natus, anno 1471. in Collegium Navarrae venit. Postea Romam venit, ab Innocentio VIII. in Germaniam missus est, ut pecuniam contra Turcos colligeret. Maximiliano commendante Episcopus Gurcensis et ab Alexandro VI. Cardinalis creatus est. Fuit etiam Episcopus Sanctonensis, et iterum in Germaniam missus est, obiit Viterbii a. 1505. aet. 70. Lud Jacobus a S. Carolo in Bibl. Pontificia p. 429. ipsum quoque Episcopum Agrigentinum dicit. Scripsit *librum de dignitate sacerdotali super omnes reges terrae,* sine anno et loco excusum, *de actis suis Lubeci et in Dacia,* nec non *Epistolas ad Capnionem et alios.* Haec Launojus hist. Gymnasii Navarraei part. III. lib. 3. c. 2. *Mandata et declarationes in favorem pauperum aliorumque Christi fidelium.* Lips. 4. sine mentione anni. *Diplomata* ab eo in Germania et alibi data prostant fere innumera. Exstat quoque inter Reuchlinianas p. 67. b. brevis ad Reuchlinum *Epistola,* cui valde favit, prout etiam duae Secretariorum ejus Epistolae paginis praecedentibus ostendunt: *Alia* sub initium Coelifodinae Joannis Paltz. Confer de eo Phil. Elssii Encomiasticum Augustinianum p. 600. et Gandolfum de ducentis Augustinianis scriptoribus p. 307. Oldoini Athenaeum Romanum pag. 575 Goetzii Memorabilia Bibl. Regiae Dresdensis Vol. I. p. 513. Ridiculum est, quod Hugo Blotius, Bibliothecarius Caesareus *Raimundum Titulum*

nobis effingit, dum hujus Cardinalis *Epistolam ad S. R. Imperii Principes de expeditione contra Turcam suscipienda,* Ulmae a. 1501. datam, nec non *aliam* de hac materia datam in Bibliotheca Vindobonensi adesse nunciat. Vide Bern. de Montfaucon Bibl. Bibliothecarum MSS. p. 573. 584. Nosse enim debebat, unicuique Cardinalium suum esse *titulum* scil. Ecclesiam Romae, de qua re evolvendus est Jac. Laderchius de Basilica SS. Marcellini et Petri parte III. c. 1. 6. Hic vero Cardinalis *titulum* habuit S. Mariae novae, Lud. Jacobus tit. SS. Joannis et Pauli ipsi adscribit, immo et Pammachii.

RAIMUNDUS, Patriarcha *Hierosolymitanus,* scripsit *Censuram super articulis a Jacobo Archiepiscopo Aquensi propositis.* MS. in Bibl. Vaticana. Montfaucon I. p. 135. c.

RAIMUNDUS *Hugonis,* Ordinis Praedicatorum in conventu Brageriaci provinciae Tolosanae, vixit a. 1360. et scripsit *Historiam translationis S. Thomae de Aquino,* quae a. 1368. contigit, nec non *Miracula ejusdem,* quae exstant in Actis SS. t. I Martii p. 725. 735. et Percinum in Monumentis Conventus Tolosani part. 2 pag. 211. Plura Jac. Quetif de scriptoribus Ord. Praedicatorum tom. 1 p. 662.

RAIMUNDUS *Jordanis,* Canonicus regularis ordinis S. Augustini, primo Uticensis sive Useziensis in Gallia Narbonensi Praepositus, dein Cellensis in dioecesi Bituricensi Abbas, a. 1381. Opera ejus huc usque sub *Idiotae* nomine cognita, et seculo VIII. aut IX. scripta habita sunt, primus autem Raymundo vindicavit, et castigationibus additis edi curavit Theophilus Raynaudus Paris. 1654. 4. post Operum tom. XI Sunt autem:

1. *Contemplationum libri VI.* qui antea prodierunt, Paris. apud Henr. Stephanum, 1519. 4. in Orthodoxographis a) Heroldi et Grynaei, in Bibliothecis Patrum, et studio Henrici Sommalii cum Augustini, Anselmi et Bernardi Meditationibus, Colon. 1637.

---

a) Ibi Liber VI. desideratur, qui de Maria agit.

2. *De Virgine Maria.* Paris. 1538. Hanc contemplationem ab haereticis in Orthodoxographorum editione omissam esse indignatur Margarinus de la Bigne, ideoque in indicibus editionis secundae Bibliothecae Patrum a se editae inserendam censuit.

3. *De statu religioso libri III.*

4. *De Oculo spirituali,* sive *Oculo mystico,* Joanni Guallensi tribuitur. Vide supra t. III. p. 103.

Regulae Christianam vitam complectentes, et *Paraphrasis in Psalmum XV.* sunt Joannis Pici Mirandulani, inter cujus opera exstant Vide supra t. IV. p. 401.

RAIMUNDUS *Lullus,* supra lib. IV. p. 574. Tres *Epistolae* illius ad Regem Galliae, ad amicum, et Academiam Parisinam, quibus ad fundandum Collegium linguarum orientalium hortatur, exstant in Martene et Durand Thes. novo Anecdot. I. p. 1315.

* Operum quorundam Lulli tituli exhibentur a cl Lamio in Catalogo MSS Biblioth. Riccardianae pag. 270. quorum saltem nonnullorum cognitio eruditos fugerat. En illos: *Soliloquium Philosophiae majus. Liber lucis Mercuriorum. De accertatione lapidis. De lapide phisico minerali. Ars intellectualis seu Magia parva. Anima artis trasmutatoriae metallorum. De investigatione vitae. Elucidatio totius Testamenti. Opus margaritarum Vade mecum artis compendiosae. De terminis militis. Epistolae tres de arte Alchimiae Testamentum ultimum a Raimundi, Rege Carolo. De mirabilibus rebus versio ex graeco in latinum per C. V. D. Raym. Lullum .... De mirabilibus rebus ad nob. et doctum v. Hieron. Cattagnetum Compendium ad compositionem in lapidem Philosophorum Astrologia,* et *secreta ad Eduardum Regem. Oratio ad J. Christum ante descriptionem aequae vitae recitanda.* Haec in *Codicibus* quibusdam Riccardianis servati idem Lamius ibidem testator. Alibi vero in eodem operi indicat alium codicem, in quo est ejusdem Raymundi opus Theologicum et philosophicum inscriptum: *Fundamentum artis generalis ad Dei laudem, cognitionem et amorem.* *

RAIMUNDUS *Marlianus,* Gallus, vixit temporibus Caroli VIII. et Ludovici XII. Scripsit *Descriptionem veterum Galliae locorum, urbium, populorum, montium ac fluviorum,* quorum apud Caesarem et Tacitum mentio fit, ordine Alphabetico. Ea editionibus Julii Caesaris annecti solet, ut Venetae per Theodor. de Ragazonibus, 1490. fol. Sub verbo *Boji* tempus suum innuit, ubi terras meminit, *quas hodie Sigismundus Dux Austriae possidet.* Vixit igitur antequam Sigismundus dignitatem Imperatoriam nancisceretur. Caetera ejus huc dum incognita sunt.

RAIMUNDUS *Martini,* Subiratensis, (hodie *Subirats* dicitur, urbs Cataloniae) ordinis Praedicatorum in conventu Barcinonensi. Fuerunt, qui ipsum Ex-Judaeum pronunciarent, etiam ex antiquioribus, sed recte eos arguit Rev. Wolfius Bibl. Hebr. tom. III p. 989. seqq. Suspicio potius quorundam fuit, quia in librorum Rabbinicorum lectione, si quisquam alius fuit versatissimus. Illo enim tempore *Raymundus de Pennaforti,* Generalis ord. Dominicanorum, suos ad haec studiorum genera tractanda jussu regio excitarat. Ipse quoque Raymundus noster cum Paulo quodam Ex-Judaeo codices hebraicos per totam provinciam conquisitos in usum suum convertit. Mortuus est post a. 1286. Ex scriptis ejus nota sunt.

1. *Pugio fidei adversus Mauros et Judaeos,* Opus quantivis pretii, hac praecipue de caussa, quia multos exhibet textus Codicum Judaicorum, quos posteriorum temporum Judaei in editionibus impressis omiserunt. Scripsit eum librum a. C. 1278. ut ipse innuit part. II. cap. 10. n. 11. Editus est primum a Jac. Phil. Maussaco et Josepho de Voisin, cum hujus observationibus, Paris. 1651. fol. post Lip. 1687. fol. cura Jo. Ben. Carpzovii, qui Introductionem ad Theologiam Judaicam praemisit. Usus est illo Porchetus Salvaticus, prout supra monuimus, nec non Petrus Galatinus, cujus plagium non est excusandum.

2. *Summae contra Alcoranum,* quod opus nondum est editum.

3. *Capistrum Judaeorum* , quod manu exaratum exstat in Bibliotheca Bononiensi , teste Echardo Biblioth. ord. Praedic. tom. II pag. 818.

Caeterum de hoc Raymundo agunt praeter Caveum , Bosquetus et Maussatus in Prolegomenis , Nic. Antonius in Bibl. Hispana Vet. VIII. 6 n. 227. seq. Wolfius Bibl. Hebr. I p. 1016. Altamura Bibl. Dominicana pag. 58. et Noster supra tom. V. p. 43. quia vero hic quaedam habentur, quae superius non exstant , Lectores utriusque operam poterunt conjungere.

RAIMUNDUS de *Medullione* , Gallus, ex illustri Medullionum stirpe in Provincia oriundus , ordinis Praedicatorum a. 1264. Praedicator generalis , postea Provincialis socius , Diffinitor fuit. A. 1281. assumtus est Episcopus Vapincensis , a. 1289. Archiepiscopus Ebrodunensis , obiit a. 1294 Ejus sunt *Acta Synodi Reatinae in Sabinis , Statuta pro regimine dioecesis Vapincensis , Acta Synodi provincialis Ebrodunensis a.* 1290. quae edita sunt a Martene et Durand tom.-IV Thesauri novi Anecdotorum. Vide Jac. Quetif de Scriptoribus ord. Praedicatorum pag. 68. Adde Galliam Christianam t. I p. 465. t. III p. 1081.

RAIMUNDUS *Mithridates* : vide supra tom. V. pag. 79,

RAIMUNDUS de *Musfoliis , Mustogiolis ,* vel de *Moscuerolis* , natione Gallus, patria Rutenensis , ex Monacho et Priore Coenobii S. Flori in Arvernia , Benedictini Ordinis , primum a Joanne XXI. aliis XXII. Pont. Max. Episcopus Florensis , tum S Pauli , demum Presbyter Cardinalis cum Titulo S. Eusebii constitutus omnium primus, scripsit *Statuta pro Ecclesia S. Pauli , et Prioratu Majoris Ecclesiae,* nec non *Leges* condidit pro Clericis. Obiit circa a. 1336. Oldoini Athenaeum Romanum p. 575.

RAIMUNDUS *Oldovinus* , Cremonensis , JCtus celebris circa a. 1326. scripsit *de usufructu., de invaliditate matrimonii ,* et alia. Arisii Cremona literata t. I p. 158.

RAIMUNDUS *de Pennaforti,* vide V. 213.

RAIMUNDUS *Peraudi,* vid. supra *Guarcensis.*

Petri RAIMUNDI , monachi de Clusa ,

Chronicon usque ad a. 1134. est in Bibl. Vaticana. Bern. de Montfaucon Bibl. Bibliothecarum MSS. p. 17.

RAIMUNDUS *de Podio,* vide supra *Raymundus de Ageles.*

RAIMUNDUS *de Ponte ,* in Aragoniae regno et Fraga municipio natus , primum *Auditor Rotae* Romanae , et Marchiae Anconitanae Gubernator , dein Regis Aragoniae Cancellarius , et ab a. 1288. Episcopus Valentinus. A. 1303. ordinem fratrum Praedicatorum ingressus est. Interfuit Concilio Viennensi a. 1312. et obiit in urbe Tarraconensi a. 1313. cum Synodus provincialis ibidem haberetur. Scripsit *librum de Sacramentis.* Nic. Antonius Bibl. Hispana Vet. IX. 2. n. 63. 64. Quetif de Scriptor. ord. Praedicatorum pag. 519.

RAIMUNDUS *Rigaldus ,* vide infra RIGAUDUS.

RAIMUNDUS de *Salignas ,* (forte *Salignac*) Decanus Parisiensis et Auditor sacri Palatii Apostolici. Ejus sunt , *Casus libri V. Decretalium* MSS. in Bibl. Lipsiensi Academiae Paulina. Vide Felleri Catal. p. 425.

RAIMUNDUS *Sebunda, Sebonde, Sabunde, Sebeide , Sant-Sebeide ,* et *Sebon ,* Hispanus , Artium , Medicinae et Theologiae Doctor , Tolosae docuit circa a. 1436. An Ex-Judaeis adnumerandus sit, disquirit, et recte negat Wolfius Bibl. Hebr. III. p. 991. Ejus habemus :

1. Creaturarum sive de homine librum , quem alii *Theologiam naturalem* vocant. Editio ejus antiqua exstat 4. sine anno et loco , alia sine loco 1487. fol. Daventriensem in folio memorat Whartonus. Porro prodiit Argent. 1496. f. Paris. 1509. Lugd. 1540. 8. Venet. 1581. 8. Francof. 1631. 8. Amstel. 1661.

Versio Gallica prodiit hoc titulo : *La Theologie naturelle de D. Raym. Sebon* mise *en Francois par Mad. Leonor Reyne de France ,* Paris 1551. 4. Huius libri non meminit Franc. Crucimanius , adfuit tamen Lipsiae a. 1739 in auctione publica. Aliam eiusdem anni memorat Maittairius tomo III Annal. pag. 600. hoc titulo: La Theologie naturelle de Raymod *second* (forte ex errore typographi pro *Sebond*) *comprise en sept dialogues de la nature de l'homme, traduicts de Latin en Francois par Jean Martin.* Paris per Mich. Vascosanum. 4. Deinde quoque vertit Michaël Montanus, Paris. 1569. 1581. 8. id quod pater ipsi negotium imposuit, ut ipsum partim in timore Dei, partim quoque in bonis literis exerceret, teste Crucimanio p. 329. Idem Montanus Conatuum II. 12. *Apologeticon* hujus libri scripsit, quod editioni Rotomagensi 1603. et 1651. additum, Italice quoque versum a Marco Ginammi, Venet. 1633. Male de hoc opere judicant Merlcus Casaubonus in libro Anglice scripto *de credulitate et incredulitate* p. 16. Jac. Thomasius in Praefationibus p. 77. et Theoph. Raynaudus in Theol. naturali Proleg. §. 86. Melius autem Comenius de uno necessario c. 6. p. 49.

* *Theologiae naturalis* eiusdem authoris praeter indicatas hic alia est editio in fol. Argentinae an. 1501. quam servat Biblioth. Civica Vindobonensis ut ex eius Catalogo 1. 169. discimus. Vide Lambacheri adnot. in eod. catalogo.

(281 Versio Italica prodiit cur. F. A. Zaccaria *in Faenza* 1789. in 12. vol. 5. et *in Modena* 1823. 8. quamplurimum diffusa, uti lectu dignissima.

2. *Viola animae*, sive *de natura hominis*, prodiit Toleti 1501. 4. Colon. 1502. 4. Lug. 1568. 12. Hispanice vertit Antonius Ares, Taurensis, ord. Min. Madr. 1617 4.

3. *Quaestiones disputatas* allegat Trithemius de script. Eccles. c. 765.

Plura de ipso dant Nic. Antonius Bibl. Hispana Vet. X. 3. n 116. seqq. Whartonus Append. ad Caveum p. 86. Baelius in Dictionario, Val. Andreas in Catalogo clarorum Hispaniae scriptorum pag. 100. Crenius Animadv. Historico-Philol. t. IX p.101.

RAIMUNDUS *de Tarraha*, aliis *Terraga* Ex Judaeus, Dominicanorum Ordini adscriptus a. 1370. sed tantum in speciem, ut Christianos falleret. Scripsit librum *de Daemonum invocatione*: alium, cujus initium fuit: *Utrum quilibet infidelis tam divinis, quam Apostolicis canonibus teneatur obedire*: *de secretis naturae*, *de Alchymia*, et alia, quae jussu Gregorii XI. a 1372. flammis sunt exusta. Haec ex tom. IV.

Bartoloccii tradit Rev. Wolfius Bibl. Hebr. l. p. 1016. III. p. 389. Adde Fabricium supra t. IV. p. 575.

RAIMUNDUS *Turcus*, scriptor rerum Astensium, sec. XII sed quem frustra huc usque quaesivit Lud. Ant. Moratorius, prout iste testatur in praefatione ad Chronica Astensia, tom. XI S. R. Ital. p. 136.

* Memoriale Raymundi Turci quod tantis adeo votis efflagitavit cl. Muratorius jam tandem prodiit beneficio doctissimor. vir. qui MSS. Codicum Taurinens. indicem ediderunt. Vide vol. II. ad cod. 647. Absolvitur vero haec Historia anno 1191.

RAIMUNDUS *de Vineis*, vulgo *de Capua*, ab urbe scilicet patria, ex familia nobili *de Vineis*, ordini Praedicatorum in patria adscriptus, postea Prior apud Montempolitianum et in conventu Romano ad Minervam, porro Regens studii Senensis, demum Provinciae Lombardiae superioris electus Prior et Praeses, obiit Noribergae a. 1399. Scripsit *Legendam B. Agnetis de Montepolitano, virginis, ord. Praedic.* quam Ambr. Taegius in suam Rerum ordinis Praedic. collectionem intulit lib. 3. Dist. 8. fol. 146. ex iis desumserunt Acta SS. tom. II. Aprilis p. 792. *Legendam B. Catharinae Senensis*, Colon. 1553. fol. apud Surium d. 29. April. Antoninum Summae t. III. p. 692. et in Actis Sanctorum tom. III. Aprilis p. 853. Italica versio Barduccii Canigiani praemissa est Operibus S. Catharinae, quae tomis V. prodierunt. Senis 1707. 1713. seqq. 4. (285 Italica versio in Senensi edit. 1707. est Can. Bernard. Pecci. Antiquior versio Italica prodiit *Firenze in S. Iac. di Ripoli* 1477. in 4. ab illa Mediolani per Jo. Ant. de honate 1489. 4. cusa, prorsus diversa. Fr. Ambr. Politi Catharinus *in Siena* 1524. 4. et *in Venezia* 1562. et suam vulgavit.) *Tractatum super Magnificat, Officium pro festo visitationis B. Virginis, Tractatum pro reformatione conservanda*, Rom. 1580. Tolosae 1605. 12. Fontana inter ordinationes Capitulorum generalium inseruit p. 550. *Epistolas Encyclicas ex Capitulis generalibus scriptas*, *Acta legationum pro summis Pontificibus Gregorio XI. Urbano VI. et Bonifacio IX. tum et pro Florentinis, Testi-*

monium juridicum de iis, quae audivit et vidit vacante sede Apostolica post obitum Gregorii XI. Opera etiam S. Catharinae non solum ex lingua Italica in Latinam convertit, de qua re Noster supra tom. I. p. 336. sed etiam a Whartono auctor illorum creditur, consentiente Oudino t. III p.1264. Vide supra CATHARINA Senensis. Vide Jac. Quetif. de Scriptoribus Ordinis Praedicatorum tom. I p. 679. Altamura pag. 145.

RAIMUNDUS *Superantius*, Italice *Soranzo*, JCtus in aula Pontificum Avenionensi sec XIV. medio, *libros Ciceronis de gloria* habuit, et Petrarchae legendos concessit, postea casu quodam amisit. Vide Menagiana tom. IV.

RAINALDUS, Archidiaconus S. Mauritii *Andegavensis*, scripsit *Breve Chronicon* a tempore Ptolemaei Evergetae ad a. 1085. In quibusdam MSS. Chronicon Frodoardi, monachi S. Albani, ab a 966. ad 1277. continuasse dicitur. Jac. le Long Bibl. Historiae Galliae p. 341. 754.

* Authores Historiae Literariae Gallicanae t. VIII. pag. 36. monent in Chronico quodam MS. Bibliothecae Cottonianae legi ad A. 1075. *Finis Chronicae Raynaldi S. Mauricii.* Quae deinde sequuntur in eodem MS. eiusdem Chronici continuatio sunt. Nec aliud esse censco opus illud hic a Bibliothecario indicatum Chronicon Frodoardi continuatum usque ad An. 1277. Vixit autem Raynaldus ultra an. 1074. sed quo potissimum obierit certum tempus, ignoratur. Addunt Scriptores illi Historiae litterariae Gallicae hunc ipsum Raynaldum scripsisse historiam miraculorum S. Florentii, quam servat MS. Codex Monasterii S. Florentii Salmariensis, sicut et novum officium eiusdem S. Florentii, ac denique hymnos binos de laudibus eiusdem Sancti, quorum prior incipit *Canat chorus fidelium*, alter: *Sancte confessor.* Utrumque servant Breviaria MSS. eiusdem Coenobii et Florentii. *

RAINALDUS *Bononiensis*, vid. infra *Rambertus.*

RAINALDUS *de Brancaleonibus*, Fulginas, ex Comitibus Luci et Menalis circa a. 1410. reliquit *plura Carmina* utraque lingua. Jacobilli Bibl. Umbriae p. 238.

RAINALDUS *Calementanus* seu *Colimentanus* dictus, ex Comitibns Marsorum, monachus S. Benedicti et Presbyter Cardinalis SS. Petri et Marcellini ab Innocentio II. renunciatus, qui obiit Cassini Idibus Junii a. 1165. Scripsit *S. Severi Episcopi Vitam, de SS. Benedicto et Mauro versus, de SS. Placido, Mauro et Severo hymnos.* Vide plura apud Ciaconium ejusque Auctarios. Haec Oldoinus in Athenaeo Romano p. 574. Adde Jac. Laderchium de Basilica SS. Marcellini et Petri p. 348.

RAINALDUS, Subdiaconus *Casinensis*, sec. incerto, *Vitam B. Benedicti* versibus expressit, qui leguntur in Breviariis Casinensibus a. 1586. et 1572. impressis. Acta SS. Martii tom. III. p. 276. Ejusdem *Versus in Regulam S. Benedicti* adservantur in Bibl. monasterii Casinensis. Bern. de Montfaucon Bibl. Bibliothecarum MSS. p. 224. *Hymnos* quoque *in laudem S. Severi* Confessoris et Episcopi Casinatis ipsi tribuit Petrus Diaconus de Viris illustribus Casinensibus c. 44.

RAINALDUS *Cisterciensis*, vid. *Rainerius Cisterc.*

RAINALDUS *Cluniacensis*, vid. infra *Rainaldus de Semur.*

RAINALDUS, Episcopus *Lingonensis*, circa a. 1080. Scripsit *de Vita, agone et triumpho S. Mamantis*, Lingonensis Ecclesiae Patroni, quae edita est in Jo. a Bosco Bibliotheca Floriacensi tom II. p. 220. 240. *Rainardum* vocat Necrologium S. Benigni Divionensis in Bibl. S. Germani apud Bern. de Montfaucon l. c. p. 1161.

RAINALDUS *de Montauro*, Netinus Siculus, cujus mater ex Landolina familia provenit, nobile genere natus, Ord. Praedicatorum Doctor Salmanticensis. Prior Provincialis Siciliae, post Inquisitor fidei Generalis. A. Ferdinando II. Aragoniae Rege Neapolim vocatus est, ubi una cum aliis Tribunal Inquisitionis instituit. Ab Alexandro VI. a. 1497. Episcopus Cephalaeditanus, a. 1497. Generalis Commissarius Sanctae Cruciatae in Sicilia et Collector Decimarum Ecclesiasticarum, a Julio II.

Abbas S. Mariae de Arca a. 1503. renunciatus est. Obiit a. 1511. cum Siculorum
Oratorem apud Ferdinandum in Hispania
ageret. Scripsit *IV. volumina in libros
Sententiarum*, nondum edita. Impressa
vero sunt : *De Reductionibns naturalibus,
de Futurorum contigentium difficultate ;
Oratio Panormi, in funere Joannis Ara-
gonensis, filii Ferdinandi II* a. 1497. *habita.* Ilier. Ragusa Elogia Siculorum p. 245.
Mongitore Bibl. Sicula tom. II. pag. 197.
198. Altamura Bibl. Dominicana pag. 228.
Jac. Quetif tom. II. p. 24.

RAINALDUS ex Comitibus Signiae, Episcopus Cardinalis *Ostiensis*, postea Pontifex nomine *Alexandri IV.* de quo plurimis jam egit Fabricius noster supra t.
I. pag. 56. Adde nunc, quasdam ejus
Epistolas ad Episcopos et Abbates Sueciae
haberi in Jo. Vastovii vite Aquilonia sub
finem, alias Magistro Hospitalis S. Spiritus Pisarum in Ughelli Italia Sacra. Adde
Oldoini Athenaeum Romanum pag. 574.
et qui ibi plures citantur.

RAINALDUS, Prior S. Eligii *Parisiensis*,
cujus *Commentarii in Pentateuchum, Josuam, Judices, Ruth et Jesaiam* MSS.
memorantur a Montefalconio Bibl. MSS.
p. 1278.

RAINALDUS *Persichellus*, Cremonensis,
humaniorum literarum Professor circa a.
1364. varia e Poëtis Graecis, praecipue
Pindaro, Latine vertit ; scripsit *Epigrammata, de Italiae antiquis et clarioribus
urbibus, de vita solitaria, de hominis
discursu disp.* 3. Arisii Cremona literata
tom. I. p. 175.

RAINALDUS *Persicus* Comes, Matthaei
filius, Viciniae S. Petri de Pado, JCtus
Cremonensis, legatione ad Venetos functus est ; obiit a. 1503. et *Consultationes
Legales* reliquit. ibidem p. 355.

RAINALDUS *de Semur*, a. 118. monachus Cluniacensis, Abbas Eezeliacensis,
post Archiepiscopus Lugdunensis a. 1128.
obiit anno sequenti. Scripsit *Vitam Hugonis Abbatis Cluniacensis*, et Ejusdem Vitae
Synopsin metricam, quae prodierunt primum in Bibliotheca Cluniacensi p. 648.
654. postea in Actis Sanctorum tom III.

Aprilis p. 648. Utrumque MSS. bis adest
in Bibl. Vaticana. Montfaucon l. c. p. 74.
76. Possevinus tomo II. Apparatus p. 311.
212. Gallia Christiana tom. IV. p. 115.

RAINALDUS, Episcopus *Senensis*.
Ejus est *Registrum patrimonii S. Petri
in Tuscia* a. 1291 compositum, MS. in
Bibl. Colbertina. Bern. de Montfaucon Bibl.
Bibliothecarum MSS. p. 926.

RAINALDUS *Wilduccius*, Foroliviensis,
Scriptor seculi XIV. cujus scripta in Bibliothecis adservantur sequentia : *Tractatus de septem Sacramentis ; Sermones in
Evangelia, Epistolas, Quadragesimales,
de Festis annualibus, et contra Hebraeos;*
item *de Resurrectione mortuorum.* Plura
de ipso non sunt cognita. Ge. Viviani Mar-
chesli Vitae illustrium Foroliviensum p. 163.

RAINERIUS *Alemannus*, nescio quis.
Ejus est Tractatus dictus *Fayfacetus*, seu
de moribus in mensa requisitis, metrice,
qui editus est sub nomine *Faceti* cum
Commento, sed nomine anni et loci non
addito. It. Tractatus alius dictus *Pamphi-
lus*, de amore, metrice. MS. est in Bibl.
monasterii Dunensis in Flandria, prout
testatur Ant. Sanderi Bibl. Belgica MSS.
p. 204. *Fagifacetus* dicitur in Codice Bibl.
Paullinae Lipsiensis, teste Catalogo Felleri
p. 389: Fortasse vox hybrida est a φαγειν
comedere, et *facetiae*, ut facetum inter
comedendum vivendi morem ostendat.

RAINERIUS *Arsendius*, Foroliviensis,
Romae primum Auditor Sacri Palatii, deinde Bononiae ab a. 1324. usque ad 1338.
Jus docuit, ubi Bartolum de Saxoferrato
discipulum habuit. A. Carolo IV. Imp.
Caesareae Aulae Consiliarius declaratus,
Pisis docere maluit, ubi Bartolum Collegam habuit. Post a. 1344. ab Ubertino,
Patavii Domino, sexcentorum aureorum
salario Patavium vocatus est, ut Cortu-
siorum Historia VIII. 14. docet, tandem
a. 1358 fatis concessit. Ejus est *Repetitio I. omnes populi ff. Justitia et Iure*,
quam Albericus de Rosate Tractatui statutorum inseruit, et *Consilia. Additiones
super Infortiatum* MSS. sunt in Bibl. Paulina Lipsiensi, teste Catalogo Felleriano
p. 344. Ge. Vivianus Marchesius de Viris

illustribus Foroliviensibus II. 2. Nicol. Comneni Papadopoli Hist. Gymanasii Patavini lib. III. sect. I. c. 2. Marcus Mantua de illustribus Jureconsultis c. 221.

RAINERIUS *de Barga*, nescio quis, una cum Bractino de Pistorio scripsit *Librum rationum super Chirurgiam Galeni.* Exstat in Bibl. Colbertina teste Bern. de Montfaucon Bibl. Bibliothecar. MSS. p. 950.

RAINERIUS *de Belforte*, ex Medico monachus S. Galgani in Tuscia, dioecesis Volaterranae, Ord. Cisterciensis, post Abbas, obiit a. 1272. Scripsit *Tractatus aliquot medicos*, *et Vitam B. Jacobi de Monterio*, coenobii sui monachi. Car. de Visch Bibl. Scriptorum Ord. Cisterciensis p. 284. Magistri Rainerii *liber de morbis oculorum* MS. est Romae in Hospitio Congregationis S. Mauri. Bern. de Montfaucon Bibl. Bibliothecarum MSS. p. 200.

RAINERIUS *Capoccius*, Viterbiensis, Ord. Cisterciensis in coenobio trium Fontium juxta Romam, an. 1212. Cardinalis, titulo S. Mariae in Cosmedin creatus, obiit a. 1258. Fecit *Hymnos* rhythmice scriptos ut illa ferebant tempora, quorum initium *Coelorum candor*, *Plange turba paupercula.* Ughellus Italia Sacra tom. I. Car. de Visch. Bibl. Scriptorum Ord. Cisterciensis p. 284. Oldoini Athenaeum Romanum p. 577.

RAINERIUS, monachus *Cellensis* in Hannoniá, hodie *S. Guislain*, seculo circiter XI. scripsit *Vitam S. Gisleni*, Conditoris hujus Cellae, quam suppresso nomine, praefatione quoque et libro miraculorum emissis edidit Surius d. 9. Oct. integram vero Mabillonius Seculo II. Benedictino p. 796.

RAINERIUS, alias RAINALDUS, Milonis Comitis Barri super Sequanam filius, ex monacho Claraevallis a. 1133. electus Abbas *Cistercii*, obiit a. 1151, et mortem ejus luxit Bernardus Epist. 270. *Speciales Constitutiones Ordinis Cisterciensis* a S. Stephano diversis temporibus latas in unum volumen redegit, et a. 1134. vulgavit. Car. de Visch Bibl Scriptorum Ord. Cisterciensis a. 284.

RAINERIUS *Cluniacensis*, vid. supra PASCHALIS II.

RAINERIUS *Coppoli*, sive *de Coppolis* Perusinus, J. U. D. Antiquior, circa an. 1350. scripsit *in libros Digestorum.* Oldoini Athenaeum Augustum p. 292.

RAINERIUS *de Forolivio*, vid. supra RAINERIUS *Arsendius.*

RAINERIUS *Granchi*, vel, *de Grancis* Pisanus, Ord. Praedicatorum, saec. XIV. scripsit *de praeliis Tusciae libros VIII.* carmine admodum obscuro et impolito, sed quod tamen historiarum studiosis non est inutile Editum est a Muratorio tom. XI. S. R. Ital.. p. 283. qui auctorem eundem cum Rainerio Pisano, Pantheologiae auctore, conjicit, liberum tamen cuivis judicium merite relinquit, Adde Jac. Qnetif de Scriptoribus Ord. Praedicatorum t. II. p. 819.

(286 Fuit a F. R. de Rivalto diversus et celebratiss. F. Bartholom. (De Granchi) dictus de S. Concordio nepos. Antiquior qui reperitionem celeb. Cod. Pandectarum meminerit, et an. 1350. florebat, ut Franc. Taurellus in Epist. nuncup. Florentinae edit. 1553. refert. Vide F. Aeligii Volpini *Elogio di F. Ranieri da Rivalto* in t. IV. 137. *Memorie d' Illustri Pisani.*)

RAINERIUS *de Isorella*, cognonime *Lombardus*, Brixiensis, Ord. Praedicatorum, a. 1237. factus est Eccles. Romanae Vicecancellarius, et an. 1247. Episcopus Magalonensis, interfectus anno sequenti 1248. Scripsit *Statuta Synodalia* a. 1274. *Dictionarium varia eruditione refertum: Speculum adversus haereses.* Jac Quetif. de Scriptor. Ord. Praedicatorum p. 121. Leon. Cozzando Libraria Bresciana p. 293. Altamura p. 13.

RAINERIUS *Lombardus*, vid. RAINERIUS *de Isorella.*

RAINERIUS *Palearesi*, Senensis, Ordinis Praedicatorum circa an. 1404. scripsit *Opusculum in laudem Catharinae Senensis.* Quetif t. I. p. 750. Altamura p. 149·

RAINERIUS *a Rivalto*, quod castellum est in collibus Pisanis, unde *Pisanus* vulgo, vel *de Pisis* dictus est, Oldoinus patria *Genuensem* dicit, agnomine tantum Pisanum, Ord. Praedicatorum, vixit sec. XIV. obiit an. 1351. et celebris est Opere, quod *Pantheologiam* inscripsit, in quo quae ad Theologiam pertinent, ordine alphabetico disposita sunt. Inceperat Opus an. 1333. ex quo de tempore, quo vixit, conjectura fieri potest. Edita est illa Pantheologia Gandavi, 1459. ut quidam tradunt, *Summae* titulo, Norimb. · cura Fr. Jacobi Florentini, apud Jo. Sensenchmid et Henr. Kefer, 1473. fol et *Pantheologiae* titulo ibidem apud Koburgerum, 1474. 1478. et 1486 2. vol. fol. *Summae* Venetiis ap. Petrum Lichtenstein, 1486. fol. Lugduni expensis Constantini Fredin, 1519 fol. (Catal. Bunemanni p. 34.) Brixiae 1529. 1581. 4. Venet. 1585. 4. tandem Lugd. 1655. et Paris. 1670. 3. vol. fol. per Fr. Jacobum Nicolai, Ord. Praedicatorum, de cujus editione addimus judicium Jo. Launoji diss. de veteri ciborum delectu in jejuniis Christianorum tom. II. Opp. part. 2. p. 686. *Pantheologiae identidem interponit, singularis sibi, vulgaris aliis doctrinae observationes, quae Lectoribus molestiae plurimum, voluptatis nihil aut parum adferunt. Id egregia lucubratione sua consecutus est, antiquarum editionum Pantheologia Rainerii non minoris, ut post editionem novam fieri solet, sed pluribus vendatur et requiratur diligentius* Caeterum de hoc auctore post Dupinium, Whartonum, Oudinum, vide Muratorium tom. XI. S. R. Ital. p. 286. Jac. Quetif de Scriptoribus Ord. Praedicatorum tom. I. 635. Sopranum de Scriptoribus Liguriae p 249 Oldoini Athenaeum Ligusticum p. 489.

* Operis huius Raineriani in edit. Norimbergensi an. 1473 titulus est *Panthologia* et tribus in fol. voluminibus constat (non summa) Rainerii De Pisis. Ab authore tamen suo *Summam* inscriptam fuisse docet magnus Codex MS. Chartaceus Saec. XV. apud me existens in quo Summae huius pars prior continetur: En titulum integrum: *Incipit prima pars Summae F. Raynerii de Pisis. Doct. eximii, Ord. Praedicatorum, quam composuit magnis laboribus pro salute animarum, et communiori ac faciliori studio praedicatorum.* Rainerii sermo *de fortuna* et sermo *de sortibus* extat in Codice Bibl. Riccardianae monente

cl. Lamio in Catalogo eiusd. pag. 335. *

RAINERIUS, Diaconus et monachus Pomposianus, vixit a. 1200. et *Collectionem primam Decretalium Innocentii III.* ex Regestis Epistolis ejus annorum 1198. 1199. 1200. in XL. titulus congessit, editam a Baluzio t. I. Epistolarum Innocenti p. 513.

RAINERIUS *de Raineris*, senior, JCtus et Judex Perusinus, Petro Damiani familiaris, a. 1050. Scripsit *Historiam Visionis habitae in Ecclesia S. Petri Perusina.* Oldoini Athenaeum Augustum p. 292.

Alius junior, JCtus et Professor Perusinus, a Jasone Mayno commendatus, circa a. 1430. reliquit *Lecturas super ff.* et *Volumina Responsorum.* Oldoinus l. c.

RAINERIUS *Sacconus*, Placentinus, Philosophus et Theologus, prout illa tempora ferebant, non contemnendus, primo Waldensium Episcopus, deinde Monachus Ordinis Praedicatorum et haereticae pravitatis per Lombardiam Inquisitor, obiit a. 1259. in exilio. Scripsit *Summam de Catharis et Leonistis seu Pauperibus de Lugduno*, quae a Claudio Cousford Paris 1548. edita, in libro, quem inscripsit *Waldensium et quorundam aliorum errores*, tanquam inedita vero ab Edm Martene et Ursino Durand t. V Thesauri novi Anecdotorum inserta est, p. 1759. *Liber adversus Waldenses* a Gretsero editus est Ingolstad. 1613. 4. deinde in Bibliothecis PP. et quidem Lugdunensi tom. XXV p. 262. in Freheri Scriptor. rerum Bohemicar. in Fasciculo rerum expetendarum et fugiendarum, tandem in Operibus Gretseri tom. XII part. 2. p. 23. seqq. Magna ejus pars jam ante edita fuerat in Flacii Catal. testium Veritatis p. 431. Freheri et Flacii editiones plurium corruptelarum arguit Gretserus tom. XXV Bibl. PP. p. 261. Observat autem Georgius Conradus Riegerus *im Saltzbunde* p. 502. titulum hujus libri ab auctore inscriptum esse *contra haereticos*, quippe qui Waldenses a Manichaeis et Arrianis distinguat, Jesuitas vero illum pro lubitu, et ad invidiam Waldensibus concitandam, immutasse: interim tamen testimonio eius utitur ad dogmata et vitam Waldensium delineandam, p. 255. 502.

Vide Jac. Quetif de Scriptoribus Ord.
Praedicatorum tom. I p. 154. qui Germanica, quae ibi habentur, a quodam Germano in usus popularium suorum inserta
esse suspicatur. Ambr. ab Altamura Bibl.
Domin. p. 15.

RAINERUS *Vibius*, JCtus Perusinus
circa a. 1350. scripsit *de Dote*, *in ff. et
Codicem*. Oldoinus I. c. p. 293.

RAINHAMUS, Anglus Philosophus, a
Ducangio in Indice, qui Glossario praefi-
xus est, memoratur, mihi vero praeter
hunc nondum occurrit.

RAINO, Episcopus Andegavensis, sec.
X: ineunte, *Vitam S. Maurilii*, Episcopi
Andegavensis, describi jussit, qui Codex
manuscriptus exstitit apud Ægidium Menagium, et haec adscripta habebat: *Raino*, *quondam Sancti Martini quot.dianus
discipulus et semper Canonicus*, *ac po·
stmodum Sanctae Andegavensis Ecclesiae
ex initio Christianitatis trigesimus tertius
humilis Episcopus, anno Incarnationis Dominicae adhuc in DCCCCV. et ordinatio-
nis Episcopatus sui in XXV. hanc Vitam
scribere et requirere jussit. Archanaldus,
Sancti Martini discipulus et Diaconus,
jussu praefati domini Rainonis scripsit et
requisivit.* Quum igitur haec Vita vulgo
Gregorio Turonensi adscripta sit, Jo. Launojus in Judicio de auctore hujus Vitae
tom. II Operum parte I. p. 656. Raino-
nem ubique auctorem illius facit, neque
tamen aliud argumentum, praeterquam
ex verbis modo adductis, protulit. Clarissimum vero est, Rainone tantum jubente Codicem hujusse descriptum, an auctor sit, non additur. Si igitur stilus et
alia Gregorium anctorem non patiantur,
incertum potius illum pronunciabimus.

RAINOLDUS, Archiepiscopus *Remensis*.
Epistolae ejus *quatuor* an. 1093. scriptae
habentur in Conciliis Harduini tom. V. p.
1673, 4, 9.

RAINOLDUS *de Villa nova de triplici modo conficiendi vina* a Francisco de Senis
epitomatus exstat Lipsiae in Bibl. Paulina.
Vide Catalogum Felleri p. 261. 262. Viden-

dum, annon sit Arnoldus Villanovanus.

* Omne deponendum est dubium de hoc
Rainoldo, utrum idem sit cum Arnoldo
Villanovano. Constat enim libellum de
modo conficiendi vina Arnoldi opus esse
cum inter eius opera saepius excusus sit. *

RAMANTINUS *de Florentia*, Ord. Fr. Praedicatorum, circa an. 1363. rerum mathematicarum peritus, scripsit *Paschale opus*,
in quo Calendarium emendavit. Tribuunt
ipsi quoque *Commentaria in Senecam*, sed
perperam. Jac. Quetif de Scriptoribus Ord.
Praedicatorum tom. I. pag. 632. Julius Niger de Scriptoribus Florentinis pag. 480.

RAMBERTUS *de Bononia*, e nobili *Pri-
maditiorum* gente, Magister Parisiensis,
Ord. Praedicatorum, postea Episcopus Ve-
netiarium Castellanus a) an. 1302. obiit an.
1308. Scripsit *Apologeticum contra Corru-
ptorium S. Thomae*, *pro illius doctrinae
defensione*, nec non *Speculum exemplare*.
Quetif l. c. pag. 504. Illud *Speculum exemplare* habetur MS. in Bibl. Laurentina Medicea. Bern. de Montfaucon Bibl. Bibliothecarum MSS. p. 292.

* Renunciatus fuit Castellanus Episcopus An. 1303 die 10. Martii. Obiit circa
an. 1308. Porro fallitur Bibliothecarius noster in annotat. hic subiecta scribens Ca-
stellanensem Episcopatum frustra apud
Ughellium quaeri. Castellanenses enim Episcopi Iidem erant, ac Veneti, ut admonet
idem Ughellius. Cur autem Castellanenses
dicerentur vide Dandulum apud eumdem
Ughellium. T. V. pag. 1184. Nov. Edit.

Ramberti cujusdam *Collectio Veterum
Inscriptionum* e variis coemeteriis et monumentis erutarum bis exstat in Bibl. Vaticana, teste eodem, p. 122. 138.

DE RAMESIENSIS coenobii fundatione
et benefactoribus Historia exstat in Scriptoribus Anglicis Galli tomo I. pag. 385.

RAMPERTUS, Episcopus Brixiensis XL.
ab an. 814.

An. 838. corpus S. Philastrii Ep. Brixiensis transtulit, ipseque *Translationem*
hanc et *Miracula* descripsit. Edita haec sunt
a Surio d. XVIII. Julii, Paulo Galeardo

---

a) Ilic Episcopatus in Ughello frustra quaeritur: ergo hic amplius inquirendum.

post Opera S. Gaudentii, quae Patavii apud Josephum Cominum, 1720. 4. prodierunt, p. 261. repetita a Guil. Cupero in Actis Sanctorum tom. IV. Julii p. 388. Novissime prodiit ille Sermo in hac Collectione sequenti : *Veterum Brixiae Episcoporum S. Philastri et S. Gaudentii Opera, nec non B. Ramperti et Ven. Adelmanni Opuscula,* jussu Card. Quirini a Paulo Galeardo edita Brixiae, an. 1739. Confer Mem. de Trevoux 1740. Maj. p. 877. 911. Adde Fabricium nostrum supra t. III. p. 24.

RANERUS *Tudertinus*, Umber, Ordinis Praedicatorum, provinciae Romanae alumnus sec. XIII. Theologus, Philosophus et Mathematicus : scripsit *de Sphaera* , et *de Triangulis*. Jac. Quetif de Script. Ord. Praedicatorum tom. I. pag. 474.

RANFREDI *Libellus de Jure* Canonico est in Bibl. Gemmeticensi ; *de Electionibus* in Bibl. S. Martini Turonensis. Montfaucon pag. 1211. 1337.

RANGERIUS, aliis *Ringerius* et *Reingerius*, Lucensis Episcopus, a S. Anselmo tertius, Oratione ligata scripsit *Vitam et et miracula ejusdem S. Anselmi*, ut testatur Domnizo l. II. c. 3. de Vita Mathildis Comitissae , qui addit ab eodem egregium librum *de controversia investiturarum* scriptum fuisse. Sed haec monumenta aut perierunt , aut alicubi cum blattis ac tineis adhuc luctantur. Principium libri primi inseruit suo Operi Domnizo. Haec Miraeus in Auctario c. 327. Adde Ughelli Italiam Sacram tom. I. pag. 816.

* Episcopatum suum exorsus est circa Annum 1198. interfuit Concilio Romano habito anno eod 1098 Obiit an. 1112. die ut in veteri Necrologio adnotatum est 25. Januarii. Vitam S. Anselmi ab eo scriptam habuisse se testator in MS. Codice D. Constantinus Caietanus Abb. Ord. S. B. in praefatione libri testimoniorum Vet. ac Novi Testamenti ex operibus S. Petri Damiani a se editorum. Cum vero fragmentum quoddam ex illa dederit Caietanus ex eo discimus Vitam hanc a Rangerio non ligata , sed soluta oratione scribi. *

RANULPHUS *Coggeshale*, vid. supra RADULPHUS.

RANULPHUS *Glanvillus*, Cestriensis Comes , an. 1218. copias Henrici III. Regis in bello sacro rexit : scripsit *de Legibus Angliae*. Baleus Centur. III. 92. Pitseus c. 330. Nicholson Bibl. Scotic. pag. 258.

RANULPHUS *Higdenus*, vide sup l. VIII.

RANULPHUS *de Humbletonia* , natione Normannus, unde et vulgo *Ranulphus Normannus* dicitur , ab an. 1260. clarus, primum Canonicus, dein an. 1279. Episcopus Parisinus , scripsit *Summam quodlibeticam de rebus Theologicis*, quae in Bibliothecis latet, docente Oudino tom. III. p. 491. nunquam in lucem prodi tura. Adde Bulaeum t. III. hist. Acad Paris. p. 410.

RANULPHUS *Lokeslejus*, vide supra RADULPHUS.

RAPHAEL *Brandolinus* junior , Neapolitanus, (286 Immo Florentinus et Aurelii frater (Vide supra I. 252.) cuius *Dialogus* , *Leo nuncupatus* cur. Franc. Fogliazzi Venet. Occhi 1753. 8. prodiit, Pompeio Neri dicatus) *Lippi* cognomen habuit , quia inde a juventute lumine oculorum caruit : Scripsit *Orationem de laudibus Cosmi Medici* ad Leonem X. a. 1515. habitam , quae bis adest in Bibl. Laurentiana Medicea. Bern. de Montfaucon Bibl. Bibliothecarum MSS. p. 238. 331. *Orationem ad Concilium Lateranense* , quae est in Bibl. Ambrosiana Mediolanensi : ibidem pag. 523. Adde Toppii Bibl. Neapolitanam.

RAPHAINUS sive RAPHAEL *Caresinus*, magnus Venetiarum Cancellarius, unus inter eos fuit , qui a. 1379. in bello Genuensi rempubl. opibus suis adjuverunt , ac proinde in nobilitatem Venetam cum posteris receptus est. Scripsit *Continuationem Chronici Venetorum Andr. Danduli* ab a. 1280. ad 1388. editam a Muratorio S. R. Ital. tom XII. p. 417-483. confer hujus Prolegomena p. 7.

RAPHAEL de Raimundis , *Cumanus* , patria Novocomensis , Juri addiscendo operam dedit Ticini , postea Patavii docuit circa a 1420. scripsit *Commenta in Pandectas et Codicem, Volumen Responsorum*. Trithemius c. 742. Nic Comneni Papadopoli Hist. Gymnasii Patavini lib. III. sect. I. c. 6. *Comment. in primam partem Di-*

gesti novi prodiit Venet. 1500. folio. Consilia prodierunt Brixiae per Jacobum Britannicum , 1490. fol.

* Eius repetitio L. si filius qui in potestate ff. de liberis et posthumis prodivit Pisis Typis Ugonis Rugerii An. 1494. junctim cum repetitione Christophori de Castilione Raphaelis Magistri in l. ubi ita donatur ff. de Donationibus *

RAPHAEL *Fondulus* Cremonensis , Medicus et Astronomus circa a. 1370. scripsit *de venenis* , *de morbis oculorum* , *de pulsibus*. Arisii Cremona literata tom. I. p. 143. 144.

RAPHAEL *Fulgosus* , vel *Fregosus* , Placentinus nativitate, sed origine Genuensis, Ticini et Patavii Jus civile docuit, Concilio quoque Constantiensi interfuit , obiit a. 1431. alii sub initium seculi XIV vixisse perperam tradunt , scripsit *Commentaria in Jus ; Opera Buleutica (non Ecclesiastica* , ut apud Oldoinum habetur *) sive Controversiarum forensium et Quaestionum practicarum diversis factorum et consiliorum speciebus decisarum Decades quatuor : Consilia posthuma* , *Criminalia* , *Feudalia et Testamentaria etc.* Consilia Raphaëlis de Raymundis de Cumis et Raphaëlis Fulgosi de Placentia impressa sunt Brixiae per Jacobum Britannicum , 1490. fol. *Comment super secunda parte Digesti Veteris* , Brix. 1499. folio. Vide Pancirollum de claris Legum interpretibus II. 83. Sopranum de scriptoribus Liguriae pag. 247. Oldoini Athenaeum Ligusticum pag. 483. Nic. Comneni Papadopoli Hist. Gymnasii Patavini lib. III. fect. 1. c. 6.

RAPHAEL *Maffeus* , Calaber , Caulonae , hodie *Castelvetere* natus, circa a. 1285. scripsit *Opusculum de vera et legitima Urbani VI. electione* , cujus caussa a Carolo Dyrrhachino Rege in exilium fuit actus. Jac. Quetif de Scriptoribus Ord. Praedicatorum tom. I. p. 617. Mongitore Bibliotheca Sicula tom. II. pag. 195. Vide RAPHAEL *Volaterranus.*

RAPHAEL *Marinus* , Cremonensis , Canon. Regularis Lateranensis in aedibus D. Agathae circa a. 1415. scripsit *de potestate Pontificia* , *de veneratione habenda sacer-*

dotibus , *de natura angelica* , *de Philosophia morali.* Arisius l. c. p. 228.

RAPHAEL *Placentinus Justinaeus,* cuius *Carmina* Cremonae per Franc. Ricardum de Luere , 1518. impressa sunt. * In Mantuano S. Benedicti coenobio professus ab anno 1478. Carmina quorum hic meminit Bibliothecarius, scripsit de laudibus S. Simeonis Armeni sub titulo *Armenidorum libri.* Accedunt una excusi *Scenae quatuor, Politicorum* Lib. 1. *Epigrammatum* Lib. 3.

RAPHAEL *de Pornasio* vel *Pornaxio* , a loco natali in Liguria , tractus Januensis , Ord. Praedicatorum in conventu Januensi , postea Theologiae Magister , et ab a. 1430. ad 1450. in ditione Januensi et Marchia generalis Inquisitor , et multis praeterea gravioribus negotiis adhibitus. Scripta ejus pleraque sunt inedita. *de potestate Concilii* , *Responsiones ad rationes Basileensis Concilii* , *de communi et proprio* , cujus pars prior edita est Venet. 1503. 8. *Defensionis Evangelicae liber . Declaratio et solutio quarundam quaestionum notabilium* , *Liber de arte magica* , *de praerogativis D. N. Jesu Christi* , *de statu animae Salomonis* , *Regulae ad intelligentiam sacrae scripturae* , *Tractatus de retentione annuali s. de jure annatarum et origine : Epistolae, de voti simplicis commutatione* , *de ordinato a Simoniaco* , *de plenariae absolutionis efficacia* , *de venditione ad tempus* , *de transitu ad observantialem statum* , et alia plura. Haec Jac. Quetif de Scriptoribus Ord. Praedicatorum tom. I. p. 831. Tractatus ejus *de Conceptione* citatur in Catalogo Doctorum de immaculata conceptione apud Martene et Durand tom. III. p. 324. ubi perperam scribitur de *Pomasio.* Adde Sopranum de Scriptoribus Liguriae p. 247. Oldoini Athenaeum Ligusticum p. 484. Altamura Bibl. Dominicana p. 1487.

RAPHAEL *Primaticus* , Bononiensis Ecclesiae Metropolitanae ibidem Canonicus , et Episcopi Vicarius Generalis , scripsit *Summam* sive *Chronicon Bononiense* ab a. 600-1440. quod adhuc manu exaratum adservatur. Orlandi Notitia Scriptorum Bononiensium p. 210.

RAPHAEL *Regius*, Italus, de cujs vita non multa inveni, vixit autem sub finem seculi XV. et initium XVI. Ejus monumenta sequentia prostant :

Epistolae Plinii, qua libri Historiae Naturalis Vespasiano dedicantur, enarrationes : Ejusdem in quibusdam locis Persii, Val. Maximi, Tullii de Officiis, Quintiliani, disputationes. Venet. per Guil. Tridinensem, 1490. 4.

Libri Rhetoricorum ad Herennium, cum praefatione. Cracoviae, 1500. 4.

Problemata in Quintilianum, sine loco, 1491. 4.

Ovidii Metamorphosis cum Comment. Lugduni per M. Claudium Davost, 1504. 4. Venet. apud Scotum, 1493. et per Jo. Tacuinum, 1513. 1518. fol. Venet. per Ge. de Rusconibus, 1517. fol.

Quintiliani Institutiones cum enarrationibus 1506. f. Paris. per Ascensium, 1516. f.

Plutarchi Regum et Imperatorum apophthegmata, Regio interp. Lugd. impensis Vincentii de Portonariis. 4. Basil apud Cratandrum.

Basilii M. opera in Lat. conversa, Rom. apud Jo. Mazochium, 1515.

Trithemius praeterea c. 916. memorat *de laudibus eloquentiae lib. I. Contra Joannem Calphurnium lib. 1. In eundem Dialogum, Orationes et Epistolas.*

Depravationes Quintiliani et Problemata adsunt in Bibl. Ambrosiana Mediolanensi. Montfauc. Bibl. Bibl. MSS. p. 523.

Contra hunc Regium exstat *Invectiva Marini Becichemi*, de qua vide Nostrum supra t. V. p. 29.

* Commentarii Raph. Regii in Metamorphoseos Ovidii primo quidem lucem aspexerunt Venetiis ap Simonem Scotum An. 1492. in fol. cum vero nova in ultimo chartarum scapho irrepserint maligni alicuius invidia, quae auctori suo minus arriderent suoque nomini obfusura ignominiam judicaret; ideo sequenti anno illis amotis ab authore iterum reproductum est opus Venetiis per Simonem Ticinensem dictum Bevilacqua. Iras suas in corruptores prioris editionis, effundit author in secunda hac editione A. 1493. tum in ipso

operis titulo, tum demum in line Operis adiecta Epistola vindiciarum suarum, quam dirigit Antonio Dalduno, Jo. Francisco Paschalio, et Dominico Bollam *eloquentissimis advocatoribus*. Vide editionem illam An. 1493. et ex his Bibliotecarium nostrum corrigas. *

RAPHAEL *de Soncino*, ab urbe patria in Liguribus, Ord. Praedicatorum, sec. XV. scripsit *Tractatus de usuris, de interdicto, de ecclesiastica immunitate, de voto etc.* Quetif de Scriptoribus Ord. Praedicatorum tom. I p. 904. Arisii Cremona literata tom. I p. 228.

RAPHAEL Maffeus *Volaterranus*, a patria Volaterra, Hetruriae urbe nomen habens, vitam privatam egit, et in patria mortuus est a. 1521.

Opera, ejus prodierunt Romae per Jo. Besiken, Alemanum, 1506. fol. (287 Scilicet Commentariorum Urb. prima editio chart. 547. add. Oeconomic. Xenoph. in fine et authoris nuncupatoria ad Julium II. lemmata dictionesque operis, loca et populi etc. chart. 18. voluminis initio.)

Oeconomicum Xenophontis lat. cum Jac. Fabri Stapulensis Introd. in Politica Aristotelis, Paris. apud Henr. Stephanum, 1516. f.

Epiphanii quaedam Latine vertit, in editione Operum Colon. 1523. fol.

Metaphrasis Odysseae Homeri ib. eod. 8. Lugd. apud Gryphium 1541. (288. Prima editio Romae ap. Mazochium 1510. f.)

Commentarii rerum urbanarum, lib. XXXVIII. cum Oeconomico Xenophontis. Basil. per Frobenium, 1530. 1544. fol. Paris. apud Jod. Badium 1526.

De principis ducisque officio, Basil. apud Rob. Winter, et iterum apud Oporinum cum Onosandro.

De fide christiana, libri X. Romae, ut Gesnerus ait, impressi. (289 *De institutione Christiana* ad Leonem X. P. M. libri VIII. eiusd. *de prima Philosophia* ad Marium fratrem Lib. 1. *De dormitione B. M. Virg. Sermones duo Jo. Damasceni et unus Andreae Hierosolymitani* e Graeco in latinum per eumdem conversi. Romae ap. Jo. Mazochium 1518. fol. Volum. ut videtur, non apte notum, prope me est.)

Procopius de bello Persico et Vandalico Latinitate donatus , in editione operum Procopii , Basil. 1531. fol. apud Hervagium.

Transtulit praeterea e Graeco *Gregorii Nazianzeni monodiam* . *Basilii oratiunculas decem*, et ejusdem *Instituta monachorum.*

Vitae Sixti .IV Innocenti VIII. Alexandri VI. et Pii III. Venet. 1518. folio. Meminit Lud. Jacob. a. S. Carolo in Bibl. Pontificia pag. 424.

Vita B. Jacobi de Certaldo , monachi Camaldulensis , ab Augustino Fortunio interpolata exstat in Actis Sanctorum tom. II. Aprilis p. 153.

Vita S. Victoris martyris cum translatione reliquiarum ejus asservatur Volaterrae in templo Cathedrali. Ughellus Italiae Sacrae tom. I. p. 1439.

* Praeteriisse pigeret libellum quemdam impressus Parisiis ap. Aegidium de Gourmont incertum quo anno, in quo excerpta quaedam ex commentariis Urbanis Raph. Volaterrani excusa sunt authore Vincentio Balla (290 f. Bagli cuius op. Jo. Boccatii De clar. mulier. italica .versio an. 1504. fol. cusa.) Sunt autem excerpta de more ludorum et sacrorum ; De Romanorum Graecorumque magistratibus, de ritu antiquae militiae ; de templis et locis urbis Romae. *

(291 *Vita del Venerab. Raffaello Maffei detto il Volterrano scritta da Monsig. Falconcini Vescovo d' Arezzo. Roma* 1722 in *4. Lastri Marco. Elogio di R. M.* in op. *Serie di Elogi d' Illustri Toscani* Tomo II.)

RAPHAINUS *de Zaccariis* , JCtus, Cremonensis , a Cabrino Fondulo , Cremonae domino , in consilia secretiora accitus , circa a. 1379. scripsit *Consiliorum Vol.* 3. et opera varia. Arisi Cremona Literata tom. I. p. 181.

RAPULARIUS allegatur a Compilatore libri , qui Flores Poëtarum inscribitur , sine notatione anni et loci in 4. impressi, qui in Bibliotheca Paullina Lipsiae adservatur. *Sermones* edidisse testatur Daumius in praefatione ad Hieronymum Graecum de Trinitate : ανεκδοτον vocat. Idem in praefatione ad Homilias in Nativitatem Christi. Nec memini ab illo tempore prodiisse.

RASO *Bonus-vicinus* sive *Goetgebuer* ,

ex celebri Gandensium familia ortus, Theologiae Licentiatus Parisinus , et in monasterio Steinfeldensi Colon. dioec. Magister novitiorum , mortuus d. 18. Ooctob. 1509. Scripsit *Vitam Hermanni Josephi*, monachi Steinfeldensis , per modum Dialogi , vivente adhuc auctore impressam. Henschenius in Comment. praevio ad vitam B. Hermanni Josephi in Actis Sanctorum tom. I. Aprilis p. 683

RASTEDENSE Chronicon , quod olim fuit monasterium dioecesis Bremensis , a. 1059. fundatum , edidit Meibomius tomo II. Script. rerum Germanicarum pag. 87.

RATBODUS, vide supra RADBODUS.

RATHERIUS . natione Lotharingus , filius Comitis Viennensis , monachus in Lobiensi monasterio , ditionis Leodiensis , sed dioecesis Cameracensis a. 928. ab Hugone Rege Episcopus Veronensis constituitur , sed post aliquot annos bis ejicitur , unde primum Ticinum post in patriam exulatum concessit. A. 953. factus est Episcopus Leodiensis , unde quoque ejectus a. 944. in monasterio suo fatis concessit. Scripta ejus collegit Lucas Dacherius Spicil. tom. I. hoc ordine :

Volumen Perpendiculorum , vel visus cujusdam appensi cum aliis multis in ligno latronis : f. *de Contentu Canonum*, p. 345.

Conclusio deliberativa Leodici acta , sive *Climax Syrmatis ejusdem* ; qui caetera non adeo parui p. 356. Est defensio actionum suarum Leodii et Veronae.

Qualitatis conjectura cujusdam , p. 357. Ejusdem materiae.

Discordia inter ipsum Ratherium et Clericos , p. 363.

Apologeticus liber , p. 366.

De Clericis sibi rebellibus ,. p 368.

De nupta cujusdam illicito , p. 370.

Epistolae VI. p. 371 inter quas tertia, quarta et quinta jam editae fuerant a Chapeavillio tom. I. Scriptorum Leodiensium p, 179. seqq. sexta agit *de Corpore et Sanguine Domini* : de qua Reformati cum Pontificiis litigant. Vide Mabillonii Praef. ad Sec. IV. Bened. part. 2. p. 67. Albertinum de Eucharistia , Nostrum supra t. III. p. 178.

Synodica ad Presbyteros et ordines cae-teros per universam dioecesin constitutos, p. 376. Exstat et tomo IX. Conciliorum Labbei p. 1268. Harduini tomo VI. p. 783. *Itinerarium Ratherii Romam euntis*, pag. 379.

Sermones II. de Quadragesima, p. 384. Prior fortasse est disputatio contra An-thropomorphitas, cujus Sigebertus c. 127. de Scriptor. Eccles. meminit, quia hic. prolixe contra illos egit.

Sermones de Pascha et Ascensione, p. 392

Vita S. Ursmari Lobiensis, si non ab ipso perscripta, (nam Ansoni Abbati tri-buit Val. Andreas) tamen ratione dictio-nis emendata, habetur apud Surium d. 18. April. et in Mabillonii Actis SS. Ord. Benedicti tomo III. parte I. p. 250. in Actis vero Sanctorum tomo II. Aprilis omissa est.

Praeloquiorum libri VI. (quod opus etiam *Agonisticon* et *Meditationes cordis* inscribitur) editi sunt a Martene et Du-rand Collect. ampliss. tomo IX. p. 715. quos jam habuit Dacherius: sed tardios acceptos reliquis operibus adjungere non potuit. Meminerunt illius Folcvinus de ge-stis Abbatum Lobiensium c. 20. Sigeber-tus et Trithemius de Scriptoribus Eccle-siasticis.

Epistolae tres subjunguntur Praeloquiis in Collectione laudata p. 965. *septem* exstant in Codice diplomatico Pezii et Hue-beri part. I. p. 93.

Alia ejus inedita memorat Sigebertus, ut sunt: *Phrenesis*, quum ab Episcopatu Leodiensi ejectus esset, quia phreneticus habitus est: *Inefficax garritus: de prae-destinatione · Dei: Confessiones*, MSS. in monasterio Lobiensi. Val. Andreas Bibl. Belg. MSS. tom. I. p. 303. *de arte Gram-matica*, quem librum *Sparadorsum* hybrida voce dixit, quia puerorum tergis consulat. *Sparen* Germanis est *parcere*, quod in gratiam exterorum additur, qui hanc vo-cem non intellexerunt, adeoque nec recte expresserunt. Nam Bulaeus scribit *Serva-dorsum*, Mabillonius vero Sec. V. Benedi-ctino p. 485. ex Folevino *Speradorsum*, utrumque Abbas Lebeuf t II. dissert. p. 28 *Chronologia* ejus MS. habetur Gemblaci.

Ineditis ejus adde sequentia : *Invectiva satis in quodam ac lugubris relatio Rathe-rii cujusdam ex Laubiense Veronensis, ex Monacho exulis, ex exule Praesulis in-felicissimi Attali ritu facti, infecti, refecti, defecti, iterum, quo solus factor, infector refector, defector novit omine facti, infecti, refecti.* Incipit : *Ut sacratissimus, anti-quissimus ac veracissimus aevi prioris narrat Chronographus.* Porro Opusculum *de Translatione corporis sancti 'cujusdam Metronis, cujus depositio celebratur Idibus Maji mensis octavis,* (ita Codex) *expor-tatio deploratur sextis exeunte Jano Ka-lendis, inaniter quamvis. Factum namque sit nec ne, temporalium nulli cognitum bene fuerit licet verisimile tunc temporis, cum actum est, creditur certe.* Ejus Ser-mones plurimi exstant cum duobus scri-ptis modo memoratis in Codice membra-naceo annorum septingentorum Capituli Frisingensis, testante, cui haec debemus, Rev. Bern. Pezio Dissert. Isagogica ad tomum I. Thesauri Anecdotorum novissi-mi pag. 27.

Sermones et Epistolae illius in Italicum sermonem translatae in Museo Scipionis Maffei Veronae adservantur. Bern. de Mont-faucon Bibl. Bibl. MSS. p. 491.

De corpore et sanguine Domini, codem, quo Paschasius, spiritu, librum insignem secundus edidit, in quo corporalem Do-mini praesentiam in Sacramento Altaris, veramque Sanguinis substantiam, centum et amplius annis, antequam tanti Sacra-menti veritas a Berengario in dubium vocaretur, certissimis argumentis adesse demonstravit. Haec Possevinus t. II Ap-paratus p. 314. Verum ille libellus a Si-geberto quoque memoratus jam supra lo-cum habuit inter Epistolas numero VI.

Homilia una in Coena Domini et Vitae plurimorum Sanctorum MSS. in Bibl. Lo-biensi. Val. Andreas I. p. 303. 304.

Vide de illo Sigebertum l. c. cum scho-liis Miraei, Caveum, Dacherium in Mo-nito praefixo, item in Elencho Contento-rum tom. II edit. novae, Ægidium tom. I Scriptorum Leodiensium p. 177. Ughel-li Italiam sacram tom. V p. 734. Bulae-

um hist. Academiae Parisinae tom. I p.
633. 634. Val. Andreae Bibl. Belgicam p.
786. 787. Swertii Athenas Belgicas pag.
651. Hist. literariam Galliae tom. VI pag.
339. seq.

Ex his vero, quae adduximus duo vel
tria notatu digna monenda esse censemus
1. Ratherium equidem de emendatione
vera Cleri depravati non mediocriter curasse, 2. tamen aliquid singularitatis, ut
ita loquar, et ιδιοκρισιας in se habuisse,
id quod vel tituli quorundam operum docent. 3. Vitam ejus mereri, ut a viro docto cum cura describatur, perlectis operibus illius, et historicis illorum temporum simul consultis, quia sane multa
notatu dignissima in eadem occurrent. Illa enim, quam dedit Mabillonius Sec. V.
Bened. p. 478. pro instituto ipsius bona
est, sed nondum sufficit ad plenam rerum ad illum spectantium scientiam.

* Inter opuscula Ratherii inedita accenset Bibliothecarius noster opusculum de
vita et translatione S. Metronis. Verum
ille quidem non satis perite, nam vita et
translatio S. Metronis prodiit jam inde ab
an. 1728. Veronae opera Bartholomaei
Campagnolae in appendice ad jus civile
Veronae, quod Willelmus Calvus publicus
tabellio an. 1228 scripserat. Adiecit pariter Campagnola duplicem Ratherii epistolam ineditam ad Manasse Vicentinum Epi-
copum scriptam. Ambas vero cum vita et
translatione S. Metronis nactus est editor
in cod. ex ipsa, ut colligit, authoris manu descriptas. * Vide WILELMUS Calvus.

RATHOLDI, nescio cujus, Liber Sacramentorum MS. citatur a Quesnello ad
Leonem M. pag. 648. et Launojo de Unctione infirmorum p. 131. Prior circa a.
900. posterior ante a. 986. scriptum judicat. Rodradum vocat Morinus de sacris
Ordinationibus p. 219.

RATLEICUS, Coloniensis, Eginharti
primum Notarius, post in Abbatia Seli-
genstadiensi Successor, et Ludovici I.
Germaniae Regis Archi Cancellarius, mortuus a. 852. Familiaris fuit Rabano Mauro et Lupo Ferrariensi, qui ad ipsum
scripserunt Eccardus rerum Francicarum

XXX. 99. partem Annalium Metensium
ab a. 838. usque ad 852. ipsi tribuit,
conjectura, ut solet, audaciore, quam
ut statim probari queat. Editi vero sunt
Annales Metenses tom. 1 Scriptor. Francicorum Andr. du Chesne. Ad eum scripta est praefatio Rabani Mauri Martyrologico praemissa, quam edidit Mabillonius
Annal. p. 419. Adde Galliam Christianam
tom. V p. 629.

RATPERTUS, aliis Rapertus, patria Tu-
regiensis sive Tigurinus, monachus S.
Galli, nobili genere natus, in laudato monasterio Marcello et Isone praeceptoribus
usus. Vixit a. 870. et ab adolescentia u-
sque ad extremam senectutem scholis
Sangallensibus praefuit, teste Ekkehardo
de Vita Notkeri c. 21. Scripsit de origine
et casibus monasterii S. Galli, quod Opus
exstat in Scriptoribus Alemannicis Goldasti tom. I p. 1. post hunc ap. Andr. du
Chesne tom. III Script. Francicorum p.
481. Poemata ejus varia dedit Henr. Canisius in Lection. Antiquis tom. V part.
3. p. 736. 742. edit. novae tom. II part.
3. p. 195. 199. 200. 201. Scripsit etiam
rhythmice Vitam S. Galli, et populo de-
cantandam dedit, quae post ab Ekkehardo juniore in Latinum sermonem conversa est: Versus item de Festivitate S. Galli, de quibus supra Fabricius noster t.
III. p. 15. Adde Histoire literaire de la
France tom. V p. 637.

Alius Ratpertus, hujus nepos, disci-pu-
lus Notkeri, et collocutor in Dialogis de
Vita S. Galli. Vide annotata Canisii et
Goldasti, nec non Jod. Mezlerum de vil-
lis illustr. San-Gallensibus l. 23.

RATRAMNUS, vid supra BERTRAMUS.

Anonymus RAVENNAS, Geographus,
qui patriam suam ipse indigitat IV. 31.
Ravenna nobilissima, in qua, licet idio-
ta, ego hujus Cosmographiae expositor,
Christo adjuvante, genitus sum. Hunc locum non observavit Eccardus, alias de
patria non dubitasset. Geographia illius
libris V. primum edita est ex Codice Regis Galliae a Placido Porcheron, monacho Benedictino, Paris. 1688. 8. Emendatiorem postea dedit Jac. Gronovius cum

Pomponio Mela , Excerptis Julii Honorii et Æthici , Lugd. Bat. 1696. 8. et quidem ex Codice Isaaci Vossii , qui in castigationibus Pomponii Melae hujus auctoris aliquoties mentionem fecerat. Exhibuit. denique in editione Melae novissima Abrahamus Gronovius , Lugd. Bat. 1722. 4. Collationem cum Codice Vaticano , Geographorum Graecorum tomo tertio inseruit Joannes Hudsonus. Ex hoc Codice constat , titulum libri non esse *Geographiam* , sed *Cosmographiam* : et Opus in libros non fuisse distinctum. Indicem auctorum ab eodem allegatorum , ex quibus paucissimi exstant , aut saltem noti sunt , exhibet Jo. Alb. Fabricius Bibl. Latina II. 8. 3. Alium Eccardus loco inferius citando , sed ita , ut unus ex altero suppleri queat. Excerpta ex hoc Geographo , quantum ad terras Germaniae nostrae inferiores pertinet , dedit Leibnitius , et annotationibus illustravit , t. I Scriptorum Brunsvicensium p. 23 seqq. Chorographiam vero Britanniae Thomas Galeus ad calcem Itineris Antonini in Britanniam , Londini 1709. 4.

Haec de ipso libro: nunc videamus , quid de illo viri docti senserint. Primis temporibus nihil de ipso monuerunt , sed secure ad ipsum provocarunt Isaacus Vossius , Christophorus Cellarius , Antonius Pagius , et forte alii plures. Notissimis autem temporibus de nomine et tempore , imo etiam de fide illius , magis fuerunt solliciti.

Primus hac in parte sententiam suam dixit Caspar Berettus , monachus Bedictinus et Regius Ticini Lector. Is tomo X. Scriptorum Italicorum , qui an. 1727. prodierunt , *de Italia medii aevi Dissertationem Chorographicam* praemisit , et Sectionem II. integram Anonymo huic Ravennati: ubi *primo* nomen ipsius dicit fuisse *Guidonem* , qui Presbyter fuit Ravennae , et praeterea *Historiam Pontificum* et *belli Gothici* conscripsit. Ratio ejus est , quia Flavius Blondus , Gabriel Barrius , et praecipue Antonius Galateus in libello *de situ*

Japygiae a) hoc Opus addito Guidonis nomine allegarunt. Et hac in parte ipsum , secuti sunt Petrus Wesselingius in praefatione ad Itinerarium Antonini , et Fabricius noster supra tom. III. 126. *II.* Ad aetatem quod spectat , Berettus hunc nostrum seculo VII. et VIII. juniorem esse credit quia I. 6. profert locum ex Quaestionibus Athanasii ad Antiochum praesidem : ubi multis agit contra Oudinum , qui illas Quaestiones ad seculum usque XII. tempora scilicet belli sacri , detruserat. Igitur putat Berettus , Anonymum hunc seculo IX. vixisse , quia Blondus , Volaterranus et alii illum tunc ante annos sexcentos vixisse tradiderunt. *III.* Credit Berettus , editionem Porcheroni et Gronoviorum (de quibus posterioribus tamen ne verbum quidem profert) non Opus Guidonis integrum exhibere , sed tantum Excerpta Operis plenioris continere , idque probat locis tribus ex libello Antonii Galatei memorato productis : tum quoque inde , quod Hispanos et Gallos Scriptores praecipue secutus , vicos , stationes vel mansiones saepissime pro urbibus accepit , et Italiam in XVIII. provincias se dividere velle dicit , et tamen quindecim tantum numeret , trium insularum oblitus. Tandem ad annotationes Porcheroni quaedam monentur.

Sequitur Joannes Georgius Eccardus , qui eodem , quo Berettus , tempore scripsit , et Commentariis equidem Franciae Orientalis , sed tamen praefationi finem non imposuit. Is , cum dissertationem Beretti non viderit , sed tantum ex Novis Lipsiensibus mentionem illius factam esse intellexerit , mentem suam tomo I. Operis laudati p. 902. sic exponit. Dicit , se sub initium Commentarii de rebus Franciae Orientalis ad hunc Anonymum provocasse , eique seculum VII. tribuisse. Jam vero Oudinus propter allegatum Pseudo-Athanasii locum auctorem ad seculum XIII. detrudit , et Opus illud Quaestionum Athanasio Patriarchae Alexandrino , qui , Renaudotio teste , a. 1252. et 1262. sedit , attribuerat . Quid Eccardus noster ? Con-

a) Habetur tomo IX. Thesauri Italiae Graevio-Burmanniani.

jecturam, ut solet, satis audacem adfert, quam propriis ipsius verbis proferemus: *Interim addo ego, ex solicita primorum Anonymi foliorum, (hic deest evolutione, vel simile quid) dilucide apparere; qui illum descripsit, exemplar prae manibus vetus habuisse, cujus prima folia dilacerata et promiscue disjecta fuerunt. In iis enim locis, quae de situ Paradisi agunt, commixta et confusa sunt summa imis, antecedentia consequentibus, versusque versibus. Cum igitur librarius non potuisset singula in ordinem naturalem restituere, schedas, ut obveniebant, ita descripsit, ut nullus sensus sanus, si prout jacent, sumantur, ex discurso Anonymi exsculpi possit: Locus tunc ipsi erat, a lectione Athanasii junioris recenti, verba, quae S. Athanasii esse putabat, de Paradiso inserendi, quanquam, ubi illa inseruit, supervacua essent, neque cum antecendentibus et sequentibus periodis cohaererent, ut solicite Anonymum inspicienti in propatulo erit.*

Post haec Eccardus insignem aliquem in libro primo Ravennatis transipositionem molitur, et verba pro lubitu ex contextu auctoris in alium locum trajicit, id quod est contra consensum librorum manu exaratorum. Postquam igitur locus Athanasii ejectus est, dubia contra seculum VII. prorsus evanuerunt. Probat vero ex Scriptoribus, quos ultra seculum VII. nullos citat: tum ex rebus gestis, quae ultra illa tempora prorsus nulla memorat. Et hic fatendum est, Eccardum observationes prorsus egregias, ex historia illius aevi petitas, adferre, et simul seculum suum auctori probare. Eas harum rerum curiosus ab ipso petat.

Tertius denique sententiam dicat V. C. Petrus Wesselingius. Is in dedicatione dissertationis de Judaeorum Archontibus, dissertationem de fraudibus et artibus, Anonymi nostri se adjicere voluisse dicit, sed a typographis impeditum. Igitur oc-

casione libri, qui Historiam Naturalem provinciae Narbonensis continet, dicit se in eas cogitationes devenisse, Castorium, quem Anonymus noster citat, aut Tabulam Peutingerianam et Itinerarium, quod sub Antonini nomine prodiit, descripsisse et compilasse, aut ea veteris aevi monumenta ex Castorii Commentariis videri composita atque digesta. Deinde auctores ipsum finxisse docet, id quod ex verbis ipsius, quae adscribo, patebit: *Quae in Ægypto atque Africae civitatum recensione ex* Lolliano, Romanorum, *ut ait,* a) Cosmographo, *adfert, ea cum pulvisculo ex picta Tabula, cujuscemodi est Peutingeriana, abstulit. Indidem et ea mutua sumsit, quae* Libanio *in Bospori, Scythiae, Moesiae utriusque et Thraciae descriptione* b) *accepta retulit. Nec alium illa auctorem agnoscunt, quae in Epiro, Pelagonia, Macedonia et Graecia* c) Aristarchi, *et in Dacia prima et secunda* Sardatii *esse perhibentur. In ea quidem, ne fallaciae exstarent, addidit subinde aliqua ex Jornandis Rebus* d) Geticis, *vel sic tamen manifesto deprehensus. Vide modo de* Maximo, Marco Miro, Athanarido, *urbibusque per Illyrici, Pannoniae, Dalmatiae-Valeriae. Germaniaeque* e) *provincias, Altera ita mihi certa videbatur, ut nihil posset supra. Ecquis enim unquam fando accepit,* Penthesileum *et* Marpesium *de Caucasiis montibus et Amazonum sede Commentaria* f) *reliquisse?* Hylam g) *Macedonum et* Roxolanorum, Pirithoum *Asiae minoris urbes scriptis suis* h) *illustrasse? Ausim quovis pignore contendere, Ravennatem ex* Penthesilea *et* Marpesia, *nobilissimis* Amazonum, *atque ex* Hyla Herculis *et* Pirithoo Thesei *amico hos nobis Geographos procreasse. Ceteri ejus auctores etsi plura literis consignarunt, nihil tamen eorum, quae Anonymus impudenter mentitur,* Libanium *ait Onogoriam ad Ponticum mare* i) *scriptione subtilius declaras-*

a) Lib. III. Cap. 2. et 3.
b) Lib. IV. Cap. 3. 5. 6. 7.
c) Ibid Cap. 8. 9. 10. 14.
d) Vide Jornandis Get Cap. 5. 22. 36. et Raven.
L. IV. Cap. 3. 14. 9.

c) Ravennas L. IV. Cap. 13. 16. 19. 20. 22. 24.
f) ibid Cap. 4.
g) ibid Cap. 9. 11.
h) Lib. II. Cap. 16.
i) Lib. IV. Cap. 2.

se , cujus aetate Uniguri sive Onogori vix auditu Romanis erant cogniti , quippe multis a morte ejus annis ad eorum fines a) *delati*: Ptolemaeum Regem Ægypti Roxolanorum *et Sarmatarum regiones , quas flumen Vistula alluat,* b) *descripsisse; Claudium Ptolemaeum , nobilem Geographum , cum illustrissimo Ægypti Rege turbi flagitio confundens , praeterea* Aristarchum , Jamblichum, Porphyrium, Libanium *et* Eutropium *in Dardaniae, Maesiae, Macedoniae, Epiri et Helladis urbibus enumerandis diligentissime esse versatos. Quae sine pudore ementiri de Scriptoribus nominis haud obscuri cum sustinuerit , quis homini , tametsi iurato , crediderit ,* Castorium, Lollianum , Sardatium, Maximum, Marcum Mirum , Athanaridum *Geographiae attendisse , et quidquam hoc de genere composuisse. Ego profecto cum nomina oppidorum , quae ab obscurissimis et vix usquam lectis Scriptoribus se accepisse fingit ex Tabula Peutingeriana nullo negotio eruantur , haud ab re mihi suspicari videbar eodem omnes parente esse progenitos , qui* Penthesileum, Marpesium, Hylam *et* Pirithoum *malo publico edidit. Atque haec cum paullo copiosius essem exsecutus, orationem ad hominis aetatem et tempus scripti libri constituendum converti. Qua in quaestione recentia Germaniae urbium nomina,* Anternacha , Gormetia c) *sive* Wormatia, Spira Argentaria , *quae modo* Stratisburgo , *vix ante seculum IX. auxita , non vile patrocinium erant. Aderat et* Rhenus d) *in mare Oceanum sub* Dorostate , Frisonum *patria ,* ingressus. *Id enim scribi nisi post* Caroli M. *aetatem haud potuisse noveram. Occupaverant* Frisones *loca, per quae Rhenus in mare evolvitur exeunte seculo VII. sed victi ad castrum c)* Dorostate *a* Pipino *intra suos se fines continuere , donec vertentibus annis exuberante juventutis flore in easdem regiones concesserunt , ei gen-*

tis suae nomen cum iisdem communicarunt. His maius robur et pondus addebant Quaestiones ad Antiochum Principem, *quae vulgo* Athanasio *tribuuntur , et sine controversia post* f) *Caroli M. tempora editae sunt quarumque auctoritate Ravennas* g) *utitur. Hinc necessaria consecutione concludebam Anonymum hunc seculo IX. posteriorem videri. Quaerebam deinde idemne esset ac* Guido Ravennas, *quem de Geographia librum conscripsisse* Blondus, Galateus *et* Volaterranus *testimonio sunt: reque diligentius in utramque partem examinata, et repudiata priore sententia, concedebam in partes Clarissimi* Astruc , *Anonymum Ravennatem et Gundonem eum accuratissime* h) *distinguentis.* Haec Cl. Wesselingius.

Petrus RAVENNAS, Italus, procul dubbio Ravenna oriundus , Juris Utriusque Doctor et Eques auratus. Pancirollus de claris Legum interpretibus bis ejus mentionem facit , lib. II. c. 117. et 138. Priore loco ipsum *Petrum Franciscum Ravennatem ,* imitatus Mantuam de illustribus Jurisconsultis c. 209. altero *Petrum Thomasium Ravennatem* vocat. Praeceptore Patavii usus est Alexandro Imolensi , ad quem saepe in scriptis suis provocat. *Patavii ,* ait Pancirollus c. 138. *non sine omnium admiratione Jurisconsultus* (h. e. Jurium Doctor) *creatus , ibi Jus Pontificium vespere est interpretatus. Mox* Bononiae , *deinde* Ticini , Ferrariae *quoque. Pisis , et Pistorii a Florentinis congrua mercede accitus docuit , ubi a Pistoriensibus civilate, immunitatibus , et peramplis honoribus est auctus.* Docuit , teste Mantua, jam a. 1474. Ferrariae. Venetiis illum invenit Boguslaus X. Pomeraniae Dux , cumque , una cum filio Vincentio, tanquam insigne ornamentum Academiae Gryphiswaldensis in Pomeraniam secum duxit. i) Factum id est. a 1498.

a) Vid. Agathonem Diaconum in Combefisii t. II. Auctarii p. 202. et Menandrum in Excerpt. Hoeschelii p. 258.

b) Lib. I. C. 9. et L. IV. Cap. 4.

c) Lib. IV. cap. 26.

d) Lib I. C. 2. et L. IV. Cap. 24.

e) Fredegarius Chron. C. 102.

f) Vid. Dissert. Chorogr. t. X. Script. Ital. p. 10.

g) Lib. I. Cap. 6.

h) Memoires pour. l'Histoire de Languedoc Part, I. Chap. 12. p. 193.

i) Crameri Hist. Eccles. Pomer II. 49. p. 156. Micraeli Hist. Pomeranica III. p. 480.

Quum vero a. 1502. Fridericus III. Elector Saxoniae Academiam Wittebergensem instituisset, multis precibus a Duce Pomeraniae Petrum hunc extorsit. Wittebergae per annos non admodum multos docuit, tanto ibi favore Friderici Electoris et Joannis fratris, ut praelectionibus ejus interessent. a) Mirum est Scriptores de Academia laudata illius ne verbulo quidem meminisse. Illo tempore, Marschalco teste, jam senex erat; tamen nescio qua de caussa, hinc abiit, Coloniam profectus. Ibi fortunam fautricem non habuit, a Coloniensibus, bonorum studiorum inimicis, ejectus, teste Cornelio Agrippa in Epistola Apologetica ad Senatum Coloniensem. b) Hinc incertis sedibus vagatus est, unde *Ortwini Gratii Criticomastix peregrinationis Petri Ravennatis* Lugduni 1511. prodiit, in quo, teste Val. Andrea in Bibl. Belgica p. 709. multa de laudibus Petri Ravennatis et Academiae Coloniensis continentur. De morte nihil constat.

Memoria usus est artificiali, sed plane stupenda, cujus rei ex ipsius scriptis testimonia dederunt VV. CC. Jo. Henr. a Seelen in Selectis literariis p. 678. et Jo. Ge. Schelhornius tom. XI Amoenitatum literariarum p. 16. seqq. Maximiliano I. Imperatori specimina ejus rei dedit, et muneribus ab ipso ornatus abiit. Ipse rationem hujus memoriae docet in libro inferius laudando, sed mihi visa est illa paullo abstrusior, sic ut malim sine illa esse, quam tantis me tricis immergere. Nunc scripta proferemus:

1. *Compendium Juris Civilis.* Albiburgi (Wittebergae) pridie nonas Septembris 1503. 4.

2. *Compendium Juris Canonici:* pars prior. Clausula editionis Wittebergensis haec est: *Impressum est hoc Opus Compendii Juris Canonici, quoad primam ejus partem in florentissimo Studio Wittenburgensi, arte et industria honesti viri Baccalarii Wolfgangi Monacensis:* 1504.

20. *Aprilis.* fol. Lipsiensem a. 1506. memorat Goetzius de Bibliotheca Senatus Lipsiensis pag. 4. quae altera illius pars est. Vide Leichium de Origine Typographiae Lipsiensis p. 84. 86.

3. *In Consuetudines Feudorum Compendium*, D. Maximiliano I. Caesari dedicatum. Venet. fol. in Tract. Tractatuum t. X Colon. 1567. 8. sed in hac editione dedicatio desideratur.

4. *De artificiosa memoria.* Venet. 1491. Vicent. 1600. Has editiones citat Arisius in Cremona literata tom. I p. 356. Ego vidi editionem sine anno et loco impressam litt. Longobardicis 2 plag. 4. Editio Coloniensis a. 1608. 8. hunc habet titulum: *Phoenix, sive ad artificialem memoriam comparandam brevis quidem et facilis, sed re ipsa et usu comprobata Introductio.*

5. *Repetitio c. Inter alia, de emu. eccle.* (de emunitate vel immunitate ecclesiarum) Lubecae, apud Lucam Brandis, 1499. fol. Sub finem Petrus noster vocatur *Ordinarius Juris Imperialis almae Universitatis Gripeswaldensis.* Notitia libri debetur J. H. a Seelen l. c. et in Hist. Typographiae Lubecensis pag. 36. Sub finem ejus exstat Carmen *in laudem Lubecae*, quo genere scribendi noster etiam polluit.

6. *Alphabetum aureum Juris utriusque, quod ad publicam Scholasticorum utilitatem ac ut multa ex tempore in utroque jure tum apponendo, tum respondendo, tum etiam determinando memoriter pronunciare possent, in lucem edidit, atque amplissimae Germanorum Universitati Coloniensi nuncupavit. Gualtherus Tangherius* 1507. fol. Hanc editionem memorat Jo. Henr. a. Seelen, et Kappius praefat. ad Beehrii Hist. Meclenburgicam pag. 46. Alia cum additionibus Mag. Joannis de Gradibus, et Ortwini Gratii Criticomastige Peregrinationis Petri Ravennatis. Lugd. ap. Petr. Vincentium 1511. 8. Editionem anni 1504. memorat Lipenius.

---

a) Nic Mareschalcus Thurius in praefat. ad nostri Compendium Juris Civilis.

b) *Unschuld. Nachrichten* 1708. p. 594. Schelhornius tomo XI. p. 16.

7. *Aurea* Opuscula *Celeberrimi J. U. D. et Equitis aurati Domini Petri Ravennatis*, *Itali, in Vniversitate Gripsualdensi utrumque jus ordinarie legentis. 4.* sine mentione anni et loci. Duo in hoc volumine continentur: 1 *Sermo, quem habiturus erat de mandato Dom. Martini Episcopi Caminensis, Dec. Doct. in Synodo per ipsum celebrata : sed justa causa impediente·, quae tamen sibi est incognita, illum recitare non potuit.* 2. *Solutiones argumentorum ex legibus secum invicem pugnantibus depromtorum.* Ex priore verba haec notatu digna decerpo; quae momenta quaedam ad vitam nostri spectantia docent: *Gratias ingentes ago Deo meo, quia non permisit me clericalem vitam ducere. Nam defuncta uxore mea prima suadebant amici et propinqui, ut Curiam peterem, dicentes, quod evaderem in magnum virum. Non etiam; dicebant ipsi, tibi deerunt Episcopatus, non Abbatiae, non Praelaturae; quod constanter facere recusavi: Et; ut penitus essem incapax, secundam duxi uxorem. Noscebam enim me ipsum, quod fecissem, ut aliqui faciunt, et forte pejus. Malui potius in matrimonio vivere cum paucis redditibus, quam amplissimos beneficiorum redditus possidere. Nec unquam me facti poenituit: et si erravi, libenter erravi.*

8. *Clypeus Doctoris Petri Ravennatis contra Doctorem Cajum impugnantem suum consilium.* Impressum Albiburgii XII. Kal. Julii, anno MDIII. 4. Controversia est de materia feudali, et conclusio innuit, consilium Petri nostri adhuc in Pomerania fuisse datum. In fine exstat Carmen breve ad Fridericum Electorem Saxoniae; deinde haec verba : *Sciant auditores mei et amici charissimi Itali· et Alemanni, quod Deo optimo maximoque ita disponente ego et uxor mea Lucretia omnia mundi reliquimus, et habitum fratrum et sororum de poenitentia Sancti Francisci sumpsimus et eorum regulam publice et solenniter professi sumus, et ob id labores meos in jure interrupi. Compendium enim in materia*

Feudorum et Commentum super quarto libro Decretalium imperfecta reliqui, quae ni fallor. Lectoribus placuissent, et juri operam dantibus magnam attulissent utilitatem etc.

9. *Libri Sermonum, quos festis diebus auditoribus suis pronunciavit, assidentibus quandoque Friderico Electore et Johanne Fratre, Ducibus Saxoniae Serenissimis.* Excusus liber Wittenburgii in incude litteratoria Hermanni Trebelii, Isennaci 1505. Notitiam ejus debeo Bibl. Ecclesiasticae Olearii t. II p. 117.

10. *De Consuetudine*: in Tract. Tractatuum vol. II. item cum Sebast. Medices et Rochii Curtii Tract. de Legibus, Statutis et Consuetudine, Colon. 1541. 8.

11. *Repetitiones in frequentiores Juris Canonici partes,* vol. II. Venet. 1587· fol.

12. *Opuscula varia.* Lugd. 1586. fol. a me non visa, sed a Lipenio memorata.

13. *Singularia Juris.* Frf. 1596. quorum notitia Lipenio debetur.

14. *Disputatio, de corpore suspensi in patibulo, si remanere debeat.* Ravennae. Lipenius. Contra hunc *Defensionem Principum Germaniae* edidit Jacobus Hochstratanus. a)

15. *An decimae sint jure divino?* et.

16. *Artem parvam* memorat Simlerus. Alius *Petrus* RAVENNAS, de quo Lud. Vives lib IV. de caussis corruptarum artium p. 263. *Memoria patrum et avorum coeptum est in Italia renovari studium linguarum per discipulos Petri Ravennatis, Itali, et Emanuelis Chrysolorae: inter quos maximi nominis fuere Leonardus Aretinus, Franciscus Philelphus, Laurentius Valla, Varinus Veronensis, Perottus Nicholaus.* Si enim Chrysolorae suppar fuit, qui a. 1415. obiit, et si hi viri fuerunt illius discipuli, non potuit ille Petrus esse, quem loco priore commemoravimus, cum quo proinde non confundendus erat a Celeb Heumanno in Conspect. reip.· literariae edit. tertiae p. 128. Vel memoria lapsus est Vives, et pro Petro dicere voluit Joannem, quae

sententia Cl. Kappii est, diss. de Xiccone Polentono p. 14.

Vincentius RAVENNAS, vide infra *Vincentius.*

RAVENNIUS, Episcopus Arelatensis, Hilarii successor, de quo Benedictini in Historia literaria Galliae tom. II pag. 354. Ejus est *Epistola*, qua Clericos suos ad Concilium Arelatense vocat t. IV. Concil. Labbei pag. 1023. Sunt, qui ipsi *Vitam Hilarii* tribuunt, quae tamen aperte est Honorati Massiliensis. Vide Galliam Christianam tom. I p. 531. et Nostrum tom. III. pag. 235.

Benintendius de RAVIGNANIS, magnus Venetiarum Cancellarius, Andreae Dandulo, Venetorum Duci, et Francisco Petrarchae summa familiaritate conjunctus. Ejus est *Epistola* a. 1352. scripta ad commendationem Chronicarum Danduli edita ante Chronicon laudatum tom. XII. S. R. Ital. Muratorii p. 10. *Brevem* quoque *rerum Venetarum Historiam* scripsisse testatur idem Muratorius in Prolegomenis p. 7. quae apud nobiles Contarenos Venetiis adservetur. Nomen ejus in ipso Opere Danduli legitur p. 399.

RAVRACIUS, Episcopus Nivernensis, vixit sec. VI. medio.

Ejus superest *Epistola* ad Desiderium Episcopum Cadurcensem, edita a Canisio Ant. Lect. t. I p. 646.

Ludovicus RECARDELLUS, (immo BECCADELLUS Bononiensis) Episcopus Ragusinus, scripsit *Vitam Petrarchae* (Italice) *et Cardinalis Bembi*. MS. in Bibl. Vaticana. Bern. de Montfaucon Bibl. Bibliothecarum MSS. p. 111. (292 Prima edita in Tomasini Petrarcha redivivus, Edit. Petrarchae Rythm. cusa *in Padova per G. Comino* 1722 1732. et in op. *Monumenti di varia Letteratura di M. L. Beccadelli. Bologna* 1795. 97. 4. vol. III.)

RECUPERATUS *de Petramala*, Aretinus, a quibusdam etiam *de Senis* dictus, et *Recuperus*, Ord. Praedicatorum, sec. XIII. et XIV. Scripsit *Summarium virtutum et miracula B. Ambrosii Sansedonii*, cujus discipulus fuit. Habentur in Actis Sanctorum tom. III Martii pag. 210. Ad-

de Jac. Quetif de Scriptoribus Ord. Praedicatorum t I p. 403. Altamura p. 61.

REDEMTUS, Clericus Hispanus, ad quem cum additamento *Archidiaconi* directa est Epistola Isidori Hispalensis *de usu panis azymi in occidentali Ecclesia*. Vixit igitur tempore Isidori, et *Narrationem de obitu illius* (qui a. 636. contigit) reliquit. Exstat in editioribus Isidori Madritensi, et Breulii Parisina, nec non in Actis Sanct. tom. I Aprilis p. 349. Vide Nic. Antonii Bibl. Hispanam Vet. V. 5. n. 219.

Petrus REGINALDETUS, Ord. Minorum, Doctor Theologus, scripsit *Speculum finalis retributionis*, antiquo charactere impressum.

REGINALDUS *de Alna*, religiosus monasterii Alnensis, dioecesis Leodiensis, Ord. Cisterciensis, seculo incerto, scripsisse fertur *Commentarium in Sapientiam Salomonis*, qui vulgo Roberto Holcot tribuitur. Car. de Visch. Bibl. Scriptorum Ord. Cisterciensis p. 285. Val. Andreae Bibl. Belgica p. 788.

REGINALDUS, Archidiaconus *Andegavensis*, Frodoardi Remensis *Chronicon* continuavit usque ad a. 1277. Exstat in Codice Cottoniano, teste Catalogo illius Bibliothecae n. 69. Oudinus t. III p. 552.

REGINALDUS *Cantuariensis*, monachus Ord. S. Benedicti Cantuariae in coenobio S. Augustini, Poëta et Rhetor, Graecae etiam Linguae non ignarus. Scripsit *super Malchum Byzantinum*, carmine, h. e. historiam a regno Constantini usque ad Anastasium, quam Malchus conscripserat, carmine latino expressit. Baleus Cent. XII. 82. Pitseus Append. III. 74. Lyseri hist. Poëtarum medii aevi p. 1221. Ad ipsum exstat Epistola Hildeberti Cenomanensis, qua illud Carmen de historia Malchi laudat : apud Mabillonium Annal. p. 462. Vixit igitur initio seculi XII. quum scriptores huc usque aetatem ipsius incertam fuisse tradiderint.

REGINALDUS, monachus *Dunelmensis* circa a. 1170. Ailredo Abbati Rievallensi synchronus atque amicus. Ejus *Epistola ad Ailredum*, *vita S. Eddae Virginis*, nec non *S. Cuthberti Episcopi Dunelmensis* adhuc in Bibliothecis Angliae supersunt. Vide Oudinum tom. III pag. 1432. *Vitam* quoque *S. Godrici* Eremitae in Anglia circa a. 1160. elaboravit, quam Galfridus monachus Cisterciensis abbreviavit in Actis Sanctorum tom. V Maji p. 70.

REGINALDUS, *Eystetensis* Episcopus, vide REGINOLDUS.

REGINALDUS de *Landolina*, vid. RAINALDUS *de Montauro*.

REGINALDUS *Langham*, Ord. S. Francisci monachus in conventu Norwicensi, Theologiae Doctor Cantabrigiensis, circa a. 1410. Scripsit *contra Edmundum monachum Buriensem, contra Andream Binghamum Dominicanum, còntra Joannem Haidon Carmelitam, Lecturas XXX. Bibliorum, in Magistrum Sententiarum, Determinationes et Quaestiones disputatas.* Baleus Cent. VII. 45. Pitseus c. 752. Waddingus de scriptoribus Ord. Minorum pag. 304. Willot Athenae sodalitii Franciscani p. 314.

REGINALDUS de *Montoro*, vide supra RAINALDUS *de Montoro*.

Odo REGINALDUS, v. infra RIGAUDUS.

REGINALDUS *Pavo*, Anglice *Peacok*, Cambrobritannus, in Collegio Orialensi Oxoniae educatus, Doctoratus insignia accepit. Fuit primum Episcopus Asaphensis, deinde a. 1444. Cicestriensis. Quamvis sese Wiclefitis acriter opponeret, tamen simul vitia Cleri et Curiae Romanae vehementer insectatus est: quam ob caussam reliquorum odium incurrit, in Synodo Lambethana a. 1457. articulos quosdam, tanquam erroneos et haereticos revocare jussus. Ex scriptis illius, quae ipse in omnibus suis operibus recensere solet, tantum impressus est *de Fide liber II.* opera Henrici Whartoni, Londini 1688. 4. prout ipse testatur in Auctario ad Jacobi Usserii Historiam dogmaticam de Scripturis et Sacris vernaculis p. 445. ubi etiam quaedam vestigia veritatis excerpta dedit.

Reliqua sunt inedita: *Repressor nimiae Cleri reprehensionis*, Anglice scriptus, cujus oeconomiam et excerpta notabilia dedit idem Whartonus in Appendice ad Caveum p 102. seqq. *Justa S Scripturae*

aestimatio, Provocator Christianorum, de communione sub utraque specie, de sua Palinodia, contra mendicitatem impiam, de libertate Evangelii, de legibus et doctrinis hominum etc.*

Idem Whartonus memorat Joannem Foxum Collectanea quaedam ex scriptis Peacoci, una cum Articulis seu Aphorismis Wiclevianis Argentinae 1554. 8. edidisse, librum autem a se visum non esse.

Adde Lelandum c. 566. Baleum Cent. VII. 19. Pitseus hunc prorsus omist Quaedam habet Noster tom. V. p. 211.

REGINALDUS *de Piperno*, Anglus, monachus Dominicanus, Theologus et Concionator, aetatis incertae. Scripsit *Postillam in Joannem, Lecturas et Sermones.* Ita Baleus Centur. XII. 32. Pitseus Append. Centur III. 75. Sed fuit potius Italus, e *Priverno* Campaniae municipio oriundus, discipulus et comes individuus S. Thomae. obiit inter a. 1280. et 1300. *Postilla in Joannem* quidem a Reginaldo nostro congesta, sed a D. Thoma emendata est, unde in Operibus ejus legitur tomo XIV. separatim vero prodiit Paris, 1520. fol. *Postilla super epistolas Pauli*, exceptis ad Romanos, priore ad Corinthios et ad Hebraeos usque ad cap. XI. quae ab ipso Thoma exaratae sunt, habentur tom. XVI. Operum D. Thomae. *Postilla super tres nocturnos Psalmos*, ibid. t. XIII. *Lectura super primum de anima*, ibid t. III. Vide Jac. Quetif de Scriptoribus Ord. Praedicatorum tom. I. p. 381. Ambr. ab Altamura p. 64.

REGINALDUS, Ord. Praedicatorum, fidus D. Thomae Aquinatis socius, et doctus eodem, ex D. Thoma docente excepit *Commentaria in Evangelium S. Joannis*, a quinto capite usque ad finem: quae postea D. Thomas legens pro suis haberi voluit: Quare et hujus nomine circumferuntur. Idem praestitit ipse Reginaldus *super S Pauli plures Epistolas*, còdem D. Thoma illas interpretante. Quod et fecit *in libros Aristotelis de Anima.* Testatur haec D. Antoninus part 3. Histor. tit. 18. c. 10. Haec Possevinus tomo II. Apparatus p. 317. Confer testimonium Nicolai Triveti supra t. V. p. 269.

· * Alter iste Reginaldus idem est cum priori, nempe cum Reginaldo de Piperno; quare non erat cur hic a Blbliothecario nostro geminorentur.

REGINALDUS Umber, a. 1298. Lector sacri Palatii Apostolici, scripsit *in quatuor libros Sententiarum*. Jacobilli Bibl. Umbriae 240. Willotus et Possevinus hunc Archiepiscopum Rotomagensem faciunt, et Cardinalem Portuensem Episcopum; sed neque Archiepiscopum neque Cardinalem fuisse docet Waddingus Annal. Minorum ad a. 1298. n 4. quem etiam confer. de scriptoribus ejusdem ordinis p. 304.

REGINO, primum Monachus, dein ab anno 891. usque 899. Abbas Prumiensis, sed ab illa dignitate invidia aemulorum dejectus. Privatam postea vitam gessit in monasterio S. Maximini, mortuus a. 908. Scripsit.

1. *Chronicon a nato Christo ad a.* 908. quod exstat tom. I Pistorii p. 1. et in editione Struviana. Edⁱtus quoque est separatim 1521. Moguntiae upud Jo. Schoeffer, fol. deinde cum Abbate Urspergensi Argent. 1609. fol. Numeros ánnorum quidam recentiore manu adscriptos esse statuerunt. Testatur autem Jo. Mabillonius in Itinere Germanico p. 25. edit. Fabricii in codicibus optimae notae monasterii Gemblacensis et Murensis hos numeros adscriptos atque adeo ad ipsum auctorem referendos esse. Adde Bullartum Academie des sciences tom. I. p. 121. seqq.

2. *De disciplinis Ecclesiasticis et Religione Christiana*, prodiit primum ex Codice Helmstadiensi a Joachimo Hildebrando editore Helmst. 1659. 4. deinde cum variis additionibus cura Steph. Baluzii. 1671. 8.

3. *De Harmonica institutione* ad Ratbodum Archiepiscopum Trevirensem, et *Lectionarium totius anni*, Codex manu exaratus cum supra scriptis notis musicis illo aevo usitatis. Fuit primum Gerardi a Mastricht, deinde Jo. Ludolphi Bunemanni Rectoris Scholae Mindensis, nunc est in Bibl. Senatus Lipsiensis. Vide Eccardum rerum Francicarum XXXIII. 133. Matthesonii Criticam Musicam Vol. I. p. 83. et 147. seqq. God. Leonh. Baudis diss. de indole caussarum Ecclesticarum pag. 33. Aliud exemplum est Ulmae in Bibliotheca Krafftiana, teste Bevschlagio in Sylloge variorum Opusculorum tomo I. fascic. I. p. 216. Plura Fabricius noster supra tom. I. p. 221. Histor. literaria Galliae t. VI. p. 148. seq.

REGINOLDUS, Episcopus Eichstedensis undecimus per annos XXIV. obiit a. 989. Trium linguarum peritus fuisse dicitur, scripsit *Vitas S Nicolai*, *Blasii*, *Wilibaldi item Wunibaldi*. Haec Bruschius in Catalogo Episcoporum Eichstedensium. Idem testantur Molanus et Baronius, quorum testimonia Canisium impulerunt, ut statueret, *Vitam* illam *S. Wilibaldi*, quam Ant. Lect. tomo. III. part. I. pag. 13 edidit, cui tamen in Codice monasterii Windbergensis nomen praefixum non fuit, Reginoldo tribuendam esse. Jacobus vero Basnagius post Mabillonium dubitat, neque id injuria. Testatur enim Anonymus alius de translatione reliquiarum Wilibaldi tom. II. editus, Reginoldum vitam carmine scripsisse, haec autem est prosaica. *Acta S. Blasii*, quae in Actis Sanctorum tom. I. Februari. p. 344. edidit Bollandus, eidem conjectura quadam asserit. Adde Henschenium tom. II. Febr. p. 70. et Jo. Bapt. Sollerium tom. II. Julii p. 488.

REGIOMONTANUS, vide supra *Joannes Mullerus*.

Chronicon REICHERSPERGENSE a monacho coenobii Reicherspergensis in Bavaria compilatum edidit Christoph. Gewoldus Monachii, 1161. 4. postea Jo. Petrus Ludovicus tom. II. S. R. German. p. 127. Incipit a nato Christo, et usque ad 1194. pertingit, universalem potius, quam singularem suae regionis historiam describens.

REIMANNUS vel *Osmannus*, scripsit *Vitam S. Cadroae*, Abbatis Walciodorensis, aequalis sui, mortui a. 974. quae exstat in Actis SS. tom. I 474. et apud Mabillonium Sec. V. Benedict. pag. 487. Adde Histor. literariam Galliae tom VI. p. 459.

REIMBALDUS, quem Mabillonius Canonicum S. Mariae et S. Lamberti Leodiensis vocat, rectius, Praepositus S. Joannis Leodiensis: nam ita in titulo Epistolae Wazonis jam memorandae scribitur, vixit circa a. 1115. quo tempore Leodio fugere et apud Kicherium Abbatem, nescio quem, per menses octo delitescere coactus fuit. Hujus igitur hospitis suasu librum *de Vita Canonica* conscripsit, quem in Codice monasterii Alnensis oculis usurpavit Jo. Mabillonius, prout in Analectis pag. 473. testatur. Hunc ipsum librum Wazoni Priori S. Jacobi Leodiensis mittit Reimbaldus, rogans, ut illi manum ultimam admoveat, et corrigenda corrigat. Wazo vero modeste respondet, se nihil habere, quod addat vel emendet, sed potius gratulatur: cui Reimbaldus altera epistola respondet· Tres illas epistolas (duas tantum observaverat Mabillonius) ex eodem Codice Alnensi ediderunt Martene et Durand in Thesauro novo Anecdotorum tom. I. pag 338 seq. Ejus *Stromata* bis adsunt in Bibl. Vaticana. Bern. de Montfaucon Bib. Bibl. MSS. pag. 101. 138. *Versus in vitam S. Majoli* extant in Actis Sanctorum tomo II. Maji pag. 668.

REINERUS, aliis *Renerus, Nonnum Renerum* vocat Codex MS. teste Papebrochio tom. VI Maji p. 724. natus a. 1155. post annos viginti ordini S. Benedicti nomen dedit in monasterio S. Laurentii Leodiensis, Romam quater profectus, a. 1197. monasterii sui Prior electus, a. 1215. ad Lateranense Concilium vocatus est, obiit a. 1230. Scripsit multa, quorum recensum ipse init libro II. de claris scriptoribus monasterii sui. Nos primum enumerabimus, quae typis sunt edita.

1. *Vitae quorundam Episcoporum Leodiensium* ab a. 1194. ad 1230. ex quibus *Gesta S Lamberti* edidit Jo. Chapeavillius tom. I Script. Leodiensium p. 411. *Vitam Wolbodonis*, qua idem usus est, ediderunt Antwerpienses in Actis Sanctor. t. II April. pag. 857. et Mabillonius seculo VI. Benedictino part. I. pag. 174. *Vitam Frederici*, Bollandistae tom. VI Maji. p. 725. Aliam ejusdem Martene et Durand Collect ampliss. tom. IV p. 1023. Pezius dedit loco citando p. 167. *Vitam S. Reginardi* Ægidius de Aurea valle historiae suae Leodiensi ad verbum inseruit, et ex-

stat tom. II Scriptorum Leodiensium p. 167. Praefationem vero ab illo omissam ediderunt Martene et Durand Collect. ampliss. tom. I pag. 961. *Vitam Eracli* dedit Pezius Thes. noviss. Anecdotorum t. IV part. 3. p. 155.

2. *De adventu reliquiarum B. Lamberti Roma Leodium*, sermone ligato Edidit Pezius I. c. p. 121.

3. *Triumphale Bullonicum*, sive quomodo Ecclesia Leodiensis Bullionense castrum receperit. ibidem p. 129.

4. *De claris scriptoribus monasterii S. Laurentii Leodiensis.* ibidem p. 17.

5. *De casu fulminis super Ecclesiam monasterii sui*, a. 1182. ibidem p. 187.

6. *Libellus dedicationis*, super dedicatione monasterii sui. ibidem p. 197.

7. *Vitae S. Theobaldi Eremitae et Pelagiae*, quarum praefationes ediderunt Martene et Durand Collect. ampliss. tom. I. pag. 960.

8. Continuavit *Historiam monasterii S. Laurentii Leodiensis*, quod Rupertus Tuitiensis inchoaverat, ab anno circiter 1120. 1216. editam ab iisdem t. IV p. 1033.

9. Continuavit porro *Lamberti parvi Chronicon* ab a. 1194. 1230. ab iisdem productum tom. V p. 1.

10. *In novem Antenatalitias Antiphonas*, s. *de Antiphonis Adventus* ex editione Leodiensi habetur etiam libro III. de scriptoribus monasterii sui.

11. Ipse in libro modo adducto alia ingenii sui monumenta, sed nondum edita profert, *Vitam S. Pelagiae* sive Speculum poenitentiae, libris II. p. 69. *Palmarium virginale*, s. de Vita S. Mariae Virginis Cappadocis, libris II. pag. 84. *Flos eremi* s. de vita S. Ticbaldi monachi et eremitae, libr. II. p. 97. *de conflictu duorum ducum et animarum revelatione, et de milite captivo per salutarem hostiam liberato* lib. II. scriptos versibus hexametris, praemisso prooemio trochaicis versibus, p. 110. *Varii generis carmina et epigrammata*, p. 122. *Lacrymarum* libelli III. p. 311. et 270. *de profectu mortis* lib. II. ad Wihelmum quondam Exscholasticum.

Huc pertinent alia, et quidem ligato

sermone *de situ Sardiniae*; *de victoria S. Michaëlis Archangeli*: *hymni septem breves de Spiritu Sancto.* Prosa vero scripsit *de gestis Abbatum et fratrum S. Laurentii.* a) *Lauream peregrinorum Jerosolymitanorum libris XIV.* Adde Val. Andreae Bibl. Belgicam pag. 789. 790. et Swertium pag. 652. qui ex uno duos faciunt, unum, qui *Historiam Leodiensem*, alterum qui *Vitam Wolbodonis* scripserit. Conferenda quoque est Praefatio Pezii ad tomum IV. Thesauri novissimi, qua tamen uti non potui, quia exemplum, quo utebar, illa carebat, neque aliud ad manus erat.

REINARDUS *Confluentinus*, Germanus, Abbas Ord. S. Benedicti, exposuit librum Job, Psalterium Davidis, Esaiam et Ezechielem prophetas, Pauli Apostoli Epistolas omnes. Vivebat a. 1096. Haec ex Eisengreinio Possevinus tom. II Apparatus pag. 319.

REINHARDUS *de Fronthoven*, alii scribunt *Bernardus de Franchoven*, monachus Ord. Praedicatorum in conventu Confluentino, circa a. 1410. Scripsit *Sermones de tempore et Sanctis.* Trithemius c. 715. Jac. Quetif de Scriptoribus Ord. Praedicatorum tom. I p. 752. Altamura p. 152. Vide nostrum supra tom. I. p. 213.

REINHARDUS *de Laudemburg*, Germanus, Ord. S. Augustini, Theol. Doctor et Concionator, circa a. 1500. Scripsit *Sermones de Passione Domini accomodatos ad formam Quadragesimalis.* Norimb. 1501. 4. Phil. Elssii Encomiasticon Augustinianum p. 600. Gandolfus de ducentis Augustinianis Scriptoribus p. 308.

REINHARDUS, Abbas in *Reinhusen* Saxoniae, scripsit *Commentaria in Ezechielem*, *Esaiam*, *Psalmos*, *Epistolas Pauli*, *Metricum in Iob*, et quaedam alia Gesnerus et Trithemii Chronicon Hirsaug.

REMBERTUS, vel *Rimbertus*, Flander, aliis Frisius, primum monachus Turboltensis, scholam rexit in monasterio Corbeiao novae, deinde successor Anscharii in Archiepiscopatu Hamburgensi et Bre-

mensi, obiit a. 888. De Vita ejus plura docent Scriptores rerum Hamburgensium et Bremensium, Acta Sanctorum tom. I Febr. p. 393. et Mabillonius sec. IV. Bened. part. 2. p. 471. Hist. literaire de la France t. V p. 631. Scripsit.

1. *Vitam S. Anscharii*, primum ex Codice Hamburgensi mutilo excusam a Phil. Caesare in Triapostulatu Septentrionis Coloniae 1642. postea vero e Codice antiquo Corbeiensi, qui nunc in monasterio S. Germani Pratensis habetur, plenius editam a Petro Lambecio cum Originibus Hamburgensibus a. 1651. Repetita est post haec et cum aliis exemplaribus collata in Actis Sanctorum tom. I Febr. p. 391. nec non in Mabillonii sec. IV. part. 1. p. 75.

2. *Epistolam de Cynocephalis*, quae intercidit, vel certe huc usque nondum publici juris facta est. Scimus autem eam scriptam ex responsione Ratramni, de qua supra tom. I p. 226. Verba Ratramni sunt haec. *Quando scripsistis nobis ea, quae de Cynocephalorum natura potuistis cognoscere.* Rimbertus autem, cum eam scriberet, tantum Presbyter fuit.

3. *De Virginitate* lib. 1. et *Epistolas varias* memorat Val Andreas Bibl. Belgica pag. 792. nec non Swertius in Athenis Belgicis p 656.

REMEDIUS, quibusdam *Remigius*, Episcopus Curiensis in Rhaetia, temporibus Caroli M. quippe cujus jussu *Canones Ecclesiasticos* ex Pontificum Epistolis excerpsit. Edidit Goldastus rerum Alemannicarum t. 2 parte 1. p. 121.

REMENSE Chronicon breve editum est in Labbei Bibliotheca MSS. tom. I p. 358. Registrum Epistolarum Alexandri III. pro *Remensi* provincia in Martene et Durand Collect. amplissima t. II praef. p. 36.

REMIGIUS, monachus coenobii S. Germani *Antissiodorensis*, Ord. S. Benedicti. Post a. 882. a Fulcone Archiep. Remensi ad scholam ibi regendam evocatus est, teste Flodoardo Hist. Rem. IV. 9. Non confundendus est cum Remigiis sequentibus. Operose de illo egit Hist. literaria Galliae

a) An idem sit cum opere de Scriptoribus monasterii sui, an vero diversus, non possum dicere.

tom. VI. p. 99. Edidit ille

1. *Expositionem Missae*, quod Opusculum Alcuino tribuerunt, quippe quod c. XL. libri de divinis officiis constituit, observante Eccardo rerum Francic. XXVII. 26. Multa ex Marco Floro desumsisse notat Bulaeus Hist. Academiae Parisinae t. I pag. 635. Possevinus librum *de officiis divinis*. Colon. 1536. excusum memorat: nescio an idem sit cum hac Expositione Missae. Exstat tom. XVI Bibl. PP. maximae pag. 883. (293 Cod Sec. XI in med. Laurent. Bandini in Op. *Novelle Letterarie* F. 1791, 518.)

2. *Expositionem in undecim Prophetas minores*, quae una cum Oecumenio et Areta prodiit Antv. 1545.

3. *Commentaria in Psalmos*, ex Ambrosio, Augustino et Cassiodoro consarcinata. Colon. 1536. fol. Et haec quidem tria habentur tom. XVI Bibl. PP. Lugdun. Qnidam *Manegoldo* tribuunt de quo Noster supra tom. V. p. 13.

4. *Commentarius in Epistolas Pauli*, qui vulgo Remigio Remensi vel Haymoni a) tribuitur, ad nostrum potius pertinet, quia Gregorius M. cum Beda ibi citatur, et Saracenorum mentio fit. Sub nomine nostri prodisse in Bibl. PP. Coloniensi tradit Caveus, quod longe secius est. Nam tomo V. ejusque parte tertia habetur *Remigii Remensis Episcopi Explanatio Epistolarum Paulinarum* ex editione Jo. Bapt. Villalpandi Rom. 1598. fol. Mogunt. 1614. fol. In Bibl. vero Lugdunensi t. VIII. p. 883. Remigio Lugdunensi adscribitur. Vide Historiam Galliae literariam t. III. p. 162.

5. *Commentarius in Apocalypsin*, qui vulgo Haimo tribuitur, ad nostrum spectat. Nam is quadam modestia nomen suum scriptis non addidit, vel etiam *Reymonis* aut *Raymonis* abbreviatum nomen adjecit, unde Haymonem fecerunt in his non satis exercitati. Stilus enim est Remigii nostri, prout observat Abbas Lebeuf tom. I dissert. ad Hist. Gallicam spectantium pag. 279. qui etiam siugularem de hac re dissertationem promittit. Ut obiter

hoc addamus, Abbas modo laudatus ibidem illud agit, ut *Honorium*, quem huc usque *Augustodunensem* vocarunt, Germaniae potius vindicet, ut *Augustae* vel *Vindelicorum* vel *Rauracorum* tribuendus sit.

6. *Epistola ad Dadonem Episcopum Virdunensem*, in qua explicat, quid de Gog Magog apud Ezechielem intelligendum sit et de Hungrorum origine quaedam narrat, habetur in Collectione amplissima Edm. Martene et Ursini Durand tom. I. p. 230. Quamvis etiam tantum literae initiales S. et D. in Codice Floreffiensi exstent, tempora tamen conveniunt, et sub finem Epistolae congregationem S. *Germani* vocat *fratres ei dominos suos*.

7. *Commentarius in Genesin* editus est a Bern. Pezio Thes. novissimo Anecdotorum t. IV. part. 1. sub initium.

8. *Comment. in librorum Judicum*, ab eodem l. c. p. 127.

9. *Comment. vastus in Matthaeum*, MS. habetur Monachii in Bibliotheca Serenissimi Electeris Bavariae, teste Rev. Bern. Pezio Dissert. Isagogica ad tom. I. Thesauri novi Anecdotorum p. 23. in Bibl. Vindobonensi et S. Georgii Majoris Venetiis, teste Possevino Apparatus t. II. 320.

10. *De Festivitatibus Sanctorum* lib. I. ad Episcopum Æduorum, memorat Bulaeus.

11. *Sermones triginta* occurrunt in Lectionario monasterii Medianensis ante annos 700. scripto, ex quibus aliquot, qui ad Sacramentum Eucharistiae spectant, descripsit Hyacintus Alliot. Haec. Theodericus Ruinartus in Itinere Alsatico et Lotharingo, tom. III Operum posthumorum Mabillonii et Ruinarti pag. 444. An vero Alliotus illos ediderit, mihi non constat.

12. *Commentarii in Martianum Capellam, Donatum et Priscianum* inediti in variis Bibliothecis habentur. Vide Indicem Bern. de Montfaucon. Videndum annon his titulis comprehendantur *Remigii Grammaticalia*, Colon. 1500. fol. edita, teste Maittairio tom. I. Annal. Typogr. p. 728. edit. poster.

13. *Commentarius in Regulam S. Bene-*

---

a) Nam in Codice Cassinensi, Possevino teste scribitur *Raimo.*

dicti forte illius est. Florentiae in Bibl. Medicea et Camaldulensi. Idem p 413. 430.

14. *Responsio* ad Gualonem, Heduorum Episcopum, de pugna. Michaëlis cum Diabolo de corpore Mosis et de Behemoth, quam Possevinus memorat.

15. *De ratione gubernandae Ecclesiae* scripsit, prout docet Eisengreinius, apud eundem Possevinum.

16. *Interpretatio nominum Hebraicorum* ordine Alphabetico, quae vulgo Bedae tribuebatur. in cujus quippe Operibus exstat tom. III. p. 731 Oudinus autem testatur in optimae notae Codicibus Remigio nostro tribui. Adde Merici Casauboni annot. ad Optatum p. 49. * Ad hunc Remigium Antissiodorensem spectare credo homilias quasdam legendas in homiliario quodam MS. Bibliothecae Can. maioris eccl. Lucensis. Sunt autem homilia S. Remigii in illud : *vigilate ergo quia nescitis;* incipit : *hic ergo perspicue.* Altera in illud : *vos estis sol.terrae.* Incipit : *quia dixerat Dominus.* Item tractatus in illud : *scitis quia post biduum* incipit :*et factum est* etc. *hac enim sententia.* Item Homilia in illud : *vespere autem Sabbati;* incipit *Matthaeus a parte* Item altera in illud : *Magister attuli filium meum.* Incipit *retorquet culpam.* Altera in illud : *Dissere nobis parabolam.* Incipit *sed quaerendum.* Codex est saeculi ut arbitror, XII. *

REMIGIUS *Clarus*, aliis *Clarus Hieronymeus*, a) etiam pro more seculi κατ' 'εξοχην *Florentinus*, a patria, dictus. Ord. Praedicatorum, in domo S. Mariae Novellae. Sententias legit Parisiis in Gymnasio Sanjacobaeo, postea Romae Magister Theologiae factus ibidem docuit, tandem Procurator Ordinis electus obiit a. 1312. Scripsit *Quaestiones Theologicas per alphabetum, De modis rerum, Opus Metaphysicum, Quodlibeta, Sermones de tempore et Sanctis, Quadragesimale.* Jac. Quetif de Scriptoribus Ord. Praedicatorum tom. 1 p.

506. Jul. Niger de Scriptoribus Florentinis p. 480. Altamura p. 87.

* Nec Quetifium, nec Bibliothecarium nostrum plane assequutum verba Pocciantii in Catalogo Scriptor. Florentinor. arbitror. Cum enim scribat Pocciantius *Remigius Clari Hieronymaei ex ord. Praedicatorum;* censuit Quetifius illius *Clari Hieronimaei* nomen alterum Remigii designare, ac si scripsisset alio nomine *clarus Hieronymaeus;* sed cur dixit *clari* et non *clarus?* Bibliothecarius vero *clari* hic habet pro *celebri;* Hieronymaei vero nomen esse censuit Coenobii cuiusdam Florentini. Verum nullam esse Praedicatorum Domum huius nominis Florentinis omnibus compertum est. Ego igitur existimo ac principio quidem illud *Hieronymaei* sphalma esse typographicum satis constat, et ipse pariter Pocciantus illud emendat in postrema operis pagella, legendumque edicit Hieronymi. Esse autem *Clari Hieronymi* censeo nomen patris et gentis, ex qua Remigius satus est, et perinde valent ac e patre Claro Hieronyma gente. *

REMIGIUS, *Lugdunensis* Episcopus, hujus nominis primus ab a. 851-875. Vide Galliam Christianam tomo IV. p. 61. Hist. literaire de la France tom V. p. 449. Ejus et Ecclesiae Lugdunensis liber *de tribus epistolis* cum Appendice s. *Solutione quaestionis de generali per Adam damnatione,* item liber alius *de tenenda immobiliter Scripturae Sanctae veritate* exstat in Auctoribus de Praedestinatione per Gilb. Maugvinum editis tomi I. parte 2. Prior ille repet'tus etiam est tom. XV. Bibliothecae Patrum Lugd. p. 666. *Epistolae variae* ad Clodoveum et alios in tomis Conciliorum.

REMIGIUS, monachus et abbas monasterii *Mediolanensis* b), Trevirensis dioecesis, scripsit *in Pentateuchum, in Evangelium, in Apostolum, De visione Abakuk*

---

a) Male hic Quetifius ; nam verba Pocciantii Catal. Scriptorum Florentinorum p. 155. non recte intellexit. Verba sunt haec : REMIGIUS *clari Hieronymei ex Ordine Praedicatorum cucullatus Hieronymeum* est domus s. conventus Praedica orum Florentiae, qui ab Hieronymo nomen ha-

bet. Illud Hieronymeum a Pocciantio dicitur *clarum,* h. e. celebre, non incognitum : hinc igitur ille *Clarus Hieronymeus* frater est *Articuli Smalcaldici et Domini Altorfii.*

b) Gesnerus ponit monasterii *S. Luthuini.* Ego haec non intelligo.

lib. I. Excerptionem Prisciani lib. I. Super Donatum lib. I. et Sermones multos. Sic quidem, qui hinc inde e Catalogis non adeo certis ista collegerunt. Sed vide quae supra ad finem de Remigio Antissiodorensi. Haec Possevinus t. II Apparatus p. 320.

REMIGIUS, Episcopus *Remensis*, natus a. 439. consecratus a. 461. mortuus a. 533. Apostolus Galliarum, quique Chlodoveum Remis sanctissimo lavacro initiavit. Ejus restant tantum *Epistolae quatuor*, in Freheri Script. Hist. Francicae t. I pag. 184. Andr. du Chesne tom. I p. 849 Conciliorum Regiorum tom. IV p. 1268. 1401. et 1608. et in Marloti Metropoli Remensi II. 8. et 11. duae ad Chlodoveum Regem, in Operibus Gregorii Turonensis a Ruinarto editis p. 1226. *Testamentum* ejus producunt Flodoardus Hist. Rem. I. 18. Brissonius de formulis lib. VII. Aub. Miraeus Opp. Diplomaticorum et Historicorum tom. 1 sub initium. Labbeus Bibl. nova MSS. tom. I p. 806. Brevius idem Miraeus p. 626. Marlotus II. 11. Cointe t. I p. 407. Jo. Jac. Chiffletius in Disquisitione de Ampulla Remensi. Et hoc magis genuinum est: interpolatum vero suspicionem suppositionis movet. Plura Memoires de Trevoux 1714. p. 1968. et Histoire lit. de la France t. III p. 155.

Declamationes ejus a Sidonio Apollinare IX. 7. laudatae interierunt.

REMUNDUS, Abbas *Ebirbacensis*, vide supra RAIMUNDUS.

REMUS *Favinus*, vide supra t. II. p. 555.

RENALDUS, monachus *Morimundensis*, Ord. Cisterciensis, seculo incerto, scripsit *Sermones de tempore et Sanctis*, *de Adventu et Quadragesima*, *et de visitationibus ordinis Cisterciensis.* Car. de Visch Bibl. Scriptorum Ord. Cisterciensis p. 285. Fortasse idem est *Renardus Madunensis*, cujus *librum de vita monachorum* habet Bibl. Vallis S. Martini Lovanii, teste Val. Andrea Bibl. Belgica MSS. II. pag. 223.

RENALDUS *de Nova villa*, scripsit *de arte Chymica*, quod opus MS. est in Bibl. Regia Parisina, Bern. de Montfaucon Bibl. Bibliothecarum MSS. p. 740.

RENALLUS quidam (forte *Raynaldus*) magister sedis Barcinonensis, reliquit librum MS. *de passione S. Eulaliae Barcinonensis*, quo usum se ait Hieronymus Pujades in Historia Principatus Cataloniae. Nic. Antonius Bibl. Hispana vet. t. II p. 271.

RENATUS *Profuturus Figeridus*, Historicus, cujus meminit Gregorius Turonensis libro II. Hist. Franc.

RENATUS, *Vindocinensis* monachus, et Poëta, ex Codice Regio citatur a Cangio in Indice Auctorum.

RENAUDUS, aliis *Bernardus* vel *Arnoldus*, Abbas Morimundensis, obiit a. 1341. scripsit *Vitam S. Clodesindae*, quae exstat apud Surium d. 25. Julii.

Car. de Visch Bibl. Scriptor. Ord. Cisterciensis p. 34.

RESTITUTUS, natione Britannus, Archiepiscopus, ut ajunt, Londinensis, missus a Constantino Angliae Rege a. 350. ad Arelatensem Synodum in Galliam, ubi cum Hilario Pictaviensi familiaritatem contraxit. Scripsit *de Arelatensi Synodo et Epistolas ad Hilarium.* Balcus Centur. X 5. Pitseus c. 350.

RETHICIUS, Episcopus Æduensis, vide infra RHETICIUS.

Joannes REUCHLINUS, Graece *Capnio*, natus Phorcae in Marchionatu Badensi a. 1455. nomen inter eruditos celebrius est, quam ut pluribus de vita illius narrare debeamus. Non solum in negotiis Principum et reipublicae versatus est, sed etiam de bonis litteris, orientalibus praecipue immortaliter meritus, quippe quas contra Jacobum Hochstratum, haereticae pravitatis inquisitorem cum periculo vitae defendit. Vitam ejus describunt singulari volumine Jo. Henr. Majus, Durlaci, 1687. 8. impresso, Niceronus tomo XXV pag. 121. Melch. Adami in vitis JCtorum.

Scripta Reuchlini.

Progymnasmata scenica, seu Ludicra Praeexercitamenta varii generis, sine loco, per Jo. Bergman de Olpe. 1498. 4. Monasterii 1509. 4. Cum Comment. Jac. Spigelii apud Anselmum 1512. 4. Lips. Jac. Thanner 1514. 4. ibid. per Valent. Schumann 1515. 4.

Liber congestorum de arte praedicandi. Phorcae 1504. 4. Basil. 1540.

Rudimenta Hebraica, ibid 1506. fol. recusa auctore Seb. Munstero, Basileae apud Henr. Petrum. 1573. fol.

Epistolae a Reuchlino et ad Reuchlinum. Tubingae per Anselmum Badensem, 1514.4.

Athanasius in librum Psalmorum lat translatus. Tubing. apud Th. Ans. 1515. 4.

De arte Cabbalistica libri tres. Hagan. apud Thomam Anshelmum, 1517. f. inter Scriptores Artis Cabbalisticae, item cum Galatino de Arcanis Catholicae veritatis, apud haeredes Wechelianos Francof. 1612. fol.

Sergius s. *Capitis Caput*, *Comoedia*, c. Comm. Georgii Simleri. Pforzhem 1507. 4. apud Anselmum, sine comm. Lips. 1521. 4. et cum Progymnasmatibus Colon. 1537. 4.

R. Josephi Esopei *Canticum, dictum: Catinus argenteus, continens sententias morales per Jo. Reuchlinum translatum.* Tubing. per Thom. Anshelmum 1512. 4. Adde Wolffi Bibl. Hebraicam tom. I. p. 502.

De Accentibus et Orthographia Linguae Hebraicae. Hagan. ap. Th. Ans. 1518. 4. et apud Badium 1518. 4.

Athanasius de variis quaestionibus, lat. Hagan. 1519. 4. et in Operibus Athanasii, Argent. 1522. fol.

Epistolae a Reuchlino et ad Reuchlinum. Hagan. 1519. 4.

Septem Psalmi poenitentiales, *hebraice*, *cum Grammaticali translatione Latina de verbo ad verbum, et super eisdem Commentarioli.* Tubing. 1512. 8. Witteb. 1520 8.

Oratio de Palatini Electoris et nobilissimae Familiae Ducum Bavariae reverentia erga Ecclesia, coram Pontifice habita a. 1498. per Aldum Manutium impressa, exstat in J. H. Maji Vita Reuchlini p. 151.

Augen-Spiegel, h. e. *Speculum oculare*, lingua Germanica, contra Pfefferkornium, qui omnes libros Judaicos aboleri volebat. Tubingae per Anselmum 1511. 4. Recusum in Herm. von der Hardt Historia literaria Reformationis parte II. pag. 49.

De versionibus Latinis hujus Operis agit Niceronus tomo XXV. p. 153. 154. et Majus p. 471.

Ain klare Verstantnus in Tütsch uff Doctor Johanses Reuclings Rathschlag von den Juden-Büchern, vormals auch zu Latin in Augen-Spiegel ussgangen, h. e. *Explicatio clara Reuchlini circa consilium suum de libris Judaicis*, *quod in Speculo oculari jam Latine prodierat*, 1512. nunc in gratiam eorum, qui Latina non intelligunt, seorsim edita. Vide Majum p. 310.

Defensio contra Calumniatores Colonienses, inter quos praecipuus erat Arnoldus de Tungaris: Tubingae, apud Thomam Anshelmum, Badensem. 1513. 4. in Hist. Reform. literaria parte II. p. 53.

De verbo mistico. Lugd. 1522. 16. et inter Scriptoribus Artis Cebbalisticae, et alibi.

Ajunt praeterea, ipsum sua contulisse ad *Epistolas obscurorum virorum*, quod negare nemo sustinebit, qui videbit, multa in iisdem ad defensionem Reuchlini facientia occurrere.

De ipso et gestis ipsius porro agunt scripta sequentia.

Hoc in Opusculo contra Speculum oculare Joannis Reuchlin, Phorcensis haec in fidei et Ecclesiae tuitionem continentur: Pronotamenta Ortwini Gratii liberalium disciplinarum Professoris citra omnem malevolentiam cunctis Christi fidelibus dedicata. Historica et vera narratio juridici processus habiti in Moguntia contra libellum ejusdem haereticas sapientem pravitates. Decisiones quatuor Universitatum de Speculo ejusdem oculari ab Ecclesia Dei tollendo. Haeretici ex eodem libello Articuli, ut Christiani omnes male eum scripsisse luce clarius dijudicent. Coloniae 1514. 4.

Destructio Cabalae, seu Cabalisticae perfidiae ab Joanne Reuchlin Capnione jam pridem in lucem editae, S. D. N. Leoni Papae X. per R. P. Jacobum Hochstraten dicata. Opus novum. Coloniae 1518. 4:

Defensio Joan. Reuchlin, a Georgio Benigno Nazareno Archiepisc. Romae emissa et edita ab Hermanno Nuenario 1516. 4.

Ad Rev. D. Joannem Ingewinkel, Sacrosanctae Sedis Apostolicae Protonotarium, Praepositum quoque Xantensem et Apo-

stolicarum concessionum Censorem, Colo-
niensisque Ecclesiae Archidiaconum, Apologia secunda R. P. Jacobi Hochstraten,
contra defensionem quandam in favorem
Joannis Reuchlin novissime in lucem editam. Coloniae 1518. 4.

Ad Sanctissimum D. N. Leonem Papam
X. ac D. Maximilianum Imp. Apologia R.
P. Jacobi Hochstraten, contra Dialogum
Georgio Benigno. Archiepisc. Nazareno in
causa Joannis Reuchlin adscriptum, pluribusque erroribus scatentem, et hic de
verbo ad verbum fideliter impressum, in
qua quidem Apologia inquisitor ipse multis occasionibus jam demum coactus, tum
Catholicam veritatem, tum Theologorum
honorem per solidas scripturas verissime
tuetur. Coloniae 1518. 4.

Acta Judiciorum inter F Jacobum Hochstraten Inquisitorem Coloniensium et
Joannem Reuchlin LL. Doctorem, *ex Registro publico, autentico et sigillato* Hagenoae, in aedibus Thomae Anshelmi, 1518.
4. et in Herm. von der Hardt Histor. literaria Reformationis parte II. p. 94.

*Bilibaldi Pirckheymeri Epistola Apolo-
getica pro Reuchlino.* Nurenbergae 1517.
ibidem p. 130. et quae alia ibi sequuntur.

* In diligentissimo operum Reuclinianio-
rum catalogo suum merito tuetur locum
libellus iste ex catalogo Biblioth. Civicae
Vindobonensis mihi primum notus *Epistolae trium illustrium virorum ad Hermannum Comitem Nuenarium. Eiusdem respon-
soriae, una ad Joannem Reuclin, et altera
ad Lectorem. Libellus accusatorius F. Jacobi Hoestraten contra oculare speculum
Joannis Reuclin. Diffamationes eiusdem Jacobi. Item Defensio nova Joannis Reuclin
ex orbe Roma allata in 4 absque loco et anno.*

Item hic alius liber seu potius tria diversa
volumina ibidem servata; *Jacobi Hochstraten apologia contra Dialogum Georgio Benigno Archiepiscopo Nazareno in causa Jo.
Reuclin ascriptum in 4.* Coloniae 1518.

Jacobi Hochstraten Apologia secunda con-

*tra defensionem quamdam in favorem Jo.
Reuclin 4.* Coloniae 1519.

*Jacobi Hochstraten destructio Cabbalae
seu Cabbalisticae perfidiae a Jo. Reuchlinio
jam pridem in lucem editae 4.* Coloniae 1519.

Libelli de verbo mirifico editionem aliam
ibidem animadverti, quae est in fol. sed
absque loco impressionis.

Viri huius docti est etiam versio ex Graeco opusculi Hippocratis de praeparatione
hominis ad Ptolomaeum Regem. Dirigit opusculum hoc suum Joanni Stocharo Medicinae Doctori Archiatro Ulmensi. Editum est
Tubingae A. 1512. in 4. *

REVERENTIUS, sive *Reverentianus*:
ita perperam tomo I. Conciliorum Labbei
p. 451. dicitur, qui vere est RAVENNIUS,
de quo paullo ante.

Jacobus REUTELIUS, Harzgerodensis
Anhaltinus, sec. XVI. fuit Verbi divini
Minister apud Goettingenses, Hardesianos,
Huxariensis, demum a. 1567. apud Eim-
beccenses. Scripsit *Chronicon Hilleshei-
mense* de rebus scil. Episcoporum Hille-
heimensium, quod propter concinnam brevitatem laudatur, editum in Syntagmate
Rerum Germanicarum Christ. Franc. Paullini pag. 69

Joannes RHAGIUS. Natus est *Sommer-
feldae* in Lusatia inferiore, unde se *Æsticampianum* vocavit. Quod cum nescirent
Gesnerus et Simlerus, ex uno duos fecerunt, *Jo. Rhagium Æsticampianum* et *Jo.
Sommerfeld.* Nomen gentile ipsi fuit *Rak*,
quod Sorabice *Cancrum* denotat, ex quo
ille *Rhagium* fecit, sic, ut nomen verum
vix agnoscas a). Natus est an. 1460. quia
in Epitaphio legitur an. 1520. aetatis se-
xagesimo decessisse. De juventute ejus
parum constat, nisi quod Phil. Beroaldum in Italia docentem diu satis audivit b).
Docuit bonas litteras per annos XXIII.
quod testantur verba Epithaphii illius c):

Rhetoricen, Sophiam, vatum monumenta professus,
   Annis viginti plusve minusve tribus.
Danubius, Rhenus testatur, et Odera, et Albis,
   Spiraque, cum docta Sequana Gallus aqua.

---

a) Manlii Lusatia VII. 1. Abr. Frencelii Nomen-
clator Lusatiae utriusque p. 23.

b) Hier. Wellerus in Libello (hic enim est titulus

Opusculi a Mich. Hempelo Lips. 1580. 8. edili) p. 71.

c) Exstat apud Mencium lib. 2. pag. 18. Sue-
vum et Sennertum in Acad. Witteb.

Quo ordine vero in singulis regionibus versatus fuerit, ignoratur. Hoc certum est, ipsum in Italia, et Romae praecipue, fuisse, ubi Jacobo Questenbergio familiariter usus, et forte, ipsius auspiciis, lauream Poëticam a Pontifice nactus est. Ex Italia profectus est in Galliam, a) ubi Lutetiae aliquamdiu haesit. Inde auguror Friburgum in Brisgoviam devenisse, ubi teste Urbano Regio, aulam Caesaris secutus est, et procul dubio ab hoc etiem lauream Poëticam impetravit: nam duplici laurea ornatum fuisse, testatur Epitaphium. Coloniae ipsum bonas litteras docuisse, tradit Henr. Corn. Agrippa. De *Spira* praeter Epitaphium nihil novimus. Sequuntur loca, in quibus versatus est Rhagius, addito simul anno. An. 1501. Basileae Cebetis tabulam praelegit et explicuit. Ab illo tempore in Academia Cracoviensi, et majoris Collegii Collegiatus fuit, quemadmodum praeterea artium liberalium Magistri et sacrarum litterarum Baccalaurei titulo usus est, quia ibidem Epistolae Libanii ab ipso emendatae et editae sunt. An 1506. et postea, Francofurti ad Viadrum in Academia nova docuit, et Huttenum discipulum habuit b) Ab An. 1508. per triennium Lipsiae docuit bonas litteras, et auctores juventuti praelegit, Plinium, Plautum et alios. Quia vero barbara ibidem ingenia literas humaniores concoquere non poterant, apud Ducem Georgium id egerunt, ut dimitteretur, et, quum in oratione ultima paullo liberius verba fecisset, relegatus est c). An. 1515. Fribergam venit, svasu potissimum Nicolai Hausmanni et duorum Consulum. Scholam Latinam et Christianam ibi aperuit, et juventutem in declamationibus Italico more exercuit. Post triennium a Friderico, Saxonum Electore, satis liberali stipendio Wittebergam vocaest, d) ibique docendo strenue perrexit, usque ad An. 1520. quo fatis concessit

prid. Kal. Jun. e) Ajunt quoque ipsum Doctoris Theologiae dignitate fulsisse, et in ea non leviter fuisse versatum. Confer Dan. Fidleri diss. singularem de Jo. Rhagio Æsticampiano Lips. 1730. et Manlii Lusatiam VII. 1. Scriptorum illius notitiam sequentem suppedito:

1. *Praefatio in Epistolas Libanii* a Francisco Zambicario Latine conversas, a librariis male habitas, a se vero emendatas et argumentis instructas. Cracov. 1504. 4. Dedicatio ad Matthiam Drabicium, regni Poloniae Vicecancellarium directa est, quem, utpote literarum Patronum, debitis laudibus evehit. Sumtus fecit Jo. Clymes, bibliopola et civis Cracoviensis. Editio illa rarissima nunc denuo exhibita est a Viro Rev. Jo. Christ. Wolfio ad calcem Epistolarum Libanii Amst. 1738. a se editarum, quemadmodum ante in praef. ad Centuriam Epistolarum Libanii, Lips. 1711. editarum, ejus aliquam mentionem fecerat. Ibi se vocat Jo. Sommerfeldium.

2. *Epigrammata* prodierunt Lipsiae 1507. 4. ibi se vocat Joannem Æsticampianum.

3. *Commentarius in Grammaticam Martiani Capellae et Donati Figuras.* 4. sine mentione anni, est in Bibliotheca Francofurto-Viadrina.

4. In quasdam Plauti Comoedias et libros Oratorios Ciceronis commentatus esse dicitur Gesnero, quae a me visa non sunt.

5. *Oratio in studio Lipsiensi recitata*, quum Lipsiam valere juberet, edita est a Dan. Fidlero sub finem dissertationis citatae, qui illam a Viro Summo, Ernesto Salomone Cypriano, nactus fuerat.

6. *Carmen de Lusatia*, quod Melanchthon Basileam, ut excuderetur, miserat, nescio quo fato, periit, et nondum repertum est.

7. *Marciani Capellae Rhetorica cum Jo. Rhagii Epist.* ad Jo. et Vulgangum de Vitztum, Bohemos Lips. 1509. fol. apud Mar-

a) Testatur illud Epistola Urb. Regii ad Rhagium nostrum, quam in Arcanis Bibliothecae Annaebergensis edidit Rev. Wilischius p. 110.

b) Vide P. Vigilantii Axungiae descriptionem urbis et Acadeemiae Franckopherdiensis p. 1. 4. 10.

c) Epistolae obscur. virorum t. I. pag. 63. 64. Ejectus autem simul cum Hermanno Buschio, ur-

gente praecipue negotium Hier. Emsero, ut docet Herm. Hamelmannus in Vita Buschii Opp. p. 295. qui vero nostrum perperam vocat *Longicampianum.*

d) Hier. Wellerus in Libello p. 71. Adde Andr. Molleri Theatrum Fribergense l. p. 285.

e) Lutherus Epist. tom. I. p. 42. 252.

tinum Herbipolensem, fuit in Bibliotheca Aug. Quir. Rivini, Medici Lipsiensis.

8. *Cicero de Oratore* cum praef. Jo. Rhagii, Lipsiae 1515. folio, apud. Melch. Lotther. in Bibl. laudata.

9. *Petri Heliae Grammatica cum Comment. Jo. Sommerfeld.* Argent. 1499. 4. crasso volumine, est in Bibl Zwickaviensi, teste Daumio Epist. 71. ad Reinesium.

Fuit autem, teste Hier. Wellero, vir pius, sobrius, castus et facundus. Valde praeterea laudavit ingenia juventutis Freibergae.

RHETICIUS, Episcopus Augustodunensis a. 313 scripsit *adversus Novatianum grande Volumen, et Commentarium in Canticam Canticorum.* Hieronymus de Script. Eccl. c. 82. sed utrumque opus interiit. Adde Tillemontium tom. VI. pag. 27. Guil. Cuperum in Actis Sanctorum tom. IV. Julii pag. 588.

RIALIS, Canonicus Caesenas an. 1335. varia collegit ad res urbis suae pertinentes, prout allegat Auctor Annalium Caesenatensium in praefatione ad annum modo dictum, tom. XIV. S. R. Ital. Muratorii pag. 1089 et 1165.

RICEMARUS, Anglus, Sulgeni filius, Episcopus Menevensis, vixit circa an. 1085. et *Vitam S. Davidis Episcopi Menevensis in Wallia* scripsit, quam temporum injuria periisse credidit Usserius de primordiis Ecclesiarum Britannicarum c. 14. pag. 443 post autem invenit et particulam edidit Whartonus tom. II. Angliae Sacrae p. 643. nam vitam ipsam ex illo, verbis etiam retentis, jam dederat Silvester Giraldus ibidem pag. 628. et omnes, qui vitam Davidis persecuti sunt, ex eodem profecerunt, Joannes Tinmuthensis in Sanctilogio, Capgravius in Legenda nova: item Anonymi Colgani Actis Sanctorum Hiberniae et Actis Antverpiensibus, prout docet Whartonus in praefatione tomi II. pag. 25. 26.

RICHALMUS, Abbas Speciosae Vallis in Franconia Ord. Cisterciensis, sec. incerto: scripsit *Librum Revelationum de insidiis et versutiis daemonum adversus homines*,

qui, editus est in Bern. Pez Thes. novissimo Anecdotorum tom. I. part. 2. pag. 373. Adde Car. de Visch Bibl. Scriptorum Ord. Cisterciensis pag. 285.

RICHARDUS *Adagonista*, Anglus, in Italia Bononiae Jurium scientiae operam dedit, praeceptore usus Pileo Mutinensi, cum quo paullo post de eruditionis laude contendit. Vixit an. 1210. et reliquit *Tractatum super Decreto*, nec non *Summam de ordine judiciorum.* Pitseus de illustribus Angliae scriptoribus c. 292. Baleus Cent. XIII. 77.

RICHARDUS *de Aldwerd*, alii scribunt *de Acdwerd*, Anglus; Dempsterus Scotum vocat, monachus Cisterciensis et Sacrista in Aldwerd, monasterio juxta Groeningam Frisiae, obiit An. 1266. Fuit quoque Theologiae Magister Parisiensis. Scripsit Librum *de Harmonia, Epistolam prolixam* s. potius Tractatum ad Religiosum quendam Ebirbacensem, in qua agit de martyrio b. Gerardi Abbatis Claraevallensis, de vita et miraculis S. Silvani Claraevallensis monachi, et aliis quibusdam Sanctis Ord. Cisterciensis et monasterii Ebirbacensis, item *Librum meditationum.* Car. de Visch Bibl. Scriptorum Ord. Cisterciensis pag 286 Lelandus de script. Angliae c. 165. Baleus Centur. XIII. 70. Pitseus in Append. Cent. III. 93.

RICHARDHS *de S. Angelo*, vide supra tom. I. pag. 93.

RICHARDUS gente et cognomine *Anglicus*, Oxoniae et Parisiis Medicinae operam dedit, itineribus quoque variis perfunctus. Floruit a. 1230. Scripsit *de Crisi; de Phlebotomia, Summam de criticis diebus, de pulsibus, de modo conficiendi et medendi, de urinis, de regulis urinarum, de signis morborum,* a) *de signis prognosticis, de febribus, de re medica, Repressivam, de signis febrium, de Anatomia, Correctorium Alchimiae, Speculum Alchimiae.* Vide Lelandum de scriptor. Britann. c 257. Baleum Cent. III. 92. Pitseum c. 327. Ex operibus ejus quaedam Noribergae et Basileae excusa esse docet Gesnerus. *Corre-*

---

a) Hic MS. est in Pibliotheca Paullina Lipsiensi.   ellerus pag 252.

ctorium exstat in Scriptoribus Chymicis a Guil. Gratarolo collectis (Basil. 1561. fol.) p. 207. et Vol. II. Theatri Chemici, (Argent. 1613. 8.) p. 418. Vide Mercklini Lindenium renovatum p. 938.

RICHARDUS *Anglicus*, Canonicus Londinensis a. 1200. Scripsit *Itinerarium Richardi Regis*, quod est in Bibl. Cottoniana, *Gesta Richardi·Regis, Tractatum de poenitentia et Epigrammata.* Lelandus c. 201. Baleus Cent. III. 44. Pitseus c. 283.

RICHARDUS *Angravilla*, alias *de Bury*, de quo supra t. I. p. 284.

RICHARDUS *Armachanus*, vide infra *Fitz Ralf.*

RICHARDUS, Archidiaconus *Augustae Praetoriae* in Pedemontio, sub initium sec. XI. scripsit *Vitam S. Bernardi Menthonensis*, familiaris sui, cui in munere Archidiaconi successit. Exstat in Actis Sanctorum tom. II. Junii p. 1074.

RICHARDUS *Aungervillvs*, vide supra lit. B. *de Bury.*

RICHARDUS *Bartholinus*, Perusinus, Canonicus Cathedralis, primum in patria Oratoriam et Poeticam professus, variis quoque legationibus ad Florentinos, ad Cardinales, et ipsum· quoque Pontificem perfunctus est, vixit a 1515. aulam Maximiliani Caesaris est secutus. Inde quoque Erasmus Epistola 10. Martii 1516. ad ipsum data, ut se Cardinali Gurcensi faceret commendatum : t. III. Opp. p. 191. Fuit ab imperatore laudato Poëta coronatus, et Comes Palatinus creatus. Scripsit :

1. *Austriados* lib. XII. h. e. de bello Norico Ducum Bavariae et Principum Palatinorum, quod opus primum edidit Joach. Vadianus a. 151. quam editionem non vidi. Sequitur alia cum scholiis Jac. Spigelii, post Guntheri Ligurinum, Argent. 1531. quae repetita in justi Reuberi Script. rerum German. p. 479.

2. *Hodoeporicon Matthaei Cardinalis Gurcensis, quaeque in conventu Maximiliani et trium Regum a.* 1515. *gesta sunt.* Exstat apud Freherum S. R. Germ. tom. II. p. 321. ante separatim excusum, Viennae 1515. 4.

3. *De Conventu Augustensi, rebus etiam*

externarum gentium, quae interim gestae sunt, Descripto. 1518. 4. Habetur in Bibliotheca Francofurto-Viadrina, Exstat in Sylloge Beyschlagii, et Senckenbergii Selectis Juris et Historiarum tom. IV. p. 625.

4. *Oratio ad Imp Maximilianum et potentissimos Germaniae Principes, de expeditione in Turcas suscipienda.* Augustae 1518. 4. et in Anti-Turcico Reusneri.

5. *De gente Bartholina bene merita gesta praeclara* citat Jacobillus in Bibliotheca Umbriae p. 240. sed quae a me nondum visa sunt. Vide Oldoini Athenaeum Augustum p. 294.

RICHARDUS *Bardeniensis* monachus, in Theologia Baccalaures, scripsit *Epistolam metricam de vita et actibus Roberti Grosthead*, Episcopi Lincolniensis, Carmine Latino, quam edidit Henr. Wharton t. II Angliae Sacrae p. 325. sed ita, ut multa absurda et fabulas inanes rejecerit; item *Martyrium S. Hugonis pueruli*, a. 1255. a. Judaeis apud Lingelniam caesi. Utrumque MS. adest in Bibl. Cottoniana, teste Thoma Smitho in Catalogo illius p. 74.

RICHARDUS *Barrus*, Anglus, scripsit *super sacra Biblia.* Pitseus in Append c. 77.

RICHARDUS Abbas *Beccensis*, a. 1219. edidit *Statuta* in Capitulo generali, quorum fragmentum exhibet Martene et Durand Collect. ampliss. tom. 1 p. 1141.

RICHARDUS *Beere*, Abbas Glastoniensis in Anglia, a. 1503. fines monasterii sui perambulavit, ei opus ingens, quod *Terrarium coenobii Glastoniensis* vocavit, conficijussit. Excerpta autem ex illo edidit Thom. Hearne cum Chronico Joannis Glastoniensis p. 287. *Epistola* ejus ad Wilhelmum Warham, Archiepiscopum Cantuariensem, de corpore S. Dunstani exstat in Anglia Sacra Henrici Whartoni tomo II. p. 230.

RICHARDUS *Belgravius*, vel *Bellogrevus*, Cicestriensis, monachus Carmelitanus et Theologiae Doctor Cantabrigiensis. Vixit a. 1230. scripsit *Determinationes Theologicas*, et *Quaestiones ordinarias.* Lelandus c. 363. Pitseus. c. 481. Baleus XI. 5.

RICHARDUS *Bellilocensis*, (*Beaulieu*) in Argonna, duabus a Claromonte leucis, Abbas, circa a. 1050 *Vitam S Rodingi Ab-*

batis *Bellilocensis* literis consignavit, quam edidit primum Hugo Menardus in observationibus ad Martyrologium Benedictinum p. 690. postea Jo. Mabillonius Sec. Ord. Benedict. IV. part. 2 p. 531.

RICHARDUS *Billinghamus*, aliis *Gillingham`*, Collegii Mertonensis Oxonii socius, Sophista potius subtilis, quam Philosophus genuinus. Scripsit *Speculum puerile*, *Consequentias*, *Abstractiones*, *Fallacias*, *Abbreviata Guil. Kilmingtoni*, et caetera hujus farinae. Vixit a. 1360. Baleus Centur. VI. 8. Pitseus c. 594.

RICHARDUS *Blitonius*, vel *Blitodunus*, Lincolniensis, Theologiae Doctor Oxoniensis, Carmelita et Ordinis sui per Angliam Provincialis, Eduardo II. Regi propter eloquentiam valde charus. Scripsit *Repertorium Sententiarum*, *Quaestiones ordinarias Sermones de Privilegiis mendicantium*, *Epistolarum libr. I.* Obiit a. 1334 Lelandus c. 432. Balaeus Cent. IV. 96. Pitseus c. 505.

RICHARDUS *Bradvardinus*, *de proportionibus* in Bibl S. Benigni Divionensis pertinet potius ad THOMAM *Bradvardinum*, de quo supra t. I. p. 248.

RICHARDUS *de Bury*, vide supra t. I. pag. 234.

RICHARDUS *de S. Busto*, cujus *librorum Catalogus* est inter Codices MSS. Quedlinburgenses, teste Eckhardo p. 18. nullus unquam fuit: sed scribi debebat *Richardus de S. Victore*.

RICHARDUS *Caistre*, Norfolcensis, non procul a civitate Norwico oriundus, in Ecclesia S. Stephani ibidem Vicarius. Scripsit Sermone Anglico *de octo beatitudinibus*, *de charitate fraterna*, et alia hujusmodi. Obiit. a. 1420. Balaeus Centur. VII. 62. Pitseus c. 773.

RICHARDUS *Cambrius*, Britannus, scripsit quaedam *de rebus Anglicis:* quae nondum edita sunt. Et aetas quoque incerta est. Pitseus in Append. c. 78.

RICHARDUS *Canonicus*, vide supra *Anglicus*.

RICHARDUS *a Capella*, Capellae Toparcha et Praepositus S. Mariae Brugensis, scripsit *Tractatum de Rescriptis*, obiit a. 1447. Swertii Athenae Belgicae p.

657. Sanderus de eruditis Brugensibus p. 70.

RICHARDUS, monachus et Abbas LVIII. *Casinensis*, deinde Presbyter Cardinalis S. Cyriaci ab Innocentio a. 1265. scripsit *Expositionem Regulae S. Benedicti*, quae MS. exstat in Bibl. Casinensi. Ab aliquibus cum Richardo Hannibaldense itidem Cardinale confunditur, quod ostendit Oldoinus in Athenaeo Romano p. 580.

RICHARDUS *Castriconensis*, Anglus Dominicanus, Theologiae Doctor et Professor circa a. 1270. Scripsit *in Apocalysin secundum literam et secundum sensum moralem*, *in Magistrum Sententiarum*. Pitseus c. 382. Jac. Quetif de Scriptoribus Ord. Praedicatorum tom. I pag. 250. Altamura p 23,

RICHARDUS *Cenomanensis*, *de Sacrificio Missae*, bis exstat MS. in Bibl. Vaticana. Bern. de Montfaucon Bibl. Bibl. MSS. p. 122. 138.

RICHARDUS *Cheffer*, Augustinianus Norwicensis a. 1354. Scripsit *de nativitate Christi*, *Sermones*, *Collationes varias*, et *de quatuor novissimis*. Balaeus Cent. VII. 33. Pitseus c. 580. Phil. Elssii Encomiasticon Augustinianum p. 601.

RICHARDUS *Chillendon*, Aristotelicus Oxoniensis a. 1450. scripsit *de Generatione et Corruptione* Lelandus c. 560.

RICHARDUS *Chillington*, vel *Killington*, Theologiae Doctor Oxoniensis, post Decanus Paulinus Londinensis, circa a. 1360. Scripsit *Quaestiones Theologiae*, *Sermones varios*, *Pro Armachano contra fratres*, *Contra Rogerum Conwaium*, *contra mendicitatem otiosam*, *Opuscula Logica*. Balaeus Cent. V. 95. Pitseus c. 597. Uterque ipsi librum *de Generatione et Corruptione* tribuit. Videant igitur Angli eruditi, an unus, an vero duo sint, quos hic memoramus. Fortasse apud Lelandum alieno loco positus fuerat.

RICHARDUS *Cicestriensis:* vide supra lib. III. pag. 1062. Adde nunc, cognomen ejus esse *Cortesium*, et scripsisse de quaestione, *An corpus Christi sit ubique?* Bern. de Montfaucon Bibl. Bibliothecarum MSS. pag. 630.

RICHARDUS *Clapolus, Clapwellus*, vel

etiam *Knapwellus,* Ordinis Praedicatorum, Theologiae Magister Oxoniensis, a. 1290. Scripsit *Lecturas super Magistrum Sententiarum, Additiones in D. Bonaventuram, Quaestiones quodlibeticas, De Unitate Formae, de immediata Visione Dei,* et alia. Lelandus c. 321. Balaeus Centur. IV. 63. Pitseus c. 423. Jac. Quetif de Scriptoribus Ord. Praedicatorum tomo I. pag. 417. Altamura p. 48. supra IV. 396.

RICHARDUS *Cluniacensis,* monachus Ord. S. Benedicti, patria Pictaviensis, a. 1260. Scripsit *Historiarum temporum s Chronicorum lib. I. et Epistolarum ad diversos lib. I.* Trithemius de Scriptor. Eccles. c. 386. *Carmina de Cluniacensi monasterio, de Anglia et ejus laude, de Londino et ejus laude, de Transfiguratione Christi, de Maria Magdalena, de D. Catharina, Epigrammata.* Balaeus Cent. XIII. 19. Chronicon supra dictum a Caesare Octaviano usque ad Ludovicum Juniorem sive VII. Galliae Regem, qui a. 1137. regnare coepit, est in Bibl. Colbertina, teste Jac. le Long in Bibl. historica Galliae p. 347. Fortasse particula illius est *Chronicon* ab a. 754. 1153. quod e Codice Colbertino ediderunt Martene et Durand Collect ampliss. V. p. 1159. Idem le Long p. 348. et Bern. de Montfaucon Bibl. Bibliothecarum MSS. p. 20. 82. et 17. aliud hujus Richardi *Chronicon* memorant, ab orbe condito ad a. 1161. quod MS. est in Bibl. Vaticana, inter libros Christinae Reginae Sueciae et Alex. Petavii. Muratorius promisit in Scriptoribus Italicis, sed postea edidit *Chronicon ab a 800. usque ad 1399. nunc primum luce donatum ex MS. Codice Bibl. Vaticanae,* circa finem tomi IV. Antiquitatum Italiae medii aevi. Fragmenta tria *de triplici fundatione monasterii Caritatis ad Ligerim* ex Codice Regio edidit Abbas le Boeuf tom. I dissertationum ad Hist. Gallicam spectantium et Gallice scriptarum p. 381. *Romanorum Pontificum series* nostro tribuitur in Codice Vaticano, ubi verba de Joanna Papissa eadem fere leguntur, quae apud Martinum Polonum, quum tamen noster fere centum quinquaginta an-

nis Martinum praecesserit. Docet hoc Hermannus Witekindus, Professor Heidelbergensis in libello quo tradit, *Papam Joannem VIII. fuisse mulierem.* Vide Bibl. Bremensem Classe VII. p. 935. 939.

Sententiarum αντικειμενων *Veteris et Novi Testamenti libros II.* ipsi tribuunt, de qua re Fabricius noster supra tom. I. pag. 221. tom. IV. p. 477.

* Quam Muratorius vulgavit in tom. IV. Antiq. Medii Aevi pag. 80. Historiam Richardi Cluniacensis Monachi nonnisi ad An. 1162 pertinere certum est. Quare a vero plurimum aberrat Bibliothecarius noster, qui historiam hanc a Muratorio productam ad an. usque 1399. prorogatam scribit. Historia Richardi a P. Martene vulgata ex hac ipsa accepta quidem est, sed hinc inde excepta non vero integre descripta. In fine historiae hujus apud Muratorium extat catalogus Romanorum Pontificum idem plane qui ex Codice Vaticano jam innotuerat eruditis; nihil autem ibi legas de muliere ad Pontificatum nomine Joannis VIII. erecta. Cum igitur Muratorii fides solicitari citra piaculum haudquaquam possit; quidquid ab heterodoxis dudum assertum est, affirmantibus in Richardo legi *Leonem VIII. fuisse mulierem,* imprudentissimae fabellae adscribi oportet. *

Plura Oudinus tomo II. p. 1597.

RICHARDUS *Conington, Konington,* Lelando perperam *Covedunus,* Anglus, Oxoniae literis incubuit, post monachus Franciscanus et illius Ordinis Provincialis, obiit a. 1330. Cantabrigiae in coenobio suo sepultus. Scripsit *in Psalmos poenitentiales. Sermones solemnes, in Quadragesimale S. Gregorii Papae, super Magistrum Sententiarum, Quodlibeta, De Christi dominio contra Occamum.* Lelandus c. 341. Balaeus Cent. V. 32. Pitseus c. 494. Waddingus de Script. Ord. Minorum p. 304. 305.

RICHARDUS *Corbeil* vel *Colbel,* Scotus, Archidiaconus Lothianensis, Doctor et Professor Joris Canonici in Academia Sant-Andreana, floruit a. 1430. Ejus Scripta sunt: *Paratitla Decretalium, De Censuris, de Praescriptionibus in materia beneficiali, de Judice delegato, Comm in*

titulum de foro competenti, *Orationes*. Ge
Mackenzie de Scotis Eruditis vol. I. p. 437.

RICHARDUS *Cornubiensis*, Oxonii studuit, Ord. S. Francisci, Theologiae Doctor,
et fortasse ibidem Professor. Ætas ejus est
incerta : non confundendus tamen cum Richardo Rufo, quod voluit Lelandus. Scripsit *in Magistrum Sententiarum*. Pitseus
in Append. c. 79. Waddingus p. 305. Willot p. 314.

RICHARDUS *Cortesius*, idem qui *Cicestriensis*.

RICHARDUS, Episcopus *Cremonensis*.

Ejus *Summa de Officiis*, quam appellavit *Naturale*, citatur in Catalogo Doctorum
pro immaculata conceptione Mariae in Pezii et Hueberi Codice Diplom. III. p. 322.
Chronicon illius cum insigni elogio citat
Radulphus de Columna. Jean Liron Bibl.
Chartraine p. 121.

RICHARDUS *Crickeladensis*, Anglus,
Ord. S. Augustini Canonicus Regularis in
coenobio Comitatus Norfolcensis, non longe ab oppido Walsinghamo, quod *Cric* vel
Crickesdale vulgo dicebatur. Mortuus est
circa a. 1310. Scripsit *de Testamento Patrum*, *de connubio Jacob*, *Homilias An-
glicas*. Pitseus c. 148.

RICHARDUS *Crocus*, Anglus, Londinensis, quem Lelandus *Curvum*, (forte a
patria, quasi *Girvium*) vocat, a Guil.
Grocino Graecas et humaniores literas didicit, quas in Academia Parisina continuavit. Praeceptore usus Hieron. Alexandro.
a) Inde Lipsiam venit, et pene triennio,
ab a. 1514. ad 1517. utramque linguam
docuit, b) interque discipulos Camerarium
quoque habuit. Tanquam coelitus demis-
sum omnes venerati sunt, unusquisque
felicem se judicavit, si in familiaritatem
ipsius admitteretur : Docenti vero mercedem quae postularetur, persolvere, et
quocunque loco et tempore praesto esse
nemo recusavit. c) Sed tamen ibi manere
noluit, sed potius Mosellanum successorem
nactus, Lovanium perrexit, nec ultra ali-

quot menses ibidem commoratus est. Inde
in Angliam reversus ibi primo privatim
apud Regem, dein publice docoit Cantabrigiae, omnibus bonis charus, et inter
hos quoque Thomae Moro, cum Lelando
vero inimicitias gessit, qui se invicem mor-
dacibus scriptis perstrinxerunt. Vixisse dicunt usque ad a. 1530. Scripta ejus haec
nota sunt.

1. *Grammatica Graeca VII. tabulis comprehensa*. Lips. 1516. 4. 1521. 4.

2. *Theodori Gazae liber IV. de verborum constructione Latina civitate donatus*.
Lips. 1516. 4. Inscriptus est Alberto Archiepisc. Moguntino. Uterque vero hic liber privilegio Senatus Lipsiensis munitus
est. Ex hoc vero posteriore Balaeus et Pitseus duos fecerunt.

3. *Introductio in linguam Graecam*, et
Tabulae Grammaticae Graecae. Colon. 1520
*Tabulae Graecas literas compendio discere
cupientibus sane quam utiles* separatim prodierunt Lips. 1521. 4.

4. *Elisii Calentii libr. I.*

5. *Academiae Lipsiensis Encomium con-
gratulatorium* 4.

6. *Paraphrasis s. Epitome Erasmo inscripta in Elegantias Vallae et Croci Far-
rag.* sec. editio. Paris. apud Rob. Stephanum 1533. 8. Fortasse est Cornelii Croci
Amsterodami, Ludimagistri, qui illis temporibus vixit.

7. *Oratio laudibus Graecarum disciplinarum*, Cantabrigiae habita.

Vide Balaeum Centur IX. 40. Pitseum
c. 932. Dan. Fidlerum Diss. de Graecarum et Latinarum literarum in Misnia instauratoribus, Lips. 1701. Leichii Origi-
ner Typographiae Lipsiensis p. 34.

RICHARDUS *Cunetius*, vulgo *Kenet*,
vel *Tenet*, Carmelita, Oxoniae Philoso-
phiao operam dedit, deinde ad rem medicam et sacras literas se contulit. Vixit
circa An. 1380. et *libellum de Virtutibus
aquarum* reliquit. Lelandus c. 438. Pitseus c. 705. Balaeus Cent. XII. 25.

---

a) Declamatio, nescio cujus, inter Melanchthonia-
nas tom. V. pag. 584.

b) Camerarius in Vita Melanchthonis p. 27. Henr.

Schulzius in Vita Mosellani p. 31.

c) Declamatio citata p. 584. 5.

RICHARDUS *Depedal*, Anglus, Carmelita in monasterio Linnensi provinciae Norfolcensis, Theologiae Doctor et in suo coenobio Professor circa An. 1381. Scripsit *de Vita Christiana* et *Sermones de Tempore*. Pitseus c. 669. qui rursus cum Balaeo X. 97. ad Lelandum provocat, cum tamen is de illo. nil dicat.

RICHARDUS *de Diceto*, vid. supra RADULPHUS.

RICHARDUS *Divisiensis*, Anglus, monachus Wintoniensis, Ord. S. Benedicti, An. 1190· Scripsit *de temporibus Regis Ricardi*,et *Epitomen rerum Britannicarum*.Balaeus Centur III. 28. Pitseus c. 262. Liber ineditus servatur in Bibl. Cottoniana.

RICHARDUS, *Dominicanus*, Anglus, scripsit *de Virtutibus* et *de significatione quorundam vocabulorum Vet. Testamenti*. Pitseus Append. c. 81. Ætas. incerta est.

RICHARDUS *Doverensis*, monachus Ord. S. Benedicti; deinde Prior, et tandem Archiepiscopus Cantuariensis, obiit An. 1184. Scripsit *contra suos perturbatores* ad Alexandrum Papam, *Epistolas ad suos Episcopos*, *maxime Hibernos*, *ad tres Episcopos*, *ad Petrum Blesensem*, *ad Henricum Regem*, *Tractatum ad Sacerdotes*. Balaeus Cent. III. 21. Pitseus c. 255. Cisterciensibus adnumerandum esse relatum fuit Carolo de Visch de Scriptoribus ejus Ordinis pag. 286. 287. de quo tamen ipse dubitat.

RICHARDUS *de Dumellis*, Abbas Pratellinus. quod monasterium Normanniae est in dioecesi Lexoviensi. Vixit An. 1100. et scripsit *Commentarium fusissimum in priora XXVIII. Capita Geneseos*, qui habetur in Bibliotheca Lambethana. Ex eo quaedam in rem suam adducit Henricus Wharton in Auctario ad Jac. Usserii Historiam dogmaticam de Scripturis et Sacris vernaculis.

RICHARDUS *Edgecomp*, Eques auratus, patria Cornubiensis, ab Henrico VII. Rege in Hiberniam missus est An. 1488. ad juramentum fidelitatis recipiendum. De muneris illius successu *libellum* perscripsit, qui MS. extat. Haec Waraeus de Scriptor. Hiberniae part. II. pag. 133.

RICHARDUS *Eliensis*, primum monachus, deinde Subprior, tandem An. 1177. Prior Eliensis. Ord. S. Benedicti, varia eruditione pollens. Obiit ante An. 1195. quamvis Balaeus Cent. III. 82. et Pitseus c. 320. a. 1220. demum vixisse tradant. Uterque ad Lelandum provocat, de quo tamen nihil in editis. Scripsit *Historiam monasterii Eliensis*, a monacho in Epitomen redactam, verbis tamen illius servatis, unde sub ejus nomine edidit Henr. Whartonus Angl. Sacrae tom. 1 p. 615. *De insula Eliensi*, particulam de *conversione Abbatiae Eliensis in Episcopatum* idem decerpsit p. 676. *Sermones*, *Carmina Epistolas familiares*. Caveus p. 596. Henr. Wharton praef. ad tom. 1 Angliae Sacrae p. 45.

RICHARDUS *Elteslejus*, Anglus, in villa rustica apud Cantabrigiam Pastor. Quo tempore vixerit, nescitur. Scripsit *Vitam Pandionae virginis*, filiae Reguli Scotiae, quae tyrannidem patris fugiens in Anglia diem obierat. Lelandus c. 389. Pitseus in Append. c. 82. Balaeus Centur XII. 66.

RICHARDUS *Estravaneli*, vid. infra *Richardus Stavenesby*.

RICHARDUS *Fastolphus*, Eboracensis, monachus et Praecentor Claraevallensis, tandem Abbas in Anglia Fontanus, Bernardo mire charus, claruit a. 1150. Scripsit *Homilias*, item *de Musica vel Harmonia*, *Commentarios in S. Scripturam*, *et Epistolas*. Pitseus c. 214. Balaeus Centur. XIII. 71. Car. de Visch Bibl. Scriptorum Ord. Cisterciensis p. 286.

RICHARDUS *Feribrigus*, Philosophus Oxoniensis, in subtilitatibus Logicis versatissimus, circa a. 1360. Scripsit *Regulas Consequentiarum*. Itali Scripta ejus in deliciis habuerunt, et Commentarios in quaedam ejus Opera scripserunt, Alexander Sermoneta, Matthaeus Campanus, Gaietanus de Tienis, qui una cum Opusculis Radulphi Strodi prodierunt. Pitseus c. 595. Balcus Cent. XI. 21.

RICHARDUS *Fizacrius* vel *Fishacre*, patria Devoniensis ex territorio Exoniensi, Oxonii iuvenis studuit, forte etiam Parisiis: dein factus est monachus Dominicanus, Theologiae Doctor et in Academia Oxoniensi Professor. Individuus comes fuit Roberti Baconi, cum quo eodem anno scil. 1348. Oxonii vitam finivit. Scripsit *Comentarios Bibliae, in primum nocturnum Psalmorum, in Parabolas Salomonis in Magistrum Sententiarum:·De poenitentia, Postillas morales, Quaestiones varias et Quodlibeta.* Lelandus c. 259. Balaeus Cent. IV. 6. Pitseus c. 342. Jo. Prince Danmonii Orientales illustres p. 292.

Alium hujus nominis memorat Pitseus e. 498. e Sixto Senensi, sed in quem omnia hujus nostri conveniunt,praeterquam quod ei a. 1330. et liber. *de Indulgentiis* adscribitur. Igitur unus tantum manet Richardus Fizacrius, quod et calculo suo confirmat Jac. Quetif de Scriptoribus. Ordin. Praedicatorum tom I. p. 518.

RICHARDUS *Fitzralph*, hoc est,, Radulphi filius, Lelando *Filoradulphus*, Hibernus, patria Dundalkensis, Oxonii Joannis Baconthorpii discipulus, postea Theol. Professor, ab Eduardo III. Rege primum Decanus Lichfeldensis, post a. 1333. Cancellarius Oxoniensis, tandem a. 1347. Archiepiscopus Armachanus constitutus est. Cum Ordinibus Mendicantium multae ipsi magnaeque controversiae, sic, ut eum Avenionem ad Pontificem citarent, ubi, postquam triennio haeserat, a 1360. obiit. Ossa ejus in Hiberniam translata sunt, ubi miraculis inclarescere coepit. Scripta ejus haec sunt.

1. *Sermones IV. ad Crucem Londinensem a.* 1356 *habiti, atque alii de laudibus Deiparae.*

2. *Summa seu libri XIX. adversus Armenos.* Paris 1612.

3. *De intentionibus. Judaeorum* Wolfii Bibl. Hebr. II. p. 1001.

4. *Defensio vel Defensorium Curatorum adversus Fratres Mendicantes, seu* Oratio coram Papa et Cardinalibus Avenione a. 1357 habita. Prodiit Paris. 1496. 1625. et 1632. et ap. Goldastum de Monarchia Imp. tom. II. p. 1392. Tractatus ille in Anglicum sermonem conversus est a Joanne Trevisa, et fuit in Bibl. Thomae Tenison, teste Whartono in Auctario ad Jac.

Usserii Historiam Dogmaticam de Scripturis et sacris Vernaculis p. 430. Prodierunt omnia simul ista Opuscula cura Jo. Sudoris, Paris. 1511. Haec refero fide Whartoni, nam haec Opuscula ipse non vidi. Confer de hac controversia Jo. Launoji Traditionem Ecclesiae explicatam circa Canonem *Omnes utriusque sexus*, c. 6 t. I Operum p. 274. seqq. 401.

5. Sequuntur inedita: *In libros Sententiarum, in Evangelia, de paupertate Christi, Dialogus de rebus ad S. Scripturam pertinentibus, Sermonum Volumen; Vitam S. Manchini Abbatis,* qui vixit a. 640. *De laudibus beatissimae virginis Mariae, de potestate spirituali, de passione Dominica, Quaestiones de audienda confessione, contra suum Archidiaconum, Epistolae, Dialogi, Responsio ad objectiones Mendicantium super declaratione de illa Extravagante Joannina, Vas Electionis.*

6. Biblia in linguam Hibernicam convertit, cujus fragmenta passim in Hibernia exstare docet Usserius libro citato p. 156. Notatu dignum est, quod de ipso Balaeus Cent. XIV. 97. in Append. p. 246. *Ricardus novum Christi Testamentum in Hybernico sermone (forte a se translatum) anno uno aut altero ante suam mortem, in quodam ecclesiae suae muro occultavit; in cujus fine, quasi prophetizans, hoc scripsit.* Cum hic liber inventus fuerit, veritas toti mundo manifestabitur, vel Christus orbi mox apparebit. *Et repertus est ille liber circa annum a nato Servatore* 1530. *in reparatione ejusdem ecclesiae.*

Plura de illo dabunt Lelandus c. 445. Balaeus Centur E. 94. XIV. 97. Waraeus de Scriptoribus Hiberniae lib. I. pag. 69. Henr. Wharton in Append. ad Caveum p. 31. Jo. Prince Danmonii Orientales illustres p. 294. Altamura p. 23. 25.

* Quamquam disquirere nolo an vera sint, quae ferunt de vaticinio a Richardo isto in codice quodam scripto, de quo hic Bibliothecarius: eo tamen admisso protestantium ubique dogmata non juvantur. Demas enim Richardum scripsisse tunc demum detegendam fore veritatem, cum Codex. ille suus, quem tunc in muro abdidit, revelaretur: detectam vero fuisse A. 1530. cum Lutheri Reformatio invalescere coepit: demus haec? quid inde? num Richardus veritatis elogio Lutheri dogmata approbavit? Non arbitror. nam ille plane catholicum se scriptorem probavit in Opere librorum XIX adversus Armenos, in quo nostra omnia dogmata egregie exponit et tuetur. *

RICHARDUS Flemingus, illustri loco in Anglia natus, Oxoniae studuit, Theologiae Doctor creatus inter illos duodecim fuit, qui contra Wiclefum sententiam tulerunt. Factus postea Episcopus Lincolniensis, Oxoniae Collegium Lincolniense fundavit. An. 1424. legatus missus fuit ad Concilium Senense a Martino V. celebratum. Scripsit de Etymologia Angliae, Orationes in Concilio Senensi, Balaeus Cent. VII. 90. Pitseus c. 794.

RICHARDUS Florentinus, vid. infra RICOLDUS.

RICHARDUS Folsham, monachus Benedictinus in coenobio Norwicensi, circa a. 1410. Thomae Arundelio Archiepiscopo Cantuariensi ob eruditionem gratissimus. Scripsit ad Joannem Papam XXII. Epistolas XXVIII. item Epistolas natalitias. Pitseus c. 754. Baleus Centur. X. 40.

RICHARDUS de S. Germano, Regis Siciliae Secretarius seu Notarius a. 1243. Scripsit Chronicon satis amplum ab a. 1189-1243. quod ex Codice vetusto Casinensi luce publica donavit Ferd. Ughellus Ital. Sacr. tom. III p. 953. et rursum Muratorius tom. VII. pag. 962. Carusius Bibl. Sicula tom. II. parte I. Michael del Giudice, Abbas Congreg. Casinensis Monteregali in Sicilia, habet ab a. 1166-1253. et una cum aliis Scriptoribus rerum Sicularum editum est, teste Jac. le Long. in Bibl. Historica Galliae p. 537-752. et Giornale de' Letterati d' Italia tom. VI. pag. 517. Idem facere voluit Antoninus de Amico: vide Fabricii Thesaurum literarium Italiae p. 164.

RICHARDUS de Grandisilva, dioecesis Tholosanae, monachus Cisterciensis, scripsit carmice Laudes Claraevallensis coenobii, quae leguntur, sed ανωνυμως ad calcem Operum Bernardi. Vid supra tom. I. 205. Car. de Visch Bibl. Scriptorum Ord. Cisterciensis p. 287.

RICHARDUS Grantabrigiensis, vid. Legrocastrensis.

RICHARDUS Grasdale, Anglus, Oxoniae Theologiae dedit operam, ejusque Magister factus unus ex duodecim illis fuit, qui Hussitis opponebantur. Vixit a. 1420. scripsit de aetatibus mundi, de Regnis et Civitatibus, de praeliis famosis, de dilatatione fidei, Carmina Balaeus Centur. VII. 71. Pitseus c. 775. Adde Bzovium ad a. 1422. p. 631.

RICHARDUS Greckelandensis, vid. supra Crickeladensis.

RICHARDUS Grimcastrius, Historicus Anglus, Ducangio notus, mihi non item.

RICHARDUS, Hagustaldensis monasterii (vulgo Hexham in Northumbria) primum monachus, deinde Prior, suos Theologiam et Philosophiam docuit, mortuus circa a. 1192. Scripsit de Statu et Episcopis Hagustaldensis Ecclesiae, quod Opus exhibent S. R. Anglicarum Twysdeni p. 286. Porro de gestis Regis Stephani et de bello Standardii: ibid p. 309. sub nomine Joannis Prioris Hagustaldensis. Reliqua de gestis Henrici II. et Chronicon parvum ab Adamo usque ad Henricum Imperatorem, nondum prodieruut. Balaeus Cent. III. 32. Pitseus c. 262. Caveus p. 597. Vossius, Oudinus.

RICHARDUS Hampolus, de quo jam supra egit Fabricius noster tom. III. p. 174. Hic pauca quaedam addo. Hampolum monasterium monialium quatuor milliaribus ab oppido Duncastro in agro Eboracensi situm, ubi vitam eremiticam egit. Theologiae Doctor. fuit; ob mundi perversitatem eremum petiit. Opuscula ejus edita sunt a Jo. Fabro, Hailbrunnensi, Ord. Praedicatorum, Colon. 1536. fol.

Totum Psalterium in linguam Anglicam convertisse dicitur, ait Pitseus; transtulit, ait Balaeus. Clare autem probat Henr. Wharton, ex testimonio Auctoris Speculi B. Virginis, qui in Prologo sic scribit: Paucos admodum Psalmos translatos dedi; ideo quod vobis praesto sint ex Ri-

chardi Hampoli versione. aut ex Bibliis Anglicis, modo licentiam eorum legendorum habeatis. Vide Auctarium ejus ad Jac. Usserii Historiam dogmaticam de Scripturis et Sacris Vernaculis p. 428. Exstat autem MS. in Bibl. Vaticana teste Bern. de Montfaucon Bibl. Bibliothecarum MSS. p. 46. Inde quoque illud probabile est, quod *Stimulum conscientiae* metris Anglicis edidit.

Evolve praeterea Henr. Whartonum in Append. ad Caveum p. 26. Phil. Elssium in Encomiastico Augustiniano pag. 602. Gandolfum de ducentis Augustianianis scriptoribus p. 309.

RICHARDUS, *Hortensis* monachus, Hispanus, Ordinis Cisterciensis, scripsit carmine *Vitam S. Martini, vulgo Sancti Sacerdotis, ex Abbate Hortensi Episcopi Seguntini*, quam edidit Chrysostomus Henriquez in Fasciculo Sanctorum Ordinis Cisterciensis lib. I. distinct. 7. cap. 8. Adde Angeli Manrique Annal. Cisterc. t. II. a. 1164 cap. 8. ubi multa ex hac vita refert. Scripsit quoque *Vitam Roderici Archiepiscopi Toletani* et fortasse aliorum virorum illustrium, nam imagini pictae illius in presbyterio Ecclesiae Hortensis positae inscriptum legitur: *Ricardus monachus sanctorum historicus monachorum* Vide Caroli de Visch. Biblioth. Cisterc. p. 287. Nic. Antonii Bibl. Hispanam Vet. t. II. p. 271.

RICHARDUS *Kedermister*, Anglus, Abbas Winchelcombensis sec. X. *Registrum coenobii Winchelcombensis* incredibili labore contexuit, opus longe desideratissimum, sed quod in incendio Londinensi periit. Thomas Hearne praef. ad Chronicon Joannis Glastoniensis § 6.

RICHARDUS *Kendallus*, Grammaticus Anglus qui omnem aetatem formandis pueris consumsit, claruit circa a. 1431. Scripsit *de legibus constructionum, de verborum ornatu, de componendis epistolis, de dictamine prosaico et metrico. Æquivocorum exempla, Versus et Rhythmos.* Balaeus Cent. VII. 78. Pitseus c. 803·

RICHARDUS *Killington*, vide *Chillington*.

RICHARDUS *Lauingham*, Suffolcensis,

in monasterio Gippeswicensi a puero educatus, inde ibidem monachus Ordinis Carmelitici, Oxoniae literis incubuit, ibidemque Doct. et Professor Theologiae, mortuus in ipso aetatis flore a. 1381. Scripsit perquam multa, ex quibus notatu digniora adferimus: *Determinationes nobiles Oxoniae et Londini publice lectae pro libro Revelationum S. Brigittae, Historia trium Magorum, de origine Carmelitici ordinis, Compendium Gualieri Reclusi, Determinationes contra Lolhardos et Wicleffistas, contra Joannem Purveum, in Ethicam Aristotelis, de distantia planetarum, Summulae Logicales, de fallaciis etc.* Vide Balaeum Centur VII. 1. Lelandum c. 459. Pitseum c. 666. Trithemium de Scriptoribus Ord. Carmelit. p. 73.

* Non alterum esse puto a Richardo Lavian Ord S. M. da monte Carmelo, cuius Logicam et Physicam MS. exhibet cod. MS. Latinus Bibl. Venetae S. Marci *

RICHARDUS *de S. Laurentio*, Poenitentiarius Rothomagensis, scripsit librum *de origine ac viris illustribus Ordinis Cisterciensis.* Exstat MS. in Flinensi virginum apud Duacum monasterio, Leodici apud S. Jacobum, Bruxellis in Rubra Valle, et alibi Porro nomen *Richardi de S. Laurentio* praefert solus codex Flinensis, alii vero codices, quotquot hactenus vidi auctoris nomen non exprimunt. Haec Ant. Sanderus in Bibl. Belgica manuscripta p. 27. Alius illius liber *de Virtutibus* in Bibl. monasterii S..Martini Tornacensis, teste eodem Sandero p. 117.

Libri XII. *de Laudibus B. Mariae* prodierunt Duaci 1525. apud Jo. Bogardum. Hunc librum falso adjudicavit Petrus Jamnius Alberto M. qui eundem inter ejus opera 1651. Lugd. collocavit. Conf. Theoph. Raynaudus in Nomenclatore Mariano. Haec Olearius II. pag. 129. longe plura vero Oudinus tom. III. pag. 158.

RICHARDUS *Ledredus*, Minorita Londinensis, a Joanne XXII. creatus Episcopus Osoriensis, obiit An. 1360. Scripsit *Epistolas ad Pontifices, Hymnos* diebus festis in Ecclesia sua decantandos. Waraeus de scriptor. Hiberniae part. 2. pag. 124. Waddingus de scriptoribusOrd. Minorum p. 305.

RICHARDUS *Legrocastsensis* (h. e. Leicestriensis) vide infra *Wetherset.*

RICHARDUS *de Lonato*, Brixiensis, Ord. Praedicatorum circa An. 1456. in Lombardia Philosophiam et Theologiam docuit. Scripsit *de virtutibus*, *de habitibus*, *de interpretandis Hebraicis Veteris Testamenti vocabulis.* Leon. Cozzando Libraria Bresciana pag. 293. Eadem Jac. Quetif de Scriptoribus Ordinis Praedicatorum tom. I. p. 574. qui vero An. 1330. vixisse adserit.

RICHARDUS, Canonicus *Londinensis*, vide supra *Richardus Canonicus*

RICHARDUS *Magnus*, e Cancellario Lincolniensi Archiepiscopus Cantuariensis, obiit Roma redux An. 1231. Scripsit *de temporibus ordinandorum*, *de Clericis conjugatis*, *de celebratione Missarum*, *de Simonia*, *de poenitentiis et remissionibus*, *de fide et legibus*, *de universo corporali et spirituali.* Pitseus c. 331. qui et suum de Æp. Cantabrigiensibus Catalogum allegat.

RICHARDUS *Maideston*, vel *Maidston*, a patria, quod oppidum dioecesis Roffcusis in Cantia est, ita dictus, Oxonii in Collegio Mertonensi literis incubuit, post Carmelita coenobii Ailesfordensis, tandem Theologiae Doctor Oxoniensis, obiit An. 1396. viris summis, Joanni praecipue, Lancastriae Duci, valde gratus. Scripsit *in canticum Mosis*, *in Canticum Canticorum*, *in septem Psalmos*, *Anglice*, *Compendium Divi Augustini*, *Precationes metricas, Sermones*, *de sacerdotali functione*, *super Magistrum sententiarum*, *Determinationes contra Joannem Ashwarby*, *contra Lolhardos et Wicleffitas*, *Conciones in Annulum Philosophicum Jo. Avonii*, *super concordia Regis Richardi et civium Londinensium*, *carm.* Vide Trithemium de script. Eccles. c. 667. et de script. Carmeliticis p. 73. b. Lelandum c. 747. pag. 17. 18. Balaeum Cent. VI. 86. Pitseum e. 715. Lyseri hist. Poëtarum medii aevi pag. 1152. Nostrum supra libro XII.

RICHARDUS *Malumbra*, vel *Malumbris*, Cremonensis, Jacobi de Arena discipulus, vixit An. 1310. fuit in Juridicis et Philosophicis non mediocriter versatus.

Scripsit *in Instituta*, *Codicem*, *Digesta et Quaestiones varias.* Trithemius l. c. c. 538 Fichardus de vitis JCtorum. Nic. Comneni Papadopoli Hist. Gymnasii Patavini lib. III. sect. I. c. 2. Arisil Cremona literata tom. I. pag. 155. De alio cognomine Sec. XII. idem agit pag. 68

RICHARDUS *Medicus*, vide supra *Anglicus.*

RICHARDUS *de Media villa*, *Mediotunensis*, Anglice *Middleton*, Anglus, Ord. S. Francisci, Oxoniae et Parisiis Philosophiae, Jurisprudentiae et Theologiae Scholasticae operam dedit, postea Doctor Theologus Oxoniensis Doctoris *solidi*, *copiosi*, *fundatissimi et authorati* cognomen sortitus est. Obiit circa An. 1300. Scripsit *Quaestiones in Magistrum Sententiarum*, quae cum *Quodlibetis Theologicis LXXX.* prodierunt Venet. 1509. 1589. Brixiae 1591. *In quartum Sententiarum* singulatim, Paris. typis Jo. Klein, Alemanni, 1504. 4. et Venet. sine anno, folio. *Super Evangelia et Epistolas Pauli de ordine judiciorum*, *de conceptione B. Virginis*, *in regulam S. Francisci*, contra *Petrum Joannis.* Evolve Lelandum c. 304. Balaeum Centur. IV. 77. Pitseum c. 433. Caveum p. 614. Waddingum de scriptoribus Ord. Minorum p. 305. 306. Willot Athenas sodalitii Franciscani pag. 314.

RICHARDUS *Melchesham*, Anglus, monachus Cisterciensis in coenobio Bellensi, vel Belliloci, seculo incerto, dedit *Sermones.* Pitseus App. Cent. III. 88. Balaeus Cent. XII. 29. Car de Visch Bibl. Cisterciensis pag. 287.

RICHARDUS *Midleton*, vide *de Media villa.*

RICHARDUS *de Monte Crucis*, vide *Ricoldus.*

RICHARDUS *Hannibaldensis de Molaria*, Abbas Casinensis et Cardinalis S. Angeli a Gregorio IX. creatus An. 1240. Obiit Lugduni in Concilio generali An. 1274. Scripsit *Expositionem super Regulam S. Benedicti.* Placidus in Supplem. de viris illustr. Cassinensibus c. 1. cum annot. Jo. Bapt. Mari.

RICHARDUS *Montis Corvini* in Apulia Episcopus An. 1127. creatus, scripsit *Vi-*

tam S. Alberti, decessoris sui, quam luculentiore stilo expolivit Alexander Gerardinus, Vulturariae et Montis-corvini antistes, editam in Actis Sanctorum tom. I. Aprilis pag. 434 Ughellus tom. VIII. ipsum An. 1037. vixisse dicit.

RICHARDUS *Northalis*, Londinensis, Carmelita, in Ossoriensem Episcopum sacratus An. 1387. Annis 1391 et 1394. a Richardo II. ad Bonifacium IX. missus est legatus. Fuit etiam ad tempus Hiberniae Cancellarius. Post annos novem Ossorii exactos Dublinium translatus ibi paullo post obiit An. 1397. 20 Julii Scripsit *Sermones et ad Ecclesiarum parochos lib. I.* Haec Waraeus de scriptor. Hiberniae lib. 2. pag. 127. Adde Balaeum Centur. VII. 6. Pitseum c. 718.

RICHARDUS *Northumhrius*, vide supra *Hagustaldensis*.

RICHARDUS *Nottingham*, Anglus, Theologiae Doctor et Professor, aliquando etiam Cancellarius Oxoniensis, vixit An. 1320 Scripsit *in quatuor Evangelia*, *Epistolas Pauli*, *Magistrum Sententiarum*, *Conclusiones ordinarias*, *contra errores Pelagii*. Pitseus c. 480.

RICHARDUS *Oliphant*, Scotus Patavii Medicinae operam dedit, in patriam vero redux Aberdonae Carmelitarum religionem suscepit, tandem Professor Theologiae circa an. 1363. Scripsit *Lecturas Scholasticas et Commentaria Sacra*, Venetiis apud Junctas impressa: *de Conciliis oecumenicis*. Dempsteri Hist. Eccl. Scotorum XIV. pag. 512. Ge. Mackenzie de Scotis eruditis vol. I. pag. 426. 426.

RICHARDUS *Pampolitanus*, vide libro VIII. pag. 553 et *Rich. Hampolus*.

RICHARDUS *de Paphiis*, scripsit *Artem Dictaminis*, qui liber MS. est in Bibl. Vaticana. Bern. de Montfaucon Bibl. Bibliothecarum MSS. p. 57. Fortasse est *de Pisis*, cui idem labor tribuitur iu Codice S. Victoris Parisiensis. ibid. pag. 1374.

RICHARDUS *Parisiensis*, artium Magister, edidit *Tractatum de febribus*, Venet. 1514. fol. cum Galeatii et Marsilii de S. Sophia tractatibus. Gesnerus.

RICHARDUS *Petronus*, v. infra *Senensis*.

RICHARDUS *Phisaja*, nomen corruptum Rich. Fizacrii, quod Pitseum c. 381. decepit, ut ex uno duos faceret. Vide supra.

RICHARDUS *Pictaviensis*, vide supra *Clumacensis*

RICHARDUS *Pluto*, monachus Benedictinus in coenobio Cantuariensi circa an. 1181. Scripsit *Ecclesiasticam Anglorum Historiam*, *Carmen*, *unde malum? de inquisitione boni*, *de gradibus virtutum*, *de virginitate*, *de bono mortis*, *de arte Ironica*, *in Icones Apostolorum*, *de loco et tempore*, *super opere Philonis*. Lelandus c. 212. Balaeus Cent. III. 16. Pitseus c. 249. Lyseri hist. Poëtarum pag. 440.

RICHARDUS *Porlondus*, Norfolcensis, Ordinis S. Francisci in Coenobio Norwicensi, Theologiae Doctor, aetate incerta. Scripsit *Sermones et de Passione Christi*. Pitseus Append. Cent. III. 90. Balaeus Cent. XI· 68. Waddingus de scriptoribus Ord. Minorum pag. 306.

RICHARDUS *Praemonstratensis* monachus et Abbas, Anglus, sub an. 1190. Scripsit *de Canone Missae*, *Quaestiones de Sacramento Altaris*, *de computo Ecclesiastico*, *de vita S. Ursulae*. Carmen *de mysteriis sacrorum*, quod incipit: *Scribere proposui quae mystica*; in Bibliothecis Patrum et alibi Hildeberto Cenomanensi tribuitur, de qua re agit Polyc. Lyserus in Hist. Poëtarum medii aevi pag. 386. De Richardo nostro autem confer Balaeum Centur. III. 34. Pitseum c. 263. Oudinum tom. II. pag. 1521.

RICHARDUS Abbas de *Pratellis* Ord. S. Benedicti in Normannia, circa a. 1230.

Scripsit *in librum Josuae*, *Judicium*, *Ruth*, *Canticum*, *Sapientiae etc.* Gesnerus, Balaeus Cent. XIII. 26. *In Genesin et Exodum* MS. in Bibl. S. Germani et Pratellensi. Bern· de Montf. Bibl. Bibl. MSS. pag. 1134. 1267. Plura ex Catalogis MSS. Angliae Oudinus tom. III. pag. 157.

RICHARDUS *Radulphi*, vide *Firzralph*.

RICHARDUS *Remensis* a. 1270. Scripsit *Sermones de tempore et sanctis*. Trithemius de Scriptor. Eccles. c. 488. qui eum cum Possevino Archiepiscopum Remensem facit, de quo vero dubitat Waddingus in

Annal. Ord. Minorum ad an. 1278. n. 31. et de scriptoribus illius ordinis pag. 306.

RICHARDUS *Ringstedus*, vide infra *Thomas Ringstedus.*

RICHARDUS *de Rivo*, Brabantus Ord. Praedicatorum in domo Bruxellensi, Coloniae studuit, ibique Magister Theologiae an. 1384.' promotus, post biennium domus suae nativae Prior factus est. Scripsit *in libros Sententiarum.* Jac. Quetif de Scriptor. Ord. Praedicatorum tom. I. pag. 869. Fortasse idem est cum *Richardo Rays*, de quo mox.

RICHARDUS *Rollus*, vide *Hampolus.*

RICHARDUS *Roso, Roseum* vocat Sixtus Senensis, Anglus, in coenobio Norvicensi Carmelitanus, Oxoniensis Academiae Doctor Theologus, et tandem in monasterio suo Prior, obiit an. 1420. 16 Dec. Scripsit *in Genesin, Exodum, Leviticum, Ecclesiasticum, Epistolam ad Titum, Sermones per annum, Lecturas Theologiae, de naturis animalium.* Pitseus c. 772

RICHARDUS *Rufus*, Cornubiensis, Ord. Minorum, Theologiae Doctor et Professor Parisinus an. 1270. Scripsit *in libros Sententiarum.* Lelandus c. 264. Pitseus c. 380. Balaeus Cent. XIII. 80. Balaeus tom. III. pag. 708. Waddingus pag. 306.

RICHARDUS *Ruys*, Ord. S. Francisci, Theologus Anglus. Scripsit *super Magistrum Sententiarum.* De aetate non liquet. Pitseus in Append. Cent. III. 92. Balaeus Cent. XII. 17. Waddingus l. c.

RICHARDUS, *Sacrista*, vid. supra *Richardus de Aldwerd.*

RICHARDUS *de Saliceto*, JCtus, patria Bononiensis, Jura docuit Patavi, a. 1350. splendidam Legationem ad Florentinos suscepit. Scripsit *Lecturas super Codicem* et *Digestum Vetus, Consilia, Quaestiones. Consilium* ejus *in materia solutionis talearum* habetur in Consiliis Alberti Bruni. Gesnerus. Adde Panzirollum de claris Legum interpretibus II. 76. Bumaldi Minerval Bononiense pag. 204. Orlandi Notitia Scriptor. Bononiensium pag. 241.

RICHARDUS *Sbrulius*, Eques (non Foroliviensis, ut quidam tradunt perpe-

ram, sed) Forojuliensis, quippe cui patria Utinum fuit, pater Nicolaus, frater Stephanus, quibus carmina inscripsit. Testatur hoc Christophorus Scheurlus in praefatione Cleomachiae Sbrulii nostri praefixa: *Patria tibi non est Forumjulii, sed Saxonia; non Utinum, sed Wittenberga.* Secutus primo est aulam Maximiliani Imp. a quo, quum Sfortiadum laudem carmine panegyrico caneret, non paucis nummis aureis donatus`, a) et in comitiis Constantiensibus Friderico III. cognomine Sapienti, Electori Saxoniae, commendatus est, qui Sbrulium nostrum inter suos recepit, et primum itineris comitem adscivit, quod ipse docet in Cleomachia laudata:

Te primum Svevis dominum delegimus oris; et
Te duce Germanas peragravit Sbrulius oras,
Et Germanorum lendit in ora virum.

Elector laudatus ipsum a. 1508. bonas literas in Academia nova Wittebergensi docere jussit. Ætate fere adolescentem tunc fuisse docet Andreas Meinhardi in Dialogo illustratae ac augustissimae urbis Albiorenae, qui libellus admodum est rarus. Quum autem a. 1510. Lipsia eo veniret Herm. Buschius, lis inter eos coorta est, quia Buschius Poetas antiquos explicaret, et auditorium frequentius haberet, Sbrulius vero tantum carmina Mantuani proponeret, quare Buschius Lipsiam rediit. Hamelmannus in vita Buschii pag. 295 Queritur postea ad Electorem de invidia et inopia:

Cur promissa mihi, Dux jucundissime, vestis
Non reddatur adhuc, cogito nocte, die.

Queritur, quod *loculus nummis, terga calore vacent.* Hinc Wittenbergam, sed nescio quo anno, reliquit.

A: 1522. Freibergae Misnicae juventutem in bonis literis erudivit. Molleri Theatr. Fribergense part. I. p. 291. Inde rursum secutus est aulam Maximiliani Imp. quem laudat in Epigrammate de duobus Maximilianis, Divo Caesare et Sevenbergensi, Oratore Caesareo:

Ingenium Caesar mihi Maximilianus alebat:
Orator genium Maximilianus alit.
Optimus ille mihi princeps erat, et pater unus:
Hic est nunc studiis aura benigna meis.

a) Leichius de Originibus Typographiae Lipsiensis pag. 11.

200

Reliqua ipsius ignoro. Scripta perennant sequentia : ·

1. *Panegyricus ad Fridericum Ducem Saxoniae.* Editus est primo separatim a. 1507. 4. postea cum Christophori Scheurlii Oratione in laudem Germaniae ac Ducum Saxoniae, Lips. 1508. 4.

2. *In Maximiliani Caes. Aug. excessum Naenia* laudatur a Gesnero.

3. *Elegia in laudem Fribergae*, a. 1522. et 4. Altera, *de mira potentia naturae in rebus subterraneis procreandis* : excusae sunt Lips. 1587. 4. cum Jo. Boceri Fribergo.

5. Librum *Theurdanck* carmine Latino reddidit, cujus exemplum est in Bibl. Vindobonensi, teste Lambecio II. 8. p. 986.

· 6. *Epigramma* de Udalrico Zasio , JCto, exstat in Melch. Adami Vitis JCtorum p. 18. ad 39.

7. *Moduli aliquot*, qui de laudibus Caroli V. Imper. et Ferdinandi fratris agunt. Augustae apud Joannem Erphordianum 1519. 3. Idus Novembris. Inscripti sunt Maximiliano Sevenbergensi, qui Caroli V. Orator fuit.

8. *Carmen ad Theodericum Blochium*, Rectorem Acad. Wittebergensis a. 1508. creatum, exstat in hujus Collectaneis Poeticis tom. III Script. Brunsvicensium Leibnitii p. 682.

9. *Ad Divum Fridericum Principem, Saxoniae Ducem, Misniae Marchionem, Turingiae Comitem, Sacri Imperii Electorem et Gubernatorem etc. unicum Musarum columen, decus atque praesidium. Ricardi Sbrulii. Equitis Forojuliensis, Liberalium Artium Doctoris ac Professoris in Academia Wittenburgensi Cleomachiae Liber primus.* 4. pl. 9. sub linem haec leguntur :
Hunc anno decimo Gronenbergensis alumnus Wittenburgensi pressit in urbe librum. ·

10. *Panegyricus in Laudem Sfortiadum*, nescio an editus.

Ad ipsum data est *Epistola Erasmi* 13. Nov. 1520. tom. III Opp. pag. 593. cujus ultima sunt : *Omnibus his precor, ut res optime succedat, sed tibi cumprimis, Sbruli candidissime, quem utinam Caesaris nostri benignitas inauret.*

RICHARDUS *Scropus*, Anglus, claris parentibus ortus, Cantabrigiae literis incubuit, ibi Artium Magister et Jurium Doctor creatus. Itinera deinde in Galliam et Italiam suscepit, Avenione vero et Romae Advocatum pauperum egit in Curia Romani Pontificis. Demum constitutus Episcopus Lichfeldensis et Archiepiscopus Eboracensis, cum nova contra Regem machinaretur, capite plexus est d. 8. Jun. 1405. Ejus nota sunt haec : *Super Epistolas Missarum quotidianas*, *Invectiva in Regem*, *Oratio ante mortem* Balaeus Centur. VII. 36. Pitseus c. 737. Clementis Maydestone Historia de martyrio nostri exstat tomo II. Angliae Sacrae Whartoni p. 369. *Articuli* vero *adversus Henricum IV. Angliae Regem* (Balaei fortassis *Invectiva*) ibidem p. 362.

RICHARDUS *Petronus*, *Senensis*, Utriusque Juris Doctor, Eccl. Romanae Vice Cancellarius, et Diaconus Cardinalis titulo S. Eustachii, vixit a. 1300. et fuit tertius eorum, qui jussu Bonifacii VIII. *Sextum Decretalium* compilarunt, cujus nomen in principio ejus voluminis expressum est. Fertur nonnulla alia in jure scripsisse. Haec Trithemius de Script. Eccles. c. 514. Oldoini Athenaeum Romanum pag. 580. Possevinus tomo II Apparatus p. 325.

* In Cod. 224. Biblioth. Felini Hanc adnotationem reperi : *Richardus Senensis Cardinalis S Eustachii, qui fuit unus de compilatoribus Sexti valde defendit memoriam Bonifacii VIII.*

RICHARDUS *Senoniensis*, vid. RICHERIUS.

RICHARDUS *Snetisham*, a) Anglus, Theologiae Doctor et Professor Oxoniensis, tandem Academiae Cancellarius a. 1420. Scripsit *contra quosdam Articulos Wicleffi*, *Lecturam Theologiae*, *Abbreviationes Coutoni*, et *ad quaedam dubia.* Pitseus c. 776.

RICHARDUS *Southwellus*, Anglus, scripsit *de rebus Anglicanis Chronica.* Ætas non est nota. Idem Append. Centur. III. 94.

---

a) *Suetisham* vocatur, nescio an satis recte, in Catalogo MSS. Bibl. Tenisonianae p. 31.

RICHARDUS *de Stavenesby*, corrupte ab aliis *Stravanellius* vel *Estravaneli* dictus, Anglus Ord. Praedicatorum, circa a. 1262. Scripsit una cum Hugone de Croyndonio *Maximas Concordantias*, quae *Anglicanae* dicuntur. Plura Jac. Quetif de Scriptoribus Ord. Praedicatorum t. 1 p. 209. Altamura p. 101.

RICHARDUS *Stradlejus*, in finibus Walliae natus, monachus Cisterciensis Herefordiae circa a. 1336. Scripsit *in Evangelia*, *in Orationem Dominicam*, *in quosdam Sacrae Scripturae textus* et *Homiliarium*. Lelandus c. 336. Balaeus Centur. V. 30. Pitseus c. 510. Car. de Visch Bibl. Scriptor. Ord. Cisterciensis p. 488.

RICHARDUS *Syracusanus*, Anglus, Theologiae Doctor, ab Henrico II. filiae Johannae Guilielmo Siciliae Regi nuptae comes missus, ad Episcopatum Syracusanum evectus fuit circa a. 1181. Scripsit *Epistolarum lib. I.* Radulphus de Diceto, et ex eo Pitseus c. 246.

RICHARDUS *Talbotus*, nobilissima ortus prosapia, Archiepiscopus Dubliniensis consecratus est a. 1417, ubi per 32. annos praefuit obiit d. 15. Aug. 1449. Exstat ejus *liber adversus Jacobum Comitem Ormoniae*, quo ostendit abusus regiminis ejus, dum Hiberniae esset Locumtenens. Waraeus de Scriptor. Hiberniae lib. II. p. 131.

RICHARDUS *Tenettus*, vid. *Cunetius*.

RICHARDUS *Tetfordiensis*, monachus Anglus, aetatis incertae, scripsit *Tractatum de modo praedicandi*. Pitseus Append. Centur III. 95.

RICHARDUS *Teutonicus*, vid. supra *Richardus de Lonato*

RICHARDUS *Theologus*, vid. infra *de S. Victore*.

RICHARDUS *Vageniacensi*, vid. *Maideston*.

RICHARDUS *de S. Victore*, natione Scotus, Canonicus Regularis S. Victoris prope muros Parisienses, ac demum per novennium Prior, S. Bernardi et Hugonis de S. Victore familiaris, obiit a. 1173. Vitam ipsius ex scriniis chartarum et manuscriptis Codicibus depromsit F. Johannes a Tholosa, Canonicus S. Victoris, et editioni Rotomagensi praefixit: qui et plures Auctores memorat, hujus Richardi mentionem facientes. Adde Georgium Mackenzie de Scotis eruditis vol. I. p. 147.

Opera ejus prodierunt Lutetiae Parisiorum, studio Canonicorum S. Victoris, 1518. Lugd. 1534. Venet. 1592. Colon. 1621. ac tandem Rotomagi, studio eorundem Canonicorum, 1650. fol. Nos ex hac editione, quae uno tomo (non duobus, ut Caveus ait) sed duabus partibus constat, opera Richardi paginis adjectis recensebimus.

Parte I.

De exterminatione mali, et promotione boni, p. 1.

De statu interioris hominis, Tractatus III. p. 23.

De eruditione hominis interioris, libri III. p. 45.

De praeparatione animi ad contemplationem liber, dictus Benjamin Minor, p. 114. Prodiit, teste Caveo, sub titulo libri *de XII. Patriarchis*, vel *de contemplatione minori*, sed sine loci nomine, 1494. 8. *de arca mystica* vocat Jo. Gerson de libris legendis a Monacho, t. II p. 709. et t. III p. 434.

De gratia contemplationis libri V. Opus Benjamin major nuncupatum, p. 147.

Nonnullae Allegoriae Tabernaculi foederis, cum recapitulatione brevissima contentorum in Opere de gratia contemplationis, p. 211.

De Trinitate libri VI. pag. 216. cum Comment. Jac. Fabri, Paris. per Henr. Stephanum, 1510. 4.

De tribus appropriatis Personis in Trinitate, p. 270.

De verbo incarnato, p. 272.

De Emmanuele libri II. p. 280.

Tractatus Exceptionum, qui continet *originem et discretionem artium, situmque terrarum; et summam historiarum, lib. IV.* p. 313. Hunc librum Scoti esse negat Bellarminus de Scriptor. Eccl. pag. 231. quia lib. I. c. 24. (non 4. ut Jo. a Tholosa citat) ait, suo tempore *Joannem*

Scotum esse Theologum : hoc vero neque
de Joanne Scoto Erigena, neque de Joanne Duns posse intelligi. Jo. a Tholosa
mendum librarii putat, qui fortasse Petrum Lombardum scribere debebat. Sed
necesse non est, nos eo confugere. Nam
primum hoc clarum est, Vincentium Be-
luacensem in Speculo historiali XXVIII.
58. hoc scriptum nostri agnoscere. Deinde, quis hodie omnium illorum, qui Joannis Scoti nomine veniunt, notitiam tradere poterit ? Fortasse aliquis hoc nomine fuit, qui Theologiam docuit, nihil autem scriptum reliquit.
Tractatus de potestate ligandi et solven-
di, p. 328. Paris apud Sim. Colinaeum,
1534. 12.
De meditandis plagis, quae circa finem
mundi evenient, p. 337.
De judiciaria, potestate in finali et universali judicio, p. 342.
De spiritu blasphemiae, p. 346.
De gradibus charitatis, p. 349.
De quatuor gradibus violentae charita-
tis, p. 355.
De gemino Paschate, p. 363. ·
Sermo in die Paschae, p. 367.
Declarationes nonnullarum difficultatum
S. Scripturae, p. 370.
Quomodo Spiritus S. est amor Patris
et Filii, p. 375.
De differentia peccati mortalis et venia-
lis, p. 376.
De superexcellenti baptismo Christi;
p. 377.
Sermo de missione Spiritus Sancti, p.
380.
De comparatione Christi ad florem, et
Mariae ad virgam, p. 386.
Quomodo Christus ponitur in signum
populorum, p 387.
De sacrificio David Prophetae, et quid
distet inter ipsum et sacrificium Abrahae
Patriarchae, p. 389.
De differentia sacrificii Abrahae a sa-
crificio B. Mariae Virginis, p. 394.
Pars II.
Expositio difficultatum suborientium in
descriptione Tabernaculi foederis, p. 402.
De templo Salomonis ad literam, p. 408.

De concordia temporum Regum conre-
gnantium super Judam et Israel, p. 416.
Mysticae annotationes quamplurimorum
versuum Psalmorum David, p. 425.
In Cantica Canticorum explicatio, p. 489.
In visionem Ezechielis literalis expli-
catio , p. 546.
De aedificio Ezechielis, p. 549.
Explicatio aliquot passuum difficilium
Apostoli, p. 581.
In Apocalypsin Joannis, libri VII. p. 589.
Scripsit etiam Explanationis mysticae
in Danielem Librum unum, cujus, indice Caveo, magnam partem compendio Allegoriarum in Danielem intexuit Godefridus Titelmannus.
Opusculum ejus de clamore interiori,
et Responsio quaestionum ad Bernardum,
MSS. habentur in Bibliotheca Cygneensi.
Alia ejus Opera inedita memorat Vincentius, Beluacensis in Speculo historiali
lib. XXVII.
RICHARDUS, Abbas S. Vitoni Virdunensis, mortuus a. 1046. Vitam ejus ex
Codice MS. edidit Mabillonius sec. VI. Benedictino part. II. p. 515. Scripsit Vitam
et miracula S. Vitoni Episcopi, quorum
particulam edidit Mabillonius l. c. p. 565.
qui tamen Opus integrum habuit.
* Scripsit pariter vitam S. Rodingi confessoris : nec altera forte est ab ea, quam
edidit Mabillonius in Actis. H. t. VIII.
536. scripsit autem illam honorifico sermone, ut phrasi utar scriptoris vitae eiusdem
Richardi. Teste etiam Hugone Flaviacensi
in Chronico dedit et regulam solitariorum,
sicut et statuta quaedam pro Ecclesia Rho-
tomagensi, quam nunquam prodiisse credo. Denique teste eodem extabat olim collectio scriptarum ab eo Epistolarum, quarum specimen extat apud Mabillonium
ibidem p. 593. Datam et illam ad Poppo-
nem Abbatem Staverensem. Denique char-
tas Monasterii sui collegit, quae collectio
adhuc superest Digioni. Haec omnia teneo
ex Hist. Litterar. Gallica t. VII. 563. etc.
RICHARDUS Vitus, Historicus Anglus,
quem Florentius Wigorniensis citat et sequitur. Vide supra t. I. p. 97.
RICHARDUS Ullerston, Lancastrensis,

Theologiae Professor Oxoniensis circa a.
C. 1408. Scripsit.

1. *De Symbolo Ecclesiae*, s. de articulis fidei, quod Opus Joannes Stanberius a. 1463. Commentario illustravit.

2. *Petitiones quoad reformationem Ecclesiae militantis*, quem librum a. 1408 jussu Roberti Halam Cardinalis elaboravit, ut in Concilio generali exhiberetur. Prologum et excerpta ex illo dedit Henr. Wharton in Append. ad Caveum p. 74. 75. Integrum Opus edidit Herm. von der Hardt. in Actis Concilii Constantiensis tom. I. pag. 1115.

3. Reliqua sunt *Comment. in Psalterium, super Cantica Ecclesiae, Defensorium dotationis Ecclesiae* per Constantinum M. factae, *Lectiones ordinariae, de officio militari.* Vide Lelandum c. 491. Balaeum Centur. VII. 83. Pitseum c. 800. Whartonum l. c.

RICHARDUS *Walinford*, Anglus, ex oppido Walingford ad Tamesin, patre fabro ferrario, natus, Oxoniae in Collegio Mertonensi literis incubuit, postea monachus et tandem Abbas Benedictinus in coenobio S Albani, Mathematicus insignis, obiit a. 1526. Horologium in monasterio suo stupendo artificio elaboravit. Scripsit *Canones in Albion (*quomodo scil. horologium Albanense tractandum esset) *de judiciis Astronomicis, de sinibus demonstrativis, de chorda et arcu, de diametris, de eclipsibus solis et lunae, de rectangulo, Exafrenon, de rebus Arithemeticis, de computo* Lelandus c. 470. Balaeus Centur. V. 19. Pitseus c. 487.

RICHARDUS *Wetherset*, Anglus, Academiae Cantabrigiensis Cancellarius circa a. 1350. Scripsit *Summam sacerdotalem seu Speculum Ecclesiasticorum, de Sacramentis Ecclesiae, Opus Homiliarum, de vitiis et virtutibus, de computo Mathematico.* Lelandus c. 253. Baleus Cent. V. 88. Pitseus c. 565. *Wedringler* vocatur in Codice Bibl. Soc. Jesu Lovanii, qui Opera illius continet, teste Val. Andrea Bibl. Belgica MS. I. p. 32.

RICHARDUS *Wichingham*, Norfolcensis, monachus Carmelitanus, Prior et Theologiae Professor in coenobio Burnehamensi, mort. Norvici a. 1381, Scripsit

in primum et secundum librum Magistri Sententiarum, Sermones CVI. Pitseus c. 667. Balaeus Cent. XI. 17.

RICHARDUS *Wichius*, in oppido Wichvel Dortewich dioecesi Wigorniensis natus, Oxoniae et Lutetiae studiis operam dedit, Bononiae Jus Canonicum audivit et docuit, Aureliani Theologiam tractavit. Hinc primum Oxoniensis Academiae, post Edmundi Archiepiscopi Cantuariensis Cancellarius, demum a. 1243. Episcopus · Cicestriensis constitutus est Obiit a. 1251. Scripsit *Epistolas ad Innocentiam IV.* et *de Ecclesiasticis officiis.* Nic. Trivetus ad a. 1252. Balaeus IV. 14. Pitseus c. 457. Bulaeus tom. III. pag. 708. Car. de Visch Bibl. Scriptorum Ord. Cisterciensis p. 288.

* Richardi huius *Statuta Synodalia* non ante multos annos evulgavit cl. Wilkins in Conciliis M. Britanniae etc. tom. I ad An. 1246. *

RICHARDUS *Wichius*, Baleo et Gesnero *Withus*, Wiclefi sectator circa a. 1390. Scripsit *contra venerationes imaginum, Responsa ad XIV. articulus, Conciones vulgares*, et hoc nomine eum laudat Balaeus VII. 10. Contra Pitseus Append. Cent. III. 97. *Confessionem et retractationem haereseos Wicleffianae* scripsisse tradit.

RICHARDUS *Wigorniensis*, cujus *Carmen in mortem Henrici I. Regis* est in Bibl. Regia Londinensi. Bern. de Montfaucon Bibl. Bibliothecarum MSS. p. 268.

RICHARDUS *Wiltonus*, Anglus, Ordinis SS. Trinitatis Alumnus, ab Innocentio III. Archiepiscopus Armachanus, et Primas Kiberniae, a Gregorio IX. Presbyter Cardinalis titulo S. Stephani in monte Coelio creatus, scripsit *de B. Mariae virginis doloribus libros IV. de auxiliis divinae gratiae libros IV. in Magistrum Sententiarum libros V. contra haereticos sui seculi, de immortalitate animae libr. I. Commentaria in Genesin et Hieremiam, Quodlibetorum disputatorum libros tres.* Obiit Londini a. 1339. Oldoini Athenaeum Romanum p. 580.

RICHARDUS *Winchelsey*, Anglus, a patria ita dictus, Dominicanus, ab a. 1489. Episcopus Ossoriensis in Hibernia, scripsit

Quaestionum opinabilium s. Problematum *lib. I.* Baleus centur. XII. 90. Pitseus Append. Cent. III. 98. Lelandus c. 559. Jac. Quetif de Script. Ord. Praedicatorum t. I. p. 860.

RICHARDUS *Withfordus*, Ordinis S. Brigittae monachus, in coenobio. Sionensi, non procul a Londino, Erasmo familiaris circa a. 1520. E Latino in Anglicum sermonem convertit *Meditationes solitarias*, *Psalterium Jesu*, *Martyrologium Sanctorum* (Anglice editum est a. 1506.*) pro Oeconomo seu domus gubernatore libr. I.* Balaeus Cent. IX. 15. Pitseus c. 920.

RICHARDUS Frater nescio cujus Ordinis. Scripsit *Carmina de Vita et Canonizane Bernardi*, Abbatis Claraevallensis, *de glorioso fine Bernardi*, *de fundatione Claraevallis*, *Salutationes ad Bernardum*. Felleri Catal. MS. Bibl. Paullinae Lips. p. 311.

S. RICHARII *Centullensis* Tractatus *de constructione Ecclesiae ejus loci* MS. exstat in Bibl. Vaticana. Bern de Montfaucon Bibl. Bibl. MSS. p. 81. Vita ejus in Biblioth. eadam et S. Germani: ibidem, p. 78 1130. 1139.

RICHARIUS, monachus *Gemblacensis*, circa a 950. Scripsit metrice *Vitam Erluini*, *primi Abbatis Gemblacensis*, quam jam sua aetate conqueritur Auctor de Gestis Abbatum Gemblacensium a Dacherio editus tomo. II. Spicilegii pag. 759. *dissipatis et intercisis scedulis a memoria hominum deperiisse*, Idem tamen p. 760. unam ex eadem laciniam conservavit, quae repetititur in Actis Sanctorum tom. VII. Maji p. 844.

RICHERIUS, Historicus Galliae, 992. cujus meminit Trithemius in Chron. Hirsaugiensi tom. I. p. 62. seque illo usum esse testatur: sed hodie nusquam comparet. Vide Hist. literariam Galliae tom. VI. p. 503.

RICHERIUS Gallus, monachus et Abbas monasterii S. Martini juxta Metim, Congregationis Cluniacensis, scripsit *de Vita S. Martini*, *Episcopi Turonensis*, *lib. I.* Trithemius autem in Compendio habet Richerum monachum, Haec Possevinus tom. II. Apparatus p. 328. Liber scriptus est carmine, et sic incipit.

Scripturus vitam bonitatem laude politam Sancti Martini Pontificis Domini.

Exstat in Bibl. monasterii S. Martini Tornacensis, teste Ant. Sandero Bibl. Belgica manuscripta I. p. 123. it in Bibl. Vallis S. Martini Lovanii, teste eodem II. p. 223.

RICHERIUS, monachus Senoniensis in monte Vosago, Tullensis dioec Ord. S. Benedicti, circa a. 1255. et scripsit *Historiam Abbatiae Senoniensis* editam a Luca Dacherio Spicil. tom. VIII. 271. edit. novae tom. II. p. 603. Stilus ejus est rudis, sed veritatis amans videtur. Ex illo *Vitam S. Gundelberti*, ex Episcopo Senoniensi Abbatis Vallis Galilaeae in Vosago edidit Mabillonius Annal. Ord. Bened. t. III. part. 2. p. 468.

RICHMONDENSIS regionis historiam, tradit *Registrum Honoris de Richmond*, *exhibens Terrarum et Villarum*, *quae quondam fuerunt Edwini Comitis*, *infra Richmondshire descriptionem*, *ex Libro Domesday in Thesauraria Domini Regis*. Londini, 1722. fol. de quo libro confer Acta Eruditorum 1726. p. 9.

RICHTRUDIS et Gisla, Anglicae Sanctimoniales, scripserunt *Consolatorias Epistolas*. Vivebant a. 770. Haec idem Possevinus t. II. p. 328.

Paulus RICIUS, non *Riccius*, ut vulgo vocant, Germanus, primum Judaeus, post inter Christianos Professor Philosophiae Papiensis, (unde perperam Italum natione fecerunt) demum Archiater Maximiliani I. Imp. Vixit seculo XV. Scripta ejus nota sunt sequentia.

1. *Portae lucis* (Scheve Orah) R. Josephi Cecatilja ex parte in Latinum sermonem translatae. Aug. Vid. 1516. 4. qui liber post in tomo Artis Cabbalisticae recusus est p 138.

2. *Opuscula varia*, Aug. Vind: 1515. 8. et fortasse etiam Papiae 1510. 4. Contenta eorum exhibet Wolfius Bibl. Hebr. tom. III. p, 917.

3. *Compendium Mischnae Codicis Sanhedrin*. Aug. Vind. 1519. 4. et postea in Operibus a. 1541. excusis.

4. *Statera prudentum*, 1532. 8. agit de Mose, Lege, Christo et Evangelio.

5. *Collectio Operum variorum*, Aug. Vind. 1541. fol. quorum recensum exhibet Wolfius tom. I. pag. 966. a) Primum locum occupat *liber de coelesti Agricultura* Totum Volumen illatum est in Scriptores Artis Cabbalisticae.

6. Liber *de sacris imaginibus et earum cultu*, MS. in Bibl. Vaticana teste Bartoloccio.

7. *Oratio ad Magistratus pupulosque Germaniae in Spirensi conventu* a. 1527. *habita*, de expeditione contra Turcas. Viennae, 4.

8. *Meditatio in Psalmum* Beatus Vir. *Concisa et arcana de modo orandi in nomine Tetragrammaton responsio.* Aug. Vind.

9. *Naturalia et prophetica de Anima coeli*, *omni attentione digna adversus Eckium examina.* ibid. eod. 4.

Vide praeter Rev. Wolfium, Colomesii Italiam Orientalem p. 17. Baelii Dictionarium, Reimanni introductionem ad Theol. Judaicam p. 411. 415.

Addo de eo judicium Erasmi in Epistola ad Richardum Bartholinum tom. III. Opp. p. 191. *Porro Paulus Ricius sic me proximo colloquio rapuit, ut mira quaedam me sitis habeat, cum homine saepius ac familiarius conferendi sermonem. Praeter Hebraeae linguae peritiam, quantum ille tenet Philosophiae, quantum Theologiae: tum quae animi puritas, qui discendi ardor, qui docendi candor, quae disputandi modestia? Mihi sane vir ille primo statim gustu placuit olim Papiae; cum illic Philosophiam profiteretur: nunc propius intuito magis etiam placet. Is demum vere mihi videtur Israelitam agere, suoque cognomini pulchre respondere: cujus omnis voluptas, omnis cura, omne otium ac negotium, in divinis est literis. Dignus nimirum animus, cui otium contingat quam maxime honorificum.*

RICOBALUS *Ferrariensis*, vide supra t. III 52. GERVASIUS, ubi tamen Fabricius noster monere omisit, quod ea quae ab Eccardo edita fuerant, auctiora et purgatiora prodierint tom. IX. S. R. Italicarum Mu-

ratorii pag. 97. Idem Muratorius tom. XX. pag. 877. testatur se vidisse Codicem MS. *de origine urbium Italiae, et ipsius Italiae primo incolatu, per Ricobaldum Ferrariensem*, qui plura ex antiquissimis libris Ravennae repertis se hausisse dicit. Sed fabulis innumeris scatere, ac proinde nullius pretii esse judicat Muratorius. Ejus quoque est *Compendium historiae Romanae et Descriptio Provinciarum orbis*, prior in Bibl. Cardinalis Ottoboni, posterior in Patavina. Bern. de Montfaucon Bibl. Bibl. MSS. pag. 187. 486.

RICOLDUS *de Monte crucis*, quem quidam *Accoldum* vocant, teste Fabricio supra lib. I. pag. 4. alii etiam *Richardum. Ebronus Riccoldus* vocatur in Codice MS. Taurinensi, apud Montfauconium Bibl. Bibl. MSS. pag. 1397 Patria fuit *Florentinus*, Ord. Praedicatorum, domus S. Mariae Novellae ibidem alumnus, jussu summi Pontificis in terram Sanctam et alias orientales profectus est: obiisse dicitur an. 1309. Scripsit 1. *Itinerarium peregrinationis suae*, cujus Codex Latinus est in Bibl. Moguntina, teste Val. Ferd. Gudeno in Sylloge Documentorum pag. 383. qui et quaedam ejus specimina profert. (293. Italice *Itinerario ai paesi Orientali pubb. dal P. V. Fineschi. Firenze 1793.* in 8.) Gallica autem versio Joannis le Long, Iprensis, monachi S. Bertini an. 1351. exstat Parisiis in Bibliotheca Regia. 2. *Improbationem Alcorani*, quo titulo prodiit Hispali 1520. teste Julio Nigro pag. 484. postea prodiit Venetiis 1609. 4. sub titulo: *Propugnaculum fidei* a). Hanc Graece vertit Demetrius Cydonius, cujus versio MS. est in Bibl. Vaticana et Vindobonensi, teste Bern. de Montf. Bibl. Bibl. MSS. pag. 12. 13. 549. 580. e graeco latine vertit Bartholomaeus Picenus de Montearduo, Rom. 1506. 4. Paris. per Henr. Stephanum 1509. 1511. 4. ibidem ap. Jodocum Badium 1513. Hispali 1550. Romae 1606. 8. item in collectione Mahumeticorum Theodori Bibliandri tom. II. Memoratur quoque a Simlero et Caveo editio Jo. Oporini, quae

a) Adde Jo. Ludolphi Bunemanni Catalogum MSS. et librorum raiiorum pag. 16.

a) Credo autem *Cribrationum Alcorani* titulum, quo Bibliander usus est, esse meliorem.

textum latinum et graecum exhibet . Basil. 1550. 3. *Epistolas ad Ecclesiam triumphantem* , 4. *Libellum ad nationes Orientales , de discrimine inter Judaeos , gentiles et Mahumetanos Historia Saracenorum cum errorum refutatione* ipsi tribuitur in Codice Taurinensi superius memorato. Partem quoque Alcorani latine vertisse dicit Pocciantius, cuius vide Catalogum Script. Florentinorum, p. 156. Jac. Quetif de Script. ord. Praedicatorum t. I. p. 504. Julium Nigrum de Scriptor. Florentinis p. 483. Ambros. ab Altamura pag. 86. Oudinum t. III. pag. 571. Fabricii Bibl. Graecam vol. VI. pag. 691. vol. X. pag. 389.

* Quod in Codice 156. latino Bibl. Taurinensis extat Ricoldi Opusculum inscriptum est: *Historia Ricoldi Ebron de variis Religionibus.* An vero eadem omnino sit cum eius Itinerario ambigere se profitentur Bibliothecarii doctissimi , qui commentarium de MSS. Codd. eiusd. Bibliothecae scripserunt. T. II. p. 46. cum praesertim frustra ibi quaesierint prologum Itinerarii ab Eccardo vulgatum. *Excerpta ex libris Riccoldi a Monte de Cruce Dominicani contra Saracenos et Alcoranum* per Barth. Fontium servat MS. Cod. Riccardianus Catal. Bibl. Riccard. p. 341. *

RICOLPHUS *Coloniensis* , Ord. Praedicatorum sec. XIV scripsit *super IV. libros Sententiarum.* Quetif. l. c. pag. 641. Nescio an idem sit *Riculfus* Dominicanus , cujus liber *de irruptione in terram Sanctam per Sarracenos* MS. est in Bibl. Vaticana. Bern. de Montfauc. Bibl. Bibl. MSS. p. 74. (294 Qui verius Ricoldi a Monte de Cruce , de quo supra et F. V. Fineschi in Op. *Memorie degli Uom. Illustri di S. M. Novella. Firenze* 1790. 4.)

RICULFUS , Episcopus Suessionensis a. 889. scripsit *Constitutionem* , sive Canones Ecclesiasticos editos primum a Jo. Cordesio cum Opusculis Hincmari, Paris. 1615. p. 685. deinde in Conciliis Labbei et Cossartii , in edit. vero Harduini t. VI p. 413. RIDEVALLIS *Cantica.* Vide Nostrum supra t. V. 102. NIC. *Boteleshamus.*

a) *Gottingische ghlehrte Zeitung* p. 1742. 162.

Nicolaus RIDOLFUS , Florentinus , sub finem Seculi XV. Scripsit *Historiam Florentinam* , quae cum aliis ejus historiae Scriptoribus nuper admodum promissa est a), sed huc usque nondum prodiit. (295. Scripsit Italice usque ad a. 1600. et op. extat MS. Florentiae in Bibl. Riccardiana , me prope et alibi. fol. vol. 2.)

RIFERIUS , vel RIFFERIUS , decimus quartus majoris Cartusiae Prior , et Ordinis Generalis an. 1258. constitutus , obiit an. 1267. Scripsit *Consuetudines sui ordinis* , quae nunc *Antiqua statuta* nuncupantur. Oudinus tom. III. pag. 251. illa Basileae 1510. (nam numerus 1210. lapsus est typographi) impressa esse testatur. Theod. Petreji Bibl. Cartusiana pag. 272. Car. Jos. Morotii Theatrum Cronol. Ord. Cartusiani pag. 23.

RIGAUDUS, Ord. Praed. sec. XIII. scripsit *in libros Sententiarum.* Quetif l. c. pag. 475.

Odo RIGAUDUS vel RIGALDUS , aliis quoque *Reginaldus* , ex Ordinis Minorum Fratre et Doctore Parisino Archiepiscopus Rotomagensis , mort. a. 1275. Scripsit *Sermones de tempore* seu *Regulam vivendi* , *Commentarios in quatuor libros Mosis* , *Psalmos et Evangelia* , it. *in quatuor libros Sententiarum;* sed nihil horum editum est. Sunt qui illum *Raymundum Rigaudum* vocant, sed perperam. Alii quoque a Bonifacio VIII. Cardinalem Episcopum Portuensem et S. Rufinae , nec non Magistrum S. Palatii constitutum esse ajunt , sed sine sufficienti fundamento. Vide Willot Athenas sodalitii Franciscani p. 314. Possevinum tom. II Apparatus p. 317. Oldoini Athenaeum Romanum p. 578. ante omnes vero Oudinum tom. III p. 449.

RIGORDUS , alii *Rigoldum* et *Rigotum* scribunt, Medicus Philippi Augusti , Regis Galliae , et monachus S. Dionysii , claruit a. 1220. Scripsit *Vitam Philippi Augusti* , cujus rebus omnibus interfuit , ab a. 1224. 1227. et Ludovico filio dedicavit. Editus est a P. Pithoeo una cum Guilielmo Britone , Francof. 1596. fol. repetitus tom. V. rerum Francicarum, quem Franc du Chesne adjecit. Quaedam illi addita et ex Guilielmo Britone assuta credit Rob. Quatremarius in Recensione Paradoxorum contra Launojum pag. 123. Ipse quoque Launojus in Examine Privilegii S. Germani t. II Opp. part. I. pag. 251. observat, ipsum quaedam ad veritatem historicam spectantia studio praetermisisse. In quo tamen excusari potest , quia non omnia singularia suo tempore in aula gesta rescire potuit, neque etiam, si scivit, in scribendo semper meminisse. Ad Codices manu exaratos Rigordi provocat, eumque ex illis subinde emendat Hieron. Bignonius ad Formulas veteres : vide pag. 594. Cod. emendatior, quam in editis, adest in Vaticana. Montfaucon Bibl. Bibl. MSS. 35. Rigordo nostro usum Guilielmum Britonem docet Fabricius noster supra t. I. 261.

RILINDIS , Abbatissa Bergensis in Episcopatu Eistadiano , vixit circa .a. 1095. Ejus *Versus ad Sorores Altitonenses* memorat Daumius in praefatione ad Hieronymum Graecum de Baptismo ; sed non addit , ubi editi sint.

RIMICIUS , Scriptor Italus seculo XV. qui *Vitam Æsopi ejusque Fabulas* e Graeco in Latinum transtulit , Parmae 1487. teste Maittairio. Postea vero liber saepius et in variis linguis recusus est. (295 Edit. Sine nota (Mediol. 1480) et Regii 1497. in 4. non Parmensem, nec Florentinam an. 1487. noscimus ex Op. Arvvood.)

* V. C. D. Georgius in Vita Nicolai V. a se edita de hoc Rinucio (Ita enim appellatur in impressa ejus versione) agens Aretinum extitisse ex fide Vaticani Codicis affirmat , quanquam nescio qua de causa Tettalus seu Thessalus, in editione Vitae et Fabularum Aesopi Bonaccurtius Pisanus illum appellat. Vertit ex Graeco Vitam et Fabulas Aesopi cujus est apud me vetusta editio in 4. absque anni et loci adscriptione. In Dissert. tamen Vossianis ex Gesnero laudatur prima eius editio Florentiae anni 1487. et Maitterus Parmensem eiusdem anni profert. An utrobique eodem anno prodierit ignoro. Eidem etiam auctori debetur versio epistolarum M. Bruti et Ippo-

cratis ad Nicolaum Papam V. directa , cuius est apud me vetus editio Florentina anni 1505. in 4.* (296. Antiquior Florentiae per Ant. Venetum S. A. et alia Florentiae 1487. prope me est. Vid. *Alam*. RINUCCINUS.

RINGERIUS , vid. supra RANGERIUS.

Alamannus RINUCCINUS , Florentinus, seculo XV. *Philostratum de vita Apollonii* Latine vertit , Lutetiae apud Guil. Cavellat. 1555. 12. impressam. Adversarium propterea nactus est Phil. Beroaldum , defensorem Gibertum Longolium. Vide Siberum de illustribus Alemannis p. 132. 133.

* Vix alium credo ab hoc Rinuccino authorem versionis Dialogor. Luciani Charontis et Mercurii ad Franciscum Bonaccursium directae , de quo Cod. 498. latinus Biblioth. Venetae S. Marci , quamquam ibi vitio fortasse scriptoris Rinuccius, non Rinuccinus appellatur. Haec olim de scriptore hoc annotaveram, sed emendanda modo quaedam succurrunt ex dissertatione 83. Vossian. cl. Zenit.2 p. 199. nuper edito. Prodiit in lucem Florentiae a. 1427. obiit vero a. 1504. (1499) Florentinus. Versio ab eo adornata *Philostrati de vita Apollonii* prodiit Bononiae , ut ex epistola Philippi Beroaldi,cujus fragmentum Zenus exhibet, discimus , tum vero alibi etiam recusa est. Dedit pariter vitas Niciae Atheniensis, M. Crassi, Agidis et Cleomenis ex Plutarco , et Agesilai ex Xenophonte a se in latinum translatas. Ibidem ex Plutarco opusculum inscriptum : *consolatio ad Apollonium*. Denique ex Plutarcho pariter libellum *de virtutibus mulierum* , cujus est editio Brixiensis an. 1497. Est ejus pariter versio *Charontis* ex Luciano impressa Basileae 1518. De suo scripsit *orationem* habitam *in funere Matthaei Palmerii* sicut et *Jannoctii Manetti vitam*, quam nondum typis prodiisse judico. *

(297 Vide Monumenta ad Al. Rinuccini Vitam contexendam ed. Ferd. Fossius. Florent. 1791. 4. et op. *Ricordi di Filippo di Cino Rinuccini dal 1282 al 1460 colla continuaz: di Alamanno ec. fino al 1506. etc. per cura di G. Aiazzi. Firenze 1840. 4. fig.* Editores Phaedri Fab. Biponti 1796 post Maittairum et Bern. La Monnoje putant et versio Fabularum Aesopi, quae Ri-

nucio Thessalo tribuitur non alii quam Alamanno nostro tribuenda ; at cod. Vaticanus 3943. esse a FRANCISCO *Rinuccio*
Aretino an. 1431. conscriptam ostendit.)

Joannes de RIPA , nescio quis , scripsit *Explicationes in primum Sententiarum*,
quas Paulus de Venetiis in Compendium
redegit. Vide Nostrum supra t. V. p. 209.

Antonius de RIPALTA , Placentinus ,
scripsit *Annales Placentinos* ab anno 1401
usque ad 1463. quo an. diem supremum
obiit , editos a Muratorio S. R. Ital. tom.
XX pag. 865. Scripsit item *Epistolas* et
Carmina , sed quae nondum edita sunt.

Albertus de RIPALTA , Antonii filius ,
in patria , Taurini , Ferrariae et Bononiae
literis operam dedit , memoria felicissima
usus est , ut ipse haec et alia de se narrat sub initium *Continuationis Annalium
Placentinorum* ab a. 1465. 1485. ab eodem Muratorio pag. 913. editae. Scripsit
praeterea *Carmen de nobilitate familiae
de Ripalta* , item *Carmina alia* , *Discepta-
tionem Dearum* , *Scientiae legalis et Musarum* , *Olympos, Hymnos ad Divam Virginem, Epistolas* et *Orationes varias*, quarum
quasdam Annalibus insertas habemus.

Petrus de RIPALTA , Placentinus, scripsit *Historiam illius urbis et regionum vicinarum* , usque ad a. 1374. quo peste
obiit. Quia vero omnia ejus in Chronico
Placentino Jo. Mussi exstant , quod Muratorius tomo XVI jam ediderat , et in
hoc quaedam etiam auctiora , scriptorem
illum in suis tenebris reliquit.

RIPARIUS , Presbyter Hispanus , natione Gallus. Ad eum datae sunt Epistolae
duae Hieronymi , XXXVI. et XXXVII, ex
quibus constat Riparium dogmata Vigilantii ad illum transscripsisse. Ipse quoque
Riparius cum Desiderio Epistola satis prolixa Hieronymum de iis , quae opus essent , certiorem fecerunt, cujus hic meminit in Apologetico adversus Vigilantium.
Nic. Antonius Bibl. Hispana Vet. II. 11.
n. 471. Histoire literaire de la France t.
II pag. 85.

RIVALLO , Archidiaconus Redonensis a.
1124. *Versus* confecit in laudem Marbodi
Episcopi sui , quos dederunt Martene et

Durand Thesauri novi Anecdotor. tomo I
pag. 558.

RIXFRIDUS , Frisius , monachus , ut
ait Arnoldus Wion , S. Salvatoris Trajecti , deinde septimus Episcopus Trajectensis , qui a. 836. obiit. *Epistola* ad S.
Lutgerum Episcopum Monasteriensem , et
alia Lutgeri ad Rixfridum *de S. Suiberto
Verdensium Episcopo* , exstant apud Surium d. 1. Martii. Epistolam nostri commentitiam vocat Fabricius noster supra
t. IV. p. 560.

ROBERTUS , Francorum Rex , Hugonis
Capeti filius , sec. X. Relictis scholis Parisiensibus Remos se contulit ad Gerber-
tum Episcopum , cujus cum Ottone III.
discipulus fuit. Literas in scholam Parisiensem revocavit , et dignitatem illius
auxit. Ejus est *Sequentia* de Spiritu S.
quae incipit : *Veni Sancte Spiritus* , *Responsorium* de S. Petro , *Cornelius Centurio* de nativitate Domini , *Judaea et Jerusalem , nolite timere ;* et illud *Alleluja,
Eripe me de inimicis.* Trithemius de Script. Eccles. Bulaei Hist. Univers. Parisinae tomo I p. 636. 637. *Epistola* ejus ad
Gauzlinum cum hujus Responso exstat
MS. in Bibl. S. Petri Eboracensis : *Canones* autem ejus excerpti in Bibl. Regis
Galliae. Bernard. de Montfaucon Bibl. Bibl. MSS. p. 673 1036. Plura de ipso Magnoaldus Ziegelbaur in Conspectu rei literariae Ord. S. Benedicti part. I. p. 159.
seqq. Pictetus Hist. Eccles. seculi XI. p.
244. qui tamen p. 466. monet , hymnum,
Veni Sancte Spiritus , a quibusdam Hermanno Contracto tribui.

* Inter cantilenas illas , quae Regi Francorum Roberto hic tribuuntur , illa quae
est de Spiritu S. incipiens : *Veni Sancte
Spiritus* alteri ut arbitror auctori adiudi-
canda est , nempe Hermanno Contracto.
Quam dedit Robertus , illa est : *Sancti Spiritus adsit nobis gratia* , teste Alberico in
Chronico ad an. 797. qui et addit foetum
eius esse pariter illud : *Rex omnipotens*
et responsorium : *o Juda et Jerusalem*
(An sit haec quae modo legitur in Missa
de Nativitate Domini ambigo) Responsorium : *O constantia martyrum alleluia. Eri-*

pe me Antiphonas versificatas perfidi (pro fidei) meritis etc. Kyrie eleison , omnipotens Genitor, Tum addit. Quodam die in vigilia Apostolorum cum esset Romae obtulit super altare in schedula responsorium : Cornelius centurio quod ipse composuerat. Cantilenae illius S. Spiritus adsit nobis gratia etc. sub sequentiae nomine meminit liber Responsorialis et Antiphonarius Ecclesiae Rom. a Thomasio editus pag. 14. edit. novae in 4. tom. in 4. Roberti Regis versus pro sanitate servat MS. Cod. Riccardianus. Lami in Catal. eiusd. Bibl. p. 343. *

ROBERTUS Alingtonus, Anglus , Theologiae Doctor et Professor Oxoniensis, et ejus Academiae Cancellarius , floruit a. 1400. Scripsit Quaestiones de sacris imaginibus, De adoratione imaginum , de Eucharistia, de Christi humanitate, de Eleemosyna , de mendicitate spontanea , super Constitutis Papae Joannis XXII. In Divisiones Boëtii , Sophistica Principia , Suppositiones Logicales , etc. Balaeus de Script. Britann. Centur. VII. 20. Pitseus c. 729.

ROBERTUS Altissiodorensis , vid. Autissiodorensis

ROBERTUS Anglicus memoratur ab Henr. Cornelio Agrippa in Epistola nuncupatoria ad Trithemium , quod Opus magicum conscripserit. Caetera ejus adhuc obscura sunt. Gesnerus, Lelandus c. 303. De aliis hujus nominis vid. infra Robertus Oxfordius , et Robertus Ivorius.

* In Catalogo Codd. MSS. Bibl. Venetae S. Marci Cod. latino 495. occurrit Roberti Anglici ord. min. Dialogus de formalitatibus inter Ochanistam et Scotistam. Incipit Quod verbis vituperii. Iste facile Robertus huc referendus est. *

ROBERTUS de Arondel , a vico Southsaxoniae nomen habens , teste Matthaeo Paris, multa de Hebraeo in Latinum fideliter transtulit : obiit a. 1246. Pitseus Append. Cent. IV. 55.

ROBERTUS Aston , Anglus , de Ordine Mendicantium , scripsit Expositiones Scripturarum , lib. I. Ita Gesnerus.

ROBERTUS Avenionensis , vid. infra Robertus de Usetia.

ROBERTUS de Avesbury , a Pitseo Append. Cent. III. 99. tanquam Historicus Anglus memoratur , ad quem Jo. Stous provocaverit. Scripsit autem Historiam de mirabilibus gestis Eduardi III. et editus est a Thoma Hearne , Oxon. 1720. 8. a) Vide Fabricium nostrum supra lib. I. p. 100. et tom. IV. p. 373. Excerpta ipsius quaedam fuerunt in Bibl. Tenisoniana , teste Catalogo MSS. illius p. 26.

ROBERTUS , Austrovandiae Archidiaconus , vixit circa a. 1149. Scripsit Vitam S. Alberti , monachi et presbyteri Reclusi Crispinianiensis monasterii , aequalis sui. Exstat ap. Surium d. 1. April. et in Actis Sanct· tom. I. Aprilis. p. 763.

ROBERTUS Autissiodorensis , cognomine Malchotius , Canonicus et Prior monasterii S. Meriani (non Mariani , ut Vossius et alii) Antissiodorensis, Ordinis Praemonstratensis , mortuus a. 1212. Scripsit Chronologiam ab orbe condito usque ad a. 1211. quam Hugo Canonicus ejusdem Ecclesiae continuavit, et Nicol. Camuzatus Trecis 1608. 4. sed ανωνυμως edidit; quum tamen Continuator sub a. 1211. expresse addat: Huc usque continuavit Chronicon Frater Robertus. Continuatio pertingit usque ad a. 1223. Vossius de Historicis Latinis pag. 443. editionem Parisinam ex officina Nivelliana 1609. memorat, quae fortasse a bibliopola Trecensi ad Parisiensem translata est , mutato , ut fieri solet , titulo. Nam Jac. le Long. in Bibl. Historica Galliae pag. 352. 353. alterius editionis , quam Trecensis, non meminit. Liber ejus de haeresibus MS. exstat in monasterio Dunensi in Flandria , prout testatur Ant. Sanderus Bibl. Belgica MS. I. p. 173. Adde Oudinum tomo III. p. 18.

ROBERTUS Baco. De hoc jam egit Fabricius supra tom. I. pag. 152. cui jam addenda sunt sequentia : Fuit S. Edmundi , cujus Vitam descripsit , primo discipulus , post familiaris. Vita autem illa , quamvis stilo immutato , legitur ap. Su-

a) Journal des Sçavans 1725. p. 513. Bibl. Angloise t. VIII. p. 279. IX. p. 57.

rium tom. VI. p. 16. Nov. Eundem ajunt excitasse Clementem IV. Pontificem, ut in Consilio Viennensi Clementinam de Professoribus linguarum ederet Scriptis ejus addantur *Glossae in Sacras Scripturas*, *Sermones, Lectiones ordinariae.* Pitseus c. 313.`Vossius de Histor. Lat. II. 58. p. 471. Jac. Quetif de Scriptoribus Ord. Praedicatorum tomo I. p. 118.

ROBERTUS *Balaeus,* senior et junior, vide t. I. p. 156.

ROBERTUS *Balsac*, Eques, ut videtur, Anglus, qui literas simul et bellum sectatus est. Scripsit librum *de re militari* circa a. 1450. Balaeus Cent. XII. 52· Pitseus c. 839.

ROBERTUS *Bastonus*, vide supra tom. I. p. 171. *Metra ejus de illustri bello* de *Bannockburn* a. 1304. gesto primum edidit Thomas Bellus ad finem libri, *Roma restituta.* Emendatius Thomas Hearne in Appendice ad Scoti Chronicon Jo. Forduni t. V.'p. 1570. Fidem ejus nonnunquam in dubium vocat Launojus, utpote qui monumenta confusa secutus sit, Opp. t. II. part. I. p. 145.

ROBERTUS *de Bello Foco*, Anglus, Oxoniae studuit, Magister Philosophiae, post Canonicus Saresburiensis circa a. 1190. Scripsit *Encomium Topographiae, et Monita salutaria.* Balaeus Cent. III. 36. Pitseus c. 265.

ROBERTUS *Berlmetuensis* In XII. Prophetas minores MS. exstat in Bibl. coenobii Camberonensis in Hannonia, teste Val. Andreae Bibl. Belgica MS. I. p. 363. Opinor esse *Rupertum Tuitiensem*, cujus Opus hoc titulo habemus.

ROBERTUS *Bilibri*, vid. infra *Robertus Kilwarbius.*

ROBERTUS *Blondellus*, scripsit *Desolationem Franciae*, dum Rex Carolus VI. fuit captivus, carminice : *Reductionem Normanniae* per Carolum VII. in alio Codice dicitur *Assertio Normanniae. Droits de France contre les Anglois*, quod videtur esse versio scripti ultimo loco memorati. Haec habentur in Bibl. Regia Parisina, ut testatur Bern. de Montfaucon in Bibl. Bibliothecar. MSS. p. 910. 912. 914.

953. *Oratio ejus historialis* in forma libelli ad Carolum VII. ad expellendos Anglos e regno Galliae, et ad auxilium Terrae Sanctae praestandum, in Bibl. Reginae Svecicae, teste eodem p. 21. 22.

ROBERTUS *Blondus*, nescio quis, *de arte Grammatica* MS. exstat in Bibl. Regia Londinensi. Bern. de Montfaucon Bibl. Bibliothecarum MSS. p. 626.

ROBERTUS *Bononiensis*, Longobardus cognominatus, Ord. Praedicatorum, circa a. 1320. Scripsit *Determinationem de Ordine Praedicatorum.* Jac. Quetif de Script. Ord. Praedic. tom. I. p. 528.

ROBERTUS *Bridlington*, Anglus, monachus Cisterciensis aetatis incertae, scripsit *super Apocalypsin S. Joannis.* Pitseus Append. Cent. III. 100. Car. Visch. de Script. Ord. Cisterciensis p. 289.

ROBERTUS *de Brugis*, tertius Abbas monasterii Dunensis in Flandria, Ord. Cisterciensis, ab a. 1138-1153. Ejus *Sermo* in anniversario depositionis S. Bernardi exstat MS. in Bibl. laudati monasterii. Ant. Sanderi Bibl. Belgica MS. I. pag. 182. Gallia Christiana tom. V. p. 285.

ROBERTUS *Bullenus*, vid. infra *Robertus Polenus.*

ROBERTI *Burhilli Historia Scholastica* MS. est in Bibl. Bodlejana. Bern. de Montfaucon Bibl. Bibliothecar. MSS. p. 658.

ROBERTUS *Canutus*, vide supra tom. I. p. 305.

ROBERTUS *Capito*, vid. *Lincolniensis.*

ROBERTUS *Caracciolus*, vid. *de Licio.*

ROBERTUS *Carevue*, vid. *Cervinus.*

ROBERTUS *Casinensis*, Abbas, scripsit *Librum Sermonum*, ut fertur, *elegantium.* Haec Possevinus t. II. Apparatus p. 344.

ROBERTUS, *Castrensis, Castrius*, Cestrensis, Anglus, Mathematicus, ex urbe Cestria oriundus, circa a. 1390. scripsit *de Astrolabio.* Lelandus c. 515. Balaeus Centur. XI. 12. Pitseus Append. Centur. IV. 3. Vossius injuriam facit Pitseo, quasi *Robertum* hunc cum *Rogerio Cestriensi* confudisset, quod non sic est: vide de Historicis Latinis p. 516.

* Quandoquidem author iste de Astrolabio scripsit num forte per errorem ex-

pressus est ex Roberto Astensi, qui librum *de officio Astrolabii* scripsit indicatum a Muratorio antiq. tom. III p. 943. ex Codice MS. Ambrosiano. *

ROBERTUS *Castricensis*, vid. supra *Richardus Castriconensis.*

ROBERTUS *Caubraith*, nescio quis, scripsit *Quadripartum*, Opus Physicum. Gesnerus, qui dispici jubet, an forte sit *Geopretius*, scriptor recentioris aevi.

ROBERTUS *Cervinus*, alias *Caraewalius* et *Karevve*, forte a loco natali, Anglus Philosophus circa a. 1326. Scripsit *super varios Scripturae textus Tractatus super Magistrum Sententiarum*, *Quaestiones ordinarias*, *in posteriora Aristotelis*. Lelandus ʿc. 318. Balaeus V. 21. Pitseus.

ROBERTUS *Cestrensis*, vid. *Castrius.*

ROBERTUS *Chilwardebius*, vid. infra. *Kilwarby.*

ROBERTUS *Cibollius*, Theologus Parisiensis, a. 1437. Academiae Rector, ad summum Pontificem ablegatus fuit : postea Rector Ecclesiae S. Jacobi, Poenitentiarius et tandem Cancellarius Parisinus. Scripsit *pro Joanna Aurelianensi puella*, quod Opus in Capellae Regii Palatii Thesauro Parisiis exstare scribit Jo. Hordalius in Puellae Aurelianensis Historia. Vide Launoji Historiam Gymnasii Navarraei part. III. lib. II. c. 6. Scripsit praeterea *Comm. in Philosophiam Aristotelis*, et *Expositionem in Epistolam ad Romanos.* Vide Bern. de Montfaucon Bibl. Bibliothecarum MSS. p. 1298. 1365

ROBERTUS *Cisterciensis*, ex Abbate primo Molismensi, dioec. Lingonensis, primus Abbas Cistercii, adeoque fundator Ordinis. *Sermones diversos*, ex quibus unus exstat impressus apud Chrys. Henriquez in Fasciculo lib. II. dist. 26. *Epistolae duae* filius leguntur in Manrique Annal. Cisterc. tom. I a. 1198. et 1200. Scripsit etiam *Exordium Ordinis Cisterciensis*, de quo Noster supra tom. I. pag. 353. Fabricius adnotavit, illud ab Auberto Miraeo Col. 1614. 8. esse editum. Car. de Visch Bibl. Scriptorum Ordin. Cisterciensis p. 288. 289. Gallia Christiana t. IV p. 731. 984.

ROBERTUS *Clari montis*, quae in Gallia est Civitas in Arvernis, scripsit *de Concilio in eadem Civitate celebrato* sub Urbano VI. Pont. Max. adversus Turcas. Exstat MS. in membrana in Bibl. Imp. Viennae Austriae. Haec Possevinus tomo II Apparatus p. 341.

ROBERTUS *Claudiocestriae* Dux Henrici I. Angliae Regis filius nothus, in militia et eruditione acque strenuus : durante bello civili Orationes ad suos habuit, et Epistolas ad Civitates scripsit. Floruit. a. 1140. et ejus *Opuscula* memorantur. Pitseus c. 195. Alium Historicum incertae aetatis a Joanne Stoo citatum memorat idem in Append. Centur. IV. 4. forte est idem cum superiore.

ROBERTUS, monachus *Coelestinus*, discipulus S. Petri Coelestini, scripsit *de rebus gestis S. Coelestini Papae*, quem librum MS. habuit Naudaeus. Vide Lud. a S. Carolo Bibl. Pontificiam p. 432.

ROBERTUS *Colmannus*, alii *Joannem* vocant, Anglus, Ord. S. Francisci in Conventu Norwicensi, post Cancellarius Oxoniensis, a. 1428 Scripsit *Sermones*, *Lectiones sacras* et *Carmina.* Lelandus c. 523. Balaeus Cent. VII. 75. Pitseus c. 789. Waddingus de Scriptoribus Ordin. Minorum p. 307.

ROBERTUS *Conton*, *Cotton*, et *Cownton*, Anglus, Ord. S. Francisci, Sorbonista Parisinus, *Doctoris amoeni* titulo insignitus, circa a. 1340. Scripsit *Sermones ad crucem D. Pauli Londini*, *Inceptorium super primum librum Sententiarum*, *Quodlibeta Scholqstica*, *Disceptationes Magistrales.* Balaeus Cent. V. 65. Pitseus c. 527. Waddingus p. 308. Willot pag. 317.

ROBERTUS *Corceon*, vel *Curson*, vide supra t. I. p. 345.

ROBERTUS *Cressius*, Anglus, Carmelita, sec. XV. dedit *Homilias.* Lelandus c. 589.

ROBERTUS *Crikeladensis*, vid. *Canutus*, t. I. p. 305.

ROBERTUS *Crowche f. Crucius*, Anglus Ord. S. Francisci monachus, deinde Provincialis, circa a. 1300. Scripsit *super*

Magistrum Sententiarum, *Quaestiones difficiles*, *in Physicam et Ethicam Aristotelis*. Lelandus c. 328. Balaeus Cent. IV. 76. Pitseus c. 434. Waddingus de scriptoribus Ord. Minorum p. 308.

ROBERTUS *Divitius*, vide *Riche*.

ROBERTUS *Dodefort*, Anglus, Ord. S. Benedicti in coenobio Ramesiensi, inter alia Hebraicae quoque linguae peritus, et libros Hebraicos illius monasterii sub custodia sua habuit. Vixit circa a. 1270. et edidit *Postillas in parabolas Salomonis*, *Conciones*. Balaeus Cent. IV. 41. Pitseus cap. 386.

ROBERTUS *Dominicanus*, Anglus, seculi incerti, scripsit *in Job*, *Danielem, Matthaeum, Lucam, Joannem*, quae Bononiae asservantur. Pitseus Append. Cent. IV. 8.

ROBERTUS *de Dunstable*, vide supra tom. II. p 481.

ROBERTUS *Eboracensis*, vide *Perscrutator*.

ROBERTUS *Eliphat*, Anglus, monachus Franciscanus, aliis Augustinianus, Doctor Parisinus, docuit Parisiis et Oxoniae circa a. 1340. Scripsit *Quaestiones super Magistrum Sententiarum*, *Conclusiones ordinarias, Lecturas Theologicas*. Balaeus Cent. V. 50. Pitseus c. 526. Sunt, qui Archiepiscopum Armachanum fuisse tradant, quos tamen refutat Waraeus de script. Hiberniae part. 2. pag. 423. Adde Waddingum p. 308. Phil. Elssii Encomiasticon Augustinianum p. 605. Franciscanis hunc vindicat Henricus Willot in Athenis sodalitii Franciscani p. 317.

ROBERTUS *Elphistonus*, Scotus, ordinis SS. Trinitatis, Regi Scotiae a sacris confessionibus, ab Urbano VI. Episcopus Brechinensis, et a Gregorio X. Cardinalis tit. S. Eudoxiae renuntiatus, scripsit *in Oseam Prophetam, de immaculata Deiparae Virginis conceptione, et de Angelis*. Oldoini Athenaeum Romanum p. 585.

ROBERTUS *Engolismensis* Episcopus anno 1259. Eius Epistolae quaedam habentur in Martene et Durand Collect. ampliss. t. VII. p. 148. Ex hoc loco confirmari potest Gallia Christiana t. II p. 1008.

ROBERTUS *de Eudemodio*, monachus Claraevallensis circa a. 1480. *Commentatus est in Disticha moralia Marci Catonis*, qui liber Petro de Salutiis generosae mentis adolescenti inscriptus et impressus est Antwerp. apud Gerh. de Leeuw. 1485. 4. Basil. 1486. Daventr. 1496. 1497. 4. Car. de Visch Bibl. Scriptorum Ord. Cisterciensis p. 290. De *Evromodio* et *Evremodio* vocant Codices MSS. apud Montefalconium p. 89. 1228. et Editiones antiquae. Venet 1495. Daventriae per Jacob de Breda 1496. 4. ibid. per Rich. Paffroed. 1497. 4.

ROBERTUS *de Evesburi*, quis fuerit incertum est, scripsit autem *Historiam Eduardi III*. Regis Angliae, quae Cantabrigiae in Collegio Trinitatis adservatur. Jac. le Long. Bibl. Historica Galliae p. 756.

ROBERTUS *Fabianus*, Londinensis, mercator dives, et unus ex duobus tribunis, qui in Senatu sub Praetore praesunt. Poësin Anglicam, Gallicam et Latinam calluit, Historiarum fuit studiosissimus, obiit anno 1512. Scripsit *Historiarum concordantias*, *Hist. a Rege Richardo usque ad suum tempus, de temporibus Regis Henrici VII. Brevem regum Angliae nomenclaturam, Annales rerum Londinensium, et de Praetoribus ejusdem urbis*. Balaeus Centur. VIII. 62. Pitseus c. 913. Vossius de Histor. Latinis III. 13.

ROBERTUS *Feribrigus*, vide *Richardus*

ROBERTUS *Fininham*, Norfolcensis, Ord. S. Francisci monachus Norvicensis, in Jure Canonico multum operae posuit circa a. C. 1460. Scripsit *Pro ordine Minorum*, *Pro dignitate status eorum*, *Casus Conciliorum Angliae*, *de casibus Decretorum et Decratalium de Casibus Papae reservatis*, *de Extravagantibus de Excommunicationibus*. Balaeus Cent. VIII. 24. Waddingus de scriptoribus Ord. Minorum p. 308. 309.

ROBERTUS *Fiscanensis*, patria Neustrius, monachus Benedictinus circa an. 1180. scripsit *Chronicon*. Balaeus Cent. XIII. 29. et ex hoc Vossius de hist. Latinis p. 782. Illud *Chronicon Fiscanense* a nato Christo ad a. 1220. edidit Labbeus Bibl. nova MSS. t. I. p. 325.

ROBERTUS *de Flamesburia*, natione, ut videtur, Anglus, Canonicus Regularis

Ord. S. Augustini, et Poenitentiarius in monasterio S. Victoris prope Parisios, scripsit sub finem sec. XII. *librum Poenitentialem*, qui MS. est in Bibl. S. Germani et Praedicatorum Carnotensium. Bern. de Montfaucon Bibl. Bibliothecarum MSS. p. 1128. 1364. *Praefatio* autem edita est a. Baluzio Miscell. lib. VII. p. 345. Ejusdem *Comment. in librum Maccaabaeorum*, versus item *de Trinitate et castitate servanda* MSS. in Bibl· Vaticana. Montfaucon. p. 69.

ROBERTUS *Flemingius*, Richardi, Episcopi Lincolniensis, consanguineus', post tractata Oxonii studia in Italiam se contulit, auditor Guarini Veronensis, et Protonotarii Apostolici dignitate ornatus. Redux in patriam Decanus Lincolniensis obiit. Scripsit.

1. *Lucubrationes Tiburtinas*, h. e. Carmen in laudem Sixti IV. Pontificis, a. 1477. confectum, et sine mentione loci in 8. editum, eodem anno, ut Whartono placet, excusum. Verum tunc nondum mos erat plagam octupla forma complicare.

2. Reliqua sunt *Dictionarium Graeco Latinum*, *Epistolae ad diversos, Carmina*. Lelandus c. 569. Balaeus Centur. VIII. 21. Pitseus c. 865. Whartonus ad Caveum Append. p. 125.

ROBERTUS *Foliotus*, Anglus, consanguineus Gilberti Folioti, Episcopi Londinensis, in Galliam abiit, et Melduni, unde quoque *Melidunensis* cognominatur, multa didicit et docuit. Fuit primum Archidiaconus Londinensis, post annum 1164· Episcopus Herefordiensis, obiit a. 1195. Ejus sunt *de annis Domini*, vel *Excerpta de chronicis*. Ex *Tractatu* ejus *Summa Theologiae* multa excerpit Bulaeus in Hist. Universatis Parisinae tom. II p. 264. 585. seq. 772. 773. Balaeus Centur. III. 8. Pitseus c· 236. Adde Lelandum c. 185. Oudinum t. II. p. 1451. Adscribitur ipsi Defloratio ex Mariano Scoto: verum illa pertinet potius ad alium *Robertum Herefordiensem*, de quo inferius.

ROBERTUS *de Gabbiano* Brixiensis, circa a. 1322. discipulus fuit B. Alberti Mandugasini. Scripsit *Comm. in libros Sententiarum, Sermones de tempore, de Sanctis*,

et *Quadragesimales*: *Librum de Spiritus Sancti donis septem*, *Commentarios super diversos Aristotelis libros*. Leonardo Cozzando Libraria Bresciana. p. 293.

ROBERTUS *Gaguinus*, vid supra libro VII.

ROBERTUS *Garlandus*, scripsit *Janum historice et metaphorice delineatum*, qui MS. est in Bibl. Regis Galliae. Bern. de Montfaucon Bibl. Bibliothecarum MSS. p. 766.

ROBERTUS *Gentilis*, Anglus Ord. S. Benedicti in coenobio Pontisfracti, vulgo Pontfret inter Eboracum et Dancastrium: scripsit *Homilias*. Reliqua ejus ignota sunt. Lelandus c. 463. Balaeus Centur. XII. 62. Pitseus Append. Centur. IV. 9.

ROBERTUS *Gervasii*, Gallus Occitanus, Andusiae dioecesis Nemausensis municipio ortus, Ord. Praedicatorum Theologiae Doctor, a. 1369. Episcopus Senecensis, obiit anno circiter 1396· Scripsit *Speculum morale Regium* sive *de regimine principum*, *Tractatum de schismate adversus Johannem de Linhano et Baldum Perusinum*, *defensores Bartholomaei Barensis*: quo nomine ipsi venit Urbanus VI. nam Robertus noster Clementi VII. Pontifici Avenionensi obediebat. Hic Tractatus MS. est in Bibl. Regis Galliae. Bern. de Montfaucon Bibl. Bibl. MSS. p. 1039. Vide Jac. Quetif de Scriptoribus Ord. Praedicatorum tom. I p. 689. 906. Oudinum tomo III p. 1140 Galliam Christianam t. III p. 1256.

ROBERTUS *Gillesbius*, Maximiliani Imp. et Philippi Austriae Archiducis Orator ad sedem Apostolicam, *Orationem* habuit an. 1492. *ut liceat Archiduci Episcopum Tornacensem nominare*. Exstat apud Martene et Durand Thes. novo Anecdotorum tom. II. pag. 1760.

ROBERTUS *Glocestriensis*, vide *Claudiocestriensis*.

ROBERTUS *Goullet*, Theologus Parisinus, scripsit *Compendium de sex aetatibus mundi*, usque ad an. 1513. nescio an editum. Procuravit quoque editionem Josephi latinam in capita distinctam, argumentisque et scholiis illustratam. Paris. 1519. fol. item *Tetramonon* s. Harmoniam Evangelistarum. Possevinus tom. II. Apparatus pag. 342.

ROBERTUS *de Graysthanes*, Anglus, coenobii Dunelmensis monachus et Subprior, Theologiae quoque Professor, an. 1433. Episcopus Dunelmensis electus, per Papam et Regem ea dignitate frui non potuit. *Historiam Ecclesiae Dunelmensis* ab Anonymo coeptam, a Gaufrido de Coldingham continuatam ipse quoque continuavit ab an. 1214-1336 quam edidit Whartonus Angliae tom. I. pag. 732. Confer Eudem Append. ad Caveum pag. 21. et praefat. ad tomum I. Angliae Sacrae p. 49.

ROBERTUS *Grimmus*, Anglus, monachus Ord. S. Benedicti in coenobio Bardeneiensi, circa an. 1320. Scripsit *Commentarios in quatuor Evangelia et Conciones varias*. Lelandus c. 297. Balaeus Centur. V. 4. Pitseus c. 468. Robertum *Graimum* vocat Car. de Visch de scriptoribus Ord. Cisterciensis pag. 290. cumque ordini Cisterciensi et monasterio Melrosensi adscribit, exulasse vero in monasterio Wardeniensi, et praeterea *super Scotiae statu* librum carminice scripsisse asserit.

ROBERTUS *Grossetet*, vel *Grosthead*, vide infra *Lincolniensis*.

ROBERTUS *Guibé*, alias *de Vitré*, Brito, Abbas S. Melanii Rhedonensis, postea Episcopus Trecorensis, Rhedonensis, et Nannetensis, Ludovici XII. Francorum Regis ad summum Pontificem Legatus, postremo S. R. E. Presbyter Cardinalis tit. S. Anastasiae, scripsit *Orationem ad Innocentium VIII. Rom. Pont.* habitam, cum Francisci ultimi Britanniae Ducis nomine, eidem Pontifici obedientiam exhiberet. Obiit Romae anno Christi 1513. Haec. Lud. Jacobus a S. Carolo Bibl. Pontificia p. 432. Adde Oldoini Athenaeum Romanum p. 583.

ROBERTUS *Haldecot*, seu *Holkot*. Vide t. III. p. 254.

ROBERTUS *Hardebius*, Anglus, ordinis Carmelitani in coenobio Lincolniensi Monachus et Prior, circa a. 1450. reliquit *Sermones in festivitatibus Mariae.* Lelandus c. 420. Balaeus Cent. XII. 76. Pitseus c. 838.

ROBERTUS *Helphistonus*, vide supra *Robertus Elphiston.*

ROBERTUS *Herbertus*, Hibernus, Ordinis SS. Trinitatis, Theologus Doctor Oxoniensis, a Bonifacio VIII. Diaconus Cardinalis tit. S. Mariae in Cosmedin creatus, obiit a. 1299. *Sermones Dominicales et de B. Virgine Maria, in Psalmos, Canticum Zachariae et Magistrum Sententiarum.* Oldoini Athenaeum Romanum p. 585.

ROBERTUS *Herefordiensis* Episcopus, natione Lotharingus, unde etiam Angli ipsum *Robertum'Lorrayne* vocant. Electus a. 1079. obiit a. 1095. Scripsit *de annis Domini*, sive Excerpta de Chronicis *Mariani Scoti*, de quibus Joannes Tinmuthensis in Historia aurea lib. XXII. c. 3. *Robertus Herefordensis Episcopus, omnium liberalium artium peritus, Cronicam Mariani Scoti diffusam defloravit, ut magis valere videatur Defloratio, quam ingentis voluminis diffusio.* Addo verba Henrici Whartoni ex praefatione tomi I. Angliae sacrae p. 24. *Defloratio ista (sic mea fert sententia) loco integri Mariani edita est Basileae* 1559. (per Heroldum) *et in Historicorum German. Collectiones postea translata.* Hanc Deflorationem Codices quidam MSS. tribuunt Roberto Folioto, qui etiam Episcopus Herefordiensis fuit; unde non mirandum est, quod Balaeus et Pitseus ambobus illud opus adscripserint, magis vero miramur de Oudino, qui tamen tomo II p. 701. locum clarissimum ex Guilielmo Malmesburiensi adduxerat. Scripsit porro *de Sacramentis antiquae et novae legis*, *Sermones per annum*, *de stellarum motibus*, *Tabulas mathematicas*, *de Lunari computo*. Vide Balaeum Centur. XIII. 13. Pitseum Append. Cent. IV. 11. Ordini Cisterciensi adscribit Car. de Visch. pag. 290. nescio an satis recte. Igitur alius Episcopus *Herfordiensis*, est *Robertus de Betune*, qui in Concilio Remensi a. 1148. obiit, et cujus vitam Willelmus Prior Lanthoniensis conscripsit. Henr. Wharton in Auctario Jac. Usserii Hist. dogmaticae de scripturis et sacris vernaculis p. 394.

ROBERTUS *Holcot*, vide tom. III. p. 254. et tom. I. p. 284.

ROBERTUS *Humbleton*, vid. tom. III. pag. 285.

ROBERTUS *Hundeslow* , *Hundeslaus* , a villa haud procul a Londino sita sic dictus , monachus Ord. S. Trinitatis , ac tandem ordinis sui per Angliam , Scotiam et Hiberniam Magister Provincialis circa a. 1430. Scripsit *Sermones Synodales, Epistolas ad diversos.* Balaeus Centur. VII. 87. Pitseus c. 792. Bzovius ad a. 1430. p. 758.

ROBERTUS *Ivorius* , aliis *Jorius* , sunt etiam , qui *Rupertum* vocant , Londinensis , nomen habuit a civitate Normanniae, unde avus illius ortus erat , Monachus Carmelita , studuit Cantabrigiae , a. 1379. Ordinis sui Magister Provincialis , obiit Londini anno 1392. Scripsit *Comment. in Ecclesiasticum et Apocalypsin , Lecturas Scripturarum , Sermones ad Clerum et populum , Registrum monumentorum Provinciae.* Lelandus c. 452. Balaeus Centur. VI 96. Pitseus c. 709. Trithemius de scriptoribus Ord. Carmelit. p. 74.

Alium hujus nominis sec. XIV. Praedicatorum ordini , eique *Commentarios in Jobum , Danielem , Matthaeum , Lucam et Johannem* adscribit Jac. Quetif de Scriptoribus Ord. Praedicatorum t. I p. 730. Altamura p. 499.

ROBERTUS *Karewe* , v. supra *Cervinus.*

ROBERTUS *Keith*, Scotus, Ord. S. Francisci, circa a. 1347. Ipris docuit , et *Harmoniam Evangelistarum* in Belgio editam conscripsit. Ge Mackenzie de Scotis eruditis Vol. I. p. 425.

ROBERTUS *Keldelith* , Scotus , nobili sanguine oriundus , Regni Scotiae Cancellarius , deinde monachus Cisterciensis , tandem Abbas in Durfmelin et a. 1269. in Mailros , obiit a. 1273. Scripsit *de successione Abbatum in Mailros , et Florilegium spirituale.* Car. de Visch Bibl. Scriptorum Ord. Cisterc. p. 290.

ROBERTUS *Ketenensis* , vid. infra *Retizensis.*

ROBERTUS *Kilwarbius* , Anglus , Oxonii et Parisiis studia tractavit , ibique Magister Artium promotus est , postea monachus Dominicanus et Ordinis sui Provincialis. Archiepiscopi Cantuariensis , et a. 1277. Cardinalis Episcopi Portuensis dignitatem consecutus , obiit Viterbii non

sine venoni suspicione a. 1280. Scripta ejus admodum ·multa sunt , nos potiora recensemus : *Comment. in Ezechielem, Epist. ad Romanos et Corinthios , de passione Christi , de mendicitate , Fabula in libros Augustini , Series errorum ab ipso in Anglia condemnatorum , in Prosodiam Prisciani, in Donatum de vitiosis sermonibus, in multos libros Aristotelis ,* et varia Philosophica. Nic. Trivetus ad a. 1272. Altamura p. 7. Lelandus c. 270. Balaeus Centur. IV. 46. Pitseus c. 398. Caveus pag. 644. Bulaeus tom. III. p. 709.

Pitseus c. 353. alium quendam *Robertum Ribwerbium* profert , de quo omnia eadem narrat , praeterquam de dignitate Archiepiscopi , et Cardinalis , a. 1250. floruisse dicit , Commentarii quoque *in Epist. ad Romanos et Corinthios meminit.* Videant igitur eruditi , an non idem sit cum nostro Kilwarbio , lapsu librariorum et legentium admodum facili. Reliqua , nec non scripta ipsius occupavit jam supra Fabricius noster tom. IV pag. 502. Adde Nic. Trivetum ad a. 1272. Altamuram p. 7. Lelandum c. 270. Bulaei Acad. Paris. tom. III p. 709. Oldoini Athenaeum Romanum p. 585.

ROBERTUS *de Lacu* , vulgo *van den Poele* , Gandensis , J. U. D. Professor Lovaniensis , scripsit *Illustrationes Institutionum Juris,* et *Dialecticam Legalem :* p. 659. Sanderus de eruditis Gandavensibus p 127.

Ejus *Consultatio , an Canonicus Regularis possit se transferre ad ordinem Praedicatorum , item Practica super receptione personarum ad religionem sine periculo Simoniae ,* et alia ad hanc materiam pertinentia exstant in Bibl. Vallis S. Martini Lovanii , teste Val. Andrea Bibl. Belgica MSS. II. p. 223.

ROBERTUS *Langelandus* , natus in Comitatu Salopiae in villa Mortimers Clibery , discipulus Wiclefi , scripsit a. 1369. *Visionem Petri Aratoris.* Balaeus Cent. VI. 37.

Magister ROBERTUS , Prior S. Laurentii Leodii extra muros , initio sec. X. scripsit librum *de divinis Officiis,* cujus Prologus sic incipit : *Memini cum de Ecclesia-*

slicis *Officiis parva quaedam* : adeoque diversus a libro Ruperti Tuitiensis de eadem materia. Albericus ad a. 1111. pag. 219. Exstat in Bibl. monasterii S. Martini Tornacensis, teste Ant. Sandero Bibl. Belgica MSS. p. 137.

ROBERTUS *Leicestrius*, Anglus, Ord. S. Francisci, didicit et docuit Oxonii, mortuus Lichfeldiae a. 1348. Scripsit *Lecturas Sacrae Scripturae*, Comment. *in Magistrum Sententiarum*, *de computo Hebraeorum et Latinorum*, *de ratione temporum*, *de paupertate Christi*, *Quodlibeta et Opuscula varia*. Lelandus c. 294. Pitseus c. 552. Waddingus de scriptoribus Ord. Minorum pag. 308. Willot Athenae sodalitii Franciscani p. 318.

ROBERTUS *de Licio*, gente Caracciolus, Lycii in regno Neapolitano natus, ordinem Minorum ingressus est, post Episcopus Liciensis et Aquinas. In Sermonibus fuit fervens et vehemens, nulliusque auctoritati pepercit. Obiit a. 1495. Edidit.

1. *Sermones de Christo*, *B. Virgine ac Sanctis*. Venet. 1489. 1490 fol.

2. *Sermones de Tempore, et de laudibus Sanctorum*. Neap. 1489. Basil. 1490. Spirae 1490. fol. Hackerus p. 248. *de laudibus Sanctorum* separatim. Aug. Vind. per Erhardum Ratdolt 1489. 4. Basil. per Nic. Kesler. 1490. fol.

3. *Quadragesimale de Peccatis*. Colon. 1475. Venet. 1488. 1490. 4. Licii, 1490. v. Hockeri Catal. Bibl. Heilsbrunnensis p. 160. Offenbach. 1496. fol.

4. *Quadragesimale de Poenitentia*. Venet. 1472. 4. Argent. 1497. fol. Cum hac editione posteriore prodierunt *Sermones de Annunciatione Virginis Mariae, de praedestinatorum et damnatorum numero, de catenis peccatorum, de spe bona, de judicio pestilentiae*. Unum ex his Quadragesimalibus prodiit etiam Lingua Italica jussu Ferdinandi Regis sine loco 1476. Tarvisii, 1479. fol. Venet. 1483. fol. Incip. Ductus est Jesus in Desertum.

5. *Sermones de Adventu et Quadragesima*. Venet. 1496. 8.

6. *Sermones de timore judiciorum Dei, de immortalitate animae, de aeterna bea-* tudine. Neap. 1473. fol. Venet . de Colonia 1475. 4. Hocker. 1 c. p. 161.

7. *Sermones per solennitates totius anni, Domini Sabaoth et Beatissimae Virginis* Venet. 1471. 1496.

8. *De hominis formatione liber*. Noribergae 1470.

9. *Sermones de amore divinorum officiorum*. Neap. 1493.

10. *Speculum fidei Cristianae*. Venet. 1555.

11. *Tractatus de morte*. Norib. 1479. fol.

Prodierunt quoque ex ante dictis Opera uno volumine . Lugd. 1503. tribus tomis, Venet. 1490

Haec ex Henr. Whartoni Append. ad Caveum pag. 128. Adde Trithemium de Scriptor. Eccles. c. 887. Waddingum de Scriptoribus Ord. Minorum p. 306. Toppii Bibl. Neapolitanam p 270. Willot Athenas sodalitii Franciscani p. 516. Ughelli Italiam sacram tom. I. p. 398.

* In recensendis operibus sacri buius atque aetate sua celebris oratoris major diligentia quam quae huc praestita sit desideratur. Ego codices meos evolvens haec comperi. *Quadragesimale de poenitentia* editum est Venetiis per Vendelinum de Spira anno 1472. in 4. Editioni huic adnexum habeo seu casu, seu ab ipso eodem impressore junctum libellum eiusdem in quo sermones de Annunciatione B. B. Virginis, De numero praedestinatorum et Damnatorum ac de cateris, quibus Angelus Draconem vincivit. Libello huic nulla additur adnotatio anni et loci impressionis, sed voluminis et caracterum figura eod. tempore et loco quo superiore omnia prodiisse docet.

Praesto mihi est Codex alius, in quo sermones *de timore judiciorum Dei*, impressus in 4. Venetiis an. 1475. cui adiungitur eiusd. formae et caracterum libellus *de mortis* ac libellus alius referens sermones *De Adventu Domini*. Tandem eiusdem semper figurae, eademque apicum forma est alius liber inscriptus *de Divina charitate*, cui accedit in fine libellus *de immortalitate animae* et sic absolvitur. Quamquam tribus hisce posterioribus libellis nulla sit nota impressoris loci, et anni, adhuc tamen eodem loco et tempore prodiisse vix. dubito.

Tertius alius codex exhibet *Quadrage-simale de peccatis*, in cuius fine sic legi-tur, *Explicit Quadragesimale de peccatis coeptum in civitate Licii, ibique completum ad laudem et gloriam omnipotentis Dei et Virginis gloriosae Mariae ac Beatissimi Francisci et novi S. Bonaventurae. Fini-tum est Anno D. 1483. die 9 mens. Octob. hora vespertina; et impressum Venetiis per Andream de Turresanis A. D. 1488. d. V. Kal. Octob.* Si Quadragesimale hoc suum absolvit author an. 1483 non potuit utique Coloniae an. 1475 prodiisse.

Quartus est Codex inscriptus *De Lau-dibus Sanctorum* impressum Venetiis an. 1489. in 4. In fine Quadragesimalis De peccatis sunt folia quaedam MSS. in qui-bus descripti sunt sermones 1. *De spe boni* 2. *de Virginitate* 3. *de judicio pesti-lentiae.* Additur ad oram folii haec adno-tatio. *Iste sermo cum aliis erat additus solus in impressione nova Quadragesima-lis primi.* Postremo in MS. quodam Cod. Lucensi servato in Bibliotheca Can. Major. Ecclesiae extat opusculum aliud eiusdem Roberti, ut credo sub hoc tit. *Praedica-tiones F. Roberti de virtutibus:* incipit: *Discite disciplinam et estote sapientes.* Ex his Bibliothecarium nostrum emendes, qui etiam erravit in designanda editione Aug. Vindelicorum, nam in indice Bibliothecae Vindobon. Civicae T. I. p. 254. extant: *Roberti Carazoli Sermones De laudibus SS. Aug. Vindelic. an.* 1490. Huius viri laudes celebrat Anonymus Carthusiensis in tra-ctatu de Religionum origine vulgato a P. Martene Vet. Mon. VI. 75. XXXII. *Huius ord. membrum venerabile fuit M. Rober-tus De Licio, qui paucis elapsis annis diem clausit extremum. Hic primum do-ctor in S. Pagina et rhetor vernantissi-mus, multa edidit sermone venusto valde; inter quae sermones de Adventu, et qua-dragesima perutiles volentibus in virtute proficere. Sed et de timore divinor. judi-ciorum opus singulare. Propter quae om-nia fidem sanam moresque catholicos re-dolentia; sed et ob meritum sanctae vi-tae. tam Deo quam hominibus acceptus et gratus assumptus est in Episcopum* Aquinensem, *ut lucerna jamdudum reful-gens, posita super candelabrum nitidius relucesceret.* * .

(298. *Prediche corepte secundo li Evan-gelj. Venet. da Portese* 1514. 4. cum fig. a-p. Incip. *Cum jejunatis.*)

ROBERTUS *Lincolniensis* Episcopus, co-gnomine · *Grosthead*, Gallice *Grossetest*, Latine *Capito*, quod nominis inde acce-pit, quia caput majoris molis habuit. Na-tus est parentibus infimae sortis in vico Stradbrook agri Suffolcensis, litteris ope-ram impedit Oxoniae et Parisiis, Oxoniae quoque summam Theologiae lauream con-secutus est. Fuit primum Archidiaconus Leicestrensis, deinde a. 1235. Episcopus Lincolniensis, in qua dignitate obiit anno 1253. 9. Octobris. erat in eo propter va-riarum linguarum, Graecae quoque et He-braicae, disciplinarum etiam Philosophi-carum cognitionem summa veri perspicien-tia, unde vitia Cleri Romani non introspe-xit solum, sed et candide arguit. et in-ter testes veritatis locum non infimum ha-bet. Et si meliore seculo vixisset, majus utique lumen Theologiae et bonis literis accendere potuisset. Digna sunt, quae de eo huc referamus verba Cardinalium apud Matthaeum Parisiens. ad a. 1253 *Catholi-cus est, imo sanctissimus, nobis religiosior, nobis et sanctior, excellentior et excellen-tioris vitae, ita ut non credatur inter om-nes Praelatos majorem, imo nec parem habere. Novit hoc Gallicana et Anglicana cleri universitas, nostra non praevaleret contradictio. Hujusmodi epistolae veritas, quae jam forte multis innotuit, multos contra nos poterit commovere. Magnus enim habetur Philosophus, latinis et graecis lit-teris ad plenum eruditus, Zelator Justitae, lector in Theologiae Scholis, praedicator in populo, castitatis amator, persecutor Simonialium* Haec dixerunt dominus Ægi-dius Hispanus Cardinalis, et alii, quos propria tangebat conscientia. Confer de vita ejus Franc. Goodwinum de Praesulibus An-gliae p. 348. Bulaeum hist. Univers. Paris. t. III. p. 709. 250. seqq. Excerpta Anna-lium de Lancrcost, t. II. Angliae Sacrae p 344. Vitam ejus singulatim descripsit Richardus Bardieniensis, ibid p. 325. Giraldi Cambrensis Epistola de laudibus illius exstat ibidem p. 344.

Scripta ejus sunt quamplurima, sed maximam partem inedita, quorum Catalogum contexuit Henr. Whartonus Angliae Sacrae tom. II. p. 344. nos ab editis incipiemus, Caveum secuti·

1. *Opuscula varia.* Venet. 1514.

2. *Compendium Sphaerae mundi.* Venet. 1508. al· 1518.

3. *Comment in libros Pesteriorum Aristutelis.* Venet. 1504. 1537. 1552.

4. *Testamentum XII. Patriarcharum e Graece Latine versum* Aug. Vind. 1483. per Menradum Molterum et Augustinum Lanskron. Hagan. 1532. 8. Paris. 1549. 12. postea in Micropresbytico, in Orthodoxographis Basileensibus Grynaei et Heroldi, in Bibliothecis Patrum tantum non omnibus. Praestantissima vero omnium est, quam Vir Cel. Jo. Ernestus Grabe tom. I Spicilegii SS. Patrum una cum textu Graeco et annotationibus dedit, repetitam a Fabricio nostro in Codice Pseudepigrapho Vet. Test. p. 519.

5. *Summa super VIII. Libros Physicorum,* Venet. per Petr. Bergomens., 1500. f.

6. *Comment. in Dionysii Areopagitae librum de mystica Theologia:* inter opera Dionysii Argent. 1502. folio. Porro in omnia Dionysii Opera, exceptis Epistolis, commentatus est Robertus, versionemque eorum Latinam ex omnibus interpretibus simul collatis consarcinavit.

7. *Sermo propositus coram Papa Innocentio IV. et Cardinalibus Lugduni,* 1250. Exstat tomo II. Angliae Sacrae p 347.

8. Edidit quidam Anonymus Londini 1652. 12. 1658. 8. *Librum* Roberti *de cessatione Legalium,* sed qui, judice Eduardo Brownio, vix pro tertia parte integri hujus tractatus haberi debet.

9. *Sermo ad Clerum de triplici Regis officio,* in Sapient. V. 26.

Sermo ad eundem de bono Pastore, ad Joan. X. 10.

Alius contra Pastores et Praelatos malos, Ezech. XXXIV. 2.

Alios ad sacerdotes in Synodo de verbis Goues. 1. 17. *Posuit stellas in firmamento coeli.*

Alius in celebratione ordinum, ad verba Luc. XII. 35.

Alius de bono judice, Psalm. LVII. 1.

Tractatus de Prophetiis veris et falsis.

Alius de fide et ejus attributis.

Alius de Oratione.

Alius de superbia et detractione, (non detrectatione, ut mendose expressum est in editione Cavei Genevensi.)

Sermones tres de humilitate.

Dictum de patientia, misericordia et justitia in omni Dei opere conjuncta.

Sermo ad Clerum de verbis Apostoli 1. Timoth. IV· 12.

Alius ad verba Psalm. CXXXII. 9. *Sacerdotes tui induantur justitia.*

Epistolae XI. quarum ultima *ad Innocentinm IV.* quae responsoria est ad Epistolam Pontificis, pro investitura impuberis cujusdam adolescentis Itali in Canonicatum ecclesiae Lincolniensis. Verum Episcopus noster fulmen Pontificis retorquet, et Papam Antichristum esse pronunciat. Legebatur jam ante haec Epistola apud Matthaeum Paris. ad a. 1253. et in Annalibus Burtonensibus. Apud priorem quoque dissertationes ejusdem morituri lugubres adversus oppressiones Ecclesiae a Romano Pontifice illatas reperiuntur.

Constitutiones XXXIX. Clericis suae dioecesis directae.

Omnis haec, quae sub num. 9. allata sunt edidit Eduardns Browne in editione sua Fasciculi rerum expetendarum et fugiendarum, Lond. 1690. fol. qui et dissertationem *de fide et doctrina Roberti Lincolniensis* adjecit.

Inedita vero illius longe majori numero sunt, quippe Joannes Williams illa tribus magnis voluminibus. collegerat, et editioni destinaverat, sed bella civilia propositum illud interruperunt. Nulla fere est Anglici regni Bibliotheca, quae non plures illius Codices exhibeat. Apponamus titulos quorundam potiorum: *Commentarii in plurimos libros libros Biblicos, de triplici gratia et justificatione, de danda poenitentia, de computo Ecclesiastico, de pollutione no-*

cturna, Tonitru contra Curiam Romanam, contra Praelatorum ignaviam, ad Minores de laudibus paupertatis, Epistola ad Conventum Missensem pro Abbate eligendo, Suidam e Graeco transtulit et annotationibus illustravit varia Philosophica etc. Plura de ipso dabunt Nic. Trivetus ad a. 1253. Thrithemius de scriptor. Eccles. c. 393. Lelandus c. 269. Balaeus Centur. IV. 18. Pitseus c. 361. Caveus p. 629. Lyserus in hist. Poëtarum medii aevi p. 996. Henr. Wharton. t. II. Angliae Sacrae p. 345. seqq

* Roberti huius opus Commentarior. in libros posteriorum Aristotelis cum commentariis in eosd. libros Gualterii Burlei lucem aspexerunt quidem Venetiis sed anno 1494 per Bonetum Locatellum in fol. nempe ante editionem hic a Bibliothecario indicatam decennio.

ROBERTUS Lirensis, monachus Gallus, scripsit in Evangelium Joannis. Ex Codice Regio citat Carolus du Fresne.

ROBERTUS Longobardus, vide supra Robertus Bononiensis.

ROBERTUS Lorraine, sive Lotharingus, vide supra Herefordiensis.

ROBEBTUS Malchotius, vid. Antissiodorensis.

ROBERTUS Mareschallus, aliis Mascallus, Ludloviae in Cambria natus, Ordinis Carmelitani monachus, Oxoniae Philosophiae et Theologiae operam dedit, Henrico IV. a sacris confessionibus fuit, ab Henrico V. variis legationibus, etiam ad Concilium Constantiense, adhibitus, et Episcopus Herefordensis constitutus, obiit a. 1417. 21. Dec. Scripta ejus sunt Sermones coram Rege, Sermones vulgares, de suis legationibus lib. I. ad Herefordenses et Salopienses lib. I. Lelandus c. 508. Balaeus Centur. VII. 44. Pitaeus c. 768.

ROBERTUS Melodunensis, vid. Foliotus

RORERTUS, S. Meriani monachus, vid. Autissiodorensis.

ROBEBTUS de Monstrolio, Gallus, Doctor Parisinus, vixit seculo XV. Scripsit Sententias lib. IV. In Epistolas Pauli notabilem Lecturam lib. XIV. Sermones de tempore et Sanctis. Trithemius de Scriptor. Carmelit. p 74.

ROBERTUS de Monte, patria Normannus, ex vico Torinneio, (Torigny) Abbas S. Michaëlis de Monte in dioecesi Abrincensi circa a. 1210. Alii ex Priore Becense Abbatem S. Michaëlis de periculo maris in Normannia creatum esse tradunt, qui obierit a. 1186. Ejus sunt.

1. Continuatio Chronici Sigeberti Gemblacensis, ab a. 1112-1210. sed an omnia ab ipso proveniant, dubium est. Certe in Collectione Renati Laurentii de la Barro, quae Historia Christiana Veterum inscribitur, haec Continuatio legitur; additur autem, illam ex insertionibus Galfredi confectam esse. Vide Ittigium de Bibliothecis Patrum p. 751. Editur cum Sigeberto, de quo infra.

2. Epistola una, et Prologus in Abbreviationes Epistolarum Apostoli secundum Augustinum.

3. Appendix gemina ad Sigebertum, ab a. 876-1100. et ab. a. 1101-1186.

4. Tractatus de immutationibus monachorum, de Abbatiis et Abbatibus Normannorum, et aedificatoribus et dotatoribus eorum. Opuscula haec edidit Lucas Dacherius in Appendice ad Opera Guiberti de Novigento p. 715. seqq. Vide supra tom. III. pag. 118.

5. Historiam monasterii S. Michaelis edidit non Dacherius in Spicilegio, uti Caveus memoria lapsus ponit, quem Oudinus sequitur, sed Mabillonius in Analectis. pag. 350. verum ανωνιμως Adde Caveum pag. 622. 623.

6. Chronicon Abbatum monasterii Beccensis ab a. 1034-1467. continuatum igitur ab alio quodam incognito. Exstat in Appendice Operum Lanfranci (Paris. 1648. fol) p. 1.

7. Brevissima Appendix ad Sigebertum, ab a. 1113-1162. edita in Labbei Bibl. nova MS. tom. I. p. 390. Nihil commune habet, neque cum appendice vulgata, neque cum Acheriana.

8. Historia Hierosolymitana non hujus Roberti, sed alterius Remensis, de quo infra.

9. Prologus in Flori Explicationem Epistolarum S. Pauli, nec non in historiam naturalem Plinii, utpote quam ipse primus

in Normanniam advexit, et corruptam emendavit, exstat in Bibl. monasterii S. Michaëlis de periculo maris, indice Montfaucon. Bibl. Bibliothecar. MSS. p. 1359. 1361. Balaeus Cent. XIII. 22. et 23. duos Robertos statuit, unius coenobii Abbates, et gente Normannos. Priori assignat *Opus Chronicorum, Gesta Walwani et Gesta Marodoci.* Alteri, qui ante Prior Beccensis fuit, *Appendicem ad Sigebertum, Bella Christianorum Principum, ad Guilandum monachum lib. I. Acta* Conciliorum, *de suis temporibus lib. I.* et *Vitam Henrici I.* Et hunc sequitur quoque Vossius de Histor. Latinis p. 420. 446.

ROBERTUS *Normannus*, vid. *de Monte.*

ROBERTUS *de Noya*, Apulus, Ord. Praedicatorum, Theol. Magister et Ecclesiastes, a. 1492. Episcopus Minerbinensis, a. 1497. Acerronus, a. 1504. Archiepiscopus Naxiensis et Pariensis in Archipelago, reliquit *Sermones de tempore et Sanctis* Ughelli Italia Sacra tom. VI. p. 220. VII, p. 746. Jac. Quetif de Script. Ord. Praedicator. t. II. p.10.

ROBERTUS *Ormeskircus*, Anglus, monachus Carmelitanus, et Doctor Theologus Oxoniensis. obiit a. 1382. et reliquit *Propugnaculum seu Defensorium Ordinis Carmelitani.* Balaeus Cent XII. 10. Pitseus c. 679.

ROBERTUS, *Ostrevandiae* Archidiaconus circa a. 1148. scripsit *Vitam S. Auberti,* Presbyteri et Reclusi Crispiniensis in Hannonia, editam a Surio d. 7. Aprilis, stilo ut solet, immutato, sed primaeva phrasi editur in Actis SS. tom. I. Aprilis p 673. Vide Val. Andreae Bibl Belgicam p. 794.

ROBERTUS *Oxfordus*, monachus Dominicanus, Doctor Theologiam, et S. Thomae defensor acerrimus, claruit a. 1270. Scripsit *Protectorium D. Thomae,* contra *Ægidium Romanum,* contra *Henricum Gandavensem* contra *Jacobum Viterbiensem,* contra *quosdam Sorbonicos,* et *Determinationum lib. I.* Lelandus c. 299. Balaeus Centur. IV. 38. Pitseus c. 390. Adde Jac. Quetif. de Scriptoribus Ord. Praedicatorum tom. I. p. 431. et Ambr. ab Altamura p.

69. 461, ubi per errorem typographicum semper *Orphordius* scribitur.

ROBERTUS *Palanus*, vel *Pulanus* a. 1207. factus est Archiepiscopus Rothomagensis, et fuit Theologus. Albericus ad h. a. p. 444.

ROBERTUS.*Paululus*, Ambianensis Episcopi Presbyter et Domesticus a. 1178 de quo Noster supra t. V. p. 196. Adde Bern. de Montfaucon Bibl. Bibliothecarum MSS. p. 1135. Fabricius *Paullulum* eundem cum *Roberto Pullo* dixit; non satis accurate.

ROBERTUS *Perscrutator*, Eboracensis, monachus Dominicanus, Matheseos et Magiae perquam studiosus, circa a. 1346. Scripsit *de impressionibus aeris, de mirabilibus elementorum, de magia ceremoniali, de mysteriis Secretorum, Correctorium Alchimiae.* Balaeus Centur. V. 23. Pitseus c. 488. Jac. Quetif. de Script: Ord Praedicatorum t I. p. 625. Altamura p. 120.

ROBERTUS *Plimton*, Anglus patria Devoniensis, Canonicus Regularis S. Augustini in vico Plimton a. 1320. Scripsit *de poenitentia* et *Sermones Dominicales.* Lelandus c. 285. Balaeus Cent. IV. 99. Pitseus c. 465.

ROBERTUS *Polenus, Pullus, Pulleinus,* Anglus, Parisiis operam dedit bonis literis, fuit Archidiaconus Roffensis, amicus S. Bernardi, tandem Cardinalis tit. S. Eusebii et S. R. E. Cancellarius, a) circa an. 1144. Alium hujus nominis, quem Gallici Scriptores Archiepiscopum Remensem faciunt, ab hoc nostro secernendum putat Caveus. Scripsit *Sententiarum de Trinitate lib. VIII.* quos cum Petro Pictaviensi edidit Hugo Mathont Benedictinus, Paris. 1655. fol. *Sermones de communi Sanctorum, in Apocalypsin, in aliquot Psalmos, de contemptu Mundi, Praelectiones.* Lelandus c. 148. Balaeus Cent. II. 8. Pitseus 203. Caveus pag. 532. *Sermones de omnibus vitae humanae miseriis* Dublinii adservantur in Collegio S. Trinitatis. Bern. de Montfaucon Bibl. Bibliothec. MSS. p. 693. a. Oldoini Athenaeum Rom. p. 584.

ROBERTUS *de Porta*, Bononiensis, scripsit *Romuleon* s. *de Gestis Romanorum,* ab

---

a) Jo. Sarisberiensis Metalogici 1. 5.

Urbe condita usque ad tempora Constantini, qui liber bis adest in Bibl. Vaticana. Bern. de Montfaucon Bibl. Bibliothecarum MSS. pag. 21. 86. Casaubonus fatetur, eum sibi in recensendis Historiae Augustae Scriptoribus fuisse non inutilem, quia ipsa eorum verba nonnunquam retinuit.

ROBERTUS *Ranuccius*, sive *Rinucci*, nobili gente Florentina ortus, ibidem Ord. Praedicatorum sub initium seculi XVI. scripsit *Expositionem in Aristotelis Rhetoricam et Dialecticam*. Jac. Quetif. de Scriptoribus Ord. Praedicatorum tom. II. p. 30. Pocciantii Catal. Scriptorum Florentinorum pag. 157. Julius Niger de Scriptoribus ·Florentinis p. 486. Ambr. ab Altamura p. 228..

ROBERTUS *Raulinus*, t. IV. 406.

ROBERTUS *S. Remigii* in dioecesi Remensi monachus, Ord. S. Benedicti, in quibusdam Codicibus MSS. etiam *Robertus de Monte* dicitur, fuit in Concilio Claromontano a. 1095. et deinceps. in Terram Sanctam profectus est. Scripsit *de Christianorum Principum in Syriam profectione*, a. 1095-1099. Prodiit primo separatim typis antiquis, sine mentione anni et loci, et Basil. 1533. deinde in S. R. German. Reuberi p. 217. et in Gestis Dei per Francos tom. I. p. 30. Annotationes Casp. Barthii in eundem exhibent Reliquiae Ludewigianae tom. III. p. 48. Is Barthius p. 49. editionis Pistorianae meminit, (memoria, credo, lapsus; nam Reuberianam dicere voluit) *quam ideo nihil censendam* judicat, *quod auctorem corrigit, ubi ex suo is aevo loquitur, inducitque futiles melioris Latinitatis loquelas, quas talibus intrusas merito horremus*. Vide Vossium de Histor. Latinis p. 402. Caveum p. 558. Ordericus Vitalis tum veritatem in illo laudat, et saepe ipsum transcripsit, ut observat Jac. le Long. Bibl. historica Galliae p. 343. Adde Oudinum tomo II. p. 861.

ROBERTUS *Retenensis*, (non *Ketenensis*, ut quidam Codd. MSS. apud Montfauconium) Anglus, peragrata Gallia, Italia, Dalmatia, Graecia et Syria, demum in Hispania sedem fixit, Pampelonae Archidiaconus mortuus. *Alcoranum in Compen-*

pendium reductum Latine vertit, quod prodiit Norib. 1543. in Mahumeticis Bibliandri tomo I. Basil. 1544. 1550, *Praefatio ejus ad Alcoranum* ad Petrum Venerabilem, Abbatem Cluniacensem, exstat in Bibliotheca Cluniacensi. De hac versione non admodum bene judicat Huetius de claris Interpretibus p. 141. *Gesta de Jerusalem* eidem tribuit Codex Vaticanus in Bibl. MSS. Montefalconii p. 74. de quo dispiciant eruditi. *Chronica Saracenorum* ipsi adscribuntur in Bibl. Regis Galliae. Adde Oudinum tom. II. p. 1160.

ROBERTUS *Ribwerbius*, vid. supra *Kilwarbius*.

ROBERTUS *Richius*, Lelandus Latine *Divitium* vocat, Abindonensis, Oxoniae literis operam navat, Romam aliquoties et in Galliam fratrem secutus: alias Pontaniaci monachus Ord. Cisterciensis. Vossius p. 471. Vixit a. 1348. et scripsit *Vitam S. Edmundi*, Archiepiscopi Cantuariensis, de quo evolvatur Caveus, et Fabricius noster tom. II. pag. 495.) fratris sui, quae habetur apud Surium d. 16. Nov. *De translatione ejusdem*, et *Exegesin in Canonem S. Augustini*. Balaeus Cent. III. 97. qui et XIV. 98. *Robertum Ryggum* memorat, Cancellarium Oxoniensem ·an. 1398. Pitseus c. 344. Oudinus t. III. p. 218.

ROBERTUS *Ringstedus*, Anglus, scripsit *Glossam sive Commentarios super Davidis Psalmos*. De reliquis nihil constat. Pitseus Append. Cent. IV. 15.

ROBERTUS *de Romana*, Diaconus Saponariae, vixit a. 1162. et scripsit *Gesta S. Laverii*, quae edidit Ughellus Italiae Sacrae tom. VIII. pag. 684. edit. prioris, p. 488. edit. poster.

ROBERTUS *Rose*, *Rosus*, *Rossus*, Anglus, monachus Carmelitanus in coenobio Norwicensi, Doctor Theologus Oxoniensis, et Conventus sui Prior, obiit an. 1420 Scripsit *in Genesin*, *Exodum*, *Leviticum*, *Ecclesiasticum*, *Epist. ad Titum*, *Sermones per annum*, *Lecturas Theologiae de naturis animalium*. Lelandus c. 520. Balaeus Cent. VII. 59. Pitseus c. 772. Petri Lucii Bibl. Carmelitana p. 74.

ROBERTUS *Rotwh*, Hibernus, vixit post

a. 1400. consarcinavit Collectanea ex *Libro rubro* Kilkenniae et aliis antiquis Recordis ibidem ab a. 1170-1400. Catalogus MSS. Bibl. Tenisonianae p. 15.

ROBERTUS *de Russia*, Ord. Minorum Theologus (*Hassum* dicit Miraeus c. 408) obiit à. 1280. Ejus sunt *Sermones varii*, *Comment. in quatuor libros Sententiarum*, *Expositio Regulae S. Francisci*, *Liber de Anima*. Waddingus de scriptoribus Ord. Minorum p. 309. Willot Athenae sodalitii Franciscani p. 318.

ROBERTUS *Salopiensis*, sive *de Schrewsburi*, Anglus monachus primum, post Abbas Salopiensis Ord. S. Benedicti, Congregationis Cluniacensis. In suum monasterium ex Cambria transtulit reliquias *S. Wenefridae* virginis, qua occasione *Vitam ejus* conscripsit, cujus excerpta forte apud Surium d. 3. Novemb. exstant. Vixit a. C. 1140. Lelandus c. 184. Balaeus Cent. II. 76. Pitseus c. 197. Vossius de Histor. Latinis p. 414.

ROBERTUS *Salviatus*, Florentinus, vixit a. 1490 Ejus *Epistolae complures* exstant inter Epistolas Jo. Pici. Pocciantii Catal. Scriptorum Florentinorum p. 157. Julius Niger p. 486. Noster supra t. IV. 401. (298. De eo vid Salviati *Avvert.* t. II. p. 3.)

ROBERTUS *Saresberiensis* Episcopus, regio stemmate natus, post S. R. E. Presbyter Cardinalis circa a. 1410. reliquit *Epistolas super gravibus Ecclesiae negotiis, ad Rogerum Glactonum* Balaeus Centur. XIII. 94. Pitseus c. 755. Oldoini Ath. Rom. 401.

ROBERTUS I. et II. *Scotiae* Reges. Eorum *Statuta* edita sunt a Skenaeo in Legibus Scoticis.

ROBERTUS *Scriba*, a scribendis auctorum antiquorum libris ita dictus, Anglus, Ordinis S. Augustini Canonicus regularis in monasterio Bridlingtonensi, floruit an. 1180. Scripsit *in plerosque libros Biblicos, in Symbolum Athanasianum, de corpore et sanguine Domini, de Ecclesia Catholica, Sermones, Dialogos*. Lelandus c. 172. Balaeus Centur III 11. Pitseus c. 244. Carmine quoque scripsit *Prophetiam et de arte medicinali*: quae singula in Bibliothecis Angliae latent. Adde Oudinum II. 1578.

ROBERTUS *Senecensis*, vide supra *Robertus Gervasii*.

ROBERTUS *de Schrewsbury*, v. *Salopiensis*.

ROBERTI *Siciliae* Regis Epistolae sat multae exstant in variarum Bibliothecarum Codicibus MSS. Vide modo Indicem Montefalconianum.

ROBERTUS *de Sorbona*, a loco natali sic dictus, Canonicus primum Suessionensis, deinde S. Mariae Parisiensis et Ludovici Galliae Regis Poenitentiarius, vel saltem Sacellanus, a. 1252. Collegii Sorbonici fundamenta jecit. Scripsit Opuscula tria *de Conscientia, de Confessione et Iter Paradisi*, quae exstant in Bibliothecis Patrum. *Testamentum* ejus, quod a. 1270. die S. Michaelis confectum, exstát tom. III. Spicilegii Dacheriani p. 670. ed nov. Vide Caveum : Bulaeum Hist. Univers. Paris. t. III. p. 2244· seqq. 709. Ejus *Glossas divinorum librorum* Turneminius edidit Paris. 1719. fol. cum commentariis Menochii in S. Scripturam.

ROBERTUS *de Sothinduna*, Anglus, Henrico III. Regi ab Epistolis, circa a. 1250. Scripsit *Epistolas et Orationes* Pitseus c. 350.

ROBERTUS *Steward*, ultimus Prior Eliensis, nobili Stuartorum genere ortus, qui *suam* ipse *Genealogiam* contexuit, editam tomo I. Angliae sacrae pag. 686. Scripsit praeterea *Continuationem Historiae Eliensis* ab. a. 1486-1553. ibid. editam p. 678.

ROBERTUS *de Swapham*, Historicus Anglus sub Henrico III. obiit. a. 1273. Ejus est *Historia et Regestum Privilegiorum Coenobii Burgensis*, (Petroburgensis) quam Josephus Sparke Collectioni Scriptorum Anglicorum Londini 1723. fol. numero IV. inseruit. Confer Memoires de la grande Bretagne tom. XIV. p. 496.

ROBERTUS *Tavernar*, Anglus: scripsit *librum de fama*. Reliqua ejus sunt adhuc obscura. Pitseus Append. Cent. IV. 17.

ROBERTUS *Torinnejus*, vid. supra *de Monte*.

ROBERTUS *de Tumbalenia*, Gallus, primum Monachus in Monte S. Michaelis de periculo maris, deinceps Abbas in monasterio S. Vigoris juxta urbem Bajocensem hinc Romam profectus, ibique a Gregorio VII. usque ad mortem detentus fuit. Floruit igitur a. 1094. Scripsit *Comment. in Cantica Canticorum*, cujus Praefationem edidit Mabillonius tom. I Analect p. 125. in editione nova p. 128. Ipsum vero Commentarium Oudinus edidit tom. II. p. 772. qui alias inter Opera Gregorii M. habebatur. Plurima de ipso Oudinus p. 768.

ROBERTUS·*Tumblejus*, Anglus, monachus Croilandensis, Ord· S. Benedicti, aetatis ignotae, scripsit *in Canticum Canticorum*. Car. du Fresne Philosophum vocat. Pitseus Append. Cent. IV. 19.

ROBERTUS *de Valle*, Rotomagensis, Canonicus Carnotensis. Scripsit Tractatum *de dispositione ad bene moriendum*, *Compendium* item *memorandorum*, *vires naturales et commoda comprehendens ex Plinio*. Paris. 1500. 4. Possevinus I. p. 348. Scripsit circa a. 1484. *Epistolam* ad Joannem Episcopum Andegavensem et S. R. E. Cardinalem, quum libertatem ac dignitatem, quibus exutus fuerat, recepisset. Edita est a Martene et Durand Collecti. ampliss. tom. I. p. 1606. Epistolae plures adsunt MSS. in Bibl. Vaticana. Bern· de Montfaucon Bibl. MSS. p. 54. 92.

ROBERTUS *de S. Valentin*o, a patria in regno Neapoletano sita, sic dictus, Ord. Praedicatorum. a. 1308. Inquisitor haereticae pravitatis et Vicarius generalis. Ejus sunt *Acta adversus quendam Petrum de Buclanico archipresbyterum haereticum relapsum*. Jac. Quetif scriptoribus Ord. Praedicatorum tom. I. p. 539.

ROBERTUS *Valturius*, Ariminensis, seculo XV. scripsit *Libros XII. de re militari*. Veronae per Joannem Veronensem. 1472. fol. Venet. 1482. folio. Memoratu dignum est, quod lib. X. refertur de invento cujusdam machinae bellicae ad ignitarum glandium (*bombes*) similitudinem, quod inventum Sigismundo tribuit Valturius, indice Mabillonio in Itinere Italico p. 26. Gallice vertit Loys Meigret. Paris 1555. folio. Codex MS. elegans extat in Bibl. Regia Dresdensi, cujus contenta enarrat Cel. J. C. Goetzius in Memorabilibus ·Bibliothecae laudatae part. I. p. 41.

Ejus *Epistola ad illustrissimum et excellentissimum Dominum Machemet Bei Magnum Admiratum et Sultanum Turcorum* pro illustri et magnifico Domino *Sigismundo Pandulfo Malatesta, cum librorum rei hujusce militaris ac Matthaei Pasti Veronensis transmissione* extat apud Baluzium Miscel. tom. IV. pag. 521. quae eodem teste ante a. 1463. scripta fuit.

* Duo hic commemoranda sunt, nempe editio nob. Parisiens. Wecheliana an. 1532. quae sane editio a Paulo Ramusio Ariminensi ad Veteres Codices exacta est; ibique in ipsa operis fronte indicatur, Veronensem operis huius impressionem non quidem An. 1472. ut hic notat Bibliothecarius noster, sed an. 1473 signari. Alterum quod mihi hic adnotare juvat est splendidus MS. Cod. operis huius, qui Caesenae in Bibliotheca Malatestarum adhuc visitur, in quo opus incipit a' praefatione ad magnif. et illustrem Heroam Sigismundum Pandulphum Malatestam. *

ROBERTUS *Ubaldini de Galliano*, a patria Etruriae loco sic dictus, Ord. Praedicatorum in conventu S. Marci Florentiae, scripsit *Chronicon conventus S. Marci de Florentia* ab a. 1435-1509. quo tempore vixit. Quetif l. c. tom. II. p 22. Julius Niger de Scriptoribus Florentinis pag. 487.

ROBERTUS *de Usetia*, vel *Utica*, a patria, quae hodie *Usez* dicitur, civitate Galliae Narbonensis, nobili loco natus, ab ipsis puerilibus annis spiritu prophetiae actus fuisse dicitur. Presbyter postea creatus, revelatione continuante poenitentiam in illis partibus praedicavit, postea ordinem Dominicanorum divino, ajunt, monitu ingressus est Avenione a. 1292. obiit a. 1296. Extant ejus *Visionum* libri duo. Unus hoc titulo : *Incipit liber sermonum Domini J. C. quos locutus est in servo suo*. Alter hoc : *Liber visionum, quas dedit videre Dominus Iesus servo suo*. Posteriorem edidit Jac. Faber in Libro trium virorum et trium spiritualium virginum, Paris. apud Henr. Stephanum 1513. fol. a folio 19 a. ad 27. b. Vide Jac. Quetif de Scriptoribus Ord. Praedicatorum tom. I. p. 449. Spanhemium tomo II. Opp. p. 609. *Robertus* de Usuo scribitur in Codice Bibl. Vallis S. Martini Lovanii, teste Val. Andrea Bibl. Belgica II. p. 223.

* Praeter ea quae hic indicantur scripsit etiam. *De glorioso martyrio undeim millium Virginum Coloniensium et epistolas multas*, quae etiam inter scripta Ecclesiasticor. Scriptorum sunt relata ait Jacobus Faber in epistola praefixa collectioni suae *de revelationibus* triumvirorum et trium SS. Virginum, de qua hic Bibliothecarias noster. *

ROBERTUS *Ventamius*, vide *Wantham*.

ROBERTUS *de S. Victore*, vide supra *Robertus de Flamesburia.*

ROBERTUS *Viduus*, natus ex oppido Thacosteda in Essexia, primum in Ecclesia parochiali patriae suae fuit Vicarius, postea Canonicus et Vice-Decanus Wellensis apud Sommersettenses, mortuus apud Welliam a. 1490. Scripsit *de principe Eduardo Nigro,* carmine, et *Epigrammata varia.* Vide Balaeum XII. 80. Pitseum c. 889. Lelandum c. 593.

ROBERTUS *de Vitré*, vide supra *Robertus Guibé.*

ROBERTUS, *Walciodorensis* coenobii Abbas, prius vero Stabulensis, Monachus, circa a. 1150. Scripsit *Vitam S. Forannani Episcopi et Abbatis Walciodorensis*, quae extat in Actis Sanctorum tom. III. April. p. 808. et Sec. V. Benedictino Jo. Mabillonii pag. 586.

Praefationem hujus Vitae, quae est Epistola ad Wiboldum Abbatem Stabulensem edidit Dacherius Spicil. II. pag. 708. edit. novae, quae etiam in Actis SS. p. 807. habetur et Mabillonio. Fortasse ipsi quoque tribuendum est *Chronicon Walciodorensis* coenobii, quod loco citato edidit Dacherius: nam, quae Aub. Miraeus ex eodem sub Roberti nomine citat, paucis immutatis in eo habentur. Et Val. Andreae in Bibl. Belgica pag. 796. expresse testatur, hoc ei nomen esse. Quanquam porro Continuator ejus Roberti nostri mentionem non faciat, nolim tamen propter hoc silentium rem negare. Parvula vero immutatio a librariis sciolis saepenumero suscepta non statim novum aut alium auctorem efficit.

ROBERTUS *Waldebius*, Anglus, monachus Augustinianus, in coenobio Tikilliensi agri Eboracensis, Tolosae literis incubuit, ibique Theologiae Doctor et Professor fuit: alias quoque in Jure, Philosophia et re medica non infeliciter versatus. Favore Regum suorum factus est Episcopus Adurensis in Vasconia, (fortasse Cadurcensis in Acquitania, ait Pitseus, reclamante Waraeo) tum a. 1407. Archiepiscopus Dubliniensis, a. 1395. Episcopus Cicestriensis, et a. 1396. Archiepiscopus Eboracensis, obiit a. 1399. Scripsit *Lecturas in Magistrum Sententiarum, Quaestiones ordinarias, Quodlibeta, Sermones per annum, contra Wiclefitas.* Lelandus c. 451. Balaeus Centur VI 89. Pitseus c. 723 Waraeus de scriptor. Hiberniae part. 2. pag. 124 seq. Phil. Elssius in Encom. Augustiano p. 605. Gandolfus de CC.Augustinian. script.p.310.

* Wareus ex Francisco Godwino obiisse hunc virum scribit an. 1397. Eius opera haec recensentur a Gandolfo de CC. Augustinianis, quae partim Anglico, partim Latino sermone confecta scribit. *Expositiones morales in Symbolum Apostolorum Homilae V. in quinque verba salutat. Angelicae; in Orationem Dominicam; Sermones XII. Lecturae SS. Scripturarum; contra VII. peccata mortalia;* sup. *Magistrum Sententiarum; Lecturae Theologicae; Sermones ad Clerum; Sermones ad populum; Quaestiones ordinariae; Itinerarium salutis; Placita Theologica; Determinationes Oxonienses; Quodlibeta varia contra Vicleffistas.* *

ROBERTUS *Waldokus*, Scotus ordinis SS. Trinitatis, ex Episcopo Sidoniensi in Syria ab Urbano IV. Cardinalis titulo S. Chrysogoni renuciatus, obiit a. 1272. Scripsit *de Doloribus B. Mariae, Sermones Adventuales*, item *de praecipuis S. Mariae festivitatibus, de mysterio SS. Trinitatis, de modo diligendi Deum, in Magistrum Sententiarum libros sex.* Oldoini Athenaeum Romanum pag. 589. 590.

ROBERTUS *Walsinghamus*, Carmelitanus in monasterio Norwicensi, Teologiae Doctor et Professor Oxoniensis, mortuus a. 1310. Scripsit *super Ecclesiastem*,

Determinationes Scripturae, Elucidationes Sententiarum, Quodlibeta majora et minora, Conciones ad populum, Quaestiones ordinarias, solemnes et vesperiales, contra Gerardum de Bononia, qui ordinem Carmelitanum in Anglia in plures provincias dividi voluit. Lelandus c. 390. Balaeus Cent. IV. 83· Pitseus c. 446. Petri Lucii Bibl. Carmetana p. 74 b.

ROBERTUS *Wanthamus*, Anglus. monachus S. Benedicti in coenobio Cermeliensi Comitatus Dorcestrensis, aetatis incertae. Scripsit *Vocabulorum origines.* Lelandus c. 519. Pitseus Append. Centur. IV. 22.

ROBERTUS *Weise*, Anglus, Norwicensis, in Hulmo non procul a litore maris natus, Ord. S. Benedicti. Scripsit *Catholicon parvum, s. Dictionarium.* De aetate nihil constat. Balaeus Centur XII. 44. Pitseus Append. Cent. IV. 21. Contra Car. de Visch p. 201. ordini Cisterciensi adscribit, quia Hulmense monasterium filia fuit Mailrosae.

ROBERTUS *Winchelsey*, Anglus, Oxoniae in Collegio Mertonensi literas tractavit, ibi quoque Magister artium creatus. Parisiis Theologiam didicit et docuit. In patria fuit primum Archidiaconus Essexiae, post Archiepiscopus Cantuariensis : obiit a. 1313. Scripta ejus sunt *de majoritate et obedientia, de jurejurando, de sepulturis, de decimis, de celebratione missarum, de Ecclesiis aedificandis, de poenitentiis et remissionibus.* Lelandus cap. 319. Pitseus c. 460. *Capitula pro meliori curiae suae regimine* a. 1295. in tomis Conciliorum.

* Praeter ea quae hic indicata sunt adire etiam juvat Cathedram Cantuariensem ascendisse illum an. 1293. eiusdemque literas et constitutiones plures in Collectionem Conciliorum Britanniae a Wilkinsio super editas t. II. a pag. 196 usque ad 423. referri. Inter coetera occurrunt ibi legenda *Statuta edita in prima sua visitatione in Capitulo Cantuariensi* an. 1298. *

ROBERTUS *Worsop*, al. *Wersop*, Eboracensis, Ord. S. Augustini Eremita in coenobio Ticulliensi non procul ab oppido Duncastrio, Theologiae Doctoris et Episcopi

(sed locus non additur) dignitatem consecutus, obiit circa annum 1330. Scripsit *Introitum in Magistrum Sententiarum, Scholasticas quaestiones, Sermones vulgares ad populum.* Balaeus Cent. V. 76. Pitseus c. 576. Phil. Elssii Encomiasticon Augustinianum pag. 606. Gandolfus de ducentis Augustinianis scriptoribus p. 306.

ROBERTUS vel RUODPERTUS, monachus in Helvetia aut Vallesia, a. 1491. scripsit *Acta S. Theodori*, vel *Theoduli*, Episcopi Octodorensis vel Sedunensis, quae Guil. Cuperus edidit in Actis Santorum tom. III. Augusti p. 278.

Bassianus ROBILIUS, cujus Libellus *de amicitia Francisci Gonzagae Mantuae Principis et Bajazeti Turcarum Imperatoris*, carmine conscriptus, plurima de historia illorum temporum continet. Extat in Bibl. Vaticana. Bern. de Montfaucon Bibl. Bibliothecarum MSS. p. 38.

ROBOAS, Diaconus et monachus Casinensis, scripsit *Vitam S. Leonardi.* Vixit anno 1120. Haec Carolus du Fresne in indice auctorum, quem Glossario praefixit.

Jacobus de ROCHIS, Ferrariensis, J. U. D. scripsit a. 1443. Tractatum *de Indulgentiis*, qui MS. extat Stargardiae in Bibliotheca Mariana.

ROCHUS Carthusianus monachus, Patria Londinensis, studuit Parisiis, suique ordinis Prior, nescio ubi, factus est. Vixit a. 1470. Scripsit *Dialogus, Epistolas ad diversos, Epigrammata, Carmina.* Balaeus Cent. VIII. 37. Pitseus c. 868.

ROCHUS *de Curte*, vel *Curtius*, Papiensis Jasonis auditor, a. 1470. Gulielmo Marchioni Montisferrati a consiliis, postea circiter a. 1515. in patria Jus Pontificium explicuit, demum Mediolani Senator est creatus. Scripsit de *Consuetudine, de Jure patronatus*, Paris. apud Franc. Regnault, 1500. 4. qui liber extat in Oceano Juris tomo V. fol. 2. *Commentarium in titulos aliquos Decretalium*, qui MS. est in Bibl. S.Benigni Divionensis. Bern. de Montfaucon Bibl. Bibliothecarum MSS. pag. 1287. Adde Pancirollum de claris Legum interpretibus lll 51. M. Mantuam de illustr. JCtis c. 215.

RODERICUS *de Arevalo*, Vid. *Rod. Sancii.*

RODERICUS *Bivarius*, Hispanus, alumnus Collegii majoris nationis Hispanicae in urbe Bononiensi, postea civis ibidem. Primus fuit, qui *vitam Ægidi Albornoz Cardinalis* scripsit, a. 1506. impressam. Orlandi Notitia Script. Bononiensium p. 242.

RODERICUS *Calaguritanus*; vide *Rod Sancii.*

RODERICUS *Castidaeus*, Archidiaconus Clocorensis in Hibernia, scripsit partem posteriorem *Annalium Ultoniensium* usque ad a. 1041. quo ipse obiit. Fuit in Bibl. Jo. More Episcopi Norvicensis. Vide Catalogum MSS. Bibl. Tenisonianae p. 1. et Bern. de Montfaucon Bibl. Bibliothecarum MSS. pag. 689.

RODERICUS *de Dubrawa*, scripsit *Jura et Constitutiones regni Bohemiae.* Possevinus tomo II. Apparatus p. 348.

* RODERICUS *Dubrava* Bohemus familia patritia dedit etiam *annotationes in Epistolam Pauli ad Galatas* excusus loco et anno incertis in 8. Direxit opus istud ad filium suum *ut in tanta turba errantium et male sentientium de Fide Catholica, quam Romana Ecclesia profitetur, haberet catholicae suae fidei monumentum,* ut quemadmodum futurus esset facultatum suarum haeres ita et fidei esset. *

RODERICUS *Ferdinandi de S. Ella* vel *Santella*, Carmonensis, ex dioecesi Hispalensi, literis operam dedit in Collegio majore Hispanico Bononiensi, ibique Cathedraticus et Protonotarius Apostolicus fuit. Postea Hispalim se contulit, ubi Canonicus Magistralis et Archidiaconus, post Visitator generalis totius regni Siciliae cis Pharum, et tandem Archiepiscopus Caesaraugustanus fuit. Hispali Studium Generale (h. e. Academiam) et Collegium fundavit. A. 1477 habuit *Orationem de mysterio Crucis et passione Cristi*, coram Sixto IV. Pontefice, Romae eodem anno 4. impressam. Scripsit etiam *Dialogum contra impugnatorem coelibatus et castitatis Presbyterorum ad Sixtum IV.* MS. in Bibl. Vaticana. Bern. de Montfaucon Bibl. Bibliothecarum MSS. p. 109. *Dictionarium Ecclesiasticum*, quod vulgo *Santella* dicitur, ab Eustathio Moro Cervanteo locupletatum

et Compluti 1572. fol. editum. Val. Andreas in Catalogo clarorum Hispaniae virorum pag. 101. Orlandus in Notitia Scriptorum Bononiensium pag. 242-243.

RODERICUS, *Lucensis* Episcopus Hispanus, sec. IX. medio, scripsit *de rebus memorabilibus Hispaniae.* Non confundendus est cum alio Roderico Lucensi Episcopo, qui a. 1212. vixit. Nic. Antonius Bibl. Hisp. Vetere VI. 5. n. 118.

RODERICUS *Palentinus*, vide *Rodericus Sancius.*

RODERICUS *Portuensis* Episcopus, ab anno 1476. S. R. E. Vicecancellarius, gente Borgia, Hispanus Valentinus, tandem Papa nomine Alexandri VI. Vide Ughelli Italiam sacram tomo I. pag. 145.

Gesnerus et Val. Andreas p. 101. dicunt, ipsum edidisse *Glossam in regulas Cancellariae Apostolicae*, ad Innocentium VIII. scriptam. Ego possideo librum Romae per Eucharium Silber impressum, et longe alia invenio: nam 1. nomen Glossatoris non additur, sed tantum in textu legitur Rodericum hanc Constitutionem in Cancellaria Apostolica publicari fecisse. 2. Illa Glossa non scripta est ad Papam, sed ad alium quendam, quem Reverendissimum Dominum vocat. Verus Auctor hujus Glossae est *Alphonsus de Soto* Archidiaconus Civitatensis ac Thesaurarius Salmanticensis, cujus in eodem volumine adjectus est Comment. in Ejusdem Papae Constitutionem de beneficiis, impressus Romae per Venerabilem virum Magistrum Eucharium Silber, alias Franck, a. 1487. Adde Nic. Antonii Bibl. Hispanam Vet. X. 16. n. 904. ubi alias etiam editiones indicat. Vide ALEXANDER VI.

RODERICUS *Sancii de Arevalo*, non *Azecolo*, ut Lud. Jacobus, natus a. 1404. in oppido S. Mariae de Nieva Segobiensis dioecesis, Archidiaconus primum Treviniensis in Ecclesia Burgensi, Decanus Legionensis et Hispalensis, Episcopus Ovetensis, sub Paulo II. Pontifice Praefectus Castri S. Angeli, Episcopus Zamorensis, Calagurritanus et tandem Palentinus, multis legationibus functus, obiit a. 1470. Ex scriptis ejus impressa sunt:

1. *Historia Hispana*, inde ab origine

rerum ad sua tempora, quae prodiit primum Palentiae 1470. fol. Romae sine anno 4. postea in Hispaniae illustratae t. l. p. 121.

2. *Speculum vitae humanae, quo duobus libris varia et diversa hominum studia, artes, officia, vivendique genera, solerter evolvuntur.* Edidit ipse Romae typis Conradi de Swexnheym et Arnoldi Pannartz, 1468. fol. alii addunt editionem 1473. Aug. Vindel. per Guntherum Zeiner de Reutlinga. 1471. fol. ibidem et apud eundem 1473. Paris. per Mart. Crantz, Ulricum Gering, et Mich. Friburger, 1475. fol. Bisuntii, 1488. fol. Argent. 1507. Paris. 1542. 8. Brixae 1570 16. Basil. 1575. 8. Hanoviae per Melch. Goldastum 1613. 8. Argent. 1616.12. et Francofurti 1683 8. quae ad primam Romanam expressa est, ut nihil additum sit.

Gallice prodiit Lugduni apud Barthol. Buier, 1478. fol.

Inedita sunt longe plura, quorum titulos quosdam adjiciemus: *defensorium status Ecclesiastici, contra querulos, aemulos et detractores praelatorum et clericorum. De paupertate Christi et Apostolorum et an Christus et Apostoli mendicarunt, et quo sensu dici potest eos mendicasse. De monarchia orbis, in quo ostenditur, apud Romanum Pontificem residere veram orbis Monarchiam. Super commento bullae depositionis Regis Bohemiae per Paullum II. publicatae. Tractatus ad quendam religiosum Carthusiensem, quando liceat religiosis curias principum sequi aut frequentare: et quod aliquando expedit eos apud principes manere. Libellus ad Paullum II. in quo testimoniis juris divini, naturalis et humani damnatur appellatio a sententia Romani Pontificis non bene, ut ajunt, informati ad eundem bene informatum. Orationes et Sermones plures.* In Bibl. Vaticana exstat hujus Roderici (qui perperam *de Arelano* inscribitur) *Dialogus de remediis Schismatis.* Vide Bern. de Montfaucon Bibl. Bliothecarum MSS. p. 114. item *Relatio de Negropontis expugnatione,* ibid. p. 141. *Libellum de remediis afflictae Ecclesiae militantis.* Patavii in Bibl. Canonicorum Lateranensium exstare docet Lud. Jacobus a S. Carolo Bibl. Pontificia p. 433. Vide

pluribus Nic. Antonii Bibl. Hispanam Vet. X. 12 n. 587-642. Oudinum tomo III. col. 2662. ubi nostrum etiam inter testes veritatis memorat.

RODERICUS *Simonis,* vulgo *Ximenez, Semenum* vocat Aubertus Miraeus, ex regno Navarrae oriundus familia nobilissima, a. 1208. factus est Archiepiscopus *Toletanus,* in Rhodano suffocatus obiit 4. Idus Junii, a. 1247. Ejus impressa sunt.

1. *Historia Hispaniae,* usque ad a. 1270. Prior editio prodiit Granatae 1545. mense Octobri. fol. opera Xanthi, Antonii filii, Nebrissensis, in typographa privata, quam in aedibus instruxerat, ut opera patris excuderet. Addita est operi patris Ælii Antonii Nebrissensis de rebus a Fernando et Elisab. Hispaniarum regibus gestis, sed admodum depravate prodiit. Melior est editio Andreae Schotti tom. II. Hispanae illustratae p. 25. qui Codices MSS. adhibuit. Vide Vossium de Historicis Latinis p. 463. *Vitam S. Ferdinandi III. Regis Castellae* ex codem edidit Papebrochius in Actis Sanctorum tom. VII. Maji p. 205.

2. *Historia Ostrogothorum, Hunnorum, Vandalorum, Suevorum, Arabum et Romanorum,* cum priore opere simul prodiit, et exstat Hispanae illustr. II. p. 146. *Arabum Historiam* correctiorem dedit *Jac. Golius* cum Elmacini Historia Saracenica L. B. 1625. f.

3. Inedita ejus sunt: *Breviarium Ecclesiae Catholicae,* continens Historiam Veteris et Novi Testamenti, qualis est Historiam Veteris et Novi Testamenti, qualis est Historia Scholastica Petri Comestoris: *De primatia Ecclesiae Toletanae* tractatum sub ejus nomine citat Mariana XII. 4. *Chronica omnium Pontificum et Imperatorum Romanorum. Provinciale Cathedralium Ecclesiarum totius orbis: Relatio Victoriae,* quam de Saracensis ad Navas Tolosae in Baetica Alphonsus VIII. Rex Castellae a. 1212. *reportavit.* Fidem ejus in dubium vocat Petrus de Marca in Marca Hispanica p. 249. 280.

Vide Nic. Antonii Bibl. Hispanam Vet. VIII. 2. num. 20. seqq. Thithemium de scriptor. Eccles. c. 392. Andr. Schotti Bibl. Hispan. p. 346.

RODERICUS de Valdepennas, Hispanus, Ord. Carthusiani in monasterio del Paular et Prior Granatensis circa a. 1515. Glossa illustravit Carmina Georgii Manriquii de vanitate mundi. Car. Jos. Morotii Teatrum Chronol. Ord. Cartusiensis p. 117.

RODERICUS Ximenius, vidmodo Simonis. RODERICUS de Zamora, vid. Roder. Sancii.

RODOBERTUS, Episcopus Parisinus seculo VII. Scripsit Epistolam ad Dudonem, quae post Vitam S. Eligii Noviomensis ab Audoëno vel Dadone conscriptam exstat apud Dacherium tom. II. p. 76. edit. novae. RODOMUNDUS Æduorum s. Augustodunensis Episcopus ab a. 935-968. prout habet Gallia Christiana tom. IV p. 373. compilavit Decreta et privilegia Coenobii Zelliacensis, ad preces Widonis hujus coenobii Abbatis. MS exstat. in Bibl. Medicea. Montfaucon Bibl. Bibliothecarum MSS. pag. 273.

RODRADUS, Presbyter dioecesis Ambianensis sec. IX. Sacramentarium Gregorii. Confer Hist. literaire de la France t. V. p. 405. 406.

RODULPHUS de Bibraco, scripsit circa a. 1360. librum de itineribus aeternitatis, Waddingus de scriptoribus p. 309.

RODULPHUS, Archiepiscopus Bituricensis, tempore Caroli Calvi, ab anno circiter 840-866. Vide Galliam Christianam tomo II. p. 24. seq. Ejus Capitula exstant apud Baluzium Miscell. tom. VI. p. 139. ubi multa ex Capitulis Theodulphi Aurelianensis petiisse deprehenditur.

RODOLPHUS Brugensis, Tolosae a. 1144. Planisphaerium Ptolemaei in sermonem Latinum transtulit et Theodorico Platonico, Praeceptori suo, inscripsit. Edidit Walterus cum Arato Basil. 1536. 4. Sanderus de claris Brugensibus p. 71.

RODULPHUS e Bussela vico Sueviae, scripsit librum Quaestionum in Sententias, alterum Sermonum, alium Quaestionum variarum, Orationes plures ad Patres. Haec Possevinus tom. II. Apparatus p. 349.

RODULPHUS Archiepiscopus Cantuariensis, initio seculi XII. Ejus est Epistola Callisto Papae missa, querentis de injuria sibi et Ecclesiae Cantuariensi facta in consecratione Æp. Eboracensis: MS. in Bibl. Bodlejana. Bern. de Montfaucon Bibl. MSS p. 651.

* Epistola illa ad Callixtum, quam Bibl. noster hic in MS. jacere admonet, jam tandem prodiit in collectione Concil. Britanniae a Wilkinsio curata t. I. 396 Plures etiam sunt aliac eiusdem Rodulphi seu Rudulphi Epistolae ad Alexandrum Scotorum Regem in Eadmero Histor. Novor. servatae, et ex eo in collectionem indicatam translatae. *

RODULPHUS, monachus Cluniacensis, Petri Venerabilis Abbatis discipulus, ipsiusque in peregrinatione et visitatione Cellarum socius, scripsit Vitam Petri Venerabilis, Abbatis Cluniacensis, quae exstat in Martene et Durand. Collect. ampliss. VI. p. 1187. Forte idem est, qui a. 1173. Abbas Cluniacensis creatus est et a. 1176. decessit.

RODULPHUS Floriacensis, vide infra Rodulphus Tortarius.

RODULPHUS, monachus Fuldensis, vide Rodulphus.

RODULPHUS Langius, supra t. IV. 526.

RODULPHUS Tortarius, monachus Floriacensis circa a. 1100. Scripsit Miracula S. Benedicti quae constituunt librum IV. et V. Vitae illius per Andream monachum conscriptae. Prior sermone ligato, alter prosaico scriptus est. Uterque exstat in Actis Sanctorum tom. III. Martii p. 334. et 336. Translatio S. Mauri versu hexametro edita est in Bibl. Floriacensi pag. 355. Miracula S. Benedicti, sermone prosaico in Mabillonii Sec. IV. Benedictino part. 2. p. 390. Memorabilium libri IX. Carmine, et Epistolae ad diversos, sunt in Bibl. Vaticana. Bern. de Montfaucon Bibl. Bibliothecarum MSS. p. 44. 82. Adde Lyseri historiam Poetarum medii aevi p. 368.

RODULPHUS Episcopus Nemausensis, scripsit Summam Sacramentorum et Canones Poenitentiales: MSS. in Bibl. Vaticana. Montfaucon Bibl. Bibl. MSS. pag. 45. 143.

RODULPHUS de Noviomago, v. Radulphus.

RODULPHUS Oxofordius, vide Richardus Oxfordius.

RODULFUS Abbas S. Pantaleonis, vide

paullo post, *Rodulphus Abbas S. Trudonis*.

RODULPHUS Abbas monasterii S. Trudonis (*S. Tronc*) dioecesis Leodiensis. Ipse vitae suae notitiam exhibet a libro VIII. Chronici Trudonensis usque ad lib. XIII. unde pauca excerpenda sunt. Natus est in villa, quae sita est super Sambriam fluvium, nomine Monasterium, ubi habetur Abbatia monialium nigras vestas ferentium. Leodii studia tractavit usque ad annum XVIII. deinde monachus factus Porceti juxta Aquisgranum, ad Custodis, Magistri puerorum, Cellarii, minoris et majoris Praepositi dignitatem adspiravit. Postea ad monasterium S. Trudonis perrexit, ubi rursum pueros docuit, postea Decanus sive Prior, tandem a. 1108. Abbas fuit. Electus quoque a. 1121. Abbas S. Pantaleonis in dioecesi. Coloniensi munus utrumque administravit, disciplinae monasticae studiosissimus. Vide Chronica S. Pantaleonis tom. I Eccardi p. 927. Val. Andreae Bibl. Belgicam p. 801. Swertii Athenas Belgicas pag. 665. Oudinum tomo II. p. 1010. Galliam Christianam tomo III. p. 739. 958.

Ejus Opera sunt sequentia :

1. *Gesta Abbatum Trudonensium*, Ord. S. Benedicti, edita a Dacherio Spicil. t. VII. edit. novae tom. II. p. 659.

: 2. *Epistola* ad Waleramum Ducem Limburgensem, Advocatum monasterii Trudonensis, *de eius monasterii statu*, extat in Aub. Miraei Codice piarum donationem tom. I. p. 61. edit. novae : alia p. 520.

3. *Epistola* ad Stephanum, Episcopum Metensem *de statu monasterii sui*, est liber IX. Historiae Trudonensis p. 691.

4. *Rescriptum ad Coenobium S. Pantaleonis*, a quo quaesitus fuerat, *an liceat aliquid pro receptione puerorum accipere?* Exstat in Analectis Mabillonii tom. II. p. 495 et. 466. edit. novae.

5. *Vita Lietherti Episcopi Cameracensis*, ανωνυμως edita erat a Dacherio tom. IX. (edit. novae tom. II. p. 138.) nostro autem vindicat Mabillonius ex MS. Codice Aquicinetiensi, ubi subscriptio haec erat : *Explicit vita Domini Lietberti Episcopi, edita a quodam Monacho nomine Rodulpho.*

6. Inedita sunt *Carmina varia*. quorum

ipse meminit Historiae Trudonensis lib. VIII. p. 690. a. et Trithemius quoque : *Volumen septem librorum contra Simoniacos* ipse loco citato memorat, Mabillonius in monasterio Gemblacensi invenit, et contenta narrat : Sed illi postea iu generali monasterii conflagratione perierunt, prout testantur Martene et Durand praefat. ad tomum IV. Collectionis ampliss. p. 17. Meminit quoque p. 687. *Compilationum*, quae multis sententiis divinis et Decretis Conciliorum plenae fuerunt, item *Gradualis* a se conscripti.

7. *Acta translationi Sancti Gereonis unius militis Legionis Thebaeorum*, edita est a Surio d. 24 Novemb. nec non a Martene et Durand Collect. ampliss. tom. VI. pag.1013.

8. *Vita Petri Venerabilis*, ibid p. 1187.

Matthaeus ROEDER, aliis *Rodder*, natione Gallus, Sacrae paginae Professor, a. 1414. Orationem in Concilio Constantiensi *de Simonia* habuit, cujus Excerpta dedit Herm. von der Hardt tom. V. Concilii Constant. praef. p. 22. et in Historia literaria Reformationis parte III. p. 42.

Textus ROFFENSIS. Vide supra lib. I. p. 102 et 133. Adde quoque Whartoni praefationem ad tomum I. Anglae Sacrae p. 30. quae singula conferenda sunt. Caeterum ad Historiam Ecclesiae Roffensis in Anglia Sacra tom. I. prodierunt sequentia : *Ernulfi Episcopi Collectanea*, pag. 329. *Edmundi de Hadenham Annales a prima fundatione* ad a. 1307. pag. 341. *Wilhelmi de Bene Historia* ab a. 1314-1350. p. 356. *Continuatio* ab a. 1350-1540. p. 378. *Libellus monachorum Roffensium* a. 1360. *Regi oblatus de patronatu Ecclesiae Roffensis, seu de jure eligendi Episcopi*, p. 384 *Charta Joannis Regis de patronatu Episcopatus Roffensis*, p. 386. *Jura Episcopatus* a. 1360 p. 380. *Consuetudines Ecclesiae*, p. 390. *Successio Priorum*, p. 392. De S. Ithamaro Episcopo Roffensi quaedam congessit God. Henschenius in Actis Sanctorum tomo II. Junii p. 294. Vitam Gundulphi Episcopi dedit Anon. monachus Roffensis tomo II. Angliae Sacrae p. 271

ROFFREDUS *Butiensis*, patria Beneventanus, Bononiae docuit anno 1215. post Aretii, tandem in aula Friderici II. Judex primarius fuit , vir- ingenii festivi. *Arborem actionum* a Jo. Bossiano excogitatam locupletavit : scripsit praeterea *Quaestiones Sabbatinas, Summam super Jus civile, de libellis et Jure Canonico*, secundum formam in Romana Curia frequentatam : hic prodiit Lugd. apud Matthiam Bonhomme 1538. Pancirollus de claris Legum interpretibus II. 28. Bern. de Montfaucon Bibl. Bibliothecarum MSS. p. 1085. 1380. 1287. 221. Possevinus tomo II. Apparatus p. 350. Idem dicitur *Odofredus*, de quo noster supra tom. V. pag. 469. Felleri Catal. MSS. Bibl. Paullinae pag. 226. 241.

ROFFRIDUS , Abbas Casinensis et Cardinalis a 1189. cujus Epistola ad Joannem de Salerno Presb. Cardinalem Angelus de Nuce edidit in annot. ad Vitam S. Benedicti c. 18.

ROGERIUS, *Abellimensis* Episcopus, ab anno 1219. scripsit *Acta translationis martyrum Abellinensium,* quae exstant in Actis Sanctorum tom. II. Febr. p. 764. Ughellus tomo VIII. p. 194.

ROGERIUS , Prior S. Abrahae , circa a. 1170. Scripsit *Epistolam* ad Gaufridum Subpriorem , post Priorem et Abbatem S. Annae Monasterii Baugeziensis in Neustria, quam habes apud Martene et Durand Thes. novo Anecdotorum tom. I. p. 518.

ROGERUS *Albanus*, Anglus, patria Hartfordiensis, ex oppido S. Albani oriundus , ordinis Carmelitani monachus Londinensis, circa a. 1450. Reliquit *Compendium Historiarum Bibliae et Progeniem Regum Britanniae.* Balaeus Centur. XII. 71. Piteus c. 840.

ROGERUS Abbas B. Evurtii *Aurelianensis*, circa a. 1150. Scripsit *Epistolam* ad monachos S. Audoëni Rothomagensis, de inventione B. Evurtii quae extat ap. Martene et Durand Thes. novo Anedotorum t. I. 413.

ROGERIUS, Episcopus primum *Aurelianensis* et Lemovicensis, post Archiepiscopus *Bituricensis*, mortuus a. 1367. Aureliae Jus canonicum et civile docuit , et Tractatum *de Actionibus* scripsit, qui an uspiam extet, non habeo compertum. Vide Acta SS. tom. I. Martii p. 119. ubi vita ejus exponitur. Adde Galliam Christianam tomo II. pag. 81 532.

ROGERIUS *Baco*, vide supra lib. II. pag. 430.

ROGERUS *Blake*, vide infra *Nigelus*.

ROGERIUS *Calcagninus*, Florentinus , Ord. Praedicatorum , domus S. Mariae novellae ibidem alumnus , post Inquisitor in Tuscia tandem a. 1240. Episcopus Castrensis, obiit a. 1290. Laurentii Galli, ordinis ejusdem , *Summam Regiam ,* sive librum de virtutibus et vitiis, e lingua Gallica in Italicam convertit , et proprie ad hanc Bibliothecam non pertinet , nisi Possevini error sic annotetur, qui titulum versionis ita ponit : *Eversio vitiorum et consequutio virtutum.* Vide Jac. Quetif. de Scriptoribus Ord. Dominicanorum t. I p. 388. Pocciantii Catàl. Scriptorum Florentinorum p. 159. Julium Nigrum de Scriptor. Florentinis p. 487. Altamura p 29 (299 Fineschi. *Mem. di S. M. Novella* Fir. 1790.)

ROGERIUS *Casae novae in regno Neapolitano* Monachus, vixit circa annum 1230. Ejus est *Vita B. Placidi.* Rhodiensis ex agro Amiternino , primum eremitae , post monachi Ocrensis, ordinis Cisterciensis, qui eodem seculo vixit. Extat apud Ughellum Italiae Sacrae tomo VI. p. 722.

ROGERUS *Cicestriensis* , male quibusdam *Cestrensis* , Ord. S.- Benedicti monachus Westmonasterii. Scripsit *Polycratica temporum* , h. e· historiam ab origine mundi usque ad a. 1314. Deinde adjecit *Additamentum XXV. annorum*, usque ad a. 1339. Balaeus Centur. V. 48. Pitseus c. 514. Alii *Robertum* vocant, ut notat Vossius de Histor. Latinis p. 516. alii *Richardum* , ut monet Oudinus tomo III. perperam.

ROGERUS, Prior *Cistercensis*. Epistolae ejus *duae* extant apud Bertrandum Tissier in Bibl. Patrum Cisterciensium tom. III. pag. 259. 261.

ROGERUS *Cisterciensis*, monachus Anglus , in coenobio Fordano , claruit a. 1181. et scripsit *Revelationes S. Elisabethae,* Abbatissae Schoenaugiensis , qui liber prodiit in Jac. Fabri Libro trium Virorum et trium Spiritualium virginum , Paris. 1513. *De undecim millibus virginum Coloniae occisarum , Encomium Beatae Mariae*

Virginis. Balaeus Centur. III. 23. Pitseus c. 250. Jo. Prince Danmonii orientales illustres pag. 138.

ROGERIUS , *Roggerus et Ruotgerus* , *Coloniensis* ad S. Pantaleonem monacus et , ut Leibnitius auguratur , Magister Scholarum , vixit a. 970 et scripsit *Vitam Brunonis Archiepiscopi Coloniensis* , a Surio d. 11 Octobris , emendatius vero et plenius ex Codice Guelferbytano a Leibnitio tomo I. Scriptorum Brunsvicensium editam. Sigebertus Gemblacensis de Scriptor. Eccles. c. 130. Trithemius c. 327. Possevinus tomo II. Apparatus pag. 350. Duos ex uno faciunt Vossius de Historicis Latinis , et Oudinus tomo II. p. 465. 462. quorum alter Abbas Coenobii de Cruce S. Leufridi in Normannia , ordinis Cisterciensis , fuerit · ut opinor , minus recte.

ROGERIUS *Computista* , monachus Anglus , ordinis S. Benedicti in coenobio Buriensi Comitatus Suffolcensis , et postea Prior , circa a 1360. Scripsit *Expositiones vocabulorum totius Bibliae, Postillas in Evangelia* , *de excommunicatione majore* , *Constitutiones Cantuarienses.* Balaeus Centur. VI. 16. Pitseus c. 393.

ROGERUS *Conovius* , vide supra tom. I. pag. 378. De controversia ibi memorata adde Joan. Launoji Traditionem Ecclesiae explicatam de Canone , *omnis utriusque sexus* , c. 6. tom. I. Operum p. 274. 280. Confer Willotum p. 318.

ROGERUS *Cowton,* v. supra t. I. p. 399.

ROGERUS *Croylandensis* , · monachus · postea Prior coenobii· Frisconiensis in Comitatu Lincolniensi circa a. 1214. Scripsit *de vita S. Thomae Cantuariensis lib. VII. et de epistolis ejus lib. I.* Lelandus c. 194. Balaeus Cent. III. 69. Pitseus c. 303. Oudinus tomo III. p. 17.

ROGERIUS *Dechtus* , monasterii Viconiensis in Hannonia Ord. Praemonstratensis Canonicus , circa a. 1384. Scripsit *Sermones plurimos in Synodis et Capitulis habitos* , *Commentarios in Jus Canonicum.* Swertii Athenae Belgicae p. 666.

ROGERUS *Dimoc* , v. supra t. II. p. 445.

ROGERUS , Archiepiscopus *Eboracensis* sec. XII. ab a. 1154-2172. Scripsit Epi-

stolam ad Hugonem , Episcopum Dunelmensem , nec non Decanum et Capitulum Eboracense , quae habetur inter Epistolas Joannis Saresberiensis p. 288. Vide de ipso Angliam Sacram tom. I. p. 72. 161.

ROGERUS *Fordanus* , vide t. II p. 584.

ROGERIUS , sive *Ruggerus* , *Fuldensis* monachus circa a. 1156. *Vitas Martyrum* sex voluminibus descripsit , quae in bibliotheca Fuldensi asservari testatur Georgius Wiellius in praefatione Hagiologii. Vossius de Histor. Latinis p. 431. Aliud exemplar oculis usurpavit Oudinus, quem vide t. II. p. 1423. sq.

ROGERUS *Glacton* , Anglus ex Comitatu Huntingtonensi, ord. eremitarum Augustinianorum monachus et tandem Provincialis, Theologiae Doctor Cantabrigiensis , circa a. 1340. Scripsit *Epistolas sacras, Sermones* , *Lecturas, Quaestiones.* Balaeus Centur. V. 45. Pitseus c. 521. Gandolfus de ducentis scriptoribus p. 312. Phil. Elssius in Encomiastico Augustiniano p. 612. ·

ROGERUS *Herefordiénsis* , Anglus , Cantabrigiae literis incubuit, Mathematicus et Phisicus suo tempore insignis. Vixit circa a. 1170. Scripsit *in artem judiciariam* , *Theoricam planetarum* , *Collectaneum annorum planetarum* , *de ortu et occasu signorum* , *de rebus metallicis, Expositiones in Alphidium.* Lelandus c. 210. ·500: Balaeus Cent. III. 13. Pitseus c. 238.

ROGERIUS *Hovedenus* , vide supra t. III. pag. 262.

ROGERUS *Junius* , Anglice *Yong* , *Infantem* vocat Lelandus c. 399, Mathematicus Anglus , dedit librum *de Computo.* Reliqua illis adhuc latent. Balaeus Cent. X. 88. Pitseus Append. Cent. IV. 23.

ROGERUS *Ivonius* , vel *de S. Ivone* , ab oppido Comitatus Huntingdoniensis in Anglia sic dictus, fuit Monacus, sed nescio cujus ordinis, circa a. 1410. Scripsit *contra Ioannem Oldcastel* , qui Lolhardus et haereticus tunc credebatur , et *Lecturas Scholasticas.* Balaeus Centur. XI. 73. Pitseus c. 779. Phil. Elssii Encomiasticon Augustinianum p. 610.

ROGERIUS *Magister* , sive *Magister* ROGERIUS, Hungarus, Varadiensis, ejusque Capituli Canonicus circa a. 1250. Scripsit *Epistolam in miserabile Carmen super destructione regni Hungariae per Tartaros facta*, quae Chronicis Hungaricis Joannis Thuroczii subjicitur tum in editione Augustana 1483. tum Scriptoribus rerum Hungaricarum Wechelianis p. 177. Czwittingerus Specim. Hungariae literatae pag. 517.

ROGERUS *Marshal*, Anglus Mathematicus et multorum codicum coacervator, quos Collegio Petrino Cantabrigiensi, in quo literis incubuit, dono dedit. *Scripsit de figura Cata* (vel *Cota*) *et apodiatis*. Reliqua ejus huc usque nos latent. Lelandus cap. 506. Balaeus Centur. XI. 33. Pitseus Append. Centur. IV. 24.

·ROGERIUS *de Monte Roseo*, Scotus, Killosensis monasterii Prior, Ord. Cisterciensis, circa a. 1180. sub Nervo Abbate, scripsit *Vitam Duffi Regis*. Car. de Visch do Scriptoribus Ord. Cisterciensis p. 292.

ROGERUS *Niger*, *Nigellus*, Anglice *Blake* Ordinis S· Benedicti monachus in coenobio Westmonasteriensi, Doctor Theologus Oxoniensis, tandem Episcopus Londinensis. Sunt quoque, qui ipsum Canonicum Paulinum fuisse dicant. Obiit a. 1241. et *Sermones solemnes* reliquit. Balaeus Cent. XII. 93. Pitseus Append. Centur. IV. 25.

ROGERUS *Onley*, Anglus, Eleonorae Cobhamae, Ducis Glocestriensis Sacellanus. Quia Wiclefum sectabatur, et Papismum refellebat, in odium Cleri incurrit, ut ipsum cum domina sua perduellionis accusarent, quo facto is innocens strangulatus, corpusque illius quadrifariam dissectum est, a. 1442. Scripsit *contra vulgi superstitiones, et de sua innocentia*. Balaeus Cent. VIII. 4.

* Innocentiam Rogerii nec reicio, nec admitto cum prae oculis mihi nunquam fuerint acta publica in ea causa confecta. Quod vero clerus calumniam struxerit homini ob haeresim Wicleffianam sibi inviso id mihi vix persuaderetur, cum ad perdendum hominem (siquidem perdere illum voluisset) satis, et abunde sufficeret haeresis crimen verum, quo laborabat. Ut quid igitur fictum delictum impingeretur?

Parum ante illum An. 1442 Anno scilicet 1429. Thomas Basley Cappellanus et vicarius de Maundem in Esseux ob unicum haeresis delictum extremo supplicio affectus fuit. Vid. Ant. Ap. Wilkins Conc. Britan. t. 3 fol. 515. *

ROGERIUS S. * *Pantaleonis* Monachus, vide supra ROG. *Coloniensis*.

ROGERIUS *Parmensis*, Medicus. cujus *Practica Medicinae* prodiit cum aliis Scriptoribus Chirurgicis, Venet. 1499. 1519. 1546. folio Liber *de Venarum Phlebotomia* exstat cum Albucasi Methodo medendi, Basil. 1541. folio. Vide Mercklini Lindenium renovatum p. 948. * Rogerii huius sunt, ut arbitror, opuscula duo, alterum de secretis Naturae, incipiens: *obsequiis mihi possibilibus* Alterum *de exhibitione medicinarum*. Servantur ambo in MS. Codice Bibliothecae Riccardianae. Vide Lamium in Catal. eiusd. Bibliothecae.

·ROGERIUS *de Placentia*, Ord. Minorum provinciae Siciliae, scripsit *Sermones Quadragesimales*, qui habentur in Bibl. Laurentiana Florentiae. Bern. de Montfaucon Bibl. Bibiothecarum MSS. p. 290.

ROGERIUS *Rugosus*, aliis *Royshet*, Anglus, Ordinis S. Francisci, Theologiae Doctor. Ætas et reliqua ejus nos latent. Scripsit *de maximo et minimo*, *super Magistrum Sententiarum*. Pitseus Append. Cent. IV. 26. Waddingus de scriptoribus Ord. Minorum pag. 312. Willot Athenae sodaliti Franciscani pag. 320.

ROGERIUS *Saresburiensis*, patria Wiltunensis, Saresberiae literis incubuit. Floruit circa a. 1160. et scripsit *in Evangelia Dominicalia et Psalmos*. Balaeus Centur. X. 56. Pitseus c. 218.

ROGERIUS *Suiset*, vel potius *Suinshed*, cognomine *Calculator*, vel *Computista*, Mathematicus Oxoniensis in Collegio Mertonensi, postea monachus Cisterciensis in coenobio sui cognominis in agro Lincolniensi. Floruit a. 1350. et varia reliquit. *Calculationes Astronomicas*, Papiae 1488. fol. Paduae per Jo. de Cypro. *Introductorium ad Calculationem*, Venet 1515. *Calculationes cum quaest. de reactione*, Venet. 1520. *Ephemerides, Commentationes Ma-*

thematicas, *in Magistrum Sententiarum*, *in Ethicam Aristotelis*, et alia plura. Lelandus c. 431. Balaeus Centur. VI. 2. Pitseus c. 576. Car. de Visch de Scriptoribus Ord. Cisterciensis p. 292.

ROGERIUS *Trevirensis* Archiepiscopus *Decretorum volumen* confecit, quod in Synodo coram suis Suffraganeis approbavit. Vivebat a. 914. Haec. Possevinus Apparatus tomo II. p. 351.

ROGERU *Tuiforde*, vulgo *Goodluk*, h. e. bona fortuna, Anglus, Eremita Ord. S. Augustini et insignis Concionator in districtu Norwicensi, circa an. 1390. Scripsit *Itinerarium mentis ad Deum*, *et Sermones ad populum.* Balaeus Centur. VII. 17. Pitseus c. 693. Phil. Elssii Encomiasticon Augustinianum p. 611.

ROGERIUS *Venray*, Teutonicus, Ord. D. Augustini a. 1494. scripsit *de institutione puerili*, *de inquisitione vitae beatae*, *Hymnos de b. Virgine*, *de vario litterarum usu*, *de rebus mirabilibus*, *de rebus novis*, *de metrorum generibus*, *de accentibus Latinorum*, *Panegyricum ad Joannem Spanheimensem S. Martini Abbatem*, *de calamitatibus horum temporum*, *Epigrammata et Epistolas.* Possevinus tomo II. Apparatus p. 351.

* Ad hunc Rogerium Venray Sicambrum literas dedit Joannes Trithemius 12. Aug. an. 1507. legendas inter Trithemii Epistolas. lib. 2. Epist. 40. in Collect. Freheri, in quibus commemorat recepisse se ipsa eius manu scriptum librum metricum *de laudibus S. Josephi*, tum et alterum odas continentem familiares, ac denique tertium prosa oratione referentem *disputationem quamdam manualem.* Addit in eadem Epistola sex et triginta supra certum lucubrata ab illo opuscula ; denique se legisse addit eius carmina in laudem SS. Hieronymi, Augustini, Gregorii, Origenis, Jo. Crysostomi, Basilii, Cyrilli tum et Hymnos ad Dei laudem et epitaphia quaedam mortuorum. *

ROGERIUS Abbas Uticensis S. Ebrulfi in Anglia, Ord. S. Benedicti a. 1120. cujus *Epistola* ad Henricum Regem exstat apud Ordericum Historicum p. 873. Orde-

rici Carmeu in ojus obitum ibidem p. 875.

ROGERUS *Whaltham*, Canonicus D. Pauli Londinensis a. 1250. scripsit *Compendium morale et Imagines oratorum.* Lelandus c. 243. Balaeus Cent. IV. 16. Pitseus c. 349.

ROGERUS *Welpedale*, MathematicusOxoniensis et Collegii Balliolensis socius, an. 1368. scripsit *de invocando Deo*, *Simulachrum Logicalium*, *de universalibus*, *de aggregatis*, *de quanto et continuo*, *de compositione continui.* Balaeus Cent. VI. 29. Pitseus c. 616.

ROGERIUS *de Wendover*, vel etiam *de Windefora*, monachus S. Albani, Prior Cellae de Bellovisu (de Beauvoir) in territorio Lincolniensi, mortuus a. 1237. reliquit *Chronicon* a nato Christo usque ad a. 1234. quod MS. habetur Londini in Bibl. Cottoniana. Balaeus Centur. XII. 57. Eo usum esse Matthaeum Paris Fabricius noster monet supra tomo V., pag. 50. et Oudinus tomo III. pag. 37. Pitseus duos ex hoc facit, Rogerum *Windoveram* c. 313. et *Windesorum* c. 332. Adde Vossium de Historicis Latinis p. 471.

ROGERIUS, aliis corrupte FRIGERIUS, Italus, JCtus, sec. XI. qui primus in eam Pandectarum partem, quam *Infortiatum* vocat, *Glossas* emisit, primus etiam *Summam* sive *Compendium Juris* composuit. Reliqua illius in obscuro sunt. Pancirollus de claris Legum intrepretibus II. 18. *Compendium* ejus sive *Summa*, nec non *Dialogus de Praescritionibus* exstant in Tractatu Tractatuum tom. IX. fol. 135. 136.

ROGERIUS, Roberti, Comitis Glocestriae filius, Episcopus *Wigorniensis* ab anno 1163-1179. Vide Angliam Sacram tom. I. p. 301. 476. 477. Ejus habemos *Epistolam* ad Alexandrum Papam in Epistolis Joannis Saresberiensis p. 291.

Joannes ROKYCZANA, Bohemus, natus in oppido pagi Pilsnensis *Rokyczana*, quod ad Ecclesiam Pragensem pertinet. Propter paupertatem puer mendicando victum quaesivit, postea in Collegium Reginae, quod Pragae est, receptus Theologiam excoluit, Magistri quoque dignitate cohonestatus. Calixtinorum assecla primum a. 1424. memoratur, sacerdos in templo S. Stephani in nova Civitate Pragensi, deinde Concionator Parochialis Ecclesiae B. Mariae ad lactam Curiam (*im Tein.*) Turbulento fuit ingenio, multis negotiis se inmiscens, legatus ad Concilium Basileense missus, id tandem fraudibus et artibus suis machinatus est, ut Archiepiscopus Pragensis constitueretur. Mortuus est a. 1471. d. 22. Febr. Res ejus gestas narrant Scriptores Bohemici Æneas Silvius, Zach. Theobaldus, Wenc. Hagecius, Bohusl. Balbinus, Jac. Infantius in hist. belli Hussitici, et complures alii, ex quibus (ultimo tamen excepto, qui tunc nondum editus fuit) nata est egregia dissertatio Viri Cel. Jo. Dav. Koeleri *de Jo. Rokyczana*, Altorf. 1718. Ex operibus illius haec nota sunt.

1. *Collatio seu praesentatio Bohemorum coram Domino Legato*, sive *Responsio ad Orationem Juliani Cardinalis*, a quo cum suis in Concilio Basileensi a. 1433. exceptus fuerat. Exstat apud Cochlaeum lib. VI. belli Hussitici p. 248.

2. *Responsio ad oppositiones Joannis de Raguso* contra primum ex articulis Bohehemorum : Habetur apud Binium tom. VIII. Concil. p. 314. Vide et supra t. IV. p. 450.

3. *Oratio ad oratores Concilii Pragam missos*, sive *Querela*, apud Cochlaeum lib. VII. p. 257.

4. *Confessio fidei suae*, exstat apud Theobaldum de bello Hussitico p. 2. c. 11. p. 86.

5. *Epistolae ad Capistranum:* Cochlaeus lib. X. p. 370. ad *Joannem Abbatem de Mulbrun*, concilii Basileensis nuncium, in Martene et Durand Collect. ampliss. VIII p. 173. ad *Bohemos nunciatoria*, quae Praegae acta sint. ibid. p. 354.

6. *Tractatus de septem Sacramentis*, contra Taboritas, scriptus cum ambiret Archiepiscopatum Pragensem, ne Catholicis nimium reprehensibilis videretur. Subjunxit Cochlaeus operi modo citato p. 442.

7. *Tenenda*, h. e. liber, qui credi et teneri debeat.

8. *Postilla Evangeliorum.*

9. *Disputatio Capituli Ecclesiae Pragensis cum Rokyczana de controversiis Hussiticis, habita per dies quinque a. 1465. coram Gyrzikone Rege Bohemiae*, edita

est. tom. III. Antiquarum Lectionum part. 2. edit. novae tom. IV. p 753.

10. *Duae Collationes* in Concilio Basileensi a. 1433. in Martone et Durand Collect. ampliss. tom. VIII. p. 252. 254.

11. *Positio primi articuli Bohemorum coram Concilio Basileensi de Sacramento Coenae*, ibid p. 262. Prolixum et solidum scriptum vocat Hockerus in Catal. Bibl. Heilsbrunnensis p. 113.

12. *Allegatio Jo. Rokizani de Praga, et replicatio Hilarii, Doctoris Decretorum, et Wenslai Doctoris Theologiae, super communione utriusque speciei.* MS. exstat in Bibl. Lipsiensi Paullina, teste Catalogo Felleri p. 399. ubi perperam *Rubizanus* scribitur. Ibidem alia reperiuntur contra ipsum scripta. Adde Oudinum tomo. III. p. 2650. Contra ipsum et de ipso haec inveni. :

Fran. de Toleto contra Rokenzanum de communione sub utraqqe MS. est in Bibl. Paullina Lipsiensi. Felleri Catal. p. 191.

Historica relatio de congregatione Baronum ac Civitatum regni Bohemiae a. 1465. facta, inprimis de dictis et factis Joannis Rokenzani : ibidem p. 203.

ROLANDINUS *Rodulphinus de Passageriis*, Bononiensis, primus Notariorum Bononiensium Proconsul, eorundem Collegii erector et benefactor insignis circa a. 1270. 1300. Scripsit *Summam Artis Notariae*. quae, ab ipso *Rolandina* dicitur, impressam Taurini 1479. Venetiis per Jo. et Gregorium de Gregoriis, 1500. (Haec Summa tanti olim habebatur ut Mutinae et f. etiam alibi saec. XIV. in Scholis explicaretur. Muratori Antiq. Ital. III 908. Vide Tiraboschi *Bibl. Modenese* IV. 340. Lucchesini) Hanc Oudinus t. III. p. 485. male *Rolandino Patavino* tribuit, Tractatus varios Juridicos in opere magno Tractatus Tractatuum t. VIII. part. 1. impressos, *de Testamento et ultima voluntate*, p. 1. *de Codicillis*, p. 197. *de donationibus causa mortis*, p. 119. *de successionibus ab intestato*, p. 251. Pancirollus de claris Legum interpretibus II. 36. Bumaldi Minerval Bononiense p. 206, Orlandi Notitia Script. Bononiensium p. 343. (304 Vid. PETRUS *de Unzola* continuat. Rolandinae. Veronae 1485 f.)

ROLANDINUS *de Romanciis*, Bononiensis, in patria jus civile docuit, et Advocatum egit, mortuus a. 1284. Scripsit *de ordine judiciali Praxeos criminalis*, *Librum quaestionum*, *Tract. de positionibus. Flores ultimarum voluntatum* impressi sunt Spirae 1598. 8. et apud Commelin. 1607. 8. Pancirollus II. 43. Bumaldus I. c.

ROLANDINUS, *Patavinus*, Grammaticus et investigator Antiquitatum, Grammaticam et Rhetoricam Patavii docuit, mortuus a. 1277. scripsit Comm. *de Acciolini tyrannide*, quae ipse viderat: item *de rebus gestis Patavinae civitatis*, cujus libri meminerunt Petr. Paul. Vergerius et Flavius Blondus. *Chronicon Marchiae Tarvisinae* ab a. 1180-1260. cum Albertino Mussato de gestis Henrici VII. Imp. cura Felicis Osii prodiit Venet. 1636. fol. repetitus in Thesauro Italiae Burmanniano tomo VI. et Scriptoribus Italicis Muratorii tom. VIII. pag 153. MS. bis occurrit in Bibl. Vaticana, teste Bern. de Montfaucon Bibl. Bibl. MSS. p. 118. 139. *Commentariorum* Rolandini *de Eccelinorum tyrannide*, quam noster sub finem voluminis sui descripserat, *Compendium* a Fausto Longiano sub ficto Petri Girardi nomine Italico sermone prodiit anno 1552. quod docent Vossius de Hist. Latinis et Oudinus tomo III. pag. 485. Adde Bern. Scardeonii Antiqu. Patav. II. 10. p. 231. 232. Nic. Comneni Papadopoli Hist. Gymnasi Patavini lib. III. sect. II. c. 1.

ROLANDUS *Capellutius*, Chrysopolitanus, Philosophus et Medicus, Chirurgus Parmensis, floruit a. 1468. *Chirurgia* ejus edita est cum aliis scriptoribus Chirurgicis, Venet. per Andr. Asulanum, a. 1499. 1519. 1546. fol. *Tractatus de curatione pestiferorum apostematum*, ex bibliotheca Herm. Conringii prodiit Brunsuigae, 1640. 8. Francof. 1642. 8. Haec Mercklinus in Lindenio renovato pag. 948.

ROLANDUS, *Cremonensis* a patria dictus, Ord. Praedicatorum, Philosophiae Professor, Bononiae studuit et docuit, Tolosae quoque Theologiam docuit et contra Waldenses conciones sacras habuit. Obiit anno circiter 1250. scripsit *Summam*

notabilem *Theologiae et Philosophiae.* Plura de eo Jac. Quetif. de Scriptoribus Ord. Praedicatorum tom. p. 125. Arisii Cremon. literata tom I. p. 102. Altamura Bibl. Dominicana p. 1. 427.

ROLANDUS *Passagerius*, v. *Rolandinus*.

ROLANDUS *Placiola*, nomen a vico agri Patavini sortitus, Doctor Juris Patavinus circa a. 1300. alii perperam juniorem faciunt. Legatus Patavinorum ad Henricum VII. et Clementem V. Papam fuit. Scripsit *Commentarium in feuda et Opusculum de Regibus.* Cum a Pontifice dicto pro fratre Sacerdotium postularet, et mediocre pro pinguiori optaret, Pontifici admiranti respondit: *Frater meus, pro quo postulo, non est pluris.* Nic. Comneni Papadopoli Hist. Gymnasii Patavini lib. III. sect. I. c 1. Marcus Mantua c. 217. Pancirollus de claris Legum interpretibus II. 51. De Summa Rolandina, quae ipsi praeter rem tribuitur, vide modo *Rolandinum de Passageriis.*

ROLANDUS *Ploceranius*, monachus Cisterciensis, circa a. 1220. scripsit *Vitam S. Prognatae*, Abbatissae illius ordinis. Car. de Visch de Scriptoribus Ord. Cisterciensis pag. 293.

ROLANDUS *Scotus*, Glascuensis Ecclesiae Subdecanus, post ordini Domenicanorum nomen dedit circa a. 1481. Ejus memorantur haec opera: *De dilatatione ordinis S. Dominici, Quaestiones arduae, et Resolutorium Sententiarum.* Vide Jac. Quetif de Sriptoribus Ord. Praedicatorum tom. I. pag. 860.

ROLANDUS *Ulyssiponensis*, cujus, Labbeo teste in Bibliotheca MSS. pag. 216. inter libros Renati Moreau Medici Parisini hoc opus exstitit: *Rolandi Ulixiboniensis, physici illustrissimi principis Joannis, patrui domini nostri Regis Franciae gubernantis et regentis regnum Franciae, insigne opus de physiognomia.*

ROMÆUS *de Levia*, Catalanus, ex castro vel villa *Levia*, Ord. Praedicatorum, a. 1221. Prior in conventu Lugdunensi, post a. 1232. Provincialis Prior provinciae Provinciae, tandem Episcopus Tolosanus obiit a. 1261. Scripsit *Regulam honestatis monachi et de timendo et amando D. Jesu Christo prosa et ligata.* Plura Jac. Quetif. de Scriptoribus Ord. Praedicatorum tom. I. p. 161.

ROMANTIUS *de Rosa* non est nomen auctoris, sed libri Gallici, *le Roman de la Rose.* Occurrit tom. III. Operum Joannis Gerson p. 297. * Cave credas librum hunc qualis est, excusum legi t. III. Operum Gersonis pag. 297. nihil enim ibi occurrit, nisi Jo. Gersonis *Tractatum contra Romantium De Rosa,* quam totam disputationem paucis pagellis expedit Gersonius. *

ROMANUS, Pontifex Romanus ab a. 894. mense Sept. per menses IV. *Epistolae duae* Pontificatus anno sexto h. e 900. datae exstant in Petri de Marca Marca Hispanica p. 833. 834.

ROMANUS *de Roma*, ex illustri Ursinorum familia, Ord. Praedicatorum, Magister Parisinus, qui S. Thomae in Rectura Scholae Parisiensis successit. Vixit circa a. 1273. scripsit *in quatuor libros sententiarum*, *Sermones de tempore et Sanctis.* Vide Quetif de Script.Ord. Praed. t. I. p. 263.

ROMANUS *Scotus*, Presbyter circa a. 660. scripsit *de Paschae celebratione.* Possevinus tomo II Apparatus p. 356.

ROMANUS Basilicae *Vaticanae* Canonicus, tempore Eugenii III. Pontificis sec. XII. dedit *Basilicae Veteris Vaticanae descriptionem*, in qua multa et egregia antiquitatis monumenta habentur, editam Romae 1646. cum annot. Pauli de Angelis. Vide Prosperi Mandosii Bibl. Romanam Cent VIII. 62.

ROMANUS *Vicentinus*, Ord. Praedicatorum, sec. XIII. scripsit *Sermones de tempore et Sanctis.* Jac. Quetif l. c. p. 475. Altamura p. 69.

ROMERIUS, nescio quis, Simlero teste *continuavit Chronicon Reginonis* ab anno 877-967. Quia igitur Continuatio IIIa edita ab. a. 907-972. pertingit, verosimile putat Vossius, Romerium illius auctorem esse. Vide Jac. le Long. Bibl. historicam Galliae p. 337. et Possevinum t. II. Apparatus p. 356.

ROMFREDUS Beneventanus, vide *Roffredus.*

ROMUALDUS, auctor ordinis Camaldulensium, Ravennae e nobili Ducum fa-

milia ortus et studiis liberalibus imbutus eremum petiit, et ordinis S. Benedicti laxiorem disciplinam corrigere studuit. Obiit a. 1023. aetatis 120.

Ejus *Commentarius in Psalmos* MS. est in monasterio Camaldulensi, in cujus operculo haec leguntur: *Istud Psalterium scripsit et glossavit manu sua propria sanctissimus ac beatissimus Romualdus, sicut praeceperat sibi Deus, quando fuit raptus in paradisum, celebrans Missam in eremo Sytriae, ut scribit beatus Petrus Damianus Presbyter Cardinalis in legenda sua.* Haec Jo. Mabillonius Itin. Italico p. 179. *Expositionem* etiam *in nonnulla Prophetarum Cantica* elaboravit. Adde Possevinum t. II. Apparatus p. 356. (301 S. Romualdi Vita A S. Petro Damiani conscripta prodiit Italice in *Firenze* 1568. 8. a *Diego Castagnizza* ibid. 1671. 4 a Bonif. Collina *Bologna* 1748. 8. v. 2.)

ROMUALDI duo hujus nominis Archiepiscopi Salernitani, prior ab a. 1121-1138. alter ab a. 1153. Uterque est auctor *Chronici* ab orbe condito ad a. 1178. quod ex Codice Ambrosiano edidit Muratorio S. R. Ital. tom. VII. p. 1. Partem postremam ab. a. 1159-1177. de rebus, quibus ipse pro Guilielmo Siciliae Rege interfuit, jam antea dederat Carusius in Bibliotheca historica Siciliae tom. II. Prior vero Romualdus pervenit usque ad a. 1125. Nam sub illo anno leguntur haec verba: ADDITIO CHRONICAE. *Ab hoc loco additum est huic Cronicae per Romualdum II. Salernitanum Archiepiscopum.* Romae jam excribi curaverat Mabillonius, edere vero volebant Edm. Martene et Ursinus Durand, edere item constituerat posteriorem partem Michael del Giudice Abbas, cui hunc titulum praefixerat: *Romualdi Archiepiscopi Chronicon de rebus gestis Rogerii et Wilhelmi primi, Regum Siciliae:* (G. de' Letterati d'It. VI. 517) sed, ut modo dictum est, a Muratorio praeventi sunt. Vide praefationem t. III. Collectionis ampliss. p. 3. Adde quoque Nic. Toppii Bibl. Neapolitanam p. 273. cum additionibus Nicodemi p. 221. 222. Ughellum t. VII. p. 396. seq.

Fragmentum *Commentarii in Psalmos*,

sed dubium utri duorum adscribendum, habetur in Bibl. Vaticana. Bern. de Montfaucon Bibl. Bibl. MSS. p. 200.

ROMULUS AMASEUS, natus Utini, linguam Graecam et Latinam Bononiae docuit, et ibidem Senatui a secretis fuit, post Eloquentiam Romae decuit, mortuus a. 1552. alii 1558. Ejus scripta haec inveni: *Panegyricus in laudem Cardinalis Grimani* Utini 1498. 4 *Panegyricus Georgio Sauromanno Bononiensis gymnasiarchatus insignia suscipienti dictus.* Bonon. apud Benedictum Bibliop. 1513. 4.

Versio Latina librorum Xenophontis *de expeditione Cyri* minoris prodiit cum operibus Xenophontis. Basil. 1545. fol.

Vertit *Pausaniam*; Florentiae 1551. f.

De dignitate Linguae Latinae adversus Hetruscos lib. 2. teste Gesnero nondum sunt excusi. * Praeter omnia hic recensita eius epistolae quaedam ad Flaminium extant in collectione epistolarum eiusdem Flaminii lib. XI. Epist. IX. X. XI. XII. XVIII. XIX.

(302. Vid. Scarselli (Flam.) De Vita Romuli Amasei Bonon. 1769. 4.)

Hieronymus Amaseus Utinensis Bononia oriundus poeta et philosophus scripsit Carmine latino vaticinium, quo praedicatur universum orbem terrarum Cbristianae religionis imperium subiturum ad Accursium Mainerium Avenionensem J. C. et Ludovici Gallorum regis ad Venetos oratorem. Prodiit absque anni ascriptione in 4. A. 1499 *

Laurentius de RONZINIS, Urbevetanus, Marschalcus et familiaris Neapolionis S. Adriani Diaconi Cardinalis, circa a. 1289. Scripsit *Librum Mareschalciae*, sive *de Medicina veterinaria*, qui bis MS. exstat in Bibl. Laurentiana Medicea. Bern. de Montfaucon Bibl. Biblioth. MSS. p. 339 394.

RORICO, monachus Moissiacensis in regione Cadurcensi, qui ut ex stilo judicatur, seculo XI. vixit. Scripsit *Gesta Francorum* ab origine gentis usque ad obitum Chlodovei I. Regis, quae exstant in Francicarum rerum Scriptoribus Andr. du Chesne t. I. p 799. et in nova Collectione Scriptorum Francicorum Mart. Bouquet, (Paris 1714. f.) t. III. stilo rudi, et fabulis plenissima. Jac. le Long. Bibl. historicaGalliae p.315.

* De hoc rerum Francicarum historico incerta sunt omnia. Monasticam professionem suam nullibi praefert. Moissiacensem commorationem nunquam indicat nec alia de caussa Monachus Moissiacensis creditur, nisi quod e MS. Cod. Moissiacensis coenobii idem opus eductum est. Opus istud mera puraque epitome Anonymi longe Vetustioris, qui sub eodem titulo opus historicum vulgavit, legendum ap. Duchesnium N. 799. etc. Vide Hist litterariam Galliae t. VII. p. 146. *

RORICUS *Wittonus*, Anglus, Ord. S. Francisci Theologus, scripsit *Sermones de tempore ab initio Adventus usque ad Pascha.* Reliqua ignorantur. Pitseus Append. Cent. IV. 29. Willot. Athenae sodaliti Franciscani p. 320.

ROSCELINUS, sive *Ruzelius*, Compendiensis ex Gallia, sec. XI. primus Doctor Philosophiae et Theologiae Scholasticae ante Abaelardum, cujus errores de fide SS. Trinitatis et incarnatione verbi refutavit Anselmus Cantuariensis libro adversus eum scripto p. 41. et lib. II. Epist. XLI. ad Fulconem. Adde Concilium Suessionense anno 1092. Hottingerum tom. III. Hist. Eccl. p. 96.

Matthaeus de ROSSIS, Aretinus, J. U. D. scripsit *Tractatum de Jejuniis quadragesimalibus*, qui MS. adest Stargardiae Pomeranorum in Bibl. Mariana.

ROSTANGNUS, monachns Cluniacensis, scripsit *Relationem de translatione capitis S. Clementis in monasterium Cluniacense*, ejusque exceptione, quae contigit a. 1206. Exstat in Bibliotheca Cluniacensi p 1481.

De alio Rostagno II. qui fuit Archiepiscopus Arelatensis, vide Acta Sanctorum t. V. Julii p.325. et Gall Christ. t. I. p. 547.

ROTGERUS, vide supra ROGERIUS *Coloniensis.*

ROTHARDUS, Episcopus Suessionensis, ab Hincmaro, Episcopo Remensi, sede sua dejectus a. C. 865. Romam appellavit, et *Libellum proclamationis* ad Nicolaum I. scripsit, in quo statum caussae suae exponit. Exstat tomo V. Harduini p. 579.

ROTHLANDUS, monachus Morimundi Mediolanensis Vita Car. de Visch. p. 293.

quae non intelligo) Ord. Cisterciensis, scripsit *Vitam S. Francae Abbatissae Placentinae, ex Vitae altae Comitum familia* Car. de Visch Ribl. Scriptorum Ord. Cisterciensis p. 293.

* Rothlandus Mediolanensis Monachus Moribundi (ita enim legendum et sic plana sunt omnia) nomen est corruptum atque deformatum ex vero authore vitae S. Francae quem appellatum constat Bertramum Reoldum ; Vide Fabric V. BERTRAMUS *Reoldus.* *

ROTHOMAGENSE Chronicon edidit Labbeus Bibliotheca MS. tomo 1. p. 364. Fragmentum ex Chronico Rothomagensi ab a. 1230-1234. Dacherius tomo III. Spicilegii p. 613. Acta Archiepiscoporum Rothomagensium, Mabillonius Analect. p. 222. Vetus formula celebrandi Concilii provincialis Ecclesia Rothomagensi, ibidem pag. 226. Statuta Ecclesiae Rothomagensis an. 1361. Martene et Durand. ampliss. t. VI. p. 757. Breviarium ad usus Ecclesiae Rothomagensis typ. Impressum est an 1480. f.

Antiqua Statuta archimonasterii Rothomagensis S. Audoeni in Martene et Durand Thesauro novo tomo IV. p. 1205.

* Concilia quaedam Ecclesiae Rothomagensis praeter ea quae dederunt Martene et Durant edidit P. Guilelmus Bessin in sua collectione Concilior. Normanniae quae pariter in sua singula loca distributa sunt in novissima editione Labbei Veneta *

ROTROCUS, *Hrotrocus*, nescio quis, scripsit *Vitam S. Corbiniani*, quae exstat in bibliotheca Episcopi Frisingensis. Epitaphium ejus ex Codice pervetusto Tegernseensi profert Bern. Pezius Dissert. Isagogica in tomum primum Thesauri Anecdotorum novissimi p. 27.

Epitaphium Hrotrochc Sophistae.

Hic jacet opertus cespitis telluris in aula
Corpore sepultus Inclytus arte lector
Venerabilis Scriptor, famosus literarum Sophista
Hrotrohc.
Hic pie vivens feliciter migravit ad Christum.
Huc venientes fratres, versns quicunque
Legentes hos, vestris rogito precibus
Animam adjuvate suam.

Neve Rotroci nomen cuipiam insolitum

videatur, hoc addimus, duos hujus nominis fuisse, quorum alter pater, alter filius Gaufridi Vicecomitis Castriduncnsis fuit. Mentio eorum fit in diplomatis Cluniacensibus in Bibliotheca Cluniacensi p. 541. seq. et in annot. Andreae du Chesne p. 77.

S. RUADANUS, Hibernus, aequalis S. Brendani Abbatis, qui a S. Tinano Episcopo Clonardensi educatus est, et presbyter ordinatus. Is in Momoniam profectus Lothrae coenobium construxit, ibique Abbas praefuit, obiit a. 584. Scripsisse dicitur *contra Diarmod regem lib. I. De mirabili fontium in Hibernia natura, et de miraculosa arbore.* Waraeus de Scriptor. Hiberniae part. I p. 43.

Joannes Crotus RUBEANUS, vero nomine *Jo. Jager*, illud vero nomen vernaculum απο τȣ ηροτειν a *pulsando*, immutando deduxit, antea quoque *Venatoris* nomine usus. Natus est in villa *Dornheim* prope Arnstadium, unde nomen *Rubeani* vel *Rubiani*, circa a. C. 1480. Literis incubuit Erfurti, ubi a. 1508. Magisterii dignitatem obtinuit sub nomine *Jo. Venatoris ex Dornheim*: postea Professor Theologiae constitutus post absolutum iter Italicum a. 1520. fasces Academiae laudatae gessit. Post varios errores per Germaniam, Borussiam et Poloniam tandem Halae commoratus est apud Albertum Cardinalem, Episc. Moguntinum et Magdeburgensem, cui a consiliis fuit, et dignitatem Canonici Hallensis ornatus esse dicitur. De morte ejus non constat. Scripsit *Apologiam eorum, quae Halae gesserat contra sacrorum restauratores Albertus*, Lips. 1531. 4. Hunc libellum non vidi, bene tamen alium qui contra ipsum scriptus est hoc titulo: *Ad Apologiam Joannis Croti Rubeani Responsio amici, ad quem privatim eam scripsit.* Constat plagulis duabus, sine anno adjecto, qui tamen fuit 1532. Hanc Responsionem denuo edidit Jo. Christophorus Olearius, Arnstad. 1720. 8. et annotationes adjecit, vitam nostri non mediocriter illustrantes. Luthero prius valde acceptus fuit, quod ex Epistolis illius constat, quia praeter ingenium agnitio quoque veritatis coelestis in illo fuit. Quum vero ad vomitum rediret. et operas Wicelio jungeret, illi porro favere non potuit.

Ajunt etiam illum *Epistolas Obscurorum Virorum* composuisse , vel. certe primum earum Volumen , quod a. 1517. 4. prodiit. Sic enim Auctor Responsionis ad Apologiam p. 11. edit. novae : *Ut interim taceam libellum illum tuum , qui decem possit exercere Democritos , Obscurorum scilicet* Virorum Epistolas , *quae nihil fuerunt, quam Classicum quoddam , ad concitandos et armandos adversus Papistas novis conviciis eos , qui per sese tam salse dicta non erant inventuri, Quem libellum tuum haud dubie amas in hunc diem tenerius, quam simia prolem : quem sat scio, sic admiraris , sic ut tuum inventum deperis , ut Homeri malles interire Iliada quam illos Croti suavissimos risus , et immortales de Papistis cachinnos intercidere.*

Confer de illo Motschmanni Erfordiam literatam continuatam Collect. II. p. 217. et quos praeterea allegat Jo· Balth Beyschlagius in Sylloge variorum Opusculorum tom. I. fascic. 2. p. 292.

RUBERTUS , vide infra *Rupertus.*

RUCELINUS , vide *Roscelinus.*

RUDIGERUS , Episcopns Spirensis, scripsit *librum adversus Judaeos*, Vixit anno 1084-1090. Possevinus tomo II. Apparatus p. 358. Adde Galliam Christ. V. 723.

RUDIMENTUM *Novitiorum* , Epitome sive Systema Historiae universalis medio aevo auctore incerto confecta et in sex aetates divisa , prodiit Lubecae per Lucam Brandis de Schoss , 1475. fol. Evolve de hoc opere V. C. Jo. Henr. a Seelen Selecta literaria p. 558. edit. poster. et historiam typographiae Lubecensis p. 4. sqq·

Laurentius de RUDOLPHIS, Senator Florentinus , qui ibidem Iura docuit , et legationibus aliquot pro patria functus est. Vixit sec. XV. usque ad annum circiter 1450. Ejus sunt *Repetitio c. sine XII. 9. 2. Disputatio solemnis , Repetitio c. monachi XVI. .9. 1.* quae simul impressa sunt Pisciae 1489. fol. *Tractatus de usuris.* ibid. 1490. fol. *Defensorium Montis Pietatis seu de Cambiis et usuris , Practica et Theoria eorum , que in jure frequenter contingunt ,*

Consilium matrimoniale etc. Vide Pancirollum de claris Legum interpretibus , Nigri Scriptores Florentinos , Goetzii Memorabilia Bibl Regiae Dresdensis Vol.I. p.151.544.

(311 Vide supra LAURENTIUS de *Rodulphis* et Vitam eius Italice inter alias a Vespasiano exaratas. *Roma* 1839 8.)

RUDOLPHUS *Agricola* , natus in villa *Bafloo* non procul a Graeninga , circa a. 1442. Lovanii literis incubuit , post itinera in Galliam et Italiam suscepit , Theodori Gazae, Aristotelem explicantis auditor. In patriam reversus reip. Graeningensis Syndicum egit , sed post breve tempus amore libertatis et studiorum impulsus vitam privatam praetulit , ultimo vitae tempore Wormatiae apud Joannem Camerarium , Dalburgium , Episcopum , et Heidelbergae versatus. Unus ex primis fuit , qui studia humaniora in Germaniam intulerunt. Linguam Hebraicam ultimo demum vitae tempore a Judaeo didicit. Obiit Heidelbergae 24 Octob. 1485. a Joan. Reuchlino post mortem laudatus. Jo. Saxonis Holsatiensis Oratio de Vita ejus prodiit Witteb. 1539. 8. et in Declamationibus Melanchtonis. Plura de ipso dant Trithemius de Scriptor. Eccles. c. 870. et de script. Germ. c. 224. Henr. Whartonus in Append. ad Caveum , Aub. Miraeus de scriptor. Eccles. et in Elogiis Belgicis. p. 108. Baelius in Lexico, Val. Andreae Bibl. Belgica p. 798. Swertius in Athenis Belgicis p. 663.Suffridus Petri de scriptoribus Frisae Dec. VIII. 5. Niceronus t.XXXIII. p. 180.

Opera ejus quaedam sub titulo *Lucubrationum* prodierunt Colon. 1471. 4. sub titulo Opusculorum , Antverp. apud Theodoricnm Martini 1511. 4. Basil. 1518. 4. Antverpiensium hic est titulus : *Rod. Agricolae nonnulla Opuscula hac sequuntur serie. Axiochus Platonis de contemnenda morte versus è Graeco in Latinum. Epistola de congressu Imperatoris Friderici et Caroli Burgundionum Ducis. Epistolae variae ad Jacobum Barbirianum de re Scholastica Antverpiensi. Item de formando studio cum multis aliis. Paraenesis Isocratis ad Demonicum e Graeco in Latinum traducta. Oratio in laudem Philosophiae. Oratio ad Inno-*

*centium VIII. P. M. Carmen de vita D.
Judoci. Anna Mater. Epicedion in mortem
Comitis Spegelbergi. Hymnus de omnibus
Sanctis. Carmina , Epitaphia Antwerpiae*
1511. *in* 4. Tandem conjunctim edita sunt
ab Alardo Amstelredamo Coloniae apùd
Gymnicum , 1539. 4. et in duos tomos di-
stributa. Priori haec insunt :
De inventione Dialectica libri III. cum
scholiis Alardi , p. 1. Lovanii per Theod.
Martinum 1515. fol. Cum scholiis Jo. Mat-
thaei Phrissemii, Paris. apud Sim. Colina-
cum , 1529. 4. ibid. apud Mich. Vascosa-
num 1533 8. Colon. 1527. 4. Versio Italica
Horatii Tuscanellae prodiit Venet. 1567. 4.
Epitome horum Commentariorum per Barth.
Latomum Arlunensem prodiit Basil.1537. 8.
Lips 1538. 8 Paris 1542. 8.
*Singulares aliquot de universalibus quae-
stiones ,* insertae sunt p. 37.
Alardi *Propaedevmatum Dialecticae in-
ventionis opusculum* ad locos Agricolae ac-
commodatum , inseritur p. 319.
*Scholia in Orat. pro Lege Manilia, p.*461.

Tomo II.

Aphtonii Progymnasmata latine versa a
Rud. Agricula , cum scholiis Alardi , p. 1.
Prisciani Praeexercitamenta, ex Hermo-
gene translata, cum scoliis Ejusdem p. 77.
L. Annaei Senecae Declamationes aliquot,
cum scholiis Agricolae , 90. Basil. 1529. 8.
apud Bebelium.
Oratio de charitate Christi, p. 118.
Oratio in laudem Matthiae Richili , pag.
138. Colon. 1529. 8.
Oratio in laudem Philosophiae , p. 144.
*Oratio gratulatoria, pro Joanne Camera-
rio Dalburgio , Episcopo Wormatiensi ,
dicta Innocentio VIII. P. M.* p. 163. omnes
cum scholiis Alardi.
*Ad Alexandrum Maced. Regem Demos-
thenis et Æschinis oratiunculae aliquot ,*
latine versae , p. 171.
Epistolae ad diversos , p. 174.
Isocratis ad Demonicum Paraenesis ,
lat. versa , p. 225. cum Distichis Catonis.
et aliis hujusmodi scriptis. Paris. apud
Ascensium 1533. 8.
*Ejus libellus de regno ad Nicoclem, p.*236.

*Luciani de non facile credendis delatio-
nibus libellus* pag. 246.
*Platonis Axiochus , de non metuenda
morte ,* pag. 258.
Luciani Gallus , p. 276. haec tria cum
scholiis Alardi.
Carmina , pag. 291.
Scolia in Boethium, quae Val. Andreas
memorat , in his operibus non habentur.
Colon. ap. Cervicornum, 1535. 8. Basil. 1570.
*Historiola de congressu Friderici III.
Imp. et Caroli Burgundiae Ducis apud
Treveros* a. 1474. e Gallico versa exstat
apud Freherum S. R. Germ, t II. p. 155.
Vita S. Jodoci , carmine heroico , et al-
tera *S. Annae* carmine elegiaco descripta,
legitur utraque apud Cornelium Schultin-
gium Biblioth. Eccles. tom. II.
Vita Francisci Petrarchae , ad Ant.
Sirophinium Papiae a. 1477. scripta , legitur
in Collegio Viglii Zuichemi Lovanii , ut et
nonnulla alia ejusdem Rudolphi.
Addit Trithemius vertisse ex Hebraico
Psalterium: ex Graeco *Dionysii Areopagitae opera,* sed morte praeventum ea imperfecta reliquisse. Haec Val. Andreas , cujus adde Bibl. Belgicam MSS. p. 241.
*Familiaris Epistola Antverpiensi scholae
abrenunciantis, Hymnus de omnibus Sanctis, et Sermo prolixus ad Clerum in Capitulo* extant in Bibl. coenobii Parcensis in
Belgio , teste codem II. p. 172. Epistola
de formando studio a. 1484. Scripta prodiit cum Melancthonis de arte dicendi,
et aliis hujusmodi opusculis, Witteb. 1524.
1532. 8. Basil. 1531. 8. Paris, apud Rob.
Stephanum 1527. 8. ubi titulus est *de formandis studiis.* Porro Colon. per Euchar. Cervicornum, 1532. 8. separat. Lugduni 1539. 4.
RUDOLPHUS Agricola junior , natione
Rhaetus , Poeta Laureatus. Ejus nota est
Epistola ad Joach. Vadianum *de locorum
nonnullorum obscuritate* cum responsione
Vadiani, 1515. 4. sine loco. Cum Pomponio Mela , Lutet. 1530. fol, *Congratulatio
ad Sigismundum de Ebersteyn ,* (verum
nomen est *Herberstein*) *Consiliarium Maximiliani Caesaris, feliciter Moschis reve-
sum ,* Cracoviae 1518.
RUDOLPHUS de *Bruinswyck in Psalte-*

rium MS. est in Bibl. monasterii Parcensis in Belgio, quod testatur Val. Andreas in Bibl. Belgica MSS. II. p. 167.

RUDOLPHUS *Casae Dei* in Arvernia monachus sec. XII. scripsit vitam *S. Adelelmi*, vel *Elesmi*, Abbatis tertii Casae Dei, et primi Prioris S. Johannis Burgensis in Hispania, quam Yepes in monasterio S. Johannis Burgensi exstare testatur. Bollandus tom. II. Jan. p. 1059. Habetur in Jo. Tamayi Martyrologico Hispanico, et inde in Mabillonii Sec. VI. Benedictino p. 2. 895.

RUDOLPHUS *Dier de Muden* vel *Muy-den*, natus in oppido Muda Hollandiae a. 1384. Anno aetatis XIV. Daventriam studiorum caussa petiit, post annos quatuor Fratribus domus Florentii s. Hieronymianorum ibidem adscriptus, porro a. 1435. Procuratoris munus obtinuit, mortuus a. 1458. aet. 75. Ejus est *Scriptum de M. Gherardo Grote*, *Domino Florentio*, *et multis aliis devotis fratribus* in modo dicta domo versatis. Edidit vero Gerhardus Dumbar. tom. I. Analectorum p. 1. ubi etiam p. 114. *Continuatio hujus Scripti per Petrum Hoorn composita extat.*

RUDOLPHUS *de Frameinsperg*, miles, e Bavaria oriundus, a. 1346. ex urbe Landshuta ad Terram Sanctam profectus; sed Palaestinam transvolavit potius, quam peragravit. Intra aliqvot menses confectum est ejus iter, nec nisi trecentos et quinquaginta florenos cum famulo consumsit, quorum quatuor habuit, cum Landshutum venit. Fabulas plerumque refert, nec nisi fragmenta brevissima totius operis supersunt, edita a Canisio Lect. Ant. IV. p. 358. Narrationem hanc debemus Jac. Basnagio in observatione praevia p. 333. Olearius memorat, eum Pastorem in Sucken fuisse, et *Descriptionem Terrae Sanctae* cum Marci Poli, Veneti, et Jo. de Mandavilla itineribus prodiisse. Vide et supra t. II p. 588.

RUDOLPHUS, monachus *Fuldensis*, discipulus Rabani Mauri, Poeta et Historicus, obiit a. 865. quum in Schola Fuldensi docuisset: Godefridus Henschenius in Comment. praevio ad vitam Rabani, tom. I. Febr. p. 501. docet, eum chartis donationum Caroli M. et Ludovici Pii, tanquam

Scholasticum, Clericum et Subdiaconum, subscripsisse. Ex alia charta ostendit, eum Ludovico Germaniae Regi a concionibus et confessionibus fuisse. Habemus ab eo.

1. *Vitam S. Liobae*, Abbatissae Bischofheimensis, editam a Surio in editione secunda q. 28, Sept. et Mabillonio Sec. Bened. III. part. 2 p. 245 Hanc jussu Rabani scripsit. Excerpta ex illa dedit Browerus in Sideribus Germaniae, et Schannat in Codice Probationum Histor. Fuldensis p. 79.

2. *Vitam Rabani Mauri*, quae exstat in Operibus hujus per Colvenerium, tom. I. in Broweri Ant. Fuldensibus, nec non in Actis Sanctorum tom. I. Feb. p. 500. ap. Mabillonium sec. IV. part. 2. p. 1. Schannatum l. c. p. 117. Particula etiam illius in Actis SS. tom. I. Aprilis p. 7.

3. Partem *Annalium Fuldensium* ipsi tribuit Eccardus rerum Francic. XXXI. 118. quia ea, quae A. 852. praecedunt, a scriptore contemporaneo et aula regia versato composita sint. Adde Caveum p. 459. Histoire literaire de la France t. V. p. 285.

Ad hunc Rudolfum directa est Epistola Erminoldi seu Erminrici Diaconi et Monachi Elwangensis vitae B. Solae praemissa, apud Canisium Lect. Ant. II. parte 2. p. 168. ubi eum Didascal um suum vocat.

RUDOLPHUS *Glaber*, v. t. III. p. 62.

RUDOLPHUS *Langius*, vide t. IV. 562.

RUDOLPHUS, Episcopus *Levantinus*. Ejus *monitio sub poena Excomunicationis de non adhaerendo Georgio Regi Bohemiae, literae ad Academiam Lipsiensem, Bulla Cruciatae* et alia MSS. sunt in Bibl. Lipsiensi Paullina. Felleri Catal. p 405. 406. Acta per eundem in diaeta in montibus Cuthinis Bohemiae, ibidem p. 108.

RUDOLPHUS *de Lubeck*, nescio quis, vixit a. 1323. sub Johanne Papa XXII. scripsit *Pastorale novellum*, sive Summam Sacramentorum, rituum, vitiorum, versu Exametro. incipit:

Sanctorum sacra verba Patrum, Decretaque Romae Pontificum variis diffuse tradita libris etc.

Exstat MS. in Bibliotheca monasterii Benedicto-Burani, teste Pezio Thes. novissimo tomo III. parte 3. p. 629.

RUDOLPHUS *Prellaeus*. vid. *Radulphus*.

RUDOLPHUS *e Rudheseim*, Episcopus Uratislaviensis, scripsit *in Pentateuchum Mosis*, *in Josuam*, *Judicum et Iesaiam*, *Expositionem quoque in quatuor libros Sententiarum*, *Sermones de Tempore et Sanctis*. Vivebat a. 1470. Haec Possevinus tom II. Apparatus p. 350.

RUFINUS, natione Gallus, in aula Theodosii summam dignitatem consecutus est, de quo historici sunt consulendi. Literarum cupidum fuisse, docet Symmachus, amicus ejus, Epist. III. 82. 83. 88. 90. qui ejus eloquentiam, sales et elegantiam commendat. Adsunt undecim Epistolae Symmachi ad ipsum scriptae, sed nulla illius adest responsio. Auctores Historiae literariae Gallicae tom. I. part. 2. p. 323. existimant, *Poema*, illud, quod fabulam Pasiphäes metris fere omnibus Horatianis exprimit, esse hujus Rufini, quia siglae V. C. ipsi a Goldasto in editione Petronii additae sunt. Longe melior est sententia Fabricii nostri, Biblioth Latin. IV. 7. pag. 796. qui Victorini Grammatici esse ostendit, illius scilicet Aretiochensis, cujus librum *de metris Terentianis* in Collectione sua exhibet Helias Putschius p. 2706. Adeoque illud Carmen ideo tantum elaboratum est, ut omnia metrorum genera juvenes simul expressa haberent.

RUFINUS, incertae sedis Episcopus, sed qui tamen seculo XI. vixit, et Petro Abbati Cassinensi Librum *de bono pacis* inscripsit, editum a Bern. Pez Bibl. Asceticae t. IX. 1.

RUFINUS, qui se *magistrum* vocat, scripsit Vitam *S. Raymundi Palmarii Confessoris*, qui a. 1200. obiit, exstat autem in Actis Sanctorum tom. VI Julii pag. 645. non a manu primaeva, sed ex versione Italica anni 1525. in Latinum sermonem conversa. Alia hujus Raymundi vita Italico sermone scripta est a Petro Maria Campio Placentiae 1618.

RUFFINUS Antiochenus, Grammaticus. *Commentarius* ejus *in Terentium* MS. est in Bibl. Vaticana et Ambrosiana. Bern. de Montfaucon Bibl. Bibliothecarum MSS. p. 92. 106. 523. Cum Prisciano impressus est Comm. *de metris comicis et oratoriis numeris*, teste Gesnero.

RUFINUS, *Aquilegiensis* presbyter, Concordia (non Lusitaniae oppido, ut Georgius Cardosus in Hagiologio d. 20 Junii, Pseudo-Dextrum secutus, credit. Adde Nic. Antonii Bibl. Hispanam veterem III. 5. n. 125. 126.) sed Carnorum colonia oriundus. *Toranii* cognomen ipsi vulgo tribuunt: quem *Tyrannium* vocat Appendix ad Isidorum et Ildefonsum de Script. Eccles. c. 4. De vita ejus nolo pluribus agere, Lectores ablegans ad Henr. Norisii Hist. Pelagianam I. 2. 3. Tillemontium tom. XII Dupinium, Caveum, Ceillerium, praecipue Fontaninum in hist. literaria Aquilegiensi, lib. IV. et V. et Annalium Ecclesiasticorum scriptores. Oudinus nihil de illo, quod non miror, quum et alios omiserit non negligendos. Vita Rufini Gallico sermone prodiit Paris. 1724. 12. 3. Vol. (Journ. des Scavans 1725, pag. 391). Pelagii praeceptor fuit, Pagius ad a. 409. n. 26 seqq. peccatum originis negavit, adeoque Pelagianorum Coryphaeus fuit. Sirmondus tom. I p. 304. Henr. Noris diss. de Synodo V. c. 13. Walchius diss. de Pelagianismo ante Pelagium (Jen. 1738.) §. 39. Palladius Hist. Lausiaca c. 118. negat hoc Rufino inventum esse vel γνωςικωτερον vel επιεικεςερων Fabulas multas illius detegit Baronius, cujus confer Indicem tomi IV. et V. nec non Possevinum tom. II Apparatus p. 358. seqq. De mala ejus fide in vertendis scriptoribus Graecis conqueritur etiam Dallaeus de scriptis Dionysii et Ignatii II. 40. seqq.

Scripta ejus nunc sequantur.

1. *De benedictionibus Judae et reliquorum Patriarcharum*. Exstant in Orthodoxographis Heroldi et Grynaei. MS. in Bibl. Vindobon. teste Lambecio t. II p. 800.

2. *Commentarii in Hoseam*. Ab auctore seculi V medii scriptos esse credit Tillemontius t. XII. p. 290.

3. 4. *Comment. in Joëlem et Amos*.

5. *Expositio Symboli ad Laurentium Episcopum*. Legitur inter Opera Cypriani et Hieronymi, quibus a nonnullis temere adscribitur.

6. *Historiae Ecclesiasticae libri II*. ab initio haereseos Arianae usque ad mortem

Theodosii M. Graecam illorum librorum versionem fecerunt Gelasius Caesareensis et Cyrillus Hierosol. teste Photio p. 120. Usi sunt ea Theodoretus et Socrates. Vid. Petavius contra Grotium p. 83. Dodwellus de jure Laicorum sacerdotali p 278. Locus Graece affertur in Act. I. Synodi Nicaenae secundae tom. III Conciliorum Binii pag. 491. 494. Socrates primum ejus fidem praefationem libri II.

7. *Commentarius in Psalmos LXXV.* A recentioribus interpolatum credit Gatakerus in Adversariis p. 70.

Haec opera prodierunt Lugd. 1570. Paris. Somnius 1580. fol. (303 cura Renati Laur. De la Barre editio rarissima). Memoratur etiam editio Romana 1470. fol. (304 a Labbè, at non vidit Audifredus, Specimen p. 69.)

8. *Apologia Pamphili pro Origene Latine versa.* Exstat Operum Hieronymi t. V p. 245. edit. Martianaei.

9. *Apologia pro Origene, sive de Depravatione librorum Origenis.* ibid. p. 249.

10. *Alia pro eodem Apologia.* ib. p. 250.

11. *Epistola sive Apologia ad Anastasium Papam de fide sua.* ibid. p. 259.

11. *Invectiva adversus Hieronymum altera:* tres enim scripserat, (non duas, ut vulgo creditur) teste ipso Hieronymo t. II p. 134. et saepius alibi. In editione Martianaei bis occurrit, tom. IV part. 2. p. 350. et tom. V p. 261.

13. *Professio fidei*, sive *Palinodia*, constans Anathematismis XII. qui Origenianis et Pelagianis oppositi sunt. Sub Rufini nomine inter Marii Mercatoris Opera edidit Garnerius part. I p. 114. Hieronymo tribui in antiquo MS. testatur Mabillonius tom. I Musei Italici p. 218. Edidit quoque Henricus Noris Hist. Pelag. l. 3. Adde Natalem Alexandrum sec. IV. parte I. pag. 686.

14. *Libellus fidei prolixissimus* contra varios haereticos Latine versus. Primus edidit Jacobus Sirmondus, Paris. 1650. 8. repetitus est tomo I Operum ejus, et t. XXVII. Bibl. Patrum maximae. Pelagio tribuitur in MS. Corbeiensi, quam sententiam refellit Sirmondus Garnerius Ru-

fino cuidam Syro vindicat, et illustrat in Appendice ad tomum I. Marii Mercatoris pag. 286.

15. *Opera Josephi Latine conversa*, quae res ipsi satis infeliciter cessit. Quamvis sint, qui non ab ipso, sed a quodam amico Cassiodori versos esse dicant libros Antiquitatum, ut ex ejus c. 17. Institutionum divinarum notant Lambecius, Jo. Andr. Bosius, et Isaacus Vossius : Qui, *nescio*, inquit, *quo fato factum sit, ut illa versio sub Rufini ambulet nomine, ac si necessum sit, ut omnes ineptae interpretationes Rufinum habeant auctorem* Epiphanii Scholastici nomine edidit in luculenta sua Josephi editione Eduardus Bernardus. Plura dabunt Ittigius in Prolegomenis ad Josephum et Fabricius noster Bibl. Graeca IV. 6. 11. qui etiam editiones sat multas operose recenset.

16. *Eusebii Historiam Ecclesiasticam* Latine vertit, cujus jam meminit Augustinus de cura pro mortuis c. 6. tom. VI. Operum p. 379. Mala hic fide versatus est, addendo, mutando et subtrahendo. Editiones varias pete rursus ex Bibliotheca Graeca τῶ πανυ V. 44. p. 59.

17. *Clementis Recognitiones* Latine. Meminit Gennadius. Eduntur cum Clemente. *Cum Epistola ad Jacobum fratrem Domini*, quam noster itidem vertit.

18. *Anatolii Liber de Paschate.* Versio edita est a Bucherio una cum Victorini Paschali Canone. Antwerp. 1634. fol. pag. 439.

19. *Origenis varia*, περι αρκῶν *Homiliae in Genesin*, *Exodum*, *Leviticum*, *Numeros*, *Josuam*, *Judices*, *primum Regum*, *Psalmos*, *Canticum Canticorum*, *in Epist* ad *Romanos Latine.* De singulis vide Fabricium nostrum, ubi de Origene agit. De libro περι αρκῶν speciatim Walchii dissert. de Pelagianismo ante Pelagium p. 67. 70.

20. *Basilii Caesariensis et Gregorii Nazianzeni quaedam Latine*, in antiquis illorum Patrum editionibus. Orationis tamen XLIX et L. Nazianzeni versio perperam Rufino tribuitur : et Prologus illis orationibus praemissus alio spectat. Vide quae Chiffletius annotavit ad Vigilium p. 58.

21. *Vitae Patrum*. In editione Rosweydi nostro tribuuntur liber II. qui Palladii Historiam Lausiacam, et *tertius*, qui Heraclidae Paradisum continet. Adde Rosweydi Prolegom. X.

22. *Gregorii vitam S Phileae, Episcopi Thmuitàni et sociorum* recognovit, quae edita est in Actis Sanctorum tom. I Febr. pag. 462.

23. *Xysti* sive *sexti Philosophi sententiae* a Rufino versae sunt, de quibus infra in *Xystus*.

24. *De bono pacis* libros duos Rufini Sorani nomine (forte *Torani* scriptum fuit) ex Bibl. Tegernseensi praelo paratos habet Celeb. Bernardus Pezius, prout ipse testatur Dissert. Isagogica ad tomum I. Thesauri Anecdot novissimi p. 44.

Perierunt illius quaedam a Gennadio c. 17. memorata, ut sunt: *Sententiae Pamphili Martyris adversus Mathematicos*, (vide Henr. Noris dissert. de Synodo V. p. 102.) *Epistolae variae, Invectiva adversus Hieronymum prior, Evagrii Pontici Opuscula*. Etiam e Latino in Graecum quaedam vertisse testatur Hieronymus t. II. p. 465.

Quosdam *Sermones*, Zenoni Veronensi vulgo tributos, Rufini esse, in editione Zenonis recentissima ostenderunt Petrus et Hieron Ballerini fratres. Veron. 1739. f.

* De operum Josephi, quae vulgo feruntur a Rufino versa, translatione egregie commentatus est vir. cl. Muratorius Antiquit. t. III p. 918. Certum ille ponit Cassiodori aetate Antiquitates Judaicas latinitate donatas fuisse, eodem Cassiodoro instante, ut ipse testatur Instit. Div. Liter. c. 17. quam primam fuisse operis huius versionem ex eo constat, quod ab antiquiore scriptore translatum nemo unus ex veteribus umquam dixit; nec vetustissimus Mediolanensis codex qui in papyro Aegiptia scriptam Antiquitatum Josephi versionem continet, Rufini nomen umquam praefert. Liber vero de bello Judaico utrum a Rufino versus sit, Cassiodori etiam aetate ambigebatur. Immo potius ex silentio Gennadii, qui inter opera Rufini hanc versionem nequaquam accenset, plane evincitur latinum huius operi interpretem alium a Rufino querendum esse. Ex his omnibus inferendum Antiquitates Judaicas latinis litteris traditas opus Authoris esse Rufino recentioris; versionem autem de Bello Judaico num Rufini sit ambigi merito posse.

Describenda nunc venit splendida editio Veronensis operum Rufini non ante multos annos a Cl. Dom. Vallarsio Verón. Presbytero curata cuius t. 1 prodiit Veronae 1745. alterum vero non sine votorum sollicitudine expectamus. Praecedit omnia Rufini Vita a V. C. Fontanino adornata, atque in eius historia Aquileiensi inserta, publicique juris postobitum Authoris facta. Vitam hanc nonnullis correxit emendavitque Vallarsius.

Inter Rufini opera familiam ducit liber *de benedictionibus Patriarcharum* cum notis cl. editoris recensitum ad Cod. MS. Biblioth. Bononiensis.

2. *Commentarius in Symbolum Apostolorum* ad Balutianam editionem exactus.

3. *Historia Monachorum et Itinera per Ægiptum* S. Petronii Bononiensis nomine scripta ex editione Rosweydiana repraesentata.

4. *Duo Historiae Ecclesiasticae libri* cum MSS. Codicibus comparati. Monendi sunt hic lectores studiosi historiam hanc Rufini, atque una pariter totam eius versionem Historiae Ecclesiasticae Eusebii extare in vetustissimo Codice Cathedralis Ecclesiae Lucensis tempore Caroli Magni scripto, qui sane consuli meretur, ut eo accuratior historia ista reddatur.

5. *Libri Apologetici duo adversus Hieronymum* subiunctâ *Apologia ad Anastasium*.

Succedit his appendix dubia atque spuria continens. Primus omnium sese offert *Commentarius in 75 priores Psalmos*. Authorem huius opusculi quamquam Anonymum Vallarsius in Praefatione investigans Gallum esse natione certo indicio tenere se demonstrat, nec facile alium esse ait a Vincentio Presbytero Gallo, de quo Gennadius *De Scriptorib. Eccles.* cap. 80.

2. In tres minores Prophetas *Oseam, Joelem, Amos Commentarius*, quem ab Hispano scriptore datum, et forte a Paulo Orosio ex coniectura deducit.

3. *Vita S. Eugeniae Virg ac Martyris*, quam ex Graeco a Rufino versam recentiores quidam nullius veteris Codicis authoritate persuasi scripserunt. Edita est a Rosweido, et cum eius notis recusa.

4. *Libellus de fide* a Card. Norisio olim e Vaticano, et a Garnerio ex Bellovacensi Codice productus sub Rufini nomine quamquam ille quidem Rufinum Aquileiensem praescripsit; alter Rufinum Hieronymi discipulum; sed a Rufino nostro alienam esse scriptiunculam Vallarsius contendit.

5. *Rufini Presbyteri Provinciae Palestinae liber de fide* a Sirmondo olim vulgatus, et nunc iterum recusus additis ex MSS. Codicibus variantibus. *

RUFINUS *Floridus*, *Poëta Britannus*, *illustris vir*, *genere ac varia rerum eruditione pollens*, *ex illis Britannis unus erat*, *qui cum Caesare Maximo in Armoricam classe trajecit. Post comparatas multo sudore scientias*, *Theodosius illum prae aliis*, *Arcadio juveni adhuc tutorem constituit.. ... Hic ille Rufinus erat*, *quem C. Claudianus Poëta duobus libris insectatus est acerbissime. Unde contra eundem Claudianum hic scripsit Epigrammata 28. Ad Theodosium Imperatorem lib. I. De oris maritimis*, *lib. I. et alia his similia plura. Claruit anno Christi* 414. Haec Balacus Centur. I. 42. qui ad Jo. Cuspiniani Vitas Caesarum provocat. Pitseus in Indice operis sui de illustribus Angliae scriptoribus *Rufini Floridi* nomen habet, et anni 414. numerum adjicit, sed nihil de hoc Rufino.

Ut verum fatear, pleraque. quae hic adscripsi, falsa sunt. *Floridi* nomen ipsi nemo adjecit. Britannus natione non fuit, sed Gallus, teste Zosimo et Suida. De facultate carminum pangendorum altum est apud omnes silentium. Et qui poterat Claudiano respondere, quum Carmen hujus in Rufinum non nisi post infelicem ejus mortem confectum sit?

RUFINUS *Scifius*, aliis *Sipius*, Assisias, ex Comitibus Saxirubei, consanguineus S. Clarae, discipulus S. Francisci, obiit d. 14. Nov. 1270. Cum aliis duobus sociis S. Francisci, Angelo Reatino et Leone As-

sisiato confecit *Legendam* sive *Vitam et miracula S. Francisci*. Waddingus de Script. Ord. Minorum p. 312. Jacobilli Bibl. Umbriae pag. 243. Willot Athenae sodalitii Franciscani p. 320.

RUFUS *Festus Avienus*: vide de hoc Fabricium Bibl. Latinae III. 11.

Sextus RUFUS, qui *Breviarium* dedit, eodem capite a Fabricio § 7. memoratur. Addo tantum editiones aliquot antiquiores, ex quibus constabit, quam varie nomen ejus et titulus libri scribatur. *Sixti Rufi*. viri Cons. Valentiano Aug. de historia Romana libellus, Romae apud Eucharium Silber, 1491. 4. *Ruffi Sexti* Gestorum Romanorum liber, Romae per Stephanum Plank, 1492. 4. *Sexti Ruffi* Epitome de Historia Romana, Paris. per Michaëlem Vascosanum 1543. 4. *Rufi Festi* Breviarium rerum gestarum populi Romani, Paris. ap. Mamertum Patissonum 1588. 8.

Rufi Fonti Breviarium et inscriptiones aliquae antiquae ad aquaeductus pertinentes, et descriptio urbis Romanae, MS. in Bibl. Cardinalis Ottoboni. Bern. de Montfaucon Bibl. Bibliothecarum MSS. p. 189.

RUFUS, Poeta seculi circiter XII. qui *de rebus Curialium* scripsit, et a Matthaeo Vindocinense refutatus fuit. Haec docet Scholiastes Ebrardi Bethuniensis supra a Nostro adductus tomo II. p. 486. qui tamen, cum de Matthaeo agit, t. V. 53. hoc. opus eius non memorat.

RUGGERUS *Fuldensis*, v: supra *Rogerius*.

RUPERTUS vel etiam *Robertus* Abbas, scripsit *Historiam expeditionis Hierosolymitanae* sub Urbano II. quae MS. est in Biblioth. Cardinalis Ottoboni. Bern. de Montfaucon Bibl. Bibl. MSS. p. 189.

Alius RUPERTUS Abbas, cujus *Stimulum charitatis in Jesum Christum* in Bibl Vaticana obvium profert idem Montfauconius p. 99.

RUPERTUS, monachus *S. Albani* apud Moguntiam, scholae ibidem praefuit circa a. 892. *Vitam S. Albani* metrice descripsit. Ita Trithemius in Chron. Hirsaugiensi. Dan. vero Papebrochius in Actis Sanctor. tom. IV. Junii p. 89. longe juniorem pronunciat, qui seculo XIII. vel. etiam serius vixerit, idque, quum illa vita nusquam hodie compareat, ex versibus leoninis, quorum specimen adest, probat, qui seculo XII. excoli coepere. Adde Hist. literaire du la France tom. V. p· 664.

RUPERTUS, illustri Comitum prosapia ortus, *Augiae divitis* monachus, circa a. 1007. sripsit *de ruina monasterii Augiensis* ex incendio, prosa, rythmo et carmine. Sed liber hodie non exstat. Jo. Egon. de viris illustr. Augiae divitis II. 25.

RUPERTUS, Gallus, Ord. *Carmelitarum* circa a. 1349. Scripsit *in libros Sententiarum*, *in librum Sapientiae*, *Canticum Canticorum*, *Ecclesiastem*, *Proverbia*, *Ecclesiasticum*, *IV. Evangelia*, *Epistolas Pauli*. *de septem peccatis mortalibus*, *de immortalitate animae*, *de ludo scachorum*, *de libertate credendi*, *de motibus naturalibus*, *de Effectibus stellarum*, *Sermones de tempore et Sanctis*. Trithemius de scriptor. Eccles. c. 617. Petri Lucii Bibl. Carmelitana p. 64. 75

RUPERTUS, *Rubertus*, vel etiam *Rudmarvs*, Abbas *Gottwicensis*, ab a. 1173-1199. scripsit *Vitam S. Altmanni*, Episcopi Pataviensis, quam sine nomine Auctoris addito publicavit Sebastianus Tengnagelius in Veteribus Monumentis pro Gregorio VII. contra Schismaticos; Ingolstadii 1612. 4. editis. Ex duobus Codicibus MSS. denuo edidit Hieronymus Pez tomo I. S. R. Austriacarum pag. 138. cujus confer Observationes praevias.

RUPERTUS, Abbas *Limburgensis*, in dioecesi Spirensi, natione Germanus, in Schola Parisina literis incubuit. Vixit circa a. 1124. Scripsit *in Canticum Canticorum*, *de contemtu et vanitate hujus mundi*, *de Joanne Baptista*, *Revelationum suarum lib. I. Sermones de Sanctis*. Trithemius de Script. Eccles. c. 365. Bulaei hist. Univers. Parisinae tom. II. p. 774.

RUPERTUS Episcopus Olomucensis. Ejus *Libellos de his, quae ad poenitentiam et confessionem pertinent*, cujus initium: *Sacra Scriptura continet decem praecepta* etc. MS. exstat in Bibliotheca monasterii Tegernseensis, quod testatur Cel. Bern. Pe-

zius in Dissert. Isagogica ad tom. I. Thesauri Anecdotorum novissimi p. 14.

RUPERTUS *Rusius*, Anglus, Ord. S. Francisci circa a. 1280. Scripsit *Declarationem in Regulam S. Francisci, de anima et super Sententias*. Trithemius de Script. Eccles. c. 474. Willot Athenae sodaliti Franciscani p. 321.

RUPERTUS, primum Decanus, post Abbas *Tegernseensis*, circa a. 1170. Ejus *Epistolae XXIV*. editae sunt in Codice Diplomatico Pezii et Hueberi part. II. p. 4. Sequuntur etiam p. 11. seqq. Epistolae aliorum ad ipsum.

RUPERTUS, Abbas *Tuitiensis*, natione Germanus, Monachus primum S. Laurentii in suburbio Leodiensi, deinde in monasterio Sigebergensi: Oostbroekanum uno miliari ab Ultrajecto situm, addit Valerius Andreas, Postquam in juventute poësi operam navaverat, deinceps Scripturae S. incubit, ad quam rem ipse adjuratus Abbate Sigebergense, quem ut parentem reverebatur, scribit sibi Spiritum Sanctum de nocte, ut globum ignitum, totumque pectus mira suavitate circumiisse, hominemque totum sibi possedisse, ut in Declamatione de vita Ruberti narrat Matthias Agricius Witlichius. In ipso autem titulo editionis Moguntinae exstat imago Mariae Virginis aeri incisa, et sub eadem brevis narratio docens, Rupertum, cum tardiori ingenio esset, in monasterio S. Laurentii coram imagine Mariae lapidea, remedium eidem impetrasse. Credat haec qui volet. Nos scimus, dona Spiritus Sancti non esse tam plumbea, quam quae in Operibus Ruperti inveniuntur. Quicquid sit, propter eruditionem, quam illo seculo plane singularem possedit, a Friderico Archiepiscopo Coloniensi Tuitium vocatus, ibique a 1120. Abbas constitutus est, ubi tandem a. 1135. 4. Non Martii (conf. Acta Erud. 1725. 35.) fato suo functus est. De vita ejus confer Orationem Jo. Trithemii, et Declamationem Witlichii memoratam; Arn. Wion Lignum Vitae V. 74. Galliam Christianam tom. III. p. 754.

Editiones Operum ejus exstant variae Coloniae 1527. per Franc. Pirckman. fol.

quae omnium prima est , b) post ap. Arnoldum Birckman , 1533. 1566. 1577. 1598.
et 1602. et Paris. 1638. fol. vol. 2. Mihi ad
manus est Moguntina sumtibus Hermanni
Mylii Birckmanni 1631. fol. duobus voluminibus edita, quorum recensum nunc dabo.

Tomo I.

De operibus S. Trinitatis libri XII. qui
complectuntur Commentarios in Pentateuchum, libros historicos Vet. Test. Psalmos,
Prophetas majores , quatuor Evangelistas,
et de Operibus Spirtus S. libros IX. Colon. 1525. Lovan. 1551. f. apud Sassenum.
*Commentarius in XII. Prophetas mino-
res ,* pag. 703. in sex posteriores editus
fuerat primum Noribergae apud Jo. Petraeum , 1524. 8. qui eodem anno mense
Octobri Comm. in Jonam et Micheam addidit : cum quatuor priores nancisci tunc
non posset. Lovanii 1551. ap. Servatium
Sassenum.

*In Cantica Canticorum de incarnatione
Domini ,* p. 1054. Colon. 1540. fol. et apud
Arnoldum Birckman 1551. fol.

Comment. in Job. tum primum editus ,
pag. 1106. *in Ecclesiasten ,* p. 1197.

Tomo II

*De gloria et honore Filii hominis , super
Matthaeum ,* p. 1.

*De glorificatione Trinitatis ; et de proces-
sione Spiritus S. libri IX.* p. 137. Praemittitur hymnus ad Spiritum S. Prodiit cum
praecedente seorsim Colon. ap. Jo. Soter.
1533. 1540 et Paris 1545.

In Evangelium Joannis libri XIV. p. 217.
Norib. 1526. 8. Colon. 1541. Paris. 1545.

In Apocalypsin Joannis libri XII. p. 498.
Editi sunt seorsim Norimb. 1526. Colon.
1530.

De victoria verbi Dei libri XIII. p. 626.
Prodierunt per Ant. Sorg, civem Augu-
stensem, 1487. f. Norimb. 1523. Colon. 1540.
Lovan. apud Servatium Sussenum 1551.

*De divinis officiis per anni circulum ,
libri XII.* pag. 750. quod Opus , Caveo
teste , quidam Walramo , Anselmi amico,
tribuunt , errore satis manifesto. Nam in
praefatione ad Cunonem Episcopum Rati-

sbonensem directa Rupertus omnia scripta
a se huc usque edita enarrat , simulque
addit , cujus suasu aut hortatu ' singula
elaborata sint : quae singula de Walramo
minime omnium valent. Adest quoque
Codex authenticus Cunoni a Ruperto
transmissuus cum imagine utriusque ,
quem describit Vir Clar. Bernardus Pez
dissert. Isagogica ad tomum I. Thesauri
Anecdotorum novissimi p. 39. Prodiit inter
alios Scriptores de sacris Ecclesiae officiis
per Melc. Hittorpium , Colon. 1568. Romae 1591. Paris. 1610 nec non in Bibliotheca Patrum Parisina : separatim Colon. 1543. fol. Antuerp. 1593. et alibi.

De incendio Tuitii oppidi. p. 884· In illo
corpus Dominicum a flammis illaesum
mansisse narrat.

De meditatione mortis libri II. p. 894.
Hic liber cum praecedente primum editus
est a Matthia Agricio Witlichio , Coloniae
apud haeredes Arnoldi Birckmanni, 1572 8.

Vita S. Heriberti Archiep. Coloniensis ,
p. 909. et apud Surium d. 16. Martii , et
in Actis Sanctorum tom. II. Mart, p. 475.
Baronius ad ann. 1021. n. 2. Rupertum
non tam auctorem , quam illustratorem
hujus Vitae dicendum esse ait ; quippe
qui eam (ut in praefatione testatur) ab
antiquiore scriptam auctore styli rubigine
subobscuram expolire et cultiorem reddere
laboravit. Vide supra tom. IV. p. 521.

Passio B. Eliphii martyris in urbe Tullensi p. 924. et ap. Surium d. 16. Octobr.

Sequentia tum primum edita fuerunt :

De Voluntate Dei liber I p. 929.

De Omnipotentia Dei liber I. p. 936. Atqui
vero hi duo libelli jam prodierunt Norib. 1524. 8. apud Jo. Petraeum , editore
Andrea Osiandro.

*In quaedam Capitula Regulae S. Bene-
dicti lib. IV,* p. 946.

*Altercatio Monachi et. Clerici, quod liceat
Monacho praedicare ,* p. 970. Incipit : *Ini-
que agis resistens mihi in faciem* Desit :
Quomodo ergo praedicabit ?

*De eodem Epistola ad Eberhardum , Ab-
batem Brunwilarensem ,* p. 972.

b) Vid. Hockeri Catalogum Bibl. Heilsbrunensis,   p. 144. 145.

*De laesione virginitatis, et an possit con-
secrari corrupta?* pag. 973. Quaestio haec
ipsi proposita fuerat a quodam Clerico, cujus prima litera erat W. *An virginitatis
amittat palmam, qui vel quae propriis aut
alienis manibus, vel qualibet alia arte prae-
ter‑naturalem coitum, sibi semen elicuerit?*
Quaestionem hanc de viris excitari non
miror; sed hoc non placet, a talibus has
quaestiones circa sequiorem sexum moveri, et ad easdem responderi, quibus glo-
riosum est non nosse foeminas, et ignorantiam suam potius fateri debebant, quam
de talibus vel cogitare.

Huc usque editio Moguntina, sed alia
quoque post id tempus edita sunt, quae
nunc addimus.

Apologia Ruperti quando citatur, ne Lector illam in Operibus illius frustra requi-
rat, sciendum est, eam esse librum primum Operis *in quaedam Capitula Regulae
S. Benedicti.* Cum enim ab aemulis quibusdam lacessitus fuisset, et haereseos accusatus, quum ex scriptis ejus varia ex-
sculperent, et in sensum pravum detor-
querent, ipse coactus est se excusare, et
ejus rei gratia juvenculus asello vectus,
et uno puero comitatus in Franciam abiit.
Sed ille multa historica de hoc itinere non
enarrat. Loca quaedam excerpta ex hac
Apologia dedit Witlichius post librum de
incendio Tuitiensi p. 94. quum ipsa tunc
nondum esset edita, sed omnes illae sententiae libro hoc primo, quem indicavi-
mus, inveniuntur.

*Dialogorum inter Christianum et Judae-
um libri III.* quibus *Annuli* nomen dedit,
editi sunt a Gabr. Gerberonio ad calcem
Operum Anselmi. Paris. 1675. p. 524.

Scripsit etiam *Res gestas Episcoporum
Leodiensium et Abbatum S. Laurentii* libris
V. quorum tres priores perierunt, quia
monachus imperitus eos e codice abrasit,
et Epitomen Operis Bernardi in Cantica,
quae vulgo *Reinero* tribuitur; reposuit.
Duos reliquos abbreviatos ab a. 959. ediderunt Martene et Durand Collect. amplissima tom. IV p. 1033. cum variorum continuationibus.

De vita vere Apostolica Dialogorum li-
bri V. editi sunt a Martene et Durand Collect. ampliss. IX. pag. 969. in quibus auctor demonstrare cupit, monachos ad omnia Ecclesiae munia obeunda idoneos esse,
summamque illis injuriam a Canonicis regularibus fieri, qui vix seculo XI. exor-
ti, statim eis bellum indixerunt. Horum
dialogorum, verba sunt observationis prae-
viae, auctor suum ex professo nomen
subticuit, si quid in eis boni protulit, id
totum Deo, a quo omne bonum, referens,
optansque, *ut laude sua mutus liber ipse
legatur, dummodo laudem Dei et Ecclesiae
loquatur.* Scriptos tamen a Ruperto Abbate Tuitiensi prope Coloniam Agrippinam
conjectura non levi possumus asserere.
Nam Graffchatense monasterium, cujus
ex codice illa aetate exarato ipsos descri-
psimus, situm est in dioecesi Coloniensi,
simileque exemplar postea in ipso Ruperti
coenobio Tuitiensi reperimus, quod pene
unicum ex omnibus tanti viri Operibus ibidem superstes habetur. Deinde auctor librum suum tertium his terminat verbis:
*Imminens S. Nicolai festivitas compellit nos
sibi insistere, unde compellimur quartum
distinguere, cujus ad hoc possumus prece
juvari.* Porro S. Nicolaus patronus est vi-
cini Tuitio Brunvillarensis monasterii, quo-
cum magnam haud dubium consuetudinem
habebat Rupertus. Demum certum est hoc
de argumento Opus aliquod a Ruperto
compositum fuisse, ut discimus ex Anselmi Havelbergensis epistola ad Abbatem
Husbergensem, qui occasione Petri, cujusdam Canonici regularis, gratia majoris
perfectionis ad monachos transvolantis,
ejusdem argumenti lucubrationem ediderat. Hanc enim ille refellere cupiens, magno cum contemtu sic de Ruperto effatur:
*Porro nescio, cuius Roberti, cuiusdam do-
ctrinam adnectis, cuius auctoritas, quia
in Ecclesia ignoratur, ea felicitate contemnitur, qua probatur.* Huc usque observatio praevia.

*Epistola ad Liezelinum Canonicum, qua
ratione Monachorum Ordo praecellit Ordinem Clericorum,* edita est sub nomino
Roberti in Martene et Durand. Thesauro
novo Anecdotorum tom. I pag. 285. et no-

vum argumentum subministrat, *Dialogos* modo dictus esse Ruperti Tuitiensis, id quod miror ab illis Duumviris esse praetermissum.

Memorantur tamen ejus quaedam nondum edita, ut sunt : *Opus ex libris Regum de glorioso Rege David*, quod ipse adducit in praefatione ad librum de divinis officiis : *Opusculum trium libellorum sub Dialogo Judaei et Christiani de sacramento fidei*, memorat una cum priore Anonymus Mellicensis c. 117. *Epistolarum lib. I.* Trithemius c· 365. *Sermones et Carmina varia*, scil. *Vitam D. Augustini, Vitam S. Odiliae virginis, Cantus ecclesiasticos de S. Severo confessore*. Witlichius in praefat. Apologiae p. 93. et Declamatione p. 108. b. *Carminum libri IV.* et *Hymni* lecti fuerunt Leodii ad S. Laurentium, teste Val. Andrea in Bibl. Belgica p. 805.

Exciderunt illi quaedam contra Transsubstantiationem, quae Protestantes urserunt, Pontificii vero vindicare audent. Vide Aub. Miraei Scholia ad Honorium Augustodunensem IV· 26. p. 92. Bulaeum Hist. Univers. Parisinae tom. II. pag. 714. Bellarminum de Sacramento Eucharistiae III. 11. et 15. nec non de Scriptoribus Eccles. Pagium ad a. 1111. n. 9. Rich. Simonem Hist. Crit. N. T. p. 389. seqq.

RURICIUS, Gallus, nobili genere natus, duxit Iberiam illustri stirpe, quibus Epithalamium scripsit Sidonis Apollinaris. Postea seculo renunciavit, factus a. 484. Episcopus Lemovicenus, mortuus est a. 507. Exstant ejus *Epistolarum libri II.* a) primum editi a Canisio Lect, Antiquarum tom. V. p. 459. edit. Basnagiana tom. I. p. 369. Deinde prodierunt in Bibl. PP. Parisina 1654. tom. II p. 369. et in duabus sequentibus. Baluzius editionem novam promisit, sed praestare non potuit. Vide pluribus Historiam Galliae literariam tom. III. p. 49. Circa Chronologiam variat Gallia Christiana t. II. p. 501. s.

Nomina eorum, ad quos Ruricius literas dedit.

Æonio Episc. I. 15. II. 8. 15.

Agricolae, II. 31.
Albino Presb. II. 45:
Ambrosio Episc. II. 43.
Apollinari, II. 25. 40.
Aprunculo, II. 48. 54. 55. 56. 57.
Bassulo Episc. I. 7.
Caesario Episc. II, 32. 35.
Capilluto Episc. II. 20. 30.
Celso, I. 12. 13. 14.
Censurio Episc· II. 50.
Cerauniae, II. 14. 40. v. infra Namacio.
Claro Episc. II. 63.
Constantio, II. 23. 42.
Coronopio Episc. II. 6.
Elafio, II. 7.
Eonio, vid. Æonio.
Eracliano, II. 29.
Eudonio et Melantiae, II. 38.
Eufrasio Episc. II. 21. 22.
Fausto Episc. I. 1. 2.
Foedamio et Vilico, II. 13.
Fredario, I. 11.
Hesperio, 3. 4. 5.
Hispanio, 45.
Ioanni, II. 47.
Leontio, II. 41.
Lupo, I. 10.
Namacio, II. 5. 61.
Namacio et Cerauniae, II. 1. 2. 8. 4.
Nepotiano, I. 6.
Ommacio, I. 48. II. 27.
Parthemlo et Papianillae, II. 36.
Pet. . . . II. 37.
Pomerio, I. 47. II. 9.
Praesidio, II. 11, 12. 52.
Rustico, II, 19. 53.
Sancto, II. 18.
Sedato Episc. II. 17. 33. 34.
Severo, II. 58.
Sidonio Episc. I. 8. 9.
Sidonio Videnti, I. 16.
Stephano, II. 51.
Sthoracio, f. Stauracio, II. 59.
Taurencio vel Turencio, II. 16. 46.
Vero, II. 22.
Victorino Episc. II. 39.
Vittameno, II. 60. 62.
Volusiano, II. 64.

---

a) Non XI. ut mendose legitur apud Ittiglum de Bibliothecis Patrum p. 115.

N N. 11. 10. 24. 26.

Addimus hic quoque Catalogum eorum, qui inter Epistolas Fausti Regiensis ad Ruricium nostrum simul scripserunt. Exstant autem illae Epistolae tom. I. Canisii p. 343. edit. novae.

Caesarius , 18.
Eufrasius , 15.
Graecus , 10.
Sedatus , 13. 14. 19.
Turentius , 12.
Victurinus , 11.

RUSSELLUS vel *Rossellus*, Theologiae Doctor Anglus, post Episcopus Lincolniensis, Consiliarius Regius, et summus Angliae Cancellarius floruit a. 1484. Scripsit *in Cantica Canticorum*, et *de potestate Summi Pontificis et Imperatoris*. Pitseus de illustribus Angliae Scriptor. Append. Centur. IV. 30.

RUSTICANUS , Italus, Ord. Praedicatorum sub initium sec. XVI. typis edi curavit *Telesphori Cusentini Eremitae a. 1486. clari Prophetias*. Venet. 1516. Jac. Quetif de Scriptoribus Ord. Praedicatorum tom. II. p. 34. Vide infra sub *Telesphoro*.

* *Telesphori Cusentini Prophetias* in epitomen redegit tantummodo ; idque anno demum 1486. praestitit. Epitomis vero huiusce editionem tertius alius ex ordine FF. Eremitarum curavit, ut ex epistola operi praefixa in editione Veneta an. 1516 discimus. In hac epistola scribitur author epitomis rem perfecisse ante annos fere septuaginta. Haec si detrahas ab an. 1516 redduntur anni 1446. Integer titulus seu exordium operis est : *Liber de magnis tribulationibus in proximo futuris compilatus a docto et devoto presbytero et eremita Telesphoro de Cusentia provinciae Calabriae collectus ex vaticiniis novorum prophetarum Dandali et Merlini etc. deinde abbreviatus per V. Fratrem Rusticanum* Debemus haec V. C. et mihi olim, dum Vindobonae essem, noto, atque amico Phil. Jac. Lambacher a secretis civitatis Vindobonensis in sua Bibliotheca antiqua Vindobonensi civica in notis pag. 166. *

·(302. RUSTICIANUS *de Pisis* Plura Scripsit Gallice praesertim, exeunte saec. XIII. e Marcum Polum socium in vinculis Genuensibus Jo. suis narrationibus adiuvit. De co vid. *Les MSS de la Bibl. du Roi par Paulin Paris. Paris* 1838. 48 vol. VII. 8. tom. II. pag. 355. e tom. III. 56. et *Girone il Cortese pubb. da F. Tassi. Firenze* 1856 8.)

RUSTICUS, Episcopus Fesulanus , Diaconus Cardinalis a Vigilio Papa evulgatus, scripsit *Disputationem de tribus Capitulis* contra Vigilium Pontificem , qui adversus eum damnationis sententiam enunciaverat, illumque Diaconi dignitate privaverat. Cum autem Rustico caussa adjudicata sit, pristinae etiam dignitati restitutus est. Vide quae de hoc narrant Ferdinandus Ughellus in Italia Sacra (tom. III. p. 212.) Auctarii Ciaconii , et alii. Haec Oldoinus in Athenaeo Romano p. 594. Illa *Disputatio adversus Acephalos* exstat in Antidoto contra haereses Jo. Schardi, pag. 246. in Haeresiologia Heroldi , in Scriptis Veterum de una persona et duabus naturis in Christo , (Tig. 1572.) p. 140. b. et in Bibl. PP.

RUSTICUS *Elpidius*, vide supra tom. II. pag. 283.

RUSTICUS : Episcopus *Burdegalensis*, alii Narbonensem vel Bituricensem a) dicunt , a. 450. Ejus *Epistolam* ad Eucherium Lugdunensem edidit Sirmondus in annot. ad Sidonium Apollinarem Lib. II. Epist. 11. tom. I. Operum Sirmondi p. 900. Adde quae Quesnellius annotavit ad Leonem Magnum p. 731. seqq.

RUSTICI , nescio cujus *Sacrae Meditationes* MSS. sunt in Bibl. Academiae Lipsiensis Paullina , teste Catalogo Felleriano pag. 173.

RUTGERUS Episcopus *Trevirensis*, circa a. 917. *Decretorum librum* collegit , quem in Synodo a Suffraganeis suis comprobari curavit , ut ex Trithemii Chronico Hirsaugensi notavit Petrus Pithoeus. Haec Fabricius Bibl. Graecae Vol. XI. p. 95.

RUTHARDUS , monachus Ord. S. Benedicti , monachus Fuldensis et Hirsaugiensis auditor Rabani Mauri et Walafridi Strabi,

---

a) In Gallia Christiana neque inter Bituricenses   neque Narbonenses locum habet.

post obitum Haymonis a· 852. Episcopatum Halberstadensem recusavit, *Gesta S. Bonifacii* Ep. Moguntini heroico versu cecinit, *Regulam S. Benedicti Commentariis* primus illustravit, *Sermones* plures conscripsit. Possevinus tomo II. Apparatus pag. 361. Schatenius Annal. Paderborn. lib. II. p. 143. Adde Nostrum supra tom. V. p. 203. et Hist. literaire de la France tom. V. p. 317.

Claudius RUTILIUS *Numatianus*, satis descriptus est a Fabricio nostro Bibl. Latin. III. 13. et Monachis Benedictino-Maurianis in· Historia literaria Galliae tom. II. p. 70. Duo tantum monemus ex libro, quem posteriore loco laudavimus: Prius, quod gente fuit Gallus, vel Tolosanus, vel ; quod magis probabile est, Pictaviensis ; id quod probatus ex lib. I. v. 208. ubi Palladium, qui Pictaviensis fuit, *spem et decus generis sui* vocat. Alterum est, quod titulus Tribuni militum et Praefecti Praetorio fundamento solido destituatur.

RUTWINUS Saxo, vel etiam *Rutwicus,* nescio quis: scriptorem vetustissimum vocat Paulus Langius iu Chron. Citicensi p. 792. et quaedam ex illius libro profert, dum tamen titulum non memoret. Quia vero in illa lacinia Libonotani, Camanni, Suardones, Cauritani, tanquam antiqui terrae - Misnensis incolae proferuntur, quos ante Erasmum Stellam, impostorem, nemo unquam inaudivit, recte conjicit Cl. noster Kreysigius, deceptum esse Langium a Stella et Rurwinum esse nomen fictum. a)

RYCUS *Wichewize*, sacerdos Londinensis a. 1410. auctor Epistolae ad Jo. Hussum, quae vulgo Wicleffo tribuitur, sed a sene ad puerum XI. annorum scripta esse non potuit, unde a nonullis supposititia fuit credita. Legitur haec Epistola in Operibus Hussi (ed. Norib. 1725.) tomo I. p. 126. Lasitii hist. Fratrum Bohemorum p. 223. Walpurgeri Husso combusto p. 56. Germanice in Riegeri hist. Fratrum Bohemorum vernacula lingua scripta part. VI. p. 580. Adde Wilh. Seyfridi Confm. de Jo. Husso cum annot. Jo. Christ. Mylii p. 36. 37.

a) Vide librum vernaculum *die Obersachsische*

Hermannus RYD *de Reen*, quae patria ipsius fuit. Scripsit *Tractatum de vita et honestate Clericorum*, editum a Wolfgango Wissenburgio in Antilógia Papae p. 606-722. Ipse Tractatus constat capitibus novem, qui a literis initialibus *Hermannus* incipiunt. Et hoc indicant versiculi sub finem operis :

Nostrae scriptoris dant nomen initiales,
Est de Reen natus, Ryd ipse cognominatus,
1467. *Magdeburgi*

Videmus igitur Reen esse patriam. Jo. Wolfius in Indice Lectionum Memorabilium hunc nostrum memorat, et addit annum 1480. in ipso autem opere nihil de eo habetur illo anno, sed potius sub a. 1460. tom. I. p. 864. et rursum ad annum 1467. p. 877. quaedam inde excerpta leguntur.

LIBER XVIII.

SABA *Malaspina,* vide supra sub litt. M.

Joannes SABADINUS *de Arientis*, Bononiensis, sub initium seculi XVI. Ejus *Colloquium ad Ferrariam plebem* pro conjugio Lucretiae Borgiae (Alexandri VI. PP. filiae) in Alphonsum primogenitum Ducalem ·Estensem, exstat MS. in Bibl. S. Germani. Bern. de Montfaucon Bibl. Bibl. MSS. p. 1139.

* Quamquam unico illo opusculo hic indicato Sabadinus iste locum sibi vendicat in Bibliotheca scriptor. Latinor. non uno tamen opere scriptoris titulum sibi promeruit ; sed vernacula omnia edidit, quorum est titulus legendus ap. Orlandi *Scrittori Bolognesi* p. 171. (304. et amplius ap. Fantuzzi *Notizie etc.* tom. I. pag. 176. Opus autem cui tit. *le Novelle Porrettane Bologna* 1483. Ven. 1484 et ibid. 1504 1510. f. 1515. 1525. 1531. Veronae 1540. 8. eum maiori celebritati extulit.)

SABBATINUS, Episcopus Genuensis, qui a. 876. Concilio Ticinensi, et anno sequente Ravennensi interfuit, scripsit *Epitaphium S. Syri*, quem ipse Genuam transtulerat. Ughellus Italia S. tom. IV. *Nachlese* parte III. p. 514.

p. 841. Sopranus de Scriptoribus Liguriae p. 251. Oldoini Athen. Ligusticum p. 491. SABBATIUS, vide infra SERVATIUS.

Marcus Antonius Coccius SABELLICUS, natus in vico Varronis ad Aniensem (de quo loco Leander in descriptione Italiae p. 224 et ipse Sabellicus libro ult. Enneadum) a Pomponio Laeto vero, qui discipulos novo nomine mactabat, *Sabellici* nomine a patria vocatus est. In urbe Tiburtina scholam pene imberbis rexit, hinc autem Romae sub Pomponio Laeto profecit. A Venetis evocatus est, ut literas humaniores doceret, et historiam Reipublicae conscriberet. Praeterea Bibliothecae Bessarionis Cardinalis praefuit. Utini quoque docuisse tradit Syllabus historicorum Utinensium teste Vossio. Mortuus est a. 1506. Confer Vossium de historicis Latinis p. 669. Baelium in Lexico, Jo. Fabricium Bibliothecae Fabricianae t. II. p. 513. Petr. Anton. Corsignanum de viris illustr. Marsorum p. 220.

Opera ejus conjunctim prodierunt Venet. per Albertinum de Lisona, 1502 folio. (304. Enneades XI (tantum usque ad a. 1504.) Paris. ap. Ascens. 1513.-16. fol. v. 2.

Basileensis eorum duplex est editio ap. Hervagium. Prior a. 1538. duobus volum. folio, quae, teste Baelio, non nisi *Enneades et decem libros Exemplorum*, cum *Historica Synopsi* s. Casp. Hedionis continuatione Enneadum usque ad annnm 1538. continet. Plenior est altera 1560. tomis IV. fol. cujus contenta apponemus.

Tomo I.
Rhapsodiae historiarum ab orbe condito Enneades V.

Tomo II.
Rhapsodiae Enneades sex. Ultima Enneas desinit. cum libro secundo. Prodierunt antea Venet. 1498 fol. per Bernardinum et Matthaeum Albanesotos.

Rerum Venetarum ab urbe condita Decades tres, et quartae libri tres. Venetiis apud Andream Toresanis de Asula, 1487. fol. de qua editione vide Jo. Fabricium l. c. p. 517. denuo prodiit 1514. editio nitida et emendata Venet. 1718. 4.

Versio Italica inter Historicos rerum Venetarum tomo I.

Tomo III.
Supplementi libri XXIX. Est continuatio Enneadum ex Paulo Jovio aliisque lectissimis scripioribus depromta usque ad a.1559.

Tomo IV.
Exemplorum lib. X. p. 6. Prodierunt Lipsiae, per Wolg. Stoekkel 1512. fol. apud Thannerum 1514. fol. Argent. 1518. fol. Basil. 1541. 8. Germanice versi per M. Leonhardum Brunner, Ecclesiasten Wormatiensem. Argent. 1535. fol.

De vetustate Aquilejae et Fori Julii p. 201. nec non *Vicentinus Crater* s. Urbi agrique Vicentini descriptio, p. 541. Venet. 1502. Exstant etiam in Schotti Italia illustrata p. 51. 103. et Graevii Thesauro Italiae tom. VI. part. 4. Apud Maittairium tom. I. p. 758. invenio hunc titulum: *M. Antonii Sabellici libri sex de Utini et Aquilejae origine ac vetustate; carmen in munitionem Sontiacam, in caedem Sontiacam, in Carnicum incendium, in naufragantem divi Petri cymbam, de artium inventoribus, in natalem diem virginis Mariae, in ejus progeniem, ad Nazareth ejus solum natale, de ejus virginitate etc.* per Antonium. in 4. typis antiquis, sed sine anno.

De Venetae urbis situ, libri III. p. 249. *De Magistratibus* liber I. p. 278. *De officio Praetoris*, lib. I. p. 301. *De officio Scribarum Dialogus*, p. 313 ut et ejusdem *Genethliacum et Oraculum* (inter Carmina in Opp.) Venet. 1487. 1502. Habentur etiam in Schotti Italia illustrata p. 1. et Graevii Thesauro tom. V. part. 1.

De latinae linguae reparatione Dialogus, pag. 319.

Epistolarum familiarium libri XII. p. 337. *Orationes XII.* pag. 473.

Poemata varia, p. 529. *Elegiae in natalem divae Mariae virginis* prodierunt Daventriae, 1490. 4.

Annotationes in Plinium, cum Beroaldi et Politiani similibus prodierunt typis antiquis, in folio, sine mentione anni et loci, repetitae in Lampadis Gruterianae f. Thesauri Critici tomo I.

Interpretatio in Svetonii Caesares prodiit in editione Svetonii Parisina 1512 folio.

Annotationes in Lucanum, Paris. apud Ascensium 1514. folio. * Interpretatio eius in Svetonium multo ante prodiit quam hic indicetur ; nam est apud me eiusdem operis editio veneta per Damianam de Gorgonzola an. 1493. die 29. Martii. * Marius SABELLICUS de conjuratione Bajamontis Theupoli MS. Romae in Bibl. S. Crucis. Bern. de Montfaucon Bibl. Bibl. MSS. p 194

SAGACIUS vel SAGACINUS Mutus de Gazata, unus ex civibus primariis Regiensibus, qui in turbis a 1318. patria extorris ad Canem Grandem Scaligerum, Veronensium Principem confugit. Scripsit Cronicon Regiense usque ad a. 1353. qui ipsi fuit nonagesimus primus aetatis. Sed exemplum illius hodie mire laceratum adest, inde non nisi ab a. 1282. edidit Celeb. Muratorius S. R. Ital. tom. XVIII. p. 1. quum tamen ex iis, quae nepos ejus ad a. 1353. scripsit, constet, gesta Attilae et aliorum in eo memorata fuisse: ex quibus conjicit Muratorius, ab ipsis fortasse Romanorum temporibus opus hoc fuisse deductum. Reliqua ab a. 1353-1388. adjecit Petrus Mutus de Gazata, qui se ipsum ejus pronepotem, alii vero scriptores, Guido Panzirolus et Bernadinus Corius ex Franciscino nepotem vocat. Hic. a. 1335. natus postea inter monachos Benedictinos S. Prosperi Regiensis cooptatus fuit, quum annos natus esset XIII. Dignitatem Abbatis consecutus est a. 1363. porro a. 1384. ab Urbano VI Subcollector Apostolicus, et a. 1391. ab Ugolino Episcopo Regiense Vicarius Generalis assumtus est, mortuus tandem a. 1414. Omnia haec debentur praefationi laudati Muratorii.

Guilielmus SAGINETUS, Gallice Saignet, miles circa a. 1420. Scripsit Lamentationem ob caelibatum Sacerdotum, sive Dialogum Nicaenae constitutionis et Naturae ea de re conquerentis, qui cum refutatione Joannis Gerson MS. est in Bibl. Basilensi. Opusculum autem Gersonis in operibus illius conjuctim editis invenies. Oudinus tomo III. p. 2325.

SALADINUS de Esculo, Principis Tarantini Physicus circa a. 1463. Scripsit Compendium Aromatariorum, quo cum Operibus Jannis Mesue prodiit Venet. 1527 et 1581. fol. Haec ex Wolfg. Justo Mercklinus in Lindenio renovato pag. 952.

S. SALABERGÆ Abbatissae Laudunensis vita edita est a Dacherio post opera Guiberti pag· 679. et Mabillonio seculo II. Benedictino p. 421.

Anonymi SALERNITANI Paralipomena, hoc est, eorum, quae duobus seculis gesta et ab aliis omissa sunt: enarratio, ab a. 760-960. habetur tomo II. rerum Italicarum Muratorii parte 2. p. 159. cum annotationibus ejusdem Muratorii.

SALICA Lex, a Francis Orientalibus in pago Salageve habitantibus lata : qui pagus inter Salam Franconicum et Moenum situs est, unde geographicam illius delineationem invenies in mappa, quam Jo. Fridericus Schannat Traditionibus Fuldensibus a se editis adjecit. Adde hic Jo. Frid. Weidleri de natali solo Legis Salicae disquisitionem, Witteb. 1736. editam, ubi et alias de origine hujus vocis sententias adfert et dijudicat: item Oratione Henrici Cocceji de Lege Salica Heidelbergae habitam, et postea saepius excusam. Auctores hujus Legis, ut ex praefatione constat, fuerunt varii. Primi fuerunt Rectores quatuor provinciarum in Germania, Wisogast. Bodogast, Salogast et Windogast, adhuc gentiles. qui prima illius rudimenta jecerunt. Quum vero in illa quaedam decisa essent religioni christianae contraria, reges Francorum Clodoveus, Theodericus, Chlotarius et Dagobertus per alios viros illustres eam in meliorem formam redegerunt. Reliqua, quae ad historiam illius pertinent, ab illis auctoribus requirantur, qui historiam Juris et Legum Germanicarum dederunt Nos pro instituto nostro de editionibus solliciti sumus. Primus cum caeteris Legibus Germanicis edidit Basilius Joannes Heroldus, Basil. 1557. fol. Sequitur Jo. Tillius, qui cum aliis item Legibus vulgavit, Paris. 1573. quae editio ex Codice per Carolum M. emendato prodiit, et vocabulis Germanicis s. Malbergis destituitur. Postea Franciscus Pithoeus hanc Legem correxit, et addito Glossario auxit, qam edidit Frid. Lindenbrogius primo separatim Parisiis, 1692. 4. deinde in Codice Legum Veterum, Francof. 1613. fol. et ex hac editione Goldastus tomo III. Constitutionum Imperialium. Porro eam dedit Hieronymus Bignonius ex autographo Pithoei cum Glossario illius, et annotationibus suis Formulisque Marculfi additis, Paris. 1665. 8. Sequitur Stephanus Baluzius, qui eandem inter Capitularia Regum Francorum edidit, cum undecim codicibus antiquissimis collatam. Neque omittendus est Godefridus Wendelinus, qui a Joan. Jacobo Chiffletio incitatus, editionem Heroldinam huc usque omissam revocavit, eamque cum Glossario suo et dissertatione de natali solo Legum Salicarum Antwerpiae 1649. 4. in lucem produxit. Palmam reliquis omnibus praeripuit Jo. Georgius Eccardus, qui aliquot Codicibus MSS. usus, has Leges denuo sub incudem revocavit, varias carum editiones et codices sollicite contulit, et Commentario sat luculento illustravit, in quo praecipue voces germanicas etymologice illustrat; qua in re multum sane praestitit, si quaedam excipias, in quibus se paullo audaciorem exhibet. Et huic Eccardo debetur notitia editionum, quam huc usque attuli. Editus est liber. Francofurti et Lipsae, sumtibus Nicolai Foersteri, Bibliopolae Hannoverani, 1720. fol. Addita sunt ab Eccardo varia: 1. *Additiones variae* ad hanc Legem annis sequentibus a Ludovico Pio, Pipino et Guidone Italiae regibus, Ottonibus, Henricis et aliis factae. p. 183. 2. *Lex Ripuariorum*, cum additionibus Caroli M. p. 204. 3. *Formulae antiquae*, quas Mabillonius *Alsaticas* vocat, Eccardus *Sangallenses* mavult, p. 232. 4. God. Guil. Leibnitii dissert. *de Origine Francorum*, cum annotationibus Eccardi, p. 247. 5. *Annales Francici* a Theoderico Ruinarto confecti et Gregorio Turonensi additi, p. 265. 6. *Emendationes in Otfridi Paraphrasin Evangeliorum*, quas ex Codice Vaticano exscripsit Fridericus Rostgaard. Tandem postremum Leges Salicas edidit Petrus Georgisch in Codice Legum Veterum, Halae 1739. 4. Neque hic silentio praetereundus est Vir Celeb.

Jo. Guilielmus Hofmannus, quem fata nobis nuper admodum mature eripuerunt. Is libris duobus *Observationum Juris Germanici*, Lips. 1738. 8. editis, varia quoque Legis Salicae loca ex lingua Germanica feliciter explicavit.

* Omissam hic esse descriptionem editionis Legis Salicae a Jo. Schiltero Argentoratensi paratae, quam vir alter doctus perficit, Joannes Rikius praefatione illustravit et Jo. Georg. Scherzius in Universitate Argentoratensi professor inseruit in vol. II. Thes antiquit. Teutonicarum Ulmae 1727. fol. Expressa est editio ista ad vetustiss. Cod. Reglum, tum adduntur variantes ex editione Heroldi et codicis Guelpherbytani. Subiiciuntur viri cuiusdam docti adnotationes. Succedit lex Salica recentior emendata et promulgata jussu et authoritate Caroli M. c. n. Francisci Pythoei, Hieronymi Bignonii et Steph. Balutii. Hanc equidem editionem utpote splendidam et accuratam, praeteriisse pigeret. *

* *Bartholomaeus* De SALICETO *(De quo hic acturum sese Fabricius sponderat nec fidem eius exolvit author supplementi)* Benononiensis Richardi Saliceti juris scientia aetate sua clari ex fratre nepos ob eminentem juris scientiam *Monarcha juris* appellatus docuit Patavii, Paduae et Bononiae, authorque fuit ut Ferrariae juris schola publica institueretur, in qua et docuit. Obiit An. 1412 die 28. Decembris. Videndus Pancirolus De cl. Leg. interpr. L. II. c. 78. Scripsit *Commentarios in codicem Justiniani* cui operi solidis 18. annis incubuit. Prodiit Mutinae an. 1475 et 1476. Venet. 1483 Scripsit pariter et *in Digestum vetus* Brixiae 1499. *Consultationes varias* Ven. 1478. f. In Collectione Veneta Zileti t. 6. p. 2. extat opusculum eius *de mora et eius effectibus*. Eius *de usu Feudor.* librum unum laudat Trithemius de Script. Eccl. p. 335 Eius Repetitio L. *Semel mora* ff. 50. prodiit Senis per Henricum Haeolem 1495. B. de Saliceto *Consilium sup. facto Schismatis pro Urbano* VI. extat in MS. Cod. Feliniano 224. *Consilia* Papiae 1489. *Repetitiones in Consilia Baldi* Papiae 1489. *

SALIMBENUS *de Salimbenis*, de Grenonis, Parmensis, Ord. Minorum Theologus, et in optimis literis versatus, circa an. 1280. Scripsit *historias sui temporis et Chronicon Italiae* usque ad annum 1280. Alii *Chronicon Parmense* vocant. Possevinus tomo II. Apparatus pag. 370 Willot Athenae sodalitii Franciscani p. 321. Waddingus p. 321. Waddingus de script. Ord. Minorum.

(304 F. *Salimbene* fuit de Familia *Adami* de Parma. Vide (Mattei Ant. Fel.) *Lettera dell'Anonimo Pisano all'A. della vita di F. Elia stamp. in Parma* 1783 in 4.

SALIPHILAX, natione Britannus, quem Balaeus ex vetustissimo Bardorum genere fuisse credit. Ajunt eum circa a. 960. *De genealogia Regum Britannorum* scripsisse. Balaeus Cent. II. 29. Pitseus c. 144.

SALISBURGENSE *Chronicon* a nato Christo usque ad an. 1389. edidit Hieron. Pez tom. I. Scriptorum Austriacorum p. 314. Aliud a S. Ruperto ad an. 1495. idem t. II. pag. 427. Tertium Raymundus Duellius Miscell. II. pag. 130. Chronicon duplex vernaculum, Hahnius Collect. tom. II. p. 766. Monumenta Salisburgensia Canisius tom. III. part. 2. pag. 263. Diplomata Salisburgensia et Laureacensia Jo. Petrus de Ludewig tom. II. Scriptorum Bambergensium pag. 347. Anonymus Poeta de ordine comprovincialium Episcoporum Salzburgensium, Ratisbonensium, Frisingensium, Pataviensium et Sabionensium, editus est e Mabillonio in Analectis p. 346. et Pezio tom. I. pag. 8.

SALLA (rectius SABA) *Malaspina*, vide supra t. V. p. 11.

(305 SALO *Parmensis* qui saec. VI. juxta Affò edidit *Aesopi fabellas* LXIII. *interpres*; quas vertit dum studeret Athenis. E vetusto Codice ap. Thomam Mactacodam primo edidit Thadaeus Ugoletus. forte Romae 1475. 4. editio quae et Audiffredio innotuit, una cum Aesopi Fab. LXII. interpr. Avieno. Notandae duae,Parmae per Fr. Ugoletum 1514. in 4. (a-c. ch. 11.) uti prima ab Affò descripta. Et (LXIV. tantum) cum *ordine vulgari* seu Vernacula interpretatione cuique disticho soluto sermone

Ibid. per Franciscus Ugoletum 1526. in 4 (a-c ch. 40.) ligneis fig. elegantiss. Hanc Affò nec Pezzana, qui de Scriptoribus Parmae, nec alii quod sciam cognovere, Alias editiones an. 1483. 1485. 1493. 1505 1508. 1515. 1517. 1519. 1520. cl. Pezzana in additiones ad script. Parm. ostendit cognovisse.)

SALOMON, Baro *a Ramschwag*, primum Monachus, post a. 891. Abbas S. Galli, demum a. 893. Episcopus *Constantiensis*, qui a. 895. Concilio Triburiensi interfuit, obiit a. 919. Ejus *Carmina quaedam* supersunt edita ab Henr. Canisio Lect. Ant. tom. II. part. 3. pag. 235. et in Bibl. PP. max t. XVI. p. 1300. Scripsit quoque *Lexicon*, opus grande, *de septem artibus liberalibus* lib. I. *Epistolas* ad diversos, *Sermones* et varios Tractatus. Trithemius de viris illustribus Germaniae pag. 7. Jod· Mezlerus de viris illustr. S. Galli I. 62. II. 16. Possevinus tom. II. Apparatus p. 377. Hist. literaria Galliae tom. VI. p. 164.

SALOMON, *Toletanus* archipresbyter, circa an. 1077. Scripsit libellum *de virginitate S. Mariae Dei Genitricis*, nisi forte tantum descriptoris munus sustinuit. Nam notitia illius ex sola libelli subscriptione habetur. Nic. Antonii Bibl. Hispana Vetus VII. 1. n. 9.

SALONIUS, Eucherii Episcopi Lugdunensis filius, in monasterio Lirinensi educatus, Salviano et Honorato Massiliensibus nec non Vincentio Lirinensi praeceptoribus usus. Factus deinceps Episcopus non Viennensis, ut vulgo credunt, nec Genuensis, sed Genevensis. Ab eo edita est *Expositio mystica in Parabolas Salomonis et Ecclesiasten*, per modum dialogi inter ipsum et Veranium fratrem. Prodiit seorsium Haganoae 1532. 4. ex officina Jo. Secerii, inserta deinde Micropresbytico, Orthodoxographis Heroldi et Grynaei, nec non Bibliothecis Patrum. Scripsit cum fratre laudato *Epistolam* ad Leonem Magnum, quae in Epistolis hujus exstat, nec non tom. IV. Conciliorum pag. 1038. Plura dabunt Aub. Miraeus de scriptoribus Eccles. c. 90. et Histoire literaire de la France t. II. pag. 433. Phil. Elssii Encomiasticon Au gustinianum pag. 616. Possevinus tom. II. Apparatus pag. 396. Gallia Christiane tom. IV. pag. 24. Tillemontius t. XV. p. 134.

SALVATOR *Cremonensis*, a patria sic dictus, monachus Cassinensis circa a. 1410. Scripsit *Philosophica*, et quaedam in Aristotelem *Commentaria*. Arisii Cremona literata tom. I. pag. 221.

SALVATUS, alias *Salvianus*, presbyter Lusitanus, sec. XII. Scripsit *Vitam S. Martini Sauriensis presbyteri*, an. 1146 defuncti, quam promiserat Andr. Resendius edidit vero Jo. Bollandus d. 31. Januarii, t. II. pag. 1131. Nic. Antonius Bibl. Hispana Vetere VII. 14. n. 78.

SALVIANUS, Presbyter Massiliensis, Treveris, vel certe in Gallia Belgica, natus et educatus, mature uxorem duxit, Palladiam Hypatii et Quietae filiam, ex eaque filiam Auspiciolam suscepit, sed mature quoque, et quidem accedente illius consensu, ab uxore se separavit, pro more illorum temporum, quo se Christum in coelibatu melius sequi posse credebant. Credibile est, eum postea in monasterio Lirinensi haesisse, id quod Auctores historiae litterariae Gallicae tom. II. pag. 519. satis probatum dederunt. Tandem Presbyter Ecclesiae Massiliensis fuit, et centenarius, vel eo major, obiit circa anno 496. Opera ejus haec nota sunt :

1. *De gubernatione Dei*, occasione irruptionis gentium septentrionalium in Italiam et alias regiones, quod etiam *de Providentia* inscribitur. Versio Gallica Francisci de Belleforest MS. est in Bibl. Regia Parisina. Bern. de Montfaucon Bibl Bibl. MSS. pag. 794. Petri Gorsii S. J. impressa Paris. 1655. 4.

2. *Ad Ecclesiam Catholicam*, sive *contra avaritiam*, in quo sub Timothei nomine latere voluit, cujus rei ipse Salvianus epist. 9. rationem reddit. Anglice et Hispanice vertit Josephus Greswellus Soc. Jesu, Audomari 1618.

3. *Epistolae VIII.* quibus additur nona ad Salonium scripta, et libro contra Avaritiam praemissa.

Edita sunt haec Opera primum a Jo. Alexandro Brassicano, Basil. 1530. f. Romae, apud Manutium 1564. fol. cum Maximo Taurinensi, Paciano et Sulpicio Severo per Petrum Galesinium, Paris. 1570 1575. 1594. 8. Succedit cura Petri Pithoei Paris. 1580. 1645. 1648. 8. et cum scholiis Brassicani excerptis, ibid. 1608. 12. Cum scholiis marginalibus et annotatione consensus sanctorum edita sunt a Jo. Theodoro Macherentio, Jesuita, Augustae Trevirorum, 1609. 4. Porro manum Salviano admovit Conradus Rittershusius, qui ipsum Altorf. 1611. 2. tomis. 8. vulgavit, cum annotationibus suis, quibus accesserunt Norib. 1623. 8. exiguo volumine annotationes Joan. Weitzii, Tobiae Adami, Theodori Sitzmanni et Jo. Alex. Brassicani. Editio Rittershusii Francofurtensis 1611. et alia Norimb. 1623. nullae sunt, quamvis in Historia literaria laudata ponantur. Nam Bolduani fides vacillat, quia paucissimos libros ipse vidit, quos adfert, et a. 1624. tantum quaedam annotationes adjectae sunt. Interea Salvianus etiam in Bibliothecas Patrum translatus est, et Jacobus Merlo Horstius eundem in septem Tubis Orbis Christiani Colon. 1635 4. loco septimo recudi jussit. Tandem Stephanus Baluzius ad Codicem Corbeiensem et duos Colbertinos recensuit Salvianum et edidit Paris. 1663. et 1669. 8. tertiae editioni adjecit Vincentium Lirinensem, et annotationes in utrumque. Huius autem et omnium aliorum annotata recuderunt cum Salviano et Vincentio Bremenses a. 1688 4. *Gallice* vertit P. Bonnetus, Paris. 1701 12. Journal des Sçavans 1702. pag. 299. Libros de providentia et de avaritia Drouet de Maupertuis. Journal des Scavans 1702. pag. 300. Memoires de Trevoux 1702 pag. 54. 1711. pag. 1993. Deperdita ejus haec narrat Gennadius de viris illustr. c. 67. *De bono virginitatis* ad Marcellum Presbyterum lib. III. Pro *eorum* (librorum de gubernatione) *satisfactione* ad Salonium Episcopum libr. I. Tillemontius tom. XVI. pag. 193. recte *Apologiam* vocat. a) *Expo-*

---

*) Hunc titulum viri docti non satis recte intellexerunt. *Satisfactio* hoc loco idem est ac de-

sitionis extremae partis Ecclesiastici ad
Claudium Episcopum Viennensem libr. I.
Hexaemeron versu, lib. I. Fabricii nostri
conjectura est, fortasse illud esse, quod sub
Tertulliani nomine exstat. Homilias multas Episcopis factas et de sacramentis ad
populum. Adde Trithemium c. 175. Alios
deperditos recenset Phil. Elssius in Encomiastico Augustiniano pag. 607. Expositionis extremae partis Ecclesiastes (legendum Ecclesiastae) ad Claudium Episc.
Viennensem : Anticimenon lib. 3. in quibus continentur quaestiones Veteris et Novi
Testamenti, de locis in speciem (ita legendum, non in specie) inter se pugnantibus,
per interrogationem et responsionem. Sed
falsus est in his Elssius, quum nemo fide
dignus scriptor Salviano talia nunquam tri-
buerit. Male idem, qui libros de avaritia
et ad Ecclesiam Catholicam diversos esse
judicat. Sermones II. de Passione Domini
sub nomine Salviani sunt· Romae in Bibl.
Sfortiana. Vide Nic. Comneni Praenotiones
mystagogicas pag. 240.

* Tertia Balutii editio an. 1689. in 8
adornata recusa est non ante multos annos
Venetiis. Ac tandem Salviani Massiliensis
Episcopi (lege Presbyteri) Concordantiae
operibus eius annexae dispositae cura et
studio Demetrii Barbulii. Prodierum Pi-
sauris anno· 1729. 4. *

SALVIUS de Bario, a patria, urbe Apuliae,
dictus , aliis Saulus , Ord. Praedicatorum,
Episcopus Salpensis ab a. 1264 ad 1274.
Scripsit Sermones de tempore et Sanctis ,
Jac. Quetif de Scriptoribus Ord. Praedica-
torum tom. I. p. 674. Altamura p. 133.

Linus Colucius SALUTATUS, Cancellarius
Florentinus. Ejus quatuor Epistolas tempore
schismatis scriptas 1. ad Cardinales Gallicos , 2 Petro de Corsinis Cardinali , 3.

Marchioni Brandeburgensi , 4. Innocentio VII. in Coenobio Angelorum apud Florentiam invenit Mabillonius, quod ipse refert in Itin. Italico p. 168. Vid. COLUTIUS.

SALUSTIUS , Cancellarius Episcopi Genuensis, circa a. 1098. de translatione S.
Fructuosi scripsisse memoratur a Fabricio nostro, sed non memini, tale quid
mihi tam multa volumina pervolventi occurrere.

SALUTARIS , dubium an viri , an vero
scripti nomen. Poetam vocat Flacius in
Poematibus veteribus de corrupto Eccle-
siae statu pag. 416. et Barthius Advers.
XIV. 4. Leyserus autem in historia Poё-
tarum medii aevi p. 2058. titulum poematis
esse statuit , quod inscribitur Salutaris.
Edita sunt Excerpta quaedam a Flacio l. c.
Joachimo Ursino in Speculo Jesuitico p. 218.
Christiano Daumio post Disticha Catonis,
Cygneae 1662. editis p. 199. editionis 1672.
pag. 217. Integrum autem ex MS. Codice
Helmstadiensi edidit Polycarpus Leyserus,
loco allegato.

SALVUS , Abbas Alveldensis monasterii
in Navarra , obiit a. 962. Scripsit Regularem libellum pro sanctis virginibus, cujus
Codicem MS. viderunt Phil Labbeus et
Nic. Antonius : item Hymnos , Orationes ,
versus ac missas , quae periisse videntur.
Confer Nic. Antonii Bibl. Hispanam Veterem VI. 14. n. 348. seqq. et vitam ejus
quae post Ildephonsum de scriptoribus
Eccles. legitur p. 68. edit. Fabricii.

(306 SALVUS Burce nob. civis Placentia oriundus laicus et ut ipse scribit litterarum inscius est author op. sequentis
an. 1235. conscripti quod servatur in Med.
Laurent. Vide Bandini Catal. t. IX. seu I.
Leopoldinae.

Suprastella (capitib. 29.) contra haereti-

---

fensio , qua scilicet satisfacit auctor objectionibus
adversariorum, sed depravatio loci viris doctis
imposuit , : Inseruerunt enim Codices vocem merito , et legunt , pro eorum merito satisfactionis , alii pro eorum praemio. Accedit alla signi-
ficatio , qua verbum satisfacere illis temporibus
denotabat se excusare cum gestu et verbis in hu
militatem compositis veniam errorem rogare. Exempla praeter Cangium habent Torrentius ad Sueto-

nii Caes. c. 73. Marcellus Donatus ad Tiberium c.
27. Ipse Salvianus lib 1. contra avaritiam p. 27.
edit. Rittershus. sic adhibet. Fuerunt igitur fortasse : qui quaedam durius dicta pessime interpre-
tarentur , ipsumque hoc nomine apud Episcopum
deferrent. Quapropter Salvianus Episcopo satisfe-
cit , h. e. eundem humiliter rogavit , ne quid a
se malo animo scriptum esse existimaret.

cos *universos ad differentiam cujusdam libri haereticor. qui Stellae nomine praetitulatur.* Vide *Nov. Lett. Fior.* 1791. 519.

SALVUS *Cassetta :* Panormitanus. Ord. Praedicatorum , Florentiae primum Baccalaureus , post Theologiae Magister promotus a. 1448. in Siciliam redux variis scholae et conventuum regiminis muneribus functus. Diffinitor fuit et a. 1474. Procurator ordinis Generalis , Magister Palatii apud Sixtum IV. a quo etiam in Germaniam Legatus missus est : porro Inquisitor, et tandem Magister ordinis , obiit a. 1483. Scripsit *Vitam S. Vincentii Ferrerii , Epistolas ad diversos : Acta inquisitionis, Acta Legationis Germanicae.* Confer Ant Mongitore Bibl. Siculam tom. II. p. 207. Jac. Quetif de Scriptoribus Ord. Praedicatorum tom. I. p 859. Hier. Ragusa Elogia Siculorum p. 251. Altamuram p. 209. Giornale de' Letterati d' Italia tomo XXI. p. 407.

* Praetereunda non sunt ea quae de hoc viro scripsit Jacobus Volaterranus in suo Diario Rom. ad An. 1481 « *Salvus Siculus* celebris Theologiae professor, qui plures annos S. Apost. Palatii Magister fuerat et in Ord. suo Praedicatorum magnae authoritatis et gratiae ; eodem die nempe vigiliam Pentecostes in generali religiosorum sui ordinis concilio , quod Romae ap. Minervam est celebratum consensu omnium generalis designatur.... vacabat tunc ea dignitas obitu Leonardi Mansueti Perusini viri integerrimi et subtilissimi Theologi, qui paulo ante Romae diem obierat. »

SALVUS *de Merano* J. C. Parmensis, cuius, *consilia* extant in MS. Cod. Felini 419. una cum consiliis Baldi de Saxoferrato. *

SAMPIRUS , Episcopus Asturicensis, scripsit *Historiam* seu *Chronicon* ab a 858. ad 985. quae cum Isidoro , Idacio , Sebastiano et Pelagio Ovetensi edita est a Prudentio Sandovalio , Episcopo Salmanticense , Pompejopoli 1613. 1634. fol. Auctor vixit circa a. 1020. Nic. Antonius Bibl. Hispana Vet. VII. 1. n. 2. Oudinus tomo I. p. 1794.

SAMSON *Bardinus ,* Ord. Carmel. circa tempora Concilii Basileensis. Ejus *Sermo*

ad Pontificem et alii sunt in Bibl. Vaticana. Bern. de Montfaucon Bibl. Bibliothecarum MSS. p. 112.

SAMSON *de Calvomonte* scripsit *Abbreviationem Summae Hostiensis in Decretales ,* quae MS. est in Bibl. S. Benigni Divionensis et S. Victoris Parisiensis. Bern. de Montfaucon Bibl. Bibl. MSS. p. 1287. 1375.

Nescio an idem sit *Petrus Sanson ,* cujus *Quaestiones Dominicales et Distinctiones in Decretales* in Bibl. Gemmeticensi et S. Albini Andegavensis obvias memorat idem p. 1211-1227.

SAMSON *Cordubensis ,* Ecclesiae S. Zoili ibidem Rector , vixit a. 863. et obiit anno ejus seculi nonagesimo. Scripsit pro se *adversus Hostigesium Malacitanum praesulem ,* qui Saracenis artes ad Christianos opprimendos suggesserat : item *adversus haeresin Antropomorphitarum.* Confer. Nic. Antonii Bibl. Hispanam Veterem VI. 7. n. 140, s. Possevini Apparatum tomo II. p. 397.

SAMSON *Demeta,* h. e. ex provincia Glamorganensi oriundus , monachus et Abbas in monasterio illius provinciae , tandem Archiepiscopus Dolensis, vixit a. 567. et librum *de potentia in adversis ,* scripsit. Lelandus c. 43. Balaeus Centur I. 62. Pitseus cap. 55. Vitam ejus scripsit Baldericus Archiepiscopus Dolensis , quae exstat apud Mabillonium Sec. I. Benedict. p. 165.

SAMSON *Dolensis ,* vide modo *Demeta.*

SAMSON *Doroverniensis ,* Ord. S. Benedicti monachus Cantuariae ad fanum Salvatoris, a. 1170. Scripsit *Homilias et Opuscula.* Balaeus Centur. X. 58. Pitseus c. 229. Lelandus c. 219.

SAMSON *de Insula ,* Malchum de vita Pythagorae interpretatus est, quod opus MS. exstat in Bibl. Ambrosiana Mediolanensi. Bern. de Montfaucon Bibl. Bibliothecarum MSS. p. 520.

SAMSON *Malusvicinus* (Mauvoisin) nobili genere , Archidiaconus , Praepositus, Decanus , tandem Episcopus Carnotensis circa a. 1140. Scripsit *Epistolas aliquot,* quarum *una* legitur in Operibus S. Bernardi , *quae* tom. V. Miscellaneorum Baluzii. Liron Bibl. Chatraine p. 62.

SAMSON *Remensis* contra Petrum Abailardum scripsit, MS. in Bibl. Vaticana. Montfaucon l. c. p. 139.

SAMUEL, Beulani vel Beulani presbyteri ex Laeta conjuge filius, in Northumbria natus, floruit a. 640. et *Annotationes in Nennium*, nec non *de gestis Regis Arturi apud Scotos* scripsit. Lelandus c. 48. Balaeus Centur. I. Pitseus c. 640.

SAMUEL *de Cassinis*, Ord. Fratrum Minorum Reg. Observ. provinciae Januae, edidit *Librum Isagogicum in apices Scoti ad investiganda Aristotelis principia* Venet. 1493. *Librum Isagogicum continentem libros septem Logicales*, Mediol. 1495. 4. *Librum tertium Isagogicum ad Physicos apices assequendos*, ad Julium II. Pontif. Cunei ad Pedemontes, sine anno impress. *Comment. in octo libros Physicorum*, ibid. *Varia opuscula*, Venet. 1502. 1503. *Argumentationes contra Mag. Damianum Crassum de Ripolis Ord.* Praedicat. *circa modum loquendi; Quaestionem ab eo disputatam in universitate Ticinensi, circa Joannis Evangelistae consanguinitatem aut fraternitatem cum Christo Domino: Apologiam pro Nicolao de Lyra*, contra *Jo. Viterbiensem Ord. Praed. de Genealogia Salvatoris: Quaestionem de immortalitate animae.* Mediol. 1498. Haec Waddingus de scriptoribus Ord. Minorum p. 313. 314. Adde Sopranum de scriptoribus Liguriae p. 252. Oldoini Athenaeum Ligusticum p. 493.

* Nescio an in complexione varior. opusculorum, de qua hic, contineatur illud, quod ob suam singularitatem hic merito indicandum duxi, notitiamque eius mihi comparavi ex Nevizani Sylva nuptiali lib. I. pag. 38. edit Lugdunensis an. 1526. *Samuel de Cassinis in tractatu quod non est possibile aliquam mulierem, licet sanctissimam recipere stigmata prout habuit S. Franciscus.* Aliud etiam opusculum Samueles indicat idem Nevizanus his verbis fol. 219. *F. Samuel contra F. Vincentium.*

Contra hunc Samuelem scripta reperi opuscula duo; alterum in Indice MSS. Va-

ticanor. n. 466. *Picus Mirandulanus pro Hieronymo Savonarola contra Samuelem Cassinensem*; alterum vero indicat id qui supra Nevizanus in Sylva nuptiali lib. 5. fol. 214 his designatum *Dodus in sua Apologia contra F. Samuelem.*

SAMUEL, qui vulgo *Marocchianus* cognominatur, a) Judaeus, Fessanus patria, a. 1085. Toleti ad fidem Christianam conversus Scripsit arabice *Historiam concertationis cum Albucabelo Mohammedanorum magistro*, quae etiam Latine prodiit: *Epistolam ad R. Isaacum de vana Messiae apud Judaeos expectatione.* Haec ab ipso, cum adhuc Judaeus esset, scripta est, quia optat, ut majores caput LIII. Jesaiae ex Codice Sacro, eoque, ut Prophetam de vita sustulissent. Epistola haec in Latinam et alias linguas conversa et saepius impressa est. Prima editio prodiit Antverpiae 1486. de reliquis consulenda est Rev. Wolfii Biblioth. Haebraica tom. I p. 1099. tom. III. p. 1100. seqq. Adde Possevini Apparatum tomo II. p. 379

SAMUEL *Tajo*, vide infra *Tajo.*

SANCII *Ballerici in Philosophiam Commentarii* extant Romae in Bibl. Ottoboniana. Montfauconius Bibl. Bibliothecarum MSS. p. 189. Additur, scriptos esse tempore Leonis X. a. 1517. quod de exscriptore, non auctore, intelligo.

SANCIUS Aragonae Infans, Jacobi Regis cogn. Victoris filius, Ecclesiae Toletanae Praesul, scripsit *Litanias et Hymnos in laudem Genitricis Dei Mariae.* Occisus fuit a Mauris a· 1275. Hippol. Marraccii Bibliotheca Mariana tomo. II. p. 351.

SANCIUS *de Besaran*, monachus coenobii Dominicanorum Oscensis, Fidei Censor generalis, et provinciae Aragoniae Prior provincialis, circa a. 1430. Scripsit *adversus Arnaldi Villanovani errores*, prout testes sunt Franc. Diagus Hist. Aragoniae I. 25. et Vincentius Blasco Hist. Aragoniae V. 42. Nicol. Antonius Bibl. Hispane Vet. X. 3. n. 115. Jac. Quetif de Scriptoribus Ord. Praedicatorum tom. I. p. 771.

---

a) In titulo editiones Argentinensis a. 1523. dicitur *Magister Synagogae, quae est in Subjul-* *menta in regno Marochiano.*

SANCIUS *Porta*, Caesaraugustanus, ibidem monachus Dominicanus et Professor, S. Palatii Magister a Benedicto XIII. creatus obiit a. 1429. Ejus sunt 1. *Divinum, ac proinde inaestimabile, sed et omnium, quae hucusque de Christifera virgine scripta sunt*, *Mariale*. Valentiae 1512. Lugd. 1514. 1517. 4. 2. *Sanctorale, seu Sermones de Sanctis*. Hagenoae 1517. 4. *Sermones de tempore*, Lugd. 1500. 4. *et Introductiones sermocinales in Sermones tum de tempore, tum de Sanctis*. Omnia haec Opera prodierunt. Lugd. 1517. 4. Haec Antonius in Bibl. Hispana Vet. H. 3. n. 108. seq. Adde Jac. Quetif de Scriptoribus Ord. Praedicatorum tom. I. p. 779. Altamura pag. 170. Hippolytum Marraccium tomo II. pag. 332. *Opus Concionatorium*, quod Haganoae 1500 fol. prodiit, asservatus Nordhusae in Bibl. S. Blasii.

SANCIUS *de Ull*, vel *Ull*, a patria, quod est oppidum Aragoniae, ita dictus: Carmelita, Avenione sub Joanne XII. Poenitentiarius, post Albaracinensis in Aragonia et tandem Segobricensis Episcopus, obiit Avenione 1356. Scripsit *Canones pro animarum regimine et pastorum spiritualium cura*. Nic. Antonius Bibl. Hispana Vet. IX. 4. n. 214.

SANCTES *de Arduinis*, Pisaurensis, Medicus apud Venetos in summo pretio habitus circa a. 1430. Scripsit *de prolificatione, de venenis, de odoratione, de omnibus naturalibus et Artificialibus*. Trithemius de scriptor. Eccles. c. 776. Symphorianus Champerius de scriptoribus Medicis. Liber *de venenis* prodiit Venet. 1492. fol. et Basil. 1562. fol. ex castigatione Thomae Zwingeri. Vide Lindenium renovatum p. 960.

SANCTES *de Valoribus*, Perusinus, Vallis umbrosae Monachus et Abbas monasterii S. Reparatae de Marradio, circa a. 1506. edidit *Vitam S. Joannis Gualberti, Peregrinationem Vitae humanae*, et alia miscellanea, ut apparet ex ejus operibus. Haec Venantius Simii in Catalogo scriptorum Vallis umbrosae p. 271. 272.

SANCTIUS *Mulierii*, Gallus Occitanus, Ord. Praedicatorum conventus Tolosani alumnus, ejusdem Academiae S. Theologiae Magister et Scholae S. Stephani Regens circa a. 1388. post Episcopus Oleronensis ab a. 1406. interfuit Concilio Constantiensi, obiit post a. 1420. Scripsit *in quatuor libros Sententiarum*. Jac. Quetif de Scriptor. Ord. Praed. t. I p. 758.

Monachus SANDIONYSIANUS in Gallia scripsit *Vitam Dagoberti I.* Galliae Regis, sed is aetate paullo fuit junior, ut ex c. 43. constat, ubi diploma B. Audoëni chartam antiquissimam vocat, item ex c. 6. 12. 13. 15. 16. ubi Fredegario saepius usus esse deprehenditur. Editus est primum ab Andr. du Chesne sub initium tom. I. Scriptorum Francicorum, deinde ex Codice Jenensi a Burc. Gotthelf. Struvio in Actis literariis Vol. 1. Fasc. I. p. 45.

Chronicon SANPETRINUM, a monachis scilicet S. Petri. Erfortensis confectum, ab a 1036-1355. edidit Menckenius tom. III. Scriptorum Germanicorum p. 201. seq. Pars prior ad historiam potius universalem spectat, posterior Thuringica praecipue exhibet.

Eodem nomine quibusdam venit *Chronicon Montis Sereni*, quia illud monasterium S. Petro dedicatum fuit: de quo supra actum est tomo I. sub *Conrado Lautebergensi*.

Joannes Lucilius SANTRITTER, Germanus, de Fonte Salutis, vulgo dictus Heilbrunnensis, edit *Tabulas Alphonsinas in facillimum ordinem redactas*, Venet. 1492. 4. Nic Antonius Bibl. Hispana Vet. VIII. 5. n. 202.

Chronicon SAVIGNIACENSE, quod monasterium in minoris Britanniae et Normanniae finibus situm est, ab a. 1112. ad 1300. res Gallicas complectitur, et editum est a Baluzio tomo II. Miscellaneorum pag. 310.

SASCOLINUS (309 *Sassolini Antonio V. Negri Scritt. Fior.* p. 69.) Florentinus, Ord. Min. Minister generalis, post Episcopus Minerbinae in Calabria, a. 1519. edidit *Conscientiae illuminacula*. Waddingus de script Ord. Minor. pag. 314. Willot Athenae sodalitii Franciscani p. 322.

* *Hieronymus* SAVONAROLA Ferrariensis Ord. Praedicatorum in coenobio S. Mar-

ci Florentiae agens, verbi dei concionator celebris sed in dicendo liberior, quam
ut actas illa, vel forte etiam rei aequitas
ferret, ex quo sibi multos exosos reddidit. Contra oppressores libertatis Florentinor. acriter invectus quamvis defensores habuit multos; alteram tamen civitatis partem in se armavit, quae praevalente ignis supplicio vitam absolvit Florentiae anno 1498. Vitam ejus et apologiam scripsit Jo. Picus Mirandulae comes
Latine, quae dein prodiit Parisiis a. 1674
t. 3. in 12. una cum nonnullis eius opusculis et Apologia Scriptorum illius, opera P. Paulini Bernardini ex ord. Praed.
Lucensi adornata. Vitam eius alteram
ampliorem scripsit F. Serafinus Razzi eiusd. Ord. quo in opere Apologias plures
pro eodem Savonarola a viris doctis editas sinoptice exhibuit, ubi ex. gr. consilium Gaspari Veneti de excomunicatione
in Savonarolam lata; defensionem rerum
Savonarolae Bartolom. Redditi civis Florentini et J. periti; Dialogum ea de re
scriptum a Laurentio Vivoli; epitomen
doctrinae Savonarolae Remigii Florentini
Ord. Praed. Vita haec a Razzio adornata
et Italice scripta nondum prodiit, sed MS.
nactus sum in Biblioth. PP. S. Dominici
Lucensium.

Praeter Italica eius opera, latina etiam
quaedam vulgata sunt,quae hic referre placet.

1. *Regulae quaedam breves ac valde
utiles quae ad omnes religiosos pertinent,*
editae sunt Venetiis in fine operis de veris et falsis virtutibus D. Umberti Mag.
ord. praed. an. 1495. 8. et Florentiae in
collectione quorumdam opusculor. Savonarolae an. 1509. 8.

2. *De Triumpho crucis* cuius antiqua
editio absque annotatione anni et loci servatur in Bibl. Canonicor. Major. Eccl. Lucensis in 4. Idem opusculum Italice reddidit (Versione tamen liberiori) ipse per
se auctor prodiitque in 4. sine anno et
loco addita praefatione Dominici Benivie-
ni. Tum saepe alias opus idem Italice excusum est: latine tamen iterum prodiit
Florentiae an 1509. 8.

(305. et Venetiis per Lucam Olchiens.

1517. 8. Basil. per Henr. Petri 1540. fol.
addita exposit. Psalm. et Florentiae 1767.
cum adnotat. Raym. Corsi eiusd. ord. in 12.)

3. *Expositio in Ps.* XXX. *In te Domine speravi* in 8. Florentiae 1508.

4. *Expositio in Ps. L. Miserere mei Deus* cuius editionem veterem in 4. sine
anno et loco penes me servo Prodiit Florentiae an. 1508. 8.

5. *Expositio in Ps. LXIX Qui regis
Isdrael intende* in 8. Florentiae 1509.
Versionem Italicam ab ignoto aliquo ador-
nata habeo Venetiis excusa an. 1538.

6. *De Simplicitate Christiana* lib. IV.
Florentiae 1496. in 4. et 1509. 8. Librum
hunc Italico vertit Hieron. Benivienus Florentinus excususque est Florentiae an.
1496. et 1529.

7. *Expositio in orationem Dominicam*
ad Philippum Valorium prodiit absque loco et anno. *Exposuit* etiam opusculum.

8. *Graduum S. Bonaventurae* una vel
altera pagella, direxitque Agamennoni Ma-
rescoto de Calvis patritio Bonaniensi, quod
opusculum ego possideo ex antiqua editione absque loco et anno.

Denique possideo opusculum inscriptum.

9. *Confessionale pro instructione confessorum* cui adiungitur.

10. *Recollectorium rudimentor. S. Theologiae pro nobis praedicatoribus et confessori-
bus ac fratribus simplicibus per quemdam.
Fr. Ord. Praed. editum* quod est eiusdem Savonarolae. Accedunt in fine latina quedam carmina pro directione reli-
giosor. hominum Venet. An. 1520. 8. Editio haec quamquam non est prima, curata est tamen diligentius a Luca quodam
Olchinensi, qui et queritur de Venetor.
quorundam typographor. in typis curan-
dis oscitantia.

11. Savonarolae opusculum *adversus
divinatricem Astronomiam* in confirmationem Apologiae Jo. Pici Mirandulani ab authore quidem Italice scriptum est, dein
vero Latinis literis traditum a F. Thoma
Boninsignio Senensi Ord. praed. cum eius
interpretis apologia adversus operis illius
vituperatores, excusumque est Florentiae
anno 1581. 8.

12. *Apologeticum FF Congr. S. Marci Florentiae* ord. *praed. per F. Hieron. Savonarolam* datum an. 1497. atque tunc excusum Florentiae. Extat in t. II. Vitae II. Savon. Parisiis excusae, de qua supra.

13. *Epistola F. Hieronymi ad Alexandrum VI.* data Florentiae an. 1497. die 20. maii ibid.

14. *Alia eiusdem ad eumd.* data 1497. 29. Oct. Ibid.

15. *Alia ad N. Fratrem contra sententiam excomunicationis in se latae.* Ibidem: alias etiam nonnullas latine scripsit in eodem loco legendas.

16. *Dialogus spiritus et animae* Venetiis. 1537. 16.

17. *Dialogus rationis et sensus* Ven. 1537. 16.

18. *Tractatus de mysterio Crucis et officium eiusdem.* Venet. 1537. in 16.

19. *De beneficiis Christi in Christianos collatis ope crucis.* Ibid.

20. *Compendium revelationum* latine ab eo scriptum quamquam et Etruscae linguae redditum editumque. Florentiae 1496. 4.

21. *Compendium Logices* Ven. 1542.

22. *Compend. totius philosophiae tam naturalis quam moralis.* Ven. 1542. 8.

23. *Liber de disciplinis* sive de divisione, ordine et utilitate omnium Scientiarum an typis excusus sit ignoro.

24. *Lamentatio Sponsae Christi adversus tepidos* Ven. 1537. in 12.

Nonnullas etiam metrica dedisse velut odas, *hymnos*, *laudes* etc. Picus Mirandulanus in eius vita est auctor. *

(306 *Poesie illustrate* per cura di Audin de Rians. Firenze. 1847. 8.

Inter innumera prope scripta F. Hieronymi (Italice praesertim) edita, haec, quum ad manus, addere juvat.

25. *Compendium Logicae* (libri X) Florentiae de Libris 1497. 4. a-o Prope me est : refert Audifredus tantum Denisii fide.

26. *In primam* !!. *Jo. Epist.* et in al. S. *Scripturae verba Sermones.* Venetiis ap. Stagnin. 1536. 8.

27. *Sermones in adventu Domini sup. Archam Noe.* Ibid. 1536. 8.

P. Timotheus Botonius Perusinus, aliique Vitam Savonarolae Italice exaratam MS. reliquere : seqq. autem lucem viderunt.

Burlamacchi (*F. Pacifico*) *Vita di Fr. G, Savonarola. Lucca* 1761. 8. et postea monumentis locupletata Ibid. 1764. 8. antea vero in Balutii Misceli. Edit. Lucensi.

Rastrelli (*Modesto*) *Vita ec. Ginevra* (*Firenze*) 1781. 8. Anon.

Bartoli (*P. Guglielmo*) *Istoria di S. Antonino coll' Apologia del Savonarola* Firenze 1780. 4.

Barsanti (P. P. Vinc.) *Storia del P. Gir. Savonarola. Livorno* 1782. 4. Anon.

F. Benedetto da Firenze Cedrus Libani *Vita di F. G. Savonarola* (*in terza rima*) 1510. In *Archivio Storico Fir.* 1847. n. 23.

SAVONAROLA *Michael.* (F. Hieronymi avus) Vid. MICHAEL. *Savonarola* tomo V. pag. 75.

SAXO *Sialandicus* vel *Danus*, vulgo *Grammaticus*, quo nomine mediis temporibus illos vocare soliti sunt, qui aliis erant doctiores. Sialandicus vero dictus est, quia ex Selandia Daniae insula oriundus fuit. Cognomen quoque *Longi* ipsi tribuit incertus Auctor Chronici Danorum et praecipuc Sialandiae, quod Arnas Magnaeus Lipsiae 1695. 8. edidit, p. 10. id quod cognomen non familiae, sed propter staturam ipsi additum fuit. Vulgo cum Stephanio et aliis statuerant, ipsum jam anno 1161. Praepositum Ecclesiae Cathedralis Roschildensis, et eodem anno Parisios missum esse, ut aliquot inde monachos in Daniam evocaret. Verum Ottho Sperlingius in annotationibus ad Testamentum Absolonis ostendit, Saxonem nostrum nunquam Praepositum Roschildensem fuisse, idque variis rationibus in medium prolatis, 1. quia Saxo noster, quem ipse Stephanius circa an. 1150. natum judicavit, non potuit a. 1161. Praepositus fuisse, undecim annos natus, p. 128. 2. quia in testamento Absolonis pag. 1. alius quidam Praepositus Roschildensis fuit, nomine Tocho, p. 36. 3. quia Saxo noster Testamento laudato p. 12. *Clericus* Archiepiscopi vocatur, cui hic debitum aliquod remisit : id quod Sperlingius p. 127. interpretatur scribam , Secretarium , a manu , ab Epistolis , aliisque scribendi officiis Archiepiscopo apparentem. Quin et ipse Stephanius in Prolegomenis c 12. fatetur, tales Clericos propius circa Dominos suos versatós , eos , velut contubernales , quocunque irent , comitatos , et gravioribus in negotiis tractandis frequenter adfuisse : quae omnia sane in praepositum , majoris ordinis virum , non conveniunt. obiit noster post a C. 1203. Opus ejus aeternum quod jussu Absolonis laudati suscepit, est *Historia Danica* a prima gentis origine usque ad a. 1186. cui etiam multa carmina sunt immixta, ut etiam in poësi facultatem non exiguam possèderit. In stilo praecipue sectatus est Valerium Maximum et Martianum Capellam. Vitam ejus pluribus exponit Stephanus Joannis Stephanius in Prolegomenis.

Opus hoc Saxonis primum prodiit cura Mag. Christierni Petraei , Metropolitanae Lundensis Ecclesiae Canonici , Parisiis per Ascensiun , 1514. fol. deinde post annos viginti Basileae per Jo. Bebelium , 1534. f. Stephanius eam Jo. Oporino adscribit , et consilio Jo. Sphyractis, Basileensis adornatam dicit, unde Jo.Mollerus in Hypomnematis ad Alb. Bartholinum de scriptis Danorum p. 396. duas editiones fecit , Sphyratinam 1524 et Oporinianam 1534. male , ut ego conjicio, qui de a. 1524. nihil apud quemquam auctorum inveni memoratum. Editio tertia per Wechelum prodiit Francof. 1566. fol. cura Philippi Loniceri et Joannis Fichardi. Quarta denique Sorae 1644. folio, cum Commentario Stephanii, quae editio huc usque fuit optima. Rostochiensis a. 1656. cum annot. Stephanii , quam Cornelius a Beughem in Bibliogr. Hist. p. 221. memorat , nunquam prodiit.

Versio illius Danica edita est ab Andr. Vellejo , Historiographo Regio , Hafniae , 1575. et 1610. folio. dialecto Saxoniae inferioris prodiisse dicunt 1481. 8.

Commentatores inediti sunt Jo. Suaningius , Senior , Christiani III. Regis Historiographus , M. Nic. Petraeus , Praepositus in Mona Insula Süderaasensis , et Brynol-

phus Suenonius , Episcopus Scalholtensis in Islandia , cujus quaedam Conjectanea in aliquot Saxonis loca suis inseruit · Stephanius. Vide Commentarium ejus p. 18. 24. seqq.

Caeterum de Epitomatoribus, Continuatoribus , laudatoribus et defensoribus ejus et aliis quae huc pertinent , vide Jo. Mollerum in Isagoge ad Historiam Chersonesi Cimbricae part. I. p. 31. item in Hypomnematis laudatis , Nic. Petri Sibbern Bibliothecam Historicam Dano-Norvegicam pag. 21. seqq.

Annalista SAXO , ab a. 741-1139. in Codice monasterii S. Fermani Parisini primum inventus , post editus in Jo. Georgii Eccardi Corpore Historicorum medii aevi t. I. p. 133. seqq. ejus scriptoris sic enarrat Eccardus in praefatione : *Res Germaniae et praecipue Saxoniae dilucide enarrandas sibi proposuit. Successio Germanicorum Archiepiscoporum , Episcoporum , Abbatumque Monasteriorum celebriorum , ab eo solicite annotatur , ut vel ob hoc solum in pretio sit habendus. Sed Genealogicae ante alia notitiae , quas subinde , et inprimis de Familiis Saxonicis , interspergit , auro nobis contra carae esse debent. Sine illis quippe in originibus illustrium quarundam gentium plane coecutiremus , ut vel eae disquisitiones Genealogicae demonstrant , quas nos nuper in lucem emisimus , atque ejus auctoritate plerumque firmavimus. Sequitur author in vetustioribus Reginonem , ejus tamen verba saepius emendatius exhibet , quam in Pistoriana editione, negligentius curata, cernuntur. Idem excerpit Witichindum , Ditmarum , Adamum Bremensem , Cosmam Pragensem , Brunonem de bello Saxonico , Lambertum Schafnaburgensem , Chronicon Montis Sereni , Scriptores de prima expeditione cruciata , Hessonis acta Concilii Remensis anno 1149. habiti , et alia vetusta monumenta , quae hactenus alibi nondum detecta sunt. Ditmari et Witichindi praesertim narrationem confusam in ordinem Cronologicum digessit , et ea opera facem nobis ad intelligendos exactius obscuriores hosce scriptores accendit. Amplissimo Gun-*

dlingio, Halis historiam Germanicam egregie excolenti, inde magno usui erit, si is, uti praesenti mihi spem olim fecit, Ditmari Chronicon notis suis illustrabit. Post Henrici II. Imper. mortem Annalista noster incipit, atque ad finem usque continuat plurima proferre, quae sine eo plane nesciremus.

De Auctore Eccardus rationes ita subduxit. Annalista Saxo cum Chronico Hildesheimensi, quod Quercetanus et Leibnitius ediderunt, non in verbis solum, sed etiam in rebus ipsis convenit. Browerus in Luminibus Germaniac Excerpta Chronici Hildesheimensis edidit sub nomine *Eggehardi Abbatis Vragiensis.* Quum igitur haec cum priore Chronico convenirent, Leibnitius putavit Eggehardum illius auctorem esse. Hunc vero Eggehardum prius Hildesiae inter asseclas S. Benedicti vixisse *conjicit.* Quorsum et hoc pertinet, quod Helmoldus ad Eggehardum provocat, id quod in hunc Annalistam quadrat. Audacter igitur statuit, Eggehardum esse hunc ipsum Annalistam, de quo nobis sermo. Huic se brevibus opponit Theodorus Hasaeus in Bibl. Bremensi Classe VII. p. 911. ex ea ratione, quia Herm. Cornerus quaedam ex Eggehardo profert, in hoc Annalista longe aliter leguntur. Monuerat vero jam Eccardus, exemplar, quo Cornerus usus erat, a variis interpolatum et ad annum 1370. continuatum esse. Hac itaque ratione lis nondum decisa est, neque putem, tam facile decidi posse, quia ex tam multorum auctorum compilatione fieri vix potest, ut verum Auctorem agnoscas, nisi quis certiora nos doceat. Caeterum de duobus Eggehardis, qui Abbates Vragienses fuerunt, Noster supra egit. ECCARDUS II. 492.

Chronographus SAXO a tempore Christi nati usque ad annum 1188. editus est a Leibnitio in Accessionibus historicis. Codex olim fuit Christophori Broweri, quem postea Papebrochius cum Leibnitio communicavit. Hic suspicatur, auctorem in coenobio S. Joannis Magdeburgensi vixisse, quippe cujus Abbatum gesta alicubi curiosius attingit, Archiepiscopatus quoque Magdeburgensis res crebro exponit.

Poëta SAXO *de gestis Caroli Magni* ab anno 771-814. ex Codice Guelpherbytano primum editus a Reinero Reineccio, Helmst. 1594. 4. cum annotationibus, postea primo loco in scriptoribus rerum Germanicarum Kulpisii vel Schilteri, tandem in Scriptoribus Brunsuicensibus Leibnitii t. I p. 120. et emendatior quidem ex Codice Manuscripto Academiae Juliae. Auctor Arnulpho Imperatori fuit aequalis. Vid. I. 321.

Ludovicus SCARAMPUS seu MEDIAROTA, natus Patavii a. 1402. humili loco. sub Eugenio IV. exercitui praefuit, et post alia bene gesta Turcas apud Belgradum, et classe apud Rhodum devicit: postea Cardinalis S. Laurentii et S. R. E. Cancellarius obiit a. 1465. *Epistolae* illius mira eruditione refertae fuerunt in Bibl. Laurentii Pignorii. Plura Oudinus tom. III. pag. 2442: Oldoinus in Athenaeo Romano p. 469. Eggs Purpura docta lib. III. p. 129. Menckeniorum Bibl. virorum militia ac scriptis illustrium p. 422. seqq.

Annales SCHIRENSES, vide supra *Conradus* Philosophus.

Antonius SCHNACKENBURGIUS, natus a. 1347. literis imbutus est in monasterio Iburgensi et schola Monasteriensi, postea monachus Corbeiensis in Westphalia et Hersfeldiae Magister Novitiorum. Scripsit *Annales Corbeienses* ab a. 815. ad 1471. quos edidit primum Christianus Franciscus Paullini in Syntagmate rerum Germanicarum p. 365. post G. G. Leibnitius tomo II. S. R. Brunsuicensium pag. 296. Confer Paullini Prolegomena.

S. SCHOLASTICA, soror S. Benedicti, fundatrix aliquot monasteriorum, obiit a. 543. 10. Febr. Vitam ejus dedit Gregorius M. Dial. lib. II. nec. non sermo Venerabili Bedae adscriptus apud Mabillonium sec. I. Benedictino p. 35. Ei tribuitur *Regula pro suis monialibus et Epistolae.* Mandosii Bibl. Romana. Cent. VII. 65.

Nicolaus SCHREITWEIN, scripsit *Catalogum Archiepiscoporum Laureacensium et Episcoporum Pataviensium*, usque ad annum 1460. qui est in Bibl. Vindobonensi, teste Lambecio, quemque usque ad annum 1517. continuatum una cum aliis rerum Germanicarum scriptoribus dare volebat Daniel Nesselius. Vide Oudinum tomo III. p. 2614.

SCHRITOVINUS. Vide supra II. p. 608.

Chronicon SCHWARZACENSE ab anno 815-1590. edidit Jo. Petr. Ludewicus t. II. Scriptorum Germanicorum et Bambergensium p. 1. qui tres Codices manu exaratos contulit. Auctorem non unum [habet, sed plures monachos monasterii Schwarzacensis in Franconia, dioecesis Herbipolensis. Nomen huic a fluvio Schwarzach, qui non procul inde Moenum illabitur. Quaedam hausit ex Conrado Urspergensi, unde quidam hunc Auctorem hujus Chronici, sed perperam, statuunt. Vide supra I. 384.

Chronicon SCHUTTERENSIS monasterii trans Rhenum ad Schutteram fluvium, dioecesis Argentinensis, ab a. 603-1427. est Auctoris recentioris, qui a. 1536. adhuc in vivis fuit, et documentis monasterii sui melius uti poterat. Editum in Vindemiis literariis Jo. Frid. Schannat t. I. p. 17.

SCIPIO Hermenzonus, Barthol. filius, Cremonensis, JCtus, a Francisco I. equestri dignitate insignitus, unus ex Status Mediolani Syndicis fiscalibus, obiit a. 1519. scripsit de jure fisci, de magistratibus, de poena arbitranda, de furtis puniendis et de testibus examinandis. Arisii Cremona literata tom. I p. 368.

SEBASTIANUS Aquilanus, Aquila regni Neapolitani urbe oriundus, medicus et Galeni sectatus, obiit a. 1443. Scripsit de morbo Gallico, item de febre sanguinea. Basil. 1537. et Lugd. 1532. cum Marco Gatinara. Gesnerus, Toppii Bibl. Neapolitana p. 276. Mercklini Lindenius renovatus p. 961. 962. * Opusculum eius de morbo Gallico itemque de febre sanguinis una cum Marco Gattinaro De curis aegritudinum particularium multo ante, Lugdunensem editionem anni 1532 prodiit Bononiae in 8. Quamquam enim annus non adnotatur adhuc tamen vetustissima est editio, ut ex aspectu intelligitur. Quare Lugdunensis ad Bononiensem istam exacta est. In Codice 525 latino Biblioth.

Taurinensis extat Sebastiani Aquileiensis (idest de Aquiolta, ut inferius explicatur) Medicinam ordinariam Ferrariae publice profitentis quaestio, utrum secundum Galeni Sententiam detur unum membrum principalissimum. Ibi quoque duo alia eiusdem scriptoris opuscula servantur nemper De causis periodicationis humorum secundum Galenum sententia D. Sebastiani ab Aquila Papiae determinata. Quaestio D. Sebastiani tempore suo primas cathedras Medicinae in Italia obtinentis de putrescente Sanguine. *

SEBASTIANUS Brand, latine Titio, Argentinensis, natus a. 1458. Jus civile docuit primum Basileae, deinde in patria, ubi Reip. primum Advocatus et Syndicus, postea Cancellarius fuit: obiit VI. Id. Maji a. 1521. Scriptis ejus variis congerendis operam navabo. Sunt autem sequentia:

Argumentum in Jac. Wimphelingii Carmen de conceptu virginis. Basil. 1494. 4.

Das Narn Schif von Narragonia, 1494. 4. Latino carmine expressit Jacobus Locherus, sub titulo Stultifera navis, prodiit sine mentione loci 1497. 4. et Argentinae codem anno, Paris. per Gaufridum de Marnef, 1498. 4. et Basileae, opera Jo. Bergmann de Olpe 1498. 4. et alibi Gallice sub titulo: La Nef des Fols du Monde; de nouvel translate par maistre Joce Bade. Paris. 1497. folio. De aliis versionibus, Anglica, Belgica etc· vide Hendreichii Pandectas Brandenburgicas pag. 703. 704.

De origine et conversatione Regum et laude civitatis Hierosolymae, item Belli a Christianis ad eum recuperandum gesti historia. Basil. 1495. 4.

Facetus ex latino Germanice 4. sine anno et loco. Exemplum adest in Bibl. Heilsbrunnensi, teste Hochero p. 151. 189.

Poëmata varia, Basil 1498 4. et sub titulo: Carmina varia. Argent. 1498. 4.

Ad D. Maximilianum, in vitam et conversationem Regum Israël et Judae. Basil. 1498. 4. Videndum annon idem sit cum opusculo, quod sub num. 3. protulimus.

Expositiones s. declarationes omnium titulorum juris tam civilis, quam canonici.

De modo studendi in utroque jure cum nominibus omnium scribentium in jure. Basil 1504. 1515. 4. Lugduni apud Gryphium 1544. 8. Venet. 1565.

Chronica Germaniae, praesertim Alsatiae et urbis Argentoratensis. Impressa sunt cum Germanicis Chronicis Hedionis.

Epithalamion Maximiliani Regis et Blancae Mariae Reginae Romanorum : non exstat apud Freherum S. R. Germ. t. II. ut scribit Hendreichius: sed tantum ibi memoratur.

Memorabilia Evangelistarum. Argent. 1504. quod opus, imprimis icones, scandali plenissimum dicit Hendreichius.

In laudem S. Sebastiani, Vita S. Onufrii, in laudem S. Valentini et S. Ivonis, Vita S. Bernardi. Basil 1505. 4.

Multa ejus habes in Deliciis Poëtarum Germanicorum tomo I. p. 691.

Varia de eo notatu digna congessit Wenckerus in Apparatu Archivorum pag. 15. 16. 22. seqq.

* Inter opera viri huius docti accensendam arbitror quamvis aliquanto perplexus vita S. Meynradi martyris et eremltae editum in Germania Basileae per Michelem Furter An. 1496. Quamqnam enim scriptoris nomen ibi non legitur, est tamen in fine Sebastiani Brant epigramma, quod hic adscribere placet.

Ad lectorem S. Brant

Fac Deus ob meritis Meynradi martyris atque
Sylvicolae regni praemia adire tui.
Illius in laudem praeconia digna relatu
Litterulis pressit jam Basilea novis,
Hunc sibi suscepit Furter Michaelque laborem
Me duce : pro nobis vir venerande roga
XII. Kal. Octob. an. 1496.

De *Narragonia* optime Bibliothecarius noster prodiisse illam latinis litteris traditam ex Germano a Jacobo Philomuso an. 1497. in 4. Addit in editione hac locum impressionis non exprimi, sed ego in mea diserte lego *in urbe Basiliensi* opera et promotione Jo. Bergman de Olpe. Addendum est insuper latinam hanc editionem ab authore suo Sebastiano Brand non approbatam tantummodo, sed hinc illustratam, et non paucis in fine additamentis auctam fuisse.

Memorabilia Evangelistarum opus est Petri Relmisi et Petri de Rosenheim, ita demum ut imagines sint Relmisii : metra subiecta de Rosenheim. Praecedit opus totum Seb. Brant epigramma; prodiit. Hagenoae an. 1504. typis. Th. Badensis. Vide Lambacher Bibl. Antiq. Vindob. civ. I. 68.

SEBASTIANUS, discipulus S. Benedicti et monachus *Cassinensis*, sec. VI. Scripsit *Vitem S. Hieronymi*, quae, quod sciam, impressa non est, habetur autem in MSS. Cassinensibus, Sublacensibus et Reatinis. Magnoaldus Ziegelbaur in Conspectu rei literariae Ord. S. Benedicti part. I. pag. 4. Adde Petrum Diaconum de viris illustribus Casinensibus c. 4.

SEBASTIANUS S. R. Diaconus *Cardinalis*, a Vigilio evulgatus literas plures scripsit ad Episcopos diversos contra ipsum Vigilium Pontificem. Haec Oldoinus in Athenaeo Romano p. 598.

SEBASTIANUS *Justinianus*, cujus *Oratio habita coram Uladislao rege Pannoniae*. 1500, 4. sine mentione loci, prodiit

SEBASTIANUS *Mamertus*, Gallice *Mamerot*, Canonicus et Cantor Trecensis in Ecclesia S. Stephani, vixit circa a. 1474. Scripsit *de iis, qui regnarunt in Francia*, MS. in Bibl. Vaticana. Montfaucon Bibl. Bibl. MSS. p. 107. Alia ejus Gallica lingua exarata vide in Jac. le Long Bibliotheca historica Galliae p. 362. 371.

SEBASTIANUS *Murrho*, Colmariensis, Canonicus et Presbyter in patria, philosophus, orator, poëta, cosmographus et Jureconsultus, trium linguarum peritus. Scripsit *Epitomen de laudibus Germanorum, in Baptistae Mantuani opera*, Argent. 1518. in 4. *Epistolas ad diversos*. Vixit a. 1494. Trithemius de script. Eccles. c. 934. et viris illustr. Germ. Hippol. Marracci Bibl. Mariana tomo II. p. 355.

SEBASTIANUS *Perusinus*, Ord. Praedicatorum Perusii, Theol. Magister, Theologus et Mathematicus insignis, a. 1512. fere septuagenarius croatus fuit Provincialis Tusciae. Scripsit *Vitam B. Columbae Reatinae*, virginis tertii Ord. S. Dominici, quae a. 1506. obiit. Edidit eam Latine Leander Albertus libro de viris illustribus

Ord. Praedicatorum a. 1516. impresso, Italice idem a, 1521. Latina repetita est in Actis SS. tomo V. Maji p. 320.

SEBASTIANUS Episcopus *Salmanticensis* , Scripsit *Chronicon*, in quo Isidorum Pacensem ab. a. 896. usque ad initium Veremundi Regis continuat. Edidit cum Isidoro Prudentius de Sandoval, Pampelonae 1634. Auctor quibusdam est suspectus. Vide Oudinum tomo I. p. 1794.

SEBASTIANUS *Sericus* , Saludeciensis ex agro Ariminensi, Magister, incertum Theologiae au Philosophiae, circa a. 1518. Scripsit *Vitam B. Amati*, Saludecensis, quae Italice reddita a Jacobo Antonio prodiit Arimini 1599 et 1609. latine vero ex autographo in Actis Sanctorum tom. I. Maji pag. 348.

SEBASTIANUS *Sperantius* , Praepositus Brixinensis, Caesareus et Gurcensis (Raymundi scil. Cardinalis Gurcensis) Secretarius. Scripsit *Epistolam* unam ad Reuchlinum, in qua ipsum bono animo esse jubet, eique in controversia sua favorem Cardinalis sui promittit. Extat inter Reuchlinianas p. 66. b.

SEBASTUS, vir sanctus in dioecesi Bituricensi, sec. III. *Vitam S. Genulphi*, Episcopi Bituricensis literis consignavit. Sed ea an adhuc exstet, nondum constat. Acta Sanctorum t. II. Jan. p. 81. 89. 97.

SECUNDINUS, alias *Sechnallus* et *Schaghlinus* , filius Restituti Longobardi et Darecae sororis S. Patricii, 439. venit in Hiberniam, mortuus a. 448. aetatis 75. Composuit *Hymnum in laudem S. Patricii* secundum ordinem Alphabeti. Waraeus de scriptor Hiberniae part. 2. p. 103. Editus ille est in Jo. Colgani Triade Thavmaturga Sanctorum Hiberniae p· 211. et a Waraeo post opera Patricii p 146. Vide quae Bivavarlus notat ad Chron. Maximi p· 700.

SECUNDINI *Manichaei Epistola* ad Augustinum, exstat in hujus Operibus t. VI. edit. Benedict.

Alius Secundini libellus *de origine Turcarum* MS. exstat in Bibl. publica Norimbergensi. Hallevordius ad Vossium.

SECUNDINUS *Ventura* , Andreae filius, Civis et Notarius Astensis. Scripsit *Memo-* *riales de rebus Astensium* ab a. 1419 ad 1457. quod editum est a Muratorio S. R. Ital. tom. XI. p. 269.

SECUNDUS , *Historiae Longobardorum* scriptor, sub Heraclio. Paulus Warnefridi III. 29. Mortuus est, eodem teste. IV. 42. *Tridenti Secundus servus Christi*. In serie vero Episcoporum Tridentinorum hoc nomen non occurrit, unde Clericus inferioris dignitatis fortasse fuit.

SEDATUS , Episcopus Biterrensis, qui a. 589. Concilio Toletano et Narbonensi interfuit, auctor est *Homiliae de Epiphania* primum Lugduni cum Opusculis quorundam Patrum 1615. a Thoma Galleto editae, post in Bibl. PP. Parisina et Coloniensi inter aetatis incertae scriptores positae, cui tandem in Lugdunensi tom. XI. p. 1093. nomen Episcopi Citerrensis apposuerunt. Inter Opera Augustini tom. V. edit. Bened. Append. p. 235. exstat sermo *de Kalendis Jannuariis*, qui in MS. Floriacensis Abbatiae Sedato Episcopo tribuitur, dubium an huic nostro. Denique mentio facienda est *Epistolarum trium* Sedati *ad Ruricium Lemovicensem* , quas Canisus edidit antiqu. Lectionum tom.· V. 2. pag. 438. edit novae tom. II. part. 2.p.360. 362. 367. cujus quoque ad nostrum aliquot Epistolae exstant. Habentur quoque tomo II. Conciliorum Harduini, ut alias editiones taceam. Has Epistolas quidam Sedato Nemausensium Episcopo tribuunt, qui a. ·506. Concilio Agathensi, et a. 507. Tolosano interfuit. Adde Hist. literaire de la France tom. III. p 362.

Coelius SEDULIUS Scotus vulgo fuisse dicitur, quia, Trithemio teste, se in inscriptione Epistolarum *Scotigenam* dixit. Sed Scotia tunc temporis dicebatur, quae nunc est Hibernia, prout docet Jac. Usserius de Britannicarum Ecclesiarum primordiis. *Presbyterum* vulgo vocant cum Isidoro Hispalensi cap. 7. *Episcopum* Sigebertus Gemblacensis c. 6. *Antistitem* Liberius et Belisarius in Acrostichide, nec non Anon. Mellicensis c. 35. unde Pseudo-Dexter in Chronico ad a. 428. ipsum *Episscopum Oretanum* in Hispania fecit. Hildephonsus in homil. de Virginitate Mariae

tom. IX. Bibl. PP. Paris. de a. 1654 col.142.
E *Rhetorem Ecclesiae Romanę*, Auctor
vitae Dunstani *Senatorem* vocat: quae
omnia quomodo concilianda sint nondum
constat. Trithemius ait, ipsum amore discendi Scotiam reliquisse, in Galliam,
Italiam, Asiam et Achajam, migrasse,
ac tandem in urbe Roma mirabili doctrina
clarum effulsisse. In Achaja libros suos
scripsisse docent ea, quae duobus vetustissimis Codicibus MSS. Thorneiano et
Pithoeano adscripta sunt, ab Usserio et
Labbeo producta:
   Neque de tempore omnes conveniunt.
Sigebertus temporibus Constantis et Constantii, filiorum Constantini M. vixisse asserit: Trithemius ad Theodosium Magnum
refert · Annotationes vero modo adductae
ad tempora Theodosii junioris et Valentiniani Impp. detrudunt. Probabile tamen
est, ipsum medio seculo V. floruisse, quia
Venantius Fortunatus et Cassiodorus ad
ipsum provocant. Adde Lexicon Baelianum.
   Scripsit autem Sedulius sequentia:
   1. *Carmen Paschale* lib. V. cum praefatione prosaica ad Macedonium Abbatem.
Quam de numero horum librorum Auctores varient, vide apud Cellarium antec.
ad p. 8. Gelasius Papa Distinct. XV. cap.
III. sect. 25. scripserat, Sedulium *heroicis versibus* Paschale Carmen descripsisse,
quae verba cum librariorum incuria de-
pravarit in *haereticis*, Paulus II. Pont.
max. in capitale Poetarum odium, et plurimi legum interpretes eo perducti sunt,
ut omnia poemata, etiam sacra, haeretica
esse duxerint. Id quod ex Pierii Valeriani
Oratione pro Sacerdotum barbis adduxit
Salvagnius Boessius ad Ovidium in Ibin. v.
623. (310 Carmen Paschale et Hymni duo
c. n. var. ab H. Arntzenio Leovardiae
1761. in 8.)
   2. *Collatio Veteris et Novi Testamenti*,
sive Hymnus I. genere Elegiaco, per schema E παναληψεως alternis versibus repetitae: Trithemius inscribit *Exhortatorium
ad fideles*.
   3. *Acrostichis vitam Christi continens*,
sive Hymnus II. genere Jambico quaternario. Editus est post libros Cathemerinon

Lips. 1522. 8. per Petrum Mosellanum.
   Prodierunt haec opera:
   Lipsiae per Jac. Thanner 1499. .4. una
cum *Exhortatorio ad fideles*.
   Venetiis apud Aldum, 1502. 4. cum Juvenco et Aratore.
   Lipsiae 1504. 4. et ibidem apud Jac.
Thanner 4509. 4.
   Lugd. cum Comm. Ant. Nebrissensis
1512. 4. Colon. 1509.
   Basileae ex recognitione Theod. Pulmanni, una cum Juvenco, Aratore, et hy-
mnis Venantii quatuor, sine anno addito,
8. quae editio teste Nicolao .Antonio, Ca-
lari apud Vincentium Sembenium a, 1573
8. repetita est.
   Antverp. apud viduam Martini Caesaris,
1538. 8.
   Basileae, apud Westhemorum, cum enar-
ratione Ælii Ant. Nebrissensis, addito Ju-
venco c. comm. Ascensii, 1541. 1545. 4.
   Lugduni apud Tornaesium cum Juvenco
et Aratore 1553. 1566. 1588. 12.
   In PoetisChristianisFabricii,Basil.1566.4.
   In Bibliothecis Patrum Paris. Colon. et
Lugdun.
   Edimburgi 1701. 8. quae accurata habetur. Huius editionis notitiam, quum alias
in his oris fere ignota manserit, debeo
Georgio Mackenzie de Scotis eruditis Vol.
I. pag. 346.
   Denique Halae 1704. 8. edidit Cellarius.
   Paschalis Operis libri V. soluta oratione
descripti, una cum Epistola ad Macedonium
altera, qui Sedulium hortatus erat ut illud
sermone prosaico exprimeret. Primus edidit Juretus Paris. 1585. 8. repetiit deinde
Bibl. Patrum Bigneana altera et sequentes.
   5. Sedulius poeta *de praerogativa diei
sexti*, una cum *Carmine Paschali*, MS.
fuit in Bibl. Uffenbachiana, teste Catalogo
part. 4. col. 224.
   6. *Carmen de Verbi incarnatione* ediderunt Martene et Durand Collect. ampliss.
tom. IX. p. 125. ex Codice Corbeiensi, in
quo Operi Paschali tanquam pars ejusdem
nulla interposita distinctione, nulloque titulo praemittitur. Quod vero in praefatione
promittit se Maronem in melius expressu-
rum, illud re ipsa praestitit.

7. *Epistolas ad diversos* memorant Trithemius et Balaeus. quae nondum sunt editae, imo forte interierunt.

8. *De signis et virtutibus* lib. I. item *de gestis et miraculis Christi* lib. IV. tribuuntur ipsi a Balaco et aliis. Sed credo eos, una cum Colgano, varietate titulorum deceptos ex Opere Paschali plura alia fecisse.

Plura de ipso dabunt Jac. Usserius jam citatus, Waraeus de Scriptoribus Hiberniae, Colganus in Actis Sanctorum Hiberniae t. I. p. 316. Balaeus, Pitseus et alii, qui de Scriptoribus Anglis commemorant. Optime vero et distinctissime notitiam de illo expedivit Labbeus de Script. Eccles. tom. II. p. 324. seq. Ceillerius t X. p. 632.

* Quae hic leguntur de Paulo II. eodem errore asseruntur, ac ille est de quo Paulus insimulatur; male enim legit Pierium, quicumque ex eo Paulum II pro Adriano VI expressit. Loquitur enim scriptor ille de Adriano, nec dicit ab eo poetas censura Hetruscos inustos, sed jam tantum habet: *hac de causa nullum hominum genus majori prosequebatur odio, quam poetas id nominis nihil aliud praeseferre arbitratus, quam impietatem.* In Bibliotheca Universit. Taurinensis extat operis Paschalis Seduliani MS Codex membranaceus, quo antiquiorem nullum uspiam vidi. Cum doctissimi Bibliothecae illius curatores non adhuc visi a me Codicis antiquitatem praedicarunt; affirmarentque sacculi sexti indolem praeseferre paulo indulgentius ab illis judicatum opinabor; sed cum oculis illum aspicere datum est, nihil temere ab illis probatum agnovi. Collatus est cum edito, et eximiae plures variantes deprehensae, quas optimo consilio viri illi docti protulerunt in op. inscripto Codices MSS. Bibl. Reg. Taurinensis Athenei Cod. lat. 756. Distribuitur in hoc codice totum opus in lib. IV. atque correctorem vetustum habuit Abundantium quemdam, qui in fine unius ex quatuor hisce libris nomen suum adiecit: *Abundantius istum contuli feliciter.* Adiecta est ibidem. *Collatio vet. et Novi Testamenti* codem Sedulio authore. *

(311. Sedulii Opera omnia recognita et illustrata a Fr. Arevalo Romae 1794. 4)

SEDULIUS *Junior*, natione Scotus, dubium, an is, qui an. 721. Concilio Romano subscripsit, an alius, quem Hepidannus in Chronico ad an· 818. clarum fuisse narrat. Incertum etiam, Episcopus an Presbyter fuerit. Eius habemus:

1. *Collectaneum sive Explanationem in Epistolas Pauli*, in qua Gregorius M. quamvis suppresso nomine, citatur. Prodiit Basileae apud Henricum Petri 1528 et 1534. 8. nec non in Bibliothecis Patrum.

2. *Collectanea in Matthaeum* sub nomine Sedulii Scoti citat Sirmondus ad Sidonii Apollinaris Epist. IX. 4. ineditum adhuc, in quibus, Labbeo teste, Gregorius senior allegatur.

3. *Commentarii in artem Eutychii,* teste Usserio, in Bibl. Thuanea fuerunt. Sic quoque Sedulio *Commentarii in primam* (alii *secundam) artem Donati, et in majus Volumen Prisciani* tribuuntur.

4. *Opus de regimine Principum* habuit Goldastus teste Labbeo. Sedulius *de rectoribus Christianis et convenientibus regulis, quibus est respublica rite gubernanda,* Lips. 1619. 8. editus memoratur a Fabricio nostro. Freherus ad Petrum de Andlo de Imperio Romano II. 16. scribit, se an. 1612. hunc librum ανεκδοτον ad prelum parare. Ex ejus libello *de Christianis rectoribus* c. 8. octo disticha adducit Nicolaus Cusanus de Concordantia Catholica, praefat. libri III. in Volumine Schardii de Jurisdictione Imperiali p. 336.

Vide Usserium Antiqq Eccles. Britannic. c. 16. et Oudinum tom. II. p. 26.

Psalterium Graecum Sedulii cujusdam Scoti manu scriptum recenset Bern. de Montfaucon Palaeogr. Graec. III. 7. p. 230 f.

SEFRIDUS, nescio quis, *Vitam S. Ottonis Episcopi Bambergensis,* et Pomeranorum Apostoli, scripserat, ex quo deinceps alius Anonymus Auctor hujus Vitae profecit. Vide Jo. Bapt. Sollerium in Commentario praevio ad Vitam Ottonis tom. I. Julii p. 351. 352. et Oudinum t. II. p. 1195.

SEGENIUS, quartus coenobii Iluensis in Hibernia Abbas, cuius Beda meminit Hist. Eccl. III. 5. scripsit *Monachorum re-*

gulam, Homilias et *Epistolas:* decessit a. 651. vel sequenti. Waraeus de scriptor. Hiberniae p. 23.

SEHERUS, primus Abbas monasterii Calmosiacensis, Ordinis S. Augustini, in dioecesi Tullensi, sub initium seculi XII. Scripsit *de primordiis Calmosiacensis monasterii* libris II. editis a Martene et Durand Thes. novo Anecdotorum t. III p. 1159.

SEIFRIDUS, Abbas monasterii Tegernseensis ab an. 1048. cujus *Epistolae VI.* una cum Epitaphio illius exstant in Codice diplomatico Pezii et Hueberi part. I p.236

SENATUS *Bravonius*, vide supra t. I. p. 253 Fortasse verum nomen ipsius fuit *Servatus.* Vita S. *Wulstani* nondum edita est, ut ait Fabricius, sed tantum epitome illius a Capgravio et Surio edita videtur Bollando, in Actis SS. Jan. tom. II. pag. 238. Ipsa vero haec Epitome ibidem exstat p. 246. Librum *de pallii ratione* ipsi tribuit Lud. Jacobus a S. Carolo Bibl. Pontificia p. 436. qui vero mihi suspectus est.

SENSATI *Sermones spirituales* memorat Christ. Daumius in eruditissima praefatione ad Hieronymum Graecum de Trinitate, cuius excerpta etiam dedit Ittigius de Bibliothecis et Catenis Patrum. Mihi de illis nihil quicquam occurrit. Vereor, ne sit nomen appellativum, ita, ut quis medio aevo sermones spirituales *sensatos*, h. e. bono sensu praeditos, conscripserit. Haec scripseram, cum in manus incidit Nic. Staphorstii Hist. Eccles. Hamburgensis, cujus vol. III. p. 305. recensetur *Sensatus super Epistolas Pauli*, MS. in Bibl. templi S. Petri. Sunt autem Sermones de tempore. Ibi quoque ex Praefatione docetur *Sensati* nomen desumtum esse ex Ecclesiastici V. *Si videris Sensatum, evigila ad illum.* Excerpta quaedam ibidem habentur.

SERAPHINUS *Banchellus*, Florentinus, Ord. Dominicanorum, obiit an. 1488. Scripsit *Varia Theoremata super universam Aristotelis Philosophiam.* Julius Niger de Scriptoribus Florentinis pag. 497. Altamura Bibl. Dominicana p. 211.

SERAPHINUS *Trussus*, Cremonensis, Ord. S. Francisci circa an 1457. Scripsit

de incarnatione Domini, de oratione Dominicali, de natura Angelica. Arisii Cremona literata tom. I. p 284.

SERENI *Sermones duo*, unus *de spiritualibus nequitiis*, alter *de principatibus et potestatibus* extant inter Joannis Cassiani Collationes. Haec Possevinus tom. II. Apparatus p. 396. ex Bibl. Gesneri.

Quintus SERENUS *Samonicus*, auctor Carminis heroici *de re Medica.* Quae de hoc dici possent, ea jam invenies in Bibliotheca Latina Fabriciana III. 5. et in Bibl. Graeca vol. XIII. p. 393. Editio Andreae Rivini cum aliis scriptoribus medicis minoribus memoratur in Bibl. Latina IV. 12. 5.

SERGIUS I. Papa, vulgo natione Syrus Antiochenus habetur, sed plurimi scriptores Panormitanum credunt, Tiberii mercatoris, ex Syria oriundi filium. Romae sacris Ecclesiae Cantoribus praefectus fuit ab Adeodato Pontifice, post Cardinalis, ut creditur, S. Susannae an. 683. sedit ab an. 687. 701. *Epistolam* ejus ad Ceolfridum Abbatem Anglum dedit Baronius ad an. 701. n. 2. Harduinus tom. III. Conciliorum, Guilielmus Malmesburiensis de gestis Regum Angliae lib. I. p. 197. *Epistolas ad Ethelredum, Alfridum et Ardulfum Angliae Reges*, edidit Vastovius in vite Aquilonia, *Decreta quaedam* apud Gratianum, Ciaconium, et alios. Adde Ant. Mongitore Bibl. Siculam tom. II. p. 219. 220. Hier. Ragusa Elogia Siculorum pag. 254. Lud. Jacobi a S. Carolo Bibl. Pontificiam p. 197 Oldoini Athenaeum Romanum p.600.

SERGIUS II. patria Romanus, ab anno 844. 847. Ejus est *Epistola* ad Episcopos Transalpinos tom. IV. Conciliorum Harduini pag. 1463. et tom. I. Opp. diplom. Miraei p. 647. *ad Carolum Calvum*, Francorum *Regem*, quam Ciaconius ad Lotharium scriptam esse perhibet, in tomis Conciliorum. *Epistola* alia pro congreganda apud Treviros Synodo, teste Flodoardo Hist. Remens. III. 2. *Epistola* ad Alexandrum Ep. Viennensem in Jo. a Bosco Bibl. Floriacensi tom. III. p. 57. ad Andream Patriarcham Foroiuliensem, tom. V. Ughelli p. 38. Vide Prosperi Mandosii Bibl.

Romanam Centur. VI. 29. Lud. Jacobi a S. Carolo Bibl. Pontificiam p. 197.

SERGIUS III. ex Comitibus Tusculanis ab an. 907. 910. *Epistola* ejus ad Alexandrum Ep. Viennensem edita est a Joan. Licuraeo in Antiquitatibus Viennensibus p. 220 : *alia* ad Leopardum Abbatem Nonantulanum ab Ughello t. II. Italiae sacrae. Adde Prosperum Mandosium I. c. Cent. IV. 57. Lud. Jacobi a S. Carolo Bibl. Pontificiam p. 198 Oldoini Bibliothecam Romanam p 600.

SERGIUS IV. Papa, Romanus, ab anno 1009. 1012. Antea *Petrus Buccaporci* dictus, Benedictinus. Scripsit *Epitaphium Silvestri Papae,* quod est in Laterano. Bullas eius quasdam habes in Petri de Marca Marca Hispanica p. 978. 990. Lud. Jac. a S. Carolo I. c.

SERGIUS Grammaticus, aetatis incertae. Opusculum *in Donati Artem primam,* prodiit in Collectione Grammaticorum minorum Mediol. 1504. fol. cum Donato, Paris. apud Rob. Stephanum, 1531 8. *In primam et secundam Donati editionem Commentarius* habetur in Grammaticis Heliae Putschii p. 1826.

Lombardinus a SERICO scripsit *Supplementum compendii quorundam virorum illustrium post obitum Francisci Petrarchae,* MS. Florentiae in Bibl. Dominicanorum. Bern. de Montfaucon Bibl. Bibl MSS. p. 419.

* Verum eius nomen est *Lombardus a Serico* Patavinus. Meminit huius Vossius De Hist. Latin. III. 3. Supplementum eius prodiit saepius inter opera Petrarchae, ibique de illo egimus. scripsit etiam *Epistolam dialogisticam de Vita solitaria.* Quam cum aliis eius et Petrarchae operibus vulgavit Livius Ferrus Patavinus Patavi 1581. 4. scripsit praeterea opus aliud *de laudibus aliquot foeminarum gentilium aut literis aut armis illustrium* de quo vide Zenum in Dissert. Voss. t. 1. p. 26. obiit An. 1390. die II. Aug. ut notatur in epigrammate eius sepulchrali Patavi posito. Vid. ibid. Vide supra FRANC. *Petrarcha.*

SERLO *Doroverniensis,* Ord. S. Benedicti monachus Doverniae, i. e. Cantuariae in coenobio S. Augustini, postea Episcopus (non Shirburnensis, ut quidam volunt, sed) Cornubiensis circa annum 960. Scripsit *Commentarium in Pentateuchum , Homeliarium, de proverbiis , contra malos Monachos.* Lelandus c. 221. Balaeus Centur II. 31. Pitseus c. 143.

SERLO, Abbas de *Eleemosyna* in Brabantia , a Car. du Fresne in Indice *in orationem Dominicam* commentatus esse dicitur. Vide Auctorem sequentem.

SERLO *Fontanus , sive Grammaticus ,* Anglus , ex Canonico Eboracensi monachus et Abbas Fontanus , postea Kirchostallensis , claruit a. 1160. Habemus ejus *descriptionem belli inter Regem Scotiae et Barones Angliae* a. 1135. gesti , in Scriptoribus Anglicis Seldeni et Twysdeni p. 331. Scripsit praeterea *de morte Sumerledi , in orationem Dominicam, de dictionibus dissyllabis, aequivocis et univocis.* Balaeus Centur. II. 91. Lelandus c. 221. Plura vide supra tom. IV. p. 426. ubi lin. ult. loco p. 230. pone 290. item apud Oudinum tomo II. p. 1425. Confunduntur hic duo Serlones , quos ego nunc extricare non possum.

S. SERLO , natione Scotus , monachus *Mailrosensis ,* et socius Adami Cathenesii, cum quo a. 1255. combustus fuit. Scripsit *Vitam Adami* Magistri sui secundum Dempsterum Hist. Scotiae XVII. n. 1035. Hallervordius.

SERLO *Parisiacensis ,* nescio quis, scripsit *rhythmos de filiis prebyterorum,* qui incipiunt : *Rex immortalis, qui longo tempore talis.* Ex Lelandi Collectaneis Balaeus Centur. X. 44. *Versus* ad Odonem Bajocensem Episcopum , *de capta Bajocensium civitate, et invectiva in Gilbertum* Abbatem Cadoni , MSS. sunt in Bibl. Cottoniana. Vide Catalogum Thomae Smithi pag. 82.

SERLO Presbyter , Anglus , illustri genere natus , Syredi et Leofledae filius , primum Decanus Sarisburiensis , dein Abbas Coriniensis , h. e. Excestrensis monasterii. Varia scripsisse dicitur , sed ne tituli quidem prostant. Lelandus c. 221. Balaeus Cent. X. 44. Pitseus App. Centur IV. 31.

SERLO , Abbas quartus *Savigniacensis*

in Normanuia, temporibus S. Bernardi, et post hujus obitum, monachus Claraevallis, Scripsit *Sermones et Dicta*, quae exstant in Bertrandi Tissier Bibl. PP. Cisterciensium tomo VI. p. 107-130. item *Expositionem in Orationem Dominicam.* Car. 'de Visch Bibl. Scriptorum Ord. Cisterciensis p. 298. Oudinus tomo II. 1426.

SERLUS *de Janua*, aliis *Serolus* vel *Servolus*, Ord. Praedicatorum in conventu Januensi, sec. XIII. a Clemente IV. Episcopus Aprumiatensis (*Brugneto* in regione Januensi) obiit anno circiter 1280. Scripsit *Summam casuum conscientiae in sui cleri usum.* Jac. Quetif de Scriptóribus Ord. Praedicatorum tom. I. p. 384.

SERTORIUS *Gualensis*, in Wallia natus, unde Lelandus *Cambrensem* vocat, Trithemius c. 607. et Willot *Fortunerium* vocant, nescio qua de caussa. Fuit monachus Ordinis S. Francisci in conventu Georgonensi, et a. 1356. in conventu Massiliensi ejus Ordinis Generalis, a. 1361. Archiepiscopus Ravennensis, Patriarcha Gradensis, ac designatus Presbyter Cardinalis obiit, a. 1362. Scripsit *in Augustinum de Civitate Dei, Sermones ad utrumque statum, Lecturas Theologicas, Quodlibeta disputata.* Lelandus c. 355. Balaeus Cent VI. 34. Pitseus c. 607. Willot Athenae sodalitii Franciscani p. 323. Possevinus tomo II. Apparatus p. 397. Ita scribunt vulgo, quamvis nomen hujus Sertorii neque inter Archiepiscopos Ravennenses, neque Patriarchas Gradenses inveniatur, bene tamen *Fortanerii*, de quo Fabricius noster jam supra t. II. 584. quaedam dixerat. Revera Gallus fuit, non Anglus.

SERVANDUS, Episcopus Auriensis, Roderico Gothorum regi ultimo a sacris Confessionibus fuisse dicitur, seculo VIII. Scripsit *Hispanicarum rerum Compendium*, cujus versio tantum Hispanica superest, Gallaecio sermone, a Petro Seguino ejusdem Ecclesiae Aurensis Antistite facta. Nic. Antonius Bibl. Hispana vetere VI. 1. n. 14.

SERVATIUS (huc usque vulgo *Sabbatium* vocarunt Gennadius de viris illustribus c. 25. et Thrithemius de scriptor. Eccles' c. 168.) Episcopus Tongrensis sec. IV. cujus

vitam tom. I Scriptorum Leodiensium habes pag. 28. seqq. obiit a. 384. Scripsit contra *Valentinum et Marcionem, Aëtium et Eudomium*, quod opus injuria temporum perlit. Vide Histoire literaire de la France tom. I part. 2. p. 242.

SERVATIUS *Ædicellus*, Agrippinas, *Vitam S. Willebrordi* metro scripsit. Haec Carolus du Fresne in Indice, quem Glossario praefixit.

SERVATIUS *Frankell*; Ord. praedicatorum S. Theologiae Magister, conventus Coloniensis per annos viginti Prior, et haereticae pravitatis Inquisitor, vergente seculo XV. Scripsit *Sermones notabiles omnium solemnitatum principalium totius ánni* Jac. Quetif de Scriptoribus Ord. Praedicatorum tom. I. p. 904.

SERVITORIS Liber *de praeparatione medicinarum simplicium*, impressus est Venetiis per Nic. Jenson 1471. 4. Verum nomen est *Serapion*, quem vide

SERVIUS *Honoratus Maurus*, Grammaticus non incelebris, et jam Macrobio memoratus. Ejus sunt:

1. *Commentarius in Virgilium*, de cujus editionibus confer Fabricii Bibl. Latinam. Is a quibusdam proter doctrinam commendatur, ab aliis ob inscitiam contemnitur. Communis vero virorum doctorum est sententia, Servium multos interpolatores, homines indoctos, esse passum, quare inter Codices et editiones illius mira est dissensio. Vide Bibl. selectam Clerici tomo XIV. pag. 247.

(312. Prior editio est Veneta per Valdarfer 1471. fol. Est mihi perrara eiusd. op. editio anni 1471. 72. gr. in fol. cur. Bernardo et Petro Cennini, *Florentinis ingeniis nil ardui est*, quae tertium locum inter libros Florentiae cusos ab Audrifredo obtinuit.)

2. *De naturis* (alii *de ratione*) *ultimarum syllabarum*, prodiit in Collectione Grammaticorum minorum, Mediol. 1504. f

3. *Centimetrum*, aliis *Centimeter*, sive *Ars de pedibus versuum seu centum metris*, exstat in Codice membranaceo septingentorum annorum in Bibl. S. Emmeranimi Ratisbonae. Pez diss. Isagogica

ad tomum I. Thesauri Anecdotorum p. 39. Epistola Centimetro praefixa edita est in Labbei Bibl. nova MSS. I. p. 668.

4. *Interpretatio Donati*, sive *in secundam Donati editionem interpretatio*, cum Donato prodiit apud Rob. Stephanum 1531.

8. Haec tria vero habes etiam in Grammaticis Putschii p. 1779.

· 5. *Glossae Graeco-Latinae*, quas olim habuit Petrus Scriverius, edidit autem Antonius Matthaeus tomo VI. Analectorum edit. prior. tomo III. p. 653. edit post. Dubitat tamen de Auctore Tanaquillus Faber Epist. I. 63. et ipse Matthaeus.

SERVUS *Dei*, incertae sedis Episcopus, temporib. Augustini, scripsit adversus eos, qui dicunt, Christum in hac vita degentem non vidisse carneis suis oculis Patrem, sed post resurrectionem ex mortuis, et ascensionem in coelis cum translatus est in gloriam Dei Patris, profectum scilicet ei dantis in remunerationem martyrii. In qua scriptura ostendit, et disputatione sua, ac sanctarum Scripturarum testimoniis, Dominum Jesum ab ipso ejus conceptu per Spiritum sanctum facto, et partu ex Virgine, quod Deus verus in homine vero ipse quoque Homo Deus factus natus est, semper carnis suae oculis et Patrem vidisse, et Spiritum sanctum, per specialem et ei unitam Dei et hominis. societatem. Haec Gennadius de Script. Eccles. c. 87. Augustinus hujus sententiae meminit suppresso nomine Epist. 92. et 1496. sed eam refutat. Caeterum liber ille aotatem non tulit.

SEVALUS, vel *Serwalus*, Anglus, Oxoniae literis incubuit, primum Decanus, post Archiepiscopus Eboracensis. Sed quia nimias pecuniarum exactiones Pontificum tolerare non potuit, excommunicatus, a populo tamen in magno honore habitus fuit. Obiit a. 1258. Scripsit *Breviloquium contra quendam Magistrum Jordanem*, quem Pontifex, quamvis Angliae linguae ignarum, ipso inconsulto Decanum Eboracensem constituerat, *Statuta Synodalia*, *Sermones et Epistolae*, *ad Alexandrum Papam*, ad quem moribundus scripsit, inter alia, teste Matthaeo Parisio, his verbis

usus: *Dixit enim Dominus Petro : Pasce oves meas, non tonde, non excoria, non eviscera, vel devorando consume.* Balaeus Centur. IV. 23. Pitseus c. 366.

Jacobus de SEVA, ex Gallia Narbonensi, Doctor Jurium et Advocatus, initio schismatis a. 1377. Urbanum VI. secutus est, et in gratiam illius *Factum* ad Academiam Parisiensem misit. Plura Oudinus tomo III. p. 1193.

SEVERIANUS Rhetor, vide supra, *Julius Severianus*.

SEVERINUS, Romanus, Labieni filius R. E. Cardinalis, post Summus Pontifex circa a. 638. suae fidei explanationem factam a Sergio Constantinopolitano Episcopo haeretico reprobavit, et contra illam scripsit. Haec Oldoinus in Athenaeo Romano p. 602.

SEVERINUS *Calchus*, Mediolanensis, Abbas Canonicorum Regularium Placentiae obiit a. 1496. Scripsit *de Vitis Sanctorum illustriumque ex Ordine Canonico lib. IV*, quia an editi sint, non habeo compertum. Celsus de Rosinis in Lyceo Lateranensi part. II· pag. 269.

SEVERINUS *Cracoviensis*, Ex Judeus, Ord. Praedicatorum, Theologiae Magister et Ecclesiastes, Augustinum et Aquinatem memoria tenuit, vixit {sec. XIV et ingentia volumina *in sacrorum Evangeliorum harmoniam* elucubravit. Elogia ejus vide apud Bzovium ad annum 1398. num. 13.

SEVERINUS *de Pedepennis*, Bitontinus, monachus Benedictinus, sec. XV qui multum in recognoscendis homiliis Crysostomi in Matthaeum insudavit, teste Thoma Januensi de Valerano in praefatione ad editionem illarum antiquissimam in bibliotheca monasterii Farfensis. Vide Mabillonii Iter Italicum pag. 147.

SEVERINI Abbatis Sermones *in Natali SS. Innocentium* in Bibl. Sangermanensi memorat Cangius.

SEVERINUS, incertae aetatis et sedis Episcopus, Coloniensem fuisse conjectura est Rev. Pezii. Opusculum ejus exiguae molis ; quod *Doctrinam* inscripsit, vel ut Codex monast. Hilariensis in Austria habet, *Doctrina de Sapientia*, editum est primo

per Pithoeum Paris. deinde in Bibl. PP.
Parisinae Supplemento Latino , in Bibl. PP.
Coloniensi , tomo II. Operum Sirmondi , in
Thesauro Anecdotorum novissimo Pezii tomo IV. part. 2. p. 1. denique a Fabricio
nostro sub finem t. II. hujus op. p. 629.
* Homilia inter opera S. Petri Chrysologi Serm. 1. legenda quae incipit : *Christum in humanis actibus*: in vetusto homiliario MS. Bibl. Canonicor. Major Ecclesiae Lucensis tribuitur *S. Severino Episcopo* Nec sane in ascribenda Homilia illa S. Petro Chrysologo MSS. Codices conveniunt ; nam in aliis S. Hieronymi , in
aliis S. Jo. Chrysostomi nomen praefert.
An reipsa a Ravennatensi praesule detra-
henda sit , et alteri ascribenda incertum.
Si tamen Severini esse dicatur, dubii pariter haerebimus, num praeferendus sit
Severinus ille , cuius doctrina de sapientia saepe typos exercuit.

SEVERUS *Archontius* , vir doctus fuit ,
historiae et rei nummariae peritus , ad
quem Vopiscus provocat in Firmo c. 2. ubi
ex nummis , libris item Graecis et Ægy-
ptiis confirmavit, Firmum in edictis suis
αυτοκρατορα fuisse vocitatum. Vixit autem
is seculo quarto.

Alium quendam *Severum Archontium*
finxit cerebrum Jo. Harduini et aliorum
Jesuitarum , virum aliquem eruditum et
in dignitate constitutum , qui seculo XIII.
temporibus scilicet obscuris et barbaris
Collegium aliquod virorum doctorum coe-
gerit , qui omne genus scriptorum Graeco-
corum et Latinorum , nec non Patrum
Ecclesiasticorum confinxerint: exceptis tantum Cicerone, Plinio , Virgilii Georgicis ,
Horatii Sermonibus et Epistolis , et paucis
quibusdam scriptis Justini Martyris et Patrum Africanorum. Qui mente sanus est ,
vix credet ab homine sano talia proferri
potuisse , ut omnis fides monumentorum
a tam multis seculis pessundaretur. Nam
proventus ingeniorum seculi XIII. non erat
tam felix , ut omne Poetarum , Historicorum , Philosophorum et Scriptorum Ecclesiasticorum genus ab illis intra tam breve
temporis spatium confingi , et in tot Codices per universum terrarum orbem tran-

scribi potuerit. Hinc etiam viri docti, fucum
orbi erudito fieri dolentes, sententiam tam
monstrosam omnibus viribus convellere
studuerant : inter quos primas jure suo
obtinet Maturinus Veysseire la Croze , Bibliothecarius Berolinensis , Dissertationum
historicarum, quae Gallica lingua prodierunt secunda , Roterodami 1707. 8. praecipue vero in Vindiciis Veterum Scriptorum contra Jo. Harduinum , quae ibidem
1708. 8. editae sunt Haec sufficiant de
scriptore fabuloso , ut juventuti , vel etiam
harum rerum imperitioribus indice digito
summam rei ostendam. Plura ex Diariis
eruditis annorum 1707. 1708. 1709. peti
poterunt.

SEVERI SANCTI , id est ENDELEI-
CHI Rhetoris Carmen *de mortibus boum*,
non ignotum est. Editiones illius varias
recensent Christianus Daumius in Syllabo
Poëtarum Christianorum , et Fabricius
Bibl. Latin. IV. 1. p. 682. quibus addenda
est novissima cum annot. Jo. Weitzii et
Wolfg. Seberi, Lugd. Bat. 1715. 8. ex typographia Petri van der Aa , cui nomini
illita deinceps fuit alia Schedula , in qua
impressum est: Apud Samuelem Luctmans
1717. De Auctore et opusculo variae sunt
eruditorum sententiae , quas plerasque
compilavit Editor ultimus in praefatione ,
sed parum aut nihil definit. Nos , ut ordine procedamus , solliciti sumus :

I. de - *Tempore* conscripti illius Carminis : hoc satis clare indigitatus , nam *Christus* bis memoratur v. 107. 128. cujus
crucis signum , v. 105. cum *sola fide* con-
junctum , v. 116. illam pestilentiam seda-
verit. Nullas autem victimas pro malo se-
dando oblatas fuisse adserit , v. 117. 118.
quapropter etiam Bucolus, cui haec Tity-
rus sic narraverat, consilium capit errorem
veterem defugiendi , v. 123. et ad templa
summi Dei et numen Christi properandi ,
v. 126. 128. Ex his igitur constat, scriptum
esse carmen , quum religio Christiana in-
valesceret , sacrificia vero et cultus paganorum nondum prorsus defecissent.

II. Nunc igitur de *auctore* ipso quaere-
mus , an aliquem invenire queamus , qui
huc quadret. Jam Paullinus Nolanus , tunc

adhuc in Aquitania constitutus, amicum habuit Sanctum quendam, et alium Ende-lechium, epist. 28. et 40· qui, quamvis a quibusdam pro uno habeantur, revera ta-men duo sunt.

Is igitur sanctus Paullino thema prae-scripsit ad Panegyricum Theodosio dictum, qui circa a. 394. habitus est. Nescio tamen anne ille binominis fuisse potuit. Ille san-ctus, tanquam Christianus a Paullino de-scribitur, qui gradum aliquem in Ecclesia habuisse videtur. Ejus pater Flavius San-ctus fuisse potest, cujus Ausonius inter charos suos num. 38 meminit. Porro apud Sidonium Apollinarem Epis. VIII 4. men-tio fit Endelechii Rhetoris Romani, nec non in subscritione operum Apuleji in membranis Florentinis, qui aetate junior, et, si Reinesii conjecturam probes, hujus nostri filius esse potuit. Haec adferunt Epist. 8. ad Daumium, et Auctores Histo-riae literariae Gallicae tom. II. p. 54. Qui-cquid sit, cum hodie videamus magnam hominum multitudinem, qui eodem no-mine gaudent, non miremur, etiam olim illud usu venisse.

III. *Occasionem* Carminis subministravit lues, quae boves per Pannoniam, Illyri-cum et Belgas straverat, et nunc quoque in Galliam pertigerat, v. 22-24. Reinesius dubitat, an vere lues fuerit, an vero tan-tum exercendi ingenii caussa thema elabo-ratum sit. Quod si revera lues fuit contin-git a. 409. Alarico Italiam ingresso, quod ex Rufino probavit Sigonius.

IV. *Titulum de mortibus boum*, insulsi Grammaticastri glossema statuit Reinesius. Oeconomia potius illius hoc pertractat, quod unus pastor duos alios paganos hac relatione, quod nomine Christi invocato, et cruce ejus cum vera fide applicata, lues illa sedata fuerit, ad fidem Christianam converterit.

SEVERUS *Sulpicius*, vulgo *Sulpicium Severum* vocant, Nitiobrix sive Aquitanus, Presbyter, Scriptor notissimus, qui ma-nibus quoque adolescentum teritur. Prac-terea otium nobis fecerunt Jo. Clericus

Bibl. selecta tom. XX. pag. 325. Fabricius Bibl. Latina IV. 3. omnium vero diligentiam superarunt Monachi Benedictino-Mauriani in historia Galliae literaria t. II. p. 95-116. ubi etiam editiones omnes cum cura re-censent. Spicilegium igitur exiguum mihi colligendum superest. Editionem Historiae Sacrae Lipsiensem a. 1711. cum notis Mi-nellianis curavit M. Jo. Fridericus Weinich, jam Pastor in Thuringia dioecesis Fensta-dinae. Editionis Joan. Clerici a. 1709. ipse tum curam gessi, auctor illius annotatio-nis ad Epistolam II. p. 580. quam Clericus laudat p. 378. et Benedictini p. 116. Ne-que id feci Clerico inscio, prout et ipse memorat. *Historia sacra* cum Commenta-rio Sigonii et annot. Jo. Vorstii denuo prodiit in operibus Caroli Sigonii a Philippo Arge-lato editis Mediol. 1734. folio. Editio novis-sima ad MSS. Codices emendata, notis, observationibus et dissertationibus illustrata prodiit cura Hieronymi de Prato, Veronen-sis, Congregationis Oratorii ibidem Pres-byteri. Veronae 1741. 4. sed hic tomus I. tantum *Vitam Martini et Dialogos* continet. Vita vero accurate elaborata praemittitur a) Caeterum novam Operum Severi Sulpicii editionem ex variis Codicibus emendatio-rem promisiit Jo. Phil. Kuchenbecker in Analectis Hassaicis part. V. p. 5. Codex MS. Libri de vita Martini, Epistolarum et Dialogorum satis antiquus habetur Quen-dlinburgi, teste tobia Eckardo de Codici-bus Manuscriptis Quedlinburgensibus p. 13. Idem Eckardus p 57. seqq. Collationem Codicis instituit cum editione novissima, et reliqua in illo Codiee adjecta typis ex-primi jussit. Eeundem Codicem ego Lipsiae manibus trivi, quum ad Thomam Frits-chium, bibliopolam celebrem missus esset, omnia contuli, et reliqua etiam excripse-ram. Possem quaedam circa lectiones Eck-ardi monere, sed transeant.

Codex Collegii Trinitatis Cantabrigiae laudatur aliquoties a Josepho Wasse ad Sallustium, qui loca quaedam ex eodem feliciter emendat. Caput. IV. libri de vita Martini adducit Anonymus Kirschgartensis

---

a) Götting. Gelehrte Zeitungen 1742 p. 459. Nouvelle Bibliotheque tom. XV. p. 119. seqq.

in Cronico Wormatiae , in Reliquiis Lude-
wigianis tom. II. p. 7. unde quaedam
emendationes peti possunt.

Locum ejus de prima martyrum Galliae
epocha ab exceptionibus , quas Bondonet-
tus Benedictinus in Vitis Episcoporum
Cenomanensium Gallice editis opposuit ,
singulari dissertatione vindicavit Jo. Launojus ; quae extat Operum eius tomo II.
part. I. p. 139.

Vincentius Bellovacensis in Speculo historiali XVII. 20. Sulpicio Severo quoque
Vitam Maurilii Episcopi Andegavensis,
tribuit, sed praeter rem, et coniicit Launoius I. c. p. 681. eum fortasse in talem Codicem incidisse , qui utramque vitam Martini Turonensis et Maurilii Andegavensis
contineret

Sequuntur quaedam annotationes Cel.
nostri Fabricii.

Praefatio bene longa Dialogo *de virtutibus monachorum Orientalium,* nescio
cuius scriptoris , praemittitur in Codice
Naudaeano , teste Labbeo Bibl. nova MSS.
pag. 228.

Epistola II. *de virginitate* saepe prodierat inter Hieronymi et Athanasii opera,
in Concilio Aquisgranensi a. 816. et in
Appendice ad Codicem Regularum Holstenii p 8. sub nomine Athanasii.

Garcias Louisa notis ad Isidori Hispalensis Chronicon , monente Colomesio , penes
se esse testatur Epitomen MS. Chronicorum Severi , eognomento Sulpicii.

SEVERUS *Sulpicius* , cognomento Pius,
Episcopus Bituricensis, sec. VII. natus
Vatani in dioecesi memorata, Diaconus ,
deinde ab a. 624. Episcopus , post bien-
niom interfuit Concilio Remensi, mortuus a. 644. Extant eius *Epistolae duae*
ad Desiderium Cadurcensem et una ad
Verum Episcopum Rutenensem , a Canisio editao Ant. Lect. tom. I. p. 644-646.
Addo Hist. literaire de la France tom. III.
pag. 539. et Acta Sanctorum tom. II. Jan.
pag. 165

Alium hujus nominis Episcopum Bituricensem seculo VI. sed qui nihil scriptum
reliquit , statuit Basnagii observatio tom.
I Canisii p. 633.

SEVERUS , *Malacitanus* Episcopus circa a. 580. Scripsit *Correctorium* contra
Vincentium Caesaraugustanae urbis Episcopum , Arriannm , *de virginitate ad sororem ,* quem librum *Annuali* nomine in-
digitavit , nec non *Epistolas ad diversos.*
Isidorus de Scriptor. Eccles. c. 30. Trithemius c 226. Res ejus a fabulis expurgat
Nic. Antonius Bibl. Hispana Vetere IV. 3.
n. 40. 41. Monasterii Servitani alumnum
et discipulum S. Donati Eremitae Augustiniani facit Phil. Elssius in Encomiastico Augustiniano p. 623. Fabricius annotavit , Sermonem Petri Chrysologi 74. et
seqq. huic Severo a quibusdam tribui,
quippe in cujus tempora de non suscitan-
da vera carne quadret.

SEVERUS , *Milevitanus* , in Africa Episcopus , Augustini se discipulum profitetur , epist. 37. inter Augustinianas , cui
ipse Augustinus epist. 129. respondet. Obiit
ante Augustinum , qui ipsius tanquam
mortui Epist. 100. meminit Aub. Miraeus
de script. Eccles. c. 71. Elssius l. c. p. 624.

SEVERUS , *Minoricensis* insulae Episcopus , scripsit a. 418 *Epistolam de Judaeis in ea insula conversis , deque miraculis ibidem ad reliquias S. Stephani factis ,* quam edidit Baronius ad a. 418. n.
49. et in Appendice Operum Augustini
per Benedictinos editorum , ad tomum VI.
col. 15. Confer Aub. Miraeum c. 72. et
Nic. Antonii Bibl. Hispanam Veterem III.
2. n. 50. Oudinum. t. I p. 993.

SEXTUM qui sub Severo Imp. *de resurrectione* scripsit , memorat Cangius ,
mihi praeterea non cognitum.

SEXTUS , vide *Sixtus.*

SEXTUS *Placitus* , aliis Platonicus , scriptor aevi incerti , *Papyriensem* vocat Mercklinus in Lindenio renovato p. 967. qui
et editiones Basil. 1538. 8. Tigur. 1539.
4. memorat. Reliqua quaere apud Fabricium nostrum in Bibl. Latina. Opusculum
de medicina animalium ipse quoque Fabricius dedit. Graecae Vol. XIII. p. 395.

SEXTUS RUFUS , vide sub lit. R. Fo-
roliviensem patria fuisse , vestigia vetustatis , quae ibidem adsunt , non temere
testari , ait Ge. Vivianus Marchesius de

illustribus Forojuliensibus p. 215. sed nulla addit.

Fr. *Joannes* SHYRBURNUS, Anglus, *Chronicon* scripsit *Britannicum ab initio Dardaniorum ad Henricum VI. Angliae Regem*, quod MS. exstat in Bibliothecis Angliae et Hiberniae. Vide Oudinum tomo III. p. 2309.

SIBERTUS, Prior S. monasterii Pantaleonis in dioecesi Coloniensi, a. 1122. dedit *Epistolam* ad Rudulfum Abbatem suum et S. Trudonis, in qua quaeritur, *an et qua ratione liceat aliquid exigere pro receptione puerorum in monasteriis.* Exstat una cum responsione Rodulfi apud Mabilonium Analect. edit. prioris t. II. p. 495.

SIBERTUS *de Beka*, Gelder, Ord. Carmelitani Prior provincialis, vixit a. 1320. et scripsit *in libros IV. Sententiarum*, *Summam censurarum novi juris*, *in Regulam ordinis sui*, qui postremus exstat in Phil. Riboti libris X. de institutione et peculiaribus gestis Carmelitarum, Venet. 1507. excusis. *Fasciculum Florum diversarum historiarum : Ordinale* quoque *Dominici sepulcri* correxit. Vide Trithemium de script. Eccles. c. 557. et de script. Carmelit. p. 76. Val. Andreae Bibl. Belgicam p. p. 808. Aub. Miraei Auctarium c. 486. Swertii Athenas Batavas p. 673.

SIBITO, Viennensis Austriacus, Ord. Praedicatorum, sec. XIII. scripsit *Opus egregium in Orationem Dominicam.* Jac. Quetif de Scriptoribus Ordinis Praedicat. tom I. p. 375. Altamura p. 181.

* Cum Viennae agerem occurrit mihi in insigni Bibliotheca Vindaghiana codex MS. sec. XV. vel XIV ferens *Tractatum sup Miserere insign.* Doct. Ibitonis quem non dubito eundem esse Libitonem de quo Bibliothecarius noster hic. *

Bartholomaeus SIBYLLA, Monopolitanus Ord. Fratr. Praedicatorum Theologiae Professor, circa a. 1434. Scripsit *Speculum peregrinarum Quaestionum*, quod prodiit Romae 1493. Paris. 1497. Argent. 1499. 4. Lugd. 1521. Venet. 1575. 1582. Oudinus tomo III. p. 2369.

SIBRANDUS, Abbas Horti S. Mariae Ord. Praemonstratensis in Frisia occidentali, sesquimilliari a Leovardia, obiit a. 1238. de quo vide Chronicon ejus monasterii paullo post citandum. Scripsit *Vitam S. Siardi*, decessoris sui qui a. 1230. obiit, nec non *Vitam S. Friderici Hallemi*, qui Horti Mariae fundator fuit et primus Abbas. Edita est in Actis Sanctorum tom. I. Martii p. 289. Val. Andreae Bibl. Belgica p. 808. Swertii Athenae Belgicae p. 674 Suffridus Petri de Scriptoribus Frisiae Dec. VII. 9.

SIBRANDUS *Leo*, Leovardiensis, primum monachus in Lidlumensi coenobio apud Franekeram, postea, quum monasterium desereretur, Pastor in Menaldum, vico Frisiae, tandem exul in Cusemaria sui ordinis Praepositura mortuus a. 1588. Composuit *Tabulam Geographicam Frisiae*, quam ipso vivente excudit primum Jacobus Daventriensis, et deinde locupletatam recudit a. 1579. Hoënbergius, teste Suffrido Petri. Scripsit porro *Vitam et res gestas Abbatum in Lidlum*, quas edidit Anton. Matthaeus Analect. tom. VI. ed. ed. prior. tomo III. edit. post. p. 537. *Vitam et res gestas Abbatum Horti B. Virginis S. Mariengard*, ab eodem editas t. VIII. edit. prior. tomo V. p. 241. ed. post. *Vitam Eelkonis Liavkama Abb.* ibidem tomo III. p. 396.

SICCARDUS, vel *Sighardus*, Casellalanus seu Casalensis, Episcopus Cremonensis anno 1185· et biennium Legatus Apostolicus per Insubriam. Scripsit *Acta S. Homoboni Cremonensis*, *Chronicon a nativitate Christi usque ad a.* 1213. quod editum tom. VII. Scriptorum Italicorum Muratorii p. 520. *Tractatum de humilitate*, *Historiam Romanorum Pontificum*, *Mitrale vel Summam de divinis officiis*, ex quo Durandum melta exscripsisse dicunt. Arisii Cremona literata tom. I p. 87. seq. ultimum opus, quod etiam *de Ecclesiasticis officiis* inscribitur, est in Bibl. Vaticana, Bern. de Montfaucon Bibl. Bibl. MSS. p. 140. sub titulo *Summae* in Bibl. S. Victoris Parisiensis, ibid. p. 1375. In alio Codice Bibl. Regiae Parisinae apud eundem p. 898. dicitur *Mitralis Sichardus*, quod praenomen ex opere supra memorato, et quidem titulo ojus male intellecto, originem habet. Adde Oudinum tom. III. pag. 88.

Cajus Sollius Apollinaris SIDONIUS, vulgo *Sidonium Apollinarem* vocant, patria Lugdunensis ex Galliis, natus circiter a. 430. Postquam studia literarum non mediocriter tractaverat, Avito et Anthemio Augustis gratus fuit, ad Senatoris Romani et Praefecti Urbis dignitatem evectus, tandem a 471. Episcopus Claromontanus in Arvernis, mortuus a. 488. vel. 489. Vitam ejus pluribus verbis enarrant Auctor anonymus ex MS. Orteliano editus sub finem editionis Wowerianae p. 492. Joan. Savaro, qui eam maximam partem ex scriptis auctoris collegit. Adde Histoire literaire de la France tom. II. pag. 550. P. de Colonia hist. literaire de la Ville de Lion. p. 152. Labbeum de Script. Eccles. tomo. II. p. 246. et alios.

Ex scriptis ejus supersunt 1. *Carmina XXIV.* in quibus sunt aliquot Panegyrici non sine afflatu poetico producti. 2: *Epistolarum libri IX.* ex quibus res gestae illorum temporum non mediocriter illustrantur. 3. *Sermo in electione Benedicti Simplicii*, *Bituricensium Episcopi habitus*, legitur post epistolam IX. libri VII. Reliqua, quae ab ipso vel promissa, vel effecta sunt, vel etiam injuria temporum perierunt, recensent Caveus, Historia literaria citata, et Auctor praefationis ad opera Sirmondi, qui Caveum aliquoties emendat.

Editiones ejus adnotarunt Daumius in Syllabo Poetarum Christianorum, Fabricius in Bibliotheca Latina et Auctores Historiae literariae citatae. Nos, quum non admodum multae sint, eas paucis repetemus. Prima est Jo. Bapt. Pii cum comment. Mediol. 1498. fol. repetita ab Henrico Petri Basil. 1542. 4. Sequuntur Tornaesiana, Lugd. 1552. 8. Basileensis 1597. 8 Wowerianam priorem cum annot. Petri Colvii, Lugd. vel Paris, 1598. 8 non vidi, alteram tamen Hanoviae, typis Wechelianis 1617. 8· a Geverhardo Elmenhorstio curatam manibus tenco. Inde cessabit scrupulus, quem sibi fingunt Auctores Hist. literariae p. 572. dum eandem editionem ab aliquibus Francofurti et Heidelbergae curatam esse legerant. Editionem Io. Savaronis Parisiis ex officina Plantiniana, apud Hadrianum Perier, 1599. 4. dudum possideo, ex bibliotheca Thomae Ittigii τȣ μαηαριτȣ comparatam, quam igitur negare non debebant Auctores modo laudati. Et haec ipsa editio commentariis sat spissis est instructa. Alteram ejusdem Savaronis ibidem 1609. 4. impressam ipse quoque vidi, et cum superiore contuli. Editionem vero illius sine annotationibus fateor mihi prorsus esse ignotam. Tandem Sirmondus de Sidonio bene mereri voluit, ipsumque Paris. 1614. et 1652. cum annot. edidit, quas in utraque operum Sirmondi editione invenies. Editio ipsius, sed sine annotationibus, inserta est Bibliothecae PP. maximae t. VI. p. 1077.

Sequuntur Nomina eorum, ad quos scriptae sunt Epistolae Sidonii, ex quibus plerique fuerunt eruditi, vel eruditionis et rei Christianae fautores.

Nunc in gratiam eorum, qui editionem priorem Savaronis possident, ostendam, in quibusnam partibus editio altera, quae a. 1609. prodiit, locupletior existat, id quod usum habet, ne quis in ea vel quaerat, vel desideret, quae non debebat.

In titulo sic habet editio posterior : JO. SAVARO, CLAROMONTENSIS, Regis Christianiss. Consiliarius, *Praeses et Praefectus Arverniae.* Et paullo post : II. Editio multis partibus auctior et emendatior.

In Elogiis adduntur quaedam ex Ruricio Epist. 8. I. 2. et Epist. 25. I. 2. Apollinari, item ex Gervasio Tilleberiensi l. 2. c. 11, otior. imper.

Non longe a fine pag. 16. *Catalogus Ecclesiarum*) Edit. recentior sic : *Liber I. de Ecclesiis Claromontii* §. 22. *MS. etc.*

Ordo et Kalendar. MS. S. Genesii.
V. Idus Julii Translatio SS. Quintiani et Sidonii.

Vetus inscriptio arcae funebri incisa in Ecclesia S. Saturnini Daydaci : HIC SUNT DUO INOCENTES ** ET S. SIDONIUS.

Ad librum I. epist. 2. p. 8. not. *Caesaries refuga)* ibi additur : Isidori Glossae, *refrontat, a fronte repellit.*

ibid. *Cervix non sedet nervis)* add. sic Statius 9. Thebaid. de equo : *Colla sedent nodis.* ubi Luctatius, *plena sunt nodis.*

ib. lin· penult. *Aimonius lib. 3· cap. 7.* add. ex Gregor. Turon. I. 4. c. 43.

p. 9. lin. 11. pro μναχιων lego μυακων add. Isidorus do spiritualibus differentiis, *aurium inditum est nomen, a vocibus auriendis, per immutationem enim literae, aures velut audes sunt nominatae, per has enim voces atque sonum quasi per cochleam descendere, qui erectus in circulum orbemque moveatur* cochleam j. anfractus. ut ibid. ait. l. 11. c. 1. ex D. Ambros. Hexam. l. 6. c. 9.

ibid. post verba Prudentii, *Gothi* leg. Gothos.

ib. lin. 9. a fine : verba parenthesi inclusa (emendo cautionibus) omissa sunt.

p. 10. lin. 2. *Et ut etc.* usque ad l. 6. *Ex quibus etc.* Haec verba una cum numo omittuntur.

p. 12. circa fin. *legis Birariorum,* lego *Bojar.*

l. 3. p. 22. not. *interrogatum)* adde *interrogatum lege repetundarum etc.*

l. 5. p. 29. not. *Opinione)* add *Opinatissimus, celeberrimus.* Isidorus in Glossis MSS.

p. 31. l. 16. *Silvosum)* emend. *Ulvosum.*

p. 33. not. *Novumque portum)* add. acta. S. Apollinaris Ravennatis MS. *accipiens eum centurio duxit eum ad Classem in domum suam.*

p. 35. *Calaber)* de Calabria enim venti pestilentes spirant. Orosius. *insuper etiam expirata de Calabris saltibus aura corrumpens, repentinos acutarum infirmitatum afferret transcursus.*

l. 6. p. 44. lin. 7. a fine : *Sid.* leg. *Isid.* p. 46. not. *Noxae non esse confinem)*

add. Egesippus lib. 4. cap. 10. *absolvunt omnes, quia nihil, quod esset affine sceleri, proferebatur.*

l. 7. p. 49. not. *Testatur hoc)* add.Cassiodorus de amicitia, *Rumpenda est enim amicitia, si crimen adeo enorme est, ut sine famae dispendio tolerari non possit : veluti si contra fidem Christi, si contra publicam utilitatem, vel simile aliquid praesumptione damnabili attentavit.*

p. 53. not. *Frequens senatus)* Lampridius in Alexandro, *cum senatus frequens in Curiam, hoc est, in aedem Concordiae etc.* Symmach. epist. 7. l. 1.

p. 56. not. *In insulam)* omissa sunt in edit. recent. verba l. 3. *post quam Christiani,* usque ad finem notae, et contra haec posita : Acta MS. S. Marii martyris, *venientes in castrum trans Tyberim intra carcerem, invenerunt hominem venerabilem, nomine Quirinum etc.* Idem Metellus Quirinal. ode 7. et 8.

p. 57. not. *Ut suspenso)* add. vide Theodorum et Thalelaeum tit. 52. Basil. c. 60.

l. 8. pag. 62. not. *Armis eunuchi)* add. Acta MSS. *Tunc Maximianus Imp. jussit omnes qui in palatio erant Christianos discingi, ut renunciarent militiae, qui cum cingula solverent, notavit illinc transeuntem Isitium quendam beatae memoriae virum, et furens vocavit eum ad se, et expoliatum vestimentis, quibus erat vestitus, induit eum colobium laneum, et tradidit eum lanariis ad iniuriam in gynaecio, prior enim erat palatii ipsius.*

l. 9. p. 68. not. *Eia inquit)* add. Ruricius epist. 25. l. 2.

l. 10. p. 71. CAMPANIO) MSS. Faucher. et Andegav. *Campaniano.*

l. 11. p. 77. not. *Igniti dentis)* add. Symmach. epist 25. l. 1. *ne libellus tuus admorsu duri dentis uratur.*

p. 78. not. *Qui genus)* add. Paulinus natali 5. Felicis, *jam prior hoc primos orbis liber edidit actus Martyris, unde domo, vel qui genus etc.*

p. 79. not. *Hiantis interregni)* add. *et occisus est pridie Idus Junias, et intravit Gensericus Romam, et praedavit eam dies quatuordecim, et levatus Imperator in Gal-*

liis Avitus VI. Idus Julias etc. Succenset Victor Sunnunensis in Chron. Actio et Studio Coss.

p. 87. not *Audio, aut* add. Vetus tamen chronicon MS. tradit Sidonium Comitem Arvernae et Arveniae nostrae, cui adsentitur Petrus Arvernus venerabilis ad calumniatorem, *Sidonius vir eruditissimus et ardentissimi ingenii ex praefecto et Consule antiquus Arvornorum Episcopus etc. Consule*, id est, *Comite*. Odo ad Fulconem Andegavorum Comitem, statim initio Epistolae, *Fulconi bono, gloriosissimo Consuli Andegavorum.* Idem de translatione S. Martini, *eo tempore vir inlustris Ingelgerius Gastinensis Comes, Hugonis Ducis Burgundiae Nepos, Lochiae et Ambasiae Dominus, strenuus armis, summa probitate et potestate praeditus erat, et Andegavensium Consulatum nuper ex regio munere sibi impartitum procurabat.* Hildebertus epist. 25. ad Comitissam: *Absentia mariti laboriosior tibi cura consulatus incubuit etc.* Idem repetit epist. sequenti et in utraque Comitatum interpretatur. Quod dictum volo, ut Petrum doctissimum Arvernum non accusem inscientiae, et ejus calculum quoad Sidonii Comitatum, adjiciam.

p. 88. not *Praebere cervices* add. Seneca epist. 4. de tranquil. anim. c. ij. Johannes Salisb. Policr. l 6. c. 1. Sulpic. Severus de vita B. Martini c. 13. Victoris Epitome in Severo Alex.

II. 1. p. 93. not *A turribus*) add. vide Canisium JC. tom. 5. ant. lect. Vulgo edita in pluribus MSS. legitur. atque etiam defendi potest. Gervasius Silleber. lib. 2. otior, Imper. c. 19 ubi de Auxitani metropolitani Suffraganeis, *Adurensis vel Torrinensis.*

p. 96. post l. 2. *Calcans*) Theodosius Novella, de navibus ultra et c. *Ideo calcatam legem, quae de navigiis non excusandis olim fuerat promulgata etc.*

Ibid not. *Theodoricianasque proponens*) add. Corollarium fit, quod scribit Alphonsus Burgensis et ex eo doctiss. Genebrardus in Chronico. *Enricus Rex Hispaniarum Gothis primus leges dedit scripto, unde a S. Isidoro inter legislatores ponitur.* Vide j. epist. 3. l. 5.

II. 2. 108. post lin. 8. *Contenta*) Architrenius simia Sidonii nostri l. 4. c. 8. *Sole suo contenta damus etc.* non absimili locutione ducamus 8. *Terra suis contenta bonis etc.* supra epist. 8. l. 1. *Coeli sui dote contentis.*

p. 110. not. *Nec pilae sunt mediae*) Paulinus IX. natali S. Felicis. *Quaeque prius pilis stetit haec modo fulta columnis, vilia mutato sprevit caementa metallo.*

p. 117. not. *Inter greges tintinnabulatos*) add. Paulinus natali VI. S. Felicis.

. . . . . ut praesepia vidit,
Nuda boum. et nullos dare tintinnabula pulsus,
Excussa ut cervice boum crepitare solebant;
Mollibus aut lentis cava lignis aera ferire.

II. 7. p. 128 not. *Interminabilis*) add. *interminabile bonum* Fausto ad Roricium epist. 7.

II. 8. p. 130. DESIDERATO) Civitatis Arvernae Senatori ex cujus genere prodiit S. Desideratus Episcopus Arvernarum, S. Aviti Successor, de quo honorifica historia S. Aviti MS. liber. I. de Ecclesiis Claromontii, num. 18. et catal. Episcopor.

p. 134. *Carmen saxeum*) add. *rupices chartae*. Salviano lib. 1.

II. 9. p. 141. not. *Cavendusque tractator*) add. Glossa vetus: ὑμνλητικὸς *tractator.*

ibid. not. *moneret*) add. Prudentius Cathem. 3. *Sumere eum monet hora cibum.*

p. 143. not. *Quamvis convivium*) add. V. Glossogr. MS. *fercula, missoria.*

p. 146. not. *Wardo fluvius*) add. Gervasius Tilleberiensis MS. l. 1. c. 11. *Sicut scimus fluvium Gardonem in Narbonensi provincia in confinio civitatis Nemosensis in aestate frequenter absorberi sub loco qui vocatur Campiniacum, demumque sub castro S. Privati in lacum ampliorem amnem renasci.*

II. 10. p. 155. not. *Calpurnia Plinio*) add. j. epist. 8. l. 4.

II. 11. p. 157. not. *Et morum*) add. D. Cyprianus de dupt. martyr. *popularis existimatio solet dominorum mores ex servorum moribus aestimare.*

II. 13. p. 162. *Patroni tui*) add. Chronicon Tironis Prosperi, quod Canisius edidit ex MS Augustano *IV. etc. V. Valen-*

tiniano *VIJI.* et *Anthemio. Valentinianus ipse occisus ad duas lauros XVII. Kal. Aprilis et levatus Petronius Maximus Imperator* , *qui LXXII. die occisus* , *per urbem tractus.*

III. 3. p. 184. not. *Diffibulant*) add. Prudent. psychomach. — *et avulsis exsfibulat ilia Zonis.*

p. 185. *Palam officiis exequialibus*) Jornandes c. 4. *Quumque diutius etc.*

p. 186. not. *Historiam texere*) add. Lactantius l. 1. c. 11. D. Hieron. de viris illustr. c. 132. Corn. Nepos in Attico , Martyrologium Romanum VII. Idus Aprilis.

III. 13. p. 211. not. *Concinnatoribus criminum*) add. Rufinus lib. 6. c. 6. hist. *Concinnat igitur adversus eum infame satis ac noxium crimen.*

id. not. *Si quid*) Tertullianus in Apol. *non qua penes vos parasiti affectant* , *ad gloriam famulandae libertatis* , *sub auctoramento ventris* , *inter contumelias* , *saginandi.*

p. 212. not. *Faeculentiae*) add. Pacianus in paraenesi , *atque ut coenum solet tum maxime faetere* , *cum moveas.*

p. 215. not. *Pruritu*) add. *Prurigo obtrectationum* , Caesarius homil. ad plebem. D. Hieron. ad Nepotianum *lingua pruriens.*

p. 217. not. *Improbus dictis*) add. Isaacus presbyter de mundi contemptu c. 2. *Quis diligens turpiloquia potest habere mundam mentem?*

IV. 1. p. 223. not. *Nam facultatum*) Tertullianus apol. *vel quia ex substantia familiari fratres sumus* , *quae penes vos fere dirimit fraternitatem.*

ibid. pos verba : D. Ambros. de fide : add. idem in Lucae c. 12. lib. 7. c. 17. *cum inter fratres patrimonium non judex* , *sed pietas sequestra debeat dividere.*

IV. 3. p. 231. not. *Incitat ut curio*) add. Euseb. a M. D. CCCCXLIV. in Chron. *Curio promptus et popularis orator.*

IV. 4. 236. not. *Disposita confundat*) add. idem ep. 59. l. 6. *si nihil disposita conturbet.* Rothaldus ad Nicolaum PP. *ita dispositum Deo auxiliante minime differam.*

IV. 4. p. 237. not. *Portitorem*) add. idem Hieron. in praef. hist. S. Antonii , c.

61. Faustus Ruricio ep. 3. 8. 9. Et passim Ruricius in epistolis.

IV. 11. p. 252. not. *Vicariam*) add. vide Carolum M. l. 7. c. 313.

p. 254. not. *Et verbi*) add. Arnobius in Psalm. 139.

p. 256. not. *Nam de Pontificis*) add. Ergo ex his versibus in adulterinum sensum contortis Romanus antiquarius eo divertit , ut putet , dioeceses Gallicanas Romanae sedi immediate fuisse subjectas , quod erroneum est , et a Sidonii sensu alienissimum , qui ne quidem verbum de Romano Pontifice in opere suo fecit.

IV. 12. p. 257. not. *Motus animorum*) add. v. 259.

p. 258. not. *Ipse etiam*) add. Anonymus in vita Fulgentii c. 1.

IV. 13. p. 259. not. *Cantillensem Ecclesiam*) add. post vocem obfirmata : *in Vicaria Cantellensi* , *Ecclesia vocaculo Navas cum mansis* , *et cunctis sibi adjacentibus terris.* Et sub finem : Vet. Tabula Peutingeri : *Cantelia Augustonemetum.*

p. 260. not. *Barba*) add. Ex hac epist. Baron. tom 1. a. C. 58. Cuyckius Rurimundensis Episc. in ep. paraenetica ad Clerum, et Canisius in Alcuinum ep. 38. scribunt , Episcopos Galliarum barba rasos fuisse. Cum ex ea perspicuum sit , Germanicum virum spectabilem esse , non Episcopum , qui crinem Deae Politiae , non autem Deo voverat , quem senissimum ut ad professionem religionis arripiendam Vectius impelleret , Vectium compellat Sidonius , quemve Sacerdotis patrem , filiumque pontificis , non vero Pontificem praedicat , adde quod Cantilensis Ecclesia nunquam fuit Cathedralis Ecclesia , imo sub dispositione Cathedralis Arvernensis Ecclesiae , nec in libro notitiarum, Metropole ων laterculo , et Apostolica Cancellaria , Cantillensis Episcopatus ulla mentio fit. Tantumque abest , ut ex Sidonio barba rasos fuisse Galliarum Episcopos perspicuum sit , quin imo barbam promisisse constat ex 24. ep. hujus libri , quam vide.

IV. 14. p. 263. not. *Namque ut is*) add. Guilelmus Arvernus Parisiensis Episcopus, de moribus , ubi de pietate , *in foro meo* nemo damnatur, quae contra morem aliorum judicum confitentes omnes absolvo, sed per justitiam.

Confessus absolvitur) Ruricius Sidonio lib. 1. ep. 8. Praedicantibus vobis saepius audisse me recolo, nullatenus ab iniquitatibus nos posse purgari, nisi fuerimus crimina nostra, conscientia compungente confessi.

ibid. not. Porro autem) add. vide Ruricium Ominatio l. 2. ep. 27.

IV. 15. p. 264. ELAPHIO) Ruricius ep. 7. l. 2. Domno sublimi, semperque magnifico fratri Elaphio Ruritius Episcopus.

p. 265. not. Epulum) add. illosque ad Tractatum meum de Fratriis relego.

IV. 16. p. 267. RUBICIO) Viro inlustri ex genere Aniciorum, Omatii viri aeque inlustris genere, genero, Iberiae conjugi, j. Carm. XL. Sidonii amico et Imitatori, ut ex hac epistol. et ep. VIII. lib. I. Ruricii ad Sidonium constat : postea Lemovicensi Episcopo, Fortunat. lib. 1. carm. 5. cui multas scripsit epistolas Faustus, nonnullas Graecus, Caesarius, Sedatus, Eufrasius, Victorinus, Turentius, quas cum duobus libris epistolarum ejusdem Ruricii debemus Canisio V. opt. et eruditis. Extat autem lib. 1. ep. 8. ad Sidonium, cui Sidonius respondet hac. epist.

IV. 21. p. 280. ASPRO) add. At ille nimis aspere et illiberaliter nos aspernatus est, atque duriús accepit, quam belli homines solent, in hisce commentariis quaedam aliter accepta quam ipse voluerit ; verum tamen etsi remaledicere liceat, non remaledicam, nec injuriam ultione solabor, cum quod Christianus et dicto regis obaudiens, tum quia mihi religiosus, concretus quidem hispidus, hirsutus, sed venerabili squalore pretiosus, birro detritus, at multo rerum usu tritus et ingenii versatilis, jussu moribundi senis retulerit ipsum has injurias scripsisse aliena fide, jussisseque ut spongia deletilis adpingeretur. Calumniae tamen invidiam amoliar, tomo VI. a. C. 484. sic ait, ad Aprunculum hunc spectare videtur, Aper ille itidem Arvernensi matre ortus, et Arvernis educatus, ad quem extat ejusdem Sidonii

epistola lib. V. ep. 21. qua ad patriam eum nisus est revocare, per illa verba quid aliud intelligi potest, quam Aprum Arvernensi matre ortum et Arvernis educatum, ut ex Sidonio liquet, eundem esse eum Aprunculo, quem quod Aper Arvernensis a matre erat, Arvernensem quoque a matre putat ; nec ex alio authore, quam ex Apro Sidoniano colligit : non enim ex Sidonio, Ruricio, Gregorio aut actis S. Aprunculi discimus. S. Aprunculum Arvernensi matre ortum, et Arvernis educatum : nec ad illum spectare latine dicimus pro affinem esse, et ex eadem gente. Non est ergo, quod mihi meum gentilitium nomen improperaret, quod apud doctos et bonos omnes alicujus nominis est.

IV. 22. p. 284. not. Concinnare mendacium) add. Anastasius Aug. epist. ad Senatum, ne fugitivoroum audiant concinnatos sermones, et mendacio solo compositos.

IV. 23. p. 288 not. Et dominum sequens) add. Eucher. Homel. de poenitent. Ninevit. Non indicabo vis in id ipsum, 1. quod tu in te severus agnoscis, ego propitius agnoscam, quod tu tristis accusas, ego laetus absolvam : quod tu recordaris in publicum, ego obliviscar in aeternum.

IV. 24. p. 493. not. Barba prolixa) add. nihil amplius, de barba enim, coma et corona libellum procudam, Deo auspice.

V. 7. pag. 230. not. Ad intelligendum saxei) omissa sunt verba: in Salviano lib. 1. rupices chartae.

p. 321. not. Spingarum ungues) add. Prudentius hymno Laurentii : Ast hic avare contrahit etc.

V. 12. p. 332. not. CALMINIO suo) add. et. in Episcopatu Aniciensi, monasterium, quod dicitur S. Theofredi, a fundo aedificavit, dotavit, ditavitque, et de suo nomine Calminiacum appellavit, vulgo S. Chaffre. hist. S. Calminii MS. c. 7.

V. 17. p. 345. not. Quicquid spoponderit) add. Carolus Magn. lib. 6. cap. 251.

p. 348. not. Placuit ad) omissa sunt verba: Petronius : paulo ante in conductum accurrit. Initio Satyr. et loco eorum haec reposita : Condi proprie aedificia dicuntur. Servius, Conditores, qui construunt. Supr. ep. 2. 1. 2. et 18. l. 4 unde. *Conditio templorum* Eulocio l. 3. c. 3. memorabilium, *Conditio Troiae*, veteri Xenophontis interpreti in aequivocis: inde in proclivi *conditorium*, ut *tractatorium*, *aleatorium, receptorium* et id genus multa. Conditorium etiam atque etc.

Deinde post verba: Conditorium reliqui: insere haec: Seneca lib. 6. de benef. c. 5. *nec conductum meum, quanquam sis dominus, intrabis.* Agobardus de Judaic. superstit. *In ipsa autem Roma biennio in suo habitasse conducto*, hypogaeum est etc.

VI. 1. p. 360. *Domino)* Ex D. Augustino Haymo homel. Dom. XVI. p. Trin. *Nisi forte hoc evenerit, sicut B. Augustinus dicit, ut ille, qui filius est, per misericordiam Dei sublimetur ad Episcopalem dignitatem, et efficiatur Episcopus, et tunc poterit esse patri et filius et dominus, propter honorem dignitatis.* Passim Ruricius, Faustus, Desiderius, et reliqui in epistolis.

p 361. *Quod tu pater patrum et Episcopus Episcoporum)* Gervasius Rhemensis epist. ad Paschalem PP. *Excellentissimo Patri Patrum, et Episcoporum Episcopo Paschali, Gervasius Remensis dictus Episcopus*, nec tantum Pontifex Romanus, sed etiam Patriarcha Constantinopolitanus hoc titulo honoratus est. Balsamo responsis ad interrogata Marci Patriarchae, κύριος παρκὸς πατὴρ πατέρων ὑπάρχων τῇ χάριτι θεῦ, καί πρεσβυτέρων πρεσβύτερος nec non Episcopus Alexandrinus, Anastasius, Biblioth. in histor. S. Joannis c. 13. *fecit ei deprecationem continentem ita, in facie quippe ei non audebat tale aliquid dicere. Sanctissimo et ter beato patri patrum Joanni Vicario Christi deprecatio, et postulatio a Cosma indigno servo servorum sanctitatis Vestrae*, insuper a Theodosio Magno S. Chrysostomus etiam diem functus πατὴρ πατέρων vocatur, Nicephorus l. 14. c. 43 et S. Jacobus a Divo Clemente de gestis S. Petri initio, nec non Osius Cordubensis a Sancto Athanasio ἀληϑῶς ὅσιος καὶ πατὴρ τῶν Ἐπισκόπων.

VI. 12. pag. 385. not. *Regenses)* add. vulgo *Ries*.

ibid. not. *Albensis)* del. *Vanaria.* AUBENAS et pone: *Vivarais.*

ibid. not. *Valentinae)* dele verba: Idem Prosper. et pone: Eidem Prospero. *Valence.*

VII. 1. p. 391. not. *Murorum faciem)* Plinio epist. 73. add. al. 75.

VII. 2. p. 399. *S. Eustachii)*·Massiliensis Episcopi, cui S. Venerius decessit. Gennadius de viris inlust. c. 79. *sed et ad personam S. Eustachii Episcopi successoris supra dicti hominis Dei composuit Sacramentorum egregium et non parvum volumen.* ubi de Musaeo Massiliensi idem Honor.

VII. 4. p. 407. not. *Vassionensi oppido)* add. vulgo. *Vaison.*

VII. 5. p. 405. not. AGRÆCIO) add. obiit A. C. 487. Tabulae Senonensis Ecclesiae, idibus Junii, vetus Calendarium Senonensis Ecclesiae, *Idibus Junii Agricii Episcopi Senonensis*, primum sepultus in Ecclesia SS. Gervasii et Prothasii, deinde translatus ab Ansegiso A. C. 8. 76. in Ecclesiam S Petri, ubi mos est Archiepiscopos sepelire. Chronologia Monachi Altisiodorensis. *Huic etiam Ansegiso venerabili praesuli, praefatus Papa dedit caput B. primi Papae Gregorii et brachium S. Leonis Papae et Doctoris, quas ille venerandas reliquias Senones detulit, et in Ecclesia S. Petri vivi, cum debita veneratione deposuit. Idem quoque transtulit corpora SS. Pontificum Leonis, Ursini, Agricii et Ambrosii in praedictam Ecclesiam, de basilica S. Leonis, ubi primum fuerant tumulata, quae prius dedicata fuit in honore SS. Gervasii et Prothasii.* Ex his adparet lapsus hujusce Chronographi, qui scribit S. Agroecium adfuisse Concilio Niceno. *Fertur quoque S. Agroecius Senonensis Archiepiscopus praedicto affuisse concilio etc.* nec connominis inter Episcopus numeratur, qui Niceno Concilio subscripserunt. Codex Romanus. Hunc. male cum Graeco Massiliensi confundit Baronius Anno Christi 463 tomo VI. Kalend. et breviarium Senonensis Ecclesiae, *Idibus Junii Agricii Episcopi Senonensis*.

VII. 9. pag. 425. not. *Verba facturus)* add. Faustus homel. de vidua, quae duo aera misit in gazoph. Victor. Utic. lib. 2. Conc. Carthag. 4. c. 24.

p. 427. not. *Cervicositas*) add. Aimoln. l. 2. c. 22. *a quibus levi jugo regulae ab illis traditae Gallicana subderetur cervicositas.* Guilielmus Nangius , *Theutonicorum cervicositas.*

p· 428. not. *Cathedris*) add. Haymo in Matth. c. 23. *Solium regium est, tribunal consulum, cathedra doctorum vel sacerdotum.*

ibid. not. *Praesederunt)* add. Hincmarus in hist. S. Remigii c. 51.

VII. 12. p. 437. not. *Prior est)* add. cp. 4. libr. ejusdem, *mihi quidem major hic natu.* Concil. Narbon. c. 6. *Nec unusquisque de inferiore gradu seniorem sibi elatus increpet aut injuriet.*

VII. 13. p. 438. not. *Himerius*) add. vide ex integriore Sigeberto Vinierium a. C. 479.

VII. 14. p. 442. not. *omnes)* Plin. add. epist. 4. 22.

VII. 15. p. 447. ·not. *Professione)* add. lin. 5. Martyrologium Venciensis Ecclesiae : *In Gallus civitate Venciensis, depositio B. Verani Episcopi Venciensis , qui fuit monachus insulae Lyrinensis , discipulus B. Hilarii, abbatis dictae insulae , et postea Episcopi Arelatensis etc.*

VII. 17. p. 451. not. *Decumbentis)* add. Marcellinus Comes in Chron. Jud. VII. Vincomalo et Opilione Coss. *Marcellus demum presbyter totiusque monasterii prae sul praesulatus monachorum.* Vetus Interpres Novella 5. c. 9.

p. 454. not. *Crinincensium)* add. forte GRINI dioecesis Viennensis, non procul a Rhodano.

VIII. 6. pag. 474. NAMMATIO*)* de cognomine Gregor Turon. l. 2. cap. 16. 17. 21. Ruricius lib. 2. epist. 2. 5. et 61.

ib. not. *Artis arcè)* add. Vincentius Lirin. de Origine, qui arcem totius scientiae condidisset.

p. 477. not. *Praestolarentur)* Metellus eleganter Quirinal. Ode 3.

p. 481. ante lin. 12. a fine : *Copulis* Sic habent MSS. Bongarci , Fauchetii, Jureti , Pithaei : nec hacc lectio caret clegantia. Co-

pulae canum venaticorum, vulgo *couples des leuriers*, qui copula junguntur : hinc Ovidius : *Copula detrahitur canibus etc.* Legis Francicae lib. 4. c. 47. VI. *Episcopi et Abbates et Abbatissae cuplas canum non habeant, nec accipitres, nec joculatores. Ita copula equorum* Symmacho l. 7. epi. 69.

p. 483. not. *Decimum)* add. vide Jonam Abbatem in hist. S. Vulfranni c. 4. Vincentium l 24. et ex eo Anton. p. 2. tit. 14 c. 2. §. 2. et Petr. Equilin. l. 3. c. 213.

VIII. 11. p. 505. not. *Lampridius orator)* add. ex quibus patet, alium esse ac diversum a Lampridio rhetore, quamvis alia Baronio mens tom. 6. a. C. 474. vide Carm. 23.

p. 510. not. *Constellatione)* add. D. Clemens ad Jacobum fratrem Domini l. 9. *Sed est apud Seres legum metus vehementior, quam genesis canstellatio ;* praeter Spartianum in Vero, et Gregor. Magnum homil. 10. Alcuinus de divin. offic. c. 3.

ibid. not. *Climatericos)* add. D. Clemens eod. libro *et climateras quasdam introducunt, ut de rebus incertis scientiam fingant, climateras enim dicunt quasi periculi tempus, in quo interdum perimatur quis, interdum non perimatur etc.* Polycarpus l. 2. de gestis S. Sebastiani, *aut climaterica tibi in centro sunt nata.*

p. 511. not. *Themate oblato)* add. D. Clemens ibid. *Audi conjugis meae thema, et invenies schema, cujus exitus accidit.* Polycarpus ibid. *aut invisibili, aut themate.*

ibid. not. *Schema)* add. D. Clemens, *Sedet ipse rursus Mars ad Venerem Schema tetragonum habens, paulo post, cumque multa de his senex prosecutus esset , et unum quodque Schema mathesis, stellarum quoque positiones enumerasset, iterum, per quod Schema effoeminatos et dissolutos nasci adserit viros Chaldaicae disciplinae.* Polycarpius ibid. *illico videbis eum tibi rationabilia Schemata, atque infinita afferre.* Item Clemens l. 10 *Etenim nuptias facere Venerem ponitis , quae si Jovem habeat in Schemate suo, pudicas efficiat. etc* ibidem saepe.

ibid. not. *Planeticorum)* add. vide Philastrium heresi 13. *Post hunc C. Bassus*

similiter *in literis*, *et numero elementorum,
astrorumque septem*, *vitam hominum et
generationem consistere asserebat etc.* Idem
heresi 121. *Alia est heresis*, *quae dicit
secundum Zodia nasci homines*, *sicut Ma-
thematici illi vanissimi*, *totiusque erroris
et sceleris assertores etc* quas hereses Leo
Magnus epist 93. c. 10. 13. et 14. Concii.
Braccarense I. cap. 9. et 10. et Alcuinus
de divin. offic. cap. 5 anathemate percel-
lunt.

ibid. not. *Asyndetus*) add. S. Clemens
lib. 10. *quia in his omnibus aliquis ant
asyndetus fuit cum malo etc.* idem Polycarpus de gestis S. Sebast. l. 2. repetit.

ibid *Tetragono*) add. *Denique cum Mars
centrum tenens in domo sua ex tetragono
respexerit Saturnum cum Mercurio ad centrum etc.* Willelmus Arvernus c. de legib.
Et dixerunt, *quod lex Hebraeorum ortum habet a Saturno, et propter multiplicia
infortunia*, *Saturni videlicet retrograda-
tiones etc.*

ibid. not. *Apocasticus*) add. D. Clemens
lib. 10. *Respondebit tibi sine dubio*, *quia
tempora tua malitiosus suscepit Mars*, *aut
Saturnus, aut aliquis eorum apocatisticus
fuit etc.* idem Polycarpus lib. 2.

ibid. not. *Quamquam*) ibi pro *Valerian.*
lege, *Valerium*, et add. S. Clementem I.
10. Polycarpum l. 2. Petr. Blaesensem
epist. 65.

VIII. 12. p. 516. not. *Non opinata*) add.
Egesippus l. 4. c. 27. *Utrinque ei Nilus
est coeli ubertas*, *terrae foecunditas*, *arva
temperat*, *solum opimat.*

IX. 4. p. 543. not. *Relegendo*) add. Paulinus epist. ad Macharium, *deinde Campa-
niam longis tractibus legit.*

ibid. lin. penult. *Auliano*, leg. *Juliano.*

IX. 6 p. 56. not. *Abstineat*) add. Haymonem homil. 14. in fine, et Petrum Damianum serm. de S. Andrea.

IX. 9. p. 554. lin. 4. a fine: *volatili*,
leg. volatico.

p. 556. not. *Jugasti*) add. unde *jugalis*
pro coniuge Jornandes de succes. regn.
*qui interfecto Areobindo jugalem ejus ne-
ptim imperatoris sibi cupiens sociare*

p. 559. not *Socrates* add. Cassiodorus

ps. 72. *Haec naribus recalva fronte, pilosis
humeris et repandis cruribus etc.* Cassiod.
ps. 72. *Haec nona est species definitionis,
quam graeci* κατα *hypotyposin*, *latini per
quandam imaginem dicunt*, *quando nomi-
nata matre vel patre*, *ad intelligentiam
individuae Personae sensus noster adduci-
tur*, *congregantur etiam multae res*, *ad
personas comiter exprimendas*, *ut est illud, Socratis filii Sophronici : cujus mater
est Phanerete*, *calvus ventrosissimus Haec
enim omnia solum Socratem indicare ac
definire noscuntur.* Hugo Ætherianus de
haeresibus quas in latinos Graeci devol-
vunt l. 3. c. 18. *Quod ad imaginem Socratis
sculpitur simulacrum*, *nisi enim calvum*,
*simum prominentiamque oculorum ostendat
Socratis*, *nequaquam dicatur ejus esse
effigies.*

IX 12. p. 567. not. *In jugis*) add. Gervasius Villeber. l. 3. c. 3. Otior. Imperial.

IX. 13. p. 574. not. *Petri librum*) add.
Quo jure Romae vindicet Baronius tom. 6.
a. C. 516. in addit. qno auctore Romanum
esse scribat, et consulatum iniisse, nescio,
scio quidem, multos esse connomines.

p. 576. not. *Anaglyptico*) hic multa
omissa sunt in edit. posteriori a lin. 13.
ut id obiter — ad l. 25. anaglypha. Inserta
vero loco illorum sunt haec : Anastas. Bibliothec. de vita S. Janni Alexandrini c. 27.
ut emeret speciem argenti anaglyphi. Metellus Quirinal. ode 14. *qua bibitur scypho
vivis signis anaglypho.*

IX. 16. p. 588. not. *Maritaret*) add. Ruricius ep. 5. l. 1. Hesperico : *Nunc etiam
tellus sterili rigore conclusas. quasi virili
semine concepto, occultis maritata meatibus
venas laxat ad partum.*

ibid not. *Non tamen*) add. ex Ennio
Quintilianus. vide Ciceron. ep. 25. l. 2. et
l. 1. ad Q. Fratrem.

AD CARMINA.

Carm. II. vers. 48. *Commissam*) Plinius
libro 10. epist. 40. et 64. al· 50 et 51.

IV. 3. *Praestitit*) add. Siculus Flaccus
do condit· agror. *Nec tamen omnibus personis victis ablati sunt agri, nam quorundam
dignitas et gratia aut amicitia victorem
Ducem movit: ut eis concederet agros suos.*

V. 2. *Imperium*) add. Leo PP. epist. ad Nicetam Aquileiensem in fine. *data XII. Kalend. Aprilium Majorano Augusto primum Consule.*

VI. 1. carm. sequens in editione posteriore hic ponitur.

VI. 35. *Publicus hic pater est* id est imperator, ratio redditur supra epist. 1. l. 2. in fine, vide notas. Altercatio Adriani A. et Epicteti. *Quid est Caesar'? Epict. Publicae lucis caput*

VII. 12. *Jam consulis*) post verba : auspicatus est, haec add. vetus epigraphe semesa, quam cum aliis non paucis publico debet Caduceus noster :

. . . . AGNE INNOCENS
. . . . NVS SII DEPOSITA
, . . . VLIAS FL. AVITO
. . . . C. CONSULE.

attamen in Fastis etc. Sub finem additur vox, *quadrimestrem.*

VII. 221. *Nam post)* add. Eumenius rhetor in panegyr. Constantio dicto, *Vithungi, Quadri, Carpi, Carpi, toties profligati.* D. Ambros. ep. 27. *In medio Romani Imperii sinu, Juthungi populabantur Rhetias, et ideo adversus Juthungum Hunnus accitus est.* Notitia Imperii orientalis , de comite limitis Ægyptii, *Cohors quarta Juthungorum , Aphrodito.*

VII. 567. Haec annotatio sic est reponenda : *Vierni)* ita MSS. et vett. MSS. Santo. Put Jur. *Vierum.* Anxie quaesivi et inveni. Vetus Tabula itineraria, *Ambrusinm XV. Nemuso XV. Vgerno VIII Arelato.* Arelatense castrum est, Cyprianus in hist. S. Caesarii, *aut certe in castro Ugernensi detineatur,* de quo Gregorius noster hist. l. 8. c. 30. et l. 9. c. 7. Idacii Chron. *in ipso Anno Avitus Gallus ab exercitu Gallicano, primo Tolosae , dem apud Arelatum Augustus appellatus.* idem Chron. Isidori a C. 461.

IX. 329. *Germanum Probum)* add. et supra epist. 6. l. 5. init.

XI. 132. *Sint nati)* Omatius filius Ruricii et Iberiae , quem Ruricius sic nutrivit et erudiit, ut ad Sacerdotium usque perduxerit. Ruricius epist. ult. l. 1 et 17. l. 1.

Sintque nepotes) Ruricii nepos, Ruricius

quoque fuit, de quo Fortunat. l. 1. Carm. 5.
Ruricii gemini , flore' quibus Annicioru m
Juncta parentali culmine Roma fuit,
Accumulante gradus praenomine , sanguine nexi.
Exultant pariter hinc avus , inde nepos.

XIII. 18. *Manum ac rudentem)* add. Landulfus l. 22. .*accipientes pedem ipsius rudente ligantes.*

UIII. 19. *Qui Phoebi)* add. at non false.

XIII. 20. *Nunc suspendia)* Eo res Romana venerat, ut ad incitas redacta esse videretur , ideoque tricones nec solvere lenti, ad solutionem tributariae functionis suspendiis adigebantur. Theodosius Novella de indulgent. reliquor. *innumerae deinde clades , saeva custodia , suspendiorum crudelitas etc.* Majorianus Novell. eod. tit. *Cum non iam amissio fortunarum , sed saeva custodia , et suspendiorum crudelitas formidabatur.*

p. 115. not. *Nec non)* add. Liturgiae S. Basilii vet. Interpres , *Christianos fines in vita nostra : fideles, indoloros, inconfusos, inexpugnabiles.* Eadem verba repetit postea ibid.

XVI. 72. *Dum lubrica volvitur aetas)* add. D. Ambros. de obitu Valentiniani, *tanta enim fuit emendatio vitae eius , in illo omnibus lubrico adolescentiae tempore etc.* D. Hier. de vita S. Antonii c. 3. *ille lubricum adolescentiae iter , et ad ruinam facile proponebat* Fulgentius de continent. Vergil. *posposito lubricae aetatis naufragio etc.*

XVI. 103. D. Hieron. in ejus vita : *cibum et vestimentum ei palma praebebat,* postea *contextis palmarum foliis vestiebatur.*

XVI. 106. *Vixque otia somni)* add. S. Athanasius in vita S. Antonii c. 5. *de carnibus vero et vino tacere melius puto, quam quicquam dicere ; quoniam nec apud plurimos quidem monachorum istiusmodi escae in usu habentur.*

XVI. 113. *Urbem)* add. *monachosque ,* id est, Lirinenses cellulanos.

XVI. 114. *Bis successor)* add. urbem et monachos regis. Faustus homel. de S. Maximo. *Beatus et ipse communis pater, quem et illic Honoratus accepit , et hic honor rapuit , dignus cui primus ille fundator gubernacula Lirinensis navis post* se *moderanda comitteret*, *dignus*, *cui tan-quam Helias ad superna migraturus Heli-saeo discipulo pallium pietatis et gratiae ac praeclara meritorum indumenta trade-reret*, *et in se augendus*, *et in filio du-plicandus*, *dignus inquam hic cui ille piis-simus pater Honoratus tanqam Moise primi populi primus princeps ductandi per desertum Israëlis legem traderet*, *et quasi fortissimo Jesu Xave pia iura tran-sfunderet*, *electo utique ac satis probato qui sacrum ad promissa caelestia promo-veret*, *ac perurgeret exercitum etc.* Dina-mius Patricius de vita S. Maximi, *tantus vero fervor in eo extitit*, *ut antequam monasticam vivendi regulam complexus esset vel mystica instituta*, *iam conversa-tione praecipuus videretur*, *ac deinde S. Honorato decessori suo summis virtutibus ornatissimo*, *qui illic Abbas fuerat*, *et honore succederet et meritis aequaretur etc.* Ego Dinamio accedo et cum eo home-liam de S. Maximo, S. Fausto tribuo. Ba-ronius in Martyrolog. V. Kal. Decembris S. Eucherio Lugdunensi parum considerate. Qui enim fieri potest, ut Prospero succes-serit Maximus, et de Maximo homeliam fecerit Eucherius, cum Eucherius obierit Valentiniano III. et Martiano Imperantibus. Gennadius e. 63. de viris illustrib. Pros-pero et Maximo superstitibus. Baronius a. Christi 466. et Marcellinus in Chronico.

XX. *Ad sororium)* add. et l. 6. c. 31. Saresber. Policrat. l. 6. c. 18. Gervasium Tilleberiensem l. 2. c. 31. et Aimoini ap-pend lib. 5. c. 8.

XXI. p. 168. not. *Narbonem)* add. mihi plaudo, quod conjecturae meae adstipula-tor accedat Scaliger animadv. in Eusebii Chron. IDCCCXCVI.

XXIII. 214. *Piusque princeps)* add. Pro-sper Aquit. de praedict. Dei part. 3. pro-miss. 38.

Et haec quidem hactenus.

SIFFRIDUS *de Arena*, Italus, Ord. Prae-dicatorum, claruit a. 1270. et scripsit *su-per tres nocturnos Psalterii et super Can-ticum Magnificat.* Jac. Quetif de Scriptori-bus Ord. Praedicatorum tom. I. pag. 259. Altamura p. 25.

SIFFRIDUS, vulgo presbyter *Misnensis*, melius monachus *Misnensis*, prout voca-tur in Codice MS. Academiae Lipsiensis teste Catalogo Felleriano p. 314. Possevi-nus eundem ordini Praedicatorum accen-set; recte quidem. Nam in urbe Misena, unde nomen regioni Misnicae, monaste-rium hujus ordinis fuit, quod hodie Scho-lae oppidanae inservit. Scripsit *Compen-dium historiarum a creatione mundi usque ad annum* 1307. Codex MS. exstat in Bibl. Regia Dresdensi, tres alii in Paullina Li-psiensi: nam opus ipsum huc usque ty-pis expressum non est. *Epitomen* ex illo ab a. C. 458. ad 1307. Georgius Fabricius Annalibus urbis Misnae Lips. 1569 4. edi-tis subjunxit p. 273. repetitam deinde in Saxonia illustrata, cui etiam titulus Ger-maniae magnae datus est, Vol. II. p. 141 porro in Scriptoribus rerum Germ. Jo Pi-storii tom. I. p. 682. et editionis Struvia-nae p. 753. Ericus Benzelius, nunc Episc. Gothoburgensis anno 1698 hanc editionem Fabricianam ex Codice Lipsiensi locuple-tiorem reddidit, quod exemplar Cothae pos-sidet Max. Rev. Ernestus Salomon Cypria-nus. Vide Jo. Dav. Schreberi Vitam Ge. Fabricii p 237. 238. Adde Jac. Quetif de Scriptoribus Ord. tom. I. p. 743. Oudinum tomo III. p. 667.

SIFFRIDUS Teuto, Ord. Praedicatorum, Episcopus Cyrensis et Theoderici Archiep. Moguntinensis Suffraganeus, Theologus, linguae etiam Hebraicae peritus, circa a. 1459. Edidit *Determinationes duas ad Ar-chipraesulem Mogunt.* 1. an *Princeps Ca-tholicus possit protegere vel permittere Ju-daeis religionem exercere?* 2. *an possit inhibere matrimonium liberum suis su-bjectis ad bonum principatus? Responsio-nes* item *ad quatuor quaestiones etc.* Utrum-que opusculum excusum est in 4. sine mentione anni et loci. *Sermones et Colla-tiones* ejus non sunt impressae. Trithe-mius de Script. Eccles. c. 831. de viris illustr. Germaniae p. 27. Jac. Quetif de Script. Ord. Praedicatorum t. I. p. 820. Altamura p 193. Oudinus t. III. p. 668. qui hunc male *Suffridum de Arena* vocat.

SIGEBERTUS Pius cognomine, Rex Orientalium *Anglorum*, Redualdi Regis pagani filius. A patre ejectus in Galliis bonas literas didicit, Christianam fidem elegit, et cum Desiderio Cadurcensium Episcopo amicitiam contraxit. Tandem patre et fratribus defunctis, regnum adiit, et ad religionem Christianam a. 636. perduxit. Scholam quoque Grammaticam Cantabrigiae, ut ajunt, aperuit. Scripsit *Legum et Institutorum lib. I. Epistolas, maxime ad Desiderium Cadurcensem.* Lelandus c. 57. Balaeus Cent. I. 78. Pitseus c. 652.

SIGEBERTUS, monachus *Corbeiensis*, vixit a. 809. et *Vitam S. Voymonis*, alias *Unnonis*, Archiepiscopi Bremensis, cùjus discipulus et socius itineris fuerat, conscripsit. Meminit Jo. Trithemius in Chron. Hirsaugiensi a. 909. et ex hoc Eisengreinius et Possevinus. Vide quae Benzelius adnotavit ad Vastovii vitem Aquiloniam p13.

SIGEBERTUS *Gemblacensis*, in coenobio S. Vincentii Metensis educatus, et cum Folcuino Abbate diu conversatus, variam eruditionem sibi acquisivit, ibidem docuit, et cum Judaeis quoque secundum veritatem Hebraicam disputare potuit. Postea in monasterio Gemblacensi vixit, et juniores monachos in bonis litteris erudivit, obiit valde senex a. 1112. Vide Libellum de gestis Abbatum Gemblacensium t. II. Dacherii pag. 768. Sigebertum ipsum de scriptor. Eccles. c. 171. Trithemium de Script. Eccles. e. 358. Val. Andreae Bibl. Belgicam p. 810. Swertii Athenas Belgicas p. 673. 674.

Ejus scripta sunt haec:

Vita S. Guiberti Confessoris, monasterii Gemblacensis fundatoris, edita a Surio d. 13. Maji. Henschenio in Actis Sanctorum tom. V. Maji p. 260. Lambecio tom. II. Bibl. Vindobonensis p. 898. et Mabillonio Sec. V. Bened. p. 299.

De Scriptoribus Ecclesiasticis liber, Colon. 1580. 8. cum scholiis Auberti Miraei in Bibliotheca ipsius Ecclesiastica, Antv. 1639. fol. et in repetita editione Fabriciana.

Chronicon, ab a. 381. quo tempore Eusebius desiit, usque ad a. C. 1212. editum Paris. apud Henr. Stephanum avum, 1513. 4. inter Scriptores Rerum Germa-

nicarum Joan. Pistorii tom. I. Frf. 1566. et 1583. nec non editione illius novissima a B. G. Struvio curata: separatim ex editione Auberti Miraei, Antv. 1608. In ordine chronologico omnia triennio serius narrare solet, quam gesta sunt, observante Oudino, quum Spanhemius hoc describentium potius, quam ipsius Sigeberti vitio accidisse credat, quum illud certum sit, exemplaria ejus manu exarata plurimum esse diversa et interpolata. Vide ipsum tom. II. Operum p. 593. seq. Interpolatum jam olim fuisse Sigebertum vel exinde constat, quia in aliis exemplaribus, et illo, quo Vincentius Beluacensis usus est, (vide Speculum historiale XXIV. 151.) plura exstant, quam in eo, quod edidit Miraeus. Observavit haec Launojus de Lazari adventu in Galliam c. 6. t. II. Operum part. 1. p. 226. Sane auctarium Aquicinctiense MS. plura continet, quam a Miraeo edita sunt. Voyage de deux Benedictins t. I. p. 81 Errores ipsius quidam notantur in Annalibus Car. le Cointe t. III. pag. 222. seq. Vide supra t. III 12.

Epistola ad Leodienses, in qua illorum calamitatem deflet, in quorum exitium Paschalis Papa Robertum Flandriae Comitem excitaverat, inserta simul Epistola Papae modo dicti. Edita primum est in Coloniensi Conciliorum editione, sed sine nomine auctoris, quod vero addidit, Goldastus, qui denuo edidit, in Collectione Scriptorum contra Gregorium VII. p. 188. Inde porro repetiit Edu. Brown in Appendice ad Fasciculum rerum expetendarum et fugiendarum. Nesciverunt hoc, ut alia multa, Edm. Martene et Ursinus Durand, hinc illam denuo ediderunt ex MS. Stabulensi tom. I. Collectionis amplissimae p. 587. Addimus verba quaedam ex annotatione subjecta: *Recudimus epistolam, tum, ut Sigebertum a vitio schismatis purgaremus. Nam etsi Henrico adhaeserit Imperatori, quem a Papa deponi non posse existimabat, Paschalem tamen semper agnovit veneratusque est legitimum Pontificem: Tum, ut refutaremus sententiam Johannis Roberti in Sancta Legia asserentis, hanc epistolam in nulla Conciliorum*

*editione reperiri, sed a Centuriatoribus
confictam esse. cum in Stabulensi reperiatur codice aliquot ante Centuriatores sae-
culis scripto, licet imperfecta.*

Acta S. Theodardi, Episc. Leodiensis,
antiquior quidam conscripserat, noster vero
stilum immutaverat. Nondum edita censebat Caveus, exstat autem apud Surium
d. 10. Sept. Desumsit ex eo sua Ægidius
in vita hujus Episcopi, teste Chapeavillio
tom. I. Scriptorum Leodiensium p. 102.
Vita S. Maclovii, exstat apud Surium
d. 15. Nov.
Epistolae duae ad Leodienses, de regula
S. Bernonis, et de jejuniis quatuor temporum, exstant in Martene et Durand Thes.
novo Anecdotorum I. p. 305.
Vita S. Sigeberti Austrasiorum Regis,
sec. VII. quam ex prima editione dedit
Andr. du Chesne tom. I. Script. Francicorum p 591. ex posteriore, Libro miraculorum et aliis additionibus locupletata
Jac. Mosander in Appendice ad Surium
t. VII. in editione tertia Surii d. 7. Febr.
et Henschenius in Actis SS. tom. I. Febr.
p. 229. cujus adde Commentarium praevium p. 213. 214.
Vita Theoderici, Episcopi, Metensis edita
est a Leibnitio tom. I. Scriptor. rerum
Brunsuicensium p. 293. sub nomine *Le-
vitae S. Vincentii*. Ipse vero Sigebertus
eam a se scriptam esse testatur.
Gesta Abbatum Gemblacensium tom. IV.
Dacherii p. 505. edit. novae t. II. edita
ipsi quoque adscribo, ipsius testimonium
secutus. Fecit idem Mabillonius et alii.
Quae vero aetatem illius superant, ab alio
continuatore sunt adjecta.
Sequuntur inedita Sigeberti quae ipse
commemorat : *Passio S. Luciae*, metro al-
caico : *Sermo in laudem illius*, qui MS.
Gemblaci servatur : *Passio Thebaeorum
martyrum*, lib. III. carmine, ibidem. Incipit : *Martyribus roseas Thebaeis ferre co-
ronas : Vita S. Lamberti*, Episcopi Leodiensis, et *Translatio ejusdem*, MS. Gemblaci :
Responsio ad Epistolam Hildebrandi Papae
quam contra Imperatorem scripserat ad
Hermannum, Episc. Metensem : *Apologiam
ad Henricum* Imper. contra eos , qui mis-

sas sacerdotum conjugatorum calumnian-
tur : *De jejunio quatuor temporum, Ecclesiastes metro heroico, Liber Decemnoven-
nalis* (non *Decennalis*, ut est apud Val. Andream) sive *de Computo Ecclesiastico*, ut
Trithemius, MS. Gemblaci. *Sermones et
Epistolas* addit Trithemius. Scripsit etiam
Romanorum Pontificum vitas, quae Pisauri
in Bibl. Ducali fuerunt, teste Lud. Jacobo
a S. Carolo Bibl. Pontificia p. 437. qui et
idem *contra Epistolam Paschalis II. Pont.
Max.* scripsisse testatur.

SIGEBERTUS *Levita*, est *Gemblacensis*.

SIGEBERTUS *Metensium* Rex, seculo VII.
cujus *Epistola* ad Desiderium Cadurcensem Episcopum, qua sine sua scientia sy-
nodale Concilium in regno suo cogi prohibet , edita primum est a Canisio tom. V.
part. 2. in editione nova vero tom. I. p. 64.
post. in Conciliis Regiis tomo XIV. Labbei tomo V. item in Capitularibus Baluzi i
tomo I. p. 143.

SIGIBERTUS Episcopus *Usetiensis* , historiam regum Galliae scripsisse dicitur ,
de quo plura sunt cognita. Hist. literaire
de la France tom V. p 601.

SIGEHARDUS vel *Sigeardus:* mon. S.
Albani , dioecesis Moguntinae , scripsit anno 1298 *Vitam et Passionem S. Aurei et
Justini*, unde Excerpta dedit Dan. Papebrochius in Actis Sanctorum t. III Junii p.
73. cujus etiam vide Commentarium praevium pag. 45. 46. Scripsit etiam, teste
Trithemio in Chron. Hirsaugiensi , *Vitam
S. Albani :* fortasse illa est , quam dedit
Canisius Lect. Ant. edit. prioris tomo IV.
p. 598. poster. tom. IV. p. 153. quamvis
negandum non est contradicere Serarium
rer. Mogunt. I 48. 4.

SIGEHARDUS, Aquitanus, monachus
San-Maximiniensis juxta Treverim , sec. X.
Scripsit *Historiam miraculorum S. Maxi-
mini Episc. Trevirensis*, quam edidit God.
Henschenius in Actis Sanctorum tom. VII.
Maji pag. 25. Adde Broweri Annal. Trevi-
renses IX 41. Hist. literariam Galliae to-
mo VI. p. 300.

SIGERUS *de Insulis*, aliis *Zegerus* ,
Flander, Ord. Praedicatorum, circa a. 1438.
Scripsit *Vitam B. Margaretae de Ypris.*

Jac. Quetif de scriptoribus Ord. Praedicatorum tom. I. p. 106.

SIGIFRIDUS, Archiepiscopus Moguntinus ab a. 1064, obiit a. 1084. in historia illorum temporum non incelebre nomen. *Epistolae* illius tres ad Alexandrum II. Papam , *una* ad Hildebrandum , habentur in tomis Conciliorum. Alia ejus diplomata passim prostant.

SIGISMUNDUS *Amidanus*, Cremonensis, Philosophus Aristotelicus circa a. 1423. Scripsit *super Physicam Tractatum, et super Convivio Platonis Commentaria.* Arisii Cremona literata tom. I. p. 238.

SIGISMUNDUS *Burgus*, Cremonensis, JCtus et Orator, in Senatum adscitus anno 1489. Venetias Orator missus a. 1503. ibique nobilitatis insignibus decoratus est, obiit a. 1529. Ejus sunt *Oratio in funeribus Augustini Barbadici, Ducis Venetiarum Cremonae habitis a.* 1505. *Panegyricus Leonardo Lauretano , Principi Venetiis dictus* Venet. 1530. *Opera historica.* Idem Arisius tom. II. p. 3. qni etiam p. 4-16. Panegyricum integrum inseruit.

SIGISMUNDUS *de Comitibus*, Fulginas, e Comitibus Antignoni et Cocoronii, quinque Pontificibus a Secretis, obiit a. 1512. Scripsit *Historiam sui temporis* libros XIX. ab a. 1475. usque ad obitum suum, quos MSS. habuit Lud. Jacobillus. Exstant etiam in Bibl. Ambrosiana Mediolanensi. Bern. de Montfaucon Bibl. Bibl. MSS. p. 523. Scripsit porro *super Decades Flavii Blondi*, *Carmina* utraque lingua et *Epistolas.* Jacobilli Bibl. Umbriae p. 231.

SIGISMUNDUS *Gossenpot*, vide infra, *Udalricus monachus S. Afrae.*

SIGISMUNDUS *Meisterlinus*, vide supra lit. M. pag. 65 Adde Felleri Monumenta inedita p 44. et Pezii praefationem ad tomum I Thesauri Anecdotorum p. 33

SIGISMUNDUS *Pandulfus Malatesta*, Arimini Dominus, seculo XV. medio. Isottam quandam tantopere amavit, ut eam fere Deam faceret. Hinc in Bibliotheca Norfolciensi adsunt: *Sigismundi Pandulphi Carmina ad amicos, et aliorum ad eundem Carmina.* Alius dicitur *Liber Isottaeus*, de quo supra in PORCELLIO. Adde Gior-

nale de' Letterati d' Italia tomo IX p. 130. *Epistola* ejus ad Mahometum II. Turcarum Imperatorem, exstat tomo IV. Miscellaneorum Baluzii p. 524.

SIGISMUNDUS *de Policastro*, Patavinus, Medicinam in patria docuit seculo XV. In senectute quatuor filiis brevi tempore orbatus, septuagenarius uxorem secundam duxit, ex qua tres ei filiis nati sunt: quorum natu secundum ipse laurea Philosophica tremulis prae senectute manibus exornavit. Obiit anno aetatis nonagesimo quarto, cum supra 50. annos docuisset. Scripsit *Comm. in opera Galeni, Quaestiones varias,* quarum prima est *de actuatione Medicinarum,* Venet 1506. fol. *Commentariorum libros tres in Aphorismos Hippocratis, de febribus, de venenis eorumque cognitione.* Nicolai Commeni Papadopoli Hist. Gymnasii Patavini lib. III. sect. II. c. 4. Bern. Scardeonius Ant. Patavin. II. 9. p. 209. 210. Merklini Lindenius renovatus p. 969.

SIGISMUNDUS *Rositzius*, vixit sec. XV. et 1430. se primam missam in Ecclesia B. M. V. in Arena Wratislaviae cantasse affirmat. Sunt, qui illum Canonicum Ord. S. Augustini in monasterio B. M. V. in Arena fuisse tradunt. Scripsit *Chronicon Silesiacum*, cujus pars prior exhibet *Catalogum Episcoporum Wratislaviensium,* (omissis Smogrensibus et Bicinensibus) usque ad Rudolphum, qui anno 1468. electus est. Pars posterior habet *res in Silesia gestas* ab a. 1237-1470. Exstat tomo I. Scriptorum Silesiacorum Sommesbergii p. 62.

SIGIZZO junior, Bononiensis, ex familia nobili Blanchetta, ab Honorio II. renunciatus Presbyter Cardinalis SS. Marcellini et Petri, in schismate contra Innocentium II pro Anacleto Pseudopontifice stetit, scripsit *in eiusdem defensionem Tractatum,* olim in Bibliotheca Ducis Urbinatis MS. asservatum: obiit post annum salutis 1136. Haec Oldoinus in Athenaeo Romano, p. 604. Adde Jac. Laderchium de Basilica Marcellini et Petri pag. 347.

SIGLOARDUS, Canonicus Remensis, *rhythmos* confecit in mortem Fulconis Ep. Remensis, qui sub finem seculi IX.

obiit. Exstant in Flodoardi Hist. Remensi IV. 8. sed non in omnibus Codicibus: Ex Igniacensi edidit Labbeus in Bibl. MSS. tom. I. p. 362. Adde Hist. literaire de la France tom. V. p. 691.

SIGNORINUS (*Signorolum* vocat Picinellus) *Homodeus*, Mediolanensis, JCtus, post Eques et Comes Palatinus. Docuit Vercellis, Bononiae, Patavii, Parmae, Ticini, Taurini, ac denique rursum Vercellis, ubi a. 1310. publice disputavit, *utrum Doctor Equiti sit praeferendus*, de quo etiam nobilem *Tractatum* conscripsit, quem Ludovicus Bologninus aliquot declamationibus illustravit. Reliqua ejus scripta sunt *Consiliorum volumen*, *in Rubr. primi ff. veteris*, *in Rubr. primi ff. novi*, *in I. Infortiat. de Injust. etc.* Pancirollus de claris Legum interpretibus II. 64. Picinelli Athenaeum eruditorum Mediolanensium p. 493. 494. Nic. Comneni Papadopoli Hist. Gymnasii Patavini lib. III sect. 1. c. 3. Marcus Mantua de illustribus JCtis c. 223.

* In MS Cod. n 369. Felini extant *consilia* huius 186. adnotatque idem Felinus non respondere ullo modo impressis quae sunt ut idem adnotat 267. Porro consilia ista prodierunt Mediolani Anno 1497. *Liber de praecedentia doctoris et militis* cum additionibus Lud. Bolognini prodiit vetustis typis sine loco et anno. In alio MS. Cod. Felini num. 419. sunt Consilia quaedam cum tractatu *de excussionibus*. In his codicibus numquam Signorinus, semper Signorolus appellatur. *

SIGWOLFUS, Anglus, monachus ordinis S. Benedicti. Scripsit ad Alcuinum, eumque *de locis difficilioribus Geneseos* consuluit, cui is etiam responsum transmisit. Balaeus Centur. X. 26. Pitseus c. 124.

SILLANUS *de Nigris*, Papiensis Medicus circa a. 1490. Scripsit *super nono Almansoris copiosam Expositionem*, Venet. 1490. 1497. 1518. 1597. fol. Mercklini Lindenius renovatus. 969. In editione Veneta, apud Otinum Papiensem de Luca, 1497. accedunt *in eundem Petri de Tussignano multiplices receptae*.

SILLEBERTUS, vide supra t. III. 201.

SILVERIUS, Papa, natione Campanus,

Hormisdae Episcopi Romani filius, primum S. R. E. Subdiaconus Regionarius, postea Pontifex electus a. 536. a Vigilio autem ejectus a. 538. *Epistolam* ejus ad Vigilium habes apud Baronium ad a. 539. n. 2. tom. II. Concil. Harduini, p. 1419. ubi quoque habes *Epistolam ad Amatorem.*

SILVESTER I. Papa, Rufini et Justae filius, patria Romanus ab a. 315-335. *Conflictus S. Silvestri et Judaeorum* in praesentia Constantini Imp. et Helenae matris ejus exstat MS. Cantabrigiae et Parisiis, nec non in Vita ejus apud Surium d. 31. Dec. Moguntiae 1554. 4, cum praef. Georgii Wicelii, copiosior autem teste Possevino in Bibl. Nonantulana, et Combefisii Bibl. Concionatoria Dom. I. Quadragesimae. Dialogum ejus μυθικον in Chronico MS. Geor. Hamartoli exstare notavit Fabricius.

Epistolae et Decreta apud Ivonem et Burchardum tom. I. Conciliorum Harduini p. 285. 527. et in Petri Constant Epistolis Romanorum Pontificum p. 37. 54.

Adde Prosperi Mandosii Bibl. Romanam Cent. VII. 13. Lud. Jacobi a S. Carolo Bibl. Pontificiam p. 212. Oldoini Athenaeum Romanum p. 604.

* Conflictus eius cum Judaeis apud Surium editus plane diversus est ab eo qui legitur in MS. meo Cod. membran. scripto Saec. XIV. Titulus huius est; *Convocatio Judaeorum adversus S. Silvestrum* Incipit *Abiator primus illorum dixit principale negotium est videlicet Deum, quem colimus, quia unus est per legem ipsius ignorare.* Apocryphum hoc opusculum in fine mutilum est. Forte tamen coincidet cum eodem opusculo, prout legitur in Bibliotheca concionatoria Combefisii quae modo non est ad manus. *

SILVESTER II. Papa, vide supra *Gerbertus.*

SILVESTER *de Balneo-Regio*, Hetruscus, Ord. S. Augustini, a. 1469. fuit Regens Collegii Senensis, a 1472. Romanus, an. 1477. Romanae provinciae Rector, a. 1483. Ordinis Procurator Generalis, tandem an. 1485. Vicarius Generalis, quo anno d. 13 Sept. obiit. Scripsit *de potentia generandis in divinis, de nobilitate intellectus et vo-*

luntatis, de Canonizatione B. Simeonis de
Tridento, de subjecto Theologiae, Quaestiones Theologicas. Philippi Elssii Encomia-
miasticon Augustinianum p. 624. Gandolfus de script. Augustinianis p. 314. (De passione Christi Discursus Mazzucchelli II. 65.
Lucchesini.)

SILVESTER Giraldus, vide sup. III. 59.

SILVESTER de Marradio, Etruscus,
Ord. Praedicatorum, circa an. 1500. scripsit Speculum veri et humilis praedicatoris
revelatum. Jac. Quetif de Scriptoribus Ord.
Praedicatorum tom. I. pag. 859.

SILVESTER Mediolanensis, Ord. Praedicatorum conventus S. Eustorgii, vixit
an. 1520. Scripsit Tractatum de ente et
essentia, Quaestiones varias. Idem p. 772.
Picinelli Athenaeum eruditorum Mediolanensium p. 485. Altamura p. 167.

. SILVESTER Mazolinus, Prierias, sive
de Prierio, a patria, villa Marchionatus
Cebensis, prope urbem Cevam (Ceva) sita,
fuit monachus Dominicanus, Professor Patavinus, Prior Mediolanensis, Veronensis
et Comensis, Vicarius generalis, an. 1515.
Magister S. Palatii, obiit a. 1523, Scripsit
Comment. in Sphaeram et in Theoricas
planetarum, Venet. 1513. Mediol. 1514.
Testum Dialecticae, Venet. 1496. 4. Auream Rosam in Evangelia totius anni,
saepius editam, Errata et argumenta Lutheri recitata et repulsa Romae 1520. 4.
Epitomam Capreoli, Cremon. 1497. 1649.
4. Summam Summarum, quam Silvestri-
nam inscripsit, saepius qq. editam. De ju-
ridica et irrefragabili veritate Romanae
Ecclesiae Romanique Pontificis. Rom. 1520
4. et alia longe plura. Jac. Quetif de Scriptoribus Ord. Praedicatorum t. II. p. 55.
Baelii Dictionarium, Oldoini Athenaeum
Ligusticum p. 496. Sopranus de Scriptoribus Liguriae pag. 255. Andr. Rossotti
Syllabus Scriptorum Pedemontii pag. 523.
Possevinus tom. II. Apparatus pag. 405.
Nic. Comneni Papadopoli Hist. Gymnasii
Patavini t. II p. 186. Marraccii Bibl. Maria-
na t. II p. 365. et supra PRIERIUS 316.

(313 SILVESTER Meucci de Castelione
Aretino (seu Florentino) Anno 1516. degebat in Coenobio Veneto prope Murianum

et op. Abb. Joachim Card. Aegidio dicavit.
Obiit ibid. an. 1535. 20. martii. Vid. Pos-
sevin. in Appar. 2. et Gandolfo De CC. Augustinianis 314. 414. 413. Ab eo edita Abb.
Joachim explanatio in B. Cyrillum de statu Ecclesiae. Concordiae V. et N. Testamenti. Ven. de Luere 1519. 4. super Jsaiam
de oneribus in orbem Universum: Abb.
Joachim Expositio in Apocalypsin Ven. Bindoni 1527. 4. et Patavi 1616. 4. Interpretatio in Hieremiam ubi luce clarius ostenditur Ecclesiam carnalem (quae nova
Babylon nuncupatur) fore percutiendam
triplici gladio scil. amissione ab Alemannorum imperio etc. Ven, per Benalium
1525. el Colon. op. L. Atect 1527. 4.)

Andreas SILVIUS, de quo jam supra
actum est t. I. p. 86. ubi tamen pro Arelatensis legendum Atrebatensis. Ejus etiam
sunt Libri duo de miraculis S. Rictrudis,
ανωνυμος editi in Actis Sanct. d. 12 Maji.
Adde Oud. t. II. p. 1689 et quos ille citat.

SILVIUS Bonus, Britannus, Latini sermonis peritus, Rhetor et Poeta sec. V.
Cum Maximo Britannorum Rege in Galliam transfretavit, ubi Ausonium aemulum et inimicum expertus est. Scripsit
Maximi Caesaris laudes, de bellis Armo-
ricis, Epistolas, Invectivas in Ausonium.
Ita Lelandus c. 20. Balaeus Cent. I. 40.
Pitseus c. 29. quae quum describerem,
statim mihi sublestae fidei videbantur,
quod Vossio quoque visum est, qui omnia
commentitia, nec ullius veterum testimonio suffulta esse agnoscit: de Histor. Latinis III. 12. pag. 829. Occasionem autem
huic commento sumserunt ex Ausonii
Epigr. 109. et quinque sequentibus, quae
contra hunc Silvium Bonum directa sunt.

SIMEON de Colonia, monachus nescio
quis, scripsit Speculum Alchimiae minus,
quod est in Bibl. Regia Parisina. Montfaucon Bibl. Bibliothecarum MSS. p. 780.

SIMEON Dunelmensis monachus et Praecentor Ord. S. Benedicti Congregationis,
et Theologiae Doctor Oxoniensis. Post ir-
ruptionem Danorum omnes historiarum
reliquias in variis monasteriis conquisivit,
et inde opera sua conscripsit, mortuus
circa an. 1130. Eo frequenter usus est,

Lelando teste , Rogerius Hovedeuns , ita tamen, ut auctorem suum ne semel quidem citaverit. Opera ejus sunt haec :

1. *De regibus Anglorum et Danorum* ab a. 616. usque ad 1129. apud Twysdenum S. R. Angl. p. 85.

2. *De obsidione Dunelmi* an. 869. Ibidem pag. 79.

3. *De Archiepiscopis Eboraci.* Ibidem p. 75. et apud Labbeum tom. I. Novae Bibl. MSS. sect. 2.

4. *Historia Dunelmensis Ecclesiae.* Ibidem p. 1 Hanc Seldenus in praef. Scriptoribus Twysdeni praemissa , nec non Acta Sanctorum tom. III. Martii p. 124. 125. et tom. VI. Maji. p. 718. Turgoto tribuunt, de quo inferius suo loco.

5. *De passionibus SS. Martyrum Ethelberti et Ethelreb, Abbreviationes Malmesburiensis,* a) *et Epistolae ad Elmerum* huc usque nondum prodierunt.

Vide Lelandum c. 160. Balaeum Centur. II. 98. Pitseum c. 226. Caveum pag. 577. et ante omnes Seldenum in praefatione ad Scriptores Twysdeni p. 1. seqq Oudinum tom. II. p. 1101.

SIMEON *Scotus* carmine scripsit *Acta S Columbae* ad Alexandrum Scotorum Regem, ut notat Jac. Usserius de primordiis Ecclesiae Anglicanae p. 689. 697. ex quo fragmenta quaedam exhibet Jo. Colganus in Triade Thavmaturga Hiberniae p. 466.

SIMON *Affligemiensis* coenobii monachus in Brabantia, Ord. S. Benedicti: circa annum 1250. Scripsit *Sermones in Cantica Canticorum , Abbreviationem Moralium Gregorii in Jobum, Comment, in Ezechielem* ex Gregorio, Collationibus Patrum et Richardo de S. Victore, *Visionem cujusdam conversi Ord. Praemonstratensis ex monasterio Postele.* Henr. Gandavensis de script. Eccles. c. 56. Valer. Andreae Bibl. Belgica p. 811. Swertius Athenis Belgicis p. 674. 675.

SIMON *Ailwardus*, Poeta Anglus, vixit an. 1456. et *de ludo scaccorum* scripsit. Pitseus Append. Cent. IV. 34.

SIMON *Alcoccus*, Anglus , Theologiae Doctor , Professor et Concionator circa a. 1380. Scripsit *de modo dividendi thema pro materia sermonis dilatanda , Expositiones in Magistrum Sententiarum et Conciones.* Balaeus Centur VI.52. Pitseus c. 652.

SIMON *de Angelis*, Ord. Praedicatorum in conventu Senensi sec. XV. vergente , scripsit *Vitam Catharinae de Lenziis ,* quae vulgo altera Catherina de Senis dicta erat , cuique a sacris confessionibus fuit. Vinc. Maria Fontana de Provincia Romana Ord. Praed. p. 376. Jac. Quetif de Scriptoribus Ord. Praedicatorum. tom. I. p. 876.

SIMON *Angelus de Rocci*, Senis natus anno 1437. Ord. Praedicatorum , Patavii literis incubuit , post Lector Bibliae et Sententiarum in conventu Senensi , Regens studii Florentiae ad S. Mariae novellae , obiit a. 1509. Scripsit de quaestione , *an vita laicalis , an claustralis sit praeferenda? item Officium Ecclesiasticum in festo S. Ambsosii Sansedonii confessoris Ord. Praedicatorum recitandum et cantandum.* Jac. Quetif de Scriptoribus Ord. Praedic. tom. II p. 13.

SIMON *Anglus* , Ord. Praedicatorum seculo XIV. excunte , scripsit *Postillas super IV. Prophetas majores , super libros Maccabaeorum , in Proverbia Salomonis , in praefationes Bibliorum S. Hieronymi.* Idem Quetif pag. 705. Pitseus Append. Centur. IV. 35.

SIMON *Baringuedus*, Tolosanus, Theologiae Doctor Parisinus circa annum 1373. Scripsit *Comment. in Apocalypsin , de Trinitate , de viribus animae , in priora et posteriora Aristotelis , de attributis, Opera quaedam Augustini in Conclusiones redacta.* Phil. Elssii Encomiasticon Augustinianum p 625. Gandolfus de ducentis scriptoribus Augustinianis p. 314.

SIMON *Beaulieu* , apud Bellum locum in Bria Campaniae familia nobili ortus , fuit Archidiaconus Carnotensis et Pictaviensis, tum Canonicus Bituricensis et

---

a) De his ita scribit Henricus Wharton praef. ad tomum I. Angliae Sacrae p. 13. *Willelmi* (Malmesburiensis, *Historiam* (Pontificum Anglorum)

Simeon Dunelmensis abbreviasse dicitur. Extat quidem ejusmodi Abbreviatio in Bibliotheca Lambethana , nullius plane pretii.

Sancti Martini Turonensis, tandem Archiep. Bituricensis et Cardinalis. Hunc Bonifacius VIII. Legatum misit in Gallias ad componendum bellum inter Philippum IV. Franciæ et Eduardum II. Angliæ Reges. Extant ejus *Acta Synodi Provincialis*, quam habuit in sua Ecclesia a. 1282. al. 1284 apud Baluzium tom. IV. Miscellaneorum p. 205. et *Epistolae*, quarum aliquas referunt Sammarthani tom. I. Galliæ Christianæ. (a) Hæc Oldoinus in Athenæo Romano p. 606.

SIMON *Benignus*, Modrusiæ in Croatia Episcopus, claruit a. 1513. quo Concilii Lateranensis Patribus sessionem sextam d. 27 Aprilis celebraturis verba fecit *de schismatibus seculi postremi, promissa toties Ecclesiae reformatione, et bello Turcis inferendo.* Exstat ille Sermo una cum Epistola ad Bernardinum de Frangepanibus dedicatoria, Concil. tom. XIV. pag. 144. Hæc Whartonus Append. ad Caveum p. 162.

SIMON Abbas *S. Bertini*, vide infra SIMON *Gaudensis*.

SIMON *de Bertis*, sive *Bertius*, Florentinus, Ord. Prædicatorum Magister Theologiæ. Prior cœnobii Romæ ad Minervam et Tusciæ Vicarius, circa a. 1491. Scripsit *Diversorium concionatorum*, quo integrum Quadragesimale, et Sermones præterea LX contineutur. Jac. Quetif de Scriptoribus Ord. Prædicatorum tom. I, p. 875. Pocciantii Catal. Scriptorum Florentinorum, p. 161. Jul. Niger p. 504. Altamura p. 213 525..

SIMON *Bituricensis*, vide infra *de Sulliaco.*

SIMON *Bononiensis*, Ord. Eremitarum S. Augustini, Theologiæ Magister, obiit a. 1333. Scripsit *Librum de novo mundo*. Orlandi Notitia Scriptorum Bononiensinm p. 247. Phil. Elssii Encomiasticon Augustinianum p. 626. Gandolfus de ducentis Augustinianis scriptoribus pag. 315.

SIMON *Boraston*, vide paullo post. *Burneston.*

SIMON *Borsanus*, Archiepiscopus Mediolanensis et Cardinalis SS. Joannis et Pauli obiit a. 1381, reliquit *Volumen super librum Clementinarum.* Phil. Picinelli Atenæum eruditorum Mediolanensium p. 494. Oldoini Athenæum Romanum pag. 607.

SIMON *Bredonus*, seu *Biridanus*, Winchecombæ in Anglia natus, Oxoniæ in Collegio Mertonensi literis incubuit, Medicus et Astrologus insignis, circa a. 1386. Scripsit *in Esaiam Prophetam, in computum Ecclesiasticum Roberti Lincolniensis, Logicam, Aritmeticam theoricam, Tabulas Chordarum, Calculationes Chordarum, in demostrationes Almagesti, de proportionibus, Æquationes planetarum, Trifolium de re medica, Astronomiam calculatoriam et judiciariam etc.* Lelandus cap. 373. Balæus Cent. VI. 65. Pitseus cap. 681.

SIMON *Burneston* allas *de Borastona*, Ordinis Dominicanorum Monachus, post Provincialis, et Theologiæ Doctor Cantabrigiensis circa a. 1337. Scripsit *Alphabetum de vocabulis praedicabilibus, Concordantiam quorundam Doctorum, Distinctiones Theologiae, de Criminibus corrigendis, de ordine judiciario, de unitate et ordine Ecclesiasticae potestatis, de postulandis suffragiis etc.* Balæus Centur. V. 41. Pitseus cap, 513 Jac. Quetif de Scriptoribus Ordinis Prædicatorum tom. I. p. 594. Altamura p. 475. Oudinus III. p. 872.

SIMON *Camers*, sive *de Camerino*, Ord. S. Augustini, fundator congregationis Montis Ortoni apud Patavium, ubi a. 1478. obiit. Scripsit *Sermones in festivitates annuas.* Jacobilli Bibl. Umbriæ p. 148. Gandolfus de ducentis scriptoribus Augustinianis p. 315.

SIMON *de Catana*, vide infra *Simon de Puteo.*

SIMON *Fidatus*, *de Cassia* dictus, quia Cassia Hernicorum urbe oriundus erat, fuit Eremita Ordinis S. Augustini in conventu Florentino, ubi a. 1348. diem suum obiit. Prostant ejus *Enarrationes Evangelicæ veritatis* sive *Gesta Salvatoris*, 1485, sine anno et. loco. Basil. 1507.

Colon. 1533, 1540, fol. et alibi, *Liber de B. Virgine*, Basil. 1517, *de doctrina Christiana*, *Expositio Symboli*, *de speculo Crucis*, *Epistolae* et alia. Trithemius de Script. Eccles. c. 605. Aubertus Miræus c. 433. Whartonus in Append. ad Caveum p. 23. Acta Sanctorum tom. I. p. 267. Jacobilli Bibl. Umbriæ p. 250. Gandolfus de ducentis Augustinianis scriptoribus p. 321. Phil. Elssius in Encomiastico Augustiniano p. 629.

* Præter libros a Bibliothecario indicatos, sunt et alii qui ab authore hoc prodiecunt commemoratione dignissimi, nempe liber de *Vita Cristiana* hic indicata. *Liber de disciplina spiritualium*, et alter *in verba S. Pauli: si spiritu vivimus. Liber de cognitione peccati. De vita heremitica. De conflictu Christiano* opera ista omnia nondum lucem viderunt. Vide Gandolfo pag. 324.

Eius tamen de vita Christiana liber Italice scriptus est non Latine, ut ex duplici Codice Bibliothecæ Riccardianæ Catalog. pag. 154 discimus. In titulo eiusdem unius Codicis ita legi monet Lamius ibid. *Ordine della vita Cristiana compilatoda F. Simone da Cascia de'Romitani Frati di S. Agostino intorno agli anni Domini 1333 quando stava in Firenze predicatore.* Opera alia Italica eiusdem ibid. legas. (312.) Italice prodiere. *Espositione degli Evangelj Volgarizzata da F. Guido Venetia, Annibale da Foxo* 1486 *fol.* et dein id. opus — *Firenze per Bartolommeo di Francesco De' Libri* 1496. *fol. fig. accedit Predica di Giordano da Rivalto.*

Opera devotissima de la Vita Cristiana. Milano de Vimercato 1521. 4. *ch.* 47. *et dein in Torino* 1779. 8.

Doctissimi P. Jo. B. Audiffredi prolixum sane opusculum cui tit. — *Saggio di osservazioni di G. Cesare Bottone sopra il discorso* (di Gio. B. Moriondo) *premesso all' Ord. della vita Cristiana del B. Sim. da CasciaStamp. in Torino* l'an. 1779 Cosmopoli (Roma) 1780. 8 pag. 140. non inutiliter certe videndum.

* SIMON ConstantinopolitanusJacumæus vel Sacumaeus ab Allatio dictus ex Monaco Ord. Basiliani Hieracensis Episcopus a Clemente VI. renunciatus An. 1348 tum ad Thebanam sedem assumptus an. 1366. teste Vghellio 9. Ital. Sac. Vet. edit. col. 548 Latine vertit libellum Plutarchi de remediis iræ iussu Petri de Corsinis S. R. E. Cardinalis et Episcopi Portuensis. Cum vero versio illa obscuritate et imperitia Latini Sermonis multa exhiberet ambiguas cultiori stylo illam refinxit Pierius Coluccius Salutatus et in capita distinctum eidem Cardinali Portuensi direxit. Versionem hanc nunquam-prodiisse credo, at servatur in MS. meo Codice Chartaceo.

SIMON *Corbeiensis*, sive e Corbila, Gallus, Theologus, Parisinus, Carmelitarum in Gallia Provincialis, scripsif *Glossas Scripturarum, Sermones* plures, vixit a. 1312. Possevinus tomo II. Apparatus p. 407.

SIMON *le Couvreur*, Atrebas, Ord. Carmelitici ibidem a. 1462. monachus, post Prior Conventus Vesontionensis, in Burgundia usque ad a. 1489. quo Atrebatum reversus est. Scripsit *Historiam rerum suo tempore gestarum sub Carlo VI. Galliae Rege usque ad a.* 1412. Val. Andreæ Bibl. Belgica p. 811.

SIMON (perperam alii *Petrum* vocant) de *Cramodo*, vel *Crammaudo*, Gallus, ex Magistro libellorum supplicum Aginnensi Præsul Biterrensis, Carcassonensis, Avenionensis, Pictaviensis et Remensis, post Patriarcha Alexandrinus. Interfuit Synodo Parisiensi a. 1398 ad componendum schisma habitæ, in qua publicatus est *Tractatus de Schismate*, quem Simon composuerat. Tandem Cardinalis tit. S. Laurentii in Lucina interfuit Concilio Constantiensi: obiit anno 1429. Oldoini Athenæum Romanum p. 607. Epistola a, 1400 scripta ad Archiepiscopum *Cantuariensem super materia unionis Ecclesiae*, exstat in Martene et Durand Thesauro novo Anecdotorum tomo II. pag. 1230.

SIMON *Cremonensis*, Ordinis Fratrum Eremitarum Augustinianorum, circa annum 1337. Scripsit *Sermones in Evangelia*, Reutling. 1484 fol. *in Epistolas, Quadragesimale, Sermones de praecipuis Deiparae festivitatibus, Quaestiones et Expositiones Sententiarum, de indulgentiis Assisii ete.* Trithemius c. 602. Miraeus c. 433. Whartonus Append. ad Caveum p. 24. *Sermones* in monasterio August. Ratisponensi manu exaratos asservari docet Felix Milensius in Alphabeto Ordinis Eremitarum S. Augustini p. 283. Arisii Cremona literata tom. I. p. 179. Phil. Elssii Encomiasticon Augustinianum p. 626. Gandolfus de CC. Augustinianis scriptoribus p. 319. Hippol. Marraccii Bibl. Mariana tomo II p. 368.

* *Simon Cremonensis* aliquanto serius quam hic constituitur floruit, nam An. 1387 Regens scholæ cœnobii sui Gennensis constitutus est, extatque eius mentio in vetustis documentis usque ad Annum 1390. Præter opera hic indicata scripsit etiam *Collationes mortuorum in Evangelia et epistolas totius anni, quaestiones de Sanguine Christi, harmoniam in Evangelia, in Epistolas Pauli, libros sanctorum, quibus additae sunt Constitutiones Clementis V.* (ita P. Gandolfo, sed quid sit postremum hoc opus non assequor) Vide Gandolfo in Diss. de CC. Augustinianis.

SIMON *Dominicanus*, vide supra SI-MON *Anglus*.

SIMON *Dunstadius*, Anglus, Franciscanus, et Ordinis sui Provincialis, scripsit *in Aristotelis Meteora*. De ætate non constat. Lelandus c. 442.

SIMON *Fevershamensis*, Anglus, Theologiæ Doctor Oxoniensis, et Ecclesiæ Birtonensis in Comitatu Gantiæ Rector circa a. 1370. Scripsit *in Aristotelem de animalibus*, item *in ejus priora et posteriora, Quaestiones super Ethica Aristotelis, Quaestiones in Meteora, Quaestiones de anima, de sensu et sensato.* Lelandus c. 408. Balæus Cent. VI. 30. Pitseus c. 623.

SIMON *Fidatus*, vide supra *Simon de Cassia.*

SIMON *de Florentia*, vide infra *Simon Tornaquincius.*

SIMON *Fraxinus* Anglice *Asche*, Canonicus Herefordiensis circa a. 1200. Silvestro Giraldo amicissimus. Scripsit pro ipso *Apologiam rhythmicam* contra Adamum Abbatem Dorensem : *de innocentia ejusdem*, quæ nunc prodierunt tomo II. Angliæ sacræ : *Epistolas et Carmina.* Lelandus c. 215. Balæus Centur. III. 39. Pitseus c. 277. Jo. Prince Danmonii orientales illustres. p. 9.

SIMON *Freron*, Canonicus Aureljanensis, Concilii Basileensis primum ad Pontificem, deinde ad Imperatorem Constantinopolitanum Legatus. Ejus sunt *tertia pars proposiionis.* Imperatori jam dicto factæ, in Conciliis Labbéi tomo XII p. 826. *Epistola ad Papam super facto Graecorum* in Martene et Durand Collect. ampliss. tom. VIII. p. 756.

SIMON *Gallus*, Ord. Prædicatorum, seculo XV. Scripsit *Abstractiones Epistolarum s. Sermones Dominicales, Speculnm Ecclesiae pro rudibus sacerdotibus.* Quetif de Scriptoribus Ord. Prædicatorum tom. I. pag. 904.

SIMON *Gandavensis*, patria Londinensis, sed patre Flandro Gandavensi natus, a. 1297. Episcopus Sarisburiensis. Ejus sunt *de vita solitaria, Meditatio de statu Praelati, Statuta Ecclesiastica ad suos Sacerdotes.* Lelandus c. 313. Balæus Centur. IV. 73. Pitseus c. 431. Swertii Athenæ Belgicæ p. 675.

SIMON *Gandensis* alius, primum Alciacensis Ord. Bened. apud Hesdinum Artesiæ oppidum, post ad S. Bertinum Abbas, scripsit *Chronicon Ecclesiæ Bertiniacæ* ab anno 1021 usque ad annum 1148 quo Gandavi obiit. Val. Andreæ Bibl. Belgica p. 811. Sanderus de eruditis Gandavensibus p. 117, 118.

SIMON *Genuensis*, vide paullo inferius SIMON *de Janua.*

SIMOM *Genuensis*, alius a superiore, Medicus circa finem seculi XIV scripsit contra Matthæum Silvaticum *Opus Pandectarum Medicinæ*. Sopranus de Scriptoribus Liguriæ p. 247. Oldoini Athenæm Ligusticum p. 500.

SIMON *Gramaudus*, vide supra SIMON *de Cramado*.

SIMON *Hentonus*, aliis *Wintonius*, quod Pitseus ita conciliat, quod ille Hentoniæ in villa prope Wintonium natus, in hac autem urbe educatus et monachus Dominicanus fuit. Floruit circa annum 1360. Commentatus est *in varios libros Biblicos*, scripsit præterea *de articulis fidei, et de decem præceptis*. Balæus Cent. V, 99. Pitseus c. 591. Jac. Quetif de Scriptoribus Ord. Prædicatorum tom. 1 p. 648.

SIMON *Hermannas*, Harlemensis, Ord. Carmelitarum circa a 1460 scripsit *Copulata Sermonum et de votis monasticis*, Val. Andreæ Bibl. Belgica p. 811 Swertii Athenæ Belgicæ p. 675.

SIMON *de Hungaria*, Ord. S. Augustini, *Ægidii Romani Quodlibeta sex* edidit Bonon 1482 *et ejusdem Theoremata* ibidem , non addito anno impressionis. Phil. Elssii Encomiasticon Augustinianum p. 627.

SIMON *de Janua*, vero nomine *Simon a Cordo*, patria Genuensis, professione Medicus, post Nicolai V. Pontificis Subdiaconus et Cappellanus, Canonicus item Rothomagensis circa annum 1300 scripsit *Synonyma Alchimiae* de diversis libris et ponderibus, mensuris item et signis medicinalibus , quæ MS. sunt in Bibl. Medicea et. S. Gatiani Turonensis. Bern. de Montfaucon Bibl. Bibliothecarum MSS. p. 383, 1276. Librum quoque *Serapionis de diversis Medicinis* in Latinum sermonem convertit: ibid. p. 1197, 1295. *Liber XXVIII Bulchasi Benaberazerin translatus a Simone Januensi, interprete Abram Judæo Tortuosiensi*, impressus est Venetiis per Nic. Jenson 1471, 4 cum Libro *Servitoris* de præparatione medicinarum simplicium. Alia editio prodiit Venet. 1479 de qua Maittaire tom. I, p. 404. *Notas* ejus *marginales* in Alexandrum Iatrosophistam ex

Codice 334 citat Car. du Fresne in Indice'Auctorum, quem Glossario praefixit, quæ tamen editæ sunt Lugduni 1504, 4 et Papiæ 1528 , 8 *Clavis sanitatis* , in qua simplicia medicamenta latina, græca et arabica ordine alphabetico traduntur, prodiit Venet. 1486, 1510, 1514 folio Adde Sopranum de Scriptoribus Liguriæ p. 257. Oldoini Athenæum Ligusticum p. 499. Mercklini Lindenium renovatum p. 971. Fabricium Bibl. Græcæ Vol. XIII pag. 424. Oldoini Theatrum Archiatrorum Pontificiorum p. 214 seqq.

* Si vir iste doctissimus Nicolai V capellanum ogit non potuisset utique circa Ann. 1300 scribere *Synonima*, non enim inter se conveniunt hæc duo. Reipsa igitur capellanum et medicum egit Nicolai IV. quare potuit circa Ann. 1300 scribere *Synonima Alchimiæ, Clavis sanitatis*, quae opus illius est, hunc titulum accepit a Campano D. Papæ capellano et canonico Parisiensi, ut legimus in Epistola eiusdem Campani operi præfixa. Reipsa tamen in antiquissima editione , quam modo, dum ista scribo, versor manibus *Synonyma Simonis Genuensis* inscribitur, Editio, cuius jam memini, Mediolani prodiit Ann. 1473 per Antonium. Parmensem in fol.

SIMON *Islepus*, Archiepiscopus Cantuariensis, fundator Collegii Cantuariensis in Academia Oxoniensi, obiit anno 1366. Scripsit *Sermones Quadragesimales, de Tempore et Sanctis, pro ordine Sacerdotali Constitutioues Decretales , speculum Regis Eduardi III Epistolas*. Balæus Centur. VI, 20. Pitseus c. 610.

*Archiepiscopi huius CantuariensisConstitutiones pluries editæ sunt in III vol. Concll. M. Britanniæ a Wilkins vulgato pag. vero 52 legas constitutiones eius, sive Statuta Aulæ Cantuariensis in Universitate Oxoniensi.

SIMON *Langham* , monachus Ord. S. Benedicti , Abbas Westmonasteriensis, Episcopus Eliensis, demum Archiepiscopus Cantuariensis obiit Avinione a. 1376. Scripsit *Sermones et de Consuetudinibus*.

Pitseus c. 640. Ex Sermone ojus, quem in Synodo habuit, testimonium veritatis producit Henr. Wharton in Auctario ad Usserii Hist. dogmaticam de Scripturis et Sacris vernaculis p. 432.

* Epistolæ quædam ex ejus Regesto extractæ insertæ sunt in collectione Conciliorum M. Britanniæ apud Wilkins T. III p. 64 et deinceps.

SIMON *Langtonus* , frater Stephani Langtoni Archiepiscopi Cantuariensis, et ejusdem Ecclesiæ Archidiaconus. Archiepiscopus Eboracensis electus, sed a Rege et Papa rejectus fuit. Tandem Ludovici Galliæ Regis Cancellarius fuit , quem quod contra Anglos incitaverat, excommunicationem Pontificis incurrit, et obiit a. 1248. Scripsit *de poenitentia Magdalenæ et Epistolas*. Balæus Centur. IV, 5. Pitseus c. 346. Bulæus hist. Univ. Parisinæ tom. III, p. 710.

SIMON *de Leontino*, Siculus, a patria sic dictus, Ord. Prædicatorum, nobili loco natus , Prior Messana , a. 1268. Episcopus Syracusanus eligitur, obiit anno 1292. Scripsit. *Quaestiones quodlibeticas*, *et Acta legationis ad Petrum Aragoniæ regem*. Jac. Quetif de Scriptoribus Ord. Prædicatorum tom. I, p. 431.

SIMON *Leontinus*, alius, Ord. Minorum Conventualium S. Francisci , vixit sub Friderico III. Siciliæ Rege a. 1328 cui a confessionibus fuit et concionibus, apud quem etiam Majoris Capellani munus obiit. Scripsit *Chronicon regni Siciliae*, cujus editionem promisit Michaël de Judice Abbas Cong. Casinensis Monteregali in Sicilia : vide Giornale de' Letterati d'Italia tom. VI p. 518. Alia vernaculo sermone scripsit, sed quæ huc non pertinent. Adde Ant. Mongitore Bibl. Siculam tom. II p. 229, 230.

SIMON *Lingoniensis*, Gallus, a patria, quæ civitas Episcopalis in confinio Campaniæ et Burgundiæ est, ita dictus, Ord. Prædicatorum, primum Parisiis legit Sententias, deinde Provincialis Franciæ et Magister Ordinis, tandem a. 1366. Episcopus Nannetensis et a. 1383. Vene-

tensis, paullo post fatis concessit. Ejus sunt *Acta legationum, quas pro summis Pontificibus et regibus Franciae plures egit, Statuta diœcesis Nannetensis*, quarum particulam ediderunt Martene et Durand tom. IV. Thesauri novi Anecdotorum p. 961. *Sermones et orationes publicae plures*. Vide Jac. Quetif de Scriptoribus Ordinis Prædicatorum tom. I, p. 636, 637. Altamura p. 133.

SIMON *Marianus Philippus* , nescio quis, scripsit *Historiam sui temporis*, quæ MS. est in Bibl. Vaticana. Bern. de Montfaucon Bibl. Bibliothecarum MSS. p. 139.

SIMON *de S. Martino et de S. Nicolao*. Epistola cujus est Exordium : *Simoni de S. Martino Simon de S. Nicolao sal. Ad quaestiones tuas respondemus*. Item prolixa Epistola, quæ sic incipit : *Dilecto Priori de S. Nicolao Simoni, Simon modicus de S. Martino, non modicae patientiae humilitatem*. Item Epistola, quæ incipit : *Dilecto suo Simoni dilectus ejus Simon*. Hæc sunt. in Bibl. monasterii S. Martini Tornacensis, teste Ant. Sandero Bibl. Belg. MSS. I. pag. 127. cujus hæc sunt ad verbum. Apparent ex his, utrumque Simonem fuisse Tornaci, alterum in monasterio S. Martini, alterum S. Nicolai.

SIMON *Mepham* , Anglus, Canonicus Cicestriensis, dein Archiepiscopus Cantuariensis, mortuus a. 1333. Composuit *Canones de justitiis, de feriis, de appellatione, de testamentis, de decimis, de Ecclesiis ædificandis, de clandestina desponsatione*. Lelandus c. 343. Balæus Centur X. 85. Pitseus c. 503.

* Constitutiones illæ, de quibus hic Bibliothecarius, sunt Concilium Provinciale Cantuariense Ann. 1328, et alterum Maghseldense Ann. 1332. quæ habentur in Collectione Concil. Britanniæ.

SIMON *Pistoris*, Lipsiensis, Medicinæ Professor et Senator Lipsiensis, sator familiæ in Saxonia celeberrimæ, vixit sub finem seculi XV, et initium XVI.

Ejus sunt diss. *de Malo Franco*, Lips.

1498. 4. *Declaratio defensiva Positionis de malo Franco*, ibid. 1500. 4. *Confutatio conflatorum circa Positionem quandam extraneam et puerilem Doct. Martini Mellerstad de Malo Franco*, ibid. 1501. 4. Varia scripta de hac controversia 'enumerat Leichius de · origine Typographiæ Lips. p. 78. Vide Centuriam Maderianam n. .57., et Mercklin Lindenium renovatum p. 973.

SIMON *Poncius*, Tarraconensis, Medicus circa a 1430. Scripsit *Apologeticum sive defensionem veteris instituti Hieronymianorum Hispaniae adversus praetensami, Lupi reformationem*, quod edidit Petrus de la Vega in fine Chronici Ordinis Hieronymianorum. Nic. Antonius Bibl. Hispana Vet. X. 3. n. 150.

SIMON Abbas *Praemonstratensis* circa annum 1470. Ejns *Rpistolae* sunt in Bibl. Vaticana. Bern. de Montfaucon Bibl. Bibl. MSS. p. 18. 69.

SIMON *de Puteo*, Messanensis, eo ibidem in conventu S. Dominici monachus, Magister Parisinus, Inquisitor per Siciliam generalis, juris E. R. collector et Nuncius Apostolicus. post a. 1378. Episcopus Catanensis, obiit sub finem secuii XV. vel initium sequentis. Ejus sunt *Acta sive in inquisitione sive in defensione jurium Pontificiorum, praesertim Urbani VI* quæ in archivis Siculis et Vaticanis servantur. Vide Jac. Quetif de Scriptoribus Ord. Prædicatorum tom. I. p. 706.

SIMON *de S. Quintino*, a patria, scilicet Augusta Veromanduorum ita dictus, Ord. Prædicatorum, a. 1245 ab Innocentio IV in Tartariam missus est, ut incolas ad fidem Christianam converteret, in quo itinere annos duos et sex septimanas insumsit. *Descriptionem* illus *itineris* a Simone acceptam Vincentius Beluacensis inseruit Speculo Historiali lib. XXX. c. 95 seqq. qui etiam lib. XXX. cap. 2 promittit, se quædam suppleturum, quæ in historia Fr. Simonis desunt. Gallice versa prodiit cum itinere F. Guillelmi de Rubruquis et aliis rerum Tartaricarum tractatibus, int. Petro Borgeron. Paris. 1634. 8. Altamura Bibl. Dominicana p. 10. Quetif tom. I. p. 122.

SIMON *Reinalduccius*, Tudertinus, Ord. Eremitarum S. Augustini, Theologiæ Lector, reliquit *Sermones de B. Virgine, et Sermones festivos*, qui MSS supersunt in Conventu S. Praxedis. Obiit a. 1395 vel, ut aii, 1400. Hippol. Marraccii Bibl. Mariana tomo II, p. 370.

SIMON *Ribisin*, Juris Utriusque Licentiatus, Raymundi Cardinalis Gurcensis Secretarius, non nisi una Epistola ad Reuchlinum data mihi notus est, quæ inter Reuchlinianas habetur p. 67.

SIMON *Romanus*, ex ordine Eremitarum S. Augustini, S. Theologiæ Lector Patavii a. 1458 scripsit *Vitam B. Helenae* Viduæ tertii Ordinis Eeremitarum S. Augustini, cjus avtographum periisse videtur, versionem ex antiquo Italico concinniorem dedit Jo. Bapt. Sartorius, Utini 1632. Inde versionem Latinam confecerunt Historiographi Sanctorum Antwerpienses tom. III. Aprilis. p. 248.

SIMON *Saltarelli*, Florentinus, Ord. Prædicatorum, nobili loco natus. Fuit a. 1311 provinciæ Romanæ Provincialis, a. 1312. Procurator generalis, a. 1317. Episcopus Parmensis, a. 1323. Pisanus, obiit a. 1342 ætatis octogesimo. Scripta ejus sunt: *Acta Pisis in causa Petri Corbarii Antipapae, Apologiae plures pro summo Pontifice contra Ludovicum Bavarum*. Jac. Quetif de Scriptoribus Ord. Prædicatorum tom. I. p. 611. Julius Niger de Script. Florentinis p. 506. Altamura p. 117. [(212 De eo vid. op. V. *Fineschi Illustri di S. M. Novella Firenze* 1792. 4.)

SIMON *Soutray*, Anglus, monachus Benedictinus in cœnobio S. Albani, alii Eremitam Augustinianum vocant, Doctor Theologiæ Oxoniensis, et adversarius Wicleffi, circa annum 1382. Ejus sunt *de auctoritate Ecclesiae, de Sacramento altaris et contra Wicleffitas*. Balæus Cent. VI. 83. Pitseus c. 674. Phil. Elssii Encomiasticon Augustinianum p. 731.

SIMON *Spirensis*, Carmelita, totius Alemanniæ Prior Provincialis, Magister Parisiensis, Coloniæ Theologiam docuit circa a. 1340. Scripsit *super Sententias, contra Judaeos, et Postillam in Epistolas Pauli Coloniae lectam*. Trithemius de scriptor. Eccles. c. 606 et de scriptor. Carmelit. p. 76 b. Possevinus tomo II. Apparatus p. 408.

SIMON *Stochius* vel *Stokius*, illustri genere natus in Cantia, anno duodecimo ætatis in eremum se contulit, et in trunco quercus cavæ habitavit, unde cognomen *Stockii*, h. e. trunci accepit. Ibi visionem habuisse ajunt, fore, ut ex Palæstina in Angliam veniant monachi, quam rem eventus quoque comprobavit, dum Carmelitanorum Ordo in Angliam pervenit. De qua visione quid sentiendum sit, docet dissertatio Joan. Launoji, aliquoties excusa. Ordini igitur illi se associavit, et a. 1245 ejus Migister Generalis constitutus est. Obiit centenarius anno 1265. Ex scriptis ejus hæc recensentur: *Canones cultus divini, Homiliae ad populum, de Christiana poenitentia, Epistolae ad Fratres, Antiphonae duae* ad Mariam, quæ incipiunt: *Flos Carmeli vitis florigera, et Ave stella matutina.* Vide Lelandum c. 277. Balæum Cent. IV. 7. Pitseum c. 377. Possevinum II. p. 408. Hippolytum Marraccium in Bibl. Mariana tomo II. p. 371.

SIMON *Sudberius*, Cancellarius Sarisberiensis, vixit aliquamdiu Avenione, post Episcopus Londinensis, tandem Archiepiscopus Cantuariensis, a. 1381 in populari tumultu trucidatus. Scripsit *de celebratone Missarum, de paenitentiis et remissionibus*. Pitseus c. 671.

* Scripta illa de celebratione *Missarum* etc. de quibns hic, nihil esse aliud puto, quam varias illas Constitutiones, quae leguntur passim apud Wilkins num 3. An. 1375 quo Cantnariensem Ecclesiam adivit usque ad annum 1381 qno obiit.

SIMON *de Sulliaco*, Archiepiscopus Bituricensis, post Cardinalis S. Cæciliæ, vixit a. 1290. Instrumentum visitationis ejus ab a. 1284 seqq. fuit penes Jo. Mabillonium, qui Excerpta ex illo tom. II. Analectorum edidit, in editione nova p. 338, 345. *Epistola* illius *contra Praepositum Aënti monasterii de pluralitate beneficiorum* exstat ibidem p. 345. Acta vero Visitationis integra dedit Baluzius Miscell. IV p. 205. Adde Oldoini Athenæum Romanum p. 610.

SIMON *Taylor*, alliis *Taillerus*, Scotus, in re musica circa annum 1240 clarus, scripsit *Libros duos Pentachordorum, Libros alios duos, alterum de tenore musicali, alterum de cantu ecclesiastico corrigendo*. Dempsterus hist. Scotiæ lib. XVIII n. 1135. Jac. Quetif de Script. Ord. Prædicatorum tom. I p. 111. Ge. Mackenzie de Scotis eruditis Vol. I p. 187.

SIMON *de Thomasis*, Brixiensis, Ord. Prædicatorum, Prior Januæ in monast. S. Dominici, Concilio Pisano interfuit, post a. 1412. Episcopus Aprumiatensis (*Brugneto* sub metropoli Januensi) a Joanne XXIII evectus, obiit anno 1418. Scripsit *de Regularium privilegiis, contra impugnantes religiones ab Apostolica sede approbatas*. Jac. Quetif de Scriptoribus Ord. Prædicatorum I p. 762. Leon. Cozzando Libraria Bresciana p. 295.

SIMON *de Thondi*, Scotus, monachus Melrosensis, post a. 1171. Abbas Coggeshalensis in Anglia, tandem a. 1197. Episcopus Moraviensis in Scotia, mort. 1184. Scripsit *in Epistolas Pauli, de reformatione Cleri, de regla successione S. Malcolmi*. Car. de Visch Bibl. Scriptorum Ord Cisterciensis p. 299.

SIMON *Thornayus*, hunc Anglici scriptores Polydorus Vergillus lib. XV cum Balæo Cent. III, 47, XII, 80 patria Cornubiensem statuunt. Contra Henricus Gandavensis c. 24. Trithemius de scriptor. Eccles. c. 467. Sanderus.

SIMONEM *de Tornaco* vel *Tornacesem* faciunt. Fuit autem Canonicus Tornacensis et Magister Theologiæ in Academia Parisina circa a. 1216. Scripsit *Summam Theologiae, Institutiones divinae paginae, Quaestiones Sententiarun, in symbolum*

Athanasii, *in Boëthium de Trinitate, Lecturas scholasticas*, et alia. Mira de eo narrat Matthæus Parisius et alii, quod, cum subtilissimus esset, nimium autem sibi tribueret, repente obmutuerit et omnia dedidicerit, ut Orationem dominicam de novo discere cogeretur. Vide Bulæum hist. Univers. Paris. tom. III p. 8, 9 et 710. Val. Andreæ Bibl. Belgicam p. 813, 814, Swertii Athenas Belgicas p. 677. Sanderum de scriptoribus Flandriæ p. 153. Oudinum tom. III p. 26 seqq.

SIMON *Tornacensis* Episcopus, cujus diplomata duo a. 1126 et 1130 data edidit Aub. Miræus Opp. diplom. I p. 377, 380 alia adsunt in Continuatione illius tomo II p. 963, 965, 1313.

SIMON *Tornaquincius*, nobilis Florentinus, monachus Auguslinianus, Theologiæ Magister et Lector in Gymnasio Patavino, obiit. A. 1429 scripsit *Sermones Quadragesimales et Vitam Monicae Matris D. Augustini*, quæ ex libris Confessionum Augustini collecta est. Edita est tom. X. Operum Augustini edit. Bened. sed, sine nomine Auctoris. Vossius de Histor. Latinis p. 719, 720. Phil. Elssii Encomiasticon Augustianum p. 627. Gandolfus de ducentis scriptoribus Augustinianis p. 326. Pocciantii Catal. Scriptorum Florentinorum p. 161. Julius Niger de Script. Florentinis p. 506 qui etiam alius cognominis ex ordine Benedictinorum a Carolo du Fresne, sed sine titulo operis, producti meminit: de quo nihil mihi constat. Fortasse, quod ad ordinem spectat, lapsus est memoriæ vel librarii. * Vix dubito hunc ipsum esse Simonem de Florentia, qui cum aliis Ordinis sui sociis Pisano Concilio An. 1409 interfuit idemque cum aliis nonnullis delectis viris consultus fuit, num liceret Concilio duos aemulos Pontifices demittere, et tertium alium a se electum assumere; responditque cum sociis in ea rerum circumstantia sat esse Patribus ita Ecclesiæ providere. Consultationem hanc ego e MS. Taurinensi Codice vulgavi in T. III. Conciliorum meor. pag. 1138.

SIMON *Tunstedus*, Anglus, monachus Franciscanus in cœnobio, ut videtur, Norwicensis, postea ejus ordinis per Angliam Provincialis, obiit anno 1369 commentatus est *in Aristotelis Meteora, et de quatuor principalibus*. Balæus Centur. VI 35. Pitseus c. 617. Waddingus de scriptoribus Ord. Minorum p. 316, 317.

SIMON Cardinalis *Viennensis de paupertate Christi* MS. est in Bibl. Vaticana. Bern. de Montfaucon Bibl. Bibl. MSS. p. 139.

SIMON *Vivacitus*, Catanensis, U. J. D. in Catanensi Lyceo publicus Legum interpres, vixit a. 1499. Fuit Assessor et anno dicto etiam Judex Magnæ Curiæ Regiæ. Ejus exstat *Lectura super ritu Regni Siciliae*, in Commentariis super ritu collectis a Marcello Conversano, Panormi 1614 fol. Ant. Mongitore Bibl. Sicula tom. II p. 233.

SIMON, *Waldensis* cœnobii in Anglia monachus, a. 1297. Ius Canonicum Cantabrigiæ publice docuit, et *in magnam partem juris Commentarios* scripsit. Pitseus Append. Centur. IV 36.

SIMON *Wichingham*, aliis *Vicanus*, monachus Carmelita in cœnobio Norwicensi et Theologiæ Doctor Parisinus circa a. 1360. Scripsit *Lecturas Scripturarum, Sermones, quaestiones ordinarias, Quodlibeta*. Lelandus c. 551. Balæus Centur. VI 15. Pitseus c. 601.

SIMON *de Wintonia*, vide supra *Simon Hentonus*.

SIMON *de Zanachis*, Parmensis, Prior Domus SS. Mariæ et Hieronymi de Montello Ord. Carthusiensis prope Tervisium, a. 1472. Scripsit *Vitam B. Ursulinae Parmensis*, monialis cœnobii S. Quintini, Ord. S. Benedicti, quæ Italice conversa prodiit Parmæ 1615. ex contextu vero Latino primigenio in Actis Sanctorum tom. I. Aprilis p. 725 ubi confer notata Henschenio p. 723, 724.

Magistri SIMONIS *Tractatus de Sacramentis* manu circiter seculi XIII exaratus habetur in bibliotheca monasterii Tegernseensis. Incipit: *Ascendens Chri-*

stus in altum, et Patri eos, qui crediderant, commendans, inter caetera etc. Rev. Vir Bern. Pez, qui hæc memorat Dissert. Isagogica ad tomum I. Thesauri Anecdotorum novissimi·p. 14 conjecturam proponit, an forte sit ille Magister Simon, qui Eberhardi II. Archiepisc. Salzburgensis diplomate , monasterio Admontensi a. 1203 dato, testem agit Vide Thesaurum laudatum tom. III part. 3 p. 730.

Alius SIMON Ord. Prædicatorum, sec. XIV scripsit *Librum de naturis rerum.* Jac. Quetif de Scriptoribus Ord. Prædicatorum tom. I p. 730.

SIMPERTUS, vide infra *Sindpertus.*

SIMPLICIANUS, Ambrosii in Episcopatu Mediolanensi successor: *Cataneum* vocat Picinellus, nescio quo fundamento nixus. Amicus fuit Ambrosii et Augustini , quorum Epistolæ et libri ad illum directi sut. Ipse ad Augustinum et alios *Epistolas* scripsit, quas partim hinc inde reperiri ait Trithemius. Adde Phil. Elssii Encomiasticon Augustinianum p. 632. *Vita Zenobii Episcopi Florentini*, quæ MS. est in Bibl. Laurentiana Florentiæ, ipsi tribuitur quod credibile non est Mabillonio Itin. Ital. p. 166 et. Papebrochio tom. VI. Maji p. 50.

Cæterum de ipso vide Gennadium cap. 36. Trithemium cap. 119. Picinelli Athenæum eruditorum Mediolanensium p. 495.

SIMPLICIUS, patria Tiburtinus, per annos XV fuit Episcopus Romanus, obiit a. 483. Confer de vita ejus Henschenii Commentarium historicum in Actis SS. tom. I. Mart. p. 133. *Epistolae* ejus aliquot habentur apud Baronium ad annum 476, n. 9, 18, 22 ad annum 477, n. 7, ad a. 478, n. 8, 10, 12, ad a. 479, n. 5, 10 ad annum 482, n. 2, 13, 20, 46 et tom. II. Conciliorum Harduini p. 803. Alias XV quas Harduinius omisit, tomo IX. Conciliorum Regiorum, et tomo IV. Labbei. *Decreta* apud Ivonem Carnotensem , Gratianum , Burchardum Wormatiensem et alios. Adde Lud. Jacobi a S. Carolo Bibl. Pontificiam p. 198. Oldoini Athenæum Romanum p. 610.

SIMPLICIUS , monachus Casinensis, sec. VI quædam *de Regulae Benedictinae laudibus atque promulgatione* composuit, quæ idonei referunt auctores. Evolve Sigebertum de Script. Eccles. c. 31. Petrum Diaconum de viris illustr. Casinensibus a. 5.

SINDPERTUS vel *Simpertus*, Abbas Murbacensis et. Episcopus. Expungunt eum ex serie Abbatum Murbacensium Gabr. Bucelinus et Car. le Cointe Annal. Francorum , restituit autem illum Mabillonius.

De Episcopatu ejus non omnia huc usque fuerunt clara. Mabillonius sedem sibi ignotam dicit. Auctores Historiæ literariæ Gallicæ tom. IV p. 362 eum Episcopum Augustanum a. 809 mortuum dicunt. Melius Eccardus rerum Francicarum XXV 46, 47 ex variis documentis ipsum Ratisbonensem, et a. 791 defunctum esse asserit.

Ejus *Epistolam Encyclicam* admodum brevem edidit Mabillonius Annal. p. 418 cui accedit alia salutatoria. *Regularia statuta monasterii Murbacensis* edidit Bern. Pez. tomo II. Thesauri Anecdotorum novissimi p. 72.

SINIPALDUS *Burgus*, Cremonensis, Medicinæ et Philosophiæ Doctor circa annum 1399 decessit anno ætatis XCVII. Scripsit *de sanitate tuenda, de ratione victus, de nutritione et augmentatione, de doloribus colicis.* Arisi Cremona literata tom. 1. 134, 135. Alius hujus nominis a. 1403 fuit Prætor Placentinus, de quo idem p. 140.

SIRICIUS Papa ex Cardinali, si credere fas est, S. Pudentianæ, ab a. 385-398. *Epistolae* V ejus exstant tom. I. Conciliorum Harduini p. 845. *Decem* in Epistolis Pontificum a Petro Coustant editis p. 624. *Decreta* in Collectionibus Decretorum. De aliis scriptis vel Decretis, quæ ipsi vel tribuuntur, vel perperam adscribuntur, idem Coustantius p. 699, 709. De *Epistola ad Afros* Blondellus in Turriano vapulante p. 550. *Epistola* ad Mediolanensem ecclesiam cum responsione Ambrosii habetur tomo II opp. Ambrosii

213

p. 963 edit. Benedict. Ab Holstenio ipsi quoque tribuitur *Epistola* ad Anysium Thessal. *de caussa Bonosi;* vide Launojum lib. I. Eplst. 7. Vide Lud. Jacobi a S. Carolo Bibl. Pontificiam p. 200. Oldoini Athenæum Romanum p. 614. Adde Norisii diss. de sanctitate Siricii tomo IV. Opp.

SISEBUTUS, Gothorum Rex ab a. 713. ad 721. Ejus supersunt *Epistolae ad diversos* perscriptæ, in Codicibus Ecclesiæ Ovetensis, Toletanæ et Collegii Complutensis. Scripsit quoque *Vitam et martyrium S. Desiderii Viennensis in Gallia Episcopi* a. 712. passi, quæ in antiquissimo non uno Codice Sisebuto Regi tribuitur. Nic. Antonius Bibl. Hispana Vet. V. 5, n. 221.

SISEBUTUS monachus, forte Casinensis, in Breviario seculi XI, quod in Bibl. monasterii Casinensis adservatur, auctor hymni dicitur, qui incipit, *Te Deum laudamus*, et vulgo Ambrosio adscribitur. Bern. de Montfaucon Bibl. Bibliothecarum MSS. p. 219. Adde Theodori Pœnitentiale p. 328.

*. Vix credo alium esse hunc a Sesebuto, qui adscripta metro oratione quædam scripsit de *eclipsibus Solis et Lunae*, Ejus fragmentum servavit nobis anonymus in libro de Computo vulgato a Muratorio Anecdotor. T. III. pag. 160. Quem. anonymum anno 810. scripsisse idem vir doctus opinatus est. incipit fragmentum istud:

Sisebutus dicit:

Cur fesso. Luna libescit (f. liquescit) *circulus orbe.*

Purpureumque jubear nivei cur tabeat oris?

Petrus de SITTAVIA, Abbas Aulæ Regiæ, ordine tertius, Ordinis Cistertiensis, non procul a Praga Bohemiæ floruit a. 1330. et postea. Patria ipsi procul dubio fuit Zittavia, urbs Lusatiæ non incelebris, quæ a nobis hodie *Sittavia* pronunciatur. Scripsit *Chronicon Aulae Regiae*, quod Historiam Bohemicam complectitur, et a Frehero sub initium Scriptorum Bohemicorum editum est: item

Volumen Secretorum Aulae Regiae, quod miracula Beatæ Virginis, aliorumque sanctorum monachorum et Conversorum laudati monasterii continet, et ibidem MS. adservatur. *Sermones* de festis principalibus adsunt in Bibliotheca Academiæ Lipsiensis Paullina, teste Catalogo Felleriano pag. 150. Car. de Visch Bibl. Cisterciensis p. 276. Oudinus tome III. p. 896.

SIVIARDUS, Abbas *Anisolensis*, diœcesis Cenomanensis, quem Mabillonius floruisse putat initio seculi VIII. Henschenius autem a. 687. Obiisse tradit. Scripsit *Vitam S. Carilefi*, Presbyteri et conditoris monasterii Anisolæ, quam primum edidit Mabillonius Sec. I. Benedictino in Appendice p. 642, deinde Jo. Bapt. Sollerius in Actis Sanctorum tom. I. Julii p. 90. Ipsa vita S. Siviardi sine mentione tamen hujus scripti, edita est ab Henschenio tom. I. Martii p. 65.

SIXTVS I. patria Romanus, Episcopus Romanus ab a. 132 - 142. scripsisse creditur *Epistolas Decretales duas,* quas notis illustravit Sever. Binius tom. I. Conciliorum, exstant etiam apud Baronium, et Harduinum sub finem tomi I. De *Decreto* illius, quod apud Binium, Simonetam, Caranzam et alios habetur, nihil addo. Suspecta sunt omnia. Adde Lud. Jacobi a S. Carolo Bibl. Pontificiam p. 201. Oldoini Athenæum Romanam p. 614. Prosp. Mandosii Bibliothecam Romanam Centur. IV. 45.

SIXTVS II. Episcopus Romanus, alias quoque SEXTUS et XYSTUS, Atheniensis, primum Philosophus, postea Christianam religionem amplexus. Sedit ab a. 257 usque ad sequentem menses XI. et dies XVIII.

Scripta ipsi sequentia tribuuntur:

1. *Anaphora* s. *Liturgia*, edita a Renaudotio in Liturgiarum Orientalium Collectione tom. II. p. 134. Syriace in Missali Maronitarum a. 1594. sed ejus non est.

2. *Epistolae duae* exstant in Conciliis Labbei tom. I. p. 820, Harduini tom. I. pag. 179.

3. *Liber de divitiis* in Bibliothecis

Patrum obvius. Vide sub Sixto III. nam auctores hic variant.

4. *Enchiridion* f. *Sententiarum* libellus ab Hieronymo, Origene et Augustino huic Sixto abjudicatur, ut de aliis nihil dicam, Huic se opponit Urb. God. Siberus, vir, si quisquam alius, rerum Ecclesiasticarum gnarus, quam jo Pinius scioli nomine traducere non debebat. Is Lips. 1725. 4, has sententias denuo editas huic Sixto vindicare studet, quum tamen nihil, quod non ethnicus dicere possit, in iisdem inveniatur. Rufino indignantur Patres, quod illas sententias pro more suo libere vertendo fucum orbi Christiano fecerit. De editionibus confer Siberum et Fabricium Bibl. Græca Vol. XIII. p. 647 seqq. Adde illam, quæ cum verbis aureis Pythagoræ in officina (Simonis) Grunenbergi apud Augustinianos Wittenburgi 1514. m. Nov. prodiit. Plura de vita et scriptis ejus dabit Jo. Pinius in commentario prævio ad vitam Sixti II, et sociorum tom. II. Augusti p. 124. Lud. Jacobus a S. Carolo in Bibl. Pontificia p. 202. Oldoinus in Athenæo Romano pag. 614.

SIXTUS III. Papa, Romanus patria, sedit ab anno 432-440. *Epistolam* ad Cyrillum Episcopum Alexandrinum ex Codice Vaticano edidit Baronius ad annum 433. n 12. seqq. *aliam* ad Joannem Episcopum Antiochenum ibid. n. 17. *unam* ad Episcopos orientales ex Collectione Isidori Harduinus tom. I. Conciliorum p. 1735. Hæc supposita est, quod multis ostendunt Launojus Epist. VI. 3. n. 125 seqq. et Coustantius in Appendice ad Epistolas Romanorum Pontificum p. 114. Decem ejus et ad eum datæ Epistolæ, cum notitia reliquorum Scriptorum ad ipsum pertinentium, habentur in Petri Coustantii Epistolis Romanorum Pontificum p. 1231. 1273. *Hypognosticon* libros, qui inter Opera Augustini supposititia habentur, ipsi quidam tribuunt: sed eos refellit Natalis Alexander Sec. V. p. 49 seqq. Libros tres Pelagiani huic Sixto supposuerunt, *de Divitiis, de malis Doctoribus et operibis fidei, et de judicio*

futuro; de castitate: qui Pelagianorum sententias propinant. Doletque Baronius ad annum 440, n. 6, haud pridem eadem opuscula sine diligentiori consideratione nomine Sixti Romani Pontificis esse cusa. Prodierunt autem Romæ 1573. 8, et Antverp. 1575. 16 postea in bibliothecis PP. aliquoties repetitá.· Vide Fabricium Bibl. Græc. Vol. XI. p. 403. Adde Prosperi Mandosii Bibl. Romanam Cent. I. 67. Lud. Jacobi a S. Carolo Bibl. Pontificiam pag. 203. Oldoini Athenæum Romanum pag. 615. Oudinum tomo I. pag 1169.

SIXTUS IV. antea Franciscus de Ruvere, Savonensis, Ord. Minorum, Presbyter Cardinalis tit. S. Petri ad Vincula, creatur Pontifex a. 1471, moritur a, 1484. *Epistolas* eius complures habes apud Bzovium Excerpta ex Registro ejus de a. 1474, exstant apud Martene et Durand Collect. ampliss. II. p. 1466. Sunt epistolæ CXXXV. *Epistolam* ad Carolum ducem Burgundiæ edidit Baluzius Miscell. IV. p. 527. Aliæ [in Codice Belgico Miræi tomo II. p. 1266. III. p. 212, 216. *Decreta duo de festo Conceptionis immaculatae B. Mariae*, habentur tomo VIII. Conciliorum Binii, et cum duabus aliis bullis Harduini tom. IX. pag. 1493. seq. In Bibl. Sfortiana, teste Ludovico Jacobo, fuit Tractatus MS. *Juris congrui super literis Apostolicis Sixti IV, de aedificiis ad decorem Urbis construendis. Diaria* ejus diversa in Barberina adservari testatur Lud. Jacobus pag. 438.

Scripsit præterea *librum de sanguine Christi et Tractatum de potentia Dei* Prior prodiit Romæ 1470. uterque cum *Tractatu de futuris contingentibus*, Nurenb. 1473, fol. *de Conceptione Beatissimae Virginis, contra errores cujusdam Carmelitae Bononiensis*, Rom. 1471. Aggressus quoque opus, in quo ostendere voluit, D. Thomam et Joannem Scotum in sententiis convenire, quanquam verbis differant Adde Waddingum de script. Ord. Minorum p. 317 nec non in Annalibus tomo V. VI, et VII. Lud. Jacobum a S. Carolo p. 203. Willot Athenas sodalitii Franciscani p. 325. Hippol. Marraccii Bibl. Marianam tomo II. p. 372. Bellum in Lexico.

• In Collectione scriptiuncularum quarundam editarum legi exortationem Sixti Papæ IV. ad omnes principes, ut facta generali unione resistant Turcarum regi jam Apuliæ oras ingresso, Data Romæ 1487. Sexto id Aprilis Pontif. an. X. impressa per Bartolomæum Culdimbek de Sultz. Has ipsas literas e MS. Codice se primum evulgasse arbitratus est Raynaldus Ad. an. 1481 p. 23. nec ille dedit integras.

Paulus de Middeburgo lib. VI de die passionis Christi adversus Petrum de Rivo Lovaniensem Theologum scribens meminit operis cuiusdam *de futuris contingentibus*, quod confecit Sixtus IV. ad huc inter Cardinales merens adversus eumdem Petrum De Rivo contendentem futura contingentia nihil certæ veritatis obtinere ante suum eventum.

SIXTUS *Illuminatus*, Ligur, Ord. Prædicatorum sec. XV. scripsit *Librum de Musica*. Jac. Quetif de Scriptoribus Ord. Prædicatorum tom. I. p. 905.

SMARAGDUS, plenius ARDO SMARAGDUS, presbyter et monachus monasterii Anianæ, diœc. Magalonensis in Gallia Narbonensi, obiit a. 843. et inter Sanctos Nonis Martii colitur. Elogium eius breve dedit Mabillonius Sec. IV. Benedictino part. 2. p. 589.

Scripsit *Vitam S. Benedicti*, Abbatis Arianæ et Judæ in Belgica, editam stilo parumper immutato, ab Hugone Menardo lib. 2. observationum ad Martyrologium Benedictinum, postea planius, et servata phrasi primigenia, ante Concordiam Regularum S. Benedicti: porro a God. Heuschenio in Actis Sanctorum tom. II. Febr. p. 610. tandem a Jo. Mabillonio Seculo IV. Benedictino part. I. pag. 191. *Sermo* ejus in consecratione Altaris S. Salvatoris ejusdem monasterii a. 782. habitus, exstat apud eundem Mabillonium p. 223.

Liber Smaragdi *de Sanctis Eucherio, Valerio* at *Materno*, extat in Bibl. monasterii S. Gisleni in Hannonia, teste Ant. Sandero Bibl. Belgica MSS. I. p. 248. Crediderim potius ad hunc, quam ad sequentem referendum.

SMARAGDUS, abbas S. Michaelis ad Mosam in [dioecesi Virdunensi, Ord. S. Benedicti, et antea quoque Præceptor, qui fratres monasterii Grammaticam docuit. A. 810. Romæ fuit in Collatione inter Papam et Legatos Caroli M. de processione Spiritus S. A. 824. una cum Frothario Episcopo Tullensi judex datus est a Lodovico Pio Imp. in controversia inter Ismundum Abbatem Mediolanensem et monachos ojus. Reliquit hæc ingenii sui monumenta:

1. *Commentarius in Evangelia et Epistolas in divinis officiis per anni circulum legenda.* Argent. 1536. fol Trithemius *Postillam* vocat. Hos sermones a Casp. Hedione Germ. versos esse ait Possevinus tom. II. Apparatus p. 418. et Wion in Ligno Vitæ II. 77.

2. *Diadema Monachorum*, vel *de Ecclesiasticorum maxime, virtutibus*, ex sententiis Patrum contextum. Paris. 1532. 8. 1640. 12. Antverp. 1540, 8. et in Bibl. PP. maxima tom. XVI. p. 1305.

(316) *Corona de' Monaci testo del buon secolo della lingua compilato da un Monaco degli Angeli ora per la prima volta pubblicato per cura di D. Casimiro Stolfi M. Camald. Prato Guasti* 1862. 16 pag. 22. 246.

3. *Commentarius in Regulam S. Benedicti.* Colon. 1575. fol. Editus est post Synodum Aquisgranensem a. 817. habitam, quia quædam ejus Statuta repetit. Male vere editus est inter opera Rabani Mauri: quæ ex *Diademate Monachorum et Via Regia* repetiit. Versus huic commentario præfixos edidit Jo. a Bosco in Bibl. Fioriacensi tomo I. pag. 290.

4. *Via regia*, ejusdem indolis ac *Diadema Monachorum*, exstat apud Dacherium Spicil. tom. V p. 1 ed. prior. et tom. I p. 238 edit. post.

5. *Acta Collationis Romanae a.* 810 apud Sirmondum Concil. Galliæ tom. II p. 256 et. Labbeum tom. VII p. 1194.

Harduinum V p. 969. In Bibl. Geilsbrun-
nensi Codex est membranaceus, in titulo
exhibens *Collationum librum II capitula XVI complexum* : quod an huc referendum sit, an vero opus singulare sit,
non dixerim. Vide Catalogum Hockeri
pag. 11.

6. *Epistola Caroli M. ad Leonem Pontificem de Processione Spiritus S.* etiam
nostro tribuitur, ibid. p. 1199. Harduinus pag. 973.

7. *Epistola ad Ludovicum Augustum*
communi nomine Frotarii Episcopi Tullensis et Smaragdi Abbatis scripta habetur inter Epistolas Frotarii loco tertio,
apud Andr. du Chesne S. Rerum Franc.
tom. II p. 71.

8. *Grammatica major s. Commentarius in Donatum*, Mabillonius Exemplar
MS. in monasterio Corbeiensi vidit, ex
quo praefationem et quaedam libri specimina protulit in Analectis p. 358. Opus
divisum est in libros XIV quibus in alio
Codice decimus quintus de Orthographia
subjicitur. In illo exempla potius ex
sacris, quam profanis Scriptoribus protulit, et nonnunquam Etymologias verborum Gothicorum et Francicorum im-
miscuit.

9. *Commentarius in Prophetas*, et
10. *Historia monasterii S. Michaëlis*
sunt inedita. Varia de hoc Smaragdo
legas in Chronico monasterii S Michaëlis, quod exhibent Analecta Mabillonii
p. 350 seqq. et in annotatione Mabillonii p. 357. Histoire literaire de la France
tom. IV p. 439. Bulaei hist Univers. Paris.
tom. I p. 641. Leyseri Historia Poëtarum
medii aevi p. 284.

SMARAGDUS, presbyter et monachus
S. Maximini Trevirensis, circa a. 800.
Scripsit *Commentarium in Psalmos* ,
cujus praefationem ediderunt Edm. Martene et Ursinus Durand Collect. ampliss.
tom. I pag. 53.

Fuit etiam Smaragdus Abbas monast.
Luneburgensis Sec. X fundati.

Albertus SNAVEL, Belga nescio quis,
vixit sub finem seculi XV scripsit *Chronicam* rerum praecipue ad Belgii foederati

provincias spectantium, versibus leoninis
nec magnae molis, ab anno 1200-1421.
editam in Analectis Gerardi Dumbar
tom. III p. 633.

SOCCII Sermones per anni circulum a
quodam egregio S. theologiae professore,
ordinis Cisterciensis , conventus in Ma-
rienrayd (*Mariae roda*) prope Hilde-
shem, conscripti fuerunt. Hic enim Doctor (ut habet praefatio ad dictos sermones) cum esset ingenio clarus, et in
scriptura potens, nec non in componendis
expeditissimus, indignum ducens, talentum sibi a Deo praestitum et infusam
gratiam sine fructu perire , *Sermones*
quosdam *de tempore et de Sanctis* per
anni circulum composuit. Verum quia
humilis erat , ingenito quodam rubore
devictus, eosdem sermones, quoad vixit,
non praesumpsit publicare. Moritur tandem in grandaeva aetate et fratres cellu-
lam ejus emundantes, hos ipsos sermones in soccis, seu sotularibus ejus abs-
conditos invenientes , gavisi de tanto
thesauro, eos publicaverunt. At quia in
soccis inventi sunt, a re gesta, sermonibus nomen indiderunt , et *Sermones
soccios* intitulaverunt ; volentes nimirum,
ut non scripta modo, sed multo magis
tantae humilitatis exemplum omnes audientes instruerent. Prodierunt Argentorati anno 1484 et Daventriae (*) in 3 tomis, in folio. Haec Car. de Visch in Bibl.
Scriptorum Ord. Cisterciensis p. 299.
Editionem antiquiorem , quae sine mentione loci 1476 prodiit, memorat Maittaire in Annalibus typographicis tomo I
p. 367.

* Soccii MSS. sermones tribus vel
quatuor in folio voluminibus nactus sum
inter MSS. Codd. Bibliothecae PP. Ord.
S. Benedicti. Coenobii Vindobonensis S.
Mariae ad Schotos ; in fine vero sermonum de Sanctis haec legi: *Per manus*
Conradi *de Paithusa an. Dom.* 1384 *fi-
nitus est liber qui nuncupatur Soccus* ,

(*) Per Richardum Paffrod 1480. teste
Maittario p. 410. Sermones aestivales. Ibid.
1490 fol.

in octava S. Michaelis Archangeli. Ex quo discas vetustiorem esse auctorem huius operis quam vulgo a multis creditur. Maitairem præter hic indicatam editionem an. 1476 memorat et alteram anni 1480. Daventriæ 3.° vol in fol.

(317) SOCINORUM *Fausti* ·et *Laelii* de Senis scripta plura enumerat Melzi (*Dizionario di op.* Anonime *Milano* 1859 S III 646, quæ sub pseudonimo in eo diligentissimo opere recensentur.

SOCINI *Mariani* (Senioris) Senensis nati an. 1401 et 1467 vita fancti, summas laudes de morum honestate, civil. virtutibus et omnimoda scientia, reliquit in opp. suis Aenæs Sylvius, qui eum monet ut contra morem Jctor. a nimia prolixtate caveat. *Tractatus in materia oblationum. Pisciae de Cennis.* 1496. f. V. Fossii Catalogum Codd. sec XV. impress. II 595. De aliis eius scriptis, Bartholomæi fili et Mariani junioris neptis in Aug. Fontana Bibl. Legali (1 206) recensentur.

Mariani Sen. et Barth. *Consilia* vol. IV. Lugd. 1545-51 et Ven. 1571 cum vol. V. ib. 1624 f. *Repetitio in c. cenarabr. De judiciis - De judiciis et jurisdictione - De oblationibus - De testibus* in collect. repetentium in jean. Bartolomæi. *Regulae et fallentiae juris* Lugd. 1541 Venet. 1592 1603 1626. *Commentaria in ff. Vet.* Ven. 1605 In. IV. *Lecturas vespertinas* Ib. 1571 1603 ubi in Epistola ad Cosm. Med. Alexander f. late de suas familia. *Communes opiniones* (in Coratii Syntagma) *In decretalia* Francof. 1583. *Repetitiones ad Rub. ff. solut. Matrim.* Ven. 1546 f. *Consiliorum* Ven. 1571. 80. vol. IV f. De Socinis lato Chartarius in Syllabo Advocator. Consistor XLII. Mariani Commentaria in lib. de constitutionibus et rescriptis et in III Decretal. MSS. Romæ. Fontana VI. 242. —

SOCCOT, monachus Clarævallensis, post Abbas Bonæ Cumbæ in Vasconia, scripsit *Conciones super Dominicas totius anni,* quæ MSS. servantur in Claravalle. Car. de Visch Bibl. Scriptorum Ord. Cisterciensis p. 300.

SOLEMNIS, nescio cujus, *Commentarius in Leviticum* MS. exstat in Bibl. monasterii Vallis Lucensis in Gallia. Bern. de Montfaucon Bibl. Bibl. MSS. p. 1345.

SOLITARIUS post annum fortasse 900 scripsit librum *de Gemma animae.* Hæc ex Bellarmino de Missa II. 13. Possevinus tomo II. Apparatus p. 425.

* Id. nominis in bene multis codicibus MSS. datur Honorio Augustodunensi, cui et liber *de gemma animae* tribuitur. Vide Bibliothecam Millicensem non ante multos annos Viennæ in Austria excusam.

SOLYINUS *de memoralibus gestis Alexandri* estat MS. in Bibl. monasterii Parcensis in Belgio, teste Val. Andrea Bibl. Belgica MSS. II p. 165. Fortasse est *Wilkinus* de Spoleto.

SOMENTIVS *de Somentiis,* Cremonensis, Philosophus et Astronomus circa a. 1458 scripsit *de Stellarum fixarum genere, de fluxu et refluxu maris, de primo mobili, et volatilium et aquatilium natura.* Arisii Cremona literata tomo I. p. 286.

SOMNIATORIS Monachi *Postillae in Evangelia* in Bibl. Sangermanensi MSS. esse testatur Cangius.

SONNACIUS, Archidiaconus post Episcopus Remensis, Concilium in metropoli sua habuit a. 625. Ejus sunt *Statuta* XXI articulis constantia, quæ Georgius Colvenerius primum cum Flodoardo Remensi edidit, post in Bibl. PP. max. tom. XVII p. 649 et tomos Conciliorum relata sunt. De *Testamento* ejus quædam profert Flodoardus II. 5. Adde Hist. literaire de la France tom. III. p. 518.

SOSER, Episcopus Romanus, patria Fegundanus er Campania, sedit ab anno 175-179. *Epistolae decretales duae,* quæ ipsi tribuuntur, extant apud Baronium tom. II in Conciliis Binii et Harduini tom. I. p. 99.

Decreta apud Gratianum, Caranzam et alios. Interciderunt ejus *Epistola ad Corinthios,* quam ab his publice lectam fuisse scribit Dionysius apud Eusebium

Hist. Eccles. IV. 24 item *liber contra Cataphrygas* sive Montanistas. Auctor Prædestinati c. 26 86. Adde Lud. Jacobi a S. Carolo Bibl. Pontificiam p. 206. Oldoini Athenæum Romanum p. 615. Fabricii Bibl. Græcam Volum. V p. 190. Tillemontium tomo II. p. 459.

SOZOMENVS, Presbyter Pistoriensis, sed Florentiæ educatus, scripsit *Chronicon* ab orbe condito ad sua tempora, ut in Præfatione loquitur. Constat duobus magnis voluminibus, quorum posterius desinit in anno M. CCXCII. Quidam tamen auctorem serius vixisse, ed ad Seculum XVI pervenisse existimant. Quamquam superiora secula, quibus nondum politior litteratura restitui cæpta erat, stilus auctoris sapit, ipsique litterarum characteres. In fine voluminis primi laudat auctor Vespasianum librarium iis verbis, quæ huc referre juvat. *Haud te, Vespasiane librarie, urbisque Florentinae civis, silentio praeterire in hujus primi voluminis calce mihi est consilium. Namque si Ciceronis coaetaneus fuisses, te per peroptime dignum suis aureis litterarum monumentis decorasset, immortalemque fecisset. Tu profecto in hoc nostro deteriori saeculo Hebraicae, Graecae, atque Latinae linguarum, omnium voluminum dignorum memoratu notitiam, eorumque auctores memoriae tradidisti. Quam ob rem ad te utique omnes Romanae atque aliarum ecclesiarum Pontifices, Reges Principes, aliique trium linguarum eruditi, si humanitatis cognitionem cupiunt, gressos suos dirigunt. Ego autem ipse, ut pro veritate loquar, auxilio tuo in doctorum virorum documentis ab eis relictis potissimum usus sum: quorum multa mihi a te demonstrata, ac deinde diligenter perquisita, in hoc primo nostro volumine conserui. Esto ergo immortalis, ut ita dixerim, dummodo haec mea scripta, satis inepte pro ingenioli mei facultate prolata, tu etiam permanebis.* In secundo ejusdem Sozomeni volumine ad a DCCCLIII fit mentio de Johanna Pseudopapissa; et ad annum M. CC. XC de miraculo Eucharistiæ, quod apud Pa-

risios evenit: ubi Judæus quidam pepigit cum femina Christiana, ut ad se corpus Christi deferret, quod iu ferventem aquam projecit. Hæc Mabillonius in Itinere Italico p. 172 qui hunc Sozomeni Codicem in bibliotheca Abbatiæ Fæsulanæ invenit. Quamvis autem citetur Sozomenus in annalibus Ptolemæi Lucensis ad annum 1154 et inde Vossius cum Caveo eum a. 1290 vixisse tradant, tamen illa lacinia recentioribus temporibus inserta est. Nam Sozomenus anno circiter 1430 vixit et scripsit, prout monet Muratorius [tom. XI. S. R. Ital. p. 1247. Natus enim est Pistoriæ, filius Bonifacii Sozomeni circiter a. 1407 et sequentibus, Florentiæ literis incubuit, fuit deinde Canonicus in patria, interfuit Concilio Constantiensi, et demum a. 1458 obiit. Scripsit *Chronicon universale a mundo condito ad sua tempora*, quod vero integrum luce dignum non judicatur, quia non nisi vulgaria continet, et in reliquis, quæ bonæ frugis sunt, Joannem et Matthæum Villanos, qui lingua Italica scripserunt, et tomis antecedentibus a Muratorio editi fuerant, totos descripsit. Hinc laudatus Muratorius non nisi *Specimen Historiae Sozomeni* edidit ab anno 1362-1410 tom. XVII. S. R. Ital. p. 1057. Neque stilus ejus magnopere se commendat, sed barbarus est, ab amicis tamen forte emendatus, quod et in epistola ad librarium contigisse probabile est. Adde Oudinum tomo III. p. 795.

* Multo certiora de viro hoc doctissimo dare nunc mihi licet ex Bibl. Pistoriensi viri doctissimi Francisci Ant. Zacharia lib. 1. p. III. pag. 29. Natus est igitur Sozomenus Pistorii an. 1387. Constantiensi Concilio interfuit. Tum Canonicatu in Ecclesia majori Pistoriensi potitus, ibi tandem an. 1458 obiit. Historiam hic indicatam scripsit, quam perduxisse usque ad an. 1455 idem vir doctissimus productis testibus affirmat. Reipsa tamen nullibi invenitur codex MS. Historiæ Sozomeni ad usque eum annum deductæ. Quæ vulgavit Muratorius fragmenta sunt Historiæ eiusdem Sozomeni ad annum

usque 1410. In MS. Codice Bibl. Fesulanæ Canonicor. Lateranensium hæc ipsa Historia extat duobus distincta Codicibus ab orbe condito usque ad Celestinum V. perducta, ut nos docet P. Ant. Pallavicini Novariensis eiusdem congregationis Cauonicus vir cl. in edita summa Bibl. Fesulanæ. Florentiæ 1752.

(318) Confer et *Ciampi (Seb.) Notizie del Can. Sozomeno Pisa.* 1811 in 8. qui alio detecto codice summarium op. usque ad an. 1455. ibi inseruit.

* Joannes Dominicus SPAZZARINI Patavinus. Scriptoris huius exstant in Bibl. Ambrosiana fragmenta Historica in Cod. MS. Chartaceo teste p. Montfaucon Bibl. MSS. vol. p. 513. Nec plura de hoc viro novi, de quo forte plura dedisset Fabricius, nisi morte præpeditus fuisset, quandoquidem huc lectores suos revocavit. Postquam hæc scripsi evolvendum occurrit volumen alterum inscriptum *Dissertazioni Vossiane di Apostolo Zeno* pag. 195 ex quo didici historiam quam Spazarinus scripsit res gestas Venetorum continero atque ad annum usque 1516 ab auctore illo suo perduci. Extat editum hoc opus in Bibliotheca Patavina teste Thomasino in op. inscripto Bibliotheca Patavina MS. et alibi. Obiit auctor iste an. 1519 ætatem agens annorum 90 Reip. Venetæ a secretis vel, ut ætate illa appellabatur, Cancellarius fuit.

SPERA-IN-DEUS, vel *Sperandeus*, Abbas Cordubensis, scripsit seculo X *adversus Coranum sive Saracenorum Legem, de martyrio Adulphi et Joannis, Epistolas duas ad Alvarum de mysterio Trinitatis.* Plura Nic. Antonii Bibl. Hispana Vetus VI. n. 135 seq.

Matthaeus SPINELLUS *de Juvenatio*, quod oppidum est littorale in territorio Bariensi, inter Tranum et Barium, patriæ suæ Judex sive Syndicus sec. XIII. scripsit *Chronicon rerum in Italia gestarum* ab anno 1247. ad 1268. et quidem lingua Italica, quod articulatim discerptum extat apud Joan. Antonium Summonte tom. II. historiæ Neapolitanæ lib. 3. una vero serie Latino sermone edidit

Dan. Papebrochius in Propylæo ad Acta Sanctorum Maji part. II. p. 40. deinceps occurrit in Jo. Bapt. Carusii Bibl. historica regni Siciliæ tom. II. p. 1055 et Muratorii S. R. Ital. tom VII. pag. 1089.

(319) Videndum doctum volumen, cui tit. Commentaire Hist. et Chronologique sur les Ephemerides de M. Matteo di Giovenazzo par H. D. De Luynes Paris Didot. 1839. 4.

STANILAUS *de Cracovia*, Polonus, Ord. Prædicatorum, medio circiter seculo XIV. scripsit *de vita et miraculis S. Hyacinthi Ord. Praedicatorum*, quod opus nondum est editum. Jac. Quetif de Scrip. toribus Ord. Prædicatorum tom. I. p. 632. Adde Acta Sanctorum tomo III. Augusti p. 309.

STANISLAUS Polonus, Ord. Minorum Reg. Observ. ferventissimus Prædicator in Lithuania, floruit a. 1483. scripsit *Vitam S. Stanislai Episcopi.* Waddingus de scriptoribus Ord. Minorum p. 319.

STANISLAUS *de Zioyma*, a patria, urbe Moraviæ primaria sic dictus, Professor Theologiæ Viennensis in Austria, sec. XV. Scripsit *Tractatum contra Hussitas* MS. in Bibl. Basileensi Bern. de Montfaucon Bibl. MSS. pag. 612. *Epistola ad Jo. Hussum* exstat in Bibl. Heilbrunnensi, teste Catalogo Hockeriano p. 110.

*Authoris huius opuscula alia servat Bibliotheca Vindobonensis ex cuius indice MS. hæc mihi notavi, Tractatus *De Universalibus realibus* Cod. 429. Theolog. Latin.

Tractatus de Sacramento Altaris ibid.

De peccato et gratia Cod. 431.

De vero et falso Cod. 465.

De Ecclesia et alii tractatus *De Antichristo*, Cum sermones contra V. articulos Wiclefi. Cod. 476.

De triplici ratione cultus latriae, Duliae et Hiperduliae Cod. 401.

STANTONUS, Anglus, Philosophus et Mathematicus, seculo incerto. Scripsit *Canones in tabulas Arsachelis*, Pitsous Append. Centur. IV. 37.

Chronicon STEDERBURGENSE, quod

monasterium est monialium in diœcesi Hildesheimensi ab anno 1000 - 1319. Inserta est Gerardi Præpositi narratio *de rebus gestis Henrici Leonis*. Primus invenit et editioni paraverat Genricus Meibomius, avus, edidit autem cum ejus aliis opusculis Henricus Meibomins junior a. 1682. insertum postea Scriptoribus rerum Germanicarum pag. 450. Authenticus exemplar nactus Leibnitius denuo et auctius ediditmo I. Scriptorum Brunsuicensium p. 849.

Georgius STELLA, Januensis, Facini Stellæ, Cancellarii comunis Januæ filius, Civis ibidem, peste cum suis obiit a. 1420. scripsit *Annales Gennenses* ab anno 1297 ad 1409. quos deinceps.

Joannes STELLA frater, Notarius et Cancellarius Januensis usque ad annum 1435. continuavit. Exstant in Muratorii S. R. Ital. tom. XVII. p. 945. Georgius quoque in præfatione *de Sanctis et illustribus patriae suae viris* librum promittit, qui an adhuc supersit, non constat. Confer præfationem Cel. Muratorii. Alios *Annales Genuenses* Georgii Stellæ, sed Italica lingua conscriptos, inde ab anno 1147. memorat in Bibl. Slusiana obvios Bern. de Montfaucon Bibl. Bibl. MSS. p. 176.

STEPELINUS, monachus S. Trudonis in Hasbania, sub finem seculi XI. acripsit *Miraculorum S. Trudonis* libros II. editos a Mabillonio Seculo VI. Benedictino, parte 2. p. 85.

STEPHANARDUS *Flamma de Vicomercato*, Insuber, a patria nomen ducens, Mediolani fuit in domo S. Eustorgii Ord. Prædicatorum, ubi primus Theologiam docuit a 1292. obiit a 1298. Scripta ejus hæc sunt: *Postilla super Lucam, Dialogus de apprehensione s. de potentiis apprehensivis, summa notabilis in jure Canonico, Periarchon s. de principiis nominum, de controversia hominis et fortunae, de irregularitate, de emanationibus, de peste Mediolanensi Carmen.* Sed hæc omnia nondum sunt edita. Vide Jac. Quetif de Scriptoribus Ord. Prædicatorum tom. I. p. 460. 461. Picinelli Ate-

neo de' Letterati Milanesi p. 498 Altamuram p. 76. 463. Giornale de' Letterati d'Italia tom. XV. p. 6. Oudinum tomo III. p. 609. *Poëma* ipsius *de gestis in civitate Mediolani sub Ottone Vice-Comite* ab anno 1276. edidit Lud. Ant. Muratorius primum tom. III. Anecdotorum. Latinorum pag. 57, dein tom. IX. S. R. Ital. p. 57.

STEPHANUS I. Papa, Romanus, ab anno 157. *Epistolae* eius duæ habentur tomo I. Conciliorum Harduini pag. 141. et apud Baronium tom. II. *Decreta* apud Gratianum, Ivonem, Burchardum Wormatiensem et alios. Adde Prosperi Mandosii Bibl. Romanam Cent. VIII. 54. Lud. Jac. a S. Carolo Bibl. Pontificiam p. 207.

STEPHANUS II. Papa (Baronio et aliis III.) patria Romanus, sedit ab anno 752-757. *Epistolae* illius variæ occurrunt apud Baronium annis dictis, *una* ad Pipinum Francorum Regem, tom. III. S. R. Ital. Muratorii part 2. pag. 92 seqq. *Responsa*, quæ a. 754. cum in Francia esset in Carisiaco villa ad varias quæstiones dedit, edita sunt a Sirmondo in Conciliis Galliæ, et Harduino tom. III. Conciliorum p. 1985. *Epistola* ad Proculum Archiepiscopum Viennensem in Bibl. Floriacensi Joan. a Bosco tomo III. p. 44. Adde Lud. Jacobum a S. Carolo p. 218. Oldoini Athenæum Romanum p. 619.

STEPHANUS III. al IV. Syracusanus, sedi Romanæ præfuit ab anno 768-772. *Epistola* ejus *una* ad Carolum legitur apud Baronium a 770. n. 9. plures tom. III. Muratorii part. 2. p. 177. tom. VI. Conciliorum Labbei, in Jac. Gretseri Volumine Epistolarum Pontificiarum, et in Scriptoribus Francicis Andr. du Chesne, Ant. Mongitore Bibl. Sicula tom. II. p. 237. Hier. Ragusa Elogia Siculorum p. 265. Lud. Jacobum l. c. Oldoinum p. 622.

STEPHANUS V. al VI. Romanus creatus a 885. mortuus a. 891. *Epistolae* illius quædam editæ sunt a Barouio ad annum 885. n. 9. ad a 886. n. 26. item

Ughello in Italia sacra, et Harduino tom. VI. Conciliorum p. 461 Una conficta exstat in Marca Hispanica p. 813. quam fraudem detegit auctor Petrus de Marca p. 365 seq. *Sermo* ad populum Romanum otiosis sermonibus et fabulis in Ecclesia vacantem, ibidem a. 890. n. 2 et apud Anastasium in vita. Exstat etiam hujus Pontificis (teste Carriere in Historia Chronologica Pontificum ¡Rom.) *Rescriptum* ad Heribertum Archiepiscopum Moguntinum, *quo explodit purgationem per ferrum candens vel aquam ferventem fieri solitam.*

Adde Prosperi Mandosii Bibl. Romanam Cent. V. 18. Lud. Jacobi a S. Carolo Bibl. Pontificiam p. 209.

STEPHANUS VII. ab anno 897. strangulatur a. 900. *Epistola* ad Fulconem Remensem estat in Flodoardi Hist. Remensi IV. 4.

STEPHANUS IX. Germanus, Baronio et aliis X. primum dictus Fridericus (inde ejus supra mentio facta est lib. VI. p. 624.) fuit primum Ecclesiæ Rom. Bibliothecarius et Cancellarius, postea monachus et Abbas Cassinensis, tandem Papa ab anno 1057. mense Junio, usque ad annum sequentem, 29 Mart. *Epistolam* ejus *unam* ad Willelmum Archiepiscopum Remensem post Papirium Massonum edidit Baronius ad annum 1057 n. 23. *alteram* ad Pandulphum Episcopum Marsicanum Ughellus Italiæ sacræ tom. IX. *utramque* Harduinus Conciliorum tomo VI. pag. 1051. *Tractatum contra haeresin Fermentariorum* memorat Anonymus Mellicensis c. 86. Librum duplicem *de corpore Domini* adversus Græcos Petrus Diaconus de viris illustribus Cassinensibus c. 17. ubi confer annotationem Jo. Bapt. Mari.

STEPHANUS Abbas, nescio quis, auctor *Regulae Monachorum*, quæ habetur in Codice Regularum Lucæ Holstenii part. 2. pag. 75.

STEPHANUS, de Balgiaco, *Æduensis* sive *Augustodunensis* Episcopus ab a. 1112. ad 1136 quo se hac dignitate abdicavit, et in monasterio Cluniacensi diem suum obiit. Ejus est liber *de Sacramento Altaris*, primum a Jo. de Montalon Canonico Augustodunensi, apud Henr. Stephanum a. 1517. editus. post in Bibliothecis Patrum toties repetitus. Caveus p. 564. Oudinus tomo II. p. 1101. Gallia Christiana tomo IV. p. 389.

STEPHANUS, *Afer* natione, presbyter *Altissiodorensis*, vitam S. Amatoris prosaico, S. Germani vero ligato sermone conscriberet. Extat ad eum Epistola Aunarii, cum responsione Stephani nostri, in Actis Sanct. tom. I. Maji pag. 50. quæ probabile facii, *Vitam S. Amatoris*, quæ ibidem p. 52. occurrit, a calamo ipsius profluxisse. Inde constat vitam S. Germani equidem a Stephano conscriptam, sed vel perditam, vel nondum editam, esse. Vossius de historicis Lasinis III. 3. pag. 749 Hist. literaire de la France tom. III. p. 361.

STEPHANUS *de Aliis*, Cremonensis, ex ordine Humiliatorum circa annum 1485. scripsit *de hospitalitate et de horis canonicis*. Arisii Cremona literata tom. I. pag. 1340.

STEPHANUS *Anglicus*, quem Pitseus Append. Centur. IV. 38. memorat, est idem *Stephanus Langtonus*, de quo Fabricius noster supra tomo IV. p. 527.

Alius hujus nominis fuse consignavit *Vitam S. Wilfridi*, quam in compendium redegit Guilielmus Malmesburiensis. Vossius de Historicis Latinis III. p. 722.

STEPHANI, *Aniciensis* Episcopi, *Epistolam* in passionem S. Placidi martyris et sociorum ediderunt Martene et Durand Collect. ampliss. VI. p. 788.

STEPHANUS, Archiepiscopus *Antibarensis*, circa finem seculi XV. Ejus *Sermo de fide contra Turcas et de futura tribulatione* MSS. in Bibl. Ambrosiana. Bern. de Montfaucon Bibl. Bibl. MSS. p. 524. Prior impressus est a. 1480. 4. sine mentione loci. Scripsit etiam *in Cantica*, et forte etiam *in duodecim Prophetas*. Vide eundem p. 101. 139. 1344. Vide infra STEPHANVS *Torcellanus*.

STEPHANUS *Aquaedunus*, vide infra *Eiton*.

STEPHANUS *Augustodunensis*, vide supra *Æduensis*.

STEPHANUS *Autissiodorensis*, vide infra *Stephanus de Varnesia*.

STEPHANUS *Basignanatus Gorgonius*, Carmelita Theologus, sub initium sec. XVI. Ejus *Oratio de immortalitate Animae*, una cum *Exhortatione ad arma contra infideles capessenda*, habita fuit in Conventu Cardinalium coram Leone X. a. 1517. Excusa sine loci, aut typographi, aut temporis expressione. Hæc Bern. de Montfaucon in Bibl. Bibliothecarum MSS. p. 585.

STEPHANUS *de Bella villa*, vide *Stephanus de Borbone*.

STEPHANUS *Bisuntinus*, a patria *Vesontione* ita dictus, Ord. Prædicatorum, Magister Parisinus, provinciæ Franciæ et demum Magister ordinis, obiit Lucæ a. 1294. Scripsit *Postillas in Ecclesiasten et Apocalypsin*, *Librum de auctoritatibus Sanctorum et Philosophorum*, *Alphabetum narrationum*. Vid. Jac. Quetif de Scriptoribus Ord. Prædicatorum tom. I. p. 480. Altamura p. 69. 461.

STEPHANUS *Boni Fontis* Abbas primus, quod monasterium in Campania Galliæ et diœcesi Remensi situm, et a. 1137. vel secundum alios, 1154. fundatum est. Liber ejus *de exordio coenobii Cisterciensis* editus est in Bertrandi Tissier Bibliotheca Patrum Cisterciensium Bonofonte 1660. edita, p. 1. Vide Ittigium de Bibliothecis Patrum c. 13. pag. 675.

STEPHANUS *Birkington*, aliis *Brikington*, ex vico Birkington in insula Taneti in Cantia oriundus, Ord. S. Benedicti in cœnobio Cantuariensi, circa annum 1380. Scripsit *Seriem et Vitas Archiepiscoporum Contuariensium*, unam breviorem ab Henr. Whartono tom. I.- Angliæ Sacræ p. 1. editam, alteram auctiorem, ex qua Auctor Antiquitatum Britannicarum plura adfert. Tribuuntur eidem *Commentarii de regibus Angliae, de Pontificibus et Imperatoribus Romanis*. *Catalogum* vero *Episcoporum Eliensium*, quem ipsi, Pitseus Append. Centur. IV.

39. tribuit, ejus esse negant. Vide Rob. Gerii Append. ad Caveum p. 51. Oudinum tomo III. pag. 1153.

STEPHANUS *de Borbone*, a familia, *de Bellavilla* vero, a patria dictus, oppido Burgundiæ. Puer Matiscone inter clericos ecclesiæ cathedralis S. Vincentii educatus fuit, postea Parisiis literas tractavit, et per maximam Galliæ partem, imo in ipsis Alpibus, concionibus habendis operam dedit. Vixit a. 1272. duosque Tractatus elaboravit, *de diversis materiis praedicabilitus, et de VII donis Spiritus Sancti*, in quibus res a se in itineribus gestas exponit. Vide Jac. Quetif de Scriptoribus Ord. Prædicatorum tom I. p. 194. 185. qui simul docet, in Speculo morali, quod Vincentio Bellovacensi tribuitur, dimidiam fere partem ex opere posteriore Stephani nostri esse descriptam, id quod Prologus et Excerpta satis ampla ibidem reperienda docent. Oudinum tomo III. pag. 239. Memoires de Trevoux 1708. p. 1484. Anonymus, cujus Tractatus de hæresibus Pauperum de Lugduuo exstat in Martene et Durand Thesauro novo Anecdotorum tomo V. p. 1777. ait, se sua de libris Fratris Stephani de Bellavilla accepisse.

STEPHANUS *Bronne*, Carmelitanus monachus, Theologus primum Aberdoniensis, post Oxoniensis anno 1340. scripsit *Conciones et Lecturas Scholasticas*. Balæus Centur. XIV. 54. Pitseus c. 519.

STEPHANUS *Brulifer*, vide supra tom. I. p. 264. Nomen ejus est *Bruleser* germ. *Brenneisen*. Memoriam ejus a. 1718. d. 15 Oct. peculiari scriptiunncula celebravit Herm. Von der Hardt.

STEPHANUS *Cajetanus* a patria sic dictus, Ordinis Dominicani, Vicarius Archiepiscopi Neapolitani per annos XXXII. Floruit a. 1470. et *Librum de sacramentis* scripsit. Trithemus de Scriptor. Eccles. c. 861. Toppi Bibl. Neapolit. pag. 286. cum additionibus Leon. Nicodemi p. 232. 233. Jac. Quetif de Scriptoribns Ord. Prædicatorum tom. I. p. 857.

STEPHANUS *Calvus*, Cremonensis, humaniorum literarum in patria Doctor, scripsit *de regulis Grammaticalibus*, *de arte rhetorica, Sententias morales*. Arisii Cremona literata tom. I. p. 236.

STEPHANUS *Cantuariensis*, est. *Langtonus*, de quo superius T. IV. 527.

STEPHANUS *Carnotensis* Comes, seculo XIII. cujus *Epistola de bello sacro* habetur in Mabillonii Museo Italico tom. I. pag. 237.

STEPHANUS *Cellae novae* in Gallæcia monachus, circa a. 1150. scripsit *Vitam* et *miracula S. Rudesindi*, Dumiensis Episcopi, a. 877. defuncti, quæ exstat in Actis Sanct. tom. I. Mart. p. 107. et apud Mabillonium Sec. V. Benedict. p. 522. cujus observationem præviam confer. Caveus p. 586. Nic. Antonii Bibl. Hispana Vetus VII. 7. n. 100.

STEPHANUS *de Chalmeto*, Cartusiæ Portarum Monachus, vixit seculo XII. Ejus Epistola *ad Monachos S. Sulpitii* Ordinis Cisterciensis *de perseverantia ordinis* exstat in Bibliotheca PP. max. tom. XXIV. pag. 1518.

STEPHANUS *Cisterciensis*, vide *Hardingus* , tomo III. p. 177. Adde *Exordium parcum ordinis Cisterciensis* ipsum Stephanum auctorem agnoscere, et sub initium Bibl. PP. Cisterciensium Bertrandi Tissier editum esse.

Fr. STEPHANUS *Caelestinus*, Florentinus, circa a. 1448. scripsit *de intellectus humani ultima functione*, qui liber Benoniæ impressius est. Bumaldi Minerval. pag. 215.

STEPHANUS *Comes*, nescio quis, cujus *Epistola ad uxorem de expeditione Hierosolymitana* MS. est in Bibl. Vaticana. Vide Montefalconium p. 24.

STEPHANUS *de Conty*, natus de Ambianis Monachus et Officialis Corbeiensis, cujus extat *Historia sui temporis*, in Cod. 520. Bibl. Sangermanensis. Vixit sub Carolo VI. sec. XV. Hæc Car. du Fresne in indice Auctorum, quem Glossario præfixit. Scripsit etiam *de Jure Canonico*. Bern. de Montfaucon Bibl. Bibliothecarum MSS. p. 1131. 1135.

STEPHANUS *Costa*, Papiensis, Jctus, scripsit *de consanguinitate et affinitate*, in

Tractatu Tractatuum Vol. I. fol. 20. *de ludo et joco*. ibid. fol. 181. * Eius repetitiones variæ impressae Papiæ per M. Antonium de Carchano An. 1483. Vivebat Sec. XV. inclinante, legebatque in Universitate Papiensi; ut carmen ibi impressum docet. *Auctor Ticini primus in urbe lugens.*

STEPHANUS *Cremonensis*, vide *Stephanus Serva.*

STEPHANUS *Diaconus*. Vide supra *Messiano* T. V. 70.

STEPHANUS *Dolanensis*. Vide infra *Olomucensis.*

STEPHANUS *Dulcinus*, Cremonensis, non Mediolanensis, Regiæ Ecclesiæ S. Mariæ Scalensis Mediol. Canonicus, initio secul. XVI. scripsit *de nuptiis Illustriss. Ducis Mediolanensis*, Mediol 1489 4. *Breviarium, seu Bonifacii Simonetoe Abbatis Cisterciensis, de Christianae fidei et Romanorum Pontificum persecutoribus Epistolarum libros sex, cum summariis.* Mediol. 1502. Basil. 1509. fol. Arisii Cremona literata tom. II. p. 2. Picinelli Athenæum erudifor. Mediolanensium p. 497.

* Quid egerit Sthephanus iste in Op. inscripto *Bonifacii Simonetae Doctoris ac monasterii Comu. Abbatis Persecutionum Christianarum historia , Pontificumque Commentarii*; ex me potius volo discant lectores, quam ex ambiguis Bibliothecarii huius verbis. Nihil igitur Operis in lucubratione ista impendit Dulcinus nisi ut in se assumeret curam libri evulgandi; dedit etiam operis *Breviarium* seu brevissimum Schema. Cœtera sunt eiusdem Bonifacii, cuius opus primo lucem vidit Mediolani an. 1492, Mense Januaril in fol. Codicem hunc servat Bibliotheca Canonicorum maioris Ecclesiæ Lucensis. cui in fine manu descriptam Epistolam quandam legi ad Opus istud et Authorem pertinentem. Hanc ipsam epistolam, quod non ad modum prolixa sit, hic dare non gravabor.

Rev. in Christe patri D. Abbati, Coeteris quoque Patribus , confratribusve Monasterii S. Agustini intra muros Civitatis Placentiae Ord. Regularis Cano-

nicor. Frater Aloisius della Cruce Prior Cornu S. P. D. et optat.

Fama est haud diu ficta, falsa vel: sed vera, quam (juxta Philosophum) veram omnes autumant. Famant quilibet nempe, R. D. P. Abba, Vestram tandem Paternitatem una cum vestro toto angelico Coetu vere imitari vitae Sanctimoniam Ven. S. P. Augustini Doctoris excellentissimi vastam Eremum incolentis: qui nec propterea Sacram Meditationem divinam aspernabatur, quin potius jugi vigilantia amplexabatur summopere utramque. Vobis itaque Magni Doctoris imitatoribus ven. PP. literarum studii pariter et vitae solitariae cultoribus R. D. Bonifacius Simoneta Abb. S. Sthephani Cornu Ord. Cisterciensis me medio fragmen mittit (quod et quidem dono largitur) sudorum, suarum vigilarum: Opus videlicet pene divinum ab eo miro ordine compositum: ut id capientes mutua Charitate (uti soletis) simul benevolentia continuantes unanimes (ut semper fuistis) et perseverantes consolidemini. Ex eo quippe percipietis, viri famosissimi, modestiam, Relligionem, mansuetudinem, devotionem munificentiae culmen, pietatem, clementiam, cunctarum denique Scientiarum Monarchiam honorum atque morum omnium peramoenum odorem, prudentiam. Neque eiusdem Auctoris ingenium prodere angelicum necesse est; mirificum ipsum se commendat opus in eo velut paradiso (cum animadvertetis) ita perpulcri flores legi coniicietis cum fructibus miracissimis cum suavissima harmonia cuiusque Philosophiae, artis el scientiae, ut nusquam ab ipso hau plenius, vel abscedat hilarius, ad id vel tristis etsi jejunus accesserit. At si primo opus nomen possideat de persecutione Christianorum; tamen sic varius varias liber hic modo continet artes, quod (ut ita dicam) reginam adstare videas a destris in vestitu deaurato circumdata varietate. Nempe liber ipse sua varietate auctoris sui perspicacissimi denique insignem doctrinam aperit partim, modo Pontifi-

cum actus summorum et vitas demonstrando, modo commendando eorundem virtutes; vitia malaque ipsorum damnando crimina. Hoa, quae quis non laudet sacro monimenta liquore adspersa. Epistolarum enim huius insignis ita sensus varios aperit claro sermone; quod non dubium illi singulas heroi haerere scientias, sive Astronomo sint aut Medico, vel Physico, seu historico, Cosmographo, Chiromaticoque attinentes. Docet et persaepe civilium legum ordinem ac Canonicarum Institutiones. (ut quidem scribit.) denique habent scriptores protinus omnes; emicat hoc clarum opus.

1. Quod boni (ut fert idem) dat gravitas quod candida facta tulerunt.

2. Hic velut irrigui refluenti aspergine prati.

3. Agmine subluerit florum varioque colore.

4. Herba viret: placito sic stat sententia casu.

5. Proposito et quadrant alienaque dicta sequuntur.

Facie igitur jucunda accipe corde sereno alme consortium devota quod porrigit manus dextrocherium: superis delapsum videlicet monilibus immensis coruscatum pretiosissimis lapidibus splendidatum, vernantibus atque coruscantibus gemmis radiatum , contextum insignibus margaritis , auro quoque purissimo circumligatum, et argento, ac splendore luminatum Solis, lumine . . . . . clarum et syderum, in videlicet communi vestra excellentissima Bibliotheca (ut inde redactum magis , magisque sicuti lux super candelabrum posita elucescat) honorifice sic ibidem locandum per vos qui inter ortodoxorum clara Patrum opera gloriose vivat in aeternum. Verumtamen universa vanitas omnis homo vivens. et imagine pertransiens , frustraque se conturbans, casso atque suo labore ultro se exercens. Valete Venerabiles Patres, mei quoque obsecro ad pium memo resestote dominum nostrum. Amen.

Ex Abbatia S. Sthephani Cornu juvenis. XVI. Kal. Jan. 1497.

Earumdem VV. RR. Paternitatum Aluysius della Cruce Claraevallis Monachus Decretorum Doctor et S. Stephani Cornu Prior immeritus.

STEPHANUS *Ecclesiae* , Gallus Arvernus. Claromontii natus, S. Theologiæ Magister et hæreticæ pravitatis Inquisitor, vixit a. 1366. Reliquit *Expositionem super Pater noster, et Acta inquisitionis.* Jac. Quetif de Scriptoribus Ord. Prædicatorum tom. I. p. 660.

STEPHANUS *Eddius.* Vide supra T. II. 493. pag.

STEPHANUS *Eduensis* Vide *Æduensis.*

STEPHANUS *Eiton, Edon* lat. *Aquaedunus,* Anglus, Canonicus regularis Ord. S. Augustini in monasterio Warotrensis, diœcesis Eboracensis, circa a. 1320. Scripsit *Acta Regis Edwardi secundi* Lelandus c. 346. Balæus Centur. V. 9. Pitseus c. 470.

STEPHANUS *Eugubinus,* floruit tempore Justini Imp. a. 565. scripsit *Chronicon* ab origine mundi usque ad sua tempora, *de Christo et Ecclesia.* Ita Jocobillus in Bibl. Umbriæ 'p. 254 qui ad Vincentii Armanni Comment. civitatis Eugubii provocat.

STEPHANUS *de Exonia*: de hoc addimus verba ex Catalogo MSS. Bibl. Tenisonianæ .p. 12. 13. *Annales domus Fratrum de Multifernan* (i. e. Montis Fernandi) ab An. Dom. 45. ad An. 1274. In iis nulla deprehenduntur vestigia sive auctoris, sive loci ad quem olim pertinebat. Sed quia ibi crebra fit mentio de rebus Conatiensibus, et speciatim de antiqua familia Dexceterorum (sive de Exonia) Athlethanæ Dominorum, et Cœnobii Stradensis Fundatorum ; inde orta est suspicio, ad Cœnobium fratrum Prædicatorum Stradæ prope Athelthan, in Comitatu Majo, pertinuisse, et ejus loci Dominicanum aliquem horum Annalium fuisse auctorem; fortasse (inquit Waræus) fratrem Stephanum de Exonia, quem natum perhibent a. 1246. et inductum 1263. Hæc ibi. Waddingus de scriptoribus Ord Minorum p. 320. eum *Stephanum Hibernicum* vocat, male vero *de Oxonia :* in reliquis consentit.

STEPHANUS *Fliscus* , Manfredi fil. Soncinensis, J. U. D. ac Epidaurii Gymnasii Rector circa annum 1453. Scripsit *Synonyma verborum, Synonyma seu variationes Sententiarum,* Mediol. 1480. Venet. 1544 *Phrases elegantiae Latinae,* sine loco. 1485. *de componendis Epistolis,* Venet. 1547. *Regulas Summaticas,* (opus Grammaticum) Brixiæ 1634. Arisii Cremona literata tom. I. p. 278.

STEPHANUS *Forestus*, Hungarus. ann. 1312. fuit Archiepiscopus Strigoniensis, alias Ord. S. Augustini, obiit a. 1332. scripsit *Sermones et Comment, in libros Sententiarum.* Gandolfus de ducentis Augustinianis scriptoribus p. 326.

STEPHANUS *Francus* Ord. SS. Trinitatis Redentionis captivorum S. Joannis de Mattha fundatoris discipulus, Presbyter Cardinalis S. Callisti ab Innocentio III. creatus, obiit a 1218. Scripsit *de virtutibus et excellentiis B. Mariae, et de immaculata ejusdem conceptione.* Oldolni Athenæum Romanum p. 619.

STEPHANUS *de Garosio* , Insuber , Ord. Prædicatorum, a quo ajunt typis editum esse librum, *Catena argentea in universam Logicam,* Jac. Quetif de Scriptoribus Ord. Prædicatorum tom. 1. pag. 895. Andr Rossotti Syllabus Scriptorum Pedemontanorum p. 521.

STEPHANUS *de S. Genovefa,* vide infra *Tornacensis.*

STEPHANUS *Geroldus* , Antiquitatum amator circa a. 1360. collegit *Epitaphia insignia Cremonae.* Arisius l. c. p. 173.

STEPHANUS *Gilletus* , Burgundus , Carmelita, Lugdunensis et Narbonæ Provincialis. Tria *Sermonum* volumina per annum scripsit , et *Collationes varias.* Vivebat a. 1480. Possevinus tomo II. Apparatus p. 433.

STEPHANUS *Grandimontensis* ordinis fundator, alias quoque *Stephanus de Mureto,* a loco scilicet *Mureto,* horis quatuor ab urbe Lemovicensi dissito, ubi primum vitam eremiticam egit: obiit a. 1124. cujus Regula edita Divione 1645. et Rotomagi 1671. Opus ejus, quod *Doctrina* inscribitur, MS. exstat in Bibl. S.

Germani de Pratis, teste Bern. de Montfaucon Bibl. MSS. pag. 1137. Adde Oudinum tomo II. p. 881.

STEPHANUS *Herrandus*, *Halberstadensis* Episcopus. Vide supra Tomo III. p. 225. quibus jam addimus, conferendas esse Leuckfeldii Antiquitat, Halberstadenses p. 534 seqq. *Sermones* ejus memorant Annales Corbeienses a Paullino editi p. 503. *Epistola* adversus Schismaticos pro Gregorio VII. legitur in Variis Monumentis contra Schismaticos a Sebast. Tegnagelio Ingolstad. 1612. editis.

STEPHANUS *Hardingus*, Anglus, primum monachus Ord. S. Benedicti, in conventu Schirburnensi, congregationis Cluniacensis, studiorum caussa in Scotiam, Galliam, Italiam et Romam usque perrexit. Post reditum fuit primum monachus et Subprior coenobii Molismensis, Lingonensis Diœcesis, deinde Cisterc. una cum aliis fundare coepit, demum Abbas ejusdem loci tertius fuit, et 1135. obiit. Ejus sunt:

1. *Charta Charitatis*, h. e. primæ Constitutiones Ordinis Cisterciensis, quæ exstant apud Angelum Manrique Annal. Cisterc. tom. I. ad a. 1119. et in Menologio Cisterciensi d. 5 Jul.

2. *Epistolae duae*, inter Epistolas S. Bernardi n. 45.

3. *Sermo habitus in obitu S. Alberici*, decessoris sui apud Manrique l. c. a. 1109.

4. *Sermo* habitus a 1113. cum S. Bernardum cum triginta sociis venientem habitu Ordinis Cisterciensis induit, apud Bernardum Britum lib. I. cap. 22.

5. *Exhortationes privatae ad Monachos* sunt ineditæ.

6. Eidem vulgo adscribitur *Liber Usuum seu Rituum ordinis Cisterciensis*. Paris. 1628. et alibi editus.

Librum *de exordio coenobii Cisterciensis* huic nostro quoque tribuit Caveus, sed meliori jure *Abbati Boni Fontis* adscribimus. donec meliora doceamur.

Vide Lelandum c. 143. Balæum Centur. II. 62. Pitseum c. 190. Car. de Visch Biblioth. Script. Cisterc. p. 300. Ludovicum Jacobum de claris scriptori-

bus Cabilonensibus p. 138. et quos ille citat.

STEPHANUS *Howes*, Anglus, illustri genere natus, in Anglia, Scotia et Gallia literis incubuit, postea inter Aulicos, Cubicularios et Secretarios Henrici VII. Regis admissus. Claruit a. 1500. Scripsit *Templum crystallinum*, *Virtutis exemplar*, *Delectamentum spiritus*, *de conjugio Principis*, *Amantium consolamen*, *Alphabetum avicularum*. Balæus Centur. VIII. 58. Pitseus c. 903.

STEPHANUS *Herrandus*, v. supra lit. H.

STEPHANUS *Hibernicus*, vide supra STEPHANUS *de Exonia*.

STEPHANUS *Hispanus*, vide supra *Cellae novæ* Monachus.

STEPHANVS *Hoest*, Laudenburgensis, Canonicus Spirensis circa annum 1471. Scripsit *in libros Ethicorum*, *Sermones et Collationes*. Trithemius de scriptor. Eccles. c. 833.

STEPHANUS *Infessura*, primum, ut ipse ad annum 1478. testis est, Civitatis Hortanæ Prætor, deinde S. P. Q. R. Scriba sive Cancellarius, scripsit *Diarium urbis Romanæ* ab anno 1371-1494. editum ab Eccardo in Corpore Scriptorum medii ævi tom. II. p. 1863. repetitum a Muratorio S. R. Ital. tom. III. part. 2. p. 1109. Opus partim Italica, partim Latina lingua conscriptum est. Codices ejus MSS. in quamplurimis Bibliothecis occurrere, testatur Index in Bern. de Montfaucon Bibl. Bibliothecarum MSS.

STEPHANUS *Julianus*, Ordinis S. Francisci Doctor Theologus Sorbonæ Parisiensis, *Vitam B. Coletæ*, Reformatricis Ord. S. Claræ Gandavi a. 1447. defunctæ, quam Petrus a Vallibus, alias Petrus de Remis dictus, Gallico sermone scripsit, Latine vertit. Vixit eodem fere tempore. Edita est autem Vita hæc in Actis SS. Martii tom. I. p. 539. Surius d. 6 Martii mutato parumper stilo in compendium redegit, Lucas Waddingus Annalibus Minorum passim inseruit. Ex hac notitia emendanda sunt, quæ perperam Aub. Miræus de script. Eccles. c. 522.

STEPHANUS Jureconsultus Anglus, O-

xonii et Londini versatus, sed seculo incerto, *Municipalium actionum Epitomen*
reliquit. Pitseus Append. Centur. IV. 40.

STEPHANUS *Langtonus*, vide supra
Tomo IV. pag. 525.

STEPHANUS *de Lantzkrana*, Præpositus monasterii S. Dorotheæ. Viennensis, Ordinis Canonicorum regularium S.
Augustini, circa a. 1450. obiit in vigilia
S. Andreæ a 1477. *Tractatus* ejus *de IV.
novissimis* editus est a Bernardo Pezio
tomo I. Bibliothecæ Asceticæ p. 27. *Responsio ad Epistolam scrupolosi*, qui or-
diuari timuit ab Episcopo, quem simo-
niacum existimavit, prodiit in Raymundi
Duellii Miscellaneorum libro I. p. 218.
Inedita adhuc supersunt *Expositio Missæ*, *Collatio in Coena Domini de ingratitudine et humilitate, Expositio Re-
gulæ D. Augustini, Tractatus de tribus
substantialibus seu essentialibus status
religiosi*, et Lingua Germanica, *Via ad
coelum, Speculum Claustralium, de quibusdam ad solos religiosos pertinentibus.
Viam ad coelum.* Pezius promiserat, ubi
codicem integrum nacturus esset; sed
huc usque nondum præstitit. Notitia hæc
debetur laudato Duellio in præfatione
libri citati.

STEPHANUS *Leodiensis* monachus et
Abbas S. Jacobi, quem quidam anno 740.
vixisse tradunt, melius illi, qui cum Oudino tomo II. p. 961. ipsi a. 1100. assig-
gnant, scripsit *Vitam S. Modoaldi*, Trevirensis Episcopi, quæ apud Surium exstat d. 12 Maji et in Actis Sanctorum
tom. III. Maji p. 50.

* De hoc scriptore hæc lego in Albe-
rici Chronico ad an. 1015. *Floruit apud
S. Jacobum in Leodio Abbas Stephanus in
Musica volde peritus qui fecit novum
Canticum de B. Benedicto, et multa alia
scilicet Florem mundi.* An ad hunc ipsum
Stephanum potius quam ad Episcopum
huius nominis Leodiensem Carmina quæ
Bibliothecarius noster tribuit, Leodiensi
Episcopo, referenda sint, viderint docti
Profecto in adnotatione MSS. Codicis Bi-
blioth. Lambetanæ *officium de inventione
S. Stephani et de SS. Trinitate* assignatur

Stephano Leodiensi, nihil vero de Episcopatu. Eadem de cantilena S. Benedicti
ab hoc Stephano scripta tradit anonymus
in historia S. Laurentii Leodiensis vulgatus a Martene Vet. Mon. t. IV. Ad-
dens cantionis illius exordium hoc: *Florem mundi* etc. Cantilenam aliam de S.
Jacobo Majore eidem pariter authori deberi testatur. *

STEPHANUS, *Leodiensis* Episcopus,
Comes Salmensis, Clericus Metensis, Abbas Lobiensis, tandem a. 903. Episcopus
Leodiensis obiit a. 920. Scripsit *Vitam
et Passionem S. Lamberti*, quæ estat
apud Chapeavillium tom. I. Script. Leo-
diens. p. 351. et Surium 17 Sept. Scripsit
etiam *Cantica quaedam et Antiphonas*,
ex quibus, ut apud Caveum videre est,
quædam sunt prohibita. Evolve Sigebertum Gemblac. ad a. 903. et de script.
Eccles. c. 125. Trithemium cap. 298. Anselmi vitas Episc. Leodiensium c. 39.
Val. Andreæ Bibl. Belgicam pag. 816.
Swertii Athenas Belgicas p. 679. Hippol.
Marraccii Bibl. Marianam tomo II. p. 380.

STEPHANUS *Lugdunensis* Card. ap.
Cang.

STEPHANUS *Maconus*, vide infra STE-
PHANUS *de Senis*.

STEPHANUS *Mediolanensis*, vide *Stephanardus*.

STEPHANUS *Meldensis* Episcopus, seculo XII. Ejus *Epistola* ad Stephanum
Episc. Aeduensem MS. extat in Bibl. S.
Germani, teste Car. du Fresne et Bern.
de Montfaucon Bibl. Bibl. MSS. p. 1131.

STEPHANUS *Messalahus*, Anglus, Mathematicus et Astrologus, ætatis incer-
tæ. Ejus sunt *de compositione Astrolabii,
Flores judiciorum ex stellis, de revolutione annorum mundi, de ratione circuli
et stellarum.* Balæus Cent. XII. 31. Pitseus Append. Cent. IV. 41.

STEPHANUS *de Mureto*, vide supra
Stephanus Grandimontensis.

STEPHANUM *Musicum*, qui *de arte
Musica* scripserit memorat Anon. Melli-
censis de scriptor. Eccles. c. 79. ubi Bern.
Pez in annot. conjicit indigitari forte
Stephanum Episcopum Leodiensem.

STEPHANUS *Niger*, Cremonensis, Mediolani Græcas literas docuit circa annum 1489. scripsit *Comm. in Hermogenem, in aurea Carmina Pythagorae. Dialogum, quo, quicquid in Graecarum literarum penetralibus reconditum, quoad Historiae veritatem, ad fabularum oblectamenta, ad eruditionis famam conferre quo modo possit. congestum in lucem propagatur. Accedunt Philostrati Heroica.* Mediol. 1517. fol. *Dial. Mercurii et Stephani, Praefationes in Homerum, Pindarum et Livium, opus de nimio vitae luxu,* quod sub titulo, *de luxu Graecorum* prodiit tom. VIII. Thesauri Gronoviani p. 2466. E Græcis Latine vertit *Icones et Heroica Philostrati, aurea Carmina Pythagorae, quaedam Isocratis, Musonii et Plutarchi,* impressa Mediolani 1521. Ven. 1532. fol. *Epistola* ad Ant. Pratum magnum Galliæ Cancellarium, *de fraterna benevolentia* Opusculum, prodierunt cum quibusdam Opusculis Plutarchi Basil. 1518. 4. Arisii Cremona literata p. 396. Picinelli Athenæum Eruditorium Mediolanensium p. 499.

* Est apud me opusculorum quorumdam Stephani Nigri collectio Basileensis an 1532. ex qua nonnulla minus accurate tradita hic emendare licet. *Dialogus* Mercurii et Stephani nihil est aliud, quam dedicatio versionis a se adornatae *de Iconibus,* quæ dirigitur ad Joannem Grolierum Lugdunensem Francorum Regis a secretis ac Insubriæ quæstorem primarium. Epistola ad Antonium Pratum dedicatio est operis chriarum quinque quas dirigit, non quidem ad Antonium Pratum Cancellarium Galliæ, sed ad Antonium et Guillelmum eiusdem Antonii filios. His quinque chriis nonnullas poetarum Latinorum Græcorumve sententias Author illustrat. *

STEPHANUS *ex Nottis*, Ord. Humiliatorum, scripsit *Opus remissionis a poena et culpa,* quod Mediolani prodiit 1500. fol.

* Primo in Breidæ domo ord. Humiliatorum ... professus et nunc in domo de Carugate eiusdem Ord. et civitatis præpositus, Artium et Theologiæ magi-

ster ac Decretorum doctor. Ita legitur in calce tractatus de jejunio eiusdem Auctoris dicato Antonio Trivulcio S. R. E. Cardinali. Extat in Cod. MS. Taurinensi, de quo in Catalogo MSS. ejusd. Tom. II. pag. 47.

STEPHANUS, nobili genere natus, et primum Regni Bohemiæ Cancellariùs, postea Cartusiæ Dolanensis in Moravia, demum domus Vallis Josaphat *Olomucensis* primus Prior, vixit temporibus Jo. Hussi, obiit a. 1421. 7 Junii. Ejus opera nota sunt hæc:

1. *Medulla tritici,* sive *Anti-Wiklefus,* in quo Wikleffum tamquam viventem alloquitur. Editus est a Bern. Pez Thes. noviss. Anecdot. tom. IV. part. 2. p. 149.

2. *Anti-Hussus*: ibid. p. 361. Dedicatus est Stanislao de Znoyma, et c. 1. eibet Epistolam ipsius Hussi ad Stephanum datam. Sub finem operis p. 425. extat etiam *Copia instrumenti Declarationem certorum dubiorum M. Jo. Huss. continentis,* a. 1412.

3. *Dialogus Volatilis inter Ancam* (h. e. Anserem) *et Passerem, adv. Hussum.* ibid. p. 431. Scriptus est a. 1414.

4. *Liber Epistolaris ad Hussitas,* partibus V. constans: ibid. p. 503. Scriptus est a. 1417.

5. *Apologia pro sacris religionibus monasticis adversus haereticos,* edita est ab eodem Pezio Bibliothecæ Asceticæ tom. IV. p. 87.

STEPHANUS *Palecz*, Bohemus, Theologus Hussitis admodum infensus, qui *Anti-Hussum* ibidem scripsit, et *de quatuor portis inferni, contra articulos Bohemorum.* Vide Felleri Catalogum MSS. Bibl. Paullinæ p. 201. 211.

STEPHANUS *Palosius*, Romanus, ex Canonico S. Mariæ Majoris Episc. Tudertinus a Gregorio XI. ab Urbano VI. vero S. R. E. Camerarius ac Romæ Vicarius, post Presbyter Cardinalis creatus fuit. Obiit. anno 1398 et *Constitutiones pro Clericis Tudertinis* edidit. Prosperi Mandosii Bibl. Romana Centur. VIII. 18. Ughelli Italia sacra tomo I. p. 1354.

215

STEPHANUS, *S. Pantaleonis* procul dubio Coloniæ Monachus, circa annum 990. scripsit librum *de S. Manrini Abbatis et Martyris inventione et translatione in monasterium S. Pantaleonis*, Estat apud Surium d. 10 Jun. Mabillonium Sec. V. Bened. p. 333. et in Actis Sanctorum tom. II. Jun. p. 279.

STEPHANUS, *Parisinus*, Episcopus, cognomine *Templier*, cuius prostant *Rescriptum de quorundam errorum et librorum damnatione a.* 1270. *et* 1277. *cum rotulo errorum*, in Bibliothecis Patrum, et quidem in maxima tom. XXV. p. 329. Forte hujus est *Tractatus in Regulam S. Benedicti*, quem in monasterio Senoviensi offendit Theod. Ruinartus. Vide illius Iter in Alsatiam et Lotharingiam p. 442. tom. III. Operum posthumorum.

Alius Stephanus vixit a. 1131. cujus aliquot *Epistolae* habentur in Spicilegio Dacheriano tom. III. p. 489 seqq. *Duae* aliæ tomo VI. Conciliorum Harduini part. 2. pag. 1183.

STEPHANUS *Patringtonus*, aliis *Petrington*, Eboracensis, Theologiæ Doctor Oxoniensis, monachus Carmelitanus et ordinis sui Provincialis, Confessionarius Reginæ, tandem Episcopus Menevensis et Cicestriensis, obiit anno 1417. Scripsit *in Epistolam ad Titum*, *super Magistrum Sententiarum*, *contra Statutum Parlamenti*, *contra Wiclefitas, Lolhardos, et Nicolaum Herfondum, super Eclogas Theodoli, in fabulas Æsopi, et alia*. Lelandus c. 514. Balæus Centur. VII. 43. Pitseus. c. 766. Trithemius de script. Eccles. c. 661. Bzovius ad a. 1419 pag. 596.

STEPHANUS. *de Piopera*, Mediolanensis, Ord. Prædicatorum circa annum 1500. *de rosario B. Virginis* scripsisse dicitur. Jac. Quetif de Scriptoribus Ord. Prædicatorum tom. I. p. 895.

STEPHANUS *Piperacensis*, vide infra *Stephanus de S. Victore*.

STEPHANUS *Poloniaci* laudatur a Sixto Senensi, Ord. Prædicatorum, sec. XIV. qui *Commentarium in Evangelium Johannis* scripsit. MS. Codex Lugduni est in conventu ordinis. Vide Jac. Quetif de Scriptoribus Ord. Prædicatorum tom. I. p. 739. qui in Indice monet, rectius *Poliniaci* scribendum.

STEPHANUS *de Praga*, Theologus Bohemus, cujus *Orationem* in Concilio Constantiensi solemniter habitam *de maturanda Ecclesiae emendatione* edidit Hermannus von der Hardt in Actis Concilii jam dicti tomo I. p. 823. Fortasse est *Stephanus Palecz* de quo superius.

* Opportune Bibliothecarius noster admonuit Suspicari se hanc *de maturanda Ecclesiae emendatione* Orationem sub nomine Stephani de Praga vulgatam deberi Stephano de Palecz; reipsa enim hanc ipsam orationem nactus sum in codice Biblioth. Cæs. Vindobonensis hoc præfixam titulo: *Sermo Rev. Magistri Steph; de Palecz de Praga S. Theologiae Prof. praedicatus in Conc. Constantiensi Dominica III post festum SS. Trinitatis an.* 1416 (male ergo Hardtzius habitum suspicatur an. 1417). *in illud: resistite fortes in fide.*

STEPHANUS *Presbyter* vide supra *Africanus et Anglicus.*

STEPHANUS *de Provincia*, Juris Professor circa annum 1330. scripsit *super Clementinis et Quaestiones varias*. Trithemius de scriptor. Eccles. c. 573.

STEPHANUS *de Reate*, Ord. Prædicatorum, vixit circiter a. 1368. et *Tractatum de universalibus* reliquit. Jac. Quetif de Scriptoribus Ord. Prædicatorum tom. I. p. 619. Adde Ambr, ab Altamura p. 22.

STEPHANUS *de Filgeriis, Redonensis* Episcopus, primum Capellanus Henrici II. Anglorum Regis, obiit a 1178. Scripsit *Vitam S. Firmati Episcopi*, quæ bis Gallico prodiit circa annum 1612. seqq. translata a Præsidente la Barre, latine vero dedit God. Henschenius in Actis Sanctorum tom. III. Aprilis p. 334. et *Vitam S. Vitalis primi Abbatis Savigneii*. Bulæus Hist. Universit. Parisiensis tom. II. p. 775. Robertus de Monte ad annum 1178.

STEPHANUS *Rotomagensis*, Beccensis monachus, circa annum 1160. cujus complura habentur in Bibl. Sangerman. Cod.

771. Car. du Fresne in Indice Auctorum, Bern. de Montfaucon Bibl. Bibl. MSS. pag. 1137. 1138. Duo ejus Carmina, unum *de Waleranno Comite Mellenti*, alterum *Acrostichis* ad Gislebertum, amicum suum, cui eï carmina sua mitteret, inde ediderunt Martene et Durand Collect. amplissimæ tom. I. p. 875. 872.

STEPHANUS *de Salanhaco*, aliis *de Sallanacho*, Aquitanus Lemovicensis diœcesis, a loco originis suæ *Salanhac* nomen adeptus fuit circa annum 1210. post annos XX. Lemovicis Ordini Prædicatorum adscriptus, a. 1249. Prior conventus sui, a. 1261. Tolosanus, a. 1261. in Scotiam missus fuit ejus regni Visitator. Post varias alias in ordine suo dignitates obiit circiter a. 1290, Scripsit I. *Tractatum de quatuor rebus, quibus Deus Praedicatorum ordinem insignivit. Primo de bono ac strenuo duce S. Dominico. Secundo de glorioso nomine Praedicatorum. Tertio de illustri prole. Quarto de securitate Professionis.* Hic manu exaratus exstat Mediolani in Conventu Gratiarum, teste Henschenio in Actis Sanctorum tom. I. Martii p. 655. 2. *Tractatum de tribus gradibus Praelatorum Ordinis Praedicatorum: De ordinis magistris: De Prioribus provincialibus, praesertim provinciae Provinciae: De Prioribus conventualibus dictae provinciae.* 3. *Collectionem Actorum omnium Capitulorum generalium et Capitulorum etiam provincialium provinciae Provinciae a principio ad annum MCCLXXVIII.* Vide. Jac. Quetif de Scriptoribus Ord. Praedicatorum tom. I. p. 415 seqq. Altamura p. 64. Oudinum tomo III. p. 502.

STEPHANUS *de Senis*, Prior Domus S. Mariæ de Gratia Ord. Carthusiensis prope Papiam, scripsit a. 1411. *Epistolam* ad Thomam Antonii de Senis, *de gestis et virtutibus S. Catharinae Senensis,* quam edidit Dan. Papebrochius in Actis Sanctorum tom. III. Aprilis pag. 961. *Vitam S. Catharinae* postea auctiorem fecit Raymundus de Vineis, Ord. Prædicatorum, de quo supra. Adde Theod. Petreii Bibl. Cartusianam p. 275. 276.

Car. Jos. Morotii Theatrum Chronol. Ord. Cartusiani pag. 23.

STEPHANUS *Seropus,* Historicus Anglus circa annum 1399. scripsit quaedam *de rebus Anglicis* Pitseus Append. Centur. IV 43.

STEPHANUS *Serva,* Cremonensis, ex Canonicis Regularibus Lateranensibus, sub initium seculi XVi. explicuit *Vitam S. Ubaldi,* Episcopi Eugubini et Confessoris, sermone latino et italico, Parmæ per Franc. Ugoletum, 1519. 1523. fol. Romæ Per Mich. Angelum Eugenium Eugubinum, 1628. Fortasse eadem est, quæ apud Surium, sed stylo mutato, legitur d. 16 Maji.

STEPHANUS *Sfondratus,* Cremonensis, ibidem inter Advocatos receptus a. 1495. scripsit *de Tabellionum dignitate, de erectione montis pietatis, de ornatu mulierum, de privilegiis dotalibus, Allegationes in Jure diversas.* Arisii Cremona literata tom. I. pag. 374.

STEPHANUS *Torcellanus* in ditione Veneta Episcopus, et Archiepiscopus Patrocensis, claruit a. 1515. quo *Sermonem* habuit in Concilio Lateranensi, Concil. tom. XIV. p. 161. Whartoni Append. ad Caveum pag. 163.

* *Stephanus Tegliatii Torcellanus* Episcopus et Archiepiscopus., Patracensis. Auctoris huius sermo *de Fide Contra Turcas* habitus fuit in celebratione Missæ Pontificis in solemnitate sito S. Joannis Evangelistæ an. 1481. Quare fallitur Bibliothecarius noster impressum definiens an. 1480. Porro quæ dixi de anno leguntur in fine ejusdem sermonis excusi loco et anno incertis. Extat etiam altera eiusdem oratio excusa in 4 absque anno et loco editionis dicta die. VI. Pentecostes coram Innocentio VIII. an. Pontificatus ejus III, idest an. 1487. tunc autem Patrocensem Archiepiscopum, et Episcopum Torcellanum agebat An. 1186. Orationem habnit die VI. omnium SS. coram Alexandro VI. *in prima Missa et capella ejus Pontificatus.* Edita est absque nota loci et anni in 4, Obiit. an. 1515.

Stephanus iste Torcellanus idem omnino

est cum Stephano Archiepiscopo Antibarensi, de quo Biblioth. noster jam egerat superius V. *Stephanus* Antibarensis, ut ex titulo Sermonis quem supra descripsi, *de fida contra Turcas.*

STEPHANUS *Tornacensis* Episcopus, patria Aurelianensis, primum a. 1165. Aureliæ in monasterio S. Evurtii Canonicus Regularis, post Abbas. a. 1177. Abbas S. Genovevæ Parisiis, a. 1190. comes Philippi Augusti in terram sanctam, a. 1192 Episcopus Tornacensis, obiit a. 1200 Habemus ejus *Epistolas* CCXXXVIII. quas J. B. Massonus primus eruit Epistolis Gerberti et Joannis Sarisburiensis edidit Paris. 1611. 4. inde in Bibl. PP. aliquoties sunt repetitæ : post. XL. ineditis locupletavit et denuo edidit Claudius du Molinet, Paris. 1682. 8. *Epistolam unam* ad Wilhelmum AEp. Remensem edidit Steph. Baluzius Misc. tomo I. pag. 420.

Alias plures Miræus seu potius Continuator illius, Opp. diplom. tom. II. pag. 888. 981. 1197. 1200. 1201. tom III. pag. 364. 579.

Sermo de S. Geraldo, Abbate Silvæ maioris ie Aquitania, pro officii proprii lectionibus compositus, exstat iu Actis Sanctorum tom. I. April. p. 430.

Ad inedita pertinent *Sermones et Comment. in Decretum Gratiani,* quæ Claud. du Molinet editione indigna judicat.

Plura vide apud Caveum p. 600. Bulæum hist. Universit. Parisiensis tom. II. pag. 774. Val Andream Bibl. Belgica p. 817. Oudinum tomo II. p. 1647.

STEPHANUS monasterii *S. Trudonis* monachus, congregationis Cluniacensis, vixit sub finem seculi XI. consignavit *Miracula per S. Trudonem* in memorato cœnobio facta ab a. 1055. ad 1082. Vossius de Histor. Latinis p. 380.

STEPHANUS *de Vernesia,* dictus etiam *Autissiodorensis,* Ord. Prædicatorum, Theologiæ Magister Parisinus an. 1248. Scripsit *Sermones aliquot.* Jac. Quetif de Scriptoribus Ord. Prædicatorum tom. I. pag. 120.

STEPHANUS *Venturatus,* Patavinus, Philosophus et Poëta, Scriba Capituli ecclesiæ Cathedralis in urbe patria. scripsit *Annales de rebus et gestis Patavii* ab anno 1184. 1523. quos Scardeonius possedit : *Orationes multas,* quarum tres celebrat Pignorius adversus Aristotelem pro Platone, *Commentaria in omnes Platonis Dialogos, et in Periarchon Origenis, Carmen heroicum inscriptum, Platonis Apotheosis, et Epigrammata multa.* Italice *Dialogum de officio Scribae Praetorii.* Obiit juvenis a. 1528. Confer Scardeonii Antiquitates Patavinas II. 10. p. 241. et Nicolai Comneni Papadopuli Hist. Gymnasii Patavini tomo II. p. 190.

STEPHANUS *Vicomercato,* vide *Stephanardus.*

STEPHANUS *de S. Victore* Canonicus Regularis monasterii S. Victoris prope Lutetiam, vixit sec. XII et dedit *Vitam et miracula S. Petri de Chavanon,* fundatoris ac primi Præpositi Ecclesiæ S. Mariæ de Piperaco in Episcopatu S. Flori in Arvernia, Ord. Canonicorum Regularium S. Augustini, Exstat ia tomo II. Spicilegii Dacheriani p. 155.

STEPHANUS *Ulyssiponensis* Ecclesiæ Præcentor, sub finem sec. XII. scripsit *Miracula S. Vincentii* in translatione ejus a. 1173. patrata Extant in Actis Sanctorum tom. II Jan. p. 408.

STEPHANUS *Wittebiensis* in Northumbria monasterli monachus Ord. S. Benedicti, post primus Abbas Eboraci in monasterio b. Mariæ Congregationis Cluniacensis circa annum 1080. Scripsit *de reparato monachatu et de fundatione coenobii sui.* Balæus Centur. II. 57. Pitseus c. 170. Oudinus tomo II. p. 753.

STEPHANUS *Wittembergensis,* Prior Raynolbiensis cœnobii (nescio cujus) Ord. S. Augustini, *Quadragesimale magnum* scripsit, quod Monachii asservatur, Felix Milensius in Alphabeto ordinis Erem. S. Augustini p. 2. 263. 286.

STEPHANUS, monachus ad S. Trudonem, sub Guntramno et Adelardo II. Abbatibus, sec. XI. scripsit *Vitam S. Trudonis,* Molanus ad Usuardum d. 23. Nov. Hæc Val. Andreas in Bibl. Belgica

p. 819. Extat MS. in Bibl. Antverpiensi publica, teste eodem Andrea Bibl. Belgica MSS. I. pag. 270.

STERLENGERIUS, Ord. Prædicatorum, scripsit *in quatuor libros Sententiarum et Sermones ad Clerum.* Vivebat a. 1355. Possevinus tomo II. Apparatus p. 436. *Sterlengatium* vocat Ambr. ab Altamura pag. 129.

Jaonnes STOEFLORUS, *Justigensis*, Mathematicus celebris et Professor Academiæ Tubingensis, natus a. 1452. mortuus a. 1532. Blaubeuræ, ut ajunt. In Prognosticis suis diluvium universale a. 1524. prædixerat, ab eventu destitutus, de qua re Bælins in Lexico. Scripsit *Calendarium Romanum magnum*, Oppenheim 1518.

Rationem Compositionis Astrolabiorum Cosmographicas Desriptiones, Commentarium Latinum in Spheram Procli.

STRABO, Bedæ Venerabilis germanus frater, *Homiliarum* Auctor, scriptor fictititius - ac proinde nullo jure inter scriptores Ligures ponitur in Oldoini Athenæo Ligustico p. 509.

STURMIO, aliis 'Sturmius', natus in Norico sub initium sec. VIII. comes et assecla Bonifacii, in monasterio Fritislariensi educatus, postea primus Abbas Fuldensis, mortuus a. 776 vel 779. De eo Historici passim, præcipue Eccardus tomo I. rerum Francicarum. Ejus sunt duo scripta a Mabilionio tomo IV. Analectorum p. 454. 458. ἀνωνύμως edita, quorum prius inscribitur *Ordo officii in domo seu ecclesia Frisingensi ante Pascha*, alterum *Antiquae consuetudines monasteriorum Ordinis S. Benedicti*, Verum ipse Mabillonius postea agnovit opuscula esse Sturmionis, qui ea in itinere Italico, et præcipue monasterio Casinensi, collegerat. Et sub hujus nomine denuo edita in Libro *Vetus disciplina monastica*, Paris. 1726. 4. p. 4. Histoire literaire de la France tom. IV. p. 161.

Petrus SUBERTUS, Decretorum Doctor, urbisque S. Pappuli sub metropoli Tolosana, Episcopus, obiit a. 1454. Scrip.

sit librum *de ˜cultu vineae Domini s. Visitatione Episcopali*, quam Jo. Cappuisius recognovit, et cum Baculo pastorali Jo. Francisci Pavini edidit 1508. Hæc God. Henschenius in Comm. historico de S. Veronica n. 16. tom. I. Febr. pag. 453. Editionem alteram 1514. apud Ascensium memorat Oudinus tomo III. p. 2337.

SUFFRIDUS *Rodolphi*, Sterkenburgius, Bolsverdiæ natus, sedem fixit in arce Sterkenburgo, unde ipsi cognomen. Floruit circa annum. 1499. et *Historiam Frisiae* composuit, quod opus hinc et inde distractum in cœnobio monialium Præmonstratensium Bethlehem, inter Leovardiam et Doccomium, aliquandiu delituit.- Suffridus Petri de scriptoribus Frisiæ Dec. IX. 10.

SUGERIUS, Abbas S. Dionysii, ab anno 1121 - 1152. cujus vita conscripta est ab Anonymo Gallo, sub titulo: *Histoire de Suger, Abbe de S. Denis, Ministre d'Etat sous le regne de Louis le jeune.* Paris. 1721. 12. 3. Vol.

Scripsit *Vitas Ludovici VI. et regum Franciae, de translatione corporum S. Dionysii et sociorum, de Consecratione ecclesiae a se oedificatae*, quæ omnia exstant tom. IV. Script. Francicorum Franc. du Chesne, p. 281. 331 seqq. Supplementum hujus dedit Mabillonius Analectorum tomo I. p. 328. Ejus *Epistolae* aliquot, et multorum ad ipsum extant tomo I. Thesauri novi Anecdotorum Martenii et Durandi p. 414 seqq. *Una* ad Petrum Mauricium sive Venerabilem, in Bibl. Cluniacensi p. 960. ubi etiam tres Epistolæ Petri ad nostrum habentur *Una* ad Eugenium Papam legitur in tomis Conciliorum; *de rebus in sua administratione gestis*, qui liber etiam a Franc. du Chesne seorsim editus est, Paris. 1648. 8.

SULCARDUS, Westmonasteriensis monachus, Ord. S. Benedicti, congregationis Cluniacensis. circa annum 1070. Scripsit *Chronicon, Sermones, Epistolas et Opuscula varia.* Balæus Centur. II. 55. Pitseus cap. 167. *Chronologia monasterii Westmonasteriensis* est in Bibl. Cottoniana. Libros III. *de gēstis Anglorum*, qui ἀνωνύμως habentur in collectione Scriptorum Anglicorum Heidelbergensi, nostro tribuit Oudinus tomo II. p. 870. hac praecipue ratione adductus, quia libro III. c. 27. horum temporum meminit, quae ipsi adtribuuntur.

* Auctores Hist. literariæ Gallicæ notaut obiisse Suliardum circa an. 1160. vel. paulo altius. Addunt. parider. superesse in CL. MSS. praeter ea quæ hic indicantur varia etiam opuscula quorum tituli non referuntur. Ex ejus chronico fragmentum quoddam vulgatum est in Monastico Anglicano T. I. pag. 57. 58.

SULPICIA, Poetria seculi incerti, cujus *Satyra* eruditis non incognita est. De hac vide post alios Bibliothecam Latinam Fabricii nostri, sed collato Indice, nam omnis de illa sparsim adduxit. Illud jam addo, *Carmina* illius XX. cum Gregorii Tipherni et aliorum poëmatibus prodiisse Argentorati per Thomam Schurerium 1509. 4.

SULPICIUS *Alexander:* vide supra Tomo I. p. 63.

SULPICIUS *Pius* cognomine, Vatani in diœcesi Bituricensi natus, post ordines inferiores Ecclesiæ laudatæ Episcopus a. 624. mortuus 644. Exstant ejus *Epistolae quatuor* non magni admodum momenti, primum editæ a Canisio Ant. Lect. tom. V. part. 2. p. 53. post in Bibliothecis Patrum, nec non ab Andr. du Chesne Script. Franc. tom. I. p. 882. Adde Hist. literaire de la France tom. III. pag. 559. Vitam ejus Surius 17 Jan. Acta Sanctorum tom. II. pag. 165. Mabillonius Soc. II. Bened. pag. 167.

C. SULPICIUS *Apollinaris*, Carthaginiensis, Grammaticus sec. II. temporibus Antoninorum. Auctor habetur *Periocharum in Comoedias Terentii.* Inter epigrammata vetera Pithoei et Catalecta Virgiliana ipsi tribuitur *Epigramma in Aeneida Virgilii* ex incendio ereptam. Alias crebra ejus mentio est apud Gellium. Confer Dictionarium Petri Bælii.

Joannes SULPICIUS, *Verulanus* a patria *Verulo*, humaniores literas docuit Romæ seculo XV. Liber ejus *de octo partibus orationis* prodiit Venet. 1488. idem cum Donato de figuris, Verulano *de componendis epistolis, de scansione et syllabarum quantitate*, ibid. 1489. 4. *de componendis et ornandis Epistolis*, ibid. 1488. 4. *de scansione* cum Servii Centimetro et Prisciano de accentibus, edit. ant. 8. sine anno et loco, *Grammatica cum suo vocabulario*, Lips. 1500. 4. *Comment. in Lucanum*, Paris. per Ascensinm 1506. fol. Edidit quoque Vegetium et Vitruvium.

* Praetor ea quæ hic · recensentur dedit et opusculum elegans metricum *de moribus in mensa servandis*, quod post editionem a Badio curatam , iterum produxit Gulielmus Durandus ludimagister Lugdunensis additis annotationibus suis Gallico Latinis in 8 Lugduni 1542.

Praeter Vegetium simul junctimque edidit Aelianum et Frontinum, quæ tria opuscula emisit Romæ an. 1487. in 4.

SYDO, Canonicus Regularis Falderæ in Holsatia, qui locus etiam Novum-monasterium (*Nienmunster*) dicebatur: monasterium autem ipsum postea Bordesholmam translatum est. Ille Sydo, qui se *pusilli gregis in Novo-monasterio ministrum* vocat, sub finem seculi XII. *Neomonasteriensis historiae Synopsin* scripsit, ex qua quædam adducit Henschenius in Actis Sanctorum tom. I. Martii p. 654. Henricùs Muhlius. Theologus Kiloniensis, qui in dissertationibus Accademicis Historiam monasterii Bordesholmensis copiose satis exposuit, nostri paucis verbis mentionem facit, et quartum ordine Præpositum fuisse asserit. p. 492.

SYNAGRIUS, nescio quis, scripsit *de fide et regulis fidei libros septem*, in quibus inter alia refutat eos, qui Patrem et Filium in Trinitate non admittunt, quia hæc nomina relationem aliquam involvunt. Meminit ejus solus Gennadius c. 65. Opus vero dudum periit.

de SYGHEN, *Nicolaus*, aliis *Sigen* vel *Segen*, monachus Ord. S. Benedicti Erfordiæ in monasterio D. Petri, vixit circa annum 1490. Verum nomen illius fuisse *Nic Hottenbach* , eumque a. 1495. peste abreptum testatur Petrus Friderici mox citandus. Ego auguror, fortasse patriam ejus fuisse *Sigenam* Comitum Nassoviorum urbem. Scripsit:

1. *Chronicon Petrense*, sive monasterii laudati, volumen satis spissum, quod res Erfordienses complectitur, ad quod Jo. Mar. Gudenus sæpe provocat. Ineditum est huc usque, nec facile edetur. Continuationem illius elaboravit P. Petrus Friderici, ejusdem Ordinis monachus.

2. *Continuationem Lamberti Scafnaburgensis*, de qua Fabricius noster supra tom. IV. p. 700. et tom. V. p. 389. Quum ante noster incognitus fuerit, Gudenus in Programmate publico a 1681. exarato primum ejus mentionem fecit, idque ex Manuscriptis Cœnobii, ad quæ provocat.

3. Jo. Christ. Neu in mantissa ad Wheari relectiones hiemales eidem tribuit *Monachi Erfurtensis Historiam Landgraviorum Thuringiae* a Pistorio tom. I. p. 908. editam, quod in medio relinquendum est. Videtur enim hic potius monachus Reinhardsbornensis fuisse.

Vide Motschmanni Erfordiam literatam Collect. I. p. 38. et in Supplem. p. 974.

SYLLANUS *de Nigris*, Medicinæ Professor Ticinensis circa annum 1398. et Jo. Galeatio Vicecomiti valde charus, scripsit *de medicina practica*, Venet. 1518. fol. Arisii Cremona literata tom. I. p. 247.

SYMMACHUS, Papa, natione Sardus, electus a. 498. mortuus a. 514. *Epistolae* quaedam ad Aeonium f. Cæsarium exstant apud Baronium ad annum 499. n. 36. 37. et in Appendice tomi VII. ad annum 502. num. 37. ad annum 514. n. 4. *Apologeticus adversus Anastasium Imperatorem*, ad annum 503. n. 18-30. *Epistola ad Episcopos Galliae*, ad annum 513. n. 46. et in Jo. a Bosco Bibl. Floriacensi tomo III. pag. 33. *Epistola ad Avitum* edita est a Dacherio tom. III. Spicilegii, pag. 307. *Confirmatio Theodori Episc. Laureacensis* a. 499. data edita est a Gasp. Bruschio de Laureaco et Patavio p. 48. a Gewoldo cum Chro-

nico Reicherspergensi, et inde in Ludewigii Script. Bambergensibus tom. II. pag. 352. *Epistolae ad Liberium Patricium et Laurentium Mediolanensem*, nec non *Decreta* illius, in Conciliis Harduini tom. II. p. 955. *Apologeticus ad Anastasium Imperatorem* in Micropresbytico et Bibliothecis PP. Parisinis: *idem* cum *Epistola ad Ecclesiam in Illyrico, Dardania et Dacia*, in Orthodoxographis Grynæi. Adde Lud. Jacobi a S. Carolo Bibl. Pontificiam p. 216. Oldoini Athenæum Romanum p. 623. Trithemium de Scriptoribus Eccles. c. 195.

Q. AURELIUS SYMMACHUS, Vir Consularis et Præfectus Urbis, de quo pleraque jam occupata sunt a Celeb. nostro Fabricio Bibl. Lat. III. 14. Symmachus quidam *Historiarum libros* edidit, ex quorum quinto Jornandes in Geticis luculentum adfert fragmentum de Maximino Imp. Dubium vero, an sit hujus Symmachi, an vero Patris, qui *Epigrammata in praestantes sui seculi viros* condidit, ut ex ejus ad filium Epistola et filii responso, lib. I. Epist. 2. et 3. cognoscitur. Vossius de Histor. Latinis pag. 724. Prosp. Mandosii Bibl. Romana Cent. II. 21. 22.

SYMPHOSIUS *Amalarius*: vide supra tomo I. pag. 73.

SYMPOSIUS Poëta vulgo habitus, et *Aenigmata* ipsi adscripta. Verum nostro tempore Vir Celeberrimus, Christophorus Augustus Heumannus, cum Hannoveræ 1722. 8. novam illorum Aenigmatum editionem proderet, in præfatione luculenter ostendit, Aenigmata illa Lactantium, Ciceronem illum Christianum, auctorem agnoscere. Argumenta apud ipsum videantur. Ibi quoque notitiam editionum habes, circa quam nihil habeo, quod moneam, præterquam quod editiones primæ Parisinæ a. 1533. et 1537. ex Maittairio jam confirmentur.

SYRUS, vide supra *Aldebaldus* tomo I. p. 51. Vita ibi memorata extat etiam apud Mabillonium Seculo V. Benedictino pag. 786.

LIBER XIX.

Tageno, Decanus Patavinus s. Passaviensis, cum Diepoldo s. Theobaldo Episcopo suo expeditioni Asiaticæ, interfuit, deinde jussu Illius *de expeditione Asiatica Friderici I. Imperatoris* a. 1189. scripsit, quod Opusculum habes in Freheri Script. rerum German. tom. I. Append. pag. 6. Adde Vossium de Hist. Latinis II. 54.

TAIO, vel TAIUS, cognomento *Samuhel*, Episcopus Cæsaraugustanus post S. Braulionem, a. 649. Romam missus est, ut Gregorii M. partem Moralium, quæ in Hispania desiderabatur, inde peteret. Quum liber inveniri non posset, cœlesti monitu locum illius rescivit, prout narrant Rodericus Toletanus II. 20. et Mariana VIII. 8. Baronius ad annum 649. Adde Harduinum tom. V. Concil. p. 625. Sed fides sit penes auctorem. *Collegit V. libros Sententiarum ex Operibus Gregorii M.* qui in bibliotheca Thuana fuerunt. Fragmentum dedicationis ad Quiricum Episcopum Barcinonensem edidit Mabillonius præfat. Seculi II. Benedictini p. 41. integram vero idem Analect. tom. II. p. 68. edit. novæ p. 62. Adijcitur quoque Epigramma in illud opus. Libro primo Tajo agit de Deo divinisque adtributis: in secundo de incarnatione Christi et prædicatione Evangelii, deque pastoribus et subditis : in tertio de diversis Ecclesiæ ordinibus, et de virtutibus: in quarto de divinis judiciis, tentationibus et peccatis: in quinto de reprobis et de judicio ac resurrectione. Idem opus dicitur *Taji Sententiarum volumen* in Chronico Fontanellensi apud Dacherium tomo II. p. 280. Adeoque Tajo primus fuit, qui Sententias collegit, et Petro Lombardo in hoc ipso laboris genere præluxit. *Epistola* ejus ad Eugenium Toletanum extat in Miscellaneis Baluzii tom. IV. p. 397. Confer Nic. Antonii Bibl. Hispanam Vet. VI. 7. num. 422. Mabillonium p. 64. Oudirum tomo I. p. 1622.

TANCREDUS *a Corneto*, Hetruscus Jctus, *Bononiae* Canonicus, Archidiaconus, et major studii Cancellarius, Parisiis quoque per aliquod tempus docuit, circa annum 1217. mortuus 1240. A. 1233. una cum aliis a Gregorio IX, electus est, ad inquirendum in res gestas et miracula S. Dominici, cum ἀποτέωσιν illius meditarentur. Scripsit *Praxin Juridicam, de ordine et processu judiciario, Glossas super Decretales, Provinciale,* h. e. recensionem omnium Episcopatuum. Panzirolus de claris Legum interpretibus III. 4. Bumaldi Miuerval Bononiense p. 217. Orlandi Notitia Scriptorum Bononiensium pag. 250. Tractatus *de ordine judiciario* correctus per Barthol. Brixiensem, MS. est in Bibl. monasterii Heilsbrunnensis, teste Catalogo Hockeriano pag. 97. Circa annum 1227. *Collectionem quintam,* vel *sextam* potius, *Epistolarum Decretalium* composuit, in qua Constitutiones extant Honorii III, sub cujus nomine etiam publicari debuit. Opus istud factum post annum 1227. quo Honorius tertius Innocentii III. successor mortuus est. Hujus interpres perhibetur Jacobus Albanus Faventinus Episcopus, Enrici Ostiensis Præceptor. Hanc diu desideratam, neque unquam editam, quia Gregorius IX. Honorii Successor, Pontifex factus, statim de nova editione Decretalium cogitabat, cum Antonius Augustinus inter Collectiones suas Decretalium non edidisset, tandem in Bibliotheca Albiensi repertam, Tholosæ a. 1645. Innocentius Cironius Academiæ Tholosanæ Cancellarius, edidit, et Glossas doctissimas adjecit, in quibus explicat ea, quæ ad juris cognitionem et temporum historiam pertinent, quæ a prioribus Glossarum scriptoribus omissa fuerant. De scriptore isto Arthurus Duck de Auctoribus juris lib. I. cap. 7. § 6. Gerardus von Mastricht, in Academia Doesburgensi Juris et Historiæ Professor, in Historia Juris Ecclesiastici et Pontificii, num. 352. p. 384. edita Duisburgi anno 1676. et Amstelodami 1686. in 8. Hæc Oudinus tomo III. pag. 90.

* *Summula Compendiosa juris civilis*

atque Canonici per D. Tancredum de Corneto Inter Codd. Latinos Bibl. Taurinensis Cod. CCCXLIII. Extat etiam in MS. Cod. 372. Bibliotecæ Felinianæ scripto ann. 1391.

TANCREDUS *de Tancredis*, Senensis, Ord. Prædicatorum, sec. XIII. de quo multa narrant, et scripta quoque proferunt, sine auctoritate et fide, unde hic monenda tantum fuerunt. Vide Jacob. Quetif de Scriptoribus Ord. Prædicatorum tom. I. pag. 91. Altamura pag. 9. Alter hujus nominis Italice scripsit: ibid. pag. 857.

TANGMARUS, sub initium seculi XI. primum Presbyter, Bibliothecarius et Notarius, postea Decanus Hildesheimensis, in Italiam missus ad Papam et variis negotiis adhibitus, scripsit *Vitam S. Bernwardi Episcopi Hildesheimensis* æqualis et discipuli sui, editam a Surio d. 20 Novembris, sed admodum interpolate, melius a Browero in Sideribus Germaniæ, Mabillouio Sec. VI. Benedictino part. I. p. 201. et Leibnitio S. R. Brunsuic. tom. I. p. 441. Adde Vossium de Histor. Latinis II. 43.

TARRA, monachus Hispanus, sec. VI. reliquit *Epistolam ad Reccaredum Regem*, quam ex Codice Toletano descriptam habuit Cardinalis de Aguirre, sed ita depravatam, ut vix sententia elici possit. Nic. Antonii Bibl. Hispana Vetus IV. 5. num. 115.

Petrus TATERETUS, aliis *Tartaretus*, natione Gallus, Philosophus Scholasticus. Ejus scripta nota mihi sunt sequentia:

1. *Expositio in Summulas* (Logicales) *Petri Hispani*. Paris. per Jo. Buyer et Guil. Boucher, 1496. 4. ibidem per Mag. Andr. Bocard. 1494. 4. Albiori (h. e. Wittebergæ) in Academia nova, jussu et expensis Friderici III. Electoris Saxoniæ, suasu Martini Pollichii Mellerstadii, per Wolfgangum Stœkel, 1504. folio.

2. *Expositio super textu Logices Aristotelis*, cum allegationibus passuum Scoti. Witteb. ut modo. Particula hujus

hebraica versa fuit a quodam Judæo, sub nomine סֵפֶר הַצֵּרוּפָאֹת Codicem MS. possedit B. Wolfius, prout ipse testatur Bibliothecæ Hebraicæ tomo IV. pag. 826.·

3. *Expositio Metaphysicae Aristotelis*, cum allegatione passuum Scoti. Witteb. 1504. fol.

4. *Quaestiones morales* sunt in Bibl. Domini de Vauclerc apud Laudunum Montfaucon Bibl. Bibl. MSS. p. 1301. De hoc intelligenda sunt verba Martini Pollichii Mellerstadii, quum primum Lutheri sermonem audivisset: *Hic monachus Ecclesiam omnem reformabit. Nititur enim scripturis Prophetarum et Apostolorum, et firmus est in verbis Christi, quae nemo Thomistarum cum integro Tartareto evertet.* Vide Tentzelium de initio Reformationis Lutheri c. 3. p. 156.

TATIUS *Cyrillus*, historicus tempore Constantini Magni a Capitolino memoratus. Cangius.

TATWINUS, Anglus ex Mercia, Ordinis S. Benedicti Monachus et Sacerdos monasterii Bruidune in Mercia, cujus meminit Beda Hist. Eccles. Angl. V. 23. deinde Archiepiscopus Cantuariensis, obiit eodem, quo Beda, a. 734. scripsit *Carmina et Ænigmata.* Lelandus c. 96. Pitseus c. 100.

TAVRENTIUS, alii scribunt *Turentius* et *Turcitius*, nescio quis, dedit *Epistolam* ad Ruricium Lemovicensem, quam edidit Canisius Lect. Ant. tom. II. part. 2. p. 360. et Ruricius quoque ad ipsum duas dedit. Auctores Historiæ litterariæ Gallicæ tom. III. p. 55. ipsum *Tauricianum* Episcopum Nivernensem esse conjiciunt: sed illis hoc obstat, quod Ruricius, cum ad· Episcopum scribit, hunc dignitatis characterem semper adjecit, hunc vero tantum modo *virum magnificum* appellavit.

Joannes TAXSTON, vide supra *Joannes de* BURI.

TEBALDUS *Eugub.* Infra THEOBALDUS.

TECLANUS Scotus natione et cognomento, Ord. S. Benedicti, monachus S.

Jacobi majoris in suburbio Herbipolitano Scotorum Cœnobiarcha VI. Vir pius et literatus, ut libro 18. Historiæ Scoticæ refert Thomas Dempsterus, scripsit *Hymnos in laudem Deiparae virginis*, obiit a. 1217. Hippolytus Marraccius in Bibl. Mariana tomo II. p. 187.

TELESPHORUS, Episcopus, Romanus, Thuriensis, (non Carmelita, ut ridicule, Lud. Jacobus p. 217.) sedit a. 142-154. *Epistola*, quæ ipsi tribuitur, in tomis Conciliorum tom. I. Harduini p. 91. et Epistolis Pontificum, est supposititia. Adde Oldoini Athenæum Romanum pag. 624.

TELESPHORUS *Eremita*, et Presbyter, patria Consentinus. floruit a. 1368. ut exstat in MS. Taurinensi, teste Montefalconio Bibl. MSS. p. 1401. et tradit Toppius in Bibl. Neapolitana pag. 287. quod rectius est, quam quod Rusticianus, de quo supra, a. 1486. claruisse dicit: nam a. 1486. nullum amplius in Ecclesia Romana schisma obtinuit. Scripsit *de devotione religionis*, *de futuris Ecclesiae schismatibus*, *Explicationem Apocalypseos*, *de magnis tribulationibus*, *et de statu Ecclesiae, vel de causis praesentis tunc Schismatis, ex Joachimo, Cyrillo ec aliis*. Exstat MS. Lugduni in Bibl. Societatis Jesu cum figuris manu exaratis, teste Lud. Jacobo a S. Carolo Bibl. Pontificia p. 441. Adde Eliæ de Amato Pantopologiam Calabram p. 134. Papebrochium tom. VII. Maji p. 125. Oudinum III. p. 2217.

* Legendum Thelosphorus; vixisse utique potuit an. 1368. ut ex Taurinensi Bibliotheca eruit Montfauconius. Opus eius inscribitur non quidem *de devotione religionis*, *sed de magnis tribulationibus in proximo futuris*, *compilatum a docto et devoto presbytero heremita Thelosphoro Cusentia Provinciae Calabriae* Liber iste nondum prodiit sed eius epitome conflata a Rusticiano Italo Ord. Prædicatorum an. 1486. Vide V. RUSTICIANUS.

TELIESINUS *Helius* vel *Telesinus*, Britannus, Philosophus, Rhetor et Mathematicus insignis circa a. 540. Latino et Britannico sermone scripsisse dicitur *Acta Regis Arthuri*, *Vaticinalem historiam*, *Vaticinia et Carmina*. Lelandus c. 24. Balæus Centur. I. 54. Pitseus c. 47.

TERALDUS, nescio quis, circa annum 1000. Scripsit *Epistolam* ad Guidonem, *cur in festivitatibus SS. Pauli et Laurentii versiculi antiphonis innectantur*, quæ edita est in Martene et Durand Thesauro novo Anecdotorum I. p. 120. Monachum Floriacensem fuisse conjicit Hist. literaria Galliæ tom. VI. p. 555, 6.

TERENTIANUS, Maurus s. Afer natione, vulgo Carthaginiensem dicunt, quod negat Tanaquillus Faber ad Longinum περὶ ὕψυς c. I. Aetatem ex eo judices, quod Augustinus ad ipsum provocat, teste Baptista Pio annotationibus posterioribus c. 154. et Ennodius Epist. VII. 29. observante Fabricio.

Carmen ejus *de literis, syllabis, pedibus et metris* primus produxit Georgius Merula, deinde prodiit Venetiis per Jo. Tacuinum, 1503. 4. ex castigatione Jac. Micylli, Francof. 1532. cum Comment. Villerii Parisiis apud Simonem Colineum, 4. in Opere Poetarum, et inter Grammaticos Heliæ Putschii p. 2383. Adde Fabricii Bibl. Latinam IV. 7. p. 794. 795. Omissus est in historia Poëtarum medii ævi Leyseriana.

TERIDIUS, vel *Tetradius*, patria Cabilonensis, Cæsarii Arelatensis nepos et monachus Lerinensis circa annum 541. Ejus est *Regula monachorum* Cæsario dictante scripta, in Bibl. Patrum maxima tom. VIII. p. 873. Adde Ludovicum Jacobum de doctis Cabilonensibus p. 6.

Arnoldus TERRENI, patria Ruscinonensis, Decretorum Doctor, Ecclesiæ Elnensis Sacrista, Avenione a. 1373. Jus Pontificium docuit, ubi quoque Tractatum *de mysterio missae et horis canonicis*, nec non *Quaestiones Avenione compilatas* scripsit. Utrumque opus MS. est in Bibl. Colbertina. Oudinus tomo III. pag. 1140.

TERTIUS *Damianus* Vissenacus De cipolitanus, edidit Librum *de victus ratione*, *medendi modo*, *purgatione*, *hi-*

dronoso, *seu morbo Anglico.* Antverp. 1491. 4. Reliqua ejus mihi non sunt nota.

Quintus Septimius Florens TERTUL-LIANUS , Carthaginiensis , primus ex Patribus Latinis, de quo nihil profero, quia de ipso exhausta sunt fere omnia a Caveo, Dupinio, Oudino et aliis, qui de ipso scripserunt. Editiones operum singulorum sollicite conquisivit Ittigius in præfatione libri de Bibliothecis et Catenis Patrum. Ab illo tempore prodiit *Apologeticus* cum notis variorum ex recognitione Sigeberti Haverkamp, Lugd. Bat. 1717. 8. Liber *de Oratione* plenior ex Codice Ambrosiano in Anecdotis Muratorii, sub initium tomi tertii. Adde Giornale de' Letterati d'Italia tomo XV. pag. 2. Liber *de Praescriptionibus* in Institutionibus Theologicis antiquorum Patrum (cujus Collectionis auctor est Cardinalis Tolomeus) sub initium tomi primi.

TETERIUS, presbyter Ecclesæ Altissiodorensis sec. VI. scripsit *Miracula S. Cyri et S. Julittae martyrum*, post translationem in Gallias patrata, quorum mentio fit Actis Sanctorum tom. I. Maii p. 52. et tom. III. Junii p. 20. Adde Historiam Gailiæ literariam tom. III. p. 404.

TEDRADIUS, vide *Teridius.*

TEULFUS, vide *Theulsus.*

TEUTCARIUS monachus S. Galli *de computo Ecclesiastico* MS. in Bibl. Vaticana. Montfaucon Bibl. Bibl. MSS. p. 58.

TEUZO, Florentinus, monachus ordinis S. Benedicti inter Vallumbrosanos, post Abbas mon. S. Pauli Radiolensis in diœcesi Fæsulana, *di Raggiolo*, obiit a. 1095. 7 Aug. scripsit *Commentarium in Regulam S. Benedicti*, cum præfixa Epistola ad Odelricum Episcopum. In bibliotheca Benedictinor. Florentiæ invenit Jo. Mabillonius, prout ipse testatur in *Itinere Italico* pag. 169. Scripsit item *Vitam S. Jo. Gualberti, ord. Vallis umbrosae fundatoris, Magistri sui*, quæ MS. superest. Julius Niger de Scriptoribus Florentinis p. 510. Venantii Simii Catal. virorum illustrium Vallis umbrosæ p. 487. 288.

THADDAEUS *Dini*, Florentinus, ord. Prædicatorum circa a. 1359. scripsit *Sermones* bene multos. Jac. Quetif. de Scriptoribus ord. Prædicatorum tom. I. p. 647. Pocciantius p. 163. Julius Niger p. 507.

THADDAEUS, Fiorentinus, Philosophus et Medicus in Academia Bononiensi, scrip·sit. *in Aphorismos Hippocratis*, nec non *in alia ejusdem*, *et Joannitii Isagogarum Libellum*, quæ conjunctim prodierunt, Venet. 1527. fol. *in artem parvam Galeni*, Neap. 1522. fol. *de conservanda sanitate, Consilia varia* Obiit Bon. a. 1303. Poccianti Catal. Scriptorum Florentinorum pag. 162. Julius Niger p.· 508. de ipso hæc notavit Symphorianus Champerius de script. Medicis: *Cum a Principibus Italiae vocabatur, quinquaginta aurei in mercedem diurnam pacisci consveverat. Ab Honorio summo Pontifice semel vocatus non prius adire voluit, quam centum aureos sibi in diem statutos intellexit. Unde liberatus Pontifex decem millia aureorum illi condonavit.* Adde Merklini Lindenium renovatum p. 991. Trithemium de script.· Eccles c. 403.

* Quamquam vera sunt, quæ Bibliothecarius noster asserit de Thaddeo, juvat tamen illa de antiquiori testimonio asserere. Ita enim scribit Aurelius Martoranensis Episcopus in oratione sua funebri pro Laurentio Medice Neapoli habita. *Thaddeus ob raram in medicis experientiam velut alter Esculapius quinquaginta aureos diurnam mercedem pacisci solitus ; ab Honorio Pontifice aegrotante centenos in diem, et hoc amplius restituta illi valetudine decem millia dono consecutus est, Huius sunt Hippocratis aphorismi et Praenostica et Galeni Microtegni, huius de servanda Sanitate liber, et ad varias utilitates multa consilia mortalibus opitulantur.*

(320) Aptius quam Martoranen. Episcopi, uti primævo fonte, Philippi Villani operis, Italice Ven. an. 1747. (Latine vero Florentiæ an. 1847) vulgati ; Thaddaei facta verbis describi poterant. In calce autem libri cui tit. *Benedicti de Nursia op. ad sanitatis observationem* Bononiæ 1477. 4.

ab Audifredo in suo Edit. Italicar. Specimine p. 36. notato, Thaddæi opusculum, VII. comprehensum chartis, *De regimine sanitatis secundum IV. partes anni* legi datur; cuius versio, cui tit. *Trattatelloper conservare la Sanità, testo inedito del buon secolo della lingua Toscana.* Faenza 1851. 8. Cl. Francisci Eq. Zambrini cura, in lucem prodiit.

THADDAEUS, Abbas Scotorum *Ratisponae* a. 1457. excerpsit quædam *de Chronica fundationis Scotorum* ad petitionem Couradi Præpositi in Illminster, quæ exstant apud Canisium Lect. Ant. tom. IV. p. 752. Basnagius vero in observatione prævia memorat, Jo. Cuspinianum ejus opera uti solitum in elucubrando opere de Romanis Imperatoribus.

THADDAEUS *a Roma,* carmine descripsit *bellum Friderici I. Imp. adversus Mediolanenses,* cui intefuit. Reinesius Epist. 79. ad Daumium.

THADDAEUS, Notarius Vicentinus, cujus *Versus rhythmici de Eccelino Romano et Alberico,* a Felice Osio editi sunt cum Alb. Mussato pag. 32. et postea tomo VI. Thesauri Italiæ.

THADDAEUS *Vrbevetanus,* Hetruscus, Ord. Prædicatorum circa annum 1470. scripsit *Comment. in Augustinum de Civitate Dei.* Idem Quetif I. c. 847. Altamura pag· 196. 520.

THALASSIUS, Africauus dictus *Humilis Monachus,* scripsit ad Paulum presbyterum *de sincera charitate ac vera continentia,* nec non *de regimine mentis* Hecatontades quatuor. Augustæ Vindel. 1520. Basil. 1551. nec non in Bibliothecis Patrum, Micropresbytico, Orthodoxographis Heroldi et Grynæi.

THEBALDUS *Cortellerius,* cujus *Annales rerum gestarum Marchiae Trevisinae et de Familiis illustribus Patavinis* exstant MSS. in Bibl. Ambrosiana Mediolanensi. Vide Bern. de Montfaucon Bibl. Bibliothecarum MSS. pag. 524.

THEBALDUS *Eugubinus,* v. infra THEOBALDUS.

THEBITES Astrologus et Mathematicus, ben Chorath, Ex-Judæus, quem alii Hispanum, alii Anglum credunt. Vixit a. 1190. et scripsisse dicitur *de significationibus Planetarum, de capite et cauda Draconis, de motu octavae Spherae, Demonstrationes in Almagestum, Additiones in Sphaerica Menelai, de diffinitionibus, de imaginationibus, de Magia naturali.* Hæc Balæus Centur. XII. 2.

THEGANUS, Treverensis Ecclesiæ Chorepiscopus sec. IX. scripsit *librum de gestis Ludovici Pii* usque ad annum 837. vere magis, ut Miræus judicat, (diffuse?) quam erudite. Editus est cum aliis Francicarum rerum scriptoribus a Petro Pithœo, nec non in Scriptoribus rerum Germ. qui Culpisli, vel etiam Schilteri nomen præferunt, pag. 69.

Exemplum multo auctius Pithœano adservat Bibl. Vindobonensis, teste Lambecio. II. p. 391.

Scripsit quoque *Epistolam* ad Hattonem præsulem Moguntinum, cum ei librum Alcuini de Trinitate mitteret, editam in Collect. amplissima Edmudi Martene et Ursini Durand tom. I. pag. 84.

Adde Hist. literaire de la France tom. V. pag. 45.

THELIAUS, alias *Eliud,* Britannus, Episcopus Landavensis circa annum 563. *Conciones ad populum* scripsisse dicitur. Lelandus c. 30. Balæus Cent. I. 58. Pitseus cap. 51.

THEOBALDUS *Anglicus,* monachus Cartusianus a. 1310. scripsit *de progressu Sanctorum Patrum et de vita contemplativa.* Balæus Centur. V. 8. Pitseus. c. 467.

THEOBALDUS *Auguilbertus,* Hibernus, Artium et Medicinæ Doctor, scripsit *Mensam Philosophicam,* Paris. 1507 et 1517. 8. editam, quam quidam præter rem Michaëli Scoto tribuunt. Lepidam ex illa historiam narrant Menagiana tom. IV. pag. 50.

THEOBALDUS *Cabilonensis* Episcopus, ab anno 1261. ad. 1264. prius Canonicus Trecensis, reliquit *Sermones* varios, quos monasterio Firmitatis super Gronam testamento ligavit. Vide Ludovicum Jacobum de claris scriptoribus Cabilonensibus p. 8. et quos ille citat.

THEOBALDUS Episcopus *Eugubinus*, a. 1163. obiit a 1171. Scripsit *Vitam S. Ubaldi Episc. Eugubini*, cujus originale Eugubii in curia adservatur. Impressa vero est primo a Surio d. 16 Maji, dein Perusii 1623. per Carolum Oliverium, Vicentinum, quæ editio quia optima fide ad exemplar avthenticum curata fuerat, Vincentius Armannus eandem denuo collatam et emendatam parti tertiæ Epistolarum suarum inseruit. Tandem Daniel Papebrochius eandem cum MSS. Belgicis collatam edidit in Actis Sanctorum tom. III. Maji p. 630. Adde Rosini Lyceum Lateranense pag. 177. Ughelli Italiam sacram tomo I. p. 638.

(321) *S. Ubaldi Episcopi Eugubini et Can. Regul. Lateranensis Vita a B. TEBALDO Episcopo eius coaevo et successore descripta ac olim ex antiquis exemplaribus excerpta et impressa; denuo in lucem edita per Ubaldum Marionum Can. Reg. Lateran. Pistorii ap. Fortunatum* 1647. 4. *pagg.* 20. E libro Reformationum annor. 1326.-27. in Pub. Cancellaria civit Eugubii servato, ibique diligenter collata, uti cancellarius in fine fidem facit: ideoque non reticenda.

THEOBALDUS. *de Saxonia*, Ord. Prædicatorum, Concilio Constantiensi interfuit, et a. 1416 *Sermonem* ibidem habuit. Quetif tom. I. p. 757. Scripsit quoque libellum hoc tit.: *Talmut, sive Objectiones contra Judaeos*, cujus notitiam a me primum habuit Wolfius ὁ μακαρίτης tom. III. Bibl. Hebraicæ p. 1164. ubi particulam ipsi ex MS. Stargardensi mutilo submiseram. Postea ex editione antiqua exemplar integrum misi, quod tomo IV. p. 556. seqq. insertum est. Posthæc occurrit mihi alia editio antiquis literis Longobardicis, sine anni et loci mentione, in 4 foliis octo impressa cujus hic est titulus: *Thalmut. Objectiones in dicta Talmut seductoris Judeorum*. Operæ pretium est varias lectiones illius adnotare.

P. 556. lin. I. *doctrina*) add. *Judaeorum*. l. 2. *Et*) *prout*. l. 9. *Contra*) hic ponitur τελεία ϛιγμή. l. 10. *Legitur*)

add. *et*. l. 13. *respondet*) *respondit*. l. ult. *hoc determinant*) *hoc determinat Rabbi Moyses et dicit*.

P. 557. l. 7. *per Esa. dicit*) *per Malachiam dicit ca. iij.* l. 13. *Auen*) *Amen*. l. 18. *pascet*) *pascit*. l. 26. *Currus*) add. *Dei* l. 29. *Rabbi Saul Naaman*) *Rabbi Saul ad Naaman* l. 30. *desertionis a tempore desertionis templi:* forte ponendum est, destructionis.

P. 558. l. 3. *Illis*) *Illos. l. 7. lactaverunt*) - - *rint*. l. 9. *delectationes*) - - *nis*. l. 12. *therisasim*) add. *id est.* l. 19. *israhel vitae*) *vitae israël.* l. 22. *ergo*) illud posterius deest. l. 23. *veniam*) *et veniam*. l. 24. *venia*) add. *ergo peccat.* l. 26. *qui*) add. *hoc. verbo*) adde *Ieremiae. Dereliqui*) *Reliqui*. l. 30. *Divisi*) *Dimisi.* l. 35. *ruinas*) *rimas*. l. 32. *nessubor*) *nebussor*.

P. 559. l. 6. *eis*) hij. l. 7. *etiam*) *enim*. l. 27. *et*) posterius deest. l. 31. *sapientibus*) add. *est: tibi*) *ter*. l. 28. *asserunt*) Ita legitur: *afferunt, maledicunt Ministris eccles.*

P. 560. l. 2. *adimus*) *ad minus*. l. 6. *parum*) *parvum gentis*) add. *tuae* l. 8. *constringatur*) *confringatur*. l. 25. *In Antiocho liberati sunt*) hæc omittuntur.

P. 561. l. 5. *Idem*) *Idem*. l. 24. *cubitorum*) add. *et longitudo Moysi fuit etiam decem cubitorum*. l. 26. *tales*) *talos. Idem*) *Item de.* l. 36. *ceram*) add. *qui cum jam.*

P. 562. l. 7. *oleas*) *ollas*. l. 26. *hoc*) deest. l. 27. *Si est*) lege sic: *Si est de substantia deitatis*, et illa.

P. 563. l. 1. *Quot autem Psalmus dicit*. l. 10. *detrimento*) *determinato* l. 14. *numerantur*) *numerabuut*. l. 17. *possibile*) *impossibile*. l. 21. *dicit*) *dicunt*. l. 28. *eclipsim*) Codex addit: *Si dicit, quod fuerit in coelo aëreo, interroga, unde causentur fulgura et tonitrua, iris et nives*. l. 36. *ratione*) *Nonne*.

P. 564. l. 5. *tamen*) *tantum*. l. 13. *ante*) add. *infusionem*. l. 22. *Intravit*) *Juravit*. l. 24. *modum*) *nodum*. i. 25. *diei*) *Dei*. l. 37. *contineant*) *continet*.

P. 565. l. 5. *offertis*) *offeratis.* l. 51.

procedentes) add. *et hás lachrimas in magnum mare stillare.* l. 23. *vagire*) *rurige.* l. 27. *desolutionem*) *desolationem.* l. 30. *ipse*) deest. l. 31. *in potentia*) *ex impotentia.* l. 37. *id est*) *quae est.*

P. 566. l. 5. *et*) *est.* l. 8. *Isaiam*) *Malachiam.* l. 25. *suis*) add. *tunc juramentum illud ipsum non juraret. Sin autem, tunc. Et*) add. *non.* l. 22. *paradiso*) add. *Et adhuc vivit, ut illi pessimi credunt.* l. 27. *inimico*) *invito.* l. 29. *resistitit*) *restitit.* l. 30. *extra*) *contra.*

P. 567. l. 4. *Deum*) *Deo.* l. 19. *asinum*) *Syon.* l. 27. *spurius*) add. *et quod sciret omnem scientiam, et quod fuisset.* l. 30. *omnium*) *omni. nigromantiae*) - - *ticae.* l. 33. *peremere*) *perimere.*

P. 568. l. 11. *plene*) *pleni.* l. 14. *quos*) *quas.*

THEOBALDUS *Stampensis,* Gallus, non Anglus, circa annum 1240. S. R. E. Presbyter Cardinalis S. Sabinæ dicitur Baleo Cent. X. 66. XIII. 85. et Pitseo c. 413. sed dubitante Ciaconio et Bulæo. *Epistolas* ejus V. edidit Dacherius Spicil. tom III. n. 445. in quarum initiis se *Magistrum Oxenefordiae, et Magistrum Cadumensem* appellat. Quinta ex his est ad Roscelinum Compendiensem Clericum, quem graviter, arguit quod filios sacerdotum ad sacros ordines non esse admittendos asserebat. Ea legitur quoque in Bulæi historia Universitatis Paris. tom. I. p. 489. quem confer p. 643. 644. Scripsisse præterea dicitur *Disputationes varias* et *Contra errantes in Theologia. Librum adversus quosdam, qui contra Ecclesiae a Christo datam Petro et ejus successoribus curam, temere concionabantur,* teste Lud. Jacobo a S. Carolo Bibl. Pontificia p. 441. et Oldoino in Athenæo Romano pag. 624.

THEOBALDUS *Vereducius*, Assisiensis. Ord. Minorum, postea Episcopus Terracinensis et Stabiensis, demum a. 1309. Assisiensis. Edidit *Historiam Indulgentiae S. Mariae Angelorum prope Assisium* Waddingi Annales Ord. Min. tom. I. p. 291. Jacobilli Bibl. Umbriæ pag. 257.

Hippolyti Marraccii Bibl. Mariana tom. II. pag. 386.

THEOBALDUS, nescio quis, cui *Vita S. Willelmi Pictavorum Comitis* adscribitur : in tribus Codicibus Vaticanis ille *Willelmus Aquitaniae Dux* dicitur. Bern. de Montfaucon Bibl. Bibl. MSS. p. 43. 74. 76. *Dux* absolute, in Codice monast. Lobiensis, Val. Andreas Bibl. Belgica MSS. I. p. 304. Quamvis, judice Mabillonio in Itinere Italico p. 53. nomen Theobaldi recens additamentum est. Est potius *Vita S. Guilielmi Magni Eremitae in Stabulo-Rodis in Etruria,* qui ex Comitibus illis descenderat, extat autem in Actis Sanctorum tom. II. Februarii p. 450. et apud Surium d. 10 Febr.

THEOBALDUS monachus, scripsit ad Sigerum Præpositum Lirensem in Brabantia, *Vitam S. Gummari,* patroni Lirani. Extat apud Surium d. 11 Octobr. sed Prologo trunca, qui legitur in Rubra valle juxta Bruxellam. Hæc Val Andreas in Bibl. Belgica p. 822.

THEOBALDUS Episcopus incertus, cujus *Physiologum de naturis XII. animalium.* 4. sine anno et loco editum memorat Hockerus in Bibl. Heilsbrunnensi pag. 274.

* Idem opusculum metrice scriptum extat in MS. Codice Mellicensi, ut disco ex historia eiusdem Bibliothecæ edita Viennæ. In Biblioth. Riccardiana extat Codex inscriptus: *Thebaldus Phisiologus de natura animalium cum allegoria ad Christum.* Vide Lami in Catalogo eiusd. Bibliothecæ.

THEOBALDUS, monachus cœnobii *Bezensis* vel *Besuensis,* in Burgundia vixit a. 1126. scripsit autem *Acta , Translationes et miracula S. Prudentii martyris,* libris IV. edita in Labbei Biblioth. MSS. tom. II. p. 605. Nomen suum gemina Acrostichide sub finem libri IV. aperuit, ætatem vero, cum initio libri IV. meminit Ansirici, Archiep. Chrysopolitani, qui a. 1136. obiit. Adde Oudinum tom. II. p. 1064.

THEODATUS Frithona , apud Anglos Westsaxonas nobili genere natus , primus post Italos Archiepiscopus Cantuariensis ex gente Anglorum circa annum 664. Meminerunt ejus Beda Venerabilis, Wilhelmus Malmesburiensis, et Gervasius Doroberniensis. Scripsisse dicitur *de suis praedecessoribus Archiepiscopis Cantuariensibus.* Vixit a. C. 664. Lelandus cap. 55. Balæus Centur. X. 11 Pitseus cap. 74.

THEODEMARUS Abbas Casinensis, seculo IX. *Epistola* ejus ad Carolum M. exstat in Petri Diaconi Chronico Casinensi I. 12. quam suspectam habet Menardus in Martyrologio Benedictino, et Car. le Cointe ad annum 789. n. 137. seqq. vindicant vero Angelus de Nuce, editor Chronici laudati, et Jo. Mabillonius præfat. ad Seculum IV. Benedict. part. I. p. 60. seqq.

THEODEMIRUS, amicus Claudii Episcopi Taurinensis, seculo IX. qui eum primo adhortatus fuerat, ut quædam conscriberet, postea quum de immaginibus perperam sentire cœpisset, ad ipsum amice et graviter scripsit, sententiam ejus refutans, sed omnia illius perierunt. Histoire literaire de la France tom. IV. p. 490. le Cointe ad annum 828.

* Scriptorem hunc Monachum et Abbatem extitisse compertum est. Eius epistola ad Claudium Taurinensem, quæ in MS. Codice Pistoriensi præcedit commentarium seu quæstiones eiusdem Claudii in Libros Regum. Liber iste Claudii nondum in lucem productus servatur in MS. Codice hædino Biblioth. Canonicor. Maior. Ecclesiæ Pistoriensis. Epistolam vero ex hoc ipso codice evulgavit nuper in sua Bibl. Pistoriensi V. cl. ac de literis deque me ipso egregie meritus P. Franciscus A. Zacharia S. Jesu ornamentum. Opusculum vero Claudii integrum propediem evulgandum speramus a viro doctissimo P. Jo. Chrysost. Trombelli Abb. S. Salvatoris Bononiæ, viro eruendis vetustis codicibus nato, cuius coeptis tota applaudit Italia.

THEODERICUS S. Albani monachus apud Moguntiam, Ord. S. Benedicti, scripsit ad Ricardum Fuldensem Abbatem *de vita et miraculis S. Benedicti*, *de translatione ejusdem in Galliam, et Sermones in honorem Sanctorum.* Addit autem Eisingreinius, ab eodem Theoderico scripta esse *Commentaria in Canticum Canticorum, et in D. Joannis Evangelium: successiones* item *Moguntinorum Pontificum* accurate fuisse descriptas, rerum gestarum ac temporum notatione insignitas. Cum vero alii scribant eum vixisse anno 1440. forte in Eisingreinii numerum error irrepsit, quo indicatur eum floruisse a. 985. Hæc Possevinus tomo II. Apparatus p. 455. Eadem pagina *Vita et translatio S. Benedicti Theoderico* cuidam monacho Hirsfeldensi tribuuntur, qui a. 1042. vixerit.

THEODERICUS *de Apoldia*, vel quod idem est, *de Thuringia*, (nam Apoldia (a) Thuringiæ est oppidum non procul a Jena situm) circiter a. 1229. natus, anno ætatis XVIII. cœnobiticam vitam sectatus est, Ordini fratrum Prædicatorum in conventu Erfordiensi adscriptus. Cum jam senectutem attigisset, sexagenarius *Vitam S. Elisabethae*, quæ Andreæ, Regis Hungariæ filia, et Ludovici, Thuringiæ Landgravii, conjux fuit, conscripsit. Varia ad eam rem undequaque collegerat ab ancillis Elisabetæ relicta, Conradi de Martburg Epistolam, conciones Monachorum aliquot, denique rumores per vulgus sparsos. Facili methodo illud opusculum perfecerat, quippe aliquando verba ipsa describebat, ut specimen videre possis in Historia Landgraviorum Thuringiæ. Nec ipse diffitetur hanc viam tenuisse. Hæc Jac. Basnagius in observatione prævia ad hanc vitam, quæ edita est a Surio d. 10. Nov. Canisio Lect. Ant. edit. prior. tom. V. p. 143. posterioris tom. IV. p. 113. Quædam hujus Theoderici ex duobus Codicibus Bibliothecæ Jenensis supplevit Burc. Gothelf Struvius in Actis

(a) Habuimus olim in Thuringia *Vicedominos de Apoldia*, ex quorum nobili familia hunc Theodericum prognatum fuisse, aliunde sibi constare ait Val. Ferd. de Gudenus in Sylloge Diplomatum tom. I. pag. 356.

litterariis tomo II. fasciculo I. Extat quoque Codex MS. sat locuples Heilsbrunnæ
in Frauconia, teste Hockero in Catalogo
Bibliothecæ illius monasterii pag. 122.
Scripsit præterea *Vitam S. Dominici*,
quam post a. 1285. colligere cœpit, et
demum a. 1292. ad finem perduxit. Eam
in Codice membranaceo scriptam habuit
et memorat Henschenius in Actis SS.
tom. I. Martii p. 656. edidit quoque, sed
stilo suo ubique interpolatam, Surius
d. 5. Augusti, et nonnisi fragmenta quædam libri VII. et VIII. adfert. Integram
vero ex Codice Francofurtensi et Ultrajectino edidit Guilielmus Cuperus in Actis
Sanctorum tom. I. Augusti p. 562. cujus
adde quoque Commentarium prævium p.
361. 370. 371. Fidem ejus variis argumentis in dubium vocat Phileleutherus
Helvetius de miraculis, quæ Dominico et
aliis adscribuntur (Duaci 1734. 8.) pag.
345. seqq.

Jac. Quetif. de Scriptoribus Ord. Prædicatorum tom. I. pag. 413. *Theodericum Thuringum* et p. 453. *Theod. de
Apoldia* tamquam diversos exhibet, ipse
tamen p. 414. dubitationem suam profert, annon unus et idem esse potuerit.
Sed revera unus est Theodericus, id
quod tempus et circumstantiæ reliquæ
satis ostendunt. Illud adhuc moneo, Quetifium p. 453. cum *Apoldae* nomen memorat adjicere vocem *Wilani*, quæ plane
nullum sensum habet, et expungenda
est. Sic quoque Oudinus tomo III. p. 603.
libros *Theoderici de Vriberg* huic nostro
tribuit, tractatum *de Iride et Calendarium metricum*, quæ duo sunt in Bibl.
Paullina Lipsiensi. Dispici autem posset
de altero tractatu *de beatifica visione
per essentiam*, qui Theoderico Teutonico
Ord. Prædicatorum adscribitur.

THEODERICUS *Bernensis*, Ord. Præ-
monstratensis in monasterio Bernæ ad
Mosam, a. 1160. scripsit *Homilias* et *Historias*. Swertius Athenis Belgicis p. 685.

THEODERICUS *Burgognonus*, patria
Lucensis Ord. Prædicatorum, Episcopus
Cerviensis, obiit a. 1298. ætatis 93. Ei
libros tres Chirurgiae tribuunt, Venet.

1499. 1513. et 1519. impressos, sed qui
potius ad *Theodericum Catalanum*, ejusdem ordinis, pertinent. Is autem libros
suos lingua patria conscripsit, unde ad
nos non pertinet. Vide Jac. Quetif de Scriptoribus Ord. Prædicatorum tom. I. p. 354.
355. Ejus *Mulomedicina* sive *Chirurgia
Equorum* latine MS. adest in Bibl. Vaticana et Taurinensi. Bern. de Montfaucon Bibl. Bibl. MSS. p. 23. 1402. Adde
Lindenium renovatum pag. 993.

* Liber huius *Chirurgia equorum* extare quidem potest in Biblioth. Vaticana,
a Taurinensi vero abest, cum nullibi legatur in Catalogo eiusd. Bibliothecæ per
hos annos vulgato.

THEODERICUS *Burgsdorfius*, aliis
Buxdorf, Eques Silesius, Jurium Doctor,
Professor Lipsiensis, a. 1439. ibidem Rector, a. 1463. Episcopus Numburgensis
obiit a. 1466. Scripsit *Orationes Scholasticas*, *Commentarios in Jura muni-
cipalia*, *Additiones in Speculum Saxonicum*, *Repertorium Speculi Saxonici*,
quæ scripta aliquoties typis antiquis impressa sunt. *Conciliorum* quoque *Volumen*
ingens collegit. Confer Centuriam Maderianam c. 21. Hanckium de Silesiis indigenis Eruditis p. 150. Sagittarii historiam Episcopatus Numburgensis §. 38.

THEODERICVS *ab Homborch*, Abbas
Bursfeldensis ab anno 1469-1487. Scripsit librum *de religione claustralium et
exercitio novitiorum*, quem Jo. Trithemio
perficiendum dedit, sub cujus nomine
adest in Bibl. Domini de Vauclerc prope
Laodunum, test Bern. de Montfaucon Bibl.
Bibl. MSS. pag. 1301. Adde Leuckfeldii
Antiquitates Bursfeldenses pag. 24. 25.

THEODERICUS, *Cassinensis* monachus
seculo XI. scripsit *Vitam S. Firmani, et
hymnum in laudem S. Mauri*. Petrus
Diaconus in Catalogo Virorum illustrium
Cassinensium c. 16.

* Vitam S. Firmani ab hoc Theoderico
descriptam latine cum Italica versione
excusam habemus tipis Tarvisinis seu
potius Lucensibus sub mentito Tarvisii
nomine an. 1727. Ex hac vero discimus
egregie decipi Vossium de Historicis La-

tinis, qui Firmanum hunc cum Firmino Ambianensi Episcopo confudit: cum monachus iste heremiticam vitam perpetuo egerit. Editionem et versionem curavit, deditque suppresso tamen nomine vir doctissimus P. Hieron. Lagomarsini S. J.

THEODERICUS *Delphius*, a patria Delphis Belgicis, Ord. Prædicatorum Coloniæ, Theologiæ Magister, ibique et Erfordiæ Studii Regens, circa annum 1400. Scripsit *Speculum fidei christianae.* Jac. Quetif de Scriptoribus Ord. Prædicatorum tom. I. p. 749.

THEODERICUS, monachus *Dunelmensis* in Anglia, familiaris et Confessionarius Mariæ, Reginæ Scotiæ, quæ a. 1093. obiit, scripsit *Vitam illius Reginae*, quæ habetur in Actis Sanctorum tom. II. Junii p. 328. Sunt, qui illam Turgoto tribuant, de quo inferius, sed is, teste Hectore Boethio, scripsit hanc Vitam sermone patrio, non Latino.

THEODERICUS, monachus *Floriacensis*, circa a. Scripsit Librum *de illatione redituque corporis S. Benedicti Aurelianis ad Floriacum*, quem edidit Jo. a Bosco in Bibl. tom. I. p. 219.

THEODERICUS *de Friburgo*, a patria Brisgoiæ urbe nomen habens, a Dressero quoque *Thamninus* dicitur, Theologiæ Magister Parisiensis fuit circa annum 1310. Scripsit *de origine rerum praedicabilium, de tempore, de iride, de mensuris rerum, de corpore Christi sub Sacramento, de corpore Christi mortuo, de entium communitate, de tribus difficilibus, de entium quidditate, de generatione lucis, de visione beatifica etc.* Altamura Bibl. Domin. p. 46. Jac. Quetif de Scriptoribus Ord. Praedicatorum tom. I. p. 510. qui eundem p. 731. sub nomine *Thomae Teutonis* profert. *Theodorus de Utiburgo* perperam vocatur in Codice Vaticano, qui opera illius continet. Bern. de Montfaucon Bibl. Bibl. MSS. p. 106.

THEODERICUS *Gresemundus* vel *Gresmunt*, de Meschede, Artium et Medicinæ Doctor Moguntiæ, scripsit Tractatum *de regimine sanitatis tempore pestilentiali.* Trithemius de script. Eccles. c. 832.

Filium habuit cognominem, quique propterea ab aliis *junior* dicitur, patria Spirensem, ut in titulo Carminis de violata Cruce dicitur, quamvis alii Moguntinum dicant. Quindecim annos natus admirandum ingenium et eruditionem plane singularem ostendit, sic ut pares suæ ætatis habuerit paucos aut nullos. Ejus *Lucubratiunculae sive Apologiae septem artium liberalium Dialogus* prodiit Moguntiæ per Petrum Friedberg, 1494. 4. Daventr. 1497. 4. Lips. 1505. 4. *Carmen de historia violatae Crucis*, Argent. 1514. 4. Memorantur etiam *Carmen pro purissima conceptione semper Virginis Dei genitricis Mariae, Orationes et Epistolae.* Trithemius l. c. Hippolyti Marraccii Bibl. Mariana tomo II. p. 387. Possevinus tomo II. Apparatus pag. 455.

THEODERICUS *de Herxen*, Germanus, Ord. Fratrum Clericorum in communi viventium Visitator, scripsit *in Psalterium totum, in Orationem Dominicam, in salutationem Angelicam, de moriendi desiderio.* Vivebat a. 1476. *Exercitium Dominicae passionis*, prodiit 1492. 8. sine mentione loci. Maittaire tom. 1. p. 550. Trithemius de script. Eccles. c. 857. Possevinus tomo II. Apparatus p. 455. Hippol. Marraccii Bibl. Mariana tomo II. pag. 387.

THEODERICUS, *Hirsfeldensis* monachus, scriptor *Vitae S. Benedicti*, vixit a. 1042. du Fresne in Syllabo Auctorum, qui Glossario præfixus est.

THEODERICUS *ab Homborch*, vide supra *Theodericus Bursfeldensis.*

THEODERICUS *Kerberus*, Magdeburgensis monachus, scripsit *Epistolas* contra Petrum Wigmannum Vratislaviensem, quibus eum de nonnullis laudat, de furore autem iracundiæ atque invidiæ arguit. Hæc Possevinus tom. II. Apparatus pag. 455.

THEODERICUS *Langen*, vel *Longus.* Vide supra T. IV. p. 526.

THEODERICUS *a Leydis*, supra t. IV. p. 537. Egmondensium rerum scriptor.

THEODERICUS *Loërius a Stratis,*

217

monachus Carthusianus Coloniensis, et
Vicarius, scripsit *Vitam Dionysii Car-*
thusiani, quæ Colonlæ a. 1532. primum
edita, post in Actis SS. Martii tom. II.
pag. 247. rursum repetita est.

THEODERICUS Monachus *S. Matthiae*
prope Treverim, Ord. S. Benedicti a.
1000. scripsit *de inventione S. Celsi*
Episcopi et Confessoris, apud Surium 23
Febr. et in Actis Sanctorum tomo III.
Febr. p. 396. *de miraculis ejusdem*, *et*
Sermones de Sanctis: item *Historiam*
Trevirorum, quam memorat Trithemius
principio Chronici Hirsaugensis: quamquam in Catalogo virorum illustrium
Germaniæ inter eius Scripta Annales Tre-
vereuses non numerat. Adde Oudinum
tomo II. p. 726. qui pro more multa in-
fercit, ad rem non pertinentia, ut tantum volumina magna constiparet.

Idem forte est Auctor *Vitae S. Hil-*
degardis, primum in Operibus Hildegardis, Colon. 1566. post a Surio d. 17.
Sept. editæ: is autem illum Abbatem
Benedictinum vocat, qui a. 1200. clarue-
rit. Adde Oudinum tomo II. p. 1695.

THEODERICUS *de Monasterio*, S. Theologiæ Professor in Academia Coloniensi,
vixit seculo XV. scripsit *de Vitio pro-*
prietatis ad sanctimoniales conventus S.
Aegidii Monasteriensis MS. est in Bibl.
S. Martini Tornacensis, teste Ant. Sandero Bibl. Belgica manuscripta l. p. 135.
Fuit item apud Cornelium Dielmannum
Ord. Eremitarum S. Augustini: ibid. p.
295. *Sermo de necessaria morum in Ec-*
clesiasticis reformatione in Concilio Constantiensi a. 1415. habitus editus est ab
Herm. von der Hardt in Hist. literaria
Reformationis part. III. pag. 45. *Excerpta*
alterius a. 1416. habiti, ibidem p. 58.
alia duo apud Eundem in præfatione ad
Acta Concilii Constantiensis tomo V.
pag. 22. 23.

THEODERICUS, monachus *Nidrosien-*
sis in Norwegia, vixit circa annum 1160.
et Augustino Archiepiscopo Nidrosiensi
tunc viventi dedicavit *Historiam de re-*
gibus Norwagicis. Eam e MS. Lubecensi
protraxit Jo Kirchmannus, et annot-

tionibus quibusdam illustravit, in lucem
vero edidit Bern. Casp. Kirchmannus,
J. U D. nepos illius, et cum Anonymo
de profectione in terram Sanctam edidit Amstelodami apud Jansonio-Wæsber-
gios 1684. 8. Oudinus libellum non vidit, quamvis de illo quædam proferat.

TEHODERICUS *de Niem*, vide supra

THEODERICUS *de Osembruch*, (non
Obsembruch) a patria urbe scil. Osna-
bruga, sic dictus, monachus Ord. Mino-
rum, floruit a. 1498. Scripsit *de passione*
Domini, Manuale simplicium, * *de exer-*
citio interiori et Librum precationum.
Waddingus de scriptoribus Ord. Mino-
rum p. 321. Willot Athenæ sodalitii
Franciscani pag. 331. Trithemius script.
Eccles. c. 950.

THEODERICUS *Paderbornensis* Canonicus circa annum 1079. scripsit *Com-*
mentationem in Orationem Dominicam,
et quidem, ut titulus Codicis Claustro-
Neoburgensis habet, ob memoriam *Im-*
mabi Venerabilis Episcopi, qui ab anno
1052. ad 1079. sedi Paderbornensi præfuit. Editum opusculum a Bern. Pez.
Thes. noviss. Anecdotorum tom. II. part.
l. p. 57.

THEODERICUS Pauli, Gorcomiensis,
scriptor scculi XV. cujus *Chronicon uni-*
versale MS. possident Iesuitæ Antverpienses, prout ipsi testantur in Actis Sanctorum tom. II. Martii p. 641. Ex eo
forte petitum est *Miraculum memorabile*
in homine quodam flammis misere exu-
sto, et tamen in vita conservato, donec
Confessione et Eucharistia munitus esset meritis S. Barbaræ. Contigit a. 1448.
et Theodoricus ipse rei gestæ interfuit:
exstat autem apud Surium p. 4. Decembris.

THEODERICUS *de Porta Coeli* Saxo,
monachus Ord. S. Augustini, procul dubio in monasterio *Himmels-Pfort*, juxta
Wernigerodam, diœc. Halberstadiensis,
floruit a. 1498. et scripsit *Hortulum Vir-*

---

* Possevini conjectura est, librum inscribi *Manuale supplicum;* quod illi dijudi-
dicabunt, qui librum inspicere poterunt.

ginitatis, qui de laudibus B. Mariæ agit. MS. exstat Monachii. Phil. Elssii Encomiasticon Augustinianum p. 649. Hippol. Marracci Bibl. Mariana tomo II. p. 387. 488.

THEODERICUS *de Saxonia*, Ord. Prædicatorum, circa a. 1311. Saxoniæ Provincialis, scripsit *in quatuor libros Sententiarum et de radialibas impressionibus*. Jac. Quetif de Scriptoribus Ord. Pædicatorum tom. I. p. 513.

(322) De radialibus impressionibus, vulgo *de Jride* tractatum, in quo Newtonii Theoricæ fere omnes de hoc phænomeno clara concinnaque methodo espositæ inveniuntur Cl. Jo. B. Venturi in Biblioth. Bernæ in Helvetia volutavit, uti in pub. lectione Mediolanensi Instituto patefecit. Vide *Pieri Mario Vita propria* 1. 291. et op. *Atti dell' Istituto di Milano*.

THEODERICUS *de Susteren* a patria, oppido Juliacensi sic dictus, Ord. Prædicatorum Coloniæ sec. XVI. ineunte. Scripsit *summam contra gentes*, Col. 1499. 1509. fol. *Quaestiones disputatas*: ibid. 1499. fol. Idem Quetif tom. II. p. 22.

THEODERICUS, monachus cœnobii *Theologiensis* sive *Tolegiensis* in diœcesi Trevirensi sec. XI. scripsit *Acta S. Conradi*, S. Cononis, designati Archiepiscopi Trevirensis, qui a. 1066. obiit. Edita est a God. Henschenio in Actis Sanctorum tom. I. Junii p. 127.

THEODERICUS *Thurigus*, vide supra *Theodericus de Apoldia*.

THEODERICUS *Trevirensis* Archiep. vid. Theodericus S. Trudonis.

THEODERICUS, monachus *Trevirensis*, vide supra *Theodericus S. Matthiae*.

THEODERICUS, Abbas *S. Trudonis*, Ord. S. Benedicti, diœcesis Leodiensis, primum Blandiniensis et ad S. Petrum Gandavensis monachus. Rexit monasterium suum ab anno 1099. ad annum 1107. Res ejus gestas narrat Rudolphus, successor ipsius, in Chronico S. Trudonis lib. VI. tomo II. Dacherii. Vide de ipso Val. Andreæ Bibl. Belgicam p. 822. Vossium de Historicis Latinis p. 393. Acta Sanctorum Julii I. pag. 171.

Scripta ejus sunt sequentia:

1. *Vitta S. Rumoldi*, Episcopi Dubliniensis et Mechliniensium Apostoli, quæ edita est a Surio d. 1. Julii, ab Hugone Vardæo, Ord. Min. Lovanii, in Actis S. Rumoldi, opere posthumo, Lovanii 1662. tandem a Jo. Bapt. Sollerio in Actis Sanctorum Julii tomo I. pag. 241. cum Commentario prævio satis luculento, a p. 169 - 241.

2. *Vita S. Bavonis*, edita est a Surio d. 1. Octobr. repetita a Mabillonio Sec. II. Benedictino pag. 396.

3. *Vita S. Landradae* (non *Lintrudis* vel *Lutrudis*) Abbatissæ Bellisiensis. diœc. Leodiensis, edita est a Surio d. 8. Julii et in Actis. SS.Julii tomo II. p. 619. cum Comm. prævio a Jo. Bapt. Sollerii. Hanc vitam Theoderico AEp. Trevirensi quidam tribuunt: male. Confer tamen Vossium de Hist. Latinis II. 40. III. 1. 6. et libro III. parte 2. pag. 725. cujus verba Oudinus quoque descripsit.

4. *Vita S. Trudonis*, et.

5. *Sermo de translatione SS. Trudonis et Eucherii*, exstant apud Surium 23 Novemb.

6. *Vita S. Amalbergae virginis* apud eundem d. 8 Julii, et in Actis SS. tomo III. Julii p. 90. sed hæc ipsi tantum per conjecturam tribuitur.

7. Liber unus versu heroico *Veteris ac Novi Testamenti historias* continens nondum est editus.

Eum autem in annis Christi, et certis Imperatoribus ac Pontificibus adjungendis multum aberrasse, observatur in Actis SS. tomo II. Maji p. 593. in reliquis etiam chronologicis et historicis satis negligentem, et tantum de ædificatione sollicitum fuisse tradit Jo. Bapt. Sollerius tomo III. Juli. p. 84.

THEODERICUS *de Vallis-colore*, vulgo *de Vaux-couleur*, Gallus, carminice scripsit *Vitam Urbani IV. Pontif. Romani*, quæ MS. exstat Trecis in Ecclesia S. Urbani, ut testantur Andreas Duchesnius in Vita Urbani IV. et Petrus Trizonius in Gallia Purpurata. Hæc Lud. Jacobus a S. Carlo in Bibl. Pontificia pag. 442.

Carmen vero illud ex Papirii Massoni libro V. de Episcopis Urbis Romæ repetlit Muratorius S. R. Ital. tomo III. parte 2. p. 405.

THEODERICUS *Virdunensis* Episcopus, ab anno 1048. diu Ecclesiæ suæ præfuit, et tempore schismatis inter Henricum IV. et Gregorium VII. a partibus Cæsaris stetit. Scripsit *Epistolam ad universos praelatos et nobiles*, apud Goldastum Constitut. Imperial. tom. I. p. 236. qua Gregorium satis acerbe perstringit, et *aliam ad ipsum Gregorium VII.* in qua ipsum consulit, quid adversariis ipsius respondere debeat, apud Martene et. Durand Thes. Anecdot. tomo I. p. 214.

THEODERICUS *Ulsenius*, Friso, Medicus et Poëta a. 1494. scripsit *de pharmacandi comprobata ratione* lib. II. carmine, cum scholiis Pictorii, Norib. 1496. *Epigrammata et Elegias* Swertii Athenæ Belgicæ pag. 667. Trithemius de script. Eccles. c. 961. Suffridus Petri de scriptoribus Frisiæ Dec. VII. 7·

THEODERICUS *Vrie*, quod Latine est *Liber*, *ingenuus*, Osnabrugensis, Ord. S. Augustini, in Conventu urbis dictæ circa annum 1440. Scripsit *Historiam Concilii Constantiensis*, Sigismundo Imperatori inscriptam, quæ primum prodiit Coloniæ per Johannem de Lubeck, 1488. post. tom. I. Concilii Constantiensis per Herm. von der Hardt.

Reliqua lucem publicam non viderunt, memorat autem Jo. Schiphowerus in Chron. Comitum Oldenburgensium tom. II. Meibomii p. 172. *Sermones*, *Cosmologium* sive *Librum Apum*. *Tract. de conceptione immaculatae virginis: super decem praecepta: de intentione et remissione formarum contra Marsilium de Padua: Logicam magnam et parvam: Quadragesimale*, et alia. Plura laudatus Hermann von der Hardt cujus narrationem retinuit Gandolfus de ducentis Augustinianis scriptoribus pag. 329. Adde Oudinum tomo III. p. 2259. a quo perperam scribitur *Vric*.

(323). Fuit iste *Theodericus* Germanus,

Provinciæ Saxoniæ Ord. Augustin. Alumnus 29. Xbris an. 1419, Theol. Lector Coloniæ. Librum edidit *De consolatione ecclesiae*. Argentinæ impressum, cuius Jo. Balæus et Paulus Langius meminere.

Vide Gandolfo de CC. Augustin. pag. 414. aliquib. exemplaribus in addendis.

THEODINUS, Cassinensis monachus, qui videtur Arnoldo Wioni omnino is esse, qui ab Alexandro II. Papa in numerum Cardinalium adscriptus fuit. Elegantes *sermones duos* habuit *in festo S. Placidi Abbatis et Protomartyris*, Ord. S. Benedicti: qui extant apud Timotheum a Messana, Monachum Messanensem, MSS. Hæc Possevinus tomo II. Apparatus p. 456.

THEODORUS, monachus *Campidonensis* et S. Galli, sec. VII. SS. Columbani et Galli discipulus. Ejus nomen præfert *Vita S. Magni*, qui fundator fuit Cellæ Campidonensis, edita a Canisio Lect. Ant. tom. I. p. 651. Surio d. 6. Sept. et Goldasto Rerum Alemannicarum tom. I. part. 2. p. 190. Quædam hujus vitæ de Tozzone Episcopo Augustano exstant in Actis Sanctorum tom. II. Jan. pag. 56. Cum vero non nisi nugas agat et falsa proferat, quod erudite ostendit Basnagius tum in Observatione prævia, tum in annotationibus, credibile est alium quendam vitam Theodori deperditam reficere voluisse. Jo Mezlerus de viris illustribus S. Galli l. 3. dicit, hanc vitam a Canisio depravatam prodiisse. Mabillonius Seculo II. Benedictino p. 505. hoc Theodori nomen ab impostore quodam suppositum existimat. Ait enim ipse Theodorus se vitam S. Magni descripsisse, et ad caput ejus in sepulcro reposuisse, c. 29. Goldastus vero p. 141. refert, Lantonem Episcopum Augustanum hanc vitam in tumulo Magni repertam Ermenrico Elewagensi monacho describendam atque emendandam commisisse. Ab hoc igitur Ermenrico depravationes illæ irrepsisse poterunt. Adde Sandii notas ad Vossium de Hist. Latinis p. 273. 274.

THEODORUS, Episcopus Romanus, patria Hierosolymitanus, sedit a. 643-649.

Epistolae ejus *duae* habentur tomo II. Conciliorum Harduini p. 613. Adde Oldoini Athenæum Romanum p. 624.

THEODORUS, natione Græcus, Tarsensem vocat Anonymus Mellicensis c. 27. Archiepiscopus Scotorum, aliis *Cantuariensis* circa annum 688. Capitula s. *Poenitentiale* ejus edidit Dacherius Spicil. tom. IX. sed edit. novæ tom. I. p. 486. repetiit Harduinus tom. III. Conciliorum pag. 1771. *Epistolas ad diversos* scripsit. Possevinus tomo II. Apparatus pag. 462. Plura dabit Caveus et Trithemius. A Correctoribus Gratiani Archiepiscopus Hiberniensis vocatur. Waræus de script. Hiberniæ pag. 33.

THEODORUS, Prior monasterii B. M. *de Charitate* in Gallia, *Ascetica quaedam* scripsit, nec non *Epistolam* unam inter Epistolas Petri Venerabilis II. 5. Car. de Visch Bibl. Scriptorum Ord. Cisterciensis pag. 308.

THEODORUS *Laelius*, alias *de Lellis*, vide supra V. LAELIUS: adde vero sequentia. Natus fuit Interamnæ, Patavii studuit, et J. U. D. renunciatus est, Romæ Auditor Rotæ fuit. De Feltrensi Episcopatu res non satis certa est. Obiit a. 1466. ante adeptum pileum. Scripsit *Orationem gratulatoriam super creationem Pii II. Quinque orationes ad Galliarum Regem pro Pio II. pro defensione Catholicae fidei contra Turcos: plures elegantes Epistolas nomine Pauli II. et alias: Apologiam pro liga inter Venetos et Sigismundum Imp.* Jacobilli Bibl. Umbriæ p. 258. Ejusdem *Tractatus contra Pragmaticam sanctionem, de Annatis, et Orationes* habentur in Bibl. Vaticana. Bern. de Montfaucon Bibl, Bibl. MSS. p. 139. *Replica* etiam impressa est Francof. 1607. 4. cum aliis hujusmodi opusculis ad illam controversiam spectantibus. et inter Scriptores Goldasti de Monarchia S. R. Imperii tomo II. Plura dabit Nicolai Comneni Papadopoli Hist. Gymnasii Patavini tom. II. p. 21. Oldoini Athenæum Romanum pag. 625.

THEODORUS *Memus*, Venetus, Ordinis Minorum circa annum 1321. Scripsit *Vitam S. Francisci, Vitam S. Clarae Assisiatis, Volumen Sermonum*, et *Sermones funebres*. Jac. Alberici Catalogus Scriptorum Venetorum p. 86.

THEODORUS *Priscianus*, Medicus, de quo sufficienter egit Fabricius noster in Bibl. Latina IV. 12. n. 4. hinc non repetuntur.

THEODORUS *Spanduginus Cantacuzenus*, cujus liber *de origine et moribus Turcarum*, prodiit Florentiæ 1568. 8. teste Maittairio tomo I. Annalium pag. 280. Italica versio edita est Florentiæ apud Torrentinum 1551. 8.

* Florentinam hanc editionem Theodori Spandugini profert quidem Maittarius, sed ex fide aliorum, atque in notis num reipsa hæc editio extet ambigere se profitetur, et mihi pariter vix persuaderetur.

(324) Et revera diligentissimus Dom. Moreni in op. *Annali della Tipografia di L. Torrentino*, Firenze 1819-8. editionem an. 1551. Italicæ L. Domenichi versionis referens, et an alia lingua eductum vel potius Italice ab eodem opus conscriptum fuisse dubitans, Florentinæ editionis an. 1568. existentiam videtur excludere.

* THEODORVS *Sacerdos*, Monachus et Abbas scripsit opusculum quoddam, in quo refert corpus S. Bartholomaei arcæ inclusum et in mare conjectum Lipari Siciliæ appulisse, tum in Calabriæ locum quendam delatum transisse. Haec olim legi in MS. Historia Paulini Puteolani, quam adhuc servat Bibliotheca Malatestarum Cæsenæ (non enim transiit in B. Vaticanam, ut obreptum est cl. Tartarotto in Dissert. De Scriptor. a Dandulo laudatis inserta R. Italicar. Tomo XXV). Ait vero idem Paulinus hunc Theodorum *signorum virtutibus* claruisse *duorum insignium cœnobiorum Abbatem egisse*, tum et opuscula quædam alia utilia edidisse, vixisse vero tempore Adriani et Leonis, summorum Pontificum; nempe Seculo IX. ineunte.

THEODOSIUS, aliis THEODORUS *Blanchettus*, Nobilis Bononiensis circa annum 1157. scripsit *de beata vita lib.* 3. *de comparandis divitiis Christiano more lib. I. de detestatione avaritiae lib.* 2. *contra haereticos lib.* 10. *Consolationem paupertatis et miseriarum humánae vitae.* Bumaldi Minerval Bononiense p. 217. Orlandi Notitia Scriptorum Bononiensium p. 250.

Alius hujus nominis junior, circa annum 1350. fuit Eques Hierosolymitanus, qui cum Georgio fratre *Chronicon Bononiense* composuit. Orlandus p. 251.

THEODUINUS , vide DEODUINUS , supra tomo II. p. 438.

THEODULPHUS , Episcopus Aurelianensis, seculo IX. Patria ejus incerta est. Vulgo Italum statuunt, quia in veteri chronico apud Quercetanum tom. I. p. 36. Carolus Magnus illum ex Italia in Gallias adduxisse legitur. Quæ sententia satis infirma est. Non melior est altera, qua Mabillonius, Nic. Antonius, et Eccardus rerum Francicarum XXXVIII. 169. ipsum Hispanum faciunt , quia Theodulphus Getici populi reliquias in Hesperia sive Hispania *consanguineos suos* vocavit. Nam *consanguinei* vox metaphorice posita esse potuit, pro ejusdem fidei ac religionis consorte. Igitur patria ejus certo nondum est cognita. Antequam in Galliam veniret , uxorem habuit , ex eaque Gislam filiam, ad quam Carmen IV. libri III. scriptum est. Fuit autem primum Abbas Floriacensis, teste Catalogo Abbatum Floriacensium tom. I. Miscellaneorum Baluzii pag. 492. post Episcopus Aurelianensis. Interfuit a 794. Concilio Francofurtensi contra Felicem : Anno 811. testis fuit in testamento Caroli M. Apud Ludovicum Pium primum in gratia fuit, post, quum Bernardo Italiæ Regi magis favere videretur, a 818. sede sua ejectus, et in urbe Andegavensi carceri inclusus fuit, quia vero innocentiam suam constanter tuebatur, a. 821. restitutus est, quo etiam obiit. Epitaphium ejus edidit Mabillonius Analect. tom. I. pag. 426. ubi vide annotationes p. 433. 434. in editione recent. p. 377. 378. et Eccardum l. c.

Opera ejus conjunctim edita sunt a Jacobo Sirmondo , Paris 1646. 8. post in Operibus hujus repetita, sequenti ordine :

1. *Capitula ad Presbyteros parochiae suae.* Edita sunt primum a Baronio ad annum 835. num. 5. deinde a Jo. Busæo cum Epistolis Hincmari Rhemensis, Moguntiæ 1602. 8. porro a Sirmondo tom. II. Conciliorum Galliæ p. 211. qui longe accuratius ad annum 797. aut circiter referenda esse censet. Spelmanno tomo I. Conciliorum p. 584. Harduino tom. IV. p. 911. Canones IX. Concilii VI. Oecumenici, qui tom. III. Conciliorum Harduini habentur p. 1711. suppositi sunt, et fere toti ex his Capitulis exscripti.

2. *De ordine baptismi*, qui liber a. 812. conscriptus est , quum Carolus M. de hac re cogitasset. Eccardus rerum Francic. XXVIII. 18. Inscriptus est Magno Senonensi Archiepiscopo, in uno vero Codice Corbeiensi. ex quo Menardus ad librum Sacramentorum Gregorii M. (Parls. 1642. 4.) p. 112. edidit, Joanni Arelatensi, quod Sirmondus mendose factum crediderat, Mabillonius vero tom. I. Analect. p. 24. (edit. novæ p. 76.) rem sic expedivit, ut diversa exempla utrique inscripta esse contendat.

3. *De Spiritu Sancto*, liber, a. 809. editus. et Carlo M. inscriptus. Nam illo anno in Concilio Aquisgranensi de processione Spiritus S. actum fuerat. Vide Eccardum XXVII. 63.

4. *Carmina* in libros VI. distincta, de quibus accurate satis agit Polyc. Leyserus in historia Poëtarum medii ævi p. 223. seqq. ita tamen, ut quædam suppleri debeant. *Paraenesin ad Judices*, quæ librum I. constituit , sed initio destitutum edidit Lutetiæ Pet. Daniel. post Gev. Elmenhorstius Lugd. Bat. 1618. 4. porro Andr. Rivinns cum quibusdam carminibus ex Canisio et Bibl. PP. Coloniensi Lips. 1653. 8. una cum Drepanio, Floro et aliis. Postea *Carmina X inedita.* primus dedit Mabillonius Annal. tom. I. p. 376 seq. (edit. novæ p. 410.) *Epigrammata duo* Baluzius Miscell. lib. I. p. 492. 493. Hymnos autem duos *de Na-*

tali Domini et ad SS. Martyres Sergium et Bacchum, in editione Sirmondi omissos esse observat Christianus Daumius in Syllabo Poëtarum Christianorum, qui tamen jam ante in Bibliothecis Patrum et in editione Riviniana excusi fuerant. Carmen *de tota Veteri et Novi Testamenti instructione* legitur in Goldasti Manuali Bibliot p. 34. in Operibus lib. II. Carm. I. inscribitur sic: *Versus in fronte Bibliorum , quae ipse describi fecit.* Carmen breve *de luxuria* ediderunt Martene et Durand. Thesauro novo Anecdot. tom. V. pag. 399.

5. *Fragmenta Sermonum duorum*, nec non Fragmentum aliud *operis de sacris Interpretibus* edidit Lucas Dacherius Spicil. tom. I. p. 254.) Hæc vero Theodulfi esse, tum stilus docet, tum quoque, quia initium Capitularium ejus sub finem adjectum est.

6. *Annales Caroli M. et Ludovici Pii* scripsisse Theodulphum ait Arnoldus Wion in Ligno Vitæ et post ipsum Vossius de Historicis Latinis pag. 757. et adest hujusmodi fragmentum Annalium sub nomine Theodulphi in Bibl. Vaticana. Bern. de Montfaucon Bibl. Bibl. MSS. p. 35. Fortassis est unus ex illis Annalistis Anonymis, quales de illis temporibus plures exstant.

7. In Catalogo Abbatum Floriacensium supra memorato ipsi quoque tribuitur. *Explicatio Symboli Athanasiani et Explicatio mystica Missae* quæ duo etiam in MS. Codice Floriacensi habentur.

8 *Speculum* locorum Biblicorum ipsi quoque tribuitur, quod alias inter Opera Augustini tom. III p. 680 exstat.

Plura dabit Historia literaria Galliæ tomo IV. p. 459.

THEODULUS, natione Italus, primum in Italia, deinde Athenis studuit, et Episcopus constitutus est. Sunt, qui eum Cœles Syriæ Presbyterum vocant, quos Honorius Augustodunensis, Theodorum et Theodulum distinguens, refutat. Vixit seculo X. Scripsit *Eclogam, qua comparantur Miracula V. T. cum veterum poetarum commentis.* In quodam Codice MS.

habetur, Joannem Chrysostomum hoc opus composuisse, quum autem arrogantiam vitaret, Theoduli nomen inscripsisse. Vide Sanderi Bibl. Belgicam MSS. I. pag. 139. *Tetrastichum* in aliis Codicibus inscribitur, quod singula carmina quatuor versibus comprehenduntur. Prodiit hæc Ecloga cum Commentario Lipsiæ per Conradum Kacheloven, 1492. 4. Colon. 1494. 4. 1495. 4. Est et inter auctores octo Opusculorum. ut Catonis Faceti, Matthæi Vindocinensis etc. Lugduni per Steph. Baland, 1505. 4. in Goldasti Manuali Biblico (Francof. 1620) p. 22. Hanc editionem cum Codice Academiæ Juliæ contulit Polycarpus Leyserus in hist. Poëtarum medii ævi p. 296. In eam commentatus est Bernardus Silvester, teste Sigeberto Gemblacensi c. 169. quem adde de nostro c. 134. et Leyserum l. c. p. 293. et Stephanus Patringtonus, de quo supra.

Quod *de opere Eclogarum*, in Bibl. Bodlejana et Helmstadiensi obvio memorat Hallervordius, procul dubio errat. Certe in Codice Helmstadiensi non opus plurium Eclogarum, sed tantum una hæc Ecloga in tres libros distincta habetur. Trithemius c. 185. *Eclogas* et librum *de consonantia Scripturarum* distinguit.

THEOFRIDUS Abbas, cujus Sermones duo *de Sanctorum reliquiis*, et *de veneratione Sanctorum*, primum editi sunt cum Berengoso Colon. 1555. 8. post in Bibliothecis Patrum eruditis centroversiam moverunt. Plerique cum Caveo ipsum sec. XI. Abbatem Epternacensem fuisse contendunt, de quo paullo post agetur. Auctores autem Historiæ Gallicæ tom. IV. pag. 60. eos *Sermones* adscribunt Theofrido, qui seculo VII. fuit Abbas primum Menatensis in Alvernensi diœcesi, post Cameriensis in territorio Velaunensi. *Theoffridi Abbatis Sermones* MSS. sunt in Bibl. Vaticana. Bern. de Montfaucon Bibl. Bibl. MSS. pag. 134.

* Quamquam sermones illi duo Bibliothecario hic noti ab Auctoribus Historiæ Gallicæ Theofrido huic Abbati in T. IV. operis adscripti fuerunt, in vol. tamen IX. ad vitam Theofridi Abb. Ep-

ternacensi Monacho, revocata priori opinione, adscribunt. Vide ibi quibus permoventur coniecturis. Porro Theofridus iste Abbatem agebat Carmeriensem Velaunensi Dioecesi.

THEOFRIDUS, Abbas *Epternacensis*, ord. S. Benedicti, obiit a. 1110. scripsit *Vitam S. Willebrordi.* fundatoris cœnobii sui, et Ultrajectensis Archiepisc. a Surio editam d. 7 Dec. *Flores epitaphii Sanctorum* lib. IV. qui Luxemburgi editi sunt cum vita S. Willebrordi et cum notis Jo. Roberti, S. J. 1619. 4. Vid. Val. Andreæ Bibl. Belgicam. p. 832. Sweertii Athonas Belgicas p. 692. Libros *de consummatione seculi,* ac de *novissimo die,* ex Eisengreinio ipsi tribuit Possevinus tomo II. Apparatus p. 469.

* Villebrordi vita a Surio edita alia plane est ab ea quam Theofridus scripsit; vulgavit enim Surius eam quam Alcuinus prosa oratione dedit. Theofridi opus nunquam prodiit, uti monent. Hist. Liter. Galliæ Scriptores t. IX. p. 508. Aliam pariter Vitam idem Abbas composuit, nempe S. Hirminæ Abbatissæ Heresiensis in dioecesi Trevirensi, quæ tamen nunquam comparuit. Opusculum *de fine Mundi* a Possevino Theofrido huic tributum, est Theofridi Abbatis Carmeriensis, nec aliud profecto est, quam liber Micrologi *de lapsu Mundi,* senario ab eodem Theofrido scriptus, ut ex eisdem authoribus discimus.

THEOGERUS, Episc. Metensis, scripsit *Librum de Musica,* qui MS. est in Bibl. monasterii Tegernseensis et Zwetlensis. Incipit: *Pythagoras philosophus apud Graecos primus Musicae artis fuisse legitur.* Vid. Rev. Bern. Pezii diss. isagogicam ad tom. I. Thesauri Anecdotor. novissimi p. 15.

THEONAS, cujus *Epistolam ad Lucianum Praepositum Cubiculariorum,* monita christiana et politica præscribentem, edidit Dacherius Spicil. tomo III. p. 297. qui fuerit, incertum est. Græcum hominem fuisse ex eo constat, quod dicit: *Ptolemaeus Philadelphus divinas scripturas in linguam nostram traduci jussit.*

Dacherius suspicatur esse Theonæ Episcopi Cyziceni, qui eam Præposito Cubiculariorum inscribere potuerit. Editor novus Dacherii Franciscus Josephus de la Barre Theonam Cyziceuum retinet, sed illum Lucianum Præfectum Cubiculariorum Licinii fuisse auguratur. Certi quid nemo facile proferet.

THEOPHANIUS, aliis THEOPHILUS, Diaconus Casinensis, vixit a. 855. et carminice scripsit *de constructione cœnobii Domini Salvatoris, de adventu S. Benedicti ad Casinum, ac de miraculis per eum inibi factis, in laudem sanctae Dei genitricis, de constructione monasterii S. Mariae in Plumbariola.* Petrus Diaconus de viris illustribus Casinensibus c. 10. Hippol. Marraccii Bibl. Mariana tomo II. pag. 395.

THEOPHILUS de *Ferrariis,* Cremonensis, ord. Prædicatorum circa a. 1471. Prælo subjecit *Commentaria S. Thomae in varios libros Aristotelis* ad varios codices MS. recognita. Venet. 1471. fol. Postea prodierunt ejus *Propositiones ex omnibus Aristotelis operibus collectae,* ibid. 1493. 4. Jac. Quetif de Scriptoribus ord. Prædicator. tomo I. p. 847. Arisii Cremona literata tomo I. p. 328. Ambr. Altamura Bibl. Dominicana p. 211.

THEOPHILUS Historiographus, auctor perantiquus, Pelbarti de Temeswar indicio notus, cujus meminit in Stellario Mariæ, scripsit *de nativitate B. Mariae, et de portentis et signis, quibus clarificata fuit.* Andreas etiam Gelsomius in Theatro cœlesti Devotionis Mariæ c. 5. citat Theophilum antiquum scriptorem in *Speculo B. Mariae.* Aetas et reliqua sunt incerta. Hippol. Marracci Bibl. Mariana tomo II. p. 396.

THEOPHORUS, sub quo nomine Jo. Gerson latere voluit. Vide supra GERSON.

THERASIA s. *Theratia,* cujus *Epistola ad Sanctum et Amandum,* cum aliis Opusculis Patrum edita est a Thoma Galleto, Lugd. 1615. post in Bibliothecas Patrum illata.

THESEUS *Capocius,* Lilybætanus Siculus, Priami, de quo supra, filius, J.

U. D. et Poëta circa a. 1520 *Epigrammata* rel'quit. Mongitore Bibl. Sicula tomo II. p. 252.

THEUDOINUS, Praepositus Catalaunensis, an. 868 scripsit *Epistolam* ad Alamannum Monachum Altivillarensem prope Remos, ut vitam S. Memmii Ep. Catalaunensis primi describeret. Edita est a Mabillonio Anal. p. 423 edit. prioris tomo II. p. 86.

THEULFUS, monachus monasterii Mauriniacensis in dioecesi Senonensi, ord. S. Benedicti, scripsit *Chronicon Mauriniacense*, quod usque ad a. 1147 pertingit, libris tribus, quorum primus periit, duo posteriores exstant in Scriptoribus Francicis Andr. du Chesne tomo IV. p. 339. Vide Launojum de S. Brunone p. 47.

* THEULFUS *Brito*, scripsit circa seculum XI astricta oratione opusculum *de schola Abbatiae Fossatensis*, sicut et de iis qui in eadem schola exercebantur. Habuit illum P. Mabillon et ex eodem carmina quaedam vulgavit in Annalibus ordinis S. Benedicti I. 61. n. 20.

THIERRICUS *Vallicoloris*, vide supra THEODERICUS *de Vallis-Colore*.

THIETMARUS, vide *Dithmarus* supra T. II. 453.

THIMO, monachus S. Michaëlis Bambergensis a. 1146 *de conceptu originali* et alia plura scripsisse dicitur Eisengreinio. Possevinus tomo II. Apparatus p. 476. Scripsit etiam *Vitam S. Ottonis, Bambergensis Episcopi*, vel certe multum ad candem contulit, de quo confer Acta Sanctorum tomo I Julii.

THINREDUS *Doverius*, monachus Anglus ordinis S. Benedicti in coenobio Doverensi, et Praecentor circa a. 1371. Scripsit *Pentachordorum et Tetrachordorum librum I.* et *de legitimis ordinibus Musicae*. Balaeus Cent. VI. 47. Pitseus c. 630. Alii scribunt *Thiuredus*.

THIOTFRIDUS, vide supra, *Theofridus*.

THOMAS *de Acerno*, Episc. Luceriensis, Decretor. Doctor, Urbani VI. Papae familiaris et protector negotiorum et causarum Regni Neapolitani, scripsit *Opusculum de creatione Urbani VI.* quo ille contendit creationem ejus fuisse legitimam. Lacinias

ex illo produxit Baluzius in Vitis Paparum Avenionensium: Integrum vero ex Codice Vaticano Muratorius S. R. Ital. tom. III. part. 2. p. 715.

THOMAS *Agni de Lentino*, Leontii in Sicilia natus, fuit ex primis sodalibus Dominicanorum ordinis, Romanae provinciae Prior *, a. 1255. Episcopus Bethlehemitanus, a Pontifice Legatus in Syriam missus, a. 1267. Archiep. Cusentinus, a. 1272. Patriarcha Hierosolymitanus, obiit a. 1277. Scripsit *Vitam S. Petri Martyris, ord. Praedicatorum*, quam stylo immutato edidit Surius d. 29 April. primigenio vero Acta Sanctorum tomo III. Aprilis p. 686. *Epistolam de statu terrae sanctae, Sermones de Tempore et Sanctis,* nec non *de festivitatibus Mariae*. Jac. Quetif de Scriptoribus ord. Praedicatorum tomo I. p. 558 seqq. Altamura p. 45. Ughellus tomo IX. pag. 216. Hier. Ragusa Elogia Siculorum p. 284. ut Miraeum et Vossium taceam.

THOMAS *Alcherus*, Anglus, aetatis incertae scriptor, dedit *Postillas in Evangelium Marci, Lucae et Johannis*. Pitseus Append. Cent. IV. 48

THOMAS *de Ales*, Anglus, Doctor Parisiensis, ord. Minorum, circa a. 1240 scripsit librum *de Vita beatae Virginis*, et *Sermones*. Catalogus Doctorum de Immaculata conceptione apud Pezium et Hueberum Cod. diplom. part. III. pag. 325 Willot Athenae sodalitii Franciscani p. 332.

THOMAS *Almericus*, Cremonensis, circa a. 1198 scripsit *Eventus Italiae sui temporis,* et *Acta Friderici I. Imperatoris*. Arisii Cremona literata tomo I. p. 95.

THOMAS *Anglicus*, vide infra, *Jorsius*, et *Walleis*.

THOMAS *Antonii*, Senensis, ord. Praedicatorum in Conventu SS. Joannis et Pauli Venetiis, circa a. 1430 terram sanctam adiit. Scripsit *Vitam Catharinae de Senis*, a Bonino Mombritio editam, in Actis vero Sanctorum tomo III. Aprilis p. 967 tantum excerpta illius habentur: Collegit *Epistolas ejusdem: Vitam S. Dominici, B. Mariae*

---

* Ant. Mongitore in Bibl. Sicula tomo II. p. 252 ipsum vocat *Priorem Neapolitanum*, ubi etiam Divum Thomam ordini adscripserit.

Storionae Venetae, Vitas quarundam aliarum Sororum de poenitentia tertii ordinis,
de merito vitae regularis : de principiis et
confirmatione tertii ordinis S. Dominici.
Vid. Jac. Quetif. de Scriptoribus ord. Praedicatorum tomo I. p. 780. Altamura Bibl.
Domin. p. 170. Vinc. Maria Fontana de
Provincia Romana ord. Praed. p. 380.

THOMAS de Aquino, vel Aquinas, natus
anno circiter 1225 obiit a. 1274 de cujus
vita nihil memoro, cum illam scriptores
complures ediderint.

Anonymus, in editione Operum Romana,
tomo I.

Clementis VI. P. M. Sermonem MS. de
laudibus S. Thomae allegat Oudinus p. 312.

Pauli Frigerii, oratorii Romani sodalis,
Vita S. Thomae, Italice. Rom. 1668, 4.

Bernardus Guidonis de Vita et miraculis
S. Thomae Aquinatis MS. in Bibl. S. Victoris Parisiensis : editus in Actis Sanctorum tomo I. Mart. p. 716.

God. Henschenii Comm. praevius, in
Actis SS. tomo I. Martii p. 655 et Analecta,
ibid. p. 741.

Raymundi Hugonis, ord. Praed. Conventus Prageriaci, provinciae Tolosanae, Historia Translationis a. 1368 ibid. p. 725.

Antonii·Mallet Vita S. Thomae, tomo I.
Editionis Opp. Parisinae praemissa.

Angeli della Noce, Archiep. Rossanensis,
diss. de monachatu et professione S. Thomae, priusquam Praedicatorum castra in-
grederetur, in S. archicoenobio montis
Cassini.

Antonii Pizamani, Patricii Veneti, Vita
S. Thomae, praemissa Opusculis Venetiis
1498 editis.

Petrus Rogerius, vide supra, Clemens VI.

Guilielmi de Thoco Vita Ejus : de qua
Fabricius noster supra T. III. 158.

A. Touron Vie de S. Thomas d'Aquin.
Paris 1737, 4. *

Hier. Vielmius, ord. Praed. de D. Thomae
Aquinatis doctrina et scriptis libri duo.
Patavii per Pasquatum 1564, 4. Venet.
apud Juntas 1575 4.

Vita Thomae Othonis Vaenii ingenio et
manu, et XXXI tabulis aeri incisis deli-
neata. Antverp. 1610 fol.

Plures indicat Index Bibliothecae Queti-
fianae tomo II. p. 987.

De doctrina et auctoritate D. Thomae
sequentes auctores mihi occurrerunt.

Anon. de arte praedicandi collectus ex
Thomae scriptis. Memming. 1483.

Hugo de Bilhonio contra córruptorem
S. Thomae. Vide Quetifium tomo I. p. 385.

Jo. Ge. Dorschei Thomas Confessor veritatis. Argent. 4.

Franc. Garciae Emendatio erratorum,
quae typographorum incuria in Summa S.
Thomae reperiebantur. Tarraconae 1578, 4

Dav. Lenfant, ord. Praed. Biblia S. Thomae, s. Explicatio locorum V. T. ex Thomae
scriptis. Paris. 1637, 4 3. Voll.

Reginaldi Lucarini Massa auri, s. Hermes Biblicus MS. Vide Quetif tomo II.
p. 641.

Guil. de Mara, Angli, ord. Minorum,
Correctorium Thomae.

Xantis Mariales Bibl. interpretum ad
Summam S. Thomae, Venet. 1660 fol.

Antonini Massoulieu, Thomas sui interpres, Romae 1692 fol.

Jo. Parisiensis Correctorium Corruptorii
Thomae.

Anton. Senensis, qui multum de Thoma
laboravit. Vide modo Quetifium t. II. p. 27.

Alb. Zenneri Armamentarium Evange-
lico-Thomisticum 1665, 4 contra Dor-
scheum.

Operum ejus conjunctim editorum Editiones habemus quatuor. Prima prodiit
Romae, jussu et sumtibus Pii V. Pontificis,
a. 1572 tomis XVII. Secunda Venetiis a.
1592 apud Dominicum Nicolinum, quae ad
Romanam plane efformata est. Tertia Ant-
verpiensis (Quetifius mavult Coloniensem
dicere) a. 1612 tomis XVIII. apud Jo.
Keerbergium, cura et studio Cosmae Morelles, Valentini, ord. Praed. Professoris
Theologi : in qua tomo ult$_i$m$_o$ quaedam
spuria sunt addita, quae Thomam auctorem non agnoscunt. Quarta Parisiensis,
curantibus Joanne Nicolai, Cosma Morelles,
Antonio Mallet; et Petro Pellicano, ord.

Praed. sumtibus societatis Bibliopolarum, 1660 tomis XXIII. fol.

Quae in singulis his editionibus exstant, ea nunc singulatim recensebimus, editionem tamen, quam ipsi Pontificii meliorem existimant, Romanam secuti, ubi singulae quoque librorum editiones, quas expiscari potuimus, subjicientur.

Tomus I. Editionis Romanae.

Vita D. Thomae e diversis collecta.

Expositio (imperfecta tamen) *in primum et secundum peri Herminias*, cum duplici textus interpretatione, antiqua et Joannis Argyropyli.

Expositio in primum et secundum Posteriorum Analyticorum, cum interpretatione antiqua et Argyropyli.

Quae hoc tomo habentur, prodierunt separatim Venetiis per Guil. de Tridino, 1489 fol. per Octavianum Scotum 1495, et cum Quaestionibus Dominici de Flandria. Venetiis 1497.

Tomus II.

Expositio in octo libros de Physico auditu, cum textu antiquo et Argyropyli. Colon. 1480. Venet. apud Scotum 1480, 1504 ibid. per Joannem et Gregorium de Gregoriis 1492 fol. Fortasse sub Titulo *de principiis rerum naturalium,*Lipsiae1498, 4.

Libri duo priores Graece versi sunt a Ge. Scholario, in Bibl. Medicea et Vaticana. Quetif p. 345.

Commentaria (imperfecta tamen) *in libros tres de Coelo et Mundo,* cum textu antiquo et Argyropuli. Non enim absolvit S. Thomas, sed reliqua Petrus de Avernia, discipulus ejus absolvisse perhibetur. Cum his additionibus Petri de Alvernia editi sunt Venetiis 1486 ibid. per Octavianum Scotum, 1495 fol. et apud Juntas 1516.

In primum et secundum de generatione, cum versione antiqua et Franc. Vatabli. Venetiis per Petrum Lichtenstein 1498 fol. et postea 1565 fol.

Haec duo posteriora opera simul prodierunt Coloniae 1480 fol.

Tomus III.

Expositio in quatuor libros Meteororum, cum versione antiqua et Francisci a Vicomercato. Venet. 1561 fol.

In tres libros de Anima, cum versione antiqua et Michaël's Sophiani. Duos posteriores Thomae esse omnes judicant, primum ajunt esse Reginaldi de Piperno, idque consentientibus scriptoribus antiquis. Colon. 1480. Venet. per Petrum Lichtenstein 1503. Bonon. 1575. Graece vertit Georgius Scholarius, in Bibl. Medicea. Allatius de Georgiis p. 408.

In libros de anima, de coelo et mundo Paris 1539 fol.

Fortasse haec Expositio librorum Aristotelis de anima est ille liber *de facultatibus animae,* quem in hebraicum sermonem conversum possidebat Wolfius ὁ μακαρίτης prout legitur in Bibliotheca illius Hebraica Vol. IV. p. 823.

In parva Naturalia, nimirum in libros *de sensu et sensato, de memoria et reminiscentia, de somno et vigilia, de somniis et divinatione per somnum.* Caetera Petrus de Arvernia supplevit, scil. *de motibus animalium, de longitudine et brevitate vitae, de respiratione et inspiratione, de juventute et senectute.* Paduae, apud Hieronymum de Durantis, 1493 fol. cum additionibus Petri de Alvernia et libro Proculi (f. Procli) de causis ab Aquinate illustrato, Venetiis 1505 item 1566 adjuncto libello quoddam *de motu caloris et lumine.*

Tomus IV.

Expositio in duodecim libros Metaphysicorum, cum versione antiqua et Bessarionis. Venet. 1560 fol.

In librum de Ente et Essentia, cum Comm. Thomae de Vio Cajetani.

Expositio in librum de Caussis.

Tomus V.

Expositio in decem libros Ethicorum ad Nicomachum, cum versione antiqua et Joannis Argyropyli. Venetiis 1519 et 1599 folio.

In octo libros Politicorum, cum versione antiqua et Leonardi Aretini. Cum praefatione Nimiraei, Paris. 1500. Venet. 1563 et 1595 fol.

In omnes hos libros Aristotelis Expositiones conjunctim prodierunt Venet. 1496 fol.

Caeterum quod S. Thomas in libros Aristotelis vetitos et nondum expurgatos scripsit, excusare conatur Launojus Epist. V. 9. c. 1. irrito conatu. Aut enim sanctitas Thomae, aut infallibilitas Pontificis vacillat. Novimus Launojum. Caetera Lector meditetur.

* Pontificia infallibilitas in docendo auctoritas, et Thomae Aquinatis sanctimonia in tuto sunt. Id autem omissis caeteris aliis argumentis, quae facile esset proferre, constat ex tempore quo Aquinas ad scribendos commentarios istos se contulit, nempe cum *studium Romae teneret*, ait Tolomaeus Lucensis Hist. Eccl. lib. 22 c. 24. *quasi totam Philosophiam sive Moralem, sive naturalem in scriptum seu commentum redegit; sed praecipue Ethicam et Mathematicam* (Methaphisicam) Igitur si Romae scribebat Thomas, non ergo invito Pontifice, neque eius auctoritate spreta. Ex hoc etiam intelligimus Pontificem, cum Aristotelis libros vetuit, id egisse non tamquam judicaret falsa dogmata in illis contineri, sed quod multi eis abuterentur; quod periculum ex D. Thomae commentariis tolli posse censebat Pontifex.

Tomus VI.

Comment. in primum et secundum Sententiarum Petri Lombardi.

Tomus VII.

In tertium et quartum Sententiarum.

Prodierunt in omnes Sententiarum libros Moguntiae per Petrum Schoeffer, 1469 fol. Venet. per Jo. de Colonia et Nic. Genson 1481, 1483, 1486 fol. cum titulis et conclusionibus M. Henrici Gorrichemiensis, Argent. 1489. Ex recognitione Timothei Veronensis, cura Boneti Locatelli, typis Octaviani Scoti, Venet. 1497, 1500, 1514 fol. Basil. per Nic. Kesler, cum scriptis S. Thomae ad Hannibaldum, 1492 Paris. 1574, 8 ibid ex recognitione et cum notis Joannis Nicolai, Ord. Praed. 1659 fol.

Super primo libro Sententiarum separatim: Venet per Ant. de Strata, 1486 folio.

Super secundum, Bononiae, per Bened. Hectorem, 1494 folio.

Super tertium, Colon. 1476. Basil. 1489. Venet. per Herm. Lichtenstein 1490 ib. per Simonem de Luere. 1503 fol.

In quartum. Venet. 1478 per M. Alexandrum de Vuild. 1498 fol.

Tomus VIII.

Quaestiones disputatae. Prodierunt 1472 fol. sine mentione loci, Romae per Arnoldum Pannartz, 1476 fol. Colon. 1477 curante Theoderico de Susteren, Colon. per Henr. Quentel. 1499, 1500 et 1508 fol. Argent. 1500, 1507 fol. Venet. apud Nic. Jenson 1480 apud haeredes Octaviani Scoti 1503 fol. 2 Vol. Paris. per Franc. de Honoratis, 1537 fol. Lugd. 1569 fol. Quaedam in Graecum sermonem versae adsunt in Bibl. Coisliniana, p. 150.

Quaestiones quodlibeticae, quae etiam dicuntur *Placita S. Thomae.* Coloniae, 1471, 1485, 1491 fol. Noribergae, per Andr. Frisner et Jo. Sensenschmid, 1474 fol. Ulmae, 1475. Venet apud Jo. de Colonia, 1476 ibid. apud Jo. de Forlivio et Greg. de Gregoriis 1485, 1493, 1498 fol. ibid. per Marinum Saracenum, 1486, 4 et Octavianum 1501 Lovanii 1487. Lugd. 1513, 8. Paris. cum Scripto altero in libros Sententiarum, quod vulgo dicitur *ad Hannibaldum*, ex recognitione Joannis Nicolai. 1660 fol.

Tomus IX.

Summa Catholicae fidei, contra gentiles, cum Comment. *Francisci Ferrariensis.* Editio antiqua sine mentione anni et loci fol. Romae 1476 fol. Venet. per Jo. de Colonia et Nic. Jenson, 1480 Coloniae per Henr. Quentel. 1497, 1499 fol. Lugd. per Juntas et socios 1521, 8. 1566 fol. Paris. cum comm. Silvestri Ferrariensis, apud Jo. Foucher, 1552 fol.

Graece vertit Demetrius Cydonius. Exstat in Bibl. Regis Galliae, Vaticana et Veneta. Quetif. p. 346.

Hebraice libros III. priores vertit Josephus Ciantes, Episcopus Marsicanus, Romae 1657 folio. Wolfii Bibl. Hebr. Vol. III. p. 278, 419.

Tomus X.

Prima pars Summae Theologiae, cum commentario Thomae de Vio, Cajetani. *Inter omnes constat*, ait Launojus Epist. I. 1. n. 4. *Theologiae Summam Doctoris S. opus esse ultimum, et caeterorum perfectis-*

simum, quod, tamen absolvere non potuit.
Idem tamen postea hanc Summam S. Thomae non esse pronunciat in Observatione octava Tractatus de Traditione Eccles. Romanae circa Simoniam, Opp. tomo II. parte 2. p. 522. Respondit ipsi Jacobus Echardus, idem ille, qui una cum Quetifio Bibliothecam Ordinis Praedicatorum edidit, in Dissertatione, cui titulus: *Sancti Thomae Summa suo auctori vindicata, sive, de V. F. Vincentii Bellovacensis scriptis dissertatio,* Paris. 1708. quam post ob defectum exemplorum operi laudato rursus inseruit. Argumenta ejus paucis verbis in summam redigemus: 1. quia adsunt Codices Seculi XIII. sat multi, antequam Thomas in numerum Sanctorum redigeretur, qui ipsi hanc Summam tribuunt; 2. quia Speculum Morale, quod Vincentio Beluacensi tribuitur, et in quo Prima Secundae et Secunda Secundae maximam partem leguntur, non fit opus Vincentii, sed a quodam falsario sub ipsius nomine ex Thoma, Stephano de Borbone, Petro de Tarentasia et Richardo de Média villa compilatum, id quod ab Echardo labore operosissimo, duo nempe haec opera secum conferendo, comprobatum est. Ex quo deinceps patet, Summam prius fuisse quam Speculum, item Speculum ante annum 1300. quo circiter mortuus est Richardus, non fuisse compilatum, quum Vincentius a. 1269 jam obierit.

Waddingus et Joannes de la Haye, Ord. Minorum, statuunt, S. Thomam ab Alexandro de Hales Summam suam excerpsisse, quod rursum operose refutavit Echardus.

Prodiit vero Summa haec integra Basil. 1485 fol. vol. 4. Venetiis 1489 fol. apud Scotum 1503 fol. apud Juntam 1509 et apud Juntas, 1588 fol. cum Commentariis Cajetani et additionibus multis, Lugduni et alibi pluries, Amstelodami sub ementitis Coloniae Agrippinae typis, 1640, 4 et 1639, 12 vol. decem. Editio recentissima prodiit cura Cornari, Cardinalis et Episcopi Patavini, Patav. 1713, 12. Vide Giornale de' Letterati d' Italia tomo XV. p. 456.

Summam in compendium redactam *Hebraice* vertit R Jacob Isaaci filius Zahalon,

Judaeus Ferrariensis et Medicus, sed nondum typis expressam. Alias R. Asarias de Rubeis hunc Thomam citat. Vide Wolfii Bibl. Hebraicam Vol. I. pag. 396, 601.

Graece versa est a Maximo Planude, quae versio in variis Codicibus MSS. latet, quarum recensum init Quetif. p. 346, 347.

Versibus *Italicis* ad latinorum Hexametrorum metrum compositis Summam expressit Hyacinthus de Ruggieri, Ord. Praedicatorum. Acta Erud. 1704 p. 524.

Prima pars Summae separatim prodiit Venet. 1477 fol. ibid. apud Antonium de Strata, 1482, 1484, 1489 per Theodericum de Asula, 1490 per Octavianum Scotum 1493 ibid. cura F. Matthaei Siculi, 1508 fol. ibidem ex recognitione F. Augustini Natalis Ragusaei; typis Philippi Pincii, 1509 fol.

Expositio in librum Dionysii de divinis nominibus. Prodiit cum Operibus Dionysii, Argent. 1503 fol.

Tomus XI.

Prima Secundae, et Secunda Secundae, cum Comment. Thomae de Vio.

Prima Secundae seorsim prodiit Moguntiae per Petrum Schoyffer de Gernsheim, 1471 fol. Venet. 1478, 1483, 1490, 1496, 1497, 1500, 1508, 1509, 1522. Paris cura Antonii Coronel. 1513, 4.

Secundam Secundae S. Thomae recte adscribendam judicat Joan. Launojus Epist. VI. 14. n. 335 ex Judaeis allegat R. Gedalja in Schalscheleth hakkabala fol. 67, 1 edit. Amstel. Prodiit Moguntiae per Petrum Schöffer 1467, 1469. Venet. 1475, 1479, 1480, 1481, 1490, 1491, 1496, 1516, 1527 fol. Romae 1475. Colon. 1480, 1493. Paris. 1512, 8. 1515, 4. 1520 fol. et 4

Tomus XII.

Tertia pars Summae Theologiae, cum Comm. Thomae de Vio. Tarvisii 1476. Venet. 1478, 1486, 1493, 1522 fol.

Hic quoque memorandum est *Quartum Scriptum S. Thomae,* quod nihil aliud est, quam Supplementum operis ab ipso Thoma non ad colophonem perducti. Prodiit per Petr. Schoiffer de Gernsheim 1469 sine loco 1478. Venet. 1487, 1493, 1505, 1518. fol.

Tomus XIII.

Expositio in librum beati Job. Lugd. 1520, 8. Hanc editionem Quaetifius Psalmis tribuit: perperam.

In primam Quinquagenam Psalmorum. Iu Cantica Canticorum. Editio Parisina duos habet D. Thomae Commentarios in Cantica, quum tamen nemo veterum tale quid memoret. Alter autem ille, ab Amadeo Scoto, Lugd. 1562 editus, in MS. Bibl. Cluniacensis, Oudino teste p. 316. Remigio Antissiodorensi tribuitur, quanquam etiam inter Opera Cassiodori edit. Rothomagensis a. 1679 impressus habetur.

In Isaiam Prophetam.

In Jeremiam Prophetam. In hos duos Expositiones prodierunt Lugduni, 1531, 8. *In Lamentationes scil. Threnos Jeremiae.* Haec omnia D. Thomae vindicat Oudinus p. 310 seqq. Expositio in Jesaiam, Jeremiam, Threnos et Matthaeum cura F. Bartholomaei Spina, Venet. 1527 fol.

Tomus XIV.

Expositiones in sancta Jesu Christi Evangelia secundum Matthaeum et Joannem. Priorem quidam sollicitarunt, et vel Petro de Scala vel Petro de Andria tribuunt: perperam. Supplevit quaedam ex lectionibus ejus Reginaldus socius illius, sed tamen D. Thomas correxit et approbavit. Vide Oudinum et Quetifium. In Evangelium Joannis seorsim prodiit Paris. per Joannem de Porta 1520 folio.

Tomus XV.

Continuum s. Catena aurea in quatuor Evangelistas. Hoc Opus Petrus de Alva et Astorga Pontio Carbonello potius tribuit, sed refutatus a Francisco Jansseo. Quin et Quetifius p. 327 et Oudinus p. 317 multis opus hoc D. Thomae vindicarunt. Editum est Romae 1470. Norib. apud Koburger 1474, 1475. Venet. 1474, 1482, 1484, 1486, 1493 fol. 1494, 1584, 4 Colon. Paris. Antverpiae, tandem Parisiis per Joannem Nicolai 1667 fol. et Lugd. 1686 fol. Editiones recentiores interpolatas esse notat Rich. Simonius.

Tomus XVI.

Expositiones in omnes D. Pauli Epistolas. Basil. 1175 ibid. per Mich. Turter, 1195

fol. Bonon. 1481 fol. Venet. 1496, 1498. Paris. 1526, 1529, 1532, 1541 per Joannem de Roigny 1549, 1563 etc. demum per Jo. Nicolai, Lugduni 1689 folio.

Sermones pro diebus Dominicis et Sanctorum solemnitatibus. Romae 1571, 8. Paris. 1578, 8. Mogunt. 1616, 8.

Enarrationes Evangeliorum Dominicalium et quadragesimalium ex Catena aurea excerptae, Paris. per Claudium Chevallon, 1538, 8.

Tomus XVII.

Continet *Opuscula D. Thomae,* quorum editiones separatae multum differunt. Prima continet *Opuscula Philosophica* 1484 fol. sine mentione loci edita, a Maittairio memorata. In editione Mediolanensi 1488 quae cura Pauli Barbi Soncinatis habentur opuscula LI. Quetifius tantum XLIX numerat. Editio Antonii Pizamani Venet. 1490, 1498, 1587 et 1596 habet numero LXXIII. Alia editio Venet. per Herm. Lichtenstein 1490, 4 a me non visa est. Insigniora XXVIII. Duaci, 1609, 8, 2 Vol. Memoratur alia Parisina, 1634 fol. Optima est, quae opuscula Theologica et moralia novo ordine disponit, editio Petri Pelicani, Paris 1636 folio.

In editione Romana hoc ordine sequuntur:

1. *Contra errores Graecorum,* ad Urbanum Pont. Max. Testimonia Graecorum hic pessima fide adducuntur, prout Launojus in Epistolis docet: quod excusat Quetifius, quia ea fide adduxit, qua ipsi a Pontifice tradita fuerant.

2. *Compendium Theologiae,* ad Mag. Reginaldum socium suum.

3. *Declaratio quorundam Articulorum contra Graecos, Armenos et Sarracenos;* ad Cantorem Antiochenum. Graece vertit Demetrius Cydonius, in Bibl. Vindobonensi, Medicea et Veneta.

4. *De duobus praeceptis Charitatis, et de decem Legis Praeceptis.*

5. *De Articulis Fidei et Sacramentis Ecclesiae.*

6. *Expositio super Symbolum Apostolorum,* scilicet, credo in Deum.

7. *Expositio Orationis Dominicae,* Pater noster.

8. *Expositio Salutationis Angelicae*, Ave Maria. Quidam haec quatuor Petro de Adria tribuunt, utpote qui illa ex lectionibus Thomae collegerat.

9. *Responsio de articulis centum, et octo sumtis, ex Opere Petri de Tarantasia* ad F. Jo. Vercellensem Generalem Magistrum Ord. Praed.

10. *Responsio de Articulis* 42 ad eundem.

11. *Responsio de Articulis* 36 ad Lectorem Venetum.

12. *Responsio de sex Articulis*, ad Lectorem Bisuntinum.

13. *Differentia Divini Verbi et humani.*

14. *De natura verbi intellectus.*

15. *De substantiis separatis*, sive *de Angelorum natura* ad F. Reginaldum socium suum.

16. *De unitate intellectus* contra Averroistas.

17. *Contra pestiferam Doctrinam Retrahentium homines a religionis ingressu.*

18. *De perfectione Vitae spiritualis.*

19. *Contra impugnantes Dei cultum et religionem.*

20. *De Regimine Principum*, ad Regem Cypri. Libro tertio et quarto multa narrantur, quae demum post tempora S. Thomae contigerunt, hinc, consentientibus praeterea Codicibus MSS. statuit Quetifius, hos duos, una cum fine secundi ad Thomam non pertinere, sed a Ptolemaeo Lucensi additos esse. Oudinus contra ipsi plane abjudicat. Caeterum hi libri speciatim prodierunt Venetiis, 1568 et inter Respublicas minores, Lugd. Batav. apud Joannem le Maire, 1630, 12.

(323) *Del Governo de' Principi traduzione di Valentino Averoni Monaco di Vallombrosa. Firenze, Marescotti* 1577. 8.

21. *De Regimine Judaeorum.*

22. *De Forma absolutionis*, ad Generalem Magistrum Ordinis.

23. *Expositio primae Decretalis*, ad Archidiaconum Cudestinum.

24. *Expositio super secundam Decretalem*, ad eundem.

25. *Tractatus de sortibus*, ad Dominum Jacobum de Burgo.

26. *De officiis astrorum*, ad F. Reginaldum socium suum. Dicunt seorsim prodiisse Colon. 1580.

27. *De aeternitate Mundi.* Graece vertit Prochorns presbyter, in Bibl. Vaticana.

28. *De Fato.*

29. *De Principio individuationis.*

30. *De Principiis naturae*, ad F. Silvestrum.

31. *De Ente et Essentia.* Venet. 1488, 4 ibid. 1496 fol. Lypsiae 1498, 1508, 4.

32. *De natura materiae et dimensionibus interminatis.*

33 *De mixtione Elementorum*, ad Magnificum Philippum.

34. *De occultis operibus Naturae*, ad quendam militem.

35. *De motu cordis*, ad Mag. Philippum. Haec duo prodierunt Lipsiae per Jac. Thanner 1495. 4 et 1499, 4.

36. *De Instantibus.*

37. *De Oppositis.*

38. *De Demonstratione.*

39. *De Fallaciis*, ad quosdam nobiles Artistas. Graece habetur in Bibl. Florentina et Vaticana. Quetif. p. 343.

40. *De Propositionibus modalibus.*

De Eruditione principum, qui liber tum primum e Vaticana prodiit. Ostendit autem Quetifius pag. 135 opus esse Guil. Peraldi.

41. *De natura accidentis.*

42. *De natura generis.* Haec duo agnoscit Ptolemaeus Lucensis.

43. *De potentiis animae.*

44. *De tempore.*

45. *De pluralitate formarum.* Haec sunt dubia.

46. *De dimensionibus indeterminatis.* Jam supra adfuit n. 32.

47. *De natura Syllogismorum.* Dubium.

48. *Summa totius Logicae Aristotelis.* Constat tractatibus novem, et inter dubia refertur. Prodiit Venet. per Simonem Bevilaqua, 1496, 4. Sunt qui *Thomae Anglico*, cui cognomen est *Jorsius*, vel etiam Herveo Britoni tribuunt. In editione Parisina haec Summa habetur tom. I.

49. *De sensu respectu singularium, et intellectu respectu universalium.*

50. *De inventione medii.*

51. *De natura luminis.*

52. *De natura loci.*

53. *De intellectu et intelligibili.*

54. *De quo est et quod est.*

55. 56. *De universalibus* tractatus duo. Omnia haec dubia sunt, et minori charactere impressa.

57. *Officium de festo Corporis Christi*, jussu Urbani IV. qui hoc festum instituerat. Meminerunt omnes antiqui, et indubium est. De hoc Officio, quod Breviario Romano insertum est, exstat dissertatio Danielis Papebrochii in Propylaeo ad Acta Sanctorum Maji tomo II. p. 51. Adde Oudinum p. 340.

58. *De venerabili Sacramento Altaris.* Quetif Alberto Magno tribuit, dissentiente Oudino p. 342 qui Itali vel Galli esse statuit.

59. *De Sacramento Eucharistiae ad modum decem praedicamentorum.* Oudinus ad seculum XIV. desinens vel XV. incipiens refert.

60. *De humanitate Jesu Christi.* Dubium.

61. *De dilectione Christi et proximi.* Oudinus p. 343.

62. *De divinis moribus.*

63. *De beatitudine.*

64. *De modo confitendi et puritate conscientiae.* Gallice vertit Ant. Stephanus. Paris. 1579, 8.

65. *De officio Sacerdotum.* Editio antiqua prodiit sine anno et loco, deinde Paris. per Chevallonum 1527, 1536, 12.

66. *Expositio Missae.*

67. *De emtione et venditione ad tempus.*

68. *Epistola de modo salubriter acquirendi scientiam sive humanam sive divinam.* De his omnibus vide Oudinum pag. 347 seqq.

69. *Expositio in librum Boëtii de Hebdomadibus.*

70. *Quaestiones super librum Boëtii de Trinitate.* Graece versum exstat in Bibl. Vaticana.

71. *De vitiis et virtutibus numero quaternario conjunctis.* Est compendium *summae* Guilielmi Peraldi *de virtutibus et vitiis*, auctore Jacobo de Voragine, quemadmodum Oudino visum est.

72. *De concordantiis dictorum, in quo concordat seipsum in passibus apparenter contradictoriis.*

73 *De usuris in communi et de usurariorum contractibus.* Spuria haec sunt.

74. *De praescientia et praedestinatione.* Hoc opusculum tantum in editione Parisina accessit, quippe additum fuerat Commentariis Cajetani in Summam Doctoris Angelici.

Post haec opuscula in editione Romana accessit *Scriptum secundum D. Thomae in quatuor libros sententiarum, ad Annibaldum Annibaldensem, Ord. Praedic. et Cardinalem.* Hannibaldo de Hannibaldis asseruit Quetifius, de quo etiam Noster T. III. 175.

In editione Opusculorum ultima Parisina hoc etiam nunquam alias editum prodiit: *Questiones propositae in Capitulo generali Parisiis celebrato anno Domini MCCLXIX. coram magistro ordinis et diffinitoribus.*

Tomi XVIII. loco possit esse Tabula aurea F. Petri de Bergamo in omnia opera D. Thomae, cum Concordantiis dictorum ejus et Indice auctoritatum Sacrae Scripturae. Quanquam ex Quetifio constat, solere illud opus cum tomo I. compingi.

Speculator de verbis Petri, Graece exstat Venetiis inter Codices MSS. Cardinalis Bessarionis.

Confessio, Graece per Demetrium Cydonium in Bibl. Medicea.

In editione Antverpiensi vel Coloniensi additus est tomus XVIII. cujus contenta etiam recensebo:

1. *Postilla seu Expositio aurea in librum Geneseos.* Hujus libri nullus veterum auctorum, qui opera D. Thomae recensent, meminit. Prodiit antea Antverpiae apud Bellerum 1572, 8. Lugduni 1573, 8. Vide Oudinum p. 307.

2. *Expositio in Danielem Prophetam*, e MS. Lovaniensi Thomae esse negat Malvenda de Antichristo p. 40.

3. *Expositio in 1. et secundum Machabaeorum*, quam Stephanus Sampajo primum edidit Paris. 1596, 8 repetitam ibidem 1636, 8.

4. *Commentarius in septem Epistolas*

Canonicas, editus Paris. 1543 et 1550 per Claudium Spineum: deinde Lugduni 1556, 8 et Antverpiae 1592. Rursum Parisiis cum Commentario in Epistolas Paullinas, 1563 fol. Labbeus observavit Lyranum allegari ad I. Petri II.

5. *In B. Joannis Apocalypsin, nunc primum e tenebris eruta.* Sed jam prodierat Florentiae, per Laui. Torrentinum 1549, 8.

6. *Commentarius super libros Boëthii de consolatione Philosophiae,* qui jam antea prodiit Tolosae per Jo. Paris, 1481. Gandavi 1485 fol. Venet. 1486 et 1489 et alibi.

7. *Expositio in tractatum Boëthii de scholarium disciplina.* Colon. 1498 fol. Lugduni per Jo. de Prato 1490, 4. 1514, 4.

Verum haec opera spuria, et indigna, quae sub D. Thomae nomine citentur, ut pluribus ostendunt Labbeus et praecipue Quetifius: adde Oudinum p. 326.

Tabula omnium Operum Thomae Aquinatis prodiit Basileae 1495, 4.

Quod ad auctoritatem Operum D. Thomae pertinet, jam olim fuerunt, qui doctrinis illius non semper voluerunt assurgere, de quo testatur *Epistola Stephani Episcopi Parisini, cum consilio universitatis Theologorum de commendatione doctrinae S. Thomae, et quomodo Episcopus annullavit excommunicationem, quae facta fuerat contra aliquos articulos,* quam habes in Thesauro novo Anecdotorum Edmundi Martene et Ursini Durand tomo I. p. 1372 et habent quaedam Quetifius et Bulaeus in Historia Universitatis Parisinae. Contra vero sequentibus temporibus auctoritas quarundam illius doctrinarum in tantum invaluit, ut Jo. Launojus, qui non facile credebat, quae Ecclesia Romana, in doctrinam Thomae juraret. Verba ejus sunt haec Epist. VI. 14. n 561. *Religiose juro in beati Thomae doctrinam omnem, quam convenienter defintae a se Theologiae scholasticae in prima parte quaest. 1. art. II. et art. VIII. ad secundum tradidit: et propter honorem S. Thomae non juro in aliam, quae ab illa dissentiret.*

Caeterum in his, quae hic de S. Thoma protuli, plerumque secutus sum Quetifium et Oudinum, ita tamen, ut de meis multa quoque intersperserim. Reliqua Lector ab Auctoribus laudatis petet, item ab aliis, qui Scriptores Ecclesiasticos percensuerunt.

* *Summa Catholicae fidei,* seu potius, ut fert titulus, *de veritate Catholicae fidei contra errores gentilium* prodiit Romae impressore Arnoldo Pannartz in domo viri nob. Petri de Maximis An. Verbi 1475 die vero 20 Sept. sedente Xisto IV. Pont. Max. anno ejus V. Est etiam apud me vetustissima editio eiusdem operis impressa Venetiis per Franciscum de Hailbrum et Nic. de Francfordia socios absque anni adscriptione.

In Abbatia Rubei Claustri in Belgio, quae est Canonicorum Regul. S. Augustini servatur Epistola S. Thomae de Aquino ad Aleydem Ducissam Brabantiae fundatricem vallis Ducis. Vide Itinerar. literar. duorum Benedictinorum II. 215.

Versionem Summae ab Hyacinto De Ruggieri metrica oratione concinnatam laudans Bibliothecarius noster errat, errore ex actis eruditorum hausto. Non enim Italicis Versibus ad Latinorum sonum exactis, illam Rogerius expressit, sed potius Latinis versibus dedit ita concinnatis, ut solent Itali octono metro. Prodiit opus Rogerii primum a. 1632. Romae. Vide Crescimbeni St. della Volg. Poesia vol. I. lib. VI. c. VIII.

Praetereundum non duco opus praeclarum P. Bernardi De Rubeis Ord. Praed. *De gestis et scriptis ac doctrina S. Thomae Aquinatis Dissertationibus criticis et apologeticis* exactum in fol. Venetiis a. 1730. Dissertationes vero illae comparent etiam in sua singulae loca distributae in nova editione Operum S. Thomae, quae coepta est Venetiis in 4. a. 1745.

(324) Et curante eodem P. De Rubeis XXVIII. voluminibus ad umbilicum perducta. Editio omnium locupletior et nisi inelegans, optima.

THOMAS, Archidiaconus Roberti Capitonis Episcopi Lincolniensis circa annum 1253 scripsit *Librum de Baptismo.* Pitseus Append. Cent. IV. 49.

THOMAS *de Argentina,* a patria sic dictus, Theologus Parisious, Augustinianus Eremita, et a. 1345 ordinis sui Generalis, obiit Viennae a. 1357. Scripsit *in IV Libros Sententiarum*, Argent. 1490. Venet. 1564, 1588 Genuae 1585 *Constitutiones ordinis sui, Sermones. Meditat ones, et Epistolas.* Vide Trithemium c. 627, Whartoni Append. ad Caveum p 31. Felicis Milensii Alphabetum ord Eremitarum S, Avgustini p. 288. Phil. Elssi Encomiasticon Augustinianum p. 633. Gandolfum de ducentis Augustinianis Scriptoribus p. 334.

Alius THOMAS *de Argentina*, ord. Praed. qui vixit a. 1495 et *Sermones Meditationes, Epistolas* et *Quaestiones* scripsit. Gesnerus, Jac. Quetif de Scriptoribus ord. Praedicator. tom. I. p. 881. Ita scriptores, qui procul dubio hos duos confundunt.

THOMAS. vel etiam THOMASINUS *Aribertus*, Cremonensis, Rhetor et Philosophus, ob it a. 1320 scripsit *Odas Pindaricas, Epigrammata, Epistolas, de hominis generositate, de vera amicitia.* Arisii Cremona literata tom. I. p 227

THOMAS *Arientus*, Philosophiae et Medicinae Doctor, Chirurgiae Lector publicus Bononiae, a. 139) un cum uxore, et lilio adoptivo a famulo perfido occisus fuit. Reliquit opus MS. *Praxis omnium morborum, cum medicinis cujuscunque generis* Orlandi Notitia Scriptorum Bononiensium p 251.

THOMAS *Arundelius*. Comitum prosapia natus, Episcopus Eliensis, Archiepiscopus Eboracensis, Angliae Cancellarius, tandem Archiepiscopus Cantuariensis, obiit a. 1415. Scripta ejus sunt *de Clericis peregrinis, de Magistris, de haereticis, Comment in Sapientiam. Explicatio Passionis J. C Sermones ab Adventu usque ad Pascha.* Pitseus c. 764. *Sermonem* habuit in obitum Annae Reginae. A 1394 ex quo quaedam adducit Usserius de Scripturis et Sacris Vernaculis p. 161 sibi tamen in agnoscenda veritate non constans, ut idem ostendit p 163.

THOMAS *Asheburnus*, Staffordiensis, ord. Eremitarum S. Augustini, a 1382 in Synodo Londinensi una cum aliis Wiclefum damnavit. Scripta ejus sunt: *Contra Trialogium Wiclefi, de identitate in Sacramento, Sermones. Quaes iones ordinariae. Replicationum liber I. Extractiones ex S Augustino.* Balaeus Centur.VI.77.Pitseus c. 676.

THOMAS *Aulabii*, Anglus, Magister Cantabrigiensis, scripsit *de origine et successu Cantabrigiensis Gymnasii.* Gesnerus ex Balaeo. quae tamen in illo mihi non occurrerunt.

THOMAS *Aymo Bonjoannis.* Insuber, ord. Praedicator conventus Albensis, sec. XV. Scripsit *Vitam B. Margaritae de Sabaudia, Theodori marchionis Montisferratensis sponsae.* Jac. Quetif de Scriptoribus ord. Praedicatorum tom. I. p. 905.

THOMAS de *Azzoguidis,* Bononiensis, JCtus circa a. 1340 scripsit *Quaestiones Juridicas.* Bumaldi Minerval Bononiense p. 217.

THOMAS *Bacillerius.* Bononiensis, docuit Philosophiam Bononiae, Patavii et Papiae, obiit a. 1521 Gesnerus.

THOMAS de *Baillaco*, Cancellarius Academiae Parisinae, obiit a. 1328. Ejus varii de rebus Theologicis *Commentarii, Quodlibeta* et *Sermones* servantur in Bibliotheca S Victoris. Hemeraeus de Academia Parisina p. 130, Montfaucon Bibl. Bibliothecarum MSS. p 1373.

THOMAS *Bajocensis.* cognomento *Junior,* Thomae senioris Archiepiscopi nepos, circa a. 1169, Scripsit *Cantus ecclesiasticos, et Officiarium Eboracensis Ecclesiae.* Balaeus Centur XIII. 25.

THOMAS *Balduinus,* vide supra T. II. pag. 154

THOMAS, Patriarcha *Barbariensis*, profertur ab Oudino, tanquam Auctor *Fortalitii fidei.* qui liber est Alphonsi de Spina, id quod ex editionibus illius constat. Poterat hoc Oudinus facile videre, inter alias etiam hac de caussa, quia in opere Alphonsi libri singuli loco capitum in Considerationes dispertiti sunt. Addit autem potius conjecturam, hunc Thomam fuisse monachum ex ordinibus mendicantibus, et quidem ordinis Minorum, qui Patriarchali titulo a Pontifice donatus sit sine certa sede Sed miror, ipsi talia excidere potuisse. Credo enim potius, hunc Thomam *Barbariensem* in rerum natura nunquam fuisse. Jo quidem Wollius Rerum memorabilium tomo I p. 832 Thomam hunc expresse auctorem ejus libri facit: sed nulla addita ratione. Contra Alphonsus de Spina in Fortalitio fidei Libro III. Consideratione VII. fol. 144 a. edit. Noribergensis per Koburgerum a. 1494 citat *Fratrem Thomam Patriarcham Barbariensem in libro suo de apibus c. XXX.* Alqui vero hic liber pertinet ad *Thomam Brabantinum*, qui etiam *Cantimpratensis* dicitur, de quo inferius agetur. Si igitur fuit aliquis *Thomas Barbariensis*, quod negare non prorsus sustineo, alia quaedam et certiora de illo erunt proferenda.

THOMAS *Basinus*, Lexoviensis Episcopus, à Rege autem ejectus, Archiepiscopi Caesariensis titulum accepit, et ultimum vitae tempus Ultraj. consumsit, mortuus A. 1491. Vide Wilh. Hedam in historia Ultraject. p. 304. Ex ejus *historia de Ludovico XI. Galliae Rege et Carolo Burgundiae Duce*, saepius aliqua ad verbum, non dissimulato Thomae nomine exscribit Jac. Meyerus Annal. lib. XVII. Juris fuisse peritissimum, atque id in schola Lovaniensi fuisse professum, auctor est Rob. Gaguinus in historia Francorum. quem vide ad a. 1465. Vossius de Hist. Latinis p. 611. Excerpta ex illa historia de rebus in Hollandia et dioecesi Ultrajecti a. 1481 seqq. gestis edidit Ant. Matthaeus Annal. tomo II. edit. prioris, tomo I. p. 505 edit. novae, quem confer in praefatione. Ejus *Apologia* et *Historia* est in Bibl. Regis Galliarum. Bern. de Montfaucon Bibl. MSS. p 952. *Consilium ejus super processu puellae Aurelianensis* MS. bis extat in Bibl. Vaticana: ibid. p. 54. 82. Adde Oudinum tomo III. p. 2616.

THOMAS *Beccatellus*, Poëta Bononiensis, a. 1503 edidit *Carmina in honorem. B. Catharinae de Bononia.* Orlandi Notitia Scriptorum Bononiensium p. 251.

THOMAS *Bechington*, Anglus, Theologus Oxoniensis et benefactor Collegii Novi ibid. Fuit a. 1429. Decanus Curiae de Arcubus, post Episcopus Bathoniensis. Scripsit *de jure Regum Anglorum ad regnum Franciae, Sermones*, et *in Epistolas Petri Blesensis.* Lelandus c. 544. Balaeus Centur VIII. 10. Pitseus c. 842.

THOMAS *Becket*, Londineusis, studuit Oxoniae, Parisiis et in Italia, Juris Canonici Doctor. Archidiaconus Cantuariensis, Praepositus Beverlacensis, Summus Angliae Cancellarius, et tandem a. 1162. Archiepiscopus Cantuariensis Clericorum fautor summus magnas cum Rege inimicitias gessit, a cujus satellitibus tandem a 1170 interfectus, post mortem Sanctus habitus est. De vita ejus plura habes in *Quadrilogo*, sive vita ejus ex quatuor Scriptoribus contexta, et Epistolis ejus praefixa, brevius apud Caveum, et alias. *Epistolarum* ejus *Libros VI.* una cum admixtis aliorum ad Thomam, edidit Christianus Lupus, Bruxellis 1682, 4. *Encomium rhythmicum de septem gaudiis* b. *Virginis* edidit Hippolytus Maraccius in opere de Antistitibus Marianis, teste Car. de Visch in Bibl Scriptor. Cisterc. p 309. Inedita sunt sequentia: *Apologia ad Gilbertum, Episcopum Londinensem, Processus ejus ad suos Episcopos lib. I.*

Confer Balaeum Cent. II. 100. Pitseum c. 239. Bulaeum hist Universitatis Paris. tomo II. p. 775, 776. Car. de Visch Bibl. Scriptorum ord. Cisterc. p. 309 Vitam ejus ingenti Volumine scripsit Herbertus de Boscham, cujus mentionem facit Oudinus tomo III. p. 1479.

THOMAS *Beverlacensis*, Anglus, sed *Frigidi Montis* (Fremont) in Gallia, dioecesis Beluacensis, monachus Cisterciensis, circa a. 1170. Scripsit *vitam B. Margaretae*, cognomento Hierosolymitanae, sororis suae, prosa et carmine, quae MS. aliquot locis occurrit, magna vero ex parte Annalibus suis ab a. 1187 et seqq. inseruit Angelus Manrique. *Tractatum de contemtu mundi*, ad sororem suam memoratam. Vide Car. de Visch. Bibl. Scriptorum Cisterc. p. 311, 312 Polyc. Leyseri Hist. Poëtar. medii aevi p. 435. Oudinum tomo II. p. 1688.

THOMAS *Bongeius*, vide infra *Bungeius.*

THOMAS *Boujoannes*, ord. Praedicatorum, Panormitanus. Philosophus et Theologus, circa a 1342 scripsit *de rerum proprietatibus.* Jac. Quetif de Scriptoribus ord Praedicatorum tomo I. p. 906. Alium hujus nominis quaere supra in *Thomas Aymo.*

THOMAS *Borstallus*, Norfolcensis, ord.
Eremitarum S. Augustini, Doctor Theologus, et Professor in Sorbona Parisiensi,
mortuus a. 1290 reliquit *Quodlibeta Scholastica. Disceptationes ordinarias, et super*
Magistrum Sententiarum. Balaeus Cent. IV.
38. Pitseus c. 418.

THOMAS *de Bozolasto*, Insuber, ord.
Praedicatorum in conventu Papiensi, Sec.
XIV. Ejus *Vita B. Sibyllinae Papiensis*
Sororis de Poenitentia S. Dominici a Taegio part. III. Monum. p. 193 et in Actis
Sanctorum tomo III. Martii edita est. p. 68.
Idem Qu tif. l. c. p. 662.

THOMAS *Brabantinus*, vide *Cantipratensis*.

THOMAS *Brudelejus*, vide *Scropus*.

THOMAS *Bradwardinus*, vid. Tom. II.
p. 248.

THOMAS *Bricot*, Theol. Prof. Scripta
ejus sunt:

1. *Textus suppositionum Logicae Petri*
Hispani, et Quaestiones in fine singulorum
librorum: prodierunt cum Georgii Bruxellensis Logica. Lugd. 1494, 1509.

2. *Textus Aristotelis super octo libris*
Phys corum abbreviatus, cum continuatione textus M. Georgii et quaestionibus
ejusdem. Parisiis per Henr. Stephanum
1504 fol. Lugduni per Jo. Carcan. 1493
fol.

3. *Abbreviati textus totius Logices.* Parisiis 1489.

4. *Insolubilia.* Paris. 1192, 8.

5. *Additiones ad Georgii Bruxellensis*
expositionem in Logicam Aristotelis. Lugd.
apud Steph. Gueynard 1504, 4.

6. *Cursus optimarum quaestionum super*
totam Logicam. fol. sine mentione anni et
loci. Est Northusae in Bibl. Blasiana.

THOMAS *Brinton*, vel *Brampton* Anglus,
monachus ordinis S. Benedicti in coenobio
Norvicensi. Romam vocatus sedis Apostolicae fuit Poenitentiarius, tandem Episcopus
Roffensis, circa a 1380. Scripsit *Sermones*
coram Pontifice et Sermones solemnes.
Balaeus Centur. XII. 12. Pitseus Append.
Centur. IV. 50.

THOMAS *de Brixia*, vide, *Thomas Calvisanus.*

THOMAS *Bromius*, Carmelita in Conventu Londinensi, et Prior, post a. 1362.
Provincialis, obiit a. 1380. Ejus sunt *Lectura*
Theologiae; Quaestiones variae, de laudibus
Scripturae, in praefationem Hieronymi, in
Epistolas ad Romanos, Sermones de tempore, Lelandus c. 419. Balaeus Centur. VI.
61. Pitseus c. 649.

THOMAS *Brownus*, Presbyter secularis,
scripsit a. 1513. *Vitam Nicolai Maguirii,*
Episcopi Leghlinensis, cujus Capellanus
fuerat Haec Waraeus de Scriptoribus Hiberniae l. p. 87.

THOMAS *de Brundusio*, cujus *Additiones*
et Apostillas super constitutionibus, capitulis et pragmaticis regni Siciliae memorat
Gesnerus.

THOMAS *Buckinghamus*, Anglus, illustri
loco natus, Theologiae Doctor Oxoniensis,
Ecclesiae Exoniensis Cancellarius, cujus
aetas ignoratur, scripsit *Commentarios su-*
per Magistrum Sententiarum, et Quaestio-
nes Theologicas. Pitseus Append. Centuria
IV. 62.

THOMAS *Bungeius*, vel *de Bungey*, oppido ad Avonam districtus Norfolcensis,
ordinis S. Francisci, Theologus Doctor et
Professor Oxoniensis, suique ordinis Provincialis circa a 1290. Scripsit *super Ma-*
gistrum Sententiarum. Quaestiones Theo-
logicas, et de Magia naturali Lelandus
c. 290 Balaeus Cent. IV. 61. Pitseus c. 417.
Waddingus de scriptoribus ord. Minorum
p. 323. Willot. p. 332. Gesnerus.

THOMAS *de Cabham*, Anglus, Theologiae Doctor, Subdiaconus Sarumensis, Ecclesiae Sarisburiensis Canonicus et Vice-
Decanus, vulgo probus Presbyter cognominatus, tandem an. 1313. Archiescopus
Cantuariensis. Scripsit *Summam de casibus*
poenitentiae et Ecclesiasticis Officiis, de
peccatis in genere, Speculum Ecclesiae, de
baptismo, Sermones etc. Lelandus c 286.
Balaeus IV. 98 Pitseus c. 416. Bern. de
Montfaucon Bibl. Bibl MSS. p. 663.

THOMAS *Caffarinus*, Vide *Thomas Antonii.*

THOMAS *Cajetanus*, vide infra *de Vio.*

THOMAS *de Caloria*, alias *Messanensis*,
a patria dictus, Franc. Petrarchae intimus,

obiit circa a. 1341. Latine scripsit *Carmina*
et *Epistolas*, *Poëmata* quoque Italica. Mongitore Bibl. Sicula tomo II. p. 256, 257.

THOMAS *de Calvisano*, a patria in dioecesi Brixiensi sita, unde etiam *Thomas de
Brixia* vocatur, ord. Praedicatorum, sub
initium seculi XVI. scripsit *Orationes*,
Comm. in Summam S. Thomae, *Sermones
de tempore, de Sanctis, et Quadragesimales*.
Jac. Quetif de Scriptoribus ord. Praedicatorum tomo II. pag, 26 Leon. Cozzando
Libraria Bresciana p. 297 Altamura p 233.

THOMAS *de Campo*, monachus ordinis
nescio cujus, scripsit *Versus medicinales*.
Vide Folleri Catal. MSS. Bibl. Paulinae
p. 267.

THOMAS *de Cantilupo*, vide supra T.I. 309.

THOMAS *Cantimpratensis. Joannem* vocant Sammarthani in Gallia Christiana,
Henricum et *Guilielmum* alii, indicante
Sandio ad Vossium de Historicis Latinis
p. 381. Puto perperam id factum. Natus
fuit in vico Leunis prope Bruxellam a.
1201 primo Canonicus ord S. Augustini in
Cantimpráto prope Cameracum, deinde
monachus ord. Praedicatorum Lovanii. Coloniae docentem audivit Albertum Magnum,
et Thomam Aquinatem condiscipulum habuit. Porro Lovanii in Conventu Dominicanorum Subprior et Lector, Episcopus Lu-
-sentinus et Episcopi Cameracensis Suffraganeus fuit, et a. 1263 fatis concessit.
Scripta ejus nota sunt haec:

1. *Bonum universale de Apibus*, Daventriae ante a. 1478. Paris. et alibi sine
mentione temporis, deinde curante Ge.
Colvenerio Duaci 1597, 1605, 1627, 8.
Gallice vertit Vincentius Willart ord. Praedicator. Bruxell. 1650, 4.

2. *Vita Joannis Abbatis primi monasterii
Cantimpratensis, et ejus Ecclesiae fundatoris*. Parisiis asservatur in Bibl. S. Genovefae

3. *Vita B. Christinae*, dictae *Mirabilis*,
Trudonopoli in Hasbania Extat apud Surium d. 23. Junii, et in Actis Sanctorum
tomo V. Julii p. 650.

4. *Vita B Mariae Ogriacensis*, apud Surium ibid. Hanc vitam Thomae nostro
cum Codices MSS. tribuunt, tum etiam

Dionysius Carthusianus libro de quatuor
novissimis, articulo 50 ubi hunc Thomam
vocat virum literatum, religiosum ac nobilem. Tamen Daniel Papebrochius non Thomae, sed Nicolao Cantimpratensi tribuit,
in Actis Sanctorum tomo IV. Junii p. 634.
Ratio sola haec est, quia Arnoldus Rayssius
inter Peristromata Sanctorum Duaci, 1630
ac rursus post Coenobiographiam et Li-
psanographiam a. 1636 editam. hanc vitam
*N. Regulari Canonico monasterii Cantim-
pratensis* tribuit. Interim non negat Papebrochius, Thomam nostrum libro 2 Apiarii
cap. 54 num. 18 quaedam ex hac vita
verbotenus descripsisse.

5. *Vita B. Lutgardis Monialis de Aquiria*,
ord. Cisterc. Surius d. 16 Junii, et in
Actis Sanctorum tomo III. Junii p. 234
cum annot. Dan. Papebrochii.

6. *Vita B. Margaritae Iprensis*, prodiit
Duaci 1618 per Hyacinthum Choquetium,
inter Sanctos Belgii ord. Praedicator. p.
144.

7. *Hymnus de B. Jordano* extat in Actis
Sanctorum tomo II. Febr. p. 738.

8. Creditur et hujus esse *Latina Aristotelis tralanstio*, quae in Scholis solet obtinere: sed, Bulaeo judice, antiquior est.

9. Opus *de naturis rerum* lib. XX. memorat Trithemius, quod quindecenni labore confectum ipse asserit. Fuit Duaci
apud Ge. Colvenerium.

Vitam ipsius dederunt Hyacinthus Cho-
quetius de Sanctis Belgii ord. Praedicator.
Jo. Gillemannus in Hagiologio Brabantino-
rum, et Ge Colvenerius supra memoratus.
Adde Scholion Miraei ad Henr. Gandavensem c. 51. Vossium p. 419. Cavrum p.
638. Bulaeum historia Univers Parisiensis
tom. III. p 711. Jac Quetif de Scriptoribus
Ord. Praedicatorum tom. I. p. 250. s. Val.
Andream in Bibl Belgica pag. 832. Swertii
Athenas Belgicas p. 692. Ambr. ab Altamura p. 21.

THOMAS *Cantuariensis*, vide supra
Becket

THOMAS ex Capitaneis de Cellionibus,
Gallus, Theologiae Doctor, Abbas monasterii
B. Mariae de Pietate Raineri. Orator a
Ludovico XI ad Sixtum IV. missus A.

1471 al 1473 *Orationem* elegantem recitavit. quae statim Parisiis excosa est. Car. de Visch B bl Scriptorum Ord. Cisterciensis p. 510 Praedicatorum ordini, ex quorundam sententia adscribit Jac. Quetif tomo I. p. 865.

THOMAS *Capuanus*, a patria sic dictus, a. 1216 ab Honorio III. Cardinalis Presbyter tit. S. Sabinae creatus est. Duabus legationibus a Gregorio IX adhibitus est, in quarum altera a. 1230 pacem inter Fridericum et Papam conciliavit. Patriarcha quoque Hierosolymitanus creatus est, sed a Pontifice non dimissus, qui Graecis hunc tantum virum invidebat. Moritur a. 1239 teste Odorico Raynaldo ad h. a. n. 19. Ad hunc data est Epistola Friderici II. apud Petrum de Vineis III 19. Scripsit *Dictatorem Epistularem* sive *Summam dictaminis*, h. e. de modo conscribendi Epistolas et bullas Pontificias in Cancellaria Romana Opus est miscellum, seria et jocosa, prosas et rhythmos continens, et in Bibliothecis Galliae saepius occurrit. *Summam epistolarem* vocat Codex Heilsbrunnensis, teste Hockero p. 80. Particulam ejus edidit Jo. Ge. Hahnius Collectionis Historicorum tomo I. p. 279. Martyrologium ejus extat in Bibl. Vaticana, teste Bern. de Montfaucon Bibl Bibliothecarum MSS p. 41. Epistolae in Bibl Regia Parisina, ibid. pag. 937 Adde Toppii Bibl. Neapolitanam p. 294. Oldoini Athenaeum Romanum p. 628. Oudinum tomo III. p. 86.

THOMAS Cardinalis tit. S. Petri ad Vincula, natione Anglus, monachus Dominicanus et Theologiae Doctor, vixit anno 1380 et scripsit *super Aristotelis Philosophiam universam, Quodlibeta varia*. Pitseus c. 655.

THOMAS *de Cassano*, ab oppido ducatus Mediolanensis, quod patria ipsi fuit, sic dictus, Ord. Praedicatorum circa a. 1410. *Sermones* relqu t. Jac. Quetif de Scriptoribus Ord. Praedicatorum tom. I. p. 753. Alius junior sec. XVI. memoratur a Julio Nigro de Script Florentinis p. 512.

THOMAS *de Cassalo*, vide *Thomas de Clarasco*.

THOMAS *Castelfordus*, Eboracensis,

monachus Ordinis S Benedicti in coenobio Pontisfracti, vulgo *Ponfret*. vixit a. 1320 et *Historiam et Gesta Pontisfracti* reliquit. Lelandus c. 349. Balaeus Centur. IV. 100. Pitseus c. 471.

THOMAS *Caxston*, monachus Cantuariensis, *Historiam de monachis Ecclesiae Christi Cantuariensis* duplicem scripsit, videlicet. quo die singuli professi fuerint ab anno 1207 ad 1486 et quo die singuli obierint ab a. 1286. Haec Oudinus tomo III. p. 1153.

THOMAS *de Celano*, Ordinis Minorum Provinciae Pendensis, vel *Pendentis* in Italia, circa a. 1220. Libellum reliquit *de Vita et miraculis S. Francisci*, quem Gregorius IX approbavit Vossius de Hist. Lat. II. 57. p. 461. Toppii Bibl. Neapolitana p. 295. Waddingus de scriptoribus Ord. Minorum pag. 325 Willot Athenae sodalitii Franciscani pag. 333. Oudinus tom. III. p. 105. Petr. Anton. Corsignanus de viris illustr Marsorum pag 54, 185.

THOMAS *de Ceperano*, Ordinis Minorum, Notarius Pontificis Romani, scripsit *Legendam S. Francisci*, quam ipsi Crescentius de Aesino, Generalis in capitulo generali a. 1245 consignandam delegaverat. Vossius l. c. et III. 7. fin. Waddingos l. c. Willot p. 333.

THOMAS *Ceriolus*, Cremonensis, Jurium Doctor, inter Judices patriae cooptatus a. 1473 anno sequenti inter Decuriones, scripsit *Consilia legalia*. Arisii Cremona literata tom. I p. 400.

THOMAS *Chaundler*, de hoc jam egit Fabricius T. IV. p. 350 nam Lelandus et hunc secuti *Joannem* praenominaverant. Adde tamen Rob. Gerii Append. ad Caveum p. 114 ubi varias ejus dignitates recenset. *Chronicon de vita Willelmi de Wickham* edidit Whartonus Angl. Sacrae tom II. p 355 Ex *Allocutionum opere de laudibus Wickhami* ea quae ad Thomam de Beckington Episcopum Wellensem pertinent, habentur ibidem p. 357. Adde Oudinum tomo III. p. 2725.

THOMAS *Chesterfield* vel *Chesterton*, Canonicus Lichfeldensis a. 1347. Scripsit *Seriem Episcoporum Coventrensium et Li-*

chfeldensium, adjecta historia Ecclesiae ab A. 656 ad sua tempora. quam edidit Whartonus Angliae Sacrae tom. I p 423.

THOMAS *Chillendenus*, Jurisconsultus Anglus, post monachus Cantuariae ad S. Servatorem aevo incerto Scripsit *Commentarios in Leges antiquas.* Lelandus c 568. Balaeus Centur. XI. 57. Pitseus Append. Centur. IV. 54

THOMAS *Cisterciensis* Ordinis et Abbatiae Monachus circa a 1201. Scripsit *Commentarios in Cantica Canticorum,* quos Pontio Episcopo Claromontano dedicavit. Paris. 1521. Lugd. 1521. Caroli de Visch Bibl. Scriptorum Ord. Cisterciensis p. 310, 312 qui addit in monasterio Morimundensi asservari talem Commentarium , cui praescriptum sit nomen *Thomae de Persenia.* Fratres Ordinis Minorum hunc sibi Commentarium vindicare voluerunt, sed a Magistro Sacri Palatii caussa cognita Cisterciensibus adscriptus fuit, ut docent Bertrandus Tissier in praefat. ad tom. I B bl. PP. Cisterciensium. Oudinus tomo II. p. 1575.

THOMAS *de Clarasco,* alias quoque *de Cassato,* Pedemontanus , in illo ducatu haereticae pravitatis Inquisitor. Prior provincialis Lombardiae superioris, et tandem Cardinalis tit. S. Sabinae, obiit anno 1390. Scripsit *Summam casuum conscientiae et Sermones* Jac Quetif de Scriptoribus Ord. Praedicatorum tom. I. p. 702 Altamura p. 132.

THOMAS *Claxion,* Anglus, Ordinis Dominicanorum, Doctor Teologus, seculo incerto, scripsit *super libram I Sententiarum.* Pitseus Append. Cent. IV. 55

THOMAS *Clifford,* Historicus Anglus, quaedam de rebus Anglicis scripsisse dicitur. Pitseus Cent. IV. 56 in Append.

THOMAS *Colbius,* Carmelitanus in coenobio Norwicensi, a. 1399 Episcopus Lismorensis et Waterfordiensis in Hibernia constitutus est, quamquam ea dignitate non admodum diu fruitus esse videtur. Scripsit *Praeceptorium divinae Legis, de Ecclesiae paritate. Lectiones sacrae Scripturae: item Indices in quaedam Opera Augustini, Gregorii, in Polychronicon Car-*

notensis, in Guilhelmum Senghamum de fide et legibus. Lelandus c. 444. Balaeus Centur. VII 33 Pitseus c. 741. Waraeus de scriptor. Hiberniae p. 128.

THOMAS *Colyngham,* Doctor Sorbonicus, post monachus Cisterciensis circa a. 1387. Scripsit *Commentarios Sorbonicos de Eucharistia,* Lutetiae excusos. Car de Visch Bibl. Scriptorum Ord. Cisterciensis p. 310, 311. Ge. Mackenzie de Scotis eruditis Vol. I. p. 422

THOMAS *Cracoviensis.* Huic in Cod. Thuano 773 * adscribitur *Dialogus de ratione sumendi Corpus Domini.* Car. du Fresne in Indice Auctorum. Verum error est librarii. qui scribere debebat *Matthaeum de Cracovia.* de quo Fabricius noster supra T. V. p 47. cui adde Pomeraniam meam nov-antiquam vernaculo sermone editam part. V. p. 642. 643.

THOMAS *Craulaeus,* Anglos, Theologiae Doctor. Academiae Oxoniensis Cancellarius, a. 1398. Archiepiscopus Dubliniensis, Hiberniae Cancellarius et Justitiarius. Scripsit *Epistolam ad Regem,* in qua de negotiis suis conqueritur. Vide Lelandum c 279. Balaeum Cent. XIII. 96. Pitseum c. 767. Waraeum de script. Hiberniae p. 129. *Czanleius* perperam dicitur Bzovio ad annum 1419. p. 596.

THOMAS *Dando,* aliis *Daudo,* Anglus, Carmelitanus in Comitatu Wilcheriae et Conventus Marleburgensis Prior, circa a. 1436. Ejus est *Vita Alfredi Regis:* apud Vossium de Hist. Latinis p. 560 perperam legitur *Arturi.* Lelandus cap. 543. Balaeus Cent XI. 53 Pitseus c. 869.

THOMAS *Diaconus,* Flander, monachus Bergae S. Winoci, a Gallis a. 1333 in expugnatione urbis illius captus, sed rursum liberatus fuit. Descripsit *illam calamitatem expugnationis et captivitatis suae.* Jacob. Meyerus Annal Flandriae lib. XIII. Vossius de Histor. Lat. p. 539. Val. Andreae Bibl. Belgica p. 834. Sanderus de scriptoribus Flandriae p. 156.

THOMAS *Dinus,* vide infra de Garbo.

* Ex hoc vel simili prodiit editio Parisina, apud Guidonem Mercatorem 1497, 8 ubi inscribitur, *Dialogus de accedendo ad Altaris Sacramentum.*

THOMAS *Diplovatatius, Plonatatium* vocat Gesnerus. postquam ipsius loco suo
jam mentionem fecerat. Corinthi natus,
apud Thomam Palaeologum Peloponnesi
Despoten educatus est. Philosophiam et
Jurisprudentiam Patavii didicit, Romae et
Neapoli docuit. In aula Alfonsi Regis Ar-
ragoniae, et Nicolai de Flisco Cardinalis
Romae vixit. Decessit Romae a. 1534 major
nonagenario.

Scripsit varia, quae allegantur a Nicolao
Comneno in Praenotionibus Mystagogicis,
*Synopsin juris Graeci, ad Novellas, in IV.
controversias Graecorum, Ecthesin Canonum Apostolorum, notas ad sententias Synodales, Explicationem regularum Nicephori CPol. notas ad Epistolam Orthodo-
xam Bessarionis, Opus ingens de praestantia Doctorum et clarissimis Jurisconsultis,*
quod eruditi mire desiderant. Scripsit quoque *Vitas Innocentii IV Bartoli a Saxoferrato, Pauli Castrensis, Angeli de Gambil-
lonibus Aretini, Alexandri de Tartagnis,
Imolensis et Jasonis Mayni,* prout tradit
Gesnerus. Ex his *Vita Bartoli* impressa
est in Celeb. nostri Fabricii Bibl. Graeca
Vol. XII p. 255 quem etiam confer. Vol. X.
p 502. *Collectanea cum scholiis graecis in
Tipacitum et Gregorium Patzo JCtos Graecos. Excerpta cum annot in Polybium,
Compendium Vitarum Plutarchi Gr. L.
Descriptio Peloponnesi cum scholiis ex
Plethone* etc. Plura Nic. Comneni Papadopoli Hist. Gymnasii Patavini tomo II.
pag 43.

327) *Abati Olivieri (Annib.) Memorie di
Tommaso Diplovataccio.* Pesaro 1771. 4.
In praeclaro autem Mauri Sarti Opere
*De Claris Archigimnasii Bononiensis Pro-
fessoribus Bonon* 1769. 72. fol. plures a
Diplovataccio conscriptas J. Ctorum vitas
leguntur.

THOMAS *Dockingus,* patria Norfolcensis,
monachus Franciscanus in coenobio Nor
wicensi a. 1270. Scripsit *in plerosque
libros Biblicos, in Magistratum Sententiarum, Quaestiones ordinarias, in posteriora
Aristotelis.* Lelandus c. 311. Balaeus Centur. IV. 39. Pitseus c. 379. Waddingus de
scriptoribus Ord. Minorum p. 324. Willot

Athenae sodalitii Franciscani pag. 333.

* THOMAS *Doctius* Senensis Bartholo-
mai Soccini praeceptor *Doctor verus* appellatur ob singularem veritatis indagandae
peritiam. defunctus An. 1441. Vide Pancirol.
de Clar. leg. interpr. Lib. 2. cap. 91. *De ac-
cusatore consilium.* Pisciae An. 1489.

THOMAS *Donatus,* Venetus, patritia familia ortus, Ord. Praedicatorum, a. 1492
invitus Patriarcha Venetorum factus, obiit
a. 1503. Scripsit *Sermones.* et *Officia pro
festis vis tationis et sanctificationis B. V.*
quae impressa extant in Breviario Veneto
1492. *Comment. super Psalterium, Epistolas Pauli et Evangelium Matthaei, Tractatum super Summam S. Thomae, Sermones in conventuum visitatione.* Jacob Quetif
de Scriptoribus Ord. Praedicatorum tomo
II. p. 11. Jac. Alberici Catalogus Scriptorum
Venetorum p 83. Altamura p. 225.

THOMAS *Dorniberg.* vide sup. T. II. 476.

THOMAS *Dublinensis,* vide supra *Crau-
lacus.*

THOMAS. *Dundramensis* Abbas, s *de
Dundranan* in Scotia, unus fuit e sex
Doctoribus Theologiae, qui Cardinalibus
conjuncti in Concilio Constantiensi Rom.
Pontificem elegerunt. Scripsit *de Schismate
deponendo. de Pontifice eligendo, Acta Concilii Constantiensis.* Car. de Visch Bibl.
Scriptorum Ord. Cisterciensis p. 311. Basileensi etiam Concilio interfuisse, et *Orationem,* habuisse, quam in tomis Conciliorum exstare docet Ge Mackenzie de Scotis
eruditis Vol. I. p 319 seqq.

THOMAS *Eboracensis,* Ordinis S. Francisci Praelector in Academia Oxoniensi
circa a. 1260 edidit *Commentarium in Ecclesiasten* Lelandus c. 254. Balaeus Centur. X. 69. Pitseus cap. 370. Waddingus
de scriptoribus Ord. Minorum p. 324.

THOMAS *Eborallus,* Theologiae Doctor
et Professor Oxoniensis, postea Canonicus
Paulinus Londinensis, cujus aetas est incognita, reliquit *Sermones in Visitatione Cleri
Londinensis.* Balaeus Centur. XII. 64. Pitseus Append. Cent IV. 58.

THOMAS *Eccleston,* Anglus, monachus
Franciscanus, vixit a. 1340 scripsit *de adventu Minorum in Angliam,* et *de impu-*

gnatione ordinis per Dominicanos. Prius opus Balaeus Centur. V. 58 cum Conformitatum. libro comparat. Adde Lelandum c. 284 et Pitseum c. 524. Waddingum l. c. Willot p. 334.

. THOMAS Edwardston, Anglus, Ordinis Eremitarum S. Augustini e coenobio Clarepsi in Suffolcia, Theologiae Doctor Oxoniensis, Leonelli Ducis Clarentiae opera ad Archiepiscopatum (Hiberniae putat Pitseus, sed reclamante Waraeo: Ego putarim titularem fuisse in partibus infidelium) promotus: obiit a. 1396 et in coenobio Clarensi sepultus est. Scripsit Sermones solemnes, Determinationes Theologiae, et Lecturas Scholasticas. Balacus Cent. VII. 7. Pitseus c. 216. Waraeus de script. Hiberniae p. 126. Phil. Elssius in Encomiastico Augustiniano p. 660.

. THOMAS Eliensis coenobii Monachus, claruit a. 1170. Ejus sunt Vita S. Etheldredae, Reginae et Abbatissae Eliensis, cujus libro II. continetur Historia monasterii Eliensis: sequuntur Miracula in translatione S. Etheldredae edita. Omnia haec edita sunt, et adnotationibus illustrata per Dan. Papebrochium, in Actis Sanctorum tom. IV. Junii p. 493-582. Ante hunc Historiam, sed mutilam, dederat Jo. Mabillonius sec. II. Benedictino pag. 738. Vitam edidit Galeus, et Historiae Eliensi tanquam ab Anonymo scriptam adjecit, tom. I. (Caveus allegat tom. III. qui mihi notus non est) p. 489. Praelogum totius operis separatim dedit Henr. Whartonus Angliae Sacrae tom. I. p. 39. Vitam et Historiam in compendium redegit Anonymus, quem sub nomine Thomae nostri edidit Guil. Dugdalius tom. I. Monastici Anglicani p. 87. Vide Caveum pag. 594. Oudinum tomo II. p. 1673.

. THOMAS Elmham, non Elinham, ut Pitseus Append. Centur. IV. 59 multo minus Holingham, ut idem n. 60 qui praeterea duos ex uno facit. Fuit patria non Anglus, sed transmarinus, primum monachus Abbatiae S. Augustini juxta Canturiam, post a. 1407. Thesaurarius, tandem in Coenobio de Lenton, agri Nottinghamenais, Ord. Cluniacensis a. 1414. Prior, quod tamen

munus a. 1426 resignavit. Scripsit Vitam el Gesta Henrici V. Angliae Regis, quam primus edidit Thomas Hearne, Oxon. 1727, 8. Eandem Vitam metrice quoque confecit, cujus specimina dedit Hearnius in Appendice p. 375, 376. Ultimum ex iisdem exhibemus:

SCrvtVs Conspirat, RiMatVr OLeuCia PLebi,

Rumpe Iugo Cor Aiens, Res Dabit Vltra Sonum :

EIA! Ruit GenS Avita, Malis Opus Hoste Triumphat.

Primi versus literae initiales nomen Patroinnuunt, qui fuit Henricus Scrope: reliqui numerales annum C. 1415. Secundi versus literae indicant RICARDUM fratrem Ducis Eboracensis. Tertii versus literae primae retro lectae alium patronum celebrant, qui fuit Thomas Graye. Sed turpe est difficiles habere nugas. Caeterum quae de hoc auctore diximus, ea certa sunt, et ex praefatione libri petita, ubi plures alii non accurate de nostro scribentes refutantur: Adde Journal des Sçavans 1728. Nov. p. 311: Acta Eruditorum 1730, p. 476.

THOMAS Eporediensis, a patria, hodie Yvrea, sic dictus, ord. Praedicatorum, floruit a. 1516. Scripsit Vitam B. Margaritae de Sabaudia, Theodori Marchionis Montisferrati conjugis, et a sponsi morte monasterii Albensis fundatricis et professae. Jac. Quetif tomo II. p. 34.

. THOMAS de Fauce, Eugubinus, Congregationis Scopettinorum Generalis a. 1461 scripsit contra cultum Ethnicorum, opus laudatissimum, ut Armannius in Chron. Eugub. refert. Haec Jacobillus in Bibl. Umbriae p. 260.

. THOMAS Fich, Canonicus regularis et Subprior Ecclesiae cathedralis S. Trinitatis Dublinii, scripsit de rebus Ecclesiae suae; qui liber ulbus dicitur, fortasse et Necrologium, quia character libri MS. illud aevum indicat: obiit a. 1517. Waraeus de Scriptoribus Hiberniae p. 81.

THOMAS de Firmo, a patria sic dictus, ord. Praedicatorum, Concilio Pisano a. 1409 adfuit, Magister ordinis, post Nuncius Apostolicus Joannis XXIII. obiit a. 1413.

Ejùs sunt *Sex literae encyclicae e Capitulis generalibus, quibus praefuit, pro more scriptae, Regula Fratrum et Sororum de poenitentia B. Dominici.* Jac. Quetif de Scriptoribus ordinis Praedicatorum tomo I. p. 747. Altamurá p. 153.

THOMAS *Florentinus,* vide supra *Thomas de* GARBO, libro VII.

THOMAS *de Fonte,* Senensis, Ord. Praedicatorum, Confessor S. Catharinae Senensis circa a. 1389 scripsit *Singularia et mira, quae in Beata illa virgine experiebatur,* ex quibus alii Scriptores vitae illius profecerunt. Jac. Quetif de Scriptoribus Ord. Praedicatorum tom. I. p. 696.

THOMAS *de Forcellis,* Legatus Academiae Parisinae àd Concilium Basiliense, cujus *Oratio ad Concilium dictum* extat in Bibl. monasterii Heilsbronnensis, teste Catalogo Hockeriano p. 116.

* Lege *Thomas* de *Corcellis.* Ab ea quam Bibliothecarius noster hic indicat, diversam credo orationem ab eodem Thoma dictam Bituris in Concilio an. 1433 ex Gallis Episcopis coacto, quam legi in Cod. MS. Biblioth. Caesar. Vindóbonensi Jur. Can. 68 pag. 303 quam haec verba praecedunt. A. D. 1438. *Postquam coram Rege Franciae et Praelatorum in Bituris Congregationem propositiones tam ex parte Conc. Basiliensis, quam D. Papae Eugenii facta fuissent, et deliberatum quod Rex ipse authoritatem Ecclesiae defendere vellet per Regem responsum extitisset, unus ex oratoribus D. Papae Episcopus Dignensis in praesentia DD. Praelatorum et coeterorum principum non tamen Regis plurima contra authoritatem supremain generalium Conciliorum exposuisset, ad quam pro parte S. Concilii per organuin Thomae de Cancellis S. Theol. Doctoris, unius ex ambiatoribus S. Concilii Basiliensis praedicti extitit responsum, ut juxta sequitur.*

Illustriss. Princeps etc. Incumbit nobis etc.

THOMAS *Formaglinus,* Bononiensis, JCtus circa a. 1317. Scripsit *Lecturas in Digestum Vetus et Codicém,* nec non *Quaestiones.* Bumaldi Minerval Bononiense p. 220. Orlandi Notitia Scriptorum Bononiensium pag. 253.

THOMAS *Fremon,* seu *de Frigido Monte,* vide supra *Beverlacensis.*

THOMAS *Fulginas,* tertii Ordinis S. Francisci, miraculis et prophetia clarus, aetate incerta, scripsit metrice *Ruinas multarum civitatum Italiae et tribulationum Ecclesiae,* antequam evenirent. Waddingus de script. Ord. Minor. p. 324. idem ac THOMASUCIUS.

THOMAS *Fyle,* vide *Thomas Lyld.*

THOMAS *Gallus,* Abbas S. Andreae Vercellensis, Ord. Cisterciensis, patria Pedemontanus, ex familia Galla oriundus: praeceptor fuit S. Antonii de Padua, obiit a. 1246. Scripsit *Comment. in Dionysium Areopagitam, Expositionem s. Paraphrasin in Canticum Canticorum:* quae opera nondum sunt edita. Plura dabit Andreas Rossottus in Syllabo Scriptorum Pedemontii pag. 1.

* Expositio eius in Canticum Canticorum publicam lucem aspexit Parisiis an. 1521 typ. Ascensianis. Obiit vero a. 1246 ut ex eius epitaphio, quod legitur in aedibus S. Andreae Vercellensis discimus. En versus:

*Bis tres viginti currebant mille ducenti
Anni cum Thomas obiit venerabilis Abbas
Primitus istius templi summaeque peritus
Artibus in cunctis liberalibus atque magister
In hierarchia; nunc archa clauditar ista;
Quam celeri fama celebravit pagina sacra.*

Titulus operis eius in S. Dionyssium hic notatur in Cod. 656. Bibliot. Athenaei Taurinensis. *Tractatus de differentia mundanae Theologiae, atque divinae, et demonstrationibus eorum.*

THOMAS *de Garbo,* Dini filius. Florentinus, Medicus et Vir Consularis, circa a. 1340 scripsit *Summam Medicinalem cum tractatibus duobus de adjectione humidi radicalis, et de reductione medicinarum ad actum.* Venet. 1521, 1529 fol. Tractatus posterior extat cum Libellis de Dosibus, Patav. 1556, 8. 1576, 4. Lugd. 1584, 8. *Expositionem super Cap. III. Canonis Fen. XXV. Avicennae de Generatione Embryonis.* Venet. 1502 fol. *Comment. in Libros Galeni de febrium differentiis,* Paris. 4. Lugd.

1514, 4. Confer Symphorianum Champerium de scriptoribus Medicis, Trithemium do script. Eccl. c. 613. Pocciantii Catal. Scriptorum Florentinorum p.164.Mercklini Lindenium renovatum p. 1018.

* Medici huius doctissimi de natura foetus duae sunt commentationes, altera brevior, diffusior vero altera, quas ambas simul habeo excusas in fol.Venetis typis an. 1500. Harum postrema, quamquam, sub Dini nomine excusa est, ibidem et ab aliis gentili de Perusio tribuitur, editionis tamen illius curator Bassianus Politus Medicinae Doctor in literis huic ipsi editioni praemissis Thomae Garbo vindicat. Est etiam eiusdem Thomae Summa medicinalis cum tractatibus hic a Bibliothecario nostro indicatis eodem pariter a. 1500 ibidem ezcusa.

THOMAS Gascoigne, Anglus, nobili genere natus, Cancellarius Academiae Oxoniensis, claruit a. 1460. Ejus sunt Sermones in Evangelia, Veritates ex scripturis, Dictionarium Theologicum, Vita S. Hieronymi, Septem flumina Babyloniae, Lectiones ordinariae. Balaeus Cent. VIII. 22. Pitseus c. 852. Lelandus c. 526.

Ex Dictionario Theologico haec verba notatu digna adfert Usserius de Scripturis et Sacris vernaculis p. 164. Thomas Arundel. Cantuariensis Archiepiscopus, sic lingua percussus erat, ut nec deglutire, nec loqui aliquot dies ante mortem suam potuerit, divitis epulonis exemplo, et sic tandem obiit. Atque tunc multi fieri putabant, quia verbum alligasset, ne suo tempore praedicaretur.

THOMAS de S. Gervasio, Nobilis Brixiensis, Ord. Praedicatorum a. 1365. Scripsit Acta Sanctorum Sacri Ordinis Praedicatorum: Vitam S. Dominici, S. Petri Martyris, et S. Thomae Aquinatis. Leonardo Cozzando Libraria Bresciana p. 297.

THOMAS Graius,testante Briano Twyno lib. 3 de antiquit. Academiae Oxoniensis p. 277 auctor est Chronici, quod inscribitur Scala mundi. Vossius de Histor. Latinis lib. III. p. 725 ibi Sandius.

THOMAS Gualensis, vide infra Walleis.

THOMAS Guicardus, Rhodius, J. U. D. Magistri Ordinis Hierosolymitani Orator ad

Clementem VII. Orationem habuit, in qua Rhodiorum expugnationis et deditionis a. 1522 factae Summa continetur, Romae excusam 1523 et 1524, 4. Vide Bern. de Montfaucon Bibl. Bibliothecarum MSS. p. 585.

THOMAS Gulpherammus, Patritius et Judex Cremonensis circa a. 1340 scripsit de sepulturis Illustrium virorum Cremonensium, et de memoria locali. Arisii Cremona literata tom. I. p. 163.

THOMAS de Hales, sive Halensis,Anglus, Ordini S. Francisci, Doctor Sorbonicus, circa a. 1340. Scripsit de beata Virgine, Sermones Dominicales, Disputationes Scholasticas. Balaeus Centur. V. 49. Pitseus c. 523. Waddingus de scriptoribus Ord. Minorum p. 324.

THOMAS de Hanneia, Grammaticus Anglus, in patria et Tolosae docuit, et de quatuor Grammaticae partibus scripsit circa a. 1360. Balaus Centur. XIII. 90. Pitseus c. 584.

THOMAS Hasilwodus, Canonicus regularis S. Augustini in monasterio de Leidis in Cantia circa a. 1320 reliquit Chronicon compendiarium. Balaeus Cent. V, 20. Pitseus c. 483.

THOMAS de Hasselbach, vide supra T. III. 181.

THOMAS Hibernicus, alias Palmeranus s. Palmerstonensis, in agro Kildariensi natus, Doctor Sorbonicus aliquando docuit, mortuus in monasterio Aquilae regni Neapolitani a. 1269. Ejus prostant Manipulus florum, sive Flores omnium doctorum, qui super sacris literis scripserunt, Placent. 1483 folio. Venet. 1492, 1550. Paris. 1556. Lugd. 1555, 1567 et alibi pluries.

Inedita sunt de Christiana religione de illusionibus daemonum, de tentatione diaboli, de remediis vitiorum.

Balaeus Centur. XIV, 89. Waraeus de scriptor. Hiberniae p. 60. Jac. Quetif de Scriptoribus Ord. Praedicatorum tom. I. p.744.Willotus cum Franciscanis adscribit in Athenis sodal. Franciscani p. 333.

THOMAS de Hilleia, patria Suffolcensis, Carmelitanus in coenobio Gippeswicensi, Theologiae Doctor Cantabrigiensis, ibi et

Brugis eandem docüit, *Chrysolithi* cognomen adeptus. Vixit a. 1290 et scripsit *in
Apocalypsin Joannis, in varia Sacrae Scripturae loca, Quaestiones Theologicas, Introductiones ad Lecturam* etc. Lelandus c.
357. Balaeus Cent. IV. 65. Pitseus cap. 421.

THOMAS *Hispellas*, Ord. Minorum, scripsit a. 1270. *Vitam B. Andreae de Cacciolis*,
Hispellatis magistri sui, qui S. Francisci
discipulus fuit. Eam Joannes de Targurinis
JC. Hispellas, Bartoli discipulus a. 1358
in compendium redegit. Waddingi Ann.
Ord. Minorum tom. VII. Jacobilli Bibl. Umbriae p. 260.

THOMAS *Holingham*, vide THOMAS
Elmham.

THOMAS *Januensis* de Valerano, recensuit Chrysostomi homilias in Matthaeum,
editionem antiquissimam, et praefationem
adjecit. Eam in bibliotheca monasterii Farfensis vidit Mabillonius, et memorat hoc
in Itinere Italico p. 147.

THOMAS *de Illeia*, vide *Hilleia*.

THOMAS *Jorsius*, sive *Joyce*.

THOMAS *Ismaëlita*, Ordinis S. Brigittae
in coenobio prope Richemundam ad Tame-
sim, quod vocatur *Sion*, circa annum 1430.
Edidit *Speculum humilitatis* et *Collectiones
miraculorum*. Balaeus Centur. VII. 82 Pitseus c. 797.

THOMAS *de Kempis*, vide supra T. IV. 493.

THOMAS *de Laa*, monachus Mellicensis,
cujus *Epistola de statu monasterii sui* anno
1452. data extat in Codice Diplomatico
Pezii et Hueberi part. III. p. 359.

THOMAS *Langfordus*, Essexiensis, Or-
dinis Praedicatorum Theologiae Doctor,
circa a. 1320. Scripsit *Chronicon universale,
Commentarium sive Postillam super Job,
Sermones* et *Varias Disputationes*. Balaeus
Cent. V. 15. Pitseus c. 476.

. THOMAS *Langleïus*, Ordinis S. Benedicti
monachus in Hulnensi Comitatus Nortfol-
censis coenobio a. 1430. Scripsit *Epigrammata*, et *de variandis carminibus*. Balaeus
Cent. XI. 43. Pitseus c. 802.

THOMAS *Lauingham*, Philosophus Anglus, scripsit *Supplementum in libros Physicorum*, forte Aristotelis. Pitseus Append.
Cent. IV. 62.

THOMAS *Leirmant* vel *Ersiletonus*, natione Scotus, edidit *rhythmica quaedam*, et
ob id *Rhytmicus* apud Anglos cognominatus
est. Vixit a. 1286. Gesnerus.

THOMAS *Leontinus*, vide supra *Thomas
Agni*.

THOMAS *Lexoviensis*, vide *Basinus*.

THOMAS *Lilus*, vide infra *Lyld*.

THOMAS *Linacer*, Anglus, Cantabrigiensis, studia in patria coepta Florentiae Demetrio Chalcondylae et Angelo Politiano
ductoribus prosecutus, et a Laurentio Me-
dicco humanissime exceptus est, postea
Romae Bibliothecas invisit, et Hermolao
Barbaro familiariter usus est. In patriam
redux Arturo Principi, Henrici VII. filio
praeceptor datus est. Post Medicinae Docior
et Professor Oxonii factus, in aulam revo-
catus, Archiatri partes sustinuit. A. 1515
beneficio Ecclesiastico et Sacerdotii dignitate mactus est: obiit a. 1524 aetat. 64.
Notatu dignum est, quod de eo narrat Jo.
Checus in libro de pronunciatione Linguae
Graecae: *In Ciceronis convitio Linacer mihi
perinde placere debet, atque in eo, quod,
cum provecta admodum inclinataque aetale
esset, homo studiis morbisque fractus, et
morti vicinus, cum Sacerdos esset, jam
tum novum Testamentum primo in manus
cepisse, et ex eo aliquot Matthaei capita
perlegisse fertur. Et quum quintum, sextum, septimumque percurrisset, abjecto,
quantum potuit, totis viribus libro, jurasse,
aut hoc non fusse Evangelium, aut nos non
esse Christianos.*

Scripta ojus nota sunt sequentia:

1. *Grammaticae rudimenta*, Mariae principi Regiae dedicata. Paris. 1533, 1543 per
Rob. Steph. 1538, 1540, 4. 1556, 8. Basil.
1542. Ex Anglico latine vertit Ge. Bucha-
nanus.

2. *De emenda structura Latini sermonis*. Lond. 1524, 4. Paris 1528, 1533, 1536,
4. Basil. 1530, 4. 1543, 8. Col. 1539. Paris.
1533, 4. Lugd 1541. Venet. Ald. 1557, 8.
Lips. 1591, 8. Dedicatus fuit liber Mariae
principi regiae, post Reginae.

3. *Epistolae ad diversos.*

4. *Carmina.*

5. *Sphaeram Procli latine vertit*, editam.

Witteb. 1538, 8. Hunc librum Henrico VII. Regi dedicaverat, quia vero adulator aliquis ipsi indicaverat, librum jam Latine conversum esse, quamvis satis misere, Rex munus aspernatus est, et implacabili in Linacrum odio exarsit. Erasmus Epist. XXVI. 14.

6. *Aristotelis meteora.*

· 7. Multa ·Galeni Latine vertit, *de temperamentis*, *de sanitate tuenda*, *de inaequali intemperie*, *Methodum medendi*, *de naturalibus facultatibus*, *de pulsuum usu*. Paris. per Simonem Colinaeum, 1530 fol. *de inaequali intemperie* seorsim, Basil. 1539, 8.

Confer de eo Balaeum Centur. VIII, 65. Pitseum c. 925. Baelii Dictionarium.

THOMAS *Lirer*, Ranckwillensis, vixit a: 1200 et *omnium superioris Alamanniae Comitum et Baronum origines* scripsit, quas tamen multis fabulis inquinavit. Vide Goldastum sub finem tomi II. rerum Alemannicarum. *Chronicon Suecicorum* (rectius *Suevico*) *Germanicum* Ulmae 1486 impressum memorat Maiitaire tomo I. p. 479.

THOMAS *Lombardus*, Ord. Praedicatorum, Inquisitor Pedemontanus, tempore Schismatis creatus Cardinalis, scripsit *Sermones*, qui Toleti in Coenobio S. Marci asservantur. Possevinus tomo II. Apparatus p. 489.

THOMAS *Lovaniensis*, vide *Cantipratanus.*

THOMAS *Lumbaeus* vel, *Lombe*, Anglus, Carmelitanus in conventu Linnensi, Theologiae Doctor et Professor Oxoniensis, obiit a. 1390. Scripsit *Lecturas in Sacram Scripturam*, *super Magistrum Sententiarum*, *Determinationes Teologiae*, *Quaestiones ordinarias*, *de incarnatione Verbi*, *Sermones*, *contra Lolhardos et Wiclefitas.* Trithemius de scriptor. Eccles. c 663. Lelandus c. 562. Balaeus Centu. VI. 91. Pitseus c. 685. Petri Lucii Bibl. Carmelitana p. 79. ·

THOMAS *Lyld*, a Balaeo corrupte *Lyle*, aliis *File*, dictus, Anglus, Ord. Praedicatorum, Magister Cantabrigiensis, Avenione a Clemente VII. a. 1344. Episcopus Ellensis constitutus, obiit a. 1361. Scripsit *Quaestiones Theologicas*, *Sermones de tempore* ·et Sanctis. Balaeus Centur. VI. 26. Pitseus

c. 586. Jac. Quetif de Scriptoribns Ord. Praedicatorum tom. I. p. 649. Altamura p. 139, 491.

THOMAS *Mailorius*, ex Mailor, urbe Cambriae, oriundus, vixit a. 1490 descripsit *Acta Arturi Regis*, et *de mensa ejus rotunda*. Pitseus c. 894.

THOMAS *Maldonus*, a patria sic dictus, ubi inter Carmelitanos versatus est, et dignitatem Prioris consecutus circa annum 1404. Ejus sunt *Introitus Bibliorum*, *Lectura in Genesin*, *Lectiones in Psalmos*, *Sermones, Collatioues solemnes, super Magistrum Sententiarum*, *Determinationes Theologicae*, *Quaestiones ordinariae*, *Qnodlibeta Actus vesperiales.* Lelandus c. 483. Balaeus Centur. VII. 27. Pitseus c. 735. Hipp. Marraccii Bibl. Mariana tomo II. p. 412.

THOMAS *de Malumbris*, Cremonensis, JCtus et Senator patriae circa a. 1350 scripsit *super Infortiatum Volum. 2. super Instituta regulas faciliores*, *de modo bene vivendi.* Arisii Cremona literata tom. I, pag. 168.

THOMAS *de Manfredis*, Cremonensis, JCtus et Judex patriae circa annum 1364 scripsit *Consultationes in utroque jure*, Arisii Cremona literata tom. I. p. 121. ·

.THOMAS, *Maurignacensis* Abbas, vixit temporibus S. Bernardi. Extat *Epistola* ejus ad hunc scripta in Miscellaneis Baluzii lib. IV. p. 459 in qua ipsum consulit, quid sibi faciendum sit, qui a Legato Apostolico sede sua dejectus esset. Duae aliae extant in Chronico Abbatiae Maurigriacensis. Liron Bibl. Chartraine p. 51.

THOMAS *Marthanus*, Spoletinus, Comes Galli Cedulis, Ampliator Ann. 1436 castri Collis Marchionis in agro Spoletino, et nepos Thomae de Martanis, qui anno 1360 fuit Senator urbis. Scripsit *Historiam Spoletinorum afflictionis sub Pirro Tartari Tomacelli filio*, Spoleti Rectore et arcis praefecto, ab a, 1436 usque ad a. 1441. MS. est Spoleti, exemplnm fuit penes Lud· Jacobillum, cui haec debentur ex Bibl. Umbriae p. 260.

THOMAS *Medicus*, patricius Venetus, scripsit *Fabellam Epiroticam*, impressam 1483 Gesnerus.

THOMAS *de Mediolano*, a patria et conventu Ord. Praedicatorum, ubi versatus est, ita dictus, Mathematicus insignis circa a. 1510 scripsit *Epitomam de proportionibus motuum*. Jac. Quetif de Scriptoribus Ord. Praedicatorum tom. II. p. 24. Altamura p. 228.

* Scripsit etiam *de sphera*, sicut et *de Re Mechanica* opuscula quae MS.pta in Coenobio S. Mariae Gratiarum Mediolani servari testatur Argelatus in Biblioth. Mediolanensi.

THOMAS *Jiessanensis*, vide supra *Thomas de Caloria*.

THOMAS *Mieres*, Gerundensis, JCtus, Alphonso V. Regi Aragoniae a consiliis, regiique patrimonii in Catalonia Advocatus fiscalis, circa a 1439 scripsit *Apparatum super constitutionibus curiarnm generalium Cataloniae*, Barcinone 1523 et 1610 fol. impressum. Nic. Antonius Bibl. Hispana Vet. X. 5. n. 289.

THOMAS, *Monumetensis* monachus Benedictinus, circa a. 1160 scripsit *Vitam et miracula Guilhelmi pueri et martyris*, quem Judaei Norvici cruci adfixerant. Lelandus c. 288. Balaeus Cent. II. 94. Pitseus c. 222.

THOMAS *de la Moor*, sive *Morus*. Vide supra T. V. p. 86.

THOMAS *Murnarus*, Argentinensis, Ord. Minorum, Cracoviae, Francofurti ad Moenum, Friburgi in Brisgoia, Treveris et Argentorati versatus est, ubique nugas egit, ubique cum viris doctis rixas excitavit, praecipue cum Sebastiano Brant et Jacobo Wimphelingio. In Lutherum quoque strinxit calamum, sed parum ab ipso responsi tulit. Ingenium ex scriptis cognosces, ex quibus haec mihi nota sunt:

Invectiva contra Astrologos, Serenissimo Romanorum Regi Maximiliano piissimo, contra foederatos, quos vulgo Suitenses nuncupamus, interitum praedicentes. Argent. 1499. 4.

Tractatus de pythonico quaestu, (non *spiritu*, ut scribit Waddingus) Friburgi, 1499. *De pythonico contractu* inscribitur in opere, quod *Malleus maleficarum* vocatur, tomo II.

Reliqua Waddingus memorat de scriptoribus Ord. Minorum p. 325. *Chartiludium in Instituta Justiniani*, quod in tabellas redactum impressum est Venetiis, *de Sacerdotio Novi Testamenti* et alia quaedam Germanico scripta, *die Narren-Beschwerung, die Schelmenzunft, der Gret Mütlerin Jartag*: inter quos etiam est liber notus der *Eulenspiegel*: id quod ipsi objicit liber vernaculus: *Ayn schöner dialogus und straffred von dem Schulthayss von gayssdorf etc*. Waddingus etiam ipsi tribuit *Tractatum contra viros mulierosos*, praenotatum, *Patrum stultorum Geuthma*. Ne vero quis frustra quaerat, quid sit illud *Geuthma*, notandum est, vocem esse Germanicam, a Waddingo, qui linguam nostram non calluit, ita depravatam. Titulus libri in Becmani Catalogo Bibl. Francofurto-Viadrinae p. 205 sic habet: *Gauchmat zu Strafe allen weibisch chen Mannen*, Basil. 1519, 4.

THOMAS *Nacci*, idem est, qui supra *Thomas Antonii*, id nomen autem ab avo assumsit.

THOMAS *Nerius*, Florentinus, Ord. Praed. vir pius, scripsit librum eruditum *pro doctrina* Fr. Hieronymi Savonarolae circa a. 1512. Haec Vinc. Maria Fontana de Provincia Romana Ord. Praed. p. 380.

'(328) Italice postea *Apologia in difesa del P Savonarola. Firenze per i Giunti* 1564. 8. Adversus opus F. Ambrosii Politi Catharini Senensis cui tit. *Discorso contro la dottrina e le Profezie di F. G. S. Venezia Giolito* 1548. 8. scripsit jussu Generalis sui F. Sthephani Usodimare Januensis, F. Thoma, admodum a Razzio laudatus et qui an. 1568. die V. Augusti Perusii obiit. Vide Echard T. II. 201.

THOMAS *Netter*, vide infra **Waldensis**.

THOMAS *Newmarket*, sive *de Novo foro*, a patria sic dictus, Anglus, Rhetor et Poëta circa a. 1410. Scripsit *Compendium Rhetorices, de arte dictandi, Expositionem Computi Dionysii, Tractatum de Sphaera* (sive potius, *in Sphaeram*) *Sacrobosci, Conciones, Epistolas, Carmina*. Balaeus Centur. VII. 60. Pitseus c. 756.

THOMAS *Northonus*, Bristolensis, Chymicus circà a. 1477 scripsit *de lapide Phitosophico, Epitomen Alchymiae,* et *de transmutatione metallorum.* Balaeus Cent. XI. 66. Pitseus p. 876.

THOMAS *Norwodus*, Anglus, Ordinis Praedicatórum, a. 1320 commentatus est *in Epistolam ad Romanos* et *Magistrum Sententiarum* Pitseus c. 479. Jac. Quetif de Scriptoribus Ord. Praedicatorum tom. I. p. 531. Altamura p. 99.

THOMAS *Ocleffus* vel *Hocleffus*, Anglus, claris parentibus ortus, Galfredi Chauceri discipulus, Poëseos cultor, Berengarii et Wiclefi sector circa a. 1410. Scripsit partim Latino, partim Anglico sermone *de coelesti Jerusalem, Planctum proprium, de quodam Jonatha, de regimine priucipis, Dialogum ad amicum, de quadam Imperatrice, de arte moriendi.* Balaeus Centur. VII, 40. Pitseus c. 747.

THOMAS *Olterburnus*, Anglus Franciscanus, quem ad a. 1411 referunt. Ejus sunt *Historia rerum Anglicarum, de successione Comitum Northumbriae,* et *Opuscula.* Balaeus Cent. VII. 55. Pitseus c. 761. Lelandus c. 394. Waddingus de scriptoribus Ord. Minorum p. 326. *Historia Anglica* eb origine gentis usque ad Eduardum IV. cum Joanne e Whethamstade, edita est a Thoma Hearne, Lond. 1733, 8.

* Si Thomas iste Anglia genitus est, et in ord. Minorum meruit, profecto alius est a F. Thoma Ochsenbrunner Basileensi ord. Praedicatorum, qui scripsit libellum *de aetatibus Populi Romani,* quem edidit Romae an. 1493 in 4. direxitque Paulo de Campo Fregoso tit. S. Xisti Card. Genuensi.

THOMAS *Palmeranus,* vide supra *Hibernicus.*

THOMAS *Palmerus*, monachus Dominicanus, Conventus Londinensis Prior, et Theologiae Doctor, circa a. 1410. Opera ejus suut, *super unione facienda, de originali peccato, de adoratione imaginum, de veneratione Sanctorum, de peregrinatione, de indulgentiis.* Balaeus Cent. VII. 47. Pitseus c. 761. Jac. Quetif de Scriptoribus Ord. Praedicatorum tom. I. p. 753. Altamura p. 500.

THOMAS *Parpalia,* (non Parapalia, ut apud Gesnerum legitur) Taurinensis, Condominus Roviliasci, J. U. D. in Academia patria Juris Civilis Lector, circa a. 1500 scripsit *Praeludia feudalia, in Rubric.* 2. *ff. vet., si certum petatur, l. si quis nec causam , in Quint. tit. Codic. lib.* 1. *de Sacros. Eccles. l. placet, et de Transact. l. si quis, in* 1 *Injort, in tit. solut. matrimon. Repetitionem in* 2 *part. ff. novi, tit. de verbor. obligat:* quae Taurini impressa sunt. Andr. Rossotti Syllabus Scriptorum Pedemontii p. 541.

THOMAS *Penket*, Anglus monachus Augustinianus in coenobio Warringtonensi, sector Joannis Scoti, Oxonii et Patavii per aliquod tempus Theologiam docuit, in patriam redux Ordinis sui per Angliam et Hiberniam Provincialis, obiit a. 1487. Ejus sunt *Annotationes in Augùstinum, in Magistrum Sententiarum, in Metaphysicam Aristotelis, Placita Theologica, Lectiones in Scotum, de arte sermocinandi, Elucidationes naturalium, Summa dialectices* etc. Edidit quoque et emendavit Jo. Duns in IV. libros sententiarum, Venet. 1481 per Jo. de Colonia et Nic. Jenson, et 1474 per Albertum de Stendal. Lelandus c. 580. Balaeus Centur. VIII. 47. Pitseus c. 886. Phil. Elssii Encomiasticon Augustinianum p. 662. Gandolfus de ducentis scriptoribus Augustinianis p. 340.

THOMAS *Penzelo*, Widensis: Ejus *Modus studendi* impressus est Lipsiae 1507 a. Jac. Thanner. Gesnerus.

THOMAS *de Persenia.* Vide supra THOMAS *Cisterciensis.*

THOMAS *Peverellus*, vel *Piperellus*, Suffolcensis, Carmelitanus, Theologiae Doctor Oxoniensis, a. 1397. Episcopus Ossoriensis, a. 1398. Landavensis, et anno 1407. Wigorniensis, obiit a. 1517 d. 1 Mart. Balaeus, qui initium a Cal. Jan. deducit, ponit a. 1418. Edidit *Quaestiones Theologiae, Sermones solennes,* et *Ordinationes sui cleri.* Lelandus c. 518. Balaeus Centur. VII. 49. Pitseus c. 769. Waraeus de scriptor. Hiberniae p. 127.

THOMAS *Piperata* s. *de Storletis:* Bononiensis, Jureconsultus, scripsit librum *de fama* typis excusum, et *Quaestiones.*

Bumaldi Mincrval Bononiense pag. 221.

THOMAS *Pontanus*, Italus, patria Sarazanensis, sec. XV. *Epistalae* ejus duae habentur in Martene et Durand. Collect. ampliss. III. p. 723, 729.

THOMAS *Pontius*, Ord. S. Benedicti monachus Cantuariae in coenobio S. Augustini, et post Abbas, vixit a. 1330 et *de clara Dei visione* Tractatum reliquit. Lelandus c. 344. Balaeus Centur. V. 36. Pitseus c. 500.

THOMAS *Prondolus*, Ferrariensis, primum in patria Canon. et Vicar. deinde Archiepiscopus Ravennensis, interfuit Conciliis Constantiensi, Ferrariensi et Florentino, defunctus a. 1445 scripsit *Pomerinm Ravennatense*, quod in Bibl. Vaticana MS. superest. Augustinus Superbus de viris illustribus Ferrariensibus p. 13.

THOMAS *Radhurnus*, Rob. Gerius mavult *Rudburnum*, Anglus, Theologiae Doctor Oxoniensis, post Archidiaconus Sudberiensis tandem Episcopus Menevensis, vixit a. 1419. Ejus notum est *Chronicon* et *Epistolae ad diversos*, praecipue Thomam Waldensem. Pitseus c. 771. Vossius eum cum sequenti confundit, de Histor. Latinis p. 539, 636.

THOMAS *Radburnus* junior, Ordinis S. Benedicti monachus coenobii Hidensis in suburbio Wintoniensi siti. Scripsit circa a. 1480. *De rebus Gidensis monasterii, Historiam Episcopatus Wintoniensis, Breviarium Chronicorum*, a Bruto usque ad a. 18. Henrici II. quod est Londini in Bibliotheca Cottoniana; Bern. de Montfaucon Bibl. Bibliothecarum MSS. pag. 637 et *Historiam majorem*: quam auctori suo restituit, et resectis alienis, edendam curavit Ilenr. Whartonus Angl. Sacrae tum. I p. 179. *Minoris* praefationem, ibid. p. 287. Pitseus c. 879. Plura Rob. Gerius Append. ad Caveum p. 104.

THOMAS *Radcliffus*, Leicestriensis, in patria monachus Ord. Eremitarum S. Augustini, Theologiae Doctor et Episcopus, circa a. 1370. Scripsit *Pro introitu Sententiarum, Lecturas Scholasticas, Conciones ad vulgum* Balaeus Centur. VI. 14. Pitseus c. 621. Phil. Elssii Encomiasticon Augustinianum p. 663.

THOMAS *Radinus*, *Todischus* dictus, patria Placentinus, ord. Dominicani Theologus subtilissimus, Poëta, Philosophus et Orator eximius, et, quod mireris, αυτοδίδαητος Claruit a. 1510. Scripsit ad Maximilianum Imp. Librum *de Pulchritudine animae*, quem *Callipsychian* vocavit, Mediol. 1511 alium, cui titulus, *Abyssus sideralis*. Paris. 1514, 4. *Orationem contra Lutherum*, Lips. 1510, 4. * et alteram *contra Melanchthonem*. Romae 1522, 4. Haec Whartonus Append. ad Caveum p. 161 cui adde Jac. Quetif de Scriptoribus Ord. Praedicatorum tom. II. p. 73. Possevinum tomo II. Apparatus p. 490. Altamura Bibl. Domin. p. 233.

THOMAS *de Raymundis*, JCtus et Judex patriae a. 1488. Hierosolymitanum iter suscepit et obiit a. 1510 scripsit *Carmina contra hypocritas* et *Peregrinationem ad loca sancta*. Arisii Cremona literata tom. I. p. 399.

THOMAS *Ringstedus*, Anglus, Dominicanus, Theologiae Doctor et Professor Cantabrigiensis, peragrata Gallia et Italia Poenitentiarius Pontificis, in patriam redux a. 1357. Episc. Bangorensis, obiit a. 1370. Scripsit *Glossas super Psalterium Postillam in Parabolas Salomonis, super Magistrum Sententiarum. Placita Theologiae* etc. Lelandus c. 413. Balaeus Centur. VI. 43. Pitseus c. 627. Idem in Append. Centur. III, c. 91. *Richardum* quendam *Ringstedum* nobis adfert, verum id nominis corruptum fuit ex *Rich*. pro quo legerunt *Fr. Th.* Adde Jàc. Quetif de Scriptoribus ord. Praedicatorum tomo I. p. 652. Altamura p. 99.

THOMAS *Ringstedus* junior, Jurium Doctor, apud Mildenhamum in Comitatu Suffolcensi Vicarius, claruit a. 1440. Reliquit *Glossas in Epistolas et Evangelia totius anni, Sermones de tempore et Sanctis, de Commemorationibus*. Balaeus Centur. VII. 92. Pitseus c. 817.

THOMAS *Rodelius*, monachus Igniacen-

---

* Lutherus hanc orationem non Radino, sed Emsero tribuerat, utpote qui nostrum tunc nondum noverat. Adde *unschuldige Nachrichten* 1720 pag. 195, 196.

sis, Scripsit *Vitam B. Petri Monoculi, Abbatis Claraevallensis*, quam publicavit Henriquez in Fascicolo Sanctorum ord. Cisterciensis. Car. de Visch Bibl. Scriptorum ord. Cisterciensis p. 312.

THOMAS *Rubettius*, Ordinis Cisterciensis, circa a. 1151 claruit, et literis comprehendit *Decreta Synodalia*, nec non *Vitam B. Walleni* sive *Waltheni*, prout refert Car. de Visch Bibl. Cisterc. p. 312 et Dempsterus Hist. Scot. a. 1087. Haec Hallervordius spicil. ad Vossium.

THOMAS *Rudburnus*, vide supra *Radburnus*.

THOMAS *Sandalius*, Scotus, monachus Cisterciensis in Kentire. post Abbas coenobii quod Sandal vel Sandalium dicitur, circa a. 1257. Scripsit *super Magistrum Sententiarum, de Baptismo*, et *Quaestiones controversas*. Car. de Visch l. c.

THOMAS, Episcopus *Sareptanus* ordinis, Praemonstratensis et medicus Wratislaviensis, scripsit circa a. 1360. *Practicam medicinalem* et *Tractatum de febribus*. Vterque liber MS. est in Bibl. Academiae Lipsiensis Paullina, teste Catalogo Felleriano p. 271.

THOMAS *Sarisburiensis*, Theologus Anglus, scripsit *de arte praedicandi*. Pitseus Append. Cent. IV. 65.

THOMAS *Scaravellus*, Insuber Vercellensis, Ord. Praedicatorum in conventu Salutiensi, interfuit Concilio Basiliensi, et *Volumen Sermonum* reliquit. Jac. Quetif de scriptoribus ord. Praedicatorum tom. I. p. 795. Rossotti Syllabus Scriptorum Pedemontii p. 542.

THOMAS *Schifaldus*, Siculus Lilybaei natus, Ord. Praedicatorum, Orator, Theologus, Poëta, qui literas humaniores in Siciliam intulit et auxit, Alphonso quoque Regi charus, circa a. 1493. Scripsit *Vitam B. Petri Hieremiae Panormitani Ord. Praedic.* quam edidit Octavius Cajetanus in vitis Sanctorum Siculorum tom. II. p. 254 et Antwerpienses in Actis Sanctorum tom. I. Martii p. 294 sed sine auctoris nomine, quem suppleverunt Jo. Bapt. de Franchis in indice auctorum, quibus usus est in vita B. Petri scribenda, et Hier. Ragusa

in Elogiis Siculorum. *De viris illustribus Ord. Praedicatorum, Cammentaria in Psalmos. De adventu Caroli VIII. regis Francorum Neapolim, Artem Poëticam, Comment. in Horatium, Juvenalem et Persium.* Vide Jac. Quetif. de Scriptoribus Ord· Praedicatorum tom. I. p. 882. Ant. Mongitore Bibl. Siculam tom. II. p. 262, 263. Hier. Ragusa Elogia Siculorum p. 290.

THOMAS *Scropus*, nobilissima familia ortus ex oppido Bradley, monachus Benedictinus, postea Carmelitanus in coenobio Norwicensi, duriorem vitam agens. A. 1446 factus est Episcopus Dromorensis in Hibernia, et a Papa ad Rhodienses missus fuit. Reversus cum pacem cum Hibernis colere non posset, resignato Praesulatu Episcopi Norwicensis Vicarius generalis obiit a. 1491. Scripsit *De Carmelitarum institutione, Catalogum Sanctorum ejusdem ordinis, Compendium historiarum et jurium, Sermones de decem praeceptis, de privilegiis Pontificum, de sua legatione ad Rhodios.* Libros quoque decem *Phil. Riboti Catalani de peculiaribus Carmelitarum gestis* in Anglicum sermonem convertit. Lelandus c. 584. Balaeus Centur. VIII. 54. Pitseus c. 896. Waraeus de scriptoribus Hiberniae p. 133. Petri Lucii Bibliotheca Carmelitana p· 79.

THOMAS *de Senis*, vid. *Thomas Antonii*.

* Alterum ab hoc Thoma puto esse Thomam Antonii Senensem natum anno circiter 1350. cuius est *contestatio da sanctitate B. Cathariae* vulgata ex parte a P. Martire in collectione Monum. tomo VI. Integram vero servat MS. Bibliotheca SS. Jo. et Pauli Veneta Dominicanorum. Laboravit etiam una cum P. Bartholomaeo Dominici in conficiendo *libro seu tractatu de origine seu ortu atque processu status fratruum et sororum de poenitentia S. Dominici in civitate Venetiarum*: quod opus MS. servatur in eadem Biblioth. teste P. De Rubeis in comment. de rebus congregationis B. Jacobi Salomonii Cap. II. § 3. Idem vero vir doctissimus ibidem admonet opus *de reformatione*, quod Raymundo De Vincis Magistro Gen. ord. Praedicatorum nondum editum adscribitur a

Fontana in Theatro ord. Praedicatorum idem forte esse opus cum superiori, excerpta enim quaedam ex ipso a Fontana adducta in eodem tractatu de statu fratrum, et sororum etc. totidem verbis recurrunt. Obiisse virum hunc post ann. 1422 idem scriptor affirmat. Cap. III. § 6.

THOMAS *Shavestenus*, Franciscanus O-xoniensis, seculo incerto, scripsit *Cursum moralem* et *Collectanea in Lucam.* Lelandus c. 403.

THOMAS, *Spalatensis* patria, natus a. 1200 primum ibid. Canonicus, post Archidiaconns, obiit a. 1268. Condidit *Historiam Salonitanam*, sive Pontificum Salonitanorum atque Spalatensium, quam Jo. Lucius sub finem operis de regno Dalmatiae p. 310 edidit, et annotationibus illustravit.

THOMAS *Sperman*, Anglus, ord. Praedicatorum, circa a. 1310. Scripsit *Comm. in Genesin, in Epistolam ad Hebraeos et Jacobi, Quaestiones disputatas.* Jac. Quetif de Scriptoribus ord. Praedicatorum tom. I. p. 511.

THOMAS *Sprottus*, Norwicensis, monachus Benedictinus Cantuariae in coenobio S. Augustini Scripsit *Historiam Cantuariensem* et *Abbatum sui coenobii Vitam et res gestas,* circa a. 1274. *Chronica ab Orbe condito ad a. C.* 1339 edidit una cum aliis Thomas Hearne, Oxon. 1719, 8. * Lelandus c. 287. Balacus Centur. IV. 42. Pitseus c. 394. Usus est eo Guilielmus Thorne, de quo supra T. III. p. 158 et Jo. Jocelinus: vide Catal. MSS. Bibl. Tenisonianae p. 10.

THOMAS *Squarzaficus*, Genuensis, mandante Senatu Legum publicarum Volumen a. 1450 correxit. Haec Oldoinus in Athenaeo Ligustico p. 520.

THOMAS *Stacius*, Mathematicus Cantabrigiensis, Collegii regalis alumnus, Astrologus insignis circa a. 1440 reliquit *Judicia revolutionum.* Balaeus Centur. XI. 49. Pitseus c. 815.

THOMAS *Staucham*, Anglus, ord. SS. Trinitatis redemtionis captivor. circa a. 1340 scripsit *de salutatione Angelica* lib. I.

* Acta Eruditorum 1722 p. 107. Bibl. Angloise tomo VI. p. 277.

ut testatur Petrus Lopez de Altuna in Chronica generali ordinis praedicti lib. 4. Haec Hippol Marraccius in Bibl. Mariana t. II. p. 415. Fortasse confunditur cum sequenti.

THOMAS *Straveshavv,* vel *Straveshan,* ord. S. Francisci monachus Bristoliensis, vixit a. 1346. Ab eo conscripta sunt *in D. Lucam Collectanea, de salutatione Angelica, de excellentia nominis Jesu, Tabula Doctorum universalis, in Lecturam Guilhelmi de Wara, in Delamarum* contra *Thomam, in Lecturam Roberti Canton, Cursum moralem* etc. Balaeus Centur. V. 73. Pitseus c. 545. Waddingus de scriptoribus ordinis Minorum p. 327. Marraccius l. c.

THOMAS *Stubbs* sive *Stobaeus*, Eboracensis, monachus Dominicanus et Theologiae Doctor. Scripsit *Chronicon Archiepiscoporum Eboracensium* ab initio usque ad a. 1372 quod exstat in Scriptoribus Anglicis Twysdeni p. 1685 et in Whartoni Anglia Sacra t. II. p. 1685. Reliqua sunt inedita. Officium *de nomine Jesu et de b. Anna, in Revelationes Brigittae, de perfectione vitae solitariae, de statutis Ecclesiae, s. Scutum Ecclesiae, Contra Statutorum impugnatores, de stipendiis, quae praedicationibus debentur, de poenis peregrinationis hujus vitae* etc. Lelandus c. 324. Balaeus VI. 36. Pitseus a. 634. Jac. Quetif de Scriptoribus ord. Praedicarorum tomo I. p. 671. Altamura p. 225.

THOMAS *Sturciensis*, Anglus, monachus Augustinianus et Nuncius Apostolicus, vixit a. 1370. Ejus sunt *Moralitates in Apocalypsin, de Sacramentis, Declamationes, de utroque seculo Prognosticon, Exceptiones Philosophorum.* Balacus Centur. VI. 33. Pitseus c. 624. Phil. Elssii Encomiasticon Augustinianum p. 659. Gandolfus de ducentis Augustinianis Scriptoribus p. 342.

THOMAS *Sutton*, aliis *Svetonius,* vel *de Svetonia,* Anglus Dominicanus et Doctor Sorbonicus circa a. 1299. Scripsit *Commentarios in Psalmum, in quaedam Aristotelis et Thomae, Summam Theologiae, Quodlibeta de relatione, de unitate formarum* etc. Lelandus c. 305. Balacus Centur. IV. 69. Pitseus c. 424. Jac. Quaetif l. c. p. 464. Altamura p. 48.

THOMAS de Templo, socius S. Dominici, creditur, sed recentior est, scripsit librum de miraculis et Rosario B. Virginis. et de praedicatione illius facta per S. Dominicum, et obiit a. 1260. Nic. Antonius Bibl. Hispana Vet. VIII. 4. n. 120. Altamura p. 56. Jac. Quetif 1. c. p. 472. Acta Sanctorum iomo I. Augusti p. 361, 362.

THOMAS Teuto, vide supra Theodericus de Friburgo.

THOMAS de Toledo, Dominicanus provinciae Castellanae, S. T. Magister, claruit circa a. 1470. Indices confecit in Summam S. Thomae, Jac. de Voragine et Jo. a S. Geminiano Sermones, quaedam Nicolai Lyrani et alia. Scripsit super Quodlibeta D. Thomae; Mariale, et de laudibus portae Paradisi. (h. e. Mariae:) Nic. Antonius Bibl. Hispana Vet. X. 12. n. 643. Quetif 1. c. p. 846. Altamura p. 195, et 519. Hipp Marraccii Bibl. Mariana tomo II. p. 417.

THOMAS Tomassinus, Venetus, ord. Praedicatorum, Theologiae Magister, Prior provincialis Lombardiae inferioris, a. 1410. Episcopus ÀEmoniensis, (vulgo Città nova in Istria) a. 1420. Polensis, a. 1423. Urbinatensis a. 1424. Traguriensis, tandem a. 1435. Feltrensis et Belunensis, obiit a. 1447. Scripsit de divinissimo corporis Christi Sacramento Carmen heroicum, et Sermones de Sanctis. Quetif 1. c. p. 806. Ughellus Italia Sacra tomo V. col. 193 ubi de Episcopis Bellunensibus. Jac. Alberici Catalogus Scriptorum Venetorum p. 83. Altamura p. 168.

* Praeter Episcopatus illos quos gessisse Tomassinum Bibliothecarius narrat, obtinuisse etiam administrationem civitatum Forilivii, Imolae et Cerviae demandatam sibi ab Eugenio IV. anno 1443. constat, insuper anno 1435. translatus fuit ad cathedram Recanatensem, et Maceratensem. Obiit anno 1446 die 24 Maj. Vide P. De Rubeis in Comm. de rebus Congregat. B. Jacobi. Salomonii. Cap. IV. §. 7.

THOMAS de Torquemada, a patria, Castellae-veteris oppido, sic dictus, Dominicanus in coenobio Pinciano, Prior conventus Segobiensis, Catholicis Regibus a confessionibus, ipsisque auctor fuit, ut Judaeos ex Hispania ejicerent: tandem Inquisitor

generalis, obiit a. 1498, 16 Kal. Oct. Auctor est Directorii pro Magistratu et munere Inquisitorum, et variorum Statutorum ordinis. Nic. Antonius Bibl. Hispana Vet. X. 15 n. 846. Jac. Quetif de Scriptoribus ord. Praedicatorum tomo I. p. 192. Possevinus tomo II. Apparatus p. 492. Altamura Bibl. Dominicana p. 524.

THOMAS de Trentaquatris, nobili familia Bononiae natus, ord. Praedicatorum, qui de Bibliotheca conventus sui quam optime meritus est, obiit a. 1444 et Sermones de tempore, de Sanctis, et Quadragesimales reliquit. Quetif 1. c. p. 797. Toppii Bibl. Neapolitana p. 300. Altamura p. 513.

THOMAS de Tuderto, scripsit Artem sermocinandi. Gesnerus.

THOMAS, monachus Cisterciensis B. Mariae de Valcellis in Cameracesio, scripsit Expositionem in Cantica Canticorum. Car. de Visch p. 312. Extat in Bibl. monasterii Elnonensis. Ant. Sanderi Bibl. Belgica MSS. I. p. 45.

THOMAS Varoye, Scotus, Praepositus Bethwaliae, circa a. 1399. Scripsit de Otterburnensi praelio, Odas et Rhythmos. Balaeus Cent. XIV. 55 et ex eo Vossius de Histor. Lat. p. 801. Ge. Mackenzie de Scotis eruditis vol. I. p. 297.

THOMAS Vasco, vide supra Gascoigne.

THOMAS Vercellensis, natione Gallus et Doctor Parisinus, Canonicus S. Victoris, demum primus Abbas monasterii S. Andreae Vercellis, obiit a. 1226. Scripsit Extractiones (h. e. Compendium) librorum Dionysii Areopagitae, in quibus per annos viginti elaborasse se testatur, quae cum Operibus Dionysii Argent. 1503. Colon. apud Quentelium 1536 fol. editae sunt. Commentarium Hierarchicum in Cantica Canticorum edidit Bern. Pez in Thesauro noviss. Anecdotorum tomo II. part. 1. pag. 501. eumque non ex merito elegantissimum ac prorsus divinum opus vocat, quum sane inconditum et absurdum. sit fabulas hierarchicas textui sacro admiscere. Tractatum de septem fructibus contemplationis ipse citat Comment. in Cantica p. 659. Caeterum laudanda est diligentia Cel. Pezii in illis, quae ad hunc auctorem, huc usque satis obscurum, pertinent, extricandis, cui adde Oudinum tomo III. p. 9.

• Discipulum habuit S. |Antonium de Padua. Hunc enim esse Abbatem illum S. Andreae de Vercellis, cuius proprio nomine suppresso meminit Author libri de miraculis eiusdem Sancti in Actis SS. ad diem XIII. Junii. Idem vero scriptor affirmat ab eodem Abbate non solum commentarium digestum in libros S. Dyonysii; sed libros ipsos pariter e Graeco in latinum vertisse. En verba eiusdem scriptoris: *Accesserunt ad Abbatem S. Andreae de Vercellis, qui tunc inter omnes Theologos excellentior habebatur, qui et libros B. Dionysii noviter ex Graeco transtulerat in Latinum et pulcherrime commentatus est.* Vivebat Author iste post obitum S. Antonii parum.

THOMAS *de Vio*, a patria, arce regni Neapolitani ad mare Tyrrhenum sita, dictus, natus a. 1469 ord. Praedicatorum in conventu Cajetano, unde *Cajetani* cognomen, a. 1491. Lector artium Patavii, post Magister Theologiae Brixiae, Ticini et Romae docuit, a. 1517. Cardinalis titulo S. Sixti, varia coetus sui negotia gessit et a. 1534 obiit. Opera ejus prodiere sat multa, et quidem

I. Philosophica.

Comment. *in D. Thomam de ente et essentia*, Patav. sine anno, Lugd. 1511, 1581 et alibi: *in libros posteriorum Analyticorum Aristotelis*, Lugd. 1578, 8 *in praedicabilia Porphyrii et praedicamenta Aristotelis*, ibid. *in tres libros de anima*, Romae, Venet. 1496 fol. Paris. 1539 fol.

II. Theologica.

1. *Cammentarii in Summam S. Thomae*, prodierunt cum ipsa Summa Lugd. 1540 et 1541 fol. Vol. IV. ibid. 1552 seorsim ibid. 1558, 8. In sequenti Romana 1570 quaedam resecta sunt, jubente Pio V. quod et in posterioribus servatum fuit.

2. *Peccatorum summula ordine alphabetico*, Rom. 1525 Venet. 1525, 8. Paris. 1526, 1530, 8. Lugd. 1550, 1565, 8.

3. *Commentarii in totam fere Scripturam Sacram*, post varias editiones conjunctim prodierunt Venet. 1531, 2. Vol. Lugd. 1639 fol. tom. V.

4. *Tractatus speciales* de variis materiis numero LXXX prodierunt Lugd. 1581. Antverp. 1612 fol. tribus voluminibus, quorum autem recensum brevitas nostra non patitur.

III. Inedita.

Commentarii in octo libros Physicorum Aristotelis, in libros de coelo et mundo, in secundum Periherminias, in quatuor libros Sententiarum, Quaestiones de sensu agente, Epistolae tres encyclicae ad totum ordinem, Acta Legationis suae Germanicae et Hungaricae, Epistolae plures ad Leonem X.

Plura de eo habent Jac. Quetif de Scriptoribus ord. Praedicatorum tom. II. p. 14. Possevinus tomo II. Apparatus p. 493 seqq. Nic. Comneni Papadopoli Hist. Gymnasii Patavini tom. I. lib. III. p. 302. Altamura Bibl. Dominicana p. 258 seqq. Oldoini Athenaeum Romanum p. 631. Hippolyti Marraccii Bibl. Mariana tomo II, p. 419, 420.

* Inter Cajetani opuscula junctim edita nequaquam extare puto brevem eius commentatiunculam in quaestionem *num fas sit Principes absolvere in sacramentali confessione qui per apros, cervos etc. subditis inferunt damna, nisi desistant et damnis satisfaciant.* Opusculum istud editum est Coloniae an. 1518. atque ab eo scriptum ibidem legitur cum generalem Magistrum ordinis sui ageret Romae an. 1514: die 2. Maij; tunc vero prodire typis datum est data facultate a *Reverendo P. Silvestro de Pierio Ord. Praedicator. Romae S. Palatii Magistro, et sacrarum literarum professore divinissimo.* Hanc Cardinalis Cajetani scriptam lucubrationem anonymus quidam vulgavit.

THOMAS *de Vio*, Papiensis, JCtus, ni fallor, Brixiensis, scripsit *de Cambiis*, et *Montibus pietatis.* quae opuscula extant in Oceano Juris tomo V. fol. 192, 195.

THOMAS *Ugolini*, Umber, Iguvii (hodie Eugubio) natus, ord. Praedicatorum Theol. Magister, ad partes septentrionales et orientales Inquisitor a Nicolao V. a. 1447 delegatus, scripsit *de solitudine monastica.* Jac. Quetif de Scriptoribus ord. Praedicatorum tom. I. p. 808. Jacobilli Bibl. Umbriae p. 261.

THOMAS *de Viglevano*, Insuber, ord. Praedicatorum circa a. 1500 scripsit *Sermones, Compendium Juris Canonici, et Summam de contractibus, confessariis utilem.* Quetif l. c. p. 895. Altamura p. 235.

THOMAS *de Vintona*, vide *Thomas Sutton.*

THOMAS *Virlejus*, Theologus Anglus, aetatis incertae, scripsit *Commentarium in omnes D. Pauli Epistolas.* Balaeus Centur. X. 96. Pitseus, Append. Cent. IV. 67. Lelandus c. 371. Fortassis idem est, quem Jac. Quetif de Scriptoribus ord. Praedicatorum tom. I. p. 731. THOMAM *de Virduno* dicit, cuique sec. XV. tribuit.

THOMAS *de Utino*, ord. Praedicatorum circa a. 1483. scripsit *Summam de casibus conscientiae, seu de dubiis per totam Quadragesimam.* Quetif. l. c. p. 865. Altamura p. 208.

THOMAS *Netterus, Waldensis*, a vico Walden in agro Essexiensi, Magister Oxoniensis, Carmelita Londinensis, ordinis sui Provincialis, intimus et a Confessionibus Regis, missus est a. 1409 ad Concilium Pisanum, a. 1445 ad Concilium Constantiense, a. 1419 ad Regem Poloniae et Ordinis Teutoniei Magistrum, obiit Rothomagi Regem secutus a. 1430. Exstat ejus *Doctrinale Antiquitatum fidei Ecclesiae Catholicae*, adversus Wiclefitas et Hussitas, impressum Paris. 1532 fol. Salmanticae 1556 fol. et cum brevibus elucidationibus Jo. Bapt. Rubei, Venet. 1571 fol. Inedita sunt longe plura, *Comment. in varios libros Biblicos, in Magistrum Sententiarum, Defensorium pacis, Sermones coram Rege, ad clerum Oxoniensem, in funere Regis, Fasciculus Zizaniorum Wicleffi, Responsa in Concilio Pisano, ad clerum in eodem Concilio, Orat. ad Caesarem Sigismundum, ad Concilium Constantiense, Epistolas CLXIV. Gravamina fratrum contra Oxonienses, in varios libros Aristotelis etc.* Trithemius de scriptor. Eccl. c. 767. Lelandus c. 332 Balaeus Cent. VII. 84. Pitseus c. 797. Whartonus in Append. ad Cavenm p. 74. Petri Lucii Bibl. Carmelitana p. 79, 80.

THOMAS *Walleis*, alias *Guallensis* et *Anglicus* dictus, Cambro-Britannus, Dominicanus et Theologiae Doctor Oxoniensis,

Joannem XXII. Pont. Max. praesentem haereseos accusavit, ob id in vincula conjectus, sed paullo post liberatus. Vixit a. 1330. Scripta ejus haec memorantur: *Comment. in plures libros Biblicos, in Augustinum de civitate Dei, in Magistrum Sententiarum, de statu animarum post mortem, de videndo faciem Dei post resurrectionem, de theoria vel arte praedicandi, contra Iconoclastas, de temporibus in potestate patris, Moralizationes in Ovidium, de formis veterum Deorum* etc. Solent fere opera ejus et Thomae Jorsii, hujus item et Thomae Aquinatis confundi. Confer Lelandum c. 345. Trithemium c. 696. Balaeum Centur. V. 35. Pitseum c. 504. Whartonum Append. ad Caveum p. 21. Jac. Quetif de Scriptoribus ord. Praedicatorum t. I. p. 597. Ambr. ab Altamura p. 147. Oldoini Athenaeum Roman. p. 626. Oudinum tomo III. p. 906.

* Quaestio est anceps num huic, seu Roberto Holcoti Anglo tribuenda sit *expositio in Proverbia Salomonis*, quam sub utriusqne simul nomine vulgavit Ascensius. Parisiis 1510. quo in praefatione profitetur agnoscere se in toto hoc opere vultum Vallesii; quare putat ex indulgentia quadam Holcoti nomen praefigi. Sed Ludovicus Valleoleti n. III. testatur Holcotum scripsisse *valde notabiliter Super omnes libros sapientiales*; quod non dixit de Vallensio. Vide Lambeker Biblioth. Antiq. civic. Vindobon. p. 41.

THOMAS *Walsingham*, a patria sic dictus, oppido Norfolcensis districtus, monachus et Praecentor in coenobio S. Albani circa a. 1440. Scripsit *Hypodigma Neustriae* a sec. VII. usque ad a. 1416 quod habetur in Scriptoribus Britannicis Camdeni p. 409. edit. Francof. item *Chronicon breve* ab anno 1273, 1422 ibid. p. 37. Inedita sunt *Auctarium Polychronici* Ranulfi Higdeni, et *Gesta Henrici VI.* Balaeus Centur. VII. 88. Pitseus c. 816. Whastonus Append. ad Caveum p. 98. Oudinus tomo III. p. 2423.

THOMAS *Wicke*, ord. S. Augustini Canonicus regularis in coenobio Osney juxta Oxonium, circa a. 1290. Ejus sunt *Chronica compendiosa*, quod alias *Chronicon Salisburgensis monasterii* vocatur, tomo II.

Scriptorum Anglicor. Thomae Gale p. 21 habetur: *Catalogus Abbatum Osniensium*, Carmina, *Increpatio gulae* et *Commendationes vini.* Balaeus Cent. IV. 72. Pitseus c. 423. Ejus etiam esse creditur, ait Oudinus tomo III. p. 946. *Indiculus vasorum et supellectilis sacrae monasterii de Osneya*, quem Galeus tomo II. Scriptorum Anglicorum edidit. Idem Pitseus in Append. *Thomam Wicket* memorat, qui *Chronicon Angliae* scripserit, forte ab hoc nostro non distinguendum.

THOMAS *Wigenhalus*, monachus Praemonstratensis in coenobio Dieramensi Comitatus Norfolcensis a. 1470. Scripsit *Historiam coenobii sui*, et *miracula B. Virginis in eodem loco.* Lelandus c. 434. Balaeus Cent. VIII. 41. Pitseus c. 866. Jac. Quetif de Scriptoribus ord. Praedicatorum tomo I. p. 910. Male Ambr. ab Altamura p. 344 a. 1570 vixisse asserit.

THOMAS *Wikingham*, Carmelita Norwicensis, Coloniae literis operam dedit, nil nisi *Sermones* scripsit. Vixit autem a. 1372. Balaeus Cent. XIII. 88. Pitseus c. 632.

THOMAS *Wilton*, Jurium Doctor, Decanus Paullinus et Cancellarius Londinensis fuisse creditur circa a. 1470. Scripsit *contra Mendicantes*, *Visitationem Cleri* et *Petitiones Orationis Dominicae.* Balaeus Cent. VIII. 32. Pitseus c. 864.

THOMAS *Winchecumbus*, Wigorniensis, monachus Benedictinus Eueshamensis, aetatis incertae, dedit *Chronica sui coenobii.* Balaeus Cent. X. 92. Pitseus Append. Cent. IV. 69.

THOMAS *Winchelseus*, Anglus, monachus, nescio cujus aetatis, scripsit *Quodlibeta*, *Comment. in Logicam Aristotelis*, et *Sermones.* Lelandus c. 319.

THOMAS *Wintherton*, Lincolniensis, Eremita S. Augustini in coenobio Stanfordiensi, Theologiae Doctor. Oxoniensis, et ordinis sui Provincialis circa a. 1392. Scripsit *super assertione Eucharistiae lib. I. Absolutionem contra Confessionem Wicleffi*, *Disputationes Theologicas* et *Sermones.* Lelandus c. 468. Pitseus c. 673. Phil. Elssii Encomiasticon Augustinianum p. 664.

THOMAS *Wodbrigius*, Historicus incer-

tae aetatis, scripsit *de rebus Anglicis.* Pitseus Append. Cent. IV. 70.

THOMAS *Wolphius*, junior, Decretorum Professor Argentinensis, in litteris humanioribus non ineruditus, obiit Romae a. 1509 aetatis 34. Scripsit *Expositionem in Psalm. XIV.* Domine quis habitabit, Argent. 1508. *Epistola* ad Jacobum Wimphelingum cum Adolescentia Mantuani impressa est. *Chronicon* quoque *de rebus gestis urbis Argentoratensis* scribere aggressus est, teste Jac. Wimphelingio in Catalogo Episcop. Argent. p. 123. *Disputatio de nomine imperatorio* edita est cum Vita Catonis et Aurelio Victore, Argent. per Jo. Brus. 1504, 4. Gesnerus.

* Juvat hic ascribere ephitaphium viri huius docti a Beato Rhenano Salestatino conditum, quod legi impressum in vet. editione vitae Joannis Geileri Caesaremontani ab eodem Rhenano scriptae.

D. O. M.

Thomae Volphio juniori
Pontificis jurisperito
Priscae elegantiae facundiaeque
Studiosissimo
Quem tum immatura, quam
Subitaria morte Romae
Sublatum
Et Quirites et Germani flevere
Amici B. M.
Posuerunt
Vixit ann. XXXIII. Mens. IX.
Obiit ann. salutis MDIX.
Excriptum in aedibus
Shurerianis.

THOMAS *Wolsaeus*, Anglus, lanionis filius, Episcopus Lincolniensis, post Dunelmensis ac Wintoniensis, Archiepiscopus Eboracensis Angliae, Cancellarius, Cardinalis et Pontificis in Angliam Legatus tempore Henrici VIII. sec. XVI. de quo pleni sunt omnes historiarum libri. *Epistolae* ejus quaedam editae sunt a Martene et Durand Collect ampliss. III. p. 1269.

THOMAS *Wright*, Anglus, professione Trinitarius Redemptionis Captivorum, in Academia Parisiensi Theologiae publicus Doctor, quam Academiam instante S. Ludovico Rege, novis legibus scriptis, reparavit, ab Innocentio IV. anno 1244. Pontificatus II. in Concilio Lugdunensi evulgatus Presbyter Cardinalis Titulo S. Crucis in Hierusalem, et Archiepiscopus Tuamensis ·in Hibernia, doctrina et sanctitate clarus decessit anno 1249 aetatis 66 Kal. Novembris, cum posteris tradidisset *in Canticum Magnificat Commentaria* libris duobus, *in omnes Psalmos Davidicos* libros novem, totidemque *in Epistolam Pauli ad Hebraeos*. Libros item novem *in Magistrum Sententiarum*, librum unum *de incarnatione Christi contra Hebraeos*, et *Sermonum Adventualium* librum alterum. Haec Oldoinus in Athenaeo Romano p. 634.

THOMAS *de Zacchariis*, Cremonensis, Medicinae ac Philosophiae Doctor, linguae Graecae, Hebraicae, Syriacae ac Chaldaicae Professor, obiit octogenarius a. 1368 scripsit *de partu mulierum lib.* 5 *de coena et prandio lib.* 2. et quaedam ad rem medicam pertinentia ex Hebraeo transtulit. Arisii Cremona literata tom. I. p. 176.

THOMASELLUS *de Perusio*, ord. Praedicatorum circa a. 1285 scripsit *Commentarium in Magistrum Sententiarum*. Quetif de Scriptoribus ord. Praedicatorum tom. I. p. 401. Jacobilli Bibl. Umbriae p. 261. Oldoini Athenaeum Augustum p. 316.

THOMASINUS *Aribertus*, vide supra *Thomas Aribertus*.

THOMASINUS *de Ferraria*, ord. Praedicatorum Theol. Magister circa a. 1390. Ejus sunt haec: *Thomasina s. Compendium librorum I. II. et III. S. Thomae in Sententias, Sermones Quadragesimales*, impressi Colon. per Jo. Koelhof, 1474 fol. *Sermones de tempore et Sanctis*. Quetif l. c. p. 700. Altamura Bibl. Dominicana p. 142. Aug. Superbus de viris illustribus Ferrariensibus p. 25.

THOMASUCIUS e Valle Macinaria juxta Nuceriam, tertii Ordinis S. Francisci, obiit Fulginiae, miraculis et prophetia celebris d. 15 Sept 1377 et Beatis accensetur. Praescripsit metrice *Ruinas multarum civitatum Italiae et tribulationem Ecclesiae*, antequam evenirent, et postea adimpletas, Fulginiae a. 1566 et 1627 cum ejus vita

impressas. Waddingus de Script. Ord. Minorum. Jacobilli Bibl. Umbriae p. 261.

(329) Vide *Vita del B. Tomasuccio del terz' Ordine di S. Francesco descritta da Lod. Jacobilli, seconda ediz. Foligno. Alterii* 1644. 4. ibique prophetias rythmice, vernaculo vero sermone, quo tantum eas conscripsit.

THOMELLUS, vide *Tomellus.*

THOROMMACHUS Episcopus, ex cujus *Chronica Graeca* collectus est liber IV. et VI. Collectionis Historicae Chronographicae, tom. II. Ant. Lect. Canisii part. 1. p. 195. Ostendit autem Vir Celeberrimus Jac. Basnagius in observatione praevia p. 151. neminem alium, quam Gregorium Turonensem intelligi. Nam *Toronacus* pro Turonensi saepius scribere solebant. Quae vero in Codice Petavii Senatoris Parisiensis sic leguntur: *Excerptum de Chronica Greg. Thoronaci;* ea Codex, quo usus est Canisius, sic immutavit: *Excerptum de Chronica Graeca Thoromachi Episcopi* Quae vero hoc libro narrantur, non Graeca sunt, sed Occidentalia, et quae plerumque in Francia contigerunt.

THURINGIAE Landgraviorum historiam dedit Anonymus, quem quidam Erpherphordiensem, alii Reinhardsbornensem monachum vocant, ab origine gentis usque ad a. 1426 editus a Jo. Pistorio tom. I. rerum Germanicarum p. 908 ex Codice in quibusdam auctiore et emendatiore a Jo. Georgio Eccardo in Historia Genealogica Principum Saxoniae superioris p. 351.

Nicolaus Marschalcus THURIUS. De hoc scripsi Dissertatiunculam a. 1733. Viro Amplissimo, Jo. Danieli Schadaeo, JCto, novos honores, quum ipse in supremo Provocationum consilio locum obtinuisset, gratulatus. Quia vero observavi, hoc schedion, neque Viro summo, Jo. Alberto Fabricio, neque Viro Illustri, Ernesto Joachim de Westphalen, qui nuper scriptores Cimbricos et Mecklenburgicos nobis dedit, notum fuisse, quamvis posterior quaedam de illo rescivisse videtur: totum illud hic repetere, et additionibus novis locupletare placet. Ante omnia vero notandum est, me multa debere Bibliothecae Historicae Hamburgensi, reliqua propria diligentia adjecisse: in novis vero additamentis quaedam Viro Celeb. Jo. Backmeistero debere, qui in Animadversionibus ad Annales Marschalci nostri quaedam de vita illius congesserat.

§. 1.
Patria Marschalci et Natales.

Nicolaus igitur Marchalcus patria Thuringhus est, id quod expressis verbis probat Equitum suo tempore doctissimus, Ulricus Huttenus, qui Elegiam ad Marschalcum nostrum scribens, Musam suam sub finem sic alloquitur: [*]

Haec ubi tradideris vati, mea Musa,
    Thuringo,
Ad mea, rescripto carmine, tecta redi.

Quod vero perpauci id huc usque perspectum habuerunt, caussa haec est, quod ipse Marschalcus se non Thuringum, sed Thurium scripsit. Nimirum ea labes tunc temporis viros eruditos invaserat, ut, quae Teutonica essent, contemnerent, et nomina peregrina potius eligerent. Sic Misnenses maluerunt esse Mysi, Saxones Sacae. Eodem modo noster Thurium se vocavit, quod nomen populus olim magnae Graeciae habuit, ut antiquitatis se gnarum ostenderet. Quaenam vero speciatim patria ipsius

fuerit, huc usque nondum expiscari potui. Celeb. Hornius [b] eum ex gente Nobilium Marschallorum, qui olim apud Landgravios Thuringiae hoc dignitatis genus obtinuerunt, et Gosserstadium vicinasque aliquot villas dudum possident, oriundum esse tradere videtur. Quum igitur asserti sui rationem nullam adtulerit, rem interea in medio relinquendam esse puto, donec certiora dies doceat. Hoc addo, Nobilissimum Thurium vocari a Conrado Mutiano Rufo, [c] quumque illis temporibus tituli non essent tam vulgati, ac nostris, credibile utique est, ipsum ortu fuisse nobilem.

§. 2.
Erfurti et Wittebergae versatur.

Ad litterarum studia cum animum applicuisset, in Erfurtensi Academia iisdem incubuit, ubi Spalatinum habuit discipulum, Artiumque Magistri et Juris Utriusque Baccalaurei dignitatem obtinuit. Eo tempore Fridericus Sapiens, Elector Saxoniae, Academiam novam Wittebergae condebat, quam ille inter primos decoravit, sic, ut in albo inscriptorum nomen ipsius undecimo loco habeatur. [d] An ibi Jura docuerit, non satis audeo confirmare, quum nec nomen illius inter eos legatur, qui Juris utriusque Doctores ibidem renunciati sunt. Hoc a Marschalco nostro edocemur, Fridericum Electorem cum fratre Joanne saepius auditoria frequentasse: [e] id quod rarum est in Principibus, et hac occasione omittendum non erat.

§. 3.
Rostochii honores publici.

Patria vero ipsi non satis favisse videtur, quapropter exteris potius quam patria studia sua offerre coactus est. Docent hoc, verba Hutteni, qui ait, ipsum multa alibi mala sustinuisse: et demum in terris

---

[*] Edidit Huttenus inter alia in Wedegum Loetz et filium ejus Henningum V. Juris Doctorem Gripesvaldi in Pomerania Querelarum libros duos. Francophordii cis Oderam, 1510. 4 pl. 13. 1/2. Quod opusculum quum Cl. Burkhardus, scriptor Vitae Huttenianae, prorsus non viderit, pauca de illo monenda sunt. Huttenus ex Italia redux a. 1509 in Pomeraniam venit, ubi cum morbo et paupertate conflictabatur. Wedegus Lossius Cof. Gryphiswaldensis ipsum recipiebat, et quasdam pecunias subministrabat, sed indignis praeterea modis ipsum tractabat. Huttenus hujus rei impatiens pedibus iter Rostochium suscipit, sed non procul ab urbe aberat, quum Lossiani, satellites ipsum adgressi omnibus, quae secum habebat, spoliarunt. Ipse autem sic affectus Rostochium venit, ibique magno cum applausu docuit. Postea vero has Querelas edidit, quae nihil aliud sunt, quam Farrago variorum Carminum, ad Patronos et amicos missorum, in quibus alia quoque varia, quae ibi non quaeras, inveniuntur.

[b] Horn Sächf. Hand-Bibl. 1 Zheil p. 99.
[c] Epist. XLII. in Tentzelii Suppl. II. hist. Gothanae p. 41.
[d] Sennerti Athenae Witteberg. p. 39.
[e] Marschalcus in praefatione ad Petri Ravennatis Compendium Juris civilis: Audiunt te (Ravennatem) et D. Federicus Ro. Imp. Archimarschalcus: et D. Joannes germanus ejus, principes nostri Sassoniae illustrissimi: si quando per ocium rei suae publicae liceat.

Megalopolitanis halcyonia invenisse (a). Ro-
slochium enim abiit anno MDVII. a Ducibus Megalopolitanis , Henrico Pacifico
et Alberto Pulchro, evocatus , non quidem
ait Backmeisterus , ut Jus Civile, quam
Canonicum ibidem in Cathedra Academica
doceret, sed ut Historiam potius universalem studiosae juventuti traderet quae
per annos XX. post obitum Alberti Krantzii
in Academia laudata siluerat. Praeterea
Ducibus laudatis fuit a Consiliis (b). Cancellarii quoque dignitatem laudatus Backmeisterus ipsi tribuit, de qua dubitare nollem ; quum vero Epitaphium sileat , nul-
lumque aliud adsit testimonium , imo,
quum ex inferius dicendis constet , Ca
sparum Schoneichium tunc Cancellarii dignitate functum fuisse, cui Epitomen Germanicam Historiae Megalopolitanae dedicavit illam merito in dubium vocamus. In
Miscellan. Rostochiensibus (c) exstat ipsum
a. MDX. Rectore M. Henrico Crusemanno
in album Rostochiense relatum fuisse, quod
etiam dixit Backmeisterus , sed ex Querelis
Huttenianis constat, ipsum hoc anno Rostochii jam domum , uxorem et munus
habuisse. Nescio igitur, qui factum sit, ut
tum demum apud Academiam nomen professus fuerit. Miscellaneis laudatis insertum
est Scriptum publicum quod inscribitur
Lectionum pro Universitate Rostochiensi
a 1520 editum , ubi inter Lectiones et
exercitationes in utroque Jure extraordi-
narias de nostro haec habentur: *D. Nicolaus Marescalcus Thurius utriusque Juris
Doctor leget Hora duodecima convenientem
in jure civili materiam juxta volun-*

tatem studiosorum. Et aliis temporibus non
occupatis elucidabit Hystoriam aquatilium
latine et graece. Quum Scriptores Meck-
lenburgici pauca nobis de illo , praeter
labores litterarios , de quibus paullo post
memoratu digna reliquerint : hoc unum
Spalatinus (d), discipulus ipsius , retulit ,
quod a. MDXXIII una cum aliis Legatis a
Duce Megalopolitano ad Electorem Saxoniae
missus fuerit. Quid vero ibidem peregerit,
non additur. Plures legationes memorat
Backmeisterus, sed nullius gesta singulatim refert.

§. 4.
Scripta Marschalci.

Plura de scriptis illius proferre possumus, quae quamvis aliorum scriptis satis
celebrata , a paucissimis tamen ob raritatem summam visa sunt : idque partim ob
antiquitatem, partim vero quia Rostochien-
sia suo sumtu imprimi curavit. Habuit
enim in aedibus propriis typographum
Erfurtensem, Guntherum Winterum, quem
ipse aluit , et hoc modo commodum litterarum augere voluit (e). Quae igitur ex
ingenii ipsius monumentis mihi cognita
sunt , ea sequenti ordine enumerabo :

1. *Carmina de diva Anna et de moribus
Archigrammateorum, cum · commentario
Georgii Burcardi Speltini,* h. e. Spalatini :
exstant in Collectione Poëmatum Hesiodi
Lactantii, Ovidii, Ausonii et aliorum, Erphordiae a. MDI. 4 impressa, cujus contenta
jam olim Cel. Fabricio a me transmissa,
ab hoc autem primum in Supplemento
Bibliothecae Latinae , postea vero in ejusdem tomo III. relata sunt. Ipse liber exstat
in Bibliotheca Paullina Lipsiensi.

2. *Libellus de Orthographia.* Erphordiae
per Wolfg. Schenck, 1501 , 4.

3. *Enchiridion Poëtarum*, libri duo. Erfordiae 1502, 4. Hunc librum nuper in
auctione Gothana observavi, sed non vidi.
Sunt tamen, qui Spalatino potius, quam
Marschalco tribuunt.

(a) **Huttenus** lib. 1. Querelarum p. 40 ita de
Marschalco :
Utque malis olim tulit ipse simillima nostris ,
   Dum leget, iu promptu causa doloris erit.
Utere sorte tua, cui nunc fortuna secunda est:
   Quem levat ex longo paria labore quies.
Utque tibi domus est, ut blandi muneris uxor ,
   Ut grave sub tanto Principe n men habes ,
Dignum illis animum gere etc.
   (b) Germanice, pro istorum temporum simplici-
tate , se tantum scribit *Sr. Fürstlichen Enaden
Hofe Diever:* in praefatione Chronici rhythmici.
Vide Bibl. Histor. Hamb. tom. II. p. 276.
   (c) *Etwas von Rostockischen Sachen* a 1759
p. 785.

(d) Spalatinus Annal. tom. II. Menken. p. 650.
(e) *Stierbres Mecllenburgische Historie der
Gelebrosan Keit* p. 75, 77 *und im Leben Hertzogs*
Magni p. 20

4. *Praefatio in Petri Ravennatis Compendium Juris civilis, impressum Albiburgi pridie nonas Septembres, Anno a natali Christiano MDIII.* 4. Hunc librum ipse possideo, fortasse primum omnium, qui Wittebergae unquam sunt excusi (a) Typi sunt sati nitidi, sed nomen typographi non adparet.

5. *Bericht von dem zu Sternberg 1491 vorgelaufenen Juden-Handel. Rost.* 1510, 4. Est narratio de Clerico, qui hostiam consecratam Judaeis vendiderat, a quibus pessime accepta, hi vero deinde una cum sacrificulo suppliciis adfecti sunt (b). Opusculum illud postea latino sermone edidit, hoc ipsi rubrum praefigens: *Res a Judaeis perfidissimis in Monte Stellarum gesta, ad Illustres Principes Henricum et Albertum, germanos, Duces Mecklenburgicos inclitos.* Rost. MDXXII. 4. Nostro tempore illud propter raritatem rursum edidit Jo. Hubnerus Junior, J. U. L. Hamb. MDCCXXX. 4. pl. 6.

6. *Institutionum Reip. militaris ac civilis libri IX.* Sub finem haec leguntur: *Impressum feliciter in celebri urbe Rostochio in aedibus Thuriis Anno a Nat. Christ. MDXV. ad Cal. Maias.* fol. Cl. Bünemannus, hoc opus nuper una cum aliis venum exponens, pretium constituit octo imperialium.

7. *Cebetis Philosophi Thebani de fortunae instabilitate opus elegantissimum.* Sub finem haec leguntur: *Impressum Rostochii in aedibus Thuriis ad Calendas Febr. MDXVI.* 4. Continet plagulas IV.

8. *Historia aquatilium, latine et graece, Rostochii, in aedibus ipsius anno 1520 in folio: cum figuris, sed absurdis.* Promittit Zoographiam et therion historiam, et orni-

thographiam, quae an praestiterit, nescio. Haec Gesnerus in Bibliotheca, cui notitiam pleniorem hujus operis, leviter tantum ab aliis tacti, debemus.

9. *Annales Herulorum ac Vandalorum, libri VII. Rost.* 1521. fol. plag. 26. Hunc librum in Bibliotheca Regia Berolinensi oculis usurpavi, quo tempore Nobilis quidam Megalopolitanus ipsum manu sua describebat. Sub finem additae sunt Annotationes quaedam Grammaticae vocum Latinarum et Graecarum, non ubivis occurrentium, quae non satis versatos remorari poterant, rogatu Valentini Stoientini, Equitis Pomerani, et JCti Gryphiswaldensis, conscriptae. Notitiam sufficientem contentorum hujus libri dat Bibliotheca Historica Hamburgensis (c). Typi non sunt admodum elegantes, minoris formae: graeca non satis sese commendant, et accentibus destituuntur. Judicant, qui perlegerunt, Auctorem satis bene scribere, sed ita, ut vitio seculi sui laboret, neque ad hodiernas Historicorum accuratiorum rationes sic exigendus. Postquam hic liber diu inter rarissimos habitus fuit, optime de illo meritus est Vir illustris, quem modo laudavimus, Ernestus Joachimus de Westphalen, Serenissimi Holsatiae Ducis Cancellarius, qui illum tomo I. Scriptorum Cimbricorum et Megapolensium recudi jussit p. 163 et annotationibus quibusdam illustravit.

Horum Annalium extat Versio vernacula Eliae Schedii, quam Vir Illustris ad latus textus Latini poni voluit. Haec textum Latinum, utpote qui obscuritatem singularem affectavit, ita explicat, ut Lector in eruditione antiqua non satis exercitatus non detineatur.

Quum vero Annales Marschalci ultra annum 1521 non procederent, laudabilem operam suscepit Sebastianus Backmeisterus, Verbi divini Minister in Ecclesia Travemundensi, qui illos Lingua Latina usque ad a. 1713 continuavit. Invenies operam ejus in Collectione laudata p. 339.

(a) Alium, qui anno sequente Albiori prodiit, in Bibliotheca Scholae nostrae Crucianae conspiciendum, memorat Cli Beyerus in Epist. de Bibliothecis Dresdensibus.

(b) Ex Marschalco sua desumserunt, quotquot deinceps hujus negotii meminerunt, ex quibus praecipue nominandi sunt Dav. Henr. Koepkenius in fabulosa Megapoli p. 104 seqq. Henr. Ascanius Engelke, diss. de hostia, Sternbergae a Judaeis confossa et cruentata. Lips: 1699, 4. *Dav. Francks Bericht von der Hostiepzu Sternberg-Rost.* 1721, 4 et quos Koepkenius cum Franckio magno numero citat.

(c) Tom. II. p. 261 seqq. Adde *Stiebers Historie des Mectlenb. Gelehrsamkeis* p. 76, 77.

Hujus filius Joannes Backmeisterus, Medicinae Doctor et Professor Tubingensis, nec non Archiater Bado-Durlacensis, Animadversiones Genealogico-Chronologico-Historicas in hos Annales elaboravit, quae ibidem locum in hac Collectione invenerunt p. 453.

10. *Chronicon Principum Megapolensium*, libri V. rhythmis germanicis. Exstat ibidem p. 561 et antea impressum non fuerat.

11. *Vitae Obetritarum* cum *Commentariis in libros gestorum Obetritarum*, ineditae hucusque occurrunt tomo II. Operis laudati, p. 1502 ex Codice Bibl. regiae Holmiensis descriptae.

12. *Deflorationes Antiquitatum ab origine mundi*. Rost. 1522 fol. pl. 16. Est Compendium historiae universalis, cujus synopsin recensent Hamburgenses (a), qui simul observant, ipsum Annio Viterbiensi multum tribuere, et nomen *Deflorationum* ab ipso quoque petiisse. Et hoc opus publico reddidit Illustris Westphalius tomo I. Operis laudati p. 1419.

13. *Ein Auszog der Meckelburgischen Chroniken*. Ilic titulus est libelli plagulis V. in folio, procul dubio in aedibus Thuriis impressi. In altera facie tituli leguntur haec verba: *Der Meckelburgischen Chroniken ein Kostbarlicher Auszogk von Doctore Nicolao Marescalco Thurio, deme Erbarn vehesten und gestrengen Hern Caspari von Schoeneychen, der durchleuchtigen-hochgebornen Fursten und Heern, Hern Heinriches und Hern Albrechts Gebruder, Herzogen zu Mechkelburg, Fursten der Wenden, grauen zu Swerin, der Lande Rhostoch und Stargard Herren, Canczler etc. zw geschrieben.* Hunc libellum ipse possideo.

14. *Epistola ad Spalatinum*, Brandenburgi a. 1505 data edita est a Celeb. Kappio praef. ad Beehrii Hist. Meclenb. p. 45.

§. 5.
Judicia de eo.

Ex his igitur adparet, quid de Marschalco nostro judicandum sit. Certe pro fato istorum temporum fuit non eruditus solum,

sed inter Deos majorum gentium jure suo collocandus. Utriusque sane linguae studiosus fuit, Latine scripsit satis eleganter, Poëticam artem tractavit non infeliciter, Historias legit et ipse quoque scripsit, Jus civile docuit, Principibus suis consilio adfuit. Sic igitur de eo judicant, qui ex aequo judicare didicerunt, qui tamen id simul addunt, veritatem sectantes, Marschalcum nostrum ex istorum temporum conditione dijudicandum esse, quibus studia literarum in Germania post diuturnam barbariem prodire quidem coeperunt, sed plenam messem ostendere nondum potuerunt. Vitium certe seculi erat, quod nonnunquam oratorem potius, quam historicum agit, quod in rebus majoris momenti non satis accuratus fuerit, quod ad Geographos Graecos saepe numero sine caussa, et tantum eruditionis ostentandae gratia, provocaverit (b). Huttenus nostro quoque Cosmographiae studium tribuit, cum Musam suam ad Marschalcum ablegatam sic adloquitur:

Invenies illum placidas tractare sorores,
Invenies gravium volvere scripta virum.
Et jam forte vagas depingit in ordine terras,
Cumque mari silvas, flumina, rura, lacus;
Et gentes, quavis coeli regione repostas,
Totque urbes graphico digerit in radio.

In margine additur: *Marschalcus Cosmographus*. Fortasse Marschalcus tunc privata opera hujusmodi litteris incubuit, aut studiosam juventutem eas docuit: in publicis enim monumentis tale quid ab ipso praestitum esse non constat.

§. 6.
Mors et Sepultura.

Tandem fato suo functus est Marschalcus noster, et exuviae ejus templo monasterii Dobberanensis illatae sunt. Unde, quantum apud Principes suos gratia valuerit, vel ideo conjicimus, quia locus ille sepulturae ipsorum Principum alias destinatus fuit.

(a) *Hamb.* Bibl. Hist. pag. 277.

(b) *Stiebers Mecclenburgische Kirchen Historie*, p. 225, 312, 313. Adde judicium illustris Westphalli in praefatione, quod cum hoc meo fere in omnibus convenit.

Monumentum ipsi sequens poni jussit Henricus Pacificus:

NICOLAO MARSCHALCO THURIO, et literarum et linguarum omnium Viro Doctissimo, Jurisprudentia insigniter claro, tanquam bene merito, HENRICUS, Megalopyrgensium Dux, Gratissimus Princeps, monumenta posuit.

Hoc Nicolai habitant Marschalci funera
     saxo,
Henricus Princeps haec monumenta dedit.
Henricus Princeps, quo non modo sanctior
     alter.
Et Megalopyrgos Vandalicosque regit:
Omnia consiliis cum multa pace gubernans,
Doctorum ut semper, sic, Nicolae, tuis.
Hic merito funus tanto sepelivit honore,
Virtuti gratus inclytae et officiis.

Moritur Rostochii die 12 Jul. MDXXV. (a)
TIBERIANUS, Baeticus, s. Hispanus, haereticus, sectator Priscilliani, scripsit *Apologeticum*, sed tumescenti sermone. Hieronymus de viris illustribus c. 123. Vixit seculo III. inclinante.

TIBERIUS *Bacillerius*, Bononiensis, Philos. et Med. Doctor, Bononiae, Ferrariae, Patavii, Papiae et alibi Philosophiam docuit circa a. 1490. Ejus prodierunt sequentia: *Lectura in tres libros* (Aristotelis) *de anima, et parva naturalia, et libros Averrois de substantia orbis, et in duos libros de generatione et corruptione*, Papiae 1508 fol. *In octo libros de Physico auditu, et in librum de Coelo Summa*, ibid. 1509 fol. *In universam Aristotelis et Averrois Dialecticam.* ib. 1512. fol. Bumaldi Minerval Bononiense p. 222. Marchesii monumenta virorum illustrium Galliae tozatae p. 77.

TICONIUS, vel *Tychonius*, Afer, Donatista, qui tamen contra Donatistas scripsit, ut monet Augustinus de doctrina Christ. III. 30. et Epist. 48 al. 93 quo posteriore loco *Narrationem* illius exhibet. *Septem* ejus *Regulae de explicatione Sacrae Scripturae* MS. sunt in Bibl. Benedictinorum Florentiae et S. Victoris Parisiis: Bern. de Montfaucon Bibl. Bibl. MSS. p. 416, 1375 impressae in

(a) *Stiebers Mecklenb. Hist. der Gelehrt.* p. 77, 78. *Hamb. Bibl.* p. 270.

Orthodoxographis Grynaei et Bibliothecis Patrum.

Regulae XII. de concordia Evangelii MS. in Bibl. monasterii B. M. de Becco: Montfaucon p. 1253. Guidonis Ebroicensis, ord. Praedicator. a. 1290 annotatione ad Tichonii regulas memorantur a Sixto Senensi et aliis.

TIDERICUS *Lange.* Vide supra T. IV. p. 526.

TIGERNACUS, auctor *Annalium Hiberniae*, quos usque ad a. 1088 perduxit. Eos, et continuationem Anonymi, manuscriptos habuit Waraeus, prout ipse testatur de Scriptoribus Hiberniae p. 51. Adfuerunt quoque in Bibl. Jo. More Episc. Norvicensis, teste Montefalconio in Bibl. MSS. p. 689 et ante hunc in Bibl. Tenisoniana, ubi p. 18. *Tibernanus* scribitur.

Nicolaus TIGRINUS, *Lucensis, de vita Castrucii Castracani* MS. in Bibl. Vaticana, teste Montefalconio p. 86. Vide NICOLAUS *Tegrimius.*

TILMANNUS de *Aquisgrano*, vel *Aquensis*, etiam de *alto lapide* dictus, ordinis Carmelitarum Prior provincialis inferioris Germaniae, docuit Parisiis et Coloniae circa un. 1360. Scripsit *Super Sententias lib. IV. In Evangelium Matthaei Lecturam, Quaestiones disputatas* et *Sermones.* Trithemius de viris illustribus Germaniae p. 30 de scriptor. Eccles. c. 636 de script. Carmeliticis p. 79. b. Swertii Athenae Belg. p. 606.

TILMANNUS *Dilmaniensis*, Vestphalus, ord. D. Augustini Canonicus, Drutenhusensis monasterii Priorem vocat Marraccius, Trithemio Praepositus coenobii D. Christophori in Ravengisburg. (auf dem Hundsrück) Scripsit volumen de laudibus beatiss. Virginis praenotatum, *Corona Virginis*, item super Domini verbis, *Nisi quis conversus fuerit, sicut parvulus*, Tractationem uberem. Librum *de vinea spirituali.* Alium *de Novitiorum Institutione. Parva quoque exercitia spiritualia.* Vivebat Eisingreni ann. 1477. Possevinus tomo II. Apparatus p. 497. Trithemius c. 871. Hippol. Marraccii Bibl. Mariana tomo II. p. 422.

TIMANNUS *Remenerius*, Guernensis, scripsit *Libellum regiminis et constructionis*, qui a Jo. Finctio Paulinensi recognitus prodiit Parisiis apud Jo. Gaulthier 1511, 4.

TIMO, Praepositus monasterii Kamina tensis in Westphalia circa a. 1239 scripsit *Chronicon monasterii sui*, quod ab Herboldo de Haselhorst continuatum an. 1481 oculis usurpavit Greg. Wittehenne, prout ipse testatur in continuatioue Chronici Huxariensis Petri Visselbeccii p. 135.

TIMOTHEUS de *Totis*, Mutiensis, ord. Praedicatorum, sub finem sec. XVI. caetera obscurus. Scripsit *Orationem de funere Rev. Patris ac excellentiss. Doctoris Magistri Ludovici de Ferraria, totius ord. Praed. Procuratoris dignissimi*, sine mentione anni et loci in 4. impressam.

TIMOTHEUS *Veronensis*, Canonicus regularis Bononiae a. 1453. *Epistolam* scripsit, ad singulos Italiae principes, quos nominatim hortatur, ut suis copiis in Turcam, qui nuper urbe CP. potitus erat, contendant. Exstat tomo III. Codicis diplomatici Pezio-Hueberiani p 367-378. *Apologia ad Antianos Parmae de Stephano monacho non restituendo parti seculari*, et *libri II. in sanctam rusticitatem litteras impugnantem* MSS. adsunt in Bibl. Vaticana. Bern. de Montfaucon l. c. p. 98, 119, 141. *Epistolas* idem in Indice Auctorum praefixo memorat, sed numeri non respondent.

* *Timotheus Maffeius* Veronensis Archiepiscopus Ragusinus. Plura scripsit, quae singula enarrat Cl. Scipio Maffeius in suo opere *Verona Illustrata*. Sunt vero: *Dialogus*, in quo de Monachorum studiis disquirit, quae scilicet Monachum deceant. Inscribitur *In sanctam rusticitatem literas impugnantem*. Dirigitur opus Nicolao I. Pontifici, et duobus libris absolvitur, Eius praefationem Maffeius vulgavit in eodem opere hortatoriam ad Italiae principes cuius hic Bibliothecae author meminit. *De confessionibus et poenitentia. Guarinum de obscuritate vocabulorum. Ad Nicolaum V. Epistolam*, qua oblatum sibi Mediolanensem Archiepiscopatum deprecatur. Hanc epistolam praefixo nomine Bartholomaei Cotta Canon. Lateran, vulgavit Ughellus T. IV. pag. 259. sed in MS. Cod. Strozziano Florentiae Timotheo vero authori restituitur.

In Bossii Epistolis Ep. 5. laudatur Timothei opusculum ad Alphonsum Aragonium, et in ep. 26. Oratio eius nescio quae. Extat denique eius *in detractores magnificentiae Cosmi Medices Dialogus*, qui publicam lucem aspexit in Lamii Deliciis Erudit t. XII. (330)in quo *F. Pauli Attavanti Dialogus* et *F. Dominici Corellae Theothocon. Flor.* 1742.

TINDARUS *Alphanus*, Perusinus, frater Accursii sive Bonacurtii JCti, et pronepos Bartoli, Lector Juris civilis in patria, scripsit Dialogum *de testibus variantibus*, item *de compensationibus*. quae duo opera inserta sunt Oceano Juris, vol. III. fol. 96, 123 et *de decimis*, proavi quoque Responsa eo ordine, quo nunc habentur collocavit. Pancirollus de claris Legum interpretibus II· 67. Jacobilli Bibl. Umbriae p. 258.

* *Dialogus de testibus variantibus* diu antequam ederetur in Oceano Juris, prodierat loco et anno incertis. Extat in Bibliotheca Felini, qui sua manu ad oram adnotavit: *Mirabilissimus et optimus*, et illud vero seorsum lucem viderat impressum Senis An. 1493.

TIRECANUS, Episcopus Hibernus, S. Ultani discipulus, post medium seculi VII. scripsit *libros II. de rebus gestis S. Patricii*, quorum haec est inscriptio: *Tirechan Episcopus haec scripsit ex ore, vel libro Ultani episcopi, cujus ipse alumnus vel discipulus fuit*. Suo tempore adhuc MSS. extitisse testatur Waraeus de Script. Hiberniae p. 23 cui haec debentur. Usus eodem non semel est Usserius in Antiquitatibus Ecclesiarum Britannicarum, cujus loca congessit et exscripsit Jo. Colganus in Triade Thaumaturga Hiberniae p. 196 sqq. Adde Acta Sanctorum Antverpiensia tomo I. Julii p. 631 et Colganum p. 217, 218.

Joannes TISSERANDUS, ord. S. Francisci, Doctor Theologus, Parisiis a. 1494 vel sequenti ordinem mulierum poenitentium instituisse dicitur. Scripsit *Acta Berardi de Carbio*, et aliorum quinque martyrum, ord. S. Francisci, qui a. 1220 in Mauritania occisi sunt. Habentur in Actis Sanctorum tomo II. Jan. p 65.

TITIANUS, Episcopus Tarvisinus, seculo

incerto. Quamvis enim Ughellus tomo V. Italiae sacrae p. 489 ipsum circa a. 400 floruisse tradit, tamen hoc certum est, Vindemialem a. 484. Collationi Episcoporum Catholicorum cum Arianis disputantium interfuisse. Vide Papebrochium tomo II. Junii pag, 180. Scripsit *Vitam Florentii et Vindemialis*, Episcoporum ex Africa per Hunericum ejectorum, quae habetur in Actis Sanctorum tomo I. Maji p. 270.

TITUS CASTRITIUS, Rhetor seculi II. de quo vide Baelium in Lexico lit. C.

(331) Romae Rhetor sui temporis prae stantior, vir gravis Imp. Adriano charus et quem per verba A. Gellii, discipuli sui, non autem scripta, novimus.

TITUS LIVIUS, *Forojuliensis*, aliis *de Frulovisiis*, sive verum nomen sit, sive fictum, gratiosus fuit Humfredo, Glocestriae Duci, fratri Henrici V. Scripsit *Vitam Henrici V. Regis Angliae*, quam cum aliis eo pertinentibus edidit Thomas Hearne, Oxoniae 1716, 8. Adde Giornale de' Letterati d'Italia tomo XXVIII. p. 400. Ex his emendanda sunt, quae Fabricius supra de patria perperam posuerat T. IV. pag. 560. reliqua bene se habent.

TITUS *Vespasianus Strozzius*, Ferrariensis, Poësi et armis a. 1470 claruit. Hercules Estensis Ferrariae Marchio eo Praeceptore usus est, et Professores literarum illum velut Maecenatem suspexerunt. Varios *Carminum Latinorum* libros scripsit: Marchesii monumenta virorum illustrium Galliae togatae p. 101.

* *Titus Vespasianus Strozius* non Ferrariensis ut per errorem hic, sed Florentinus cum pariter inter Florentinos viros doctos recenseatur ab Aurelio Marturanensi Episcopo in oratione Funebri in Laurentium Medicem Neapoli habita : haec enim ille agens de viris doctis Florentinis : *Titum Stroccium in scribendis elegis Tibullo Propertioque parem.* Praeceptore Guarino Veronensi usum ait, simulque eius in carminibus elegantiam celebrat Ianus Pannonicus in Panegyrico eiusdem Guarini hoc terno carmine.

Sed Titus hac ipsa longe perfusior unda

Seu lituo pugnas, cythara seu cantet amores Intexens Paphiae laurum Parnasida myrto.

TOBIAS, illustri familia in Cantia natus, ord. S. Benedicti, Cantabrigiae Graecam et Latinam linguam docuit, post Episcopus Roffensis fuit circa a. 726. Scripsit, *Homiliarium* et *Epistolas ad diversos.* Lelandus c. 63. Balaeus I. 96. Pitseus c. 91.

* TOBIAS *Veronensis* Sigismundi Malatestae Poeta, Guarini Veronensis discipulus ut lego in Panegyrico Guarini a Jano Pannonio carmine adstricta oratione scripto.

Hinc Aganipaeo Tobias fonte rigatus

Scripsit de rebus gestis a Sigismundo Malatesta, quos Commentarios summe elegantes esse ex aliorum relatione sibi compertum scribit Franciscus Barbarus in Ep. 225. ad Phoebum. Huius operis meminit nemo, ne Cl. quidem Scipio Maffeius in sua *Verona Illustrata* p. 2. ubi de Tobia in classe poetarum Latinorum. Eundem credo Tobia a Burgo cuius Epistolam ad Isottam Nogarolam in M. S. Cod servari ait Maffeius ibid. Eius pariter est oratio ad Franciscum Barbarum Veronensem Praetorem quam ex Veronensi Cod. idem Maffeius laudat eiusque excerpta dat Emin. Card. Quirinus in *Diatriba praeliminari ad Epistolas Barbari.* Ex alio Codice MS. apud eumdem Maffeium rescimus carmen ab eo scriptum, cui titulus *Isottaeus*; sunt autem libri tres Elegiarum in laudem Isottae Ariminensis, quos typis editos Parisiis asserit idem Maffeius, sed et multo auctiores servari in Cod. Veronensi affirmat, in quo pariter Tobiae poetae Veronensis nomen legitur, cum in editis nullum extet nomen adscriptum. Hunc denique esse censeo Tobiam, quem Nestor Dionysius Novariensis in suo Vocabulista inter scriptores, quibus ipse usus est, et saepe in opere illo emendavit, accenset.

TOMELLUS, Balduini cognomento Montani, Flaudriae et Hannoniae Comitis Secretarius, scripsit *Historiam Hasnoniensis monasterii*, ord. S. Benedicti ad Scarpim fluvium in dioecesi Atrebatensi, a Balduino laudato a. 1070 fundati. Exstat in Edm.

Martene et Urs. Durand Thesauro novo Anecdotorum tomo III. p. 777. Val. Andreas in Bibl. Belgica p. 840 cum Sweertio eum monachum *Elmonensem* vocat, et de monasterii *Elnonensis* fundatione scripsisse tradit Sweertius in Athenis Belgicis p. 695. ipsi quoque tribuit *Vitam Balduini, Insulani Comitis.* Adde Jac. Meyerum in Annal. Flandriae a. 1070.

* Tomellus Monachus Husnoniensis nullam dedit Historiam Abbatiae Elnonensis, quamvis, id asserit Sweertius hic a Bibliothecario productus: Forte enim Codice MS. Sweertius legerat pro *Hasnoniensis Elnonensis* oscitatione quadam, quae exemplo non caret. Hinc factum ut novi Chronici author haberetur. Authores Historiae Literariae Galliae T. VIII. p. 146. suspicantur Historiam hanc Abbatiae Hasnoniensis hiulcam esse in editis, et forte illi deesse quidquid excurrit Historiae ab anno 1070 usque ad obitum Rollandi Abbatis, cuius elogium hic a Tomello legitur, nempe ab A. 1070. usque ad A. 1085.

TOMICHUS, rerum Aragonensium scriptor, qui res cum Gallis gestas ad a. 1390 scripserat. Citari hunc video a Joanne Mariana lib. 18 c. 14 nondum tamen, quod sciam, typis evulgatum. Haec Andr. Schottus Bibl. Hispan. p. 352.

TONANTIUS, vide infra, VITALIS.

TORMUNDI, monachi Claraevallensis, sec. XII. *Epistolae* de Bernardo Sanctis adscripto, extant tom. VI. Opp. Bernardi p. 1359.

TORTARIUS, vide, RODULPHUS *Tortarius.*

Franciscus TOTI, Perusinus, ord. Minorum, circa a. 1326 jussu Joannis S. Theodori Cardinalis Diaconi scripsit Tractatum *de potestate Ecclesiae*, qui est in Bibl. Colbertina. Oudinus tomo III. p. 880.

TRANQUILLVS *Parthenius Andronicus*, natione Dalmata, in Academia Lipsiensi habuit Orationem *de laudibus Eloquentiae*, quae ibid. a. 1518, 4 typis excusa est. Alia Oratio *contra Turcas ad Germanos* prodiit Augustae 1518, 4 pl. 3. Viennae 1541. Lovanium profectus est ad visendum Erasmum. Vide Czwittingeri Hungariam litte-

ratam p. 16. Leichium de origine Typographiao Lipsiensis p. 39.

TRASIMUNDUS, vel potius *Traymundus*, non Abbas, sed monachus Claraevallensis, circa a. 1180 scripsit *Librum de arte dictandi* collegit quoque *Epistolas Petri et Henrici*, Abbatum Claraevallensium: inter quas *duae* ipsius Trasimundi habentur in Bibl. PP. Cisterciensi tomo III. p. 259 et 261. Car. de Visch Bibl. Scriptorum ord. Cisterciensis p. 313. In codice Bibl. S. Germani scribitur *Transmundus.* Bern. de Montfaucon Bibl. Bibl. MSS. p. 1138.

TRIBRARCHI Mutinensis *Epistola ad Thomam, cambiatorem Bononiensem, ad Bonijacobum, Patavinum poëtam, Excusatio ad d. Borsiam Ducem, quod carmina sua non sint scripta in bona charta, neque miniata: in Guil. Macrum, pictorem optimum; Epitaphium in Barthol. de Jacobaeis Pado demersum a.* 1461 ex MS. Bibl. Juliae manu Frid. Besselii descripta extànt in Bibl. Regiomontana. teste praefatione ad hujus Besselii Miscellaneorum Philologico-Criticorum Syntagma.

TRIFOLIUS Presbyter circa a. 520 scripsit *Epistolam ad Faustum Senatorem contra Joannem Scytham monachum*, editam primum in Conciliis Labbei, postea tomo II. Harduini p. 1460.

TRIPARTITA Historia Ecclesiastica vocatur eo, quod ex tribus graecis Scriptoribus, Sozomeno, Socrate et Theodorito, ab Epiphanio Scholastico in latinum translatis, a Cassiodoro collecta et conscripta fuit. Eaque ducitur a temporibus *Constantini M.* usque ad *Theodosium* juniorem, sive ab a. 306 ad 441. Et olim quidem plus valuit, quam hodie, cum ipsos illos triumviros habemus, nec tantum eorum fontes adire, sed meliorem etiam, quam quae illius est Epiphanii, versionem legere, et usurpàre possumus. Continuata est a Sigeberto Gemblacensi usque ad a. 1113 atque hujus laborem excepit ac persecutus est Robertus, abbas S. Michaëlis de Monte usque ad a. 1147. Editio Francof. 1588 fol. in eo praestat prioribus, quod, adhibitis aliquot vetustissimis exemplaribus, a mendis prope infinitis repurgata, narrationibusque anni a nato Christo in margine adjecti sunt. Haec Jo. Fabricius Bibl. Fabricianae part. II. p. 413.

TRISTANUS *Caracciolus*, Neapolitanus, nobili genere natus circiter a. 1439 privatus vixit usque ad annum fere 1517. Scripta ejus sunt haec: *Vita Johannae I. Reginae Apuliae, Vita Serzanis Caraccioli magni Seneschalli, Joh. Bapt. Spinelli Cariati Comitis Vita, ad Ferdinandum illius filium: De varietate fortunae: De inquisitione Epistola: Genealogia Caroli I. Siciliae regis: De Ferdinando, qui postea Rex Aragonum fuit, ejusque Genealogia: Nobilitatis Neapolitanae defensio, ad Legatum Reipublicae Venetae:* quae edidit Muratorius S. R. Ital. tom. XXII. p. 1. seqq. Sequentia sunt inedita: *Disceptatio quaedam priscorum cum junioribus de moribus suorum temporum: Oratio ad Alphonsum juniorem: De inconstantia. De cujusque vanitate in loquendo: Epistola de statu civitatis Neapolis: Plura bene vivendi praecepta, ad filium: De funere Ferdinandi I. Epistola: De vita Auctoris pauca quaedam: Joviani Pontani Vita brevis: Didonis Reginae Vita: Penelopes castitas et perseverantia; Quid sit in tot variis artibus junioribus amplectendum: Opusculum ad Marchionem Atellae: De Sororis obitu: De concordia, et de iucundo conjugio: Ordo servandus a militibus Hierosolymitanis in electione magni Militiae Magistri.* Adde Toppii Bibl. Neapolitanam p. 363 et Acta Eruditorum 1733. p. 384.

TRISTANUS *de Sylva*, Civitatensis, eques nobilissimus, sub finem sec. XV. *de rebus gestis Ferdinandi Catholici et Isabellae* scripsisse refertur a Marineo Siculo lib. XX. princ. et Steph. Guiribajo in Compend. historiarum Hispaniae XVIII. 1. Nic. Antonius Bibl. Hispana Vet. X. 16. n. 389.

Nicol. TRIVETUS, vide supra NICOLAUS.

TROIANUS Episcopus Santonensis in Gallia circa a. 540. *Epistola* ejus ad Eumerium Episcopum Namnetensem, *de puero, qui, an baptizatus esset, nesciebat,* occurrit in Conciliis Harduini tomo II. p. 1434.

TROILUS *Malvetius*, Bononiensis, J. U. D. Collegiatus circa a. 1446. Scripsit *de Epi-*

scopi dignitate, Consilia, Tractatus in materia commendae beneficiorum. Reliqua extant in Oceano Juris, *de Sortibus,* tomo XI. part. 2. p. 598 (al. edit. tom. X. fol. 141) *de Oblationibus,* tomo XIV. p. 136 *de Sanctorum Canonizatione,* ibid. p. 97 (al. edit. tomo VI. fol. 179.) Separatim prodiit Bonon. apud Ugonem de Rugeriis 1487 fol. Adde Bumaldi Minerval Bononiense p. 224.

* Ex consiliis eius in beneficiaria extat typis editum sine loco et anno *Consilium in materia Commendae Beneficiorum et Tractatus de sorte.*

TROTULA, quae et *Erotis* dicitur, cujus *Curandarum aegritudinum mulierum ante, in et post partum liber* exstat cum Medicis antiquis Ven. apud Aldi filios, 1547 f. p. 71.

TRUMHERUS, Anglus, regum Northumbrorum prosapia ortus, primum in Scotia monachus, deinde in coenobio Gedlingensi non procul a Richmondo, Abbas, tandem Episcopus Richfeldensis circa a. 700. Scripsisse dicitur *de Officiis Ecclesiasticis.* Lelandus c. 58. Balaeus Cent. I. 89. Pitseus c. 78.

TRUSIANUS *Valorius*, ab aliis perperam *Cursianus, Drusianus* vel *Torrigianus* dictus, patria Florentinus, Medicus insignis, post, quia fortuna curationibus medicis respondere noluit, ordinem Carthusianum professus circa a. 1370 scripsit *super Avicennae praefationibus,* et *super Tegni* (Arte) *Galeni.* Pocciantii Catal. Script. Florentinor. p. 165. Symphorianus Champerius de Script. Medicis Theod. Petreji Bibl. Cartusiana p. 294.

(332) Adde Phil. Villani Vitae Illustr. Florentinor. Ven. 1747 et Florentiae 1847. Fr. Bocchii Elog. I. 22.

TRUSTANUS, aliis *Turstanus*, Henrici Angliae Regis Sacellanus, post a. 1119. Archiepiscopus Eboracensis, deinde monachus Cisterciensis in coenobio Fontanensi apud Rippon, oppidum agri Eboracensis, obiit circa a. 1140. Scripsit *de origine coenobii Fontanensis, de suo Primatu ad Calixtum II. Papam, Contra Anselmum juniorem.* Pitseus c. 196. Car. de Visch. Bibl. Scriptor ord. Cisterc. p. 313. Oudinus tomo II. p. 1122.

Jodocus TRUTVETTER, a patria vulgo *Isenacensis* dictus, Theologiae Licentiatus et liberalium artium Professor Erfurti, a. 1501. Lutherum albo Academiae inscripsit, mortuus a. 1519. Ab hoc primum didicit Lutherus, solis Canonicis libris deberi fidem: quamvis in reliquis a Luthero dissenserit. Ejus nota mihi sunt haec: *Summa totius Logicae,* Erf. 1501, 4. *Epitome Logicae,* ibid. 1507, 4. *Breeiarium Dialecticum,* ibid. 1500, 4. *Opus majus de Logica,* quod Nic. Marschalcus Thurius epigrammate ornavit. *Systema Physicum,* quae duo memorat Paulini in Annal. Isenacensibus, a me non visa. Confer Fabricii Centifolium Lutheri p. 19, 20 ubi hoc nomen restituendum, quod operae satis corrupte expresserunt.

Franciscus de TUDERTO, vero nomine *Franciscus de Aptis,* patria Tudertinus circa annum 1340 fuit Episcopus Corfiensis, a. 1348 ad Ecclesiam Clusinam translatus, a. 1353 ad Cassinensem, a. 1356 ad Florentinam, tandem R. E. Cardinalis, Avenione moritur peste a. 1361. Scripsit tractatum *de quarta canonica piorum legatorum debita Episcopo,* qui MS. est in Bibl. Colbertina. Reliqua ejus gesta, quae huc non pertinent, enarrat Oudinus t p. III. 961. Ughelli Italia sacra t. I. 576. III. 149, 641.

TUNDALUS, alias *Tungalus,* Hibernus, patria Casseliensis, vel, ut alii volunt, Corcagensis, a. 1159 in ecstasin raptus *Apparitiones* miras recitavit, vel etiam descripsit, quae habentur in Joannis Tinmouthensis Sanctilogio MS. Vincentii Beluacensis Speculo Historiali XXVII. 88 in Bibliotheca Vaticana et Oxoniensi. Waraeus de Script. Hibern. p. 55, 56. Bern. de Montfaucon Bibl. Bibl. MSS. p. 79. Cartusianorum ordini adscribit Possevinus, nescio quo jure, hinc de ipso etiam evolvantur Theod. Petreji Bibl. Cartusiana p. 296. Car. Jo. Merotii Theatrum Chronol. Ord. Cartusiensis p. 70.

TULLIUS *Dacus,* aliis *Julius,* Ord. Praedicatorum sec XIV. reliquit *Lecturam super XII. Prophetas minores, Tractatum de potentiis animae.* Jac. Quetif de Scriptoribus Ord. Praedicatorum tom. I. p. 729.

TURCIUS RUFUS *Asterius* quis fuerit, constat ex adnotatione ad calcem Codicis antiquissimi Georgicorum Virgilii, in Bibl. Vaticana occurrentis, quae sic habet: *Turcius Rufius Apronianus Asterius V. Cl. et inlustris ex Comit. Domesticor. protect. ex Comit. privat. largit. ex Praefecto Urbis Patricius, et Consul. ordin. legi et distinxi Codicem Fr. Macharii V. Cl. non mei fiducia, sed ejus, cui ad omnia sum devotus arbitrio. XI. Kal. Maias Romae.* Fuit autem ille Codex scriptus circa tempora Valentis vel Theodosii. Vide Bern. de Montfaucon Bibl. Bibliothecarum MSS. p. 318. Idem Carmina Sedulii collegit et edidit, de qua re Barthius Advers. II. 2. Norisius in Cenotaphio Pisano diss. 4. c. 2 p. 451 s. et editio Sedulii Cellariana p. 10.

(333) Florentiae anno 1741. in 4. literis uncialibus curante cl. P. Francisco Fogginio Med. Laurenitanus Vergilii Codex a Turcio revisus diligentissime in lucem prodiit. Romae autem anno 1763. Vaticanus iste cum Italica versione P. Antonii Ambrogi.

TURGOTUS, Anglus, primum Monachus, post Prior Dunelmensis, tandem an. 1109. Episcopus S. Andreae in Scotia, obiit a. 1115. Abbatem Wiremuthensem fuisse dicunt Pitseus et Balaeus, verum e chronico Forduni tomo III. p. 500 et 551 ostendi potest, ipsum e Priore factum esse Episcopum. Vitam ejus dedit Simeon Dunelmensis de Gestis regum Anglorum ad annum 1074. Scripsit sermone patrio *Vitam Malcolmi Regis, Vitam Margaritae Reginae,* et *de Regibus Scotorum;* Latino vero *Annales sui temporis:* ex quibus multas lacinias Joannes Fordunus in Scoti-Chronicon intulit, quas in indice editionis Hearnianae quilibet evolvere potest, p. 1578 tomo V. *Historiam Ecclesiae Dunelmensis,* quam vulgo Simeoni Dunelmensi tribuunt, ab hoc Simeone, Turgoto nostro surreptam et nomine suo inscriptam, rationibus non contemnendis adducti statuunt, Usserius, Seldenus et alii. Vide Balaeum Cent. II. 60. Pitseum c. 178. Seldenum praef. ad Scriptores Anglicos Twysdeni p. 4, 22 seqq. et Opp. tomo II. p. 1127. Vossium de Historicis Latinis p. 397 ibique Sandium, Dan.

Papebrochium in Actis Sanctorum Junii tomo II. p. 521.

TURIBIUS, patria Taurinensis, ex nobili familia *de Beculis*, Episcopus Asturicensis in Hispania, circa a. 448. Ejus est *Epistola* ad Idatium et Coeponium, *de Ecclesiarum Hispanicarum statu* s. *de non recipiendis in auctoritatem fidei apocryphis scripturis, et de secta Priscillianistarum*, edita ab Ambrosio de Morales Hist. Hispan. XI. 26 et Baronio ad a. 447 n. 3. De iisdem Priscillianistis scripsit ad Leonem Papam, cui hic respondet epist. 93 Perquam multa de eo habet Nic. Antonius Bibl. Hispana Vetere III. 4 n. 96-111 cui Adde Andreae Rossotti Syllabum Scriptorum Pedemontii p. 543.

Alius Turibius fuit Episcopus secundus Cenomanensis sec. II. ut ajunt. Vide Gesta Pontificum Cenoman. c. 2 apud Mabillonium Anal. p. 242 et Montfauconii Bibl. Bibl. MSS. p. 8.

S. Turibii monachi Palentini in Hispania circa a. 565. Elogium historicum dedit id. Mabillonius sec. I. Bened. p. 187.

TURRISANUS *de Turrisanis*, aliis *Drusianus*, Florentinus, Medicus Bononiensis, discipulus Thaddaei, claruit a. 1313 et Bononiae octogenarius obiit. Scripsit *Plusquam-Commentum in parvam Artem Galeni* editum Venet. 1504, 1543, 1557 fol. unde *Plusquam-Commentator* dictus est· Mercklini Lindenius renovatus pag. 1021.

* Idem est cum TRUSIANUS, de quo supra.

TURPINUS, vide supra sub JOANNES *Turpinus*, et adde Hist. literariam Galliae tom. IV. p. 205 nec non Acta Sanctorum tom. II. Jan. p. 875.

TURSTANUS, vid. supra TRUSTANUS.

TUTILO, monachus S. Galli, circa finem seculi IX. cognomine *Itinerarius*, quia saepius ex monasterio excurrere· solitus erat. Post mortem inter Beatos habitus est. De eo vide quaedam in Vita Notkeri c. 22, 23. Fuit poëta, pictor et musicus egregius. *Carmina* ejus quaedam, inter quae sunt aliquot *Tropi*, sive *Cantica*, edidit Canisius Ant. Lect. tom. II. part. 3. p. 212 seqq. Plura de illo Jodocus Metzlerus de viris

illustribus S. Galli I. 24. Hist. literaire de la France tom. V. pag. 671.

TYNDARUS, JCtus, vide supra TINDARUS.

TYNNA, Scotus monachus Melrosiensis Ord. Cisterciensis, et Cellarius circa annum 1164 scripsit *Acta S. Walleni Magistri* (Abbatis) *sui, de Eleemosynae bono, et Sermones Quadragesimales*. Car. de Visch Bibl. Scriptorum Ord. Cisterciensis p. 313.

TYPHIS *Odaxius*, Patavinus, sub initium sec. XVI. vixit, Poëta lepidissimus et inventor versuum Macaronicorum. *Opus* quoque *Macaronicorum* scripsit, quod morti proximus igni comburi voluit: attamen Opusculum ejus plus quam decies impressum est, diuque in Italia maximi habitum incredibili cum voluptate legebatur, donec Merlinus Coccajus ex Ordine S. Benedicti illud Poëseos genus melius excolere coepit, et Typhin superavit. Vide Nicolai Comneni Papadopoli Hist. Gymnasii Patavini tomo II. p. 186.

LIBER XX.

VALASCUS *de Taranta*, Medicus Regis Galliae, natus Monspelii, obiit circa annum 1418 aetatis 36. Scripsit *Philonium Pharmaceuticum et Chirurgicum, de medendis omnibus corporis affectibus*, cum annot. Jo. Hartmanni Beyeri, Venet. 1502, 1521, 1532 fol. Francof. 1599, 4. Lugd. 1490 fol. 1500, 4, 1526, 8 cum praef. Ge. Wolfg. Wedelii Frf 1680, 3. *Medicinalium observationum Exempla*, cum observationibus Remberti Dodonaei, Colon. 1581, 8. Hardervici, 1671, 8. *De Epidemia sive peste*. fol. sine loco, 1474. Mercklini Lindenius renovatus p. 1037.

VALENTINUS *Diaconus*, forte Asculanus, sub initium seculi IV. scripsisse dicitur *Acta S. Emygdii* Episcopi et martyris Asculani, cum Epistola ad Melchiaden, Episcopum Romanum, qui ab anno 310, 314 sedit, directa: verum haec traditio non satis solido fundamento nititur. Interim *Acta* haec edita sunt in Actis Sanctorum

Antverpiensibus tomo II. Augusti p. 28 ubi vide Commentarium praevium Petri Boschii p. 21.

VALENTINUS de Forolivio, Avicennam de Embryone in sermonem Latinum transtulit, qui MS. exstat Caesenae in Bibl. Fratrum Minorum. Bern. de Montfaucon Bibl. Bibliothecarum MSS. p. 433.

VALENTINUS Misnensis, Licentiatus, monachus Afranus, scripsit librum de arte moriendi, Lips. apud Maur. Brandiss. 1489, 4. Haec Possevinus tomo II. Apparatus p. 517. Maittaire I. p. 511.

· VALENTINUS Perusinus, aliis de C amerino, Ord. Praedicatorum, Praeceptor Thomae de Vio, Cajetani, vixit circa annum 1500. Scripsit Centum quinquaginta q u a e stiones Metaphysicas. Altamura Bibl. Dom inicana p. 222.

VALERIANUS Episcopus Cemeliensis, quae urbs olim in Alpibus maritimis juxta Ebrodunum sita fuit, hodie in ruinis suis jacet. De eo certiora proferre non possumus, nisi quod Concilio Regiensi in Galliis a. 439 interfuit. Vide tom. III. Conciliorum Labbei p. 1289. Goldastus ipsum Priscum Valerianum vocat, qui prius quam Episcoscopus factus est, Praefecti Praetorio Galliarum dignitatem obtinuit, illumque Valerianum esse statuit, cui Paraeneticus Eucherii Lugdunensis iuscriptus est (a). Hunc alii quoque sequuntur. Illud certius est, ipsum a Monachis Lirinensibus Abbatem fuisse electum, ut testatur Epistola a Sirmondo edita.

Diu incognitus fuit hic Valerianus, donec Goldastus Sermonem eius de bono disciplinae, qui dudum tomo IX. operum D. Au · gustini lectus fuerat, edidit cum Isidori Hispalensis Fragmento de Praelatis, apud Petrum de la Rouiere, 1601, 8 (b) deinde sub initium Paraeneticorum Veterum, Insulae ad lacum Acronium, h. e. Lindaviae(c)

(a) De hoc agit Hist. literaire de ia France t. II. p. 330.

(b) Non in 12 ut scribunt Auctores Hist. liter. Gallicae tom. II. p. 331.

(c) Ibidem Auctorés sic ponunt: imprimé à l' I le, mais plutôt à Geneve. Paraenetici non impressi sunt Insulis, quae urbs vulgo Ryssel vel l' Isle audit, sed Lindaviae, ut diximus.

1604, 4 utrinque cum annotationibus, ita tamen, ut priores posterioribus longe sint uberiores. Postea Jac. Sirmondus invenit Sermones ejus viginti, in quibus ille modo memoratus etiam fuit, nec non Epistolam ad monachos de virtutibus et ordine doctrinae Apostolicae· (d) quae edidit Paris. 1612, 12 post 1623 cum Operibus Leonis et Petri Chrysologi. Interea recudit Theoph. Raynaudus Lugd. 1633 demum in Opp. Sirmondi edit. Paris. tomo I. p. 613 edit. Venetae tomo I. p. 345 et in Bibl. PP. maxima tomo VIII. p. 498.

Semipelagianismi ipsum accusavit medio aevo Nicolaus Chicon ord. Minorum: de quo vide Raynaudum tom. XII. Opp. p. 438 verum Theophilus Raynaudus Apologiam ejus dedit, sub titulo Contra parcum charitatis Valeriani criminatorem. tomo XI. Opp. p 93 ubi etiam sancti titulum ipsi vindicat.

Plura dabunt Goldastus in annotationibus citatis, Histoire literaire de la France tomo II. p. 328. Oldoinus in Athenaeo Ligustico p. 523. Andr. Rossottus in Syllabo Scriptorum Pedemontii p. 545.

VALERIANUS Angussola, Cremonensis, Rhetoricam ibi publice docuit circa a. 1364 scripsit Regulas ad humaniores literas addiscendas, Epistolas et Epigrammata Arisii Cremona literata tomo I. p. 175.

VALERIANI, nescio cujus, Dissuasio ad Rufinum de non ducenda uxore, fuit bis in Bibliotheca monasterii Glastoniensis, prout Catalogus ejus a Thoma Hearnio editus docet, post Chronicon Joannis Glastoniensis p. 431, 432.

VALERIUS, Abbas monasterii S. Petri de Montibus Compluti, sec. VII. Scripsit Vitam S. Fructuosi, Abbatis Dumiensis, post Archiepiscopi Bracarensis, quam ediderunt Prudentius Sandoval in libro Fundationum Benedictinarum Hispaniae, lingua Hispanica scripto, Jo. Tamayus in Martyrologio Hispaniae tomo II. d. 16 April. Jo. Mabillonius Sec. II. Bened. p. 581 et

Poterant illud Auctores discere ex Ittigio de Bibliothecis Patrum.

(d) Epistola haec plenior edita est inter Patres Apostolicos tomo 1: p. 419.

Acta Sanctorum Antverpiensia d. 16 April. In Concordia Regularum Benedicti Anianensis ab Hugone Menardo publicata cap. 3 § 7 fragmentum Valerii *de genere monachorum* insertum est. Inedita ejus sunt *de vana seculi sapientia, de institutione novae vitae,* de vita et sancta peregrinatione S. Eucheriae, Historia brevis Dona-dei Abbatis, de quibusdam miraculis et revelationibus duorum monachorum Maximi et Bonelli, cujusdamque S. Fructuosi famuli. Vid. Nic. Antonii Bibl. Hispanam Vet. V. 7 n. 367 s.

VALERIUS Abbas, nescio ubi, patria Cremonensis, circa a. 1196 scripsit *de familiis nobilibus Longobardis Cremonae commorantibus,* cujus supplementum confecit Raphael Fabagrossa. Arisii Cremona literata tom. I. p 94.

VALERIUS *Aragonus,* ord. Praedicatorum in oppido S. Matthaei regni Valentini sec. XV. *Volumen sermonum* reliquit. Jac. Quetif de Scriptoribus ord. Praedicatorum tom. I. p. 905.

VALERIUS, socius S. Pontii, qui Cimellae in Alpibus maritimis circa a. 257 martyrium subiit, et cujus ipse *Vitam* descripsit. Exstat in Actis Sanctor. tomo III. Maji p. 272.

VALERIUS, Archipresbyter Asturicensis, claruit a. 902. Multas *Patrum Orientalium Vitas,* longe diversas ab editis, in unum collegit volumen, quod Gothicis literis exaratum in Ecclesiae Toletanae Bibliotheca etiamnum extare ex Roswedi fide refert Aubertus Miraeus Auctar. de Script. Eccl. c. 279. Haec Caveus.

VALERIUS *Rosanus,* Cremonensis, circa a. 1468 scripsit *de Exarchis Ravennae, de memorabilibus Italiae successibus, de Scientiis Dialogum.* Arisii Cremona literata tomo I. p. 300.

VALERIUS *Stradivertus,* Cremonensis, Philosophus, Latinae, Graecae et Hebraeae linguae Interpres circa a. 1357 scripsit *de Philosophia morali et speculativa,* Italice vero *de gestis Marchionis Uberti Pallavicini, et Bossii Dovariensis ex Cremonae Regulis.* Arisius l. c. p. 119.

Georgius VALLA, Placentinus, Medicus et Humaniorum literarum Venetiis Professor, sec. XV. Edidit varia.

1. *In Ciceronis libros de Universitate Comment.* Venet. per Anton. de Strata 1485 fol.

2. *Georgio Valla interprete. Nicephori Blemmidae logica. Georg. Vallae libell. de argumentis. Euclidis elementorum 14us cum Hypsiclis interpretatione. Nicephorus et Proclus de Astrolabio. Aristarch. Sam. de magnitudinibus et distant. solis et lunae. Timaeus de mundo. Cleonidis musica Euseb. Pamphil. de Theologic. ambiguitatibus. Cleomedes de mundo. Athenagor. de resurrectione. Aristotel. de mundo, magna ethica et poëtica. Rhaz. de pestilentia. Galen. de bono corporis habitu, confirmatione corporis, praesagitura, praesagio, introductorium, de succidaneis. Alexand. Aphrodis. de febrium caussis. Psell. de victu humano.* Venet per Anton. de Strata, 1488 per Simonem Papiensem dictum Bevilaquam. 1498 fol.

3. *De rebus expetendis et fugiendis.* Ven. apud Aldum 1497, 1501 fol.

4. *Aristotelis magna moralia Latine versa.* Paris. 1497 fol. et cum variis Aristotelis operibus, Venet. per Bernardinum Venetum, 1501 fol.

5. Jo. *Tortellii Orthographia et Lima per Ge. Vallam.* Venet. 1504 fol.

6. *Rhetorica,* Venet. per Simonem de Luere 1514, 4.

7. *Grammatica Latina,* ibid. eod. 4.

8. *De expedita argumentandi ratione.* Basil. apud Frobenium, 1519, 4. Videant, qui conferre possunt, an sit *Logica* n. 2 memorata.

9. *Compendiaria et facilis disserendi ratio.* Basil. 1522, 8.

10. *In Ciceronis Partitiones Comment.* Paris. apud Rob. Stephanum 1535, 8.

Laurentius VALLA, patria Romanus, Patricius et Canonicus S. Joannis Lateranensis, natus a. 1415 obiit a 1465. Orationis Latinae fuit studiosus, et veritatis amantissimus, sed ob candem libere prolatam Pontificis, Regum et magnorum virorum, qui sua et Ecclesiae vitia ab ipso taxari nolebant, odium incurrit. Interim in numero illorum ingeniorum est habendus, quae litterarum studia tunc revirentia multum instaurarunt, corruptionem Ecclesiae perspectam habuerunt, eique pro viribus mederi studuerunt. De vita ejus multa non addo, de scriptis ejus plura prolaturus.

(334) Vide Christoph. Poggiali Memorie int. alla vita e agli scritti di L. Valla, Pavia 1790, 8 pag. 176, et in Bibliot. Ecclesiastica T. III. Ibid.

Opera ejus, post Collectionem opusculorum variorum Lovanii 1483 prodierunt Basileae apud Henricum Petri 1540 et 1543 fol. ordine sequenti:

1. *Elegantiarum Latinae Linguae Libri VI.* quod opus quanto cum plausu receptum fuerit, testantur editiones fere innumerae.

Editio antiquissima sub initium typographiae, sine anno et loco, fol. Rom. 1471 fol. ibidem per Arnoldum Pannartz. 1475 fol. Venet. per Jac. Rubeum, 1476 fol. Mediolani, per Phil. Lavagna, 1479 fol. Ven. 1483. Venet. per Bapt. de Tortis, 1486 fol. Colon. 1487, 4. Venet. per Bernardinum de Novaria, 1491 fol. Cum libello *de pronominibus reciprocis,* Venet. apud Christophorum de Pensis, 1496 fol cum libello *de pronomine Sui,* et *Lima,* per Ant. Mancinellum. Venet. 1499 fol. Mediolani per Phil. de Lavagna, 1475, 4 cum *Lima,* Venet. per Barth. de Zanis, 1503 fol. cum libello de *reciprocis,* annotationibus in *Raudensem,* et *Dialogo in Poggium,* Paris. apud Henr. Stephanum, 1520, 4. Argent. per Ulr. Morhardum 1521 fol. Editiones sequentes data opera omittimus.

Elegantiarum adeps per Bonum Accursium Pisanum collectus, Paris. per Simonem Colinaeum 1533, 1536, 1543, 8. *Paraphrasis luculenta et brevis* Erasmi in hoc Elegantiarum libros Colon. 1529, 8.

2. *Libellus de reciprocatione* sui et suus, qui in editionibus recentioribus Elegantiarum tantum non omnibus exhibetur.

3. *Antidoti in Poggium Florentinum libri IV.* Senae per Henr. de Harleim. 1490 fol.

4. *Apologus et Actus Scenicus in eundem.*

5. *In Antonium Raudensem Annotationum libellus.* Venet. per Lucam, 1481, 4.

6. *Ad Alphonsum Regem Epistola Apologetica.* Huic primum a secretis fuit, postea tamen iram ejus incurrit.

7. *Invectivarum s. Recriminationum in Benedictum Morandum Bononiensem libri II.*

8 *In Barthol. Facium Ligurem et Antonium Panormitam Recriminationum libri IV.*

9. *In Bartoli de insigniis et armis libellum, ad Candidum Decembrium Epistola.*

10. *De Dialectica libri tres.* Impressi sunt 4 sine mentione anni et loci, Venet. 1499 fol.

11. *Contra Donationis, quae Constantini dicitur, privilegium, ut falso creditum est et ementitum, Declamatio,* in Fasciculo rerum expetendarum, et Schardii Collectione de potestate Imperiali.

12. *Apologia pro se et contra calumniatores,* ad Eugenium IV. Pont. Max.

13. *De voluptate et vero bono libri III.* Basil. 1519, 4.

14. *De libero arbitrio.* Prodiit una cum aliis opusculis 1482 fol. sine mentione loci, Basil. 1518, 4 cum *Apologia,* et opusculo *contra Bartolum.*

Et haec quidem in Collectione operum laudata: Supersunt autem alia, quae ibi frustra quaeres, a nobis jam supplenda:

Lima, Venet. 1482 ab Antonio Mancinello edita, et ibidem 1497, 4 reperita. Etiam aliquando cum libris Elegantiarum.

Historiarum Ferdinandi Regis Aragoniae libri III. Paris. per Rob. Stephanum 1521, 4 ibidem per Simonem Colinaeum, 1521, 4 item in Hispania illustrata tom. I. pag. 727.

Sermo de mysterio Eucharistiae. Argent. 1490, 4 cum Operibus Lactantii, Venet. 1502 fol.

Annotationes in Novum Testamentum, Paris. apud Badium 1505 fol. Inscribuntur etiam de *Collatione Novi Testamenti,* et cum annot. Jacobi Revii prodierunt Amstel. 1631, 8 repetitae in Bibliis Criticis Anglicanis.

Calumnia Theologica, Laurentio Vallae olim Neapoli intentata, quod negasset, Symbolum membratim articulatimque per Apostolos esse compositum. Ipso Laur. Valla autore. Argent. 1522, 4.

Comment. in Sallustium, in editione Veneta per Jo. Tacuinum de Tridino 1500 fol. ibid. 1590. Basil. 1519, 1564 fol.

Emendationes in sex libros Livii de secundo bello Punico, in editione Paris. 1573 folio.

Homeri Ilias, lat. Venet. 1502 fol. Colon. 1522. 8. Lugd. apud Gryphium, 1541.

Herodotus latine. Coloniae per Euchariom Cervicornum 1526 item in editionibus Henrici Stephani, et Francof. 1594 fol.

Thucydides lat. in editione Henr. Stephani. Basil. 1510 apud Hervagium.

.Esopi fabulae XXXIII. latine.

Librum *Epistolarum* et *Commentaria in Quintilianum* memorat Trithemius, *Orationem in laudem S. Thomae* MS. Oudinus *Vita Aristidis* MS. est in Bibl. Augustana.

* Quanquam non nego vera disputasse Valiam, cum donationem Constantini in dubium revocandam suscepit, exploratum mihi est tamen Pontificum Romanor. odium et insectationem non ex opinione quidem illa sua incurrisse, sed ideo potius invidiam in se concitasse constat quod in meditationibus suis exponendis verbis usus est procacibus, et plane indignis, quae ab homine sacris christianis et catholicis addicto, atque insignibus beneficiis a Pontificibus affecto expromerentur. Haec illi exprobrarunt viri aetatis illius doctissimi, qui tantam audaciam perstrinxerunr et castigarnnt. Cedo mihi verba Antonii Cortesii in *Antivalla*, quod opus ego in MS. Codice Biblioth. Felini nactus mihi descripsi. *Quod de donatione Flavii Caesaris Constantini, quae sibi visa erant illustrioribus mandasset literis, non equidem indigne ferrem, nisi tam acerbe in Pontifices Maximos atque adeo in omnes sacros ordines invectus esset.* Profecto nec Bibliothecarius noster pepercisset orationem habenti cuidam in saecularem aliquem principem tam asperam, tam petulantem, tantis iniuriis redundantem, coercendamque tantam audaciam aequissimum fore judicasset. Quid vero est quod Bibliothecarius addit nempe laborasse Vallam ut corruptam Ecclesiam sanaret? Quid est dogmatis quod Valla reprehenderit? Quid est in religione vitii, quod deprehenderit, sanandumque susceperit?

Unum est quod Valla reprehendit, Pontifices scilicet Maximos dominio civili potiri; hoc illum vrit, in hoc invehitur. Contra illum viri aeque summi atque doctissimi calamum strinxerunt, vindicaruntque saecularium rerum dominium Romano Pontifici. Cum in hac lite Vallae potius quam adversariis eius ius aequum adsistere pronuntiaverimus? Unus fuit tunc et solitarius Valla qui jus istud Pontifici Romano negaret; alii plures, immo omnes contra asserendum illi censuerunt. Cur uni potius quam omnibus faveremus?

Nicolaus VALLA, JCtus et Romae ad D. Petrum Canonicus, *partem Iliadis* et *Hesiodum* latine vertit. Posterior versio prodiit Basileae apud Frobenium 1518, 4 et alibi saepius. Ipse Valla obiit a. 1473. Adde Lexicon Baelianum.

Petrus VALLA. De hoc parum mihi constat, nisi quod *Annotationes* ejus in Plautum Venet. per Lazarum Soardum a. 1511 fol. impressae sunt.

VARINUS, aliis VIRIDIANUS, Presbyter, Stephani I. Pontificis jussu *Sanctorum Martyrum Passiones* conscripsit; uti habemus ex Actis SS. Diodori Presbyteri, Mariaci Diaconi Martyrum apud Surium. Meminit etiam de eo Petrus de Natalibus. Haec Prosper Mandosius in Bibl. Romana Cent. IV. 13.

* *Varrinus* ex ordine Minorum S. Francisci, qui circa finem saeculi 13 florebat, dedit Commentarios in IV. libros sententiarum, quos servari in Biblioth. Universitatis Taurinensis docet nos Tomus II. Indicis MSS. eiusd. Biblioth. p. 43.

Diarium VAZSTENENSE: Hoc titulo prostant Annales monasterii *Wadstena* vel *Vazstena*, quod in Ostro-Gothia situm fuit. Incipiunt ab a. 1344 usque ad a. 1545 et primis temporibus breviores sunt, postea, quae singulis diebus in monasterio notatu digna sunt, observant, unde *Diarii* nomen. Auctores sunt varii ex clericis illius, quorum aliquos recenset Reverendiss. Ericus Benzelius, Editor illius, in praefatione. Prodiit liber Upsaliae 1721, 4 cui varia diplomata et chartae ad historiam Ecclesiasticam Sueciae spectantes subjunctae sunt.

UBALDUS *de Luca,* vide *Waldus.*

(335) UBERTUS de *Bonacurso* de Urbe *Praeludia et exceptiones* (causarum) cum addit. Antonii de Tremulis e Castro Corduarum Albigesii oriundi. Lugd. per Crespinum 1533, 8 op. an Bagaroti JC. pariter Sacc. XIII. dubium V. BAGAROTUS.

UBERTINUS *de Albicis,* v. *Hubertinus.*

UBERTINUS *de Casalis.* vide supra T. I. pag. 327 adde Willoti Athenas sodalitii Franciscani p. 336. Liber *de vita Christi* MS. est in Bibl. Laurentiana Medicea, teste Montefalconio p. 237.

UBERTINUS *Clericus,* Crescentinas, ex oppido Crescentio, ad Durium amnem in Longobardia transpadana sub potestate Ducis Sabaudiae, oriundus, vixit post medium sec. XVI. Papiae et Mediolani bonas literas docuit. Scripsit *Commentarios in Ciceronis epistolas ad familiares,* quorum editiones triginta duae ab a. 1479 usque ad a. 1580 prodierunt, *Carmina,* Venet. 1491 fol· *Epistolas,* ib. eod. *Comment. in officio Ciceronis* et *Metamorphosin Ovidii,* uterque dicto loco, anno et forma, *Comment. in Epistolas Heroides Ovidii,* Venet. 1493, 1499, 1501 bis 1515, 1543 fol. 1503, 1558, 4. Addunt quidam *Comment. in Valerium Maximum.* Confer. Jo. Christiani Fischeri dissert. de hoc Hubertino Clerico, Jenae 1739 habitam: Andr. Rossotti Syllabum Scriptorum Pedemontii p. 555.

* Scripsit quidem Ubertinus iste commentarios in Ep. Familiares Ciceronis qui tamen sub eius nomine prodierunt plus vlce simplici Commentarii, authorem non quidem unicum sed multos referunt; sunt enim alii a Guarino, alii a Joanne Petro Lucensi, alii ab Omnibene Vicentino adornati, iique simul omnes in unum corpus collecti sunt ab Ubertino, cui proinde adscripti in fronte editionum quarundam reperiuntur.

UBERTINUS *de Marinis,* Panormitanus, JCtus, magnae Regiae Curiae Judex, Consiliarius Regius et Vice-Cancellarius, a. 1414. Archiepiscopus Panormitanus, Orator ad Concilium Constantiense missus, et magnus Siciliae Cancellarius, obiit a. 1434. Scripsit *Interpretationem ad Capitulum*

Volentes 28 *Regis Friderici de alienatione feudorum, Allegationes super intellectum Capitul 38. Regis Jacobi, quae incipit,* ad novas communantias, *Consilium contra Baronem Castriveterani.* Vide Ant. Mongitore Bibl. Siculam tom. II. p. 271, 272.

UBERTUS *Decembrius,* vide supra T. II. p. 435.

UBERTUS *Folieta,* Cremonensis, JCtus circa a. 1395. Scripsit *de officio Praetoris, de differentiis Legum et Canonum, de fideicommisso, de reprobatione testium, de favoribus pupillis praestandis.* Arisii Cremona literata tomo I. p. 193. Avum habuit cognominem, qui multa quoque in Jure scripsisse dicitur, sed tituli operum non exstant. Vide eundem p. 148.

UBERTUS *Stangonus,* Ligur, omnium votis electus est ad prosequendos *Annales Genuenses* ab a. 1270-1279. Sopranus de Scriptoribus Liguriae p 221, 222. Oldoini Athenaeum Ligusticum p. 527.

* *Ubertus Stangonus* seu Stancunus Jurisperitus Decreto Senatus electus ad continuandam Caffari Historiam Genuensem per decennium produxit. Haec porro Historia legitur vulgata a Muratorio Rerum Italicar. T. VI. pag. 559.

UDALRICUS, monachus *S. Afrae,* Augustae, scripsit simul cum Sigism. Gossenpot *Chronica Augustensium,* quae Viennae extabant MS. in Bibl. Laziana. Possevinus t. II. 518.

UDALRICUS, Patriarcha *Aquilegiensis* circa a. 1060. *Epistolae* illius VI. habentur in Codice Diplomatico Pezii et Hueberi parte I. p. 419. Aliorum ad ipsum Epistolae ibidem sequuntur.

UDALRICUS *Argentoratensis,* ord. Praedicatorum, Alberti Magni Auditor, *scripsit in quatuor libros Sententiarum, Summam* item collegit *Theologiae,* ac librum *de Anima* composuit. Vivebat a. 1281. Ex Eisengreinio et Trithemio c. 475. Possevinus tomo II. Apparatus p. 518 cui adde Labbeum de Script. Eccles. tomo II. p. 436. Sed dijudicandum v.ris doctis relinquo, annon fortasse cum *Thoma de Argentina* confundatur, hac praecipue de caussa, quia nemo huc usque indicavit, ubi et a quo hi libri impressi sint.

UDALRICUS, primus hujus nominis Episcopus Augustanus. de quo pauca quaedam hic repetere et addere liceat, post ea, quae supra V. HULDERICUS s. adfuerunt.

1. Negari non potest, Udalricum hunc Nicolai I. temporibus vixisse; per ea, quae jam docuit Fabricius. Unde et scriptores recentiores negare non debebant.

2. Negari non potest, Epistolam ejus ipsis Pontificiis satis fuisse cognitam, imo jure a quoquam in dubium revocari debet neutiquam. Nam praeter testimonium Hermanni Contracti a Fabricio productum, invenitur illa etiam in Codice Udalriciano Bibliothecae Vindobonensis, atque invitis ipsis edita est cum Codice integro ab Eccardo tomo II. Corporis Scriptorum medii aevi p. 23. Ex alio quodam Codice dederunt Martene et Durand Collectionis amplissimae tomo I. p. 449 ut alios auctores taceam, ad quos Calixtus de conjugio Clericorum provocavit.

3. Quum igitur haec ita sese habeant, judicent inter ipsos Pontificios, qui judicare possunt, quantum vel doctrina illorum de coelibatu sacerdotum, vel pudor ipsorum constare possit. Non sufficit cum Martenio in annotatione subjecta, rem, quae negari non potest, coloribus inducere. Verba ejus sunt haec: *Eam* (Epistolam) *hic damus, ut, quam corrupti fuerint illo aevo presbyterorum mores, demonstremus, et quam bene de ecclesia meruerit Gregorius VII qui presbyterorum matrimonia, seu potius concubinatum, incredibili pene labore abstulit.* Non sufficit vocem *Fabulae* adponere relationi de capitibus infantum in vivario inventis. Si enim tantum mille infantum capita ibi fuissent, satis ille infantum sanguis ad coelum clamitasset (a).

4. Ponamus vero, nunquam concessuri, Epistolam hanc esse suppositam et falsam, ad quosnam hujus rei culpa redundabit? Certe non ad nostros: qoum Codices antiqui ab ipsis Pontificum asseclis descripti illam nobis in manus dederint. Inde vero tantum hoc concludimus, fuisse semper in mediis Papatus tenebris homines male de Papa sentientes, inque contumeliam ipsius varia protrudentes, quale quid etiam de Joanna Papissa factum est.

5. Caeterum editionibus a Fabricio memoratis, praeter duas jam prolatas addo illam, quae in Roberti Barns vitis Pontificum habetur, fol. 8.³ edit. Wittebergensis 1536, 8. In Avtographis Lutheri memoratur versio Germanica Hagenoae 1521, 4 excusa: ego Argentinensem ejusdem anni possideo.

* Bibliothecarius noster nonnullas hic congerit, quibus fides integra Epistolae de continentia Clericorum Udalrico I. Augustano Episcopo adseratur. Principio quidem immerito negari ait Udalricum sub Nicolao I. Pontifice Augustanam Cathedram tenuisse; demonstratum enim ait a Fabricio T. III. p. 283 Udalricum quemdam tunc reipsa Augustanis sacris praefuisse. Verum nihil habet Fabricius, quae fidem extorqueant. Unum affert Bertoldi Constantiensis, qui sub exordium Saeculi XII. scribebat, testimonium. Idoneum profecto testem de re ante tercentos fere annos gesta. In regesto Epistolarum Nicolai Papae I. nulla legitur Epistola ad Udalricum Augustanum; nulla etiam mentio de coniugio clericis concedendo; nec quidquam mutit idem Pontifex de hac re sibi ab ortodoxo aliquo Episcopo proposita. Haec tanta non sunt, ut plane demonstrent nullum sub Nicolao Papae I. extitisse Augustanum Episcopum Udalricum, qui cum eodem Pontifice conquestus de jugo continentiae immerito sacris hominibus imposito; sed neque contrarium evincit Bertoldi auctoritas. Non abs re suspicaremur scriptorem hunc non aliunde Udalricum Augustanum sub Nicolao nisi ex hac una epistola nosse.

Sed haec missa faciamus. De sinceritate epistolae hujus inquirendum superest; ego fictitiam iudico tum quod nonnulla coutineat plane commentitia, ut illa de plusquam sex millibus infantibus in hortum proiectis; haec enim emunctae naris criticis fabellam subolent. Insuper ex nullo certo monumento sacculi IX. discimus agi-

---

(a) Codex Udalricianus et editiones Protestantium habent: *plus nam sex millia infantum capita:* Martenius vero sic exhibet: *plus quam millia infantum capita.*

tatam tum fuisse quaestionem de coelibatu Sacerdotis. Synodi omnes tunc habitae, omnesque Nicolai Epistolae in eo sunt, ut ceolibes Sacerdotes velint, ac statuant, cuius disciplinae caussa omne a sacerdotibus mulierum contubernium, ac consuetudinem arcent.

Ponamus tamen, ut verbis utar Bibliothecarii nostri, *nunquam concessuri* epistolam hanc ab Udalrico Augustano Episcopo ad Nicolaum I. datam. Numquid propterea improbandum esset Latinorum sacerdotum coelibatus? Non arbitror. Alvarus Pelagius, Guilelmus Minatensis Episcopus, versari se in ambiguo profitentur, num praestaret ad tollendam clericorum incontinentiam coniugium illis concedere. Fac in ea persuasione fuisse etiam Udalricum Augustanum Episcopum. Quid inde? Plane contrariam in sententiam Romani Pontifices omnes, Synodi per successiones saeculorum celebratae descenderunt. Hos laudatores habet assertoresque, Latinorum Clericorum coelibatus.

UDALRICUS Episcopus *Augustanus*, secundus hujus nominis (nam de primo jam supra egit Fabricius noster T. III. pag. 283) rexit Ecclesiam suam ab anno 924 ad 973. Vitam ejus exhibet Anonymus a Velsero Opp. p. 515. Surio 4 Jul. Mabillonio Sec. V. Benedictino p. 415 et in Actis Sanctorum tom. II. Julii p. 97 editus, cum Commentario praevio Jo. Pinii p. 73-97 item Benedictus Gullmann, Augustanus, in dissert. Lips. 1693 praeside M. Godofredo Ludovici habita. Ei *Sermo Synodalis, parochianis presbyteris in Synodis enunciandus* adscribitur, editus primum tom. IX. Conciliorum Binii edit. secundae p. 803.

Diploma ejus monasterio Campidonensi datum edidit Mabillonius p. 476 et post eum Pinius p. 77. In Concilio Romano a. 993 de Canonizatione ejus actum est, cujus decretum exstat apud Harduinum tom. VI. Conciliorum p. 727.

* Animadvertisse debuit Bibliothecarius noster Sermonem illum Synodalem, qui Authori huic in collectionibus conciliorum adscribitur, ipsam esse Homiliam S. Leonis Papae IV. quae olim in principio Synodica-

rum sessionum pro consueto more legebatur. Est tamen homilia illa multa interpolatione variata, prout saepe alias in variis MSS. Codicibus ostenditur. Quin et ipsa homilia Leonis, quae suo loco in collectione Labbeana legitur, non usque adeo pura est et intacta, ut ego in meo supplemento Conciliorum demonstravi.

UDALRICUS *Babenbergensis*, a. 1125. *Codicem Epistolarem* collegit: sic enim ipse docet iu prologo:

Cum jam curriculis annorum mille peractis
Centum viginti coepisset quintus haberi.

Eum vero postea dedicavit Praesuli Gebehardo, qui, si Bambergensis indigitatur, quem sequiorum temporum scriptores *Eberhardum* vocant, anno demum 1147 Episcopus consecratus est. Potuit igitur esse Udalricus sacerdos S. Ægidii, qui comes S. Ottoni fuit in itinere Pomeranico, et ex cujus ore Ebbo vitam Ottonis descripsit. Vide praefationem Andreae Bambergensis ad vitam Ottonis, et ipsam vitam loco non uno. *Codicem* igitur hunc *Epistolarem* a. 1125 scripserat Udalricus, post annum vero 1147. demum Gebehardo Episcopo dedicavit. Codex ipse continet proprie Institutionem quandam Epistolicam, ut formulas inde Epistolarum suarum haurirent Scriptores illorum temporum satis rudes. Sed tamen Epistolae non sunt fictae, verum potius diplomata adsunt vera et genuina, ut plurimum ex Archivis Bambergensibus desumta, quae res mediorum temporum mirifice illustrant.

Quasdam illarum jamdudum ediderat Reinerus Reineccius cum Historia Henrici IV. et (Bennonis vita) Gregorii VII. Frf. apud Andr. Wechelum, 1581 fol. p. 29. Easdem et plures ex codice Bibliothecae Caesareae Sebastianus Tengnagelius, Bibliothecarius, in Veteribus Monumentis pro Gregorio VII. contra Schismaticos, Ingolstadii, 1612. 4 editis (a): alias Jacobus Gretserus in Volumine Epistolarum, quas

(a) Vide Ittigium de Bibliothecis Patrum c. 7. p. 614. 617.

Romani Pontifices ad varios Imperatores et Reges dederunt, ibidem 1613 , .4 edito. Nostro tempore Rev. Bernardus Pez ejus Codicis exemplum in Bibliotheca monasterii Zwetlensis invenit, et editione dignum. judicavit, consiliumque suum in Actis Eruditorum Lipsiensibus a. 1717 p. 30 aperuit. Prodiit paullo post Epistola Angeli Fonteji, Veronensis, (h. e. Joan. Benedicti Gentillotti ab Engelsbrunn, Bibliothecarii Caesarei) qui primo quidem ostendit, quasdam hujus codicis Epistolas dudum fuisse impressas, reliquas vero satius esse supprimi, vel levioris momenti, vel, (id quod praecipuum momentum esse credo) quia multae veritates historicae adsunt de dissidio Henrici IV. et Gregorii VII. Pontificiis non admodum gratae. Pezio respondit Epistola ad Jo. Burcardum Menckenium, Kal. Maji data, et Augustae Vindel. et Graecii 1717, 4 impressa, in qua satis candide consilium suum defendit, neque omnia dissimulanda esse censet, quae a Pontificibus vel male acta, vel de illis sequius scripsa sunt, adducto in hanc rem loco sat noto ex Melch. Cani Locis Communibus. Angelus autem Fontejus Kal. Maji 1718 huic aliam Epistolam reposuit ad eundem Menckenium datam, et Viennae impressam, in qua priora quaedam repetit, hoc tamen de edendo integro Codice Udalriciano consilium non mutat, idque ideo ne nostris ansa detur inde proficiendi, et ipsius quoque Pezii honori consulatur. (a) Interim hunc Codicem ex ipsa Bibliotheca Vindobonensi nactus est Jo. Georgius Eccardus, et tomo II. Corporis Historicorum medii aevi sub initium inseruit.

UDALRICUS Abbas in Campo liliorum. Dedit Sermones figurativos, quorum titulus Concordantia Charitatis. MS. exstant in Bibl. Vindobonensi, teste Lambecio lib. II. p. 773.

UDALRICUS, patria Ratisponensis, Prior primum in Gruningen, post fundator et primus Prior monasterii Cellensis in Silva

nigra circa a. 1087. Vitam ejus a monacho illius coenobii conscriptam edidit primum Joan. Mabillonius Sec. VI. Bened. part. 2. p. 781 post Jo. Bapt. Sollerius in Actis Sanctorum tom. III. Julii p. 154 cum Comm. praevio. Scripsit autem hic Udalricus de antiquioribus consuetudinibus libros III. editos a Dacherio tom. IV. Spicilegii p. 21 edit. prior.

UDALRICUS, Cluniacensis Monachus, Ratisbonae illustri familia natus, circa a. 1018 monente Wilhelmo Abbate Hirsaugiensi, scripsit Antiquiores consuetudines Cluniacensis monasterii, quas edidit Dacherius Spicil. tom. I. p. 641 edit. prioris tom. IV. p. 21. Scripsit etiam Vitam S. Hermanni monachi, filii Ducis Bertholdi, et Epistolas varias. Anonymus Mellicensis cap. 110.

UDALRICUS Constantiensis Episcopus, primum monachus S. Blasii in Silva Hercynia, a 1109. electus, a. 1118. demum consecratus, vixit usque ad a. 1140. vel circiter. Scripsit Vitam S. Gebehardi, Episcopi Augustani, editam in Antiquis Lectionibus Henrici Canisii et a Surio, d. 27 Augusti, Vitam S. Conradi, Episcopi itidem Augustani, quam dedit idem Surius d. 26 Novembris. Oudinus tom. II. p. 1124.

UDALRICUS Herlinger, vel Nerliuger, vide supra HERICUS Tom. III. p. 219 et adde Possevinum l. c.

UDALICUS de Landau, monachus Tegernseensis sec. XV. Quatuor ejus Scripta contra M. Johannem Pyrckhamer, asserentem, quod textus Evangeliorum, quae nunc prae manibus habemus, sit per S. Hieronymum solummodo emendatus, sed quo interprete de Graece in Latinum sit translatus, nescitur, exstant in bibliotheca laudati monasterii, teste Bern. Pezio Dissert. Isagogica ad tomum I. Thesauri Anecdotorum novissimi p. 14.

UDALRICUS a Lentzbarg, ex Anachoreta Curiensis Episcopus, Vitas SS. Lucii et Amisonis Pontificum conscripsit. Vivebat a. 1332. Ex Eisengreinio Possevinus tome II. Apparatus p. 518.

UDALRICUS, Abbas monasterii Tegernseensis in Bavaria ab. a. 1041. Ejus Episto-

lae IV. exstant in Codice Diplomatico Pezii et Hueberi part. I. p. 227.

UDALRICUS *Welling*, vide supra *Henricus Stero*, T. III. p. 213.

UDALSCALCUS, ex familia honesta nobilium virorum de Maisack natus, monachus ad S. Ulricum, (Augustae Vindelicorum) Abbatis Eginonis individuus comes,
vir religiosus et praeclare doctus, versificator non poenitendus, musicus et com-
ponista eximius, Theologus vero sui seculi nominatissimus, eligitur in Abbatem
anno Domini 1126. Praefuit prudenter et
fideliter annis 25. Scripsit librum *de Musica*, *historiam* multorum sanctorum, imprimis vero *S. Afrae*, *S. Udalrici*, *S. Mauritii* et *S. Mariae Magdalenae*, variis generis versibus. Extant multa ipsius *epigrammata* sparsim hinc inde parietibus
inscripta, quae ipsius ingenium admodum
secundum, doctrinam vero non vulgarem
praeclare et luculenter produnt. Obiit anno
Domini 1151. Haec Casp. Bruschius in
Chronologia monasteriorum Germaniae p.
497. cum quo confer Sigismundi Chronicon Augustense Pistorianum tom. III. p.
605. Ejus hodie exstat *Narratio de Controversiis inter Hermannum Episcopum
Augustanum et Eginonem Abbatem S. U-
dalrici*, edita a Canisio Lect. Ant. tom. III.
part. 2. p 1. Unicum *Epigramma* ejus in
Eginonem decessorem exstat apud Bru-
schium p. 496. Mabillonius Seculo V. Benedictino p. 415. dicit, ipsum a quibusdam Auctorem Vitae S. Udalrici Episcopi
Augustani, a Velsero, ipso Mabillonio et
in Actis Sanctorum editi, habitum fuisse :
quia vero ille auctor binis locis memorat,
se Udalricum vidisse, noster vero binis
seculis junior fuit, eam scribere non potuit. Contra vero Sigismundus l. c. docet
vitam hujus Udalrici carmine ab Udalscal-
co fuisse conscriptam : Incipit enim his
verbis : *Inclyta devoti colimus*. Adde Jo.
Pinium in Commentario praevio ad Vitam
S. Udalrici, in Actis Sanctorum tomo II.
Junii p. 95. Oudinum tomo II. p. 1013.

Alius Udalscalcus Episcopus Augustanus
fuit post medium seculum XII.

UDARDUS monachus Cuprensis in Sco-

tia, post Episcopus Brechinensis circa a.
1190. Scripsit *in Canticum Salomonis*, *in
omnes D. Pauli Epistolas*, *Homilius ad populum Scotium*, *Epistolas ad diversos*. Car.
de Visch Bibl. Scriptorum Ord. Cisterciensis p. 315.

UDO *de Nellenburgo*, Archiepiscopus
Trevirensis, ab a. 1067 ad 1078. cui quidam *Martyrologium*, quod sub *Adonis*
nomine notum est, tribuunt.

VEDASTUS, Episcopus Cameracensis et
Atrebatensis ab anno circiter 500 usque
ad a. 540. Vita ejus duplex cum Commentario praevio Godofredi Henschenii et aliis
habetur in Actis Sanctorum tom. I. Febr.
p. 782. Adde Annales Caroli est Cointe, et
Galliam Christianam tomo III. pag. 2.

Ejus *Orationes* MSS. supersunt in Bibl.
monasterii S. Vedasti Atrebatensis, teste
Ant. Sandero Bibl. Belgica manuscripta
pag. 63.

VENERICUS, ex clerico Trevirensi, Episcopus Vercellensis et Regni Italiae Cancellarius, amicus Gregorii VII. Papae,
scripsit *de unitate Ecclesiae conservanda*,
*et de Schismate inter Henricum Imp. et
Gregorium VII.* qui liber editus est a Simone Schardio, et quidem primo loco inter Scriptores de Jurisdictione Imperiali,
Basil 1566 fol. Adde Andr. Rossotti Syllabum Scriptorum Pedemontii p. 551. et
Trithemium de scriptor. Eccles. c. 341.
neque alia habet Ughellus in Italia sacra
tomo IV. pag. 776.

Guilielmus VENTURA, Capitaneus A-
stensis, Ogerii Alterii *Chronica Astensia*
ab origine urbis, usque ad a. 1294 scripta
continuavit ab a. 1260 usque ad 1325
quae simul edita sunt in Scriptoribus Italicis Muratorii tomo XI. Adde Mencke-
nio-rum Bibl. virorum militia ac scriptis illustrium p. 466.

VENTURINUS *de Bergomo*, a patria ita
dictus, Ord. Praedicatorum, magno animarum flagravit desiderio, a Benedicto XII.
in exilium actus, a Clemente VI. restitutus,
crucem in expeditionem Hierosolymitanam
praedicare jussus est : ipse quoque ad iter
eo se accinxit, sed Smyrnae obiit a. 1346.
Scripsit *Sermones* et *Epistolas*. Ex his

qnaedam excerpta dedit Jac. Quetif de Scriptoribus Ord. Praedicatorum tom. I. p. 620, 621 cui haec debentur. Adde Ambr. ab Altamura Bibl. Domin. p 118.

VERANIUS, Eucherii Lugdunensis Episcopi filius, post Episcopus Vinciensis, de quo supra, ubi de Salonio fratre egimus, dictum fuit. Vide praeterea Hist. literariam Galliae tom. II. p. 476.

VERANIUS, Episcopus Cabellicensis circa a. 580. Ejus est *Sententia* in aliquo Concilio proposita *de continentia Clericorum*, t. V. Conciliorum Labbei p 978 et t. III. Harduini p. 458. Confer librum cit. t. III p. 356. Adde Galliam Christianam t. I. p. 941.

VERCELLINUS *de Vercellis*, a patria sic dictus, Ord. Praedicatorum circa a. 1460. Ejus sunt *Postilla super Evangelia Dominicalia, Hymni et Sequentiae de Sanctis, Summa Logicae, cujus titulus* Tetralogus, *Quaestiones in totam Physicam et Theologiam, Logica contra Ocham, quam inscripsit* Anti-Ocham. Jac. Quetif de Scriptoribus Ord. Praedicatorum tom. I. p. 822, 825. Andr. Rossotti Index Scriptorum Pedemontii p. 553. Altamura Bibl. Domin. p. 80.

VERECUNDUS Presbyter scripsit in *Canticum Canticorum*. Possevinus tom. II. Apparatus p. 519.

Alius Afer, Episcopus Juncensis in Byzancena Africae provincia, exul Chalcedone obiit a. 552 scripsit duos modicos brevesqne libellos, quorum primus *de Resurrectione et Judicio*, alter *de Poenitentia* agit. Appendix Isidori et Ildefonsi de Script. Eccl. c. 6 ibique Miraeus, Leyseri hist. Poëtarum medii aevi p. 146.

VEREMUNDUS, Hispanus, Archidiaconus ad D. Andream in Scotia, a. 1090 ab Hectoro Boëthio et Guil. Elphinstono laudatus, scripsit *Scotorum Antiquitates* Balacus Cent. XIV. 16.

* *Petrus Paulus* VERGERIUS Justinopolitanus ad excidium usque Carrariensis familiae in eius famulatu perseveravit; anno 1404. Doctoris Lauream ibidem conseutus est. Tempore Concilii Basiliensis in Hungaria obiit, ut ex fide Aeneae Sylvii testator Bergomensis in Supplemento Chronicorum ad annum 1428. Laudatur a Jano Pannonio in Panegyrico Guarini hoc versu

Rupibus et sparsos decorans Vergerius Istros;

a Raphaele Volaterrano, Jovio, Vossio, et aliis, scripsit Historiam Carrariensium Principum ab eorum origine usque ad Jacobini mortem a Muratorio Rer. Italicar. XVI. vulgatam. Dedit etiam librum de *ingenuis moribus*, quem ego habeo ex editione Veneta an. 1497. cum commentariis Joannis Bonardi Presbyteri Veronensis. Scripsit et *Vitam Francisci Petrarchae* a Jac. Philippo Thomasino Aemonensi Episcopo in Petrarcha redivivo vulgatam. Teste etiam Bergomensi *Orationes* dedit in laudem S. Hieronymi, quas In Estensi Bibliotheca se reperisse testatur Muratorius: Una tamen ex his orationibus lucem adspexit excusa in fine Epistolarum S. Hieronymi editioni Venetae an. 1490 tom. 2 in fol. Recusa dein in Mantissa ad opera S. Hieronymi editionis novissimae Veronensis pag. 298 inter vetera testimonia de S. Hieronymo. Est etiam eius *invectiva* contra Sigismundum Malatestam, qui Virgilii Maronis statuam e foro Mantuano summovit; quae oratio alicubi legitur hoc titulo: *Invectiva in Carolum de Malatesta;* tum et *invectiva in Ludovicum Alidosium*. Dedit et *Historiam Principum Mantuanorum* frustra huc usque quaesitam. Collegit etiam *Sillogem* sententiarum ex Timaeo Platonis. Olim pariter exstabat liber Epistolarum eius. Denique superest adhuc eius *Apologia pro Carrariensibus Principibus* contra Albertinum Mussatum, et opusculum *de differentia amici et assentatoris*.

Diligenter distinguendus Paulus Vergerius iste ab alio eius nominis Vergerio Justinopolitano Episcopo, qui cum minus recta de religione sensisset multis jactatus est, ac tandem Italiam et fidem Catholicam deseruit. Obiit an. 1565.

Exciderat de seniori illo Vergerio id quod legi in Catalogo Codd. MSS. Bibliothecae R. Athenaei Taurinensis in quo T. II. pag. 304. Cod. 1027 se offert scriptus hoc titulo. *Petri Pauli de Justinopoli sermo de laudibus B. Hieronymi* incipit: *Prae-*

stantissimi viri atque optimi Patres: cum bona venia vestra; est tamen idem opus ac orationem in laudem S. Hieronymi, quarum supra ex Muratorio memini. Ibi pariter in Cod. 601. Latino extat *Carmen* ad Franciscum de Carraria super reditu natorum eius Francisci et Jacobi ex hostili captivitate. Denique Arriani opusculum de Alexandri Magni Indica expositione e Graeco in latinum vertisse constat, quam versionem utpote barbaris Germanis, magis quam latinis auribus dulciter insonantem, e manibus delicatulorum excutiendam ratus Bartholomaeus Facius, suam ipse adornavit, quam vicissim alii improbandam censuerunt. Vide Fabricium Biblioth. Graeca T. III. pag. 269 quo etiam docente versio ista Vergerii numquam typis prodiisse disco.

Haec postquam scripsi incidit in manus meas Cl. Zeni opus dissert. Vossianae T. I. pag. 51 etc. ex quo plura mihi incognita de hoc Vergerio didici. Igitur Epistolarum Vergerii Codicem nondum quidem editum adhuc tamen superesse apud Cl. Brunaccium nunc primum scio. Versionem Arriani pedestrem quidem non tamen barbaram ideo vir clarissimus extitisse demonstrat, atque ex eodem MS. Codice praefationem ad Sigismundum Imperatorem producit.

Invectiva in Malatestam directa est ad Ludovicum Alidosium, ex quo factum est ut quidam invectivam unicam in duas distinxerint, aliam in Malatestam, aliam vero in Alidosium; quem tamen habuisse exosum nullibis discimus. Invectivam istam sub nomine Guarini Veronensis dedit P. Martene Monum. T. III. col. 868 sed illam suo Authori Muratorius Rer. Italic. T. XVI. col. 112 restituit. Alia huius opera videnda sunt apud Zenum *ibid.*

VERNHERIUS *de Bothis*, vide WARNHERUS.

VERUS, Episcopus *Arausionensis*, sub finem sec. V. scripsit *Vitam S. Eutropii,* decessoris sui, qui post a. 475 decessit. Sigebertus Gemblacensis c. 73. Tota nondum prostat, sed particulam ejus ex Codice Parisino dedit Dan. Papebrochius in Actis Sanctorum tom. VI. Maji p. 699. Episcopum *Hispalensem* perperam vocat Trithemius de script. Eccles. c. 245 quem sequitur Possevinus tomo II. Apparatus p. 520 qui et nomen *Eutropii* non expressit, sed habet *Episcopi.* Vide Galliam Christianam tomo I. p. 767.

VERUS, Episcopus *Rutenensis* in Galliis, qui a. 625. Concilio Remensi interfuit. *Epistolae* ejus *duae* ad Desiderium Episcopum Cadurcensem editae sunt a Canisio Lect. Ant. tom. I. p. 648, 649 ad ipsum vero datae sunt Epistolae Sulpitii Severi Episc. Bituricensis, ibidem p. 645 et Ruricii Lemoviceni II. 22. Adde Galliam Christianam tomo I. p. 201.

Annales VETERO-CELLENSES, nihil habent, quod Annalibus simile sit, sed continent enarrationem illustris prosapiae Marchionum Misniae. Auctor, cuius nomen non est cognitum, monachus fuit in monasterio Veteris Cellae in Misnia, quod Christianus Schlegelius et Jo. Conradus Knauthius singulatim descripserunt. Editiones illius varias recenset Clar. Kreysigius in Bibl. Historica Saxoniae superioris p. 4.

UFFINGUS vel UFFO, Worcomiensis Frisius, Ord. S. Benedicti, monachus in coenobio S. Ludgeri Werthinensis, scripsit *Carmen de S. Ludgero,* quod editum est in Actis Sanctorum tom. III. Martii p. 659. *Vitam S. Idae, viduae* Egberti Saxonum principis, apud Surium d 4 Sept. et Leibnitium tomo I. Scriptorum Brunsuicensium p. 171. *Carmen breve in laudem monasterii Werthinensis,* apud Eundem tomo III. p. 604. *Vitam S. Lucii,* Regis Britanniae, quae nondum est edita. Vixit circa a. C. 1000. Val. Andreae Bibl. Belgica p. 843. Swertii Athenae Belgicae p. 699 Suffridus Petri de script. Frisiae Dec. VII. 5.

(336) UGO *Andreae Bencii Senensis,* Senis, Florentiae, Bononiae et Patavii Medicinae Lector, civitate hac ultima (ut ex Consilio 81) annis 1430-32 degebat, Ferrarie demum, ibique anno 1439 obiit. Vitam Sozzinus eius filius eleganti stylo con scripsit, ut a Joanne Tortellio voci HIPPOCRATES rescimus. Latine scripta relinquit *De conservanda valitudine* MS. in Biblioth.

Taurinensi. Quod opus Italice ab anonymo
pluries prodiit Mediolani 1481 et 1507, 4.
Taurini 1610, 1628, 8.

In primam Fen Avicennae Saec. XV. sine loco et anno in 4. *Super quarta Fen.*
Venet. 1485 f.

Super aphorismos Hippocratis — In tres
libros Microtechni Galeni. Venetiis 1523 f.
De febribus. Vide

Mazzuchelli Scrittori d'Italia , *Tirabo-*
schi Storia, Marini Degli Archiatri Pontificj.

Consilia Bononiae 1482. Venet. 1518 fol.

UGO *de Castello,* Tiphernas, quae urbs
hodie *Città di Castello* vocatur, Ord. Praedicatorum Florentiae in conventu S. Mariae
novellae a. 1337 scripsit *in Sphaeram*
Joannis de Sacrobosco. Quetif de Scriptoribus Ord. Praedicatorum tom. I. p. 593.

(337) *Inchoatum Parisiis . . . sed perfe-*
ctum Florentiae an. MCCCXXXVII. Ita ,
juxta Quetifium , in Codice qui extabat in
Coenobio S. Honorati, Parisiis; nec plura
de hoc scriptore Jo. Muzi Episcopus in op.
Memorie di C. di Castello Tomo V. 243.
Ibid. 1842, 44. Tomi VII. in 8.

UGO *de Prato* , Ord. Praedicatorum ,
cuius *Sermones itinerarii dicti* a. 1499 sunt
Florentiae in bibliotheca Ord. Quetif. I. 593.

(338) Non alius hic est quam *Vgo Pan-*
ciera, cuius, eleganti vernaculo sermone,
praeter Cantica (IV) curante cl. Caesare
Guasti Prati, an. 1861 in 8 recusa, extant
pluries editi

Alcuni singulari Trattati in Firenze 1492
ap. *Miscomini* et ibid. ap. *Morgiani,* anno
pariter 1492 editione emendatiori. *Venetia*
per Nicc. Brenta S. A. Sec. XV. 4. *Genova*
Bellone 1535, 8.

De eo Quetifius in op. (Scriptores Ord.
Praedicatorum Tom. I. pag. 551) F. Leandri
Alberti verba refert, ex quibus ex Vinacensi
(Vinaccesi) familia satum, concionatorem
eximium evasisse, Prati anno 1362 aetatis
LX. obiisse discimus. Scripta vero sequen-
tia tantum reliquisse refert.

Sermones Dominicales super Evangelia et
Epistolas per totum annum. (Lovanii) Jo de
Wesphalia 1484 fol.

— *De Sanctis* Heidelbergae 1485 f. Et
postea utrique simul Lugduni 1511, 4. Ibid.

du Res 1528, 8 tomi II. Parisiis Petit 1542,
8 T. III. Antuerp. Belleri 1617, 8 T. IV.

— *Quadragesimales* Venetiis 1578 et ibid.
ap. Variscum 1584, 8.

Inedita vero *Sermones de Trinitate et de*
S. *Laurentio* MSS. Augustae Vindelicor.

— *Communes* — *De Sanctis et de Gro-*
tia — *De octo vitiis.*

Florentiae ad S. Marci Arm. II. n. 156.

Et cum in prologo Sermonum de tempore scribat. *Ego oriundus de Prato de*
florido Praedicatorum ordine minimus etc.
lepide apud suos agnomen *de Pratoflorido*
obtinuit.

Nec diversus ab ipso, uti reor, F. *Ugo de*
Prato ille, de quo Quetifius idem, (Tom. I.
pag. 593.) Jac. Philippi Tomasini in Bibliotheca Patavina pag. 52 fide nixus breviter
loquitur, et a nostro distinguendo. Eius

Sermones itinerarii dicti anno 1499 *die*
tertia Julii uti ap. Dominicanos Patavii
extantes , alium Ugonem de Prato juxta
eum constituunt.

At Tomasiniani typotetae sphalmati, cui
an. 1359 potius erat cudendum , Ugonum
de Prato geminationem credo tribuendam:
Itinerarios sermones forsan ideo dictos quia
in redeundo a Tartarorum regione, ubi diu
vixit, eos conscripserit.

UGOLINUS, vide *Hugolinus.*

UGOLINUS *Malabranca,* vide supra lit.
M. quibus adde Gandolfum de ducentis
Augustinianis scriptoribus p. 343.

UGOLINUS *de Porta Ravennate,* Bononiensis, auditor Irnerii, Juris civilis Professor et Glossator celeberrimus. *Glossas*
eius Crassus in suo apparatu adiecit. A
Friderico etiam I. Imperatore ad librum
Feudorum compilandum et conferendum
adhibitus est. Obiit o. 1168. Pancirollus
de claris Legum Interpretibus II. 17.
Bumaldi Minerval Bononiense p. 228.

UGOLINUS *de Schoalochis,* Cremonensis,
U. J. D. Urbis Astensis, Praetor Genuensis
et in numerum nobilium relatus circa a.
1318. scripsit *ad Codicem Justinianeum ,*
de legatis piis, de compromisso. Arisii Cremona literata tom. I. p. 152.

UGUETINUS , Canonicus primum S.
Augustini, deinde Monachus Metensis Ord .

S. Benedicti, scripsit *Opus de visione sua terribili,* quam in spiritu habuisse se refert. Excusum est Parisiis 1513 fol. apud Henricum Stephanum, in libro trium virorum et trium spiritualium virginum, quod Jacobus Faber edidit. Adde Possevinum tomo II. Apparatus pag. 520.

UGUITIO, vide *Huguitio.*

VIBIANUS seu *Vivianus Tomasius,* Urbevetanus, Presbyter Cardinalis S. Stephani in Coelio monte ab Alexandro III. renuntiatus, *plures* ad S. Thomam Archiepiscopum Cantuariensem, atque ad Regem Angliae *literas* misit, quarum aliquae publici juris sunt: Ejusdem literae *de Appellatione* asservantur MSS. in Bibliotheca Regia, teste Philippo Labbe in Bibl. MSS. Hibernica legatione functus e vita excessit Romae sub Urbano III. incertum quo anno, menseve. Haec Oldoinus in Athenaeo Romano p. 634.

VICEDOMINUS *de Vicedominis,* Placentinus, Minorita, Gregorii X. ex sorore nepos, celebris Jureconsultus et caussarum patronus, ex Aquensi Archiepiscopo a patruo creatus Episcopus Cardinalis Praenestinus, obiit a. 1276. Edidit a. 1269 in Synodo Aquensi *Statuta et Constitutiones pro suis Clericis.* Oldoini Athenaeum Romanum p. 625.

VICHARDI, Canonici Lugdunensis, *Carmen Satyricum contra monachos,* a Flacio ex Codice Veteri descriptum, exstat in Bibl. Regiomontana, teste praefatione ad Frid. Besselii Miscellaneorum Philologico-Criticorum Syntagma. Sed quo tempore auctor vixerit, et reliqua illius adhuc ignorantur.

VICTORI I. Papa, natione Afer, electus a. 186 sedit usque ad a. 196 vel secundum Baronium ab a. 194-203. *Epistolae* ejus *duae* in controversia Paschali ad Desiderium et Paracodam, Episcopos Viennenses, extant in Bibliotheca Floriacensi tom. III. p. 24, 26 apud Baronium ad annum 198 n. 17 cum notis Binli tomo I. Conciliorum: aliae duae tom. I. Conciliorum Harduini pag. 103. Tribuitur ipsi quoque Opusculum, quod inscribitur, *Ratio fidei reddita Hunerico Regi Vandalorum.*

Vide Lnd. Jacobi a S. Carolo Bibl. Pontificiam p. 218. Oldoini Athenaeum Romanum p. 635.

VICTOR II. prius dictus Gebehardus Episcopus Aichstetensis, sedit ab a. 1035 ad 1057. *Litterae* confirmatoriae privilegiorum ecclesiae Sylvae Candidae exstant apud Harduinum tom. VI. Conciliorum pag. 1037.

VICTOR III. antea Desiderius Abbas Casinensis, de quo superius actum est I. IV. p. 63. Huius forte est *Admonitio* carmine scripta, cuius initium: *Ergo doma carnem, qui vis evadere mortem.* Estat in Bibl. monasterii S. Martini Tornacensis, teste Ant. Sandero Bibl. Belgica MSS. p. 108. *Oratio* in Concilio Beneventano, de miseriis Ecclesiae Romanae et nequitiis multifariis Guiberti Anti-papae, apud Leonem Ostiensem III. 71. Baronium ad annum 1087 n. 9-16.

VICTOR Antipapa, antea dictus Octavianus Cardinalis S. Caeciliae, intrusus a. 1159 moritur a. 1164. *Epistola* eius ad Principes Gormaniae de electione sua occurrit apud Radericum Frisingensem II. 50 et Baronium ad a. 1159 n. 42. Alia ad Albertum Episcopum Virdunensem pro absolutione Ecclesiae S. Michaëlis prodiit in Miscellaneis Baluzii tomo IV. p. 465.

VICTOR, *Capuanus* Episcopus, vixit temporibus Justiniani, et refutavit Cyclum Paschalem Victorii s. Victorini Aquitani, quod opus Beda citat, de ratione temporum c. 49 sed hodie non exstat. *Praefatio eius in Ammonii Harmoniam Evangelistarum,* Moguntiae 1524, 4 edita exstat in Bibliothecis Patrum, Orthodoxographis et alibi. Vid. Sigebertus de script. Eccles. c. 20 Baronius ad Martyrologium 17 Octobr. Leon. Nicodemi additiones ad Toppii Bibl. Neapolitanam p. 246, 247. Labbeus de Script. Eccles. tomo II.p. 461.

VICTOR *de Carben,* Ex-Judaeus, in Archiepiscopatu Coloniensi baptizatus, post inter Christianos Sardos, circa initium seculi XVI. Scripsit *de Vita et moribus Judaeorum,* Colon. 1504, 1509, 4. Paris. per Henr. Stephanum, 1511, 4. *Propugnaculum fidei Christianae.* Colon. 1518, 4 cuius

pleniorem notitiam dat Renatus Wolfius
Bibl. Hebr. Vol. IV. p. 568 quem et de
ipso confer Vol. I. p. 355, III. p. 238, IV.
p. 815.

VICTOR *Cartennae* in Mauritania Episcopus circa a. 460 teste Gennadio cap. 77.
Scripsit *adversus Arianos* ad Geilericum,
Vandalorum regem, *de poenitentia publica,
ad Basilium quendam super mortem filii
consolatorium libellum,* et *Homilias* multas.
Liber *de poenitentia* habetur ad calcem
operum Ambrosii in multis editionibus:
Liber vero *de consolatione in adversis*
inter opera Basilii Magni tomo III. p· 613
edit. Parisinae, 1638. Vide praeter alios
Caveum et Oudinum tomo I. p. 1282.
Tillemontium tomo XVI. p. 611.

VICTOR, Episcopus Corthaginiensis creatus a. 646 scripsit *Epistolam* ad Theodorum
Episcopum Romanum. in qua eum de
creatione sua certiorem facit, et confessionem fidei suae exponit. Extat apud Baronium ad a. 646 n. 15 et tom. III. Conciliorum Harduini p. 754. *Fidei ratio,* Hunerico
Regi Wandalorum tradita, extat in Sichardi
Antidoto adversus Haereses et Bibliothecis
Patrum.

Claudius Marius VICTOR , alii *Victo-
rium* et *Victorinum* vocant, perperam ,
patria Massiliensis, ibidem sec. V. Rhetoricam docuit, mortuus circiter a. 445. Scripsit
de Genesi libros III. carmine epico , cui
adjuncta est *Epistola* ad Salomonem Abbatem. Edidit primum, sed admodum interpolatos, Jo. Gagneius, Lugd. 1536. Paris.
1545, 8. Guil. Mirellus castgatiores edidit ,
omissa Epistola ad Salomonem , 1560, 8
sed tamen editionem Gagneianam secutus
est Georgius Fabricius in Corpore Poëtarum
Christianorum et Bibliothecae Patrum tantum non omnes. Vide, praeter alios, Historiam literariam Galliae tom. II. p. 244.
Leyseri Historiam Poëtarum medii aevi
p. 51. Labbeum tomo II. p. 462.

VICTOR *Martyritanus* in Africa Episcopus, Joannis Cassiani dicta ita purgavit,
et quae minus erant, addidit, ut ei rerum
istarum palma merito conferatur: quem
inter alia de Africae partibus cito nobis
credimus esse dirigendum. Ita Cassiodorus

Institut. divin. cap. 29 loquitur. Ex his
Cassiodori verbis colligi videtur, a Victore
Martyritano antidotum contra veneni inti-
mationem , quod scriptis suis Cassianus
inseruit, appositum fuisse. Baronius tamen
existimat, Cassiodorum spe frustratum non
accepisse, quod ex Africa exspectabat. Siquidem Ado Viennensis in Chronico, ab
ipso Cassiodoro id operis, ut Cassianum
corrigeret, elaboratum affirmat, dum ait:
*Opera Cassiani a catholicis cautissime le-
genda, maxime de libero arbitrio et gratia:
sed et Encratitarum haeresi incautius favit.
Errores illius Cassiodorus purgare volens,
non ad plenum omni ex parte potuit.* Haec
ad verbum Miraeus de script. Eccles. p. 27.
edit. Fabric.

VICTOR *Massiliensis*, non est auctor,
sed nomen monasterii S. Victoris in urbe
Massiliensi. Id quod ideo moneo, quia in
Indice ad Ittigium de Bibliothecis Patrum
hic Victor una cum Vincentio Metensi inter
Auctores refertur. Cum vero numerus
paginae evolvitur, tunc Chronica Victoris
Metensis et Victoris Massiliensis a Labbeo
in Bibliotheca nova MSS, indigitantur.

VICTOR *Tunnunensis* Episcopus, non
Hispanus, ut vult Steph. Garibajus Hist.
gener· Hispaniae VIII. 24 indicante Nic.
Antonio, sed Afer, cujus urbem huc usque
Tunnunum fuisse crediderunt. Petrus au-
tem Wesselingius in dissert. de Evangeliis,
jussu Imp. Anastasii non emendatis p. 27
Tennonam vocat. Alii aliter scribunt.

Propter tria Capitula multa passus est,
exilio, carcere et plagis multatus , tandem
in quodam monasterio Constantinopolitano,
cui jussu Justiniani inclusus fuerat, mortuus. Ejus exstat *Chronicon* ab a. C. 444
ad a. 565 editum a Canisio Lect. Ant. I.
p. 319 in Hispania illustrata IV. p. 117.
post Chronicon Eusebii a Josepho Scaligero
editum et in Opusculis Petri Pithoei pag.
397 sed haec editio non est tam plena·
Isidorus Hispalensis de scriptor. Ecclesiasticis c. 25 ipsum Chronicon ab orbe condito ad primum annum Justini junioris
condidisse scribit, in qua re ipsi, qui aetate
proprior est, non omnem fidem cum Basnagio negabimus. Librum ejus *de poeni-*

tentia ediderunt Benedictini in Appendice ad tom. II. Operum Ambrosii p⸱ 589. *Pro defensione trium Capitulorum lib. I.* memorat Trithemius de script. Eccles. c. 214. Adde Labbeum de scriptoribus Eccles. tomo II. p. 462.

VICTOR Episcopus *Vitensis* in provincia Africae Byzacena, a. 484. Eugenii Carthaginiensis Episcopi professioni fidei Hunnerico Regi Vandalorum oblatae subscripsit. *Uticensem* vulgo quondam dixerunt, sed recentioribus temporibus fide Codicum et ope Criticorum res satis clare deducta est. Imo quatuor Victores Vitenses Episcopos fuisse memorant Memoriae Trivultinae mense Aprili a. 1709. quibus adde Acta Sanctorum tomo III. Augusti p. 454. Noster persecutione orthodoxorum ejectus Constantinopolin abiit, ibique, vel, ut Cotelerius tomo III. Monumentorum p. 598 contendit, in Epiro veteri scripsit.

Historiam persecutionis Vandalicae sive Africanae sub Genserico et Hunnerico, Vandalorum regibus, cui sub finem Appendicis loco annexuit *Acta septem monachorum martyrum Capsensis territorii.* Historia persecutionis, ab aliis in tres, ab aliis in quatuor, quinque vel sex libros distinguitur. Imo in Codice monasterii Cremifanensis Ord. S. Benedicti in Austria, qui seculo XII. scriptus esse creditur n. 55. *Victoris historiae Wandalicae libri XIV.* annunciantur. Nisi forte aliud sit opus, ab hoc nostro diversum, quod historiam non persecutionis Vandalicae, sed potius res gestas regum Wandalicorum in Africa contineat; tum sane auro carius volumen esset, quod orbi erudito non ultra debebat invideri. Haec autem Historia persecutionis prodiit primum Coloniae 1518, 8 deinde cura Reinhardi Lorichii, ibidem 1537 per Beatum Rhenanum Paris. 1541 in Orthodoxographis Grynaei tom. I. p. 799 in Bibliothecis Patrum porro cum annot. Francisci Balduini post Optatum Milevitanum, Paris. 1569, 8. Haec editio in Bibl. S. Joannis Hamburgi occurrit, a Friderico Lindenbrogio collata com MS. optimo Lugdunensi, ex quo innumera loca optime restituuntur. Prodiit ulterius cum Operibus

Vigilii Tapsensis, quae Divione 1664, 4 impressa sunt, cum notis et dissertationibus Petri Francisci Chiffletii, Soc. Jesu Presbyteri(a), tandem parte prima Historiae persecutionis Vandalicae a Ruinarto editae, cum notis et observationibus illius, Paris. 1694, 8. (b)

Versio Belgica, *von vervolginghe der Chrissenen in Africa door de Vandalen,* prodiit Antverp. 1568, 8.

Ei quoque tribuitur *Passio Liberati Abbatis et sociorum ejus Carthagine,* quae editio est a Surio d. 17 Aug. et in Actis Sanctorum tomo III. Augusti p. 455.

Conjiciunt porro, ipsum Auctorem esse *Notitiae provinciarum et civitatum Africae,* quam edidit Sirmondus Operum tomo I. p. 430 vid. tamen Tillemontium tom. XVI. p. 558. Non autem videtur auctor *Expositionis fidei Catholicorum Arianis oblatae,* de qua idem p. 561, 598.

Caeterum Anonymi *Dissert. sur Victor de Vite, avec une nouvelle vie de cet Evêque* prodiit Paris. 1708, 12. Confer Journal des Sçavans 1708 p. 243. Memoires de Trevoux 1709 Avril p. 677.

VICTORIANUS *Voconius,* vide infra VOCONIUS.

VICTORINUS, (c) pleno nomine *Fabius* (d) *Marius, Victorinus,* Afer, Rhetori-

(a) Giornale di Roma 1675 p. 23 seqq.

(b) Journal des Sçavans 1694 p. 675. Journal de Hambourg p. 109. Acta Erudit. Tomo II. Supplem. p. 407.

(c) Victorinus alios hac occasione memoramus ex Jo. Launoji dissert. de quinque Victorinis.

1. Victorinus, qui haeresin Praxeae defendit, memorante Tertulliano de praescriptione adv. haereticos cap. ult.

2. Victorinus Massiliensis, de quo infra sub *Claudius Marius* VICTOR.

3. Victorinus Lampadius, Antiochenus, cujus *Orationes consulares* varias, nec non *Imperatorias* in laudem Zenonis Imp. citat Photius Cod. CI.

4. Victorinus Aquitanus, vide infra *Victorius.*

5. Victorinum Episcopum, qui ob redargutos Paschales Ecclesiae cyclos in Synodo Romana altera damnatus sit, memorat Beronius ad a. 303, 324 sed sine teste.

(d) *Laurentii* nomen interponit Sirmondus ad lib. I. Epist. Ennodii, procul dubio ex Codicibus antiquis, quos tamen non indicavit.

cam Romae diu docuit, et ad senectutem gentilium superstitionem sectatus, tandem vero ad veram fidem conversus est. Mortuus est anno circitor 370. De conversione elegans est testimonium Augustini Confess. VIII. 2, 5, 11. Ex scriptis ejus nota sunt sequentia.

1. *Expositio in libros duos Ciceronis de Inventione*, editi cum libris Rhetoricis Ciceronis, et in Rhetoribus Pithoei p. 79. Seorsim Mediolani per Anton: Zarotum, 1474 fol. Paris. apud Ascensium 1508 fol. ibid. per Rob. Steph. 1537, 4.

2. *De re Grammatica* sive *Orthographia*, *de carmine heroico*, et *de ratione metrorum*. Haec extant in Grammaticis Veteribus Putschii p. 1939 seqq. ubi tamen perperam *Maximus Victorinus* vocatur. *Ars Grammatica* et *de ratione metrorum* rursus occurrunt apud eundem Putschium p. 2450. Alias editiones habet Fabricius Bibl. Lat. IV. 7 p. 796.

3. *De sanctissima Trinitate* adversus Arrianos.

4. *Contra Justinum Manichaeum.*

5. *De principio diei*. Haec duo Opuscula primus edidit Jac. Sirmondus Paris. 1630, 8.

6. *De generatione Verbi* adv. *Candidum Arrianum*. Liber editus primum cum Jac. Ziegleri Conceptionibus in Genesin, Basil. 1528 fol. post in Haeresiologia Heroldi p. 171. Is vero Zieglerus docet hunc librum adversus Candidum praeponi debere libris IV. de Trinitate, quia verba illorum prima haec sunt: *In primo sermone hujus operis et multa et fortiora quaedam etiam horum, o amice Candide, proposita atque tractata sunt abs te: quae quanquam ut opportuna dissoluta sunt, tamen idcirco ista ex eorum Epistolis audire voluimus.* Hinc merito miratur Andr. Rivinus in praefatione ad Scripta duorum Victorinorum pag. 28 quod Bibliothecae Patrum, earumque compilatores, hoc Opusculum prorsus neglexerint. Ne igitur oblivioni traderetur, Andreas Rivinus illud praemisso Candidi Arriani libello, p. 223 recudi jussit p. 238 operis modo laudati. Denique duo haec opuscula Candidi et Victorini tanquam nondum edita ex Codice Augustano S. Udalrici produxit

Mabillonius Anal. tom. IV. p. 155 edit. novae p. 1 ita tamen, ut mutila sit Epistola Candid. Incipit enim ita: *Dei est omnis substantia. Deus igitur non est substantia. Quomodo igitur etc.* Adde Ittigium de Bibliothecis PP. c. 3 pag. 295. Maxima autem inter has editiones est lectionum varietas, sic ut uua ex altera emendari possit. De Censura Campani in hunc librnm vide supra lib. III. p. 901.

7. *De Trinitate hymni tres*, àlii sic habent, *de Homousio recipiendo hymni tres*, exstant in editione Rivini Gothae 1652, 8) pag. 208.

8. *Carmen de fratribus VII Maccabaeis*, quod quidam *Nictario*, alii *Victorino Pictaviensi* tribuunt, a Rivino quoque editum est cum annot. p. 167. Pleraque scripta Theologica etiam in Bibliothecis Patrum occurrunt.

9. *Versio Isagoges Porphyrii de quinque vocibus* extat cum Boëthii Commentariis.

10. Inedita sunt, Hieronymo teste, *Commentarii in Apostolum*, h. e. Epistolas Paulinas, et teste Cassiodoro de Dialectica, liber *de syllogismis hypotheticis*.

VICTORINUS non *Pictaviensis*, ut perperam vulgo crediderunt, sed *Petavionensis* Episcopus, id quod singulari dissertatione de Victorino Episcopo et Martyre adstruxit Jo. Launojus tomo II. Operum, part. 1. p. 634. Fuit autem *Petavio* urbs Pannoniae, inter Sisciam et Vindobonam ad Dravum fluvium, quod ex Tacito, Æthico, Itinerario Antonini, Ammiano Marcellino et aliis probat idem Launojus Observat. I. p 640. Hodie dicitur *Pettau*, et in Stiria ad fines Slavoniae sita est. Vixit sub finem seculi III. et a. 303 martyrio coronatus est. Hieronymus de Viris illustribus c. 74 testatur eum scripsisse in *Genesin, Exodum, Leviticum, Esaiam, Ezechielem, Abacuc, Ecclesiasten, Canticum Canticorum* et *Apocalypsin*. Nihil vero illius hodie superest praeter *Commentarium in Apocalypsin*, cujus editionem primam hucusque ignoro, illatus autem est postea in Bibliothecas Patrum, et editus ab Andrea Rivino in Scriptis Sacris duorum Victorinorum, Gothae 1652, 8. Idem simul edidit *Carmen de Jesu Christo Deo et homine*, et alterum *de Pascha*, quod an huic nostro tribuendum sit, ambiguum est. Praeterea Caveus in Hist· lit. p. 93 edidit *Tractatum Victorini de Fabrica mundi*, qui αποσπατματις ex Commentario in Genesin vel Apocalypsin esse possit, sed de auctore nihil pronunciare audet. Adde Possevinum tomo II. Apparatus p. 523.

VICTORINUS Episcopus nescio quis. Extat ejus *Epistola una* ad Ruricium Lemovicenum, sicut et in hujus Epistolis una ad Victorinum habetur.

VICTORIUS, Aquitanus, quem Lemovicensem vulgo credunt, Clericus Romae fuit et Mathematicus insignis sec. V. Quum illis temporibus de festo Paschatis celebrando multae essent controversiae, is jussu Hilarii Archidiaconi Romani *Canonem Paschalem* conscripsit, quem Ecclesia Occidentalis postea secuta est. Edidit illum Ægidius Bucherius, Antverp. 1634 fol. cum Commentario. Confer praeter alios Auctores Hist. literariae Gallicae tom. II. p. 424. Acta Sanctorum tom. I. Jan. p. 354 le Cointe tomo I. p. 588 tom. IV. p. 878. Mabillonium de studiis monasticis p. 391 edit. Gallicae.

Alius Victorius eodem seculo in Gallia Poëta iusignis fuit, quem Sidonius Apollinaris celebrat. Vide Hist. literariam citatam tom- II. p. 419.

S. VICTRICIUS, Episcopus Rotomagensis sub finem seculi IV. amicus Paullini Nolani, cujus ad illum exstant Epistolae aliquot: Vitam ejus scripsit Jo. Bapt. le Brun, quae in Actis Sanctorum die 2. Augusti repetita legitur. *Tractatus ejus de laude Sanctorum,* occasione receptionis reliquiarum quarundam ex Italia missarum, ex MS. S. Galli editus est ab Abbate Lebeuf in libro Gallico: *Recueil de divers ècrits pour servir d'eclaircissement à l'histoire de France.* Paris. 1739 sub finem t. II. (a)

VIGELLUS, vide supra *Nigellus.*

VIGILANTIUS, inter haereticos vulgo habitus, Gallus natione, non Hispanus, cujus scripta, quae hodie non amplius exstant, refutat Hieronymus, non sine affectuum

depravatorum indicio. In quam rem conferenda est dissert. Jo. Clerici de argumento ab invidia petito. Presbyter fuit Barcinonensis, et ab Episcopo suo, quod docet Caveus, etiam durante controversia, communione non exclusus fuit. Vide Gennadium de viris illust. c. 35. Nic. Antonium Bibl. Hispana Vet. II. 11 n. 464 s. Histoire literaire de la France tom. II. p. 57 s. Baelium in Lexico, Pagium ad a. 406.

VIGILIUS, Diaconus, post Archidiaconus Romanus, jam a. 531 a Bonifacio Papa successor denominatus. postea rejectus, tandem per fraudes Silverio dejecto (b) sedit ab a. 538-555. Variae illius *Epistolae* habentur apud Baronium ad a. 538 n. 14, 22 ad a. 540 n. 14, 23 ad a. 544 n. 11 ad annum 545 n. 3, 7, 8 ad a. 546 n. 61, 65 ad a. 550 n. 2, 9, 16 et seqq. nec non tom. II. Conciliorum Harduini p. 1429 tom. III. p. 3, 62, 175 seqq. 213.

Fragmentum Epistolae Vigilii Papae exstat apud Baluzium Misc. tom. V. p. 461. *Decretum sive Constitutio Vigilii de tribus Capitulis* exstat tom. III. Conciliorum Harduini p. 10, 217. Ejus nomine *Epistola* scripta, quam impiam Harduinus pronunciat, occurrit in Breviario Liberati c. 22.

Adde Prosp. Mandosii Bibl. Romanam Cent. VII. 76. Lud. Jacobi a S. Carolo Bibl. Pontificiam p. 220. Oldoini Athenaeum Romanum p. 636.

VIGILIUS Diaconus circa a. 430 scripsit *Regulam Monachorum*, teste Gennadio de script. Ecclesiasticis c. 51. Edita est in Collectione Regularum Holstenii, Paris 1663, 4 part. I. p. 89.

VIGILIUS *Tapsensis* in Africa Episcopus, in provincia Byzacena circa a. 484. Episcopum Brixiensem multi statuunt, quibus adstipulatur Leonardus Cozzandus in Libraria Bresciana p. 204, 205. Sed historia illorum temporum alia quaevis docet: vide modo Sirmondum tomo III. Opp. p. 1013. Tilemontium tomo XVI. p. 61 seqq. Ughelli Italiam sacram tomo IV. p. 528 cum annot. Galeardi. Opera illius conjunctim

(a) *Leipziger gelebrte Zeitungen* 1740 p. 53. Memoires de Trevoux 1740. Dec. p. 2521.

(b) Conf. Gottlieb Wernsderßi jun. Diss. de Silverio et Vigilio PP. MM. Witteb. a. 1739 qui Baronii de his narrationes expendit.

edidit Petrus Franciscus Chiffletius, post opera Victoris Vitensis, Divione, 1664, 4 cum annotationibus et dissertationibus: et quidem ordine sequenti.

1. *Adversus Nestorium et Eutychem libri V. pro defensione Synodi Chalcedonensis*, qui sub Vigilii Tridentini nomine aliquoties editi sunt: primum Tubingae apud Huldericum Morhardum, 1528 fol. cum praefatione Casp. Churrerii, deinde Tiguri 1539 per Cassandrum Colon. 1575, 8 et subjectis Var. Lect. ex vet. codice P. Pithoei, inter Opera Cassandri p. 514. Bas.leae, per Josiam Simlerum 1571 fol. inter Scripta Veterum Latina de una persona et duabus uaturis in Christo, fol. 88 b. in Haeresiologia Heroldi, et in Bibliothecis Patrum. Ipse possideo editionem Lipsiensem, ex officina Voegeliniana typis nitidis expressam, 8. sed sine mentione anni. Germanice vertit Christoph. Stolberg, Pastor Creutzenacensis, 1572, 8.

2. *Altercatio sub nomine Athanasii adversus Arium*, sive Dialogi II. in Concilio Nicaeno inter Athanasium et Arium habiti p. 84. Extant tomo III. Opp. Athanasii pag. 632.

3. *Dialogi sive Altercatioaes tres, sub nomine Athanasii* adversus Arium, Sabellium et Photinum, p. 118. Hos sibi ipse tribuit Vigilius libro V. adv. Eutychen c. 2. Exstat Opp. Athanasii tomo III. p. 642. Utrumque hoc opus in unum compaginavit et cum libris adversus Eutychen edidit Georgius Cassander.

4. *De Trinitate, sive de unita Trinitate deitatis libri XII. ad Theophilum*. Undecim tantum libri exstant tom. III. Opp. Athanasii p. 604. Idatio Claro Antelmius et Benedictini in Opp. Athanasii p. 603 octo libros priores vindicant: Reliqui, nimirum nonus, decimus et undecimus auctorum incertorum sunt: Duodecimus, qui inscribitur *de Trinitate et Spiritu Sancto*, ipsius Athanasii genuinus foetus est, inter opera ejus tomo I. editus.

VIGILIUS patria Romanus, Episcopus *Tridentinus*, martyrio coronatus circa a. 400.

Epistola ad Simplicianum Episc. Medio-
lanensem, quae gesta Sisinii et sociorum martyrum continet, edita primum est ab Aloysio Lipomano tom. II Vitarum sanctorum priscorum Patrum, post a Laur. Surio d. 29 Maji, a Baronio ad a. 400 denique in Actis Sanctorum tom. VII. Maji p. 41. *Alium de eadem materia libellum*; Joanni (Chrysostomo) urbis CPol. Episcopo inscriptum, quem Baronius periisse dolebat, ex MS. Vaticano edidit Papebrochius l. c. p. 42.

Sunt qui *libros contra Eutychetem* huic Vigilio tribuunt, quos toto coelo errare ostendit Baronius ad Martyrologium Romanum. Constat enim, Eutychen, multo post, quam Vigilius Tridentinus martyrio coronaretur, haeresin suam disseminasse, contra quem alter Vigilius scripsit. Vide Ughelli Ital. sacram tomo V. p. 589 et Prosp. Mandosii Bibl. Romanam Centur. I. 22.

Philippus de VILLETA, monachus, post Abbas S. Dionysii a. 1398 scripsit librum *de auctoritate Conciliorum* et *Chronica*. Sunt, qui ipsi tribuunt *Vitam Caroli VI. Francorum Regis*, quae MS. est in Bibl. Thuanea, jam Regia, et Gallice translata a Jo. le Laboureur, Paris. 1663. fol. 2 Vol. sed fundamento non satis firmo innixi. Vide Oudinum tomo III. p. 1270 et Galliam Christianam, edit. antiquae tomo IV. pag. 338.

VINCENTIUS, Prior Cartusiae *Axpacensis* in Austria, cujus *Epistolas XX.* quibus tamen aliorum quaedam admixtae sunt, ediderunt Bern. Pez. et Philip. Hueber Codicis Diplomatiei parte III. pag. 327. Pleraeque datae sunt ad Jo. de Weylhaim, monachum Mellicensem, qui nonnunquam ad marginem quaedam notavit, ex quibus hoc memoramus, quod a. 1459 fuerit septuagenarius, p. 338, 9 natus igitur a. 1389. Agnovit autem bonus senex calamitatem Ecclesiae temporum suorum, inde conqueritur, quod Concilia generalia, eorumque decreta non observentur, quod de Cardinali Cusano nihil boni sperandum sit, quod electio Calixti III. senis octogenarii reformationi Ecclesiae parum profutura sit, quod intestini Ecclesiae hostes multo ferocius in Ecclesiam saeviant, quam Turcae et barbari etc. Extant quoque notabilia quaedam de peregrinatione puerorum ex Germania et Helvetia ad monasterium S. Michaëlis de periculo maris in Picardia. Credibile vero est, eum, utpote testem veritatis, non habuisse multos amatores, illum tamen, tanquam senem, tolerare coacti sunt. Successor ipsius in munere Prioratus, Thomas, ad eundem Jo. de Weylhaim de hac re conqueritur, quod tam libere scribat, et admonitionem respuat. Inter alia controversiam habuit cum Bernardo de Waging *de ignorantia docta*, quorsum pertinent Epist. X. et XV. nec non annotatio Jo. de Weylhaim p. 342 nam ultra modum haec exaggerare nolo.

VINCENTIUS *Bandellus*, Castro novo dioecesis Dertonensis oriundus et a. 1435 natus, Ord. Praedicat. Magister Theologiae, disputator subtilis, Prior Bononiae et Mediolani, a. 1500. Magister Ordinis, Galliam, Belgium, Hispaniam et Germaniam peragravit, obiit a. 1506. Ejus sunt *Libellus recollectorius de veritate conceptionis B. Mariae*, sine nomine Auctoris impressus Mediol. 1475, 4. *Tractatus de singulari puritate et praerogativa conceptionis Jesu Christi*, Bonon. 1481, 4. Mediol. 1512 et alibi. *Quod beatitudo hominis in actu intellectus et non voluntatis essentialiter consistit, Opusculum de potestate Papae, Multijugae in Theologia quaestiones, Epistolae encyclicae ad universum ordinem etc.* Vid. Jac. Quetif de Scriptoribus Ord. Praedicatorum tom. II. p. 1, 2. Altamura Bibl. Domin. p. 226. Hippol. Marraccii Bibl. Marianam tomo II. p. 430.

VINCENTIUS *Barsius* vel *Bartius*, Mantuanus, Ord. Carmelitarum, Theologus et Poeta insignis, scripsit *Silvam Carminum*, Bonon. et *Albam Labyrinthum*, Parmae 1519. Petrii Lucii Bibl. Carmelitana p. 80. Gio. Maria Pensa Teatro degli huomini più illustri de famiglia Carmelitana di Mantova p. 85.

VINCENTIUS *Bellovaccensis*, non ab Episcopatu sic dictus, ut multi falso opinantur, sed a patria, et Coenobio Dominicanorum, in quo Bellovaci degebat : Burguudum quidam statuunt, sed sine caussa. Regnante Philippo Augusto Lutetiae literis operam

navavit, familiae regiae adscriptus, et unus ex primis fuit, qui ordini Praedicatorum se adjunxeruut. Helluo librorum fuit, ac proinde nullis diguitatibus ornari voluit, obiit autem a. 1264. Oudinus usque ad a. 1280 vel 1290 superstitem fuisse statuit.

Vide Trithemium de script. Eccles. c. 457. Bulaei histor. Academ. Parisinae tom. III. p. 713. Jac. Quetif de Scriptoribus Ord. Praedicatornm tom. I, p. 212 seqq. Altamura Bibl. Dominicana p: 21.

Opera ejus haec sunt:

1. *Speculum majus*, quod tria alia *Specula* complectitur, *Naturale*, *Doctrinale* et *Historiale*, quae una cum *Morali*, de quo postea, conjunctim edita sunt Argentinae apud Jo. Mentelin 1473 et 1476. Basileae apud Jo. Amerbachium sub titulo *Bibliotheca mundi*, fol. Maittaire tom. I. p. 428 Noribergensis Ant. Coburgeri ubi *Speculum Historiale* prodiit a. 1483. *Naturale*, 1483. *Morale*, 1485. Registrum in Speculum Historiale prodiit 1493. *Doctrinale*, 1486, Venetiis 1489, 1494 et 1591. Duaci 1624 fol.

Speculum Historiale separatim prodiit Moguntiae per Jo. Fust, 1474 fol. laudant etiam Noribergensem 1473. Aug. Vindel. 1496 fol. Gallice versum Paris. 1495 fol. 5 Vol.

Speculum Morale, ut ait Jac. Quatif, non est Viucentii, sed foetus seculi XIV. ex operibus S. Thomae, Petri de Tarantasia, Richardi de Mediavilla et Stephani de Borbone compilatus, quod idem ille Quetifius per singulas libri partes ostendit p. 218-231. Editum est Venet. per Hermannum Lichtenstein 1493 folio. Adde, quae supra ad tomum X. Operum D. Thomae Aquinatis dicta sunt.

2. *Sermonum* pars aestivalis et hiemalis, Nurenb. per Ant. Koberger, 1492 fol. 2 Vol. Vid. Hockeri Catal. Bibl. Heilsbrunnensis p. 145.

3. Libri *de Gratia humanae Redemtionis Laudum Virginitatis gloriosae : de S. Johanne Evangelista: de Eruditione puerorum regalium: Consolatorius de morte amici.* Basil per Jo. Amerbach. 1481 jol. Hocker l. c.

4. *Liber consolatorius de morte amici*, exstat in Bibl. monasterii S. Martini Tornacensis, teste Ant. Sandero iu Bibl. Belgica Manuscripta p. 119 et in monasterio Dunensi; ibid. p. 193. Est potius *Epistola consolatoria ad Ludovicum Francorum Regem de morte filii.* Vide Oudinum tomo III. p. 453.

5. *Flores ex libris Cassiani excerpti: Commentarius in Orationem Dominicam et salutationem Angelicam*, in MSS. Angliae et aliis exstant.

6. *De laudibus Beatissimae Virginis*, *sive de moribus et gestis ipsius*, Basileae apud Jo. Amerbach 1481 impressum testatur Hippolytus Marraccius in Bibl. Mariana tomo II. p. 431.

VINCENTIUS *Carrarius*, Doctor et Scriptor Ravennas scripsit *historiam totius provinciae Ravennatensis*, sed huc usque ineditam, qua tamen usus est Scipio Claramontius lib. VII. Caesenatensis. Ætas nondum est cognita.

(337) *La Istoria de' Rossi Parmigiani.* *Ravenna Tebaldini* 1583, 4 de qua Fontanini in *Biblioteca Italiana*, de auctoris aetate certiores reddit. *Historia Romandiolae* Italice reddita nuper prodiit. Ex op. P. Pauli Ginanni *Degli Scrittori Ravennati. Ravenna* 1769 T. II. Anno 1539 ortum habuisse, et anno 1596. Ravennae ob iisse discimus.

VINCENTIUS *de Casali*, Ord. Praedicatorum, a. 1216 scripsit *Tractatum de Conceptione B. Virginis.* Possevinus tom. II. Apparatus p. 527. Altamura Bibl. Dominicana p. 1. Marraccius tomo II. p. 433

VINCENTII *Castellani Historia Forosempronii* est in Bibl. Vaticana. Bern. de Montfaucon Bibl. Bibliothecarum MSS. p. 140.

VINCENTIUS *Cipellus*, Cremonensis, Monachus Casinensis et Abbas in monasterio S. Thomae Cremonae circa a. 1442 scripsit *de religiosa militia.* Arisii Cremona literata tom. I. p. 266.

VINCENTIUS *Corcionus*, scripsit *Archivium Neapolitanum*, seu Indicem omnium scripturarum ad Regiam jurisdictionem spectantium in 18 tomos distributarum. MS. exstat Romae in Bibl. Slusiana. Bern.

de Montfaucon Bibl. Bibliothecarum MSS. p. 176.

VINCENTIUS *Coventriensis*, Ordinis S. Francisci de Observantia monachus, (non Carmelita, ut voluit Lelandus) Doctor et Professor Cantabrigiensis circa a. 1251. Scripsit *Expositorium Missae* et *Repetitiones Lectionum.* Balaeus Cent. IV. 12. Pitseus c. 356. Waddingus de scriptoribus Ord. Minorum p 330. Willot Athenae sodalitii Franciscani p. 337.

VINCENTIUS FERRERIUS, vide supra T. II. p. 370.

VINCENTIUS *Gruner*, Cygnaeus, Collegii majoris in Academia Lipsiensi Collegiatus et a. 1410. Rector Academiae. Scripsit *Expositionem in Officium Missae*, *Librum quaestionum disputatarum*, *Grammaticam* et *Rhetoricam.* Trithemius de script. Eccles. c. 726. Centuria Maderiana c. 27.

VINCENTIUS *Hispanus* JCtus circa a. 1269 quem Antonius Augustinus inter caeteros Glossatores appellat, praef. ad Decretales. Nic. Antonius Bibl. Hispana Vet. VIII. 3 n. 115 et sub finem tomi II. p. 271.

Alius primum Valentiae Rex, *Zeit Abu Zeit* dictus Mohammedanus, postea a Christianus, nomine VINCENTII assumto, obiit a. 1267 aut sequenti, scripsit *de historia animalium*, qui cum Abn-Sinae operibus per Michaëlem Schotum ex Arabico io Latinum translatus vulgo dicitur. Idem Antonius VIII. 4 n. 146.

* De *Vinc. Hispano* isto juvat ea referre, quae adnotavit Ptolomaeus Lucehsis Hist. Eccles. lib. 25 cap. 20. « Huius Pontificis (Honorii) tempore floruerunt duo Doctores Juris Canonici videlicet *Laurentius* et *Vincentius*, quos tradunt Hispanos fuisse et magna auctoritate allegantur in jure ». De *Laurentio* nihil lego sive in Panc irolo, sive in Nicolao Antonio; de *Vincentio* vero Hispanicam habuisse originem non alio testimonio asseritur ab utroque nisi Antonii Augustini in epistola dedicatoria antiquarum compilationum. Scripsit *commentarium in libros quinque Decretalium* eo ipso tempore quo illae prodierunt, quare recentior est anno 1260, ut hic definitur.

VINCENTIUS *Kadlubko*, vide supra
T. I. pag. 286.

VINCENTIUS *Lector* in provincia Franciae Ord. Praedicatorum circa a. 1500
scripsit *Gnomologiam Alphabeticam*. Jac.
Quetif de Scriptoribus Ord. Praedicatorum
tom. I. p. 905

VINCENTIUS *Lirinensis*, natione Gallus,
primum secularibus negotiis addictus, dein
monachus et Presbyter in monasterio Lirinensi, mortuus circiter a. 450. De vita
ejus satis accurate exponit Daniel Papebrochius in Actis Sanctor. tom. V. Maji
p. 284. Tillemontius tom. XV. p. 143.
Ejus est sub nomine *Peregrini, Commonitorium adversus haereticos*, quod quidem
duplex scripserat, posterius autem perlit.
De editionibus illius variis vide Caveum
p. 275 et Hist. literaire de la France
tom. II. p. 310, 311. Optima est Baluziana
primum seorsim a. 1663 post aliquoties
cum Salviano edita, et Bremae a. 1688,
4 repetita. Inseruit quoque Thomasius
Cardinalis Institutionibus Theologicis antiquorum Patrum Romae 1709 tom. I. p.
188. Recentissima est D. Joannis Salinas, Neapolitani, Canonici Regularis
Lateranensis ac Theol. Lectoris, qui in
Praefat. ad opera Prosperi Aquitanici et
Honorati Massiliensis a. 1732. Romae edita
testatur, se Vincentii Lirinensis opus jam
ante menses aliquot edidisse. *Bohemice*
vertit Balthasar Osthovinus S. J. teste
Sotwello Bibl. Jesuit. p. 103.

Quod ipsum aliqui Semipelagianum faciunt, alii vero defendunt, id Lector harum
rerum curiosus apud Vossium et Norisium
in Historia Pelagiana, nec non alios Historiae Ecclesiasticae scriptores evolvet. Vide
Launojum, vel qui sub ejus nomine latet,
in vera Ecclesiae doctrina de praedestinatione et gratia c. 12 Opp. tom. I. p. 1086
item Brunonis Neusseri Prodromum veli-
tarem contra (Norisium) Auctorem Hist.
Pelagianae, unde excerpta Actis Sanctorum
p. 287 inserta sunt, nec non ipsum Papebrochium p. 285.

Tribuunt quoque nostro *objectiones Vin-
centianas contra doctrinam Augustini de
praedestinatione et libero arbitrio*, quibus

Responsiones reposuit Prosper Aquitanicus
in operibus illius obvias. Id quod si verum
est, a crimine Pelagianismi non erit im-
munis. Oudinus ei quoque librum sub nomine *Praedestinati* a Sirmondo editum
tribuit, verum Historia literaria citata p.
313 seqq. eum omnibus viribus defendit.
Ratio defensionis est, quia ab Ecclesia Romana sanctus habetur. et a Baronio d. 34
Maji Martyrologio Romano insertus est,
quod honoris genus fatente ipso Tillemontio
Hist. Eccl. tom. XV. p. 146 ante hoc tempus ipsi a nemine tributum fuit. Vide
Oudinum, qui multis haec tractat, tomo I.
p. 1233 sqq. et Labbeum de Script. Eccles.
tom. II. pag. 486.

VINCENTIUS *de Marvegio*, a patria, quod
oppidum est Galliae in tractu Gabalensi,
Ord. Praedicatorum sub finem seculi XIV.
aut initium sequentis, scripsit *Sermones
super Pater noster et Ave Maria*, item *de
Vita Christi* Iac. Quetif de Scriptoribus
Ord. Praedicatorum tom. I. p. 731.

VINCENTIUS *Merlinus*, Venetus, Ord.
Praedicatorum, Professor Metaphysices Patavinus circa a. 1490 *de metaphysicis* scripsit. Idem p. 872. Altamura p. 212.

VINCENTIUS *Metensis*, nide supra VI-
CTOR *Massiliensis*.

VINCENTIUS *Palaeottus*, vide sub lit. P.

VINCENTIUS Presbyter Gallus sec. V.
Gennadio teste c. 80 *in Psalmos* commentatus est, sed huc usque nihil ejus notum
est. An auctor sit *objectionum contra Augustinum*, de quibus sub Vincentio Lirinensi, item libri, qui *Praedestinatus* inscribitur, operose disquirunt Benedictini
in Historia literaria Franciae tom. II. p. 414,
415 totique in eo sunt, ut hominem ignotum ejusque orthodoxiam defendant, nescio
in quem usum.

VINCENTIUS *Ravennas*, sup. p. 576
Carrari.

VINCENTIUS *Victor*, seculo V. contra
Augustini libros *de origine animae* scripsit,
ab hoc quoque confutatur. Vide Norisii
Hist. Pelagianam I. 19 et Oudinum tomo I.
p. 1231.

VINDICIANUS, Comes Archiatrorum
Valentiniani Imp. circa a. 370 cujus *Epi-*

stola de Medicina, exstat cum Medicis antiquis, Venetiis apud Aldum, 1547 fol. p. 86 et inter Medicos minores Andreae Rivini, Lips. 1654, 8 qui nostro etiam Carmen de Medicina tribuit, quod vulgo Marcello adscribitur. Quaedam hujus Vindiciani Epistolae medicae in Codice Bibl. Cathedralis Atrebatensis, teste Val. Andrea Bibl. Belgica MSS. I. p. 330.

VINDRICUS, Abbas monasterii S. Apri in urbe Sullensi, sec. X. scripsit Vitam S. Gerardi Episcopi Tullensis, quae exstat in Actis Sanctorum tomo III. Aprilis p. 206.

* Vindricus florebat saeculo non quidem X. sed XI. Scriptum vero ab illo commentarium de S. Gerardo, sed non integrum, sed potius ex eo epitomen Bollandistae dederunt. Integram habemus ex Anecdotis Marteniis tom. 3 sicut ex Calmet in Hist. Ecclesiast. Lotharingiae T. I. pag. 55. Vide Historiam Litterariam Galliae Tom. VII. pag. 510. Obiit an. 1069 ut Calmeto placuit. Mabillonius tamen ambigere se profitetur, num ultra annum 161 vitam produxerit.

VIRGILIUS, antiqua et nobili familia ortus in Hibernia, patria relicta transfretavit in Galliam, et in aula Pipini biennio commoratus Odiloni Bavariae Duci mittitur, ut Episcopatui Saltzburgensi praeficeretur. Consecratus igitur est a. 767 obiit a. 783 vel 784, 5 Cal. Decembris. Hic Virgilius una cum Sidonio scripsit Epistolam ad Zachariam PP. contra Bonifacium Archiepiscopum Moguntinum, quae inter Bonifacianas habetur. Putatur etiam Virgilius scripsisse Glossarium a Melchiore Goldasto in notis ad Columbanum citatum, et de Antipodibus. Haec Waraeus de scriptor. Hiberniae p. 37.

VIRGILIUS Wellendörfer, Salisburgensis, Artium Magister et Theologiae Baccalaureus in Academia Lipsiensi sub initium sec. XVI. Ejus Trilogium de mirifico verbo intelligibili mentis et cordis impressum est Lipsiae per Melch. Lotter, 1505, 4 Moralogium ex Aristotelis Ethicorum libris excerptum, ibid. per Wolfg. Stoeckel 1509 fol. Decalogium de Metereologicis impressionibus et mirabilibus naturae operibus, ibid. per eund. 1507, 4. Erfurt. 1514, 4.

Heptalogiuu de septem artibus liberalibus, Lips. 1502, 4. Oecologium ex Oeconomicis Aristotelis ibid. 1511 fol. Polilogium ex Politicorum libris Aristotelis ibid. 1513 fol. Vide Centuriam Maderianam n. 61.

S. VIRGNOUS, discipulus S. Columbae, sub finem sec. VII. obiit a. 612. Scripsit Vitam Magistri et Doctoris sui, teste Dempstero Hist. Scotiae n. 1170.

VITALIANUS, Papa, Signinus patria, sedit ab a. 655-669. Ejus nomine exstant Epistolae duae apud Baronium ad a. 669 n. 5, 7 sex in Conciliis Harduini tomo I. una tomo VIII. Italiae sacrae Ughelli p. 19.

Vitam ejus congessit Bollandus tomo II. Jan. p. 779 quibus adde Lud. Jacobi a S. Carolo Bibl. Pontificiam p. 211. Oldoini Athenaeum Romanum p. 640.

VITALIS et TONANTIUS, Hispani, sec. V. videntur ad haeresin Nestorianam delapsi fuisse, unde Capreolus ad eos Libellum sive Epistolam scripsit, de qua supra Fabricium noster T. I, pag. 308. Responsio autem illorum ad eandem, quantum sciam, nondum edita, exstat in Codice monasterii Augiae Divitis in Svevia, teste Mabillonio in Itinere Germanico p. 93 edit. Fabricianae.

VITALIS, de Auxitana provincia oriundus, Apostolicae sedis Notarius, circa a. 1123 scripsit Vitam S. Bertrandi Convenarum Episcopi, quam ediderunt Martene et Durand Collect. ampliss. VI. p. 1021.

VITALIS, Brixiensis patria, Praepositus monasterii S. Petri Olivetani circa a. 1118 scripsit Historiam Brixiensem et Sermonem de Cruce, quae ibidem adoratur. Leonardo Cozzando Libraria Bresciana p. 206.

VITALIS de Canellas, vel Caniellas, Catalanus, bellicis et politicis expeditionibus Jacobi I. Aragoniae Regis interfuit, a. 1247 in Comitiis Oscensibus Codicem Legum Aragonensium a se conscriptum publicavit. Nic. Antonius Bibl. Hispana Vet. VIII. 3 n. 75.

VITALIS de Fontibus, monachus, scripsit a. 1333. Comment. in Boëthium de consolatione Philosophiae, qui MS. est in Bibl. Laudunensi. Bern. de Montfaucon Bibl. Bibl. MSS. p. 1296

VITALIS *de Furno,* vide supra, JOAN NES *Vitalis.*

VITALIS *Nemausensis,* JCtus, *de Collationibus* exstat in Oceano Juris tomo VI. fol. 222.

VITALIS, *Tholonensis* Episcopus cujus *Sermo* in Concilio Constantiensi a. 1417 habitus exstat in Herm. von der Hardt Hist. lit. Reformationis parte III. p. 17 particula illius jam edita erat in Actis Concilii modo dicti tomo V. praefat. p. 26. *Alius* a. 1416 habitus in Actis laudatis tomo IV. p. 1360.

VITELLUS Afer, Donatista, tempore Constantis Imp. scripsit *de eo, quod odio sint mundo servi Dei; adversus gentes; adversus traditores,* quo nomine orthodoxos intelligit; *ad Regulam ecclesiasticam.* Gennadius de Scriptoribus Eccles. c. 4.

VITUS *Arnpekhius,* (non Praepositus Ebersbergensis, de quo paullo post, sed) Presbyter et Sixti Episcopi Frisingensis Capellanus, natus est a. circiter 1441 et in Academia Viennensi literis incubuit. Scripsit.

1. *Chronicon Bajoariae,* quod a. 1495. Sixto Episcopo modo dicto dedicavit, exstat in Bern. Pezii Thesauro novissimo Anecdotorum tomo III. part. 3 p. 1 Excerpta de Guelfis ex eodem jam dederat Leibnitius S. R. Brunsvic, tomo III. p. 660.

2. *Chronicon Austriacum* ab a. 810, 1490 editum ab Hieron. Pezio S. R. Austriac. tomo I. p. 1165.

3. *Librum de fundationibus monasteriorum in Bajoaria,* quem ipse citat Chron. Bajoar. II. 23 et 29 et putat Rev. Bern. Pez non diversum esse ab *Historia Fundationum nonnullorum per Bavariam monasteriorum,* quam sub nomine Andreae Presbyteri et Canonici Reg. S. Aug. apud S. Magnum prope Ratisbonam Marqu. Freherus Ambergae 1602, 4 evulgavit. Nam Codex Tegernseensis, aetati Arnpekhii proximus, id Opusculum eidem tribuit. Mutilum edidit Freherus, longeque id auctius exstat MS. in bibliothecis Lunaelacensi et Emmerammensi.

4. *Librum de gestis Episcoporum Frisingensium,* ipse memorat Chron. Bajoar. V.

73 sed is huc usque detegi nondum potuit.

VITUS, patria *Cortonensis,* ab ipso S. Francisco a. 1211 in ordinem suum allectus, et Minister provincialis ad Romaniam sive Thraciam missus, vixit usque ad a. 1250. Scripsit *Vitam B. Æmilinae* sive *Humilianae* viduae tertii ordinis S. Francisci Florentiae, quam edidit Dan. Papebrochius in Actis Sanctorum tomo IV. Maji p. 386. Adde Waddingum de Scriptoribus ord. Minorum p. 331.

VITUS Prior *Eberspergensis* monasterii in Bavaria, ord. S. Bened. Scripsit *Chronicon Bavariae* ab initio gentis, usque ad a. 1506 quod a. 1493 coeptum Wilhelmo, Comiti Palatino Rheni et utriusque Bavariae Duci dedicavit. Hic enim Dux per Joannem Regiomontanum, Praeceptorem suum, hunc laborem nostro detulerat. Codex ejus MS. sed negligentius ac perturbatius exaratus habetur in Bibliotheca Caesarea Vindobonensi. Hunc Auctorem Lambecius, Nesselius, Sandius, Gentilottus, et ambo Pezii cum *Vito Arnpekhio* confuderant, sed Bern. Pezius, Vir Celeb. errorem hunc ingenue fassus est, et detexit, in quo fecit, quod virum honestum decet. Ut vero differentiam libri utriusque alii quoque perspicere possent, dedicationem, Prologum, et contenta hujus Viti Eberspergensis ex Codice Vindobonensi publicavit in Dissert. Isagogica ad tomum III. Thesauri Anecdotorum novissimi p. 23, 24.

VIVENTIOLUS, in monasterio Cordatensi educatus, a. 516 fuit Episcopus Lugdunensis. Scripsit quaedam, ex quibus vero nihil superest, nisi *Epistola* una non magnae molis, ad Alcimum Avitum, inter Epistolas bujus n. 59. *Fragmentum* orationis in Concilio Agaunensi a. 517 in Conciliis Labbei tom. IV. p. 1559 et *Tractoria Epistola* ad Episcopos provinciae suae, ut ad Synodum Epaonensem a. 517 veniant, apud Harduinum tomo II. Conciliorum p. 1046. Adde Historiam Galliae literar. tomo III. p. 94.

VIVIANUS, monachus Praemonstratensis, unus ex primis S. Norberti discipulis, circa a. 1139 scripsit *Harmoniam* sive *Tractatum de libero arbitrio et gratia* editum a Martone et Durand Collect. ampliss. tomo IX. p. 1073.

* VIVIANUS Bononiensis doctor, cuius est liber impressus vetustis typis sine loco et anno in fol. continens *Casus in termi-. nis super ff. veteri.* Item eiusdem *Super Inforliato casus longi.* Item eiusdem *super Codicem casus longi.*

ULGERIUS, Episcopus Nannetensis, aliis Andegavensis, ab a. 1126 Scripsit Carmine *Vitam S. Mauritii,* Andegavensis Episcopi, ex qua versus quosdam adducit Auctor Apologiae pro translatione prima Renati Andegavensis Episcopi, et ex hoc Launojus in diss. de historia hujus Renati, Operum tomo II. part. I. p. 675. *Relatio* ejus ad Innocentium Papam II. pro monasterio Rotensi adversus monachos Vindocinenses exstat tomo II. Miscellaneorum Baluzii p. 200. *Versus* ejus de Marbodo Episcopo Redonensi ediderunt Martene et Durand in Thesauro novo Anecdotorum tomo I. p. 357. Mag. Vulgerii *Versus in Bonifacium VIII. Papam et mores cleri* editi sunt a Jo. Georgio Eccardo Corporis scriptorum medii aevi tomo II. p. 1849. Ulgerii, Episcopi Andegavensis, *Venalitium disciplinarum* citat Joannes Saresberiensis in Metalogico II. 20 p. 108 edit. Paris. 1610. Adde et Bulaei Hist. Academiae Parisinae tomo II. p. 778.

ULMARUS, Presbyter et monachus coenobii S. Vedasti, scripsit libellum *de inventione corporis et miraculis S. Vedasti* Episc. *Atrebatensis,* qui editus est in Mabillonii Sec. II. Benedictino part. I. p. 599.

ULPERICUS, vide *Helpericus.*

ULPHO, monachus ord. S. Brigittae in coenobio Wadstenensi Sueciae, obiit a. 1433. Scripsit *Vitam S. Catharinae Suecicae,* quae filia fuit S. Birgittae, quae primum Stockholmiae prodiit, post apud Surium d. 24 Martii, et in Actis Sanctorum tomo III. Martii p. 505. Confer Diarium Vadstenense ad a. 1433 et Vastovii Vitem Aquiloniam p. 142 edit. Benzelianae.

ULRICUS, cujus cognomen huc usque latet, Presbyter Orphanorum a. 1432 ad Concilium Basileense missus, ibi anno sequenti defendit *Tertium Articulum Bo-*

hemorum in Concilio Basileensi propositum. Exstat in Martene et Durand Collect. ampliss. tomo VIII. p. 305. *Replica contra dicta M. Kaltisen,* ibid p. 493. Vide Jac. Lenfant Hist. Concilii Basileensis tomo I. p. 338 et tomo II. p. 4.

ULRICUS *Engelberti Argentinensis,* ord. Praedicatorum, magnus Theologus et Casuista, obiit a. circiter 1272 cujus *Summa* citatur in Catalogo Doctorum pro maculata Conceptione Mariae apud Pezium et Hueberum Codice dipl. III. p. 323. Scripsit quoque *super Sententias,* et *super librum Meth.* dubium Meteororum an Metaphysicorum Aristotelis. Jac. Quetif de Scriptoribus ord. Praedicatorum tomo I. p. 356. Altamura p. 46. *Ulrici de Argentina* magnum opus *de summo bono* MS. extat in Bibl. Corsendoncana, teste Val. Andrea Bibl. Belgica MS. II. p. 70.

ULRICUS *Herbipolensis,* monachus ord. Cartusiani in Horto Angelorum prope Wirceburgum, et sacrae paginae Licentiatus, circa a. 1480. Scripsit carmine *de sanctis fundatoribus, processu, titulo ac confirmatione Carmelitani instituti, et Epistolam ad Carmelitas Herbipolenses,* in qua eos ad majorum suorum Eliae et Elisaei vestigia sectanda hortatur. Theod. Petreji Bibl. Cartusiana p. 296. Car. Jos. Morotii Theatrum Chronol. ord. Cartusiensis p. 109.

ULRICUS *Huttenus,* nobilis Francus, miles, poëta et literator summus, sub initium secoli XVI. De cujus vita, ne Iliada post Homerum scribam, nihil adfero. Eam enim tribus voluminibus edidit Jo. Jac. Burcardus, Guelferbyti 1717 seqq. 8. Adde Lexicon Baelianum, et Niceronum tom. XV.

Catalogus Opp illius habetur apud Burcardum et Niceronum, sed uterque mancus et mutilus, potest autem ex Autographis Lutheri, et aliis hujusmodi scriptis suppleri, quod ab otio meo jam impetrare non possum.

ULRICUS *Kriegius,* Tigurinus, *historiam parvam* sui temporis conscripsit, in qua Stumpfio teste, de originibus Habspurgicis agit. A Bucelino laudatur, et sec. XIV. scriptor dicitur. Stumphius Rudolpho I. Imp. aequalem facit lib. 7 fol. 207. Marq.

Herrgott Geneal. Habspurg. Proleg. VIII. p. 66. Felleri Monumenta inedita p. 40.

ULRICI cujusdam Chronicon monasterii in Ensdorff exstat MS. in Bibl. Electoris Bavariae, teste Bern. Pez dissert. Isagogica ad tomum I. Thesauri Anecdotorum novissimi p. 23

ULRICUS Molitor, Constantiensis, Decretorum Doctor Papiensis, et caussarum in patria patronus, scripsit de lamiis et pythanicis mulieribus, Constantiae 1489, 4. Lips. 1495, 4. Mantissa ad Miraeum de Scriptoribus Eccles. p. 107 edit Fabric.

ULRICUS Scultetus, Germanice Schultheiss, Lentzburgensis, primum Matthiae Comitis de Buchek Confessarius,post a.1333. Episcopus Curiensis in Rhaetia, obiit a.1355. Scripsit Vitas Sanctorum Lucii et Amisonis Pontificum, et alia. Phil. Elssii Encomiasti con Augustinianum p. 302. Gandolfus de ducentis scriptoribus Augustinianis p. 345.

ULRICHUS Velenus, Minhoniensis. Cum praefatione illius a. 1520, 4 prodiit hoc opusculum: Gravissimis certissimisque et in S. Scriptura fundatis rationibus variis probatur: Apostolum Petrum Romam non venisse, neque illic passum. Proinde satis frivole et temere Romanus Pontifex se Petri Successorem jactat et nominat. Vidi quoque editionem illius recentiorem.

ULTANUS mac Concubar (aliis filius O Concharii) Episcopus Ardbracensis vel Ardbrecanensis in Media, Hiberniae Provincia, obiit valde longaevus a. 656 vel 662. Scripsit Vitam S. Brigidae, quam Jo. Colganus edidit in Triade Thavmaturga Hiberniae p. 527 et Jo. Bollandus in Actis SS. Febr. tomo I. p. 118 Hic posterior eam ipsi tribuere non vult, adest autem apud Colganum p. 542, 545 qui Ultanum expresse auctorem facit. Hymnum miracula S. Brigidae complectentem, apud Colganum p. 542 cujus tamen ordo turbatus est, sic, ut acrostichis Alphabetica non integra sit, quare et quaedam deesse credo. Putatur quoque Vitam S. Patricii scripsisse : certe illa usus est Auctor Vitae Tripartitae S. Patricii in Sanctis Hibernicis editae p. 28 quae et citatur in Actis Sanctorum tomo II. Martii p. 520.

Alius Ultanus, Furfei frater, cujus meminit Beda Hist. Eccl. Anglorum VIII. 19. Waraeus de script. Hibern. p. 22.

UMBERTUS Heduus, vide supra HUBERTUS de Romanis, T. III. p. 265.

UMNO, nescio quis, scripsit Vitam S. Arnulphi Episcopi Metensis a. 640 mortui, quam Petrus Boschius edidit in Actis Sanctorum tomo IV. Julii p. 440 de erroribus tamen illius historicis quaedam monuit in Commentario praevio p. 434.

UNWONUS, Camber, linguae antiquae Britannicae admodum gnarus, ab Abbate S. Albani Verulamium vocatus esse dicitur, ut quaedam in linguam latinam transferret, ex quibus praecipue Vita S. Albani memoratur. Vixit a. 970. Lelandus c. 128. Balaeus Centur. II. 33. Pitseus c. 145.

VOCONIUS, Afer, Castellani Mauritaniae Episcopus a. 460. Scripsit adversus Judaeos, Arianos et Haereticos, et Sacramentorum egregium volumen: Gennadius c. 78 quae vero hodie non extant. Forte Canonem Missae Gregorii M. jussu Voconium vel Musaeum Massiliensem composuisse notat Fabricius ex libro la Perpetuité de la foy IV. 3. p. 27.

VOCONIUS, vide Fabricium nostrum supra T. I. p. 273. BÜCONIUS.

VOLCMARUS, Abbas monasterii Furstenfeldensis in Bavaria, et Ludovico, Bavariae Duci Ludovici IV. Imp Patri, a Consiliis, obiit a. 1318. Scripsit Annales Bavariae ab a. 508-1313 qui etiamnum exstare dicuntur. Car. de Visch Bibl. Scriptorum ord. Cisterciensis p. 333 Possevinus tomo II. Apparatus p. 544. Emendandus hic est Vossius, monente Sandio.

VOLCWINUS, VOLQUINUS, vide supra Folcuinus T. II. p. 581.

VOLCUINUS, monachus Veteri Campi, ord. Cisterciensis, post Prior Walckenredensis, demum primus Abbas monasterii Sittichenbacensis in Thuringia, quod abbreviate Sichem vocarunt, a. 1179 adhuc in vivis fuit, et testis in diplomate apud Leuckfeldium in Antiquitt. Kaltenbernensibus p. 103. Scripsit Sermones pios et doctos, ex quibus unum Synodalem habuit et citat Goldastus ad Paraeneticos p. 95

edidit autem Leuckfeldius Ant. Walcken-red. tomo II. p. 180. Alium *Sermonem de Zizania et Semine* citat Goldastus ad Eginhardi vitam Caroli M. c. 32. *Commentarium perpetuum in Evangelia*, adhuc ineditum. Car. de Visch. Bibl. Scriptorum ord. Cisterciensis p. 316. Schamelii hist. monasterii Sittichenbacensis p. 100.

VOLRADUS *Schube*, Vicarius Hildesheimensis in summo templo, circa a. 1483 scripsit *Chronicon monasterii S. Godehardi in Hildesheim*, pro quo Abbas largissimum ei praemium dederat. Greg. Wittehenne contin. Chron. Huxariensis Petri Visselbeccii p. 136. An adhuc supersit, non potuit rescire Leuckfeldius, cui haec debentur ex Antiqu. Bursfeldensibus p. 92.

VOLUSIANUS scripsit *Epistolam* ad Augustinum, quae in hujus Epistolis est secunda numero: qua de illo quaerebat explicationem dubiorum aliquorum ad Christianam religionem spectantium. Haec Possevinus tomo II. Apparatus p. 544. Episcopus autem Carthaginiensis fuit.

Alii cuidam Volusiano Codices quidam falso tribuunt *Epistolam*, quae sub Udalrici Augustani nomine satis est nota, inter quos unus fuit satis vetustus, quem Jo. Balaeus Matthaeo Parkero, Archiepiscopo Cantuariensi, dono dederat, teste Martyrologio Anglicano Jo. Foxi: qui etiam, teste Caveo, aliam de hac re sub Volusiani nomine Epistolam plane elegantem adjunxit, qua Clerici uxorati causam suam adversus Nicolaum Papam strenue et nervose agunt.

VOLUSIUS Maccianus, Brixiensis, JCtus, Imperatorum ab Antonino Pio ad Alexandrum Severum Consiliarius. Scripsit *Fideicommissorum* libros XVI. *Publicorum* lib. XIV. *Ad legem Rhodiam* lib. I. et Quaestiones singulares.

Leonardo Cozzando Libraria Bresciana p. 206. Ottavio Rossi Elogi historici di Bresciani illustri p. 6.

URANIUS, discipulus Paullini Nolani et Ecclesiae dictae Presbyter, natione Gallus. Dedit a. 431. *Relationem de morte S. Paullini*, quam edidit Surius d. 22 Jun. ex meliore Codice Chiffletius in Paullino illu-strato p. 198. Acta Sanctorum d. 22 Jun. tom. IV. p. 195 et Editores novi Operum Paulini tomo II. p. 143.

Adde Oudinum tomo I. p. 1006 et Histoire literaire de la France tomo II. p. 202. In Vossio hic quaedam transposita esse monet Sandius, quae ad Uranium minime pertinent.

URBANUS I. Papa, Romanus patria, Pontiani filius, a. 224 creatus. *Epistola* ejus *ad omnes Christianos* exstat apud Harduinum tomo I. Conciliorum p. 143 quae tamen spuria censetur. *Decreta* ejus apud Gratianum, Carranzam et Barbosam exstant. Vide Mandosii Bibl. Romanam Cent. II. 31. Lud. Jacobi a S. Carolo Bibl. Pontificiam p. 221. Oldoini Athenaeum Rom. p. 642

URBANUS II. Papa, prius Otto Castilionaeus dictus, monachus Cluniacensis et Episcopus Ostiensis creatur a. 1088, 12 Martii, obiit a. 1099, 29 Jul.

Vitam ejus cum cura scripsit Theod. Ruinartus, quae impressa est sub initium tomi III. Opp. posthumorum Mabillonii et Ruinarti: in cujus Appendice multae quoque Urbani hujus Bullae exhibentur. Narratio de adventu ejus ad monasterium Cluniacense habetur in Miscell. Baluzii tom. V. p. 137 seqq.

Adde Lud. Jacobi a S. Carolo Bibl. Pontificiam p. 222. Arn. Wion Lignum Vitae V. 20. Leyseri Historiam Poëtarum medii aevi p. 365. Hippolyti Marraccii Bibl. Marianam tomo II. p. 442.

Epistolae ejus sat multae occurrunt apud Baronium inde ab anno dicto 1088. Harduinum tomo VI. Conciliorum p. 1827. *Sermo ejus post consecrationem Ivonis Carnotensis* exstat apud eundem a. 1092 n. 5. *Sermo Synodalis*, in Concilio Claromontano *pro liberanda ab oppressione paganorum terra sancta* reperitur Guilielmum Tyrium de bello sacro I. 15 et Baronium a. 1095 n. 35-42 *alius* ibid. n. 43-49 item tomo X. Conciliorum Labbei p. 514 seqq. tom. VI. Harduini p. 1721 et in Appendice Ruinarti p. 369-381.

Praeceptum de coenobio Figiacensi et Conchensi uniendo, Mabillonius sec. III. Bened.

p. 2. p. 448. *Decretum* de Primatu Lugdunensi, Harduinus l. c. p. 1729 de Atrebatino Episcopatu, Miraeus in Codice piarum donationum, p. 76, 271 de aliis idem p. 669. Continuator ejus tom. III. p. 21. *Epistolae* ad Episcopos Gallos et Clerum Viennensem in Jo. a Bosco Bibl. Floriacensi tomo III. p. 74, 75. *Quatuor* alias Steph. Baluzius in Appendice ad Petri de Marca dissert. tres (Paris. 1669, 8) p. 351 sqq. *Privilegium* de Ecclesia Gratianopolitana, idem Miscellaneorum tomo II. p. 177. *Bullae multae* in Marca Hispanica p. 1184, 1208. *Epistola* de adulterio Philippi, Regis Galliae, apud Dacherium tom. III. Spicilegii p. 418 aliae p. 422 seqq. *Epistolae variae* ad Ecclesiam Atrebatensem pertinentes, apud Baluzium Miscell. V. p. 237. *Epistolae XVI.* aliae ibidem tomo VI. p. 371 *tres*, ibid. tomo VII. p. 129. *Duae* apud Hahnium Collect. tomo I. p. 119, 120. *Aliquot* apud Martene et Durand Collect. ampliss. I. p. 520. s. *Duae* in Eorundem Thesauro novo Anecdot. p. 248, 267. *Quatuor* ad Episcopum Folensem, ibid. tomo III. p. 878. *Duae* in Codice diplomatico Pezii et Hucberi part. I. p. 297. *Quatuor* in Bibl. Cluniacensi p 514.

URBANUS III. antea Lambertus Crivellus, Archiepiscopus Mediolanensis, sedit ab a. 1135-1187. *Epistola* ejus, qua electionem suam orbi Christiano indicat, edita est a Baronio ad a. 1186 n. 1 *quinque* aliae tomo VI. Conciliorum Harduini part. 2 p. 1883. *Variae* apud Miraeum tomo I. Operum diplomat. p. 550 tomo II. p. 834 tomo III. p. 63, 353 *una* in Marca Hispanica p. 1380 *una* ad Episcopum Dolensem, in Thesauro novo Martenii et Durandi tomo III. p. 911 *tres* in Codice diplomatico Pezii et Hueberi part. II. p. 33. 40, 42 *duae* in Bibl. Cluniacensi p. 1447. Vide Lud. Jacobi a S. Carolo Bibl. Pontificiam p. 224.

URBANUS IV. antea Jacobus Pantaleo, natus Tricassibus, patre sutore veteramentario, primum Canonicus Tricassinus, postea Archidiaconus Laudunensis, Episcopus Verdunensis, Alexandri IV. per Germaniam, Pomeraniam, Prussiam et Livoniam Legatus, Patriarcha Hierosolymitanus, tandem

a. 1261. Pontifex Romanus, mortuus a. 1264. Ad *Epistolas* ejus saepe provocat Bzovius, qui Regestum ejus in Bibl. Vaticana oculis usurpavit, *quinque* vero tantum publicavit a. 1262 seqq. *plures* Waddingus in Annalibus ord. Minorum. Varia *Privilegia* Academiae Parisiensi concessa edidit Balaeus tomo III. p. 366. *Epistolas duas* Harduinus tomo VII. Conciliorum p. 547. *Plures* Miraeus opp. diplom. I. p. 429 II. p. 1253. *Sex* Baluzius post Concilia Galliae Narbonensis p. 167. *Sedecim* apud Martene et Durand Collect. ampliss. p. 1250. *LXIII.* apud Eosdem in Thesauro novo Anecdotorum tomo II. p. 1.

Descriptio terrae sanctae, qua usus est Adricomius.

Metaphrasis in Psalm. L. (secundum Hebraeos est LI.) exstat in Bibl. PP. Parisinis tomo I. A quibusdam tribuitur Urbano III. Vide Lud. Jacobi a. S. Carolo Bibl. Pontificiam p. 224. Marraccii Bibl. Marianam tomo II. p 444.

URBANUS V. antea dictus Gulielmus Grimoaldus, fuit S. Victoris apud Massilienses Abbas ord. S. Benedicti, et Sedis Apostolicae in Sicilia Nuncius, electus a. 1362 mortuus a. 1370. *Epistolas* ejus quasdam edidit Bzovius ad a 1366. seqq. quam plurimarum vero excerpta suppeditat: *tres* Harduinus tomo VII. Conciliorum p. 1767, 1793, 1862 *duas* Miraeus, vel potius ejus Continuator, Opp. dipl. tomo II. p. 1326. *unam* Jo. a Bosco in Bibliotheca Floriacensi tomo I. p. 248 *sexaginta* in Waddingi Annalibus Minorum, *alias LVII.* ibidem in Regesto Pontificum, *unam* Chapeavillius tomo III. Scriptorum Leodiensium p. 37 *duas* Martene et Durand Thes. novo Anecdotorum tomo I. p. 1489, 1492.

Oratio de expeditione terrae sanctae ad Joannem Franciae Regem habita, et de oratione ex voto Commentaria egregia memorantur a Lud Jacobi p. 225.

Adde Wion Lignum Vitae V. 21. Baluzii Vitas Paparum Avenionensium tomo I p. 363 seqq. Oudinum tomo III. p. 1113.

* Inter consilia Aegidii Bellamerae ad Consil. V occurrunt mihi : *Allegationes Domini quondam Guilelmi Grimoardi* tunc in minoribus constituti, et postea Urbani Papae V. in facto monachi delinquentis, qui homicidium commisit intra claustra, et adulterium extra, an de reo cognoscere pertineat ad Episcopum sive ad Abbatem. Scriptum istud an typis prodierit, ignoro; cum nesciam an typis excusa sint illa Consilia Bellamerae: et si excusa, an omnia. Ego in MS Feliniano reperi. *Bullam eiusdem Pontificis ad Marquardum Patriarcham Aquileiensem de abusu in judiciis ferendis colligendo* dedit Ughellus in Aquileiensibus, sed multo correctiorem P..Franciscus Madrisius Utinensis Congregationis Oratorii in nova editione operum S. Paulini Aquileiensis appendice 2. Actorum veterum n. 31.

(340) *Aegidii Bellamerae,* postea Ep. Card. Sabinensis, Consilia Venetiis an. 1571. f. Fontana in Bibliotheca Legali VI. 26. cusa fuisse docuerat. Lugduni 1521. f. t. IV. f. editio princeps per Lipenium in Biblioth. Juris Lipsiae 1757. T. I. p. 331. innotuit. In Veneta a. 1579, ap. Ziletum pag. 32. seqq. allegationem praefatam repperi.

URBANUS VI. antea Bartholomaeus Prignanus, Neapolitanus, Decretorum Doctor, ex Archiepiscopo Acheruntino Metropolita Barensis, Cancellariae Apostolicae in Italia Praefectus, Pontifex eligitur a. 1378 moritur a. 1389. *Epistolas* ejus complures edidit Bzovius in Annalibus Ecclesiasticis: *unam* Dacherius t. III. Spicilegii p. 751 *unam* Pez et Hueber Codicis diplomati ci p. III. p. 69.

Historia Episcoporum Barensium usque ad sua tempora.

Formulae precum, Germanice prodierunt Dilingae 1567.

Adde Lud. Jacobi a S. Carolo Bibl. Pontificiam p. 227.

URBANUS *a Bononia,* vide infra URBANUS *Servita.*

URBANUS *Hydruntinus,* ord. S. Francisci, post a. 1429. Episcopus Castrensis, sedit annos 28. Ughelli Italia sacra tomo IX. p. 95. Scripsit *de Antichristo, de nativitate Domini, de animae immortalitate,* et Opus, cui titulus *Negotium.* Waddingus de scriptoribus ord. Minorum p. 332. Willot Alhenae sodalitii Franciscani p. 339.

URBANUS *Muscardus,* Sarzanensis, sec. XII. scripsit *de Christiana amicitia, de transitu animarum ad beatam vitam,* et *de quatuor elementis.* Sopranus de Scriptoribus Liguriae p. 278. Oldoini Athenaeum Ligusticum p. 540.

URBANI *Reversei Historia Archiepiscoporum Senonensium* VIII. Voluminibus constans Parisiis MS. exstat in Bibl. Regia. Bern. de Montfaucon Bibl. Bibliothecarum MSS. p. 953.

URBANUS, *Servita,* Bononiensis, cognomine *Averroista,* et *Philosophiae Parens,* Theologiae Doctor, Parisiis, Patavii et Bononiae Philosophiam docuit, circa a. 1390 obit a. 1503. Scripsit *super libros* (Aristotelis) *Physicos, de Coelo et Anima,* qui typis excusi sunt a. 1485. Bumaldi Minerval Bononiense p. 235, 264. Orlandi Notitia Scriptorum Bononiensium p. 266. Marchesii virorum illustrium Galliae togatae p. 77.

URSINUS, monachus Gallus, vixit sec. VII. et jussu Anscaldi Pictaviensis Episcopi, nec non Audulii, Abbatis sui, *Vitam* S *Leodegarii* Episcopi Augustodunensis et Majoris Domus in Francia scripsit, editam ab Andr. du Chesne tomo I. Scriptorum Francicorum, Mabillonio Sec. II. Benedictino p. 698 et Surio d. 2 Octob. du Chesne II. p. 617. Adde Sandii notas ad Vossium p. 272.

URSINUS, monachus, teste Gennadio c. 27 *adversus eos* scripsit, *qui rebaptizandos haereticos decernunt.* Primus sine auctoris nomine edidit Nic. Rigaltius in annotationibus ad Cyprianum, quem sequitur Jo. Fellus in editione Operum Cypriani. Interea auctorem detexerat Phil. Labbeus in tabula Conciliis a se editis praefixa, et inseruerat tomo I. p. 770. Vide Caveum et Oudinum tomo I. p. 1005.

URSIO Abbas Coenobii Altimontensis in Hannonia circa a. 1054 scripsit *Acta S. Marcelli Papae et Martyris* sec. IV. Exstat in Actis SS. tom. II. Jan. p. 9. Val. Andreae Bibl. Belgica p. 848. Swertii Athenae Belgicae p. 705. .

URSO, URSONUS, vel URSUS, Notarius Genuensis, heroico carmine Latino *Ligu-*

sticae *classis Victoriam de Friderico II.
Caesare* a. 1242 descripsit, eodemque
metro *librum fabularum moralium* contexuit: quae opera MSS. apud plures custo-
diuntur. Haec Sopranus de Scriptoribus
Liguriae p. 279. Oldoinus iu Athenaeo
Ligustico p. 541.

URSO, scripsit *Epitaphium* Einonis cujusdam Abbatis vel Episcopi, quod exstat
in Pezii et Hueberi Codice diplom. part. I.
p. 8. Alius *Urso* sive *Ursus* de *urinis.*
Reinesii Epist. ad Daumium pag. 280,
2, 4.

S. URSULA, cognomine *Cynosura*, natione Britanna patria Cornubiensis, in oppido maritimo Tamerworth nata, Christiani
Principis Dionothi filia, tandem Coloniae
cum Undecimilla (ex qua undecies mille
virgines fecerunt) martyrio coronata circa
a. 453. Scripsisse dicitur *Documenta fidei,
de arcanis visionibus,* et *Epistolas ad diversos.* Balaeus Centur. I. 39. Pitseus c. 36.
Possevinus tomo II, Apparatus p 545.

URSUS, S. R. E. Diaconus, vel, ut alii,
Subdiaconus circa a. 860. *Vitam S. Basilii*
Caesariae Cappadociae Æp. ab Amphilo-
chio Graece scriptam latinitate donavit.
Oldoini Athenaeum Romanum pag. 643.
Acta Sanctorum tom. II. Junii p. 937.

Bartholomaeus Arnoldi USINGUS, sive
de USINGEN, monachus Augustinianus,
Erfurdiae docuit, ibique unus ex praeceptoribus Lutheri fuit, obiit Herbipoli a.
1532. Ejus sunt:

Parvulus Philosophiae naturalis, Lips.
1499, 4.

*De falsis Prophetis tam in persona,
quam doctrina vitandis.* Erphord. 1526, 4.

Exercitium veteris artis, Basil. 1527.

Compendium Philosophiae naturalis. Er-
ford. sine anno. 4. Dispiciant, qui comparare possunt, an idem sit cum parvulo jam
memorato.

Sermo de sancta Cruce Erphurdiae praedicatus. Erph. 1524, 4.

Liber tertius Fr. Barth. ab Usingen, *in
quo respondet nebulis Culsameri* etc. ibid.
1524, 4.

*Responsio ad Confutationem Culsameri-
cam plus quam tragicam.* Erphurd. 1522, 4.

Vide Felicis Milensii Alphabetum Eremitarum S. Augustini p. 9. Bzovium ad a.
1526 n. 53.

USUARDUS, Gallus, monachus S. Germani Pratensis, ut creditur, quamvis alii
Fuldensem, alii quoque S. Salvatoris in
Neustria monachum fuisse tradunt. Vixit
non temporibus Caroli M. ut quidam existimant, sed Caroli Calvi, cui etiam *Martyrologium* dedicavit, prout docent Hadr.
Valesius in parte posteriore Defensionis
disceptationis de Basilicis, Mabillonius praef.
ad Secul. IV. Benedictinum part. 2. p. 87
et Bouillartus in praefatione ad Usuardum.
Editum est illud *Martyrologium* primo
Lubecae 1475 in opere, quod inscribitur
Rudimentum Novitiorum, deinde prodiit
editio Belgica nomine Jacobi de Voragine,
1480.

(341) Florentiua per Franciscum de Bonac-
cursis a. 1486. 4. a Georgio Ant. Vespuc-
cio Eccl. Flor. Praeposito emendata, hic
non erat reticenda. V. Audifredi p. 299.

Titulo *Martyrologii Romani* edidit Bel-
linus de Padua, Augustinianus, Venetiis
1498. Patavii 1500. Sequitur Greveniana
Colon. 1515, 1521. In usum Ecclesiae
Parisiensis a Jo. Munerato, Theologo Parisino, de quo Fabricius noster supra T. IV.
p. 391. Paris. 1536. Lovanii, cum additionibus et annotationibs Jo. Molani, Theologi
Lovaniensis, 1568, 1573, 8. Antverpiae,
per Jo. Hessels, qui jussu Curiae Romanae
quaedam omisit, 1583, 8 eodem anno in
Collectione Renati Laurentii de la Barre,
quae inscribitur *Historia Christiana Veterum Patrum,* Paris. Editio Bouillarti quoque prodiit Parisiis, et tandem Jo. Bapt.
Sollerius emendatiorem dedit Antverpiae,
1714 fol. cum praefatione sat luculenta et
erudita, cujus contenta habes in Actis Eruditorum Lips. 1715 p. 473.

Auctoritas ejus Martyrologii est longe
maxima per omnes fere Ecclesias Galliae,
quod testimoniis quamplurimis in medium
productis docet Jo. Launojus in libro de
discrimine inter Dionysium Areopagitam,
et Dionysium Parisiensem Episcopum, Opp.
tomo II. p. 499 s. Et tamen a. 1670 insignis de illa auctoritate controversia oborta

est, quum Canonici Parisini Martyrologium
Ecclesiae suae, quod ipsum est Usuardi,
denuo describere, tres vero ex illis verba
XVIII. Cal. Sept. *Dormitio sanctae Dei
genitricis Mariae*, immutari vellent. Hinc
Jolius, Cantor et Canonicus Parisinus Opu-
scula tria pro Usuardo edidit, diss. *de verbis
Usuardi, quae in Martyrologio Ecclesiae
Parisiensis referuntur in festo Assumptionis
B. M. V.* 1669, 12. *Epistolam ad Cardinales
Retzium et Bullonium*, 1670, 12 et *Traditionem antiquam Ecclesiarum Franciae
de verbis Usuardi*, 1671. Contra hunc sur-
rexit Jacobus Gaudinus, Canon. qui *Assum-
ptionem Mariae Virginis vindicatam* edidit.
1670, 12 et Nicolaus Advocatus Billiadus,
Canonicus, qui *Vindicias Parthenicas* edidit
Paris. 1670, 8. Joan. Launojus a duobus
aliis Canonicis consultus scripsit *Judicium
de controversia super exscribendo Parisiensis Ecclesiae Martyrologio*, Lauduni,
1670. Paris. 1671, 8. Gaudinum praecipue
refutans, Advocatum vero sigillatim in
*Specimine Erratorum, quae in Vindiciis
Parthenicis extant*, 1671. Operum tom. I.
p. 84. Advocatus vero *Repetitas Vindicias*
dedit 1672, 8. nulla tamen Launoji mentione facta. Huc quoque pertinet. B. Car-
pentarii Theologi (h. e. Jacobi Boileau)
Epistola *de contentione orta inter Canonicos
Parisienses super verbis Usuardi*. Duaci,
seu potius Senonis, 1671. Exstat in Operibus Launoji tom. I. p. 108. Confer Praefationem hujus ipsius tomi. Sub finem
adducimus verba ex Pithoeanis p. 4. *Il y
a dans le martyrologe de Rome une quan-
tité de Saints Ariens. Cela est venu, que
Usuard et les autres, qui ont fait des martyrologes, n'étant pas beaucoup sçavans,
et trouvant les Martyrologes des Ariens,
ils les fourroient dans la leur.*

Adde Bulaei historiam Universitatis Parisinae t. I. p. 648, 649. Bollandi praefationem generalem ad Acta Sanctorum, ante t. I.
Januarii p. 50. Labbeum de script. Eccles t.
II. 490. Hist. Galliae literariam t. V. 436.

Alium librum Usuardi *de vitiis et virtutibus* servat Bibl. monasterii Camberonensis
in Haunonia, teste Val. Andrea Bibl. Belgica
MSS. I. p. 367.

UTHO Secundi Hermanni Sueviae Ducis
ex fratre nepos, Episcopus Argentoratensis
a. 950 scripsit *Vitas Sanctorum Arbogasti
atque Amandi*, decessorum suorum. Ex
Eisengreinio Possevinus tom. II. Apparatus
p. 546. Prior edita est post editionem Colon. 1485 et Argent. 1496 in Actis Sanctorum tom. V. Junii p. 170. Add. Hist. literariam Galliae tom. VI. p. 302.

(342) Notandum quod F. Lionardi Dati
esse plura quae sub nomine Leonardi de
UTINO prodiere, Tomo I pag. 756 monet
in suis Script. Ord. Praedicatorum Echardus, et speciatim *Sermones Quadragesimales de petitionibus*. Item *de flagellis pec-cato
rum festinanter converti nolentium*.

UTREDUS *Boltonus*, Ordinis S. Benedicti
monachus Dunelmensis circa a. 1380 cum
Guil. Jordano, Dominicano, et Jo. Hiltono
Franciscano, propter fratres mendicantes
controversias habuit, hinc scripsit *contra
querelas fratrum*, *Quaestiones contra eorum mendicitatem*, *de regia Christi dignitate*, *contra blasphemos in Christum*, *de
substantialibus regulae monachalis*, *de non
auferendis Ecclesiae bonis*, *de esu et abstinentia carnium*, et alia longe plura. Lelandus c. 449. Balaeus Centur. VI. 53. Pitseus
c. 659.

Chronicon VULTURNENSE, res monasterii Vulturnensis in provincia Samnii
complectitur. Auctor est JOANNES monachus ibidem.

Edidit Muratorius S. B. Ital. tom. I, part.
2. p. 319.

LIBER XXI.

ET ULTIMUS.

WALAFRIDUS *Strabus* vel *Strabo*, a
vitio oculorum ita dictus. De patria ejus
eruditi certant. Balaeus Centur. XIII. 9
et Pitseus c. 112. Anglosaxonem statuunt,
Venerabilis Bedae vel fratrem, vel consan-
guineum, atque ita Haymonis fratrem germanum. Addunt illum primum Londini,
dein Fuldae monachum, Alcuino quoque
praeceptore usum fuisse. Verum neque res

ipsa, neque tempora conveniunt. Si enim
Walafridus a. 750 obiit, in monasterio Fuldensi educari non potuit. Melius igitur
SigebertusGemblacensis cum Trithemio et
aliis Germanum faciunt, Suevus enim
fuit, (a) quamvis locus patrius detegi
adhuc nequeat. Educatus autem primum
fuit in monasterio S. Galli, prout docet
Ermenricus monachus Augiensis in libro
de Grammatica, quem exhibent Analecta
Mabilloniana p. 421 ubi auctor Grimoldum
sic alloquitur, cum prius de aliis viris
claris in illo monasterio instructis locutus
- fuisset: *Domnus Walhafredus tibi notissi-*
mus, quem etiam tu ipse ut peritus cathe-
geta peritum sophistam enutristi. Imo ipse,
teste Goldasto, (b) alicubi scribit, se in
monasterio S. Galli scholas frequentasse,
sed locum investigare nondum potui. Inde
ad monasterium Fuldense pervenit, et
Rabanum Maurum praeceptorem habuit.
Primum autem fuit Decanus Coenobii S.
Galli, deinde a. 842. Abbas Augiae divitis
(*Reichenau*) in dioecesi Constantiensi, mortem obiit a. 849 et quidem in Gallia, quo
ad expediendum aliquod negotium missus
fuerat. Trithemius ipsum Rectorem scholarum in monasterio Hirsfeldensi fuisse
tradit. Adde Bulaeum in historia Univers.
Parisinae tom I. p. 446, 447.

Ex scriptis ejus supersunt sequentia:

1. *De officiis divinis* sive *de Exordiis*
et Incrementis rerum Ecclesiasticarum.
Pitseus male duos ex hoc libros facit.
Exstat in Collectione Jo. Cochlaei, quae
inscribitur: Speculum antiquae devotionis
circa Missam, num. 2 in Collectione Melchioris Hittorpii de Catholicae Ecclesiae
divinis officiis ac ministeriis, n. 7 nec non
in Bibliothecis Patrum.

2. *De vita B. Galli Confessoris* libri II.
Habentur apud Surium d. 16 Octobr. in
Scriptoribus rerum Alemannicarum Goldasti tom. I. part. 2. p. 142 apud Mabillonium Sec. II. Benedictino p. 227.

3. *De vita S. Othmari* Abbatis: apud
Surium d. 16 Nov. Goldastum p. 177 et
Mabillonium Sec. III. Benedict. part. 2.
p. 153.

4. *Vita S. Blaitmaici* Abbatis Hiiensis et
Martyris: apud Canisium Antiqu. Lect.
tom. VI. edit. novae tom. II. part. 2. p. 201
in Actis Sanctorum tom. 2 Jan. p. 236 in
Bibl. PP. maxima tom. XV. p. 210 in Actis
SS. Ord. Benedicti l. c. p. 439 in Jo. Colgani
Actis SS. Hiberniae tom. I. pag 128.

5 *Vita S. Mammae sive Mamantis mo-*
nachi: Canisius p. 184. Bibl. PP. p. 205.

6. *Vita S Leodegari:* Canisius p 210.

7. *De Visionibus S. Wettini:* Canisius
p. 204. Bibl. PP. max. p. 212. Mabillonius
Sec. IV. Bened. part. 1. p. 272.

8 *Hortulus*, quem Jo. Atrocianus sub
Strabi Galli nomine edidit, fortasse scriptum fuerat, *Strabi Decani S. Galli Hor-*
tulus, quod non recte assecuti sunt. Prodiit
autem primum Norib. apud Joan. Weys-
senburgerum 1512, 4. Porro dedit eum Jo.
Atrocianus ad calcem Æmilii Macri de
herbarum virtutibus, Friburgi Brisgoiae
1530, 8. Editus etiam est cum Eobano
Hesso de tuenda valetudine Frf. 1564,
1571, 8. Venetiis apud Aldum 1547 cum
Medicis antiquis p. 247. Basil. 1627, 8.
Inserta deinde Bibliothecis Patrum Coloniensi et Lugdunensi, a Canisio tom. VI.
p. 672. Exstat in Asse veterum de re her-
baria per Andr. Rivinum Lips. 1655, 8.
Dedicatoriam ad Grimoaldum Abbatem primus dedit Canisius. Quaedam illius ema-
culavit et illustravit Barthius Adv. IV. 24
qui et Dedicationem suo loco reponendam
esse monuit. Codicem ejus manu exaratum
in incendio Bibliothecae suae amissum
deplorat Bartholinns p. 89, 90. Ut obiter
hoc addamus, hic Strabo a Macro de viribus
herbarum allegatur, cap. XXV. 19, 25
unde de aetate hujus conjectura capi poterit. Bulaeus notat, Walafridum nostrum,
Poëma, quod *Hortulum Puerorum* vocavit,

(a) Sic ipse Walafridus in praefatione libri I.
de vita B. Galli: *Inveni terram, quam nos
Alamanni vel Suevi incolimus, Altinaniam saepius nominari.*

(b) Vide Prolegomena de Auctoribus ad Scriptorum Alemannicorum tom. I. partem 2. Pluribus vero illud docet Jodocus Metzelerus de viris
illust. S. Galli II. 68 quamvis non minus operose
illud impugnet Jo. Egon de Viris illustribus
Augiae divitis II. 13.

ad Grimoaldum Abbatem S. Galli, scripsisse.

9. *Sermo seu Tractatus de subversione Hierusalem:* Canisius tom. VI. p. 331 edit. novae p. 275.

10. *Poëmata varia,* apud Canisium p. 537 in Bibliothecis Patrum, Baluzium.Misc. IV. p. 551.

11. *Glossae* quoque *Ordinariae,* quam vocant, in Scripturam Sacram auctor esse, vel potius candem ex ore Rabani Mauri excepisse dicunt. Ejus editiones exhibet Hist. liter. Galliae tom. V. p. 62.

12. *Commentarius in Novum Testamentum,* quem edidit Marcianaeus tomo V. Opp. Hieronymi p. 847.

13. *Praefationem* praemisit Thegano de gestis Ludovici Pii, eumque in capita distinxit. Editiones require supra, ubi de *Thegano* egimus.

14. *Glossae Latino Barbaricae de partibus humani corporis* rursum ex doctrina Rabani Mauri per Walafridum descriptae exstant in Goldasti Alemannicis tom. II. part. 1 p. 64.

15. *Picturae Historiarum Novi Testamenti,* habentur in Goldasti Manuali Biblico Fif. 1620 p. 85.

16. *Homilia in initium Evangelii Matthaei de Genealogia Christi* edita est a Bern. Pez Thes. noviss. Anccdot. tom. II. part. I. pag. 39.

17. *Expositio XX. primorum Psalmorum,* exstat ibidem tomo IV. part. 1. p. 471.

18. *Epitome Commentarioram Rabani Mauri in Leviticum:* Exstat tomo II. Operum Rabani p. 296.

19. Initium *Annalium Fuldensium* nostro tribuunt Auctores Gallici de l'histoire literaire de la France. Confer Mem. de Trevoux 1742 Jan. p. 97.

Inedita ejus sunt *Liber de vita S. Galli* sermone ligato, qui adhuc in monasterio S. Galli superesse dicitur, *Homiliarium, Epistolae ad diversos, Carmen heroicum de miraculis B. Virginis,* et alia, quae narrat Mezlerus. *Chronicon de Abbatibus monasterii sui* est in Bibl. Vaticana, prout testatur Bern. de Montfaucon Bibl. Bibliothecarum MSS. p. 74.

Vide Trithemium de Script. Eccles. c. 246. Balaeum Cent. XIII. 9. Pitseum c. 112. Jod. Mezlerum de viris illustr. S. Galli II. 69. Jo. Egonem de viris illustr. Augiae divitis I. 12. II. 13. Leyseri Historiam Poëtarum medii aevi p. 235. Hist. literaire de la France tom. V. p 59 sq.

S. WALBURGA vel *Walburgis,* natione Angla, SS. Winibaldi et Willibaldi soror, S. Bonifacii neptis, in pietate Christiana et studiis litterarum bene versata, una cum aliis virginibus in Germaniam vocata est, ut ibi cursum Evangelii promoveret. Vixit circa a. C. 780 et scripsit *Hodiporicon S. Willibaldi.* Haec Pitseus c. 120. Hoc *Itinerarium* una cum *vita S. Wunibaldi* edidit Canisius Antiqu. Lect. tom. IV. part. 2. edit. novae tom. II. part. 1. p. 99 et Sanctimoniali Heidenheimensi in ipsa inscriptione tribuit. *Hodoeporicon* solum editur in Actis Sanctorum tom. II. Julii p. 500. *Vita S. Wunibaldi* sola a Surio d. 18 Dec. Canisius quoque ex glossa Codicis Rebdorfiani docet, bis auctorem Walburgam vocari, vitam vero Wunibaldi ab alio quodam scriptam esse asserit, quia Walburgis in ea mentionem facit. Jac. Basnagius de Walburgi rem in medio relinquit: Mihi vero testimonium Pitsei pondus aliquod habere videtur, qui narrationem suam procul dubio ex ipsa Anglia nactus est. Adde God. Henschenium in Actis Sanctorum Febr. tom. II. p. 69, 70 ubi 75, 76 quaedam ex *Hodoeporico* et *Vita Wunebaldi* eduntur, et tom. III. p. 511 seqq. ubi vita ejus a variis auctoribus conscripta cum Commentario praevio editur. Jo. Bapt. Sollerius in Comm. praevio ad vitam S. Willibaldi pag. 488 ex ipso Itinerario multa adfert, quae Walburgam Itinerarii auctorem probabiliter faciant. Quia vero Adalbertus Abbas Heidenheimensis in vita S. Willibaldi dicit, Walburgam asserere, se Richardo Rege genitam, hoc vero in Hodoeporico non exstat, concludit exinde Sollerius, Hodoeporicum, quod nunc editum est, Walburgae non esse.

WALDECCENSE *Chronicon* auctoris recentioris sec. XVII exstant in Collectione Sim. Frid. Hahnii tomo I. p. 803. Conjicit quidem Hahnius, Danielem Prasserum, cujus p. 864 mentio fit, auctorem esse potuisse, sed nihil inde in rem nostram concludi potest.

WALDEWINUS, Wigorniensis Episcopus circa a. 1200. *Sermones* reliquit. Balaeus Cent. X. 51. Pitseus c. 276.

WALDRAMMUS, Monachus et postea Decanus monasterii S. Galli, Graece quoque non indoctus, qui Epistolas Canonicas Graecas manu sua describere potuit. Ekkehardus in vita Notkeri c. 20. Tandem factus est Episcopus Argentoratensis, et a. 893. Concilio Triburiensi interfuit. Versus quosdam *in adventu Regis* factos scripsit, qui inter reliqua Carmina monachorum S. Galli exstant apud Canisium Lect. Ant. tom. II. part. 3. p 214. *Carmina duo* ad Salomonem Constantiensem ibidem p. 248, 249 et in Bibl. PP. maxima tom. XVI. p. 1304. *Psalterium* quoque in linguam vernaculam transtulit, qui Codex in Bibliotheca S. Galli diu fuit asservatus. Vide Observationem Jac. Basnagii, Jod. Mezlerum de viris illustr. S. Galli l. 25. Leyseri Historiam Poëtarum medii aevi p. 271. Hist. literariam Galliae tom. VI. p. 166.

WALDUS vel etiam *Ubaldus de Luca*, a patria sic dictus, Ord. Praedicatorum sec. XIV. Scripsit *Summam*, *quam intitulavit Sententias Sententiarum omnium Doctorum super Sententias quaestiones scribentium*, *Expositiones quarundam auctoritatum Sacrae Scripturnae*, *de civitate Beatorum*, *et de dotibus corporis et animae Beatorum*, *de civitate Babylonis et de septem vitiis capitalibus* Jac. Quetif de Scriptoribus Ord. Praedicatorum tom. I. p. 732.

WALLENUS, natione Scotus, Simonis Comitis Huntingtoniensis filius, Regum Scotiae avunculus, primum Canonicus regularis, deinde monachus Cisterciensis in Wardona et Rievalle, tandem Abbas Melrosensis, obiit a. 1163. Scripsit *Comment. in Regulas Ecclesiasticas*, *Expositionem in Genesin*, *dc silentio claustrali*. Car. de Visch de Scriptoribus Ord. Cisterciensis p. 316.

WALRAMUS, ab aliis scribitur *Waleramnus*, *Gualeramus*, *Walrabanus*, Epi-

scopus Numburgensis ab a. 1090 ad 1110 a partibus Henrici VII. adversus Gregorium VII. stetit fideliter. Ejus sunt:

1. *Epistola ad Ludovicum*, Thuringiae Landgravium, qua ipsum monet, ut, Pontifice deserto, Imperatori fidem exhibeat. Ediderunt eam Dodechinus in Appendice ad Marianum Scotum a. 1990. Baronius b. a. n. 5. Goldastus in Apologia pro Henrico IV. p. 51. Lünigius in Spicilegio Ecclesiastico Archivi Imperialis part. II. Append. p. 146. Leuckfeldius in Antiqq. Halberstadensibus p 693. Verum Ludovicus in responsione, quam Herrandus Episcopus Halberstadensis scripsisse dicitur, indignis modis nostrum tractat.

2 *De unitate Ecclesiae conservanda*, *et de schismate inter Imperatorem et Pontificem*. Inventus est primum ab Ulrico Hutteno et 1520. Moguntiae, 4 editus: postea Simon Schardius inseruit Collectioni de Jurisdictione et auctoritate Imperii, primum illi locum tribuens: deinde Goldastus Apologiae pro Henrico IV. p. 53. Vide Jac. Burckhardum de vita Hutteni part. II. p. 28 et Nostrum supra libro III. p. 1184.

3 *De investitura Episcoporum per Imperatores facienda* libellus in Collectione Schardii de Jurisdictione Imperiali n. 14.

4 *Epistolam ejus de S. Leonardo Confessore* ediderunt Martene et Durand Collect. amplissimae tom. I. p 635. Data est autem ad serenissimam matronam domnam Gertrudem, quae fuit, ut conjiciunt Editores, Ecberti marchionis Saxoniae (vel Misniac potius) filia, relicta Henrici Comitis de Northeim, avia Lotharii Imperatoris.

5. Aliam *Epistolam ad Anselmum Cantuariensem*, quae in hujus Operibus p. 137 sqq exstat, additis notis p. 578 supra tomo I. p. 298 memorat Fabricius.

6. Ejus quoque *Epistola ad Ecclesiam Bambergensem*, qua excommunicatum aliquem vitandum esse indicat, in Codice Udalriciano, tomo II. Corporis scriptorum medii aevi Jo. Georgii Eccardi p. 263.

Adde de ipso Acta et Facta Praesulum Nuenburgensium in Syntagmate Paulliniano p. 133. Sagittarii Historiam Episcoporum Numburgensium § 11.

604 WALTERUS

WALTERUS, vide supra GUALTHERUS.

WALTERUS Abbas, nescio quis, scripsit *Vitam S. Vindiciani*, quae MS. habetur in Bibl. S. Vedasti Atrebatensis, teste Ant. Sandero in Bibl. Belgica manuscripta p. 73.

• WALTERUS *Abbas* s. Vedasti Atrebatensis scripsit *vitam S. Vindiciani Atrebatensis*, quae nondum prodiit: eius tamen epitomen vulgavit Haraeus in suo opere de vitis Sanctorum. Obiit teste Mabillonio A. 1091. die XI. Martii.

WALTERUS *Bower*, vel etiam *Bowyer*, Scotus, natus a. 1385 postea Jo. Forduno, historias suas scribenti amanuensis adfuit, et quae ille in itineribus didicerat, ab illo accepit: Tandem factus est Abbas monasterii S. Columbae. In Jo. Forduni *Scotichronico* libri quidam ab ejus manu profecti sunt, in quibusdam codicibus etiam totum opus hinc inde interpolavit. Quae vero omnia Thomas Hearne in editione novissima *Scotichronici* Oxon. 1722, 8, 5 Voll. omisit: Cujus praefatio integra multa de hoc Bovero notatu digna profert. *Continuatio* autem *Walteri Boweri* in hac nova editione incipit lib. V. c. 46 anno Christi 1385 tomo IV. p. 1063 usque ad a. 1425 et ad finem hujus tomi. *Prologus Boweri* in hoc opus exstat tom. V. p. 1393 et *alia praefatiuncula* p. 1403. Fragmentum Boweri, quod ad bellum de Bannokburne pertinet, ex Codice MS. Comitis Oxoniensis edidit Hearne in Appendice ad Jo. Glastoniensis Chronicon p. 577.

WALTERUS, vel *Gualterus*, Cabilonensis Ecclesiae primum Archidiaconus, deinde ab a. 1080 usque ad 1111. Episcopus. Scripsit *Epistolas nonnullas pro monachis Cisterciensibus*, quarum una exstat tom. I. Annal. Cisterciensium Angeli Manrique p. 70 Vide Ludovici Jacobi lib. I. de claris scriptoribus Cabilonensibus p. 6 qui et auctores bene multos, ejus mentionem facientes, allegat. Vide multis Galliam Christianam tomo IV. p. 887 seqq.

WALTERIUS *de Moda*, monachus Cisterciensis in monasterio B. Mariae de Thosan, vulgo *Doest* in Flandria, circa a. 1281. Scripsit metrice *Compendium vitae B. Torphinii Episcopi Hamariae in Norvegia*,

quod edidit Car. de Visch in Bibl. Scriptorum ord. Cisterciensis p. 316.

WALTERUS, Subdiaconus *Spirensis*, ibidem beneficio Balduini vel Balderici Episcopi literis imbutus, vixit et scripsit.

Cum primum regno successit tertius Otto, ut ipse libro VI. operis jam memorandi sub finem aperuit. Scripsit *vitam S. Christophori* metrice libris VI. quorum primus ab ipso inscribitur *Scholasticus*, quippe in quo rationem vitae juvenilis et studiorum suorum reddit. Edidit opus Rev. Pezius Thes. noviss. Anecdotor. tomo II. part. 3. p. 27. Eandem *Vitam* scripsit etiam prosaice, quam edidit idem l. c. p. 97. Adde Mabillonii Iter Germanicum p. 64, 65 edit. Fabricianae.

WALTERUS *de Verdinio*, forte Virodunensis, ord. Praedicator. sec. XIV. scripsit *Summam ad omne propositum secundum ordinem Alphabeti ad reperiendum omnes auctoritates Sanctorum et Sacrae Scripturae pro praedicatione*, quae MS esse dicitur in conventu Autissiodorensi. Jac. Quetif de Scriptoribus ord. Praedicatorum t. I. 732.

WALTRAMUS, vid. supra WALDRAMUS. *Joannes Koelver de* WANCKOM, Professor Juris Canonici in Acad. Coloniensi a. 1460 scripsit *Summaria et Conclusiones tam Glossarum, quam Doctorum supra Sextum Decretalium*, Colon. 1463 fol. *Summaria et Conclusiones circa Clementinas*, ibid. 1481 fol. Vide Oudinum tomo III. p. 2703.

WANDELBERTUS, Diaconus et monachus Prumiensis monasterii circa a. 850. Scripsit *Martyrologium* carminice, quod Bedae prius adscripserunt (vide supra lib. II. p. 498.) editionem novam Phil. Labbeus promisit in Bibl. nova MSS. p. 64. integrum autem edidit Lucas Dacherius Spicil. tom. II. p. 39. tom. V. p. 305. editionis veteris sub finem p. 62. additur *Carmen de Creatione mundi*, quod in editione priore spicilegii desiderabatur. Adde Trithemium de scriptor. Eccles. c. 316. Bulaeum hist. Univers. Parisiensis tom I. p. 447.

Bollandum in praefatione generali ad Acta Sanctorum, ante tom. I. Januarii p. 51. Baronium de Martyrolog. c. 9. Sollerium praef. ad Usuardi Martyrologium cap. I. artic. 3. *Vitam et miracula S. Goaris presbyteri* jussu Marcwardi Abbatis sui conscripsit circiter a 939. editam a Surio d. 6. Julii, Mabillonio Seculo II. Benedictino p. 281. *Miracula* tantum, omissa vita, dedit Jo. Pinius in Actis Sanctorum t. II. Julii p. 337. Vide Oudinum t. II. p. 149. Hist. literaire de la France t. V. 377.

* Praeteriisse pigeret editum a Dacherio Wandelberti Martyrologium interpolatum esse, si quid aliud maxime. Integrius ac purius legitur in MS. Codice Biblioth. Canonicor. S. Martini Lucensis. Interpolationis hujus unicum hoc ex multis specimen hic exhibendum duco ex mense Januario acceptum. Ibi vero ita legit Dacherianus Codex.

Tum pridie nonas Augenti festa recurrunt.

Codex Chatedralis :

Tum pridie Nonas Aggei festa recurrunt.

Ita profecto scripsit Wandelbertus; cum Aggei cuiusdam martyris nomen hac ipsa die in Hieronymianis vetustis Martirologiis occurrat. Hoc igitur sublato Martyre minus noto, alterum sibi forte magis celebrem Augentum, seu Augendum, interpolator substituit; nisi forte non interpolatoris, sed imperiti exscriptoris hoc vitium esse malueris. Haec igitur dum recolo subit animum cogitatio, num operae praetium facturum sim, si novam Martyrologii huius editionem moliar; quod opportune tunc praestitero cum nova Martyrologii a Florentino, gentili meo excusi editio ex integro a me recensita, novisque accessionibus illustrata proferetur in lucem.

WARINUS, Clericus primum Leodiensis, post monachus Gorziae tandem Abbas Metensis in monasterio S. Arnulfi, circa a. 1060. Ejus prostat *Epistola* qua respondet Joanni Abbati Fiscamnensi. Is autem repetebat ab eo Benedictum monachum suum, ex Judaeo Christianum, qui in monasterium S. Arnulfi transmissus per plures annos ubi versatus fuerat. Habetur apud Mabillonium Anal. p. 454. in editione t. I. 225.

WARMANNUS, antiqua Comitum Kiburgensium et Dillingensium stirpe ortus, monachus primum Augiao divitis, post a. 1026. Episcopus Constantiensis fuit, mortuus a. 1034. Scripsit *vitam S. Priminii*, fundatoris coenobii Augiensis et Episcopi Meldensis. Jo. Egon de viris illustr. Augiae divitis II. 26. Illa vita edita est primum a Christoph. Browero in Sideribus Germaniae, post a Jo. Mabillonio Sec. III. Benedictino part. 2. pag. 140.

WARNAHARIUS, vel *Warnacharius*, Presbyter Ecclesiae Lingonensis in Galliis, initio seculi VII. A Ceraunio Episcopo Parisiensi rogatus Acta martyrum descripsit, ex quibus adhuc exstant *Acta SS. Tergeminorum*, h. e. Speusippi, Eleusippi et Meleusippi, edita a Surio d. 17. Jan. p. 392. et Bollando tom. II. Jan. p. 76. quem etiam confer p. 73. item *Acta S. Desiderii Episcopi Lingonensis*, qui sec. II. martyrium subiit, quae exstant in Actis SS. Maji tom. V. p. 244. Praefatio horum Actorum ad Ceraunium habetur etiam in Gerardi Dubois Hist. Eccles. Paris. III. 6. n. 12. Vide Historiam Galliae litterariam t. III. 524.

WARNERUS, monachus, et forte quoque Abbas Westmonasteriensis, a. 1092. *Homiliarius* cognomine, quia librum Homiliarium conscripsit. Ejus sunt praeterea *Fasciculus temporum*, et *Defloratione Sanctorum Patrum*, quod opus Pitseus Basil. 1494. impressum esse dicit. Vide Balaeum Cent. X. 39. Pitseum c. 173.

(343) Vide infra WERNERUS, cuius potius *Fasciculus temporum*.

WARNERUS de Botis, ord. Praedicatorum circa a. 1314. Scripsit *super Evangelia de tempore per totum annum.* Jac. Quetif de Scriptoribus ord. Praedicatorum t. I. 532 ex Possevino t. II. Apparatus p. 547.

WASELINUS Abbas S. Laurentii in suburbio Leodiensi, scripsit *Epistolam* ad Florinensem Abbatem, *de continentia conjugatorum ante Communionem*, quam edidit Mabillonius Analect. p. 471. Duo autem fuerunt ibi hoc nomine Abbates, prior cognomento *Momalius*, a. 1147. obiisse memoratur : alter ejus successor, nonulla ingenii sui monumenta reliquit, prout testatur Reinerus de Scriptoribus monast. S. Laurentii Leodiensis I. 12. ut sunt : *de concordia Evangeliorum et expositione eo-*

rum, quod imperfectum reliquit: *de vita et miraculis S. Nicolai; Cantus de transfiguratione Domini, de sanctis Agaunensibus, de S. Apollinare martyre.* Eo tempore, Mabillonio teste, Guaselinus ejusdem dioecesis monasterio praefuit, an idem cum posteriore Waselino fuerit, nondum liquet. Unus quoque illorum fuit Prior S. Laurentii, cui Epistolas duas a Reimbaldo Canonico Leodiensi directas esse, ex Codice MS. Alnensi testatur Mabillonius.

* *Liber de consensu Evangelistarum* satis amplus extat iu MS. codice Abbatiae S. Laurentii extra muros Leodienses, quem vidisse se scribunt eruditissimi authores secundi Itineris Literarii p. 188. qui et monent epistolam illam *de continentia coniugatorum* a P. Mabillonio vuigatam non quidem ad Abbatem Florinensem, prout legitur in Mabillonio, sed ad Abbatem Monasterii de *Flonne* Ord. S. Augustini, quatuor mille passibus a Leodio dirigi, ut se legisse in MS. Codice S. Laurentii authori coaevo testantur.

Busso WATENSTEDIUS, Mindensis, pistoris filius, a. 1460. Canonicus Hamelensis, scripsit *Chronicon Mindense*, quod cum annotationibus suis in Syntagmate rerum Germanicarum edidit Christ. Franc. Paulliui, Frf. 1697. 4.

Annales WAWERLEIENSIS monasterii in Anglia, ord. Cisterciensis, in agro Surregiensi, ab a. 1066. ad 1291. exstant t: II. Script. Anglicorum Galei p. 129 seqq.

WASO, WAZO et *Guaso* alias dictus, fuit primum Capellanus Leodii, deinde Scholarum magister, Capellanus Henrici III. Imp. Decanus Leodiensis, Prepositus et Archidiaconus, tandem a. 1042. Episcopus Leodiensis, obiit a. 1048. Vitam ejus dedit Anselmus Canon. Leod. cum additionibus Aegidii, tom. I. Chapeavillii p. 281 seqq. ubi etiam p. 282. Wazonis *Invectiva in Joannem Praepositum*, qui monero suo satis violenter fungebatur: p. 390. *Epistola ad Henricum Imperatorem*, ne Aquisgranum pergeret: p. 302. *Epistola ad Episcopum Catalaunensem*, in qua monet, ne haeretici, qui tunc erant Manichaei, supplicio adficerentur. Nam, ut obiter hoc

adjiciamus, ex solo pallore haeretici judicabantur, sic ut multi quoque ex Catholicis eo praetextu trucidarentur. p. 303, 304. *Epistola alia ad Caesarem*, ne electioni Pontificis se immisceat. Vide Val. Andreae Bibl. Belgicam p. 849.

* Viri huius sancti vitam non unus tantummodo Anselmus canonicus Leodiensis scripsit, sed et operam suam illi junxit Alexander Canonicus alter Leodiensis, qui ambo in continuatione sua ad Historiam Episcoporum Leodiensium Gesta huius Episcopi descripserunt. Hanc vero Historiam post editionem Chapeavilli iterum ex alio MS. Codice produxit P. Martene in collectione Monum. T. IV. pag. 894 etc. In utraque hac editione literae hic indicatae racpraesentantur, sed praeterquam quod apud Martene *Invectiva ad Joannem Praepositum* integrior est, reliquae etiam epistolae in multis valde discrepant ab iis, quae in priori editione leguntur. Caeterum Bibliothecarius noster hic omisit *Epistolam* aliam Wasonis *ad Henricum I Regem Galliae*, qua illum monet ne bello lacessat Henricum Nigrum, occupatum in Itinere Romano, qua ad obtinendum Imperii coronam se contulerat. Vide Historiam Litter Galliae T. VII. 591.

WEDECHINDUS *Duldorp*, Vicarius, dubium Hamelae an Mindae, *Poëmata* dedit in Episcopos Mindenses, quos singulos tristicho complectitur: pertigit autem usque ad Wülbrandum, qui circa a. 1437 obiit, unde aetas illius forte conjicienda. Editus est cum Watenstedio, de quo modo egimus.

Monachus WEINGARTENSIS, nomen habet a monasterio *Weingarten* in Suevia, dioecesis Constantiensis, ord. S. Benedicti, non procul a Ravensburgo, civitate imperiali. Scripsit *Chronicon de Guelfis Principibus*, qui monasterii laudati fundatores fuerunt, usque ad a. 1191 pertingens. Editum est primum a Canisio Antiquarum Lectionum tomo I. p. 176 edit. prioris, in recentiore vero tomo III. part. 2. p. 577 deinde a Leibnitio Scriptorum Brunsuicensium tomo I. p. 781 accedunt Emendationes et Supplementa e duobus Codicibus antiquis tomo III. p. 657. Vide Jo. Davidis

Koeleri, Viri Celeberrimi, Programma inaugurale de fide et autoritate Monachi Weingartensis, Goettingae, 1735 ubi multa invenies notatu dignissima.

Annales WEINGARTENSES ad historiam Sueviae et Bavariae multum conducentes ab a. 811-877 editi sunt a Mabillonio in Analectis p. 368.

Aliud *Chronicon* WEINGARTENSE a nato Christo usque ad a 1197 historiam potissimum universalem tractat, et a Canisio post Chronicon de Guelfis editum est.

WENCESLAUS *de Crumlovia*, Decanus Ecclesiae Pragensis, Librum *de LXX. erroribus Jo. Rokyzani. haeretici* conscripsit, Bohuslao Balbino visum. Vide Ge. Conradi Riegeri Historiam fratrum Bohemorum, vernaculo sermone conscriptam, Vol. II. p. 777.

WENCESLAUS *Payer.* de *Cubito*, Bohemus, ex urbe *Elnbogen*, quae vox *Latine* cubitum denotat, Medicus Lipsiensis, sub finem seculi XV. et initium XVI. Scripsit *Tractatum de Thermis Carolinis*, adjecto *Consilio de Peste*, Lips 1522, 4 et 1614, 8 additis aliorum Medicorum de hoc argumento epistolis. Mercklini Lindenius renovatus p. 1050.

WENDELINUS *Steinbach*, Butzbaco, Wetteraviae oppido, oriundus, Tübingae literis incubuit, et ibidem primo plebanus in arce, deinceps Theologiae Doctor ac Professor a. 1489 constitutus est. Scripsit *Supplementum in XXVII. Distinctiones ultimas Sententiarum,* quae in Opere Gabrielis Biel, Praeceptoris ejus, defuerant, Tubing. 1520 fol. et alibi cum opere Bielis. Manuscripta ejus ibidem servantur: *Epithoma tractatus de Simonia D.* Conradi *Summerhard*, *Accurtatio tractatuum ejusdem de suffragiis defunctorum et de Matrimonio*, *Comment. in Epistolas Pauli ad Philippenses, Colossenses et Laodicenses, Sermones et Disputationes variae.* Moserus de Professoribus Theologiae Tubingensibus.

WENERICUS, vide supra *Venericus*.

WEREFRIDUS, aliis *Wirofridus*, in aula primum Alfredi Regis Angliae, deinceps Episcopus Wigorniensis circa a. 900. *Gregorii M. Dialogorum libros* in Linguam Saxonicam transtulit. Balaeus Cent. X. 29· Pitseus c 135. Lelandus c. 118.

WEREMBERTUS, patria Curiensis, monachus S. Galli, Rabani Mauri discipulus, linguae Graecae, historiarum, Theologiae et Musices peritus, vixit a. 862. Scripsit *in Genesin,* (a) *Sermones, Epistolas, Epigrammata, in Evangelia, Hymnos de Christo et Sanctis.* Haec Jod. Mezlerus de viris Illustribus S. Galli I. 16. Monachus Sangallensis, qui de vita Caroli M. scripsit, se multa de religiositate et Ecclesiastica Caroli cura ex ore illius scripsisse ait, patrem quoque illius Adalbertum vocat. Adde Bulaei hist. Academiae Parisinae tom. I. p. 640 et 647. Trithemii Catal. illustrium Germanorum. Lambecium Bibl. Vindobonensi tomo II. p. 452. Hist. literaire de la France tom. V. p. 605.

WEREMBOLDUS, monachus Hirsaugiensis, Ord. S. Benedicti a. 988 scripsit *de laude Martyrum.* Ex Eisengreinio Possevinus tomo II. Apparatus p. 547.

WEBNERUS, vide IRNERIUS.

WERNERUS, Abbas *S. Blasii* in Silva nigra, Ord. S. Benedicti, circa a. 1210. Scr.psit *Deflorationem s. Excerptionem Sanctorum Patrum* super Evangeliis de tempore, Basil. 1494. *Sermones* plures et elegantes. Miracus de scriptorib. Eccles. p. 63.

WERNERUS *Laërius* cognomento (b) *Rolevink*, Westphalus Cartusianus in coenobio Coloniensi per annos 48 obiit a. 1502. Edidit 1. *Fasciculum temporum*, h. e Historiam universalem ab orbe condito ad sua tempora. In Bibl. Scholae nostrae Crucianao exemplar adest in folio, sine nota loci et temporis, quod indicem praefixum habet, et usque ad a. 1490 pertingit. Prodiit vero etiam editio Colon. 1480 fol. et versio Belgica eodem anno Ultrajecti impressa, Aug. Vind. per Erh. Ratdolt, 1481, 1483 fol. Colon. per Heor. Quentel. 1481 fol. Venet. per Erh. Ratdolt 1485 fol. Ar-

---

(a) Non *Apocalypsin*, vid. Sandii notas ad Vossium, p. 54.

(b) Tres hoc nomine adducit Sincerus de libris rarioribus p. 87.

gent. per Joannem Pryss. 1487 fol. Lovanii apud Jo. Veldener, 1476. Spirae, per Petrum Drach, 1477 fol. Paris. apud Jo. Parvum 1512, 4. Adde Fabricium nostrum V. GUARNERUS. Jo. Pistorius sub initium tomi II. Rerum Germanicarum repetiit, cui additum est supplementum Jo. Linturii usque ad a. 1514. Gallica versio Petri Sarget prodiit Paris. 1505 fol. Belgica Anonymi. Ultrajecti a. 1480 fol. Utraque est in Bibl. Regia Dresdensi teste Cel. J. C. Goetzio in Memorab. illius Bibliothecae Vol. I. p. 430, 433.

2. *De moribus et situ antiquorum Saxonum* lib. III. quem titulum aliqui sic ponunt: *De laude Westphaliae;* nam Westphalia antiquis dicebatur Saxonia. Prodiit liber primum sine anno et tempore adjecto in 4 post Coloniae 1514 curante Ortwino Gratio 4 et 1602 demum tomo III. Scriptorum Brunsuicensium Leibnitii p. 606.

3. *Quaestiones XII. pro Sacrae Theologiae Studiosis*, Colon. apud Arnoldum Therhörnen 1457, 4 editas esse docet Leibnitius praef. tomi III. citati p. 20.

4 *Paradisus conscientiae*, ibid. impressus.

5. *Sermo de S. Benedicto*, quem impressum ait Morotius et Trithemius.

Reliqua ejus sunt inedita, *Vita D. Pauli, Formula timoratorum Episcoporum, item Canonicorum et Presbyterorum secularium, de vera nobilitate et ejus origine, de Hospitalariis et operibus misericordiae vacantibus, de Kalendario et Martyrologio, de excellentia Alberti Magni. Epistolae innumerae*, praesertim ad Trithemium (non Possevinum, ut scribit Morotius) qui etiam ipsum in cella sua inviserat. Vide hunc de script. Eccles. c. 929 de script. Germ. c. 246. Theod. Petreji Bibl. Cartusianam p. 259. Car. Jos. Morotii Theatrum Chronol. ordinis Cartusiensis p. 113.

WERNERUS alius Cartusianus, eodem modo ab Historicis hujus ordinis describitur, quo a Fabricio nostro supra V. FASCICULUS Cartusiani differunt, et ajunt eum a. 1400 vixisse, et forte a Victorinis ad suos transiisse. Opus quod *Enucleamenta Biblica* inscripsit, dicunt impressum esse Parisiis 1518 apud Petrum Gomarscium.

Alius Wernerus Cartusianus est, cujus librum *de Venerabili Sacramento Eucharistiae*, una cum Alegri Opusculo Coloniae edidit Petrus Quentelius 1535.

Theod. Petreji Bibl. Cartusiana p. 296. Car. Jos. Morotii Theatrum Chronol. Ord. Cartusiensis p. 75

WERNERUS *Titianus*, patria Juliacensis, a villa *Titn* nomen nactus, sec. XVI. primum in monasterio Canonicorum regularium S. Augustini Novesii institutus, deinde Prior coenobii Marbacensis in Alsatia fuit, tandem cum monasterium Novesiense solo aequatum esset, ejus quoque Prior, multa pro libertate monasterii sui pugnavit. Scripsit *Annales Novesienses* ab a. 690-1592 editos in Martene et Durand Collect. ampliss. IV. p. 523.

WERNHARUS, Abbas monasterii Altahensis in Bavaria, obiit a. 1317. *Epistolas* illius XXXVII. ediderunt Pezius et Hueberus in Codice diplom. part. II. p 208.

WERNHERUS, Lector Minorum Ratisponensium Sec. XIII. vel initio sequentis, scripsit *Librum Soliloquiorum*, quem ex Codice Mellicensi, qui apographum est Codicis Tegernseensis, edidit Bern. Pezius Biblioth. Asceticae tom. IV. p. 41. Observat Editor Reverendus, illum quaedam ab Anselmo mutuatum esse.

WERTHINENSE monasterium in Comitatu Marcano situm ad Ruram fluvium, cujus colonia est monasterium S. Ludgeri apud Helmestadium. Chartularium illius dedit Leibnitius tomo I. Scriptorum Brunsuicensium p. 101. Excerpta vero ex Necrologio illius tomo III. p. 717. Alias Syllogen Abbatum illius ab Henningo Hagen elaboratam exhibet idem tomo III. p. 600 et Carmen Uffingi in laudem ejus p. 604.

WESSELUS *Grönihgensis*, vide supra JOANNES *Wesselus*.

WETTINUS, Monachus Augiae divitis (*Reichenau*) in dioecesi Constantiensi, Waldonis ibidem Abbatis consanguineus, et scholarum monasterii praefectus. Sub finem vitae a 824 extra se raptus, et ab Angelo, ut ajunt, e corpore ductus, reductusque miranda arcana in coelo, purgatorio et inferno vidisse et audivisse traditur, quae Heito Episcopus et Abbas Augiensis prosaice, (v. supra HEITO) metrice autem Walafridus Strabus descripserunt. Nihil scripsit, quod huc usque cognitum sit, mentio autem illius ideo injicitur, quia Arnoldus Wion in Ligno Vitae II. 79 eum primo Canonicum S. Augustini, deinde Metensem S. Vincentii monachum facit, quem *Uguetinum* vocat, hominem pium et sanctum, quod ex Tractatu, quem de visione sua terribili scripsit, constare possit. Tractatum vero illum in persona Fratrum Metensium invenire licet in Libro trium virorum et trium spiritualium virginum, et lib. VIII. Collat. Predenbachii cap. 39. Sed rem totam multis verbis refutat Jo. Egon de viris illustribus Augiae divitis II. 7 cujus etiam verbis hic usi sumus. Observat enim ille, ipsissimum esse opus Heitonis sive Hattonis Episcopi, sed cui audaculus aliquis sequentem praefationem e cerebello suo efficlam attexuit: *Visio Uguetini prius Canonici, postea Monachi, quam ostendit illi Deus per Angelum, et quam nos Fratres ejus ipso narrante scripsimus, servi sancti Vincentii Metensis etc.* Adde Magnoaldi Ziegelbaur Conspectum rei literariae Ord. S. Benedicti part. I. p. 93. Pagium ad a. 824 n. 20.

Guilielmus WHITLOCK, Canonicus Lichfeldensis, additamenta collegit ad Thomae de Chesterfield Seriem Episcoporum Lichfeldensium et Coventrensium, ab a. 1357 usque ad a. 1559. quae habetur in Anglia Sacrae Whartoni tom. I. p. 4.

WIBALDUS, aliis *Guibaldus*, *Wiboldus* et *Guicboldus.* claro genere apud Leodios natus, ex nobilibus scilicet *de Pratis.* Ab ipsis incunabilis in monasterio Stabulensi educatus fuit, deinde ad Leodiensium scholas perrexit, ubi adhuc a. 1115. versatus est, a. 1117 vero ad Walciodorense monasterium se contulit. Ubi scholas ipse rexit, donec a. 1130. Stabulensium Abbas, a. 1136. Casinensium, denique a. 1137. Corbeiensium creatus est, ubi a. 1158 fatis concessit. Magna auctoritate fuit apud Lotharium Imp. qui eum in Epistola ex archivis Casinensibus a Mabillonio protracta *Romani imperii archicancellarium* vocat. Exstat in

vita nostri p. 165. Negotiis quoque civilibus et bellicis multum interfuit. De vita ejus confer Petri Diaconi Chronicon Cassinense IV. 124 seqq. Schatenium in Annalibus Paderbornensibus. Omnium vero industriam superarunt Edm. Martene et Ursinus Durand qui tomo II. Collectionis amplissimae Vitam Wibaldi a p. 133-183 copiose satis elaborarunt. Iidem Duum viri *Epistolas* ejus CCCCXLI ex Codice Stabulensi *coγχρονω* ediderunt, a p. 183 seqq. cum huc usque non nisi una fuerit edita tom. II. Spicilegii Dacheriani p. 708 edit. novae, et in Actis Sanctorum tom. III. Aprilis p. 807 ad Theodericum Abbatem Walciodorensem, quae in hac Collectione sexto loco posita est.

WIBALDUS, civis, post a. 965. Episcopus Cameracensis, Ottoni Imp. familiaris, obiit a. 969. Scripsit carminice *Tractatum de Alea regulari contra Aleam secularem,* ubi de virtutibus Christianis: qui exstat in Historia Episcoporum Cameracensium cum annot. Georgii Colvenerii. Adde Val. Andreae Bibl. Belgicam p. 850 Swertii Athenas Belgicas p. 706. Hist. literariam Galliae tom. VI. p. 311.

WIBERTUS, Archidiaconus Tullensis sec. XI. scripsit *Vitam Leonis IX. Papae,* qui primum Episcopus Tullensis fuerat. Edita est primum a Surio d. 19 April. et Sirmondo Paris. 1615 aucta vero et emendata a God. Henschenio in Actis Sanctorum tomo II. Aprilis p. 648. Jo. Mabillonio Sec. VI. Benedictino parte 2. p. 49. Jo. Ge. Eccardo in Probationibus Originum Habsburgo-Austriacarum pag. 171.

WIBERTUS, monachus Villariensis in Brabantia, Ord. Cisterciensis, scripsit *Epistolam* prolixam ad S. Hildegardem, in qua ipsi quaestiones XXXVIII. proponit, quae cum solutionibus exstant inter opera Hildegardis. Car. de Visch de Scriptoribus Ord. Cisterciensis p. 320, 321.

WICBERTUS, alii *Hunerbertum* vocant, Anglus, patria Deirus, primum Canonicus Eboracensis, deinde Monachus Benedictinus, porro Abbas Wirmouthensis et Giruicensis. Ajunt eum S. Bonifacii praeceptorem fuisse. Scripsisse dicitur *de vita*

Ceolfridi Abbatis Wirmouthensis, et *Epistolas ad diversos.* Balaeus Cent. I. 90. Pitseus c. 95.

WICBODUS, cujus *Quaestiones in Octateuchum* in Codice S. Maximini Trevirensis invenerunt, in tria vero tantum Geneseos capita ediderunt Martene et Durand Collect. ampliss. IX. p. 293 dubium est, quis fuerit. Sub initium Codicis exstant haec verba: *Carolus Rex Fraucorum et Longobardorum, ac patricius Romanorum, hunc codicem ad opus suum scribere jussit.* An igitur Wigbaldus ille sit, Caroli Magni sub Itherio et Radone Archicancellariis notarius; an Widbaldus, quem teste Astronomo, idem princeps circa a. 778 praefecit Petragoricis, incertum est. Opus autem ex dictis sanctorum Patrum, Augustini, Gregorii, Hieronymi, Ambrosii, Hilarii, Isidori, Eucherii, Junilii contextum est, quorum verba retinuit. Et quia maxima Geneseos pars purum Hieronymi atque Isiodori textum fere exprimit, sequentes vero libri unum Isidorum exhibent, plura Duumviri laudati edere noluerunt. Ipse tamen Codex usui esse potest illis, qui futuro tempore Hieronymi et Isidori opera denuo recensebunt. Adde Historiam literariam Galliae tom. IV. p. 177.

WICHARDUS Baro *a Polheim* Austriacus, primo Decanus, deinde Archiepiscopus Salisburgensis, mortuus a. 1315. scripsit *Continuationem Hermanni Contracti* ab a 1279-1310. (Possevinus *Chronicon Austriae* vocat) quae quondam extabat Viennae MS. apud Wolsgangum Lazium, nunc in Bibliotheca Viennensi. Haec Possevinus tomo II. Apparatus p. 548. Lambecius in Catalogo librorum a se editorum p. 54. qui ipsum una cum aliis auctoribus editioni paraverat.

WIDBERTUS, aliis *Guibertus*, Abbas tertius monasterii in Valle S. Petri Carnuti, a sanctis moribus laudatus, obiit inter a 981. et 986. Scripsit *Vitam et martyrium* (de S. Eman) *S. Amantii*, quae adhuc manuscripta circumfertur. Ita Jo. Liron in Bibl. Carnotensi (Bibl. Chartraine) p. 7. 8. sed ostendit Autor Hist. literariae Gallicanae tomo VI. p. 407. illam in Actis Sanctorum 16. Maji dudum esso impressam.

WIDI monachi circa a. 1000. *Epistola* ad Heribertum Archiep. Coloniensem edita est tomo I. Miscellaneorum Baluzii p. 412.

WIDRADUS, Abbas Flaviniacensis an. 748. cujus *Testamentum duplex* exhibet Mabillonius sec. III. Benedictino part. 1. pag. 683. 688.

Joannes WICLEF, *Wiklyf,* Lelando *Wicoclivus*, aliis aliter, Anglus, in septentrionali insulae parte, locum quidam *Wiked life* vocant, natus et educatus, Collegii Mertonensis in Academia Oxoniensi socius, Collegii quoque Cantuariensis ac Baliocensis Praefectus, et Rector Ecclesiae Luttervordiensis, obiit a. 1387. ultima die Decembris. De actis et doctrina ejus nolo multa proferre, quia Bibliothecam tantummodo curare meum est. Interim plena de ipso sunt Historiarum volumina, et consulat Lector praeterea scriptores sequentes, qui vitam ipsius data opera describunt.

Petrus Maria Grassus de ortu et progressu haeresium Jo. Wiclefi. Vicentiae, 1707. fol. Gior. de' Letterati d' Italia t. XIV. p. 24. XVII. p. 104. Journal des Sçavans 1709. p. 321.

N. *Harpsfeldii* Historia Wicleffi, a me visa non est.

Thomae *Jamesii* Apologia pro Wiclefo, Oxon. 1608. 4. Anglice.

Jo. *Lewis* historia vitae et Vexationum Jo.Wiclefi. Lond. 1720. 8. Anglice, de quo Bibl. Angloise tom. IX. p. 138. Memoires lit. de la grande Bretagne tom. VII. p. 120. Acta Erudit. tomo VIII. Supplem. p. 205. New Memoirs tom. V. p. 104.

Ejusd. praefatio ad versionem Novi Testamenti a Wiclefo conversi.

Dan. *Neal* hist. Puritanorum, Anglicae (Lond. 1732. 8.) cap. 1.

Bened. *Picteti* oratio de Wiclef). Genev. 1717. 4.

Ge. Conr. *Rieger* in historia Fratrum Bohemorum, libro Germanico. §. 127. seqq.

Stephani Prioris Olomucensis Anti-Wiclefus, Anti-Hussus et alia, edita in Thesauro novissimo Anecdotorum Bern. Pezii tom. IV. parte 2. p. 149.

Ant. *Varillas* hist. haeresium Wiclefi,

Hussi et Hieronymi. Paris. 1681. 12.Gallice.
· Opera ab ipso scripta magnum satis numerum implent, nos initium faciemus ab
impressis.

1. Primum locum occupet *Versio* totius
Scripturae Sacrae in linguam Anglicam, ex
Vulgata versione suscepta, cujus Codices
non pauci in Bibliothecis Angliae latent,
mirum vero est, Anglos eam tam diu ne-
glexisse, quum vel linguae caussa ipsis in
pretio esse debeat. Nostro tempore Jo. Lewis *Novum Testamentum* edidit Lond. 1732.
fol. cum praefatione, quae notitiam versionum Anglicarum exhibet. Evolve Memoires de Trevoux 1733. p. 928. Bibl. rai-
sonnée tom. VIII. p. 479. De ea quoque
agunt Henr. Whartonus in Auctario ad historiam dogmaticam de scripturis et sacris
vernaculis, Jac. le Long. in Bibl. sacra et
alii.

2. *Dialogorum libri IV.* 1525. 4. sine
mentione loci, Basileae prodisse placet
Fabricio.

3. *Ostiolum Wiclefi*, sive Tractatus de
Sacramento Altaris, in quo Transubstan-
tiatio tam e Scriptura, quam Philosophia op-
pugnatur. Norimb. 1546. 8. Oxon. 1612. 12.

4. *Tractatus duo adversus Fratres mendicantes*, Angl. per Jamesium, Oxon.
1608. 4.

5. *Aphorismi* f. *Articuli Wicleviani*, per
Jo. Foxum Argent. 1554. 8.

6. *Confessio fidei*, sive Conclusiones
XVIII. in Synodo Lambethano a. 1377.
exhibitae, apud Foxum in Comment. rerum Eccles. (Basil. 1563. fol.) part. 1. p. 8.

7. *Epistola* ad Urbanum Papam a. 1384.
ibid. p. 16.

8. *Responsum* ad Richardum Regem an.
1377. *de jure Regis et Papae*, ibidem.

9. *Declaratio fidei suae*, et *Conclusiones
plures* apud Walsinghamum ad a. 1378. et
sequentes. In his impressis precipue Whartonum secutus sum.

Plurima Wiclefi nostri sunt inedita, quae
in Bibliothecis Angliae latent, et a Balaeo,
Oudino et Catalogis Anglicis magno numero proferuntur, unde quaedam delibabo.
*Commentarius in Epistolas et Evangelia
totius auni*, Latine, *Expositio in Epistolas
Dominicales*, Anglice, *Commentarius in
Psalmos et alios hymnos ecclesiasticos : de
veritate S. Scripturae : de peccatis mortalibus : de civili dominio : Confessiones binae de Sacramento altaris · de vita Sacerdotum : de regula S. Francisci : Expositio
Symboli Apostolici, Decalogi et Orationis
Dominicae : de abominatione in loco sancto: Speculum secularium Dominorum : de
fundatione Pseudo fratrum : de Christo et
Antichristo: de contrarietate duorum dominorum : de citationibus frivolis et aliis
versutiis Antichristi : Speculum Ecclesiae
militantis*, et alia longe plura.

Ex his titulis conspicimus, Wiclefum
fuisse virum summo ingenio et judicio
praeditum, qui se non abripi passus est a
tenebris illius seculi, sed qui singulari rerum omnium perspicientia corruptionem
doctrinae et vitae cognitam habuit. Hinc
opera ejus aliquot voluminibus conjunctim
edere debebant Angli, neque hunc tantum
thesaurum orbi christiano et coetui puriori
diutius invidere.

* Juvat hic eos recitare libellorum WI-
CLEFI titulos, ex quibus decerptae sunt
impiae eius assertiones ab universitate
Oxoniensi in Epistola ad Archiepiscopum
Cantuariensem vulgata a Wilkins Concil.
Britan. Tom. III pag. 339 etc. censura no-
tatae. Liber inscriptus *de sermone Domini in monte* Libri IV quorum tertius est
de Antichristo idest de Papa. Ex hoc de-
promptae sunt 74 haereticae assertiones.
Libellum de perfectione statuum ex quo
excerptae sunt 33 haereses. Libellus de
ordine Christiano, ex quo 13. Dialogus ex
quo 35. *tractatus* 3 de arte sophistica, ex
quo 20. De dominio civili lib. 3. de quo
43. Tractatus *de Diabolo et membris eius*;
de quo 5. De donatione Caesarea, de quo
haereses 14. *Liber responsorius ad argumenta Monachi de Salley*; de quo haereses 2. *Liber responsorius ad argumenta
Stroadae*; de quo 9. *Libellus de confessione*, de quo 5. *de versutiis Pseudocleri ex
quo* 4.

Quantum vero ex his excerptis intelligimus, nihil viro inerat, ex quo sibi insigne illud, quo a Bibliothecario nostro

mactatur , elogium promeretur. Tota eius scriptio perpetua est debacchatio in viros Ecclesiae addictos ad furorem usque. Multum ibi scurrile , ut illud num. 243. *Sic religiosi nostri possent religionem suam merdosam deserere* etc. n. 5. *Papa est patulus Antichristus* etc. Rudis ubique barbaries : legas enim ibi n. 226. *Ecclesiae servitilior* pro Ecclesiae servus addictior; sic etiam *Ecclesiae amatilior ;* legas pariter n. 221. *Ordines mendicantium sunt dispositi arrabibiliter, ut incurrant ingratitudinem.* Nec in verbis tantummodo sed in rebus etiam ineptit ; ut constat ex illo n. 224. *Quilibet est Deus* etc. et 223 *Non sequitur quaelibet creatura est Deus ergo Deus .est aliqua creatura.* Num. 171. *Ubique omne ens est, cum omne ens sit Deus.* Nec in antiquitatem Ecclesiasticam minus offendit n. 53. *Confessio vocalis facta sacerdoti introducta per Innocentium III non est tantum necessaria ut diffinit; quia si quis solum cogitatu, verbo vel opere offenderet fratrem suum , solo cogitatu , verbo vel opere sufficit poenitere.* In iis etiam ex quibus viri docti laudem sibi a Bibliothecario nostro extorsit, multa, ne dicam omnia sunt in eius etiam sententia indigne et impie dicta· nam Eucharistiae Sacramentum , quod sensu etiam heterodoxorum venerabile est; et reverentia dignissimum indignis et impiis modis traducit. Insuper in eo pariter dogmate sibi perpetuo adversatur ; modo enim ait corpus Christi esse in Eucharistia *substantialiter , corporaliter et demencionaliter attendendo ad modum hostiae secundum naturam suam,* ut est in excerpto 259 modo vero propos. 70 *hostia consecrata est verus panis naturaliter, et corpus Christi figuraliter,* sed apage nugas. En igitur praeclarum scriptorem, cuius operi edendo Anglicana praelia merito desudent.

WIGANDUS *Wirt* f. *Caupo*, ord. Praedicatorum in conventu Francofurtensi Theologiae Lector et Concionator , multas habuit cum Jo. Trithemio et aliis de conceptione B. virginis controversias, contra Trithemium scripsit *Dialogum apologeticum* , contra *Weseli perfidiam* , et contra

eos , qui de conceptione *immaculatissimae virginis male sentiunt.* Oppenheimii 1494. vel 1507. 4. Editionem sine mentione anni et loci memorat Jo. Lud Hockerus in Bibl. Heilsbrunnensi p. 153. *Tractatum de eadem materia sed versibus elegiacis adv. Sebastianum Brant.* Jac. Quetif de Scriptoribus ord. Praedicatorum tom. II. pag. 13.

WIGMORUS , cognomine *Homiliarius* , natione Anglus, sed seculo incerto , scripsit *Sermones per Adventum* , et *per totum annum* , quos Baleus Londini a Roberto Graftono impressos esse dicit , Centur. XI. 4. Pitseus Append. Cent. IV. 75. Dispiciant eruditi, annon hic idem sit cum *WARNERO Homiliario* , de quo superius actum fuit : nam vicinitas et similitudo literarum facile effecit , ut unum pro altero legeretur.

WIGO Decanus monasterii Phyuhtwangensis f. Feuchtwangensis in Franconia , circa a. 980. Ejus *Epistolae XIII.* editae sunt in Codice dipl. Pezii et Hueberi part. 1. pag. 110.

WILBERTUS Alemannus, scripsit ad Talayrandum Petragoricensem S. R. E. Cardinalem *Historiam partium terrae sanctae.* Vivebat a. 1336. Ex Arnoldo Bostio Possevinus tomo II. Apparatus p. 548.

WILFRIDUS *Ripponensis* , in oppido Rippon Angliae septentrionalis natus , primus monachus fuit in coenobio S. Hildae Streneshalcensi , deinde Archiepiscopus Eboracensis et Frisionum Apostolus , obiit an. 710. Vitam ejus scripserunt *Eddius Stephanus* , et *Eadmerus* , de quibus Fabricius noster superius. Scripsit *de Catholico celebrandi Paschatis ritu , de Clericorum tonsura , de regulis Monachorum , de actis et decretis Streneshalcensis Concilii , Epistolas ad diversos.* Lelandus c. 74. Balaeus Centur. I. 88. Pitseus c. 85. Suffridus Petri de scriptoribus Frisiae Dec. IV. 2.

WILFRIDUS , vide supra *S. Bonifacius* , tom. I. p. 240.

WILHELMUS *de Benyne* , Prior de Neubothle , postea Abbas Cupri in Scotia , circa a. 1188. Scripsit *de Vita S. Joannis Scoti , Episcopi S. Andreae.* Car. de Visch pag. 326.

WILHELMUS *Brome* et WILHELMUS

de Dyngton, Custodes Capellae B. Mariae Ecclesiae Parochialis S. Johannis Bapt. Cirencestriae , a. 1460. fecerunt *Registrum Chartarum ae Munimentorum pertinentiam ad Capellam modo dictam.* Catalogus Codicum Dugdalianorum in Museo Asmoleano pag. 16.

WILHELMUS *Bruce*, Scotus, circa a. 1479. sub Antonio Spinola Poloniae Regi contra Tartaros militavit. Ejus sunt , *de bello adversus Turcas gerendo consilium.* Lips. 1595. 8. *De Tartaris Diarium*, Frf. 1598. fol. Ge. Mackenzie de Eruditis Scotis vol. I. p. 460.

WILHELMUS *Cisterciensis*, Abbas, nescio cujus loci aut temporis , scripsit *Sermonem de Assumtione B. Virginis,* qui exstant in Car. de Visch Bibl. Scriptorum ord. Cisterciensis p. 324. seqq.

WILHELMUS *Dean*, Anglus , scripsit ad Papam Alexandrum III. *de nece Thomae Cantuariensis.* Exstat in Bibl. Regia Londinensi. Bern. de Montfaucon Bibl. Bibliothecarum MSS. p. 628.

WILHELMUS *Dempsterus*, Scotus, ex Curestoniorum familia natus*, sec. XIII. Professor Philosophiae , a Parlamento, quid de Philosophia Lulliana statuendum sit, in consilium adhibitus. Scripsit *Examen in Brevem Raimundi Lulli artem.* Lugd. 1514. Ge. Mackenzie de Scotis eruditis vol. I.

WILLELMI *Godellus*, monachus S. Martialis Lemovicensis, scripsit *Chronicam* ab orbe condito usque ad a. 1172. quae exstat MS. Parisiis in Bibl. Regia. Bern. de Montfaucon Bibl. Bibliothecarum MS. p. 946.

WILHELMUS *Kecellus*, Anglus Clericus Beverlacensis, sub finem sec. XI. aut initium sequentis videtur scripsisse *Miracula Joannis Bevertacensis*, Archiepiscopi Eboracensis, quae edidit Henschenius tom. II. Maji pag. 173.

* WILHELMUS Abbas Hirsaugiensis scripsit Astronomica , quae in Codice fere coaevo Emmerrammensi non tam integra extare testatur P. Pez in Cod. Diplomatico p. 259 ex quo libro praefationem ibidem vulgavit. Floruit circiter annum 1073.

WILHELMUS, Abbas Melrosensis in Scotia , ord. Cisterciensis, circa an. 1170.

Scripsit *in Canticum Salomonis*, ac *officio Monachi*, et *ad Joannem Cardinalem, Scotiae et Hiberniae Legatum.* Car. de Visch pag. 326.

WILHELMUS *de Morbecta*, vel *Morbeta*, vide supra MORBECA. Adde Lambecium libro III. Bibl. Vindob. p. 326.

WILHELMUS *Parisiensis*, auctor *Naneeidos*, sive Poëmatis de clade Burgundionum circa urbem Naucejum, a. 1474. unde non semel versus aliquot adducit Maierus Annalium Flandriae lib. 17. qui et p. 371. illum *Poëtastrum Parisiensem* appellat. Haec ex Vossio de Historicis Latinis III. 8. p. 605. Auctorem verum detexit Oudinus tom. III. p. 2674. eumque *Petrum de Blarrorivo*, Parisinum esse docet. Opus illud Nanceidos impressum est in celebri Lotharingiae pago Divi Nicolai de portu ('non a. 1476. ut vult Labbeus . illo enim praelium gestum fuerat) sed a. 1518. fol. Maittaire tomo II. p. 323. qui tamen pagi Lotharingici nomen mutilavit. Illum Petrum vero Fabricius noster supra suo loco omiserat.

WILHELMUS *de Prato*, ord. Praedicatorum , scripsit *de Eruditione Principum*, qui liber bis occurrit in Bibl. Vaticana. Bern. de Monfaucon Bibl. Bibliothecarum MSS. p. 57. 88.

WILHELMUS , nobili genere in Gallia natus , in monasterio S. Germani de Pratis educatus , Canonicus S. Genovefae , tandem a. 1162. Abbas *Roschildensis* in Dania , ab Absalone Archiepiscopo eo vocatus , obiit a. 1202. aetatis 98. Intercessione Genovefae , ut credebat , a morbo sanatus scripsit Opusculum *de miraculis Genovefae*, quod MS. superest in Bibl. Regis Galliae. Oudinus tomo II. p. 1460.

WILCHELMUS *Smetius*, de Bassevelde in Flandria , Monasterii in Thosan (vulgo *ter Doest*) Abbas sec. XV. Scripsit *Summam Theologiae Scholasticae* tribus tomis distintam. Car. de Visch de Scriptoribus ord. Cisterciensis pag. 326.

WILHELMUS *Saginetus*, cujus *Lamentatio* ob *coelibatum Sacerdotum*, seu Dialogus Nicaenae constitutionis et naturae ea de re, (ita) cum refutatione Joannis

Gersonis, MS. est in Bibl. Basileensi. Bern. de Montfaucon Bibl. Bibl. MSS. p. 615

WILHELMUS *de Schepseved*, monachus Abbatiae de Croksden in Comitatu Staffordiensi, sec. XIV. cujus *Annales de rebus praecipue Anglicis ab a.* 1066. *ad a.* 1374. MSS. adservantur in Bibl. Cottoniana. Oudinus tomo III. p. 1087.

WILHELMUS *Wey*, Anglus, Collegii Etoniensis socius a. 1450. Scripsit *Itinerarium ad terram sanctam*, *Peregrinationem ad S. Jacobum in Hispania, Indulgentias in curia Romana*, quae inter Codices MSS. Angliae supersunt. Oudinus t. III. p. 2543.

WILHELMUS de *Wycumba*, ord. Canonicorum, regularium S. Augustini, primum Roberti Betun Episcopi Herfordiensis Clericus familiaris, postea Prior Lanthensis coenobii in Cambria, circa a. 1140. Scripsit *Vitam Roberti Episcopi* jam laudati, quam edidit Henr. Wharton tomo II. Angliae sacrae p. 295. Adde Oudinum t. II. p. 1385.

WILHELMUS *Vressenich*, a. 1348. Pastor, anno sequente Abbas Steinfeldensis, dioec. Coloniensis, ord. Praemonstratensis, scripsit *Vitam B. Hermanni Josephi* monachi. Stenfeldensis Poëmatis initium est:

Agrippinensis Hermanni pauperis ortum.

Desinit autem his versibus:

Sanctorum vere legitur tot nullus habere,
Ut Joseph, alloquia cum virgine matre Maria.

Haec God. Henschenius in Comm. praevio ad vitam Hermanni Josephi, tom. I. Aprilis pag. 683.

WILHELMUS *Turnbull*, Scotus, Episcopus Glascuensis circa a. 1459. Academiam Glascuensem recens fundatam inauguravit. Ejus sunt *Oratio ad Academiae suae Professores*, et *Academiae Glascuensis Statuta*. Gc. Mackenzie de Scotis eruditis Vol. I. p. 465.

(344) WILHELMUS *Calvus* Liber Juris Civilis Urbis Veronae Ex Biblioth. Capitularis ejusd. Civitatis autographo Cod. quem An. D. 1228. scripsit per Bartholom. Campagnolam Cancellarium Ampl. et R. Cap.

Eccl. Veronensis et Archipresbyterum S. Ceciliae nunc primum editus cui nonnulla vet. Documenta etc. praemittuntur addito opusc. de vita S. Metronis et duab. Epistolis Ratherii Ep. Veronensis. Veronae ap. P. Bernum 1738. 4.

WILKINUS, (aliis *Gualichinus, Qualichinus*) de *Spoleto*, seculi XIII. scriptor, Carmen heroicum *de gestis Alexandri Magni* procedit, cujus Codicem vidi Francofurti ad Viadrum apud Nicolaum Westermanum. Vide Fabricii nostri Bibl. Graecam Volum. II. p. 227.

WILLEBRANDUS ab *Oldenburg*, Canonicus Hildesheimensis, qui a. 1211. lustravit terram sanctam, et quae viderat, in scripta retulit: auctor neque indoctus neque incuriosus. Haec Leo Allatius, qui illud *Itinerarium terrae Sancte* Symmictorum libro I. p. 122 edidit, nuper admodum Venetiis cum Josepho Genesio inter Scriptores Byzantinos recusorum.

WILLERAMUS Abbas, non *Eberspergensis* (a), sed *Merseburgensis* monasterii in Suevia (b), Ord. S. Benedicti Parisiis operam dedit bonis literis, inde Scholasticus Ecclesiae Bambergensis, post assumpto habitu in monasterio Fuldensi Abbas Merseburgensis claruit a. 1070. Scripsit *Paraphrasin geminam in Canticum Canticorum*, quarum prior metrica est lingua veteri Theotica. Ipse librum inscripsit *de nuptiis Christi et Ecclesiae*. Editus est primum a Paulo Merula Lugd. Bat. et Officina Plantiniana Raphelengii 1598. 8 secutae sunt observationes Francisci Junii, Amstel. 1655. 8. *Praefationem*, quae huc usque defuerat, ex codice Rhedigeriano dedit Opitius ad Hymnum de S. Annone p. 3. postea ex Codice S. Euchari ante annos 600. exarato Martene et Durand Collect. ampliss. I. p. 507. Codex Ambrosianus Bibliothecae Vindobonensis emendatior est, prout pluribus ostendit Lambecius

(a) Ita vocatur ab Anonymo Mellicensi c. 78. et in Codice Lugdunensi, quo usus est Merula.

(b) Non in Saxonia, ut scribit Eccardus in Historia studii Etymologici linguae Germanicae c. 14. p. 125. Nam Saxonicum illo tempore nondum erat exstructum.

lib. II. de Bibl. Vind. p. 764. sqq. Tandem prodiit in Thesauro Schilteriano tomo II.

Plura Trithemius de Scriptoribus Eccl. et de viris illustribus Germaniae, Eccardus l. c. Leyseri Histnria Poëtarum medii aevi, p. 354. Jo. Henr. a Seelen in vita Stadenii p. 58.

WILLIBALDUS, Presbyter in Ecclesia S. Victeris Moguntiae, sec. VIII. qui jussu Lulli Archiepiscopi Moguntini et Megingaudi Episcopi Herbipolensis *Vitam S. Bonifacii* primum in ceratis tabulis conscripsit, deinceps in pergamenis rescribendam, prout habet Auctor incertus Vitae S. Bonifacii, in Actis Sanctor. Junii t. I. p. 476. cui addatur Eccardus rerum Francicarum XXIV. 22. Nec. obstat, quod Mabillonius et Papebrochius objiciunt, in fine operis sic legi: *Ego Willibaldus Episcopus scripsi:* nam haec lacinia ab homine otioso et ignaro adscripta est. Praeterea Willibaldus noster cognationis cum S. Bonifacio ne verba quidem meminit; imo n. 46. Vitae illius, in Actis Sanctorum p. 469. expresse de Episcopo Eichstadiensi, tanquam a se diverso his verbis loquitur: *Duos bonae industriae viros ad ordinem Episcopatus promovit, Willibaldum* (Eichstedensem) *et Burghardum* (Wirzburgensein). Adde Jo. Bapt. Sollerii Commentarium praevium ad Vitam Willibaldi tomo II. Julii p. 487.

Edita est haec vita primum a Canisio Antiquar. Lectionum tomo IV. in editione Basnagiana tomo II. part. I. p. 227. deinde a Serario ad calcem Epistolarum Bonifacii, Mogunt. 1605. 4. et in Bibliothecis Patrum, apud Surium d. 5. Junii, Mabillonium Sec. III. Bened. part. 2. sub initium, in Actis Sanctorum tomo I. Junii p. 460.

Vita S. Walburgae sororis et *Epistolae,* Willibaldo Eichstedensi tribuuntur, sunt adhuc ineditae.

Confer praeter jam laudatos Henschenii Comm. praevium ad Vitam Bonifacii p. 452. Mabillonii Observationes praevias. Hist. literaire de la France tom. II. p. 167.

S. WILLIBRORDUS, in Northumbria in territorio Ripponensi natus, monachus coenobii Ripponensis, Ordinis S. Benedicti,

post Episcopus Ultrajectinus, obiit a. 736 vel 739. Scripsit *Canones Ecclesiasticos, de sua peregrinatione, Homiliarium, Epistolas ad diversos.* Lelandus c. 72. Balaeus Cent. II. 5. Pitseus c. 102. *Testamentum* ejus edidit Scribanius in Antwerpia, Miraeus in Codice piarum donationum p. 11. in Batavia sacra tom. I. et in Calmeti Hist. Lotharing. tom. I. Append. p. 270.

De Vita ejus scriptores fere triginta allegantur in Indice Lelandi, quibus adde Waraeum de scriptor. Hiberniae p. 108. Hist. literaire de la France tom. IV. p. 63. Arn. Wion Lignum Vitae V. 51.

* Jacobus WIMPHELINGIUS Selestatensis scripsit *elegantiarum medullam* oratoriaque praecepta in ordinem clare breviterque redacta, quae dicavit Theodorico Orosmundi Moguntino juniori data ad illum Epistola signata An. 1493. Prodiit opusculum istud sine nota anni et loci impressionis in 4. Scripsit praeterea opus de integritate, cuius meminit Trithemius lib. 2. epist. 38 et iterum Epist. 42 ad Matthaeum Hibernum. In altera ex istis epistolis narrat Trithemius eius libri authorem evincere adnisum fuisse, S. Augustinum nunquam cucullam induisse; quo nomine delatum ad sedem Apostolicam Apologiam suam centum versiculis digessisse. Scripsit etiam *Vitam Joannis Geileri Keicspergii,* quae exstat in priori volumine sermonum eiusdem Geileri, edito cum altero secundo volumine A. 1518 et 1519 in fol. Eiusdem est pariter liber inscriptus *Adolescentia* editusque Argentinae Anno 1520.

WIMUNDUS, Benedictinus ex monacho Abbatiae de Cruce S. Leufridi seu Heltovis, Archiepiscopus Aversanus circa annum 1060 *Epistola* ejus, qua Erfasto *de uno Deo et trino* inquirenti respondet, exstat tomo III. Spicilegii Dacheriani p. 401.

WINDIGNOTUS, Historicus Anglus, ut ex Guilhelmo Hormanno colligitur, sed aetatis incertae. Scripsit *Historiam Saxonum,* quae adhuc Pitsei tempore Windesoriae in Bibliotheca dicti Hormanni adfuit. Sunt, qui eum eundem cum Witichindo Corbeiense fuisse dicant, quod nemo dirimet, nisi qui conferre poterit. Balaeus

Cent. X, 54. Pitseus Append. Cent. IV. 78.
WINDRICUS, vide *Vindricus*.

WIPO vel *Wippo*, presbyter, Conradi Salici et Henrici III. Imp. Capellanus. Burgundum natione facit Jac. Basnagius, ex his illius versibus:

Irradias patriam, si tu modo viseris, illam.

Sed non cogitavit vir summus, *patriam* mediis temporibus idem notasse ac regionem. Caetera igitur illius nos latent. Scripsit *Vitam Conradi Salici*, editam a Pistorio tomo III. S. R. Germ. p. 421. *Panegyricum ad Henricum III. Imp.* ligato sermone, a Canisio Lect. Ant. t. III. part. I. p. 161. et *Proverbia* ad Henricum Conradi Imp. filium, a Martene et Durand Collect. ampliss. tom. IX. p. 1095. et post eum a Cel. Fabricio nostro tomo I. hujus Operis p. 1265. edita.

WITHREDUS, presbyter Anglus, amicus Bedae Venerabilis circa a. 730 scripsisse dicitur *de celebratione Paschatis*. Lelandus c. 97. Balaeus Cent. X. 23. Pitseus c. 96.

WITIKINDUS, patria Saxo, monachus *Corbeiensis*, discendi caussa monasterium Hirsaugiense adiit, post ad Corbeienses rediit, ibique Scholis praefuit. Magnoaldus Ziegelbaur in Conspectu rei literariae Ord. S. Benedicti `part. I. p. 99. Scripsit circa a. 980. *de rebus Saxonum gestis* libros III. editos primum inter Scriptores Germanicos Hervagii, Basil. 1532. fol. post a Reinero Reineccio, Frf. 1580. fol. ab Henrico Meibomio seniore, Frf. 1621. fol. cum annotationibus, quas nepos Scriptorum Germanicorum Collectionis tom. I. repetiit. Tandem Leibnitius *Summam Capitum Witichindi ex Codice antiquo Casinensi* inseruit tom. I. S. R. Brunsuicensium p. 208 sequuntur ibidem p. 211. Variae Lectiones ex Codice Archivi Dresdensis et pag. 221 Codicis Casinensis. Poëtica ejus, teste Sigeberto c. 129. sunt *Passio Theclae Virginis, et vita Paulli Eremitae*, quae prosam habuit admixtam: utrumque opus nondum typis est editum. Adde Lyseri Historiam Poëtarum medii aevi p. 283. 284. Paullinum de viris illustribus Corbeiae Saxonicae p. 96.

WITMUNDUS, vide sup. GUITMUNDUS.

WOLBERO, monachus et Abbas S. Pantaleonis Coloniensis, Ord. S. Benedicti, electus a. 1147. obiit 1167 Scripsit *Commentarium in Cantica Canticorum*, quem Henricus Gravius edidit Colon. 1650. 4. Oudinus tomo II. p. 1423.

WOLFGANGUS, patre Comite de Pfulingen ortus, in monasterio Augiae divitis educatus, Episcopus Ratisbonensis obiit a. 994. Vide Jo. Egonem de viris illustribus Augiae divitis I. 5. Ejus *Paraphrasis in Psalmum L.* edita est in Bern. Pezii Thes. noviss. Anecdotorum tom. II. part. I. p. 11.

WOLFGANGUS, Monachus *Nideraltahensis* in Bavaria monasterii, sub finem fec. XIII. vixit et variis consiliis virorum summorum adhibitus fuit, quod testantur *Epistolae* ejus LXXII. editae in Codice diplomatico Pezii et Hueberi part. II. p. 173.

WOLFHARDUS, monachus et Presbyter coenobii Hafenrictani (non *Hasserensis*, ut habet Possevinus,) in dioecesi Eichstetensi, sub finem seculi IX. scripsit *Vitam S. Walpurgis* libris IV. quorum duos de dit Canisius tom. IV. p. 720. edit. novae tomo II. part. 3. p. 262. stilo immutato Surius d. 25 Febr. integros Acta Sanct. tom. III. Febr. p. 523. et Mabillonius Sec. Bened. III. part. 2. p. 287. Scripsit quoque *Vitas Sanctorum*, quorum plura Volumina in diversis Germaniae Bibliothecis exstant. Praefationes ejus in singulos menses, excepto Februario, ediderunt Pez et Hueber Cod. diplom. part. I. p. 90. Adde Hist. literariam Galliae tom. V. p. 682.

WOLFHELMUS, Abbas tertius Brunwillarensis monasterii, dioec. Coloniensis, obiit a. 1091. vel. ut alii volunt, a. 1132. Vitam ejus scripsit Conradus monasterii laudati monachus, editam a Surio d 22 Aprilis, in Actis Sanctorum tom. III Aprilis p. 76. et a Mabillonio Seculo VI. Benedictino part. 2. pag. 675. Scripsit hic Wolphelmus *Epistolam de Sacramento Eucharistiae contra errores Berengarii*, quae ipsius Vitae inserta est c. 10 11. *Versus in utrumque Testamentum* inseruit idem Conradus c. 4. p. 83. *Sermones, Epistolas*

et *Carmina,* teste Trithemio de viris illustribus Germanis. Adde Mabillonii Observationes praevias p. 675. et Possevinum
tomo II. Apparatus p. 549.

WOLFHERRUS, in Altahensi monasterio educatus, et discipulus S. Godehardi
Episcopi Hildesheimensis sec. XI. Scripsit
Vitam S. Godehardi, magistri sui, quae
edita est primum sub spurio *Arnoldi* nomine, qui eam *Menghardo* dedicavit, a
Browero inter Sidera Germaniae, et Surio
d. 4 Maji, postea cum Codicibus MSS. collata et vero auctori restituta a Godefrido
Henschenio in Actis Sanctorum tomo I.
Maji p. 502. a Mabillonio cum observationibus praeviis Seculo VI. Benedictino
part. 1. p. 395. tandem a Leibnitio inter
Scriptores Brunsuicenses tom. I. p. 482.
Scripsit quoque *Vitam S. Guntheri,* nobilis Thuringi, Eremitae juxta monasterium
Altahense, quam edidit Canisius tomo III.
parte 1. p. 183. Surius d. 9 Oct. Mabillonius loco citato p. 475. Hunc autem illius vitae auctorem esse tum stilus comprobat, tum etiam, quod sex priora capita illius ex vita S. Godehardi repetita sunt.

WOLSTANUS, patria Wintoniensis, ibidem monachus Benedictinus et cantor
circa a. 1000. Scripta ejus sunt, *de S. Suithuni translatione et miraculis, vita Ethelwoldi Episcopi, vita Ethelwoldi Regis, de
tonorum harmonia.* Lelandus c. 126. Balaeus Cent. II. 41. Pitseus c. 154. *Vita
Suithuni* metrice edita est a Mabillonio
sec. V. Bened. p. 628. et tom. I. Augusti
p. 98. *Vita* vero *Ethelwoldi Episcopi* a Surio d. 1 Aug. ab eodem Mabillonio p. 606.
nec non in Actis Sanctorum tom. I. Augusti p. 88.
Adde Jo. Pinium in Comment. praevio
ad vitam S. Suithuni, tomo I. Julii pagina 321. 324. *Wolftanum* vocat Oudinus
tom. II. p. 500. et cum *Lupo* convenire
perperam tradit.

S. WOLSTANUS, Wigorniensis, monachus et Prior ordinis S. Benedicti in coenobio S. Burgi, post Abbas Glavorniae,
tandem Episcopus Wigorniensis obiit anno 1095. Reliquit *Homiliarium et Admoni-
tiones ad diversos.* Pitseus c. 174.

WOLTERUS *de Brugis,* vide supra libro III. adde Willoti Athenas fodalitii Franciscani p. 339.

WOPERIUS *Remsmagestus,* Prior coenobii Thaborensis, *Frisiae Chronicon* posteris reliquit, qnod in Alberto Bavaro Hollandiae Comite desinit. Exstat Hagae Comitis apud Cornelium Dunium JC. Haec
Ant. Sanderus in Bibl. Belgica manuscripta I. p. 27. Laudatus autem Hollandiae
Comes, obiit a. 1404. ex quo de aetate
auctoris judicare licet. Aliud exemplum,
sed mutilum est in Bibl. publica Amste-
lodamensi II. pag. 45. ubi *Vorperus* scribitur.

WORGRESIUS. Britannus, Abbas primus Glasconiensis circa a. 630 *Historias
et Homiliarium* scripsisse dicitur. Pitseus
c. 68.

P. WUIA, non est scriptor medii aevi,
sed nomen P. tantum adposuit, ut eo melius lateret. Literae vero W V I. retro lectae indicant nomen auctoris, qui fuit
Furga (h. e. Georgius) *Valentinus Win-
therus,* Treptoviensis ad Regam Pomera-
nus, J. U. D. Comes Palatinus Caesareus,
et Ducum aliquot Pomeraniae Consiliarius,
qui obiit a 1623. Vitam ejus dedit Burc.
Gotthelff Struvius in Archivio Historico-
Politico, quod vernacula lingua edidit,
part. 1. p. 193. Addito nomine vero edidit *Parthenium litigiosum,* aliquoties editum: Elaborare coepit opus ingens *Balthi
Pomeranici,* quod a quibusdam, velut editum, allegatum fuit, re vera autem affectum est. Vide Pomeraniam meam antiquam et novam parte I. Sub nomine autem *P. Wuja,* et titulo *Canonici irregu-
laris,* scripsit *Historiam Episcopatus Caminensis,* quae diu latuit, tandem a Jo. Petro
Ludewigio tomo II. scriptorum Germanicorum p. 496. seqq. in lucem est protracta,
quamvis admodum mendose, si nomina
propria spectes. Scriptus est liber a. 1616.
vel 1617. quo tempore libellus *de turbato
Imperii statu,* 1613. 8. editus, de Protestantium Episcopatibus non satis ex aequo
et vero scripserat.

WULFADUS primum praeceptor Caro-
lomanno a Carolo Calvo patre datus, de-

inde Canonicus Remensis, tandem Archiepiscopus Bituricensis, obiit a. 876. *Wlphardus* dicitur in subscriptione diplomatis a. 869. apud Dacherium Spicil. II. p. 466. *Ejus Epistola pastoralis ad parochos et parochianos suos* exstat apud Mabillonium Anal. p. 100. Addo Bulaei Histor. Univers. Paris. tom. I. p. 648. Histor. literariam Galliae tom. V. p. 479.

WULFAJUS vel etiam *Wulphagus*, monachus Elnonensis, condiscipulus Milonis sec. IX. Scripsit *Versiculos in confirmatione operis*, scil. vitae S. Amandi Episc. Trajectensis a Milone scripti: quamquam res ipsa docet, legendum potius esse *in commendationem operis*. Exstat in Actis Sanctorum tom. I. Febr. p. 888.

WULFINUS *Boëthius*, de quo Fabricius jam supra egit, V. BOETHIUS quibus nunc pauca haec adde: Non fuit revera Episcopus Pictaviensis, sed forte Chorepiscopus illius Ecclesiae sub Sigibrano. *Vita S. Funiani* edita fuit etiam a Labbeo Bibl. nova MSS. tom. II. p. 569. particulae quoque ante hunc ab Hugone Menardo et Andrea du Chesne. *Acta translationis S. Funiani*, quae procul dubio eundem auctorem habent, dedit Mabillonius in Actis SS. Ord. Bened. tom. IV. part. 1. p. 430. repetierunt Antverpienses tom. III. Augusti p. 138. Histoire literaire de la France tom. IV. p. 499.

WULPERTUS, forte monachus Benedictinus, scripsit *Libellum metricum de vita claustrali* hoc exordio:

Qui cupis immundi vitare pericula mundi,
Teque sitis Dio tradere servitio etc.

Est MS. in Bibliotheca monasterii Weihenstephenensis in Austria, prout testatur Rev. Bern. Pezius Dissert. Isagogica in tomum I. Thesauri Anecdotorum novissimi pag. 26.

X.

*F*ranciscus XIMENIUS, (hunc enim Fabricius noster V. FRANCISCUS ad hunc locum rejecit) Gerundensis, Episcopus Elnensis et Patriarcha Hierosolymitanus, circa a. 1400. vixisse creditur. Scripsit *Librum de Natura Angelica*, Compluti, 1527. *Tractatum de Scala Dei*, Barcinone, 1501. *Pastorale pro instructione Episcoporum et Superiorum*, ibid. 1495. fol. *de Vita Christiana libros IV.* Valentiae 1484. Granatae 1486. fol. Alia illius opera sed lingua Hispanica in Bibl. Coenobii S. Mariae de Jesu prope Barcinonem MSS. asservari testatur Waddingus de Scriptoribus ord. Minorum p. 140. Haec Whartonus in Appendice ad Caveum. Oudinus ex Petri Salazar Chron. Provinciae Castellae II. 23. refert, scripsisse de vitis Sanctorum copiose, sub titulo *Flos Sanctorum*, tom. III. p. 2226.

Alter hujus nominis est Franciscus XIMENIUS, Cardinalis et Archiepiscopus Toletanus, cujus vitam scripserunt Gallice Marsolerius et Flechierius, ut de aliis scriptoribus Hispanicis taceam. Is suo sumtu dedit *Biblia Complutensia* Polyglotta, de quibus Jacobi le Long Bibliotheca Biblica p. 13. edit. Lipsiensis, et Jo. Christophori Wolfii, τ8 μακαρίτη, Bibl. Hebraica tomo secundo p. 338.

Tres alios recentiores adfert Nic. Antonius in Bibl. Hispanica nova tomo I. pagina 385.

Ex his unus est, ord. Franciscanorum, unus ex duodecim, qui primi ad Indos occidentales missi sunt, mortuus Mexici a. 1540. qui proprie huc non pertinet. Vide tamen Waddingum.

Y.

*Y*VO, vide *Jvo*.

YVO, aliis *Evenus de Begaignon*, Gallus Armoricus in parochia *Plestin* dicta dioecesis Trecoriensis, ex illustri familia *Rumem-Begaignon* natus, ord. Praedicatorum a. 1357. Innocentii VI. fuit Poenitentiarius, post a. 1360. Trecorensis in Britannia Episcopus et Cardinalis. Scripsit *super psalmum Miserere, et Statuta Synodalia.* Jac. Quetif de Scriptoribus Ord. Praedicatorum tom. I. p. 667. Oldoini Athenaeum Romanum p. 644.

YVO *Brito* f. Armoricus, ex primis sodalibus Ord. Praedicatorum circa a. 1250. Scripsit *Relationes duas* exigui momenti: Quetif l. c. p. 151.

YSEMBARDUS *le Tollier* , Rothomagensis , Doctor Theologus Parisinus , et in Gymnasio S. Bernardi sacrarum literarum interpres circa a. 1509. Scripsit *in 5 prima capita Genesis* , *Sermones de tempore et Sanctis.* Car. de Visch in Bibl. Scriptorum ord. Cisterciensis p. 334.

Z.

*F*ranciscus ZABARELLA (nam et hunc Fabricius tom. II. p. 604. hoc loco quaeri jussit) patria Patavinus, ibidem et Florentiae jus Pontificium docuit, factus postea Archiepiscopus Florentinus et Cardinalis titulo Sanctorum Cosmae et Damiani, obiit in Concilio Constantiensi a. 1417. Ejus sunt:

1. *Commentarius in libros Decretalium et Clementinas.* Venet. 1602. fol. *in Clementinas* seorsim ibid. 1481. 1487. fol.

2. *Consilia juris.* Venet. 1581 fol.

3. *Variarum Legum repetitiones.* Venet. 1587.

4. *De Schismatibus auctoritate Imperatoris tollendis,* in Collectione Schardii de auctoritate Imperiali, et Argent. 1609.

5 *Copita agendorum in Concilio Constantiensi de Ecclesiae reformatione,* apud Herm. von der Hardt in Actis Concilii Constantiensis tomo I. p. 506.

6. Reliqua sunt inedita : *Commentarii in naturalem et moralem Philosophiam* : *Tractatus de Horis Canonicis* : *Historia sui temporis* : *De felicitate libri III. Commentarii in Vetus et Novum Testamentum* : *Acta in Concilio Pisano et Constantiensi: Epistolae et alia.*

Videatur Pancirollus de claris Legum interpretibus III. 38. Whartonus in Append. ad Caveum p. 57. Nic. Comneni Papadopoli Hist. Gymnasii Patavini tom. I. Adde Poggi Florentini et alterius Anonymi orationes in funere illius habitas tomo I. Concilii Constantiensis p. 537. 546.

* In Bibliotheca Felini non unus est codex operum Zabarellae, quorum alii Ma-

nuscripti sunt , impressi vero alii , quibus omnibus annotationes quaedam Felini manu additae sunt , unde multa ad rem literariam noscuntur. In codice 250 sunt in secundum Decretalium expositiones , ibi vero haec notat Felinus: *Fuit impressa haec lectura Venetiis an. 1502. et cum volebam emere reperi quod haec MS. est longe plenior et forte in duplum , unde puto illa esse priora commentaria Zabarellae, haec autem esse opus consummatum. Idem reperi de lectura istius integra super III. IV. et V. Super primo non habebam, unde emi impressam, quam puto plenam.* In Cod. 257. continentur eiusdem Zabarellae tractatus *De sepulturis , de parochiis , de celebratione , de reliquiis et veneratione Sanctorum , de observatione jeiunii , de purificatione post partum , de Capellis monachorum , de jure patronatus , de victu et honestate clericorum et mulierum , et de Clericis aegrotis.* An typis haec omnia prodierint viri docti discutiant ; mihi enim in praesenti non vacat ; forte enim continentur in *repetione variarum legum* , hic a Bibliothecario nostro indicatis. Codex 258. MS. continet eiusdem varia *Consilia* et *Responsiones* in quibus multa sunt Zabarellae ipsius manu conscripta. Est etiam ibi tractatus *de removendo schismate in Pontificatu,* cuius opusculi meminit Bibliothecarius noster sub titulo *de Schismatibus authoritate Imperatoris tollendis.* Codicem hunc dedit Felinus ad impressionem quae Pisciae adornata est an. 1490. ut excusum ibi epigramma a Cyllenio Pisciensi editum declarat. Cum vero editio haec inter raras sit rarissima, ideo exasticum istud hic dare non piget.

Ad D. Felinum Sandeum de opere Zabarellae perfecto.

Qui jacuit adhuc nisi te favitante niteret,
Feline , impressus nunc Zabarella tuus
Pro patre, pro domino tanto laetare reperto,
Qui colis et doctum tam venerare senem.
Consiliis fulgens opus immortale legendum
Missum Pischea gratius esto manu,
     Cillenius Pisciensis.

Opusculum Francisci Zabarellae de horis

dicendis ad Clementinam *Dignum* de celebratione Missarum offert codex 374. MS. Felin.

* *Bartholomaeus* de ZABARELLIS eiusdem cum Francisco Familiae, Protonotharius apostolicus, dein Spalatensis Archiepiscopus scripsit *Consilia* et Allegationes numero LXI. quae extant in Codice 260. MS. Felini.

ZACHAEUS *Christianus*. Hujus *cum Apollonio Philosopho Consultationum libros III*. edidit Lucas Dacherius tom. I. Spicil. I. edit. novae, et in Monito adjecto, varia de aetate illius conjecerat, quae non repetimus. Ediderunt vero postea Edm. Martene et Ursinus Durandus tom. V. Anecdotorum sub initium *Altercationem Theophili Christiani et Simonis Judaei*, cujus Gennadio teste, auctor est Evagrius, unde probabile admodum esse credunt viri laudati, Evagrium hoc quoque opus elaborasse: Quae argumentatio, mea quidem sententia, non procedit, quum etiam alter quidem Evagrium imitari potuerit. Interim Fabricius noster supra V. EVAGRIUS junior, hujus operis notitiam jam exhibuit.

ZACHARIAS, Pontifex Romanus, natione Graecus, mortuus 752. cujus Vitam per Anastasium Bibliothecarium cum annot. et Commentario praevio dederunt Bollandistae tom. II. Mart. p. 406.

Dialogos Gregorii M. in Graecum sermonem convertit, de quorum editionibus Fabricius noster consulendus supra V. GREGORIUS. Illud observatione dignum memorat Jac. Basnagius, quod Graecorum sententiam de processione Spiritus S. a solo Patre versioni suae immiscuerit. Nam quae Gregorius Dialog. II. 38. ita scripsit: *Cum enim constet, quia Paracletus Spiritus a Patre semper procedat et Filio;* Zacharias ita vertit: *Aperte igitur patet, quod Paracletus a Patre procedit, et in Filio permanet. Epistolas* aliquot illius habes inter Epistolas Pontificum a Gretsero, et Bonifacianas a Serario editas, in Conciliis Galliae, tom. III. Conciliorum Harduini pag. 1877 seqq. in Codice piarum donationum Aub. Miraei p. 12. 640. 641. in Bibl. Floriacensi Jo. a Bosco tom. III.

p. 43. apud Othlonum libro II. de Vita S. Bonifacii, quarum variantes lectiones habes apud Canisium Lect. Ant. tom. III. part. 1. p. 359. inter Epistolas Hibernicas ab Usserio editas. Privilegium ejus, quod monasterio S. Dionysii dedit, suppositum esse docet Jo. Launojus in Assertione Inquisitionis in Chartam immunitatis S. Germani tom. III. Opp. part. 1. p. 160. De alio Fuldensis monasterii Privilegio idem probat in Assertione Inquisitionis in privilegium S. Medardi Suessionensis tomo eodem part. 2. p. 285.

Vide Lud. Jacobi a S. Carolo Bibl. Pontificiam p. 230. Possevini Apparatum t. II. p 552. Oldoini Athenaeum Romanum p. 644.

* Inter Epistolas ab eo scriptas una est incipiens: *Pytacium*, e qua Canonem Gratianus eruit, hanc vero integram Labbaeus evulgavit; ego quae deerant ex MS. Codice Bibliothecae canonicor. maioris Ecclesiae Lucensis supplevi, atque evulgavi in priori volumine supplementi conciliorum suo loco.

ZACHARIAS, incertae sedis Episcopus, cujus *Sermonem de S. Georgio* edidit Bern. Pez Thes. noviss. Anecdot. t. IV. part. 2. pag. 15.

ZACHARIAS *Benedictus*, Italus, patria Vicentinus, Ord. Cartusiani in coenobio S. Andreae de littore Venetiis circa a. 1508. Scripsit *Vitam S. Brunonis*, qui auctor erat ordinis dicti, et reperitur in calce operum illius Brunonis, editionis Ascensianae. *Originem ordinis Cartusiani* habes sub finem operum Brunonis Cartusiani, tomo III. Theod. Petreji Bibl. Cartusiana p. 297. Vossius de Hist. Lat. p. 649. Car. Jos. Morotii Theatrum Chronol. Ord. Cartusiani p. 116.

ZACHARIAS *de Bozonis*, *Savonensis*, Ord. Eremitarum S. Augustini, Prior Coenobii patrii, postea Poenitentiarius Basilicae S. Petri, demum Sacrarii Pontificii Custos renunciatus a. 1498. post quadriennium obiit. Scripsit Tractatum *de sacris ritibus*, qui in Bibl. Vaticana MS. custoditur. Oldoinus in Athenaeo Ligustico pagina 542. Adde Gandolfum de ducentis Augustinianis scriptoribus p. 346.

ZACHARIAS *Chrysopolitanus* sive *Goldsborough*, Anglus, Ordinis Canonicorum Praemonstratensium in Abbatia S. Martini Laudunensis circa a. 1150. Scripsit *Commentarium in Concordiam Evangelicam Ammonii Alexandrini*, quae Colon. 1535. fol. et post in Bibliothecis Patrum edita est. Oudinus tom. II. p. 1442.

ZACHARIAS *Ferrerius*, Vicentinus, Episcopus primum Sebastensis, dein Guardiensis, Leonis X. Papae Praelatus domesticus ac Referendarius, per universam Poloniam, cum Legati de Latere, et majoris Poenitentiarii de Urbe potestate a. 1520. Nuntius ac Orator, ideo missus, ut inter Sigismundum I. Poloniae Regem et Magnum Prussiae Magistrum, Albertum Brandenburgicum, sororis ejus filium, pacem conciliaret, quae tamen non successit. Scripsit *Vitam S. Casimiri*, qui Poloniae Regis filius, et Rex Hungariae fuit, Thorunii a. 1521. typis editam, et post in Actis SS. Martii tom. I. p. 347. repetitam. Scripsit etiam *Lugdunense somnium de Divi Leonis X. P. ad summum Apostolatus apicem electione et Epistolas ad Ludovicum Francorum Regem XII.* quae duo simul impressa sunt Lugduni 1513. Vide Bern. de Montfaucon Bibl. Bibliothecarum MSS. p. 308. Hippol. Marraccii Bibl. Marianam tomo II. p. 449. Ughelli Italiam sacram tomo VIII. p. 298.

ZACHARIUS *Lilius*, Vicentinus, Canonicus regularis, scripsit *Breviarium orbis*, Florent. per Antonium Miscominum 1493. 4. Neap. 1496. 4. *Opuscula* Florent. 1496. 4.

* Ab opusculis hic indicatis differunt libelli eius *de perenni Sanctorum gloria*, quos ab authore suo recepisse se commemorat Mattheus Bossus in Epistola 224. ad eundem Lilium inter Epistolas eius posteriores legenda. *Actum in illis*, ait Bossius, *de vero Dei cultu suscipiendo, de inspectu illius majestatis aeternae, de utriusque animi et corporis dotibus atque aureolis, de animorum perpetuitate, de revicturis a morte, et judicandis omnibus, de purgando ignibus toto orbe, de singulis coelestibus orbibus astris, et signis, deque angelis, hominibusque beandis*.

ZACHARIAS *de Lunigiana*, Ord. Praedic. ex Conventu S. Marci de Florentia, Concionator insignis circa a. 1499. Scripsit *Apologiam in favorem Savonaroloe*. Ambr. ab Altamura Bibl. Dominicana pagina 218. Vinc. Maria Fontana in Provincia Romana Ord. Praed. p. 384.

ZACHARIAS *de Rhodigio*, mihi ignotus, scripsit *de donatione Constantini*. MS. in Bibl. Vaticana. Bern. de Montfaucon Bibl. Bibliothecarum MSS. p. 142.

* ZACHARIAS Abbas mihi unice notus ex Nevizani Sylva Nuptiali, qui Libro I. fol. 8. edit. Lugdun. 1525 habet. *Abbas Zacharias in sermone Concilii Pisani in fine 11. chartae, ubi de duodenario, de quinquennario.* Concilium Pisanum hic intelligi illud credo, quod occasione schismatis A. 1409 habitum est. Num forte idem est Zacharias de Rhodigio, quem de Donatione Constantini scripsisse haec legimus?

ZANETTINUS *Roccius*, Cremonensis, circa a. 1424. Scripsit *Carmina varia volum.* 3. *Hymnos in laudem S. Himerii, Petri ac Marcellini, ac Homoboni, Tutelarium Cremonae, Comoediam inscriptam Filotecia, de fato Tract.* 1. Arisii Cremona literata tom. I. p. 238.

ZANETTINUS *Zuccus*, Cremonensis, circa a. 1444. Scripsit carmine *Vitam S. Eusebii Abbatis Cremonensis, Comoedias sacras*, soluta vero oratione *de vitiis evellendis.* Idem p. 266.

(345) ZANOBINUS Pistoriensis Canonicus. Scripsit *De Bello Civili Pistoriensium*, quod opus usque ad an. MD. servatum fuit inter MS. Codices Cancelleriae Civitatis. Ita F. A. Zacharia pag. 230 Bibliot. Pistoriensis. An vero idem sit opus quod vernacula lingua tit. *Istorie Pistolesi* Florentiae an. 1578. et in Prato an. 1835. 12. ut etiam in vol. XI. Rerum Italicarum prodiit, non adhuc eruditis plane compertum est.

At Sebastianus Ciampi (*Notizie di Sozomeno* pag. 30) a Sozomeno ipso non diversum esse suspicatur. V. SOZOMENUS h. Volumine.

ZENO, Veronensis Episcopus, quem alii Graecum, alii Veronensem patria tradunt

Martyrium subiisse vulgo tradunt tempore Gallieni, Caveus paullo ante Ambrosii tempora vixisse credit. Vitam ejus sermone Italico dedit Baptista Perettus, quae in utraque editione Veronensi habetur. Eandem justo Commentario, insertis Actis, explicat Godofredus Henschenius·in Actis Sanctorum tomo II. Aprilis p. 69. cui adde Italiam sacram tomo V. p. 679. f. et Ceillerium tom. VIII. De aetate disputant quoque Vossius et Sandius.

Exstant ejus *Sermones* ultra Centum et triginta, plerique non magnae molis, quos viri docti non omnes genuinos volunt agnoscere. Certe orta jam haeresi Ariana scriptos esse palam est, quorsum pertinent tres illi *de aeterna Filii Dei generatione*: et Labbeus observat tom. II. p. 509. quatuor ex illis inter homilias S. Basilii reperiri, alios ex Commentario Hilarii in Psalmos, alios aliunde depromtos esse. Vide Tillemontium tomo III. Hist. Imperatorum, annot. 6. ad persecutionem Valeriani, et Rivetum tomo III. Opp. p. 641. *Non sunt Sermones illi paris stili, judicii, seculi, neque adeo unius Theologiae, ut alibi docemus.* Ita Barth*i*us ad Statii Silvas V. 1. 256. An vero alibi illud docuerit, incertum est, quia commentarios illos admodum senex conscripsit. Contra genuinos esse contendit et valde laudat Buchnerus Dissert. Academica 389. p. 257. Stilum in illo scintillantem commendat Barthius et Apulejum Christianum dicit Advers. XLIII. 10. ad Claudianum p. 1231. et ad Statium Thebaidos II. 213.

Editi sunt illi Sermones primum a Guarino Veronensi Venetiis 1508. deinde auspiciis Augustini Valerii, Episcopi Veronae et Cardinalis, cura Raphaelis Bagatae et Baptistae Peretti prodierunt Veronae 1586. 4. repetiti postmodum in Bibliothecis Patrum, tandem rursum Veronae 1710. 4. jussu Jo. Francisci Barbadici, Episcopi Veronensis, in qua editione nihil accessit, nihil emendatum est, unde manu critica vehementer eget, ad Codices MSS. sollicite recensenda. Melior editio prodiit Ve-

(a) Journ. des Scavans 1741. Dec. p. 411.

ronae 1739. folio, cura Petri et Hieronymi Ballerinorum fratrum, qui vitam Zenonis enarrant, et scripta illius critice dijudicant (a).

(346) Augustae Vindelicorum 1758 fol. Zenonis Sermonum Editio Veronensis recusa, et Jo. Jacobi Can. Dionisi *in Verona* 1784. 4. Italica versio accuratissima prodiit.

Sermo de S. Arcadio exstat apud Surium d. 12 Jan. et cura Jo. Bollandi cum MSS. collatus in Actis Sanctorum tomo I. Januarii p. 723.

(347) ZENOBIUS *Acciaiuoli* post Phil. Beroaldum anno 1518. Biblioth. Vaticanae Praefectus, et qui aet. aunor. 58 obiit d. 27 Julii 1519. Graeca opuscula *Eusebii Caesariensis, Olympiodori et Theodoreti* Latine vertit, *Orationes* de laudibus‚Urb. *Neapolis* et *Romae* et alia vulgavit, ut in op. *Istoria degli Scrittori Fiorentini* pag.18. retulimus, et ibi eius Epistola De Eusebio ad Jo. Franciscum Picum legenda. Vide ACCIAIOLI.

ZENOBIUS *Strata*, Florentinus, Joannis Grammatici filius, liberales artes Florentiae docuit, et Pisis a Carolo IV. Poeta· coronatus est. Vixit circa a. 1355. et *Versus in Sphaeram*, nec non *Orationem de fama* ad Carolum IV. Imp. reliquit. Ad ipsum exstant Epistolae Francisci Petrarchae versibus conscriptae. *Moralia* Gregorii Magni in sermonem Italicum transtulit, impressa Florentiae 1486 fol. Pocciantii Catal. Scriptor. Florentinorum p.170. Julius Niger de Scriptor. Florentinis p. 537.

(348) *Zenobii*, qui docente Ph. Villani aet. an. 49. obiit an. 1364 *Epistolae*CCL. exstant in Thesauri Martene et Durand T. II. p.844. 1071. *Moralia* autem pluries impressa scil. *in Roma* 1714. 21. 25. 30. in 4 cur. Card. Jos. M. Tommasi et Juxto Fontanini, *in Napoli* 1746. 4. v. 4. et nuper admodum diligenter curante V. cl. Bartholomaeo Sorio C. Oratorii Presbytero, *in Verona* 1852 in 4 vol. 3. Versionem post. C. 18. Libri XIX esse B. Jo. Tavelli a Tossignano Ferrariensis Episcopi, qui obiit a.1446 P. Moririgia auctoritate, in Praefatione Tomi III. demonstratur. Vide et op. *Storia del B. Gio·vanni Tavelli da Tossignano di F. Faustino*

M. *di S. Lorenzo Carmelit. Scalzo Mantova* 1753. 4.

ZENZELINUS *Cassanus*, Gallus, JCtus, in *Extravagantes et Clementinas* Commentarios edidit. Pancirollus de claris Legum interpretibus III. 20.

* Eius apparatus in Constitutionibus edi-
◟ is per Joannem Papam XXII. prodierunt vetustis typis excusi sine loco et anno in f.

ZEPHYRINUS Papa, aliis *Abundius Zephyrinus*, sedit ab a. 203 221. *Epistolae* duae illius exstant apud Baronium t. II. et tom I. Conciliorum Harduini p. 105. *Decreta* apud Ivonem, Gratianum et alios. Adde Prosperi Mandosii Bibl. Romanam Centur. VI. 9. Lud. Jacobi a S. Carolo Bibl. Pontificiam pag. 232. Oldoini Athenaeum Romanum p. 645.

Matthaeus de ZERWIST , Augustinianus scripsit *de triplici adventu Verbi, in carnem, in mentem, et in judicium : De indulgentiis : Expositionem Symboli Athanasiani : De corpore Christi : Expositionem in orationem Dominicam,* quae habentur Monachii in Bibl. Augustinianorum. Felix Milensius in Alphabeto Eremitarum S. Augustini p. 81, 82.

ZILIOLUS seu *Aegidiolus*, aliis *Gelliolus de Cantellis*, Cremonensis, JCtus ex patriae Decurionibus, Perusiis et Patavi Legum Phrontistes circa a. 1384. scripsit *de fideicommissis lib. 4. de legitimatione , de dato in solutum lib. 2.* Arisii Cremona literata tom. I. p. 185.

ZIXILIANES, vide CIXILANES : et adde Vitam illam editam esse in Actis Sanctorum tom. II. Jan. p. 536. et Seculo II. Benedictino Mabillonii p. 515.

ZOSIMUS Papa, natione Graecus, sedit ab anno 417. 19. Aug. ad finem a. 418. *Epistola* ejus duplex ad quoddam Concilium Africanum contra Pelagium memoratur ab Augustino in Epistola ad Optatum de origine animae, edita est autem a Baronio ad annum 417. n. 19. et 25. Aliae plures exstant ibidem n. 41. 44. 49. 50. 52. ad a. 418. n. 5. 40. 41. *Duae* tom. I. Conciliorum Harduini p. 1233. *Alia* ad Simplicium Viennensem Archiepiscopum in Jo. a Bosco Bibl. Floriacensi tomo III. p. 29.

Trithemius c. 150. memorat libros *de Paschate et de Sacerdotio.* Quasdam ex ejus Epistolis spurias esse contendit Launojus de duobus Dionysiis.

Plura apud Lud. Jacobum de S. Carolo Bibl. Pontificia p. 232. Oldoini Athenaeum Romanum p. 645.

Joannes de ZREDNA, Cancellariae regni Hungariae Protonotarius circa a. 1450. reliquit *Epistolas Historicas de rebus gestis inter Fridericum V. Imp. et regnum Hungariae ab anno* 1445-1451. quas collegit Paulus de Ivancis , dioecesis Zagratiensis Presbyter. Volumen hoc asservatur in Bibl. Vindobonensi. Petrus autem Lambecius in Syntagmate rerum Germanicarum se editurum promisit in Catalogo librorum suorum pag. 59. sed eventus non respondit. Vide Czwittingeri Specimen Hungariae literatae p. 408. et qui ex eo profecit, Oudinum tomo III. p. 2571.

ZUINUS *Roncadellus*, Cremonensis, familia illustri oriundus, circa a. 1384. scripsit *de imaginum coelestium significatione, et de horis planetariis.* Arisii Cremona literata tom. I. p. 187.

ZWETLENSE Chronicon (quod a monasterio Austriae nomen habet) duplex habemus, *alterum* a nato Christo, usque ad annum 1349. editum in Scriptoribus Austriacis Pezii tomo I. p. 524. *alterum* ab anno 1075-1179. ibid. p. 517. Fragmentum de fundatione monasterii Zwetlensis exstat ibidem pag. 522. Diplomatarium autem Zwetlense dedit Jo. Petrus Ludewigius in Reliquiis Manuscriptorum tom. IV. p. 24.

F I N I S.

COELII SEDULII PRESBYTERI

CARMEN

DE

VERBI INCARNATIONE.

Ex MS. Codice Corbeiensi ante annos nongentos exarato.

Observatio praevia.

In pervetusto Codice Corbeiensis monasterii, unde Juvenci librum in Genesim eruimus, extat absque ullo auctoris nomine, Sedulii presbyteri Scoti operis paschalis liber. I. cui tanquam pars ejusdem, nulla interposita distinctione, nulla divisione, nulloque titulo praemittitur sequens de Verbi incarnatione carmen: quod cum singulari studio perlegissemus, eundem in priori et in sequenti lucubratione stilum animadvertimus, nihilque incommodi videri, si uni eidemque auctori, nempe Sedulio, utraque attribueretur. Judicium hoc nostrum confirmavit Sedulius ipse in dedicatorio carmine operis paschalis ad Theodosium Augustum, quod ita incipit :

Romulidum ductor, clari lux altera solis
Eoum qui regna tenes moderamine justo,
Spes orbis, fratrisque decus, dignare Maronem
Mutatum in melius divino agnoscere sensu.

Quibus ex verbis luce clarius patet, Sedulium in opere paschali Virgilium poetam imitari, ejusque phrases divino adaptare sensui sibi proposuisse. Id autem in carmine de verbi incarnatione observatum ita fuit, vix ut sit versus aliquis, qui Virgilium non resonet, ejusque non exprimat verba. Et ne quod hac de re dubium suboriri valeat, singulos Virgilii locos unde suos versus accepit Sedulius, in notis designari curavimus.

* * *

Omnipotens genitor tandem miseratus ab alto, 1
Postquam cuncta dedit coelo constare sereno, 2
Omnibus in terris divinum aspirat amorem, 3
Semper honore pio nomen natique patrisque 4
Ornare et canere, patribusque in regna vocari 5
Auspiciis, hinc progeniem virtute futuram
Egregiam, et totum quae legibus occupet orbem.
Ne tamen in terris mortalia pectora turbet,
Ignotum numen, Deus aethere missus ab alto,

1 Aeneid. V. vers. 726.
Imperio Jovis huc venio, qui classibus ignem
Depulit, et coelo tandem miseratus ab alto est.
2 Ex Aeneid. III. v. 518.
Postquam cuncta videt coelo constare sereno.
3 Aeneid. VIII. v. 373.
Incipit et dictis divinum aspirat amorem.
4 Aeneid. VI. v. 116.
Natique patrisque,
Alma precor, miserere.
5 Aeneid. VII. v. 256.
Paribusque in regna vocari
Auspiciis hinc progeniem virtute futuram
Egregiam, et totum quae viribus occupet orbem.
6 Aeneid. VII. v. 53.

Mortalis visus potuit quantusque videri.
Virgo matura fuit jam plenis nubilis annis, 6
Cui genus a proavis 7 ingens nomenque decusque :
Intemerata thoris talem se laeta ferebat, 8
Casta pudicitiam miro servabat amore. 9
Huic se forma Dei, coelo dimissus ab alto 10
Spiritus, intus alit, casto se corpore miscet. 11
Ante tamen dubiam dictis solatur amicis : 12
Alma parens mundi Dominum paritura potentem,

Jam matura viro, jam plenis nubilis annis.
7 Aeneid. XII. v. 225.
Cui genus a proavis ingens clarumque paternae
Nomen erat virtutis.
8 Aeneid. I. v. 507.
Talis erat Dido, talem se laeta ferebat.
9 Georg. II. v. 524.
Casta pudicitiam servat domus.
10 Eclog. IV. v.
Jam nova progenies coelo dimittitur alto.
11 Aeneid. VI. v. 726.
Spiritus intus alit, totamque infusa per artus
Mens agitat molem, et magno se corpore miscet.
12 Aeneid. V. v. 770.
Excipit ac fessos dictis solatur amicis.

Nam te digna manent generis cunabula 13 sancti,
Vade, ait, o felix nati pietate, quocumque vocaris 14
Auspiciis manifesta novis , hic vertitur ordo, 15
Hujus in adventu fides et fama perennis. 16
Dixerat : illa pavens oculos suffusa nitentes, 17
Suspirans, imoqne trahens a pectore vocem, 18
Virgo refert: haud equidem tali me dignor honore:19
Non opis est nostrae, 20 nec fas nec conjugis umquam
Praetendi taedas, aut haec in foedera veni : 21
Sed post jussa Deûm nihil est, quod dicta recusem.
Accipio; agnoscoque libens: sequor omina tanta, 22.
Promissisque patris 23 exsequar coelestia dona,
Admiranda Dei tantarum munera laudum.
Panditur interea domus omnipotentis olympi 24
Sideream in sedem, terras unde arduus omnes
Aspicit, et natum verbis compellat amicis : 25
Nate, meae vires, mea magna potentia solus, 26
Nate, mihi quem nulla dies ab origine rerum
Dissimilem arguerit, 27 comitem complector in omnes
Te sine nil altum mens inchoat : omnia mecum
Aeternis regis imperiis, 28 et quidquid ubique est.
Nulla meis sine te quaeretur gloria rebus : 29

Omnia sub pedibus, qua sol utrumque recurrens 30
Aspicit oceanum, vertique regique videbunt.
Quae tibi polliceor, neque est te fallere quicquam,
Haec tibi semper erunt vatum praedicta priorum : 31
Nec mea jam mutata loco sententia cedit. 32
Nascere praeque diem veniens age lucifer almum ; 5g
Nascere, quo toto surgat gens aurea mundo , 34
Unde etiam magnus coelorum nascitur ordo ; 55
Nascere, ut incipiant magni procedere menses 56
Ne maneant nobis priscae praestigia fraudis ; 37
Prospera venturo laetentur ut omnia seclo. 58
Adgredere, o magnos, aderit jam tempus, honores: 39
Aspera tum positis mitescent saecula belli, 40
Pacatumque regent patriis virtutibus orbem. 41
Haud mora, continuo patris praecepta facessit : 42
Aethere se mittit, 43 figitque in Virgine vultus, 44
Nec mortale tuens, afflata est numine quando
Jam propriore Dei. 45 Nam tempore eodem
Matri longa decem tulerunt fastidia menses ; 46
Et nova progenies 47 mox clara in luce refulsit. 48
Mox etiam magni processit numinis astrum, 49
Stella facem ducens multa cum luce cucurrit. 50

13 Aeneid. III. v. 105.
    . . . Gentis cunabula nostrae.
14 Eclog. III. v. 49.
    . . . Veniam quocumque vocaris.
15 Aeneid. III. v. 375.
    Auspiciis manifesta fides, sic facta Deûm rex
    Sortitur volvitque vices, is vertitur ordo.
16 Aeneid. IX. v. 79.
    Dicite prisca fides facto, sed fama perennis.
17 Aeneid. I. v. 252.
    . . . Oculos suffusa nitentes.
18 Aeneid. I. v. 375.
    Suspirans imoque trahens a pectore vocem.
19 Aeneid. I. v. 359.
    Tunc Venus: Haud equidem tali me dignor honore.
20 Aeneid. I. v. 605.
    Non opis est nostrae Dido , , ,
21 Aeneid. IV. v. 339.
    , , , aut haec in foedera veni,
22 Aeneid. IX. v. 21.
    . . . Sequar omina tanta.
23 Aeneid. V. v. 863.
    Promissisque patris Neptuni.
24 Aeneid. X. v. 1. etc.
    Panditor interea domus omnipotentis Olympi,
    Conciliumque vocat divûm pater atque homi-
                                num rex
    Sideream in sedem, terras unde arduus omnes
25 Aeneid. II. v. 372.   aspicit,
    Inscius atque ultro verbis compellat amicis.
26 Aeneid. I. v. 668.
    Nate, meae vires, mea magna potentia solus.
27 Aeneid. IX. v. 281.
    . . . me nulla dies tam fortibus ausis
    Dissimilem arguerit.
28 Aeneid. I. v. 254.
    Aeternis regis imperiis.
29 Aeneid. IX. v. 278.
    Nulla meis sine te quaeretur gloria rebus.

30 Aeneid. VII. v. 100 et 101.
    Omnia sub pedibus qua sol utrumque recurrens
    Aspicit oceanum.
31 Aeneid. IV. v. 464.
    Multaque praeterea vatum praedicta priorum.
32 Aeneid. IX. v. 220.
33 Ecloga VIII. v. 17.
34 Ecloga IV. v. 9.
    Desinet, ac toto surget gens aurea mundo.
35 Ecloga IV. v. 5.
    Magnus ab integro saeclorum nascitur ordo.
36 Ecloga IV. v. 12.
    . . . Incipient magni procedere menses.
37 Ecloga IV. v. 31.
    Pauca tamen suberunt priscae vestigia fraudis.
38 Ecloga IV. v. 52.
    Aspice venturo laetentur ut omnia saeclo.
39 Ecloga VI. v. 48.
    Aggredere, o magnos, etc.
40 Aeneid. I. v. 195.
    Aspera tum positis mitescent saecula bellis.
41 Ecloga VI. v. 17.
    Pacatumque reget patriis virtitibus orbem.
42 Georg. VI. v. 548.
    Haud mora, continuo matris praecepta facessit
43 Aened. IX. v. 645.
    Aethere se mittit.
44 Aeneid. XII. v. 70.
    Illum turbat amor figitque in virgine vultus.
45 Aeneid. VI. v. 50.
    Nec mortale sonans afflata est numine quando
    Jam propiore Dei.
46 Ecioga IV. v. 61.
47 Ecloga IV. v. 7.
    Jam nova progenies.
48 Aeneid. II. v. 590.
    . . . et pura per noctem in luce refulsit.
49 Ecloga IX. v. 47.
    Ecce Dionaei processit Caesaris astrum.
50 Aeneld. II. v. 694.

Ille dies primus lethi, primusque salutis 51
Monstrat iter vobis ad eum, quem semper acerbnm 52
Semper honoratum cuncti celebrate faventes.
Annua vota tamen 53 noctem non amplius unam 54
Haud segnes vigilate viri, 55 dapibusque futuris 56
Luce palam cumulate piis altaria donis. 57
Hac vestri maneant in religione nepotes ; 58
Jamque egomet venio sedes arcemque reviso. 59
Accipite ergo animis atqoe haec mea figite dicta, 60
Ore favete omnes, 61 et huc advertite mentem. 62
E diverso sedem quotiens venietis 63 in unam,
Undique collecti pacem laudate 64 frequentes.
Cogite consilium, coëant in foedera dextrae ; 65
Qua datur pacis solum inviolabile pignus. 66
Discite iustitiam, aeterna in pace futurae
Concordes animae, si non irrita dicta , utatis. 67
Nulla dies usquam memori vos eximet aevo : 68
Mortalem eripiam formam, 69 et praemia reddam
Fortunatorum nemorum, sedesque beatas. 70
Non eritis regno indecores, nec vestra feretur
Fama levis, 71 mecum pariter considite regnis.
Urbem quam statuo, vestra est, 72 intrare licebit.
Nusquam abero, et tutos patrio vos limine sistam: 73
Iidem venturos tollemus in astra nepotes. 74
Quae vero nunc quoque vobis, dum vita manebit,

51 Aeneid. IV. v. 196.
Ille dies primus lethi primusque malorum.
Monstrat iter vobis, etc.
52 Aeneid. V. v. 40.   bum,
Jamque dies ni fallor adest, quem semper acer-
Semper honoratum, sic dii voluistis, habebo.
53 Aeneid. V v. 53.
Annua vota tamen solemnesque ordine pompas.
54 Aeneid. I. v. 87.
Tu faciem illius, noctem non amplius unam
Falle dolo.
55 Aeneid. IV. v. 73.
Praecipites vigilate viri.
56 Aeneid. I. v. 214.
Illi se praedae accingunt dapibusque futuris.
57 Aeneid. XI. v. 50.
. . . vota facit, cumulatque altaria donis.
58 Aeneid. III. v. 400.
Hac casti maneant in religione nepotes.
59 Aeneid. II. v. 760.
Procedo ad Priami sedes arcemque reviso.
60 Aeneid. III. v. 250.
61 Aeneid. V. v. 71.
Ore favete omnes . . .
62 Aeneid. VIII. v. 449.
. . . et huc advertite mentem.
63 Aeneid. XII. v. 446.
Vidit ab adverso venientes.
64 Aeneid. XI. v. 460.
Cogite concilium, et pacem laudate sedentes.
65 Aeneid. XI. v. 292.
. . . Coeant in foedera dextrae.
66 Aeneid. XI. v. 363.
Turre simul pacis solum innviolabile pignus.
67 Aeneid. XII. v. 504.
. . . aeterna gentes in pace futuras
Concordes animae, si non irrita dicta putatis,
68 Aeneid. IX. v. 47.
Nulla dies unquam etc,
69 Aeneid. X. v. 101.
Mortalem eripiam formam, magnique jubebo

Praemia digna feram? non vobis numine nostro
Divitis uber agri rerumque opulentia deerit. 75
Fundit humo facilem victum iustissima tellus, 76
Proventuque onerat sulcos, atque horrea vincit : 77
Floret ager. spumat plenis vindemia labris. 78
Exuberat foetus ramos frondentis olivae :
Quotque in fiore novo pomis se fertilis arbor
Induerit, totidem autumno matura tenebit. 79
Non liquidi gregjbus fontes, non gramina deerunt:
Et quantum longis carpent armenta diebus,
Exigua tantum gelidus ros nocte reponet. 80
Haec sunt, quae nostra deceat vos voce moneri. 81
Vivite felices, et condita mente tenete. 82
Haec ubi dicta dedit, mox sese attollit in auras
Suspiciens coelum, caput inter nubila condit. 83
Atque ita discedens terris, animisquo suorum
Concretam exemit labem, purumque reliquit
Aethereum sensum, atque auraï simplicis ignem. 84
Ex illo celebratus honos, laetique minores 85
Servavere diem, atque haec pia sacra quotannis 86
Matres atque viri, pueri innuptaeque puellae 87
Carminibns celebrant, paterisque altaria libant. 88
Ast ego, qui cecini magnum et mirabile numen,
Haec eadem gentique meae, generique manebunt. .

Aequoris esse Deas,
70 Aeneid. VI. v. 639.
71 Aeneid. VIII. v.
Non erimus regno indecores, nec vestra feretur
Fama levis,
72 Aeneid. I v. 576.
Vultis et his mecum pariter considere regnis?
Urbem, quam statuo, vestra est,
73 Aeneid. II. v. 620.
74 Aeneid. III. v. 158.
75 Aeneid. VII. v. 261
, , , Non vobis rege Latino
Divitis uber agri, Trojaeque opulentia deerit,
76 Georg. II. v. 460.
77 Georg. II. v. 580.
Proventuque oneret sulcos atque horrea vincat.
78 Georg. II. v. 6.
79 Georg. IV. v. 142 et 143.
Quotque in flore novo pomis se fertilis arbor
Induerat, , , , , tenebat,
80 Georg. II. v. 200.
Non liquidi , , , , desunt,
Et quantum longis carpent armenta diebus,
Exigua tantum gelidus ros nocte reponet,
81 Aeneid. III. v. 461.
Haec sunt, quae nostra liceat te voce moneri
82 Aeneid. III. v. 88.
, , , tu condita mente teneto,
Vivite felices, quibus est fortuna peracta,
83 Aeneid IV. v. 176 et 177.
, , , mox sese attollit in auras
Ingrediturque solo, et caput inter nubila condit
84 Aeneid. IV. v. 746, 747.
85 Aeneid. VIII 268, 269.
86 Aeneid. V. v 59.
, , , Atque haec mea sacra quotannis,
87 Aeneid. VI v. 306, 307.
Matres atque viri, defunctaque corpora vita
Magnanimum heroum,pueri innuptaequae puellae
88 Aeneid. XII. v. 174.
, , , paterisque altaria libant,

JO. DOMINICUS MANSI LUCENSIS

IN TRIA OPUSCULA MOX SUBJICIENDA.

PRAEFATIO.

*P*ostquam *V. Cl. Petro Lambecio laudabile illud consilium succurrit, ut in eos, quos confecit de Bibliotheca Vindobonensi Commentarios rara quaedam et parva, pretio magna opuscula inveheret, caeteris deinde, qui Catalogos insignium Bibliothecarum paulo accuratius conficiendos, evulgandosque susceperunt, utile illud exemplum imitari placuit. Ita conditae dapes multo sapidiores ad palatum fastidiosorum quorumdam lectorum efficiuntur, quibus arida scriptorum nomina, et simplices librorum tituli minus sapiunt. Ad hunc morem sese composuit Jo. Albertus Fabricius, tum in Bibliotheca Graeca, tum in Latina, et in praesenti hac quam in Italiam reproducimus. Cum vero additamenta plura nova haec editio praeferat, eaque me authore accesserint; opportunum mihi pariter visum est, opusculis etiam novis pretium operis augere, Lectoresque, minus forte ad proletaria mea affectos, raritate et novitate alienae hujus mercis avidius trahere. Pauca sunt haec de multis quae Felini Sandei Lucensis olim Episcopi, de quo plura hic suo loco egi, Bibliotheca mihi suppeditavit, reliquis, in tempus Deo dante si vita supererit evulgandis. De singulis nunc ratio reddenda est.*

I. De Julio Pomponio Laeto quamvis multi multa prodiderunt; plura sunt tamen incerta fama adeo obvoluta, ut in obscuro maneant; velut de natalium genere, de moribus, studiis, indole, nomine, die, et anno ejus emortuali. Singula haec ex isto, quod nunc ego primus edo, funebri Julii Pomponii Laeti elogio a Michaele Ferno scripto in majorem lucem extrahuntur. Ille enim diem fatalem insignis viri exprimit V. Idus; Junii profecto; nam statim ab eo obitu datum hoc elogium consignatur III. Id. Junii anni 1498, ex quo etiam de anno obitus edocemur. Hinc deceptos arguas Scriptores plures apud Zenum dissert. Vossian. tom. II. dissert. XIV. qui anno 1484, et Zenum ipsam, qui an. 1497 die 11 Maii vita functum statuit. In publica egenorum aegrotantium aede pauperem vitam absolvisse scripsit Pierius Valerianus de Literat. Infelicit. lib. II. Num vera prodiderit, nunc demum ambigere licet, cum ex Ferno discimus modicum illud. quod Laeto superererat, argentuli dum cubabat depensum fuisse. Nihil enim fecisset sumptus si in publica illa aede vitae postremam partem traxisset. Reliqua ex eodem Ferno repetas. Porro Michael Fernus Mediolanensis ex editione a se primum curata operum Joannis Antonii Campani dudum Eruditis innotuit; nec Jacobi Antiquarii nomen in obscuro latet, cum et de illo agat Fabricius in hoc ipso opere V. Jacobus Tom. IV. pag. 295.

II. Succedunt Cyriaci Anconitani Picenicollei (ita enim se appellat) epistolae. Cyriaci Anconitani nomen Eruditis auribus dudum insonuit; nec epistolarum ejus fama me evulgatorem exspectat. Norunt enim viri docti Epistolarum Cyriaci codicem in Ambrosiana Bibliotheca servari, ut notatum Montfauconio Biblioth MSS. Tomo I. pag. 512. Raras tamen hucusque prodiisse, credo; easque omnes collegit, quantum scio, V. Cl. Laurentius Mehus, junctas Itinerario Cyriaci, a se edito Florentiae an. 1742 in 8. Alias ab his diversas reperi in cod. MS. Biblioth. Felinianae, quas cum dignas suo Authore, et luce publica merito suo donandas censuerim, ut hic darem operae pretium me facturum judicavi. Adieci in eodem codice pariter subjunctam ejusdem Cyriaci oratiunculam occasione Publici Foederis Anconitanos inter et Ragusaeos initi, cui Foederi sanciendo Cyriacus cum aliis Optimatibus e suis civibus delectus est. Compositum illud est anno X. Eugenii IV. die XIII. Kal. Quintiles, idest anno Christi 1440 die XIX Junii. Multa sunt totidem hic expressa verbis ac leguntur in Itinerario superius indicato; quin et in Itinerarium suum invexit Cyriacus ea, quae in hac oratione

antea expresserat; cum Itinerarium non ante annum 1441 ab authore suo scribi potuisse Cl Mehus demonstraverit. Variantes nonnullas maximi momenti, quae ex utriusque collatione deprehendi sedulo in margine adnotavi; sicut et admonui unde consensus iste utriusque opusculi incipiat, et quo desinat. Idem Cl. Mehus in praefatione ad
Itinerarium ex duabus Philelpi epistolis legendis lib. V. num. 22. 23. collectionis epistolarum ejus adstruit ante exitum anni 1443. Cyriacum Asiam Graeciamque peragras-
se. Cum tamen ex epistola, quam hic evulgo, scripta an. 1444 discamus Cyriacum
anno illo Cycladas, Delum aliasque Graecas urbes invisisse; hinc non totam simul
ab eo lustratam facile deducimus. Reliqua, quae ex his epistolis eruuntur sine labore
per se Lector intelliget.

III. Superest opusculum tertium reliquos duos amplitudine sua, et argumenti dignitate superans auctore Diomede Caraffa Comite Magdaloni, et Ferdinando I. Aragonio Apuliae Regi ab intimis consiliis. Diomedis Caraffae in Neapolitana Historia,
nec ignotum nec incelebre nomen est. Ex illustri illa tota Europa familia prodivit
Diomedes Caraffa vir strenuus, qui Alphonso I. Aragonio Neapolitano Regi admili-
tans adversus Renatum Andegavensem post multa egregie et strenue gesta, cum tandem in obsidione Neapolis ab Alphonsi Regis copiis incursus fieret in moenia; ille inter primos militans accurrentibus hostibus dejectus, oppressusque fuit an. 1441 si
fides habeatur Laurentio Bonincontrio Miniatensi in annalibus a Muratorio vulgatis
Rer. Italic. Tom. XXI pag. 151 cujus haec sunt verba: Sed illi a Renato repulsi, intra hortos Urbis quidam mortui; alii praecipitati; in quibus Diomedes Caraffas etc.
Hunc Diomedem olim quidem ego auctorem opusc. reputaveram; cum tamen Scriptor
iste opus suum direxerit Eleonorae Aragoniae Herculi I. Atestino Ferrariae Duci jam
nuptae; idque primum conjugium convenerit an. 1463. ut ex diariis Neapolitanis Hectoris Pignatelli olim dictis, et in eodem volumine a Muratorio vulgatis, discimus,
alium fuisse oportet Diomedem hunc a Milite an 1441 interfecto. Filius fortasse seu
ex Filio Nepos prioris illius fuerit. Quicumque ille tamen extiterit Diomedes librum
suum scribebat post annum 1469 et ante annum 1483. Narrat enim in eo Robertum
Malatestam opera et auxilio Ferdinandi Regis adjutum ditionem suam defendisse, et
pacasse imperium. Id vero tunc contigisse credo, cum ab Archiepiscopo Spalatensi
Marchiae praefecto, atque exercitus Pontificii ductore ditione ejus occupata, et Arimino stricta obsidione afflicto e praesentissimo discrimine ab exercitu Ferdinandi Regis cum Florentinis et Duce Mediolanensi foedere juncti ereptus fuit. Haec narrat
author noster in opusculo suo, nihilque subdit de conversis a Roberto armis in bene-
factorem suum Ferdinandum, quod accidit extremo Roberti anno scilicet 1482 ex
quo planum factum esse arbitror, eo intermedio tempore inter annum 1469 et 1482.
Diomedem hunc ad scribendum se contulisse. Videri ille posset praeposterum sibi consilium statuisse, dum opus de Regentis et boni Principis officiis, Mulieri, Viro ejus
adhuc supersistite, et unico imperii administratore, destinavit. Id utique ferri vix
posset nisi sciremus Eleonoram illam Aragoniam virilis animi foeminam fuisse, nec
sivisse, ut partes ejas in administratione Imperii desiderarentur. Habes apud Petrum
Cyrnaeum in commentario de Bello Ferrariensi, orationem ejus ad Populum Ferrariensem animis consternatum, qua spe melioris fortunae illos erexit.

Opusculum istud ego in Cod. MS. Feliniano offendens haesi primum animo, num
mihi describerem, ratus jam typis prodiisse; ea de re non unum Virum doctum per-
cunctatus sum; consului Biblioth. Neapolitanam Toppii cun additionibus Nicomedis,
attumque in utroque silentium offendi: Tafurum etiam non neglexi, nec me fecit doctiorem; quare tamquam inedito locum hic illi dare constitui. Profecto dignissimum est
ut in lucem edatur; sive styli elegantiam, sive in interprete latini eloquii candorem
spectes, sive praeceptorum copiam, utilitatemque consideres, haec simul omnia, ut
admirationi, imitationi, commodis hominum proponantur dignissima sunt etc.

MICHAELIS FERNI

MEDIOLANENSIS

JULII POMPONII LAETI

ELOGIUM HISTORICUM,

Fernus , Antiquario de obitu Pomponii.

Julius Pomponius Laetus, felix fortunatus decessit: Decessit Pomponius linguae latinae instaurator maximus. Sic morimur mortales: nec juvant quemque aut opes, aut disciplinae. Homo semper attrivit se continuis vigiliis: Studiorum assiduitate: multa terrarum peragratione id tandem affectus, ut princeps litteratorum omnium et haberetur, et esset, una omnium consensione; sed id nunquam affectus, quin sibi quoque oppetendum foret una mortalium omnium lege. Quo emigrasti Pomponi? Ubi illae tuae junoniae aves? Tua illa stupri nescia Catella? Illae nemorosa inclusae cavea garrulae aviculae? Moerent, gemunt: singultiunt: lugent: in quibus tranquillissimam vitam traducebas: Quo tui videndi, demirandi; contemplandi; addo etiam adorandi causa , totus velut ad unicum literarum oraculum confluebat orbis, Constantinae Termae, illa infesta omnibus mors execrabilis, et semper probris, convitio dira, vel ob hoc solum imprecatione detestanda. Non possum referre tibi, quanto hujus in obitu perculsa Roma dolore. Contuemur nos, quotquot in urbe sumus, studiosi alterutri; et in ipso confunduntur obtutu oculi, quasi pudeat milites imperatore suo destitutos , tantam jacturam in rem literariam accepisse ; tanto principe cunctum latinum imperium, quod hic in dignitate florens et excelsum sapientissime custodiebas, orbatum esse. Quis alterum reddet nobis Pomponium ? Passim rogamus. Quis in illius arcem tam eminens, et elatus, audebit se rapere? Cui unquam natura, Coelum, superi, inferi tam concordi consensu praestabunt, ut Pomponium ingenio, studiis, cognitione, probitate, fide referre possit aut gratia? Contempsit (quod sua semper natura fuit) ad summam admirationem omnem semper fastum, adeo usque, ut nulli unquam principi, in quibus familiare illud crimen est, adiicere se voluerit; illorum gesta vel magno quaesitus stipendio scribenda, ne quid mortalium ulli deberet, sibi desumpserit; ipsam naturae suae facilitatem et libertatis invidia. Natus erat' id quod non ignoras, Salernitanorum principum clarissimo de sanguine: Caeterum studio literarum , et virtutis fragrantia , nec regias unquam quaesivit aut opes aut honores : nec laudavit in omni vita aliud unquam magis, quam despectis maximis facultatibus in libertate sibi vivere. Urbanitas erat in illo plurima , omnibus comis et perbenignus, sed congressus quorundam nebulonum arrogantissimorum, quorum affluebat, non tam ostentandi sui causa, quam nomen etiam et famam ex illius consuetudine sibi indipiscendi turbam ex omni Italia maximam refugebat. Me semper , ut avidulum literarum , et vere illius praestantissimae et divinae virtutis admiratorem continuum amanter est complexus: etiam arcana aliqua credebat. Multorum populorum, nationum, gentium, quos adierit, mores, vitam enarrabat. De principibus multa, quantum peritissimus quisque Reipublicae administrator, procul ab omni munere publico, disserebat. Eventus rerum longe ante videbat praedicebatque. Quae oculis subjecisset varia orbis loca apud Cosmographos castigata demonstrabat. Cogitabat nonnumquam ad peritissimos Indos se transferre, et hanc urbis parcissimam conditionem, nisi eruditissimorum hominum conventus demulsisset, effugere gestiebat. Istos lautos, ista gulae· irritamenta assiduo carpebat. Abstemium me aliquando veluti naturae sapientissimum custodem oppido commendabat, atque pergerem in reliqua vita, quod et ipse apprime cuperet quandoquidem melior habitudo mihi perstaret, enixe suadebat; se accusabat, quod non in juventa ad id instituisset. Et de se multorumque valetudine blande et festiviter multa referebat. Heu me: memini cum paulo hilarior inter sales percunctaretur, quantum expavissem ad Regilum lacum in Algido cum in Gabios tenderem. Non ita me subito latrones invaserant, ac rescivit ille. Hac frequentatione et usu domestico evenit nonnumquam, ut interesse eum, et conspicari illum cuperent maximorum Regum oratores, et ad faciem compellare. In qua re mirificum risum excitabat mihi, cum illos non alio vultu exciperet, quam e vulgo quemlibet unum; dimittere quoque aeque desiderio plenos, ac ad eum issent ante. Instabat fortasse quidam paulo ignobilis et exterus e Germania illius videndi cupidus; homo affabilis alioqui; sed saepe angustia familiari pressus in conspectum illius se dedit: quaerenti illi num esset Pomponius: tum, inquit: expletum desiderium tuum est; vidisti me, et in verbo abiit. Nonnullis tanta vesania nonnunquam incesserat, ut admirabundi et velut homines phanatici num esset Pomponius? ac ne illius solum crucro doctrinam contenti; sed nomen etiam usque de lustrico, genus, vitam, patrem, patriam, scitarentur ac petulantius exquirerent. Nos operae pretium fuit videre quam ridiculariter, quam virose a se eliminaret. Quem esse eum arbitrarentur; num Ursum fortasse? aut Tygridem? aut Elephantem? Vestigaret ne ipse de illis genus, aut avos, aut atavos, aut qua tandem setosa laena nati essent? Hoc ad rigiditatem quandam naturae et nimium contemptum imputabant imperiti aliqui; nescii quod nunquam vacua illi fuisset dies, si se nugatoribus istis ad vota voluisset committere. Accedebat, quod oderat, quo delectantur alii, concursus istius

fumum inanem; et praestare intelligebat impendere studiis id quantulum temporis, quam in hac sui ostentatione inutiles horas ducere; Et quamquam parvipenderet quamcunque sub hoc coelo Deorum, hominum tempestatem animi quadam acritate, et constantia; erat tamen illi quorundam ratio; Et cum flocci faceret patres istos superciliosos omnes, in quibus majestas accedere creditur, si se quam paucissimorum faxint, si se fortasse ad vices quasdam intra penetralia contineant, unum sanctae Crucis Carvaial Cardinalem nostrum in omni facultate excellentissimum in praecipuo cultu habebat: aperiendi capitis contentione genuflexibus et humili semper illum venerabatur affectu. Vidi ego, et interfuere innumeri, quibus admirationi erat, quod pertinax alias contemptor et in hoc uno perinsignis Pomponius huic adblandiri, hunc quam conciliatissimum sibi reddere tantopere evigilaret: unde palam fuit scite tenere illum honestissimos mores: et posse illum modestissime cum Principibus versari et esse; Sed odisse compedes, et claustra, et septum, et malle fabas comminuere quam angi perpete cura, et tanquam arcta obsidione, (quod ego utique) intra aulas regum sua libertate laetus foelix coerceri. Erat vestibus neglectus, cothurnatus plurimum; cerulei coloris caligae. Sericum non omnino sprevit; at laciniosa indumenta, eaque domi perbrevia. Per urbem tunica celia saepe, aliquando ostrina. Capillus rejectus et canus supra aurem Apex, qualem gestant Insubres, paulum in ambitum complicatus. Domi invinctu·n longissima linea vitta caput pene in Numidicum modum ad meliorem valitudinem plurima anni parte habebat, quod adveaas et spectatores in incredibilem admirationem excitabat. ·Errabat crebro solus per veterum ·monumenta, vetustatis diligentissimus rimator. Nihil in urbe tam abstrusum tamque abditum, ad quod ille non penetrarit. Situm, regiones, portas, colles, vias, vicos, aedes, templa, aras, domos, delubra, lacus, balnea, basilicas, hortos, horrea, ·pistrina, insulas, senatula, obeliscos, bibliothecas, campos, fora, pontes, thermas, janos, atquas, capitolia, amphitheatra, colossos, columnas, macella, theatra, ludos, nymphea, equos aeneos, eburneos, tabulas, signa, arcus, lupanaria, latrinas, vexilla, castra, cohortes, sacra, prophana omnia, tam perite quam proprios digitos percalluit discriminavitque. Deprehensus saepe intra cineres et busta majorum vagans functorum spiritus est creditus. Erat enim proceritatis infra mediocrem; habitudinis non laxae, sed genae spatiosioris, et lineamento reliquo vultus non tamen ad deformitatem oblongae; dens rarus, et scaber; balbutire visus cum expeditissimae linguae esset, haerere namque palato lingua, et oris convexum subquatere. At hoc vis ingenii et contemptus quidam in usum trajectus pariebat; Quod mihi indicio erat; nam ubi profitebatur nihil sonantius. nihil mobilius, nihil concinnius lingua illius audiri posse judicasses. Unde et fortuiti isti compellatores et allocutores adventitii stupuisse visi sunt, quod in congressibus cum refertum illum quidem in omni doctrinarum genere sentirent, in cathedra et pro sella in gymnasio profitendo multo Divo propior quam mortali homini, tam cumulata poetarum et historiarum interpretatione haberetur. Legebat in Gallicinio semper; non imbres, non desacviens frigus, non immanis ulla tempestas hominem coercebat, quominus praecipitem se ex illo Quirinali jugo ad Gymnasium daret; et ruebant agminati illa vel hora ad illum auditores, quantum schola ipsa vix poterat capi. Interdum pro ostio sub dio longissimam velut caudam, quae testudine recipi nequiret, ducerent. Quae legeret ille semel volumina emendatissima in omnem Italiam exibant. Nam corrigendi, et erigendi latinam linguam studiosus adeo fuit, ut non unum ille volumen profiteretur, quod idem manu sua non transferret. Composuit multa; et edidit sub suo nomine tam honoris quam laboris sui largitor etiam mirificus paucissima: et colliguntur nulla non elegantissima illius volumina quae haud mora audies evolare. Quamquam delectabatur magis docere quam scribere, nt es-

sent Pomponiani plurimi discipuli, in quorum excellentia cerneret nomen suum inclarere, sicut Socrates, et factitavit Christus: qui cum ipsi (sed longe aliter hic, et aliter ille) doctissimi consummatissimi essent, in discipulis et ministrorum splendore voluerunt nomen et famam suam; ingenii et divinitatis majestatem elucere. Sed est delirantis simillimum persequi ista ad te, quo cum tanta consuetudo fuit, tantaque illi familiaritate, tanta benevolentia copulabare, et ea quidem prosequi, quam nemo unus modo etiam forte infans aut paulum literas edoctus visus est ignorare. Significare tibi acerbissimam omnibus illius mortem volui tantummodo. Sed vexit me per hanc vitae suae exiguam recitationem, tanquam per rapidissimum torrentem laudum suarum meus maximus dolor. Et tu non desivisti unquam illum ad astra ferre. Nolo tibi ostentatione quadam verborum luctum meum gravissimum recensere. Verum deesse mihi semper aliquid quiddam et urgere et percellere cor videtur anxietas quaedam sollicita. Quod, cum unde est mecum impensius revolvo, protinus ad illum omnis percurrit recordatio, et in illius occursu largissimi singultus erumpunt. Primum quidem ob id quod captum mortalium omnium supergressus est Julius Pomponius Laetus, faelix, fortunatus; subinde, quod me amaret, non postremum; sed iccirco praesertim quod ille mihi ante creptus est, quam illo cum noctes et dies, sicut cupiebam, aliquando per meliorem fortunam potuerim traducere. Non improbo illam consuetudinem antiquorum, ut cum functis carissimum quodque conjungeret, ne desiderio tabesceret superstes, quod optatissimum in vita habuisset. Roga, mi Antiquari, vitam illi aeternam apud Coeli fabrum mundique summum artificem ad quem certo Laetus ille evolavit. Nam inter clarissima vitae illius consilia illud perspicuum, quod summum semper Creatorem unice dilexit. Leviusculi homines, quidam gerriloqui gattulones, poetas, et oratores quosque eximios, gentilitatis cujusdam accusant et perfidiae. Mors testata, quam sanctissima illius vita. Non fateri modo errata cum astantibus, velut extremi dici praesagus contendit, sed Salvatorem etiam ipsum efflagitavit. Ad religiosissimam mortem, immo vero vitam sempiternam religiosissime se composuit. Febris vexavit illum primo, mox tuberculum ad laevam aurem extuberatum capitis humore influente. Inedia curare tam febrem quam exitialem anthracem illum existimavit posse. Sed consecutus est defectus reliqui corporis : cui medicum nullum fomentum subinde potuit subministrare. Ubi fati necessitatem agnovit, occumbere se fassus est, ac in morte mortem superaturum se jactavit. Non disjectus est ille sensu non excanduit diem supremum exigi; non luctu et squallore visentes exterret. Laetus qui voluit in vita semper appellari, laetus extitit semper et in morte. Ablatus est nobis jam septuagenarius V. Id. sub vesperam. Postero die in Ara Coeli in editiore collis Tarpeji rupe, lauro coronatus virenti, tumulo traditus est. Haeres Matthias discipulus per dilectus haud multum ditatus, agellum et domunculam libros paucos et supellectilem modicam ex omni haereditate accipiens. Quod enim argentuli fuit, dum cobat, depensum. Et funus amicorum impendio elatum. Commendavit ad sepulchrum Petrus Marsus extemporaria quidem, sed eleganti et luculenta oratiuncula. Convenerunt viri quique doctissimi, sed et ignari literarum illo munere et officio carere noluerunt. Osculum ante humationem plurimi non perhorruerunt. Mutatae vestes quot non credat posteritas, et publicus prope luctus urbem invasit. Exequias munificentissimas instruunt; in quibus peractis sacris, quisquis pollet igenio, depromit aliquid in publicum, ut agnoscant ludorum scenicorum restauratorem unicum quoquot sub illo claruerunt. In quo pietatis argumento quoniam effigiem illius exprimere tabella promissum saepe manu mea, sed omine semper quodam laevo invito mihi interceptum munus non potui homo expers olim scenae, induam et ipse forsan mimum. Ut sentiant fortunatissimi manes, quod post injectum marmor caritas illa et recordatio sanctissima meritorum in auras non concesserunt, sepulchri erit

extra praesentem formam exactissima consideratio. Clarebit carmine marmor, et erit in foro Literario monitrix illius virtutis semper erecta statua. Et quidem si virtus, si probitas, si divina illius doctrina nihil admirationis promerita est; si signum absit omne, si cera, si gypsus non referant; Hoc semper immortalem nobis, et memorandum reddet Pomponium, quod in illius obitu patres, pueri, senes, juvenes, docti, indocti, advenae, cives, desiderium maximum ostenderunt; nec a lachrymis etiam et singultu uberti temperavere. Vale. Ex urbe desolatissima III. Id. Junii MCCCCXCVIII.

HIERONYMI DONATI

Patritii Veneti

Epitaphium graecum in Pomponium.

Ὦ ξένε τῦδε σέβε κλέⓈ, ἐνθάδε κεῖται
Τηλαυγὴς Λαίτυ Πομπονίυ κεφαλή
Ἐσβέθη ῥώμης κῦδΩ- μέγα τὸν δ' ὀλοφυρμὸν
Παιδ είας μυσῶν, καί χαρίτων Ἅλακεν (α)
Ω' γεραιὲ μῶν, πάτερηπεε σῦφε θανόντΩ-
Δημόσιον πένθΩ- δάκρυα κοινά χέει.

Ejusdem in Latinum conversum.

Hospes adi: venerare decus numenque se-
　　　　　　pulchri:
　Hic resident Laeti Pomponii cineres,
Extincta est Romae praecellens gloria, luget
　Docta Cohors, moeret Musa, gemunt
　　　　　　charites.
Te moriente quidem juvenum, pater opti-
　　　　　me, fudit
Publica communes moestities lachrymas.

JOANNES LAURENTIUS

HIERONYMO DONATO

Oratori Veneto.

Epigramma tuum de Pomponio graece scriptum adeo sum admiratus, ut ejus

(o) Hˣ ἔλιπβν.

elegantiam aemulari latine cuperem ; non tamen omnino bene successit: nam quanto lapsu ab ea decidere agnosco. Ariditas enim mea uberrimam illam ingenii tui beatitudinem , festivissima graecae linguae venustate alioquin adjutam assequi nullo modo potuit. Id tibi in praesenti legendum, qualequnque sit, mitto. Tu vero boni consules, ac pro sapientia, qua praeditus es ; infantiae meae dabis veniam.

Ω'ς ξὰρ ἀπόγραφος 'εξ ἀρχετύπε δάτερδ'ω.

Translatio ejusdem.

Pomponii clarum Laeti venerare sepulchrum
Hospes , et insigni sacra feras capiti.
Gloria quanta perit Romae! gymnasia patrem
Flevere : et charites Pieridumque chorus :
Docte senex , juvenum pater optime , post tua fata
Communi gemitu fundimus heu lachrymas.

GASPARINI LANII

aliud ephitaphium in eundem

Pomponi , venerande senex , juvenumque magister ,
Laete : sub hoc situs et marmore : vivis adhuc.
Vivis:erisque diu Latiae nova gloria linguae;
Non perimit claros mors inimica viros.
Desine Roma sacrum lachrymis turbare Poetam.
Hic cinis. Ast toto personat orbe decus.

Ferno meo salutem. Vixit Pomponius satis sibi: Publicae vero utilitati non vixit satis diu, Sanctissimum se praestitit in omni aetatis cursu. Sed cum mortem in propinquo adesse cerneret expiato ad christianum ritum animo, perbelle se ipsum consecutus est. Totam gloriae supellectilem ex paupertate quaesivit. Nec praeterquam annos septuaginta suum quicquam putavit. In quibus ingenia excitavit , et fovit, dignumque fuit ut in humeris lachrymisque urbis elatus in Capitolio, ut scribis , et sepelirctur ad Aram Coeli. Destinaverat ille tamen sibi aliquando in via Appia alienum sepulchrum, sed, donec fata permisissent, testatus vixisse. At pietas discipulorum meliorem nunc locum delegit. Amissa sunt in eo incredibilia literarum emolumenta. Haec acerbitas jacturarum ad alios pertinet. Ipse sua nunc fruitur aeternitate, quam alioquin etiam vivens usurpabat : tum novercante fortuna palam calcata. Nec ullae unquam Romanae illecebrae virum sine reciprocatione sibi constantem attigisse visae sunt. In familiari lacerna quotiens amiculo caput circumdedisset , beatiorem se Persarum Rege longe putabat. Propagarunt majores nostri viri quidem clarissimi imperium de gentibus. Pomponius Imperii ornamenta excitavit de sepulchris. Triumpharunt illi re bene gesta. Iste aeque bene restituta Capitolium tenet. Qui eum ergo luget , hominem fortunatum luget , de cujus celebrandis laudibus nisi cura suscipiatur., omnium qui literas sciunt livorem aut ingratitudinem posteritas accusabit , Vale. Mediolano XVIII. Julii 1498.

Frater tuus Ja. Antiquarius.

Ferno meo salutem. Una disceptatiuncula apud Principem atque Senatum, non solum ostendi adversarii stoliditatem , sed etiam spem omnem vanam feci. Putabat me nescire quod sciebam. Quae autem teneo , latebant illum. Nihil mihi temporum varietas excussit aut obliteravit. Corroboratissima sunt quae ad te perscripsi , et meliore quotidie nitescunt recensione. Dolebam equidem ista petulantia sugillari nomen meum. Et qui optima alienis rebus pondera semper adhibui , de me ipso male meritum unquam videri posse totus animo aestuabam. Sed veritas sicut oleum supernatat. Neque alius compertus sum , quam qui semper fueram , probus et justus. Quippe divitiarum magnitudo omnis , et honorum cumulus in conspectu meo pro nihilo fuerunt , bonae etiam famae per bonas artes partae tam fui cupidus quam vitae. Nam mortuum me esse mallem , quam male audientem. Puto igitur Ricavos herbam nobis palam dedisse , quos in omni foro umbone repulsos movissem gradu straoissemque. In qua re de fide ac diligentia tua tantum mihi promittebam, quantum de hominis amicissimi ac ofiiciosissimi opera, et studio sperare debebam. Vale. Mediolano XXIIII. Julii MCCCCLXXXXVIII.

Fr. tuus Ja. Antiquarius.

CYRIACI ANCONITANI

EPISTOLAE, ET OPUSCULA.

Ad Joannem Palaeologum Divum Augustum, Pium, Felicem,
Byzantinum Imperatorum.

CYRIACUS ANCONITANUS.

(1 Postea quam ex Italia, Sanctissima illa peracta fidelium unione, sum ma tui cum laude concessisti πολύαινε 'ιῶ βασιλλ', Majestatem felicissimam tuam Byzantiana inclyta ipsa tua in Regia, revisere multis, eximiisque suadentibus meritis desiderabam, excolendissime Princeps. Verum et si occiduas ad partes me conferre omnimode maluissem, ut quod de more optabam, si quid iisdem nobilibus locis, nostram ad diem vetustatis dignum extaret, inspectaremus, non absque te primum viso, tuisve felicibus auspiciis inter ipsum captare constitui. Interea vero, cum Idibus Septembribus exactis, Alphonsus ille Hi spanus, et inclytus Ausoniae Rex, inito cum Pontifice Eugenio foedere, nostram in Picenam Provinciam cum copiis adventasset, et eam Ecclesiae potiori ex parte deditam restituisset, dum Asculum premeret, ex Ancona Patria ad eum una cum D. Card. Firmano eadem in provinci Pontificia potestate Legato (2), me quam avidissime contuli. Ubi cum brevem hanc hisce vobis transmissam orationem suis coram Principibus Regiis in tentoris habuissem, ac inde alia inter digna relatu, de ingenti Pannonum in Turcas motu, eximia cum Cardinali S. Angeli laude, pleraque digna oratione relata fuissent, summe desideranti gloriam principi, pro viribus suadere conabar, ut ad quiescendum Italiam, et ipsum optimum patrem hac in sanctissima expeditiune favitandum nobilem intendere animum maluisset. Suaserat et idipsum sibi Byzantianus ille Theodorus Charistenus egregius Orator tuus, qui superioribus diebus ex eadem urbe regia tua hanc ob rem ipsam ad Venetos,

et occidentales Principes Legatus tua providentia missus adierat. Cui bonus ille Rex, mihique non alienum ab hac re animum ostentarat, quin et summo desiderio rem ipsam affectare, auxiliaque interim daturum, classeque tibi opitulaturum pro posse, et e Balearibus usque Insulis, ex Ebyssaque pollicebatur. Ego praeterea, cum inde post Idus octobres cessissem, et ob id ipsum, et tui potissimum gratia Byzantium petens, Rhagusium, Illyricam Epidauri Coloniam, divertissem; continuo iisdem ipsis de rebus nuper ab inclyto Pannonum Rege Ladislao in barbaros bene gestis felices adventare nuntios video, non exigua cum ejusdem Cardinalis, et Coniati Jani fortissimi Ducis laude, quorum certas vidimus Ragusaeorum ad ordinem epistolas, et alias ad Pontificem ipsum, et caeteros in Italia principes providentissime missas inspeximus. Quibus et nos utique principibus hac ipsa de subitanea Barbarorum invasione literas plerasque ex Illyrico dedimus. Ut ex iis denique bonis, piisque caeptis rebus, et tam laudatissime motis, moveant et se demum Itali praecelentissimi Potentatus, et Heroes Clari. Cohibeant denique illa saeva Latinorum invicem praelia, et detestanda bella nullos, hercle, triumphos habitura. Pudeatque ex iis penitus, ab externis Parthicae expeditionis trophaeis palmam surripere; quin et si hos tandem aliqua movet pietatis imago, in tam truces Christiculum voratores animadvertendum curent. Ego etenim cum inde ad caeptum peragendum iter cessissem: Ragusae Civitatis Principes, et Celsitudini tuae dicatissimi viri litteras fide di-

(1) Scripta an. 1444.

(2) Dominico Capranica.

gnas ad Majestatem tuam, et Illustres Despotas fratres Theodorum, et Constantinum dedere. Ut ego vobis dicatissimus, et tamdiu fidelissimus observator, et vestrum apprime cupidissimus gloriae, vos ipsos tam fideles, catholicos, et Christianissimos Principes ad hanc ipsam adversus Barbaros hostes expeditionem favendam excitarem, et, ut ajunt, calcaria currentibus addere summo studio, solertiaque conarer. et tandem cum ad Achaicam, Peloponnesiacamque Patrarum ad urbem venissem, illico fratri tuo Illustrissimo Constantino scripsi, et hac ipsa utique de re, quae digna visa sunt, detexi: et cum inde Corinthum venissem a Demetrio Axanio praefecto suo percepimus eum nuper magnis undique collectis ex Peloponneso copiis una optimo cum Thoma Germano ex Lacedaemonia, Spartaniave Misistrate ad Isthon cum exercitu adventurum. Ubi iterum longo murorum aggere restituto, Istmoque fatali rursus utique turritis maenibus vallato, exinde per Megaridem copias traducturum, Achaiamque totam, Thebarum jam urbe nuper in deditionem recepta, Lebadeam, Parnaseamque, Dauliam, et sacram Delphorum urbem singulis cohortibus invasurum, et a barbaris praedigne liberaturum, optimo juvante Deo. Ego sed enim interea cum Euripeam Chalcidiam, insignem Eubaeae Civitatem advenissem, ut tute magis tuam versus regiam urbem navigarem ad V. Cal Martias Euripeam triremem conscendens Maphio Molino Veneto Viro nobili Navarcho caepimus navigare, ipse quidem ut AEgeum ab infests Cyothalanis, piratisque liberaret; ego vero, ut ex itinere Sacram Delon, caeterasque sparsas per aequor Cycladas indagarem: et ex Chio denique tutiorem per navim regiam ipsam tuam Constantinopolim adventare curarem, optimo juvante Deo, nec non Genio Sanctissimo nostro favitante Mercurio. Ex eadem Trireme. Ex Orca antiqua Euboinae Insulae, et vetustate deleta Civitate.

E. S. R. M. T.   Dicatissimus K. A.

II.

Praeterea cum ex Hadrianopoli recedere, et abitum Byzantium adornassem, ex Pannonia Legatos, propediem eodem ad magnum ipsum Regem adventuros percepimus. Quos cum expectare delegissem, non multos post dies, quatuor hic Oratores ad LX. equitum comitatos vidimus advenisse, unum scilicet Stoyka Quisdanich a Poloniae, Pannoniaeque inclyto Rege Ladislao, alterum Vitislaum ab illo praecellenti Equitum Magistro Coniati Jano, et duos e Georgio Argentigenae, Maesiae, Servia raeque provinciae Despota: quorum alter Metropolites A. religione venerandus erat: alter vero nomine Logothetes: qui cum post biduum ad superbam Iysanni praesentiam se contulisset Regius Orator primum, deinde Despotei, ut ultimus ex primario bellica virtute Jano, Latinis, Graecis, Servianisque literis epistolas de fide, et sua quaeque modesta munera principi magno dederunt. Et ad posterum diem cum apud Regios Bassianos Collegas rem tantae legationis agitassent, et ablata jampridem; occupatave eorum in Provinciis oppida, repetita majori ex parte, concessa denique post triduum excepissent, et nonnullis ad pacem componendam conditionibus acceptis, ad principes eorum, et patriam remeare curarunt. Sed cum expetitum praecipue oppidum illud insigne Columbarium, quod ad Danubii meatum Peristerion Graece dicunt, Barbarus occupatum iterum detinere maluerat: non omne ab Rege foedus, sociive ratum fore putandum. Nec ea forte, quae tam late reddiderat princeps hic superbus, amisisset: ni nuper adversus Charamanum suo potiori cum exercitu profecturus esset: nam ingens bellum potens illa in Asia princeps in ipsum Teucrorum Regem parasse, suasque jam provincias vastatum iri, oppiduque occupare caepisse perceperat. Quas ob res non multos post dies, relicto in Thracia Cialaby nonnullis cum legionibus filio, et Chalil Bassia Collega, primario Hellespontum transfretare, et in Asiam copias enixe ductitare decreverat. Postero vero die cum

Legati ut Columbariûm recuperarent, hac in urbe morantes insisterent, id ipsum hodie sibi Regem reddidisse cognovimus. Et suos utique Barbaros Solymambegh, et Uranam Graecae nationis Legatos ad firmanda Christianis cum principibus foedera in Pannoniam misisse.

Copia literarum Regis Pannoniae ad Teucrorum Regem.

Excellenti Principi, et magno Imperatori Soltano Murathbeg, tamquam fratri, et amico syncero praeferendo.

Uladislaus Dei Gratia Hungariae, Poloniaeque, Dalmatiae, Croatiae, etc. Rex, Lithoriaeque Princeps supremus, et haeres Russiae etc. Salutem, ae fraternitatis, et amicitiae prosperum incrementum· Noverit Vestra Excellentia, nos nobilem, et egregium Otoynagisdanich dictum, hominem nostrum fidelem in factis, ex negotiis cum Vestra Excellentia nostri parte tractandis plene informatum, et per nos sufficenter eruditum, cum totali nostra auctoritate, et potestatis plenitudinem ad Vestram Excellentiam cum ut ipsa V. E. nostri parte valeat tractare, disponere, et concludere auctoritate, ac in persona nostri. Cujus quidem verbis, ed dictis, nec non ex relatibus nostri ex parte Vestrae Excellentiae referendis placeat Magnitudini Vestrae fidem credentia adhibere tamquam nostrae propriae personae. Velit igitur Magnitudo Vestra suos nuntios solenni praefaato Nuntio nostro videlicet Floyka ad nos dirigere, et transmittere, et quidquid ipse Stoyka noster fidelis cum Vestra Magnitudine disposuerit, et concluserit, fidem, et vinculum quodcumque volueritis promittimus praefatis vestris Nuntiis dare, et conferre. Vestra igitur Magnitudo velit modo simili fidem, et vinculum dare jam fato nostro Nuntio, quod omnia illa, quae disposueritis, et concluseritis, observabitis inconcusse, ut certi sumus in vobis. Da-

tum Budae secundo Die festi S. Georgii Martyris. Anno Domini 1444.

III.

Responsio Teucri ad ipsum Pannoniae Regem.

Magno, ac excellenti Principi, Magno Imperatori Uladislao Imperatori Hungariae, Regique Poloniae etc. tamquam fratri, et amico dilectissimo Amurath Beg, Magnus Dominus, Magnus Amorath, Soltani Filius, Magni Imperatoris, Magni Soltani Machmeth Beg Salutem·, atque fraternitatis, et amicitiae prosperum incrementum. Noverit Vestra Excellentia, quod nobilem virum, ac egregium Nuntium Stoyka vestrum fidelem nobis placitam, et dilectam literam ex parte Excellentiae Vestrae conduxit. Per quam literam Excellentia Vestra narravit, quod quicquid fidelis, ac vester Nuntius Stoyka vestrae parti tractabit tamquam vestrae personae propriae credamus. Narrans Dominationi Vestrae quod dictus Nuntius Stoyka nobis dixit in primo de Domino Despota Georgio, videlicet quod dare debeam filios, atque loca sua, et quod ipse Georgius sit obligatus in omnibus servitiis nostris: sicut pro praeterito erat. De quo pro fraternitate Excellentiae Vestrae concessi. Ac etiam nobis narravit, quod Domino Blado Vayvoda Valacho placeat mihi pacem securus agere in hoc modo, quod ipse Blado Vayvoda mihi det tributum ad solitum primum, ac omnibus servitiis nostris, sicut primo erat obligatus, quod noviter fit. Nisi quod non personaliter ad nostram Curiam veniat De quo amore Excellentiae Vestrae contenti sumus. Videlicet quod Blado Vayvoda det tributum, et omnia, quae in nostris negotiis erat obligatus, etiam noviter faciat, ac contenti sumus, quod ipsa personaliter non veniat in Curia nostra, nisi quod nobis mittat ostagium: ac etiam si nostri in locis suis fugiant, quod nobis mittant, et etiam nos sic faciamus, si de illis hic fugient. Et ista intelligitur hoc modo, videlicet, quod Excellentia Vestra nobiscum pacem, atque fraternitatem, et amicitiam bonam simul habeamus: ex qua causa nos juravimus coram nuntio Excellentiae Vestrae, Videlicet Stoyka, qnod nos cum Excellentia vestra bonam, et Solidam pacem habeamus sine aliquo dolo, vel fraude usque ad annos decem. De quo nos mittimus nostrum fidelem nobilem, et egregium Solymasbeg, videlicet, quod placeat Excellentiae Vestrae personaliter jurare, recte, et fideliter sine aliquo dolo, quod per annos decem bonam, et solidam pacem nobiscum habebitis. Datum Hadrianopoli XII, Junii.

Postquam per Illyricum, et ipsa in Ragusio Civitate, fortissime, atque Magnanime Princeps, certis plerisque nuntiis, praecipue Cardinalis Optimi, et Angelici nominis Pontificia potestate Legati veris Epistolis novimus, quanta, qualiave ad Christianum piom propagandum Imperium perstrenua, et insuperabili virtute tua, utique florentissimi exercitus probitate provide, constanter, magninimiterque gessisti te vere insignem pietate Principem, Stratagemiphorumque militiae Ducem, dignumque, ac verum Christianae Religiosae, Pientissimaeque gentis pugilem vocitandum, appellan.lumque fore censebam Potestatem, imperiumque tuum Oceano, honores vero, et laudes, atque nomen astris te dignum terminare putavi· Quapropter animum meum omnem, fidem, mentemque, et affectionem, ac meipsum totum inclytae virtuti, et Celsitudini tuae devovi, dedicavique, magne τροπαιοφιρστς ͞αυηρ: cum vero deinde me ad Threiciam Hadrianopolim regiam, et heu barbara ditione subactam opulentissimam urbem et elati Regis Asiae praesentiam: Plerisque, et honestis de causis contulissem, Regios nuper, et Celsitudinis Tuae Georgiique Despotae egregios oratores vidimus, et quanta apud ipsum elatum principem gesserint audivimus, ut omnia vobis ex relatu vestrae legationis, et ejusdem Murath Beg Regiis literis nota erunt, ad quae et formanda vobiscum faedera Solymambeg barbarum fidelem suum: et Graecae utique nationis homines mittit. Sed omnia

a vobis hac in re exorta, motave, optimo consilio peracta putandum est, ut e providentissimis, sapientissimisque principibus, ac magnarum gerendarum rerum expertissimis. Quamobrem vobis, et almae Christicolum Religiosae, atque excolendissimae expeditioni meliora, felicioraque omnia semper successura speramus. Opto bene valeatis. Ex Hadrianopoli pridie Idus Junnii. Eug. Pont. An. XIV. E. J. C. T.

Devotus, et dicatissimus
Kyriacus Anconitanus.

IV.

Scripsimus hec ex Hadrianopoli, Christianissime Princeps, in Barbaros, quoad licuerat, moderate, ut Barbarum nempe saevam perniciem vitaremus. Nam latius de rei conditione, deque eorum coacta pace dixissem. Cum et ingenti formidine territos, ut e vestris late noveritis quotidie Teucros moenia reparare, Turcosque propugnaculis ligno munire, militem ad fugam potius quam ad pugnam aptare cognovimus. Alia vero ex parte Charamanum in Asia in ipsum Amorath motum in armis, et loca, oppidaque sua vastatum, pessundatumque iri cum Tyrannus hic Superbus percepisset; in eum furens, relicto in Thracia Cialaby filio, cum et Chalil Bassia Collega primario suo, suis cum plerisque cohortibus; ipse Hellespontum transfretare, et copias magna vi in Asiam ductitare delegerat. Ut etsi vos Christiani optumi principes pacem hanc improbam, et penitus execrandam observare coeperitis, statim conflicto, fugatove, aut aliqua conditione pacato Charamano ingenti animo auctis in Asia copiis, Hellesponto remenso, in Thraciam iterum validiori cum exercitu remeare, et Moesiam, Pannoniamque tota sua cum potestate repetens, praeteritam, recentemque a vobis illatam sibi cladem enixe vindicare curabit. At etsi, quod magis putandum, et ipsum formidare jam cernimus, vos pace maligna penitus spreta, in eum paratas jam vestras invictas, et florentes copias in Thraciam ipsam admovisse cognoverit; et

Classe Hellespontum a nostris occupaturum perceperit, ni forte in Europa interciperetur, ipse minori ignominia maneret in Asia. Quare agite principes optumi, et indicite dignum Christianae Religionis bellum, et Sanctissimam, gloriosamque jam felicibus auspiciis ceptam expeditionem ad exoptatum perducere finem numquam absistere velitis. Ex Byzantiana Pera eo quo ad eam venimus. VIII. Kalend. Jul. fausto, et Praecursoris, Baptistaeve Sanctissimi venerandissimo die.

V.
Ad Cardinalem Sancti Angeli Legatum Kyriacus Anconitanus.

Posteaquam e Florentina Urbe ad tuam hanc piam, felicemque Legationem profectus es, optime Juliane Pater, saepe tuis de successibus optimis plura undique peragrata audivimus voce, literisque delata, et feliciores in dies de te Angelos advolare videmus, et meliora semper intelligimus allaturos, Angelice, et vere Julianae, atque Caesaree Verendissime vir. Equidem vero cum superioribus diebus Alphonsus ille Hispanus, et inclytus Ausoniae Rex, inito cum Pontifice federe, nostram in Picenam Provinciam (*Repetitum reliquum Epistolae superioris ad Joannem Palaeologum Imperatorem Augustum. Postea sequitur.*)

Quin et si hos tandem aliqua movet humanae pietatis imago in tam truces Christicolum voratores ad nostrum imperium, nostramque propagandam Religionem te pium, et optimum Patrem hac tua in Sanctissima conspiratione secundent, et ut pluries majores nostri praeclarissime fecerant, insigne ex his triumphos ducere laudatissime curent. Nec minus interea Ladislaum optimum ipsum Pannoniae Regem tibi hac in tam piissima re obtemperaturum videre, summe laudare, atque attollere cogor. Nec equidem injuria cum ipsum pium, et religiosissimum Regem ad perdignam hanc in Teucros expeditionem exequendam magnum intendisse animum existimandum puto. Quoniamet olim

Romae Caesareo quoque tempore Sibyllinis fatalibus in libris compertum fuisse tradatur, numquam nisi a Rege Parthos subjici posse. Teucrorum namque genus, et Achemenidum originem a Parthis duxisse notum satis est $\varkappa\alpha\iota$ $\dot{o}$ $\varkappa\Phi\varkappa\iota\sigma\sigma\alpha\tau\omega\nu$ $\pi\acute{\alpha}\nu\tau o\iota\varsigma$.

Nec non fortissimum illum equitum Magistrum, et insignem peregrinae militiae Ducem Coniati Janum inclytam, omnifariamque per laudem extollendum censui, qui perstrenua virtute sua, suique florentissimi exercitus probitate tam modici temporis spatio, tot egregiis victoriis, tam saevi, perniciosique almae Religionis nostrae hostis inveteratam diu audaciam ita depresserat, ut quod paulo ante Murath Beg truculentissimi principis nomen undique Christicolis formidandum memorabatur: hodie tergiversatum, fugax, dejectum, peneque extinctum videatur, habeaturque. Laudandum utique magnopere duco Georgium ipsum pientissimum Despoten, qui a tam violentissimo hoste Messiae Servianae provinciae suae imperio pulsus ob eam ipsam digne in pristinam potestatem redigendam tam provide, solerterque hanc ipsam dignissimam expeditionem aere potissimum suo excitandam, parandam, prosequendamque curavit. Sed in primis, et ante alios omnes probare . laudareque constitui Divinum illud Eugenii Sanctissimi Pontificis ingenium, et admirabilem providentiam; qui tot, tantosque inter celeberimos patres te unum dignum, et optimum atque angelicum hominem huic tam piae, laboriosaeque, et honorificentissimae rei praefecerat Antistitem designatum, benemeritumque. Pontificia potestate Legatum. Utque semper, quibusque in rebus, et Ecclesiae Dei maximis, et in illa potissimum tot externarum gentium compositione provide, constanter, aeque, pie, magnanimiterque gessisse cognoverat. At et quis tam expers humanae pietatis esset, qui in tam profanum, invisum, et penitus execrandum Teucrorum genus hunc ipsum pium, dignum, opportunumque motum non summopere laudare, benedicere potuisset? Equidem vero cum profanorum iisdem periculosis in locis saepius fuerim, et per nobilissimas Asiae, et Europae per Orientem Urbes, perque Jonicas insulas, et AEgeas miserabilem Graecorum, plurigenumque Fidei nostrae gentium calamitatem aspexissem. Quis foeda.n illorum cladem? Quis funera fando explicet? Aut lachrymis possit aequare dolorem? Vidimus enim Christicolas homines, puerosque simul, et innuptas pueras, ac ingentes omnigenum matronarum globos a Teucris longo ordine praeda ferreis sub catenis, verberibusque afflictos per Threicias, et Macedonicas Urbes, miserandum in modum saepenumero ductitare. Ac eos denique per vicos, foraque, et Hellespontiaca littora infande, turpiter, et obscaene, more, ut ita dixerim, pecudum venumdare. Proh scelus! Nam et haec ipsa tam immania, barbaricave facinora, et a sacra praeditis Religione generosis quoque principibus intoleranda, ad praedignum hoc ipsum insigne facinus conspirandum, humanissimam vestrum, utrorumque pietatem plurimum accedere debere: vestramque virtutis magnitudinem excitare prudentum quisnam ambigerit. Vestris his igitur bonis, felicissimisque caeptis, magna illa Caelicolum numina faveant, et aspirent, quorum optimis auspiciis Christiana alma Religio, sublatis superstitionibus per orbem omnibus, et perfidiis, profanum, infandumque genus omne valuit pessumdare quorumque SS. auxilio fugatis, pressis, et trucidatis, profanis undique hostibus, non modo ab his Maesiam, Graeciam, Macedoniam, Epyrum, Illyriamque liberam per vos, atque restitutam videre. Quin et extra per Asiam, atque Lybiam nostrum ipsum pium, et religiosum imperium, nostraeque almae Religionis cultum super et AEtiopas, atque Geramantas, et Indos proferre insigniter, fauste, atque felicissime videamus. Opto bene valeatis. Ex Ragusio Non. December. Eug. Pont. A. XIII. (1)

(1) Anno 1443.

VI.

Ad eundem Julianum Cardinalem S. Angeli Kyriacus Anconitanus.

(1) Scripsimus ad te pridem ex Hadrianopoli, et Byzantio, quae digna nobis potissimum visa sunt, fortunatissime Juliane Pater. Sed inde paucos post dies Reverendissimum Vicecancellarium Cardinalem, (2) optimum tuum hac Sanctissima in expeditione Collegam: Pontificia cum beatissima Classe Hellespontum, Byzantiumque venisse novisti. Ex qua ita Hellespontiacum, Bosphorumque fretum observatum habeto, ut nequis Teucer hinc inde trajicere possit, effectum est. At et non multum postea major huic laetitiae accessit hilaritas nobis, et Imperatori nostro fidelissimo Joanni. Nam cum nudiustertius VII. Idus Septembres apud eum in curia essem, Angelum ab Angelico te viro optimo exoptatum advenisse vidimus: et literas tuas alacres, et felices, Regiasque, et invictissimi Cuniati Jani Ducis, ac optimorum quorumcumque principum patentes, privatasque vidimus, quas equidem primum Majestati Suae legimus Graece retulimus, et quanta ex his eum, et curiam totam, atque urbem, et in conspectu Coloniam Peram jucunditate, hilaritateque repletas vidimus: hisce non facile literis explicarem. Optabam equidem magnopere omnes per orbem Gentes, et fidelium potissimum principes harum copiis literarum et Sanctissimi faederis, et amplissimi apparatus, et ad felices accessus certiores fore, et per navim, quae jampridem Siciliam navigavit, Alphonso Regi, ac aliis in Regno Ausoniave Principibus exempla pleraque misimus, e quibus sibi pro viribus, suadere conabar, ne tam Sanctissimae expeditionis eo videremus expertes. Et ne his plura dicam Imperatorem hunc optimum, et inclytos fratres ad rem ipsam favendam, para-

(1) Scripta an. 1444.
(2) Franciscus Condulmerus Eugenii Pontif. ex fratre nepos Card tit. S. Clementis.

tamque jam suam triremum classem augendam summa sua cum potestate, diligentia, solertiaque incumbere scito; ad quae non modo Regiam suam Urbem; sed AEgeas utique Insulas, Lemnum, Imbrum, Scyròn, Scyatum, Scopulosque admiscendum curarunt. Valere te quam diu feliciorem, et te Sanctissima hac in expeditione revisore opto. Pridie Idus. Septembr.

Praeterea clusis, et ad diem hunc XIII. Kalend. Octobres morantibus literis, Nobiles nonnulli Genuenses Viri certis ex Rhodo epistolis significarunt, Rhodios AEgyptiacae Classi ingentem Cladem intulisse, et quos ad terram desilientes, et maenia quassare calcantes convenerant, ad novem hominum millia captos, caesosque fecisse, machinasque, ac spolia omnia barbara diripuisse, et inter captivos e praestantioribus Admiratos sex intercepisse. Quae quidem felicissimae res quantum Christicolis adjumenti extiterint; Barbarisque profanis hostibus obfuisse sane te intelligere scimus, optime, atque sapientissime pater, et fere patrum insigne, et immortale decus.

E. R. P. T.

Dicatissimus Kyriacus
Anconitanus.

VII.

Anconitana, Illyricaque laus: et Anconitanorum, Rhagusaeorumque faedus:
ex K. P. A. Marino de Resti
Ragusaeo Viro Cl. Kyriacus
Anconitanus. Picenicolleus.

Venisti tandem, optume, praestantissimeque Marine, nostram hanc Anconitanam P. C. ex amplissimo Vestrae nobilissimae Civitatis ordine Legatus, et Orator egregius, ed renovandum, quinimmo potius dicam in melius emendandum, reformandumque faedus jamdiu intermissum inter Anconitanos, et vestros tamdiu nobis amicissimos Rhagusaeos: Civitatum

scilicet utrarumque Cives inter, hinc inde socios, incolas, et colonos. Opus quidem honestum in primis, et exoptabile, pium, utile, dignum, humanum, et honorabile, opportunumque, et quodammodo hinc inde Civitatibus, gentibusque invicem necessarium excitatis. Sed quo sis, optume Marine, alacrior, avidiorque ad haec ipsa honestissima faedera ineunda, firmandaque, haud dubie habeto, quod faederatae binae hae antiquo nobiles, atque liberrimae civitates maritimae, invicem amicissimae Ancona, et Epidauria Ragusion, adamantinis benevolentiae vinculis junctae, duae veluti stabilissimae Illiryci, Adriaticique sinus, ad utrumque latus, et ineluctabiles arces extiterint. Haec enim ad italicum, illa quidem ad Dalmaticum sua quaeque littora, mariaque tutantes, quarum quidem nobilium Civitatum situs, regiones, et egregias qualitates, hisce benevolentiae tuae duxi quam paucis adnotanduu. Est enim Civitas Ancona nobilis, (1) et toto fere orbe praeclara, egregiumque Piceni provinciae caput. Quo etiam nomen dare pro excellentia meruit, ut Anconitana Marchia nuncuparetur. Etenim Vero altius, ut ea de praeclare Civitate antiqua ab origine repetam, qui eam homines ab origine condiderint; quare ex parte venerint, non satis certum inter auctores Graecos, Latinosve compertum habeo, nec mirum tam longo aevo Commentariis non intercedentibus. Fuere, qui ex Delo sacra in Aegeo, atque nobilissima Cycladum Insula, commemorarunt Sacerdotes quosdam viros ex Dorica regione Graecos, ea forte tempestate praedonibus agitatos altum per Jonium, Illyrium, Adriaticumve transfretantes, nostrum tandem ad promontorium Cymba devectos, aedem Divae Veneri, quae sibi Dea Coelo benigna fuerat, postquam dicaverant, principium Civitati dedisse, eique nomen situs opportunitate ad recurvi cubiti figuram Graeco vocabulo Anconam merito imposuisse. Quos deide secuti ex Lydia, Jonia, Caria, atque Cilicia iuvenes, quam

---

(1) Vide Itinerar. Kiriaci Anconit.

plures nobiles, nostra ad haec littora navibus applicantes, locum postquam illis habilem, situmque incomparabilem cognoverant: ibi postquam desidientes consederant, incrementum eximium caeptae Civitati omnifariam, modisque omnibus contulisse. Nec equidem alii defuere, qui dicerent Siculos quosdam antiquissimos populos Tyrannicam Cyclopum, Lestrigonumque fugientes edacitatem, sinistrum Italiae litus, per Adriaticum navibus perlegentes, ad nostrum ipsum Apennini montis promontorium ANCONA, liberam sibi Coloniam delegisse in loco fertili, acre sub aequo, claris in collibus Oenotriis, et sub pede ejusdem Acroterii montis praecelsi. Ubi Liburnorum in cospectu ad portum aquae conspectabantur, a quo ad Illyriam, Graeciam, Asiam, et Aegyptum, reliquasque necessarias gentium regiones saluber, ac facilis navigantibus ab Italia pateret accessus; hoc enim sanctissimo pacto ne unquam ibi deesset honestae, et pulcherrimae libertatis speciem, decus, nomen, et ornamentum. At enimvero noto inter auctores Graecos comperimus Mathematicum illum Claudium Ptolemaeum Alexandrinum hac de nobilissima Civitate trifariam et egregiam mentionem habere (1). Posuerat enim in suo de Geographia libro, in Europae Chorographia Italas inter maritimas partes, inter et Maritimos, Senonasque Cisalpinos Gallos Ancona Picenorum provinciae insignem, primariamque Civitatem in sinu Illyrico ad sinistrum Italiae littus, et egregium in Adriaco Apennini montis promontorii caput, habentem ab Occiduo per longitudinem gradus XXXVI., atque binas quartas, latitudinis vero ab Aequinoctiali in Arctum gradus septem de quinquagies, et dimidium, cumque sexto. Qua vero in parte montes descripserat, Apenninos primum ad Anconis promontorium in Adriacum mare vergentes posuerat. Ubi tandem in fine de dierum altitudine, nobilium in Italia Civitatum mentionem habet ;1). Anconem X. inter insignes totius Italiae Urbes descripsit, habentem maximum anni

(1) Ptolem. Geog. l. 3. cap. 1.
(2) Idem lib. VIII. tab. VI.

diem, horarum XV. atque tertiam horae partem, distantem ab Alexandria per Occiduum hora una, atque binis quartis. Aliam vero unam ejusdem nominis urbem eo ab auctore toto terrarum orbe descriptam comperimus. Nam in Cappadociae nobilissimo Regno maritimas ad oras Leucosyron posita est Ancon. Sed quod ad nostrae cumulum claritatis accedit, hoc praecipue dignum commemorare, et peregregium nobis visum est, quod harum, decem nobilium, et antiquarum Italiae Urbium una haec Civitas Ancon, unica sub alma Dei Vicarii potestate ad nostrum usque tempus, unica et alma Civium democratica libertate fioret. Reliquae vero omnes (Romam semper excipio) aut deletae penitus, aut tyrannica ditione subactae serviendo mestam, et lugubrem vitam agunt. Clitomachus vero, Graecus et ipse, auctor haud ignobilis multum ante suis in Commentariis haec de Ancone scripta reliquit, ut et Latine habetur ex Lino. *Fides primum Anconis lapidem cemento pressit Divis manibus suis in loco Paratantino (1) ad laevam pacati littoris, semestribus quatuor et quinquaginta, (2) sole septimo ante Pergamorum flammas.* Domesticos vero aucto-res, qui celeberrimum hujus almae Civitatis nomen commemorant, te dudum, et plures lectitasse non dubito. Namque Tibullum Poetam haud ignobilem de Ancone haec talia scripsisse luculentissime dicisti:

Fides fixa tuo sancto de nomine di-sci (3)
Quae tumidos Illyris fluctus (4) *repelleret Ancon:*
Lucanum vero Cordubensem, dum in causa belli civilis insignes ad utrumque Italiae littus describeret Urbes, dixisse novisti:
Hinc Tyrrena vado frangentes aequora Pisae
Illinc Dalmaticis obnoxia fluctibus Ancon.
Juvenalem equidem Satyrum cecinisse haud ignoras:

(1) Itin. Paratantino.
(2) Itin. decem et quinquaginta.
(3) Itin. Dixti.
(4) Itin. Depelleret. Desunt haec in Tibullo.

Ante Domum Veneris quam Dorica sustinet Ancon. (1)

Quid memorem Quintum deinde Curtium, Latinum historicum quidem nobilem : quem de Ancone haec in Trajanum Caesarem scripsisse percepimus. *Trajanus igitur Imperator per aequoris. vada venit in Civitatem fidelem, et in ripam Cephalinam Thetidis curvae, ubi de se memoriam fecit, spectaculum grande. Postea vero per colliseptam Picenum, et clausarum Alpibus Ombriam in Urbem profectus est.* Hujusce quidem rei nobile testimonium in hodiernum extat insignem apud ipsum nostrae Civitatis portum marmoreus, et mirabilis arcus, quem desuper inclytus olim ille S. P. Q. R. huic gloriosissimo Principi Divo Trajano Caesari ejusdem saluberrimi portus providentissimo conditori, auream equestrem statuam cospicuas inter Divae Martianae Sororis, Plotinaeque jucundissimae Conjugis imagines, ut Triumphale specimen, decus, et ornamentum, mira quidem Architectorum ope dicarat, hoc nobili suo testante aureis literis hypogrammate.

IMPER. CAESARI DIVI NERVAE F. TRAJANO OPT. AUG. GERMANICO, DACICO PONT. MAX. TR. POT. XVIII. IMP. IX. COS. VI. PP. PROVIDENTISSIMO Principi SENATUS P. Q. R. Auod accessum Italiae hoc etiam addito ex pecunia sua portu, tutiorem Navigantibus reddiderit (2).

Ipse deinde optimus Imperator auream ejusdem statuae, asque praecloram imaginem huic tam egregiae maritimas inter ad Adriacum Civitati, Civibusque omne per aevum honorabile signum gestare Regia liberalitate donavit Cujusce vero splendentem iconis effigiem per pubblica, et egregia nostrae Civitatis loca, purpureaque praetoriana vexilla, undique per Latium, et Ausonia Urbes enitescere conspectamus. Vidisti praeclarae Civitatis ornamenta alia quamplura, sed inter potiora antiqua, atque nobilia undique ex cocto latere maenia, maritimum a fronte litus, tresque circumdantia ripa-

les, et acreas arces, portas deinde regias , turres innumeras, et praecelsas: nec non sacra superis speciosa, ornatissimaque delubra : alta quoque magistratuum Praetoria, Civiumque palatia et conspicuas undique arcus, et gestarum rerum trophaea : scenas, columnas, bases, et epigrammata ; quin et arenarum ingentia, vetustissimaque Numidicae architecturae loca per eminentia Urbis Amphitheatra, magnum indicium splendoris primaevae Civitatis familiae, et verendissimae antiquitatis. At enim ut finem amodo faciamus, ne quidem hoc loco praeteream disjectas olim tridente a Civibus alma pro libertate, Cataldaeae altissimae arcis moles, et machinarum vi avulsa ripis per urbem, et ariete crebro , muralive concita tormento ingentia, atque immania saxa. Quae omnia, et alia quamquam plura eximia Civitatis ornamenta quandoque per otium conspectare bellissimum nobis visum est. Videres namque deinde exoptabilius, Cl. Marine? Immo potius dicatum, vidistine? Politicam illam Civium modestiam, et honestatem? Quietem, pacem, unionem, concordiam, securitatem, Religionem, almamque Democraticam libertatem, quam et nobilissimae utique vestrae quamvis Aristocraticae nullam existimares morum difformitatem habere. Quae quidem igitur omnia ad haec ipsa ineunda tam idonea, felicia, et honestissima faedera, tuam denique benevolentiam, et affectionem plurimum debent incendere tuamque non parum virtutis magnitudinem excitare (1).

Explicavimus hactenus aliqua de Ancona, nunc vero de RHAGVSIO aliquid delibandum erit. Dicam admodo aliquid vestra de antiquissima Dalmatica Epidauro nobilissima Illyridis Urbe, a qua insignis vestra Ragusion traxit originem Rhisinum olim vestris a majoribus dicta. Comperimus enim Cosmographum illum Cl. Claudium Ptolemaeum Alexandrinum suo eodem libro, eademque Chorographia Epidaurum tres inter maritimas Illyridis urbes egregiam Dalmatiae posuisse, atque secundam

(1) Satyr. IV. V. 40.
(2) Itin. Imp. XI. Itin. P. F.

(1) Huc usque Itinerarium.

maritimam civitatem: sed omnes inter Illyricas terra, marique primarias, unam inter quinas Epidaurum descriptam cognovimus habentem ab Occidente per longitudinem gradus XLIV. ⅔, latitudinem Vero ab AEquinoctiali in Arctum gradus XLII. ; et tertiam gradus partem, quam et Anneus ipse Lucanus civilia inter bella ccinerat.

Illyris Jonias vergens Epidaurus in undas.

Quam demum vetustissimam Civitatem, a posteris apud Rhisinum oppidum duodenariam gradus partem australiorem vestratum in Coloniam deductam, Rhagusium nuncupatam percepimus. Quae quidem nobilissima urbs magna suorum Civium probitate, solertia, cura, industria, et egregia cum virtute in dies mirifice aucta, una omnes inter Illyricas, praeclara, et politiarum optima, nobilium, et optimorum homnium potestare municipali, et Aristocratica libertate floret. Reliquae vero aut collapsae penitus, et omnino deletae, aut Regum, Potentatuumve ditione, aut Tyrannica, et barbarica feritatae subactae sunt. Qua quidem in re nostra cum Ancone tamdiu liberrima Civitate, tam dignam habere conformitatem, optimamque paritatem, luculentissime didicisti, optume, praeclarissimeque Marine. Inite igitur bonis avibus tam decens idoneum, et honestum nobilium Civitatum, et gentium utrarumque felicissimum faedus.

Ad Iduum Junii faustum, felicissimumque diem, hoc inter Anconitanos, et Rhagusaeos novum fedus initum, vetusque firmatum est: Marino Resto Rgagusaeorum Oratore Viro Cl. suorum in hac parte Legato, et Paulo Polydoro, Nicolao Bonarello, et Kyriaco Picenicolle regulatoribus, nec non eorum de Collegis Piliaresio Pisanello, Stephano Fatato, et Antonio Bertucio VI. Vir. Anconitanorum auctoritate Senatus egregiis hujusce rei Commisariis, ad futurum usque vigesimum temporis annum duraturum. In quo haec fere, summatimque comprehensa sunt.

Sanctio.

Pax, amicitia, et benevolentia esto populo Anconitano, sociisque. Item Rhagusaeis, sociisque suis: Itemque per omnia Rhagusaeorum maria, portus, et littora Anconitanis, sociisque mercaturae gratia, honestisve de causis navigare licere, corumque navigia suis in quibusque locis impune pernoctanto, quae etsi non exonerando merces abierint, immunitas esto, nihilque solvunto.

Eodem itaque mare Rhagusaeis, eorumque sociis nostra per maria, littoraque iisdem honestis de causis navigare utique liceat, perinde ac licebat. Hoc sed enim praecipue unum novo hoc in federe additum, et decretum est, quod omnia Rhagusaeorum navigia, quae ex quaque Illyrici sinus parte, quomodolibet intus Anconitani portus limites applicuerint pro qualibet in Illyrico perceptarum rerum centena existimati valoris aurem unum, ac tres octavas aurei partes pro dubana publico Anconitanae Civitatis aerario persolvunto.

Exemplis quidem, penitusque libere praeservatis auro, argento, margaritis, pretiosisque omnifariam gemmis. In caeteris vero aliis prius conventa, inveterataque antiqui, intermissique federis pacta servanto.

Qui vero adversus hujusce praecepta ierit, secusve faxit, mille aureis pena mulctanto.

Sit igitur felix, faustum, et beatum hoc ipsum, recens, emendatum, confirmatum, homologatumque fedus, Beatissimis auspicantibus Martyribus, et Pontificibus nostris Kyriaco, atque Blasio publicarum rerum ambarum protectoribus optumis, et patronis. Aliisque juvantibus utrarumque Civitatum Divis almis, piissimisque Numinibus. Exactum Anconae XIII. Kal. Quintiles. Eugenii Papae anno X. (1)

SEX MODI

Administrandarum Rerumpublicarum.
Tres ad Justitiam, et tres ad Injustitiam.

Monarchia justum Regnum, cui opposita est Tyrannis. Aristocratia Optimatum Potentatus, cui contraria est Oligarchia paucorum violentum Imperium. Democratia populi bene administrantis potentatus, cui opposita est Ochlocratia imperitae turbae temeraria potestas·

Monarchia.

Princeps unus in orbe bonus, ut Caesar, vel Augustus, qui ex lege et S. C. Plebisvescito, et Tribuni potestate, magistratibus bonis provincias, regnaque per orbem moderare curabant, ut hodie Fridericus designatus Imperator in Germania. Nec non in Gallia, et Britannica Insula Carolus, et Henricus nobilissimi Reges: sua quique Regna optime nostro aevo Regia potestate gubernant. Sed praeclarius hodie Alphonsus inclytus ille Ausoniae Rex Taraconensem Hispaniam Balearum, Sicanorumque Insulas, Ausoniamque sua praeclarissima Regna insigniter propagata gubernat; Eugenio Opt. Maximoque annuente Pontifice, qui sanctius Divinis juris ordine Christicolis toto orbe imperat universis.

Tyrannis.

Principis unius in Urbe, Regnove dominatio: ut Athenis Pysistratus, et Syracusis Dionysius, qui fortiter, sine lege, absoluta potestate populis imperitabant, et ad libitum eos sua quaeque jussa, mandatave sequi pro impetu cogebant. Ut hodie potissimum inter Barbaros homines Murath Beg in Bythinia, et Thracia; in AEgypto vero, et Syria Sultanus ille Memphiticae Babylonis Princeps insolentissime servant.

Aristocratia.

Optimates Cives delecti, ut Lacedaemonum, et Romanorum Patrum Senatus. Quorum optimam politiam nostra ac aetate Veneti per Italiam; Sed aliis posthabitis omnibus externis, una inter Illyricos Rhagusaeorum Civitas laudatissime servat.

Oligarchia.

Paucorum Civium in Urbe regimen, vel dominium, ut Decemviri, qui in Urbe perinde ac Tyrannidem magistratum gerere contendebant, ut Bononiae, et Genuae nostro aevo saepe nonnulli audaces insurgere conantur suis cum sectatoribus Cives.

Democratia.

Populi, Municipumque mixtum in Civitate Principatum, ut Athenienses servasse comperimus. Quamquam saepenumero perinde ac Aristocraticum opportune optimum Areopagitarum Consilium habuissent. Hodie vero ex Italis Florentia in Thuscia, in Piceno autem Ancon, et Ricinatum Colonia servare videntur, et hae quidem alma sub Pontificia Dei Vicaria potestate protectae, et moderatae sunt.

Ochlocratia.

Plebis Urbanae, Turbaeve multorum in Civitate Dominium, ut in Urbe quandoque a Patribus segregata Plebs, concitave Tribunis ex impetu multitudinis eorum absoluta voluntas, ut perinde ac lex haberetur, instabat: eamque sequi magistratus omnes cogere praetendebat. Ut et nostro tempore Bononiensis populus, et Asculanus, et quodammodo conciti Genuenses magni perniciose quandoque, tumultuarieque conspirasse videntur.

Iratus recole, quod nobilis ira Leonis
In sibi prostratos se negat esse feram.

DIOMEDIS CARAFFAE

Comitis Magdaloni

et

Ferdinandi I. Apuliae Regis ab intimis Consiliis

DE REGENTIS ET BONI PRINCIPIS OFFICIIS.

ELIONORA ARAGONIA FERRARIAE DUCISSA

Magnifico, et amplissimo viro Diomedi Caraffae Comiti Magdaloni,
et Consiliario secreto S. P. D.

(AUCTOR BAPTISTA GUARINUS).

Cum omnibus abundare te semper judicaverim, Magnifice, et amplissime vir Diomede ; tum vero hoc in te praecipuum esse cognovi quod maximam habes in amore constantiam : quod quidem licet plurimis, evidentissimisque argumentis persaepe antea perpexissem ; tamen eo libello, quem de Regis, et boni Principis officio proxime ad me misisti, sic me in sententia confirmasti, ut nulla ex parte id mihi obscurum, aut ambiguum esse possit. Nam cum in patria juvenilem aetatem meam erudire, et ad bonorum morum disciplinam te mihi ducem, consiliatorem, et rectorem praebere nunquam destiteris ; nunc scribendis ad me praeceptis tuis facile declarasti, non temporis spatio, non locorum intervallo tuam erga me benevolentiam ulla ex parte labefactatam, aut imminutam esse. Neque enim potest mihi non satis spectatus esse animus, qui tanta cura, tantaque industria pro mea dignitate, utilitateque laborare, et invigilare studuerit. Legi itaque libentissime ea de caussa libellum ipsum quod cum non dicam meo judicio, (quod exiguum est) sed inclyti conjugis mei, et omnium, qui de tam arduis negotiis ferre sententiam possunt : omnibus numeris absolutus videatur, ei multum apud me gratiae amor in me tuus adjiciebat. Neque ego sane te arrogantiae, ut suspicari videbaris, condemnavi quod eam scribendi materiam sumpsisses, in qua praeter ingenii tui acumen, singularemque prudentiam etiam usus, qui magister egregius haberi solet, te doctorem optimum reddere potuisset : praesertim cum apud gloriosissimum et maximis rebus gestis, clarissimum parentem meum exercitatum te esse et tu ipse fatearis, et ego non ignorem : quem et sapientissimum, et regendi imperii artibus instructissimum esse non modo Italae gentes praedicant ; sed tanta diversitate caeterarum provinciarum discreta omnium judicia consentiunt. Nec me latebat, aut quod dici solet, optimum quemque suae artis disputatorem : aut Graecorum proverbium : Quam quisque novit artem, in hac se exerceat. Sed profecto cum libelli ipsius excellentiam mecum animo contemplor, quid in eo primum laudem, nescio : inventionem, an dispositionem, an explicandi rationem. Nam in excogitando munere, quod mihi accomodatum pro tua erga me fide, ac benignitate mitteres, prudentiam tuam mirifice sum admirata : non solum quia iter, quod jam totiens conficeres, mihi nunc primum ingredienti demonstrare voluisti : sed quod rectissime gustasse videris, quod privatum hominem doceat : ab eo unum tantum hominem adjuvari : qui vero consulendo admonendoque bonum principem effecisset. hunc non principi soli, sed et subditis una opera magnopere prodesse.

Ea vero collegisti, quibus, qui obtemperaverint; non modo regnum suum tueri, ac defendere, verum etiam alienum admirationem sui comparare, et sibi conciliare poterit. In distributione praeterea rei familiaris tibi plurimum et usus, et providentiae superesse ostendisti; ut ad dispensandas facultates tua sibi consilia assumere tam privati, quam principes utiliter possint. Quid autem de praeceptorum ordine loquar? Nam etsi pulchrum, et difficile est invenire praeclare; indocti tamen interdum, et barbari id facere solent; disponere autem apte, nisi eruditis, et magno ingenio praeditis negatum esse dicitur. Is enim a te servatus est ordo, qui maxime debuit; ut ea prius explicarentur, quae majoris essent ponderis, et a quibus posteriora pendere cognoscerentur; ut nusquam diluciditas, nusquam industria, nusquam tua desideretur attentio. In eloquendo vero eum modum adhibuisti, ut cum praecipere, qualis esse debeat princeps, onerosum, ac prope superbum haberi soleat; tu aliena magis recitare, quam ex te arroganter promere, aut docere verecundo professus es: ac saepe sapientissimi aut avi, aut patris mei saluberrima mihi exempla proposuisti, ad quae facile excitari queam: cum a sapientibus dici solitum accepimus: honestissimum esse maiorum vestigia sequi, praesertim si recto itinere praecesserunt. Quid quod nihil superfluum, aut accersitum inculcasti: ipsa vero praecepta (quod in eo genere observandum esse ajunt) brevius quam fieri possit explicasti? Neque enim (quod accidere tibi apud me posse vereris) te prolixitatis accuso. Neque semel tantum a fronte ad calcem libellum ipsum perlegi, sed identidem in manus

assumpsi, semperque aliquid, quo quasi novo delectarer, inveni; nec nisi unum fuit, quod molestia me afficeret: nam cum scripta tua tantum habere suavitatis, utilitatisque intelligerem, multo majorem sermonibus tuis, praesentibusque consiliis inesse conjectabar, atque adeo sciebam; eaque res, quo sepius legi, eo magis ad desiderium tui me accendit, acerbioremque mihi absentiam tuam reddidit: Scito igitur, Clarissime Vir, munus tuum mihi gratissimum fuisse eoque nomine ingentes a me tibi gratias agi, haberique; et quoad vivam, a tuis me consiliis in Regno, ac re familiari, administranda minime discessuram cum te, et natura acutum, et usu exercitatum, et ad veritatem promptum, fidelemque, esse jampridem mihi persuaserim. Sed cum opus tuum ex omni parte utilissimum, ac summa laude dignissimum ab omnibus censeri animadverterem; ut non solum Italis, sed exteris quoque nationibus prodesse, et nomen tuum, quamvis per se satis clarum, hac etiam ratione ad regiones longinquas trasmitti posset, dedi operam, ut a Baptista Guarino, homine nonnullius in re literaria nominis, cujus fidem, observantiamque erga me innumerabilibus, et claris indiciis exploratam habebam, in Latinam linguam, quod ea longius, latiusque diffusa est, quam noster vernaculus et vulgaris sermo, converteretur: idque tamquam mutuae in te benevolentiae meae testimonium ad te remittere constitui, ut quasi diligens agricola primus laborum tuorum fructum perciperes. Qua in re si sibi gratum aliquid fecero, gaudebo sane me operam non perdidisse; si minus; meum tamen in dissemnandis laudibus tuis studium improbare non debebis.

DIOMEDIS CARAFFAE

Comitis Magdaloni et Regii Consiliarii Secreti ad Illustrissimam Ferrariae Ducissam D. Elionoram Aragoniam, de regentis, et boni Principis officiis.

PROOEMIUM.

Quod multis nonnumquam accidere videmus, Illustrissima Elianora, ut dum benemerendi studium suum, cupiditatem-

que ostendere quaerunt, arrogantiae crimen incurrant; tametsi eorum ingenium ab hujusmodi culpa longe absit; mihi quoque apud impraesentiarum fortassis eveniret: quod cum istic adesse, et operam tibi praesens navare non possum; tamen cum mihi de te saepius diligentissime percunctanti nunciatum fuerit in magnis, variisque rebus pertractandis, ac totius imperii tui 'gubernaculis te solere versari: (id quod verissimum esse oportet-cum et tanto genere, talique parente nata sis: et ingenii, caeterisque naturae dotibus abundes) hoc mihi arrogaverim, ut quae tibi ad id propositum negotia suscipienda, et quibus artibus, quave ratione administranda sint, in breves commentarios redigere statuerim; neque id consideraverim, nos a te potius, quam te a nobis instrui, atque edoceri posse: praesertim cum et ingenii tui vigor, et virtutum excellentia mihi, qui tot annos tecum vixi, non ignota esse debuerit. Sed licet, inclyta Elianora, caeteris in rebus si te monere audeam, atque adeo cogitem, me reprehensione dignum esse confiteor: ea tamen ratio non parvam mihi ad hoc opusculum tibi conscribendum fiduciam praebuit; quod multarum, magnarumque rerum usus, in quibus tui sapientissimi parentis benignitate potius, quam ulla mea dignitate longo jam tempore versatus sum; non dicam, me qui aliqua fortasse ingenii mediocritate censeri queo. sed quamvis etiam maxime rusticum sub talis, tantique praeceptoris disciplina erudire, et ad ejusmodi praecepta exercitatum reddere potuit. Itaque si quid a me dicetur, quod non improbandum videatur, id non inventioni meae, sed ipsius parentis tui sapientiae prope Divinae attribuito; et eum magis, quam me loqui, existimato, ab ilius enim fontibus omnis haec nostra doctrina manavit. Illud praeterea cogitabis, solere quidem interdum juvenes prudentes appellari, quod in te plane dici potest, et solet; sed tamen prudentia ipsa vel diu, et frequenter experiendo, vel ab his, qui experti sunt, audiendo comparatur. Quocirca tritum est sermone proverbium: quibus in rebus dubites, earum peritos esse consulendos: sic enim fieri, ut quae non sine labore, aut sumptibus ipsi consecuti sunt; ea tibi facile, et gratis impertiantur. Ego vero de his ipsis rebus in quibus jamdiu exercitatus fueram, ut me tibi in consilium adhiberes, non expectavi; sed praevenire, et audacter me tibi offerre volui. Qua quidem in re si, ut ab initio dixi arrogans fortasse visus fuero: ut boni consulas, rogo. Non temeritate ulla id aggressus fui, sed qui honori tuo semper invigilo, quique tua laude multo etiam magis quam mea delector.

Operis divisio.

Cogitanti mihi, Illustrissima Elianora, et persaepe, ac diligenter animo pertractanti quatuor potissimum negotiorum genera esse videntur, quae ad curam tuam, officiumque pertinere possunt; quorum primum ad tuendum imperii statum spectat · alterum in jure dicendo versatur: tertium rei familiaris, et vectigalium administrationem, dispensationemque complectitur: quartum in subditorum, et civitatis commodis procurandis, augendisque consumitur. Neque enim tibi, et tui similibus personis mercaturam, aut maritimas negotiationes consentaneas esse existimandum est.

PARS PRIMA.

De Imperio tuendo.

Ante omnia vero ab eo, quod primum propositum est, ordiemur; quoniam nisi statum imperii servaveris, in reliquis, quae ab illo dependent, frustra laborabis. Cum autem ad id munus praestandum necesse sit, aliquos quasi consiliorum socios, et ministros adhiberi, danda in primis erit opera, ut hi deligantur, qui fideles, et rerum experientia docti; ad haec natu grandiores sint, et naturali perspicacitate, atque acri ingenio vigeant: ac postremo, quae tractata fuerint, secreta reticeant.

Quae quoniam in paucissimis universa reperiuntur: ii fere solent adhiberi, in quibus pauciora deesse cognoscantur. Sed

si detur optio; eos potius sumendos esse
censeo, qui summa prudentia, quam qui
fide careant: quanto enim callidiores, pe-
ritioresque fuerint, nisi te, ac imperium
tuum amaverint tanto eos apud te habere
tibi perniciosius est; quorum fides tibi
cognita, et perspecta fuerit, tametsi non
ita ingenio abudent, studio tamen ioser-
viendi solertiores plerumque, acutioresque
reddentur. Etsi ad ea, quae necessaria
sunt, praevidenda minime idonei erunt;
saltem ab eis cavere non oportebit: cum
certo scias nihil contra te molituros, et
nunquam in fide peccaturos. Quocirca non
sine causa dicitur ad hominem sapientem,
nisi tibi amicus fuerit (1), consulendum
ne accesseris: sicut nec ad insanum etiamsi
tibi benevolus sit. Postremo id pro certo
babeto: si apud te hi fuerint, qui utriusque
fortunae tecum participes futuri sint; eos
in rebus tuis omnem industriam, curam,
meditationem, diligentiam, omnem denique
mentem locaturos: ubi, si quid ingeniis
acumen denegaverit, experientia supple-
bitur.

Sint praeteres ab inclyto conjuge tuo ad
id munus adhibiti; quo quidem in consilio si pauci fuerint, longe magis probaverim, quam si multi: quoniam quae pluribus communicata sunt, ea secreta esse
perdifficile est. Nec ulla certe tractandis
imperii negotiis capitalior accidere calamitas potest, quam si ea palam fiant;
ut quotidianis prope exemplis docemur.
Et profecto haec, de qua loquimur, taci-
turnitas in hominibus rarior fere, quam
ulla alia virtus, reperitur; quia, quos ta-
citurnos existimari oportet, non solum eis
commissa sponte vulgare non decet; verum etiam si quis apud eos ipsis de rebus sermonem habere instituerit, ita respondere debent, ut penitus ignari videantur. Quod nisi fiat, saepe accidit ut ea
revelarint, de quibus ne verbum quidem
se fecisse credant.

Non igitur te latet, Illustrissima Elia-
anora, quod et vulgo ajunt, et in Romana
saepius historia legitur; innatum foeminis

esse, ut nihil reticere possint. Ego vero
qui te optime novi, uumquam equidem
verebor, nequid hac in re labaris; monen-
dos tamen esse consiliorum, secretorum-
que participes censeo, ut ad hoc plurimum curae adhibeant; et praesertim, si
quos tu ipsa delegeris, ne si quid forte
emanaverit, conjux tuus te, ut foeminam
suspectam habeat. Quocirca, ut ab ejusmodi te culpa, liberes quotiens ab aliqni-
bus enunciari consilia deprehenderis, tu
prima conjugi tuo indicabis.

Maxime tamen omnium eos ad imperii
gubernationem idoneos consiliarios existi-
mabis, qui nen modo praesentia intelligunt, verum etiam futura cogitatione per-
cipiunt. Nam sicut ante fluminis incre-
menta extruendi sunt aggeres; non autem
cum inundatio jam ceperit; ita sapientis
est futuros casus praevidere; ut enim est
in veteri proverbio: mala, postquam acciderunt, ab insipientibus quoque cogno-
scuntur. Nec te moveat, quod vulgo
ajunt: soli Deo futura nota esse: nam
sapientes quoque multa prospiciunt; aut
si non plane divinant, saltem quot modis
aliquid accidere possit, animo complecti-
tantur. Itaque disputatione constituendum
est, quid agendum sit, cum quid evenerit,
ut contra singulos casus muniti esse pos-
simus. Quod enim ajebat Scipio: turpe
esse Imperatori dicere: non putaram: id
nos omnibus rempublicam, imperiumque
gubernantibus, praeceptum esse credere
debemus. Post ipsam vero consultationem,
quae fieri possunt, ea praeparanda sunt,
si qua erunt, quae caveri nequeant: saltem cum praevisa fuerint, minum laedent.

In primis tibi laboriosum aut molestum
esse non debebit, ut praestituto tempore
negotiis intersis: nec umquam gravaberis
omnium sententias diligenter audire. Nam
saepe evenit, ut qui melius, quam caeteri,
non sentiat, utile tamen aliquid in medium
adducat. Idcirco dici consuevit: appellandum esse sapientem; non qui bonum a malo secernat; sed qui propositis duobos bonis, utilius; rursusque, qui de duobus
incommodis minus eligere noverit.

Illud praecipue animadvertendum est,

cum de imperii statu consilium agitatur,
videri nonnumquam adeo circumspecta,
et excussa esse omnia, ut nihil praeterea
quaerendum sit, quo tamen tempora plurima providenda, et cavenda supersint. Nam
cum rebus tuis omni ex parte abunde
prospexeris : (quod tamen magnum, ac
perdifficile) tunc de caeterorum Italiae
principum , Rerumquepublicarum statu :
tam quos tibi , si eveniat, auxilio futuros
speres ; quam de quorum erga te voluntate dubites : immo etiam de his, qui nec
amici , nec inimici sunt, consultandum
erit ; hoc enim exploratum habeas et in
Italia , et apud exteras nationes ; sicut et
in ipso regno tuo tres, quas retuli animorum varietates reperiri : totius autem fere
orbis Reges , populosque in gubernandi
status sui deliberationibus commoda sua
sequi ; et ea tam generis, quam affinitatis,
et amicitiae vinculis anteponere solere.
Quare hi tibi pluris facendi erunt, quorum
fortuna cum tua conjuncta est ! quam qui
tibi aut cognatione aut alia quavis necessi-
tudi ne devincti sunt praesertim si ad eos
aliqua ex calamitatibus tuis perventura sit
utilitas.

Cum autem duae omnino regni tuendi
rationes sint ; amoris una , altera timoris:
non solum honestius , ac laudabilius; sed
etiam ad perpetuitatem firmius est ita cum
subditis agere, ut te diligere cogantur :
quod quidem volenti facillimum est. Nam
quod ajunt nonnulli ; oportere omnibus
iis largiri, quorum benevolentiam venari
studeas ; id falsum est. Licet enim bene-
ficos esse principes deceat : saepe tamen
ad amorem satis est, si civium bona per
vim, aut injuriam non eripiantur. Quos circa si forte acciderit, ut consueta vectiga-
lia(1) subitis, et insperatis sumtibus minime
sufficiant, et ea de caussa ad subditorum
opes confugendum sit ; danda erit opera,
ut non voluntate, sed necessitate, et ir-
ritum quoque ad auxilium rogandum venire principem intelligant : At si quando
mulctandi erunt aliqui, ostendere oportebit
servandae justitiae gratia id fieri, non pe-

(1) αἴ cρον.

cuniae aviditate. Nam cum pauci sint,
quibus auferri bona contingat, apud caeteros tamen ea res odiosa esse consuevit.

Sed cum multa ad colligendam benevolentiam valeant; nulla est profecto faci-
lior ratio, quam subditorum necessitatibus
providere, et in primis cavere ne frugum,
et annonae penuria invalescat ; si instare
videbitur, ab aliens regionibus quovis modo procuranda erit rei frumentariae copia.
haec enim potissimum causa est, quia plebs
aut bene, si adsit ; ast male, si non adsit ,
secum agi praedicat. Quamobrem eorum
non secus ac filiorum cura suscipienda est:
praesertim, quia si rebus ad victum necessariis abundant, nihil mali versabunt
animo, et quominus pecuniae in commeatus
profuderint ; eo copiosius, si quando usus
evenerit, tibi subvenire poterunt. Nec ullo
modo commitendum est , ut de Rege suo
queri valeant. Solent enim querelarum pleni sermones ad res novas moliendas viam
patefacere : quas cum aggredi statuerunt ;
periculoso semper itinere grassantur, nec
umquam sine magna rerum perturbatione,
et ingenti dispendio eorum conatibus resi-
sti potest ; cum absque maxima Regum
jactura subditi perire nequeant. Id ergo
ne accidat : attente providendum est, ut
suum quisque negotium agat, nec novan-
dis rebus ansam ullam habeat. Plura ut
hac de re loqueremur, producti sumus :
quod licet in fronte, non magni fortasse
ponderis, a quibusdam judicetur, maximorum tamen motuum cardo in ea persaepe vertitur.

Si vero pro tuendo statu exules aliqui
facti fuerint : dies , noctesque ab eis cavendum erit , nec umquam suspitione liber animus esse debebit : quoniam , ut
semper visum est , et in dies magis, magisque cognoscitur : ii assidue invigilant,
nec umquam meditari desinunt , qua ratione adversarios invadere, et laedere
queant: nunc eorum gubernationes calu-
mniando , nunc cives magnis pollicitatio-
nibus sollicitando : quae si contempseris,
faciles his rebus aditum patefacies, quas
antea ne cogitasses quidem ; et saepe
contingit, ut quae temere attentata sunt,

dum ab hoste negliguntur, optato fine non careant. Nullo autem modo harum rerum, sicut nec aconiti periculum in homine amico fieri vellem.

Curandum erit igitur, ut ab iis cogitationibus exulum animi avertantur; nec ulla via, quae eis conducat, in patriam reducendi erunt, sed potius aut variis negotiis occupandi, aut in alicujus tibi conjunctissimi Regis, vel.Reipublicae fines relegandi. Atque ut hanc partem brevi concludam; omnium quidem optimum est dare operam, ne illi fiant exules: proximum vero, ut si qui facti fuerint, quam longissime summoveantur.

Quoniam autem hi tantum inopes existimari solent, qui amicis carent: et quotidie experimur, nullam esse vitam, quae amicitia non egeat, eam vel in primis regendo imperio maxime necessariam arbitrari debemus: amicorum enim respectus, auctoritasque etiam sine sumptu eorum, et auxilio persaepe nos tutos reddere potest: quos tamen ad hanc necessitudinem tibi adjungas, diligenter animadvertendum erit. Nam si quis est, qui vel omne regnum tuum, vel ejus partem sperare videatur, cum eo perpetua, et stabilis amicitia esse nullo modo potest. Si quis praeterea cum veteribus sociis simultatem exercebit, parum idoneus erit, qui sibi concilietur · neque enim, ut est in veteri proverbio, duabus simul uxoribus, duobusve inter se aemulis commode placere quisque potest; quin alteram partem offendat; dum alteri morem gerere studet. Quos autem tibi devinxeris, laborandum erit, ut eorum societas perpetuo conservetur: quod quibus rationibus fieri debeat, non esse te admonendam duxi; cum optime callere soleas, et domesticum, ac recens exemplum observari animo debeat: non ignorare te puto, proximis annis Robertum Arminensem principem ob amicitiam, quam cum magnanimo parente tuo inierat contra potentissimos hostes, agrum suum defendisse, tutoque domi mansisse: quo quidem in bello nullos sumptus pater ipse tuus sibi definierat: sed cum servandae societatis finem victoriam

sibi proposuisset; supra tercenta millia nummum aureorum effudit, priusquam amici regnum in tuto collocatum esse perspiceret, quod quam proximum exitio fuerit, nemo est, qui nesciat. Quotquot igitur haberi poterunt amicitiae, tot appetendae, et suscipiendae erunt: nec quemquam omnino, ut humilem, aut indignum repudiaveris, fastidierisque, quoniam ea tempora nonnumquam accidunt, ut ab hominibus etiam infimis, quod numquam sperasses, beneficium maxime accipere contingat.

Sicut autem expedit amicitias comparare, easque colere, atque augere; ita maxime conducit:_(posteaquam eo deventum est, ut ad has quoque artes confugiendum sit) apud eos, quos tibi infensos esse noveris, aliquem tibi ex familiaribus eorum conciliare, qui de omnibus, quae contra te agantur, statim, et occulte certiorem te faciat: quod quidem in tam corruptis hujus saeculi moribus tibi difficile non erit, si modo non esse argento parcendum non existimaveris. Neque te hujusmodi sumptus gravent, quia vel minimi damni, aut mali futura notitia, quam hac ratione investigaveris, cum omni solutae pecuniae jactura, non male compensari poterit. Sed quemadmodum magno usui erit in aliena regia tales homines vendicare, sic cavendum erit, ne in tua nutriantur. Neque sane laboriosum erit diligenter attendenti eos deprehendere, cum vel minimo verbo plerumque, vel alia conjectura manifesto sese aperiant:

De facilitate vero in subditos, de mansuetudine, deque audiendi benignitate, quae pars ad captandam benevolentiam non modo utilis, etiam pernecessaria est, non multa mihi dicenda sunt, cum in ea te cunctis antecellere et constans omnium sermo praedicet, et ego te ad id egregie natam jampridem cognoverim: quo etiam tibi magis laborandum puto, ne major videlicet reprehensio sequatur, si in eo defeceris, ad quod ingenium tuum ipsum te ducit. Ne tamen ab animi tui magnitudine decipiaris te breviter admonendam esse duxi, non esse necesse; imo nec fieri posse; (quod etiam paulo ante dicebamus) ut omnibus , qui ad te accesserunt, aurum, opesque largiaris: neque enim divitiae Cresi, aut Midae ad id satis forent: sed leniter respondere, hilarique vultu, et blandis verbis, affabilitateque sermonis unumquemque tibi adjungere, hoc est quod omnibus praestare et potes, et debes: quam in re dictum illud Titi Caesaris observandum erit: *Non oportere quemquam a sermone principis tristem discedere.*

Haec autem verborum liberalitas a pecuniarum beneficentia maxime differet; quoniam, ut crebris largitionibus opes exhauriuntur; ita sermonis thesauris, quo pluribus distribueris, eo beatiores, copiosioresque, et ad bene de multis premerendum paratiores redduntur: hoc est mercimonii genus, quod nec usu atteritur, nec lassat exercentem: sed quo affluentius erogatur, eo magis tam danti, quam accipienti prodest. Nec tibi dubium sit, Illustrissima Elianora , magnos principes, et tui similes plus verbis saepenumero, quam muneribus efficere. In hoc Igitur benignitatis genere, quod in regendo imperio non postremum locum obtinet, quodque uberrimus fructus brevi affert , non dicam, te exerceas, sed exercere pergas : nam id ad te summa cum dexteritate hactenus factitatum esse; ex quo maximam voluptatem caepi; una omnium voce ad nos perlatum est.

Inter illa vero, quae magnam regno tuo auctoritatem parere possunt, hoc vel praecipuum judicabis; si milites quotquot possis alueris. Nam, ut omittam , quod quidquid sumptus in ea re feceris, id omne in tuorum subditorum utilitatem redundabit; etiam cum adesse armatos, quibus coerceantur, intelligent, dicto semper audientes populi erunt, nec novi quicquam molientur. Apud finitimos vero, caeterasque gentes hac ipsa ratione tuarum opum existimatio augebitur. Quae omnia, si militum praesidia desint, contra evenire solent. Nam et tui ad tumultus, seditionesque contumaciter insurgent, et a caeteris facile despicieris.

Nec modici sane operis est, ita te cum finitimis gerere, ut ab illis ameris: exoriunt enim crebrae contentiones, aemulationesque, quae concordiam dirimant. Quia tamen experientia docemur, cum altera pars nolit, haud facile duos separari, manibus, pedibusque (ut ajunt) eniti quisque debet, ut bonum se vicinum praestet: plus enim prodesse potest, qui proxime adest quam qui procul, etiam si longe potentior sit. Et si verum perscrutari velimus, parvae causae sunt, quae finitimorum contentiones excitare consueverunt. Quare melius est nonnunquam aliquid de suo jure concedere, quam in summae rerum certamen descendere. Non enim frustra sapientes habentur, qui aliquid interdum amittere sciunt; quia videlicet sua prudentia intelligunt, nisi hoc fecerint, quantum damni, incommodique consequatur. Unde non ab re Caesar Augustus minima commoda, non minimo sectantes discrimine comparare solebat aureo hamo piscantibus, cujus abrupti damnum nulla captura pensari posset. Nec illud contemnendum est, quod praeterquamquod a bono vicino nihil mali provenit; etiam id assequeris ut rebus tuis adversis subitum afferatur auxilium. Sola enim vicinitas persaepe id efficit, quod nulla pecuniariis longinqua vis praestabit; ut taceam, quod quae procul distant, re transacta, fere nobis opitulantur. Danda erit igitur opera, ut si non omnes, majorem saltem finitimorum partem tibi devincias.

Ad tuendas etiam fortunas tuas maxime conducet tam ad inferendam, quam ad propulsandam injuriam, omni genere telorum, armorumque, nec non balistarum, et tormentorum refertum habere armamentarium. Nam cum ea maximam imperio tuo et auctoritatem, et tutelam praebeant; nullum tamen a te commeatum , nullos sumptus exigunt; cumque adversus repentinos incursus, tumultusque intestinos, quasi certissimum praesidium tibi suppeditent, etiamsi qui sint, qui mala cogitent, harum rerum terrore coercentur : amicis vero, sociisque non mediocrem eadem fiduciam exhibent. Itaque si quid mihi fidei habes hanc partem nullo modo neglexeris.

Arcium quoque custodiendarium diligens adhibenda est cura, et quanto majoris sunt ponderis, tanto fideliores homines praeficiendi sunt. Nam saepe cognitum est, totius summae ruinam eversionemque ab unius praefecti fluxisse perfidia. Sed meo judicio id negotium nonnisi claris, et alto loco natis viris committi debet. Nam obscuri generis homines nec habent, quod de existimatione perdant : et nisi raro, et summo cum labore nobilium vestigia sequuntur, ut fidei famam, et laudis honorem reliquis omnibus rebus anteponant, nec pretio, aut animi imbecillitate frangantur. Non equidem negaverim, quosdam virtutis igniculos in humilibus etiam personis reperiri ; sed hujusmodi spei in aliis mallem, quam in me, aut quopiam meorum periculum facere. Ipsas vero arces cum armis tutas, tum vero commeatibus, rebusque et ad victum, et ad defensionem necessariis instructas esse oportet : quod nisi optime prospectum fuerit, non nobis plerumque, sed hostibus servantur, qui imparatas aggressi absque ullo certamine potiuntur, nec ita cito, aut facile sedes amissae recipiuntur. Nulla tamen castella, nullosque muros magis inexpugnabiles fore tibi persuadeo, quam populorum animos, ut antea dixi, tibi conciliatos habere ; et subditorum omnium benevolentiam. Neque enim dubitari potest omnia suspicionibus semper abundare : nec nisi cum magna (ut ita loquar) zelotypia contineri ; nec immerito : nulli enim sunt populi, qui non alicui imperio praeter suum Regem commodi sint : si memoria repetere volueris quam multa regna, aliud alia ratione intercepta fuerint. Quocirca contra omnes casus, omnesque rerum eventus, praemeditati assidue, ac probe muniti esse debemus.

Illud vel in primis attendendum est, quod si ad protegendas tui status opes et milites, et bellica, ut paulo ante exposui, arma, tormentaque haberi necesse est ; multo magis aliquam vim pecuniae ad necessarios usus comparatam, ac reconditam servari oportet ; ut si quando eveniat, in tempore uti possis. Neque enim tunc cumulanda est, cum erogandi necessitas incumbit ; nam et amici, ut ajunt, et pecuniae in rebus adversis maxime deficiunt, aut saltem in tam brevi temporis articulo comparari nequeunt. Et profecto, mea sententia, hi longe errant, qui tutum esse illud imperium praedicant, cui cum reliqua, quae supra diximus, tum vero pecunia desit, tanta saltem, quanta repentinis casibus sufficere valeat. Quis est enim, qui non intelligat, ea pecuniarum vi effici, quae nulla alia ratione impetrentur : nec sine causa dici solere : argentum morbis omnibus aptissimam esse medicinam. Non tamen propterea sumptus eos, quos personarum, et imperii dignitas postulat, omittendos esse dixerim : sed si qua sunt, quae aut libido regalis, ut fit, sibi indulgeat, aut usus minime necessarii surripiant : ea omnia ad tempus differenda esse censuerim ; quoniam si salvae res fuerint ; ea facile restituentur : at si summa rerum perierit : nihil omnino illa subvenient.

Si vero propter incertos temporum casus aliquam pecuniae summam tuendo imperio necessariam esse statuimus : quanto magis credere debemus, ob eamdem ipsam caussam oportere homines quosdam ad rem militarem et manu, et consiliis idoneos, quasi in thesauro quodam repositos habere ? Nam gregarios milites, cum tempus postulat, ubique locorum facile reperies : et sero peditum, aequitumque duces militaris disciplinae scientia ; ac virtute praeditos, et in rebus administrandis exercitatos perraro, et difficile invenies. Qua quidem in re prudentissimi parentis tui imitandum tibi erit exemplum : qui tametsi jamdiu pacem, summamque tranquillitatem sibi terra, marique pepererit : ex eo tamen tempore non modo quemquam illustrium imperatorum, ducumque non dimisit, sed in hodiernum usque diem alios stipendiis, maximisque praemiis affectos, alios clarissimarum matronarum conjugiis honestatos : oppidisque donatos necessitatum suarum usui reservat : nam: ut antea dixi, quos duces exercitatos habuerit, facile cum opus erit, exercitus ac multitudinem pecunia comparabit. Quod si non ita multi nutriri possunt, videndum est tamen, ut pro vectigalium tuorum ratione nonnullos habeas; iique tibi non secus, ac rerum tuarum salus carissimi sint. Magnopere tamen considerandum erit, ut eos deligas, quos tui amantissimos, et conjugis tui studiosissimos esse cognoveris: saepe enim accidit, ut quos longo tempore magnis sumptibus aluimus; si quando maxime indigemus nos destituant, et interdum ad hostes transeant, quo fit, ut non nobis eos, sed contra nos tamdiu paraverimus. Nonnulli etiam reperiuntur qui licet a nobis minime transfugiant; tamen cum belli gerendi necessitas premit, tunc operam suam jactant, tunc sibi nimium arrogant, tunc duras leges, gravioraque onera, et majora stipendia nobis imponunt: quod, nescio, an longe detestabilius sit, quam ab illis deseri. Si quos ergo, nacta eris, quorum praeter rei bellicae scientiam, fidem etiam erga vos, benevolentiamque probe perspexeris, eos non solum arctiore familiaritate, comique sermone tibi devincias; sed etiam ut promptiores, ac diligentiores efficias, pro cujusque meritis, proque tuarum opum ratione largiore munificentia prosequeris. Nam, ut omittam, quod virtute insignes extollendo, eos ipsos tibi obnoxios reddes: reliquis etiam (quod non parum emolumenti affert) quoddam quasi calcar adjicies, et hoc exemplo confirmabis: ut si henemerendo illos imitari studuerint, similia quoque munera se consequuturos minime desperent. Nisi enim majora fortibus, quam ignavis praemia, honoresque proponantur: quemadmodum illi operam suam non navabunt; sic hi numquam ad meliorem frugem emendabuntur. Consuevit enim inertissimus quisque, ubi praemium non assequatur, suo magis ingenio, quam alienis exhortationibus obtemperare.

Sed profecto qui regendis hominibus praesunt, nisi eorum peccata aut legibus, aut exemplis coerceant, hos ego apud summi Dei tribunal aliquando negligentiae suae rationem reddituros arbitror. Ne-

que enim data est illis a Deo potestas, ut diem voluptaribus conterant, aut subditis errores indulgeant; sed ut populos eorum curae commissos bonis moribus instituant, et ad virtutis iter dirigant, in quo a plerisque parumpensi habetur.

Quinimmo si quis terreni principis decreta spreverit, aut quoque modo inobediens fuerit, statim ad carnificem rapitur. Si quis vero contra Omnipotentis Dei jussa, aut interdicto ludo aliena rapuerit, aut ingenuos liberos constupraverit, aut Deum et Sanctos ejus spurcissimis blasphemiis lacessiverit, aut aliud inexpiabile facinus admiserit; non modo non quaeritur ad paenam, sed ipsis quoque principibus arridentibus, quasi re bene gesta inflatus per limina potentiorum, et populi frequentiam impune versatur. Non debet igitur, qui se optimum Regem profitetur, pati nomen Divinae Majestatis conviciis lacerari: sed ut debitam rerum omnium Creatori reverentiam praestet, quicumque illum aut verbo, aut gestu aliquo nefario temerare nusus fuerit, talibus suppliciis afficiatur, ut caeteris exemplum esse possit. Nam si data est Regibus facultas, ut solo verbo flagitia prohibendo tantum subditis prodesse, et Deum honorare queant; qui hoc facere neglexerit; quo pretextu, quibusve rationibus suam excusabit incuriam? Ludus quoque talaris, et quicumque in se turpitudinem continet, prohibendus est, neque hoc a regentis officio alienum esse judices: ex eo namque ludo, cum nihil boni proveniat, odia, vulnera, caedes oriuntur, et plerumque bonorum omnium amissiones, quas non inopia solum, sed furta, latrocinia, corporis prostitutiones, et multa hujuscemodi fiagitia consequuntur. Quod si remissio aliqua continuis laboribus interponenda est; lusus pilae a veteribus etiam non improbatus, calculi, sagittatio, discus, jaculatio, aliaque, quae nec illiberalem aviditatem praesefe runt, et aliquando usui esse possunt, iis concedantur. Quin etiam utile esse arbitror subditis ipsis persuadere, ut aliquod missilium, balistarumve genus quisque domi habeat ; ea dico praesertim, quae nec magno parabilia sunt, et militum telis tuisque tormentis resistere nequeunt, quo in genere sunt jacula, arcus, scorpionesque, quibus sagittae jaciuntur. Nam si majora . possederint; verendum est, ne sic instructi sint aliquando, ut copias·tuas contemnere possint. Illud enim perspicuum est, quibus artibus assueverunt populi, ad easdem proniores semper esse. Itaque si bellicosi nimis evaserint; metuendum erit, ne si quando necessitas incumbat, tua potentia cohiberi nequeant ; praesertim magnae copiae tum propter nimios sumptus, tum propter suspectam multitudinis fidem assidue in urbibus ali non possint. Exercendi sunt igitur subditi festis, otiosisque diebus arcuum, scorpionumve sagittatione, quod etiam libentius facient, si praemia victoribus interdum a Rege proponentur, aut si eorum lusibus nonnumquam se quoque miscere, ac spectaculo interesse non gravabitur : hoc enim pacto et tela comparabunt, et huic exercitationi absque principis sumptu (quod ad conservandum imperium maxime conducit) idoneos se praebebunt. Nec solum ea utilitas sequetur ; verum etiam, dum hoc ludo erunt occupati vanis cogitationibus, levioribusque, aut seditiosis negotiis non inquietabuntur. Quare huic loco proverbium illud optime quadrare duxi : quando puerum mulier pepererit, eam nom modo, quia masculus natus sit, sed etiam, quia femellam non ediderit debere lactari.

SECUNDA PARS.

De jure dicendo, et justitia servanda.

Quoniam de rebus, quae ad tuendum imperium spectant satis, ut arbitror, multa diximus, jam tempus postulare videtur ut de justitia servanda, qui (non) alter propositi nostri locus erat, quam brevius fieri poterit, disseramus. Est enim justitia omnis felicitatis humanae fundamentum, his, qui eam dilexerint, et in-

violabiliter colendam esse censuerint. Primum igitur debet princeps, aut quicumque regendos populos susceperint, eos homines juri dicendo praeficere, qui et Deum timeant, et praesentem rerum statum diligant. Deinde qui ingenii praestantia , et dignoscendi juris scientia caeteris antecellant, quae ut in uno concurrant omnia, optabile est; verumtamen si nemo reperiatur, qui omnibus iis rebus praeditus sit; ut quisque optimus existimabitur, ita primus adhibeatur , eique mandetur, ut ipsum jus tam locupletibus, quam tenuioribus conservetur aequabile ; nec pecunia, aut gratia varietur. Nam ubi hoc diligenter fiat ; ibi Dei summi patrocinio tuta omnia esse, ac fore sperandum est. Quae autem violenta, aut iniqua sunt, ea diu permanere non possunt. Neque solum jus suum unicuique tribuendum est ; sed curandum, ut judicia ipsa, quantum patietur aequitas, celerrimam in discernendis controversiis, terminandisque litibus habeant dissolutionem ; ac si quando amplioris viri, ejusque, qui apud Regem, aut in Republica magna sit auctoritate, causa agetur ; tunc praecipue danda erit opera, ut conservatam aequabilitatem omnes intelligant : hujusmodi enim casus, si fieri posset, praesentaria pecunia emendi essent, ut palam fieret, nihil principibus carius, atque acceptius esse justitia : cujus quidem tanta vis est, ut ne latrones quidem, ac piratae sine aequabili inter se praedae divisione (quae justitiae particula quaedam est) vivere nequeant : et si verum diligenter animo, rationeque lustraveris ; sola justitia ad mutandum imperium per se satis valet. Reliqua simul omnia sine hac nihil ad eam rem virium habent.

Illis autem, qui juri dicendo praeficientur, certa merces a fisco, vel de publico constituta esse debebit, nec ullo modo concedendum erit, ut a litigatoribus utilitatis aliquid capiant. Nam licet in ferendis sententiis aequum statuant : tamen accepta pecunia corruptionis suspicione non carent. Qua quidem in re, sicut et in caeteris omnibus, circumspectissimi parentis tui sapientiam non laudare non possum ;

qui eam ob causam controversiarum praemia, quas tricesimas vocabant, judicibus
sustulit, et proprio aere solvere maluit,
quam corruptorum judiciorum infamiam
sustinere.

Sed ad conservandum justitiae munus,
nihil aeque valere putandum est, quam si
is, qui caeteros continere velit, seipsum
contineat : non enim recte caeteros com-
primet, qui ipse frenis indiget. Quoniam
ergo principi dies a subditis dici non potest, ipsemet de se judicium statuat ;
quod nisi fecerit, non secus aliis coercen-
dis frustra laborabit, quam si quis curvati
ligni umbram erigere velit : ipsum vero
lignum, ex quo umbra jacitur, movere
negligat. Cum autem in seipsum severus
extiterit, facile reliquis imperabit : praesertim, quia ea natura multitudinis est,
ut ad principis mores sese conformet. Et
profecto, si diligenter cum animo nostro
reputare voluerimus, praeter bonas actiones, nihil in hac vita reperiemus, ex quo
veram voluptatem, fructumque percipia-
mus : nam cum benefacterum recordatio
jucundissima sit ; tum vero laudem, exi-
stimatonemque hac ipsa ratione conseque-
mur : cumque ex corporeis vinculis liberati hinc discedemus ; ad eas sedes, justitia duce, migrabimus, in quibus aevo
fruamur sempiterno : his enim, qui justos
se praebuerint, ea, quae diximus, praemia
in utraque vita proposita esse nemo du-
bitaverit. Qui vero sese vitiis addixerint,
et injustis facinoribus inquinaverint ; praeterquamquod perpetuis conscientiae flagellis verberantur; etiam cum e vita excesse-
rint, iis erit seclusum iter a concilio beatorum, in ea loca, ubi paenis crucientur aeternis. Et cerle qui justitiam contempserit,
tyranni nomen obtineat, necesse est.

Neque enim debet justus Rex aut
uxores, aut liberos, aut alia bona civium concupiscere ; atque adeo si con-
cupiscenti non concedantur ; sibi ipsi,
qui aliena intemperanter appetiverit, magis irasci debet, quam sua fortiter, et
obstinate tutare volentibus.

Suas igitur cupiditates princeps coer-
ceat, libidinem domet, motus animi cogat

rationi parere; a quibus si se vinci permi-
serit ; nihil erit, de quo victor evadat. Si
vero immoderatos appetitus suos prostrave-
rit, facile reliquis superiorem se praebebit.
Quando autem in rebus subditorum aliquid conspexerit, quod ejus animum moveat (nonnulla enim esse possunt), aut
non petat ; aut si petierit, longe majus
aliquod munus contra paret ; vel pretium
tantum eroget, ut non lucri aviditate, sed
aut delectatione, aut necessitate ad id
flagitandum inductus videatur.

Maxime vero protegendi sunt tenuiores
viduaeque, et pupilli, ne ob inopiam, ac
solitudinem suam patrocinio destituti a
potentioribus (quod fere accidere solet)
opprimantur, atque vexentur : neve minores (ut ajunt) pisces a majoribus de-
vorentur. Nobiles enim, ac locupletes rebus suis propria ope facillime consulunt.

Omnibus in locis, ubi praecipua viget
humanitas, ea consuetudo est, quam tibi
quoque probari cupio ; ut praestitutis nonnullis diebus aliquis in carcere vinctos
invisat, eorumque causam principibus re-
nuntiet : ut si qui ob aes alienum, et
inopiam nexi fuerint, eorum saluti legitima via consulatur ; ut vinculis exempti
ad quaestus suos abeant, et sese a credi-
toribus redimant. Si qui vero sint capitalibus paenis obnoxii, aliquando tandem
inde ad supplicium promantur : nam mors
celeriter irrogata beneficii loco persaepe
haberi solet.

Instituendi sunt etiam, qui egenorum,
calamitosorumque patrocinium suscipiant,
et eorum curam agant : iique quotiens ad
te accesserint, benigne audiendi, et omni
favore prosequendi, ac celeriter expediendi erunt. Id enim cum Deo acceptissimum
sit ; tum vero ad alliciendam multitudinis
benevolentiam plurimum prodest ; nec tibi dubium esse debet injuria muitos in
civitatibus affici, quia vel inopia, atque
imbecillitate, vel inscitia causam suam
tutari non potuerunt.

Quemadmodum autem juris dicendi tenor uniformis, ac simplex esse debet, nec
personarum, sed causarum varietatem in-
ternoscere ; sic in animadversionibus, ca-

stigationibusque constituendis sequendum non est jus extremum, ut quicumque contra leges aliquid admiserit, e vestigio puniatur. In hoc enim lleges maxime a legibus differre oportet; quod illas rem surdam, ac inexorabilem esse, nihilque laxamenti, nec veniae habere convenit. Regiao vero humanitatis officium est, temporum, maleficii, aetatis discrimen habere periculosumque existimare, in tot humanis erroribus sola innocentia vivere. Nam cum Omnipotens, et Misericors Deus nobis ignoscat, nec statim supplicia peccantibus irroget; nos quoque vicissim lapsorum misereri oportet, eorumque maxime, qui tunc primum in erores inciderint, sive acris, sive capitis paena mulctandi videantur. Ad clementiam quippe proniores, quam ad crudelitatem esse debemus. Neque id dicendum est, non esse crudelitatis nomine appellandum quod a legibus concedatur. Nam summum jus, ut dicitur, summa injuria; et justitiae rigor, nisi benignitate clementiae temperatus fuerit, ad immanitatem quamdam vergit; unde non solum Demea ille Terentianus ait, reipsa reperisse se, facilitate nihil esse homini melius, neque clementia: sed etiam Scripturae doctrina, cujus vexillum sequimur. *Noli,* inquit, *esse multum justus.* Qua quidem in re benignissimo conjugi tuo gratulor, qui in reos perhumanum, ac clementem ipsum esse constanti fama celebratum est. Nec hisce de rebus ideo disserui, quod aut illum, aut te ipsam talibus praeceptis indigere putarem; sed quod ad susceptum opus, quod sub tuo nomine caeteris etiam fortasse proderit, hoc quoque pertinere videbatur.

Id autem, humanissima Elianora, maxime considerandum erit, ut antequam edictum a principe promulgetur, etiam atque etiam diligenti meditatione, consilioque discutiatur. Sed cum per praeconem recitatum fuerit, videndum erit, ut ei obtemperetur. Nam qui legem a se conditam negligi patitur, nihil aliud facere videtur, quam publice sui contemptum edicere.

Maximam vero laudem, et nominis immortalitatem ea res principi affert, si curam adhibuerit, ut per omnes imperii sui fines latrocinia, furtaque tollantur, et tam noctu, quam interdiu tutum omnibus iter pateat, possitque unusquisque onustis auro manibus, ut ajunt, palam per deserta etiam loca deambulare. Et certe, qui hoc non fecerit, reprehensione dignus existimabitur; quia nulla est tam spatiosa regionis, provinciaeve latitudo, nulla tanta vastitas, ut, si diligentia adhibeatur, caveri non possit. Testimonio tibi iterum esse velim excellentissimi parentis tui providentiam, qua factum est, ut per universum ejus regnum, cum apertis pecuniarum sarcinis in viis publicis cubare non reformident: nec aut verbo, aut facto cuipiam afferatur injuria. Nam si quando accidebat, ut spoliatum se quisque quereretur, maximis suppliciis caeterorum securitati, indemnitatique consulebatur; neque sumptibus, aut labori parcebatur, quominus sceleris auctores ad paenam invistigarentur. Quin etiam non multi dies praeterierunt, ex quo quidam propter pastoriam vestem comiti surreptam in crucem sublatus fuit. Non enim rei vilitas attendenda erat; sed itinerum benignitas exemplo procuranda; nec certe in hujusmodi casibus ultra modum progredi severitas est. Nam quid inter bellum, et pacem intererit; si per tranquillum, et pacatum agrum quovis tempore, nec iter quam tutum praebeatur? Ut taceam, quod praeter subditorum utilitatem, cui hac ratione consulueris, magnam hinc tibi benevolentiam adjunges, et a peregrinis, quibus per loca ditionis tuae transire contigerit, nomen tuum ubique gentium extolletur in astra laudibus.

Ad jurisdictionem ipsam hoc quoque pertinere judicandum est, ut a principe ipso subditi aliquando publice audiantur: quod et ab avo tuo Alphonso Regum omnium aetatis nostrae tam justitia, quam caeteris rebus gestis clarissimo, et deinceps ab inclyto parente tuo, cujus singulas actiones, quasi regendi formulas quasdam arbitrari debemus, enixe, atque sollicite servatum esse video. Sic enim multis contumeliis nobilium adversus humiles; potentiorum in tenuiores; aulicorum in reliquos cives occurritur ; qui opibus, et gratia sua freti , nisi oppressorum querelis ad principis aures patere aditum intellexerint ; plebejos , et infimos quosque nunc rapiendo, nunc verberando , nunc debitam mercedem abnegando injuiiis onerare non desinunt. Ad reprimendam igitur eorum audaciam, et ad caetera subditorum commoda prospicienda , si propter arduas, multiplicesque occupationes id saepius agi non poterit ; saltem unum in mense destinatum audiendis uniuscujusque postulatis diem esse omnes intelligant.

Sed cum omnium commodis serviendum sit, peregrinorum in primis habenda est ratio, qui exigendae pecuniae causa in tuas urbes advenerint. Neque id tantum Divini honoris, atque justitiae , sed et populorum tuorum utilitatis gratia faciendum erit: ut ipsi quoque in alienis urbibus idem consequantur. Nam cum fama percrebuerit a te praeclare cum externis agi; idem juris in tuos ubique servabitur. Nec satis mirari possum, hoc tempore nonnullorum hominum inscitiam , qui dum civium suorum protegere facultates prohibendis , impediendisque exactionibus conantur ; id agunt, ut sui omnes apud externos populos claudi sibi judicia , et fidem suam contemni, ac pro nihilo haberi sentiant. Itaque quod ad utilitatem subditorum factum esse videbatur, in detrimentum vertitur ; et dum paucorum opibus consulitur , in omnes odium perniciesque contrahitur. Unde et hominum saepenumero captivitates, mercium, et aliorum bonorum interceptiones; mutuae inimicitiae, semina denique bellorum nasci solent. Quare ut aliquando huic parti finem imponam, non minus peregrinis adversus cives, quam civibus inter se jus servetur aequabile, atque eo celerius.diligentiusque ipsorum controversiae decidantur, quo in aliena patria, quam domi suae , lites persequi incommodius est.

III. PARS. *De re familiari, et vectigalibus administrandis.*

Quemadmodum tuendi imperii negotia gubernanda , Illustrissima Elianora ; et quae in jure dicendo servanda essent, satis ut opinor, explicatum est ; sequitur,

ut quae ad rem familiarem, vectigaliaque, et proventuum, atque impensarum administrationem pertinere videantur, ea quam brevissime persequar. Qua quidem in re scio multos esse, qui sibi primas partes deferri oportere arbitrantur; cum tamen a summo fastigio mea sententia longissime absint. Sed his nunc omissis, nos institutum nostrum agamus. Primum igitur reddituum omnium, qui certi , ac legitimi sunt, tam ex terra nascentium , quam caeterorum exactissima tenenda est ratio ; eamque, ne nos fallat, ad calculum saepius revocari oportet. Deinde pro eorum summa facienda est accurata distributio, ut ad custodiendas arces, militesque alendos, et caetera, quae pro conservando imperio necessaria esse docuimus, pars una convertatur. Altera in pascenda, vestiendaque familia, et in uxoris, liberorumque sumptibus, aliisque hujusmodi,quae ad vitae cultum, dignitatemque pertinent, consumatur. Tertia incertis, et in dies occurentibus impensis reservetur, quae neque vitari possunt, et majorem interdum, quam quibus ordo, modusque praefinitus est, partem intercipiunt. Atque ea omnia, quae proposuimus, ita moderanda sunt, ut ad subitos, et impraemeditatos casus aliquid etiam pecuniae (quod bene regenti faciendum esse supra ostendimus) reponere, ac recondere valeas. In quo etiam illud te meminisse velim, proventuum quidem, ac vectigalium rationem non incertam, facile haberi posse: sumptuum vero, et principi praesertim quam difficillime. Quare ob causas paulo ante explicatas, hoc negotium sic administrari oportebit, ut longe majores sint redditus quam impensae; quod nisi fiat, cum detrimento afficiat : tum vero dedecus, et infamiam quamdam insipientis affert. Cum dicitur in tantis opibus facultatumque copiis hominem adeo rationis expertem esse, ut neque vires suas metiri sciat, et. ut ita loquar, mendicare cogatur: nec assentatoribus patefeciendae sunt aures, qui eum tum magnanimum, tum multo majore imperio dignum esse praedicent. Nam qui in mediocri fortuna parum se prudentem ostenderit; multo minus sperandum est eum moderatiorem in amplissima futurum.

Habendi sunt praeterea, qui ad domesticos usus, necessariasque apparationes sufficiant. quorum ed dignitas, et conditio tum ad facultates, tum ad regni dignitatem erit referenda. Atque ego sane pauciores potius sumendos esse suaserim, quam ita multos, ut eorum commodi prospicere nequeas. Quis enim praestabilius esse ambigat, pauciores habere qui bene ; quam plures, qui male secum agi praedicent ? Pretiosissimus omnino, elegantissimumque suppellectilis genus est praestantes, et ad res agendas accommodatos habere domesticos. Nec temere a senioribus usurpatum est, quod jam in proverbii consuetudinem venit, unum hominem interdum mille aliis aequari, et comparari posse. Idque saepissime vidimus ad procurandam fortunae, ac dignitatis accessionem nonnullis principibus, singulos tantum familiares, et summa prudentia, et egregia fide praeditos satis fuisse, quare fortunatum illum Regem esse, et Deo carissimum existimare licet, cui tanta ingenii vis data est, ut, cui rei suorum quisque aptissimus sit, dijudicare possit. Ad quam sententiam ingeniosi poetae carmen non male accommodaveris :

Principis est virtus maxima nosse suos.

Nam nisi acre in discernendo judicium adsit, iis plerumque administrationibus nonnulli praeficiuntur, a quibus eorum mores, et natura prorsus abhorret, et ab iis summoventur alii, ad quas mira quadam dexteritate propensi ferebantur: ex quo fit, ut neutri de Rege benemereri valeant. Idque maxime in rei familiaris distributione contingit. Unde enim alter modico sumptu magnum regenti honorem conciliaverit : alter cum majore etiam copia ignominiam, ac dedecus saepenumero comparabit. Diligenter igitur etiam, atque etiam considerandum erit, quinam ad principis usus adhibeantur: in quibus eligendis id potissimum spectari debebit, an res suas bene gesserint : nam qui sua male administraverit , hunc in alienis prudentiorem fore desperandum est.

Sed multi profecto in hac facultatum dispensatione vehementer errant , et extremum aliud alii complectuntur : nonnul-

los enim reperies, qui adeo rem familiarem claudant, ut non dicam ad res justas, sed ne ad necessarias quidem aperiant ; et struendis, accumulandisque pecuniis , noctes, diesque totas se dedant, reliqua omnia negligentes : quo quid homini miserius accidere possit , non intelligo ; nec aliud de iis suspicandum puto, quam Divina ira esse hac paena mulctatos, ut bonis suis frui nesciant ; sed iis sordibus immersi vitam (si vita est potius nominanda , quam viventium sepultura) transigant : qui ut nummos possideant, quos quasi Deos suos venerantur , et colunt, sese Diabolo , et Angelis ejus, in servitutem mancipantur.

Alii contra ita largi sunt, ut redditus suos vix dum collectos quam celerrime profundant, atque abjiciant. Quo fit , ut cum bona sua profligaverint , multa contra leges , honestatemque aggrediantur ; ut sub aliquo praetextu , alienis manus inferre possint. Quae quidem si indigentibus , aut iis saltem , quos de se benemeritos sentiunt , erogarent , aliquo modo ferendum videretur. Nunc , quasi amarissima sarcina exonerare se cupiant , praecipiti via , variisque vitiorium diverticulis statim a se divitias omnes abigere festinant : neque intelligunt in eos aliquando se temporum casus incidere , in quibus non solum honoris , dignitatisque , sed ipsius etiam imperii jacturam faciant , a qua si se redimere nequeunt , nulli rei , nisi effusioni stultissimae imputandum est. Qui vero mediocritatem in hisce rebus tenere possunt ; ii sunt , qui populos optime regunt , et summis efferendi sunt laudibus. Nam sicut prodigos esse non convenit , ita fugienda est avaritiae suspicio : et omnia , ut ante diximus , agenda pro viribus , ut ad usus necessarios suppetant facultates , et mendicandi periculum devitetur. Nec omnia , quae aut in mentem veniunt , aut importuna libido efflagitat , coemenda sunt ; sed ea tantum , quae commoda , et utilia judicamus, habita semper rerum , qua supra memoravimus , ratione. Illud enim animo frequenter repetendum est , quod jam proverbii locum obtinet : Qui non necessaria emere studet, hunc saepe cogi, quae necessaria sunt, vendere.

Sed cum diligentes, et moderati sumptus multas commoditates in se contineant; tum vero illud in primis afferunt, ut tua tibi satis sint, nec alienam opem implorare, aut per vim copias subditorum auferre, quae utraque detestabilia sunt, ac perniciosa, cogaris. Multos autem videmus, qui nullo modo scelus arbitrentur, aliena mutuari, nec ea restituere, aut si restituant, vel sero id agant, vel parte retenta. Sed profecto alienas pecunias accipere, et eas numquam reddere, quid aliud existimari debet, quam tutum quoddam rapinae, ac furti genus? Ad extremum autem subsidium eo tempore dumtaxat confugiendum est; quo repentina fortunae vis aliqua, tantam summam postulat, quantam ex tuo, quia forte nondum exacta sint vectigalia, parare nequas; ad quos tamen casus aliquid pecuniae sepositum esse oportere supra ostendimus. Tunc etiam petendum fortasse concesserim, cum vel fines imperii emptione dilatandi, vel praedii, aut domus comparandae, oblata fuerit opportunitas; ut petendi justa, et aperta causa subesse videatur. Cum vero profundendi temeritas in eam te negligentiam adduxerit, ut alienas opes rogare oporteat, facillime omnibus patefacies, posteaquam tuas facultates attriveris, velle etiam reliquorum insontium bona perditum ire. Quid enim profuerit temperanter, moderateque vixisse, et rei familiaris habuisse rationem; si ea, quae parcendo corraserint, alienae stultitiae vivendo consumant? Aut quid animi tandem credis eis futuram, qui locupletioribus mutuum dando, hoc amittere sese intelligant; quod saepissime genium suum defraudantes ex tenuissimis facultatibus superlucrari studuerint? Haec igitur omnia vitia sustulerit, qui in reddıtibus distribuendis mediocritatem servabit, modestumque sese ad omnes impensas praebebit. Nec parum etiam in ea re civibus exemplo proderit, qui cum iis moribus institutum esse principem intelligent; ipsi quoque rebus suis consulent; et se locupletare studebunt;

nec metuent divitias ostentare, quas ibi occulere, et dissimulare consueverunt, ubi eas a principe rogatum ire suspicantur. Quicquid ergo deinceps sibi comparabunt, principi suo acceptum referant.

Caeterum, ut ii maxima reprehensione digni sunt, qui sub nomine mutui aliena rapiunt; ita etiam vehementer improbandi qui cum egere caeperint, non ea quidem petendi via grassantur; sed in fisci latebras sese immergunt; et inde obsoleta jam, et antiquata jura, tabulasque curiose indagatas, more egentissimi faeneratoris eruunt: et si quid nacti fuerint, unde aviditati suae fomenta suppeditent, pertinaciter id apprehendunt; et ut locupletissimos quisque videtur, ita plurima, et persaepe levissima crimina ei objiciuntur; operae pretium est tunc videre; ab aliis, qui ante rei Divinae tempus haesitaverint: ab aliis qui in amicorum aurem insusurraverunt; aut ab hujusmodi, ridiculas calumnias grandes pecuniarum summas efflagitari, quae si aliter solvendo non sint, ad supellectilis, et praediorum venditiones compelluntur. Eas deinde pecunias inconsulto princeps dissipabit, ac profundet, nihil existimans quanto cum labore, miseriisque illorum partae fuerint: et quotidie modo in hunc, modo in illum novas struct insidias: prius namque unde extorqueat, finem invenit, quam suas cupiditates refraenare possit. Quam diuturnum autem futurum sit hoc imperium tam avidum, atque violentum, quis est, qui non videat? Nam brevi optimus quisque aut in alias regiones migrabit; aut qua ratione mutare Regem, et eo metu liberare se queat, rationem inibit. Quo circa non temere dicitur; ubi aequum vigeat imperium, ibi florere urbes, et civium opes crescere. Contra ubi vi agatur, ibi omnia in deterius ruere: ac celeriter evanescere. Nam si malum vicinum ferre nolumus; quomodo tandem injustum principem aequo animo feremus, qui non solum bona nobis eripere; sed etiam in carcerem nos retrudere facillime potest? Nemini ergo mirum esse debet, si tyrannorum odio patriam fugentes aliquos in abstrusas, reconditissimasque provincias sese abdere interdum videmus ; ad boni autem Regis tranquillam, pacatamque gubernationem, permultos saepe confluere. Et profecto cum mecum animo contemplor, nulla clades, nullum infortuni, aut exitii genus homini miserabilius accidit, qnam ut sapiens stulti, et justus iniqui regatur imperio; ex quibus sane, inclita El:anora, colligere potes, quam fructuosum principibus sit vectigal ita se regere, ut subditos spoliare non cogantur. Suaserim multo magis hoc loco, posteaquam in hujusce rei mentionem incidimus; fiscales calumnias gravi calumniantium paena esse reprimendas; et Domitiani Caesaris vocem memoria tenendam : princeps, qui delatores non castigat, irritat.

Cum autem Regum fere omnium proventus ex portoriis, decumis, salinis, mercaturae, et annonnae publicis habeantur; eos, multo conducibilius est, redemptoribus locare, quam suo nomine exigere, et qui aliter egerit, non est bonus administrator existimandus, cum publicani majore sedulitate, vigilantiaque negotium suum agant, quam alienum. Quippe qui modo praefinita studio suo mensura, vel annua salaria sequantur, non multum laboris adhibere consueverunt. Quo fit, ut non tantum exigua tibi redeant vectigalia, sed ipsa quoque negligentia spatio temporis paulatim diminuantur Nec moleste ferendum est, si mancipites nonnumquam eo quaestu patrimonium augeant. In eo namque lucrantur, in quo fiscus jacturam non facit, et quo majorem ex iis redempturis fructum consequuntur, eo plures locationis tempore licitatores adsunt. Unde et proventus ipsi augentur. Multa praeterea publicanis facere licet, quae principi turpia sunt. Omnino autem, qui vectigalia conducunt, eos adjuvare, et favore prosequi decet, ut locupletiores fiant, modo consuetudinis, et honestatis ratio habeatur.

Omnis autem quaestus principis dignitati indecorus, et sordidus videri debet : quippe qui negotiatoribus imperare, non ipse negotiari, nec lucrum ullum, nisi ex diligenti suorum proventuum, et legitimorum administratione sibi instituere debet. Subditis vero quaestuosae reliquen-

dae sunt officinae, et ad eas exercendas adhortandi, atque adjuvandi : iis enim artibus locupletari eis concessum est. Si vero princeps quoque eas profiteatur, aut deferenda est illis mercatura : at nihil omnino utilitatis inde sperandum, cum neque emendi, neque vendendi commodis principi pares esse possint : atque etiam si possint, expectare tamen oportebit, dum illius merces divenditae fuerint. Negotiatio autem (quod te non latere arbitror) nec nugas, nec moram ullam patitur. Quamobrem si quaestum princeps sequitur, multo magis ille quidem opes suas, quam cives ipsi, amplificat. Videndum est tamen, nec idem accidat, quod domum aedificantibus nonnullis, qui dum lapides fundamentis parcius suppeditando utilitati suae consulere se credunt; id agunt, ut quicquid supra construxerunt, corruat. Subditorum quippe facultates potentiae regiae fundamentum existimari oporteret. Optimates ergo, mercatores, opifices. agricolae, suo quisque munere fungantur. Neque enim cuiquam, qui agat, deesse potest. Rex ipse quoque in sua arte versetur. Nam sicut indignum est a civibus officia regentis invadi; ita civium negotia occupari a Rege non decet.

Postquam autem et redditibus, et sumptibus, ut supra diximus, tum modus, tum ordo praefinitus erit : quanto plures haberi poterunt ad eam rem idonei praeficiendi, qui ut ea omnia diligenter observentur, attendant. De quo quidem paucis agendum esse duxi, cum istic a vobis plane intelligi putem; quae ad id munus optime praestandum concurrere oporteat.

Ad alendam vero familiam etsi omni commeatuum genere cellas tuas, et horrea semper abundare, non dubitarem, tamen quid hac etiam de re sentirem, te breviter commonere volui. Scio namque multos esse; qui in diem, ut dicitur, quam totius anni praeparatum habere victum, longe melius opinentur, et praedicent; quia scilicet minus stipendia sentiuntur, cum de pleno semper hauritur; qui potius conservandi molestiam, distribuendique laborem mihi fugere videntur, quam veritatem non dignoscere. Nam quis non intelligat multo commodius, et utilius esse oleo, caseo, ligno, foeno, frugibus ad hominum, equorumque usum necessariis instructos esse, ut suis quaeque temporibus aut ex redditu, si habeas, aut pecunia, si non habeas, comparare, atque recondere, quam aut iis rebus saepenumero vi adversae tempestatis indigere, aut urgente penuria cariora omnia mercari? Quod si parsimoniae minus hoc modo consuli obiiciant; ego vilitatem rerum cum affluentia facile compensaverim, honorificentiusque, et melius esse contenderim: eodem etiam sumptu large, et copiose, quam parce, contenteque familiam pascere. Nam ut praeteream, quod ab institutoribus, qui lucrari quaerunt, multa coemenda sunt; hospites aliquando his temporibus improvisi adveniunt, quibus, quae necessaria duxeris, ad eos accipiendos, haberi nullo modo queunt. Unde praeter incommodum saepe etiam imprudentiae, aut tenacitatis infamia nascitur, quem postea tollere, abolereque difficillimum est. Aut omnia igitur, aut maxima quaeque saltem temporibus seposita, et parata esse, eaque bene custodiri, dispensarique convenit.

Quando autem omnia bene provisa, et summa cum ratione tibi constituta esse videbuntur; non tamen remisso penitus, ac negligenti animo esse debebis; sed aliquando videndum erit, an impositus ordo servetur, eorumque, quos sumptibus praeposueris, fides, et cura exploranda erit; quod cum eorum dignitati non adversetur; tum vero permagni interest, talia ne omittantur, an interdum diligenter a te recenseantur; et, mihi crede, ubi observari haec a te cognoverint, attentiores ipsi quoque, et ad subducendam rationem curiosiores efficientur. Neque tibi aliter sperandum est, quam pecuniae regiae vel publicae dispensatores, qui se integros ad id munus, incorruptosque praebeant, albo corvo rariores reperiri: cujus quidem perfidiae originem, et quasi rivulos quosdam ab illius, Judae fontibus manasse credo, qui fraudandis Christi loculis ad avarissimae proditionis scelus conscientiae suae iter aperuit. Id

ergo cum minime ferendum sit, singulis annis, si non saepius, saltem semel omnes tui emptoris, creditores peaecouis publici voci citari probaverim, etiamsi nemini quicquam eum debere constet, ut et ipse fidelius rem agat, cum in se conjici, oculos advertat: et populares non sine tui commendatione intelligant, praecipuae tibi curae esse, ne cui eorum fraus, aut injuria fiat, qui tuorum dispensatorum fidei sua bona credenda esse duxerint.

Unum illud huic parti adjiciam, tametsi cum hic nobiscum esses, et istic postea a te factitatum fuisse, et saepissime fieri cognoverim; ut cum eos, qui et virtute praestantes, et inserviendo benemeriti sunt beneficus sit princeps, ac liberalis: tum vero indigentibus, et Christi pauperibus de re familiari impertiat. Nam cum omne bonum ab illo nobis datum esse firmiter credamus; grati erga ipsius Majestatem animi testimonia edere debemus. Quae laudabiliora etiam videbuntur, si nonnunquam in propatulo elemosynae fient: non quod sinistrae ignotum esse non debeat, quod dextera fecerit, sed quia, ut saepe jam diximus, principis exemplo multitudinem bene institui oporteat. Nec minus languentes, et infirmos, quam egenos, commendatos esse conveniet: ii sunt enim, quibus ad Caelum velocissimus pater ascensus; et pro singulis, quae in eos conferuntur, centuplum promittitur; ut omittam longe majorem ex iis laudem, et gloriam principi fore, quam si histrionum; ridiculorumque hominum praedicationes largitione consectetur.

IV. PARS. *De subditorum, civilatisque commodis procurandis.*

Restat ut de subditorum vita pro cujusque dignitate constituenda, deque eorum commodis procurandis (quae reliqua pars erat divisionis nostrae) disseramus. Decet enim tamquam filios parentibus, ita ei populos Regibus esse curae. Sed omnium, quae ad hanc rem pertinent, primum, et optimum existimari debet, ut pacato regantur imperio, pacique, quoad ejus fieri possit, consulatur, nec nisi summa necessitas cogat, bella ulla suscipiantur. Quanta enim detrimenta, quantas calamitates, quantum agri desolationem, quanta saepe amittendi totius Regni pericula bellum afferat; nemo fere credit; nisi qui expertus fuerit. Quare de bello verba quidem fieri aliquando concesserim; sed tamen attente cavendum est, ne ad id necessario suscipiendum causa ulla praebeatur. Nam saepe quasi miraculi loco et antiquis temporibus, et aetate nostra cognitum est, qui primus discordiarum causas attulerit, eum non modo in acie superari, verum etiam gravioribus jacturis, acerbioribusque cladibus affligi; quod quidem pro evidentissimo argumento haberi potest, hoc injustitiae genus Divinae Majestati nullo modo placere.

Huic pacis beneficio proximum est juventutem diligenter perscrutari, et quorum ingenia, corporaque rei militari aptiora videantur; eos aut stipendiis propriis adjuvare, aut alienis ducibus, sub quorum disciplina erudiri possint, commendare: ne domi vitam segnes transigant: neque enim sperandum est gubernandis praediis, aut culturae agrorum ejus generis homines dedilos fore. Qui vero ad negotia gerenda idonei judicabuntur, hos quoque vel a principe ipso exerceri conveniet; vel apud Regem quempiam, aut Rempublicam collocari: ubi Magistratibus gerendis spectandam virtutem suam praebeant: hac enim ratione nec otio torpescent, et facile in claros viros evadent: cum honoribus, et ali ingenia, et augeri soleant. Magistratus vero ipsos tam tuos, quam publicos, etsi quo pluribus distribueris, eo major aequitas videri possit: tamen cum eos praesertim, qui majoris sunt ponderis, prudenter a quibusdam fideliterque, et ad tuam, subditorumque utilitatem, et honorem optime administrari cognoveris; eos ergo vel nunquam, vel nonnisi sero mutandos esse censuerim: quoniam si aliter factum fuerit evenit plerumque, ut ante ab honoribus discedant, quam ad officii curam pertinentia negotia callere caeperint; efficiturque, ut cum imperitis semper imperitiores succedant: et res tuae, et cum alii cives, tum vero infimi, qui nullo modo negli-

gendi sunt; hac ignoratione plectantur.

Si qui vero in mercaturae quaestu elaborare, et excellere studebunt; non modo ad id eos hortari, et favore prosequi; sed etiam, si fieri poterit, eis pecuniae opem afferre decebit. Ad sustentandas quippe civitates fructuosa est negotiatio; et ad suppeditandam rerum, quibus egeas, copiam accomodata. Ideoque pluribus verbis de ea disputandum esse censui. Nam cum natura sterilia persaepe loca videamus ex mercatorum industria omnibus rebus affluere; multo magis, nisi cives tuos ad id exercitationis genus institui, ac erudiri curaveris; aliunde institores ad oppida tua concurrent; perceptamque utilitatem non aliter in patriam suam auferent; quam sylvestres columbae solent, quae si quando ad peristeronem alliciuntur, ubi appositum cibum depastae sunt, ad pristinas redount. Laborandum est igitur, ut apud tuos is fructus maneat; etiamsi opus fuerit, quod lucri dulcedinem gustaverint, eos tua ope foveri, atque sustentari. Quod a liberalissimo parente tuo hisce annis egregie factum est; qui complures onerarias, actuariasque naves magnis sumptibus ad eum dumtaxat usum aedificavit, ut negotiari volentibus deserviant; nec aliud ex illis faenus comparatur, quam ut Cives navigando rem sibi vel quaerere vel augere possint. Nec ipsas modo naves omnibus armamentis instructas commodat; verum etiam alumen, triticum, caeterasque in suo Regno nascentes merces eorum fidei credit.

Quo effectum est, cum prioribus seculis nulli praeter transmarinos in regionibus nostris conspicerentur mercatores; jam nunc indigenae multi emptionibus, venditionibusque dediti; plurimaque ad eam rem aptissima navigia inveniantur. et plura in dies fabricentur: adeo ut in ultimis Orientis, Occidentisque finibus nostrates homines assidue negotientur. Speroque brevi, quantum huic Regno profuerit ea res ad nihil aliud nisi, ad subditorum utilitatem ab ipso parente tuo excogitata; facile omnibus notum fore. Itidemque ab eo pro introducenda lanificii arte factum est. Nam cum magnam auri vim ob pannorum ino-

piam ex urbibus exportari cerneret; nonnullos ad id artificii genus delegit; quibus
ut inchoandi facultatem haberent, interdum uno tempore centena millia aureorum absque ullo faenore mutuavit. Nec
unquam desinit subditos ipsos proprio etiam
sumptu pro cujusque ingenio in variis
artibus; magistratuum praeterea, vel rei
familiaris administrationibus exercere: quibus in rebus nihil aliud ei propositum videtur, quam ut a populis otium avertat;
et patrimonia singulorum adaugeat. In
quam narrationem ideo digressus sum, ut
quanta locupletandorum civium cura principibus suscipienda sit, domestico exemplo cognosceres. Neque enim Rex inops
esse potest, cujus imperio ditissimi homines subjiciuntur. Nec tamen negaverim
non posse hoc idem ab omnibus et ubique praestari; sed ubi et facultatum copia, et locorum commoditas suppetit; ibi
subditos a principibus suis et consilio, et
re excitandos, adjuvandosque esse assero.

Ut autem propositum persequar; cum
omnium civium pro varietate naturae sit
suscipienda cura, ne rusticos quidem negligendos esse censuerim; sed providendum, ut boves ad arandum habeant, ne
agri cultura deseratur; utque alio pecore
pro loci situ, et ingenio abundent, in
quibus nihil sane detrimenti patieris; quoniam quicquid acceperint, ex pecuniae
creditae fructu facile reddere poterunt.
Nullo autem modo adversus id genus hominum exigendi acerbitate utendum est;
sed si quando temporum inaequalitates,
et aeris injuriae ad solvendum impotentes
effecerint; aequo animo exactionem differri
conveniet. Nulla est enim mora, quam
debitori praesertim non celerrime prope-
rasse videatur. Cumque ea dilatione quasi
beneficio immortali ipsorum studio, fidem-
que tibi arctissime devinxeris; nihil tamen de tuo amittes. Quod si secus facere
volueris, aut boves ipsos vendere, aut agrorum culturam omittere (quod non ipsis modo, vero etiam tuis proventibus perniciosis-
simum est), aut supellectilem, et alia usus
necessaria oppignorare coguntur; quae res
maxima illos calamitate afflicit; cum tibi parum emolumenti accelerata conferat exactio.

Inter alia ad hoc, de quo agimus pertinentia officia hoc praecipuum existimare
princeps debebit; ut civium discordias so-
pire; orientes inter eos lites componere;
et in ipso limine contentionibus obstare
studeat: quod eo facilius accedente praesertim regentis auctoritate tum monendo,
tum suadendo, tum corripiendo impetra-
bitur, quo minus jurgia processerint. Nam
ut ait Ovidius:

Principiis obsta; sero medicina paratur,
Cum mala per longas invaluere moras.

Hoc qui facere neglexerit; quique nihil
aliud curandum sibi existimaverit; nisi
ut argento populos emungat, is tyrannum
potius, quam principem, aut justum Regem agere se confiteatur necesse est.

Sed cum subditos Regi non aliter, quam
patri filios diligendos supra posuerimus,
non in postremis illud habendum erit, ut
si qua eis calamitas acciderit, internuntii
domum ab ipso mittantur, qui eorum dolorem consolando mitigare, ac lavare stu-
deant. Idemque faciendum erit, si quis
adversa valetudine laboraverit, qui si inops
fuerit ad morbi curationem, et ad recu-
perandam salutem opem afferri, sustenta-
rique conveniet. Nam quando mendicare
erubescentibus tribuitur elemosyna, duplo
major caeteris aestimanda est.

Similique modo ad copulanda matrimonia intercedere decebit; ea quippe in re
vel tua, vel inclyti conjugis tui magnopere prodesse potest auctoritas. Nam re-
gentum verba, et ob eam causam sperata
familiaritas pro dotis accessione a multis
habentur: ac si quando extrema parentum inopia esse videbitur, in filiarum
collocatione praeter verborum auxilium
aliqua etiam pecuniae summula eas adjuvare oportebit: hoc enim liberalitatis genus hominibus, et ipsi Deo beneficiorum
omnium acceptissimum, ac aeterna remu-
neratione dignissimum judicatur.

In procuranda vero subditorum utilitate
illud vel in primis cavendum est, ne adul-
terini nummi a quoquam feriantur: hoc
enim ad unicum Regis patrocinium, fidem-
que pertinere arbitrantur omnes. Et certe
nescio, an ulla res alia magis providenda
sit: cum suarum facultatum proventus,

suarumque artium , et laborum mercedem in pecuniae fundamenta quisque locatam esse putet : sed ita corrupti sunt aetate nostra mores, ut maxima etiam diligentia adhibita, maximisque poenis, animadversionibusque propositis, vix reprimi, coercerique possint : qui nummos tondent , circumciduntque ; aut subdola specie contegunt; aut alia quavis fraude corrumpunt; ut in tanta facinorosorum hominum copia, facile intelligi queat, eos, impunitate sperata, novas quasdam, et inopinatas depravandae pecuniae rationes excogitaturos. Nam cum circumspectissimus parens tuus omni studio curaque id genus hominum prosequatur : nec tamen adhuc ex Regno tuo tollere, ac penitus eradicare potuerit , quid in his locis futurum arbitramur, ubi nulla adversus eos severitas distringatur ?

Neque hoc de aureis, argenteisque nummis tantum admoneri quisquam putet. Nam moneta aerea, quo vilior est, est eo facilius adulteratur. Idcoque eo modo, caque prudentia excudenda est, ut in ea re nihil auctori lucri fiat : non enim ad principis quaestum, sed ad emendi, vendendique commoditatem, et multitudinis utilitatem id nummorum genus percutitur. Idcirco tantum acris in singulis esse debet, ut labor omnis cudendi pro nihilo habeatur ; ne quis e numero scelestorum ad eos simulandos operam sumat : cum et frustra tempus amitti cognoscet, et nullum inde fructum se consecuturum sperare poterit. Si quis autem princeps signando aere lucrari voluerit ; magno detrimento populares afficiet, et cum his conferri posse videbitur, qui, ut quotidie aliquid acquirant, de hordeo equis suis demunt ; nec intelligunt ipsorum periculo eos macescere.

Cum autem non una, eademque ubique consuetudo, aut locorum, et agri natura sit , sed variis in regionibus victum alii aliis artibus, aliaque industria sibi comparent; videndum erit unicuique regenti, ut suis hae suppetant facultates, quas patriae ipsius situs, et opportunitas, et hominum cupiditas postulat. Omnium tamen primum, et maximum est ; idque omnino meminisse debemus, ut si agri ingenium ferat ; detur opera, ut quam largissima colligatur frugum, et omnis annonae copia. Nam quibus civitatibus ea suppetit, tanta saltem, quanta incolis necessaria est, ab eis plurima, et ingentia mala prohibentur, quae rei frumentariae inopia quotidie accidere videmus. Vester equidem Ferrariensis tractus, quantum perspicere potui, tritici, reliquarumque frugum feracissimus est : sed quia saepius, stagnante Pado, magna pars

intercipi solet : curandum est, ut in aliis Imperio vestro subjectis locis, quae fluviorum inundationibus non sunt obnoxia, copiosa fiat sementis ; ut si quam Padus stragem istic ediderit, e Regno ipso vestro subsidium petere possitis. Ad eam rem igitur, tamquam arcum, intentam habere mentem oportebit , ut agricolas, ut ante diximus, adjuvare, qui si gravioribus forte oneribus ita pressi videbuntur, ut operi rustico vacare nequeant, levandi et aliqua immunitate donandi erunt. Neque enim ulla tibi in hac re fiet jactura ; cum dempta ex iis locis tributa, et frequens hominum illuc concurrentium multitudo, et rerum omnium compensatura sit affluentia. Sapientis enim est pecuniam in loco negligere ; rerum causas, earumque progressus previdere, et praeterita futuris annectere. Rude autem, et imperitum vulgus, quod sensu tantum movetur, ad id solum quod adest, quodque praesens est, se accommodat. Quantam vero utilitatem, fructumque afferat rerum ad vitam degendam necessariarum praeparatio, perspicuum est considerare, et memoria repetere volenti : quam multi aetate nostra hac ipsa providentia imperii sui statum non modo incolumem conservaverunt; verum etiam cum magna sui nominis celebritate, existimationeque amplificaverunt. Contraque quam multos commeatum negligentia in gravissima damna, cladesque, in turpissimum denique contemptum, atque ignominiam adduxit.

Plura equidem, Inclyta Elianora, ad susceptum opus pertinentia, et haec ipsa, quae dicta sunt, latius, copiosiusque explicari potuisse arbitror ; sed quia minus mali est semel, quam bis peccare ; ideo et brevitati studui ; et nunc jam finem facere decrevi ; ne praeter arrogantiae crimen, de quo ab initio dixi, etiam prolixitatis arguar. Te vero obsecro, obtestor, supplico denique ut meam benemerendi voluntatem accipias. Si autem materiae dignitati ingenioli mei parvitas respondere non potuit ; facultatem nostram et apud te ipsam, et apud Inclytum Conjugem tuum, caeterosque omnes, qui haec nostra legent, excuses. Speravi namque pro tua cum in omnes, tum in meipsum benignitate, ac mansuetudine, in hoc munusculo, qualecumque foret, meum potius erga te animum, quam temeritatem contemplaturam : et quemadmodum viduae pauperculae , quae duo minuta aera misit in gazophilacium, acceptam humanae salutis auctori mentem fuisse praedicant ; ita tibi donantis affectum, quam rei pretium, gratiorem fore judicavi.

HENRICI SEPTIMELLENSIS

DE DIVERSITATE FORTUNAE ET PHILOSOPHIAE CONSOLATIONE.

Septimellensis laudati carminis Varias lectiones e Lucensi. Marii Florentinii Sec. XIII.
Codice Tomo III. 219. spoponderat et in calce T. VI. dedit Mansius. Nos autem
Henrici Carmen juxta feliciores lectiones illas multo magis gratum fore hic recudi
duximus.

LIBER PRIMUS.

Quomodo sola sedet probitas? flet, et inge-
     mit aleph,
Facta velut vidua, quae prius uxor erat.
Cui de te, fortuna, querar? cui? nescio: quare,
Perfida, me cogis turpia probra pati?
Gentibus opprobrium sum, crebraque fabula
     vulgi;
Dedecus agnoscit tota platea meum.
Me digito moustrant, subsannant dentibus
     omnes;
Ut monstrum monstror dedecorosus ego
Mordeor opprobriis; de me mala cantica cantat
Vulgus, et horrendus sum sibi psalmus ego:
Fama per antiphrasin cantat, multumque ca-
     chinnum
De me ludificans impia turba movet.
Concutit a tergo mihi multa ciconia rostrum.
Hic aures asini fingit, et ille canem.
Turba molendini, grex furni, concio templi,
In mea facundis vocibus acta sonant.
Si me commendet Naso, si musa Maronis,
Si tuba Lucani, vix bona fama foret.

10. Quem semel horrendis maculis infamia ni-
     grat,
Ad bene tergendum multa laborat aqua.
Fata Neronizant in me; mihi triste prophetant
Astra poli. Mihi dat tristia signa polus.
O dolor! o pudor o gravitas! o tristia fata!
Sum miser, et nulli sum miserandus ego.
O bona prosperitas, ubi nunc es? nunc mea
     versa est
In luctum cithara, fit lacrimosa lyra.
O mala dulcedo, subito quae sumpta venenas,
Quaeve recompensas mellea felle gravi!
O felix, qui non est usus prosperitate!
Nam venit ex sola prosperitate dolor.
Non sine felle suo dulcet fortuna, nec albet
Absque nigredine; nec mons sine valle fuit.
Cui multum mellis, multum dedit ipsa veneni;
Mel vomuit primum felleus ille sapor.

Ut gravius cadit hic, quem format forma gi-
     gantis,
Quam manus, cuius parvula forma sedet.
Ut plumbum gravius pluma, paleaque lapillus:
Sic gravius cadit hic, qui bona multa tulit.
Hinc ego, qui fueram satur omni prosperitate, 20.
Hoc verum fateor omnibus esse modis.
Numinis ambiguos vultus deprendo: Nover-
     cam
Sentio fortunam, quae modo mater erat.
Sum miser, et miseri nullus miserans mi-
     seretur:
In peius veniunt omnia fata mihi.
Temperat assidue pro me fortuna venenum,
Quo silit illa caput mortificare meum.
Nil agit infelix. Berii. Nequit ergo nocere
Amplius, Extincto vulnera nulla nocent.
Heu quid agam! quid agam? Plorabo. Suffi-
     cit istud?
Non: quia fata mihi deteriora parant.
Quid tibi, magne, tuli? quid, Iupiter? unde
     nocendi
Ista sitis? Coelo fulmina nulla tuli.
Nec petii thalamos Iunonis, nec volui: nec
Saeva giganteis fratribus arma dedi.
Cur mihi, saeve, noces? cur? cur? dic;
     Nescio. Nescis?
Ergo quid innocuo, Iupiter alte, noces?
Hic nimis insanum redolet. Caret et Salomone
Qui nocet innocuo, quique nocere cupit.
Nam nimis iratus, nimis ille superbus, et ultor, 30.
Qui ferit insontem, crimine dante locum.
Quid me persequeris igitur? victoria parva
Est miserum multis laedere posse malis.
Desine. Quid mirum, Davum si vincat
     Achilles?
Et si Thersiten conterat Hector equo?
Nam quotiens miserum probus expugnare
     laborat,
Se misero similem nititur esse probus.

235

Ad lacrymas redeo, quarum mihi copia,
    quarum
Excursus salsis potibus ora rigant.
Est cibus anxietas; lacrimae sunt pocula;
    poena
Panis; vina dolor; est mihi vita mori.
Quod patior, pallor loquitur, maciesque figurat,
Indicat exanguis turpiter alba cutis.
Nam facies habitum mentis, studiumque fa-
    tetur,
Mensque quod intus agit, nunciat illa foris.
Iuterque status liber est, et pagina vultus,
Exterior macies intus amara legit,
Heu miser! heu demens! heu coecus! Semi-
    na mundi
Iratos animos in mea fata trahunt.
0. Est mihi terra nocens, ignis gravis, unda
    nociva,
Aer tristitia perfidiore nocet.
Sic mihi septenis nocet impia turba planetis.
Quilibet in nostra morte planeta furit.
Saturnus falcem; fulmen fert Iupiter; arma
Mars; Sol fervorem; dira venena Venus;
Mercurius virgam; cupidas fert Luna sagittas.
Septem septena concitat arma cohors.
Quo fugiam? vel quid faciam? mors undique
    claudit,
Ne fugiam, cunctas imperiosa vias.
Vae mihi! vae misero! vae prosperitate
    carenti!
Vae cui scire datur quidquid in orbe nocet!
Ex quo prima parens vetito ieiunia fregit,
Nullus in hoc misero tam fuit orbe miser.
Nec Tityus lacerus, refugis nec Tantalus
    undis,
Nec male qui rexit lora paterna puer.
50. Orbatus Niobes; Iob vermes; sibila Cadmi;
Haec collata mihi prosperitate vigent.
Ergo quis infelix patitur peiora? quis ille
Tristanus, qui me tristia plura tulit?
Obruor oceano, saevisque reverberor undis:
Nescit hinc reditum mersa carina suum.
Decidit in cautes incauta carina. Procellas.
Sustinet innumeras invidiosa ratis.
Me si tanta pati natura volebat amara,
Ponere debuerat perfidiore loco:
Aut gelida Scithia, nimio vel solis in ortu,
Aut ubi soligeris occidit ardor equis:
Aut ubi perfidior quadrangulus orbis habetur,

Vel quo perpetuum torrida zona calet.
Aut aliquo peiore loco, qui gente vacaret,
Quo minus opprobrii cognita fama foret.
Dulcius est miseris aliena vivere terra,
Quam propria male,qua singula probra patent.
Malo meum sciri longinquis dedecus Indis,
Quam quos vicinos efficit ipse locus.
Hic inter notos socios miser, inter amicos,
Quod nugor, querula fertilitate premor.
Omnibus invideo melioribus, invida semper
Mens tantum rodi pro meliore solet.
Quot sub sole vigent, fateor tot me meliores, 60.
Sim licet Arturus, qualis habebor ero.
Omnibus invideo, nullus mihi; mens dolet
    hinc, quod
Reciproca caret hic transitione dolor.
Nam caret invidia miser, imo miserrimus ille,
Qui nimis omnimoda prosperitate caret.
Quid sim, quid fuerim, cuias, ubi, quis vocer,
    unde,
Natus homo, vel humus, nescio mentis inops.
Me domini, socii, noti, quod magis est et amici,
Proh scelus! in medio deseruere mari.
Dum zephyrus flabat nimiis comitabar amicis:
Nunc omnes aquilo, turbine flante, fugat,
Ut philomela canens frondes, sonitumque ca-
    norum,
Et nemus, et silvas, frigore tacta fugit:
Sic hyemis casus, horrendaque nubila vitans:
Omnis in adversis rebus amicus abest.
Delicias veris sequitur, sed tempora brumae
Deserit, ablato remige, falsus amor.
Vultur edax, corvusque niger, praesagaque
    cornix
Ventris ad ingluviem semper adesse parant.
Sectatur mel musca,lupusque cadavera;sic nunc 70.
Praedam, non homines gens parat ista sequi,
Vilis amicitiae species, quam quaelibet aura,
Quam variis variat fluctibus orba Dea!
Si tales olim Euryalus, Nisusque fuissent,
Non durasset eis ille perennis amor.
Verus amor miserum non dedignatur amicum.
Vera fides tantum nescit amoena sequi.
Participas flores, et grandem grandinis iram
Inconcussa fero turbine vera fides.
Taliter unanimes loquitur scriptura sodales,
Quos strinxit vero vimine verus amor.
Praevalet hoc solo mala sors, quod monstrat
    amicos,

Qui bene, qui male, sic monstrat utramque
                                    fidem.
Ut fornax aurum, mare navem, mucro catenas:
Sic gravior corda casus amica probat.
Nam citius sociis sociabitur unica phoenix,
Atque lupis citius pace fruetur ovis.
Et prius Arturus veniet vetus ille Britannis,
Quam ferat adversis falsus amicus opem.
80. Iob, collata meis, angustia vincitur, inde
Quod coniunx fuit, et ternus amicus ei.
Ast ego desertus non illam cerno, nec illos,
Me praeter nihilum constat habere nihil.
Si foret hic Codrus, nunc essem Codrior illo;
Nam nihil hic habuit, ast ego plura nihil.
Tot mea sunt, quod non sine me regina iace-
                                    ret;
Si foret hoc verum, pauper ubique iacet.
Temporibus cunctis ieiunus prosperitate,
Morte minante, nimis asperiora gemo.
Ver dedit indicium, febrem mala contulit ae-
                                    stas,
Autumnus nutrit, frigida pascit hyems.
Nocte dieque malum me scyphis potat amaris,
Ut vigeant in me gaudia nulla mei.
Luce queror, lacrymas fundo, suspiria ructo,
Scindo genas, plango pectora, rumpo comas.
Colloquium turbae tamen est solatia luce,
Et minuit poenas lectio crebra meas.
Nocturna longe minor est angustia lucis,
Quae mea multimodo corda dolore rigat.
90. Nocte furit furiis nimium furor impius in me,
Qui mea maiori vulnere corda ferit.
Nocte gemo, gemitus gemino, cumulusque do-
                                    lorum
Crescit corque coquit crebra gehenna meum.
Vae mihi! sermo meus, mea fabula crebra
                                    dolenti est,
Dum tali mecum voce dolendo loquor.
Saevit, et innumeris cor lancinat ira sagittis,
Poenarumque fero turbine turba furit.
Volvor, et evolvor, lectus bene mollis acutis
Urticas spinis tristia membra meus.
Nunc nimis est altum, nimium nunc decidit,
                                    unquam
Pulvinar medium nescit habere modum.
Nunc caput inclino, nunc elevo, parte sini-
                                    stra
Nunc ruo, nunc dextra, nunc cado, nuncque
                                    levor;

Nunc hac, nunc illac, nunc sursum, nunc ro-
                                    tor infra,
Et modo volvo caput qua mihi parte pedes.
Non ita stare queo, surgo, lectumque revolvo,
Sic modo volvo pedes, qua mihi parte caput.
Non sic esse queo, propero, maledico clientem,
Quod male cum lecto me facit esse meo.
Vocibus iratis insontem clamo ministrum 10
Huc, miser Hugo, veni; huc, maledicte, veni.
Quid facis, Hugo? iaces? Lectus meus iste
                                    quid hoc est,
Quod malo cottidie sternitur? unde locus?
Tunc ipsum colaphis, et pugnis verbero duris,
Et sibi quod patior verbere vendo malum
Volvit, et evolvit, plumasque reverberat ulnis,
Et modo, quae tulerat vindicat acta puer.
Tunc iterum iaceo. Dormire puto. Nihil est,
                                    quod
Uno momento firmiter esse queam,
Sic solet arboreas Boreas evolvere frondes,
Sic rota mortales, sic aqua saeva rotam.
Nunc calor ignitus, nunc frigus membra ge-
                                    latum,
Nunc hostilis eis sudor aquosus adest.
Tunc gemo, tunc oculi lacrymas sua pocula
                                    potant;
Immo vomunt, gemino fonte rigante genas.
Si sopor irrepsit, quod rarum, somnia ludunt
Multimodis animos motibus aegra meos.
Mergor in oceanum, tenuem taxillor ad assem,
Armatos video currere saepe Deos.
Flumina parva fluunt, aret mare, corruit ath- 11
                                    las,
Et geminas fortis concutit orbis ales.
Sum velut implumis, quam rodit in ilice Cad-
                                    mus,
Quae diro matrem carmine clamat avis.
Sum velut esuriens, qui somniat aurea tecta,
Visibus et vestes pauper habere suis.
Sum velut expectans properantem rusticus
                                    amnem,
Qui cupit excursis pergere siccus aquis.
Sum velut elusus, quem detinet alea, lusor,
Qui cum perdiderit, perdere plura parat,
Sum velut insanus, qui cum plus laeditur, hoc
                                    plus
Fustibus, et iactu liberiore furit.
Ab nimis infelix, qui sustinet innumeranda,
Qui patitur numeris omnia plura suis!

Tot mala, tot poenas patior, quod si quis are-
 nam
Conferat in numero, cedet arena meis.
Pagina sit coelum ; sint frondes scriba : sit
 unda
Incaustrum; mala non nostra referre queant.
Tam gravibus laedor, quod non peiora time-
 sco,
Qui miser est summe, plus miser esse nequit.
'0. Sit maledicta dies, in qua concepit, et in qua
Me mater peperit, sit maledicta dies.
Sit maledicta dies, qua suxi pectus, et in qua
In cunis vagii, sit maledicta dies.
Sit maledicta dies. Vitae de ventre sepulcro
Me trasmutasset, o Deus, illa dies !
Cum dabat ubera mater, ne mala tanta vide-
 rem,
Debuerat iugulis praesecuisse caput.
Mortua nam melius abscondere membra se-
 pulcro,
Quam vivendo pati deteriora nece.
Omnia coniurant in me. Pater alme misertus,
Succurras misero, spes mea, summe pater.

Plange, miser, palmas. Henrice miserrime,
 plange,
Et caput, et dura pectora plange, miser.
Me sic privignum Rhamnusia dira noverca
Ardet in horrendis perpetuare malis.
Est fortuna mihi serpente Neronior omni,
Nam serpens fugit; at saepius illa fugat.
Quando mihi tribuet sors prospera prosperita-
 tem ?
Non hodie, non cras, sed puto; forsan heri.
Cum me blandifero rexpexerit alea vultu,
Arne, retro properans fonte recurre tuo.
Quam male fructificat, quae nunquam floruit,
 arbor ?
Spes quoque messis abit, cum male germen
 obit.
O pudor ! o timor ! o dolor ! o mala taedia
 vitae !
O comes assiduus, plusque furore furor !
Quid faciam ? Vos hoc mea dicite, turba do
 lorum,
Nam vos auxilium, consiliumque meum.
O Deus ! o quare subito fortuna rotatu

Cuncta molendinat mobiliore rola ?
Sors mala, sors peior, sors pessima, sorsque 10.
 maligna,
Facturam turpi protheat arte tuam.
Hanc, pater, hanc animam, misera quam car-
 ne recludis,
Hanc lacrymis plenam suscipe, redde polo.
Alme parens, animam, quam poenae turma
 flagellat,
Suscipe, quam Stygiis occat Erinnys aquis.
Quam ferit Alecto, quam Thesiphon aeque fa-
 tigat,
Cui fortuna nocet, quamve Megera ferit.
Ergo pium pietas te reddat, ut impia cesset
Alecto, miserum quae lacerare cupit.
Tu quoque vesani promptissima causa doloris,
Ausculta, et sceleris, perfida, siste rotam.
Verberibus praeceps diris fortuna, quid hoc
 est,
Quod caput affligis insidiosa meum ?
Quo rapis, o fera, me ? Croesum facis, impia,
 Codrum :
Nestora Thersitem, turpius ausa nefas.
Numquid ego Scarioth ? numquid sum Pon-
 tius ? unde
Tam graviter merui tanta flagella pati ?
Stulta quid insanis caput hoc ? caput hoc quid
 acerbas ?
Pone modum sceleri, perfida, pone modum,
Deficiunt alii ? Me solum sola fatigas, 20.
Sed videas quid agas, ultio rara perit.
Prospice ne tua te poenarum turba sagittet ;
Nam ferit actorem saepe sagitta suum.
Heu quid agis ? quid agis ? quid ? me quid,
 perfida, perdis ?
Pone modum sceleri, perfida pone modum.
Dic mihi quod feci ? Responde lingua dolosa ;
Responde per eum, qui super astra sedet,
Si nobis, vesana, tui, si copia detur,
Dilacerata feris turpiter esca fores.
Quis furor ? unde furis ? quid me furiosa la-
 cessis ?
Pone modum sceleri, perfida ; pone modum.
Talibus orba suas dictis Dea praebuit aures.
Haec ait, et celerem circinat ipsa rotam.
Quid mea mordaci laceras vaga fata Camoena,
Quem fore plus misero, plusque dolente dedi ?
Nonne meo mundi clauduntur regna pugillo ?
Nonne meum regnum climata cuncta tremunt?

Graecus, et Hebraeus, et Barbarus, atque
                  Latinus
Me timet, exhorret, me veneratur, amat.
30. Nonne potestates mundi, mundique minores
    Imperio cogo subdere colla meo ?
Nuper Alemannus Siculam delatus in oram,
    Ludendo, fericam perdidit ipse suam.
Perdidit hic equites, rochos, peditesque
                 minores,
Perdidit et calpbos ; vix bene tutus abit.
Meque Saladinus nimium vexilla salutis
    Expugnans, hostem sentiet esse suam.
Qnid referam veteres, quorum fert fama
                 ruinam?
Mater Pompeio, deinde noverca fui.
Ubera sic Dario, post verbera : mellea Cyro,
    Fellea post nutrix ingeniosa dedi.
Tu, quem fama silet, quem noscit dedecus,
                 iram
Opprobriis laceras, opprobriose, meam.
Quid me minis agitas? Reus esse pro crimine
                 laesae
Maiestatis, et hoc tota propago luet.
Prospice quid facias, nondum perit omne ve-
                 nenum,
Et mea vis nondum desinit esse mea.
Quae peiora potes, meretrix fortuna, noverca
    Pessima, Medea dirior, hydra ferox ?
40. Deveni ad nihilum. Restat nunc spiritus, ossa
    Non habet, in qno nil haec toa probra valent.
Morte nocere putas ? Foret haec mihi vita
                 salubris :
Duplicior mors est morte carere mihi.
Quam laetus, quacumque Deus donaverit hora,
    Suscipiam. Post hanc stercus in ore tuo.
Quid varias totiens sumis furiosa figuras ?
Nunc alacris rides, nunc lacrymosa gemis.
Florida nunc, nunc sordida, nunc nigra, nunc
                 rubiconda,
Florida nunc, nunc esse sordida facta luto.
Protheus esne ? vagusne movet tua viscera
                 ventus ?
Vel tua diabolus viscera crebra movet ?
Semper es incostans, vaga, mobilis, aspera,
                 coeca,
Instabilis, levior, perfida, surda, fera.
Tunc ea subridens : o quanto pulvere noctis
    Humanae mentis lumina coeca latent !
Numquid obaudisti ? sermones ponderet unus.

Quisque suos, sapiens cogitat ante loqui.
Legibus indictis utor : si legibus, ergo
    Iustis ; si iustis, iure sit ergo bene.
Nonne sua licite sic quilibet utitur arte ?   50
Quod sibi sors dederit, utitur omnis homo.
Miles equis ; piscator aquis ; et clericus hy-
                 mnis ;
Nauta fretis ; pugiles marte ; poeta metris.
Rusticus asper arat ; numerat mercator
                 avarus ;
Virgo legit flores ; stultus amator amat.
Ast ego, quae Dea sum, qua nulla potentior
                 orbe,
Quem ligat oceani circulus orbe suo,
Nonne meam licitè, stultissime, prosequar
                 artem ?
Sic opus est, ut te praecipitando rotem.
Ergo vide quid agas. Sapiens deliberat ante
    Quam faciat. Sic tu praemeditare, miser.
Ah genus humanum, mea quantis asperat acta
    Morsibus, atque meum dentibus occat opus ?
Si tibi divitias digitis porrexero laxis,
    Laudibus extollar imperialis ego.
Tunc ego summa parens, et tunc regina
                 verenda,
Tunc Dea summa Deo praeferor ipsa Iovi.
Sed si forte meam retinentem clausero de-
                 xtram,
Morsibus, et stimulis mordeor ipsa feris.
Tunc ego periura, tunc turpis adultera dicor, 60
Tunque sacerdotes me vitiasse feruot.
Tu modo, sed quare ? me dentibus asper
                 acutis
Infelix laceras, colloquiisque tuis.
Arbitrio loqueris : nam iuris pondus abhorres
    Et dedignaris de ratione loqui.
Sed docet iniustam causam partemque tueri,
    Qui solis probris certat iniqua loqui.
Sic solet ignarus, cum desunt verba, sophista
    Garrulus, ut videant voce tonare sui.
Sic quoque, cum desunt tibi iura, recurris ad
                 ipsam,
Quam bene novisti, garrulitatis opem.
Ergo si qua tuis, quod non puto, mentibus
                 haerent,
Iusta, refer, vel tu, quod magis oro, sile.
Tunc ego : vesanum, meretrix Rhamnusia,
                 monstrum,
Non licet haec solum verba referre mihi ?

Tu facis, et dicis. Laceras me, perfida, factis.
Improperas post haec facta nefanda, mihi.
Nunc scio de facto, quod semper culpa re-
                dundat
In miserum, qui non unde tuetur habet.
0. Lis quotiens oritur aquilas, ac inter olores,
   Culpa solet minimis semper iniqua dari.
Sic quotiens certant Actaeon, rexque ferarum,
   Pessima qui minor est iura fovere ferunt.
Et quotiens rabies saevit Germanica Tuscis,
   Oppida testantur levia, fracta fides.
Tu quoque me. Sed si vim vi'depellere possem,
   Vel taceas, tua vel parcior ira foret.
Cautius ergo tuas satyras, inimica deorum,
   Ingere, vel tibi quae sont reticenda vide.
Nam male castigat socios, quem crimen eadem
   Labe premit pariter, quam removere studet.
Sic Paris Aegidem; sic Lucius ille Cethegum;
   Sic quoque retrogradum mater aquosa suum.
Non igitur studeas alios damnare quod in
              te est,
Ne cadat in barbam poena pudenda tuam.
Nam fatuum nimis est, aliquem damnare
              seipsum,
   Quod tibi ne facias, litigiosa, cave.
Tu levis, et laeva, tu praeceps, tu furiosa,
   Tu ratione carens nescis habere modum.
0. Me feris, atque furis, laceras mea membra,
              lacessis,
   Et latus, et latum dextruis omne meum.
Tonc ea : non unum mecum lucrabere num-
              mum,
   Qui dominam quaeris dedecorare tuam.
Namque suo servus domino luctando repu-
              gnans,
   Calcitrat in stimulum perfidus ipse sunm.
Discant mortales dominos proprios venerari,
   Nam qui fraude nocet, fraudibus ille perit.
Nunquid Alexander? nunquid tu Caesar es?
              unde
Tanta superbia, vel tantus, inique, furor?
Tu quis es? Unde foris? Te scimus, et onde
              fuisti,
   Quae sit origo tui, quique fuere patres.
Te decet horrendis versare ligonibus arva,
   Quod genus agresti postulat arte tuum.
Et quis es? Unde venis? cro cro vesane recede.
   Et geme perpetuum, perpetuumque late.
Quidquid agas, quidquid dicas, quidquid patiaris,

Non facit, ut retrahas, quod mea dextra
              trahit.
Sic ego primatum, venerandaque sceptra te-
              nebo,
   Et pro velle meo, mel tibi, felque dabo.
Tu formica brevis, mus parvus, nauus inanis, 90.
   Quid mihi, quid facies, nane pudende? Nihil.
Nil tua probra, minas, generalis oeconoma
              rerum
   Curo, sed in cathedra glorior ipsa mea.
Nec minus unguipotens volucres leo papi-
              liones
Nec polis angustum Tibur avara minus;
Nec minus archivolans tremulas generosa ci-
              cadas,
   Quam tua vaniloqua verba, minasque tremam.
Quid tua sanna potest? Si quis derisor, et ipse
   Derisus turbis omnibus esse solet.
Nyctimene sonitu deridet nocte volucres;
   Nunquid eam lacerat caetera turba die?
Sic qui derident alios, ridentur et ipsi:
   Nil magis in popolis est generale. Nota.
Ergo quiesce miser; miser ergo quiesce,
              quiesce;
   Nam leve verba potes ferre, sed acta grave.
Tunc ego: deliris stomachor, Rhamnusia,
              dictis,
Dum mihi probra tuis obiicis, orba, metris.
Dum mea vaniloquis recitas convicia verbis,
   Nil gravius vero saevior ira tenet.
Non opus est verbis, gladio qui percutit 100
              hostem:
   Nam satis ad vulnus sufficit ensis atrox.
Improperasne mihi genus, usuraria, monstrum
   Fronte capillata, sed retro rasa caput?
Simia non es. Turpior es. Turpissima rerum
   Res es; nescio quid, quam nihil esse velim.
Sim licet agresti, tenuique propagine natus,
   Non vacat omnimoda nobilitate genus.
Non praesigne genus, nec clarum nomen
              avorum,
   Sed probitas vera nobilitate viget.
In tenui calamo latitat mel saepe suave,
   Et modici fontis temperat unda sitim.
Nil tremis. Unde locus? Bucephal saepissime
              muscis,
   Et formicarum saepe fit esca lupus.
Nil adeo validum, quod non aliquando teratur;
   Hoc et ab invalido saepe videre potes.

Vomer humo ; lapis unda ; pollice gemma ;
quid ultra?
Saepe quod est solidum frangere molle solet.
Non semper Marium, nec semper saepe ro-
tatum
Volvis Apollonium : fortior alter erit,
. Qui redimens mea probra, fero pugnabit
agone,
Et tibi forsan atrox auferet ille caput.
Tunc ea : Pacificis loquar ex ratione loquelis
Si placet, et mecum pacificare velis.
Despicerer nimium si starem semper eodem,
Vel bona. vel mala, vel inter utrumque
manens.
Omne, quod est crebrum, nimio sordescit in
usu;
Omne, quod est rarum, carius esse solet.
Pulegio piper est generosum vilius Indis,
Vilior herbicolor cautibus aspis ibi.
Carior est grisea gelidis chlamys aspera
Gothis,
Qua fera carnificis dextera nudat ovem.
Bononiae claro plus milite carus habetur
Clarus, et horrendus, Marte furente pedes.
Non adeo potes ipse queri; tibi saepe benigna,
Et quamvis numquam prodiga, larga fui.
Nunc ego, sic tibi proposui clementior esse,
Si libet, et mecum pacificare velis.
Absit iniqua canis, me tecum pacificare.
Sed tiai pacificet, saeva, Brunellus iners.
Nam tibi nulla fides, nullus modus ; ordine
nullo
Vivis, et est socius pro ratione furor.
Tunc ea : iudicio non tecum stare recoso,
Ut videat lex hoc Iustiniana scelus,
Si bene dicis, habes, quod abest, ius, et
rationem
Si male, praeceptis ergo quiesce meis.
Ni melius, quam iura, scias, ignava, rotatus
Staret, quem gyras, orbis in orbe suo.
Sistere iudicio furiosi lege vetantur,
Ergo tibi ius, cum sis furiosa, vetat.
Tunc ea : vade ferox, hostis meus esse me-
mento.
Tu quoquo vado, hostis esse memento mea.

LIBER TERTIVS.

Cum mea lamentans elegiaca facta referrem,

Et cum fortunae verba inimica darem,
Ecce nitens, probaque, salomonior et Salo-
mone
Ante meum mulier limen amoena stetit.
Quam facies helenat, variat quam forma
vicissim,
Nunc coelum, nunc plus, nunc capit illa solum.
Hanc phronesin dictam septena cohors comi-
tatur,
Praebuit officium cuilibet illa suum.
Prima fovet pueros, alia sylogizat, amoenat
Tertia, colloquiis practicat illa solum.
Haec abacum monstrat, alia philomenat, et
altum
Erigit ad superos septima virgo caput.
His praedicta dea sedit comitata deabus,
Et quasi compatiens ius patientis, ait :
Quae lethaea tuus potavit poena sensus ?
Quo tua dormitat mens peregrina loco?
Certe coecus es, et tua mens exorbitat idem,
Tantillum nescis, quod schola docta dedit.
Heu quantum pateris! De sola mente dolesco : 10.
Quod tuus hoc peregre tempore sensus abit.
Si foret hic Hypocras, et tota medela Salerni,
Morbida non, vel vix, mens tua sana foret.
Nam nequit antiquum medicina repellere mor-
bum,
Quodque diu crevit, durat inesse diu.
Heu ! doleo super hoc, quod mentem perdis,
et omni
Brutescis sensu, bestia factus homo.
Quid tibi cum lacrymis ? lacrymarum copia
nullum
Participem voti, debilem at esse facit.
Qui gemit ingeminat sua damna ; dolore do-
lorem
Ampliat, et duplici funere vivus obit.
Quid tibi, et injustae fortunae? multaque
semper
Passus es opprobrii vincula propter eam.
Vis ipsam non esse vagam ? natura repugnat,
Quae dedit instabilem semper, et esse vagam.
Seminat in spinis naturae iura retractans,
Garrulae divelli rana palude nequit.
Qui cupit auferre naturam, seminat herbam,
Cuius in Arturi tempore fructus erit.
Te nimis aura rotat nimiumque moveris a. 20
maris:
Et nimium stolidum te facit esse dolor.

Non hominem redolens hominis denigrat ho-
. norem,
Qui nequit adversis prospera iuncta pati.
Utitur ignare dulci, non usus amaro:
Namque per oppositum noscitur omne bo-
num.
Disce gravanda pati: patientia temperat iram,
Et duros animos mentis oliva domat.
Nonne recordaris, veluti stimulante tyranno,
Moriger innocua Seneca morte periit?
Nonne meus Severinus inani iure peremptus
Carcere Papiae non patienda tulit?
Nonne cupidineus metrosus Naso magister
Expulsus patria pauper, et exul obit?
Quid referam multos, quorum sine crimine
vitae
Verbera fortunae non patienda tulit?
Silva capillorum numeratis cederet illis,
Quos necis immunes inclyta vita dedit.
Aspera ferre decet; maturant aspera mentem
Et bene matura plenius uva sapit.
o. Per nimios aestus gelidas transitur ad um-
bras:
Sicque per oppositum dulcia quaerit homo.
Laurea pro poena, pro morte corona resultat,
Unde laborat homo, praemiat inde labor.
Quid facis, immunde, mundique immunda
quid optas?
Immundus, mundos quae tibi munda dabit?
Vivere, stulte, putasne per omnia saecula?
per te
Factus es insanus credulitate tua.
Insani sane capitis gravitate laborat
Qui putat hoc mundo vivere posse diu.
Sensus abest tuus, et tuus intellectus aberrat.
Et tua lethaeis mens peregrinat aquis.
Dic ubi sunt, quae te docuit Bononia quon-
dam,
Haec ego, dic, ubi sunt quae tibi saepe
dedi?
Te multum fovi, docui te saepe, rogavi,
Et mea secreta saepe videre dedi.
Tu mea vitis eras, tu palmitis umbra no-
velli;
Tu fructus validam spem mihi saepe dabas.
Te rastris colui, sepis munimine cinxi,
Et lapides ex te, et cuncta nocenda tuli.
o. Tempus adest fructus; vitis dedit ipsa la-
bruscas;

Proque rosa crevit aspera spina diu.
Heu! cadit in spinas; quod ego in te semino,
semen,
Et mentem spina suffocat ipsa tuam.
Quod loquor, et moneo, quod semino susci-
pit ipsa
Quae male multiplicat semen arena suum.
Tu nimium tuus es, nimis et tibi credis,
inepte,
Et solus credis providus esse Cato.
Philosophus nimis es, nimiumque platonior
ipso,
Ultra philosophos mens tua saepe fluit.
Absque labore sequi (pytagorica cornua cerne)
Virtutem dextro lumine nemo potest.
Ast alia furca est facilis descensus averni,
Ut docet archiloqua voce poeta Maro.
Non sine sudore probitatis scanditur arbor;
Nec sine sudore Martia palma venit.
Laudo te, sed in hoc non laudo, quod ipsa
caduca
Aufugisse citis gressibus orbe gemis.
Proh dolor! unde doles? dolor; unde times?
dolor; unde
Ploras! quae tua sunt o miseranda cinis?
Primitus in mundo tecum tua quanta tulisti? 50.
Nudus eras primo, et postea nudus eris.
Tunc ego: mira refers, quid et hoc est, vera
sophia,
Quod dicis? nimis est hic mihi sermo gravis.
Quis modo tam mitis, tam dulcis, tamque be-
nignus,
Quem nimis haec ultra non ferat ira mo-
dum?
Nunc ego cum videam paleis postponere grana,
Cum superet molles nunc saliunca rosas:
Cum fructus hodie ante suos paret edere flores
Arbor abortivis prodigiosa comis;
Cum, quod grande nefas, tolluntur ad astra
nefandi,
Et premitur vita deteriore probus;
Dic mihi: qui mores, quae vita, quis ordo
Neroni
Urbis, et orbis opes, imperiumque dedit?
Ecce (sed id taceo) multi, probitate vetante,
Nomen habent, quibus est nominis umbra
pudor.
Tunc ea: deciperis, nec te ignorantia iuris
Excusat, nimis es, imperiose, rudis.

Quam gravis hic labor , et quam magna indu-
stria mentis ,
Noscere veraci cognitione probo !
Saepe bonos mendax mentitur opinio pravos,
Atque e converso promovet ipsa malos.
Omnis quae niveo volucris plumescit amictu,
Non est , si simulet , vera calumba tamen ,
Saepe sub agnina latet hircos pelle Lycaon ;
Subque Catone pio perfidus ipse Nero.
E contra bene scis , inter latet hispida mollis
Tegmina sanguineo tincta rubore rosa.
Tamque doces claro Ithacum, prolemque Phi-
lippi
Membra per obscuros litera prisca refert.
Multa vides igitur phaleris circumdata fictis,
Quae se longe aliter, quam videantur, habent.
Iniustos habuisse doles fastigia rerum ?
Longa tibi status hic causa doloris erit.
Quam sit ad alta trahi miserum mortalibus
omen
Nescis , si scires hoc , siluisse velis.
Promoves iniustos volubilis , ut quos
Scandere praecipites fecit , ad ima rotet
Nam gravior ruit turris tumefacta ruina,
Et gravius pulsat alta cupressus humum.
Mens hominum quantis errorum coeca tenebris
Mergitur , ut reputet sola nefanda bonum.
Non felix , qui non ubi crescat honore , sed
hic , qui
Non ubi decrescat, quo neque possis , habet.
Vae tibi ! vae mortale genus, quod semper
ad alta
Niteris , ut lapsu perfidiore cadas.
Hic gladios , hic pocula saevus et hostis , et
hospes
Temperat interitus dira venena sui.
Aspice cui totiens capitolia celsa triumphos
Obtulerant, famulum fata tulisse suum.
Aspice quem Babylon cupido potavit in auro,
Fataque quam tulerit Caesar acerba suis.
Nonne ferox Macedo protectus ab hoste tyran-
nus
Corda venenatus inter amica perit?
Qnid Darium referam? quid Cyrum? quidve
Neronem?
Nam tenui semper omine pendet honor.
Ecce modernorum priscis exempla relictis,
Paupertate nihil tutius esse docent.
Unicus ille leo, fidei vigor, unicos imo
Murus, et hostilis unicus ille timor ,
Dux ferus, et nostrae Conradus causa salutis
Cur ? quia magnus erat, proditione perit.
Qui modo regnantes , et fortes fregerat arces,
Cui genus, et census robora mulla dabant,
Nuper idem misero sub paupertatis amictu
Captus , et ioclusus Anglicus acta luit ,

O coecum mutiale genus ! quid tutius ergo
Paupertate ? Fere nil ; nihil absque fere.
Vade per Hispanos , et nigros vade per Indos,
Vade per insidias , vade per omne nemus ,
Vade per hostiles cuneos, turmasque latronum,
Dummodo sis verus , tutus egenus eris.
Quid faciet vacuus coram latrone viator ?
Laetus , et intrepidus fundet ad astra melos.
Quid rutili torques, quid prosunt ergo thiarae?
Quid sceptrum, quid honos ? quid loculusve
satur?
Quidve magistratus? ot quid preciosa supellex?
Paupertate nihil tutins esse potest.
Tunc ego : Scire velim, si non nimis esset
onustum :
Mondus an hic vitae deterioris erit ?
An proprium , quod amo, scelus exuet ; an
magis isto ,
Quo iacet , infelix stabit in esse suo?
Dic tamen unde supra memini , bene cum 9
retulisti ?
Immundus mundus quae tibi munda dabit :
Tunc ea : Vix umbram gerit , haec praeludia
rerum
Solvere propositum luciditate queunt.
Numquid ad argentum puro veniamus ab auro,
Alter ab argento cursus ad aera fuit.
Tertius in ferrum sit cursus ab aere , quod
et nunc
Decidit in cursu deteriore lutum,
Deficiente luto quid erit ? veniemus ad ipsum
Stercus , et in tali foeteat omnis homo.
Ecce , vides , quantis putrescit sordibus iste
Mundus , et hoc ipso nomen habere nequit,
Omnia degenerant : peioribus omnia currunt
Cursibus , et fracto remige , navis abit.
Mundus amat , spernit , tenuat, sectatur , ab-
horret,
Pessima , iustitiam , iura , nefanda , bonum.
Mundus alit fraudes , refovet scelus , arcet
honesta ,
Recta fugit, violat foedera , foeda cupit.
Ipsa iactura mundi venalis curia Papae.
Prostat, et infirmat caetera membra caput.
Sacrum (cerne nefas nostroque pudentius aevo) 10
Venditur in , turpi conditione , foro;
Chrisma sacrum , sacer ordo, allaria sacra,
sacrata
Dona: quid haec ultra ? venditur ipse Deus.
O sacra, quae sacras maculant commercia
merces
O sacra, quae faciunt coelica templa forum !
Tale tuus mundus , si mundus iure vocatur
Tale frequentatum studet habere forum.
Ecce , sed ista (pudet) circumvaga turba,
scholares

236

Sectantur propria vendictione forum.
Citra legis iter ; proh ! tam pretiosa propago
Vaenit servili conditione ; dolor !
Libertas vitiata fugit. nunquamque vocari
Ingenuam tali deditione docet !
Ecce , nefas ! se se stimulante cupidine nupta
Vendit, et innupta contigit illud idem.
Si foret (ut quondam) Lucretia casta , crumena
Cum sibi porrigitur , cedet avara tibi.
Penelope viduae nunc mercenaria vitae
Ad nummi sonitus audiet illa preces.
0. Venditor , o dolor! omnificis sententia nummis,
Iudiciumque pium copia frangit opum.
Deviat a vero corruptus munere iudex,
Falsiloquumque facit ius pia gaza pium.
Luxus edax, livor macer, ardor coecus habendi,
Vastat opes , mordet optima , corda cremat.
Pestis adulatrix , perficto risula vultu ,
Cuncta potest , Satrapis delitiosa comes.
Ecce suo Pylades (scelus !) insidiatur Oresti,
Nuptaque sub-proprium sannat iniqua virum,
Clericus inductus, miles rudis, et leve vulgus
Neglizit, horret, alit; iura modesta, malum.
Migrat in exilium virtus, vitiumque triumphal,
Regnat , et in populis grande tribunal habet.
Nescio quo cocco linita papavere dormit,
Mensque creatorem nescit iniqua suum.
En iterum toto lingua crucifigitur orbe ;
En iterum patitur dira flagella Deus.
Vespasiana manus iterum consurgat, et omnes
Diruat oceanus , qui scelerata patrant.
20. Factorem factura suum, stimulante tyranno,
Delicti factis despicit orba suis.
Inde fames venit, inde gravis discordia regnis,
Inde Cananaeis praeda, cibusque sumus.
Inde premit gladius carnalis spiritualem,
Et vice conversa spiritualis eum.
Hinc subitos Atropos praedatrix occupat artus;
Nec sinit , ut doleat , poeuitentque miser.
Iure vides igitur , quod recta ligatio nectit,
Immundus mundus, haec duo verba simul.

LIBER QUARTUS

Hactenus unde dolor,et quae fomenta doloris
Vidimus, inventa perfidelate malis.
Nunc opus est, morbum lenis ut medicina re-
frenet,
Atque hostem faciat hostis abesse suum.
Primitus insanas lacrymarum pelle procellas,
Quarum coniugio perditur omne bonum.
Nam dolor accumulat vires,ubi planctus abundat,
Tristitiamque mali decuplat ipse sui.
Si mala dat planctus,malus est hic ergo necesse;
Si malus, ergo nocet: si nocet, ergo fuge,
Contra moerorem cape gaudia ; velle refrena ;
Atque mali finem semper adesse puta.

Grata superveniet, quae non sperabitur, hora,
Quae compensabit fellea prisca favis.
Una serena dies multorum nubila pensat.
Et luteum tergit, quod facit unda, solum.
Fortunam dimitte vagam, permitte vagari,
Quae nunquam stabili ludere fronte potest.
Contra fortunam sis constans, sis patiens, sis 10
Ferreus, adversi te neque frangat hyems.
Fortuna ridente gemas ; plorante ioceris;
Ipsa sit auspicium tempus in omne tuum.
Cuncta rotat fortuna rota, qua cuncta rotantur:
Sic tenui magnus orbis in orbe perit.
Firmus in adversis ; piger ad mala ; tardus
ad iram ;
Promptus ad obsequium;tristis ad omne nefas.
Sis tibi discipulus, aliisque magister, et intus
Sis tuus, extra sed totus alius eris.
Virtutem pete, sed vitium fuge ; quod sit ho-
nestum
Quaere, quod utile; quod turpe fugiendo fuga,
Amplexanda tibi cleri thesaurus honestas,
Et ratio, populis, heu ! modo rara comes.
Nec viscosa manus, oleoque nec uncta sit,immo
Inter utrumque tenens, respuat omne nimis.
Inter Democritum , tristemque Demosthena
curre,
Inde statum libret virga modesta tuum.
Stillet in ore favus, sed mente resultet oliva,
Et non sit totus sensus in ore tuus.
Respue multivagos, stabiles sectare, caduca 2
Pensa ; peccantes argue ; siste leves :
Dicta minus sint, facta magis ; sis parcus in
hymnis,
Parcus in opprobriis, largus ad omne decus.
Factaque si desint, non desint verba benigna:
Nam multos charos mellea lingua parit.
Maiores venerare, pares sectare, minores
Instrue ; vel iuvenes punge, vel unge senes.
Ebrietatis onus fuge, sperne Cupidinis antrum,
Exulat hinc virtus, haec ubi iura tenent.
Sibila nec vulgi, nec dona retrograda cures;
Extra virtutem sit tua cura nihil.
Si petra sit glacies, quid ad hoc ? magis uti-
lis esset
Paganus tibi, quam claviger uncus homo.
Si aurum plumbescit : quid ad hoc ? et nectar
acescit :
Quodque monarcha negat, saepe tetrarcha
facit.
Ergo Dei primo confidas in bonitate,
Et tua virtutum iure secundet eam.
Natura contentus eris, mala scandala vita;
Et tua consilium quaelibet acta probent.
Ad tempus lusor, nunquam delusor; amicus 3
Semper sis minus in corpore, mente magis.
Sacriloquos rimare libros ; mansuesce rogatus ;

Legibus insuda; nil nisi iusta refer.
Paucis dedecus, omnibus obsequium, caveasne
Frons rugosa negel, quod manus ipsa facit.
Qui decus oblatum nugosa fronle venenant,
Plus mihi diabolo displicet ille dator.
Dona serenus homo, charumque serenat ami-
cum,
Atque datum facie duplicat ipse suum.
Nil, nisi quod dederis, promittas, namque tru-
tanam
Esse facit linguam saepe chiragra manus.
Mallem te podagrum, quam taliter esse chi-
ragium:
Invalidis pedibus auxiliantur equi.
Quod donare velis, dones sine spe redeundi,
Ne quod aperta dedit, detrahat unca manus,
Nam dator ablator cancrum gradiendo figurat;
Quem cancrum faciat dedecus esse suum.
Ne circa famulos te pessima consiliatrix
Concitet iratis vocibus ira gravis.

0. Maior enim virtus clementer habere clientes,
Quam quos maiores efficit ipse gradus.
Nec sis linguosus, nec in omni famine mutus,
Sed sola studeas utilitate loqui.
In te cognoscas alios : magis utile nil est,
Et magis urbanum nullus in orbe potest,
Ne sit amica tibi praegnans extensio ventris,
Nam nimis est miserum corpus habere cibis.
Nulla minor virtus,socium quam vincere mensa,
Et sacco ventris aequiperare peram.
Hypocritae vitium, Simonis contagia, quae nunc
Clericus omnis amat, sint inimica tibi.
Accusare cave, quem non accusat abusus,
Ne male procedens tu puliaris idem.
Prospera non semper, nec quaeras semper
amoena:
Non semper dulcis lingitur ore favus:
Non omni pratum festinat tempore flores,
Nec semper viridis purpurat herba solum.
Utere discretis, quibus inclyta vita sit, unde
Non nisi discretum sumere nemo potest.

. Namque bonis bona, sed de pravis prava
trahuntur,
Dulcia de dulci palmite vina fluunt.
Non rosa dat spinas, quamquam spina orta
sit illa
Nec violae pungunt, nec paradisus obest.
Plus tibi sit charum mundum, quam mun-
dus; amicus,
Quam socius, quam sit sanguinis ipse gradus.
Ne nimium stolidae te credas credulitati:
Nam plus quam Scarioth tradidat illa viros.
Non magis Iconium Fredericum tradidit olim,
Quam nunc credulitas suspiciosa suos.
Plurima sustineas, iungas medicamina morbis,
Ut multum morbum multa medela fuget.

Ut varias optant diversa negotia lege,
Sic varias physicas invaletudo tremens.
Hae succos, hae semen amant, hae cortice
gaudent,
His coma, radices his, medicina favent.
Phreneticos malvae, colicos absinthia curant,
Empticus anetum, lac quoque spasmus amat.
Sic non officium celebrat quinarius unum
Sensus, sed propria quilibet arte viget.
Ille colores, ille sonos, sapit ille sapores ;   6
Alter odoratus, alter amoena sapit.
Tu quoque, quem nimis vitium deforme fatigat
Pondere, virtutem pocula plura bibas.
Sit tibi chara tui victoria, plus aliena,
Et te plus aliis vincere Marte stude.
Crede mihi, magis est virtute domare teipsum,
Quam vice Sampsonis sternere mille viros.
Quemlibet officiis, ne quaeras quis sit, honora;
Nam multos claros laetus amicat honos.
Gressibus assiduis quisquis bene quaerit ho-
norem,
Reciprocis gradibus hunc quoque quaerit
honor.
Blandus adulator, et proditor impius aequo
Semper, dum vivis, sint in amore tibi ;
Nam naturali blanditor iure tenetur
Risibus, et phaleris proditor esse suis.
Fistula dulce canit, si non mihi, crede Ca-
toni,
Dum lyra dulcisono carmine prodit aves.
Ne nimis astutis vulpescat lingua loquelis,
Nam dubiam pariunt vulpida verba fidem.
Neve tuum iactes alienum, deprecor, hym-   7
num,
Ne volucrum synodo nuda cachinnet avis.
Nunquam cervicem sine cauda pingere tentes,
Nam sine fine suo primitiare nocet.
Mutus ad opprobrium ; surdusque ad mur-
mura; coecus
Ad vanum ; stolidae claudus ad artis iter.
Hymnificet de te tua non, sed vox aliena,
Nam bene festivos stercorat illa viros.
Sit tibi plus inimica noverca superbia morum,
Quam quae Christicolas gens Saladina necat.
Sitque magis solito tibi gustus amoris amarus,
Nam scio quod scio, quod tu vere stultus amas.
Quid tibi cum ganea ? quid cum meretricis
alumno?
Credis tu Paridi? stultus es, atque Paris.
Spurius ille puer nullum suadebit honestum :
Natus adulterio semper adulter erit.
Quos heremitat amor, potius deremitat; et ipse
Fac amet Hippolytus, mente Priapus erit.
Est fugiendus ob ista fide ieiunus ab omni,
Qui nimis orbiculat, seque crumenat amor.
Proscribas igitur gladiis, et fustibus ipsum,   8

Et fugieudo fuga, quem fuga sola fugat.
Ne te pirigritiae consors dilatio tardet
Ad bona, nam cupiens omnia tarda putat.
Nam mora denigrat donum,meritumq. minorat,
Sed cita grandificat munera parva manus.
Ne credas solos magnates esse timendos,
Est fidus socius, est et amicus amans.
Maior honos, Pyladem, charumque timere
                sodalem,
Quam Syriae regem, Caesareosque duces.
Invidiam fugias, morsusque sororis iniquae,
Quae rabido clarum dente caninat opus.
Nec te praetereat humanae sortis origo,
Terrea testa, luti gleba, miserque cinis.
Heu caro nostra,dolor! plus flore caduca caduco,
Qui parvo spatio fit puer, atque senex.
Quam fragilem textrix contexit aranea telam,
Tam fragili legitur tegmine vita brevis.
Quemlibet in propriis gradibus probitatis ho-
                nora,
Optimitas tibi sit plus bonitate placens.
). Simplicitate fruens hic scotica fercula miscet,
Qui plus, atque minus aequat honore pari.
Fermentat claros numerosa pecunia mores,
Quae tibi si fuerit hospes, et hostis ego.
Moribus excultus, sincerus mente, modestus
Actibus, exemplum voce, rigore gravis.
Dura, modesta, probis, patiens, maturus,
                abundans,
Perfer, ama, tribuas, mente, vigore, manu.
Contra ventosas rabies, et fulminis ictus,
Plus quercu solida levis arundo potest.
Praevalet in cunctis discreta modestia rebus,
Qua sine virtutum grande peribit opus.
Nam pravis dare nil aliud, quam prava fovere;
Unde probis tantum debet adesse manus.
Sint licet obscuri, ne spernas corporis artus,
In quibus ingenium plus brevitate potest.
Lampadibus templum ditans, dulcore palatum,
Est brevis, et fructu duplice servit apis.
Est brevis accipiter, volucrum tamen obruit
                agmen,
Et fugat elatum vipera parva bovem.
00. Sit tibi perpetuum spolians derisio dentes
Hostis, et insidiae sit dolus illud idem.
Discretus,et sapiens, urbanus, largus, honorus,
Providus, intentus, strenuus esto, vigil.
Scripta legens veterum, rigidum sectare Ca-
                tonem,
Morigerum Senecam, pacificumque Probum.
Dulichium, Arastum, Ciceronem, Nestora,
                Titum,
Pectore, consilio, more, loquendo, manu.
Indue virtutum trabeam, mentemque trutanam
Exue, quaere bonum, despiciasque malum.

Non Hypocras, non ipse suis Podalirius herbis,
Non licet ingenium fundat Apollo suum;
Omnia verbosis memorent medicamina lin-
                guis,
Quae si tentarem singula, tempus abit.
Et mihi Sicaneos, ubi nostra palatia, muros,
Sic stat propositum mentis, adire libet.
Ergo dicta tuis iungas medicamina morbis,
Et quaecumque vides proficienda tibi.
Litibus hostis, fraudibus hostis, criminis hostis
Et quae depravant omnibus hostis eris.
Iuris amicus, honoris amicus, amicus honesti, 1
Et quae iustificant, rebus amicus eris.
Haec praecepta libens vigili trahe morbi-
                dus aure,
Quae permixta simul combibe, sanus eris.
Et licet haec bona sint, multo potiora relinquo,
Quae non sunt humeris officiosa tuis,
Haec tibi sufficiant. Non omnia possumus
                omnes:
Tu quod habere vales suscipe, velle sine.
Argento fruitur rutilans cui deficit aurum;
Et violas carpit, qui nequit ungue rosam.
Tunc iter arripiens ait: Haec, Henrice, re-
                conde,
Et finem verbis hunc dedit illa: Vale.
O meus alter ego, probitatis alumnus, et
                hospes,
Longepres, Henricum suscipe mente tuum.
Nulla remota via solidum partitur amorem
Et si quem partitur, integritate caret.
Nec mons, nec pianum, nec pars spatiosa
                marina
Disiungunt hos, quos copulat unus amor.
Longepres unde locus, quod amor dimittat
                amorem?
Talis ab oppositis dicitur esse locus.
Ergo, ut vivat amor concordia donat, et unum 1
Velle duos unum mentibus esse facit.
Tuque, nec immerito, cui nomen floris ad-
                haeret,
Florentine, statum mente resume tuum.
Parco tibi, quia parco tuis, flos inclyte, culpis
Ni tua vivifices viribus acta tuis.
Suscipe millenis citharam,quam dirigo,nervis,
Orpheus ignota carminis arte rudis.
Inclyte, cui vivo, si vivo, provide Praesul
Florentine, statum scito benigne meum.
Sum passus gravia, graviora, gravissima,
                quarto
Passio si velit ars, possit inesse gradu.
Ergo vale, Praesul. Sum vester, spiritus iste
Post mortem vester, credite, vester erit.
Vivus, et extinctus te semper amabo; sed esset
Viventis melior, quam morientis amor.

FINIS TOMI VI.